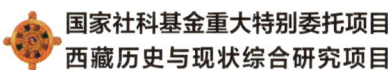

中国社会科学院创新工程学术出版资助项目

国家社科基金重大特别委托项目
西藏历史与现状综合研究项目

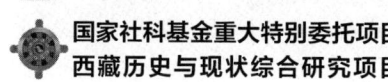

中国社会科学院创新工程学术出版资助项目

国家社科基金重大特别委托项目
西藏历史与现状综合研究项目

藏区双语教育研究

༄༅། །བོད་ཁུལ་གྱི་སྐད་གཉིས་སློབ་གསོ་དཔྱད་པ་ལག་ལེན་གསེར་གྱི་ཐིགས་པ།

东主才让　著

ཤུམ་ལྷ་དོན་གྲུབ་ཚེ་རིང་གིས་བརྩམས།

社会科学文献出版社
SOCIAL SCIENCES ACADEMIC PRESS (CHINA)

西藏历史与现状综合研究项目
编 委 会

总　序

郝时远

中国的西藏自治区，是青藏高原的主体部分，是一个自然地理、人文社会极具特色的地区。雪域高原、藏传佛教彰显了这种特色的基本格调。西藏地区平均海拔4000米，是人类生活距离太阳最近的地方；藏传佛教集中体现了西藏地域文化的历史特点，宗教典籍中所包含的历史、语言、天文、数理、哲学、医学、建筑、绘画、工艺等知识体系之丰富，超过了任何其他宗教的知识积累，对社会生活的渗透和影响十分广泛。因此，具有国际性的藏学研究离不开西藏地区的历史和现实，中国理所当然是藏学研究的故乡。

藏学研究的历史通常被推溯到17世纪西方传教士对西藏地区的记载，其实这是一种误解。事实上，从公元7世纪藏文的创制，并以藏文追溯世代口传的历史、翻译佛教典籍、记载社会生活的现实，就是藏学研究的开端。同一时代汉文典籍有关吐蕃的历史、政治、经济、文化、社会生活及其与中原王朝互动关系的记录，就是中国藏学研究的本土基础。现代学术研究体系中的藏学，如同汉学、东方学、蒙古学等国际性的学问一样，曾深受西学理论和方法的影响。但是，西学对中国的研究也只能建立在中国历史资料和学术资源基础之上，因为这些历史资料、学术资源中所蕴含的不仅是史实，而且包括了古代记录者、撰著者所依据的资料、分析、解读和观念。因此，中国现代藏学研究的发展，不仅需要参考、借鉴和吸收西学的成就，而且必须立足本土的传统，光大中国藏学研究的中国特色。

作为一门学问，藏学是一个综合性的学术研究领域，“西藏历史与现状综合研究项目”即是立足藏学研究综合性特点的国家社会科学基金重大特别委托项目。自2009年“西藏历史与现状综合研究项目”启动以来，中国社会科学院建立了项目领导小组，组成了专家委员会，制定了《“西藏历史与现状综合研究项目”管理办法》，采取发布年度课题指南和委托的方式，面向全国进行招标申报。几年来，根据年度发布的项目指南，通过专家初审、专家委员会评审的工作机制，逐年批准了一百多项课题，约占申报量的十分之一。这些项目的成果形式主要为学术专著、档案整理、文献翻译、研究报告、学术论文等类型。

承担这些课题的主持人，既包括长期从事藏学研究的知名学者，也包括致力于从事这方面研究的后生晚辈，他们的学科背景十分多样，包括历史学、政治学、经济学、民族学、人类学、宗教学、社会学、法学、语言学、生态学、心理学、医学、教育学、农学、地理学和国际关系研究等诸多学科，分布于全国23个省、自治区、直辖市的各类科学研究机构、高等院校。专家委员会在坚持以选题、论证等质量入选原则的基础上，对西藏自治区、青海、四川、甘肃、云南这些藏族聚居地区的学者和研究机构，给予了一定程度的支持。这些地区的科学研究机构、高等院校大都具有藏学研究的实体、团队，是研究西藏历史与现实的重要力量。

“西藏历史与现状综合研究项目”具有时空跨度大、内容覆盖广的特点。在历史研究方面，以断代、区域、专题为主，其中包括一些历史档案的整理，突出了古代西藏与中原地区的政治、经济和文化交流关系；在宗教研究方面，以藏传佛教的政教合一制度及其影响、寺规戒律与寺庙管理、僧人行止和社会责任为重点，突出了藏传佛教与构建和谐社会的关系；在现实研究方面，则涉及政治、经济、文化、社会和生态环境等诸多领域，突出了跨越式发展和长治久安的主题。

在平均海拔4000米的雪域高原，实现现代化的发展，是中国改革开放以来推进经济社会发展的重大难题之一，也是没有国际经验可资借鉴的中国实践，其开创性自不待言。同时，以西藏自治区现代化为主题的经济社会发展，不仅面对地理、气候、环境、经济基础、文化特点、社会结构等特殊性，而且面对境外达赖集团和西方一些所谓“援藏”势力制造的“西藏问题”。因此，这一项目的实施也必然包括针对这方面的研究选题。

所谓“西藏问题”是近代大英帝国侵略中国、图谋将西藏地区纳入其殖民统治而制造的一个历史伪案，流毒甚广。虽然在一个世纪之后，英国官方承认以往对中国西藏的政策是“时代错误”，但是西方国家纵容十四世达赖喇嘛四处游说这种“时代错误”的国际环境并未改变。作为“时代错误”的核心内容，即英国殖民势力图谋独占西藏地区，伪造了一个具有“现代国家”特征的“香格里拉”神话，使旧西藏的“人间天堂”印象在西方社会大行其道，并且作为历史参照物来指责1959年西藏地区的民主改革、诋毁新西藏日新月异的现实发展。以致从17世纪到20世纪上半叶，众多西方人（包括英国人）对旧西藏黑暗、愚昧、肮脏、落后、残酷的大量实地记录，在今天的西方社会舆论中变成讳莫如深的话题，进而造成广泛的“集体失忆”现象。

这种外部环境，始终是十四世达赖喇嘛及其集团势力炒作“西藏问题”和分裂中国的动力。自20世纪80年代末以来，随着苏联国家裂变的进程，达赖集团在西方势力的支持下展开了持续不断、无孔不入的分裂活动。达赖喇嘛以其政教合一的身份，一方面在国际社会中扮演“非暴力”的“和平使者”，另一方面则挑起中国西藏等地区的社会骚乱、街头暴力等分裂活动。2008 年，达赖集团针对中国举办奥运会而组织的大规模破坏活动，在境外形成了抢夺奥运火炬、冲击中国大使馆的恶劣暴行，在境内制造了打、砸、烧、杀的严重罪行，其目的就是要使所谓“西藏问题”弄假成真。而一些西方国家对此视而不见，则大都出于“乐观其成”的“西化”“分化”中国的战略意图。其根本原因在于，中国的经济社会发展蒸蒸日上，西藏自治区的现代化进程不断加快，正在彰显中国特色社会主义制度的优越性，而西方世界不能接受中国特色社会主义取得成功，达赖喇嘛不能接受西藏地区彻底铲除政教合一封建农奴制度残存的历史影响。

在美国等西方国家的政治和社会舆论中，有关中国的议题不少，其中所谓“西藏问题”是重点之一。一些西方首脑和政要时不时以会见达赖喇嘛等方式，来表达他们对“西藏问题”的关注，显示其捍卫“人权”的高尚道义。其实，当“西藏问题”成为这些国家政党竞争、舆论炒作的工具性议题后，通过会见达赖喇嘛来向中国施加压力，已经成为西方政治作茧自缚的梦魇。实践证明，只要在事实上固守“时代错误”，所谓“西藏问题”的国际化只能导致搬石砸脚的后果。对中国而言，内因是变化的依据，外因是变化的条件这一哲学原理没有改变，推进“中国特色、西藏特点”现代化建设的时间表是由中国确定的，中国具备抵御任何外部势力破坏国家统一、民族团结、社会稳定的能力。从这个意义上说，本项目的实施不仅关注了国际事务中的涉藏斗争问题，而且尤其重视西藏经济社会跨越式发展和长治久安的议题。

在“西藏历史与现状综合研究项目”的实施进程中，贯彻中央第五次西藏工作座谈会的精神，落实国家和西藏自治区“十二五”规划的发展要求，是课题立项的重要指向。“中国特色、西藏特点”的发展战略，无论在理论上还是在实践中，都是一个现在进行时的过程。如何把西藏地区建设成为中国“重要的国家安全屏障、重要的生态安全屏障、重要的战略资源储备基地、重要的高原特色农产品基地、重要的中华民族特色文化保护地、重要的世界旅游目的地”，不仅需要脚踏实地地践行发展，而且需要科学研究的智力支持。在这方面，本项目设立了一系列相关的研究课题，诸如西藏跨越式发展目标评估，西藏民生改善的目标与政策，西藏基本公共服务及其管理能力，西藏特色经济发展与发展潜力，西藏交通运输业的发展与国内外贸易，西藏小城镇建设与发展，西藏人口较少民族及其跨越式发展等研究方向，分解出诸多的专题性研究课题。

注重和鼓励调查研究，是实施“西藏历史与现状综合研究项目”的基本原则。对西藏等地区经济社会发展的研究，涉面甚广，特别是涉及农村、牧区、城镇社区的研究，都需要开展深入的实地调查，课题指南强调实证、课题设计要求具体，也成为这类课题立项的基本条件。在这方面，我们设计了回访性的调查研究项目，即在20世纪五六十年代开展的藏区调查基础上，进行经济社会发展变迁的回访性调查，以展现半个多世纪以来这些微观社区的变化。这些现实性的课题，广泛地关注了经济社会的各个领域，其中包括人口、妇女、教育、就业、医疗、社会保障等民生改善问题，宗教信仰、语言文字、传统技艺、风俗习惯等文化传承问题，基础设施、资源开发、农牧业、旅游业、城镇化等经济发展问题，自然保护、退耕还林、退牧还草、生态移民等生态保护问题，等等。我们期望这些陆续付梓的成果，能够从不同侧面反映西藏等地区经济社会发展的面貌，反映藏族人民生活水平不断提高的现实，体现科学研究服务于实践需求的智力支持。

如前所述，藏学研究是中国学术领域的重要组成部分，也是中华民族伟大复兴在学术事业方面的重要支点之一。“西藏历史与现状综合研究项目”的实施涉及的学科众多，它虽然以西藏等藏族聚居地区为主要研究对象，但是从学科视野方面进一步扩展了藏学研究的空间，也扩大了从事藏学研究的学术力量。但是，这一项目的实施及其推出的学术成果，只是当代中国藏学研究发展的一个加油站，它在一定程度上反映了中国藏学研究综合发展的态势，进一步加强了藏学研究服务于“中国特色、西藏特点”的发展要求。但是，我们也必须看到，在全面建成小康社会和全面深化改革的进程中，西藏实现跨越式发展和长治久安，无论是理论预期还是实际过程，都面对着诸多具有长期性、复杂性、艰巨性特点的现实问题，其中包括来自国际层面和境外达赖集团的干扰。继续深化这些问题的研究，可谓任重道远。

在“西藏历史与现状综合研究项目”进入结项和出版阶段之际，我代表“西藏历史与现状综合研究项目”专家委员会，对全国哲学社会科学规划办公室、中国社会科学院及其项目领导小组几年来给予的关心、支持和指导致以崇高的敬意！对“西藏历史与现状综合研究项目”办公室在组织实施、协调联络、监督检查、鉴定验收等方面付出的努力表示衷心的感谢！同时，承担“西藏历史与现状综合研究项目”成果出版事务的社会科学文献出版社，在课题鉴定环节即介入了这项工作，为这套研究成果的出版付出了令人感佩的努力，向他们表示诚挚的谢意！

2013年12月北京

མགོ་བརྗོད།

བོད་མི་རིགས་ནི་ལོ་རྒྱུས་ཀྱི་ཡུན་རིང་ཞིང་རིག་གནས་ཕུན་སུམ་ཚོགས་པའི་མི་རིགས་ཤིག་ཡིན་ལ། རིག་གནས་ཕུན་སུམ་ཚོགས་པ་བྱུང་འཕེལ་གྱི་བརྒྱུད་རིམ་ཁྲོད་དུ་བོད་མི་རྣམས་ཀྱིས་གདོད་མ་ནས་རང་ས་རང་མལ་དུ་དངོས་པོའི་ལོངས་སྤྱོད་དང་བསམ་པའི་ལོངས་སྤྱོད་གྱུ་ནོམ་པ་བསྐྲུན་པ་མ་ཟད། གཞན་དག་གི་རིག་གནས་ཕུན་སུམ་ཚོགས་པའི་སྙིང་བཅུད་ཚུར་བསྡུས་ནས་མི་རིགས་རང་གི་གཉོམ་ལག་རྒྱས་ཤིང་གསོན་ཤུགས་ཆེས་ཆེར་བསྐྱེད་པར་གྱུར། ལྷག་པར་མི་རིགས་རང་ལ་ཡི་གེ་བྱུང་བ་ནས་བཟུང་། གདོད་མའི་བོན་དང་ཕྱིས་ཀྱི་སངས་རྒྱས་བསྟན་པ་གཙོས་པའི་ཆོས་ལུགས་རིག་གནས་འཛིན་སྐྱོང་སྤེལ་གསུམ་གནང་བའི་དགོས་མཁོ་དང་བསྟུན་ནས་རང་གཞན་སྐད་གཉིས་ཀྱི་ལོ་ཙཱའི་བྱ་བ་དང་སྐད་གཉིས་སློབ་གསོའི་ལས་དོན་རིམ་གྱིས་དར་བ་དང་། བསྟན་པ་སྔ་དར་ནས་ཕྱི་དར་གྱི་སྐབས་སུའང་། རང་རིགས་ཀྱིས་བསྟུད་མུར་བསྐྱེད་དང་། བརྩོན་སེམས་དང་བློ་སྟོབས་ཉམས་མེད་ཀྱི་སྙིང་སྟོབས་མཐོང་ཡངས་སུ་བཏེགས་ཏེ་གཞན་རིགས་ཀྱི་ལེགས་ཆ་བསྡུ་རུབ་མཛད་ཅིང་། ཐོག་མཐའ་བར་གསུམ་དུ་སྐད་གཉིས་སློབ་གསོའི་བྱ་བ་དང་ལོ་ཙཱའི་ལག་ལེན་མཐའ་འཁྱོངས་བར་སྤེལ་ལ། སྒོས་སུ་སྐད་གཉིས་སྨྲ་བའི་ལོ་ཙཱ་བ་དང་མཁས་དབང་རིམ་བྱོན་རྣམས་ཀྱིས་དཀའ་སྤྱད་སྟུག་རུས་བསྐྱེད་ཅིང་བསམ་སྦྱོར་གཉིས་ལྡན་གྱི་ས་རྟག་གུས་བརྩོན་པ་ཉལ་འགྲོའི་རྒྱུན་དུ་བསྟེན་པ་ལས་གངས་ཅན་བོད་ཀྱི་རིག་བ་རྒྱའི་བང་མཛོད་རི་བོའི་གཏོས་དང་མཉམ་པར་གྱུར། ཉེ་རབས་ཀྱི་སྐབས་ཙམ་ནའང་། བོད་རིགས་ནི་མེས་རྒྱལ་གྱི་མངའ་ཁོངས་བསྐྱོན་མེད་དུ་གྱུར་ཅིང་བོད་རྒྱ་ཧོར་གསུམ་སོགས་མི་རིགས་ཕན་ཚུན་བར་གྱི་འབྲེལ་བ་ཇེ་དམ་དུ་གྱུར་པ་དང་། བོད་ཁུལ་གྱི་སྤྱི་ཚོགས་རིག་གནས་ལ་འཕོ་འགྱུར་ཆེན་པོ་བྱུང་བ་དང་དུས་མཚུངས་སུ། བོད་ཁུལ་གྱི་སྐད་གཉིས་སློབ་གསོའི་སྤྱིལ་སྟངས་ལའང་འགྱུར་ལྡོག་ཆེན་པོ་བྱུང་། ཁྱད་པར་དུ་དེང་དུས་སུ་བོད་ཁུལ་གྱི་དཔལ་འབྱོར་དང་། མི་གྲངས་བྱེར་འགྲིམ། མི་རིགས་ཀྱི་འབྲེལ་བ།

རིག་གནས་བྱ་འགུལ་གྱི་སྤེལ་སྟངས་སོགས་སྤྱི་ཚོགས་སྐྱེ་ཁམས་ཀྱི་ཁོར་ཡུག་དང་། མི་རིགས་ཀྱི་སྲོལ་རྒྱུན་རིག་གནས་དང་སེམས་ཁམས་ཀྱི་འཕེལ་འགྱུར། རྒྱལ་ཁབ་ཀྱི་སྲིད་ཇུས་ལམ་ལུགས་སོགས་གནས་སྐབས་མི་འདྲ་བའི་དབང་གིས་བོད་ལུགས་ཀྱི་སྐད་གཉིས་སློབ་གསོའི་ནང་དོན་དང་། ཁྱབ་ཁོངས། སྤེལ་སྟངས་སོགས་ལའང་སྔར་བས་འཕེལ་རྒྱས་དང་འགྱུར་ལྡོག་ཆེན་པོ་བྱུང་། དེ་ལྟ་ནའང་ད་ལྟའི་བར་དུ་བོད་ལུགས་ཀྱི་སྐད་གཉིས་སློབ་གསོ་སྐོར་ལ་ཁྱོན་ཡོངས་ནས་རྟོག་དཔྱོད་ཞིབ་འཇུག་དང་གཞུང་ལུགས་ཀྱི་མ་ལག་འཐུས་ཚང་དུ་སྤེལ་བའི་བརྩམས་ཆོས་ཤིག་མཐོང་ཆོས་སུ་མ་གྱུར་ལ། སྔར་དཔྱད་རྩོམ་སོགས་མི་ཉུང་བར་བྲིས་འདུག་པ་རྣམས་ཀྱང་ཕལ་ཆེ་བ་རྒྱ་ཡིག་གི་ལམ་ནས་ནང་དོན་ཐར་ཐོར་དང་ཕྱོགས་རེས་པ་ཙམ་དུ་སྤེལ་བ་ལས་བོད་ཡིག་གི་ཐོག་ནས་གཞུང་ལུགས་ཀྱི་སྒྲོམ་གཞི་འཐུས་ཚང་དུ་སྤེལ་བ་ཞིག་གཞི་ནས་གྲུབ་མེད་པ་འདྲའོ། །

དེས་ན་བོད་ལུགས་སྐད་གཉིས་སློབ་གསོའི་ལོ་རྒྱུས་དང་ད་ལྟའི་གནས་ཚུལ་སོགས་ལ་ཁྱོན་ཡོངས་ནས་དཔྱད་ཅིང་དེ་ལས་བསླབ་བྱ་མི་དམན་པ་ལེགས་པར་བསྡུས་ན། གཅིག་ནས་སྔོན་བྱོན་ལོ་ཙཱ་བ་དང་མཁས་དབང་རིམ་བྱོན་རྣམས་ཀྱི་སྲོལ་རྒྱུན་བཟང་པོའི་རྒྱུན་བསྐྱངས་ནས་མི་རིགས་རང་གི་སྲོལ་རྒྱུན་རིག་གནས་ལ་བསྟུད་མུར་སྲོག་བཙུད་ངར་སྣུད་དང་འཛིན་སྐྱོང་སྤེལ་གསུམ་བྱེད་པར་ཕན་པ་དང་། གཉིས་ནས་མི་རིགས་རང་གི་རིག་གནས་སློབ་གསོའི་སྤེལ་སྟངས་ལ་སྦྱོང་གྲུབ་དང་བསླབ་བྱ་གང་ལེགས་ཐོབ་ནུས་པ། གསུམ་ནས་སྔོན་ཐོན་མི་རིགས་གཞན་དག་གི་ལེགས་ཚོགས་ཀུན་ཉམས་སུ་མྱོངས་ནས་དུས་རབས་ཀྱི་རྗེས་སུ་བསྙེག་ཐུབ་པ། བཞི་ནས་མི་རིགས་ཕན་ཚུན་བར་རིག་གནས་ཀྱི་འབྲེལ་འདྲིས་དམ་ཟབ་ཏུ་བསྒྱུར་ནས་མི་རིགས་མཐུན་སྒྲིལ་དང་སྤྱི་ཚོགས་འཆམ་མཐུན་མཉམ་གནས་སུ་འབྱུང་བར་རྗེ་ཐོགས་ཕྱིར། ཁོ་བོས་ཀྱང་དོན་འདི་འདྲ་ཞིག་དཔྱད་གཞིར་སེམས་ཤིང་དམིགས་ནས། ༢༠༠༨ལོར་རྒྱལ་ཁབ་རིམ་པའི་ཞིབ་འཇུག་ལས་ཁུངས་ལ་བོད་ལུགས་ཀྱི་སྐད་གཉིས་སློབ་གསོར་དཔྱད་འདོད་ཀྱི་ལས་གཞི་ཞུས་ནས་ཆོག་མཆན་ཐོབ་པར་བརྟེན། སྔ་ཕྱིར་བོད་ལྗོངས་དང་། མཚོ་སྔོན། སི་ཁྲོན། ཡུན་ནན། ཀན་སུའུ་བཅས་ཀྱི་བོད་ལུགས་དུ་ཕྱིན་ནས་སྐད་གཉིས་སློབ་གསོའི་དོན་དངོས་ལས་རྒྱུ་ཆ་སྣ་ཚོགས་འཚོལ་སྡུད་དང་ཞིབ་དཔྱོད་བྱས་པ་གཞིར་བྱས། སྔར་འདས་ལོ་རྒྱུས་ཀྱི་ཡིག་ཚང་དང་།

འབྲེལ་ཡོད་ཀྱི་དཔྱད་རྩོམ། ཉེར་མཁོའི་རྒྱུ་ཆ་གང་མང་ལ་ལྟ་ཀློག་བགྱིས་ཤིང་ཡང་ཡང་དཔྱད་མཐར། བརྩམས་ཆོས་འདི་ལེགས་པར་གྲུབ་པ་ལ་བསྒོམས་པས་གླེང་གཞི་དང་ལེའུ་བདུན་ཡོད་པ་ལས། གླེང་གཞི་དང་ལེའུ་དང་པོའི་ནང་དུ་སྐད་གཉིས་སློབ་གསོའི་གོ་དོན་དང་། དཔྱད་བྱ། ཞིབ་འཇུག་གི་གནས་ཚུལ། བརྟག་ཐབས་སོགས་སྤྱིར་བསྟན་པ་དང་། ལེའུ་གཉིས་པ་དང་གསུམ་པའི་ནང་དུ་རིམ་པར་བོད་ལྗོངས་ཀྱི་སྐད་གཉིས་སློབ་གསོའི་ལོ་རྒྱུས་དང་ད་ལྟའི་གནས་བབ་ཀྱི་སྐོར་དང་། ལེའུ་བཞི་བ་དང་ལྔ་བ་ནང་དུ་ཕ་སྐད་ཀྱི་རིག་གནས་ཁོར་ཡུག་གཙོར་བྱས་པའི་བོད་ལྗོངས་ཀྱི་སྐད་གཉིས་སློབ་གསོའི་དཔེ་གཞི་དམིགས་སུ་བཏོན་ཅིང་དེའི་ཤུགས་རྐྱེན་ཅི་རིགས་ལ་ཞིབ་ཏུ་དཔྱད་པ་དང་། ལེའུ་དྲུག་པ་དང་བདུན་པ་བཅས་སུ་བོད་ལྗོངས་ཀྱི་དོན་དངོས་དང་མཐུན་པའི་སྐད་གཉིས་སློབ་གསོའི་སྤེལ་སྟངས་དང་། རྩ་དོན། ཐབས་ཇུས་ཞིབ་རྒྱས་སུ་བསྟན་ཏེ། སྤྱི་ངོས་ནས་བོད་ལྗོངས་དང་འཚམ་པའི་སྐད་གཉིས་སློབ་གསོར་རིག་གཞུང་གི་རྨང་གཞི་ལེགས་པར་འདིང་ཐུབ་བྱས་ཀྱང་། དོན་དུ་རང་ཉིད་ལ་སྦྱངས་སྟོབས་ཀྱི་ཡོན་ཏན་ཞན་པ་དང་། སློབ་གསོའི་ཉམས་མྱོང་མེད་པ། ཡུལ་དུས་ཀྱི་འགལ་རྐྱེན་དུ་མ་བཟློག་མེད་དུ་འབྱུང་བའི་རྐྱེན་གྱིས་མ་རྫོགས་དང་ལོག་རྟོག་གི་ཆའང་ཅི་རིགས་སུ་སྣང་ཡང་སྲིད་པས། རྒྱ་ཆེ་བའི་ཀློག་མཁན་རྣམ་པས་དགོངས་འཆར་ལྷུག་སྤྲོལ་གནང་པ་དང་བཅས་གནོང་འགྱོད་ཅི་མཆིས་བཤགས་པར་ཞུའོ། །

ཞེས་སུམ་ཧྲ་བ་དོན་གྲུབ་ཚེ་རིང་གིས་སྤྱི་ལོ་༢༠༡༢ལོའི་ཟླ་༡༡པར་སྦྱར་བ་དགེ་བར་གྱུར་ཅིག་གྲུ །

中文简介

我国是一个多民族、多语种、多文种的国家，多语种、多文种是我国多元文化的重要组成部分。为了繁荣民族经济、发展民族文化，同时又有利于整个国家在政治、经济上的统一和发展，构建具有中国特色的和谐社会，必须实行双语教育。双语教育是培养复合型人才，进行跨文化交际，提高全民素质，构建和谐社会的重要手段。目前，我国的双语教育仍表现为汉语、少数民族语言和外语教学，即汉语言文化与外语教学、汉语言文字与少数民族语言文字兼顾外语的教学。后者为民族地区的双语教育中最常见的一种形式，是专门针对少数民族地区的政治、经济和文化建设而设立的双语教育形式。《藏区双语教育研究》就是以藏语言文字和汉语兼顾外语教学为主要研究内容的专门论著，该书以搜集、运用国内外有关方面的研究成果和藏区双语教育的翔实材料，以及藏族传统教育方面的古文献资料和相关的重要观点为依据，综合运用社会学（抽样调查、问卷调研法和统计方法），语言学（语言结构和语言功能的分析法），民族教育学，文化人类学（田野调查法、跨文化比较研究法）等多学科的理论和方法，通过较为广泛而深入的调查和研究，对西部藏区的双语教育及其相关的历史文化进行新的探索、诠释，交叉运用共时比较法与历时比较法及点面结合的方法，探析了藏区双语现象和双语教育产生的原因、双语现象的类型和特点，调查和分析了藏区双语教育现状及其存在问题，通过对藏区双语教育的几种模式之理论分析、影响藏区实施双语教育的因素与条件分析，以及双语教育的理论分析和发展对策的研究，揭示了其内在的动因和不可逆转的客观规律性。本书认为在藏区推行藏汉双语或藏汉外三语教学是以培养藏汉双语兼通的外向型人才为目的，提高少数民族全民素质和教育质量的有效措施，它有利于更好地继承发扬民族文化和构建和谐藏区，既顺应了藏族学生心理发展的客观规律，又符合藏族语言文字的社会功能和顺应我国乃至整个世界多元文化教育的发展潮流。

《藏区双语教育研究》一书，除绪论以外共有七章。绪论部分，主要论述了藏区的双语现象、双语教育与构建和谐社会的重大意义等问题，包括研究本书的学术价值和现实意义，以及国内外学者研究双语教育的现状与文献综述、理论范式与方法等。第一章，相关概念界定。主要论述了双语与文化、文化变迁，双语人、双语现象，双语制与双语教育以及民族教育与双语教育及其研究的有关理论基础等问题。第二章，藏区双语现象的形成、类型和特点部分。包括藏区多元文化与双语现象的形成，社会结构的多样性、文化的多元性与双语或多语的类型，现代多元文化的发展与双语现象的特点等。第三章，藏区双语教育现状调查及其存在问题分析。主要内容包括藏区双语教育的基本情况和汉藏双语教学存在的问题以及藏区藏汉双语教学的改革与基础建设问题。通过对藏区双语教育现状的调查和分析，对优化教学管理机制与培养双语人才问题等方面提出了合理化建议，包括双语教育的体制改革及管理制度的建设；规范双语教学模式和教材的编著、选用；加强双语教材建设使其形成体系；加强中小学双语教师队伍建设；树立新时代教育理念，提高教育质量和效益，确保城乡农牧区教育统筹发展；坚持科学、适度的原则，稳步推进教育资源整合和学校布局调整；等等。第四章，藏区双语教育的几种模式及其理论分析。通过对藏区现行的一类模式、二类模式和三类模式以及过渡性模式的比较分析，综合考察其社会文化背景，提出了兼顾语言在继承民族传统文化和学习现代化知识两方面的功能，要尊重宪法和国家相关法律赋予的权利，避免强制推行某种语言的学习和应用，尊重当地语言环境、语用习惯、学生语言能力及家长意愿，要因地制宜，推行多种双语教学模式，确保双语教学的质量和效果等建议。第五章，影响藏区实施双语教育的因素与条件分析。包括藏区的地理和经济生态环境、民族文化传统、民族心理以及双语人的语言态度对双语教育的影响等。第六章，藏区双语教育应遵循的基本原则与藏区和谐发展。主要论述了多维视野下的藏区双语教育发展观、藏区双语教育应遵循的基本原则和藏区和谐发展、现代化进程中藏区双语教育的社会功能和特点等问题。第七章，藏区双语教育的前景与策略研究。包括多元文化整合教育视野中的藏区双语教育发展的基本趋势、藏区的双语教育面临的问题及其理论分析、发展对策、藏区双语教育的理想模式等。

本书力图在中华民族文化大背景之下，以整个藏区的双语教育与构建和谐藏区的关系及其策略研究为重点，力求从多视角考察语言与民族、双语教育与社会和谐发展的关系，研究民族语言文化与民族间的和谐关系等问题，以期从通论研究过渡到专门性研究，从具体的多种实验与个案研究中找出一些共性的、规律性的东西，从而提升到理论的高度，建立多维视野下的双语教育发展观及其理论和方法的体系，为民族地区双语教育及民族教育学科的研究开辟新的学术领域。基于这种思路和认识，本书的基本理论及方法的创新程度、内容的突出特色和主要建树如下。

1. 本书超越藏族传统的理论和语言观，在多维视野下宏观地描述出中华民族多元一体格局与藏区社会文化变迁、双语或多语教育与西部藏区和谐发展的关系及其概貌。

2. 明确西部大开发中，西藏乃至整个藏区基础教育发展的战略重点，形成多方案比较决策机制的“发展民族教育构建和谐社会”的科学思路和因地制宜地发展民族教育的决策理论。

3. 本书认为双语教育是培养复合型人才，传承和宏扬民族文化的重要手段。母语作为一个民族的文化载体，是一种最适宜表达民族思维习惯和认知能力的教学用语，在双语教育中发挥着不可替代的作用。同时要加强汉语文及外语教学，搞好双语教育，培养藏汉外三语兼通的外向型人才，是解决学生就业问题、提高全民素质、宏扬民族文化、构建和谐社会的重要途径。

4. 通过对藏、川、云、青、甘等五省区的部分藏族中、小学以及部分高等院校双语教育现状的调查和分析，对藏区双语教育模式进行调查与分析，提出了兼顾语言在继承传统文化和学习现代化知识两方面的功能，尊重语言的发展规律、学习自然进程以及民众的选择意愿，因地制宜，实行多种模式的双语教育教学模式的理论。

5. 本书在创建藏区双语教育理想模式，或在建立操作性较强的藏区学校双语教育模式与评价标准、培养复合型人才、提高学生综合素质、拓宽学生就业面等方面有所突破。

6. 以构建和谐社会为目的，调研双语教育为手段，全面、深入了解藏区双语教育现状，通过实证性研究，提出了藏汉双语教学改革的对策及建议，为地方及上级教育行政部门制定决策提供理论和实践依据。

7. 通过研究填补了民族地区双语教育及民族教育学研究领域中的某些空白。

དཀར་ཆག

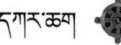

目　录

སྔོན་གཞི།

དང་པོ། སྐད་གཉིས་སློབ་གསོ་སྤྱིར་བཤད་པ།

སྐད་བརྡ་ནི་འགྲོ་བ་མིའི་རིགས་ཀྱི་རིག་གནས་ཀྱི་གྲུབ་ཆ་གལ་ཆེན་ཞིག་དང་། མིའི་རིགས་ཀྱི་འབྲེལ་འདྲིས་ཀྱི་བརྡ་ཐབས་ཤིག་དང་། མིའི་རིགས་ཀྱི་ཤེས་རིག་འཛིན་སྐྱོང་སྤེལ་གསུམ་བྱེད་སྤྱོད་ཀྱི་བརྡ་ཐབས་མཆོག་ཅིག་ཡིན་ལ། སྐད་དང་ཡི་གེའི་བྱེད་ནུས་ལ་བརྟེན་ནས་མིའི་རིགས་ཀྱི་ཀུན་རྟོག་རྣམ་པར་འགྱུར་བ་དང་། བསམ་གཞིག་གཏིང་ཟབ་པ། ཉམས་མྱོང་ཕུན་སུམ་ཚོགས་པ། ཐབས་ཤེས་ཇི་སྙེད་པ་ཡུལ་ནས་ཡུལ་དང་དུས་ནས་དུས་བརྒལ་བར་རྒྱུན་འཛིན་དང་དར་སྤེལ་བྱེད་ཐུབ་པ་བྱུང་། འགྲོ་བ་མིའི་རིགས་དུས་རབས་ཉེར་གཅིག་ལ་སླེབས་པ་ནས་བཟུང་། མི་རིགས་དང་མི་རིགས་ཕན་ཚུན་བར་གྱི་འབྲེལ་བ་དང་། རྒྱལ་ཁམས་དང་རྒྱལ་ཁམས་ཕན་ཚུན་བར་གྱི་འབྲེལ་བ་སྔར་བས་ཇེ་དམ་དུ་གྱུར་བ་དང་ཆབས་ཅིག རིགས་རྒྱུད་ཐ་དད་པ་སོ་སོ་དང་མི་རིགས་ཐ་དད་པ་སོ་སོའི་རིག་གནས་ཀྱི་སྣང་ཚུལ་ག ཅོགས་སུ་བཟུང་བ་དང་བསྟུན་ནས། རྒྱལ་སྤྱིའི་སྟེང་སའི་གོ་ལ་ཀླུམ་པོ་ཡོངས་སྡེ་གཅིག་ཏུ་ལྷ་བ་དང་ཐ་དད་རིགས་ཅན་ཀུན་གྱི་རིག་གནས་སྣ་ཚོགས་སུ་མངོན་པའི་འབྲེལ་བ། རིག་གནས་ཀྱི་བར་ཁྱད་རང་བཞིན་དང་སྐབས་འཚོལ་འདྲ་མཉམ་གྱི་འབྲེལ་བ། རྒྱལ་ཁབ་གཅིག་གི་མི་རིགས་ཆེན་པོ་དང་གྲངས་ཉུང་མི་རིགས་ཀྱི་འབྲེལ་བ། རྒྱལ་ཁམས་སྡེ་གཅིག་ཅན་དང་རིག་གནས་སྣ་མང་ཅན་གྱི་འབྲེལ་བ་སོགས་ལ་བགྲོ་གླེང་དང་མནོ་བསམ་ལེགས་པོ་མི་གཏོང་ཐབས་མེད་བྱུང་བ་དང་། དུས་མཚུངས་སུ་དེ་དག་ཕན་ཚུན་བར་གྱི་སྤྱི་བྱེ་འགལ་འདུའི་གནད་དོན་མང་པོ་ཐག་གཅོད་བྱ་ཕྱིར་དུ། རིག་གནས་སློབ་གསོ་རིག་པའི་གནད་དེ་ཡང་གྲངས་ཉུང་མི་རིགས་ཀྱི་སློབ་གསོ་དང་སྣ་མང་རིག་གནས་ཀྱི་སློབ་གསོའི་སྟེང་དུ་གཞོལ་ལ། དེ་དག་གི་བརྒྱུད་རིམ་ཁྲོད་དུ་སྐད་གཉིས་སློབ་གསོའི་བྱ་བ་ནི་རྒྱལ་ཁབ་ཕྱི་ནང་དང་མི་རིགས་རང་གཞན་ཀུན་གྱིས་སྤྱི་ཚོགས་

ཀྱི་རྣམ་པ་དགེ་མཚན་ཅན་དུ་སྒྱུར་བྱེད་ཀྱི་ཐབས་ལམ་ཉག་གཅིག་ཏུ་རྟོགས་པས་ན། རྒྱལ་ཁམས་ཀུན་ནས་ཀྱང་སྐད་གཉིས་སློབ་གསོའི་ལས་དོན་དབྱར་མཚོ་རྒྱས་པ་བཞིན་དུ་སྤེལ་བ་ལ་དགེ་མཚན་ཀྱང་བརྗོད་ཀྱིས་མི་ལང་བར་འདུག་སྟེ། འདིར་བྱེ་བྲག་ཕྱི་རྒྱལ་གྱི་སྐད་གཉིས་སློབ་གསོ་དང་། རང་རྒྱལ་གྱི་སྐད་གཉིས་སློབ་གསོ། སྐད་གཉིས་སློབ་གསོའི་དགེ་མཚན་བཅས་ཕྱོགས་གསུམ་ནས་མདོར་ཙམ་བརྗོད་ན།

གཅིག ཕྱི་རྒྱལ་གྱི་སྐད་གཉིས་སློབ་གསོ།

དེ་ཡང་རྒྱལ་ཁམས་སོ་སོའི་རིག་གནས་ལོ་རྒྱུས་ཀྱི་རྒྱབ་ལྗོངས་མི་འདྲ་བ་དང་། མི་རིགས་ཀྱི་གྲུབ་ཆ་སྣ་ཚོགས་སུ་སྣང་བ། སྲིད་དོན་ལམ་ལུགས་ཀྱི་ངོ་བོ་ཐ་དད་དུ་གནས་པ་སོགས་ཀྱི་རྒྱུ་རྐྱེན་སྣ་ཚོགས་པའི་དབང་གིས་རྒྱལ་ཁབ་སོ་སོའི་སྐད་གཉིས་ཀྱི་སྣང་ཚུལ་སྣ་ཚོགས་སུ་སྣང་ལ། ཕྱོགས་མཚུངས་སུ་སྐད་གཉིས་སློབ་གསོ་ལྟར་ན་འང་། རྒྱལ་ཁབ་སོ་སོའི་སྐད་གཉིས་ཀྱི་སྣང་ཚུལ་མི་འདྲ་བ་ལྟར་རིགས་ཆེ་གྲས་གསུམ་དུ་དགར་ཆོག་སྟེ། སྐད་བརྡ་གཅིག་རྐྱང་གཙོར་བཟུང་བའི་ཐོག་ལ་གྲུབ་པའི་སྐད་གཉིས་ཀྱི་སློབ་གསོ་དང་། སྐད་བརྡ་གཉིས་གཙོར་བཟུང་ནས་གྲུབ་པའི་སྐད་གཉིས་ཀྱི་སློབ་གསོ་དང་། སྐད་བརྡ་དུ་མ་གཙོར་བཟུང་ནས་གྲུབ་པའི་སྐད་མང་གི་སློབ་གསོ་བཅས་ལགས། དེ་ལས་སྔ་མ་ནི་མི་རིགས་ཀྱི་གྲུབ་ཆ་དེ་འདྲ་རྙོག་འཛིང་མིན་པའི་རྒྱལ་ཁབ་དག་གིས་རྒྱལ་འབངས་ཕལ་མོ་ཆེའི་ཕ་སྐད་རྒྱལ་ཁབ་ཀྱི་གཞུང་སྐད་དུ་བཀོད་ནས་སློབ་གསོ་སྤེལ་བ་ཡིན་ཏེ། དཔེར་ན་ལྷོར་པན་དུ་ཨ་ཡེ་ནོ་དང་། ཁྲའོ་ཞན་པ། རྒྱ་ནག་པ་བཅས་གྲངས་ཉུང་མི་རིགས་གསུམ་ཡོད་པ་སོ་སོས་རང་རིགས་ཀྱི་སྐད་བརྗོད་ཤེས་ན་ཡང་བརྒྱ་ཆའི་ཆ་ཤས་བདུན་ཙམ་ལས་མི་ཐེབ་ཅིང་། ཕལ་ཆེ་བས་ལྷོར་སྐད་གཙོར་བྱེད་པའི་ཐོག་ལ་དབྱིན་སྐད་བསྟོན་སྦྱོང་བྱེད་པ་ལྟ་བུ་དང་། ཡང་དཔེར་ན་ཡ་གླིང་དང་ཕྱི་གླིང་གི་ས་ཁུལ་མང་ཤོས་ཡར་སྟོན་མི་སེར་སྤྱིལ་ཡུལ་ཡིན་ཞིང་། ཕྱིས་སུ་རང་བཙན་དང་སྒེར་ཚུགས་ཐོབ་རྗེས་གཞུང་ཕྱོགས་ཀྱི་སྐད་བརྡ་འདེམས་ག་བྱེད་པ་དོན་འགངས་ཆེན་ཞིག་ཏུ་གྱུར་ཅིང་ཁ་ཚ་དགོས་གཏུགས་ཀྱིས་ཐག་གཅོད་དགོས་པའི་དོན་ཆེན་དུ་ངེས་པས་ན། ཕྱི་ལི་པིན་དང་། ཧིན་རྡུ་ཉི་ཞི་ཡ། མ་ལེ་ཞི་ཡ་བཅས་ཀྱིས་རང་རིགས་ཀྱི་སྐད་བརྡ་གཞུང་སྐད་དུ་བདམས་པ་དང་། ཙན་ཕི་ཡ་

དང་། ཀཀ་ཧ། སི་ར་ལེ་ཨོང་བཅས་ཀྱིས་དབྱིན་ཇིའི་སྐད་གཞུང་སྐད་དུ་བདམས་པ་དང་། ཆ་ཧྲི་དང་། ཀ་ཪོན། ས་ནེ་ཀལ། རྒྱང་ཨོར་ཐེ་བཅས་ཀྱིས་ཧྥ་རན་སེའི་སྐད་གཞུང་སྐད་དུ་བདམས་ཟིན་ཀྱང་། ཞར་བྱུང་རང་ས་རང་མལ་གྱི་བརྡ་སྐད་དང་གཞན་རིགས་ཀྱི་བརྡ་སྐད་སྣ་ཚོགས་འདྲེས་མར་སྤྱོད་པའི་ཆ་ནས་སྐད་གཉིས་སམ་སྐད་མང་གི་སློབ་གསོ་སྣ་ཚོགས་སུ་གྲུབ་ཡོད། སྐད་བརྡ་གཉིས་གཙོར་བཟུང་ནས་གྲུབ་པའི་སྐད་གཉིས་སློབ་གསོ་ནི་ཁ་ན་ཌ་དང་། ཅེ་ཁེ་དང་སི་ལོ་ཕ་ཁེ། སེབ་ཪུ་སི། དབྱི་སི་རལ། ཧྥིན་ལན་སོགས་ཀྱིས་སྐད་བརྡ་གཉིས་གཞུང་སྐད་དུ་བཅས་ནས་སློབ་གསོའི་བྱ་འགུལ་སྣ་ཚོགས་སྤེལ་བ་བཞིན་ལགས་ཀྱང་། སྐད་གཉིས་རྫོང་མཁན་གྱི་ཟིན་གྲངས་ཧ་ཅང་ཉུང་ཉུང་ཅམ་ལས་མི་སྣང་སྟེ། དཔེར་ན་ཁ་ན་ཌའི་སྐད་གཉིས་རྫོང་མཁན་གྱི་ཟིན་གྲངས་རྒྱལ་ཁབ་ཡོངས་ཀྱི་མི་གྲངས་ཀྱི་བརྒྱ་ཆའི་བཅུ་གསུམ་ལས་མེད་པ་དང་། སྐད་བརྡ་གཅིག་རྐྱང་གཙོ་བའི་རྒྱལ་ཁབ་ཐན་ཙན་ཎི་ཡ་དང་ཁེན་ཎི་ཡ་སོགས་ལས་ལྷབ་འགྱུར་གྱིས་ཉུང་། སྐད་བརྡ་དུ་མ་གཙོ་བའི་སློབ་གསོའི་སྤེལ་སྟངས་ཡའང་རིགས་གཉིས་ཡོད་དེ། གཅིག་ནི་སྲིད་གཞུང་གང་གིས་ཆེས་གཙོ་བའི་མི་རིགས་ཀྱི་སྐད་བརྡ་ཡོད་དོ་ཚོག་གཞུང་ཕྱོགས་ཀྱི་སྐད་བརྡ་རུ་ཁས་འཆེས་ནས་སློབ་གསོ་སྤེལ་བ་ཡིན་ཏེ། དཔེར་ན་སུའེ་ཙེར་གྱི་གཞུང་སྐད་ལ་འཇར་སྐད་རྫོང་མཁན་གྱིས་བརྒྱ་ཆའི་རེ་ལྔ་ཟིན་པ་དང་། ཧྥ་སྐད་རྫོང་མཁན་གྱིས་བརྒྱ་ཆའི་བཅོ་བརྒྱད་ཟིན་པ། དབྱི་ཐ་ལིའི་སྐད་རྫོང་མཁན་གྱིས་བརྒྱ་ཆའི་བཅུ་གཉིས་ཟིན་པས་གསུམ་ག་གཞུང་སྐད་དུ་བཀོད་ནས་སློབ་གྲྭའི་སློབ་གསོ་རུ་སྤྱོད་བཞིན་ཡོད་པ་དང་། ཅིག་ཤོས་ནི་སྲིར་རྒྱལ་ཁབ་ནང་ཁུལ་དུ་མི་རིགས་སོ་སོའི་སྐད་བརྡ་འཐོར་ཆེན་སྣང་ན་ཡང་དོན་དངོས་ལ་དམིགས་ནས་རེ་འགའ་མ་གཏོགས་གཞུང་སྐད་དུ་ཁས་མ་འཆེས་ཤིང་སློབ་ཁྲིད་ཀྱི་ལག་ལེན་དུ་མ་སྤྱད་པ་ཞིག་སྟེ། དཔེར་ན་རྒྱ་གར་ཡོངས་ལ་བརྩམས་པས་ཡུལ་སྐད་བརྒྱད་བརྒྱ་ལྷག་ཡོད་ཅིང་། དེ་ལས་རྫོང་མཁན་གྱི་མི་གྲངས་ཁྲི་བརྒྱའི་ཡན་ཆད་ཟིན་པ་སུམ་ཅུ་སོ་གསུམ་དང་། བཅའ་ཁྲིམས་ནང་གཏན་ཁེལ་མཛད་པ་བཅུ་བཞི་ཙམ་ལས་མེད་ལ། གཞུང་ཕྱོགས་ཀྱི་སྐད་བརྡ་དང་སློབ་གསོའི་སྤྱོད་སྒོ་ལ་ཧིན་དུའི་སྐད་དང་དབྱིན་སྐད་གཉིས་རྒྱུགས་ཆེ་བ་བཞིན་ལགས། དེ་བཞིན་དུ་སུའུ་ལེན་ལ་བརྩམས་པས་སྐད་བརྡ་བརྒྱ་རྩ་ཉེར་གཉིས་ཡོད་པ་ལས་རྫོང་མཁན་གྱི་མི་གྲངས་ཆེས་མང་བ་ཨུ་རུ་སུའི་སྐད་དང་།

ཨུ་ཁེ་ལན་སྐད། ཨུ་ཚི་པེ་ཁེ་སྐད་བཅས་ཡིན་པས། སློབ་གསོའི་ལག་ལེན་སྟེང་དུ་སྤྱོད་སྒོ་ཡངས། ཟླ་བཅུ་བའི་གསར་བརྗེའི་སྔོན་དུ་ཨུ་སྐད་ཁོ་ན་གཞུང་སྐད་དུ་བཀོད་སྤྱོང་མོད། དེའི་རྗེས་སུ་ཨུ་སྐད་གཙོར་བྱས་གཞན་པའི་སྐད་རྣམས་ལའང་འོས་འཚམ་གྱི་ཁེ་དབང་དང་གོ་གནས་ཡང་དག་སྤྲད་པས་སྐད་གཉིས་སློབ་གསོའི་སྣང་ཚུལ་རྒྱ་ཆེར་དར། ཕྱིར་མི་རིགས་མང་བའི་རྒྱལ་ཁབ་རྣམས་ལ་སྐད་བརྡའི་རྣམ་གྲངས་ཀྱི་ཆ་ནས་རིགས་གཉིས་སམ་དུ་མའམ་ཡང་ན་ཡུལ་སྐད་མང་ཙམ་ཞིག་ལྡན་ན་ཡང་། སྐད་གཉིས་སམ་སྐད་མང་རྫོང་མཁན་གྱི་མི་གྲངས་ཟིན་ཚད་སྐད་བརྡ་གཅིག་རྐྱང་གཙོ་བོར་བཟུང་ནས་གྲུབ་པའི་སྐད་གཉིས་སྣང་ཚུལ་གྱི་མི་གྲངས་ལས་ཉུང་དུར་སྣང་བས། འདིས་ཀྱང་རྒྱལ་ཁབ་སོ་སོའི་སྐད་གཉིས་སློབ་གསོའི་སྤེལ་སྟངས་ལ་དཀའ་ཁག་ཆེན་པོ་བཟོས་འདུག་གོ །

དེས་ན་སྐད་གཉིས་སམ་སྐད་མང་སྣང་ཚུལ་འབྱུང་བའི་རྒྱུ་རྐྱེན་ནི་གང་ལྟར་ལགས་ཞེ་ན། ཏ་ལམ་གཤམ་གྱི་ཕྱོགས་གཙོ་ཤོས་འགའ་ལས་མ་འདས་ཏེ།

(༡) སྤྱི་ཚོགས་ཀྱི་སྲིད་དོན་དཔལ་འབྱོར་དང་རིག་གནས་ལོ་རྒྱུས་བཅས་ཀྱི་རྒྱུ་རྐྱེན་ལ་བརྟེན་ནས་མི་གྲངས་གནས་སྤོར་ཞིང་ལྷན་གཅིག་ཏུ་འདུས་སྡོད་དང་འཚོ་བཞུགས་གནང་བས་སྐད་གཉིས་ཀྱི་སྣང་ཚུལ་བྱུང་བ་ཡིན་ཏེ། དཔེར་ན་ཡ་གླིང་དང་ཕྱི་གླིང་གི་ས་ཁུལ་ཕལ་ཆེ་བའི་སྐད་གཉིས་ཀྱི་སྣང་ཚུལ་ནི་མི་སེར་སྤེལ་མཁན་དང་མི་སེར་སྤེལ་ཡུལ་གྱི་མི་རྣམས་སོ་སོས་སྐད་རིགས་མི་མཚུངས་པ་བརྗོད་པ་དང་། ཕན་ཚུན་དག་མཉམ་དུ་མི་སེར་སྤེལ་ཡུལ་ན་འདུས་སྡོད་དང་ཡུན་རིང་པོར་འཚོ་བཞུགས་གནང་བ་ལས་བྱུང་། ཨ་རིའི་སྐད་མང་གི་སྤྱི་ཚོགས་ནི་གནས་སྤོས་ཡུལ་མི་སྣ་ཚོགས་ཀྱིས་གྲུབ་པ་ཡིན་ཏེ། གྲོང་ཁྱེར་གྱི་ཙ་ཀུན་འཛར་མན་པ་དང་ཨིར་ལན་པ་འབོར་ཆེན་འདུས་སྡོད་བྱས་ཡོད་པ་དང་། ཨ་རིའི་དབུས་ནུབ་ཀྱི་ཕྱོགས་སུ་འཛར་མན་པ་དང་སི་ཁན་ཏི་ཤེ་ཨེན་ནའི་སོ་ནམ་པ་དང་། ཐང་མིའི་ཁྲིམ་སྲང་དུ་རྒྱ་མི་མང་པོ་འདུས་སྡོད་དང་འཚོ་བཞུགས་གནང་ཞིང་། རང་སའི་སྐད་དང་གཞན་སྐད་སྣ་ཚོགས་ལྷན་དུ་འདུས་པ་ལས་སྐད་གཉིས་སམ་སྐད་མང་གི་སྣང་ཚུལ་བྱུང་། དེ་མཚུངས་སུ་ཡར་སྔོན་རོ་མ་བཙན་རྒྱལ་གྱིས་ནུབ་ནས་དབྱིན་ཇི་དང་ཤར་ནས་དབུས་ཤར་གྱི་ས་ཁུལ་བར་བཙན་འཛུལ་བྱས་པ་དང་། སི་ཕན་གྱིས་མེ་གླིང་དབུས་མ་དང་སྔོ་ཁུལ་བཙན་འདུལ་བྱས་པ། ཨ་རབ་པས་ཏི་ཀྲུང་ཧེའ་རྒྱ་མཚོའི་ཤར་ཕྱོགས་དང་

ཧྥེ་གླིང་གི་བྱང་ཕྱོགས་དང་དབྱི་པེ་རི་ཡའི་གླིང་ཕྲན་ལ་བཙན་འདུལ་བྱས་རྗེས། རིམ་བཞིན་ལ་ཏིང་གི་སྐད་དང་། སི་ཕན་གྱི་སྐད། ཨ་རབ་པའི་སྐད་བཅས་སོ་སོར་ས་གནས་དེ་དག་གི་སྐད་བརྡ་དང་ལྷན་དུ་སྦྲགས་ནས་སྐད་གཉིས་ཀྱི་སྣང་ཚུལ་རྒྱ་ཆེར་དར། ཆབས་ཅིག་ཏུ་མི་རིགས་མང་པོ་འདྲེས་སྡོད་ཀྱི་ས་ཁུལ་དུ་སྐད་རིགས་མི་མཚུངས་པ་བརྗོད་པའི་ཚོགས་པ་སོ་སོའི་ཕོ་མོ་དག་གཉེན་བསྒྲིགས་པ་ལས་ཀྱང་བརྡ་སྐད་གཉིས་སྤྱོད་ཀྱི་སྣང་ཚུལ་འབྱུང་བཞིན་ཡོད། འདི་དག་ནི་ཕལ་ཆེ་བ་སྲིད་འཇོར་རིག་གསུམ་གྱི་རྒྱུ་རྐྱེན་ལ་བརྟེན་ནས་མི་རིགས་སྣ་ཚོགས་ལྷན་གཅིག་ཏུ་འདུས་སྡོད་བགྱིས་པ་ལས་བྱུང་བའི་སྐད་གཉིས་ཀྱི་སྣང་ཚུལ་ཁྱབ་རྒྱ་ཅན་ཞིག་རེད་དོ། །

（༢）མི་རིགས་རིང་ལུགས་དང་ཆབ་སྲིད་སྟེང་གི་མཉམ་འབྲེལ་བྱེད་ཚུལ་ལས་སྐད་གཉིས་སམ་སྐད་མང་གི་སྣང་ཚུལ་བྱུང་ཡོད་དེ། མི་རིགས་མི་གཅིག་པ་རྣམས་ཆབ་སྲིད་སྟེང་དུ་མཉམ་འབྲེལ་བྱུང་ཞིང་། སོ་སོ་ནས་རང་ས་རང་མལ་གྱི་རིག་གནས་སྲོག་རྩར་བཟུང་ནས་སྐད་དང་ཡི་གེ་འཛིན་སྐྱོང་སྤེལ་གསུམ་བྱེད་པ་ལ་ནུས་ཤུགས་ཡོད་རྒྱ་རྩལ་དུ་བཏོན་པ་འདིས་ཀྱང་རྒྱལ་ཁབ་ཕལ་ཆེ་བའི་མི་རིགས་ཕན་ཚུན་བར་གྱི་ཁེ་དབང་དང་ཐོབ་ཐང་འདྲ་མཉམ་དུ་བཀོད་པ་དང་། སོ་སོའི་སྐད་དང་ཡི་གེའི་སྤྱོད་སྒོ་ཁྱད་མེད་དུ་དམིགས་པ་ལས་སྐད་གཉིས་ཀྱི་སྣང་ཚུལ་རྒྱ་ཆེར་དར་ཞིང་ཙུང་ཟད་གཏན་འཇགས་སུ་གནས་འདུག་སྟེ། དཔེར་ན་ཁན་ཏའི་སྲིད་གཞུང་གིས་ཧྥ་སྐད་དང་དབྱིན་སྐད་གཉིས་རྒྱལ་སྐད་དུ་གཏན་ཁེལ་བྱས་པ་དང་། པི་ལི་ཧྲི་སྲིད་གཞུང་གིས་ཧྥ་སྐད་དང་། ཧྥོ་ལེ་མེང་གི་སྐད། ཧོ་ལན་སྐད་བཅས་རྒྱལ་སྐད་དུ་གཏན་ཁེལ་བྱས་པ་སོགས་ཆབ་སྲིད་ཀྱི་དགོས་དབང་དང་མི་རིགས་ཀྱི་རིག་གནས་ལོ་རྒྱུས་ཀྱི་རྒྱབ་ལྗོངས་དང་འབྲེལ་ནས་བྱུང་བ་ཡིན་པས། མི་རིགས་རིང་ལུགས་ཀྱི་སེམས་ཤུགས་སམ་ལ་རྒྱ་དང་། ཕྱོགས་ཞེན། ཕྱི་སྣང་གིས་ཀྱང་མི་རིགས་རང་རང་གི་སྐད་བརྡ་ཁྱབ་གདལ་དང་སྐད་གཉིས་སློབ་གསོའི་ཆུ་ཚད་གཏིང་ཟབ་ཏུ་གཏོང་བ་ལ་ཤུགས་རྐྱེན་ཆེས་ཆེར་ཐེབས་བཞིན་ཡོད་པ་ལྟར་ལགས་སོ། །

（༣）རིག་གནས་སློབ་གསོའི་རྒྱུ་རྐྱེན་དང་། ཆོས་ལུགས་ཀྱི་དར་ཚུལ། རྒྱལ་སྤྱིའི་སྲིད་འཇོར་གྱི་འགྲོ་འོང་འབྲེལ་འདྲིས་སོགས་ལས་ཀྱང་སྐད་གཉིས་སམ་སྐད་མང་གི་སྣང་ཚུལ་སྣ་ཚོགས་སུ་གྲུབ་ཡོད་དེ། དཔེར་ན་རོ་མ་བཙན་རྒྱལ་གྱི་དུས་སྐབས་སུ་ཡེ་ཤུ་ཆོས་

ལུགས་ཀྱི་དར་ཤུགས་དང་སློབ་གསོའི་སྤྱིལ་སྣང་དང་བསྟུན་ནས། རོ་མ་པ་ཕལ་ཆེ་བས་ལ་ཏིང་གི་སྐད་ཡིག་ལས་གཞན་ སྒེ་རིག་གི་སྐད་ཡིག་ཀྱང་སྦྱོང་ཤེས་པར་གྱུར་ལ། རྒྱ་གྲམ་རྟགས་ཅན་གྱི་དམག་དཔུང་གིས་ཤར་ཕྱོགས་ལ་དཔུང་འཇུག་བྱེད་པའི་དུས་སྐབས་དང་ལོའུ་དབྱི་བཅུ་བཞི་བའམ་དེའི་རྗེས་རབས་པའི་སྐབས་སུ་ཧྥ་སྐད་དར་སྤྱོལ་ཆེ་བར་གྱུར། དབྱིན་སྐད་དང་། ཧྥ་སྐད། སི་ཕེན་སྐད། ཞུ་ཏུ་སིའི་སྐད། རྒྱ་སྐད། ཨ་རབ་ཀྱི་སྐད་སོགས་ཀྱང་དེང་དུས་འཛམ་གླིང་གི་རྒྱལ་ཁབ་ཕལ་ཆེ་བའི་རིག་གནས་སློབ་གསོ་དར་ཆེ་བའི་མི་རྣམས་ཀྱིས་སློབ་ངེས་པའི་སྐད་བརྡ་རུ་གྱུར་ཡོད་པ་རྣམས་དོན་དུ་རྒྱལ་སྤྱིའི་མཉམ་འབྲེལ་གྱི་སྲིད་དོན་སྣ་ཚོགས་དང་ཚོང་དོན་བརྗེ་འཕྲིན་གྱི་བྱ་བ་རྒྱ་ཆེར་དར་ཞིང་། མཚོ་སྐྱོད་མཁའ་འགྲུལ་གྱི་བགྱི་བ་ཡར་ངོའི་ཟླ་བཞིན་འཕེལ་བའི་འགྲོས་དང་བསྟུན་ནས་སའི་གོ་ལ་ཡོངས་གཅིག་ཏུ་འདྲིལ་བའམ་རྒྱལ་ཁམས་ལས་བརྒལ་བའི་མི་རྣམས་ཀྱི་འབྲེལ་བ་སྔར་ལས་ཇེ་དམ་དུ་གྱུར་པ་དང་ཆབས་ཅིག རྒྱལ་ཁབ་སོ་སོའི་སྐད་གཉིས་སློབ་གསོ་རྒྱ་ཆེར་སྤེལ་བ་ལས་གྲུབ་པའི་སྐད་གཉིས་སྣང་ཚུལ་གྱི་འཕེལ་ཕྱོགས་གསར་བ་ཞིག་ཏུ་ངེས་སོ། །

ཕྱི་རྒྱལ་གྱི་སྐད་གཉིས་སློབ་གསོའི་སྤྱིལ་སྣང་དང་དཔེ་གཞི་ལྟར་ན། གཙོ་བོ་ཁ་ནད་ཏའི་ལུགས་ཀྱི་སེམ་འཇུག་བྱེད་ཐབས་དང་། རིག་གཞུང་སྦྲ་བའི་སྐད་གཉིས་སློབ་ཁྲིད་བྱེད་ཐབས། སྤྲིག་གཞི་སྦྲ་བའི་སེམ་འཇུག་བྱེད་ཐབས། བར་བརྒལ་རང་བཞིན་གྱི་སྐད་གཉིས་སློབ་ཁྲིད་བྱེད་ཐབས་བཅས་བཞི་ཡོད་པ་ལས། ཁ་ན་ཏའི་ལུགས་ཀྱི་སེམ་འཇུག་བྱེད་ཐབས་ནི་སྐད་བརྡ་གཉིས་པ་དེ་སློབ་ཁྲིད་ཀྱི་བརྡ་ཐབས་སུ་སྤྱད་ནས་སློབ་ཁྲིད་བྱེད་པ་ཞིག་སྟེ། སྐད་བརྡ་གཉིས་པ་ནི་བསླབ་བྱའི་ནང་དོན་ཡིན་པ་མ་ཟད། སློབ་བྱེད་ཀྱི་ཡོ་ཆས་སུའང་ངེས་ལ། སློབ་གཉེར་གྱི་དུས་སུ་བྱིས་པ་སྐད་ཡིག་གཉིས་པའི་ཁོར་ཡུག་ཏུ་གཏིང་སེམ་པར་འཇུག་པ་དང་། དགེ་རྒན་གྱིས་ཀྱང་སྐད་བརྡ་གཉིས་པ་གཅིག་རྐྱང་སྤྱད་ནས་སློབ་ཁྲིད་བྱེད་པ་ཞིག་ཡིན། ཐབས་འདི་ཐོག་མར་ཁ་ན་ཏའི་སློབ་གྲྭ་རེ་འགའི་དབྱིན་སྐད་དང་ཧྥ་སྐད་ཀྱི་སློབ་ཁྲིད་ཁྲིད་ཚོད་ལྟའི་ལག་ལེན་དུ་སྦྱར་བ་ལ་ཕན་ནུས་ལེགས་པོ་བྱུང་ཞིང་། སྤ་ཕྱིར་ཨ་རི་དང་། ཨོ་སི་ཁྲུ་ལི་ཡ། ཨིར་ལནད། ཕྱིན་ལནད། ལྡིར་པནད། སུའེ་ཚེར། ནེའུ་ཚི་ལནད་སོགས་ཀྱིས་ཀྱང་སྤྱད་པ་ལ་ཕན་འབྲས་རྒྱ་ཆེན་པོ་ཐོབ། རིག་གཞུང་སྦྲ

བའི་སྐད་གཉིས་སློབ་ཁྲིད་ནི་ཕ་སྐད་ལས་གཞན་པའི་སྐད་བརྡ་གཉིས་པ་སྤྱད་ནས་བསླབ་བྱའི་རིག་གཞུང་དུ་མ་སློབ་གཉེར་བྱེད་པའི་ཚོད་ལྟའི་འཆར་གཞི་ཞིག་ཏུ་ངེས་ལ། ཚོད་ལྟའི་འཆར་གཞི་འདིའི་ཁྲོད་དུ་སྐད་བརྡ་གཉིས་པ་ཆེད་དུ་ཁྲིད་སྦྱོང་བྱེད་པ་ལས་གཞན་ད་དུང་སྐད་བརྡ་གཉིས་པར་བརྟེན་ནས་རིག་གཞུང་གཞན་དག་ཀྱང་སློབ་ཁྲིད་བྱེད་པ་ཞིག་ཡིན། ཁྲིད་ཐབས་འདི་ལ་བསླབ་བྱའི་རིག་གཞུང་གི་ནང་དོན་དཀའ་གནད་ཅན་ལྡན་ན་ཡང་དགེ་རྒན་གྱིས་ཁྲིད་ཐབས་སུ་སྤྱད་པའི་སྐད་བརྡ་གཉིས་པ་ངེས་པར་དུ་སློབ་མའི་ངེས་ལེན་གྱི་ཚུ་ཚད་དང་བསྟུན་དགོས་པ་དང་གཅིག འཆད་འགྲེལ་གྱི་དུས་སུ་དཔེ་རིས་སོགས་སློབ་ཁྲིད་ཀྱི་ཐབས་ལམ་སྣ་ཚོགས་ལ་བརྟེན་ནས་རྟོགས་དཀའ་བའི་དོན་རྣམས་གོ་སླ་བར་འགྲེལ་བ་དང་གཉིས། འཆད་ཁྲིད་ཀྱི་དུས་སུ་ཉན་ཆས་དང་གཟིགས་ཆས་སོགས་སློབ་ཁྲིད་ཀྱི་སྨྲན་བྱད་མང་ཙམ་སྤྱད་ནས་སློབ་མར་ངེས་ཤེས་བསྐྱེད་པ་དང་གསུམ། སྐད་བརྡ་གཉིས་པ་ཁྲོད་ཀྱི་ཚིག་རྒྱུན་སོགས་དོན་རྟོགས་དཀའ་བ་སྤྱད་ནས་བསླབ་བྱའི་ནང་དོན་འགྲེལ་བའི་ཐབས་ལམ་སྦྱོང་བ་དང་བཞི། སློབ་མས་སྐད་བརྡ་གཉིས་པའི་ཐ་སྙད་མང་དུ་ནང་བྱན་ཆུད་པར་བརྩོན་པ་དང་ལྔ་བཅས་ཀྱི་ཁྱད་ཆོས་ལྡན། སྒྲིག་གཞི་སྨྲ་བའི་སེམ་འཛུག་བྱེད་ཐབས་ཀྱང་རིག་གཞུང་སྨྲ་བའི་སྐད་གཉིས་སློབ་ཁྲིད་བྱེད་ཐབས་དང་ཕལ་ཆེར་འདྲ་ན་ཡང་ཞིབ་ཏུ་བསྡུར་ན་ཁྱད་པར་ཅུང་ཟད་ལྡན་ཏེ། བསླབ་གཞིའི་ནང་དོན་གྱི་ཐ་སྙད་རྩོན་དུ་བརྩོན་སྦྱོང་བྱེད་པ་དང་། བསླབ་གཞིའི་ནང་དོན་ལས་བྱུང་བའི་བརྡ་སྤྲོད་ཀྱིས་བསླབ་གཞིའི་དོན་རྟོགས་པར་གེགས་ཐེབས་པ་ལ་ཐད་ཀར་བརྡ་སྤྲོད་ཁྲིད་པར་བྱེད་པ། དགོས་མཁོ་དང་བསྟུན་ནས་སྐབས་འགར་ཕ་སྐད་བརྗོད་དགོས་རྒྱུ་བྱུང་ན་ཡང་གང་ནུས་ཀྱིས་ཕ་སྐད་ཉུང་ངུ་ཙམ་ལས་མི་བརྗོད་པ། དགེ་རྒན་གྱིས་སློབ་མའི་ཕ་སྐད་རྟོགས་པ་གཞིར་བྱས་སློབ་མས་ཕ་སྐད་ཀྱིས་དྲི་བ་བཏོན་པ་ལ་དགེ་རྒན་གྱིས་སྐད་བརྡ་གཉིས་པས་ལན་ཕྱོན་པར་བྱེད་པ་བཅས་ལགས། བར་བརྒྱལ་རང་བཞིན་གྱི་སྐད་གཉིས་སློབ་ཁྲིད་བྱེད་ཐབས་ནི་ཨ་རིའི་སློབ་གྲྭ་མང་ཙམ་གྱིས་དབྱིན་ཡིག་གི་ཚུ་ཚད་དམའ་བའི་སློབ་མ་དང་ལྷག་པར་གནས་སྡོར་ཡུལ་མི་དག་གི་བྱིས་པར་དམིགས་སུ་སྤྱད་པའི་སློབ་ཁྲིད་ཀྱི་དཔེ་གཞི་ཞིག་ཡིན་ལ། གཙོ་བོ་དབྱིན་སྐད་སྐད་བརྡ་གཉིས་པའི་གནས་སུ་བཀོད་ཅིང་། རིག་གཞུང་སྨྲ་བའི་སྐད་གཉིས་སློབ་ཁྲིད་བྱེད་ཐབས་དང་སྐད་བརྡ་དང་པོའི་ཁྲིད་ཐབས་དཀྱུས་

གཅིག་ཏུ་སྒྲིགས་པའི་སློབ་ཁྲིད་ཀྱི་དཔེ་གཞི་ཞིག་སྟེ། དམའ་རིམ་གྱི་སྐབས་སུ་སྐད་བརྡ་གཉིས་པ་སྦྱང་ནས་རོལ་དབྱངས་དང་། ལུས་རྩལ། མཛེས་རྩལ་གསུམ་ལས་མི་ཁྲིད་པ་དང་། དབྱིན་སྐད་ནི་སྐད་བརྡ་གཉིས་པའི་ཚུལ་དུ་ཡོངས་སུ་ཁྲིད་པ། བསླབ་བྱ་གཙོ་བོ་ཡོད་དོ་ཅོག་སྐད་བརྡ་དང་པོ་སྦྱང་ནས་ཁྲིད་པར་བྱེད་ལ། འབྲིང་རིམ་གྱི་དུས་སུ་བསྟུད་མུར་རོལ་དབྱངས་དང་། ལུས་རྩལ། མཛེས་རྩལ་གསུམ་སྐད་བརྡ་གཉིས་པ་ལ་བརྟེན་ཅིང་། དབྱིན་སྐད་ནི་སྐད་བརྡ་གཉིས་པའི་ཚུལ་དུ་ཁྲིད་པ་ལས་གཞན་ད་དུང་རིག་གཞུང་སྒྲ་བའི་སྐད་གཉིས་སློབ་ཁྲིད་བྱེད་ཐབས་ཀྱང་སྦྱང་ནས། རྩིས་རིག་དང་ཚན་རིག་བཅས་བསླབ་བྱ་གཙོ་བོ་དག་ཀྱང་སྐད་བརྡ་གཉིས་པས་ཁྲིད་པ་དང་། སྐད་བརྡ་དང་པོ་སྦྱང་ནས་སྐད་བརྡའི་སྒྱུ་རྩལ་དང་སྤྱི་ཚོགས་ཚན་རིག་སོགས་འཁྲིད་པར་བྱེད། མཐོ་རིམ་གྱི་སྐབས་སུ་སྐད་བརྡ་གཉིས་པ་སྦྱང་ནས་རོལ་དབྱངས་དང་། ལུས་རྩལ། མཛེས་རྩལ་བཅས་ཁྲིད་པ་ལས་གཞན་ད་དུང་རྩིས་རིག་དང་ཚན་རིག་བཅས་ཀྱང་ཁྲིད་ལ། བསྟུད་མུར་དབྱིན་སྐད་དེ་སྐད་བརྡ་གཉིས་པར་བཀོད་ནས་ཆེད་དུ་ཁྲིད་པ་ལས་གཞན་རིག་གཞུང་སྒྲ་བའི་སྐད་གཉིས་སློབ་ཁྲིད་བྱེད་ཐབས་སྦྱང་ནས་སྤྱི་ཚོགས་ཚན་རིག་ཀྱང་སྐད་བརྡ་གཉིས་པས་ཁྲིད་པར་བྱེད་ཀྱང་། སྐད་བརྡའི་སྒྱུ་རྩལ་སོགས་ལ་སྐད་བརྡ་དང་པོ་སྤྱོད་པར་བྱེད། ཁྱིན་ཡོངས་ནས་སྐད་བརྡ་གཉིས་པ་སྤྱོད་པའི་དུས་སྐབས་སུ། བསླབ་བྱ་གཙོ་ཤོས་ཡོངས་སྐད་བརྡ་གཉིས་པས་ཁྲིད་ཅིང་། དབྱིན་སྐད་དེ་སྐད་བརྡ་གཉིས་པར་བཀོད་པའི་སློབ་ཁྲིད་བྱེད་སྟངས་མེད་ལ། སྐད་བརྡ་དང་པོའི་ཐབས་ལམ་ལ་བརྟེན་ནས་ཟབ་སྦྱོང་གི་བསླབ་ཚན་དག་འཁྲིད་པར་བྱེད། འདི་ལྟའི་སྐད་གཉིས་སློབ་ཁྲིད་བྱེད་ཐབས་ནི་ཐོག་མར་ཁ་ནཊའི་སློབ་གྲྭ་རེ་འགའི་དབྱིན་སྐད་དང་ཧྥ་སྐད་ཀྱི་སློབ་ཁྲིད་ཁྲོད་ཚོད་ལྟའི་ལག་ལེན་དུ་སྤྱར་ནས་སྤེལ་ཡང་། ཕྱིས་སུ་རྒྱལ་ཁམས་ཡོངས་སུ་ཁྱབ་གདལ་དུ་བཏང་ནས་ཕན་ནུས་ལེགས་པོ་ཐོན་ཕྱིར། ཨ་ཕྱིར་ཨ་རི་དང་། ཨོ་སི་ཁྲུ་ལི་ཡ། ཨིར་ལན། ཕིན་ལན། ལྷོར་པན། སུའེ་ཅེར། ནེའུ་ཅི་ལན་སོགས་ཀྱིས་ཀྱང་སྤྱད་ཅིང་། འཛམ་གླིང་གི་སྐད་གཉིས་སློབ་གསོའི་འཕེལ་རྒྱས་ལ་སྐུལ་འདེད་ཀྱི་ནུས་པ་གང་ལེགས་ཐོན་ནོ། །

གཞན་ཡང་རྒྱལ་ཁབ་སོ་སོར་རང་སའི་གནས་བབ་བྱེ་བྲག་དང་བསྟུན་ནས་སྐད་གཉིས་སློབ་གསོའི་སྲིད་ཇུས་དང་དཔེ་གཞི་སྣ་ཚོགས་བཏོན་པ་ལས་རང་གཞན་ཀུན་ལ་

ཕན་པའི་ཉམས་མྱོང་ཡང་ཕུན་སུམ་ཚོགས་པ་བསྩུ་རུབ་བྱས་ཡོད་དེ། འདིར་ཨ་རི་ཝ་ཤིང་ཐོན་གྱི་ཏུང་གི་དངོས་སྤྱོད་སྐད་བརྡ་རིག་པའི་ལྟེ་གནས(Center for Applied Linguistics－CAL)ཀྱིས་སྤེལ་བའི་ཕྱི་གླིང་གི་སློབ་གྲྭ་ཆུང་འབྲིང་གི་སྐད་གཉིས་སློབ་གསོར་རྟོག་དཔྱོད་གནང་བའི་སྙན་ཞུ[1]དང་དཔྱད་གཞིའི་རྒྱུ་ཆ་གཞན་དག[2]སྦྲགས་མར་བརྟགས་ཤིང་དཔྱད་ནས་ཕྱི་རྒྱལ་གྱི་སྐད་གཉིས་སློབ་གསོའི་ཉམས་མྱོང་རོབ་ཙམ་སྤྲོས་ན།

(༡) ས་གནས་ཀྱི་སྐད་གཉིས་སློབ་ཁྲིད་སྤེལ་བའི་རང་རྟོགས་ཀྱི་སེམས་ཤུགས་དང་སྤྲོ་སེམས་ཆེན་པོ་ནི་སྐད་གཉིས་སློབ་གསོ་སྤེལ་བའི་སྒུལ་ཤུགས་སུ་གྱུར་འདུག་སྟེ། དཔེར་ན་ཁ་ན་ཁ་ཏ་གྲགས་ཆེ་བའི་སེམ་འཇུག་གི་སྐད་གཉིས་སློབ་ཁྲིད་བྱེད་ཐབས་ནི་ཐོག་མར་ཁེའུ་པེ་ཁུའི་ཕྲིན་པོ་ཐེ་གྲོང་བརྡལ་དུ་དར་བ་ལ་ཁྱིམ་བདག་གིས་རང་གི་བུ་དང་བུ་མོར་ལས་སྐལ་དང་འཚོ་བཞུགས་ཀྱི་ཆ་རྐྱེན་ལེགས་པར་བསྐྲུན་ཆེད་མ་བསྐུལ་རང་རྟོགས་ཀྱིས་ཧྥ་སྐད་སློབ་པའི་བྱ་འགུལ་སྣ་ཚོགས་སྤེལ་ཞིང་། ཕྱིས་སུ་སྲིད་གཞུང་དང་སྤྱི་ཚོགས་ཡོངས་ཀྱི་ཀ་ཁྱོ། ས་ཆེན་དང་རྒྱབ་སྐྱོར་ཐོབ་སྟབས། ཁ་ན་ཏའི་རྒྱལ་ཁམས་ཡོངས་དང་རྒྱལ་སྤྱིའི་སྐད་གཉིས་སློབ་གསོའི་ལས་རིགས་སུ་དར་ཁྱབ་བྱུང་བ་ཡིན་ལ། ཧྥིན་ལན་གྱི་ཧྲུ་ཧྲའི་སྐད་གཉིས་བསླབ་གཞིའང་ཐོག་མར་བུད་མེད་སྒྱོབས་སེམས་ཅན་འགས་ཆེད་མཁས་པ་ཞིག་གི་སྙན་ཞུར་ཉན་རྫེས་སྤྲོ་སེམས་ཆེར་བསྐྱེད་ཅིང་སྲིད་དོན་ལས་རིགས་ལ་སྐུལ་སློང་བྱས་ནས་རིམ་གྱིས་དར་རྒྱས་སུ་གྱུར་པ་ཡིན།[3] ཨ་རིའི་སློབ་གྲྭ་ཁ་ཤས་ཀྱི་འགོ་ཁྲིད་པ་དང་། དགེ་རྒན། བཟའ་དཔོན་རྣམས་ཀྱིས་ཀྱང་སློབ་མས་ཕྱི་སྐད་ལེགས་པར་སྦྱང་བ་ལ་དོ་ཁུར་དང་ཐུགས་སྐྱེད་གང་ལེགས་མཛད་མཐར་སྐད་གཉིས་སློབ་སྤྲོལ་དར་བ་སོགས་ལས་ས་གནས་དམངས་ཁྲོད་ཀྱི་རང་རྟོགས་དང་སློབ་གྲྭའི་རྒྱབ་སྐྱོར་བཅས་ནི་སྐད་གཉིས་སྤེལ་བའི་སྒུལ་ཤུགས་སུ་གྱུར་འདུག་པ་ཤེས་ནུས་སོ། །

(༢) སློབ་མས་སྐད་བརྡ་སློབ་པའི་ལོ་ཚོད་དམ་འཛིན་དང་ཐབས་ཤེས་ལ་མཐོང་ཆེན་བྱེད་པ་སྟེ། CALརྟོག་དཔྱོད་བྱས་པའི་རྒྱལ་ཁབ་བཅུ་དགུ་ཁྲོད་དུ་རྒྱལ་ཁབ་བདུན་གྱིས་སློབ་མར་ལོ་བདུན་ནས་ཕྱི་སྐད་སློབ་པར་རེ་འདོན་དང་། རྒྱལ་ཁབ་བརྒྱད་ཀྱིས་སློབ་ཆུང་གི་ལོ་རིམ་མཐོ་གྲས་ནས་ཕྱི་སྐད་སློབ་པར་བསྐུལ་བ[4]དང་། ས་ཁུལ་མང་ཤོས་ཀྱིས་སློབ་གྲྭ་རུ་ཕྱི་སྐད་གཉིས་པ་སྦྱང་དུ་བཅུག་པ་རྣམས་བྱིས་པར་ཆུང་དུས་ནས་ཕྱི་ཡིག་སྦྱང

བར་བསྒྲུབ་ན་ཕན་ནུས་ཆེ་ཞིང་གྲུབ་འབྲས་མངོན་གསལ་ཡིན་པ་དང་། ཞར་ལ་དགེ་རྒན་གྱིས་ཀྱང་ནང་དོན་གང་དང་གང་དག་ཁྲིད་པ་ལ་མི་སེམས་པར་ཕྱི་སྐད་ཅིག་ཇི་ལྟར་ཁྲིད་པའི་ཐབས་ལ་འབད་ནས། སློབ་མ་ལ་སྤུན་སྣང་མེད་ཅིང་རྟག་སྦྱོར་བརྩོན་སེམས་བསྐྱེད་པ་དང་། ལྟ་རྒྱ་དང་ཐོས་རྒྱ་ཟུང་འབྲེལ་དང་། སྨྲ་བརྗོད་དང་འབྲི་ཀློག་སྦྲགས་མར་སྤེལ་བའི་ཐབས་དང་ནུས་རྩལ་སྐྱེད་སྲིང་བྱ་རྒྱུ་ནི་སྐད་གཉིས་སློབ་ཁྲིད་ཀྱི་གནད་ཅིག་ཡིན་པར་འཁུམས་འདུག་གོ །

(༣) དགེ་རྒན་གྱི་སྐྱེད་སྲིང་ལ་གཟབ་ནན་གྱི་ལྟ་སྟངས་བཏོན་ནས་ཐུས་ཚད་མཐོར་འདེགས་པ་སྟེ། གཟབ་ནན་གྱི་སྦྱོང་བརྡར་ཐོབ་པའི་དགེ་རྒན་གྱི་དཔུང་ཁག་ནི་སྐད་གཉིས་སློབ་ཁྲིད་ལ་ཕན་ནུས་ལེགས་པོ་འབྱུང་བའི་རྩ་བའི་རྒྱུ་རྐྱེན་ཡིན་ཙ་ན། མོ་ལོ་ཀོ་ཏུ་དཔེར་ན་སྐད་ཀྱི་དགེ་རྒན་རྣམས་སློབ་གྲྭ་ཆེན་མོའི་ལོ་བཞི་ཡི་དངོས་གཞི་བརྒྱུད་པ་ལ་ངེས་པར་ལོ་གཅིག་གི་རྩོམ་རིག་དང་སྐད་བརྡ་རིག་པའི་ཤེས་བྱ་འཛོམ་དགོས་པ་མ་ཟད། རྗེས་སོར་ཡང་ལོ་གཅིག་ལ་སྐད་བརྡ་སློབ་ཁྲིད་བྱེད་ཐབས་སྐོར་གྱི་ཤེས་བྱ་ལ་ཟབ་འཇུག་བྱེད་པར་སྦྱལ་སྦྱོང་བྱེད་པ་དང་། ཇོ་ལན་དང་དབྱིན་ཇིས་དགེ་ཐོན་སློབ་མ་ཕྱི་རྒྱལ་དུ་ལས་ཀ་དང་སློབ་སྦྱོང་བྱེད་དུ་མངགས་པ་རྣམས་དོན་དུ་རིག་གཞུང་གི་སློབ་སྦྱོང་དང་། ཕྱི་སྐད་ཀྱི་བྱང་རྩལ་དང་ནུས་པ། སློབ་ཁྲིད་ཀྱི་ལག་ལེན་དང་བྱེད་ཐབས་སོགས་སྦྲགས་མར་སྤེལ་ནས་དགེ་རྒན་གྱི་ཐུས་ཚད་མཐོར་འདེགས་པའི་ཐབས་ལ་གཟབ་གཟབ་མཛད་པ་ཡིན་ནོ། །

(༤) སློབ་ཁྲིད་ཀྱི་དཔེ་གཞིའམ་བྱེད་ཐབས་སྣ་ཚོགས་དང་སྐབས་བསྟུན་གྱི་སློབ་ཁྲིད་བཀོད་སྒྲིག་ལ་བརྟེན་ནས་སློབ་ཁྲིད་ཀྱི་ཕན་ནུས་གཟེངས་སུ་འདེགས་པ་སྟེ། མིག་སྔར་རྒྱུན་མཐོང་གི་སྐད་གཉིས་སློབ་ཁྲིད་ཀྱི་དཔེ་གཞི་ལ་རིགས་བཅུ་ཕྲག་དུ་མ་ཡོད་པ་ལས། ཆེས་རྒྱུགས་ཆེ་བ་ནི་ཁ་ན་ཏ་ཏུ་དར་བའི་སེམ་འཇུག་གི་དཔེ་ཁྲིད་བྱེད་ཐབས་ཡིན་ལ། ཐབས་འདིའང་ལག་ལེན་དུ་སྦྱོར་སྐབས། དགེ་རྒན་ནམ་གཞན་པའི་མཐུན་རྐྱེན་དང་བསླབ་ཚན་རེ་རེ་བ་སོ་སོའི་ཁྱད་ཆོས་དང་བསྟུན་པ་ལས། གཟབ་ནན་གྱི་ཚད་གཞི་ཞིག་ཇི་ལྟར་ཐག་གཅོད་པ་དང་། བསླབ་གཞི་གང་ལ་སྐད་བརྡ་དང་པོ་དང་གང་ཞིག་ལ་སྐད་བརྡ་གཉིས་པ་སྦྱོད་པ། དུས་ནམ་ཞིག་ནས་སྐད་བརྡ་གཉིས་པའི་སྤྱོད་འགོ་ཚུགས་པ། བསླབ་

གཞི་གང་ཞིག་སྐྱོད་རྒྱུ་དང་། དུས་ཚོད་ཇི་ལྟར་བཀོད་སྒྲིག་བྱེད་པ་སོགས་ལ་ཚད་ལྡན་གྱི་དཔེ་གཞི་གཏན་ཆགས་ཤིག་མེད་པར་སྐབས་བསྟུན་སྐྱོད་པའི་ཉ་སྤེལ་བ་དང་། བྱེ་བྲག་པའི་སློབ་ཁྲིད་བྱེད་ཐབས་ལྟར་ན་འང་། དགེ་རྒན་གཙོར་བྱས་སློབ་མ་གཞན་དབང་དུ་བཙུན་པའི་སྲོལ་རྒྱུན་གྱི་ཁྲིད་ཐབས་དོར་ནས། རིམ་གྱིས་ཕན་ཚུན་བརྗེ་རེས་དང་རིག་གནས་ཐོད་བརྒལ་གྱི་ཁྲིད་ཐབས་སྤེལ་བ་འདིས་ཀྱང་། ཚད་ངེས་ཅན་ཞིག་གི་སྟེང་དུ་སློབ་ཁྲིད་ཀྱི་དམིགས་འབེན་དང་། ཛ་གནད། བསླབ་གཞིའི་སྒྲིག་འགོད་སོགས་ལ་སྒྱུར་བཀོད་ཐེབས་ཡོད་པ་དང་ཆབས་ཅིག སློབ་ཁྲིད་བྱེད་ཐབས་སྟེང་དུའང་སློབ་མར་དྲན་སློང་དང་ནུས་རྩལ་རྟོག་འདོན་གྱི་གོ་སྐབས་མང་དུ་གནང་ནས། རང་རྒྱུད་ཀྱི་འཚོལ་རྟོག་དང་ཤེས་ཡོན་གསར་སྐྱེད་ཀྱི་ནུས་ཤུགས་སྐྱེད་སྲིང་བྱེད་པ་ག ཙིགས་སུ་འཛིན་པར་བྱེད་དོ། །

(༥) དེང་རབས་ཅན་རིག་གི་སྒྱུན་ཆས་རྒྱ་ཆེར་སྤྱད་དེ་སློབ་ཁྲིད་ལ་གཞོགས་འདེགས་བྱེད་པ་སྟེ། རྒྱལ་ཁབ་ཕལ་ཆེ་བས་སློབ་ཁྲིད་ལ་གཞོགས་འདེགས་བྱེད་པའི་ཐབས་ཆས་སུ་མཉམ་སྦྲེལ་དྲ་རྒྱ་དང་། རིག་གཞུང་ཀུན་འདུས་ཀྱི་ཚིག་མཛོད། འོད་སྡེར། ཕྱི་སྐད་ཀྱི་བརྙན་འཕྲིན་སོགས་སྤྱད་ནས་སློབ་མས་ཕྱི་སྐད་སྦྱོང་བར་རིག་གནས་ཆ་འཕྲིན་གྱི་མཐུན་རྐྱེན་ལེགས་པར་སྦྱོར་བ་དང་། ཏེན་མག་སོགས་སུ་དབྱིན་སྐད་ཀྱི་དགེ་རྒན་རྣམ་པས་དབྱིན་ཇི་དང་ཨ་རིའི་གློག་བརྙན་དང་། བརྙན་འཕྲིན། གློག་ཀླད་ཀྱི་རྩེད་ཆས། བརྙན་པར་རོལ་དབྱངས་སོགས་རྒྱུན་སྤྱོད་འཚོ་བའི་རྒྱུ་ཆ་རྣམས་ཀྱང་སློབ་ཁྲིད་ཀྱི་ཐབས་ཆས་སུ་སྤྱོད་ཅིང་། གློག་རྟུལ་བརྡ་འཕྲིན་སོགས་ཀྱི་ཐབས་ལམ་ལ་བརྟེན་ནས་ཕྱི་སྐད་རྫོད་མཁན་ལ་འབྲེལ་འདྲིས་དང་ཕན་ཚུན་ལ་ཞལ་ཏ་གནང་རེས་བྱེད་པ་སོགས་མདོར་ན་དགེ་རྒན་རྣམས་ཀྱིས་དེང་རབས་ཅན་རིག་གི་སྒྱུན་ཆས་ལག་རྩལ་གསར་དུ་འདོན་སྤེལ་སྔོས་སློབ་མས་ཕྱི་སྐད་སྦྱོང་བ་ལ་མཐུན་རྐྱེན་བསྐྲུན་ཅིང་སྐད་གཉིས་སློབ་ཁྲིད་ལ་གཞོགས་འདེགས་ཀྱི་ནུས་པ་ཆེན་པོ་འདོན་བཞིན་ཡོད་དོ། །

གཉིས། རང་རྒྱལ་གྱི་སྐད་གཉིས་སློབ་གསོ།

རང་རྒྱལ་ནི་མི་རིགས་མང་པོ་གཅིག་འདུས་ཀྱིས་གྲུབ་པའི་རྒྱལ་ཁབ་ཅིག་ཡིན་ལ།

མི་རིགས་སོ་སོའི་སྤྱི་ཚོགས་དང་། དཔལ་འབྱོར། རིག་གནས་བཅས་ཀྱི་འཕེལ་འགྱུར་མི་འདྲ་བའི་རྐྱེན་གྱིས་སོ་སོར་སྐད་གཉིས་སློབ་གསོ་བྱུང་འཕེལ་གྱི་ལོ་རྒྱུས་ཀྱང་མི་འདྲ་བ་རེ་ཡོད་ཀྱང་། ཆེ་ཕྱོགས་སུ་དམིགས་ན་མི་རིགས་ཆེན་མོའི་སྐད་གཉིས་སློབ་གསོ་དང་གྲངས་ཉུང་མི་རིགས་ཀྱི་སྐད་གཉིས་སློབ་གསོ་བཅས་གཉིས་ལས་མ་འདས། མི་རིགས་ཆེན་མོ་སྟེ་རྒྱ་ནག་གི་སྐད་གཉིས་སློབ་གསོ་ནི་གཙོ་བོ་ཕྱི་སྐད་དང་རྒྱ་སྐད་ཉིས་སྦྲགས་ཀྱི་སྐད་གཉིས་སློབ་གསོ་ཡིན་ལ། དེ་ཡང་ལོ་རྒྱུས་ལྟར་ན། ཆིང་རྒྱལ་རབས་ནས་དར་སྲོལ་ཆེ་ཙམ་བྱུང་ཞིང་། ༡༨༦༢ ལོར་གཏང་ཤེ་མཐུན་ཡིག་ཁང་(京师同文馆)དུ་ཕྱི་གླིང་བ་དང་མཉམ་དུ་རྒྱ་དབྱིན་སྐད་གཉིས་ཀྱི་སློབ་ཁྲིད་སྦྲགས་མར་སྤེལ་བ་ནི་རྒྱ་དབྱིན་སྐད་གཉིས་སློབ་གསོའི་དབུ་བརྙེས་ཚུལ་ཙམ་དུ་ངེས། དོན་དམ་གྱི་སྐད་གཉིས་སློབ་གསོ་ནི་དུས་རབས་ཉི་ཤུ་བའི་སྟོད་ཀྱི་ཆར་ཕྱི་གླིང་གི་ཆོས་ལུགས་པ་རྣམས་ཀྱིས་རྒྱ་ནག་ཏུ་སློབ་གྲྭ་བཙུགས་པ་ནས་འགོ་བཙམས་ཤིང་། བཤད་རྒྱུན་ལ་ཆེས་སྔ་བ་ཧུའུ་ནན་ཡ་ལིས་སློབ་འབྲིང་(雅礼中学)གི་རྒྱ་དབྱིན་སྐད་གཉིས་ཀྱི་སློབ་ཁྲིད་དེ་ཡིན་པ་དང་། དེའི་རྗེས་སུ་གྲགས་ཆེ་བའི་ཆོས་ཚོགས་སློབ་གྲྭ་ཆེན་མོ་དང་དེ་དག་གི་ཁོངས་གཏོགས་སློབ་འབྲིང་དང་སློབ་ཆུང་མང་ཙམ་སྤེལ་བ་དག་ལས། སློབ་ཆུང་ནས་སློབ་ཆེན་བར་དུ་འཐུས་སྒྲོ་ཚང་ཞིང་གྲུབ་འབྲས་ཀྱང་མངོན་གསལ་ལྡངས་པ་ནི་ཧྲིན་ཡོ་ཧན་སློབ་གྲྭ་ཆེན་མོ(圣约翰大学)དང་དེའི་ཆར་གཏོགས་ཀྱི་སློབ་གྲྭ་ཆུང་འབྲིང་རྣམས་ཡིན་ལ། གཞན་ཅིན་ལིན་སློབ་གྲྭ་ཆེན་མོ་སོགས་ཀྱིས་སྐད་གཉིས་ཀྱི་སློབ་གསོ་སྤེལ་བ་ལའང་གྲུབ་འབྲས་མངོན་གསལ་ལྡངས་ཟིན་ཀྱང་། དེ་ལས་གཞན་པའི་ཆོས་ཚོགས་ཀྱི་སློབ་གྲྭ་ཡིན་མིན་གང་རུང་དག་གིས་སྐད་གཉིས་སློབ་ཁྲིད་སྤེལ་བ་རྣམས་ཚད་ལྡན་མ་ཡིན་ཞིང་གྲུབ་འབྲས་ཀྱང་ལེགས་པོ་འབྱུང་མ་ཐུབ། ༡༩༤༩ ལོ་དང་ལྷག་པར་༡༩༧༨ ལོ་ནས་བཟུང་། རང་རྒྱལ་སྲིད་གཞུང་གིས་རིགས་སོ་སོའི་མི་དམངས་ཀྱི་ཁེ་ཕན་གཞིར་བཟུང་ནས། སློབ་གསོ་དེ་དཔལ་འབྱོར་འཛུགས་སྐྲུན་ལ་ཞབས་འདེགས་ཞུ་ཆེད་དུ་སྤེལ་ཞིང་ཐོན་སྐྱེད་ངལ་རྩོལ་དང་ཟུང་འབྲེལ་བྱེད་དགོས་པའི་སྣང་ཚུལ་བརྟན་པ་དང་། དུས་མཚུངས་སུ་བཅའ་ཁྲིམས་དང་མི་རིགས་ས་གནས་རང་སྐྱོང་གི་ཁྲིམས་ཡིག་ནང་དུ། མི་རིགས་སོ་སོར་རང་ཉིད་ཀྱི་སྐད་དང་ཡི་གེ་བཀོལ་སྤྱོད་ཀྱི་རང་དབང་ཐོབ་པས། རྒྱལ་ནང་གི་སྐད་གཉིས་སློབ་གསོའི་ལས་དོན་ལ་འཕེལ་རྒྱས་ལེགས་པོ་

བྱུང་། ཐོག་མར་ཕྱི་འོང་མི་སྣས་བསྐྱུབས་པའི་སྒེར་ཚུགས་ཀྱི་སློབ་གྲྭའམ་མཉམ་འབྲེལ་གྱི་སློབ་གྲྭ་དང་དམངས་སྒྲུབ་སློབ་གྲྭ་ཁ་ཤས་ནས་དཔེ་གཞིའམ་བྱེད་ཐབས་གསར་བ་རྒྱལ་ནང་དུ་སྤེལ་བ་དང་། རྒྱལ་ནང་གི་སློབ་གྲྭ་ཁ་ཤས་དང་ལྷག་པར་བུ་བཙོལ་ཁང་དང་སློབ་གྲྭ་ཆུང་འབྲིང་དག་གིས་སློབ་མའི་ཐོན་ཁུངས་ལ་དམིགས་ནས“ སྐད་གཉིས་སློབ་ཁྲིད” ཀྱི་མིང་བྱུང་བཀོད་ནའང་། དོན་དངོས་སུ་ག ཚོགས་ཆེན་ཆེར་མ་ཐོབ་པ་དང་། སློབ་གསོ་པ་རེ་འགའི་ལྟ་ཚུལ་ལའང་སྐད་གཉིས་སློབ་གསོ་ནི་ཕྱི་སྐད་ལ་ཤུགས་སྣོན་བྱེད་པ་ཙམ་དང་རྒྱ་དབྱིན་སྐད་གཉིས་ཀྱི་བརྡ་སྦྱོར་ཙམ་དུ་འདོད་པ་ལས་དེའི་དོན་དངོས་ཀྱི་དགེ་མཚན་སོགས་ལ་ཞིབ་དཔྱོད་མཛད་མཁན་ཤིན་ཏུ་ཉུང་། ཉེ་བའི་ལོ་ཉི་ཤུའི་རིང་ལ་སློབ་གསོ་གཙོ་གཉེར་གྱི་སྡེ་ཁག་ཡོངས་ནས་སྐད་གཉིས་སློབ་གསོར་མཐོང་ཆེན་མཛད་པ་ནས་བཟུང་། སྐད་གཉིས་སློབ་གསོ་ནི་རང་རྒྱལ་གྱི་ཕྱི་སྐད་སློབ་གསོར་བཅོས་སྒྱུར་བྱེད་པའི་ཐབས་ལམ་མཆོག་ཅིག་ཏུ་བརྩིས་ནས་ཡུལ་གྲུ་ཀུན་ནས་དེ་ལ་ཕན་འབྲས་ཀྱི་རེ་ལྟོས་དང་མིག་ཞགས་རིང་དུ་རྒྱང་བཞིན་ཡོད་དེ། དཔེར་ན་ཀོང་ཀྲུང་གི་མཐོ་འབྲིང་ཁ་ཤས་སུ་བསླབ་ཚན་ཕལ་ཆེ་བར་དབྱིན་སྐད་སྤྱོད་ཅིང་། དམའ་འབྲིང་དང་མཐོ་འབྲིང་མཐར་ཕྱིན་པ་ལ་དབྱིན་སྐད་ཀྱི་ཁ་རྒྱུགས་སྤྲོད་དགོས་པ་དང་། ཐན་ཀྲུང་དུ་སློབ་ཆུང་གི་སྐད་གཉིས་སློབ་ཁྲིད་བཅོས་སྒྱུར་བྱེད་པའི་ལས་གཞི་སྤེལ་བཞིན་ཡོད་པ་དང་། ཆེན་ཏོ་གྲོང་ཁྱེར་དུ་དབྱིན་སྐད་སློབ་ཁྲིད་ཀྱི་བརྡ་ཐབས་གཙོ་བོར་བཀོད་དེ་སློབ་གྲྭ་ཆུང་འབྲིང་དུ་ཁྱབ་གདལ་དུ་གཏོང་བཞིན་ཡོད་པ་དང་། ཧྲང་ཧེ་གྲོང་ཁྱེར་དུ༢༠༠༡ལོའི་ཟླ༤པའི་ཟུང་གཞི་སློབ་གསོ་བྱ་བའི་ཚོགས་འདུ་སྟེང་དུ་སྐད་གཉིས་སློབ་གསོའི་ཚོད་ལྟའི་སློབ་གྲྭ༡༠༠འཛུགས་གྲབས་བྱས་ཤིང་། སློབ་ཆུང་གི་ལོ་རིམ་དང་པོ་ནས་བཟུང་དབྱིན་སྐད་ཀྱི་སློབ་ཁྲིད་བཀོད་ཅིང་མཐོ་འབྲིང་གི་མཐར་ཕྱིན་སློབ་མས་དབྱིན་སྐད་ཀྱིས་འབྲེལ་འདྲིས་བྱེད་ཐུབ་པར་བསྒྲོན་སེམས་བསྟན། སྡོམ་རྩིས་བྱས་པ་ལྟར་ན། ༢༠༠༣ལོའི་བར་ཧྲང་ཧེ་གྲོང་ཁྱེར་དུ་སློབ་གྲྭ་ཆུང་འབྲིང༢༨༥ཡིས་སྐད་གཉིས་སློབ་གསོའི་ཚོད་ལྟ་དང་ཞིབ་འཇུག་གི་ལས་གཞི་སྤེལ་བ་དང་། དགེ་རྒན༢༥༠༠དང་སློབ་མ༥༠༠༠༠ལྷག་སྐད་གཉིས་སློབ་ཁྲིད་ཀྱི་ཚོད་ལྟ་ལ་ཞུགས། དུས་རབས་ཉེར་གཅིག་པ་ནས་བཟུང་། རང་རྒྱལ་སྲིད་གཞུང་གིས་དཔལ་འབྱོར་འཛམ་གླིང་ཅན་དང་ཚན་རྩལ་གསར་བརྗེའི་འགྲན་རྩོད་ལ་དམིགས་ཤིང་། སློབ་

གསོ་དེང་རབས་ཅན་ལ་ཁ་ផྱོགས་པ་དང་། འཛམ་གླིང་ལ་ཁ་ཕྱོགས་པ། མ་འོངས་པར་ཁ་ཕྱོགས་པའི་བླང་བྱ་བཏོན་པ་ལྟར། རྒྱལ་ཁབ་སློབ་གསོ་པུས་རྒྱལ་ནང་གི་སློབ་གྲྭ་ཆེན་མོ་གཙོ་ཤོས་དག་གིས་ཀྱང་རིམ་གྱིས་བསླབ་ཚན་ཁ་ཤས་དབྱིན་སྐད་ལ་བརྟེན་ནས་ཁྲིད་དགོས་པར་ཐག་བཅད་ཅིང་། ༢༠༠༡ལོར《མཐོ་རིམ་སློབ་གྲྭའི་དངོས་གཞི་སློབ་མའི་སློབ་ཁྲིད་བྱ་བར་ཤུགས་བསྣན་ཏེ་སློབ་ཁྲིད་ཀྱི་སྤུས་ཚད་མཐོར་འདེགས་པའི་བསམ་ཚུལ་འགའ》དངོས་སུ་འགྲེལ་སྤྱིལ་བྱས་ལ། དེའི་ནང་དུ་དངོས་གཞི་སློབ་མའི“སློབ་ཁྲིད་ཀྱི་སྤུས་ཚད་མཐོར་འདེགས་དང་སྐད་གཉིས་སློབ་ཁྲིད་ལ་སྐུལ་འདེད་བྱེད་པའི”བླང་བྱ་བཏོན་པ་མ་ཟད། བྱེ་བྲག་ཤུགས་སྟོན་ཐབས་ཀྱི་དོན་ཚན་བཅུ་གཉིས་ནང་དུའང་། མཐོ་རིམ་སློབ་གྲྭ་སོ་སོས་ལོ་གསུམ་ནང་སྐད་གཉིས་ཀྱི་བསླབ་ཚན༥% ནས༡༠% འཛུགས་དགོས་པའི་འཆར་བཀོད་གནང་། དུས་མཚུངས་སུ་སློབ་གྲྭ་སོ་སོ་ནས་ཀྱང་དེང་རབས་སྤྱི་ཚོགས་ཀྱི་འཕེལ་འགྱུར་དང་ཚན་རྩལ་དར་རྒྱས་ཀྱི་དགོས་མཁོ་དང་བསྟུན་ནས་རང་ནུས་ཅི་ལྷོགས་ཀྱིས་སྤུས་ཚད་མཐོ་ཞིང་འཛོན་ཐང་ལྡན་པའི་སྐད་གཉིས་སྨྲ་བའི་ཤེས་ལྡན་མི་སྣ་སྐྲིད་སྲིང་བྱེད་པར་ཧུར་བརྩོན་བྱེད་བཞིན་ཡོད་དེ། དཔེར་ན་པེ་ཅིན་སློབ་གྲྭ་ཆེན་མོ་དང་། ཆིན་ཧྭ་སློབ་གྲྭ་ཆེན་མོ། ཀྲེ་ཅང་སློབ་གྲྭ་ཆེན་མོ་སོགས་སློབ་གྲྭ་གྲགས་ཆེན་ཕལ་ཆེ་བས་དབྱིན་ཡིག་རྒྱང་རྒྱང་གི་བསླབ་དེབ་སྤྱོད་ཅིང་སྐད་གཉིས་སློབ་ཁྲིད་ཀྱི་བསླབ་ཚན་བཅུ་ནས་བརྒྱ་ལྷག་བཀོད་པ་དང་། ༢༠༠༩ལོའི་ཟླ༩པར་ཧྭ་ཏུང་དགེ་ཐོན་སློབ་གྲྭ་ཆེན་མོ་རུ་རྒྱལ་ཡོངས་ཀྱི་སྐད་གཉིས་སློབ་གསོའི་ཞིབ་འཇུག་བགྲོ་གླེང་གི་ཚོགས་འདུ་བསྡུས་ཤིང་། ལོ་དེའི་ཟླ༡༢པར་སློབ་གསོ་པུས་རྒྱལ་ཡོངས་ཀྱི་སྤྱིར་བཏང་མཐོ་རིམ་སློབ་གྲྭའི་དངོས་གཞི་སློབ་མའི་སློབ་ཁྲིད་བྱ་བའི་ཚོགས་འདུ་ཐེངས་གཉིས་པ་བསྡུས་ཏེ། དངོས་གཞི་སློབ་མའི་སློབ་ཁྲིད་ཀྱི་བྱ་བ་སྤྱི་དང་བྱེ་བྲག་སྐད་གཉིས་སློབ་ཁྲིད་ཀྱི་བྱ་བ་སྤར་བས་དམ་འཛིན་བྱེད་པར་ཐབས་ཇུས་གང་ལེགས་བཏོན། ༢༠༠༥ལོར་སློབ་གསོ་པུས《མཐོ་རིམ་སློབ་གྲྭས་དངོས་གཞི་སློབ་མའི་སློབ་ཁྲིད་ཀྱི་བྱ་བར་སྔར་ལས་ཤུགས་སྣོན་དགོས་པའི་བསམ་ཚུལ་འགའ》ཞེས་པ་བཀྲམ་ནས། “སྐད་གཉིས་སློབ་ཁྲིད་ཀྱི་བསླབ་གཞིའི་སྤུས་ཚད་མཐོར་འདེགས་པ་དང་། མུ་མཐུད་དུ་སྐད་གཉིས་སློབ་ཁྲིད་ཀྱི་བསླབ་ཚན་ཇེ་མང་དུ་གཏོང་དགོས་པར”བླང་བྱ་བཏོན། ༢༠༠༨ལོའི་ཟླ༨པར་ཕྲང་ཧེ་འགྲིམ་འགྲུལ་སློབ་གྲྭ་ཆེན་མོ་

ཆ། ཁན་ཏའི་སེམ་འཇུག་བྱེད་ཐབས་ཀྱི་སློབ་གསོ་དང་ཀྲུང་གོའི་སྐད་གཉིས་སློབ་ཁྲིད་ཅེས་པའི་རྒྱལ་སྤྱིའི་རིག་གཞུང་ཞིབ་འཇུག་གི་བགྲོ་གླེང་ཚོགས་འདུ་བསྡུས་པ་དང་། ནན་ཅིན་དགེ་ཐོན་སློབ་གྲྭ་ཆེན་མོ་དང་ཞེ་མེན་སློབ་གྲྭ་ཆེན་མོ་སོགས་ཀྱི་ཆེད་མཁས་པ་དང་དགེ་རྒན་ཆེན་མོ་མང་ཙམ་གྱིས་ཁན་ཏ་དང་སིང་ཀ་ཕོར་གྱི་སྐད་གཉིས་སློབ་གསོར་ཞིབ་འཇུག་དང་དེ་དག་ལས་ཉམས་མྱོང་ཕུན་སུམ་ཚོགས་པ་བསྡུ་ལེན་མཛད་པ་འདིས་ཀྱང་འབྱུང་འགྱུར་རང་རྒྱལ་གྱི་སྐད་གཉིས་སློབ་གསོ་ལེགས་པར་སྤེལ་བ་ལ་ སྔ་ན་མེད་པའི་རྨང་གཞི་བཏིང་པོ་བཙུགས་སོ། །

རང་རྒྱལ་གྱི་གྲངས་ཉུང་མི་རིགས་ཀྱི་སྐད་གཉིས་སློབ་གསོ་ནི་སྤྱིར་སྤྱི་ཚོགས་ཀྱི་རིག་གནས་ལོ་རྒྱུས་དང་རང་བྱུང་ཁོར་ཡུག་གི་རྒྱུ་རྐྱེན་སྣ་ཚོགས་པའི་དབང་གིས་གྲངས་ཉུང་མི་རིགས་སོ་སོའི་སྐད་ཡིག་དང་། རྒྱ་སྐད། དབྱིན་སྐད་ཀྱི་སློབ་ཁྲིད་སྤེལ་སྟངས་དང་། ཡང་ན་གྲངས་ཉུང་མི་རིགས་ཕན་ཚུན་གྱི་སྐད་བརྡ་དང་ཡུལ་སྐད་ཕན་ཚུན་བར་དུ་འབྱུང་ཞིང་སྣང་ཚུལ་རྙོག་འཛིང་ཅན་དུ་ངེས་ན་ཡང་། དེ་ལས་ཀྱང་ཆེས་གསལ་ཆེ་ཞིང་ཁྱབ་རྒྱ་ཡངས་ལ་ལོ་རྒྱུས་ཀྱི་རྒྱུན་རིང་བ་ནི་མི་རིགས་རང་གི་སྐད་ཡིག་དང་རྒྱ་སྐད་དག་གི་སློབ་གསོ་སྤེལ་སྟངས་སུ་མངོན་འདུག་སྟེ། ལོ་རྒྱུས་ལྟར་ན་ཧན་རྒྱལ་རབས་ནས་བཟུང་། རྒྱ་སྐད་ནི་རང་རྒྱལ་གྱི་མི་རིགས་ཕན་ཚུན་འབྲེལ་འདྲིས་བྱེད་པའི་སྤྱི་སྤྱོད་ཀྱི་བརྡ་སྐད་དུ་གྱུར་ཅིང་། ཐང་རྒྱལ་རབས་ཀྱི་སྐབས་ཙ་ན་ཙུང་ཟད་རྒྱུགས་ཆེ་བར་འཕེལ་བ་དང་། ཕྱིས་འབྱུང་གི་རྒྱལ་རབས་དུ་མ་དང་ཉེ་རབས་ཀྱི་ཆིང་རྒྱལ་རབས་སོགས་སུའང་དར་རྒྱས་ལེགས་ཙམ་བྱུང་ན་ཡང་། དེ་རྣམས་མཐོ་རིམ་སྤྱི་ཚོགས་དང་། ཆོས་ལུགས། ཁེ་ཚོང་མི་སྣའི་འབྲེལ་འདྲིས་ཁྲོད་དུ་བྱུང་བའི་སྐད་གཉིས་སྣང་ཚུལ་ཙམ་ལས་སྐད་གཉིས་སློབ་གསོའི་སྤེལ་སྟངས་དངོས་ཤིག་མ་རེད། དེང་རབས་ཀྱི་ངག་རྒྱུན་སྟེང་གི་གྲངས་ཉུང་མི་རིགས་ཀྱི་སྐད་གཉིས་སློབ་གསོ་ནི་༡༩༨༡ལོའི་ཟླ་༩ཚེས་༡༢ཉིན་ལྷ་ཁར་འགོག་མི་རིགས་འཐབ་ཕྱོགས་གཅིག་གྱུར་གྱི་མི་སྣ་སྙིད་སྲིད་བྱེད་ཆེད་ཡན་ཨན་མི་རིགས་སློབ་གླིང་བཙུགས་ནས་རྒྱའི་སྐད་ཡིག་དང་། གྲངས་ཉུང་མི་རིགས་ཀྱི་སྐད་ཡིག ས་རྒྱུས། ལོ་རྒྱུས་བཅས་ཀྱི་བསླབ་གཞི་བཀོད་པ་ནས་འགོ་བཙམས་པ་ཡིན། ཀྲུང་གོ་གསར་པ་དབུ་བརྙེས་རྗེས། ཏང་དང་སྲིད་གཞུང་གིས་རང་རྒྱལ་གྱི་གྲངས་ཉུང་མི་རིགས་ཀྱི་སྐད་དང་ཡི་གེའི་ཐོབ་ཐང་དང་སྐད་གཉིས་སློབ་

གསོར་འགན་སྲུང་བྱེད་ཆེད་ཁྲིམས་སྲོལ་དང་སྲིད་ཇུས་སྣ་ཚོགས་བཟོས་གྲོང་སྟེ། ༡༩༥༡ལོའི《རྒྱལ་ཡོངས་ཀྱི་མི་རིགས་སློབ་གསོའི་ཚོགས་འདུ་ཐེངས་དང་པོ་སྐོར་གྱི་སྙན་ཞུ》དང་། ༡༩༥༢ལོའི《ཀྲུང་ཧྭ་མི་དམངས་སྤྱི་མཐུན་རྒྱལ་ཁབ་ཀྱི་ས་གནས་རང་སྐྱོང་གི་དངོས་འཐེབས་རྩ་གནད》སོགས་སུ་གྲངས་ཉུང་མི་རིགས་སོ་སོར་རང་ཉིད་ཀྱི་སྐད་དང་ཡི་གེ་སྤྱད་ནས་སློབ་གསོ་སྤེལ་བའི་དབང་ཆ་སྤྲད་པ་དང་། རྒྱའི་སྐད་ཡིག་དང་གྲངས་ཉུང་མི་རིགས་ཀྱི་སྐད་ཡིག་བར་གྱི་འབྲེལ་བ་གསལ་བོར་བསྟན་པས། ཀུན་ནས་ཀྱང་རིམ་གྱིས་གྲངས་ཉུང་མི་རིགས་ཀྱི་སྐད་གཉིས་སློབ་གསོ་ལ་ཐུགས་ཁུར་ཡང་དག་མཛད་ཀྱང་། ལོ་ངོ་བཅུའི་རིག་གནས་གསར་བརྗེའི་གོད་ཆག་ནང་དུ་སྐད་གཉིས་སློབ་གསོའི་ལས་དོན་ཀུན་ཡོངས་སུ་ཉམས་རྒུད་པར་གྱུར། བཅོས་སྒྱུར་སྒོ་འབྱེད་ཀྱི་རྗེས་སུ། ཏང་དང་སྲིད་གཞུང་གིས་རྒྱལ་ཁབ་རིམ་པའི་བཅའ་ཁྲིམས་དང་། མི་རིགས་ས་གནས་རང་སྐྱོང་གི་ཁྲིམས་སྲོལ། སྤྱི་སྤྱོད་སྐད་ཡིག་གི་ཁྲིམས་ལུགས་བཅས་དང་། སློབ་གསོ་ཕྱུའུ་དང་རང་སྐྱོང་ལྗོངས་སམ་ཞིང་ཆེན་རིམ་པ་དང་། ཐན་རང་སྐྱོང་ལུལ་དང་རྫོང་རིམ་པའི་རྒྱལ་སྐད་དང་གྲངས་ཉུང་མི་རིགས་ཀྱི་སྐད་ཡིག་སློབ་གསོ་ལ་འབྲེལ་ཡོད་ཀྱི་ཁྲིམས་སྲོལ་དང་སྲིད་ཇུས་སྣ་ཚོགས་གཏན་དུ་ཕབ་ཅིང་། ཆབས་ཅིག་ཏུ་དངོས་ཤུགས་དང་དངུལ་ཤུགས་བཏོན་ནས་རྒྱབ་སྐྱོར་ལེགས་པར་མཛད་པས། རང་རྒྱལ་གྱི་སྐད་གཉིས་སློབ་གསོའི་ལས་དོན་ཡང་བསྐྱར་དར་ཞིང་འཕེལ་རྒྱས་སུ་ཕྱིན། ལྷག་པར་༡༩༧༩ལོ་ནས་ད་ལྟའི་བར་དུ། རྒྱལ་ནང་དུ་ཀྲུང་གོ་གྲངས་ཉུང་མི་རིགས་ཀྱི་སྐད་གཉིས་ཁྲིད་དཔྱོད་ཚོགས་འདུའམ་རྒྱལ་སྤྱིའི་མཉམ་འབྲེལ་གྱི་སྐད་གཉིས་ཁྲིད་དཔྱོད་ཚོགས་འདུ་སོགས་རབས་དང་རིམ་པར་བསྡུས་ནས། གྲངས་ཉུང་མི་རིགས་ཀྱི་སྐད་གཉིས་སློབ་གསོའི་གནས་ཚུལ་ལམ་དམིགས་བསལ་རང་བཞིན་དང་། དཔེ་གཞིའམ་བྱེད་ཐབས། སྒྲིག་གཞི་ལམ་ལུགས་སོགས་ཀྱི་གནད་དོན་ལ་ཞིབ་དཔྱོད་གང་ལེགས་གནང་བ་དང་། ཆབས་ཅིག་ཏུ་སློབ་གྲྭ་ཆེ་འབྲིང་ཆུང་གསུམ་ནས་ཀྱང་སྐད་གཉིས་སློབ་ཁྲིད་ཀྱི་ཚོད་ལྟ་རྒྱ་ཆེར་སྤེལ་བ་ལས་གྲུབ་འབྲས་ཀྱང་མི་དམན་པ་བླངས་དང་ལེན་བཞིན་ཡོད་དེ། འདིར་ད་ལྟ་འི་གནས་བབ་སྐོར་མདོར་ཙམ་སྨྲས་ན།

༡. མི་རིགས་སོ་སོའི་ཁྱབ་སྟངས་དང་སྐད་ཡིག་གི་གནས་བབ་མི་འདྲ་བ་ལས་སྐད་གཉིས་སློབ་གསོའི་ལམ་ལུགས་དང་། དཔེ་གཞི། ཐབས་ལམ་སྣ་ཚོགས་སུ་མངོན་པ། ༢༠༠༥ལོའི་རྒྱལ་ཡོངས་ཀྱི་མི་གྲངས་རྟོམ་རྩིས་བྱས་པ་ལྟར་ན། གྲངས་ཉུང་མི་རིགས་ང་ལྔ་ལ་བསྡོམས་པས་མི་གྲངས་ཁྲི་ཚོ༡༢༣༣༣༣ཡོད་པ་རྣམས་ཀྱིས་རྒྱལ་ཡོངས་ཀྱི་སྤྱིའི་མི་གྲངས་ཀྱི༨. ༩༩% ཟིན་པ་དང་། སྡོད་གནས་ཀྱིས་རྒྱལ་ཡོངས་ཀྱི་ས་ཁྱོན་གྱི༤༩% ཟིན་ལ། ནང་སོག་དང་། བོད་ལྗོངས། ཡུ་གུར་སོགས་རང་སྐྱོང་ལྗོངས་ལྔ་དང་རང་སྐྱོང་ཁུལ་དང་རང་སྐྱོང་རྫོང་རེ་འགའ་ཙམ་ཟད་འདུས་སྡོད་ཡིན་པ་ལས། གཞན་གྲོང་བརྡལ་དང་གྲོང་ཁྱེར་ཕལ་ཆེ་ཤོས་སུ་རྒྱ་རིགས་དང་འདྲེས་ནས་བསྡད་ཡོད་ཅིང་། སྐད་དང་ཡི་གེའི་གནས་བབ་ལྟར་ན་འང་། རང་རྒྱལ་དུ་སྐད་བར་བརྒྱད་ཙུ་ལྷག་ཡོད་པ་རྣམས་འཛམ་གླིང་གི་སྐད་རྒྱུད་ཆེན་མོ་དགུའི་ནང་ཚན་བོད་རྒྱ་སྐད་རྒྱུད་དང་། ཨལ་ཐེ་སྐད་རྒྱུད། ཡ་གླིང་ལྷོ་མའི་སྐད་རྒྱུད། ཧིན་ཡོ་སྐད་རྒྱུད། ནན་ཧོ་སྐད་རྒྱུད་བཅས་ལ་གཏོགས་པ་དང་། དེ་ལས་རྒྱའི་སྐད་ཡིག་ནི་རྒྱ་དང་། ཧོར་རིགས། མཇུ་སོགས་ཀྱིས་སྤྱོད་ཅིང་། བོད་སྐད་དང་། སོག་སྐད། ཡུ་གུར་སྐད། ཧ་སག་སྐད། ཁེར་ཁི་ཙེ་སྐད། ཁྲོའོ་ཞན་སྐད། དབྱིས་སྐད། ཏའེ་སྐད། ལ་ཀུའུ་སྐད། ཅིང་ཕོ་སྐད། ཞི་པོ་སྐད། ཨུ་རུ་སི་སྐད་བཅས་མི་རིགས་རང་རང་གིས་སྤྱོད་པ་ལས་གཞན་ཏའེ་ཡིག་ལ་རིགས་བཞི་ཡོད་པ་དང་། ལི་སུའུ་དང་ཕ་རིགས་ཀྱིས་སྦྲ་སྦྱོར་ཡི་གེ་སྤྱོད་ཅིང་། གྲོང་རིགས་དང་། པའེ་རིགས། ཡའོ་རིགས་གསུམ་གྱིས་སྐབས་འགར་རང་སྐད་བརྗོད་ཀྱང་རྒྱ་ཡིག་སྤྱོད་ཤོས་ཆེ།(5) འཕེལ་སྟོབས་ལྟར་ན་འང་། ཡུ་གུར་སྐད་དང་། སོག་སྐད། བོད་སྐད། ཧ་སག་སྐད། ཁྲོའོ་ཞན་སྐད་བཅས་འཕེལ་ཚད་ལེགས་ཙམ(འཕེལ་ཚད་ཀྱི་ཁྱབ་ཁོངས༢༢༥༢༨༧དང་རྒྱ་སྐད་འཕེལ་ཚད་ཀྱི༥༤༧༡% ཟིན)དང་། ཁེར་ཁི་ཙེ་སྐད་དང་། དབྱིས་སྐད། ཏའེ་སྐད། གྲོང་སྐད། ལ་ཀུའུ་སྐད། ཅིང་ཕོ་སྐད། ཞི་པོ་སྐད། འཛང་སྐད། ཙེ་ཕ་སྐད། ལི་སུའུ་སྐད། མའོ་སྐད། པུ་ཡི་སྐད། ཕ་སྐད། ཏུང་སྐད། ཧ་ཉི་སྐད་བཅས་འཕེལ་ཚད་འབྲིང་ཙམ(འཕེལ་ཚད་ཀྱི་ཁྱབ་ཁོངས་༩༩༡༩༡་དང་རྒྱ་སྐད་འཕེལ་ཚད་ཀྱི༡༩༣༥% ཟིན)ལས་གཞན་རྣམས་འཕེལ་ཚད་ཤིན་ཏུ་ཞན(འཕེལ་ཚད་ཀྱི་ཁྱབ་ཁོངས༡༩དང་རྒྱ་སྐད་འཕེལ་ཚད་ཀྱི་བརྒྱ་ཆའི་གཅིག་ཟིན་མིན་

ཙམ) པས་ཉམས་ཉེན་ཆེ་བ་དང་། ཡང་དེ་ལས་སྐད་བརྡ་མང་ཤོས་ཤིག་ལ་ཡུལ་སྐད་ཀྱི་དབྱེ་བ་མང་ཞིང་ཁྱད་པར་མངོན་གསལ་ལྡན་པ་དང་། སྐད་བརྡ་ཉུང་ཤས་ཤིག་ལ་ཁ་སྐད་ལས་ཡིག་སྐད་མེད་པ་དང་། སྐད་བརྡ་ཉུང་ཤས་ཤིག་ལ་ཡིག་སྐད་གསར་དུ་བཟོས་ཀྱང་སྤྱོད་སྒོ་མེད་པ་དང་ཡང་ན་དེ་ལས་ལྡོག་པར་ཡིག་ཚང་གི་ཉར་ཚགས་ཙམ་ལས་ད་ལྟའི་སྤྱོད་སྒོ་ཉམས་ཟིན་པ་དང་། སྐད་ཡིག་ཕལ་ཆེ་ཤོས་ཤིག་སྤྱོད་སྒོ་ཆེ་འབྲིང་ཆུང་གསུམ་གྱི་ཚད་མི་འདྲ་བར་རྒྱ་སྐད་དང་སྦྲོས་བཅས་སུ་སྣང་། དེ་བཞིན་དུ་གྲངས་ཉུང་མི་རིགས་རྣམས་ཀྱི་རྒྱ་ཡིག་གི་སྤྱོད་སྟངས་ལྟར་ན་འང་། མི་རིགས་ཕན་ཚུན་བར་གྱི་འབྲེལ་བ་ཇེ་དམ་དུ་གྱུར་བ་དང་བསྟུན་ནས། མི་རིགས་ང་ལྔའི་ཁྲོད་དུ་མི་རིགས་དྲུག་གི་ཁོངས་མི་ཡོངས་སམ་ཕལ་ཆེ་བས་རྒྱ་སྐད་འབའ་ཞིག་སྤྱོད་བཞིན་ཡོད་པ་དང་། མི་རིགས་བཞི་བཅུ་ཙམ་གྱི་ཕལ་ཆེ་བས་རྒྱ་སྐད་ཞོར་དུ་སྤྱོད་ཅིང་། བསྡོམས་པས་མི་གྲངས་ཁྲི་༡༨༠༨ཡོད་པ་རྣམས་ཀྱིས་གྲངས་ཉུང་མི་རིགས་ཀྱི་སྐད་བརྡ་བརྗོད་པའི་སྤྱིའི་མི་གྲངས་ཀྱི༣༧. ༧% ཟིན།(6) འདི་འདྲའི་མི་རིགས་ཀྱི་ཁྱབ་སྟངས་མི་འདྲ་བ་དང་། སྐད་ཡིག་གི་འཕེལ་ཚད་དང་སྤྱོད་སྟངས་སོགས་གནས་བབ་མི་འདྲ་བའི་དབང་གིས་རང་རྒྱལ་གྱི་གྲངས་ཉུང་མི་རིགས་ས་ཁུལ་གྱི་སྐད་གཉིས་སློབ་གསོའི་ལམ་ལུགས་དང་དཔེ་གཞིའམ་ཐབས་ལམ་སོགས་ཀྱང་སྣ་ཚོགས་སུ་སྤེལ་ཡོད་དེ། ༡༩༨༥ལོར་མི་རིགས་སོ་སོའི་རིག་གནས་ལོ་རྒྱུས་དང་ཁྱབ་སྟངས་མི་འདྲ་བ་ལྟར་སྐད་ཡིག་སློབ་ཁྲིད་ཀྱི་དཔེ་གཞི་ལ་ཁྲོ་ཞན་གྱི་ལུགས་དང་། ནང་སོག་གི་ལུགས། བོད་ལྗོངས་ཀྱི་ལུགས། ཞིན་ཅང་གི་ལུགས། ལྷོ་ནུབ་ཀྱི་ལུགས། ཡིག་རྙོངས་གཙང་སེལ་གྱི་ལུགས་བཅས་དྲུག(7) ཏུ་ཕྱེ་བ་དང་། དེའི་བྱེ་བྲག་གཅིག་ལའང་ནང་གསེས་སུ་མི་རིགས་སོ་སོའི་ཁྱབ་སྟངས་ཁོར་ཡུག་དང་སྐད་ཡིག་གི་སྤྱོད་སྟངས་གནས་བབ་སོགས་མི་འདྲ་བའི་རྐྱེན་གྱིས་དཔེ་གཞི་སྣ་ཚོགས་སུ་སྣང་། མིག་སྔར་གྲངས་ཉུང་མི་རིགས་ས་ཁུལ་གྱི་སྐད་གཉིས་སློབ་ཁྲིད་ཀྱི་དཔེ་གཞི་ལྟར་ན། སྤྱིར་བཏང་དུ་ཕ་སྐད་གཙོར་བཟུང་ནས་རྒྱའི་སྐད་ཡིག་མ་གཏོགས་བསླབ་ཚན་གཞན་རྣམས་རང་སྐད་ཀྱིས་ཁྲིད་པའི་དཔེ་གཞི་དང་པོ་དང་། རྒྱ་སྐད་གཙོར་བཟུང་ནས་ཕ་སྐད་མ་གཏོགས་གཞན་པའི་བསླབ་ཚན་རྣམས་རྒྱ་སྐད་ཀྱིས་ཁྲིད་པའི་དཔེ་གཞི་གཉིས་པ་དག་རྒྱུགས་ཆེ་ཡང་། དམིགས་བསལ་གྱི་དབང་གིས་རྒྱའི་སྐད་ཡིག་ཁྲིད་པ་ལའང་ཕ་སྐད་རམ་འདེགས་སུ་སྤེལ་བ་དང་། སྐད་གཉིས་འདྲ

མཉམ་དུ་སྤྱོད་པ། སྐད་གསུམ་གྱི་དཔེ་ཁྲིད[8] སྤེལ་བ་དང་། གཞན་ཡང་ཁ་ཅིག་གིས་འབྱུང་འགྱུར་གྱི་འཆར་གཞི་དང་འཕེལ་ཕྱོགས་ལ་དམིགས་ནས་བར་བརྒྱལ་དང་ཡུན་རིང་གི་ལམ་ལུགས[9] སོགས་བཀོད་ཅིང་། ཞྭ་བྲག་པའི་ཐབས་ལམ་ལའང་ལོ་ཙཱ་བྱེད་ཐབས་དང་གཤིབ་སྡུར་བྱེད་ཐབས་སོགས་སྤེལ་བར་མ་ཟད། ཉེ་བའི་ལོ་འགའི་རིང་ལ་དེང་རབས་ཀྱི་གློག་གཟུགས་སྨྱུན་ཆས་སོགས་ཀྱང་བཀོལ་ཏེ་གང་ནུས་ཀྱིས་སྐད་གཉིས་སློབ་གསོའི་སྤུས་ཚད་མཐོ་རུ་འདེགས་བཞིན་ཡོད་དོ། །

༣. ཕྱི་ནང་གཉིས་ཀྱི་རྒྱུ་རྐྱེན་སྣ་ཚོགས་ལ་བརྟེན་ནས་སྐད་གཉིས་སློབ་གསོའི་གཞི་ཁྲིན་ཐུར་བས་ཆེར་སྐྱེད་བཞིན་ཡོད་པ། ཀྲུང་གོ་གསར་བ་དབུ་བརྙེས་པ་ནས་བཟུང་དེ་ལྟའི་བར་དུ་ཕྱོགས་གཅིག་ནས་ཏང་དང་སྲིད་གཞུང་གིས་མི་རིགས་འདྲ་མཉམ་དང་ས་གནས་རང་སྐྱོང་བྱེད་རྒྱུ་ནི་མི་རིགས་སྐད་ཡིག་བྱ་བའི་རྩ་དོན་དུ་དགོངས་ནས་རྒྱུན་འཁྱོངས་དང་། གྲངས་ཉུང་མི་རིགས་ཀྱི་སྐད་ཡིག་སློབ་སྦྱོང་དང་བཀོལ་སྤྱོད་བྱེད་པ་ནི་མི་རིགས་ཀྱི་རིག་གནས་དང་ཁེ་དབང་བདག་སྐྱོང་བྱེད་པའི་ནང་དོན་གཙོ་བོར་བཟུང་ཞིང་སྲིད་ཇུས་དང་ཁྲིམས་སྲོལ་སྣ་ཚོགས་བཟོས་ནས་སྲུང་སྐྱོང་བྱས་པ་དང་ཆབས་ཅིག རྒྱལ་ནང་གི་སྲིད་འགྱུར་རིག་གསུམ་ཚད་མཐོ་བར་གཅིག་གྱུར་དང་མི་རིགས་ཕན་ཚུན་བར་གྱི་འབྲེལ་འདྲིས་ཇི་དམ་དུ་གྱུར་པ་དང་བསྟུན་ནས་རིགས་མཐུན་ཀུན་ལ་རང་རྒྱལ་སྤྱི་སྤྱོད་ཀྱི་སྐད་ཡིག་སྟེ་རྒྱའི་སྐད་ཡིག་སློབ་པར་སྐུལ་སློང་བྱས་ནས་སྐད་གཉིས་སློབ་གསོའི་བྱ་བར་འགན་སྲུང་དང་རྒྱབ་སྐྱོར་མཛད་པ་དང་། ཕྱོགས་གཉིས་ནས་ཀྱང་དབྱུང་དང་ས་གནས་ཀྱི་རིམ་པ་སོ་སོའི་སྲིད་གཞུང་གིས་དངུལ་ཤུགས་དང་དངོས་ཤུགས་གང་ཡོད་བཏོན་ནས་སློབ་གྲྭའི་གཞི་ཁྲིན་གྱི་འཛུགས་སྐྲུན་དང་། བསླབ་གཞི་རྩོམ་སྒྲིག་དགེ་རྒན་སྐྱེད་སྲིང་། མཁོ་ཆས་སྒྲིག་འགོད་སོགས་སྐད་གཉིས་སློབ་གྲྭའི་ཆ་རྐྱེན་ལེགས་པར་སྤེལ་བ་དང་། ཕྱོགས་གསུམ་ནས་སྤྱི་ཚོགས་དཔལ་འབྱོར་གྱི་འཕེལ་འགྲོས་དང་བསྟུན་ནས་རིགས་སོ་སོའི་མི་དམངས་མང་ཚོགས་དང་སློབ་གྲྭ་རང་སྟེང་ནས་ཀྱང་སྐད་གཉིས་སློབ་གསོ་ནི་རང་གི་སྲོལ་རྒྱུན་རིག་གནས་ཀྱི་རྒྱུན་འཛིན་བྱེད་དང་། དེང་གི་ཚན་རིག་ལག་རྩལ་ནང་སར་འདྲེན་བྱེད། སྐད་གཉིས་སྨྲ་བའི་ཤེས་ལྡན་མི་སྣ་སྐྱེད་སྲིང་བྱེད་སྒྱུད། སློབ་མས་ལས་གནས་ལེགས་པར་འཚོལ་བྱེད་ཀྱི་ཐབས་ལམ་ཞིག་གཅིག་ཏུ་སེམས

ཞིང་། ཁྱོན་ཡོངས་ནས་རྫོག་རྩ་གཅིག་སྒྲིལ་གྱིས་འབད་འབུངས་བྱས་མཐར་དེང་དུས་སུ་གཞི་ཁྱོན་ཡང་རྒྱ་ཆེར་ཕྱིན་ཡོད་དེ། ༢༠༠༥ལོར་རྒྱལ་ཁབ་སློབ་གསོ་ཕུས་སྡོམ་རྩིས་བྱས་པ་ལྟར་ན། མིག་སྔར་རྒྱལ་ཡོངས་སུ་མི་རིགས་སློབ་གྲྭ་ཆུང་འབྲིང་དག་གིས་མི་རིགས་ཉེར་གཅིག་གི་ཡི་གེ་སྤྱད་ནས་སྐད་གཉིས་སློབ་ཁྲིད་སྤེལ་བཞིན་ཡོད་ཅིང་། སྐད་གཉིས་སློབ་གསོ་ངོས་ལེན་བྱེད་བཞིན་པའི་སློབ་མ་ཁྲི་ཚོ༦༠༠ལྷག་ལ་སོན། འདིར་ཞིང་ཆེན་དང་རང་སྐྱོང་ལྗོངས་བཅུ་གཅིག་གིས་སྐད་གཉིས་སློབ་གསོ་སྤེལ་བའི་གནས་ཚུལ་རྣམས་རེའུ་མིག[10] ཏུ་བཀོད་ན།

ཞིང་ཆེན་དང་རང་སྐྱོང་ལྗོངས།	ཞིང་ཆེན(ལྗོངས)སོ་སོའི་གྲངས་ཉུང་མི་རིགས་ཀྱི་གནས་ཚུལ།		ཞིང་ཆེན(ལྗོངས)སོ་སོའི་སྐད་གཉིས་སློབ་ཁྲིད་ཀྱི་གནས་ཚུལ།			
	མི་རིགས་ཀྱི་ཁྱབ་ཁ།	གྲངས་ཉུང་མི་རིགས་ཀྱི་མི་གྲངས།	ས་དེའི་མི་གྲངས་སྤྱི་ལས་ཟིན་པའི་གྲངས་ཀ	སྐད་གཉིས་སློབ་ཁྲིད་ཀྱི་སློབ་གྲྭའི་གྲངས་ཀ	སྐད་གཉིས་སློབ་ཁྲིད་ཀྱི་སློབ་མའི་གྲངས་ཀ	སྐད་གཉིས་སློབ་ཁྲིད་ཀྱི་དགེ་རྒན་གྱི་གྲངས་ཀ
ཀན་སུའུ།	༥༥	༣༠༤༠༠༠༠	༡༡.༨༨	༣༡༩	༤༣༤༩༨	༡༠༧༨
ཀོང་ཞི།	༣༧	༡༦༨༣༧༧༠༥	༣༨.༣༧	༦༥	༢༨༠༠༠	༡༣༠༠
ཧེ་ལུང་ཅང་།	༥༡	༢༠༠༢༢༤༦	༥.༣	༣༥༣	༥༡༠༠༠	༥༣༦༩
ཅི་ལིན།	༤༨	༢༤༦༣༦༠	༩.༠༣	༦༠༥	༡༠༨༥༡༥	༤༨༦༤
སི་ཁྲོན།	༥༣	༤༡༡༥༤༢༤	༥	༢༤༩	༢༡༨༦༢༧	༣༠༧༡
ལའོ་ཉིན།	༥༡	༧༠༡༠༠༠	༡༦.༦	༣༩༠ (༢༠༠༦)	༡༡༧༩༩༠ (༢༠༠༦)	༨༧༣༤ (༢༠༠༦)
ནང་སོག	༤༩	༥༡༥༧༦༠༠	༢༡.༦༡	༨༩༤	༢༧༤༣༠༠	༢༨༡༠༤
མཚོ་སྔོན།	༣༤	༢༥༡༣༠༠༠	༤༦.༧༡	༨༥༩(མཐོ་འབྲིང་མི་འདུས)	༡༧༤༩༦༧	༨༨༥༠
ཡུན་ནན།	༥༢	༡༣༣༥༠༠༠	༣༠	༣༦༨༩	༡༢༧༠༤༦	༩༩༠༣

བོད་ལྗོངས།	—	༢༤༨༤༠༠	༨༢	༡༠༠༨(མཐོ་འབྲིང་མི་འདུས)	༤༥༥༧༨༠	༡༥༥༢༣
ཞིན་ཅང་།	༤༧	༡༢༢༦༡༠༠༠	༦༡		༡༤༥༡༣༨	༨༤༨༧
བསྡོམས་གྲངས།		༥༧༠ ༡༦༨༧༥			༡༧༤༤༨༦༡༨	༥༢༨༣

ཞེས་པ་ལྟར་རོ། །

༣. བརྩོན་སེམས་སྟོད་མེད་ཀྱིས་སྐད་གཉིས་སློབ་གསོར་ཞིབ་འཇུག་དང་ཉམས་མྱོང་ལེགས་པར་བསྡུས་ནས་སྲུས་ཆད་མཐོ་རུ་འདེགས་བཞིན་ཡོད་པ། ལོ་རབས་བརྒྱད་ཅུ་བ་ནས་བཟུང་། རང་རྒྱལ་གྱི་མི་རིགས་ས་ཁུལ་དུ་སྐད་གཉིས་སློབ་ཁྲིད་ཀྱི་ལས་དོན་རྒྱ་ཆེར་སྤེལ་བ་དང་། ལྷན་གཅིག་ཏུ་མི་རིགས་སྐད་ཡིག་གི་བྱ་བ་སྤྲུབ་མཁན་དང་སློབ་གསོ་སྦྱབ་རྣམས་ཀྱིས་སྐད་གཉིས་སློབ་ཁྲིད་ཀྱི་མཚན་དོན་ནས་བཟུང་སྟེ་སྐད་གཉིས་སློབ་གསོའི་ངེས་དོན་དང་། སྐད་གཉིས་སློབ་ཁྲིད་དང་སྐད་གཉིས་སློབ་གསོའི་དཔེ་གཞིའམ་ཐབས་ལམ། སྐད་གཉིས་སློབ་གསོའི་ལོ་རྒྱུས་སམ་འཕེལ་རིམ་དང་དེ་ལས་མངོན་པའི་ཆོས་ཉིད་དང་། བསླབ་བྱའམ་ཉམས་མྱོང་། གནད་དོན་སྣ་ཚོགས་དང་དེ་སེལ་ཐབས་ཀྱི་ཐབས་ལམ་ཇི་སྙེད་ཅིག་འཚོལ་ཞིབ་དང་ཕྱོགས་སྡོམ་བྱས་ནས་ཐར་བས་ལྷག་པའི་སྒོ་ནས་སྐད་གཉིས་སློབ་ཁྲིད་ཀྱི་ གྲུབ་ཆད་ཇེ་ལེགས་སུ་གཏོང་བཞིན་ཡོད་དེ། དཔེར་ན་ཏང་སྲིད་རིམ་པས་མི་རིགས་སློབ་གསོའི་གནས་བབ་ལ་ལེགས་པར་དཔྱད་གཞིགས་གནང་ཞིང་། དགོངས་དོན་སྣ་ཚོགས་ཏེ《རྒྱལ་ཁབ་སློབ་ཨུ་དང་མི་རིགས་སློབ་གསོ་སྲིའི་མི་རིགས་སློབ་གསོ་བྱ་བའི་གནད་དོན་འགར་ཐུགས་སྣོན་བྱེད་པའི་དགོངས་འཆར》དང་། སློབ་གསོ་པུའུ་མི་རིགས་སློབ་གསོ་སིའི《རྒྱལ་ཡོངས་ཀྱི་མི་རིགས་སློབ་གསོ་འཕེལ་རྒྱས་དང་བཅོས་སྒྱུར་བྱེད་པའི་མཇུབ་སྟོན་གྱི་རྩ་གནད》རྒྱལ་ཁབ་སློབ་ཨུའི་གཞུང་སྒྲུབ་ཐིན་གྱི《མི་རིགས་ཐོར་སྡོད་དང་འདྲེས་སྡོད་ས་ཁུལ་གྱི་གྲངས་ཉུང་མི་རིགས་སློབ་གསོ་བྱ་བའི་དགོངས་འཆར》《རྒྱལ་སྲིད་སྤྱི་ཁྱབ་ཁང་གི〈ཀྲུང་ཧྭ་མི་དམངས་སྤྱི་མཐུན་རྒྱལ་ཁབ་ཀྱི་མི་རིགས་རང་སྐྱོང་གི་ཁྲིམས་ཡིག〉དངོས་འབེབས་བྱེད་པའི་ཆོད་དོན་འགའ》སོགས་ཁྱབ་སྒྲོག་བྱས་པ་དང་བསྟུན་ནས། ཞིང་ཆེན་དང་

ལྗོངས་རིམ་པས་ཀྱང་རང་སའི་མི་རིགས་སློབ་གསོའི་དཀའ་གནད་ལ་བརྟེན་ཞིབ་ལེགས་པར་མཛད་དེ། 《མི་རིགས་སློབ་གྲྭ་ཆུང་འབྲིང་གི་སྐད་གཉིས་སློབ་ཁྲིད་བྱ་བར་ཤུགས་སྣོན་དང་ལེགས་བཅོས་བྱེད་པའི་མཛུབ་སྟོན་གྱི་དགོངས་འཆར》(༢༠༠༣ལོར་མཚོ་སྔོན་ཞིང་ཆེན) དང་། 《སྟོབས་ཤུགས་ཆེན་པོས་སྐད་གཉིས་སློབ་ཁྲིད་ཀྱི་བྱ་བར་སྐུལ་འདེད་བྱེད་པའི་ཆོད་དོན》(11) སོགས་ཀྱི་དཔྱད་འབྲས་དང་ཐབས་ཇུས་མི་འདྲ་བ་བཏོན་ཅིང་། སློབ་གསོ་རིག་པ་བ་རྣམས་ཀྱིས་ཀྱང《རང་རྒྱལ་གྱི་སྐད་གཉིས་ཞིབ་འཇུག་གི་གནས་སྐབས་དང་འབྱུང་འགྱུར》དང་། 《ཀྲུང་གོའི་གྲངས་ཉུང་མི་རིགས་སྐད་གཉིས་སློབ་ཁྲིད་ཀྱི་རིག་གཞུང་གྲུབ་ཚུལ་དང་འཕེལ་རྒྱས》《སྐད་གཉིས་ཀྱི་རབ་དབྱེ་དང་རང་རྒྱལ་གྱི་སྐད་གཉིས་ཞིབ་འཇུག་གི་གནས་བབ་སྤྱིར་བཤད་པ》《ཡུན་ནན་ཞིང་ཆེན་གྱི་གྲངས་ཉུང་མི་རིགས་སྐད་གཉིས་སློབ་ཁྲིད་ཀྱི་ཞིབ་འཇུག》སོགས་མང་པོ་བརྩམས་ནས་རང་རྒྱལ་གྱི་མི་རིགས་སོ་སོའི་སྐད་བརྡ་དང་རྒྱ་སྐད་ཀྱི་བརྡ་སྤྲོད་པན་ཚུན་ཞིབ་བསྡུར་དང་། དེ་དག་པན་ཚུན་བར་གྱི་མཚུངས་ཆོས་དང་ཁྱད་པར་སྣ་ཚོགས་འཚོལ་ཞིབ། གྲངས་ཉུང་མི་རིགས་ཀྱི་སློབ་མས་རྒྱ་སྐད་སློབ་པའི་དཀའ་ཁག་དང་། གནད་དོན། ཉམས་མྱོང་སྣ་ཚོགས་ཐེར་འདོན་མཛད་ཅིང་། བྱེ་བྲག་ཉམས་མྱོང་ལྟར་ཞིན་ཅང་དང་། ནང་སོག མཚོ་སྔོན་སོགས་ཞིང་ཆེན་དང་རང་སྐྱོང་ལྗོངས་སུHSK/MHKདག་གི་ཚད་གཞི་ལག་བསྟར་བྱས་པ་འདིས་ཀྱང་གྲངས་ཉུང་མི་རིགས་ཀྱི་རྒྱའི་སྐད་ཡིག་གི་ཆུ་ཚད་དང་སྐད་གཉིས་སློབ་ཁྲིད་སྤྱིའི་ཆུ་ཚད་མཐོ་རུ་བཏེགས་པ་དང་། ལྷག་པར་ཞིབ་འཇུག་སྣ་ཚོགས་ཁྲོད་དུ་སྐད་གཉིས་སློབ་གསོའི་རྣམ་འགྱུར་དང་། འགན་ཁུར། ཚོས་ཉིད། རྩ་དོན་སོགས་ལས་ཉམས་མྱོང་དང་བསླབ་བྱ་ཕུན་སུམ་ཚོགས་པ་བཏོན་པ་འདིས་ཀྱང་སྐད་གཉིས་སློབ་ཁྲིད་ལ་སྐུལ་འདེད་ཀྱི་ནུས་པ་ཆེན་པོ་ཐོན་པ་མ་ཟད། རང་རྒྱལ་གྱི་སྐད་གཉིས་སློབ་གསོའི་གཞུང་ལུགས་ཀྱི་མ་ལག་ཆགས་པར་རྨང་གཞི་ལེགས་པོ་བཏིངས་སོ། །

གསུམ། སྐད་གཉིས་སློབ་གསོའི་དགེ་མཚན།

སྤྱིར་རྒྱལ་ཁབ་སོ་སོའི་ངོ་བོ་དང་གནས་ཚུལ་མི་འདྲ་བའི་རྐྱེན་གྱིས་སྐད་གཉིས་སློབ་གསོའི་ལམ་ལུགས་དང་སྤེལ་སྟངས་སམ་དཔེ་གཞི་སྣ་ཚོགས་སུ་སྣང་ལ། དེ་བཞིན་དུ

དམིགས་ཡུལ་མི་འདྲ་བ་སོགས་ལས་ཀྱང་འགའ་ཞིག་གིས་སྐད་གཉིས་སློབ་གསོ་ལ་མི་རིགས་ཉམས་དམས་དང་རིགས་རྒྱུད་མཉམ་འདྲེས་སུ་སྤེལ་བའི་སྐྱོན་ལྡན་པར་བརྗོད་ཀྱང་། དོན་དུ་འགྲོ་བ་མིའི་རིགས་ཀྱི་སྤྱི་ཚོགས་ཀྱི་འཕེལ་ཕྱོགས་སྤྱི་དང་བྱེ་བྲག་རང་རྒྱལ་གྱི་སློབ་གསོའི་གནས་བབ་དང་དམིགས་འདུན་སོགས་ལ་མཐོ་བསམ་ལེགས་པར་བརྟག་ཅིང་མཁྱེན་རྒྱ་ཡངས་པའི་མཁས་དབང་རྣམ་པའི་དགོངས་དོན་གཞིར་བྱས། རང་ཉིད་ཀྱི་རྟོག་དཔྱོད་དང་ལག་ལེན་གྱི་བརྒྱུད་རིམ་ཁྲོད་དུ་དོན་དངོས་ཀྱི་བདེན་པ་བདར་ཙ་ན། སྐད་གཉིས་སློབ་ཁྲིད་ལ་བསྟོན་ཐབས་མེད་པའི་དགེ་མཚན་ཀྱང་ཆེན་པོ་ལྡན་ཏེ།

༡. སྐད་གཉིས་སློབ་གསོ་ནི་མིའི་རིགས་ཀྱི་རིག་གནས་འཆམ་མཐུན་མཉམ་གནས་འབྱུང་བྱེད་ཀྱི་ཐབས་ལམ་མཆོག་ཅིག་ཡིན་པ། སྐད་བརྡ་ནི་མིའི་རིགས་ཀྱི་རིག་གནས་ཀྱི་སྣང་ཚུལ་ཁྱད་པར་བ་དང་རིག་གནས་འཛིན་སྐྱོང་སྤེལ་གསུམ་བྱེད་པའི་བརྡ་ཐབས་མཆོག་ཅིག་ཡིན་པ་གཞིར་བྱས། སྐད་བརྡ་དར་བ་ནི་རིག་གནས་རྒྱང་བཙན་པའི་མཚོན་བྱེད་ཅིག་དང་། སྐད་བརྡ་ཉམས་པ་ནི་རིག་གནས་ཉམས་ཟིན་པའི་མཚོན་བྱེད་ཅིག་ཏུ་ངེས་ཕྱིར། དེང་དུས་འཛམ་གླིང་དུ་ཉམས་ཉེན་ཆེ་བའི་སྐད་བརྡ་རྣམས་གཅིག་ནས་སྐད་བརྡ་རིག་པ་བ་མང་པོའི་བརྩོན་ཞིབ་ལ་བརྟེན་ནས་ཇི་བཞིན་ཐོ་འགོད་བྱེད་པའམ་དེ་ལ་ཡི་གེ་བཟོ་བའི་ཐབས་ལམ་ལ་བརྟེན་ཏེ་སླར་སྐྱོབ་བྱེད་པ་དང་། གཅིག་ནས་སློབ་གྲྭའི་སློབ་ཁྲིད་ཀྱི་ལག་ལེན་ལ་བརྟེན་ནས་བསྐྱར་གསོ་བྱེད་བཞིན་ཡོད་པ་རྣམས་དོན་དུ་མི་རིགས་ཀྱི་རིག་གནས་སླར་སྐྱོབ་བྱེད་པའི་ཆེད་དུ་ཡིན་ཏེ། དཔེར་ན་ཁན་ཏའི་རྒྱལ་ཁབ་རིག་མཛོད་ཁང་གིས་དུས་རབས་ཉི་ཤུ་པའི་ལོ་རབས་དྲུག་ཅུ་བ་ནས་བརྒྱད་ཅུ་བའི་བར་སྐབས་སུ་རིག་གནས་མིའི་རིགས་རིག་པའི་འཕྲུལ་སྒྱུར་གྱི་འཆར་གཞི་ལག་བསྟར་བྱས་པ་དང་། ཨ་རིའི་ཚན་རིག་དར་སྤེལ་ལྷན་ཚོགས་ཀྱིས༡༩༩༨ ལོར་ཨ་རིའི་ཡ་ཐེ་ལན་ཏའི་ཞིབ་འཇུག་གླེང་མོལ་ཚོགས་འདུ་སྟེང་དུ་སྐད་བརྡ་གཉིས་པའམ་སྐད་བརྡ་གསུམ་པའི་ཚུལ་དུ་ཉམས་ཉེན་ཆེ་བའི་སྐད་བརྡ་སྲུང་སྐྱོབ་བྱེད་པར་འདོད་སྐུལ་གནང་བ་དང་། རང་རྒྱལ་གྱིས་ཀྱང་༡༩༥༠ལོ་ནས་བཟུང་། གྲངས་ཉུང་མི་རིགས་ཀྱི་ས་ཁུལ་ལ་རྟོག་དཔྱོད་བྱས་ཤིང་ཡི་གེ་མེད་པའི་མི་རིགས་སོ་བཞི་ལས་མི་རིགས་བཅུ་གཉིས་ལ་ཡི་གེ་གསར་དུ་བཟོས་པ་སོགས་མཐར་གཏུགས་ན་མིའི་རིགས་ཀྱི་རིག

གནས་བར་ཕྱོགས་ཞེན་མེད་པར་འཆམ་མཐུན་མཉམ་གནས་འབྱུང་སླད་དུ་སྐད་གཉིས་ལམ་ལུགས་སྤེལ་བ་ཡིན། སྐད་གཉིས་སློབ་གསོ་ནི་རྒྱལ་ཁབ་ཅིག་གི་སྐད་བརྡ་དང་རིག་གནས་སྣ་འཛོམས་ཅན་དུ་སྒྱུར་བྱེད་ཀྱི་ཐབས་ལམ་མཆོག་ཅིག་ཏུ་ངེས་པས། སྐད་གཉིས་སློབ་གསོའི་བྱ་བ་ལེགས་པོར་སྤེལ་ན། མི་རིགས་ཆེ་ཆུང་མི་འདྲ་བ་དག་གིས་ཕན་ཚུན་གྱི་སྐད་བརྡ་སློབ་རེས་བྱེད་པའམ་རིག་གནས་ཕུན་སུམ་ཚོགས་པར་རྒྱུས་ལོན་བྱེད་ཐུབ་པ་མ་ཟད། ཕན་ཚུན་བར་གྱི་རྒྱུས་མེད་ཉེས་འགལ་གྱི་རྐྱེན་ཅི་རིགས་སེལ་ཏེ་འཆམ་མཐུན་མཉམ་གནས་ཀྱི་ཁོར་ཡུག་ལེགས་པོ་ཞིག་ཀྱང་བསྐྲུན་ཐུབ། གལ་ཏེ་མི་རིགས་མང་བའི་རྒྱལ་ཁབ་ཅིག་གིས་གཞུང་སྐད་གཅིག་ཀྱང་སྤྱོད་པ་ལས་གཞན་པའི་མི་རིགས་ཀྱི་སྐད་ཡིག་སྣ་ཚོགས་སྣང་མེད་དུ་བརྩིས་ན། མི་རིགས་བར་འདྲ་མཉམ་མིན་པའི་ཉེས་དོན་ཚབས་ཆེན་དུ་འབྱུང་ལ། དེས་ཀྱང་དུས་དང་རྣམ་པ་ཀུན་ཏུ་རྒྱལ་ཁམས་དབྱེན་ལ་དཀྲུག་པའི་ལས་སྣ་ཚོགས་བར་མེད་དུ་སྤེལ་ངེས་སྟབས། རྒྱལ་ཁབ་ཀུན་ལ་མཚོན་ནའང་མི་རིགས་ཆེ་འབྲིང་ཆུང་གསུམ་མཐའ་དག་ལ་གཅིག་མཚུངས་ཀྱི་ལྟ་སྟངས་བཟུང་ནས་སོ་སོའི་རིག་གནས་དང་སྐད་བརྡ་ཕུན་སུམ་ཚོགས་པ་རྣམས་རིས་མེད་འདྲ་མཉམ་དུ་སྤེལ་ཅིང་དར་རྒྱས་སུ་གཏོང་རྒྱུ་ནི་རྒྱལ་ཁབ་བདེ་འཇགས་སྨོས་འཕེལ་རྒྱས་སུ་གཏོང་བའི་གཞི་རྩར་དགོངས་བཞིན་ཡོད་པ་དང་། དོན་དེ་རྣམས་མངོན་འགྱུར་བྱེད་དགོས་ན། སྐད་གཉིས་སློབ་གསོ་ལ་བརྟེན་དགོས་ཕྱིར། རྒྱལ་ཁབ་ཕལ་ཆེ་བས་ཀྱང་སྣ་མང་རིག་གནས་ཀྱི་མི་རིགས་སྲིད་ཇུས་དང་སྣ་མང་རིག་གནས་ཀྱི་སློབ་གསོའི་སྲིད་ཇུས་ནི་འཛམ་གླིང་སྤྱིའི་འཕེལ་ཕྱོགས་གཙོ་བོར་བཟུང་ཞིང་། སྐད་གཉིས་སློབ་གསོ་ནི་སྣ་མང་རིག་གནས་སློབ་གསོའི་གྲུབ་ཆ་གལ་ཆེན་དང་མཚོན་བྱེད་གལ་ཆེན་ཞིག་ཡིན་པར་འདོད[12]གྱིན་ཡོད་དོ། །

༢. སྐད་གཉིས་སློབ་གསོ་ནི་དེང་རབས་རྒྱལ་སྤྱིའི་སྤྱི་ཚོགས་ཀྱི་དགོས་མཁོ་དང་མཐུན་པའི་སློབ་གསོའི་བྱེད་ཐབས་ལེགས་ཤོས་ཤིག་ཡིན་པ། སྐད་གཉིས་སློབ་གསོ་ནི་དེང་རབས་འཛམ་གླིང་གི་རྒྱལ་ཁབ་སོ་སོའི་སློབ་གསོའི་ལས་དོན་ཁྲོད་ཆེས་གཙིགས་སུ་འཛིན་པའི་ནང་དོན་གལ་ཆེན་ཞིག་ཡིན་ལ། འཛམ་གླིང་དུ་རྒྱལ་ཁབ་༢༠༠ལྷག་ཡོད་པ་རྣམས་ཕལ་ཆེ་བ་ནི་གཙོ་བོ་མི་རིགས་མང་པོ་འདུས་སྡོད་དང་སྐད་བརྡ་སྣ་མང་སྤྱོད་པའི་རྒྱལ་ཁབ་ཤ་སྟག་ཏུ་ངེས་པས། སྐད་གཉིས་

སྣང་ཚུལ་དང་སྐད་གཉིས་སློབ་གསོ་ནི་མི་རིགས་མང་ཞིང་སྐད་རིགས་སྣ་ཚོགས་འདུས་པའི་རྒྱལ་ཁབ་རྣམས་ཀྱི་སྣ་མང་སློབ་གསོའི་ལམ་ལུགས་ཀྱི་གྲུབ་ཆ་གཙོ་བོར་གྱུར། སྤྱིར་རྒྱལ་ཁབ་སོ་སོའི་གནས་ཚུལ་མི་འདྲ་ཞིང་སྐད་གཉིས་སློབ་གསོའི་ཁྱད་ཆོས་མི་འདྲ་བ་དང་། དེ་ལས་ཐོན་པའི་གནད་དོན་སྣ་ཚོགས་ཐག་གཅོད་པའི་ཐབས་ལམ་ཅི་རིགས་སུ་སྣང་ན་ཡང་། ཀུན་གྱིས་ཀྱང་སྐད་གཉིས་སློབ་གསོ་ནི་འཛམ་གླིང་གི་སྐད་བརྡ་དང་རིག་གནས་སྣ་འཛོམས་གཏན་སྲུང་བྱེད་པའི་ཐབས་ཇུས་ཤིག་ཏུ་དགོངས་པ་དང་གཅིག མི་རིགས་གཞན་དག་གི་སྐད་བརྡ་སློབ་རྒྱུ་ནི་མི་རིགས་ཕན་ཚུན་བར་རྒྱུས་ལོན་དང་འབྲེལ་འདྲིས་བཅའ་བྱེད་ཀྱི་ཐབས་ལམ་མཆོག་ཅིག་ཏུ་འདོད་པ་དང་གཉིས། སྐད་གཉིས་སློབ་གསོ་ནི་གྲངས་ཉུང་མི་རིགས་ཀྱི་སློབ་མ་རྣམས་སྟོན་ཐོན་མི་རིགས་ཀྱི་སློབ་མ་དང་གཉིས་སུ་མེད་པར་འཚོ་གནས་ཀྱི་ནུས་རྩལ་འཐོབ་བྱེད་དུ་མཐོང་བ་དང་གསུམ། དེས་ཀྱང་སློབ་མ་ལ་རིག་གནས་མི་མཚུངས་པའི་ཤེས་བྱ་ཅི་རིགས་བསྩལ་ཏེ་རང་རྒྱུད་ཀྱི་སྤུས་ཚད་མཐོར་འདེགས་ནུས་པ་དང་བཞི། དེ་ནི་སྣ་མང་རིག་གནས་ཀྱི་སློབ་གསོ་དངོས་འཕེབས་དང་ལག་ལེན་དུ་བསྟར་བྱེད་ཀྱི་ཐབས་ལམ་མཆོག་ཅིག་ཡིན་པ་དང་ལྔ་བཅས་ཀྱི་ལྟ་བ་གཅིག་མཐུན་དུ་འདོད་དོ། དཔེར་ན་དུས་རབས་ཉི་ཤུའི་ལོ་རབས་སུམ་ཅུ་བ་ནས་ཉམས་བཞིན་པའི་མ་ཨིན་གྱི་སྐད་དེ་མིའི་རིགས་རིག་པ་བ་དང་སྐད་བརྡ་རིག་པ་བ་རྣམས་ཀྱིས་སྐད་བརྡ་གཉིས་པའི་ཚུལ་དུ་སྦྱོང་དུ་བཙུག་ནས་བསྐྱར་གསོ་བྱུང་བ་དང་། ༡༩༩༠ལོར་སུའུ་ལེན་དུ《སུའུ་ལེན་གྱི་མི་རིགས་སོ་སོའི་སྐད་བརྡའི་བཅའ་ཁྲིམས》འགྲེམ་སྤེལ་བྱས་ནས་མི་རིགས་སོ་སོའི་སྐད་ཡིག་གི་ཐོབ་ཐང་ལ་ཁག་ཐེག་བྱས་པ་དང་། ༡༩༤༩ལོར་ཁ་ན་ཏ་སྲིད་གཞུང་གིས《གཞུང་སྐད་ཀྱི་ཁྲིམས་ཡིག》བསྒྲགས་ནས་དབྱིན་སྐད་དང་ཧྥ་སྐད་གཉིས་འདྲ་མཉམ་གྱིས་ཁ་ན་ཏའི་གཞུང་སྐད་དུ་ཐག་བཅད་པ་དང་། སུའེ་ཙེར་གྱིས་ཀྱང་འཇར་སྐད་དང་། ཧྥ་སྐད། དབྱི་ཐ་ལིའི་སྐད་གསུམ་ག་གཞུང་སྐད་དུ་གཏན་ཁེལ་མཛད་པ་དང་། རང་རྒྱལ་གྱིས་ཀྱང་བཅའ་ཁྲིམས་དང་མི་རིགས་ས་གནས་རང་སྐྱོང་གི་ཁྲིམས་ཡིག་སོགས་སུ་ཐུན་མོང་སྤྱི་སྤྱོད་ཀྱི་སྐད་དང་གྲངས་ཉུང་མི་རིགས་ཀྱི་སྐད་གཉིས་མཉམ་དུ་སྤྱོད་པའི་རང་དབང་བསྩལ་བ་རྣམས་ལས་འཛམ་གླིང་དུ་སྐད་གཉིས་སློབ་གསོའི་ལམ་ལུགས་རྒྱ་ཆེར་དར་བཞིན་ཡོད་པ་མངོན་པར་གསལ། ལྷག་པར་འཛམ་གླིང་ཡོངས་འཕེལ་ཕྱོགས་གཅིག་

ཏུ་ངེས་ཤེས་ཐུབ་པའི་གོ་ལ་ཡོངས་སྟེ་གཅིག་ཏུ་ལྟ་བའི་སྐབས་ཙ་ན། མི་རིགས་སོ་སོའི་རིག་གནས་དང་སྐད་བརྡ་ནི་འགྲོ་བ་མིའི་རིགས་ཐུན་མོང་གི་རྒྱུ་ནོར་གྱི་ནོམ་པར་དགོངས་ནས་དེ་དག་སྲུང་སྐྱོབ་དང་། རྒྱུན་འཛིན། དར་སྤེལ་གྱི་ཐབས་སུ་སྣ་མང་རིག་གནས་ཀྱི་སློབ་གསོའི་ལམ་ལུགས་སྤེལ་བ་དང་། ད་ལམ་ང་ཚོའི་གོ་ལ་ཡོངས་ནས་དགེ་མཚན་ཡང་རྩ་མེད་པ་ཐོན་བཞིན་ཡོད་པས་ན། མ་འོངས་པའི་སློབ་གསོ་ནི་སྔ་མཐུད་དུ་སྣ་མང་རིག་གནས་ཀྱི་སློབ་གསོ་ཡིན་པ་དང་། སྐད་གཉིས་སློབ་གསོ་ནི་འབྱུང་འགྱུར་འཛམ་གླིང་ཡོངས་ཀྱི་སྣ་མང་རིག་གནས་སློབ་གསོའི་འཕེལ་ཕྱོགས་གཙོ་བོ་ཞིག་ཡིན་པ[13] གདོན་མི་ཟའོ། །

༣. སྐད་གཉིས་སློབ་གསོ་ནི་མི་རིགས་ཕན་ཚུན་བར་གྱི་རིག་གནས་དང་སྐད་བརྡའི་འབྲེལ་བ་འདུམ་སྒྲིག་གནང་བྱེད་ཀྱི་ཐབས་ལམ་གལ་ཆེན་ཞིག་ཡིན་པ། རང་རྒྱལ་དུ་མི་རིགས་ང་དྲུག་ཡོད་པ་སོ་སོར་སྐད་བརྡའམ་ཡིག་སྐད་ཐ་དད་དུ་ཡོད་པ་མ་ཟད། མི་རིགས་ཉེར་ལྔ་ལ་ཡི་གེའང་ཡོད་ཀྱང་། དེ་ལས་རྒྱ་སྐད་ནི་རྒྱལ་ནང་གི་མི་རིགས་ཀུན་གྱི་སྤྱི་སྤྱོད་ཀྱི་བརྡ་སྐད་ཉིད་དུ་ངེས་ཤིང་སྲིད་དོན་འཚོ་བའི་ཕྱོགས་སོ་སོར་ཐོན་པའི་ཕན་ནུས་ཀྱང་རྒྱ་ཆེ་བར་སྣང་བས་གཞུང་སྐད་དུ་ངེས་ལ། དེ་ལ་ཆ་འཕྲིན་གློག་སྟུད་ཀྱི་ནུས་ཚད་མཐོ་ཞིང་ཁྱབ་རྒྱ་ཡངས་པ་དང་། ཆ་འཕྲིན་མི་སྣའི་ཟླིན་གྲངས་མཐོ་ཞིང་སྤྱོད་སྒོ་ལ་བཀག་འགོག་མེད་པ་སོགས་འབྲེལ་འདྲིས་ཀྱི་འགན་ནུས་དང་དངོས་སྤྱོད་ཀྱི་རིན་ཐང་ཆེས་ཆེར་ལྡན་ཕྱིར། དེང་དུས་སུ་ཀུན་ནས་དེ་ལ་མཐའ་གཅིག་ཏུ་མཐོང་ཆེན་མཛད་ཅིང་བློ་ཕྱོགས་མཁན་མང་ལ། དེ་ལས་ཕྱོག་སྟེ་གྲངས་ཉུང་མི་རིགས་ཀྱི་སྐད་ཡིག་རྣམས་ལ་མཚོན་ན། གཅིག་ན་དེང་རབས་ཚན་རྩལ་བརྡ་འཕྲིན་གྱི་སྟུད་སྟོབས་ཆུང་བའམ་ཆ་འཕྲིན་གློག་སྟུད་ཀྱི་ནུས་ཚད་ཞན་པ་དང་། གཉིས་ན་སྤྱོད་མཁན་གྱི་མི་གྲངས་ཉུང་ཞིང་ཁྱབ་རྒྱ་ཆུང་བ། གསུམ་ན་རང་སྐད་ཀྱི་སློབ་གསོ་ཁྱབ་གདལ་དུ་བཏང་བའི་ཚུ་ཚད་དམན་པ། བཞི་ན་སྐད་ཡིག་གི་སྤྱོད་སྒོ་ལ་བཀག་རྒྱ་ཐེབས་ཚད་ཇེ་ཆེར་འགྲོ་བཞིན་ཡོད་པས། ཕ་སྐད་རིག་གནས་ལ་ཉམས་ཉེན་ཆེ་བའི་ཤེས་ཚོར་ཞིག་ཀྱང་དང་ངམ་ཤུགས་ཀྱིས་སྐྱེས་བཞིན་ཡོད། དོན་དམ་པར་སྐད་དང་ཡི་གེ་ནི་མི་རིགས་ཀྱི་རིག་གནས་གལ་ཆེན་ཞིག་དང་མི་རིགས་ཀྱི་རིག་གནས་མངོན་པར་མཚོན་བྱེད་ཀྱི་བརྡ་ཐབས་གལ་

ཆེན་ཞིག་ཏུ་ངེས་ཏེ། སྐད་བརྡ་སྦྲབ་ཧོང་པོ་ཐུས། སྐད་བརྡ་བྱུང་བ་ནི་འགྲོ་བ་མིའི་ནང་སེམས་ཀྱི་དགོས་མཁོ་ལས་བྱུང་བ་ཡིན་གྱི། ཕན་ཚུན་འབྲེལ་འདྲིས་བྱེད་པའི་ཕྱི་རྐྱེན་ཁོ་ན་ལས་བྱུང་བ་མ་ཡིན་ཏེ། སྐད་བརྡ་ནི་འགྲོ་བ་མིའི་གཤིས་ཀ་ན་གནས་པའི་ཆོས་ཤིག་ཏུ་སྣང་ཞིང་། མི་ཡི་བསམ་བློ་དང་འཛིག་རྟེན་ལྟ་ཚུལ་གང་ཡིན་ཡང་སྐད་བརྡ་དང་འབྲལ་དུ་མེད་དོ[14] ཞེས་གསུངས་པ་བཞིན་མི་རིགས་ཤིག་གི་སྐད་དང་ཡི་གེའི་སྤྱོར་བ་ཇི་ལྟར་སྤེལ་བ་ལ་མི་རིགས་དེའི་བསམ་བློ་འདུ་ཤེས་དང་གོམས་སྲོལ་སྣ་ཚོགས་པའི་ཤན་ཐེབས་ཡོད་ཅིང་། སྐད་དང་ཡི་གེའི་སྦྱོར་བ་དང་བསམ་བློའི་འཛིན་སྟངས་གཉིས་ཕན་ཚུན་གཞི་མཐུན་པར་གྲུབ་ཕྱིར། མི་རིགས་ཤིག་གི་ཕ་སྐད་ནི་མི་རིགས་དེའི་གཏིང་རིམ་གྱི་རིག་གནས་མཚོན་བྱེད་དུ་གྲུབ་པ་དང་། ཕ་སྐད་ནི་ཡུལ་དུས་གནས་སྐབས་གང་དུའང་མི་རིགས་ཀྱི་ཁྱད་ཆོས་མངོན་པར་གསལ་བའི་རིག་གནས་ཀྱི་སྣང་ཚུལ་གལ་ཆེན་ཞིག་ཏུ་གྱུར་སྟབས། མི་རིགས་ཤིག་གི་སྐད་ཡིག་འགྱུར་ཞིང་ཉམས་ན་ནི་མི་རིགས་དེའི་རིག་གནས་འགྱུར་ཞིང་ཉམས་འགྲོ་བ་དང་། མི་རིགས་ཀྱི་རིག་གནས་འགྱུར་བའམ་ཉམས་ཅན། མི་རིགས་དེའི་སྤྱི་ཚོགས་ཀྱི་ངོ་བོ་གཞན་དུ་འགྱུར་བའམ་ཉམས་ཉེས་སུ་འགྱུར་ངེས་པ་གདོན་མི་ཟ་བས། ཕལ་ཆེ་བས་ཀྱང་རང་གི་སྐད་དང་ཡི་གེའི་སློབ་གསོ་ནི་མི་རིགས་རང་གི་བླ་སྲོག་བཞིན་དུ་གཅེས་གཅེས་མི་མཛད་མཁན་ཡོད་མི་སྲིད། དེས་ན་འདི་ལྟའི་གྲངས་ཉུང་མི་རིགས་ཀྱི་སྐད་དང་རྒྱལ་ཁམས་སྤྱི་སྤྱོད་ཀྱི་སྐད་དག་གི་འབྲེལ་བ་ནི་ཇི་ལྟར་ཐག་གཅོད་པར་བྱེད་ཅེ་ན། གཅིག་དགག་གཅིག་སྤེལ་དང་གཅིག་རྒྱལ་གཅིག་ཕམ་ལྟར་ཐག་གཅོད་པར་མི་རིགས་ཏེ། "རྒྱལ་ཁབ་ཐུན་མོང་གིས་སྤྱོད་པའི་སྤྱི་སྐད་ཁྱབ་གདལ་བྱེད་པ་དང་མི་རིགས་སོ་སོར་རང་ཉིད་ཀྱི་སྐད་དང་ཡི་གེ་བཀོལ་སྤྱོད་དང་འཕེལ་རྒྱས་སུ་གཏོང་བའི་རང་དབང་ཡོད་པ་ཐམས་ཅད་ཀྱང་རང་རྒྱལ་གྱི་སྐད་བརྡའི་རྩ་བའི་སྲིད་ཇུས་སུ་ངེས་ཕྱིར། གཉིས་པོའང་ཕན་ཚུན་ལ་འགལ་མེད་མཉམ་གནས་དང་གཅིག་རམ་གཅིག་འདེགས་སུ་གནས་རུང་"[15] གཤིས། ང་ཚོས་ཕྱོགས་གཅིག་ནས་མི་རིགས་རང་རང་གི་སྐད་ཡིག་ལ་ཇི་ལྟར་མཐོང་ཆེན་དང་དར་སྤེལ་བྱ་དགོས་པ་དང་། ཕྱོགས་གཞན་ཞིག་ནས་རྒྱལ་སྐད་དམ་གཞུང་སྐད་ལ་ཇི་ལྟར་སློབ་སྦྱོང་བྱེད་དགོས་པ། གང་ཞིག་གཙོ་བོ་ཡིན་པ་དང་གང་ཞིག་ཕལ་བ་ཡིན་པ། གང་ཞིག་སྔོན་མ་དང་གང་ཞིག་རྗེས་སུ་སྤེལ་བ་སོགས་མི་རིགས་

སློབ་གསོའི་ལས་དོན་དངོས་བརྒྱུད་ནས་ཐག་གཅོད་དགོས་ལ། གནད་དེ་ཡང་ཐད་ཀར་སྐད་གཉིས་སློབ་གསོའི་དཔྱད་བྱ་འབབ་ཞིག་ཏུ་ངེས་ཤིང་སྐད་གཉིས་སློབ་གསོའི་ལག་ལེན་དངོས་ལས་དོན་ཐོག་ཏུ་འཁྱོལ་འོང་སྐབས། སྐད་གཉིས་སློབ་གསོ་ནི་མི་རིགས་ཕན་ཚུན་བར་གྱི་རིག་གནས་དང་སྐད་བརྡའི་འབྲེལ་བ་འདུམ་སྒྲིག་གནང་བྱེད་ཀྱི་ཐབས་ལམ་གལ་ཆེན་ཞིག་ཀྱང་ཡིན་ནོ། །

༩. སྐད་གཉིས་སློབ་གསོ་ནི་ནུབ་ཁུལ་གསར་སྤེལ་གྱི་ལས་དོན་ལེགས་འགྲུབ་བྱེད་པའི་ཐབས་ལམ་ཉག་གཅིག་ཡིན་པ། ནུབ་ཁུལ་གསར་སྤེལ་བྱེད་རྒྱུ་ནི་རང་རྒྱལ་གྱི་དཔལ་འབྱོར་འཕེལ་རྒྱས་སུ་གཏོང་བའི་ཐབས་ཇུས་གལ་ཆེན་ཡིན་ཡང་། དཔལ་འབྱོར་རྐྱང་རྐྱང་གི་སྒྲིད་སྟངས་ཙམ་མ་ཡིན་པར་སྤྱི་ཚོགས་དང་རིག་གནས་དང་དཔལ་འབྱོར་སོགས་ཕྱོགས་ཡོངས་ནས་ཕྱོགས་བསྡུས་ཀྱིས་འཕེལ་རྒྱས་སུ་གཏོང་བ་ཡིན་ལ། འདིའི་ཁོངས་སུ་བོད་ཁུལ་གཙོས་རང་རྒྱལ་གྱི་གྲངས་ཉུང་མི་རིགས་ཀྱི་རང་སྐྱོང་ཁུལ་དང་ཞིང་ཆེན་ཡོངས་འདུས་པ་མ་ཟད། དེ་རྣམས་གསར་སྤེལ་གྱི་ལྟེ་གནས་སུའང་དམིགས་ཡོད། ནུབ་ཁུལ་གསར་སྤེལ་གྱི་དམིགས་ཡུལ་ནི་ཁོར་ཡུག་སྲུང་སྐྱོང་བྱེད་པ་གཞིར་བྱས། ཤེས་ཡོན་དང་ལག་རྩལ་གསར་བ་ནང་འདྲེན་བྱེད་པ་དང་། ཐོན་སྐྱེད་ནུས་ཤུགས་ཀྱི་འཕེལ་རྒྱས་ཇེ་མགྱོགས་སུ་གཏོང་བ། ནུབ་ཁུལ་གྱི་རང་བྱུང་ཐོན་ཁུངས་དང་མི་འབོར་གྱི་ཐོན་ཁུངས་ཕུན་སུམ་ཚོགས་པ་བསྡོགས་ནས་འདོན་པ། ས་གནས་ཀྱི་དཔལ་འབྱོར་འཕེལ་རྒྱས་སུ་གཏོང་བ། མི་རྣམས་ཀྱི་འཚོ་བའི་ཆུ་ཚད་ཇེ་མཐོར་གཏོང་བ་བཅས་བྱས་ཏེ། ཤར་ཁུལ་དང་ཁྱད་པར་མེད་པའི་སྒོ་ནས་རིགས་སོ་སོའི་མི་དམངས་རྣམས་སྣ་མང་རིག་གནས་ཀྱི་དཔལ་ལ་རོལ་ཞིང་ཕྱུག་འགྱུར་གྱི་ལམ་ལ་བསྐྱེག་རྒྱུ་རང་ལགས་ཀྱང་། དམིགས་དོན་དེ་མངོན་པར་འགྱུར་བ་ལ་ས་གནས་ཀྱི་དཔལ་འབྱོར་དང་རྒྱལ་ཡོངས་ཀྱི་དཔལ་འབྱོར་འཕེལ་རྒྱས་དག་ཕན་ཚུན་འདུམ་སྒྲིག་བྱེད་པ་བསྐྱོན་དུ་མེད་ཅིང་། ལག་རྩལ་གསར་བ་ནང་འདྲེན་བྱེད་པ་དང་། ཚོང་ཟོག་བརྗེ་རེས་བྱེད་པ། མི་འབོར་འགྲོ་འོང་བྱེད་པ། ཆ་འཕྲིན་རྒྱ་ཆེར་སྤེལ་བའི་ལས་ཀུན་བསྐྱོན་མེད་དུ་འབྱུང་བས། འདིས་ཀྱང་ས་གནས་གྲངས་ཉུང་མི་རིགས་ཀྱི་སྲོལ་རྒྱུན་རིག་གནས་དང་སྐད་ཡིག་གི་སྒྲིད་སྟངས་ལ་ཐོག་ཐུག་ཆེན་པོ་ཐེབས་ངེས་པ་མ་ཟད། སྐབས་ཉེས་ཅན་གྲངས་ཉུང་མི་རིགས

སོ་སོའི་ཕ་སྐད་རིག་གནས་ཀྱི་སློབ་གསོ་སྤར་བས་ཉམས་ཉེན་གྱི་གནས་སུ་སྐྱིལ་ཡང་སྲིད་པས། ནུབ་ཁུལ་གསར་སྤེལ་གྱི་བརྒྱུད་རིམ་ཁྲོད་དུ། ང་ཚོས་དཔལ་འབྱོར་འཛུགས་སྐྲུན་དང་དངོས་པོའི་ལོངས་སྤྱོད་འཛད་མེད་གསར་དུ་སྤེལ་བ་དང་ཆབས་ཅིག ས་གནས་མི་རིགས་ཀྱི་སྲོལ་རྒྱུན་རིག་གནས་སྲུང་སྐྱོང་དང་དར་སྤེལ་མཛད་རྒྱུའང་གཡོལ་ཐབས་བྲལ་ཅིང་དུས་རབས་ཀྱིས་སྤྲད་པའི་འོས་འགན་ཞིག་ཡིན་པར་ཤེས་དགོས་ལ། འོས་འགན་འདི་ལེགས་འགྲུབ་འབྱུང་དགོས་ན། ངེས་པར་དུ་སྣ་མང་རིག་གནས་ཀྱི་སློབ་གསོའི་ལམ་ལུགས་ལ་བརྟེན་པ་ལས་ཐབས་གཞན་ཅི་ཡང་མ་མཆིས་ཕྱིར། ང་ཚོས་ཀྱང་གང་ནུས་ཅི་ཐོགས་ཀྱིས་ཕ་སྐད་སློབ་གསོ་རང་མར་བཟུང་བའི་ཞར་ལ་རྒྱ་སྐད་དང་ཡང་ན་ཕྱི་སྐད་སོགས་སྐད་གཉིས་སློབ་གསོའི་ཐབས་ལམ་ཡང་དག་ཅིག་ཀྱང་འཚོལ་ཞིབ་བྱས་ནས། ཁྱོན་ཡངས་ཇམས་མཐུག་པའི་མི་རིགས་ཀྱི་སྲོལ་རྒྱུན་རིག་གནས་རྒྱུན་འཛིན་དང་དེ་ལ་བསྟུད་མུར་སྤྲོག་བཅུད་དང་ངར་ཤུགས་སྣུད་པ་གཞིར་བྱས། དེང་རབས་སྔོན་ཐོན་གྱི་ཚན་རིག་ཤེས་བྱ་དང་ལག་རྩལ་གསར་པ་བསླབས་ཤིང་། བསམ་བློ་སྒྱུར་བཀོད་བྱེད་པ། ཐོན་སྐྱེད་ནུས་ཤུགས་ཀྱི་ཆུ་ཚད་མཐོ་རུ་བཏེགས་ན། གྲངས་ཉུང་མི་རིགས་ས་ཁུལ་གྱི་དཔལ་འབྱོར་གྱི་འཆིང་རྒྱ་དེ་ཡང་འཕྲུལ་མར་གྲོལ་ནས་རྒྱ་ཆེ་བར་དར་ནུས་ཤིང་། ནུབ་ཁུལ་སྤྱི་ཚོགས་ཀྱི་རྣམ་པ་དགེ་མཚན་ཅན་དུ་བསྒྱུར་ནུས་པས། སྐད་གཉིས་སློབ་གསོ་ནི་ནུབ་ཁུལ་གསར་སྤེལ་གྱི་ལས་དོན་ལེགས་འགྲུབ་འབྱུང་བྱེད་ཀྱི་ཐབས་ལམ་ཉག་གཅིག་ཀྱང་ཡིན་ནོ། །

༥. སྐད་གཉིས་སློབ་གསོ་ནི་སྐད་གཉིས་སྨྲ་བའི་ལོ་ཙཱ་བའམ་ཤེས་ལྡན་མི་སྣ་འབོར་ཆེན་སྐྱེད་སྲིང་བྱེད་པའི་ཐབས་ལམ་ཉག་གཅིག་ཡིན་པ། འཕེལ་རྒྱས་ནི་མཐོག་ཏུ་མེད་པའི་ཆོས་ཉིད་ཅིག་ཡིན་ལ། རྒྱལ་ཁབ་དང་མི་རིགས་ཤིག་ལ་འཕེལ་རྒྱས་ག་འདྲ་ཞིག་འབྱུང་རྒྱུ་དང་། ཇི་ལྟར་དུས་རབས་ཀྱི་རྗེས་སུ་སྙེག་པར་བྱེད་རྒྱུ་ནི་མི་སྣ་ག་འདྲ་ཞི་སྐྱེད་སྲིང་བྱེད་རྒྱུ་དང་མི་འབོར་གྱི་སྤུས་ཚད་ཇི་ལྟར་མཐོར་འདེགས་པའི་སློབ་གསོའི་ཐབས་ལམ་ལ་རག་ལས། རང་རྒྱལ་གྱི་ནུབ་ཕྱོགས་དང་ཁྱད་པར་དུ་བོད་ཁུལ་གྱི་འཕེལ་རྒྱལ་ལ་མཚོན་ན། གཅིག་ནི་ཚན་རིག་ལག་རྩལ་གྱི་འཕེལ་རྒྱས་ཆུ་ཚད་དང་། ཅིག་ཤོས་ནི་སློབ་གསོ་འཕེལ་རྒྱས་ཀྱི་ཆུ་ཚད་མཐོར་འདེགས་རྒྱུ་རང་ལགས་

ལ། དེ་གཉིས་ཀྱང་ཕན་ཚུན་རྟེན་འབྱུང་གི་ཚུལ་དུ་གནས་ཤིང་གཅིག་ཀྱང་མེད་དུ་མི་རུང་བར་སྤེལ་བ་ལ་གཙོ་བོ་སྐད་བརྡའི་སློབ་གསོ་དམ་འཛིན་བྱ་དགོས་པའང་རྩོད་དུ་མེད་པའི་གནས་ལུགས་ཤ་སྟག་ཅིག་ཡིན། རྒྱུ་མཚན་ནི་སྐད་དང་ཡི་གེ་ཞེས་པ་ལག་རྩལ་དང་། ཤེས་ཡོན། ཆ་འཕྲིན། ཁྲིམ་རའི་རིག་གནས་འཛུགས་སྐྲུན་བྱེད་པ་ལ་མེད་དུ་མི་རུང་བའི་ནུས་ལྡན་མཚོན་ཆ་ཞིག་ཡིན་པ་མ་ཟད། ནུབ་ཁུལ་གྱི་སྤྱི་ཚོགས་དེང་རབས་ཅན་དུ་མངོན་འགྱུར་བྱེད་མཁན་གྱི་ཤེས་ལྡན་མི་སྣ་སྐྱེད་སྲིང་བྱེད་པ་ལ་མེད་དུ་མི་རུང་བའི་བརྡ་ཐབས་གལ་ཆེན་ཡིན་པའི་ཕྱིར། མིག་སྔར་རྒྱལ་ཡོངས་དང་ནུབ་ཁུལ་གྲངས་ཉུང་མི་རིགས་ཀྱི་ས་ཁུལ་གང་དུ་སྐད་བརྡའི་སྤྱོད་སྟངས་ལ་འཕེལ་འགྱུར་ཆེན་པོ་འབྱུང་བཞིན་ཡོད་པ་དང་། འཕེལ་འགྱུར་དེ་ཡང་མི་རིགས་སོ་སོའི་རང་སྐད་ཀྱི་འགྱུར་ལྡོག་ཙམ་དུ་མ་ཟད། ཆེས་གཙོ་བོ་ནི་རྒྱལ་ཁམས་སྤྱི་དང་བྱེ་བྲག་གྲངས་ཉུང་མི་རིགས་ཀྱི་སྐད་བརྡའི་སྤྱོད་སྟངས་ཀྱི་དཔེ་གཞི་དེ་སྐད་གཅིག་ཅན་ནས་སྐད་གཉིས་སམ་སྐད་མང་ཅན་དུ་འཕེལ་རྒྱས་སུ་འགྲོ་བཞིན་པ་ཉིད་ལགས་ཀྱང་། ས་གནས་ཀྱི་གནས་བབ་དངོས་ལྟར་ན། སྐད་གཉིས་སློབ་གསོའི་ཚུ་ཚད་ཞན་པ་དང་། སྐད་གཉིས་སྨྲ་བའི་ཤེས་ལྡན་མི་སྣ་ཉུང་ཞིང་ཆེས་དཀོན་པོར་འདུག་ལ། འདིས་ཀྱང་རང་སའི་རིག་གནས་ཀྱི་དར་སྤེལ་དང་དེང་རབས་སྤྱི་ཚོགས་ཀྱི་དགོས་མཁོ་ཇི་བཞིན་དུ་སྐོང་ཐུབ་ཀྱིན་མེད་པས། མིག་སྔར་སློབ་གསོ་སྨྲ་བ་རྣམས་ཀྱི་འགན་འཁྲི་གཡོལ་ཐབས་མེད་པ་ཞིག་ནི་ཕ་སྐད་ཀྱི་སློབ་གསོ་གཞིར་བྱས་སྐད་གཉིས་ཀྱི་སློབ་གསོ་ཇི་ལྟར་སྤེལ་རྒྱུ་དེ་ཡིན། སྐད་གཉིས་སློབ་གསོ་ནི་སྣ་མང་རིག་གནས་ཀྱི་སློབ་གསོའི་བྱ་འགུལ་ཞིག་ཏུ་ངེས་ལ། འདིས་ཀྱང་སློབ་གསོའི་དམིགས་ཚད་མཐོ་ཞིང་། ཐབས་ལམ་མྱུར་ལ། ཕྱུས་ཚད་གཟེངས་སུ་འདེགས་པའི་ཐབས་ཤེས་ལ་བརྟེན་ནས་སྐད་གཉིས་སམ་སྐད་མང་རྟོགས་པའི་ཤེས་ལྡན་མི་སྣའམ་ལོ་ཙཱ་བ་འབོར་ཆེན་སྐྱེད་སྲིང་བྱེད་ཐུབ་ཅིང་། སློབ་མའི་ལས་ཞུགས་ཀྱི་དཀའ་ཁག་སེལ་བ། སྤྱི་ཚོགས་ཀྱི་དགོས་མཁོ་སྐོང་བ་སོགས་ཀྱི་ཕན་ནུས་མཆོག་ཏུ་འདོན་ཐུབ་པ་དང་། ལྷག་པར་མི་རིགས་རང་ཉིད་ཀྱི་སྐད་དང་ཡི་གེའམ་ཡུལ་དུ་བྱུང་བའི་རིག་གནས་སྲོལ་རྒྱུན་དར་སྤེལ་དུ་གཏོང་བའི་བསམ་འདུན་མངོན་དུ་འགྱུར་ནུས་པ་མ་ཟད། སྲིད་གཞུང་གིས་གྲངས་ཉུང་མི་རིགས་ཀྱི་དམངས་ཡོངས་ཀྱི་ཕྱུས་ཚད་དང་སློབ་གསོའི་ཕྱུས་ཚད་མཐོ་རུ་བཏེགས་ནས་སྔར་ལས་ལྷག་པའི་སྒོ་ནས་མི་རིགས་ཀྱི་རིག་

གནས་དར་སྤེལ་དང་། མུ་མཐུད་དུ་མི་རིགས་གཞན་དང་རྒྱལ་ཁབ་གཞན་པའི་སྔོན་ཐོན་གྱི་རིག་གནས་བསྡུ་ལེན་བྱས་ཏེ་རང་གི་རིག་གནས་འཐུས་ཚང་དུ་སྤེལ་བའི་ཐབས་ཇུས་བཏོན་པ་དང་ཡང་ཤིན་ཏུ་ནས་མཐུན་པས། སྐད་གཉིས་སློབ་གསོའི་ལས་དོན་ལ་རྩེ་གཅིག་ཏུ་གཞོལ་རྒྱུ་ནི་སྤྱི་ཚོགས་དང་དུས་རབས་ཀྱིས་ཐྲད་པའི་འོས་འགན་བསྐྱོན་ཐབས་མེད་པ་ཞིག་རེད་དོ། །

གཉིས་པ། སྐད་གཉིས་སློབ་གསོའི་ཞིབ་འཇུག་གི་གནས་ཚུལ།

སྐད་གཉིས་སློབ་གསོ་ནི་མི་རིགས་ལས་བརྒལ་ཞིང་རྒྱལ་ཁམས་ལས་བརྒལ་བའི་འཛམ་གླིང་རང་བཞིན་གྱི་རིག་གནས་འབྲེལ་འདྲིས་ཀྱི་སློབ་གསོའི་བྱ་འགུལ་ཞིག་ཡིན་ལ། རྒྱལ་ཁབ་ཕྱི་ནང་ཀུན་གྱིས་ཀྱང་མཐོང་ཆེན་མཛད་ཅིང་དེའི་ངོ་བོ་དང་། སྣང་ཚུལ། ཆོས་ཉིད། ཐབས་ལམ་སོགས་ལ་ཞིབ་འཇུག་བྱས་ནས་གྲུབ་འབྲས་ཀྱང་མི་དམན་པ་བླངས་ཤིང་། ཕན་ཚུན་དག་ལ་གསལ་འདེབས་དང་བློ་རྒྱ་བསྐྱེད་ནུས་པའི་བསླབ་བྱའང་མི་དམན་པ་བཏོན་ཡོད་དེ།

གཅིག ཕྱི་རྒྱལ་གྱི་ཞིབ་འཇུག་གི་གནས་ཚུལ།

དེ་ཡང་སྐད་གཉིས་སློབ་གསོ་ནི་རྒྱལ་སྤྱི་རང་བཞིན་གྱི་སློབ་གསོའི་སྤེལ་སྟངས་སམ་ཐབས་ལམ་ཞིག་ཡིན་ལ། དེའི་ནང་དོན་ནི་རྒྱལ་ཁབ་སོ་སོ་དང་ས་ཁུལ་སོ་སོའི་གནས་བབ་མི་འདྲ་བའི་རྐྱེན་གྱིས་ཁྱད་པར་ཅན་དུ་སྣང་སྟེ། ཁ་ན་ཌའི་རྒྱལ་ཁབ་ཏུ་དབྱིན་སྐད་དང་ཧྥ་སྐད་གཉིས་སྐད་གཉིས་སློབ་གསོའི་ནང་དོན་གཙོ་བོ་དང་། ཨ་རི་རྒྱལ་ཁབ་ཏུ་དབྱིན་སྐད་དང་སི་པེན་སྐད་གཉིས་སྐད་གཉིས་སློབ་གསོའི་ནང་དོན་གཙོ་བོར་འགོད་ཅིང་། ཡོ་རོབ་གླིང་དུ་དབྱིན་སྐད་སོགས་ལས་གཙོ་བོ་ཕ་སྐད་ག་ཚོགས་སུ་འཛིན་པ་དང་། ཡ་གླིང་གི་རྒྱལ་ཁབ་ཏུ་རང་སའི་སྐད་ལས་གཞན་དབྱིན་སྐད་ཀྱི་སློབ་གསོ་གཙོ་བོ་བྱེད་པ་སོགས་སྣ་ཚོགས་སུ་སྣང་ལ། དེ་བཞིན་དུ་སྐད་གཉིས་སློབ་གསོའི་ཞིབ་འཇུག་ལྟར་ནའང་། རྒྱལ་ཁབ་སོ་སོས་རང་སའི་གནས་ཚུལ་མི་འདྲ་བ་གཞིར་བྱས་ནས་ཞིབ་དཔྱོད་གང་ལེགས་མཛད

མཐར་དཔྱད་འཐབས་ཀྱང་མི་དམན་པ་བླངས་ཡོད་དེ། དཔེར་ན་ཁ་ན་ཏའི W . F མད་ཁེ་དང་སི་ཕེན་གྱི M . ཞི་གིན་གཉིས་ཀྱིས་མཛད་པའི《སྐད་གཉིས་སློབ་གསོའི་སྤྱི་དོན》དང་། སུའུ་ཧྥ་སང་ཧོ་རྩོམ་མཛད་པའི《སྐད་གཉིས་རིག་པ》《སྐད་གཉིས་སློབ་གསོ་དང་སྐད་གཉིས་རིང་ལུགས་ཀྱི་རྩང་གཞི》(Baker, C, ༡༩༨༨, སྐད་མང་པར་སྐྲུན་ཀུང་སི)《སྐད་གཉིས་རིང་ལུགས་དང་སྐད་གཉིས་སློབ་གསོ་ཁྲིད་ཀྱི་རྩ་བའི་གནད་དོན》(Clevendon, Phila delphia, Adelaide、aker, C. ༡༩༨༨)《སྐད་གཉིས་རིང་ལུགས་དང་སློབ་གསོ》(Clevendon, Philadelphia、Haut, K. ༡༩༨༩)《སྐད་གཉིས་ཀྱི་ནུས་པ་དང་སྐད་གཉིས་རིང་ལུགས》(Hamers, J. F. &Blanc, M. H. A. ༡༩༨༩)《སྐད་གཉིས་དང་སྐད་གཉིས་སློབ་གསོའི་སྤྱི་བཤད》(དབྱིན་ཧྲིའི་ཁྲུ་ལིན་པེ་ཁིས་བརྩམས) སོགས་སུ་སློབ་གསོ་རིག་པ་དང་སེམས་ཁམས་རིག་པའི་ཐད་ནས་སྐད་གཉིས་སློབ་ཁྲིད་ཀྱི་ངོ་བོ་དང་། དཔེ་གཞི། སློབ་གཉེར་བྱེད་སྟངས་དང་སེམས་ཁམས་ཀྱི་ཁྱད་ཆོས་སོགས་ལ་ཞིབ་དཔྱོད་གནང་བ་དང་། སྐད་བརྡ་རིག་པ་དང་རིག་གནས་མིའི་རིགས་རིག་པའི་ཐད་ནས་སྐད་གཉིས་སོ་སོའི་སྒྲིག་གཞི་དང་། གཙོ་ཕལ་གྱི་དབྱེ་བ། ཕན་ཚུན་གྱི་ཤུགས་རྐྱེན། སྤྱི་ཚོགས་རིག་གནས་ཀྱི་རྒྱབ་ལྗོངས། སྐད་གཉིས་སྨྲ་བརྗོད་ཀྱི་ནུས་པ་སོགས་ལ་དཔྱད་པ་དང་། སྤྱི་ཚོགས་རིག་པའི་ཐད་ནས་གྲངས་ཉུང་མི་རིགས་དང་གྲངས་མང་མི་རིགས་ཀྱི་སྐད་བརྡའི་རབ་དབྱེ་དང་སྤྱི་ཚོགས་ཀྱི་ངོ་བོ། བྱིས་པ་འཕེལ་རྒྱས་ཀྱི་ལྟ་བ། སྐད་གཉིས་སློབ་གསོའི་སྤྱིར་བཏང་གི་གནད་དོན། སྐད་གཉིས་དང་སྐད་བརྡ་གཉིས་པའི་སློབ་ཁྲིད་དང་འབྲེལ་བའི་ཆབ་སྲིད་དང་སྨྲ་མང་རིག་གནས་ཀྱི་ལྟ་བ་སོགས་གསེད་བཀྲོལ་གནང་ཡོད་པ་དང་། སྔོས་སུ་ཕྱིན་ཡོངས་ནས་སྐད་གཉིས་སློབ་གསོའི་ལོ་རྒྱུས་དང་དོན་དངོས། གཞུང་ལུགས་དང་ལག་ལེན་གྱི་གནད་དོན་མང་པོར་ཞིབ་དཔྱོད་གནང་བ་ལ་དོན་སྙིང་ཆེན་པོ་ལྡན་ནོ། །

གཉིས། རང་རྒྱལ་གྱི་ཞིབ་འཇུག་གི་གནས་ཚུལ།

དེ་ཡང་རང་རྒྱལ་གྱི་སྐད་གཉིས་སློབ་གསོའི་ཞིབ་འཇུག་གི་བྱ་བ་ནི་དུས་རབས་ཉི་ཤུ་པའི་ལོ་རབས་བརྒྱད་ཅུའི་ནང་འགོ་བརྩམས་པ་ཡིན་ལ། ད་ལྟའི་བར་དུ་ལོ་ངོ་ཉི་ཤུ་ལྷག་

གི་རིང་ལ་སློབ་གསོ་རིག་པ་བ་དང་མི་རིགས་སྐད་ཡིག་གི་ལས་དོན་སྤྱུབ་མཁན་རྣམས་ཀྱིས་སྐད་གཉིས་སློབ་ཁྲིད་ཀྱི་ལག་ལེན་དང་ཚོད་ལྟ་གང་མང་བརྒྱུད། སྐད་གཉིས་སློབ་གསོའི་ངོ་བོ་དང་། ཐབས་ལམ། ཆོས་ཉིད། རྩ་དོན་སོགས་ལ་ཞིབ་དཔྱོད་ནན་ཏུར་མཛད་ཅིང་། དཔྱད་འབྲས་སུ་ནང་དོན་རྒྱ་ཆེ་ཞིང་གཏིང་ཟབ་པའི་བརྩམས་ཆོས་མང་པོ་ཕུལ་བ་འདིས་ཀྱང་རང་རྒྱལ་གྱི་སྐད་གཉིས་སློབ་གསོའི་གཞུང་ལུགས་ཀྱི་མ་ལག་འཐུས་ཚང་དུ་འགྲུབ་པར་རྨང་གཞི་ལེགས་པོ་བཏིངས་ཡོད་དེ། འདིར་ཕྱོགས་མི་འདྲ་བ་དུ་མའམ་ང་ཙམ་ནས་མདོར་ཙམ་སྨྲོས་ན།

༧. ཐོག་མར་སྐད་གཉིས་སློབ་ཁྲིད་དང་སྐད་གཉིས་སློབ་གསོའི་དོན་གྱི་ངེས་ཚུལ་ལ་ཞིབ་ཏུ་དཔྱད་ནས། སྐད་གཉིས་སློབ་གསོ་ནི་མི་རིགས་མང་བའི་རྒྱལ་ཁབ་དང་ཡང་ན་ས་ཁུལ་དུ་གྲངས་ཉུང་མི་རིགས་ཀྱི་སྐད་བརྡ་དང་ཧང་འཛིན་མི་རིགས་ཀྱི་སྐད་བརྡ་གཉིས་སྤྱོད་པའི་སློབ་གསོ་སྤེལ་སྟངས་ཤིག་དང་། སྐད་གཉིས་སློབ་ཁྲིད་ནི་གྲངས་ཉུང་མི་རིགས་ཀྱི་སྐད་ཡིག་དང་ཧང་འཛིན་མི་རིགས་ཀྱི་སྐད་ཡིག་ཟུང་དུ་འབྲེལ་བའི་སྐད་ཡིག་སློབ་ཁྲིད་ཀྱི་རྣམ་པ་ཞིག་ཡིན་པར་བསྟན་ཅིང་། ཕྱི་མ་ནི་སྔ་མ་དེ་དག་མངོན་དུ་འགྱུར་བྱེད་ཀྱི་ཐབས་ལམ་ཞིག་ཡིན་པར་ངེས་པས། དེ་གཉིས་གཞི་ནས་མི་འདྲ་བའི་དོན་གཉིས་ལྟར་སོ་སོར་ཕྱེ་པ་དང་། དེ་ནས་སྐད་གཉིས་སློབ་གསོ་དང་སྐད་གཉིས་སློབ་ཁྲིད་ཀྱི་རིགས་འབྱེད་སྐབས་ཀྱང་། མཁས་མང་ཚོགས་ཀྱིས་ལྟ་བ་སྣ་ཚོགས་ཤིག་བཏོན་ཡོད་དེ། ལེའུ་གོ་རྒྱུད་ཀྱིས་སེམས་འཇུག་བྱེད་ཚུལ་དང་། ཟུར་རྒྱན་བྱེད་ཚུལ། སྦྲགས་ཁྲིད་བྱེད་ཚུལ། རྒྱུན་སྐྱོང་བྱེད་ཚུལ། བར་ཁྲིད་འདོན་ཚུལ། འདེམ་སྒྱུར་བྱེད་ཚུལ། བར་བརྒྱལ་བྱེད་ཚུལ། མཉམ་སྦྱོར་བྱེད་ཚུལ། འཆད་ཁྲིད་བྱེད་ཚུལ། རེས་སྤོར་བྱེད་ཚུལ། ཁ་སྐོན་བྱེད་ཚུལ། གཞོགས་འདེགས་བྱེད་ཚུལ། ལབ་རེས་བྱེད་ཚུལ། རིགས་འབྲེལ་བྱེད་ཚུལ། རིམ་འཇུག་བྱེད་ཚུལ་བཅས་བཅོ་ལྔ་བཏོན་པ་ཧང་འཛིན་མི་རིགས་ཀྱི་དབང་དུ་བྱས་པ་ཡིན་ལ། ཕྱི་གྲག་གྲངས་ཉུང་མི་རིགས་ལྟར་ན་འང་། ཡན་ཞོ་ཀྲད་ཉིད་ཀྱིས་ཡན་པན་གྱི་ལུགས་དང་། ནང་སོག་གི་ལུགས། བོད་ལྗོངས་ཀྱི་ལུགས། ཞིན་ཅང་གི་ལུགས། ནུབ་ལྷོའི་ལུགས། རྫོངས་སེལ་གྱི་ལུགས་བཅས་དྲུག་དང་། ཀྲུག་ཡོ་ཧྲུན་གྱིས་རིགས་བདུན་དུ་འབྱེད་པ་དང་། ཀྲང་ལེ་ལགས་ཀྱིས་སྐད་གཅིག་གི་སློབ་ཁྲིད་འཆར་གཞི་དང་། སྐད་

གཉིས་བར་བརྒྱལ་གྱི་འཆར་གཞི། ཡུན་རིང་སྐད་གཉིས་ཀྱི་འཆར་གཞི་ཞེས་སྐད་གཉིས་སློབ་ཁྲིད་ཀྱི་འཆར་གཞི་རིགས་གསུམ་དུ་ཕྱེ་བ་དང་། ཀྲུག་ཆེན་རྗེན་གྱིས་སྐད་གཉིས་སློབ་ཁྲིད་ཀྱི་འཆར་གཞི་དང་སྐད་གཉིས་སློབ་ཁྲིད་ཀྱི་ལམ་ལུགས་བཅས་ཕྱོགས་གཉིས་ནས་རིགས་སོ་སོར་འབྱེད་ཅིང་། སྐད་གཉིས་སློབ་ཁྲིད་ཀྱི་འཆར་གཞིའི་ཕན་ནུས་ལྟར་དུ་ཉར་ཚགས་དང་། བར་བརྒྱལ། དབང་ཤུགས་ཅན་བཅས་གསུམ་དང་། སྐད་གཉིས་སློབ་ཁྲིད་ཀྱི་དུས་ཚོད་མང་ཉུང་དང་བཀོད་སྒྲིག་གི་སྤྱ་འཕྱི་དང་སློབ་ཁྲིད་ཀྱི་བརྗོད་ཐབས་མི་འདྲ་བ་གཞིར་བྱས་ནས་ཉར་ཚགས་དང་བར་བརྒྱལ་གྱི་རིགས་ལའང་ཕྱེ་བྲག་ཏུ་བརྒྱད་དུ་འབྱེད་པ་དང་། སློབ་གསོའི་ལམ་ལུགས་ཀྱི་འཕེལ་ཚད་མི་འདྲ་བ་གཞིར་བྱས་ནས་འཐུས་ཚང་གི་རིགས་དང་། འཕེལ་རྒྱས་ཀྱི་རིགས། ཚོད་ལྟའི་རིགས་བཅས་གསུམ་དུ་ཕྱེ། ཀྲུག་པོ་ལྷུན་གྱིས《རང་རྒྱལ་གྱི་མི་རིགས་ས་ཁུལ་དུ་རྒྱའི་སྐད་ཡིག་གི་སློབ་གསོའི་ལམ་ལུགས་སྣ་ཚོགས་བཀོད་པའི་སྐོར་བརྗོད་པ》ཞེས་པའི་ནང་དུ་གྲངས་ཉུང་མི་རིགས་ཀྱི་སྐད་དང་རྒྱའི་སྐད་ཡིག་སྟེ་སྐད་གཉིས་ཀྱི་སློབ་གསོའི་ལམ་ལུགས་ནི་རང་རྒྱལ་གྱི་མི་རིགས་སོ་སོའི་དོན་དངོས་དང་། མི་རིགས་ཀྱི་འབྲེལ་བ། སྐད་བརྡའི་འབྲེལ་བ། མི་རིགས་ས་ཁུལ་གྱི་སྐད་ཡིག་བཀོལ་སྤྱོད་ཀྱི་གནས་ཚུལ་དངོས་གཞིར་བཟུང་ནས་བཀོད་པ་ལས། རང་སར་ཕྱི་རྒྱལ་གྱི་བསྒྲུབ་ཐབས་དང་ཡང་ན་ཞིང་ཆེན་དང་ལྗོངས་གཞན་དག་གི་ཉམས་མྱོང་སོགས་ཇི་བཞིན་བཙན་ཐབས་ཀྱིས་སྦྱོར་མི་རུང་བར་བསྟན། རང་རྒྱལ་གྱི་མི་རིགས་སོ་སོས་སྐད་ཡིག་བཀོལ་སྤྱོད་བྱས་པའི་གནས་ཚུལ་མི་འདྲ་བ་གཞིར་བཟུང་ནའང་། ཁོང་ཉིད་ཀྱིས་གྲངས་ཉུང་མི་རིགས་ཀྱི་སྐད་ཡིག་དང་རྒྱའི་སྐད་ཡིག་སྟེ་སྐད་གཉིས་སློབ་གསོའི་ལམ་ལུགས་ནི་མཐོ་རིམ་དང་། འབྲིང་རིམ། དམའ་རིམ་ཞེས་རིམ་ཚད་མི་འདྲ་བ་གསུམ་དུ་ཕྱེ་བ་ལས། མཐོ་རིམ་གྱི་ལམ་ལུགས་ནི་སློབ་ཆུང་དང་སློབ་འབྲིང་དུ་རང་མི་རིགས་ཀྱི་སྐད་ཡིག་གི་བསླབ་ཚན་གཙོར་བྱས་ནས་སློབ་གྲྭ་ཆེན་མོར་ཕྱིན་ཙ་ན་རྒྱ་ཡིག་གཙོར་བྱེད་པ་དང་ཡང་ན་སྐད་གཉིས་འདྲ་མཉམ་དུ་སྤྱོད་པ་དང་། འབྲིང་རིམ་གྱི་ལམ་ལུགས་ནི་སློབ་ཆུང་དང་སློབ་འབྲིང་དུ་རང་མི་རིགས་ཀྱི་སྐད་ཡིག་གི་བསླབ་ཚན་གཙོར་བྱས་ནས་སློབ་གྲྭ་ཆེན་མོར་ཕྱིན་ཙ་ན་བསླབ་ཚན་རེ་འགའ་མ་གཏོགས་གཞན་ཡོད་ཚད་ལ་རྒྱའི་སྐད་ཡིག་སྤྱོད་པ། དམའ་རིམ་གྱི་ལམ་ལུགས་ནི་སློབ་ཆུང་གི་དམའ་རིམ་དུས་སུ་མི་རིགས་སྐད་ཡིག་གཙོར་

བྱས་ནས་སློབ་ཚན་གྱི་མཐོ་རིམ་དུ་ཕྱིན་ཙ་ན་རྒྱ་ཡིག་གཙོ་བོར་བྱེད་དགོས་པར་འདོད། སྤྱིར་རང་རྒྱལ་གྱི་སྐད་གཉིས་སྣང་ཚུལ་སྤྱི་དང་བྱེ་བྲག་མི་རིགས་ས་ཁུལ་གྱི་སྐད་བརྡའི་སྤྱོད་སྟངས་ཧ་ཅང་རྙོག་འཛིང་ཆེ་བའི་རྐྱེན་གྱིས། དཔྱད་འབྲས་འདི་དག་གི་ཁྲོད་དུ་རང་རྒྱལ་གྱི་སྐད་གཉིས་སློབ་ཁྲིད་དང་སྐད་གཉིས་སློབ་གསོ་ལའང་རིགས་སམ་དབྱེ་བ་དགར་སྟངས་གཅིག་གྱུར་ཅིག་བྱུང་མེད་ན་ཡང་། མཁས་དབང་རྣམ་པས་རང་རང་གི་ཕྱག་ལེན་ལས་དགོངས་གཞི་གང་ལེགས་བརྗོད་པ་འདིས་ཀྱང་རང་རྒྱལ་གྱི་སྐད་གཉིས་སློབ་གསོའི་ལམ་ལུགས་འཛུགས་ཚང་ཞིག་གྲུབ་པར་རྨང་གཞི་བརྟན་པོ་ཞིག་ཚུགས་ཡོད་དོ། །

༢. སྐད་གཉིས་སློབ་གསོའི་བྱུང་རབས་ཀྱི་ཞིབ་འཇུག་ལྟར་ན་འང་། ཀུན་གྱིས་རང་རྒྱལ་གྱི་སྐད་གཉིས་སློབ་གསོའི་འཕེལ་འགྱུར་གྱི་ལོ་རྒྱུས་ལ་བློ་གདེང་ཐོབ་པའི་ཆེད་དུ་འབྲེལ་ཡོད་ཀྱི་རྒྱུ་ཆ་ཕུན་སུམ་ཚོགས་པར་ལྟ་སློག་དང་། དཔྱད་སྟུར། གདེང་འཇོག་གང་ལེགས་བྱས་མཐར། དེ་ལས་འཕེལ་འགྱུར་གྱི་ཆོས་ཉིད་དང་། ཉམས་མྱོང་། བསླབ་བྱ་ཇི་སྙེད་ཅིག་ཀྱང་འཚོལ་ཞིབ་བྱས་ཡོད་དེ། དཔེར་ན་ཏད་ཆེན་ཞ་དང་ཀྲོ་དབྱི་ཁྲིན་རྣམ་གཉིས་ཀྱི《རང་རྒྱལ་གྱི་སྐད་གཉིས་ཞིབ་འཇུག་གི་ད་ལྟའི་གནས་བབ་དང་འབྱུང་འགྱུར》དང་། ཏིན་ཞྭུན་ལིག་གི《ཀྲུང་གོའི་གྲངས་ཉུང་མི་རིགས་ཀྱི་སྐད་གཉིས་སློབ་ཁྲིད་ཀྱི་རིག་གཞུང་གྲུབ་ཚུལ་དང་འཕེལ་རྒྱས》ཏིན་ཧྲེ་ཆེན་གྱི《སྐད་གཉིས་ཀྱི་རབ་དབྱེ་དང་རང་རྒྱལ་གྱི་སྐད་གཉིས་ཞིབ་འཇུག་གི་གནས་བབ་སྤྱིར་བཤད་པ》ཧྲ་ལྷ་ཝུ་ཅའི《འཕེལ་རྒྱས་ཁྲོད་ཀྱི་མི་རིགས་སྐད་ཡིག་གི་སློབ་ཁྲིད》ཏད་ཆེན་ཞ་དང་ཏུང་ཡན་གཉིས་ཀྱི《ཀྲུང་གོའི་གྲངས་ཉུང་མི་རིགས་ཀྱི་སྐད་གཉིས་སློབ་གསོའི་ལོ་རྒྱུས་ཀྱི་འཕེལ་འགྱུར》ཞེས་ཟུའུ་ཀྲོང་གི《ཀྲུང་གོའི་གྲངས་ཉུང་མི་རིགས་ཀྱི་སྐད་གཉིས་སློབ་གསོའི་ལོ་རྒྱུས་ཀྱི་འཕེལ་རིམ་སྤྱིར་བཤད་པ》། ཧེ་ཅོན་ཧྭང་གི《ཀྲུང་གོའི་གྲངས་ཉུང་མི་རིགས་ཀྱི་སྐད་གཉིས་ཀྱི་ལོ་རྒྱུས་དང་ད་ལྟའི་གནས་བབ་ལ་དཔྱད་པ》སོགས་སུ་རང་རྒྱལ་གྱི་སྐད་གཉིས་སློབ་གསོའི་བྱུང་འཕེལ་གྱི་ལོ་རྒྱུས་དང་ད་ལྟའི་དོན་དངོས་སྨྲགས་མར་དཔྱད་ནས་སྐད་གཉིས་སློབ་གསོ་རིག་པའི་གཞུང་ལུགས་ལ་ལྟ་ཚུལ་གཟེངས་སུ་ཐོན་པ་བརྗོད་འདུག་གོ །

༣. མི་རིགས་ཀྱི་སྐད་ཡིག་དང་རྒྱ་སྐད་གཤིབ་སྡུར་གྱི་ཞིབ་འཇུག་ཀྱང་ཉེ་བའི་ལོ་འགའི་རིང་སློབ་གསོ་རིག་པ་དང་སྐད་བརྡ་རིག་པ་རྣམས་ཀྱིས་ཆེས་གཙིགས་སུ་གཉེར་

བའི་དཔྱད་གཞི་གལ་ཆེན་ཞིག་ཏུ་ངེས་ཤིང་། དཔྱད་ཚུལ་ལའང་མི་རིགས་སོ་སོའི་རིག་གནས་ཀྱི་རྒྱབ་ལྗོངས་དང་འབྲེལ་ནས་སྐད་བརྡ་ཕན་ཚུན་བར་གྱི་འབྲེལ་བར་ཕྱོགས་བསྡུས་ཀྱིས་དཔྱད་པ་ལས་གཞན་ད་དུང་སྐད་གཉིས་དག་གི་སྒྲ་གདངས་དང་། ཐ་སྙད། བརྡ་སྤྲོད། ཚིག་རྒྱན་བཅས་ཀྱི་དཀའ་གནད་སོ་སོར་དམིགས་ཤིང་ཆེད་དུ་གཤིབ་སྡུར་དང་ཞིབ་འཇུག་བྱས་པ་དང་། དུས་མཚུངས་སུ་དཀའ་གནད་ཐག་གཅོད་དང་། ཉམས་མྱོང་བསྡུ་རུབ། ཐབས་ཇུས་ལེགས་འདོན་བྱས་པའི་བརྩམས་ཆོས་དང་འགྱུར་རྩོམ་ཡང་མང་དུ་སྤེལ་ཡོད་དེ། དཔེར་ན་ཀུའུ་ཙ་ཙོའི《སྐད་བརྡའི་སྦྱོང་གོམས་དང་རིག་གནས་ཀྱི་སྦྱོང་གོམས》དང་། ལིས་ཧེ་རན་གྱི《རྒྱ་ལྷོར་མི་རིགས་གཉིས་ཀྱི་སྐད་བརྡ་དང་རིག་གནས་ཀྱི་གཤིབ་སྡུར》 ལིན་ཅེ་ཕྲིན་གྱི《ཚིག་རྒྱན་དང་རིག་གནས་ཀྱི་འབྲེལ་བ་མདོར་བཤད》ཀྲོའོ་ཆེ་ཅན་གྱི《ཕྱི་སྐད་ཀྱི་སློབ་ཁྲིད་དང་མཚོ་སྔོན་ས་ཁུལ་གྱི་གྲངས་ཉུང་མི་རིགས་ཀྱི་སྐད་བརྡ》སོགས་སུ་རིག་གནས་ཀྱི་རྒྱབ་ལྗོངས་དང་སྦྲགས་ནས་སྐད་གཉིས་སློབ་ཁྲིད་ཀྱི་དཀའ་གནད་བསྟན་ཡོད་པ་དང་། 《ཡུན་ནན་ཞིང་ཆེན་གྱི་གྲངས་ཉུང་མི་རིགས་སྐད་གཉིས་སློབ་ཁྲིད་ཀྱི་ཞིབ་འཇུག》ནང་དུ་དབྱིས་རིགས་དང་ཧ་ཉེ་སོགས་མི་རིགས་བཅུ་གཉིས་ཀྱི་སྐད་དང་རྒྱ་སྐད་དག་ཕན་ཚུན་ཞིབ་ཏུ་བསྡུར་ནས་དཔྱད་ཅིང་། ཕན་ཚུན་བར་གྱི་མཚུངས་ཆོས་དང་ཁྱད་པར་འཚོལ་ཞིབ་བྱས་ནས་སློབ་མས་སྐད་གཉིས་སྦྱོང་བའི་དཀའ་གནད་གསེད་བཀྲོལ་གནང་བ་སོགས་ཀྱིས་རང་རྒྱལ་གྱི་སྐད་གཉིས་སློབ་ཁྲིད་ཀྱི་ལག་ལེན་ལ་ཤིན་ཏུ་ཕན་པའི་ལྷ་བ་ལེགས་པར་བཏོན་འདུག་གོ །སྐད་གཉིས་སློབ་གསོར་མཐུན་རྐྱེན་ལེགས་པར་བསྐྲུན་རྒྱུ་དེ་ཡང་ཁ་ཚ་དགོས་གཏུགས་ཀྱི་དོན་ཆེན་ཞིག་ཡིན་ཞིང་། དེ་ཇི་ལྟར་ལེགས་བཅོས་སུ་སྤེལ་རྒྱུའང་དཔྱད་གཞི་གལ་ཆེན་ཞིག་ཡིན་ཕྱིར། ཁ་ཅིག་གིས་རང་རྒྱལ་གྱི་སྐད་གཉིས་སློབ་གསོ་ལེགས་པར་སྤེལ་སླད་དུ་གཞན་གྱི་ཉམས་མྱོང་དང་བསླབ་བྱ་སྣ་ཚོགས་ལ་བརྟེན་ཞིབ་བགྱིས་ནས་ནང་འདྲེན་བྱས་ཡོད་དེ། དཔེར་ན་ཡན་གྲེན་དང་ལུའི་ཞུག་སྦྲིན་གཉིས་ཀྱིས་འཛམ་གླིང་དུ་སྐད་གྲགས་ཆེ་བའི་སྐད་གཉིས་སློབ་གསོ་རིག་པ་བ་ཁན་ཏའིM·Fམད་ཁེ་དང་སི་ཕེན་གྱིM .ཞེ་གེན་རྣམ་གཉིས་ཀྱི《སྐད་གཉིས་སློབ་གསོའི་སྤྱི་དོན》ཞེས་པ་རྒྱ་སྐད་དུ་བསྒྱུར་བ་དང་། ལུའེ་པོ་ཅན་གྱིས《ཕྱི་རྒྱལ་གྱི་སྐད་གཉིས་སློབ་གསོ་མདོར་ཙམ་བརྗོད་པ》དང་ཁྲིན་ཞོ་ཞོན་གྱིས《ལེ་ཉེན་གྱི་སྐད་གཉིས་གཞུང་

ལུགས་དང་དེ་ས་སུའུ་ལེན་སྤྱི་ཚོགས་ལ་ཕེབས་པའི་ཤུགས་རྐྱེན》བརྩམས་པ་སོགས་ཀྱིས་ཕྱི་གླིང་བའི་སྐད་གཉིས་སློབ་གསོའི་གཞུང་ལུགས་ཀྱི་ལྟ་བ་དང་ལག་ལེན་གྱི་ཐབས་ཤེས་ཉམས་མྱོང་ལེགས་ཤོས་སྤུད་ལེན་བྱས་པ་དང་། ཁ་ཅིག་གིས་སྐད་གཉིས་སློབ་ཁྲིད་ཀྱི་བསླབ་དེབ་རྩོམ་སྒྲིག་གི་ཐད་ལ་བརྩོན་ཞིབ་མཛད་ཡོད་དེ། དཔེར་ན་ལིས་ཞན་ཡོན་གྱི《མེའོ་རྒྱ་སྐད་ཡིག་གཉིས་ཀྱི་བསླབ་དེབ་རྩོམ་སྒྲིག་སྐོར་གླེང་བ》དང་། ཧྲི་ཞོ་ཧུང་གི《ཧུའུ་ནན་ནུབ་ཁུལ་གྱི་མེའོ་རྒྱ་སྐད་ཡིག་གཉིས་ཀྱི་ཚོད་ལྟའི་བསླབ་དེབ་ཀྱི་ཁྱད་ཆོས》། ལ་ཞི་ཧུང་རི་ཕུའི《མི་རིགས་སྐད་ཡིག་གི་བསླབ་དེབ་རྩོམ་སྒྲིག་སྐོར་བརྗོད་པ》ལྟ་བུ་དང་། ཡང་ཁ་ཅིག་གིས་དགེ་རྒན་སྐྱེད་སྲིང་དང་བསླབ་གཞི་སྒྲིག་ཆས་ཀྱི་འཛུགས་སྐྲུན་ཐད་ལ་ཞིབ་འཇུག་བྱས་ནས་བསམ་ཚུལ་ལེགས་ཤོས་བཏོན་པ་སོགས་མདོར་ན་ཀུན་ཀྱང་རང་རྒྱལ་གྱི་སྐད་གཉིས་སློབ་གསོའི་ལས་དོན་ལ་རྩེ་གཅིག་གཞོལ་བའི་གྲུབ་འབྲས་གཡུར་དུ་ཟ་བ་ཡིན་ནོ། །

༤. ཕྱི་བྲག་བོད་ཁུལ་གྱི་སྐད་གཉིས་སློབ་གསོའི་ཞིབ་འཇུག་ལ་མཚོན་ན། ཕྱིར་གཞུང་ལུགས་ཀྱི་ལྟ་བའམ་བྱེད་ཐབས་དང་ལག་ལེན་གྱི་བསླབ་བྱའམ་ཉམས་མྱོང་གང་རུང་གི་ཚན་ས་དཔྱད་འབྲས་ལེགས་ཤིང་འཐུས་ཚང་བ་ཞིག་ཐོབ་མེད་ན་ཡང་། དུས་ད་ལྟ་ཉིད་ལ་ཕྱོགས་སོ་སོར་བརྩོན་ཞིབ་བྱེད་པའི་ལས་སྒོ་རྒྱ་ཆེར་སྤེལ་བཞིན་ཡོད་དེ། དཔེར་ན་ཤེས་རབ་ལྷ་མོའི《བོད་ལྗོངས་ཀྱི་སྐད་གཉིས་ལོ་རྒྱུས་མདོར་བསྡུས》དང་། ཚེ་གྲོའི《བོད་རྒྱ་སྐད་གཉིས་སློབ་ཁྲིད་སྐོར་གླེང་བ》ཤ་བོ་ཚེ་རིང་གི《བོད་རྒྱ་སྐད་གཉིས་ཀྱི་རྩིས་རིག་སློབ་ཁྲིད་བྱེད་པའི་དཔེ་གཞི་ལ་གདེང་འཛོག་བྱེད་པ》ངག་དབང་རྒྱ་མཚོའི《རྒྱང་གཞི་སློབ་གསོ་སྐབས་ཀྱི་སྐད་གཉིས་སློབ་གསོའི་དཔེ་གཞིར་གཏོགས་པའི་སྐད་གསུམ་སློབ་ཁྲིད་བྱེད་ཐབས་ལ་དཔྱད་པ》ཚུལ་ཁྲིམས་ཀྱི《སྐད་བརྡའི་ཁོར་ཡུག་དང་བསྟུན་ནས་སྐད་གཉིས་སློབ་ཁྲིད་ཀྱི་དཔེ་གཞི་གདམ་གསེས་བྱེད་པའི་སྐོར་རགས་ཙམ་བརྗོད་པ》བསོད་ནམས་རྒྱལ་གྱི《མཚོ་སྔོན་གྱི་བོད་རྒྱ་སྐད་གཉིས་ཀྱི་སློབ་ཁྲིད་ལ་རྟོག་དཔྱོད་བྱས་པའི་སྙན་ཞུ》གླུ་ནེའུ་ཡི《མི་རིགས་དགེ་ཐོན་སློབ་གྲྭའི་ནང་གི་རྒྱ་བོད་སྐད་གཉིས་སྤྱོད་པའི་སློབ་ཁྲིད་ཀྱི་སྐོར་རགས་ཙམ་གླེང་བ》སྒྲོལ་མ་འཚོའི《བོད་རྒྱ་སྐད་གཉིས་སློབ་ཁྲིད་ཀྱི་དཔེ་གཞི་ལ་ཐོག་མར་དཔྱད་པ》ལྷ་རུང་གི《བོད་ལྗོངས་ཀྱི་སྤྱི་ཚོགས་འཕེལ་རྒྱས་དང་སྐད་གཉིས་སློབ་གསོ》ཏེན་

ལེ་ཚོན་དང་ཡེ་ཞའོ་ཡུན་གཉིས་ཀྱི《བོད་ལྗོངས་ཀྱི་བོད་རྒྱ་སྐད་གཉིས་ཀྱི་སྣང་ཚུལ》ལེན་ཞང་རོང་གི《ཛ་བ་བོད་རིགས་རང་སྐྱོང་ཁུལ་གྱི་སྐད་གཉིས་བཀོལ་སྤྱོད་ཀྱི་གནས་ཚུལ་ལ་རྟོག་དཔྱོད་བྱེད་པ》ཐེན་ཙ་ལིག་གི《བོད་ལྗོངས་ཀྱི་སྐད་གཉིས་སློབ་ཁྲིད་སྐོར་བརྗོད་པ》ཧྥའུ་ཧྲུ་ཅིན་གྱི《སི་ཁྲོན་ཞིང་ཆེན་གྱི་དབྱིས་རིགས་དང་བོད་ཁུལ་གྱི་སློབ་གསོ་ལག་ཁྲིད་ཀྱི་སྐད་གཉིས་ལམ་ལུགས་སྐོར་བརྗོད་པ》ཙ་རིན་གྱི《བོད་ཁུལ་སློབ་གྲྭའི་རྩིས་རིག་གི་སྐད་གཉིས་སློབ་ཁྲིད་ཀྱི་རྩ་དོན་སྐོར་གླེང་བ》ལྷ་ཧྲིན་ཚོན་གྱི《བོད་རྒྱ་སྐད་གཉིས་ཀྱི་རྩིས་རིག་སློབ་གསོ་ལ་དཔྱད་པ》ལིའུ་ཡོན་མིན་གྱི《བདེ་ཆེན་བོད་རྒྱ་སྐད་གཉིས་ཀྱི་སློབ་གསོའི་རྟོག་དཔྱོད་དང་བསམ་གཞིག》ཧྲའུ་ཆན་ཅིའི《མི་རིགས་སློབ་གྲྭ་ཆེན་མོའི་བོད་རྒྱ་སྐད་གཉིས་སློབ་གསོའི་གནས་བབ་དང་འཕེལ་ཕྱོགས་ལ་དཔྱད་པ》སོགས་སུ་བོད་ཁུལ་གྱི་སྐད་གཉིས་སློབ་གསོའི་འདས་ཟིན་གྱི་ལོ་རྒྱུས་དང་ད་ལྟའི་གནས་བབ་བྱེ་བྲག་པ་ཇི་སྙེད་ཅིག་ལ་དཔྱད་ནས་གྲུབ་འབྲས་ཀྱང་ངེས་ཅན་ཞིག་ཐོན་ཡོད་ན་ཡང་། ཁྱོན་ཡོངས་ནས་བལྟས་ན། ད་དུང་ཟུང་ཟད་ཁྱབ་ཆེ་བའི་རྟོག་དཔྱོད་དངོས་བརྒྱུད་པ་ཉུང་ལ། ཞིབ་འཇུག་བྱེད་ཐབས་ཟུང་ཟད་རྗེས་ལུས་ཡིན་པ་དང་། ཞིབ་འཇུག་གི་ཁྱབ་ཁོངས་ཐར་ཐོར་དུ་སྣང་བ། གཞུང་ལུགས་ཀྱི་གཏིང་ཟབ་ཚད་ཞན་ཞིང་ཁྱབ་རྒྱ་ཆུང་ལ་མ་ལག་འཐུས་ཚང་དུ་གྲུབ་མེད་པའི་ཞན་ཆ་མི་ཉུང་བ་བསྙོན་མེད་དུ་འབྱུང་བས་ན། ང་ཚོས་ཀྱང་བསྟུད་མུར་འདི་ཕྱོགས་སུ་ཤུགས་བསྐྱེད་དེ་བོད་ཁུལ་གྱི་སྐད་གཉིས་སློབ་གསོའི་གཞུང་ལུགས་འཐུས་ཚང་ཞིག་སྤེལ་རྒྱུ་ཤིན་ཏུ་ནས་གལ་ཆེ་བར་སེམས་སོ། །

གསུམ། རྒྱལ་ཁབ་ཕྱི་ནང་དག་གི་ཞིབ་འཇུག་གི་ཁྱད་པར་ལས་བརྟོན་པའི་ལྟང་བྱ།

དེ་ཡང་ཕྱི་རྒྱལ་དང་རང་རྒྱལ་གཉིས་ཀྱི་སྐད་གཉིས་སློབ་གསོའི་ཞིབ་འཇུག་གནས་ཚུལ་ནི་དམིགས་ཡུལ་དང་ཁྱབ་ཁོངས་སོགས་ཕྱོགས་གང་ཐད་ནས་མི་འདྲ་བ་མང་སྟེ། དམིགས་ཡུལ་ལྟར་ན། ཕྱི་གླིང་བས་སྐད་གཉིས་སློབ་གསོར་ཞིབ་འཇུག་བྱེད་པ་ནི་སྐད་གཉིས་སྨྲ་བའི་ཤེས་ལྡན་མི་སྣ་སྐྱེད་སྲིང་བྱེད་པ་དང་ཡང་ན་ཐུན་མོང་གི་སྐད་བརྡ་འཚོལ་སྒྲིག་བྱེད་པ་ཁོ་ནའི་ཆེད་དུ་མ་ཡིན་པར་རིགས་རྒྱུད་མཉམ་འདྲེས་དང་རྒྱལ་ཁམས་བདེ་

འཇགས་སོགས་སྤྱི་ཚོགས་དང་ཆབ་སྲིད་ཀྱི་དགོས་མཁོར་དམིགས་པ་མང་ལ། རང་རྒྱལ་ལྟར་ན་སྔ་མ་དེ་གཙོར་བཟུང་ཞིང་རྒྱལ་སྤྱིའི་མཉམ་འབྲེལ་དང་འགྲན་རྩོད་ཀྱི་ནུས་ཤུགས་མཐོར་འདེགས་པ་དང་བྱེ་བྲག་གྲངས་ཉུང་མི་རིགས་ས་ཁུལ་གྱི་སློབ་གསོའི་སྤུས་ཚད་མཐོར་བཏེགས་ནས་ཤར་ཁུལ་དང་ནུབ་ཁུལ་དག་ཕན་ཚུན་ལ་ཁྱད་པར་མེད་པའི་འཆམ་མཐུན་སྤྱི་ཚོགས་ཤིག་བསྐྲུན་པའི་ཆེད་དུ་ཡིན་ལ། ཞིབ་འཇུག་གི་ཁྱབ་ཁོངས་ལ་དམིགས་ན་འང་། རང་རྒྱལ་དུ་ཀྲང་འཛིན་མི་རིགས་ཀྱི་སྐད་གཉིས་སློབ་གསོ་དང་གྲངས་ཉུང་མི་རིགས་ས་ཁུལ་གྱི་སྐད་གཉིས་སློབ་གསོ་དག་གི་འདས་ཟིན་པའི་ལོ་རྒྱུས་ལས་ཀྱང་ད་ལྟའི་གནས་བབ་གཙོར་འཛིན་པ་དང་། ཕྱི་གླིང་དུ་རྒྱལ་ཁབ་སོ་སོའི་གནས་ཚུལ་མི་འདྲ་ཞིང་རིག་གཞུང་གི་རྒྱབ་ལྗོངས་མི་འདྲ་བའི་རྐྱེན་གྱིས་སྔར་འདས་ཀྱི་ལོ་རྒྱུས་དང་ད་ལྟའི་གནས་བབ་གང་ཅུང་ལ་དཔྱད་ཐབས་ཀྱང་སྣ་ཚོགས་སུ་སྤྱད་པས་ཞིབ་ཏུ་བརྗོད་ཐབས་བྲལ་ཡང་། སྤྱི་ངོས་ནས་བརྟགས་ན། སྐད་གཉིས་ཀྱི་ནུས་པ་དང་ཤེས་རྟོགས་འཕེལ་འགྱུར་གྱི་འབྲེལ་བ་ལ་ཞིབ་འཇུག་བྱེད་པའི་ལོ་རྒྱུས་ཀྱི་བརྒྱུད་རིམ་ཁྲོད་དུ་ཤུགས་རྐྱེན་ཐེབས་པའི་དུས་སྐབས་དང་། བར་འབྲེལ་གྱི་དུས་སྐབས། ཏུར་ལེན་གྱི་དུས་སྐབས་གསུམ་བརྒྱུད་མཐར། རྒྱལ་ཁམས་སོ་སོ་ནས་རང་རང་ལ་འཚམ་པའི་སྐད་གཉིས་གཞུང་ལུགས་ཀྱི་མ་ལག་དང་ལག་ལེན་གྱི་དཔེ་གཞི་ཕུན་སུམ་ཚོགས་པ་བརྟོན་འདུག འདིར་དེ་དག་ཕན་ཚུན་གྱི་ཞིབ་བསྡུར་ཁྲོད་དུ་འཕྲུལ་མར་དོ་སྣང་བྱ་དགོས་པའི་བླང་བྱ་འགའ་བརྟོན་ན།

༡. སྐད་གཉིས་སློབ་གསོའི་ཞིབ་འཇུག་ནི་སྐད་གཉིས་རྒྱལ་ཁབ་དང་སྐད་བརྡ་གཅིག་རྐྱང་གི་རྒྱལ་ཁབ་ཀུན་གྱི་དཔྱད་བྱར་ངེས་ཏེ། དེ་ཡང་ཁ་ཅིག་གིས་རང་རྒྱལ་ནི་ཀྲང་འཛིན་མི་རིགས་ཀྱི་སྐད་བརྡ་གཅིག་རྐྱང་གཙོ་བའི་རྒྱལ་ཁབ་ཅིག་ཡིན་པས། སྐད་གཉིས་སློབ་གསོའི་ཞིབ་འཇུག་ནི་རང་རྒྱལ་དུ་སྤེལ་དགོས་དོན་མེད་པར་སེམས་ཀྱང་། དོན་དུ་སྐད་གཉིས་སློབ་གསོ་ནི་ཆེ་ཕྱོགས་སུ་སློབ་གསོ་འཛམ་གླིང་དུ་ཁ་ཕྱོགས་ནས་རྒྱལ་སྤྱི་མཉམ་འབྲེལ་གྱི་སེམས་ཤུགས་དྲག་ཅིང་རྒྱལ་ཁམས་ཀྱི་འབྲེལ་འདྲིས་དང་འགྲན་རྩོད་ལ་བློ་གྲོས་ལྡན་པའི་ཤེས་ལྡན་མི་སྣ་སྐྱེད་སྲིང་བྱེད་པའི་ཐབས་ལམ་ཞིག་དང་། ཆུང་ཕྱོགས་ནས་གྲངས་ཉུང་མི་རིགས་སོ་སོའི་ཕ་སྐད་ཀྱི་རིག་གནས་ཕུན་སུམ་ཚོགས་པ་རྒྱུན་འཛིན་དང་དར་སྤེལ་གཏོང་བའི་ཐབས་ལམ་མཆོག་ཅིག་ཡིན་པས། དེ་ལ་ཞིབ་འཇུག་བྱེད་པ་ནི་སྐད་

གཉིས་རྒྱལ་ཁབ་པོ་ནའི་ལས་ཙམ་མ་ཡིན་པར་རྒྱལ་ཁབ་ཕྱི་ནང་ཀུན་དང་མི་རིགས་རང་གཞན་ཀུན་གྱི་དཔྱད་བྱར་ངེས་སོ། །

༢. སྐད་གཉིས་སློབ་གསོའི་ཞིབ་འཇུག་ནི་ཕ་སྐད་ཀྱི་རིག་གནས་སློབ་གསོར་བརྩོན་ཞིབ་བྱེད་པ་གཞིར་བཟུང་ནས་སྤེལ་རྒྱུ་གལ་ཆེ་སྟེ། ཕ་སྐད་ཀྱི་རིག་གནས་སློབ་གསོ་ནི་མི་རིགས་རང་འཕེལ་རྒྱས་སུ་འགྲོ་བའི་གཞི་རྩ་ཡིན་པས། མ་གཞི་རྒྱལ་ཁབ་ཅིག་གིས་རྒྱལ་སྐད་སྤྱི་དང་བྱེ་བྲག་མི་རིགས་སོ་སོ་བས་རང་ས་རང་མལ་ནས་ཕ་སྐད་གང་ཞིག་སྲོག་རྩར་བཟུང་ནས་སྐད་གཉིས་ཀྱི་ཐབས་ལམ་སྣ་ཚོགས་ལ་བརྟེན་པ་མ་གཏོགས་རང་སྐད་ཉམས་ཉེན་ཙམ་གྱི་གནས་ནས་གཞན་སྐད་བརྩོན་སྦྱོང་གི་བགྱི་བ་སྤེལ་ན། དེ་ཡང་མི་རིགས་ཉམས་ཉེས་སུ་འགྲོ་བའི་ཐབས་སུ་འགྲོ་ཉེན་ཆེ་བས། མི་རིགས་རང་གི་སྐད་ཡིག་གཙོར་བཟུང་ནས་སྐད་གཉིས་སློབ་གསོ་ཇི་ལྟར་སྤེལ་བའི་ཐབས་ལ་དཔྱད་རྒྱུ་ནི་ཞིབ་འཇུག་གི་གནད་ཅིག་ཡིན་པར་སེམས་སོ། །

༣. སྐད་གཉིས་སློབ་གསོའི་ཞིབ་འཇུག་ནི་སྐད་གཉིས་སློབ་གསོའི་ཉམས་མྱོང་མཚམས་སྦྱར་བ་ཙམ་གྱིས་མི་ཚོག་པར་གཞུང་ལུགས་ཀྱི་ཞིབ་འཇུག་ལའང་མཐོང་ཆེན་བྱ་དགོས་ཏེ། མིག་སྔར་རང་རྒྱལ་གྱི་སྐད་གཉིས་སློབ་གསོའི་ཞིབ་འཇུག་གི་ཁྲོད་དུ་རང་རྒྱལ་གྱི་གནས་ཚུལ་དངོས་དང་བསྟུན་ནས་ཆེས་རིན་ཐང་ཆེ་བའི་ཉམས་མྱོང་དང་བསླབ་བྱ་མི་ཉུང་བ་ཞིབ་རྒྱས་སུ་སྲུས་ཡོད་ན་ཡང་། ཕལ་ཆེ་བས་ཕྱི་ངོས་ཀྱི་ཉམས་མྱོང་གསེད་བཀྲོལ་བྱེད་པ་ཙམ་ལས་གཏིང་ཟབ་ཅིང་ཁྱབ་ཁྱ་ཆེ་བའི་གཞུང་ལུགས་ཀྱི་ལྟ་བ་ཕན་ནུས་ཅན་འདོན་སྤེལ་བྱས་མེད་པས། གཞུང་ལུགས་ཀྱི་ལྟ་བ་དང་ལག་ལེན་གྱི་ཉམས་མྱོང་སྦྲགས་མར་སྤེལ་རྒྱུའང་སྐད་གཉིས་སློབ་གསོའི་ཞིབ་འཇུག་གི་གནད་ཅིག་ཡིན་པར་འདོད་དོ། །

༤. སྐད་གཉིས་སློབ་གསོའི་ཞིབ་འཇུག་ཁྲོད་དུ་རྩོད་གཞི་མང་འདོན་བྱེད་པ་ལས་དོན་དངོས་ར་འཕྲོད་རྒྱུ་གལ་ཆེ་སྟེ། ཉེ་བའི་ལོ་འགའི་རིང་གི་ཞིབ་འཇུག་ཁྲོད་དུ། རང་རྒྱལ་གྱི་སྐད་གཉིས་སློབ་གསོ་སྨྲ་བ་མི་ཉུང་བས་ སྔ་རྗེས་སུ་བརྩམས་གཞུང་དང་དུས་དེབ་སྣ་ཚོགས་སྟེང་དུ་རང་རྒྱལ་གྱི་སྐད་གཉིས་སློབ་གསོ་དང་འབྲེལ་བའི་གནད་དོན་དང་། ལྟ་ཚུལ། རྟོགས་གཞི་སྣ་ཚོགས་ཤིག་བརྗོད་ཅིང་རྩོད་གཞི་མང་པོ་སྤེལ་བ་ནི་རང་རྒྱལ་གྱི་སྐད་གཉིས་སློབ་གསོར་ཐུགས་ཁུར་དང་ཞིབ་གཞིགས་གང་ལེགས་མཛད་པ་ཡིན་ཡང་། ཁག

ཅིག་ནི་རྩོད་གཞིའམ་ཀླན་ཀ་ཙམ་གྱི་ཚུལ་དུ་སྣང་བ་ལས་ཡིད་རྟོན་རུང་བའི་རྟོག་དཔྱོད་ཀྱི་བརྒྱུད་རིམ་དང་རྒྱུ་ཆ་ཁུངས་ཐུབ་སོགས་ཀྱིས་དོན་དངོས་ལ་ར་སྤྲོད་བྱེད་པའི་ཐབས་རྩལ་ཞན་པས། ཐར་བས་ལྷག་པའི་སྒོ་ནས་སློབ་ཁྲིད་ཀྱི་ལག་ལེན་དངོས་དང་རྟོག་དཔྱོད་ཀྱི་ཐབས་ལམ་དངོས་བརྒྱུད་ཅིང་། དོན་དངོས་ལས་ཁུངས་ཐུབ་ཀྱི་རྒྱུ་ཆ་འཚོལ་ཞིབ་དང་རིགས་སྟོབས་ཀྱི་བདེན་པ་ཞིབ་ཏུ་བདར་ནས་བརྟག་དོན་ཀུན་བདེན་ལུགས་སུ་ར་སྤྲོད་ཐུབ་པའི་དཔྱད་འབྲས་ཕན་ནུས་ཅན་དུ་སྤེལ་རྒྱུའང་སྐབས་བབ་ཀྱི་དགོངས་གཞི་འགངས་ཆེན་ཞིག་ཡིན་པར་སྙམ་མོ། །

གསུམ་པ། དཔྱད་གཞི་དངོས་ཀྱི་གཞུང་ལུགས་ཀྱི་སྤྱི་འགྲོས་དང་དཔྱད་ཐབས།

《བོད་ཁུལ་གྱི་སྐད་གཉིས་སློབ་གསོར་དཔྱད་པ་ལག་ལེན་གསེར་གྱི་ཐིགས་པ》ཞེས་པའི་དཔྱད་གཞི་འདིའི་ངོ་བོ་ནི་མི་རིགས་ཀྱི་རིག་གནས་སྲོལ་རྒྱུན་དང་སྤྱི་ཚོགས་ཀྱི་འཕོ་འགྱུར་གཞིར་བྱས་པའི་སྐད་གཉིས་ཀྱི་སྣང་ཚུལ་དང་སློབ་གསོ་དཔྱད་བྱར་ངེས་ཤིང་། སྐད་བརྡ་རིག་པ་དང་། སློབ་གསོ་རིག་པ། རིག་གནས་རིག་པ་བཅས་ཀྱི་དཔྱད་བྱ་དཀྱུས་གཅིག་ཏུ་སྒྲིགས་ནས་གྲུབ་པ་དང་། ཞིབ་འཇུག་བྱ་ཡུལ་ནི་བོད་ཁུལ་གྱི་སྐད་གཉིས་སློབ་གསོའི་བྱུང་འཕེལ་དང་ད་ལྟའི་གནས་བབ་སོགས་སུ་ངེས་ལ། དཔྱད་ཐབས་སུ་གཙོ་བོ་སྐད་བརྡ་རིག་པའི་གཞུང་ལུགས་སྣ་ཚོགས་ཀྱི་ཐབས་ལམ་ལས་གཞན་སློབ་གསོ་རིག་པའི་ཐབས་ཤེས་ལ་བརྟེན་དགོས་ཕྱིར། འདི་ལའང་ཐུན་མོང་མ་ཡིན་པའི་གཞུང་ལུགས་ཀྱི་སྤྱི་འགྲོས་སམ་རྩ་དོན་དང་ཞིབ་འཇུག་གི་ཐབས་ལམ་ཇི་སྙེད་ཅིག་ལྡན་ཏེ།

གཅིག དཔྱད་བྱར་འབྲེལ་བའི་གཞུང་ལུགས་ཀྱི་སྤྱི་འགྲོས་སམ་རྩ་དོན།

དཔྱད་གཞི་གང་དང་གང་ཞིག་ཡིན་རུང་དེའི་གཞུང་ལུགས་ཀྱི་སྤྱི་འགྲོས་ནི་གང་འདོད་དུ་སྤེལ་བ་ཞིག་མིན་པར་དཔྱད་བྱ་དངོས་ཀྱི་ཁྱབ་ཁོངས་སམ་གནད་ཀ་དང་འབྲེལ་ནས་བརྗོད་པ་ཡིན་ལ། དཔྱད་གཞི་འདིའི་ཞིབ་འཇུག་གི་ཁྱབ་ཁོངས་གཙོ་བོ་ལྟར་ན།

ཐོག་མར་བོད་རིགས་རང་གི་སྲོལ་རྒྱུན་གྱི་གཞུང་ལུགས་དང་སྐད་བརྡའི་ལྟ་ཚུལ་ལས་བརྒལ་ཞིང་བོད་ཁུལ་སྤྱི་ཚོགས་སྤྱིའི་རིག་གནས་འཕོ་འགྱུར་དང་། སྐད་གཉིས་སློབ་གསོ།འཚམ་མཐུན་གྱི་བོད་ཁུལ་འཛུགས་སྐྲུན་བྱེད་པའི་འབྲེལ་བ་ལེགས་པོ་ཐག་གཅོད་པའི་རྩ་དོན་དུ་ངེས་དགོས་པ་དང་གཅིག ནུབ་ཁུལ་གསར་སྤེལ་གྱི་བརྒྱུད་རིམ་ཁྲོད་དུ་བོད་སྤྱོངས་གཙོས་བོད་ཁུལ་ཡོངས་ཀྱི་རྨང་གཞི་སློབ་གསོའི་འཕེལ་ཕྱོགས་སྤྱི་ལ་དམིགས་ནས་དེ་དང་འོས་སྙིང་འཚམ་པའི་སྐད་གཉིས་སློབ་གསོའི་ཐབས་ཇུས་གསར་བ་འདོན་པ་དང་གཉིས། བོད་ཁུལ་གྱི་སྐད་གཉིས་སློབ་གསོའི་འདས་ཟིན་གྱི་ལོ་རྒྱུས་དང་ད་ལྟའི་གནས་བབ་ལ་དངོས་སུ་བརྟག་ཅིང་དཔྱད་ནས་དེ་ལས་ཉམས་མྱོང་དང་བསླབ་བྱ་མང་པོ་སྟུད་ལེན་དང་གང་ལ་གང་འཚམ་གྱི་སྐད་གཉིས་སློབ་གསོའི་དཔེ་གཞི་ཚད་ལྡན་དུ་འདོན་པ་དང་གསུམ། ཕ་སྐད་ཀྱི་རིག་གནས་སློབ་གསོ་གང་ཞིག་བོད་ཁུལ་གྱི་སྐད་གཉིས་སློབ་གསོའི་སྲོག་རྩར་བཟུང་ནས་མི་རིགས་རང་གི་སྲོལ་རྒྱུན་རིག་གནས་འཛིན་སྐྱོང་སྤེལ་གསུམ་དང་དེང་རབས་ཀྱི་རིག་གཞུང་ངམ་ལག་རྩལ་གསར་བ་ནང་འདྲེན་བྱེད་པའི་ཐབས་ལམ་ཡང་དག་ཅིག་འཚོལ་ཞིབ་བྱེད་པ་དང་བཞི། དུས་རབས་ཀྱི་འཕེལ་ཕྱོགས་སམ་སྤྱི་ཚོགས་ཀྱི་དགོས་མཁོ་དང་བསྟུན་ནས་སྐད་གཉིས་སྨྲ་བའི་ཤེས་ལྡན་མི་སྣ་སྐྱེད་སྲིང་དང་སློབ་མའི་ལས་ཞུགས་ཀྱི་དཀའ་ཁག་སེལ་བར་བྱེད་པའི་ཐབས་ལམ་འཚོལ་ཞིབ་བྱེད་པ་དང་ལྔ་བཅས་སུ་ངེས་ཤིང་། ཕྱབ་ཁོངས་འདིའི་བརྟག་བྱའི་གནད་རྣམས་ཀྱང་མཐར་གཏུགས་ན། དེང་རབས་བོད་ཁུལ་གྱི་སྤྱི་ཚོགས་དང་། རིག་གནས། སྐད་ཡིག སློབ་གསོ་བར་གྱི་འབྲེལ་བ་སྣ་ཚོགས་ལས་གྲུབ་པའི་སྐད་གཉིས་སློབ་གསོའི་སྣང་ཚུལ་དང་སྲིད་སྟངས་ལ་བརྟེན་ཞིབ་བྱེད་པའི་སྙིང་དུ་གཞོལ་དགོས་པས། དཔྱད་བྱ་དངོས་ལ་འཇུག་དུས་ཀྱང་། རིག་གནས་སྐད་བརྡ་རིག་པའམ་སྤྱི་ཚོགས་སྐད་བརྡ་རིག་པ་དང་མི་རིགས་སློབ་གསོ་རིག་པའི་གཞུང་ལུགས་ཀྱི་སྤྱི་འགྲོས་སམ་རྩ་དོན་ནི་ཞིབ་འཇུག་གི་ཐབས་ཤེས་གཙོ་བོར་བརྟེན་དགོས་ལ། གཞུང་དེ་དག་ལས་ཀྱང་མྱུར་བར་མཁོ་བའི་གཞུང་ལུགས་ཀྱི་སྤྱི་འགྲོས་སམ་རྩ་དོན་རྣམས་དཀྱུས་གཅིག་ཏུ་སྒྲིགས་ནས་གནད་ཆེ་བར་བསྟན་ན།

༡. རྟང་པོ་ཐུས་མི་རིགས་ཀྱི་སྐད་བརྡ་དང་མི་རིགས་ཀྱི་རིག་གནས་ནི་གཞི་ནས་འབྲལ་ཐབས་མེད་པར་འདོད་དེ། སྤྱི་ཚོགས་ཀྱི་ལམ་ལུགས་དང་། ཆོས་ལུགས་དད་མོས།

ལས་རིགས། གཉེན་ཚན་གྱི་འབྲེལ་བ་སོགས་ཀྱིས་སྐད་བརྡའི་གོམས་སྲོལ་ལ་ཤན་ཞུགས་པ་དང་། སྐད་བརྡས་ཀྱང་དེ་དག་ལ་མང་དུའམ་ཉུང་ཚད་ཀྱིས་ཤན་ཞུགས་ནུས་ཞེས་དང་། སྐད་བརྡ་ནི་འགྲོ་བ་མིའི་གཤིས་ཀ་ན་གནས་པའི་ཆོས་ཤིག་ཏུ་སྣང་ཞིང་། མི་ཡི་བསམ་བློ་དང་འཛིན་རྟེན་ལྟ་ཚུལ་གང་ཡིན་ཡང་སྐད་བརྡ་དང་འབྲལ་དུ་མེད་དོ[16] ཞེས་གསུངས་པ་བཞིན་དུ་སྐད་གཉིས་སློབ་གསོའི་ཞིབ་འཇུག་ཁྲིད་དུ་ཕ་སྐད་རིག་གནས་ཀྱི་གོ་གནས་ག་སྔོགས་སུ་འཛིན་པའོ། །

༢. རིག་གནས་སྐད་བརྡ་རིག་པའི་ནང་དུ་སྤྱི་ཚོགས་ཀྱི་འཕོ་འགྱུར་ལས་རིག་གནས་ཀྱི་འཕོ་འགྱུར་བྱུང་ཞིང་། རིག་གནས་ཀྱི་འཕོ་འགྱུར་ནི་སྤྱི་ཚོགས་འཕོ་འགྱུར་གྱི་མངོན་བྱེད་དུ་ངེས་ཞེས་བསྟན་པ་དང་། ཚོགས་པ་ག་གེ་མོའི་ཐོན་སྐྱེད་ནུས་ཤུགས་ཀྱི་འཕེལ་རྒྱས་དང་། རིག་གནས་སྣང་ཚུལ་གྱི་འགྱུར་ཉམས། ཆབ་སྲིད་དཔལ་འབྱོར་ལམ་ལུགས་ཀྱི་འགྱུར་ལྡོག་གང་ཡང་རུང་ཚང་མས་ཀྱང་སྐད་བརྡ་ལ་ཤན་མ་ཐེབས་པ་གཅིག་ཀྱང་མེད[17] ཅེས་བསྟན་པ་བཞིན་སྤྱི་ཚོགས་རིག་གནས་ཀྱི་འཕོ་འགྱུར་དང་རིག་གནས་ཀྱི་རྣམ་མང་རང་བཞིན་ལ་བརྟེན་ནས་སྐད་གཉིས་སློབ་གསོའི་སྣང་ཚུལ་ལ་དཔྱད་པའོ། །

༣. མི་རིགས་སློབ་གསོ་རིག་པའི་རང་ལུགས་གཅེས་སུ་བཟུང་ནས་རིག་གནས་ཀྱི་རྒྱབ་ལྗོངས་མི་འདྲ་བའི་མི་རིགས་སོ་སོའི་སྐད་ཡིག་སློབ་ཁྲིད་ཀྱི་ཆོས་ཉིད་ལ་ཞིབ་དཔྱད་དང་། མི་རིགས་ཀྱི་ཚོགས་པ་དང་མི་སྙེར་མི་འདྲ་བའི་དཔེ་གཞིའི་བརྟག་ཐབས་ལ་བརྟེན་ནས་མི་རིགས་ཡོངས་ཀྱི་སློབ་གསོའི་ཐུན་མོང་གི་ཆོས་ཉིད་འཚོལ་ཞིབ་བྱེད་པ་དང་མཉམ་དུ་མི་རིགས་ཀྱི་ཚོགས་པའམ་མི་སྙེར་གང་རུང་གི་སློབ་གསོའི་དམིགས་བསལ་གྱི་ཆོས་ཉིད་དང་ཁྱད་ཆོས་ལ་གནད་ཐེངས་པར་དཔྱད་པའོ། །

༤. རིག་གནས་སྐད་བརྡ་རིག་པའི་གཞུང་དུ་སྐད་གཉིས་ཀྱི་རིག་གནས་རྒྱབ་ལྗོངས་ནི་སྐད་གཉིས་སྣང་ཚུལ་འགྲུབ་བྱེད་ཀྱི་རྒྱུ་རྐྱེན་སྣ་ཚོགས་སུ་ངེས་པར་བསྟན་པ་དང་། དེ་ལ་ཆབ་སྲིད་དང་། དཔལ་འབྱོར། ལོ་རྒྱུས། ས་བབ། མི་རིགས་ཀྱི་འདུ་ཤེས་སོགས་རྒྱུ་རྐྱེན་སྣ་ཚོགས་འདུས་ཤིང་། དེ་དག་ཕྱོགས་སོ་སོའི་རྒྱུ་རྐྱེན་སྣ་ཚོགས་ལ་བརྟེན་ནས་སྐད་གཉིས་ཀྱི་སྣང་ཚུལ་གྲུབ་ཅིང་འཕེལ་འགྱུར་ཅི་རིགས་འབྱུང་བར[18] བསྟན་པ་བཞིན་དུ་བོད་ཁུལ་གྱི་སྐད་གཉིས་སློབ་གསོའི་གནས་བབ་དང་འཕེལ་ཕྱོགས་ལ་དཔྱད་སྐབས་ཀྱང་དེ་

མཚུངས་ཀྱི་རྒྱུ་རྐྱེན་ལས་བློ་གདེང་སྐྱེད་པར་བྱེད་པའོ། །

༥. རིག་གནས་དངོས་གཙོ་སྨྲ་བ་དང་རྩོད་སྒྲུབ་དངོས་གཙོ་སྨྲ་བའི་བསམ་བློའི་ཕྱོགས་སྟོན་གཞིར་བྱས་གནས་ཡུལ་དངོས་ནས་རྟོག་དཔྱོད་བྱེད་པའི་ཐབས་ལམ་སོགས་ལེགས་པར་སྤྱད་དེ་དངོས་ཐོག་བདེན་འཚོལ་སྒྲས་བོད་ལུགས་ཀྱི་སྐད་གཉིས་སློབ་གསོར་ཡོངས་སུ་འཚམ་པའི་སློབ་གསོའི་དཔེ་གཞི་དང་ཐབས་ཇུས་ལེགས་པར་འདོན་པའོ། །

གཉིས། རྟོག་དཔྱོད་དང་ཞིབ་འཇུག་གི་ཐབས་ལམ།

དཔྱད་གཞི་འདིའི་ནང་དུ་བོད་ལུགས་ཀྱི་ཕ་སྐད་སློབ་གསོ་གཞིར་བྱས་པའི་སྐད་གཉིས་སློབ་གསོ་སྤེལ་སྟངས་དང་བོད་ལུགས་ཀྱི་སྤྱི་ཚོགས་འཆམ་མཐུན་དུ་སྤེལ་བའི་འབྲེལ་བར་ཞིབ་དཔྱོད་དང་དེ་ལ་འཚམ་པའི་ཐབས་ཇུས་སྣ་ཚོགས་འདོན་པར་བརྩོན་ཞིབ་བྱེད་པ་དཔྱད་བྱའི་རྩ་གནད་དུ་བཟུང་ཞིང་། རྟོག་དཔྱོད་དང་ཞིབ་འཇུག་བྱེད་པའི་ཐབས་སུ་སྲོལ་རྒྱུན་གྱི་སློབ་གསོའི་གཞུང་ལུགས་དང་སྐད་བརྡའི་ལྟ་བ་ལས་གཞན་དེང་རབས་འབྲེལ་ཡོད་ཀྱི་རིག་གཞུང་སྣ་ཚོགས་པའི་ཐབས་ལམ་སྤྲགས་མར་སྤེལ་ནས་བོད་ལུགས་ཡོངས་ཀྱི་སྐད་གཉིས་སློབ་གསོ་དང་དེར་འབྲེལ་ཡོད་ཀྱི་ལོ་རྒྱུས་རིག་གནས་གསེད་བཀྲོལ་དང་། ཟུར་ཚད་མི་འདྲ་བ་ནས་སྐད་གཉིས་སློབ་གསོ་དང་སྤྱི་ཚོགས་འཕེལ་རྒྱས་ཀྱི་འབྲེལ་བར་བརྟག་པ། མི་རིགས་ཀྱི་སྐད་ཡིག་རིག་གནས་དང་། སྐད་གཉིས་སློབ་གསོ། འཆམ་མཐུན་སྤྱི་ཚོགས་བཅས་ཀྱི་འབྲེལ་བ་སོགས་ལ་ཁྱོན་ཡོངས་ནས་དཔྱད་དེ། བོད་ལུགས་དང་འཚམ་པའི་སྐད་གཉིས་སློབ་གསོའི་དཔེ་གཞི་དང་ཐབས་ཇུས་ལེགས་ཤོས་འདོན་སྤེལ་བྱེད་པ། སྤྱིར་བཏང་གི་ཞིབ་འཇུག་ཙམ་ནས་བྱེ་བྲག་པའི་ཚོད་ལྟ་སྣ་ཚོགས་དང་མ་དཔེ་བར་ལ་ཞིབ་ཏུ་དཔྱད་ཅིང་དེ་ལས་སྤྱི་ལ་ཁྱབ་པའི་སྣང་ཚུལ་སྣ་ཚོགས་དང་ཆོས་ཉིད་གསལ་བར་སྟོན་པ་བཅས་གཙོས་སུ་བཟུང་ནས། དམིགས་དོན་མི་རིགས་ཀྱི་སྐད་གཉིས་སློབ་གསོའི་གཞུང་ལུགས་དང་ཐབས་ལམ་གསར་པ་ཞིག་ཆགས་པའམ་འགྲུབ་པར་བརྩོན་སེམས་བསྐྱེད་པས་ན། འདི་ལའང་བྱེ་བྲག་ཏུ་གསུམ་གྱི་རྟོག་དཔྱོད་དང་ཞིབ་འཇུག་གི་ཐབས་ལམ་འགའ་སྤྲོ་རྒྱུ་ཡོད་དེ།

༡. ཡིག་ཚང་དཔྱེ་ཞིབ་བྱེད་ཐབས། དཔྱད་གཞི་འདིའི་ནང་དུ་བོད་ལུགས་

གྱི་སྐད་གཉིས་སློབ་གསོའི་བྱུང་འཕེལ་གྱི་རྒྱུ་རྐྱེན་དང་འཕེལ་རིམ་སོགས་འདས་ཟིན་པའི་ལོ་རྒྱུས་དང་། སྤྱི་ཚོགས་རིག་གནས་ཀྱི་འཕོ་འགྱུར་དང་སྐད་གཉིས་སློབ་གསོ་བར་གྱི་འབྲེལ་བ་སོགས་འཚོལ་ཞིབ་བྱེད་དགོས་ལ། དེ་རྣམས་ལོ་རྒྱུས་ཀྱི་རྒྱུ་ཆ་སྣ་ཚོགས་ཁྲོད་དུ་ཁྱུངས་སྐྱེལ་དག་འབུད་བྱ་དགོས་ཕྱིར། བོད་ཁུལ་གྱི་སྐད་གཉིས་སློབ་གསོར་ཞིབ་འཇུག་བྱེད་པ་ལ་ སྔར་འདས་ཀྱི་རྒྱུ་ཆའམ་ཡིག་ཚང་སྣ་ཚོགས་ལ་ལྟ་ཀློག་དང་དབྱེ་ཞིབ་བྱེད་པའི་ཐབས་ལམ་བསྟེན་མེད་དུ་སྤྱོད་དགོས་སོ། །

༢. རྒྱུ་ཆ་འཚོལ་ཞིབ་བྱེད་ཐབས། འདི་ལའང་བྱེ་བྲག་ཏུ་གནས་ཡུལ་དངོས་ནས་ཐད་ཀར་འཚོལ་ཞིབ་བྱེད་ཐབས་དང་བརྒྱུད་པའི་སྒོ་ནས་འཚོལ་ཞིབ་བྱེད་ཐབས་གཉིས་ཡོད་པ་ལས། སྔ་མ་ལའང་བྱེ་བྲག་ཏུ་མ་དཔེ་ལེན་ཚུལ་དང་། འདྲི་གཞི་འདོན་ཚུལ། བཅར་འདྲི་བྱེད་ཚུལ། ལྟ་རྟོག་བྱེད་ཚུལ་སོགས་དང་། ཕྱི་མ་ལའང་གཞན་གྱིས་བསྡམས་པའི་འབྲེལ་ཡོད་ཀྱི་རྒྱུ་ཆ་དང་གཞན་ལ་མངག་བཅོལ་གྱིས་རྒྱུ་ཆ་འཚོལ་སྡུད་བྱེད་ཐབས་སོགས་མང་ཙམ་ཡོད་པ་རྣམས་སྐབས་བབ་དཔྱད་བྱའི་གཙོ་ཕལ་དང་། ནང་དོན་གྱི་ཁྱད་པར། ཡུལ་དུས་ཀྱི་ཆ་རྐྱེན་སོགས་ལ་བསྟུན་ནས་གང་ལ་གང་འཚམ་དུ་སྤྱོད་པར་བྱེད་པ་ཞིག་གོ །

༣. འཕྲེད་གཤིབ་ཞིབ་སྡུར་བྱེད་ཐབས། དཔྱད་བྱ་དངོས་ཀྱི་ཁྱབ་ཡུལ་དུ་གྱུར་པའི་བོད་ཁུལ་ནི་ཨ་མདོ་དང་། དབུས་གཙང་། ཁམས་ཕྱོགས་བཅས་སུ་ངེས་ཤིང་། འདི་ལ་བྱེ་བྲག་ཡུལ་གྲུ་སོ་སོའི་ལོ་རྒྱུས་ཀྱི་རྒྱུ་རྐྱེན་དང་། སྤྱི་ཚོགས་རིག་གནས་ཀྱི་རྒྱབ་ལྗོངས། རང་བྱུང་ཁོར་ཡུག་སོགས་མི་འདྲ་བའི་རྐྱེན་གྱིས་དེ་དག་ཕན་ཚུན་བར་འཕྲེད་ངོས་ནས་ཞིབ་སྡུར་བྱེད་པ་དང་། བོད་ཁམས་སྤྱིའི་སྐད་གཉིས་སློབ་གསོའི་ལོ་རྒྱུས་ཀྱི་འབྱུང་རྐྱེན་དང་འཕེལ་རིམ་སོགས་ཀྱི་དུས་སྐབས་སོ་སོའི་ཁྱད་པར་དང་ཁྱད་ཆོས་ཇི་སྙེད་ཅིག་འཚོལ་ཞིབ་བྱེད་པའི་གཤུང་ངོས་ཀྱི་ཞིབ་སྡུར་བྱེད་ཐབས་སྤྲུགས་མར་སྤྱེལ་དགོས་སྐབས། འདིར་འཕྲེད་གཤུང་བསྡོལ་མར་འབྲེལ་བའི་ཞིབ་སྡུར་བྱེད་ཐབས་དག་སྤྱད་ན། བོད་ཁུལ་གྱི་སྐད་གཉིས་སློབ་གསོའི་བྱུང་འཕེལ་གྱི་ལོ་རྒྱུས་དང་ད་ལྟའི་གནས་བབ་སོགས་ལས་བདེན་ངེས་ཀྱི་ཁྱད་ཆོས་དང་ཆོས་ཉིད་ཇི་སྙེད་ཅིག་འཚོལ་ཞིབ་དང་རྟོག་འདོན་བྱེད་པ་ལ་དགེ་མཚན་ཆེན་པོ་ལྡན་པར་སེམས་སོ། །

༩. ཕྱོགས་བསྡུས་ཀྱི་དཔྱད་ཐབས་གཞན་དག གཞན་ཡང་སྐད་གཉིས་སློབ་གསོའི་ཞིབ་འཇུག་ནི་མི་རིགས་སྤྱི་ཚོགས་རིག་པ་དང་། སློབ་གསོ་རིག་པ། སྐད་བརྡ་རིག་པ། སེམས་ཁམས་རིག་པ། ལོ་རྒྱུས་རིག་པ་བཅས་རིག་གཞུང་མང་པོར་འབྲེལ་བ་དམ་པོར་སྣང་བས། དཔྱད་བྱ་དངོས་ལ་འཇུག་དུས་ཀྱང་། གོང་གི་ཐབས་ལམ་དེ་དག་ལ་བརྟེན་པ་ལས་གཞན་ད་དུང་སྤྱི་ཚོགས་རིག་པའི་མ་དཔེ་ལེན་ཚུལ་དང་། འདྲི་གཞི་འདོན་ཚུལ། སྡོམ་རྩིས་བྱེད་ཚུལ་བཅས་དང་། སྐད་བརྡ་རིག་པའི་སྐད་བརྡའི་སྒྲིག་གཞི་དང་འགན་ནུས་ལ་དབྱེ་ཞིབ་བྱེད་ཐབས། སློབ་གསོ་རིག་པ་དང་སེམས་ཁམས་སྨྲ་བའི་ལྟ་རྟོག་དང་ཚོད་རྒྱུགས་ལེན་ཚུལ། ལོ་རྒྱུས་སྨྲ་བའི་ཁུངས་སྒྲུབ་བྱེད་ཐབས་སོགས་ཀྱང་སྤྲགས་མར་སྤྱོད་བཏམ་ཡང་ན་སྐབས་དོན་དང་བསྟུན་ནས་གང་ལ་གང་འཚམ་དུ་སྤྱད་ན། དཔྱད་གཞི་གང་ལ་གྲུབ་འབྲས་མི་དམན་པ་འབྱུང་བ་གདོན་མི་ཟའོ། །

ཟུར་མཆན།

(1) ༢༠༠༠ལོར་སྤེལ་བའི《ཕྱི་གླིང་བའི་སློབ་གྲྭ་ཆུང་འབྲིང་གི་ཕྱི་སྐད་སློབ་ཁྲིད་ལ་རྟོག་དཔྱོད་བྱས་པའི་སྙན་ཞུ》[J] ཞེས་པ་དྲ་ཚིགས http://www. cal. org/resources/digest/0106 pufahl. htmlསྟེང་གསལ།

(2) ཁ་མིན་སིས ༡༩༩༨ལོར་བྲིས་པའི《ལོ་ངོ་སུམ་ཅུའི་རིང་གི་སེམ་འཇུག་རང་བཞིན་གྱི་སྐད་གཉིས་སློབ་ཁྲིད་ཀྱི་འཕེལ་རྒྱས་སྐོར་གླེང་བ》[J] ཞེས་པ་དྲ་ཚིགསhttp://www. iteachilearn. com/cummins/immersion2000. htmlསྟེང་གསལ།

(3) johnson, Robert Keith, Merrillswain. ImmersionEducation: nternation-alPerspectives[M]. NewYork: CambridgeUniversitypress, 1997.

(4) ཁེ་ཅིན་ཡོན་གྱིས་བརྩམས་ཤིང《ཐེན་ཅིན་དགེ་ཐོན་སློབ་གྲྭ་ཆེན་མོའི་རིག་གཞུང་དུས་དེབ》༢༠༠༧ལོའི་དེབ་དང་པོའི་སྟེང་བཀོད་པའི《ཕྱི་གླིང་གི་སྐད་གཉིས་དང་སྐད་གཉིས་སློབ་གསོའི་གནས་ཚུལ་སྐོར་བརྗོད་པ》[J] ཞེས་པར་གསལ།

(5) ཀྲུང་གོ་ཀུན་འདུས་ཚིག་མཛོད་ཆེན་མོ་དཔེ་སྐྲུན་ཁང་གིས ༡༩༩༣ལོར་པར་དུ་བསྐྲུན་པའི《ཀྲུང་གོ་ཀུན་འདུས་ཚིག་མཛོད་ཆེན་མོའི་མི་རིགས་ཀྱི་སྡེ་ཚན》[M] ནང་དུ་གསལ།

(6) (8) ལིས་ཏའུ་ཀྲོང་གིས་བརྩམས་ཤིང《ཞིན་ཅང་སློབ་གསོ་སློབ་གླིང་གི་རིག་གཞུང་དུས་

དེབ》༢༠༠༩ལོའི་དེབ་དང་པོའི་སྟེང་བཀོད་པའི《ཀྲུང་གོའི་གྲངས་ཉུང་མི་རིགས་ཀྱི་སྐད་གཉིས་སློབ་གསོའི་ལོ་རྒྱུས་ཀྱི་འཕེལ་རིམ་སྤྱིར་བཤད་པ》[J]ཞེས་པར་གསལ།

(7) ཏད་ཆེན་ཞ་སོགས་ཀྱིས་བརྩམས་ཤིང་ལིའོ་ཉིང་མི་རིགས་དཔེ་སྐྲུན་ཁང་གིས༡༩༩༧ལོར་པར་དུ་བསྐྲུན་པའི《ཀྲུང་གོའི་ཀྲུང་ཉུང་མི་རིགས་ཀྱི་སྐད་གཉིས་སློབ་གསོའི་སྤྱི་དོན》[M]ཞེས་པའི་ཤོག་ངོས༤༥སྟེང་གསལ།

(9) ཀྲང་ཕེས་བརྩམས་ཤིང《ཀུའེ་ཀྲོའུ་མི་རིགས་ཞིབ་འཇུག》༡༩༨༧ལོའི་དེབ་གཉིས་པར་བཀོད་པའི《སྐད་གཉིས་སློབ་ཁྲིད་ཀྱི་རིགས་སམ་རྣམ་གྲངས་མདོར་ཙམ་བརྗོད་པ》[J]ཞེས་པར་གསལ།

(10) ལིས་ཧྲུའུ་ཀྲོང་གིས་བརྩམས་པའི《ཀྲུང་གོའི་གྲངས་ཉུང་མི་རིགས་ཀྱི་སྐད་གཉིས་སློབ་གསོའི་ལོ་རྒྱུས་ཀྱི་འཕེལ་རིམ་སྤྱིར་བཤད་པ》[J]ཞེས་པར་བཀོད་པའི༢༠༠༥ལོར་ཞིང་ཆེན་དང་རང་སྐྱོང་ལྗོངས་བཅུ་གཅིག་གིས་སྐད་གཉིས་སློབ་ཁྲིད་སྤེལ་བའི་གྲངས་ཚད་ཀྱི་རེའུ་མིག་གཞིར་བྱས།

(11) ༢༠༠༦ལོར་ཞིན་ཅང་རང་སྐྱོང་ལྗོངས་ཏང་ཨུ་དང་མི་དམངས་སྲིད་གཞུང་གིས་སྤེལ།

(12) (13) རིམ་པར་ཏུང་ཡན་གྱིས་བརྩམས་ཤིང་མི་རིགས་དཔེ་སྐྲུན་ཁང་གིས༢༠༠༢ལོར་པར་དུ་བསྐྲུན་པའི《རིག་གནས་ཁོར་ཡུག་དང་སྐད་གཉིས་སློབ་གསོ》[M]ཞེས་པའི་ཤོག་ངོས༣དང་ཤོག་ངོས༣༩སྟེང་གསལ།

(14) (16) ཧྲང་ཕྲུའུ་པར་སྐྲུན་ཁང་གིས༡༩༩༧ལོར་པར་དུ་བསྐྲུན་པའི《འགྲོ་བ་མིའི་རིགས་ཀྱི་སྐད་བརྡའི་སྒྲིག་གཞི་ཡི་ཁྱད་པར་དང་དེས་མི་རིགས་ཀྱི་བསམ་པའི་འཕེལ་འགྱུར་ལ་ཐེབས་པའི་ཤུགས་རྐྱེན》[M]ཞེས་པའི་ཤོག་ངོས༢༥སྟེང་གསལ།

(15) ཀྲུག་ཡོ་ལྷུན་གྱིས་བརྩམས་ཤིང《མི་རིགས་སྐད་ཡིག》༡༩༨༩ལོའི་དེབ་བཞི་བར་བཀོད་པའི《རང་རྒྱལ་སྤྱི་ཚོགས་རིང་ལུགས་ཀྱི་ཐོག་མའི་དུས་རིམ་གྱི་མི་རིགས་སྐད་ཡིག་དང་རྒྱའི་སྐད་ཡིག་གི་བཀོལ་སྤྱོད་དང་འཕེལ་རྒྱས་ཀྱི་འབྲེལ་བ་བརྗོད་པ》[J]ཞེས་པར་གསལ།

(17) (18) རིམ་པར་ཞིན་ཧྲུའུ་དབྱིས་གཙོ་སྒྲིག་བྱས་ཤིང་ཧྲུའུ་པེ་སློབ་གསོ་དཔེ་སྐྲུན་ཁང་གིས༢༠༠༣ལོར་པར་དུ་བསྐྲུན་པའི《རིག་གནས་སྐད་བརྡ་རིག་པ》[M]ཞེས་པའི་ཤོག་ངོས༢༥༨དང༢༤༣། ཤོག་ངོས༣༧༨སྟེང་གསལ།

ལེའུ་དང་པོ། སྐད་གཉིས་སློབ་གསོའི་ངེས་དོན་གྱི་སྐོར།

དང་པོ། སྐད་གཉིས་སློབ་གསོའི་གོ་དོན།

དེ་ཡང་སྐད་གཉིས་ཞེས་པའི་བརྡ་ཆད་འདི་ནི་རང་གཞན་མི་རིགས་སོ་སོའི་སྐད་དུ་འབྱུང་བ་མང་སྟེ། བོད་སྐད་དུ་སྐད་གཉིས་སྨྲ་བའམ་སྐད་གཉིས་སྨྲ་བའི་ལོ་ཙཱ་བ་ཞེས་སྤྱི་ཙམ་ནས་བྱུང་ཡོད་པ་དང་། རྒྱ་སྐད་དུའང“双言”དང“双语”ཞེས་པ་བསྟན་བཅོས་ཀུན་ལས་འབྱུང་དུ་ཡོད་ཀྱང་། ཕལ་ཆེ་བ་དབྱིན་སྐད་ཀྱི་བརྡ་ལས་འགྱུར་འོངས་བར་ངེས་ཏེ། “双语”ནི་དབྱིན་སྐད་ཀྱི་bilingualismནས་འགྱུར་འོངས་ཤིང་། “双言”ལ“དབྱིན་སྐད་དུ་diglossiaཞེས་པ་གྲི་རིག་གི་སྐད་ལས་བྱུང་སྟེ། གྲི་རིག་གི་སྐད་དུdiཞེས་པ་གཉིས་དང་། glossiaནི་ལྕེའི་དོན་ཡིན་ཕྱིར། diglossiaཞེས་པ་ལྕེ་གཉིས་སམ་སྨྲ་བརྗོད་གཉིས་ལྟར་ཡིན”[1]ཡང་རྒྱ་སྐད་དུ“双言”ཞེས་སུ་བསྒྱུར། དེ་བཞིན་དུ་དེང་རབས་ཀྱི་སྐད་གཉིས་སློབ་གསོ་ཞེས་པའང་ཆེས་ཐོག་མར་དབྱིན་སྐད་ཀྱི་བརྡbilingual educationཞེས་པ་རྒྱ་སྐད་དུ“双语教育”ཞེས་སུ་འགྱུར་ཞིང་། བོད་སྐད་དུའང་དེ་ཐད་བསྒྱུར་བྱས་ནས་སྐད་གཉིས་སློབ་གསོ་ཞེས་བྱ། དེས་ན་སྐད་གཉིས་སློབ་གསོ་ཞེས་པའི་དོན་དེ་ཇི་ལྟར་ལགས་ཤེ་ན། གཤམ་གྱི་ཕྱོགས་གསུམ་ནས་ཤེས་པར་བྱ་སྟེ།

གཅིག སྐད་གཉིས་སློབ་གསོའི་མཚན་ཉིད།

སྤྱིར་ཕྱི་རྒྱལ་དུ་སྐད་གཉིས་སློབ་གསོ་ཞེས་པར་དོན་བཅུ་ཕྲག་དུ་མ་ཡོད་པར་གྲགས་ཀྱང་། མདོར་དྲིལ་ན་སྒྲ་ཡངས་འཇུག་གི་སྐད་གཉིས་སློབ་གསོ་དང་སྒྲ་དོག་འཇུག་གི་སྐད་གཉིས་སློབ་གསོ་གཉིས་ཏེ། སྒྲ་ཡངས་འཇུག་གི་སྐད་གཉིས་སློབ་གསོ་ནི་སློབ་གྲྭ་ནང་དུ་སྐད་བརྡ་གཉིས་སྤྱོད་པའི་སློབ་གསོ་ལ་བྱ་ཞིང་། སྒྲ་དོག་འཇུག་གི་སྐད་གཉིས་སློབ་གསོ་ནི་སློབ་གྲྭ་ནང་དུ་སྐད་བརྡ་གཉིས་པའམ་ཕྱི་སྐད་སྤྱད་དེ་བསླབ་ཚན་གྱི་ནང་དོན་འཆད་ཉན

བྱེད་པའི་སློབ་གསོར་ངེས། མིག་སྔར་རང་རྒྱལ་དུ་སྤེལ་བཞིན་པའི་སྐད་གཉིས་སློབ་ཁྲིད་ནི་ཧ་ལམ་སྒྲ་དོན་ག་འཇུག་གི་སྐད་གཉིས་སློབ་གསོའི་གོ་དོན་དང་གཉིས་སུ་མེད་དེ། གཙོ་བོར་རྨང་གཞི་སློབ་གསོའི་ཁྲིད་དུ་རྒྱ་སྐད་དང་ཕྱི་སྐད་གཉིས་སམ་ཡང་ན་གྲངས་ཉུང་མི་རིགས་ཀྱི་སྐད་དང་རྒྱ་སྐད་གཉིས་ཀྱི་སློབ་སྦྱོང་ཁྱབ་གདལ་དུ་སྤེལ་བའི་སློབ་ཁྲིད་ཀྱི་དཔེ་གཞི་ཡིན་ལ། དེའི་དམིགས་ཡུལ་ནི་སློབ་མའི་སྐད་བརྡ་གཉིས་སྦྱོར་གྱི་ནུས་པ་སྐྱེད་སྲིང་དང་སྐད་གཉིས་ཀྱི་བརྡ་ཐབས་ལ་བརྟེན་ནས་འབྲེལ་འདྲིས་དང་རང་རྒྱུད་ཀྱི་ཤེས་ཡོན་རྒྱ་ཆེ་བར་སྤེལ་རྒྱུ་རང་ལུགས་སོ། །

སྐད་གཉིས་སློབ་གསོའི་ངོ་བོ་ལྟར་ན། སྐད་བརྡ་གཉིས་སྦྱོད་ཀྱི་ཐབས་ལམ་ལ་བརྟེན་ནས་སྐད་བརྡའི་བསླབ་ཚན་དང་དེ་ལས་གཞན་པའི་རིག་གཞུང（ས་ཁམས་དང་། རྩིས་རིག སྐྱེ་ཁམས་རིག་པ་སོགས）གི་ཤེས་ཡོན་རང་རྒྱུད་དུ་ངེས་པར་བྱེད་པ་དང་། བསླབ་ཚན་གཞན་དག་གི་སློབ་ཁྲིད་བརྒྱུད་ནས་སྐད་བརྡ་གཉིས་ཀྱི་ཆུ་ཚད་མཐོར་འདེགས་པ་ཞིག་ཡིན་ལ། རྩ་དོན་ལྟར་ན་དགེ་རྒན་གྱིས་མཐའ་གཅིག་ཏུ་གཞན་སྐད་འབའ་ཞིག་སྤྱད་ནས་ཤེས་བྱ་མགོ་སྤྲོད་མཛད་ཅིང་། སློབ་མས་ཀྱང་སྐད་གཉིས་སློབ་གསོར་ངེས་ཤེས་གསལ་པོར་འབྱུང་མིན་གང་ཟུང་གིས་བརྩོན་སྦྱང་བྱེད་པའི་ལག་ལེན་དུ་ཐ་སྙད་དང་ཚིག་གི་སྦྱོར་ལུགས་སོགས་སྐད་བརྡའི་ཤེས་བྱ་བློ་ངོར་འགྱུར་བར་བྱས་པ་དང་ཆབས་ཅིག་ནང་དོན་གྱི་ཆ་རྣམས་རྟོགས་པར་བྱེད་པ་ཡིན་ཞིང་། སྦྱང་བྱའི་སྐད་ཉིད་རིམ་བཞིན་གོམས་བྱང་དུ་འགྲོ་བའི་བརྒྱུད་རིམ་ཁྲོད་དུ་འཆད་ཉན་དང་འབྲི་ཀློག་གི་ཆ་ཀུན་མཉམ་འགྲོས་སུ་སྤེལ་དགོས་ཕྱིར། སྐད་གཉིས་སློབ་གསོར་མཚན་ཉིད་འཇོག་དུས་ཀྱང་། དབྱིན་སྐད་ཀྱིBilingual（སྐད་གཉིས）ཞེས་པའི་དོན་ཐད་གར་Twolanguages（སྐད་རིགས་གཉིས）ཞེས་སུ་བཀོད་ཅིང་། དབྱིན་ཇིའི《ལང་མན་དངོས་སྤྱོད་སྐད་བརྡ་རིག་པའི་མིང་མཛོད》དུ་མཚན་ཉིད་འགོད་དུས་ཀྱང་། སྐད་བརྡ་གཉིས་སྤྱོད་ནུས་པའི་མི་ཞིག་གིས་རྒྱུན་ལྡན་གྱི་འཚོ་བའི་ནང་དུ་ཕྱི་སྐད་དང་རང་རིགས་ཀྱི་སྐད་འདྲ་མཉམ་སྒོས་འཆད་ཉན་དང་འབྲི་ཀློག་གི་སྟེང་དུ་སྦྱོར་ནུས་པ་ཞིག་སྟེ། དེ་ཡང་གང་གི་ཕ་སྐད་ཀྱི་ཤེས་ཡོན་དང་ནུས་པ་སྐད་བརྡ་གཉིས་པ་ལས་གཟེངས་སུ་ཐོན་པ་ཞིག་ཏུ་ངེས་ལུགས་ཀྱང་། སྐད་གཉིས་ཀྱི་ཤེས་ལྡན་མི་སྣ་ཞིག་ཡིན་ཙ་ན། གོམས་བྱང་ཡོད་པའི་སྒོ་ནས་སྐད་བརྡ་གཉིས་

སྤྱོད་ནས་འཕྲིལ་འདྲིས་དང་ལས་ཀ་བྱེད་པའམ་སློབ་སྦྱོང་བྱེད་པའི་མི་སྣ་ཞིག་ལ་གོ་གནས་ཞེས་དང་། དེ་མཚུངས་སུ་སྐད་གཉིས་སློབ་གསོ་ཞེས་པའང་སློབ་གྲྭ་རུ་སྐད་བརྡ་གཉིས་པའམ་ཕྱི་ཡིག་སྤྱོད་དེ་རིག་གཞུང་སོ་སོའི་སློབ་ཁྲིད་སྤེལ་བ་ཞིག་གམ། ཡང་ན་དུས་རིམ་དུ་མའི་སློབ་ཁྲིད་དང་ལོར་ཡུག་གི་སྦྱོང་བརྡར་བརྒྱུད་ནས་སློབ་མའི་སྐད་བརྡ་གཉིས་པའམ་ཕྱི་སྐད་ཀྱི་ཆུ་ཚད་དེ་ཕ་སྐད་དང་ཉེ་བའམ་ཡང་ན་གཅིག་མཚུངས་སུ་སྤེལ་བ་ལགས་ཏེ། དཔེར་ན་བོད་པ་ཞིག་གིས་རང་ཁྱིམ་དུ་བོད་སྐད་བཟློད་ནས་ཁྱིམ་མི་ལ་ཁ་བརྡ་བྱེད་པ་དང་། གཞུང་ལས་ཁང་དུ་རྒྱ་སྐད་སྤྱོད་དེ་ལས་གྲོགས་ལ་ལབ་གླེང་བྱེད་པ་ལྟར་ལགས་སོ། །

གཞན་ཡང་ཁ་ན་ཏའི་མད་ཁེ་དང་སི་ཕེན་གྱི་ཞི་གེན་གཉིས་ཀྱིས་བརྩམས་པའི《སྐད་གཉིས་སློབ་གསོའི་སྤྱི་དོན》ནང་དུ། སྐད་གཉིས་སློབ་གསོ་ཞེས་པ་ནི་སྐད་བརྡ་གཉིས་སློབ་ཁྲིད་ཀྱི་བརྡ་ཐབས་སུ་སྤེལ་བའི་སློབ་ཁྲིད་ཀྱི་མ་ལག་ཅིག་ངེས་ཤིང་། དེའི་ནང་གི་གཅིག་ནི་གང་ལྟར་སློབ་མའི་སྐད་བརྡ་དང་པོར་མ་ངེས་པ་ཞིག་གོ[2] ཞེས་དང་། བསྟུད་མུར་མད་ཁེས་མཚན་ཉིད་འདི་ནི་སྐད་གཉིས་སློབ་གསོ་སྤྱིའི་ངོ་བོ་དང་ཡོངས་ཁྱབ་ཀྱི་ཁྱད་ཆོས་ལ་དམིགས་པ་མ་གཏོགས། སྐད་གཉིས་སློབ་གསོ་དངོས་སུ་སྤྱོད་པའི་རྒྱལ་ཁབ་དང་། སྤྱི་ཚོགས། སྐད་བརྡའི་ཁྱད་ཆོས་བྱེ་བྲག་པར་དམིགས་ནས་བཏོན་པ་མིན་པར་བཞེད། རྒྱལ་ནང་ལྟར་ན། ཐང་ཞིན་ལགས་ཀྱིས་རྒྱལ་ནང་གི་སྐད་གཉིས་སློབ་གསོར་འགྲེལ་བའི་ལྟ་བ་ཡོངས་བརྒྱུད་རིམ་སྒྲུབ་དང་། ལམ་ལུགས་སྒྲུབ། བྱེད་ཐབས་སྒྲུབ། ལམ་ལུགས་དང་བྱེད་ཐབས་སྒྲུབ། དམིགས་ཡུལ་སྒྲུབ། བསླབ་ཚན་སྒྲུབ་བཅས་རིགས་དྲུག་ཏུ་བསྡིལ་བར་མ་ཟད། 《སྐད་གཉིས་སློབ་གསོའི་སྤྱི་དོན》ནང་གི་མཚན་ཉིད་དེ་མ་ལག་སྒྲུབ་པར་འདོད་པ་དང་། ཀྲུང་གོའི་སྐད་གཉིས་སློབ་གསོ་ནི་གྲངས་ཉུང་མི་རིགས་ཀྱི་སྐད་དང་རྒྱ་སྐད་གཉིས་ཀྱི་སྣང་ཚུལ་གཙོ་བོ་ཡིན་པས་ན། ཀྲུང་གོའི་སྐད་གཉིས་སློབ་གསོ་དེ་ཡང་གྲངས་ཉུང་མི་རིགས་ཀྱི་སྐད་དང་རྒྱ་སྐད་གཉིས་བརྡ་ཐབས་སུ་བརྟེན་པའི་སྐད་གཉིས་སློབ་གསོ་ཡིན་པ་དང་། གཙོ་བོ་གྲངས་ཉུང་མི་རིགས་ཀྱི་སྐད་དང་རྒྱ་སྐད་གཉིས་ཀ་རྗོགས་པའི་ཤེས་ལྡན་མི་སྣ་སྐྱེད་སྲིང་བྱེད་རྒྱུ་རང་ལགས[3] ཞེས་བསྟན་ཏོ། །

དེ་ཡང་རྒྱལ་ཁབ་ཕྱི་ནང་ཀུན་གྱི་ལྟ་བ་རོབ་ཙམ་རྒྱུས་ལོན་པ་གཞིར་བྱས་ནས་རང་

ཉིད་ཀྱི་སྐད་གཉིས་སློབ་གསོའི་ལྟ་ཚུལ་ཙམ་མདོར་དྲིལ་ན། སྐད་གཉིས་སློབ་གསོ་ལ་སྒྲ་ཡངས་འཇུག་དང་དོག་འཇུག་གི་གོ་ཚུལ་གཉིས་ཏེ། སྒྲ་ཡངས་འཇུག་གི་སྐད་གཉིས་སློབ་གསོ་ནི་སློབ་གྲྭའི་ནང་དུ་སྐད་བརྡ་གཉིས་སྤྱོད་ཀྱིས་སློབ་ཁྲིད་ སྤེལ་བའི་སློབ་གསོའི་བྱ་བྱེད་སྤྱོད་སྟངས་སྤྱི་བམ་པོ་བྱ་བ་དང་། སྒྲ་དོག་འཇུག་གི་སྐད་གཉིས་སློབ་གསོ་ནི་གྲངས་ཉུང་མི་རིགས་ཀྱི་སློབ་མ་དམིགས་སུ་སློབ་གསོ་བྱ་ཡུལ་དུ་བཟུང་ནས། མི་རིགས་རང་གི་སྐད་ཡིག་དང་རྒྱ་སྐད་ཉིས་སྦྲགས་ཀྱིས་སློབ་ཁྲིད་བྱེད་པའི་སློབ་གསོའི་བྱ་བྱེད་སྤྱོད་སྟངས་ཤིག་ཏུ་ངེས་ཤིང་། ལས་གཞི་འདི་ལས་ཀྱང་གཙོ་བོ་ཕྱི་མ་ལྟར་གོ་བས་ན། དོན་དུ་བོད་རིགས་ས་ཁུལ་གྱི་སློབ་མ་དམིགས་སུ་བཟུང་ཞིང་བོད་རྒྱ་སྐད（ཕྱི་སྐད）གཉིས་སློབ་ཁྲིད་ཀྱི་བརྡ་ཐབས་ལ་བརྟེན་ནས་སྐད་གཉིས་སྨྲ་བའི་ཤེས་ལྡན་མི་སྣ་སྐྱེད་སྲིང་བྱེད་པའི་སློབ་གསོའི་བྱ་བྱེད་ཅི་རིགས་སུ་རྟོགས་པ་ནི་དཔབ་བྱའི་དོན་གྱི་གནད་དམ་པའོ། །

གཉིས། སྐད་གཉིས་སློབ་གསོ་དང་སྐད་གཉིས་སློབ་ཁྲིད།

ཡར་སྔོན་སྐད་གཉིས་སློབ་གསོ་དང་སྐད་གཉིས་སློབ་ཁྲིད་གཉིས་ནི་དོན་གཅིག་ལྟར་རྟོགས་པ་ལས་ཐ་དད་དུ་འདོད་མཁན་ཤིན་ཏུ་ཉུང་ཡང་། ད་ལྟ་ཞིབ་འཇུག་གི་ཁྲོད་དུ་དེ་དག་སོ་སོར་དོན་ཐ་དད་དུ་འབྱེད་པ་མ་ཟད། བྱེ་བྲག་རང་གཞན་ཀུན་གྱི་དོན་གྱི་འཇུག་ཚུལ་ལའང་ཁྱད་པར་མངོན་གསལ་ལྡན་ཏེ། དཔེར་ན་ཕྱི་གླིང་བས་སྐད་གཉིས་སློབ་གསོ་ཞེས་པ་ལ་སློབ་གྲྭའི་སྐད་བརྡ་གཉིས་སྤྱོད་ཀྱི་སློབ་གསོ་ཞེས་སྒྲ་ཡངས་འཇུག་གི་གོ་ཚུལ་ཞིག་དང་། སློབ་གྲྭའི་ནང་དུ་སྐད་བརྡ་གཉིས་པའམ་ཕྱི་སྐད་སྤྱད་ནས་རྩིས་རིག་དང་། དངོས་ལུགས། རྫས་འགྱུར། ལོ་རྒྱུས། ས་རྒྱུས་སོགས་ཁྲིད་པར་བྱེད་པའི་སྒྲ་དོག་འཇུག་གི་སྐད་གཉིས་སློབ་གསོ་གཉིས་སུ་འདོད་ཀྱང་། རྒྱལ་ནང་དུ་རྒྱ་རིགས་ལྟར་ན། ཕྱི་མ་དེ་ལ་སྐད་གཉིས་སློབ་ཁྲིད་དུ་བརྗོད་པ་ལས་སྐད་གཉིས་སློབ་གསོ་ཞེས་མི་བརྗོད་དེ། ཕང་པེན་ཧྲུའི《སྐད་གཉིས་སློབ་གསོ་དང་སྐད་གཉིས་སློབ་ཁྲིད》ནང་དུ། ཕྱི་རྒྱལ་དུ་ཕལ་ཆེ་བས bilingual education（སྐད་གཉིས་སློབ་གསོ）དང་ཡང་ན bilingual schooling（སྐད་གཉིས་སློབ་གྲྭའི་སློབ་གསོ）ཞེས་པ་ལས་སྐད་གཉིས་སློབ་ཁྲིད་ཞེས་པའི་བརྗོད་སྟངས་ཆེས་ཉུང་། མིག་སྔར་རང་རྒྱལ་དུ་སྐད་གཉིས་སློབ་ཁྲིད་ཅེས་པ་དབྱིན་སྐད་

 དུ་བསྒྱུར་དུས། ཁ་ཅིག་གིས bilingual teaching ཞེས་སུ་བསྒྱུར་ཀྱང་། ཕྱི་གླིང་པའི་བལྟས་པ་ཙམ་གྱིས་བློ་ངོར་མི་བདེ་ཞིང་བཙན་ཉམས་ཅུང་ཟད་ལྡན། དེ་ལྟ་ནའང་རང་རྒྱལ་དུ་སྐད་གཉིས་སློབ་ཁྲིད་ཞེས་པ་ལའང་རང་ངོས་ཀྱི་རྒྱུ་མཚན་ཡོད་དེ། དཔེར་ན་མིག་སྔར་སྐད་གཉིས་སློབ་ཁྲིད་ཅེས་པ་སློབ་གྲྭ་དང་། དགེ་རྒན། སློབ་མ་དང་ཕ་ན་ཡིག་ཚ་དང་། དཔྱད་རྩོམ། ཚགས་པར་སོགས་ཀྱི་སྟེང་དུ་སྤྱོད་སྒོས་ཆེ་ཕྱིར་ཀུན་གྱིས་ངོས་ལེན་ཐུབ་ཅིང་གོམས་སྲོལ་དུ་གྱུར་ཡོད་པ་དང་། གཞན་དུ་ན་རང་རྒྱལ་གྱིས་ཡུན་རིང་ལ་སློབ་གསོ་དང་སློབ་ཁྲིད་གཉིས་ཀྱི་ཁྱད་པར་འབྱེད་པ་ལས། སློབ་གསོ་ནི་སློབ་གསོའི་དམིགས་ཡུལ་དང་བླང་བྱ་ངེས་ཅན་ལྟར་སློབ་གསོ་བྱ་ཡུལ་ལ་ཀུན་སྤྱོད་དང་། ཤེས་རིག ལུས་རྩལ་བཅས་ཀྱི་ཕྱོགས་སོ་སོ་ནས་གསོ་སྐྱོང་བྱེད་པའི་བྱ་འགུལ་འཆར་གཞི་ཅན་ཞིག་ཡིན་ཞིང་། འདི་ལ་སློབ་གྲྭའི་སློབ་གསོ་དང་། སྤྱི་ཚོགས་ཀྱི་སློབ་གསོ། ཁྱིམ་མིའི་སློབ་གསོ་སོགས་ཁ་ཏའི་ནུས་པ་ཐོན་པའི་བྱ་བྱེད་ཡོད་དོ་ཅོག་འདུས་ལ། སློབ་ཁྲིད་ནི་རྩ་འཛུགས་ཡོད་པའི་སྒོ་ནས་དགེ་རྒན་གྱིས་སློབ་མ་ལ་ཤེས་ཡོན་སྟོན་པའི་སློབ་ཁྲིད་ཀྱི་བྱ་འགུལ་ཞིག་ལ་བྱ་ཞིང་། གཙོ་བོ་ནི་སློབ་ཐུན་སྐབས་ཀྱི་སློབ་ཁྲིད་ཀྱི་བྱ་འགུལ་ཅིག་ཏུ་ངེས་པས། སློབ་གསོ་བྱ་འགུལ་གྱི་ཁྱབ་ཁོངས་ནི་སློབ་ཁྲིད་བྱ་འགུལ་གྱི་ཁྱབ་ཁོངས་ལས་ཁྱབ་ཆེ་ཞིང་། སློབ་ཁྲིད་དེ་ཡང་སློབ་གསོ་ལ་གཏོགས་ཤིང་སློབ་གསོའི་གྲུབ་ཆ་ཞིག་ཏུ་ངེས་ཕྱིར། དེ་དག་ཕན་ཚུན་བར་སྤྱི་དང་བྱེ་བྲག་གི་འབྲེལ་བ་ལྡན། རང་རྒྱལ་གྱི་སྐད་གཉིས་སློབ་ཁྲིད་ནི་སློབ་ཐུན་སྐབས་ཀྱི་སྐད་གཉིས་སློབ་ཁྲིད་ཀྱི་བྱ་འགུལ་ཞིག་ལས། སློབ་གྲྭའི་སློབ་གསོ་དང་། སྤྱི་ཚོགས་ཀྱི་སློབ་གསོ། ཁྱིམ་གཞིའི་སློབ་གསོ་ཐད་ཀྱི་སྐད་གཉིས་སློབ་གསོའི་བྱ་འགུལ་ཞིག་མིན། དེར་བརྟེན་རང་རྒྱལ་གྱི་སློབ་ཁྲིད་ནི་སློབ་གསོ་དང་མི་འདྲ་བ་བཞིན་དུ་སྐད་གཉིས་སློབ་ཁྲིད་ཀྱང་སྐད་གཉིས་སློབ་གསོ་དང་མི་འདྲའོ་ཞེས་གསུངས་པ་དོན་ལ་གནས་པར་སེམས་སོ། །

དེ་ལྟ་ནའང་རང་རྒྱལ་གྱི་གྲངས་ཉུང་མི་རིགས་ས་ཁུལ་ལ་མཚོན་ན། སྐད་གཉིས་སློབ་ཁྲིད་ཅེས་པ་ནི་ཕྱི་གླིང་པའི་སྒྲ་དོག་འཇུག་ཏུ་བྱས་པའི་སྐད་གཉིས་སློབ་གསོ་དང་རྒྱ་ནག་གིས་སྐད་གཉིས་སློབ་ཁྲིད་དུ་བརྗོད་པའི་དོན་ཇི་བཞིན་དུ་འགྱུར་དཀའ་སྟེ། རྒྱུ་མཚན་ནི་མི་རིགས་སོ་སོའི་སྤྱི་ཚོགས་དང་ལོ་རྒྱུས་སོགས་རྒྱུ་རྐྱེན་མི་འདྲ་བའི་དབང་གིས་སྐད་གཉིས་སློབ་ཁྲིད་དེ་ཡང་ཕ་སྐད་ཀྱི་སློབ་གསོ་གཞིར་བྱས་ནས་རྗེས་དངོས་རྣམ་གསུམ་

སོགས་རང་སྐད་དུ་སྤེལ་བའི་ཞར་ལ་རྒྱ་སྐད་བསྒྱོན་སྦྱོང་བྱེད་པ་ལས། སྐད་བརྗ་གཉིས་པའམ་རྒྱ་སྐད་ཁོན་ལ་བརྟེན་ནས་རང་བྱུང་ཚན་རིག་གི་བསླབ་བྱ་ཇི་སྙེད་སློབ་པར་བྱེད་རྒྱུ་དོན་གྱི་དངོས་དང་མཐུན་མིན་ཅི་རིགས་སུ་སྣང་བས། བསྡུད་མུར་ཞིབ་ཏུ་བརྟག་བྱའི་གནད་ཅིག་ཡིན་མོད། འོན་ཀྱང་སྤྱི་འབྱམས་སུ་སྐད་གཉིས་སློབ་གསོ་དང་སྐད་གཉིས་སློབ་ཁྲིད་དག་གི་དོན་གྱི་ཁྱད་པར་འབྱེད་ཚུལ་ནི་ཏ་ལམ་གོང་གསལ་དང་གཅིག་མཚུངས་སུ་རྟོགས་དགོས་པ་ལ། འདིར་གཙོ་བོ་སྐབས་དོན་གྱི་དཔྱད་གཞི་དངོས་དང་སྦྲགས་ནས་གནད་གསལ་པོར་བཀོད་ན། སྐད་གཉིས་སློབ་གསོ་ནི་མི་རིགས་མང་བའི་རྒྱལ་ཁབ་དང་ས་ཁུལ་གྱིས་གྲངས་ཉུང་མི་རིགས་ཀྱི་སྐད་དང་ཧང་འཛིན་མི་རིགས་ཀྱི་སྐད་གཉིས་བརྗ་ཐབས་སུ་བརྟེན་པའི་སྐད་བརྗ་གཉིས་ཀྱི་སློབ་གསོ་ལ་བྱ་ཞིང་། སྐད་གཉིས་སློབ་ཁྲིད་ནི་གྲངས་ཉུང་མི་རིགས་ཀྱི་སྐད་ཡིག་དང་ཧང་འཛིན་མི་རིགས་ཀྱི་སྐད་ཡིག་ཟུང་འབྲེལ་དུ་སྤེལ་བའི་སྐད་ཡིག་སློབ་ཁྲིད་ཀྱི་རྣམ་པར་རྟོགས་པས། སྐད་གཉིས་སློབ་གསོ་ལ་ནི་སྐད་གཉིས་སློབ་ཁྲིད་འདུས་ཤིང་། སྐད་གཉིས་སློབ་ཁྲིད་ནི་སྐད་གཉིས་སློབ་གསོ་མངོན་དུ་འགྱུར་བྱེད་ཀྱི་ཐབས་ལམ་གལ་ཆེན་ཞིག་ཡིན་ནོ། །

གསུམ། བོད་ཁྲལ་གྱི་སྐད་གཉིས་སློབ་གསོ།

དེ་ཡང་བོད་ལྗོངས་ཀྱི་སྐད་གཉིས་སློབ་གསོ་ནི་དོན་ག་འདྲ་ཞིག་ཏུ་ངེས་ཚུལ་གསལ་པོར་རྟོགས་དགོས་ན། ཐོག་མར་སྐད་གཉིས་སློབ་གསོ་སྤེལ་བའི་དམིགས་ཡུལ་གསལ་པོར་ངེས་དགོས་ལ། དེ་ནས་རིམ་གྱིས་བོད་ལྗོངས་ཀྱི་དོན་དངོས་དང་བསྟུན་ནས་སྐད་གཉིས་སློབ་གསོའི་དངོས་འབེབས་བྱེད་ལུགས་ལ་ངེས་ཤེས་གསལ་པོར་འཛིན་དགོས་པར་སེམས། དམིགས་ཡུལ་མ་འདྲ་ན་སྐད་གཉིས་སློབ་གསོའི་ནང་དོན་དང་། སློབ་ཁྲིད་ཀྱི་འཆར་འགོད། སྐད་གཉིས་ཀྱི་དངོས་འབེབས་བྱེད་སྟངས་སོགས་ཀྱང་སྣ་ཚོགས་སུ་འགྱུར་ངེས་ཏེ། དཔེར་ན་དེང་དུས་རྒྱལ་ཁབ་སོ་སོའི་སློབ་གསོ་འཛམ་གླིང་ལ་ཁ་ཕྱོགས་ཤིང་ཕན་ཚུན་བར་ཚན་རིག་ལག་རྩལ་གྱི་འགྲན་རྩོད་བྱེད་པ་ལ་རང་གཞན་ཀུན་གྱི་སྐད་རིགས་ལ་མཁས་པའི་ཤེས་ལྡན་མི་སྣ་སྐྱེད་སྲིང་བྱེད་ཆེད། ཕལ་ཆེ་བའི་སྐད་གཉིས་སློབ་གསོའི་དངོས་འབེབས་བྱེད་ལུགས་དེ་ཡང་ཐོག་མར་ཀུན་གྱིས་རིག་གཞུང་གང་དང་གང་དག་སྐད་

གཉིས་སློབ་ཁྲིད་ལ་བརྟེན་པའི་ཐབས་ལམ་གདམ་ག་བྱེད་པའི་སྟེང་དུ་གཞོལ་ཏེ། རྩིས་རིག་དང་། དངོས་ལུགས། རྫས་འགྱུར། སྐྱེ་ཁམས། ལག་རྩལ། རྩིས་འཁོར་བཅས་ནི་ཕྱི་སྐད་སྤྱད་ནས་ཁྲིད་པ་དང་། གཞན་པའི་སྤྱི་ཚོགས་ཚན་རིག་གི་སྐོར་རང་སྐད་ཀྱིས་ཁྲིད་ན་འཚམ་པར་འདོད་ལ། ཀྲང་འཛིན་མི་རིགས་དག་གི་སློབ་གསོའི་གནས་བབ་དངོས་ལྟར་ན། སྤྱི་ཚོགས་ཚན་རིག་གི་ཁྲས་སུ་མི་རིགས་རང་སའི་མཚན་ཉིད་རིག་གནས་དང་། ལོ་རྒྱུས། རྩོམ་རིག ཆོས་ལུགས་སོགས་སྲོལ་རྒྱུན་རིག་གནས་སྐོར་གྱི་བསླབ་ཚན་མང་བས། ཕྱི་སྐད་སྤྱོད་པར་དཀའ་ཁག་ཆེ་བ་དང་། རང་བྱུང་ཚན་རིག་གི་ཁྲིད་དུ་རྒྱལ་སྤྱིའི་སྤྱི་སྤྱོད་ཀྱི་བརྡ་ཆད་དང་ཚིག་དོན་གྱི་ངེས་སྟངས་སོགས་མཐུན་སྣང་དུ་འཇུག་པ་མང་ཕྱིར། འདིའི་སྐོར་གྱི་བསླབ་ཚན་རྣམས་ཕྱི་སྐད་ཀྱིས་ཁྲིད་ན། འབྱུང་འགྱུར་རྗེས་རབས་པ་རྣམས་རྒྱལ་སྤྱི་རང་བཞིན་གྱི་ཚན་རྩལ་བརྗེ་རེས་ཀྱི་བྱ་འགུལ་དུ་ཞུགས་པ་ལའང་རྨང་གཞི་ལེགས་པོ་འཛུགས་ཐུབ་པར་སེམས་པས་ན། ཕྱི་སྐད་ཀྱི་སློབ་ཁྲིད་དེ་ཡང་སྐད་བརྡ་རང་གི་སློབ་ཁྲིད་ལས་གཞན་རྒྱུན་པར་རང་བྱུང་ཚན་རིག་གི་བསླབ་ཚན་སྟེང་དུ་སྤེལ་བ་མང་། བོད་ཁུལ་གྱི་སྐད་གཉིས་སློབ་གསོ་ལྟར་ན། དམིགས་ཡུལ་གཙོ་བོ་ནི་ས་གནས་མི་རིགས་ཀྱི་སྲོལ་རྒྱུན་རིག་གནས་ཕུན་སུམ་ཚོགས་པ་རྒྱུན་འཛིན་དང་དར་སྤེལ་དུ་གཏོང་བ་གཞིར་བྱས། དེང་རབས་བོད་ཁུལ་གྱི་སྤྱི་ཚོགས་དཔལ་འབྱོར་འཕེལ་རྒྱས་སུ་གཏོང་བར་དམིགས་གཏད་ནས། ཐོན་སྐྱེད་འབྲེལ་བ་ལེགས་འདུམ་དང་། ཐོན་སྐྱེད་ནུས་ཤུགས་ཀྱི་ཆུ་ཚད་མཐོར་འདེགས། ཚན་རིག་ལག་རྩལ་གྱི་ཤེས་བྱ་གསར་བ་ནང་འདྲེན་བྱེད་པར་བློ་ཕྱོགས་ཤིང་། དེང་རབས་ཅན་གྱི་བོད་ཁུལ་གསར་བ་འཛུགས་སྐྲུན་བྱེད་པར་སྤོབས་སེམས་ཆེ་བ། དུས་རབས་ཀྱི་འགྲན་རྩོད་ངོས་ལེན་ཐུབ་ཅིང་སྐད་བརྡ་གཉིས་སྦྱོར་གྱི་ཤེས་བྱ་ཀུན་ལ་མཁྱེན་རྒྱ་ཡངས་པའི་ཤེས་ལྡན་མི་སྣ་སྐྱེད་སྲིང་བྱེད་རྒྱུ་རང་ལགས་པས། ཀྲང་འཛིན་མི་རིགས་ཀྱི་སྐད་གཉིས་སློབ་གསོའི་དམིགས་ཚད་དང་མི་འདྲ་བ་དང་། དེ་མཚུངས་སུ་བོད་ཁུལ་གྱི་ལོ་རྒྱུས་རིག་གནས་སོགས་རྒྱུ་རྐྱེན་སྣ་ཚོགས་པའི་དབང་དུ་གྱུར་པའི་རྨང་གཞི་སློབ་གསོ་ནི་དུས་ཡུན་ཐུང་ཞིང་ཆུ་ཚད་ཞན་ལ་ཆ་རྐྱེན་མི་ལེགས་པའི་རྐྱེན་གྱིས་ཅི་འདྲ་བ་ཞིག་ལ་བོད་ཁུལ་གྱི་སྐད་གཉིས་སློབ་གསོ་བྱ་བ་དང་། དེ་ལ་ཁྱད་ཆོས་གང་དག་ལྡན་པ་སོགས་ལའང་གཞན་དང་མི་འདྲ་བའི་བརྗོད་བྱ་མང་ཙམ་དམིགས་སུ་བསལ་རྒྱུ་ཡོད་ཀྱང་།

འདིར་མང་དྲགས་ན་ཕྱི་མའི་དོན་དང་བློས་སྐྱོན་འབྱུང་ཉེན་ཆེ་ཕྱིར་གནད་རྣམས་སྡོམ་དུ་བཀོད་ནས་མདོར་ཙམ་བཀོད་ན།

༡. བོད་ལྗོངས་ཀྱི་སྐད་གཉིས་སློབ་གསོ་ནི་མི་རིགས་འདྲེས་སྡོད་ཀྱི་རིག་གནས་སྣང་ཚུལ་ཁྲོད་དུ་བྱུང་ཞིང་གཙོ་བོ་རྒྱ་སྐད་ཀྱིས་ཤན་ཐེབས་དྲག་པས་རྒྱ་སྐད་དང་། མི་རིགས་རང་ལ་མདོ་དབུས་ཁམས་གསུམ་སོགས་ཡུལ་སྐད་ཀྱི་དབྱེ་བ་མང་ཡང་ཐུན་མོང་གི་རིག་གནས་ཀྱི་མཚོན་བྱེད་དུ་གྱུར་པའི་ཕ་སྐད་ཀྱི་བརྡ་ཐབས་ཏེ་བོད་སྐད་ཡིག་གཉིས་གཞིར་བྱས་ནས་སྤེལ་བའི་སློབ་གསོའི་ཐབས་ལམ་ཞིག་གོ །

༢. བོད་ལྗོངས་ཀྱི་སྐད་གཉིས་སློབ་གསོ་ནི་མི་རིགས་རང་གི་སྲོལ་རྒྱུན་རིག་གནས་ཕུན་སུམ་ཚོགས་པ་རྒྱུན་འཛིན་དང་དར་སྤེལ་དུ་གཏོང་བ་གཞིར་བྱས་དེང་རབས་ཀྱི་མི་རིགས་གཞན་པའི་རིག་གནས་ཀྱི་ལེགས་ཆ་སྒྲིག་བསྡུད་དུ་སྡུད་ཅིང་སྐད་གཉིས་སྨྲ་བའི་ཤེས་ལྡན་མི་སྣ་སྐྱེད་སྲིང་བྱེད་པའི་ཐབས་ལམ་གལ་ཆེན་ཞིག་ཡིན་ནོ། །

༣. དེང་རབས་བོད་ལྗོངས་ཀྱི་སྐད་གཉིས་སློབ་གསོ་ནི་བོད་ཀྱི་སྐད་ཡིག་དང་རྒྱའི་སྐད་ཡིག་གཉིས་སློབ་ཁྲིད་ཀྱི་བརྡ་ཐབས་སུ་བརྟེན་ནས་སྐད་བརྡ་གཉིས་སྤྱོད་ཀྱི་ཤེས་ཡོན་ཆེར་བསྐྱེད་པ་ལས་གཞན་ད་དུང་ས་གནས་ཀྱི་གནས་ཚུལ་དངོས་དང་བསྟུན་ཞིང་ཕ་སྐད་ཀྱི་སློབ་གསོའི་ཐབས་ལམ་གཙོར་བརྟེན་ཏེ་གཞན་པའི་སྤྱི་ཚོགས་ཚན་རིག་དང་རང་བྱུང་ཚན་རིག་གི་བསླབ་ཚན་ཁག་ཅིག་ཀྱང་གང་འཚམ་གྱིས་ཁྲིད་པར་བྱེད་པ་ཞིག་གོ །

༤. སྤྱིར་བོད་ལྗོངས་ཀྱི་སྐད་གཉིས་སློབ་གསོ་ལ་སྤྱི་ཚོགས་ཀྱི་སློབ་གསོ་དང་། སློབ་གྲྭའི་སློབ་གསོ། ཁྱིམ་གཞིའི་སློབ་གསོ་བཅས་འདུས་ཀྱང་། སྔ་ཕྱི་དག་ནི་སློབ་གྲྭའི་སློབ་གསོའི་གཞོགས་འདེགས་བྱེད་ཐབས་ཙམ་ལས་གདུང་འདེགས་ཀྱི་ནུས་པ་འདོན་བྱེད་ཅིག་མ་ཡིན་ལ། ཕྱོགས་ཀུན་ལ་གདུང་འདེགས་ཀྱི་ནུས་པ་ཆེན་པོ་ཐོན་མཁན་ནི་སློབ་གྲྭའི་སློབ་གསོ་ཤ་སྟག་ཏུ་ངེས་ཕྱིར། འདིར་སྐད་གཉིས་སློབ་གསོ་ཞེས་པའང་གཙོ་བོ་སློབ་གྲྭའི་སྐད་གཉིས་སློབ་གསོར་རྗོགས་པར་བྱས་པ་ཡིན་ནོ། །

༥. སྐད་གཉིས་སློབ་གསོ་ནི་དོན་ཁྱབ་ཆེ་ཞིང་སྤྱི་བམ་དུ་ངེས་ལ་སྐད་གཉིས་སློབ་ཁྲིད་ཀྱི་ཐབས་ལམ་བྱེ་བྲག་པར་བརྟེན་ནས་མངོན་པར་གྲུབ་པ་ཡིན་པ་དང་། ཕལ་ཆེ་བའི་སྐབས་སུ་དེ་དག་ཕན་ཚུན་རྒྱུ་འབྲས་ཚུལ་མཐུན་དུ་གནས་པས་ན། སྐབས་འགར་བརྗེ་

རེས་སུ་སྤྱོད་ཀྱང་དོན་ལ་གནོད་འགལ་ཆེར་མི་སྣང་ངོ་། །

གཉིས་པ། སྐད་གཉིས་སློབ་གསོ་དང་རིག་གཞུང་གཞན་དག་བར་གྱི་འབྲེལ་བ།

སྐད་གཉིས་སློབ་གསོའི་ངེས་དོན་གྱི་ཆ་རྣམས་གསལ་པོར་རྟོགས་པར་བྱེད་པ་ལ་དེའི་མཚན་དོན་ཙམ་ལ་གོ་བ་བསྐྱེད་པས་མི་ཚོག་པར། ཐད་ཀར་སྐད་གཉིས་སློབ་གསོ་དང་ཉེ་བར་འབྲེལ་བའི་རིག་པ་གཞན་དག་སྟེ་མི་རིགས་རིག་གནས་སྨྲ་བ་དང་། སྤྱི་ཚོགས་འཚོ་འགྱུར་སྨྲ་བ། མི་རིགས་སློབ་གསོ་སྨྲ་བའི་བར་གྱི་ཁྱད་པར་དང་འབྲེལ་བ་ཡའང་ཤེས་རྟོགས་ཟབ་མོ་འབྱུང་དགོས་ལ། དེ་དག་ཕན་ཚུན་བར་གྱི་ཁྱད་པར་དང་འབྲེལ་བ་ལ་གོ་བ་ལེགས་ཙམ་ཆགས་ན། སྐད་གཉིས་སློབ་གསོའི་ངེས་དོན་དེ་ཡང་སྔར་བས་ཇེ་གསལ་དུ་འགྲོ་བ་གོར་མ་ཆག་སྟེ།

གཅིག སྐད་གཉིས་སློབ་གསོ་དང་མི་རིགས་རིག་གནས་སྨྲ་བ།

མི་རིགས་རིག་གནས་སྨྲ་བའི་ལྟ་བ་ལྟར་ན། རིག་གནས་སམ་ནང་དོན་དང་སྐད་བརྡའམ་རྣམ་པ་གཉིས་དཀྱུས་གཅིག་ཏུ་འབྲེལ་བའི་ཆ་ནས་མི་རིགས་ཤིག་གི་བློ་སྒྲིག་དང་སྙིང་སྟོབས་གཡར་དམ་ཅན་དུ་གྲུབ་ཡོད་པར་འདོད་པ་དང་། དེ་དག་མེད་ན་མི་རིགས་ནང་ཁུལ་གྱི་སྒྲིལ་ཤུགས་མེད་པའམ་གཞན་རིགས་ལས་ཐ་དད་དུ་མངོན་པའི་ཕྱོགས་ཞེན་དང་རང་མཚན་འཛིན་པའི་སློ་འདུན་ཁྱད་པར་བ་མེད་པས། མི་རིགས་དེ་ཡང་བློ་འཁྲུམས་པའི་མི་ཞིག་དང་འདྲ་བར་དོན་སྙིང་ཅི་ཡང་མེད་པར་བཤད། ཁྱད་པར་དུ་ཐུན་མོང་གི་དངོས་པོའི་རིག་གནས་སམ་ལམ་ལུགས་རིག་གནས་དང་ཐུན་མོང་གི་སེམས་ཁམས་རིག་གནས་སོགས་ཀྱང་སྐད་བརྡའི་བརྡ་ཐབས་ལ་བརྟེན་ནས་ཕྱིར་མངོན་དགོས་པ་དང་། "སྐད་བརྡ་དེ་ཡང་མི་རིགས་ཡོངས་ཀྱི་མི་སྣ་རེ་རེར་འབྲེལ་བ་ཡོད་ཅིང་། མི་རིགས་ཡོངས་ཀྱི་བསམ་པའི་རིག་གནས་སོགས་ཁྱད་ཆོས་གཏིང་ཕྱིན་པ་མངོན་བྱེད་དུ་གྲུབ་པས། མི་རིགས་ནང་ཁུལ་གྱི་སྒྲིལ་བྱེད་དང་རང་གཞན་ཐ་དད་དུ་དགར་བའི་རྟགས་

མཚན་མངོན་གསལ་ཅན་ཞིག་ཏུ་གྱུར་ཡོད”།[4] སྐད་གཉིས་སྣང་ཚུལ་ནི་དོན་དུ་སྤྱི་ཚོགས་སམ་མི་གྲངས་ཀྱི་འཕོ་འགྱུར་དང་བསྟུན་ནས་རིག་གནས་སྣ་མང་ཕན་ཚུན་ལ་འབྲེལ་གཏུག་བྱས་པ་ལས་བྱུང་ཞིང་། དེ་དང་འབྲེལ་བའི་སྐད་གཉིས་སློབ་གསོ་ནི་རིག་གནས་སྣ་མང་གི་སློབ་གསོའི་བྱ་འགུལ་ཞིག་ཏུ་ངེས་ཀྱང་། མི་རིགས་སོ་སོའི་རིག་གནས་ཀྱི་རྒྱབ་ལྗོངས་དང་སློབ་གསོའི་གནས་ཚུལ་མི་འདྲ་བའི་དབང་གིས་ཧྲང་འཛིན་མི་རིགས་དང་གྲངས་ཉུང་མི་རིགས་སོ་སོའི་སྐད་གཉིས་སློབ་གསོའི་ཕན་ནུས་ཀྱང་ཐ་དད་དུ་སྣང་། ཧྲང་འཛིན་མི་རིགས་སམ་རྒྱ་རིགས་ཀྱི་སྐད་གཉིས་སློབ་གསོའི་ཁྲིད་དུ་ཕྱི་ཡིག་དེ་སློབ་ཁྲིད་ཀྱི་བརྡ་ཐབས་ཙམ་ཡིན་ལ། གྲངས་ཉུང་མི་རིགས་ཀྱི་སྐད་གཉིས་སློབ་གསོ་ནི་སློབ་ཁྲིད་ཀྱི་བརྡ་ཐབས་ཙམ་དུ་མ་ངེས་པར། མ་གཞི་ཕ་སྐད་ཀྱི་རིག་གནས་སློབ་གསོ་ཉམས་ཉེན་ཆེ་བའི་རྨང་གཞི་སྟེང་དུ་སྐད་བརྡ་གཉིས་པའི་སློབ་གསོའི་ཐབས་ལམ་ལ་བརྟེན་ན། སློབ་གསོ་བྱ་ཡུལ་ཕལ་ཆེ་བར་རྒྱུས་མེད་ཀྱི་བརྡ་སྐད་དང་རིག་གནས་འབྲེལ་འདྲིས་ཁྲོད་དུ་ཡོད་རྟོན་མེད་པའི་འགལ་རྐྱེན་ཅི་རིགས་ཤིག་འབྱུང་སྲིད་ལ། འདིས་ཀྱང་ཕོ་ཚོའི་རིག་རྟོབས་ཀྱི་དར་ཚུལ་དང་མི་སྣེར་གྱི་འཕེལ་རྒྱས་ལ་གེགས་བྱེད་ཅིང་། སྔར་ཡོད་མི་རིགས་རང་གི་སྲོལ་རྒྱུན་རིག་གནས་ཀྱི་རྨང་གཞི་ཇེ་ཞན་དུ་གཏོང་བ་མ་ཟད། ཕྱིའི་རིག་གནས་ལ་འབྲེལ་འདྲིས་བྱེད་པའམ་དེ་ལས་མི་རིགས་རང་ལ་ལེགས་ཆ་སྟུད་པ་གང་ཟུང་ལ་གེགས་བྱེད་སྲིད་པ་དང་། དེ་ལས་ལྡོག་པར་མི་རིགས་རང་གི་སྲོལ་རྒྱུན་རིག་གནས་ལ་སྙིང་ཞེན་དང་མཁྲེགས་འཛིན་གྱི་བསམ་བློ་བཅངས་ནས་སྐད་གཉིས་སློབ་གསོའི་ཐབས་ལམ་ལ་མ་བརྟེན་ན། དེང་རབས་འཛམ་གླིང་སྟེ་གཅིག་ཏུ་ལྷ་ཞིང་སྤྱི་ཚོགས་དཔལ་འབྱོར་གྱི་འཕེལ་རྒྱས་ཁྱད་པར་དུ་མགྱོགས་པའི་གློང་རིམ་ན་རང་གིས་གཞན་ལ་འགྲན་མི་བཟོད་པ་དང་། བསྟུད་མུར་གཞན་པའི་རིག་གནས་ཀྱི་ལེགས་ཆ་རྣམས་བསྡུ་མི་ནུས་པ། མི་རིགས་རང་གི་སྲོལ་རྒྱུན་རིག་གནས་ལ་ངར་བཙུད་བསྡུ་མི་ཐུབ་པའམ་གསོན་ཤུགས་བསྐྱེད་མི་ནུས་ཤིང་། ཕས་རྩོལ་རིག་གནས་ཀྱི་ནླབས་རྒྱུན་ཁྲོད་དུ་ཉམ་ཐག་པར་འགྲོ་ཉེན་ཆེ་ཕྱིར། མ་མཐའ་ཡང་གཤམ་གྱི་ཕྱོགས་འགའ་ནས་མི་རིགས་ཀྱི་རིག་གནས་དང་སྐད་གཉིས་སློབ་གསོའི་འབྲེལ་བར་དོ་སྣང་བྱ་དགོས་པར་སེམས་ཏེ།

༧. མི་རིགས་ཀྱི་རིག་གནས་འཛིན་སྐྱོང་སྤེལ་གསུམ་བྱེད་པ་ལ་གཙོ་བོ་ཕ་སྐད་རིག་

གནས་ཀྱི་སློབ་གསོ་གལ་ཆེ་བ་དང་། སྐད་གཉིས་སློབ་གསོ་ལ་ནི་སྐད་བརྡ་གཉིས་པའི་སློབ་གསོ་བསྐྱོན་མེད་དུ་འབྱུང་ན་ཡང་། དེ་དག་ཕན་ཚུན་བར་གྱི་འབྲེལ་བ་ནི་འགལ་ཟླ་ལྟ་བུ་གྲོད་དུ་མི་ལྟ་བར་གཙོ་ཕལ་གྱི་འབྲེལ་བ་ལྟར་ངེས་ཤེས་གསལ་པོར་འཛིན་དགོས་པའོ། །

༢. མི་རིགས་རིག་གནས་སྨྲ་བའི་ལྟ་བ་གཞིར་བཟུང་ནས་སྐད་གཉིས་སློབ་གསོ་ནི་མི་རིགས་རང་གི་སྲོལ་རྒྱུན་རིག་གནས་ལ་གསོན་ཤུགས་བསྐྱེད་ཅིང་དུས་རབས་དང་འཚམ་པར་སྤེལ་བའི་ཐབས་ལམ་དུ་བརྟེན་པ་ལས་མི་རིགས་མཉམ་འདྲེས་དང་གཞན་དུ་སྒྱུར་བྱེད་ཀྱི་ཐབས་ཇུས་སུ་སྤྱིལ་མི་རུང་བའོ། །

༣. མི་རིགས་ཀྱི་སྐད་གཉིས་སློབ་གསོར་དངོས་འབེབས་བྱ་བའི་རིག་གནས་སློབ་གསོའི་ནང་དོན་རྣམས་མི་རིགས་ས་ཁུལ་གྱི་སློབ་གསོའི་ཆོས་ཉིད་དང་བསྟུན་ནས་རབས་དང་རིམ་པའི་འབྲེལ་བ་ལེགས་འདུམ་དང་། འདྲ་མཉམ། ཕན་ཚུན་ལ་སྟུད་ལེན་དང་བརྗེ་རེས་ཡོད་པར་སྤེལ་བ་ལས་རེས་སུ་བོར་བའམ་ཕྱོགས་ལྷུང་གིས་གཅིག་དགག་གཅིག་སྒྲུབ་ཏུ་སྤྱིལ་མི་རུང་བ་བཅས་སོ། །

གཉིས། སྐད་གཉིས་སློབ་གསོ་དང་སྤྱི་ཚོགས་འཕོ་འགྱུར་སྨྲ་བ།

སྤྱི་ཚོགས་འཕོ་འགྱུར་སྨྲ་བ་ནི་སྤྱི་ཚོགས་རིག་པའི་བརྗོད་ཆད་ཅིག་སྟེ། དེའི་ངེས་དོན་ནི་སྤྱི་ཚོགས་ཀྱི་སྣང་ཚུལ་ཡོད་དོ་ཅོག་ལ་འཕེལ་རྒྱས་དང་འགྱུར་ལྡོག་བྱུང་བའི་བརྒྱུད་རིམ་དང་མཐར་འབྲས་ཤིག་ལ་བྱ། འདིས་ཀྱང་མིའི་རིགས་ཡོངས་ཀྱི་སྤྱི་ཚོགས་ཀྱི་འཕོ་འགྱུར་ལ་ཞིབ་འཇུག་བྱེད་པ་དང་མཉམ་དུ་དམིགས་བསལ་གྱི་སྤྱི་ཚོགས་ག་གེ་མོའི་གྲུབ་སྟངས་ཀྱི་འགྱུར་ལྡོག་དང་། དམིགས་བསལ་གྱི་སྤྱི་ཚོགས་འགྲུབ་རྐྱེན། སྤྱི་ཚོགས་ཀྱི་ཕྱོགས་རེ་བའི་འགྱུར་ལྡོག་སོགས་ལའང་ཞིབ་འཇུག་བྱེད་ལ། ནང་དོན་དེ་ཡང་སྤྱི་ཚོགས་ཀྱི་ཐོན་སྐྱེད་དང་འཚོ་བའི་ཕྱོགས་སོ་སོར་འབྲེལ་བ་ཡོད་ཅིང་། བྱེ་བྲག་ཏུ་རང་བྱུང་ཁོར་ཡུག་གི་འཕོ་འགྱུར་དང་། མི་གྲངས་ཀྱི་འཕོ་འགྱུར། དཔལ་འབྱོར་གྱི་འཕོ་འགྱུར། སྤྱི་ཚོགས་ཀྱི་ལམ་ལུགས་དང་སྒྲིག་གཞིའི་འཕོ་འགྱུར། འཚོ་བའི་ཐབས་ལམ་གྱི་འཕོ་འགྱུར། རིག་གནས་ཀྱི་འཕོ་འགྱུར། ཚན་རྩལ་གྱི་འཕོ་འགྱུར་སོགས་འདུས་ལ། སྤྱི་ཚོགས་འཕོ་འགྱུར་གྱི་རྣམ་པ་ལྟར་ན་འང་སྣ་ཚོགས་ཤིག་སྣང་ཡང་། གཙོ་བོར་སྤྱི་ཚོགས་ཡོངས་དང་བྱེ་བྲག་པའི་འཕོ་

འགྱུར་དང་། སྤྱི་ཚོགས་ཀྱི་རིམ་པར་འགྱུར་ཚུལ་དང་ཅིག་ཅར་བའི་འགྱུར་ཚུལ། སྤྱི་ཚོགས་ཀྱི་ཡར་ཐོན་དང་ཕྱི་བཤོལ་བཅས་འདུས་སོ། །

དེས་ན་སྤྱི་ཚོགས་འཕོ་འགྱུར་སྨྲ་བའི་ལྟ་བ་གཞིར་བཟུང་ནས་སྤྱི་ཚོགས་འཕོ་འགྱུར་དང་སྐད་གཉིས་སློབ་གསོ་བར་གྱི་འབྲེལ་བར་བརྟགས་ན། སྤྱི་ཚོགས་འཕོ་འགྱུར་གྱིས་སྐད་གཉིས་སློབ་གསོའི་ལམ་ལུགས་ལ་ཤུགས་ཐེབས་ཤིང་སྐད་གཉིས་སློབ་གསོ་ནི་སྤྱི་ཚོགས་འཕོ་འགྱུར་གྱི་མཐར་འབྲས་ཡིན་པ་དང་། སྐད་གཉིས་སློབ་གསོས་ཀྱང་མི་རྣམས་ཀྱི་བསམ་བློ་འདུ་ཤེས་ལ་ཤུགས་ཐེབས་ནས་སྤྱི་ཚོགས་ཀྱི་རྣམ་པ་གཞན་དུ་བསྒྱུར་ཞིང་འཕོ་ནུས་པས། སྐད་གཉིས་སློབ་གསོ་ནི་སྤྱི་ཚོགས་ལ་འཕེལ་འགྱུར་འབྱུང་བའི་རྒྱུ་རྐྱེན་ཞིག་ཀྱང་ཡིན། ལྷག་པར་མི་གྲངས་ཀྱི་འཕོ་འགྱུར་དང་རིག་གནས་ཀྱི་འཕོ་འགྱུར་སོགས་ཀྱིས་ཐད་ཀར་སློབ་གྲྭའི་སྐད་གཉིས་སློབ་གསོའི་བྱུང་ཚུལ་དང་། སྐད་གཉིས་སློབ་གསོའི་དམིགས་ཡུལ། སྐད་གཉིས་སློབ་གསོའི་ནང་དོན། སྐད་གཉིས་སློབ་གསོའི་ལམ་ལུགས་སོགས་ལ་ཤུགས་ཞུགས་པ་ཧ་ཅང་མངོན་གསལ་ཡིན་པ་དང་། དེ་ལས་ཕྱོག་པར་སློབ་གྲྭའི་སློབ་གསོས་ཀྱང་སྐད་གཉིས་སྨྲ་བའི་ཤེས་ཡོན་ཅན་སྐྱེད་སྲིང་དང་བསམ་བློ་དང་ལག་རྩལ་གསར་བ་ནང་འདྲེན་བྱས་པ་བརྒྱུད་ནས་སྤྱི་ཚོགས་ཡོངས་ཀྱི་དཔལ་འབྱོར་འཕེལ་རྒྱས་སུ་གཏོང་བ་དང་། རིག་གནས་དར་རྒྱས་སུ་སྤེལ་བ། ཚབ་སྲིད་ལམ་ལུགས་ལེགས་བཅོས་བྱེད་པར་སྐུལ་འདེད་ཀྱི་ནུས་པ་ཆེན་པོ་འདོན་ཐུབ། དེར་བརྟེན་ཞེ་པོ་ལགས་ཀྱིས་ཀྱང་རྦ་མོ་ནས་བསམ་བློ་དང་འདུ་ཤེས་འཛིན་སྟངས་ནི་དཔལ་འབྱོར་འཕེལ་རྒྱས་སུ་གཏོང་བར་དགེ་མཚན་ཆེ་བར་བསྟན་པ་དང་། ནུབ་ཕྱོགས་མ་རྩ་རིང་ལུགས་དེ་ཉེ་རབས་ཀྱི་ཡོ་རོབ་ནུབ་མའི་ཚུལ་དུ་གནས་པའང་གཙོ་བོ་སློབ་གྲྭའི་སློབ་གསོ་ནས་ཆོས་ལུགས་གསར་བའི་མི་ཆོས་ཀྱི་ལྟ་བ་དང་མ་རྩ་རིང་ལུགས་ཀྱི་བསམ་བློ་ཁྱབ་ཆེ་བར་བསྒྲགས་ཅིང་། སྤྱི་ཚོགས་ཀྱི་མི་སྣ་ཡོངས་སུ་དཀའ་སྤྱད་བརྩོན་བསྲི་དང་། རང་སྟོབས་རང་སྐྱོལ། རང་གཅུན་རང་བདག་གི་བསམ་བློ་དང་གཤིས་སྤྱོད་བསླུལ་བ་ལ་རག་ལས་པར་བསྟན་པ་སོགས་ལས། མི་རིགས་ཀྱི་སློབ་གསོ་སྤྱིའམ་བྱེ་བྲག་སྐད་གཉིས་སློབ་གསོ་དང་སྤྱི་ཚོགས་འཕོ་འགྱུར་བར་གྱི་འབྲེལ་བ་ཧ་ཅང་དམ་པོར་གནས་ཤིང་། དེ་དག་བར་གྱི་འབྲེལ་བ་ནི་སློབ་གསོ་སྤྱི་ཚོགས་རིག་པའི་དཔྱད་བྱ་གཙོ་བོ་ཡིན་པ་རྟོགས་སླ། དེ་ལྟ་ནའང་སྤྱི་ཚོགས་འཕོ་འགྱུར་སྨྲ་བ་ནི་སྤྱི་

ཚོགས་རིག་པའི་ཁྱབ་ཁོངས་སུ་གཏོགས་ཤིང་། སྐད་གཉིས་སློབ་གསོ་ནི་མི་རིགས་སློབ་གསོ་རིག་པའི་ཁོངས་སུ་གཏོགས་པས་དེ་དག་གཞི་ནས་མི་འདྲ་བའི་སྣང་ཚུལ་གཉིས་ཡིན་པའང་གསལ་པོར་ངེས་དགོས་སོ། །

གསུམ། སྐད་གཉིས་སློབ་གསོ་དང་མི་རིགས་སློབ་གསོ་སླ་བ།

མི་རིགས་སློབ་གསོ་རིག་པ་ནི་དུས་རབས་ཉི་ཤུ་བའི་ནང་དར་ཞིང་། སློབ་གསོ་རིག་པ་དང་མི་རིགས་རིག་པ་དཀྲུས་གཅིག་ཏུ་སྦྲགས་ནས་གྲུབ་པའི་རིག་པ་ཞིག་ཡིན་ལ། རིག་པ་འདིས་ཀྱང་མི་རིགས་མི་འདྲ་བའི་ཚོགས་སྤྱི་དང་བྱེ་བྲག་གང་རུང་ཞིབ་འཇུག་བྱ་ཡུལ་དུ་བྱས་ནས་འགྲོ་བ་མིའི་རིགས་ཡོངས་ཀྱི་སློབ་གསོའི་ཆོས་ཉིད་ཐུན་མོང་བ་འཚོལ་ཞིབ་བྱེད་པ་དང་དུས་མཉམ་དུ་བྱེ་བྲག་རིག་གནས་ཀྱི་རྒྱབ་ལྗོངས་མི་འདྲ་བའི་མི་རིགས་སོ་སོའི་སློབ་གསོའི་ཆོས་ཉིད་ཁྱད་པར་བ་དང་ཁྱད་ཆོས་འཚོལ་ཞིབ་བྱེད་པ་གཙོས་སུ་འཛིན། ནུབ་ཕྱོགས་རྒྱལ་ཁབ་ཀྱི་རིག་གཞུང་ཞིབ་འཇུག་གི་ཁྱབ་ཁོངས་ཁྲོད་དུ་མི་རིགས་སློབ་གསོ་རིག་པ་ནི་སློབ་གསོ་མིའི་རིགས་རིག་པ་དང་སྣ་མང་རིག་གནས་ཀྱི་སློབ་གསོ་སོགས་ལ་འབྲེལ་བ་དམ་པོ་ཡོད། འདིའི་ཞིབ་འཇུག་གི་ནང་དོན་ལ་གཙོ་བོ་མི་རིགས་སློབ་གསོ་རིག་པའི་རྩ་བའི་རིགས་ལམ་དང་། ཞིབ་འཇུག་བྱེད་ཐབས། གཞུང་ལུགས་ཀྱི་སྒྲོམ་གཞི། སྐད་གཉིས་སློབ་ཁྲིད་ཀྱི་གཞུང་ལུགས་དང་ལག་ལེན་སྐོར་གྱི་གནད་དོན། སྣ་མང་རིག་གནས་བསླབ་ཚན་གྱི་གཞུང་ལུགས་དང་ལག་ལེན་སྐོར་གྱི་གནད་དོན། མི་རིགས་སློབ་གསོའི་ལས་དོན་གྱི་སྲིད་ཇུས་དང་དོ་དམ་སྐོར་གྱི་ཞིབ་འཇུག་བཅས་འདུས་ཤིང་། ཁྱད་པར་དུ་མི་རིགས་ས་ཁུལ་གྱི་རྨང་གཞི་སློབ་གསོའི་གནད་དོན་དང་གྲངས་ཉུང་མི་རིགས་ཀྱི་མཐོ་རིམ་སློབ་གསོའི་གནད་དོན་སྐོར་གྱི་ཞིབ་འཇུག་སྤྱི་དང་བྱེ་བྲག་མི་རིགས་སློབ་གསོ་རིག་པའི་ཁྲོད་ཀྱི་སྐད་གཉིས་སློབ་ཁྲིད་ཀྱི་གཞུང་ལུགས་དང་ལག་ལེན་སྐོར་གྱི་ཞིབ་འཇུག་ནི་ཐད་ཀར་སྐབས་འདིའི་བརྗོད་བྱ་སྐད་གཉིས་སློབ་གསོར་འབྲེལ་བ་དམ་པོར་ལྡན་ཏེ། དཔེར་ན་སྐད་གཉིས་སློབ་གསོའི་གཞུང་ལུགས་དང་ལག་ལེན་སྐོར་གྱི་ཞིབ་འཇུག་སྣ་ཚོགས་ཏེ་གྲངས་ཉུང་མི་རིགས་ཀྱི་སྐད་གཉིས་སློབ་ཁྲིད་ཀྱི་རྩ་བའི་རིགས་ལམ་གྱི་དཔྱད་པ་དང་། སྐད་གཉིས་སློབ་ཁྲིད་ཀྱི་ལམ་ལུགས་སམ་དཔེ་གཞིའི་ཞིབ་འཇུག མི་

རིགས་ས་ཁུལ་གྱི་སྐད་གཉིས་སློབ་གསོའི་བྱུང་འཕེལ་གྱི་ལོ་རྒྱུས་དང་ད་ལྟའི་གནས་བབ་ཀྱི་རྟོག་དཔྱོད་སོགས་དང་། མི་རིགས་ས་ཁུལ་གྱི་སྣ་མང་རིག་གནས་ཀྱི་བསླབ་ཚན་བྱེ་བྲག་གི་ཞིབ་འཇུག་སྟེ། མི་རིགས་ས་ཁུལ་གྱི་སྣ་མང་རིག་གནས་དང་འབྲེལ་བའི་བསླབ་ཚན་གྱི་ལོ་རྒྱུས་རྟོག་དཔྱོད་དང་། མི་རིགས་ས་ཁུལ་གྱི་ རྨང་གཞིའི་བསླབ་ཚན་གྱི་ཞིབ་འཇུག སྣ་མང་རིག་གནས་དང་འབྲེལ་བའི་བསླབ་ཚན་གྱི་ཞིབ་སྦྱོར་བྱེད་ཐབས་སོགས་མི་རིགས་ཀྱི་སྐད་གཉིས་སློབ་གསོའི་དཔྱད་གཞི་གཙོ་བོ་ཡིན་པ་མ་ཟད། མི་རིགས་སློབ་གསོ་རིག་པའི་ཞིབ་འཇུག་གི་ནང་དོན་གལ་ཆེན་ཞིག་ཀྱང་ཡིན་པས། མི་རིགས་སློབ་གསོ་སྨྲ་བའི་ལྟ་ཚུལ་ལ་སྐད་གཉིས་སློབ་གསོ་ནི་མི་རིགས་སློབ་གསོ་རིག་པའི་དཔྱད་བྱ་གལ་ཆེན་ཞིག་དང་། མི་རིགས་སློབ་གསོ་རིག་པ་ནི་སྐད་གཉིས་སློབ་གསོར་ཞིབ་འཇུག་བྱེད་པའི་རིག་པ་ཁྱད་པར་ཅན་དུ་ངེས་ལ། དེ་དག་ཕན་ཚུན་བར་གྱི་འབྲེལ་བ་ནི་བརྟག་བྱ་དང་རྟོག་བྱེད་དམ་དཔྱད་བྱ་དང་དཔྱོད་བྱེད་ལྟར་སྣང་བར་འདོད། ཡིན་ན་ཡང་མི་རིགས་སློབ་གསོ་རིག་པའི་དཔྱད་བྱ་ཡིན་ན། སྐད་གཉིས་སློབ་གསོ་ཁོ་ན་ཡིན་པས་མ་ཁྱབ་པར་མི་རིགས་སློབ་གསོ་རིག་པའི་གཞུང་ལུགས་སྤྱིའི་མ་ལག་སྒྲིག་འཛུགས་སོགས་ཀྱང་འདུས་ཕྱིར། དེ་དག་ཕན་ཚུན་ལ་ཁྱད་པར་ཆེན་པོ་ཡོད་པའང་ཤེས་དགོས་སོ། །

གསུམ་པ། སྐད་གཉིས་སློབ་གསོ་དང་འབྲེལ་བའི་བརྡ་ཆད་འགའ།

གཞན་ཡང་དཔྱད་གཞི་འདིའི་ནང་དོན་སྤྱི་དང་བྱེ་བྲག་སྐད་གཉིས་སློབ་གསོ་ཞེས་པའི་གོ་དོན་དག་གསལ་པོར་ངེས་པར་བྱེད་པ་ལ་འདི་དང་ཧ་ཅང་ཉེ་བར་འབྲེལ་བའི་བརྡ་ཆད་དག་གི་དོན་གྱི་འཇུག་ཚུལ་ཡང་སོ་སོར་གསལ་པོར་རྟོགས་དགོས་ཏེ།

གཅིག རིག་གནས་ཀྱི་འཕོ་འགྱུར།

རིག་གནས་ཀྱི་འཕོ་འགྱུར་ནི་རིག་གནས་མིའི་རིགས་རིག་པའི་དཔྱད་བྱ་གཙོ་བོ་ཞིག་ཡིན་ལ། ཉེ་སྔོན་གྱི་བྱུར་མི་འདྲ་བའི་འགྲེལ་ཚུལ་ལྟར་ན། ཁ་ཅིག་གིས་སེམས་ཁམས་རིག་པའི་ཐད་ནས་མི་རིགས་མི་འདྲ་བའི་ཤེས་རྟོགས་དང་རང་སྣེར་ཉམས་ཉེས་སུ

འགྱུར་བའི་སེམས་ཁམས་ཀྱི་བརྒྱུད་རིམ་ཞིག་ཏུ་རྟོགས་པ་དང་། ཁ་ཅིག་གིས་རིག་གནས་སྐབས་བསྟུན་སྨྲ་བའི་གཞུང་ལུགས་ལྟར་འགྲེལ་བ་དང་། ཡང་ཁ་ཅིག་གིས་ཚན་རིག་ལག་རྩལ་གྱི་ཐུར་ནས་ནུས་ཚད་ཉུང་ཙམ་གྱི་སྤྱོད་སྒོ་ནས་ནུས་ཚད་མང་ཙམ་གྱི་སྤྱོད་སྒོ་བར་དང་དམའ་རིམ་གྱི་ནུས་ཚད་ནས་མཐོ་རིམ་གྱི་ནུས་ཚད་བར་འཕེལ་ཞིང་འགྱུར་བའི་བརྒྱུད་རིམ་ཞིག་ལ་རྟོགས་པར་བྱེད་པ་སོགས་ཡོད་ཀྱང་། མདོར་བསྡིལ་ན། རིག་གནས་ནང་དོན་གྱི་འཕེལ་འགྲིབ་ལ་བརྟེན་ནས་རིག་གནས་ཀྱི་མ་ལག་ག་གེ་མོའི་སྒྲིག་གཞི་དང་དཔེ་གཞི་དང་གཤིས་ཉམས་བཅས་འཕོ་འགྱུར་བྱུང་བ་ལ་རིག་གནས་ཀྱི་འཕོ་འགྱུར་ཞེས་བྱ[5]ཞིང་། སྤྱིར་བཏང་དུ་ཚོ་རིགས་སྤྱི་ཚོགས་ནང་ཁུལ་གྱི་འཕེལ་རྒྱས་དང་ཡང་ན་མི་རིགས་མི་འདྲ་བའི་འབྲེལ་གཏུག་ལ་བརྟེན་ནས་བྱུང་བའི་མི་རིགས་ཤིག་གི་རིག་གནས་ཀྱི་འགྱུར་ལྡོག་སྣ་ཚོགས་ལ་རྟོགས་པ་དང་། འདི་ལའང་བྱེ་བྲག་ཏུ་བསམ་བཞིན་གྱི་འཕོ་འགྱུར་བྱེད་ཚུལ་དང་བསམ་བཞིན་མ་ཡིན་པའི་འཕོ་འགྱུར་བྱེད་ཚུལ་གཉིས་ཡོད་པ་ལས། སྔ་མ་ལའང་རང་འགུལ་གྱི་འཕོ་འགྱུར་བྱེད་ཚུལ་དང་། ཁྲིད་སྟོན་གྱི་འཕོ་འགྱུར་བྱེད་ཚུལ། བཙན་དབང་གི་འཕོ་འགྱུར་བྱེད་ཚུལ་བཅས་ཡོད་དོ། །

རིག་གནས་ཀྱི་འཕོ་འགྱུར་དང་སྤྱི་ཚོགས་ཀྱི་འཕོ་འགྱུར་གཉིས་མི་འདྲ་སྟེ། རིག་གནས་ཀྱི་འཕོ་འགྱུར་ནི་རིག་གནས་ཀྱི་ཁོར་ཡུག་སྣ་ཚོགས་པའི་སྣང་ཚུལ་གྱི་འཕོ་འགྱུར་ཞིག་དང་། སྤྱི་ཚོགས་ཀྱི་འཕོ་འགྱུར་ནི་སྤྱི་ཚོགས་ཀྱི་ཁོར་ཡུག་སྣ་ཚོགས་པའི་སྣང་ཚུལ་གྱི་འཕོ་འགྱུར་ཞིག་ཏུ་ངེས་ལ། སྔ་མ་ནི་ཕྱི་མའི་བསྐྱེད་འབྲས་ཤིག་དང་། ཕྱི་མ་ནི་སྔ་མའི་སྐྱེད་བྱེད་དུ་བརྗོད་རུང་། རིག་གནས་འཕོ་འགྱུར་གྱི་རྒྱུ་རྐྱེན་ལྟར་ན། རིག་གནས་ཀྱི་འབྲེལ་གཏུག་དང་། བརྒྱུད་སྒྲིག གསར་གཏོད། རིན་ཐང་གི་ལྟ་བའི་འགལ་འཐབ་སོགས་ནང་ཁུལ་གྱི་རྒྱུ་རྐྱེན་དང་། སྤྱི་ཚོགས་ཀྱི་འབྲེལ་བ་དང་སྒྲིག་གཞིའི་འགྱུར་ལྡོག མི་གྲངས་ཀྱི་འཕེལ་འགྱུར། རང་བྱུང་ཁོར་ཡུག་གི་འགྱུར་ལྡོག་སོགས་ཕྱི་ཁུལ་གྱི་ཆ་རྐྱེན་དག་ནི་འཕོ་འགྱུར་གྱི་རྒྱུ་རྐྱེན་གཙོ་བོ་ཡིན་པ་དང་། དེ་དག་ཕྱི་ནང་གི་རྒྱུ་རྐྱེན་ཚོགས་པའི་ཆ་ནས་རིག་གནས་ལ་ཐོད་བརྒལ་གྱི་འཕེལ་རྒྱས་དང་འགྱུར་ལྡོག་བྱུང་བ་ལགས་ཀྱང་། ལོ་རྒྱུས་ཀྱི་སྤྱིའི་འཕེལ་ཕྱོགས་ལྟར་ན། རིག་གནས་ཀྱི་འཕོ་འགྱུར་འདི་དག་ལ་རིམ་ཅན་གྱི་འཕེལ་ཚུལ་དང་འཛགས་མཚམས་མེད་པའི་བརྒྱུད་རིམ་ལྡན་ཞིང་། བརྒྱུད་རིམ་འདི་དག

གི་ཁྲིད་དུ་སློབ་གསོའི་ཐབས་ལམ་གང་རུང་གིས་རང་གི་སྲོལ་རྒྱུན་རྒྱུན་འཛིན་དང་གཞན་གྱི་རིག་གནས་ནང་འདྲེན་བྱེད་པ་གང་རུང་ལ་སྙིགས་དོར་བཅུད་ལེན་དང་དགག་སྒྲུབ་བླང་དོར་གྱི་བྱ་བྱེད་ཅི་རིགས་སུ་སྤེལ་ནས་དུས་རབས་དང་འཚམ་ཞིང་སྐབས་བབ་ཀྱི་དགོས་མཁོ་དང་མཐུན་པར་བྱེད་པ་ཡིན་ལ། སློབ་གསོ་སྤྱི་དང་བྱེ་བྲག་སྐད་གཉིས་སློབ་གསོའི་ཐབས་ལམ་ཡང་དོན་དུ་རིག་གནས་འཕོ་འགྱུར་གྱི་སྣང་ཚུལ་ལས་བརྟོན་པའི་སྣ་མང་རིག་གནས་སློབ་གསོའི་ཐབས་ལམ་གསར་བ་ཞིག་ཏུ་ངེས་པས་ན། དཔྱད་གཞི་འདི་ལས་བསྐྱོན་མེད་དུ་འབྱུང་བའི་བརྡ་ཆད་གལ་ཆེན་ཞིག་ཡིན་ནོ། །

གཉིས། ཕ་སྐད་དང་སྐད་བརྡ་གཉིས་པ།

ཕ་སྐད་ཅེས་པ་ནི་རང་གི་ཕ་ཡུལ་གྱི་པང་ནས་བསླབས་པའི་སྐད་དུ་ངེས་ཏེ། རང་རེའི་ངག་རྒྱུན་དུ། ཕ་ཡུལ་བརྗེད་རུང་། ཕ་སྐད་མི་བརྗེད་ལྟ་བུ་དང་། དོན་དུ་འདི་དག་མི་རིགས་རང་གི་སྐད་བརྡ་ཉིད་ལས་མ་འདས་པས་ན། རང་རིགས་ཀྱི་སྐད (Native Language) ཅེས་ཀྱང་བརྗོད་ལ། གཞན་རིགས་ཀྱི་སྐད་བརྡ་དང་ཟློས་བཅས་སུ་གླེང་བར་བྱེད། རང་རིགས་ཀྱི་སྐད་དང་ཕ་སྐད་དམ་ཕ་སྐད་དག་གི་བསྡུས་མིང་ལ་སྐད་བརྡ་དང་པོ་བྱ། སྐད་བརྡ་དང་པོ་ནི་ཐོག་མ་ཉིད་ནས་བྱིས་པས་རང་གི་ཕ་མའི་པང་ངམ་ཉེ་འཁོར་སུ་སྦྱང་བའི་ཕ་སྐད་དམ་ཕ་སྐད (གཤམ་དུ་ཕ་སྐད་ཅེས་སུ་བརྗོད་པར་བྱ) ཤ་སྟག་ཏུ་ངེས་ཀྱང་། སྐབས་འགར་དམིགས་བསལ་གྱི་དབང་གིས་དེ་དག་ལ་མ་ངེས་པའི་སྣང་ཚུལ་འབྱུང་སྟེ། དཔེར་ན་རྒྱ་གྲོང་དུ་ནར་སོན་པའི་བོད་རིགས་བྱིས་པ་ཞིག་གི་སྐད་བརྡ་དང་པོ་ནི་རྒྱ་སྐད་ཡིན་ཡང་། རང་རིགས་ཀྱི་སྐད་བརྡ་སྟེ་བོད་སྐད་མིན་པ་ལྟར་ལགས། སྐད་བརྡ་གཉིས་པ (SecondLanguage) ནི་སྐད་བརྡ་དང་པོའི་རྗེས་སུ་སླད་མར་སྦྱངས་པའི་སྐད་བརྡ་གཞན་ཞིག་ལ་ཟེར་ཞིང་། འདི་ལའང་བྱེ་བྲག་ཏུ་ཆེད་གཉེར་གྱི་སྐད་བརྡའི་ཁོར་ཡུག་ཁྲིད་དུ་བསླབས་པའི་སྐད་བརྡ་དང་པོ་མ་ཡིན་པའི་སྐད་བརྡ་གཞན་པའམ་སྦྱངས་ཐབ་ཀྱི་སྐད་བརྡ་གཉིས་པ[6] དང་། ཆེད་གཉེར་གྱི་སྐད་བརྡའི་ཁོར་ཡུག་མ་ཡིན་པའི་ཁྲིད་དུ་སྦྱངས་པའི་སྐད་བརྡ་དང་པོའམ་ཕ་སྐད་མ་ཡིན་པའི་སྐད་བརྡ་གཞན་དག་སྟེ་སྦྱངས་ཐབ་ཀྱི་ཕྱི་ཡིག[7] བཅས་གཉིས་ཡོད་ཀྱང་། ད་ལྟའི་སྐད་གཉིས་རིག་གཞུང་གི་

ཞིབ་འཇུག་ཁྲིད་དུ་དེ་དག་སྤྱི་བམ་ཙམ་དུ་སྟོན་པ་ལས་སོ་སོའི་ཁྱད་པར་དམིགས་སུ་མི་བསལ་བའི་ཕྱིར་ན། གཉིས་པོ་ཡའང་སྐད་བརྡ་གཉིས་པ་ཞེས་སྤྱིར་ནས་རོབ་སྤྱི་ཙམ་དུ་སྟོན་པར་བྱེད་དོ། །

ཕ་སྐད་ཀྱིས་སྐད་བརྡ་གཉིས་པའི་སྦྱོང་གོམས་བྱེད་ཚུལ་ལ་ལེགས་ཉེས་གང་རུང་གི་ཤན་ཤུགས་ནུས་ཏེ། ལེགས་པའི་ཤན་ཤུགས་ཚུལ་ནི་སྦྱོང་བྱའི་སྐད་བརྡ་གཉིས་པའི་ངེས་སྲོལ་རྣམས་ཕ་སྐད་དང་ཧ་ལམ་ཉེ་མཚུངས་སུ་སྣང་དུས། ཕ་སྐད་ཀྱི་ངེས་སྲོལ་དང་སྦྱོར་ལུགས་སོགས་ཀྱི་ཤེས་བྱ་གང་རུང་ལ་བརྟེན་ནས་སྦྱོང་བྱའི་སྐད་བརྡ་གཉིས་པའི་དཀའ་གནད་གསེད་བཀྲོལ་དང་འཕྲུལ་མར་བློ་ངོར་ངེས་པར་བྱེད་ནུས་པས། སྐད་བརྡ་གཉིས་པའི་སློབ་སྦྱོང་ལ་དགེ་མཚན་ཁྱད་པར་དུ་འདོན་པ་ཡིན་ལ། མི་ལེགས་པའི་ཤན་ཤུགས་ཚུལ་ནི་སྦྱོང་བྱའི་སྐད་བརྡ་གཉིས་པའི་གོམས་སྲོལ་དེ་ཕ་སྐད་དང་གཞི་ནས་མི་མཐུན་ཚེ། ཕ་སྐད་ཀྱི་བསམ་གཞིག་བྱེད་སྟངས་སམ་ཚོགས་གསུམ་གྱི་སྦྱོར་ལུགས་གང་རུང་གིས་སྦྱོང་བྱའི་སྐད་བརྡ་གཉིས་པའི་བརླག་གདངས་དང་། ཐ་སྙད་ཀྱི་ཉིང་དོན་དང་འཕྲོས་དོན། མིང་སྦྱོར་གྱི་གོ་རིམ། ཚིག་སྦྱོར་གྱི་ཁྲིག་གཞི་དང་གཤིས་ཉམས་ལ་ཤན་ཤུགས་པའམ་ལྷད་བསྲེས་ནས་བརྡ་སྐད་གང་ཞིག་འོས་མིན་ཚུལ་མིན་དུ་སྦྱོར་བ་ཡིན་པས་ན། ཀུན་གྱིས་ཀྱང་ཕ་སྐད་ཀྱི་བསམ་གཞིག་བྱེད་སྟངས་སམ་ཕ་སྐད་རིག་གནས་ཀྱི་སློབ་གསོའི་ཆོས་ཉིད་དེ་སྐད་གཉིས་སློབ་གསོའི་གནད་ཅིག་ཏུ་བརྩིས་ནས་སླད་མར་བརྟོན་ཞིབ་བྱེད་ཀྱིན་གདའོ། །

གསུམ། སྐད་གཉིས་སྣང་ཚུལ་དང་སྐད་གཉིས་ལམ་ལུགས།

སྐད་གཉིས་སྣང་ཚུལ་ནི(双语现象 Bilingualism)མི་སྒེར་རམ་སྐྱེ་བོ་དང་ཡང་ན་སྐད་བརྡའི་ཚོགས་པ་གང་ཞིག་གིས་སྐད་བརྡ་གཉིས་སམ་དུ་མ་མཉམ་དུ་སྤྱོད་པའི་སྣང་ཚུལ་ཞིག་ལ་བྱ། སྤྱིར་ཚོགས་པའི་ཁོར་ཡུག་གཅིག་ཏུ་སྐད་བརྡ་དུ་མའམ་མང་ཙམ་བརྗེ་རེས་སུ་སྤྱོད་པ་ལ་སྐད་མང་སྣང་ཚུལ་དུ་བརྗོད་ན་འོས་ཀྱང་། ངོ་བོའི་སྟེང་དུ་དེའང་སྐད་གཉིས་སྣང་ཚུལ་དང་གཅིག་མཚུངས་སུ་ངེས་ལ། སྐད་གཉིས་སྣང་ཚུལ་དེ་སྐད་མང་སྣང་ཚུལ་ལས་ཁྱབ་རྒྱ་ཆེ་ཞིང་མཚོན་དཔེར་འགོད་རུང་ཕྱིར། འདིར་སོ་སོའི་ཁྱད་པར་མ་

འཕྲེད་པར་སྤྱི་བམ་དུ་སྐད་གཉིས་སྣང་ཚུལ་ཞེས་སུ་སྦྱར། འདི་ཡའང་ནང་གསེས་སུ་མི་སྒེར་རམ་སྐྱེ་བོའི་སྐད་གཉིས(个人双语)དང་ཚོགས་པའམ་ཤོག་ཁག་གི་སྐད་གཉིས(集团双语)བཅས་གཉིས་ཡོད་པ་ལས། སྐྱེ་བོའི་སྐད་གཉིས་ནི་མི་སྒེར་རམ་སྐྱེ་བོ་གང་གི་སྐད་ཆའི་གནས་སྐབས་མི་འདྲ་བ་དང་བསྟུན་ནས་སྤྱི་ཚོགས་ཀྱི་མི་སྣ་གཞན་དང་འབྲེལ་འདྲིས་བྱེད་སྐབས་སུ་སྐད་གཉིས་བརྗེ་རེས་སུ་སྤྱོད་པ་ལ་འཇུག་ཅིང་། འདི་ཡའང་སྤྱིར་བཏང་དུ་སྐད་བརྡ་དང་པོ་སྟེ་མི་རིགས་རང་གི་སྐད་བརྡ་གཙོར་བྱས་ཏེ་སྐད་བརྡ་གཉིས་པའམ་མི་རིགས་གཞན་གྱི་སྐད་བརྡ་ཕལ་བར་འཛིན་པ་དང་། ཡང་ན་དེ་ལས་ལྡོག་པར་སྐད་བརྡ་གཉིས་པ་དག་གཙོར་བྱེད་པ་སོགས་མི་སྒེར་རང་གི་སྐད་གཉིས་ཀྱི་ཚུ་ཚད་དང་། གཏམ་སྤྱོད་ཀྱི་དམིགས་ཡུལ། འབྲེལ་འདྲིས་བྱ་ཡུལ། བརྗོད་བྱའི་ནང་དོན་སོགས་གནས་སྐབས་ཅི་རིགས་ཤིག་ལ་རག་ལས་ཀྱང་། དོན་དུ་དེ་རྣམས་ཀྱང་སྤྱི་ཚོགས་སམ་ཚོགས་པའི་སྐད་གཉིས་ཀྱི་སྣང་ཚུལ་བྱེ་བྲག་པའི་མངོན་ཚུལ་ཞིག་ལས་མ་འདས་པའི་ཕྱིར་ན། 《སྐད་བརྡ་རིག་པའི་སྤྱི་དོན》དུ། སྐད་གཉིས་ནི་སྤྱི་ཚོགས་ཀྱི་སྣང་ཚུལ་ཞིག་ལས་མི་ཁ་ཅིག་གིས་སྐད་གཉིས་སྤྱོད་པའི་སྣང་ཚུལ་ཙམ་མ་ཡིན་གྱི། འབྲེལ་འདྲིས་ཚོགས་པའི་མི་སྣ་ཡོངས་དང་ཡང་ན་མི་ཁག་ཅིག་གིས་སྐད་གཉིས་མཉམ་དུ་སྤྱོད་པའི་སྣང་ཚུལ་ལ་ནི་སྐད་གཉིས་སྣང་ཚུལ་ཞེས་བྱ།[8] ཚོགས་པའམ་ཤོག་ཁག་གི་སྐད་གཉིས་ནི་སྤྱི་ཚོགས་ཀྱི་ཚོགས་པ་གང་གིས་སྐད་བརྡ་གཉིས་མཉམ་དུ་བཀོལ་ནས་ཕན་ཚུན་འབྲེལ་འདྲིས་བྱེད་པའི་སྣང་ཚུལ་ཞིག་ལ་ཟེར་བ་དང་། འདི་ལ་ཁ་ཅིག་གིས་སྐད་གཉིས་ལམ་ལུགས་ཞེས་ཀྱང་བརྗོད་སོད། སྐད་གཉིས་སྣང་ཚུལ་ནི་སྤྱི་ཚོགས་སྟེང་དུ་སྐད་བརྡ་གཉིས་སྤྱོད་པའི་སྣང་ཚུལ་ཞིག་ཏུ་ངེས་ཀྱང་། སྐད་གཉིས་ལམ་ལུགས་ནི་རྒྱལ་ཁབ་ཅིག་གི་གཞུང་སྐད་དུ་སྐད་བརྡ་གཉིས་སམ་དུ་མ་བཀོད་པ་ཞིག་སྟེ། བཅའ་ཁྲིམས་ཀྱི་ཐབས་ལམ་ལ་བརྟེན་ནས་སྐད་བརྡ་གཉིས་སམ་དུ་མ་མཉམ་དུ་སྤྱོད་ཆོག་པར་གཏན་ཁེལ་གནང་བའི་ལམ་ལུགས་ཤིག་ལ་བྱ། དོན་དངོས་སུ་སྐད་གཉིས་ལམ་ལུགས་དང་སྐད་གཉིས་སྣང་ཚུལ་བར་ལ་ཁྱད་པར་ཆེན་པོ་ཡོད་དེ། དཔེར་ན་རང་རྒྱལ་ནི་རྒྱ་སྐད་འབའ་ཞིག་གཞུང་སྐད་དུ་བཀོད་པའི་སྐད་བརྡ་གཅིག་རྐྱང་གི་ལམ་ལུགས་ཅན་ཞིག་ཡིན་ན་ཡང་། བྱེ་བྲག་ཏུ་གྲངས་ཉུང་མི་རིགས་ཀྱི་སྐད་བརྡ་མང་པོ་ཡོད་པ་སོ་སོ་ནས་གཞུང་སྐད་དང་མཉམ་འབྲེལ་གྱིས་སྐད་གཉིས་སྣང་ཚུལ་རྒྱ་ཆེར་

གྲུབ་ཡོད་པ་དང་། ཡང་པེ་ལི་ཧྲི་ལྟ་བུ་ནི་ཧྥ་སྐད་དང་ཧྥོ་ལེ་མང་གི་སྐད་གཉིས་གཞུང་སྐད་དུ་བཀོད་པའི་སྐད་གཉིས་ལམ་ལུགས་ཀྱི་རྒྱལ་ཁབ་ཅིག་ཡིན་ཡང་། སྐད་གཉིས་མཉམ་སྤྱོད་ཀྱི་མི་སྣའི་ཐེན་གྲངས་ཧ་ཅང་ཉུང་བ་སོགས་ལས་སྐད་གཉིས་སྣང་ཚུལ་དང་སྐད་གཉིས་ལམ་ལུགས་གཉིས་དོན་གཅིག་མིན་པ་གསལ་པོར་རྟོགས་ནུས་སོ། །

གཞན་ཡང་ཁ་ཅིག་གིས་སྐད་བརྡ་གཅིག་ལ་ནང་ཁུལ་དུ་ཡུལ་སྐད་ཀྱི་དབྱེ་བ་གཉིས་སམ་དུ་མ་བྱུང་བ་ལས་ཡུལ་སྐད་གཉིས་སྤྱོད་ཀྱི་སྣང་ཚུལ་རྒྱ་ཆེར་གྲུབ་པ་རྣམས་ཀྱང་སྐད་གཉིས་སྣང་ཚུལ་དུ་འདོད་དེ། དཔེར་ན་རྒྱ་སྐད་ལ་ཡུལ་སྐད་ཆེན་པོ་བརྒྱད་ཡོད་པ་ལ་ཡུལ་སྐད་སོ་སོ་ཕན་ཚུན་བར་དང་སྤྱི་སྐད་བར་དུ་སྐད་གཉིས་ཀྱི་སྤྱོད་སྟངས་མང་དུ་གྲུབ་པ་དང་། བོད་སྐད་ལའང་ཨམ་སྐད་དང་། དབུས་གཙང་སྐད། ཁམས་སྐད་ཡོད་པ་དག་ལས་ཡུལ་སྐད་གཉིས་སྤྱོད་ཀྱི་སྣང་ཚུལ་གྲུབ་འདུག་པ་ལྟ་བུ་ལགས་ཀྱང་། ཡང་ཁ་ཅིག་གིས་འདི་ལ་ཡུལ་སྐད་གཉིས་ཀྱི་སྣང་ཚུལ(双方言现象/双言现象)ཞེས་སྦྱར་ནས་སྐད་གཉིས་སྣང་ཚུལ་ལས་ལོགས་སུ་བསལ་བར་བྱེད[9]ལ། དོན་དངོས་ལའང་འདི་དག་སྐད་བརྡ་གཅིག་གི་ནང་ཁུལ་གྱི་འགྱུར་གཟུགས་ཙམ་གྱི་ཁྱད་པར་ལས་བརྡ་རྟགས་མ་ལག་སྤྱིའི་བརྗེ་སྤོར་བྱེད་སྟངས་ཤིག་མ་ཡིན་ལ། སྐད་གཉིས་སྣང་ཚུལ་ནི་གཞི་ནས་མི་འདྲ་བའི་འབྲེལ་འདྲིས་ཀྱི་བརྡ་རྟགས་མ་ལག་སྟེ་སྐད་བརྡ་མི་འདྲ་བ་གཉིས་སམ་དུ་མ་སྤྱི་ཚོགས་ཀྱི་ཁོར་ཡུག་གཅིག་ཏུ་བརྗེ་རེས་ཀྱིས་སྤྱོད་པའི་སྣང་ཚུལ་དུ་ངེས་པས། དེ་དག་ཕན་ཚུན་ལ་ཁྱད་པར་ཆེན་པོ་ལྡན། སྐད་གཉིས་སྣང་ཚུལ་གྱི་གནས་སྟངས་ལྟར་ན། སྤྱི་ཚོགས་ཁོར་ཡུག་གཅིག་གི་ཁྲོད་དུ་སྐད་བརྡ་གཉིས་སམ་དུ་མ་སོ་སོས་རང་རང་གི་སྐད་སྲོལ་མ་ལག་མ་འགྱུར་བར་སོར་འཛིན་བྱས་ནས་གྲུབ་པའི་མཉམ་གནས་ཀྱི་སྣང་ཚུལ་དང་། སྐད་བརྡ་གཉིས་སམ་དུ་མ་མཉམ་དུ་འདྲེས་མར་སྤྱོད་ཅིང་མ་ལག་ལྷན་གཅིག་ཏུ་སྒྲིགས་ནས་གྲུབ་པའི་མཉམ་འདྲེས་ཀྱི་སྣང་ཚུལ། སྐད་བརྡ་གཉིས་སམ་དུ་མའི་སྤྱོད་སྟངས་ལ་ལག་ལེན་དུ་རྒྱུགས་ཆེ་ཆུང་གི་ཁྱད་པར་བྱུང་བ་ལས་གྲུབ་པའི་གཙོ་ཕལ་གྱི་སྣང་ཚུལ་བཅས་གསུམ་ཡོད་པ་རྣམས་སྐབས་བབ་སྤྱི་ཚོགས་ཀྱི་ལོ་རྒྱུས་དང་རིག་གནས་ཀྱི་རྒྱུ་རྐྱེན་སྣ་ཚོགས་ལས་གྲུབ་པ་ཞིག་ཡིན་ལ། སྐད་གཉིས་སློབ་གསོའི་རྟེན་གཞི་རུ་ངེས་པ་མ་ཟད། སྐབས་འགར་སྐད་གཉིས་སློབ་གསོའི་བསྐྱེད་འབྲས་སུ་མངོན་འདུག་པ་ཞིག་ཀྱང་ཡིན་ནོ། །

ཟུར་མཆན།

(1)(9) ཨ་རིའི་ཚོ་ཡེ་ཏུས་བརྩམས་ཤིང་པེ་ཅིན་སྐད་བརྡ་སློབ་གླིང་དཔེ་སྐྲུན་ཁང་གིས༡༩༨༩ལོར་པར་དུ་བསྐྲུན་པའི《སྤྱི་ཚོགས་སྐད་བརྡ་རིག་པའི་གསུང་བཤད་གཅིག་བསྡུས》[M]ཞེས་པའི་ཤོག་ངོས༦༦སྟེང་གསལ།

(2) ཁ་ན་ཏའིW. fམད་ཁེ་དང་སི་ཕེན་གྱིm. ཞི་གིན་གཉིས་ཀྱིས་བརྩམས་ཤིང་པེ་ཅིན་འོད་གསལ་ཉིན་རེ་ཚགས་པར་པར་སྐྲུན་ཁང་གིས༡༩༨༩ལོར་པར་དུ་བསྐྲུན་པའི《སྐད་གཉིས་སློབ་གསོའི་སྤྱི་དོན》[M]ཞེས་པའི་ཤོག་ངོས༩༥སྟེང་གསལ།

(3) ཐིན་ཞིན་གྱིས་བརྩམས་ཤིང་པེ་ཅིན་མི་རིགས་དཔེ་སྐྲུན་ཁང་གིས༢༠༠༢ལོར་པར་དུ་བསྐྲུན་པའི《དུས་རབས་ཉི་ཤུ་བའི་ཀྲུང་གོའི་གྲངས་ཉུང་མི་རིགས་ཀྱི་སློབ་གསོ》[M]ཞེས་པའི་ཤོག་ངོས༣༢༩སྟེང་གསལ།

(4) ལིན་ཡོ་ཧྲུས་གཙོ་སྒྲིག་བྱས་ཤིང་ཀྲུང་དབྱང་མི་རིགས་སློབ་གྲྭ་ཆེན་མོའི་དཔེ་སྐྲུན་ཁང་གིས༡༩༩༧ལོར་པར་དུ་བསྐྲུན་པའི《མི་རིགས་རིག་པའི་རྒྱས་བཤད》[M]ཅེས་པའི་ཤོག་ངོས༦༩སྟེང་གསལ།

(5) ཞིན་ཧྲུའུ་དབྱིས་གཙོ་སྒྲིག་བྱས་ཤིང་ཧུའུ་པེ་སློབ་གསོ་དཔེ་སྐྲུན་ཁང་གིས༢༠༠༣ལོར་པར་དུ་བསྐྲུན་པའི《རིག་གནས་སྐད་བརྡ་རིག་པ》[M]ཞེས་པའི་ཤོག་ངོས༢༥༨སྟེང་གསལ།

(6) དཔེར་ན་དབུས་གཙང་པ་ཞིག་གིས་ལྷོར་པན་དུ་ལྷོར་སྐད་སྦྱངས་པ་ལྟ་བུ།

(7) དཔེར་ན་དབུས་གཙང་པ་ཞིག་གིས་རྒྱལ་ནང་དུ་ལྷོར་སྐད་སྦྱངས་པ་ལྟ་བུ།

(8) ཧུའུ་མིན་ཡང་གིས་གཙོ་སྒྲིག་བྱས་ཤིང་སྐད་ཡིག་དཔེ་སྐྲུན་ཁང་གིས༢༠༠༠ལོར་པར་དུ་བསྐྲུན་པའི《སྐད་བརྡ་རིག་པའི་སྤྱི་དོན》[M]ཞེས་པའི་ཤོག་ངོས༣༠༡སྟེང་གསལ།

ལེའུ་གཉིས་པ། བོད་ཁུལ་གྱི་སྐད་གཉིས་སློབ་གསོའི་བྱུང་འཕེལ་དང་ཁྱད་ཆོས།

དང་པོ། སྐད་གཉིས་སློབ་གསོའི་བྱུང་འཕེལ།

བོད་ཁུལ་གྱི་སྐད་གཉིས་སློབ་གསོ་ནི་བོད་ཀྱི་སྤྱི་ཚོགས་དང་རིག་གནས་ལོ་རྒྱུས་འཕེལ་བའི་བརྒྱུད་རིམ་ཁྲོད་མི་རིགས་ཕན་ཚུན་བར་གྱི་འགྲོ་འོང་དང་། རིག་གནས་ཀྱི་འབྲེལ་འདྲིས། སྟོན་ཐོན་ལག་རྩལ་གྱི་བརྗེ་རེས་རྒྱ་ཆེར་འཕེལ་བའི་འགྲོས་རིམ་ལས་ཐོན་ཞིང་། གནའ་ནས་ད་ལམ་དུ་མི་རིགས་རང་གི་རིག་གནས་གྱི་ནོམ་པར་སྤེལ་ཞིང་གཟི་བྱིན་འོད་སྟོང་འབར་བར་བསྒྱུར་པའི་ཐབས་ལམ་ཞིག་ཅིག་ཡིན་ལ། ཐབས་ལམ་འདི་ལ་བརྟེན་ནས་རྒྱལ་ཁབ་ཕྱི་ནང་དང་མི་རིགས་གཞན་པ་ཀུན་གྱི་ལེགས་ཚོགས་ནང་འདྲེན་སྒྲུས་ཆོས་སྲིད་ལུགས་གཉིས་ཀྱི་བྱ་བ་རྒྱ་ཆེར་སྤེལ་པས་མི་རིགས་རང་གི་གཉོམ་ལག་རྒྱུས་ཤིང་སྟོབས་འགྱུར་མཐའ་ཐང་ལྡན་པར་གྱུར། དུས་ད་ལྟ་ཉིད་ནའང་སློབ་གསོ་འཛམ་གླིང་ལ་ཁ་ཕྱོགས་པ་དང་དེང་རབས་ཅན་ལ་ཁ་ཕྱོགས་པའི་རླབས་རྒྱུན་ཁྲོད་དུ་བོད་ཁུལ་གྱི་སློབ་གསོ་ལ་ཐུར་བས་རྒྱ་ཆེ་ཞིང་གཏིང་ཟབ་པའི་འགན་འཁྲི་ཇི་སྙེད་ཅིག་བསྣོལ་བ་རྣམས་བསྟུད་མུར་སྐད་གཉིས་སློབ་གསོའི་ཐབས་ལམ་བརྒྱུད་ནས་ལེགས་པར་འགྲུབ་དགོས་པས་ན། འདི་ལ་ལོ་རྒྱུས་ཀྱི་ཡུན་རིང་ཞིང་སྲོལ་རྒྱུན་བཟང་པོ་ཡོད་པའི་ཆ་ནས་འདིར་ཡང་སྐབས་དོན་དུ་གནའ་རབས་དང་། ཉེ་རབས། དེང་རབས་བོད་ཀྱི་སྐད་གཉིས་སློབ་གསོ་བྱུང་འཕེལ་གྱི་བརྒྱུད་རིམ་ལ་རོབ་ཙམ་ཤེས་རྟོགས་བྱ་དགོས་པར་སེམས་ཏེ།

གཅིག གནའ་རབས་བོད་ཀྱི་སྐད་གཉིས་སློབ་གསོ།

འདིར་གནའ་རབས་བོད་ཀྱི་སྐད་གཉིས་སློབ་གསོ་ཞེས་པ་ནི་གནའ་བོའི་ཞང་བོད་བར་གྱི་སྐད་གཉིས་ལོ་ཙཱའི་སྦྱོད་སྒོ་སྤེལ་བ(དུས་རབས་བདུན་པའི་ཡར་སྟོན) ནས་བཟུང་

བོད་སིལ་བུར་གྱི་དུས་སྐབས་བར(དུས་རབས་བཅུ་གཉིས་པའི་མཇུག)གྱི་སྐད་གཉིས་སྦྱོང་བའི་ལོ་རྒྱུས་གསོ་སྐྱོང་དང་དེ་དག་གི་མཛད་རྗེས་མི་དམན་པ་གཞིར་བྱས་ནས་བརྗོད་པ་ཡིན། སྤྱིར་ཆོ་ཁག་གང་ཞིག་མི་རིགས་ཡན་གར་དུ་གྲུབ་པ་ནས་བཟུང་གཞན་རིགས་དང་འབྲེལ་འདྲིས་བྱེད་པའི་བརྒྱུད་རིམ་ཁྲོད་དུ་སྐད་གཉིས་ཀྱི་སྣང་ཚུལ་མངོན་པར་གྲུབ་ཅིང་། དུས་མཉམ་དུ་སྐད་གཉིས་སློབ་གསོའི་བྱ་བྱེད་ཀྱང་ཅི་རིགས་སུ་སྣང་སྲིད་ན་ཡང་། ཡིག་ཚང་གི་ཐོ་འགོད་མེད་པ་རྣམས་དེང་དུས་སུ་ཇི་བཞིན་དུ་བརྗོད་དཀའ་བས་རེ་ཞིག་སྐུང་བར་བྱ་བ་ལས་ཐབས་གཞན་ཅི། བོད་ཀྱི་ཡིག་ཚང་ལྟར་ན། བོད་ལ་སྔོན་པ་གཉེན་རབས་མི་བོ་ཆེའི་དུས་ནས་ཡི་གེའི་བྱེད་སྒོ་སྤྱེལ་བའི་ཚུལ་ནི་ལོ་རྒྱུས་ཀྱི་དེབ་ཐེར་ཁག་ནས་མཐོང་ཐུབ་སྟེ། «ལེགས་བཤད་རིན་པོ་ཆེའི་གཏེར་མཛོད»ལས། བོད་ཀྱི་ཡི་གེ་ནི་དང་པོ་སངས་རྒྱས་ཀྱིས་མཛད་དེ། མདོ་ལས། ཡི་གེ་སུམ་ཅུས་བོན་གྱི་ཕོག་ཀྱང་ཕུབ། །མགོ་ཡིས་ལམ་དྲངས་ཤད་ཀྱིས་མདོ་ཡང་བཅད། །ཚོག་གིས་བར་ཕྱེ་མ་འབྲུགས་གསལ་བར་སྣོམས། །གུག་འགྲེང་ན་རོ་ཞབས་ཀྱུ་ཡ་སྟ་ཡིས། །སྐབས་སྦྱོར་དོན་དུ་ཡན་ལག་རྒྱས་པར་བཏགས། །ཞེས་པས། དང་པོ་དག་པ་ལྷའི་ཡི་གེ་སྟག་གཟིག་སྤྱུངས་ཡིག་ཏུ་བསྒྱུར། དེ་ཞང་ཞུང་གི་ཡིག་རྙན་དུ་བསྒྱུར། དེ་སྨར་སྦྲག་ཏུ་བསྒྱུར། དེ་སྨར་ཆེ་ཆུང་དུ་བསྒྱུར། སྨར་ཆེན་དབུ་ཆེན་ནམ་གཟབ་ཏུ་བསྒྱུར། སྨར་ཆུང་འབྲུ་མར་བསྒྱུར། ཡིག་སྣ་འབྲུ་མ་ལས་བརྩམས་ཞེས་གྲགས[1]པ་དང་། ཡང«ཆོས་འབྱུང་མེ་ཏོག་སྙིང་པོ་སྦྲང་རྩིའི་བཅུད»ལས། བོད་ཀྱི་ཡི་གེ་ཡང་ཁྲིམས་སོ་བྱུད་བཙན་པོའི་རིང་ལ་འབྱུང་བར་འདོད་ཅེས་དང་། ཁྲིམས་སོ་བྱུད་བཙན་པོའམ་ལེ་ཁྲི་བཙན་པོ་ཞེས་པ་ནི། དེབ་ཐེར་དམར་པོ་གསར་མ་ལས། རྗེ་གཉའ་ཁྲི་བཙན་པོ་ཡིས……དེ་ནས་རིམ་བཞིན་མུ་ཁྲི་བཙན་པོ། དིང་ཁྲི་བཙན་པོ། སོ་ཁྲི་བཙན་པོ། མེ་ཁྲི་བཙན་པོ། གདགས་ཁྲི་བཙན་པོ། སྲིབས་ཁྲི་བཙན་པོ་སྟེ་བདུན་ལ་གནམ་གྱི་ཁྲི་བདུན་ཟེར། ཞེས་གནམ་གྱི་ཁྲི་བདུན་དྲངས་པ་ལས་དྲུག་པ་གདགས་ཁྲི་བཙན་པོ་དེ་ལེ་ཁྲི་བཙན་པོ་ཡིན་པར་བཞེད་ལ། ལེགས་བཤད་རིན་པོ་ཆེའི་གཏེར་མཛོད་ལས་ཀྱང་། དར་ཁྲི་དང་དགས་ཀྱི་ལྷ་མོའི་སྲས་དགས(གདགས)ཁྲི་བཙན་པོ། ཁ་ཅིག་ནས་ལེ་ཁྲི་བཙན་པོའང་ཟེར[2]ཞེས་བཀོད་པ་ལ་གཞིགས་ན། སྤྱི་ལོ་སྔོན་གྱི་དུས་རབས་དང་པོའི་ཐོ་ཙམ་ནས་ཞང་ཞུང་ཡུལ་དུ་བོན་གྱི་སྨར་ཡིག་ཡོད་པར་འདོད་ཀྱང་། བོད་སྤྱི་ལ

དར་ཁྱབ་ཅན་མིན་ཏེ། རྒྱལ་རབས་འཕྲུལ་གྱི་ལྡེ་མིག་ཏུ། འདིའི་དུས་སུ་མཐའ་འཁོབ་ཏ་ཟིག་ཡུལ་དུ་སྐྱེས་པའི་སྟོན་པ་གཤེན་རབས་ཀྱིས་ཞང་ཞུང་གི་ཡུལ་ནས་བོན་བསྒྱུར་ཏེ་དར་བར་བྱས་པ་ཡིན་འདུག བོན་རང་གི་ཡིག་ཆ་ཁག་ཅིག་ལས་ནི་གཉའ་ཁྲི་བཙན་པོའི་དུས་སུ་བྱུང་བར་བཤད་ཅེས་དང་། མཁས་དབང་ཚེ་ཏན་ཞབས་དྲུང་གིས་ཀྱང་། གནའ་དང་པོ་བོན་པོ་རང་རྣམས་ཀྱི་ཆོས་འདོན་སྤྱོད་ཀྱི་ཡི་གེ་ཡོད་འཐད་ཀྱང་། དེ་ཁྱབ་གདལ་ཅན་ཞིག་གཏན་ནས་མིན་ཞེས་དཔྱད་པའང་བསམ་བློ་ཞིབ་མོར་བཏང་ནས་མ་གཏོགས་གང་དྲན་བཤད་པ་མིན། ཞེས་གསུངས་པ་ཇི་བཞིན། བོད་རྒྱལ་ཐོག་མ་གཉའ་ཁྲི་བཙན་པོ་ནས་གནམ་གྱི་ཁྲི་བདུན། བར་གྱི་ལྡིང་གཉིས། ས་ཡི་ལེགས་དྲུག ཆུ་ལ་ལྡེ་བརྒྱད། བོད་རྒྱལ་བཞི་དང་། འོག་གི་བཙན་ལྔ་སོགས་རྒྱལ་རབས་སོ་གཉིས་ཡན་ཆད་ལ་རྒྱལ་པོའི་ཆབ་སྲིད་བོན་གྱིས་བསྐྱངས་པ་དང་། 《ཞང་བོད་གནའ་རབས་ཀྱི་ལོ་རྒྱུས་ནོར་བུ་མེ་ལོང་》ལས། རྒྱུ་འབྲས་ཀྱི་བོན་རིགས་དགུ་ཞེས་པ་དེ་རྒྱ་ཆེ་ལ་ཚིག་ཚོགས་མང་བ་ཞིག་ཡིན་པ་ལས། གནའ་སྔོན་ལྟ་བུ་བློ་ལ་ཟིན་ཚིག་ཚིག་ཐུང་ཙམ་རེ་ཟེར་བ་མིན། ཕྱྭ་གཤེན་ལྟ་བུའི་བོན་སྒོ་གཅིག་ཁོན་ལ་མཚོན་ནའང་ཕྱ་ལྟས་མོའི་སྐོར། སྣང་མཐོང་རྟེས་ཀྱི་སྐོར། ནད་གསོ་སྨན་གྱི་སྐོར། འཆི་བསླུ་གཏོའི་སྐོར་སོགས་ཤིན་ཏུ་རྒྱ་ཆེ་ལ་གྲངས་མང་བ་ཡོད་ཅེས་མདོ་རྟགས་སེམས་གསུམ་གྱི་བོན་སྡེ་རིམ་པ་རྣམས་སྤེལ་བ་སྟེ་ཆོས་སྲིད་གཉིས་ཀྱི་བྱེད་སྒོ་རྒྱ་ཆེར་སྤེལ་བར་ཡི་གེའི་འདུ་བྱེད་ལ་མ་བརྟེན་ན་དམངས་ཁྲོད་དག་རྒྱུན་ཙམ་ཁོ་ནའི་སྟེང་ནས་དེའི་བརྗོད་དོན་རྣམས་མཚོན་ཐུབ་ཐབས་མེད་པ་བསྟན་ཡོད་དོ། །

དེ་ནས་རིམ་བཞིན་ཞང་བོད་སྐད་གཉིས་ཀྱི་ལོ་ཙཱ་སྤེལ་སྟངས་ལྟར་ན་ཡང་། བོད་དང་ཞང་ཞུང་གི་ཁམས་སུ་བོན་གྱི་བསྟན་པ་འཛིན་པའི་མཁས་གྲུབ་བརྒྱད་ཅུ་དང་། བོན་གྱི་མཁས་པ་མི་བཞིར་གྲགས་པ་ཕྱོན་ཅིང་སྐད་གཉིས་ཤན་སྦྱར་ཏེ། ཐེག་པ་རིམ་དགུ་བོན་དུ་བསྒྱུར་བ་དང་། བར་སྤྱོད་པའི་སྒྲ་ཡི་བསྟན་བཅོས་ཀྱང་མང་དུ་མཛད་ཚུལ་བསྟན་ཡོད་དེ། 《སངས་རྒྱས་གཡུང་དྲུང་བོན་གྱི་བསྟན་པའི་འབྱུང་ཁུངས་》ལས། སྟག་གཟིག་དང་། ཞང་ཞུང་། རྒྱ་གར། བྲུ་ཤ་སོགས་ཀྱི་མཁས་པ་ཆེན་པོ་ཞང་ཞུང་སྟོང་རྒྱུད་མཐུ་ཆེན་དང་། སོ་ཤྭ་རི་དབུ་ཆེན། མེ་སྟག་ལྷེ་ཙ་མཁར་བུ། ལྡེ་ཁྲིམ་ཚ་རྣ་ཆུ་བཞི་ཡིས་གཡུང་དྲུང་བོན་བསམ་གྱིས་མི་ཁྱབ་པ་ཞིག་ཞང་ཞུང་སྨར་གྱི་སྐད་པར་རྒྱལ་བོད་ཀྱི་སྐད་དུ་བསྒྱུར་ཏེ།

སངས་རྒྱས་ཀྱི་བསྟན་པ་རིན་པོ་ཆེ་ལ་འཆད་རྩོད་རྩོམ་གསུམ་གྱི་སྒོ་ནས་བོད་ཀྱི་འཁོར་ལོ་བསྐོར་ཏོ། །ཞེས་དང་། 《ལེགས་བཤད་རིན་པོ་ཆེའི་གཏེར་མཛོད》དུའང་། ཁོལ་མོའི་གླིང་དུ་སྟོན་པའི་གསུངས་པའི་བཀའ་རྣམས་དང་། བསྒྲགས་པ་གསུམ་གྱི་བོན་སྡེ་ཟབ་མོ་རྣམས་སྟོན་པ་འདས་རྗེས་སུ་ཁོལ་མོའི་གླིང་དུ་དར་བ་དེ་དག་ཀུན་ལོ་ཙཱ་བ་ཆེན་པོ་དྲུག་གིས་ཟླ་ཚོའི་མདུན་དུ་ཤེས་རབ་གསུམ་ལ་རྩལ་སྦྱངས་ཏེ་བོན་རྣམས་རང་རང་གི་ཡུལ་དུ་དྲངས་ནས་སོ་སོར་སྐད་དུ་བསྒྱུར་ནས་དར་བར་མཛད་དོ། །དེ་ཡང་ལོ་ཙཱ་བ་དྲུག་ནི་མདོ་འདུས་དང་རྩ་རྒྱུད་ཉེ་སྒྲོན་མཐུན་པར། གདུང་སོབ་ཟླ་ཚོས་ཤེས་པའི་རྒྱུད་སྦྱངས་ཤིང་། མཁས་པའི་ཡུལ་དུ་ཕྱིན་པའི་ལོ་ཙཱ་བ། རྫུ་འཕྲུལ་གྱི་ཞབས་དང་ལྡན་པ། སྟག་གཟིག་གི་ལོ་ཙཱ་བ་དམུ་ཙ་ཏྲ་ཧེ་ར་པེ། ཞང་ཞུང་ལ་ཁྲི་ཐོག་པ་ཙ། སུམ་པ་ལ་གུ་ཧྲུ་ལི་སྤར་ལེགས། རྒྱ་གར་ལ་ལྷ་བདག་སྔགས་དྲོ། རྒྱ་ནག་ལ་ལེགས་ཏང་རྨང་པོ། ཕྲོམ་ལ་གསེར་ཐོག་ལྕེ་འབྲམས་དང་དྲུག་གོ །[3] ཞེས་གསུངས་པ་དང་། ཇི་ལྟར་བསྒྱུར་བའི་ཚུལ་ཡང《ལེགས་བཤད་རིན་པོ་ཆེའི་གཏེར་མཛོད》དུ། སྟག་གཟིག་ནས་རྒྱ་དཀར་ནག་ཏུ་འགྱུར། དེ་གསུམ་ནས་བོད་དུ་འགྱུར་བས་སུམ་འགྱུར་རོ[4] ཞེས་དང་། 《གཡུང་དྲུང་བོན་གྱི་བསྟན་འབྱུང་ཕྱོགས་བསྒྲིགས》ལས་ཀྱང་། དང་པོ་སྒྲ་སྐད་བསྒྱུར་ཚུལ་གདལ་འབུམ་ལས། །ཡུལ་ནི་གཙང་སྟོད་བྱེ་མར་གཡུང་དྲུང་དུ། །ཞང་ཞུང་མཁས་པ་སྟོང་རྒྱུང་མཐུ་ཆེན་གྱིས། །བོད་ཀྱི་ལོ་པཎ་ཤྲཱི་རི་དབུ་ཆེན་ལ། །བོན་སྡེ་ཁྲི་ཕྲག་བཤད་ཅིང་བསྒྱུར་ཅེས་པས། །ཕལ་ཆེར་སྟག་གཟིག་སྐད་ལས་ཞང་ཞུང་སྐད། །དེ་ནས་བོད་ཀྱི་སྐད་ལ་སུམ་འགྱུར་བསྒྱུར། །རྩ་འགྲེལ་ལས་ནི་སྐད་སྒྲ་མི་གཅིག་པ། །སུམ་བརྒྱ་དྲུག་ཅུ་བྱེ་བ་ཕྲག་ཁྲི་དང་། །དྲུག་འབུམ་དག་ལ་དང་པོ་ཀ་པི་ཏ། །ལྷ་ཡི་སྐད་ལས་སངས་ཀྲི་ཏ་དག་པ། །སྟག་གཟིག་སྐད་སྒྱུར་སྟག་སྐད་དབྱར་དག་ལས། །ཞང་ཞུང་སྐད་བསྒྱུར་ཞང་སྐད་ཏ་ག་རྒྱས། །དག་པ་ལས་ནི་བོད་སྐད་མངོན་གསལ་གྱིས། །ཞལ་བྱེ་ནས་ཞེས་གསུངས་པ་ལྟ་བུ་སྟེ། སྟག་གཟིག་ཞང་ཞུང་སློབ་དཔོན་མཁས་རྣམས་ཀྱིས། །བོད་ཀྱི་ལོ་པཎ་རྣམས་ལ་བསྟན་ཅིང་བསྒྱུར། །ཞེས་གསུངས་པ་དང་། 《གཡང་དྲུང་བོན་གྱི་བསྟན་འབྱུང་སྐལ་བཟང་མགྲིན་རྒྱན》དུའང་། འགྱུར་ནི་ལོ་ཤུ་དྲན་པས་རྫུ་འཕྲུལ་གྱིས། །སྟག་གཟིག་ཏུ་གཤེགས་བསྒྱུར་བ་རང་འགྱུར་ལ། །གཞན་གྱི་ཞང་ཞུང་སྟག་གཟིག་རྒྱ་དཀར་ནག །ཨོ་

རྒྱན་སྦྲུ་ཤ་སོགས་ནས་ལོ་པཎ་རྣམས། །ཞལ་འཛོམས་བསྒྱུར་ལ་ཉིས་འགྱུར་སུམ་འགྱུར་ལ། །སྐ་ཚོགས་ཡོད་ཀྱང་བོད་དུ་འགྱུར་བའི་གནས། །ཕལ་ཆེར་གོང་ལྟར་སྟག་གཟིག་ཞང་ཞུང་གཉིས། །གཞན་ཡང་ཨོ་རྒྱན་སྦྲུ་ཤ་དཀར་ནག་རྒྱ། །ཁ་ཆེ་ཁྲོམ་དང་མི་ཉག་སུམ་པ་ལི། །ཧོར་དང་སྲུ་གྲུར་ཐོ་གར་ལ་སོགས་པའི། །ཡུལ་དང་སྐད་ལས་འགྱུར་བ་གྲངས་མང་ཡོད། །ཅེས་གསུངས་པ་སོགས་ལས་བོན་གྱི་བསྟན་པ་སྔ་དར་དང་བར་དར་གྱི་སྐབས་ཙམ་ནས་བོད་དུ་སྐད་གཉིས་ལོ་ཙཱའི་སློབ་གསོ་ཡོད་པ་རྟོགས་ནུས་ཤིང་། ཁྱད་པར་དུ་བར་དར་གྱི་སྐབས་སུ། “ཞང་ཞུང་སྟོང་རྒྱུང་མཐུ་ཆེན་དང་བོད་ཤ་རི་དབུ་ཆེན་གཉིས་ཀྱི་ཡུལ་བོད་དང་ཞང་ཞུང་གི་ཏ་མཚམས་བྱེ་མ་གཡུང་དྲུང་ཆུ་མིག་བརྒྱད་ཙུ་རྩ་གཉིས་ཀྱི་མགོ་བོར། གཤེན་རབ་མི་བོའི་བཀའ་གཞུང་ལས་བོད་དང་ཞང་ཞུང་གི་ཚིག་གི་ཚོམ་བསྡེབས་ནས་སྣང་སྲིད་གཏན་ལ་ཕབ”(5) ཅེས་བསྟན་པ་དང་། གཞན་ཡང་ཤ་རི་དབུ་ཆེན་གྱིས་སྐབས་དེའི་ཞང་ཞུང་དང་བོད་སྐད་ཀྱི་ལོ་ཙཱའི་དགོས་མཁོ་ལ་དམིགས་ནས་ཞང་བོད་སྐད་གཉིས་ཤན་སྦྱར་གྱི《ཤ་རིའི་སྒྲ་འགྲེལ》ཞེས་པའི་མིང་མཛོད་ཅིག་བསྒྲིགས་པར་གྲགས་པ་ནི་སྐད་གཉིས་སློབ་གསོའི་ལག་ལེན་ལས་ཐོན་པའི་མིང་མཛོད་ཀྱི་ཐོག་མ་ཡིན་ནོ། །

དེ་བཞིན་དུ་དུས་རབས་བདུན་པའི་སྐབས་སུ་ཆོས་རྒྱལ་སྲོང་བཙན་སྒམ་པོས་ཞང་ཞུང་སོགས་མཐའ་འཁོར་གྱི་རྒྱལ་ཕྲན་རྣམས་གཅིག་གྱུར་མཛད་ཅིང་ནང་པ་སངས་རྒྱས་ཀྱི་བསྟན་པ་བོད་དུ་སྤེལ་བའི་བརྒྱུད་རིམ་ཁྲོད་དུའང་སྐད་གཉིས་སློབ་གསོའི་སྒྲོད་སྒོ་རྒྱ་ཆེར་སྤེལ་ཡོད་དེ། རྒྱལ་མཆོག་འདིས་མཛངས་པའི་ལས་སུ་བོད་ཕྲུག་བློ་རྣོ་བ་དུ་མ་རྒྱ་གར་འཕགས་པའི་ཡུལ་དུ་བཏང་སྟེ་རྒྱལ་ཁམས་གཞན་པའི་རིག་གནས་དང་སྐད་ཡིག་བསླབ་ཏུ་བཅུག་ཅིང་ཕྱིར་ཕེབས་ནས་སྐད་གཉིས་ལ་མཁས་པར་གྱུར་པའི་ཐོག་མ་ཐོན་མི་སམ་བྷོ་ཊས་བོད་ཁམས་གཅིག་གྱུར་གྱི་ཡིག་སྲོལ་གསར་དུ་སྤེལ་ཅིང་བཟོ་སྒྲོད་པའི་བསྟན་བཅོས་ལེགས་པར་མཛད་པ་དང་ཆབས་ཅིག རྒྱལ་ཁམས་གཞན་གྱི་མཁས་དབང་མང་པོའང་སྤྱན་དྲངས་ཤིང་རང་གཞན་དག་གི་མཁས་མང་ལྷན་འཛོམས་ཀྱིས་སྐད་གཉིས་ལོ་ཙཱའི་བྱ་བ་ཡར་ལྡན་དུ་སྤེལ་ཡོད་དེ། 《ཆོས་འབྱུང་མཁས་པའི་དགའ་སྟོན》ལས། རྒྱ་བལ་མཁས་པ་དུ་མ་སྤྱན་དྲངས་ཏེ། །གསུང་རབ་དུ་མ་བསྒྱུར་ཅིང་དར་བར་མཛད། །རྒྱ་གར་གྱི་སློབ

དཔོན་ཀུ་ས་ར་དང་། ཁ་ཆེ་ཏ་ནུ་དང་། བལ་པོ་ཤྲི་ལ་མཉྫུ་དང་། རྒྱ་ནག་ཧ་ཤང་མ་ཧ་དེ་ཝ་ཆེ་རྣམས་སྤྱན། བོད་ཀྱི་ལོ་ཙཱ་བ་ཐོན་མི་སམ་བྷོ་ཊ་དང་། དེའི་མཚན་དུ་རྣམ་ཀོ་ཤ་དང་ལྷ་ལུང་རྡོ་རྗེ་དཔལ་སོགས་ཀྱིས་འདུས་པ་རིན་པོ་ཆེའི་ཏོག་གི་གཟུངས། ཟླ་བ་སྒྲོན་མ། དཀོན་མཆོག་སྤྲིན་སོགས་བསྒྱུར་ཅིང་ཤེར་ཕྱིན་སྟོང་ཕྲག་བརྒྱ་པ་ཡང་བསྒྱུར་བར་གྲགས། གཙོ་བོ་ཐུགས་རྗེ་ཆེན་པོའི་མདོ་རྒྱུད་ཉི་ཤུ་རྩ་གཅིག་བསྒྱུར[6] ཞེས་གསུངས་པ་དང་། དེ་རྣམས་ལས་རྒྱ་གར་གྱི་སློབ་དཔོན་ཀུ་ས་རའི་ཡོན་བདག་བལ་བཟའ་ཁྲི་བཙུན་དང་ལོ་ཙཱ་བ་ཐོན་མིས་བྱས། བྲམ་ཟེ་ཤང་ཀ་རའི་ཡོན་བདག་རྒྱལ་པོ་དང་ལོ་ཙཱ་བ་རྣམ་ཀོ་ཤས་བྱས། རྒྱ་ནག་གི་མཁན་པོའི་ཡོན་བདག་རྒྱ་བཟའ་ཀོང་ཇོས་དང་ལོ་ཙཱ་བ་ཡང་ཀོང་ཇོ་དང་ཐོན་མིས་བྱས་ནས་ཆོས་མང་པོ་བོད་སྐད་དུ་བསྒྱུར། སྐབས་དེའི་ལོ་ཙཱ་ནི་ལེགས་སྦྱར་སྐད་དང་བོད་ཡིག་ཁོ་ནར་མ་ངེས་པར་རྒྱ་བོད་བར་དུའང་བྱུང་ཡོད་དེ། ཆོས་རྒྱལ་སྲོང་བཙན་སྒམ་པོས་བོད་མི་བློ་གསལ་ཤེས་རབ་དང་ལྡན་པ་འབྲི་སླ་བརྟན་དང་། ཡང་ཚོ་ཕྱོང་ལེགས། བྱ་གག་སྟོང་ཐུན། འདར་མི་སྟག་ཁ་བྱ་བ་བཅས་མི་བཞི་རྒྱ་ནག་ཏུ་བཏང་ནས་ནག་རྩིས་རིག་གནས་སོགས་སྦྱངས་ཤིང་བོད་སྐད་དུ་བསྒྱུར་བ་དེ་བོད་དུ་ནག་རྩིས་དར་བའི་ཐོག་མ་ཡིན་པར་གྲགས་སོ། །

ཆོས་རྒྱལ་ཁྲི་ལྡེ་གཙུག་བརྟན་མེས་ཨག་ཚོམ་སྐབས། བོད་རང་གི་རིག་པའི་ཁྱེའུ་རྒྱལ་ཁམས་གཞན་དུ་སྐད་ཡིག་བསླབ་ཏུ་བཏང་བའི་མཛད་རྗེས་མངོན་གསལ་ཡོད་པ་མ་སྨྲས་མོད། འོན་ཀྱང་རྒྱལ་མཆོག་འདི་ཉིད་དང་ཀོང་ཇོ་གཉིས་ཀྱི་སྲས་སུ་ཁྲི་སྲོང་ལྡེའུ་བཙན་འཁྲུངས་ཏེ། རྗེ་འདི་ཉིད་སྐུ་ཆེ་རྩལ་པོར་རྒྱལ་བའི་བསྟན་པ་ཁ་བའི་ལྗོངས་སུ་འདྲེན་ཆེད། བསམ་ཡས་སྒྲ་སྒྱུར་གླིང་བཙུགས་ཤིང་ལོ་པཎ་རྣམས་ལ་བསྙེན་བཀུར་བླ་མེད་བྱས་པ་སྟེ། 《གླིང་ཆེན་ཆོས་འབྱུང》ལས། དེ་ནས་རྒྱལ་པོ་ཁྲི་སྲོང་ལྡེ་བཙན་གྱིས་ཨུ་རྒྱན་གྱི་སློབ་དཔོན་པདྨ་འབྱུང་གནས་དང་། ཁ་ཆེའི་སློབ་དཔོན་བི་མི་ཏྲ་དང་། ཟ་ཧོར་གྱི་མཁན་པོ་བོདྷིསཏྭ་དང་། རྒྱ་ནག་གི་སློབ་དཔོན་ཀ་མ་ལ་ཤཱི་ལ་སོགས་ཏེ། མཁས་པའི་སློབ་དཔོན་ཆེན་པོ་རྣམ་ལྔ་དང་། གཞན་ཡང་ཤཱན་ཏིང་གརྦྷ་ཤུབྷ་སིང་ཧ་ལ་སོགས་པའི་པཎྜི་ཏ་མཁས་པ་རྣམས་དང་། ལོ་ཙཱ་སད་མི་བདུན་དང་། སྐ་བ་དཔལ་བརྩེགས། ཅོག་རོ་ཀླུའི་རྒྱལ་མཚན། ཞང་ཡེ་ཤེས་སྡེ། རྨ་རིན་ཆེན་མཆོག གཉགས་ཛྙན་ཀུམཱར།

ལོ་ཙཱ་བའི་མཚན་བུ་ལྡན་མ་རྗེ་མང་། སྐུམས་ནམ་མཁའ་སྙིང་པོ། དཔལ་ཨ་ཙ་ར་ཡེ་ཤེས་དབྱངས། མགོ་བུམ་སྤྲུ་འབྱིན། ལོ་ཁྲི་ཆུང་། དེ་ལྟར་ལོ་པཎ་ཐམས་ཅད་སྤྱན་དྲངས་ནས། རྒྱལ་པོས་ཆོས་གསུངས་པར་ཞུ་བ་ཕུལ་ཞེས་དང་། དེ་ནས་ལོ་པཎ་རྣམས་ཨཱ་པ་ལོའི་གླིང་དུ་སྤྱན་དྲངས། །བྱང་ཆུབ་མཆོག་ཏུ་སེམས་བསྐྱེད་དེ། ཁྲུས་གང་གླིང་དུ་སྤྱན་བྱས་ནས། བྱང་ཆུབ་གླིང་དུ་སེམས་བསྐྱེད་ནས། །བྱམས་པའི་གླིང་དུ་ལུང་ཡང་བསྟན། །བསམ་གཏན་གླིང་དུ་སྒོམ་གྲྭ་བཙུགས། །སྒྲ་སྒྱུར་གླིང་དུ་སྒྲ་བསྒྱུར་ནས། །རྣམ་དག་གླིང་དུ་ཆོས་ཀྱང་བཤད། །ལོ་ནི་བཅུ་གསུམ་ཆོས་གྲྭ་བཙུགས། །ཨུ་རྒྱན་སྐད་དང་ཟ་ཧོར་སྐད། །ཁ་ཆེའི་སྐད་དང་སེང་ཧའི་སྐད། །རྒྱ་ནག་སྐད་དུ་བསྒྱུར་ནས་བཤད། །ཅེས་གསུངས་པ་ལྟར་གང་ཉིད་ཀྱིས་སྐད་གཉིས་སྨྲ་བའི་དབང་པོ་སྐྱེད་སྲིང་དང་། སྒྲ་སྒྱུར་མཐུན་རྐྱེན་སྒྲུབ་པའི་མཛད་འཕྲིན་དལ་འགྲོའི་རྒྱུན་བཞིན་བསྐྱངས་ཏེ། རྒྱལ་བསྟན་བསྒྱུར་བའི་མཐོ་རླབས་དགུང་དུ་འཕྱུར་བར་མཛད་དོ། །

དེའི་རྗེས་ཁྲི་ལྡེ་སྲོང་བཙན་སད་ན་ལེགས་འཛིང་ནས་མངའ་བདག་ཁྲི་རལ་པ་ཅན་གྱི་སྐུ་དུས་སུ། རྒྱ་གར་གྱི་མཁན་པོ་ཛི་ན་མི་ཏྲ་སོགས་པཎྜི་ཏ་ལྔ་དང་། བོད་ཀྱི་རཏྣ་རཀྵི་ཏ་དང་། ཛྙཱ་ན་ཤི་ལ། ལོ་ཙཱ་བ་ཞང་ཡེ་ཤེས་སྡེ་དང་། བྲང་ཏི་ཛ་ཡ་རཀྵི་ཏ། དཔལ་མཉྫུ་ཤྲཱི་ཝརྨ། རཏྣེནྡྲ་ཤཱི་ལ་སོགས་རང་གཞན་གྱི་ལོ་པཎ་ལྡན་འཛོམས་རྣམས་ཀྱིས་སྔར་ལྷ་སྲས་ཡབ་མེས་རྣམས་ཀྱི་ལོ་བརྒྱ་ལྷག་རིང་གང་བསྒྱུར་བའི་བསྟན་བཅོས་རྣམས་འགྱུར་བཅོས་མཛད་ཅིང་། ཕྱིས་སུ་ལོ་ཙཱ་བའི་བྱ་བ་ལ་གཞུང་ལུགས་ཀྱི་རྒྱབ་རྟེན་དང་འགྱུར་ཆོས་ལ་གཅིག་གྱུར་གྱི་ཚད་གཞི་བཞག་སྟེ་བོད་འགྱུར་བསྟན་བཅོས་རྣམས་ཚད་ལྡན་དུ་གཏོང་ཆེད། སྐད་གསར་བཅད་ཀྱིས་གཏན་ལ་ཕབ་ཅིང་གོ་བདེ་བར་བྱས། སྔར་ལག་ལེན་དུ་བསྟར་བའི་སྒྲ་སྒྱུར་ཉམས་མྱོང་ཕྱོགས་སྡོམ་བྱས་པའི་རྩང་གཞིའི་ཐོག《སྒྲ་སྦྱོར་བམ་གཉིས》ཞེས་པའི་བསྟན་བཅོས་མཛད་དེ། ཡིག་སྒྱུར་གྱི་རྩ་དོན་དང་ཐབས་ཤེས། ཡིད་འཇོག་གི་གནས་བཅས་ཞིབ་ཏུ་བསྟན་ཡོད་པས། བསྟན་བཅོས་དེ་ཉིད་བོད་ཀྱི་ལོ་རྒྱུས་སྟེང་དུ་སྐད་གཉིས་སྒྲ་སྒྱུར་གྱི་གཞུང་ལུགས་དང་པོར་གྲགས། ཁྱད་པར་དུ་སྐད་གཉིས་ལོ་ཙཱའི་དགོས་མཁོར་དམིགས་ནས་སྒྲ་སྒྱུར་གྱི་བསྟན་བཅོས《བྱེ་ཆེན》《བྱེ་ཆུང》བཅས་མཛད་པ་ནི་སྐད་གཉིས་ལོ་ཙཱའི་ཉམས་མྱོང་སྙོམ་དུ་མཛད་པའི་གཞུང་ལུགས་ཀྱི་ཉིང་བཅུད་ཡིན་

ལ། སྟུ་ཕྱིར《དཀར་ཆག་ལྡན་དཀར་མ》དང་། 《དཀར་ཆག་འཕང་ཐང་མ》《དཀར་ཆག་མཆིམས་ཕུ་མ》བཅས་གསུམ་བསྒྲིགས་ཤིང་སྐད་གཉིས་ཀྱི་སློབ་སྦྱོང་ལེགས་པར་སྤེལ་བ་འདིས་ཀྱང་རྒྱལ་བསྟན་གཙུག་ལག་བཅོས་མའི་གསེར་གྱི་རང་མདངས་ལྷག་པར་གསལ་བར་བྱས་སོ། །

དེ་ནས་གླང་དར་མས་ཆོས་དང་རིག་གནས་བསྣུབས་ནས་ལོ་གྲངས་བདུན་ཅུ་ལྷག་སོང་བའི་མཐར། སྟུ་ཕྱི་ལ་ལྷ་བླ་མ་ཡེ་ཤེས་འོད་དང་འོད་ལྡེ་སོགས་ཀྱིས་བོད་སྲིད་ཆོས་བཞིན་སྐྱོང་བའི་ཕུན་ཚོགས་དཔྱིད་ཀྱི་དཔལ་མོའི་རྣམ་པར་ཤར་བའི་བཀྲ་ཤིས་དགེ་མཚན་གྱི་དུས་སུ། སྔར་ཡང་སྐད་གཉིས་ལོ་ཙཱའི་ཐབས་ལམ་ལ་བརྟེན་ནས་བོད་ཀྱི་རིག་གནས་ཀྱི་འཕྲིན་ལས་རྒྱ་ཆེར་སྤེལ་ཆེད། ཕྱོགས་གཅིག་ནས་ཡེ་ཤེས་འོད་ལགས་ཀྱིས་རྒྱ་གར་གྱི་པཎྜིཏ་ཤྲཱི་ཀར་ཥཛྷའམ་དཔལ་འབྱུང་གོ་ཆ་དང་། ཤར་ཕྱོགས་པ་རཏྣཔཱལ་སྟེ་ཆོས་སྐྱོང་དང་། དེའི་མཁན་བུ་སུཧྲུཔཱལ་དང་། གུཎཔཱལ། པྲཛྙཱཔཱལ་སྟེ་པཱ་ལ་རྣམ་གསུམ་དང་། ཁ་ཆེ་ཛྙཱན་ཤྲཱིའམ་ཞི་བ་བཟང་པོ། ཁ་ཆེ་པཎ་ཆེན་དུ་གྲགས་པའི་ཤྲཱིསུཏིཤཱནྟི། སམནྟཤྲཱིཛྙཱན་སོགས་གདན་དྲངས་པ་དང་། བྱང་ཆུབ་འོད་ཀྱི་གཅུང་འོད་ལྡེས་པཎྜིཏ་སུབྷཱུཤྲཱི་སྤྱན་དྲངས་ལ། དེའི་སྲས་རྩེ་ལྡེས་ཁ་ཆེ་ཛྙཱན་ཤྲཱི་གདན་དྲངས་ཏེ་ཁྱུང་པོ་ཆོས་བརྩོན་གྱིས་ལོ་ཙཱ་བྱས་ནས་ཚད་མ་རྣམ་ངེས་དང་། དེའི་ཊཱིཀཱ་ཁོང་ཉིད་ཀྱིས་མཛད་པ་སོགས་བསྒྱུར། གཞན་ཡང་ཙནྡྲ་རཱཧུལའམ་སྒྲ་གཅན་ཟླ་བ་གདན་དྲངས་ནས་ལོ་ཙཱ་བ་ཏིང་འཛིན་བཟང་པོས་བྱས་ཏེ་ཚད་མ་ཀུན་འདུས་སོགས་བསྒྱུར། འབྲོག་མི་ཤཱཀྱ་ཡེ་ཤེས་ཀྱིས་པཎྜིཏ་གཡཱདྷ་སྤྱན་དྲངས་ནས་མ་རྒྱུད་སྐོར་མན་ངག་དང་བཅས་པ་གཞུང་དུ་མ་བསྒྱུར། བ་རི་རིན་ཆེན་གྲགས་ཀྱིས་པཎྜིཏ་དོན་ཡོད་རྡོ་རྗེ་གདན་དྲངས་ནས་རྣམ་འཇོམས་ཀྱི་སྐོར་དང་། བདེ་མཆོག་གི་སྐོར་མང་དུ་བསྒྱུར། པ་ཚབ་ཉི་མ་གྲགས་ཀྱིས་པཎྜིཏ་ཀནཀཝརྨ་སྤྱན་དྲངས་ནས་དབུ་མའི་སྐོར་རྣམས་བསྒྱུར། འབྲོ་ཤེས་རབ་གྲགས་ཀྱིས་པཎྜིཏ་ཟླ་བ་མགོན་པོ་གདན་དྲངས་ཏེ་དུས་འཁོར་ཆ་ལག་རྒྱས་པ་དང་། རྡོ་རྗེ་སྙིང་འགྲེལ། ཕྱག་རྡོར་བསྟོད་འགྲེལ་ལ་སོགས་པ་བསྒྱུར། དཔལ་ཀུན་དགའ་རྡོ་རྗེས་པཎྜིཏ་སྟོང་ཉིད་ཏིང་འཛིན་གདན་དྲངས་ནས་མན་ངག་མང་པོ་ཞུས། རྭ་རྡོ་རྗེ་གྲགས་ཀྱིས་བལ་པོ་ཐུགས་རྗེ་ཆེན་པོ་གདན་དྲངས་ནས། སེ་ཏུ་ཀ་མངོན་འབྱུང་གི་སྐོར་ལ་སོགས་པ་བསྒྱུར། ཉ་ལོའི་དཔོན་ཆོས་རབ་

ཀྱིས་པཎྜི་ཏས་མཆནྡྲ་ཤྲཱི་སྤྱན་དྲངས་ནས་དུས་འཁོར་སོགས་ཀྱི་གཞུང་རྣམས་བསྒྱུར། ཞང་ཡེ་ཤེས་བླ་མས་པཎྜི་ཏ་ཨམོགྷབཛྲ་གདན་དྲངས་ཏེ་གཞུང་མང་པོ་བོད་དུ་བསྒྱུར་པ་རྣམས་བགྲང་ལས་འདས་པ་དང་། ཕྱོགས་གཅིག་ནས་ཁྱིའུ་བློ་རྡོ་བ་ཉེར་གཅིག(ཉེར་བདུན་ཡང་ཟེར)འཕགས་ཡུལ་དུ་བརྫངས་པ་ལས་ལོ་ཆེན་རིན་བཟང་དང་། རྔོག་ལེགས་པའི་ཤེས་རབ། གྲགས་འབྱོར་ཤེས་རབ་བཅས་གསུམ་མ་གཏོགས་མཐར་མ་ཕྱིན་ཡང་། ལོ་ཙཱ་བ་རིན་ཆེན་བཟང་པོས་འཕགས་ཡུལ་དུ་ལོ་བཅུར་བཞུགས་རིང་པཎ་ཆེན་ན་རོ་པ་སོགས་པཎྜི་ཏ་བདུན་ཅུ་ལྷག་བསྟེན་ནས། མདོ་རྒྱུད་རིག་གནས་ཀུན་ལ་ཐོགས་པ་བྲལ་ཞིང་མཁས་པའི་མཛད་པ་གསུམ་ལ་དབང་འབྱོར་བར་གྱུར་ཏེ། ཕྱི་དར་སྐབས་ཀྱི་སྐད་གཉིས་སྨྲ་བའི་རྒྱན་དུ་གྱུར། གྲགས་འབྱོར་ཤེས་རབ་དང་རྔོག་ལེགས་པའི་ཤེས་རབ་སོགས་ཀྱིས་ཀྱང་སཾ་བོད་སྐད་གཉིས་གནས་ལ་མཁས་པར་བསླབས། རྔོག་ལེགས་པའི་ཤེས་རབ་ཀྱི་དཔོན་ནམ་སློབ་མ་རྔོག་བློ་ལྡན་ཤེས་རབ་ཀྱང་། ཁ་ཆེར་ཐེབས་ནས་ལོ་བདུན་ལ་མཁས་པ་དུ་མར་བསྟེན་ནས་སློབ་གཉེར་མཛད། གཞན་ཡང་བལ་པོ་སྨྲི་ཏུ་ཛྙེ་བ་བྱ་བའི་སྐད་གཉིས་སྨྲ་བའི་ལོ་ཙཱ་བ་ཞིག་གིས་པཎྜི་ཏ་སྨྲིཏིཛྙཱན་ཀཱིརྟིའམ་དྲན་པ་ཡེ་ཤེས་གྲགས་པ་དང་ཕྲ་ལ་རིང་བ་གཉིས་སྤྱན་དྲངས་ཏེ། བོད་དུ་སྨྲ་སྒོ་མཚོན་ཆ་སོགས་གཞུང་མང་དུ་བརྩམས་ཤིང་། རྒྱ་གཞུང་དུམ་བོད་དུ་བསྒྱུར། ལྷ་བླ་མ་ཡེ་ཤེས་འོད་རང་ནས་ཀྱང་ཇོ་བོ་རྗེ་གདན་འདྲེན་པའི་ཆེད་དུ་རྒྱ་གར་དུ་ཕྱིན་པའི་ལམ་བར་དུ་གར་ལོག་དམག་གིས་བཟུང་། ཁོང་རང་ཉིད་ཀྱི་སྐུ་སྲོག་རྒྱ་ཡན་དུ་བཏང་སྟེ་རྒྱ་གར་གནས་ལྔ་རིག་པར་མཁས་པའི་གཙུག་གི་ནོར་བུ་པཎྜི་ཏ་ཆེན་པོ་མར་མེ་མཛད་དཔལ་ཡེ་ཤེས་སྤྱན་དྲངས་ཞེས་བཀའ་གནང་བ་ལྟར། བྱང་ཆུབ་འོད་ཀྱིས་རྒྱ་བརྩོན་འགྲུས་སེང་གེ་དང་། ནག་ཚོ་ཚུལ་ཁྲིམས་རྒྱལ་བ་སོགས་སྤྱན་འདྲེན་བཏང་ནས་ཇོ་བོ་བོད་དུ་དྲངས་པས་མདོ་སྔགས་བསྟན་པའི་ཉི་ཟེར་རིམ་གྱིས་མཁའ་ལ་འཕགས་པར་བྱས་སོ། །

མདོར་ན། རང་རེའི་ཁ་བའི་ལྗོངས་འདིར་ཞང་ཞུང་བོན་གྱི་སྔ་དར་རམ་བར་དར་དང་། ནང་བའི་ཆོས་ཀྱི་སྔ་དར་དང་ཕྱི་དར་གང་ལ་མཚོན་རུང་། ཕྱོགས་གཅིག་ནས་རྒྱལ་ཁམས་གཞན་དང་མི་རིགས་གཞན་གྱི་མཁས་མང་རང་ཕྱོགས་སུ་གདན་དྲངས་པ་དང་། ཕྱོགས་གཅིག་ནས་ཆོས་རྒྱལ་རིམ་བྱོན་རྣམ་པས་ཞབས་ཏོག་དང་གུས་སྐྱོར་ཕུན་

གསུམ་ཚོགས་པའི་སྒོ་ནས་མཁས་དབང་དང་བོད་ཕྲུག་བློ་རྩེ་བ་མང་པོ་རྒྱལ་ཁམས་གཞན་དུ་མངགས་པ་ལ་མི་མཐུན་པའི་རྐྱེན་སྣ་ཚོགས་བཟློག་ཅིང་དཀའ་ཁག་སྣ་ཚོགས་ཁྱད་དུ་བསད་ནས། སྐད་གཉིས་གནས་ལ་བརྩོན་ཞིང་ལོ་ཙཱ་མཐར་ཕྱིན་པར་སྦྱངས་པ་དང་། ཐམས་ཅད་ནས་བློ་གྲོས་གཅིག་ཏུ་བསྡུས་ཤིང་སྙིང་བཅོས་གསར་གཏོད་ཀྱི་བྱ་གཞག་རླབས་པོ་ཆེའི་རྒྱུན་བསྐྱངས་ནས་བོད་ཀྱི་རིག་པའི་གནས་ཀྱི་དཀྱིལ་འཁོར་ཆ་རྫོགས་པར་སྤེལ་བ་ལ་མཛད་རྗེས་བླ་མེད་བཞག་པ་ནི་ཉི་སྲིད་བར་དུ་རྗེས་སུ་ཡི་རངས་པའི་གནས་སོ། །

གཉིས། ཉེ་རབས་བོད་ཀྱི་སྐད་གཉིས་སློབ་གསོ།

དུས་རབས་བཅུ་གསུམ་པའི་སྟོད་ཀྱི་ཆར། ཡོན་གོང་མའི་རྒྱབ་སྐྱོར་ལ་བརྟེན་ནས་ས་སྐྱ་བས་སྲིད་དབང་བཟུང་ཞིང་བོད་ཆོལ་ཁ་གསུམ་གྱི་བདག་པོར་གྱུར་བ་ནས་བཟུང་དགེ་ལུགས་པའི་བར་དུའང་བོད་ཀྱི་མཁས་དབང་རིམ་བྱོན་རྣམས་ཀྱིས་སྔར་བཞིན་ཆོས་སྲིད་ལུགས་གཉིས་གཙོས་རིག་གནས་མཐའ་དག་གི་དལ་འགྲོའི་རྒྱུན་བཟང་བོད་ཁམས་སྤྱིའི་རིག་མཛོད་ཀྱི་ཆུ་གཏེར་འཕེལ་བའི་གྲོགས་སུ་བསྡེབས་པ་ལ་སྐད་གཉིས་སྨྲ་བའི་སློབ་གསོའི་ཐབས་ལམ་བསྟུད་མུར་རྒྱུན་འཛུགས་སུ་སྤེལ་ཡོད་དེ། འགྲོ་མགོན་འཕགས་པའི་རིང་ཤོང་སྟོན་རྡོ་རྗེ་རྒྱལ་མཚན་བལ་ཡུལ་དུ་བྱོན་ཞིང་བགྲང་བྱ་ལྔར་པཎྜི་ཏ་མ་ཧེནྡྲབྷདྲའམ་དབང་པོ་བཟང་ཞེས་པར་བསྟེན་ཏེ། སྒྲ་རིག་སྙན་ངག་སོགས་རིག་པའི་གནས་ཚང་ལྔར་ཤིན་ཏུ་བྱང་བར་གྱུར་ཅིང་། ཁོང་ཉིད་ཀྱིས་པཎྜི་ཏ་ལཀྵྨཱིཤྲཱི་སྤྱན་དྲངས་ནས་སྙན་ངག་མེ་ལོང་དང་། དགེ་བའི་དབང་པོས་མཛད་པའི་རྟོགས་བརྗོད་དཔག་བསམ་འཁྲི་ཤིང་། དཔལ་དགའ་བའི་ལྷས་མཛད་པའི་ཀླུ་ཀུན་ཏུ་དགའ་བའི་ཟློས་གར་དང་། ཤྲཱིབཛྲདེབས་མཛད་པའི་བསྟོད་པ་བརྒྱ་པ། ཙནྡྲ་པའི་མདོ། དུས་འཁོར་སོགས་གཞི་འགྱུར་དང་འགྱུར་བཅོས་ལེགས་པར་མཛད་པ་དང་། དཔང་ལོ་ཙཱ་བ་བློ་གྲོས་བརྟན་པས་ཀྱང་སྐུ་ན་ཕྲ་བའི་དུས་ནས་བཤེས་གཉེན་དུ་མར་བསྟེན་ནས་དུས་འཁོར་སོགས་སྦྱངས་ཤིང་། བལ་པོ་ལའང་ལན་གསུམ་བྱོན་ནས་བརྡ་སྤྲོད་པའི་བསྟན་བཅོས་ཀཱ་ཙན་གཉིས་བསླབས་མཐར། བོད་ལ་རྒྱ་གར་གྱི་སྙན་གཞུང་དང་སྒྲ་ཀཱ་ཙན་སོགས་སྤེལ་བ་དང་། ལོ་ཙཱ་བ་བྱང་ཆུབ་རྩེ་མོ

དང་། ཡོ་ནྟ་བ་གྲགས་པ་རྒྱལ་མཚན། ཡོ་ནྟ་བ་དངུལ་ཆུ་ཆོས་བཟང་སོགས་ཀྱིས་སྦྱིན་སྦྱོར་དང་མངོན་བརྗོད་ཀྱི་གཞུང་སོགས་སྤེལ། ས་སྐྱ་པཎྜིཏ་ཀུན་དགའ་རྒྱལ་མཚན་གྱིས་ཀྱང་རྗེ་བཙུན་གྲགས་པ་རྒྱལ་མཚན་གྱི་སྐུ་མདུན་དུ་སྒྲའི་གནས་བརྒྱད་དང་སྡེབ་སྦྱོར་ལ་སོགས་གསན་ཞིང་། དེའི་རྗེས་སུ་ཁ་ཆེ་པཎྜིཏ་ཤཱཀྱ་ཤྲཱི་ལས་ཀཱ་ཙན་ལ་སོགས་པའི་སྒྲ་མདོ་རྣམས་གསན། ལྷག་པར་བྲམ་ཟེའི་སློབ་དཔོན་སུ་ག་ཏ་ཤྲཱི་ས་སྐྱ་རུ་གདན་དྲངས་ནས་ལོ་གཉིས་ཀྱི་རིང་ལ་ཀཱ་ལ་པའི་རྩ་བ་དང་འགྲེལ་བ་སྟོང་ཕྲག་དྲུག་པ། མིང་སྒྲུབ་དང་། ཐིངས་སྒྲུབ། རབ་ཏུ་སྒྲུབ་པ་ལ་སོགས་པ་མཐའ་དག་གསན། པཎྜིཏ་སམ་ག་ཤྲི་ལས་ཙནྡྲ་བ་དང་། དེའི་མིང་དང་ཐིངས་སྒྲུབ་རྣམས་མཐའ་དཔྱད་དང་བཅས་པ་ལ《སྒྲ་ལ་འཇུག་པའི་རྣམ་བཤད》དང་། 《མཁས་པ་ལ་འཇུག་པའི་སྒོ》། 《སྒྲ་སྒོའི་དོན་བསྡུ》སོགས་བརྩམས་ཤིང་འཆད་ཁྲིད་ཀྱི་སྲོལ་ཕྱེ་ལ། གཞན་ད་དུང་ནང་དོན་རིག་པ་དང་། ཚད་མ། ཟློས་གར་སོགས་ཀྱི་གཞུང་ཇི་སྙེད་ཅིག་མཛད་པ་སོགས་ཀྱིས་བོད་ལ་གནས་ལྔ་རིག་པའི་སྲོལ་ཕྱེ་བ་མ་ཟད། སཾ་བོད་སྐད་གཉིས་སློབ་ཁྲིད་ཀྱི་སྲོལ་ཡང་ལེགས་པར་སྤེལ་བ་གསལ་པོར་མཚོན། ཞྭ་ཕྱི་ལ་བུ་སྟོན་རིན་ཆེན་གྲུབ་ཀྱི་བླ་མ་ཉི་མ་རྒྱལ་མཚན་དང་། བུ་སྟོན་རིན་ཆེན་གྲུབ། ཚལ་པ་ཀུན་དགའ་རྡོ་རྗེ། འགོས་ལོ་གཞོན་ནུ་དཔལ། སྟག་ཚང་ཤེས་རབ་རིན་ཆེན། ཇོ་ནང་སྒྲོལ་བའི་མགོན་པོ་སོགས་ནས་མདོ་སྔགས་པ་དགེ་འདུན་ཆོས་འཕེལ་བར་དུ་གནམ་གྱིས་ས་བཀབ་པ་ལྟ་བུའི་མཁས་པ་དང་སྐད་གཉིས་སྨྲ་བའི་ལོ་ཙྪ་བ་ཕུལ་བྱུང་བགྲང་ལས་འདས་པ་བྱུང་ངོ་། །

སྐབས་དེ་དུས་ལ་མཚོན་ན། ལེགས་སྦྱར་སྐད་དང་བོད་སྐད་བར་གྱི་སྐད་གཉིས་ཀྱི་སྦྱོད་སྟངས་ཁོན་ཅམ་མ་ཡིན་པར། ད་དུང་བོད་སྐད་དང་རྒྱ་སོག་སྐད་ཡིག་དག་གི་བར་དུའང་སྐད་གཉིས་ཀྱི་སྤྱོད་སྒོ་རྒྱ་ཆེར་དར་ཡོད་དེ། དཔེར་ན་རབ་བྱུང་བཞི་བའི་མེ་ཡོས་ལོ་ནས་བཟུང་། སོག་རྒྱལ་སྟོབས་ལྡན་ཆེང་གི་སིའི་དམག་དཔུང་བོད་དུ་ཐོན་ནས་སྟོད་མངའ་རིས་སྐོར་གསུམ་དང་། བར་དབུས་གཙང་རུ་བཞི། སྨད་ཁམས་སྒང་གསུམ་ཐམས་ཅད་དབང་དུ་བསྡུས་ཤིང་ས་ཆེན་ཀུན་དགའ་སྙིང་པོ་ཡོན་མཆོད་དུ་གྱུར་ཅིང་། དེའི་རྗེས་ཆེང་གི་སིའི་ཚ་བོ་གུ་ཡུག་དང་གོ་དན་གཉིས་ཀྱིས་ལང་གྲུའུ་སོགས་མདོ་ཁམས་ཀྱི་རྒྱལ་པོ་བྱེད་སྐབས། གོ་དན་གྱིས་ས་སྐྱ་པཎ་ཆེན་གྱི་སྙན་གྲགས་ཐོས་ནས་མི་སྣ་བཏང་སྟེ་ས་སྐྱ

པཎ་ཆེན་ནང་ཁུལ་དུ་གདན་དྲངས་པ་དང་། ས་སྐྱ་འགྲོ་མགོན་འཕགས་པས་ཀྱང་རྒྱལ་བའི་བསྟན་པ་རིན་པོ་ཆེ་སོག་ཡུལ་དུ་རྒྱ་ཆེར་སྤེལ་ཆེད་སོག་ཡིག་འཁོར་མ་གྲི་བཞི་མ་བཟོས། དེ་རྗེས་ས་སྐྱ་ཆོས་སྐུ་འོད་ཟེར་སོག་ཡུལ་དུ་བྱོན་ནས་སྔར་ས་པཎ་གྱིས་བཟོས་པའི་ཡི་གེ་ལ་མཇུག་མ་ཅན་མང་པོ་བསྣན་ནས་བོད་ཡིག་གི་ཐོག་ནས་གཞུང་ལུགས་སོག་ཡིག་ཏུ་བསྒྱུར་བའི་འགོ་ཚུགས། དེའི་རྗེས་ཤེ་རེ་ཐུ་གུ་ཤྲིས་ཡུམ་གསུམ་བོད་ཡིག་ལས་སོག་སྐད་དུ་བསྒྱུར་བ་དང་། ཆཧར་ལེགས་ལྡན་ཧུ་ཐོག་ཐུའི་དུས་སུ་ཀུན་དགའ་འོད་ཟེར་གཙོ་བྱས་པའི་ལོ་ཙཱ་བ་མང་པོས་བཀའ་འགྱུར་ཡོངས་རྫོགས་སོག་སྐད་དུ་བསྒྱུར།(7) ཕྱིས་གོང་མ་བདེ་སྐྱིད་རྒྱལ་པོ་དང་ཆེན་ལུང་གཉིས་ཀྱི་དུས་སུ་བཀའ་བསྟན་ཡོངས་རྫོགས་སོག་སྐད་དུ་འགྱུར་བཅོས་ལེགས་པར་མཛད་དེ་པར་དུ་བསྐྲུན་པ་དང་། ལྕང་སྐྱ་རོལ་པའི་རྡོ་རྗེས་སོག་སྐད་དུ་བསྒྱུར་བ་ལ་མེད་དུ་མི་རུང་བའི《དག་ཡིག་མཁས་པའི་འབྱུང་གནས》ཞེས་བྱ་བ་ཞིག་ཀྱང་བརྩམས། ཁྱད་པར་དུ་གཞུང་དོན་ཕྱིན་ཅི་ལོག་པར་མི་འགྲོ་བ་དང་གོ་འཛོལ་མི་འབྱུང་བའི་ཕྱིར་དུ་མཚན་ཉིད་ཀྱི་གཞུང་བཀའ་པོད་ཆེན་པོ་ལྔ་དང་། རྒྱུད་སྡེ་བཞི། སྒྲ་རིག གསོ་རིག སྐར་རྩིས། སྙན་ངག ཟློས་གར་སོགས་བོད་ཡིག་གི་ཐོག་ནས་བསླབས་པར་མ་ཟད། སོག་པོའི་མཚན་ཉིད་སོགས་རིག་པའི་གནས་སློབ་འདོད་ཀྱི་བཙུན་པ་ཆེས་མང་པོ་དབུས་གཙང་དང་། བླ་བྲང་། རྗེ་སྐུ་འབུམ་སོགས་སུ་བྱོན་ནས་སློབ་གཉེར་བྱས་མཐར། ཕྱིར་རང་ཡུལ་དུ་ལོག་ནས་དགོན་སྡེ་བཏབ་ཅིང་འཆད་ཉན་རྒྱ་ཆེར་སྤེལ་བ་སོགས་ལས་བོད་སོག་སྐད་གཉིས་ཀྱི་སློབ་གསོ་ལེགས་པར་དར་བ་དང་། དུས་མཚུངས་སུ་རྒྱ་ནག་ལ་མཚོན་ན་ཡང་། ནན་སུང་གི་རྒྱལ་པོ་མཐའ་མ་ལྷའི་བཙུན་པ་ཆོས་ཀྱི་རིན་ཆེན་ནམ་ཧྲའོ་ཧི་ཀྲའོ་ཤན་རྒྱལ་ས་ལས་ཕབ་རྗེས་རབ་ཏུ་བྱུང་ཞིང་ས་སྐྱ་དགོན་པར་ཕེབས་ནས་སློབ་གཉེར་མཛད་ཅིང་ཞར་ལ《ཚད་མ་རིག་པར་འཇུག་པའི་སྒོ》དང《གསལ་སྒོ་ཆོས་བརྒྱ་པ》སོགས་རྒྱ་ཡིག་ནས་བོད་ཡིག་ཏུ་བསྒྱུར་བ་དང་། མིང་རྒྱལ་རབས་ཀྱི་སྐབས་སུའང་སི་དབྱི་ཀོན(四夷馆)ཞེས་པའི་ལས་ཁུངས་ཤིག་བཙུགས་ནས་མི་རིགས་སྐད་ཡིག་གི་ལོ་ཙཱའི་བྱ་བ་དོན་དུ་གཉེར་ཞིང་། ཅེ་བྲག་ནུབ་བོད་ཡིག་མཛོད་ཁང(西番馆)ཞེས་པ་ཞིག་ཀྱང་བཙུགས་ནས་བོད་རྒྱ་སྐད་གཉིས་སྨྲ་བའི་མི་སྣ་སྐྱེད་སྲིང་དང་ཡིག་ཚང་དག་སྒྲིག་གི་བགྱི་བ་ཡར་ལྡན་དུ་སྤེལ་ཏོ། །

ཆིང་རྒྱལ་རབས་ཀྱི་སྐབས་སུ། བོད་རྒྱ་སོག་པོ་དང་མཇུ་མི་རིགས་སོགས་ཀྱི་འབྲེལ་བ་སྔར་བཞིན་བསྐྱངས་བ་གཞིར་བྱས། བོད་ཀྱི་བླ་སྤྲུལ་དང་མཁས་དབང་མང་པོ་ནང་ལོགས་སུ་ཆིབས་སྒྱུར་དང་རང་ཡུལ་དུ་ཕེབས་ལོག་གང་མང་མཛད་ཅིང་ཆོས་སྲིད་ལུགས་གཉིས་ཀྱི་འཕྲིན་ལས་རྒྱ་ཆེར་སྤེལ་བ་ལས་སྲིད་དོན་གྱི་ཡིག་ཚགས་དང་བཀའ་བསྟན་གཙུག་ལག་སྣ་ཚོགས་ཀྱི་འགྱུར་བྱང་དུ་བོད་རྒྱ་སོག་པོ་དང་མཇུའི་སྐད་བཅས་སུ་ཤན་སྦྱར་བ་མང་པོ་མཐོང་རྒྱུ་ཡོད། ལྷག་པར་དུ་བོད་ཁུལ་དུ་ཨམ་བམ་རིམ་པར་ཕྱིན་རྗེས་ཀྱང་བོད་རྒྱའི་བར་སྲིད་དོན་གྱི་འབྲེལ་བ་ཇེ་དམ་དུ་གྱུར་བ་དང་ཆབས་ཅིག ༡༩༠༧ལོར་ཨམ་བམ་ལེན་དབྱི(联豫) ལགས་ཀྱིས་ལྷ་ས་རུ་བོད་ཡིག་དང་རྒྱ་ཡིག་གི་སློབ་གྲྭ་སོ་སོར་བཙུགས་ནས་རྒྱའི་བྱིས་པ་བཅུ་དང་བོད་ཕྲུག་ཉི་ཤུ་སློབ་གྲྭར་བསྡུས་པ་དང་། སྔར་ཡོད་ཀྱི་སློབ་གྲྭའི་རྨང་གཞིའི་སྟེང་དུ་དམའ་རིམ་གྱི་སློབ་ཆུང་གཉིས་བཙུགས་ནས་བོད་རྒྱའི་སློབ་མ་མང་ཙམ་བསྡུས། ལོ་དེའི་ཟླ་༤པར་འདམ་གཞུང་དུའང་སློབ་ཆུང་གཉིས་བཙུགས།(8) ཁམས་ཕྱོགས་སུའང་ཀྲོའོ་ཨར་ཧྥིན་གྱིས་གཞུང་སྐད་ཀྱི་སློབ་གྲྭ་དང་དམའ་རིམ་གྱི་སློབ་ཆུང་བཙུགས་ནས་བོད་ཀྱི་བུ་བུ་མོ་སློབ་གྲྭར་བསྡུས། གཞན་ད་དུང་རྒྱལ་ནང་གི་སྲིད་དོན་དང་རྒྱལ་མཚམས་བརྟན་སྲུང་བྱེད་ཆེད། ༡༩༠༨ལོར་གཞིས་ཀ་རྩེ་རུ་དམག་སྒྲུང་གི་སློབ་གྲྭ་ཞིག་ཀྱང་བཙུགས་པ་མ་ཟད། སྲིད་གཞུང་དུ་གེང་ཤེའི་མཇུ་དང་སོག་ཡིག་གི་མཐོ་རིམ་སློབ་གྲྭ་ཞིག་ཀྱང་བཙུགས་པ་ལ་བོད་ཡིག་གི་བསླབ་ཚན་ངེས་ཅན་བཀོད་སྒྲིག་བྱས།(9) ༡༩༠༩ལོའི་བར་བསྡོམས་པས་དབུས་གཙང་ཡུལ་དུ་སློབ་གྲྭ་བཅུ་དྲུག་བཙུགས་པ་དག་གིས་པ་སྐད་དམ་བོད་ཡིག་སློབ་སྦྱོང་གཙོར་བྱས་ཞར་ལ་སྐད་བརྡ་གཉིས་པ་སྟེ་རྒྱ་སྐད་སློབ་པ་ལའང་རྟེང་སྐུལ་བྱས།(10) ༡༩༡༠ལོར་མཆོ་སྔོན་དུའང་སོག་བོད་སློབ་གྲྭ་བཙུགས་པ་རྣམས་སྐད་གཉིས་སློབ་གསོ་སྤེལ་བའི་གནས་གཞི་ཡིན་པར་གྲགས་སོ། །

ཆིང་རྒྱལ་རབས་ཀྱི་མཇུག་ནས་བཅིངས་འགྲོལ་གྱི་སྔོན་བར་ལའང་ལྷ་ས་རུ་སྔར་ཡོད་ཀྱི་སློབ་གྲྭ་སྒུད། ཁ་ཆེའི་སློབ་ཆུང་ཞིག་ཀྱང་བསྐྲུབས་པ་ལ་སློབ་མ་དྲུག་ཅུ་ལྷག་ཡོད་ཅིང་ཨ་རབ་ཀྱི་ཡི་གེ་དང་། བོད་ཡིག རྒྱ་ཡིག་གསུམ་གྱི་སློབ་ཁྲིད་སྤེལ་བ་དང་། དེའི་རྗེས་ཆབ་མདོ་དང་ལྷ་ས་སོགས་སུ་སློབ་ཆུང་བཙུགས་པ་ལས་ཀྱང་ལྷ་སའི་རྒྱལ་ཚུགས་སློབ་ཆུང(拉萨国立小学) གི་གྲུབ་འབྲས་གཟིངས་སུ་ཐོན་ཞིང་། ༡༩༥༦ལོར་དར་ཆེ་ཤོས

ཀྱི་སྐབས་སུ་སློབ་མ༣༠༠ཡས་མས་ཡོད་པ་རྣམས་བོད་དང་ཁ་ཆེ་དང་རྒྱ་རིགས་བཅས་ལས་གཞན་ད་དུང་ལྷ་སར་སྡོད་པའི་བལ་པོ་པ་རྣམས་ཀྱི་བྱིས་པའང་ཡོད། དེ་རྣམས་ཀྱིས་བོད་ཡིག་གཙོར་བྱས་གཞན་རྒྱ་ཡིག་དང་། ཧྥེས་རིག ཕོ་རྒྱུས་བཅས་ཀྱང་སློབ་གཉེར་བྱེད་དགོས་པ་མ་ཟད། ད་དུང་ཁ་ཆེའི་སློབ་གྲྭ་བ་རྣམས་ཀྱིས་ཨ་རབ་ཀྱི་ཡི་གེའང་སློབ་དགོས་ཀྱང་། སློབ་མཐར་ཕྱིན་པའི་སློབ་མ་ཕལ་ཆེ་བས་བོད་རྒྱ་སྐད་གཉིས་སྦྱངས་པ་ཙུང་ཞིགས།(11) དེའི་ཕྱི་རྗེས་སུ་སྨད་མདོ་ཁམས་ཀྱི་ཕྱོགས་ཧེ་མཚོ་སྔོན་དང་། ཀན་སུའུ། སི་ཁྲོན། ཡུན་ནན་བཅས་སུའང་སློབ་གྲྭའི་གྲངས་ཀ་མང་དུ་འཕེལ་པས། ཕྱིས་འབྱུང་བོད་ཁུལ་གྱི་སྐད་གཉིས་སློབ་གསོར་རྨང་གཞི་བརྟན་པོ་ཚུགས་ཡོད་པ་འདྲའོ། །

གསུམ། དེང་རབས་བོད་ཀྱི་སྐད་གཉིས་སློབ་གསོ།

༡༩༤༩ལོར་ཀྲུང་ཧྭ་མི་དམངས་སྤྱི་མཐུན་རྒྱལ་ཁབ་དབུ་བརྙེས་པ་དང་། ཁྱད་པར་དུ་༡༩༥༡ལོར་བོད་ཞི་བས་བཅིངས་འགྲོལ་བྱས་རྗེས་ནས་བཟུང་ད་ལྟ་བའི་བར་དུ། བོད་ཁུལ་གྱི་སྐད་གཉིས་སློབ་གསོ་ལ་སྔར་མེད་པའི་འཕེལ་རྒྱས་དང་གྲུབ་འབྲས་རྒྱ་ཆེན་པོ་བླངས་པས། དུས་རབས་གསར་བའི་དགེ་མཚན་གྱིས་ཡོངས་སུ་སྤྲས་པའི་སྐད་གཉིས་སློབ་གསོའི་མ་ལག་གསར་བ་ཞིག་ཆགས། སྤྱིར་བར་སྐབས་སུ་རིག་གནས་གསར་བརྗེ་ཆེན་པོའི་གོད་ཆག་ཆེན་པོ་བཟོས་ན་ཡང་། སྤྱ་རྗེས་སུ་རིམ་པར་མི་དམངས་རྣམས་རྒྱལ་ཁབ་ཀྱི་བདག་པོར་གྱུར་ཅིང་དམངས་གཙོ་གསར་བའི་ལམ་ལུགས་སུ་ཞུགས་པ་དང་། མི་རིགས་སོ་སོའི་ཁེ་དབང་འདྲ་མཉམ་དུ་སྤེལ་བ་ལ་གྲངས་ལུང་མི་རིགས་ཀྱི་སྐད་དང་ཡི་གེར་མཐོང་ཆེན་མཛད་ཅིང་བཅའ་ཁྲིམས་ནང་དུ་བཀོལ་སྤྱོད་ཀྱི་རང་དབང་སྤྲད་པ་དང་། དུས་མཚུངས་སུ་བོད་རིགས་རྫོང་འབྲོག་ས་ཁུལ་ཀུན་ཏུ་སློབ་གྲྭ་ཆེ་འབྲིང་ཆུང་གསུམ་བཙུགས་ནས་སྐད་གཉིས་སློབ་གསོ་རྒྱ་ཆེར་སྤེལ་བ་ལ་སྔ་ན་མེད་པའི་ཕན་འབྲས་ཞིགས་ཙམ་ཐོབ་ཡོད་དེ། འདིར་དུས་རིམ་གསུམ་དུ་ཕྱེ་ནས་མདོར་ཙམ་བརྗོད་ན།

༡. གསར་སྤེལ་གྱི་དུས་རིམ་སྟེ༡༩༤༩ལོ་ནས༡༩༦༦ལོའི་བར་ལ། ཆོས་ཐོག་མར་རང་རྒྱལ་གྱི་བཅའ་ཁྲིམས་ནང་དུ། མི་རིགས་སོ་སོར་རང་ཉིད་ཀྱི་སྐད་དང་ཡི་གེ་བཀོལ་སྤྱོད་ཀྱི་རང་དབང་ཡོད་པར་གཏན་ཁེལ་བྱས་པ་དང་། ༡༩༥༢ལོར《ཀྲུང་ཧྭ་མི་

དམངས་སྤྱི་མཐུན་རྒྱལ་ཁབ་ཀྱི་མི་རིགས་ས་གནས་རང་སྐྱོང་གི་དངོས་འཛིན་ཐབས་ཇུས་ཀྱི་གནད》ནང་དུ། རང་སྐྱོང་ལས་ཁུངས་ཀྱིས་རང་སྐྱོང་ཁུལ་དུ་སྤྱི་སྤྱོད་བྱེད་པའི་མི་རིགས་ཀྱི་ཡི་གེ་ནི་སྲིད་དོན་དབང་སྤྱོད་ཐད་ཀྱི་ལོ་བྱད་གཙོ་བོ་བྱེད་པ་དང་། རང་སྐྱོང་ལས་ཁུངས་ཀྱིས་མི་རིགས་སོ་སོའི་རང་ཉིད་ཀྱི་སྐད་དང་ཡི་གེ་སྤྱད་དེ། མི་རིགས་སོ་སོའི་རིག་གནས་སློབ་གསོའི་ལས་དོན་དར་རྒྱས་སུ་གཏོང་པར་གཏན་ཁེལ་དང་ལག་བསྟར་མཛད[12] རྗེས། ༡༩༥༢ལོར་ལྷ་ས་སློབ་ཆུང་བཙུགས་པ་དང་། ༡༩༥༣ལོར་སྟོ་རྗེས་སུ་གཞིས་ཀ་རྩེ་སོགས་སུ་གཞུང་གཉེར་སློབ་ཆུང་༢༨བཙུགས་པ་ལ་བསྡོམས་པས་སློབ་མ་༢༠༠༠ལྷག་ལ་སོན། ༡༩༥༦ལོར་བོད་རང་སྐྱོང་ལྗོངས་གྲ་སྒྲིག་ཨུ་ཡོན་ལྷན་ཁང་དབུ་བརྙེས་ཤིང་། དེའི་ཁོངས་སུ་རིག་གནས་སློབ་གསོ་ཁྲུའུ་གསར་དུ་བཙུགས་པ་དང་འབྲེལ་བོད་ལྗོངས་ཀྱི་དམའ་རིམ་སློབ་འབྲིང་དང་པོ་སྟེ་ལྷ་ས་སློབ་འབྲིང་བཙུགས་ནས་སློབ་མ་༢༠༠ལྷག་བསྡུས། ༡༩༥༧ལོར་ལྗོངས་ཡོངས་ལ་གཞུང་གཉེར་སློབ་ཆུང་༩༨ཡོད་ཅིང་སློབ་མ་༦༣༦༠ལ་སོན་པས། བོད་ལྗོངས་ཀྱི་དེང་རབས་སྐད་གཉིས་སློབ་གསོའི་རྨང་གཞི་བརྟན་པོ་ཚུགས། ༡༩༥༩ལོར་བོད་ལས་དོན་ཨུ་ཡོན་ལྷན་ཁང་དང་བོད་རང་སྐྱོང་ལྗོངས་གྲ་སྒྲིག་ཨུ་ཡོན་ལྷན་ཁང་གིས་དམངས་གཉེར་གཙོ་བོ་དང་གཞུང་གཉེར་ཞར་འདེགས་ཀྱི་སློབ་གཉེར་བྱེད་ཕྱོགས་བཏོན་རྗེས། ༡༩༦༦ལོའི་བར་ལ་གཞུང་གཉེར་སློབ་ཆུང་༨༢ལ་འཕར་ཞིང་སློབ་མ་༡༡༢༠༠ལ་སོན་པ་དང་། དམངས་གཉེར་སློབ་ཆུང་༡༩༥༣ལ་སླེབས་ཤིང་སློབ་མ་༦༤༠༠༠ལ་འཕར། སྤྱིར་བཏང་གི་སློབ་འབྲིང་གཅིག་ནས་ལྔ་བར་དུ་འཕེལ་བ་ལ་སློབ་མ་༡༣༣༣ཡོད་ཅིང་། ༡༩༦༠ལོ་ནས་མཐོ་འབྲིང་གི་འཛིན་གྲྭའང་འཛུགས་གཉེར་བྱས། ༡༩༦༡ལོར་ལྷ་ས་དགེ་འོས་སློབ་གྲྭ་གསར་དུ་བཙུགས། ༡༩༦༣ལོར་ལྷ་སའི་སློབ་འབྲིང་ནི་བོད་ལྗོངས་ཀྱི་འཐུས་ཚང་སློབ་འབྲིང་དང་པོར་བསྒྱུར། དུས་རིམ་འདིར་ལྗོངས་ཡོངས་ཀྱིས་སློབ་འབྲིང་དང་སློབ་ཆུང་གི་སློབ་མ་བསྡོམས་པས༣༥༠༠གསོ་སྐྱོང་བྱས་པ་རྣམས་སྐད་གཉིས་ཀྱི་སློབ་གསོའི་ཐབས་ལམ་ལ་བརྟེན་ནས་སྐྱེད་སྲིང་བྱས་པའི་ཤེས་ལྡན་མི་སྣའི་དཔུང་སྟེ་དང་པོ་ཡིན་ནོ། །

དུས་སྐབས་འདི་ལ་མདོ་ཁམས་ཀྱི་ཕྱོགས་ནས་ཀྱང་སྐད་གཉིས་སློབ་གསོར་རྨང་གཞི་ངེས་ཅན་ཞིག་ཚུགས་ཡོད་དེ། ༡༩༤༩ལོ་ནས་བཟུང་མཚོ་སྔོན་ཕྱོགས་སུ་མི་རིགས་

གཞུང་གཉེར་སློབ་གྲྭ་དང་། ཁྲུ་བྱུ་སློབ་འབྲིང་། མཚན་གཉེར་སློབ་གྲྭ་སོགས་ནས་བོད་ཀྱི་སྐད་ཡིག་དང་རྒྱའི་སྐད་ཡིག་གི་སློབ་ཁྲིད་སྤེལ་བ་དང་། ༡༩༥༢ལོའི་ཟླ་༡༡པར་ཁམས་ཕྱོགས་སུ་ནུབ་ཁམས་ཞིང་ཆེན་བོད་རིགས་རང་སྐྱོང་ལྗོངས་ཀྱི་སྐབས་དང་པོའི་མི་དམངས་འཐུས་མི་ཚོགས་ཆེན་སྟེང་དུ《ནུབ་ཁམས་ཞིང་ཆེན་བོད་རིགས་རང་སྐྱོང་ལྗོངས་ཀྱི་མི་རིགས་སྐད་ཡིག་འཕེལ་རྒྱས་གཏོང་བའི་སྐོར་གྱི་དངོས་འབེབས་བྱེད་ཐབས》གྲོས་འཆམ་བྱུང་བ་བརྒྱུད། རང་སྐྱོང་ལྗོངས་ནང་ལྗོངས་ཀྱི་སྲིད་གཞུང་རིམ་པ་སོ་སོས་བོད་ཡིག་གཙོར་བྱས་རྒྱ་ཡིག་ཀྱང་དོན་དུ་གཉེར་ཞིང་། སྲིད་གཞུང་གི་ལས་བྱེད་མི་སྣ་ཕན་ཚུན་བར་བོད་རྒྱ་སྐད་གཉིས་སློབ་རེས་བྱས་པ་དང་། གཞུང་ཡིག་དང་བརྡ་ཁྱབ་སྣ་ཚོགས་སྟེང་དུ་འང་བོད་རྒྱ་སྐད་ཡིག་གཉིས་ཤན་སྦྱར་དུ་སྤེལ། དཀར་མཛེས་དང་ཧ་བ་ལྗོངས་གཉིས་སུ་བོད་ཡིག་གི་སློབ་ཚན་བཙུགས་པ་ལ་རྒྱའི་སྐད་ཡིག་ཀྱང་ཁྲིད་པར་བྱས། ༡༩༥༦ལོར་ཧ་བ་བོད་རིགས་རང་སྐྱོང་ལྗོངས་ཀྱི་རིག་གནས་སློབ་གསོ་ཁྲུའུ་ཡིས《༡༩༥༦ལོ་ནས་༡༩༥༧ལོའི་ཧ་བ་བོད་རིགས་རང་སྐྱོང་ལྗོངས་མི་རིགས་སློབ་གསོའི་ལས་དོན་སྐོར་གྱི་འཆར་འགོད་རྩ་གནད་དང་ཐོག་མའི་བསམ་འཆར》བཟོས་པའི་ཁྲོད་དུ། གྲངས་ཉུང་མི་རིགས་འདུས་སྡོད་ཀྱི་ས་ཁུལ་དུ་སྐད་གཉིས་སློབ་གསོ་སྤེལ་བའི་བླང་བྱ་ནན་མོ་བཏོན། ལོ་དེར་བདེ་ཆེན་ཁུལ་དུ་གཞུང་སྒྲུབ་བོད་ཡིག་གི་སློབ་གྲྭ་༩ཡོད་པ་ལ་བསྡོམས་པས་སློབ་མ་༣༡༩དང་དགེ་རྒན་༡༢ཡོད་པ་དང་། དམངས་སྒྲུབ་སློབ་གྲྭ་༥ཡོད་པ་ལ་སློབ་མ་༡༠༩དང་དགེ་རྒན་༦ལས་མེད་ཀྱང་། ཕྱི་རྗེས་སུ་སློབ་གྲྭ་དེ་དག་ཏུ་རྒྱ་ཡིག་གཙོར་བྱས་བོད་ཡིག་གི་སློབ་ཁྲིད་ཀྱང་བསྟུད་མུར་སྤེལ་བ་སོགས་ཀྱིས་མདོ་ཁམས་བོད་ལྗོངས་ཀྱི་སྐད་གཉིས་སློབ་གསོའི་ལས་དོན་ལ་རྨང་གཞི་ལེགས་པར་བཏིངས། དུས་རིམ་འདི་ལ་གཞན་ད་དུང་ཀྲུང་དབྱང་མི་རིགས་སློབ་གྲྭ་ཆེན་མོ་སོགས་མཐོ་རིམ་སློབ་གྲྭ་རེ་འགའ་ནས་ཀྱང་བོད་སྐད་ཡིག་གི་འཛིན་གྲྭ་སྤེལ་ཞིང་སྐད་གཉིས་སྨྲ་བའི་ཤེས་ལྡན་མི་སྣ་སྐྱེད་སྲིང་བྱས་པས། བོད་ལྗོངས་ཀྱི་སྐད་གཉིས་སློབ་གསོར་སྐུལ་འདེད་ཀྱི་ནུས་ཤུགས་ཆེན་པོ་ཐོན་ནོ། །

༢. ཉམས་རྒུད་ཀྱི་དུས་རིམ་སྟེ་༡༩༦༦ལོ་ནས་༡༩༧༦ལོ་བར་དུ། རང་རྒྱལ་དུ་རིག་གནས་གསར་བརྗེ་ཆེན་པོ་ས་རྒྱལ་ཁམས་ཡོངས་སུ་འཁྲུག་ཟིང་གི་འདུ་ལོང་བར་མེད་དུ་དཀྲིགས་ཤིང་། རྒྱལ་ཁབ་ཀྱི་སྲིད་ཇུས་དང་སློབ་གསོའི་ཁ་ཕྱོགས་སྟེང་དུ་གཡོན་ལྷུང་གི་

བསམ་བློ་ནོར་འཁྲུལ་ཅན་དུ་སྤེལ་བ་ལས། ཐམས་ཅད་གཅིག་མཚུངས་སུ་དམིགས་ཤིང་མི་རིགས་ས་གནས་རང་སྐྱོང་གི་དམིགས་བསལ་མེད་པར་བཟོས་པ་དང་། མི་རིགས་མཉམ་འདྲེས་ཀྱི་ལྟང་ཡན་གཡུགས་པ། མི་རིགས་ཀྱི་སྐད་ཡིག་སྤྱོད་སྒོ་མེད་པར་སྨྲ་བ་སོགས་གཡམ་ལ་རྒྱུགས་པའི་བསམ་སྦྱོར་སྤེལ་བས། མི་རིགས་ཡོངས་དང་ཁྱེ་བྲག་བོད་རིགས་ས་ཁུལ་གྱི་སྐད་གཉིས་སློབ་གསོའང་ཉམས་རྒུད་པར་གྱུར། ༡༩༦༦ལོ་ནས༡༩༧༠ལོ་སྟེ་ལོ་བཞིའི་ནང་དུ་བོད་ལྗོངས་ཀྱི་སློབ་གྲྭ་ཆེན་མོ་དང་འབྲིང་རིམ་ཆེད་ལས་སློབ་གྲྭས་སློབ་མ་བསྡུ་མ་ཐུབ་པར་གྱུར། ༡༩༧༠ལོར་བོད་རང་སྐྱོང་ལྗོངས་ཀྱི་དགེ་འོས་སློབ་གྲྭ་དང་བོད་ལྗོངས་མི་རིགས་སློབ་གླིང(ཧྲན་ཞི་ཞན་དབྱང)གཉིས་མེད་པར་བཟོས། སློབ་གྲྭ་ཆུང་འབྲིང་དག་གི་སློབ་མ་བསྡུ་ལེན་གྱི་གྲངས་ཀའང་ཞུང་དུར་གྱུར་པ་དང་དགེ་རྒན་ཡང་ལས་གནས་སྤོར་བའི་གནས་སུ་བཅར།[13] དེ་བཞིན་དུ་མདོ་ཁམས་ཀྱི་ཕྱོགས་ལ་མཚོན་ན་འང་། ཐར་ཡོད་ཀྱི་སློབ་གྲྭ་སྐོར་ཞིག་མེད་པར་བཟོས་ཤིང་སློབ་གྲྭ་སྐོར་ཞིག་སོར་བཞག་ཏུ་ཡོད་ན་ཡང་། ཐམས་ཅད་ཀྱིས་རྒྱ་སྐད་རྒྱ་ཡིག་གཅིག་ཀྲུང་སྦྱངས་པ་ལས་བོད་སྐད་ཡིག་གི་སློབ་སྦྱོང་སྤེལ་སྟངས་གཞི་ནས་ཉམས་དམས་སུ་བཏང་བས། བོད་ཁུལ་གྱི་སྐད་གཉིས་སློབ་གསོ་ཞེས་པའང་མིང་གི་ལྷག་མ་ཙམ་དུ་གྱུར། ༡༩༧༠ལོའི་རྗེས་སུ་བོད་ལྗོངས་ཀྱི་སློབ་སྦྱོང་རྣམ་པ་ལ་སྣད་མར་གསོན་ཤུགས་རྒྱས་ཏེ། ༡༩༧༡ལོ་ནས༡༩༧༦ལོའི་བར་གཞུང་གཉེར་སློབ་ཚང༢༥ནས༥༡༣ལ་འཕེལ་ཞིང་། དམངས་གཉེར་སློབ་ཚང༡༢༤༥ནས༦༡༣༡ལ་འཕེལ་བ་དང་། སྤྱིར་བཏང་གི་སློབ་འབྲིང༦ནས༤༣དང་འབྲིང་རིམ་ཆེད་ལས་སློབ་གྲྭ༡ནས༢༣། མཐོ་རིམ་སློབ་གྲྭ༡ནས༤བར་འཕར་སྣོན་ཆེན་པོ་བྱུང་ན་ཡང་། ཕལ་ཆེ་ཤོས་མིང་ཐོ་ཙམ་ལས་དོན་གྱིས་སྟོང་འདུག་པ་དང་། སྐད་གཉིས་སློབ་ཁྲིད་ཀྱི་བྱེད་ཐབས་ཀྱང་ཉམས་ཉེས་སུ་སྤེལ་བས་གྲུབ་འབྲས་ཀྱང་ཆེན་པོ་ཐོབ་མ་ཐུབ་པར་རེ་ཞིག་ནམ་ནུར་དུ་ལུས་སོ། །

༣. འཕེལ་རྒྱས་ཀྱི་དུས་རིམ་སྟེ༡༩༧༦ལོ་ནས་ད་ལྟའི་བར་ནི་བོད་ཁུལ་གྱི་སྐད་གཉིས་སློབ་གསོ་འཕེལ་རྒྱས་མགྱོགས་ཤིང་གནས་བབ་ཆེས་ལེགས་པའི་དུས་སྐབས་ཤིག་ཡིན་ཞིང་། དུས་རིམ་འདི་ལ་ཆེས་ཐོག་མར་ཏང་སྲིད་ནོར་བུ་གི་ཏ་གས་མ་རུང་ལོག་རྫོག་དང་གཡོན་ལྷུང་གི་རྙོག་ཆབ་དྭངས་པར་མཛད་པ་དང་ཆབས་ཅིག ཏང་གི་སྐབས་བཅུ

གཅིག་པའི་གྲོས་ཚོགས་ཐེངས་གསུམ་པའི་ཉེ་གཞོན་མཐོང་ས་སུ་འཕགས་ཏེ། མི་རིགས་སློབ་གསོའི་ལས་དོན་གྱི་འདབ་བརྒྱའང་ཕྱོགས་ཀུན་ནས་ལྷུག་པར་གྲོལ་ཅིང་དགེ་མཚན་གྱི་བསྒྲུང་ཞིམ་འཛིན་མའི་ཁྲོན་དུ་ཁྱབ། ལྷག་པར་ཟླ་༡༩༨༠ལོ་ནས་སྤྱི་ཕྱི་ལ་རྒྱལ་ཁབ་སློབ་གསོ་པུ་དང་དམངས་ཨུས《མི་རིགས་སློབ་གསོའི་བྱ་བར་ཤུགས་སྣོན་དགོས་པའི་སྐོར་གྱི་བསམ་འཆར》དང《གོམ་གང་མདུན་སྤོས་སྔོས་མི་རིགས་སློབ་གསོའི་བྱ་བར་ཤུགས་སྣོན་པའི་སྐོར་གྱི་སྙན་ཞུ》བཀྲམ་པའི་ནང་དུ། མི་རིགས་སློབ་གྲྭ་ཆུང་འབྲིང་གི་སློབ་གསོ་འཕེལ་རྒྱས་སུ་གཏོང་བ་ལ་ངེས་པར་དུ་སློབ་གསོའི་ལམ་ལུགས་དང་། སློབ་ཁྲིད་ཀྱི་ནང་དོན། སློབ་ཁྲིད་ཀྱི་ཐབས་ལམ་བཅས་ཀྱི་ཐད་ནས་གྲངས་ཉུང་མི་རིགས་ཀྱི་ཁྱད་ཆོས་དང་བསྟུན་དགོས་ལ། ཆེས་གལ་ཆེ་བ་ནི་མི་རིགས་རང་ལ་སྐད་དང་ཡི་གེ་ཡོད་པའི་མི་རིགས་ཀྱིས་མི་རིགས་རང་གི་སྐད་ཡིག་སྤྱད་ནས་སློབ་ཁྲིད་སྤེལ་ཞིང་། མི་རིགས་རང་གི་སྐད་ཡིག་ལེགས་པར་སྦྱོང་དགོས་པ་དང་། དུས་མཉམ་དུ་རྒྱ་སྐད་དང་རྒྱ་ཡིག་ཀྱང་སློབ་དགོས་ཞེས་དང་། ལོ་མང་པོའི་ལག་ལེན་ལས་བདེན་དཔང་བྱས་པ་ལྟར་ན། མི་རིགས་ཀྱི་ཡི་གེ་ཡོད་པའི་གྲངས་ཉུང་མི་རིགས་ཀྱི་སློབ་གྲྭ་ནང་དུ། མི་རིགས་རང་གི་སྐད་ཡིག་སྤྱད་ནས་སློབ་ཁྲིད་སྤེལ་ཞིང་མི་རིགས་རང་གི་སྐད་ཡིག་ལེགས་པར་སྦྱོང་ན། སློབ་གསོའི་སྤྲུས་ཚད་མཐོར་འདེགས་པ་ལ་ཕན་པ་མ་ཟད། གྲངས་ཉུང་མི་རིགས་ས་ཁུལ་ལ་ཚན་རིག་རིག་གནས་ཀྱི་ཤེས་བྱ་ཁྱབ་གདལ་དུ་གཏོང་བར་ཕན་པས། ང་ཚོས་ཧུར་བརྩོན་གྱིས་ཆ་རྐྱེན་ལེགས་པར་བསྐྲུན་ནས་གྲངས་ཉུང་མི་རིགས་ཀྱི་སློབ་མས་སློབ་ཆུང་དང་སློབ་འབྲིང་གི་དུས་སུ་ཐོག་མར་རང་མི་རིགས་ཀྱི་སྐད་ཡིག་ལེགས་པར་སློབ་པ་དང་། དེ་ནས་རིམ་གྱིས་རྒྱའི་སྐད་ཡིག་སྦྱོང་ཞིང་། ཆ་རྐྱེན་ཡོད་པ་རྣམས་ཀྱིས་ཕྱི་ཡིག་སྣ་གཅིག་ཀྱང་སྦྱོངས་ནས་སློབ་རིམ་དང་ཡོན་ཚད་ཇེ་མཐོར་གཏོང་བ་ལ་ཕན་པར་བྱ་དགོས་ཞེས་བསྟན་པ་དང་། 《མི་རིགས་ས་གནས་རང་སྐྱོང་གི་ཁྲིམས་ཡིག》དང《འོས་འགན་སློབ་གསོའི་ཁྲིམས་ཡིག》ནང་དུའང་། གྲངས་ཉུང་མི་རིགས་ཀྱི་སློབ་མ་གཙོ་བོར་བསྡུས་པའི་སློབ་གྲྭ་དང་འཛིན་གྲྭ་རྣམས་ཀྱིས་མི་རིགས་རང་གི་སྐད་ཡིག་སྤྱད་ནས་སློབ་ཁྲིད་བྱེད་པ་དང་མཉམ་དུ་རྒྱལ་ཡོངས་སྤྱི་སྤྱོད་ཀྱི་སྐད་དང་ཡི་གེ་སྤྱད་ནས་སློབ་ཁྲིད་སྤེལ་དགོས་ཞེས་དང་། རྒྱལ་ཁབ་ཀྱིས་རྒྱལ་ཡོངས་སྤྱི་སྤྱོད་ཀྱི་སྐད་བརྡ་དང་ཚད་ལྡན་གྱི་ཡི་གེ་ཁྱབ་གདལ་དུ་གཏོང་དགོས་ཞེས་བསྟན་པ་སོགས་

ཀྱི་དགོངས་དོན་དངོས་འབེབས་བྱས་པ་ལས་བོད་ཁུལ་གྱི་སྐད་གཉིས་སློབ་གསོའི་ལས་དོན་ལ་འཕེལ་རྒྱས་ཆེན་པོ་བྱུང་ཡོད་དེ། དཔེར་ན་བོད་རང་སྐྱོང་ལྗོངས་ཀྱིས་སློབ་གྲྭ་ཆུང་འབྲིང་གི་སྐབས་སུ"བོད་ཀྱི་སྐད་ཡིག་གཙོར་བྱས་ཏེ་བོད་རྒྱ་སྐད་གཉིས་མཉམ་སྤྱོད་བྱེད་པ"དང་། "རྨང་གཞི་སློབ་གསོའི་དུས་སུ་བོད་སྐད་ཡིག་གི་སློབ་ཁྲིད་གཙོ་བོ་བྱེད་པ་དང་མཉམ་དུ་རྒྱའི་སྐད་ཡིག་ལེགས་པར་སྦྱང་དགོས་པ་དང་། དེ་ནས་རིམ་པར་མཐོ་འབྲིང་མཐར་ཕྱིན་པའི་དུས་སུ་བོད་རྒྱ་སྐད་གཉིས་རྫོགས་དགོས་ལ། ཆ་རྐྱེན་ཡོད་པ་རྣམས་ཀྱིས་ད་དུང་ཕྱི་ཡིག་སྐད་གཅིག་ཀྱང་སྦྱང་དགོས"པའི་བླང་བྱ་བཏོན་ཞིང་སྐད་གཉིས་སློབ་གསོར་མཐོང་ཆེན་གང་ལེགས་མཛད་མཐར། ད་ལྟ་ལྗོངས་ཡོངས་སུ་སློབ་གྲྭ་ཆེ་འབྲིང་ཆུང་གསུམ་མ་ལག་ཆ་ཚང་དུ་གྲུབ་ཅིང་སྒྲིག་གཞི་ལེགས་བཅོས་སུ་སྤེལ་བ་རྣམས་ཐམས་ཅད་སྐད་གཉིས་སློབ་ཁྲིད་ཀྱི་སློབ་གྲྭ་ཡིན་པ་དང་། སློབ་གསོའི་གྲོན་དངུལ་དང་སློབ་མའི་བསྡུ་ཚད་ལྟར་ན་འང་། ༡༩༧༩ལོའི་ སློར་ ཁྲི་ ཚོ༢༡༩༢དེ༡༩༨༥ལོར་ སློར་ ཁྲི་ ཚོ༨༦༠༠ཡས་ མས་དང༡༩༩༤ལོར་སློར་ཁྲི་ཚོ༢༨༢༧༢རུ་འཕར་སྣོན་བྱུང་བ་དང་། སློབ་མའི་མི་གྲངས་ཀྱི་ཐད་ནས་ཀྱང༡༩༨༥ལོ་ནས༡༩༩༤ལོའི་བར་ལ་སློབ་ཆུང་གི་སློབ་མ་ཁྲི་ཚོ༡༢ནས་ཁྲི་ཚོ༢.༣ལ་འཕར་བ་དང་། སློབ་འབྲིང་གི་སློབ་མ་ཁྲི་ཚོ༢ནས་ཁྲི་ཚོ༢.༩ལ་འཕར། ཆེད་ལས་སློབ་གྲྭའི་སློབ་མ༢༢༤༩ནས༥༡༩༠ལ་འཕར། སློབ་གྲྭ་ཆེན་མོའི་སློབ་མ༡༥༩༧༧ནས༣༢༨༠ལ་སོན་ཞིང་། དེ་དག་སོ་སོའི་འཕར་ཚད་རིམ་པར 94%(དང་། 49%། ༡༣༡%། ༡༠༨% བཅས་ཡིན།[14] མདོ་ཁམས་ཕྱོགས་སུའང་རྨ་ལྷོ་དང་། མཚོ་ལྷོ། མགོ་ལོག ཡུལ་ཤུལ། མཚོ་ནུབ། མཚོ་བྱང་། ཀན་ལྷོ། དཀར་མཛེས། རྔ་བ། བདེ་ཆེན་བཅས་བོད་རིགས་རང་སྐྱོང་ཁུལ་བཅུ་དང་། དཔའ་རིས་དང་མུ་ལི་བཅས་རང་སྐྱོང་རྫོང་གཉིས་ཡོད་པ་སོ་སོས་ཐལ་ཆེར་སྡེ་བ་རེ་ན་སློབ་ཆུང་(བཅའ་སྡོད་སློབ་ཆུང་)རེ་དང་། རྫོང་ཐོག་རེ་ན་སློབ་འབྲིང་རེ། ཁུལ་ཐོག་རེ་ན་དགེ་ཐོན་སློབ་གྲྭ་རེ་བཙུགས་པ་དང་། གཞན་ད་དུང་རྒྱལ་ཁབ་དང་ཞིང་ཆེན་རིམ་པས་མཐོ་རིམ་སློབ་གྲྭ་ཆེན་མོ་སོགས་བཙུགས་པ་ཐམས་ཅད་སྐད་གཉིས་སློབ་ཁྲིད་ཀྱི་ཐབས་ལམ་ལ་བརྟེན་པ་དང་། སྔོས་སུ་མཚོ་སྔོན་ཞིང་ཆེན་གྱིས༡༩༨༤ལོར《མི་རིགས་སློབ་གྲྭ་ཆུང་འབྲིང་གི་སློབ་ཁྲིད་འཆར་གཞི་ཡི་ཚོད་ལྟའི་ཟིན་བཀོད》ནང་དུ། གྲངས་ཉུང་མི་རིགས་ཀྱི་སློབ་གྲྭས་ངེས་པར་དུ་མི་རིགས་རང་

གི་སྐད་ཡིག་གཙོར་བཟུང་ནས་སློབ་ཁྲིད་བྱེད་པའི་རྩ་དོན་ལག་བསྟར་བྱེད་པ་དང་། སློབ་མས་ཐོག་མར་རང་མི་རིགས་ཀྱི་སྐད་དང་ཡི་གེ་སློབ་སྦྱོང་ལེགས་པོ་བྱ་དགོས་ལ། དེའི་རྨང་གཞི་སྟེང་དུ་རྒྱའི་སྐད་ཡིག་ཀྱང་ལེགས་པར་སྦྱངས་ཏེ། སློབ་འབྲིང་མཐར་ཕྱིན་པའི་དུས་སུ་མི་རིགས་ཀྱི་སྐད་ཡིག་དང་རྒྱའི་སྐད་ཡིག་གཉིས་ཀ་སྦྱོད་ཤེས་པར་བྱ་དགོས་ཞེས་བླང་བྱ་བརྗོད་པ་དང་། སི་ཁྲོན་ཞིང་ཆེན་གྱིས་ཀྱང་རང་སའི་མི་རིགས་སློབ་གསོ་དང་མི་རིགས་སྐད་ཡིག་གི་དོན་དངོས་ལ་དམིགས་ནས《མི་རིགས་སློབ་གསོའི་བྱ་བར་ཤུགས་སྣོན་བྱེད་པའི་ཚོད་དོན》ཞིག་སྤེལ་ཞིང་། དེའི་ནང་དུ་མི་རིགས་སྐད་ཡིག་གི་སློབ་ཁྲིད་ལེགས་པར་སྤེལ་རྒྱུ་ནི་ཏང་གི་མི་རིགས་སྲིད་ཇུས་ཀྱི་ནང་དོན་གལ་ཆེན་ཞིག་དང་། མི་རིགས་སློབ་གསོའི་བྱ་བའི་ཁྱད་ཆོས་གལ་ཆེན་ཡིན་ལ། དབྱིས་རིགས་དང་བོད་རིགས་ས་ཁུལ་གྱིས་གོ་རིམ་ཡོད་པའི་སྒོ་ནས་རིག་གཞུང་སོ་སོ་རྒྱའི་སྐད་ཡིག་སྤྱད་ནས་ཁྲིད་པ་དང་མཉམ་དུ་མི་རིགས་སྐད་ཡིག་སློབ་དགོས་པ་དང་། རིག་གཞུང་སོ་སོ་མི་རིགས་སྐད་ཡིག་སྤྱད་ནས་ཁྲིད་པ་དང་མཉམ་དུ་རྒྱའི་སྐད་ཡིག་ཁྲིད་པར་བྱེད་པའི་ཐབས་ལམ་གཉིས་མཉམ་དུ་སྤེལ་དགོས་ཞེས་དང་། རྗེས་ཕྱོགས་ཀྱི་དུས་སྐབས་ངེས་ཅན་ཞིག་གི་ནང་དུ། མི་རིགས་ཀྱི་སློབ་གྲྭ་ཆུང་འབྲིང་ནང་དུ་དབྱིན་སྐད་དང་བོད་སྐད་ཡིག་བསླབ་ཚན་འགོད་པར་དམ་འཛིན་བྱས་ཏེ། རིག་གཞུང་སོ་སོ་དབྱིན་བོད་སྐད་ཡིག་སྤྱད་ནས་ཁྲིད་པ་དང་མཉམ་དུ་རྒྱ་སྐད་སྦྱོང་བར་བྱེད་རྒྱུ་དེ་མི་རིགས་ཀྱི་སློབ་ཆུང་དང་སློབ་འབྲིང་ཉུང་ཤས་སུ་སྤེལ་ནས་ཉམས་མྱོང་བླངས་རྗེས་རིམ་བཞིན་ཁྱབ་གདལ་དུ་གཏོང་བ་དང་། དབྱིས་ཡིག་དང་བོད་ཡིག་གི་འབྲིང་རིམ་ཆེད་ལས་ཀྱི་སློབ་གྲྭ་དང་། འབྲིང་རིམ་དགེ་ཐོན་སློབ་གྲྭའི་མི་རིགས་སྐད་ཡིག་གི་འཛིན་གྲྭ། མཐོ་རིམ་སློབ་གྲྭའི་མི་རིགས་སྐད་ཡིག་གི་ཆེད་ལས་བཅས་ལེགས་པར་བསྐྲུན་པ། སྟོབས་ཤུགས་ཆེར་འདོན་གྱིས་དབྱིས་ཡིག་དང་བོད་ཡིག་གི་ཡིག་རྙོངས་པ་གཙང་སེལ་བྱེད་པའི་བྱ་བ་དར་སྤེལ་བྱེད་པ་ཞེས་དང་། སློབ་གསོའི་ལས་ཁུངས་སོ་སོས་དབྱིས་ཡིག་དང་བོད་ཡིག་གི་ལོ་རིམ་སོ་སོ་དང་རིག་ཚན་སོ་སོར་དགེ་རྒན་བཀོད་སྒྲིག་དང་སྐྱེད་སྲིང་བྱེད་པའམ་ཡང་ན་དགེ་རྒན་གྱི་སྤུས་ཚད་མཐོ་རུ་འདེགས་རྒྱུ་ནི་དགེ་རྒན་གྱི་དཔུང་ཁག་འཛུགས་སྐྲུན་བྱེད་པའི་ནང་དོན་གལ་ཆེན་ཡིན་པས། ནན་ཏན་གྱིས་འཆར་གཞི་འགོད་པ་དང་དངོས་འབེབས་བྱེད་དགོས་ཞེས་བླང་བྱ་མི་ཉུང་བར་བརྗོད་པ་དང་།

དུས་མཚུངས་སུ་དཀར་མཛེས་དང་ཛ་བ་ཁུལ་གཉིས་དང་ལྷོ་ལི་བོད་རིགས་རང་སྐྱོང་རྫོང་བཅས་ནས་ཀྱང་རང་སྐྱོང་གི་ཁེ་དབང་དོན་དུ་གཉེར་ནས་བོད་ཁུལ་གྱི་སྐད་གཉིས་སློབ་གསོའི་གྲུབ་འབྲས་མི་དམན་པ་བླངས་ཡོད་དེ། ༡༩༩༠ལོ་ནས་༡༩༩༥ལོའི་བར་སྐད་གཉིས་སློབ་ཁྲིད་ལག་བསྟར་བྱེད་པའི་སློབ་གྲྭ་ཆུང་འབྲིང་དག་བསྡོམས་པས༩༨༤ལ་སོན་ཞིང་། སློབ་མ་བསྡོམས་པས༧༥༠༠༨ལ་འཕར་བ་དང་། སོ་སོར༡༩༩༠ལོ་ལས༡༦.༡༥%དང༦༨.༢༢%འཕར་སྣོན་བྱུང་། གཞན་ད་དུང་ཡུན་ནན་བདེ་ཆེན་གྱིས་ཀྱང་ཁུལ་ཡོངས་སུ་བོད་ཡིག་བསླབ་སའི་གནས༢༢བཙུགས་ཤིང་། བོད་ཡིག་སློབ་བཞིན་པའི་སློབ་མ༣༠༠༠ལ་སླེབས་པ་སྟོན་ཆད་ལས་ལེགས་ལ། ཀན་ལྷོ་ཁུལ་ཐོག་ཀྲུང་ཀྲུང་དུའང་མི་རིགས་དགེ་ཐོན་སློབ་གྲྭ་དང་། བོད་ཡིག་སློབ་འབྲིང་། མི་རིགས་དགེ་ཐོན་ཆེད་གཉེར་སློབ་གླིང་བཅས་གསུམ་ཡོད་པ་སོ་སོ་ནས་ཀྱང་བོད་ཡིག་གཞིར་བྱས་རྒྱ་སྐད་དང་དབྱིན་སྐད་སོགས་ཀྱི་སློབ་ཁྲིད་རིམ་མེད་དུ་སྤེལ་བས་གྲུབ་འབྲས་ཀྱང་མི་དམན་པ་བླངས་དང་ལེན་བཞིན་ཡོད་དོ། །

རིག་གནས་གསར་བརྗེ་ཆེན་པོ་མཇུག་བསྒྲིལ་བ་དང་ལྷག་པར་བཅོས་སྒྱུར་སྒོ་འབྱེད་ཀྱི་སྲིད་ཇུས་ལག་བསྟར་བྱས་པ་ནས་བཟུང་། རྒྱལ་ཁབ་སྤྱི་དང་བྱེ་བྲག་མི་རིགས་ས་ཁུལ་འཕེལ་རྒྱས་ཤིན་ཏུ་མགྱོགས་པ་དང་། ནོར་སྒྱུར་ཁུལ་གསར་སྤེལ་གྱི་ལས་གཞི་རྒྱ་ཆེར་སྤེལ་བ་དང་བསྟུན་ནས་བོད་ཁུལ་གྱི་སྐད་གཉིས་སློབ་གསོའང་འཕེལ་རྒྱས་ཤིན་ཏུ་མགྱོགས་ཏེ། དེ་ཡང་གཅིག་ན་རྒྱལ་སྤྱིའི་མཉམ་འབྲེལ་གྱི་སྲིད་དོན་དཔལ་འབྱོར་གྱི་འབྲེལ་འདྲིས་ཇེ་དམ་དུ་གྱུར་ཅིང་རྒྱལ་ནང་གི་སྲིད་འབྱོར་རིག་གསུམ་ཚད་མཐོ་བར་གཅིག་གྱུར་བྱུང་བའི་ཁོར་ཡུག་ཆེན་པོ་ལ་རག་ལས་པ་དང་། གཉིས་ན་བོད་ཁུལ་དེང་རབས་ཅན་དུ་འཛུགས་སྐྲུན་བྱེད་པའི་བརྒྱུད་རིམ་ཁྲོད་རང་སའི་མི་རིགས་ཀྱི་རིག་གནས་ཕུན་སུམ་ཚོགས་པ་དུས་བབ་དང་འཚམ་པར་འཛིན་སྐྱོང་སྤེལ་གསུམ་བྱེད་པའི་དགོས་མཁོར་རག་ལས་པ་དང་། གསུམ་ན་བོད་ཁུལ་སྤྱི་ཚོགས་ཀྱི་རིག་གནས་སྣ་མང་དུ་འཕེལ་ཞིང་མི་གྲངས་འཕོ་འགྱུར་གྱི་གོམ་སྟབས་མགྱོགས་མྱུར་དུ་བསྒྱུར་བ་ལས་བརྟོན་པའི་སྐད་གཉིས་སློབ་གསོའི་ཆོས་ཉིད་ལ་རག་ལས་པ་དང་། བཞི་ན་སྐད་གཉིས་སམ་སྐད་མང་གི་ཁོར་ཡུག་སྣ་ཚོགས་ལས་བརྟོན་པའི་ཤེས་ལྡན་མི་སྣ་སྐྱེད་སྲིང་བྱེད་པའི་དགོས་མཁོ་ཇེ་ཆེར་

ཕྱིན་པ་ལ་རག་ལས་པ། ལྷག་ན་དེང་རབས་ཚན་རིག་ལག་རྩལ་དང་ཆ་འཕྲིན་སྒྲིག་སྣུད་ཀྱི་དགོས་མཁོའམ་ཡང་ན་དེ་དང་འབྲེལ་བའི་སྐད་གཉིས་སམ་སྐད་གསུམ་གྱི་ལོ་ཙཱའི་བྱ་བ་སྣ་ཚོགས་དང་། རྒྱང་སྦྲག བློག་བརྙན། བརྙན་འཕྲིན། དཔེ་དེབ་ལ་སོགས་པའི་སྤྱི་ཚོགས་ཀྱི་སྐད་གཉིས་སྤྱོད་སྟངས་ལ་རག་ལས་ཤིང་། ཕྱི་ནང་གི་རྒྱུ་རྐྱེན་དེ་དག་གི་རྐྱེན་གྱིས་བོད་ལྗོངས་ཀྱི་སྐད་གཉིས་སློབ་གསོ་དེ་ཡང་ཐོག་མའི་མི་རིགས་རང་གི་སྐད་བརྡའི་ལྟ་ཚུལ་དང་སྐད་གཉིས་སློབ་གསོའི་རྣམ་འགྱུར་འཛིན་སྟངས་ནས་ཁྱིམ་རྒྱུད་ཀྱི་སློབ་གསོ་དང་། སྤྱི་ཚོགས་ཀྱི་སློབ་གསོ། སློབ་གྲྭའི་སློབ་གསོ་ཕྱོགས་སོ་སོར་ཁྱབ་ཅིང་ཞན་ཐེབས་པ་ལས་འཕེལ་འགྱུར་ཆེན་པོ་བྱུང་བ་དང་། དུས་མཚུངས་སུ་རྒྱལ་ཁབ་ཀྱིས་ཀྱང་བོད་ལྗོངས་ཀྱི་སློབ་གསོར་ནོར་སྲིད་ཀྱི་རྒྱབ་སྐྱོར་མཛད་དེ། རང་ས་དང་ནང་ལོགས་གང་རུང་དུ་སྐད་གཉིས་ཀྱི་སློབ་གྲྭ་སྒྲིག་འཛུགས་དང་། དགེ་རྒན་སྐྱེད་སྲིང་། བསླབ་གཞི་འཛུགས་སྒྲུན་སོགས་སློབ་སྦྱོང་གི་ཆ་རྐྱེན་ལེགས་པར་སྤེལ་བས། བོད་ལྗོངས་ཀྱི་སློབ་གསོ་སྤྱི་དང་བྱེ་བྲག་སློབ་གྲྭའི་སྐད་གཉིས་སློབ་གསོའི་རྨང་གཞི་སྟེར་བས་ཇེ་བརྟན་དང་། གཞི་ཁྱོན་སྟེར་བས་ཆེར་བསྐྱེདམ་ལག་སྟེར་བས་འཐུས་ཚང་དུ་གྱུར་ཅིང་། སློབ་ཁྲིད་ཀྱི་ནང་དོན་དང་། ཐབས་ལམ། དཔེ་གཞི་བཅས་ལ་དུས་རབས་དང་མི་རིགས་ཀྱི་ཁྱད་ཆོས་མངོན་གསལ་ལྡན་པར་འཕེལ་བ་རྣམས་སྟན་མེད་པའི་བོད་ལྗོངས་སློབ་གསོའི་གྲུབ་འབྲས་གཡུར་དུ་ཟ་བ་ཞིག་གོ །

གཉིས་པ། སྐད་གཉིས་སློབ་གསོའི་རིགས་སམ་དབྱེ་བ།

རང་རྒྱལ་ནི་རྒྱ་རིགས་གཙོར་བྱས་མི་རིགས་མང་པོ་མཉམ་འདྲེས་སུ་སྡོད་ཅིང་མི་རིགས་ཕན་ཚུན་བར་འབྲེལ་འདྲིས་ཀྱི་ལོ་རྒྱུས་ཡུན་རིང་བ་དང་། བྱེ་བྲག་བོད་ལྗོངས་ཀྱང་གཙོ་བོ་མི་རིགས་གང་གི་སྲོལ་རྒྱུན་རིག་གནས་ཀྱི་རྨང་མཐུག་ཅིང་གཞན་རིགས་དང་འབྲེལ་འདྲིས་ཀྱི་ལོ་རྒྱུས་རྒྱུན་རིང་ལ། དུས་ད་ལམ་དུ་ནང་ལྗོངས་དུ་འདུས་སྡོད་དང་ཕྱི་ལྗོངས་དུ་འདྲེས་སྡོད་ཀྱི་སྣང་ཚུལ་རྒྱ་ཆེར་དར་བའི་ཡུལ་ཁམས་ཤིག་ཡིན་པའི་རྐྱེན་གྱིས་བོད་ལྗོངས་གྱི་སྐད་གཉིས་སློབ་གསོའི་རིགས་སམ་དབྱེ་བའང་སྣ་མང་རྙོག་འཛིང་ཅན་དུ་གྱུར་ཡོད་

ཀྱང་། འདིར་གཙོ་བོ་སྐད་གཉིས་སློབ་གསོའི་འཕེལ་རིམ་དང་། སྤྱོད་སྟངས་སམ་སྤྱོད་སྒོ། སྤེལ་ཚུལ་དང་ཆུ་ཚད་བཅས་གཞིར་བཟུང་ནས་ཕྱེ་ན་སོ་སོར་རིགས་སམ་དབྱེ་བ་དུ་མའམ་མང་ཙམ་ལྡན་ཏེ།

གཅིག འཕེལ་རིམ་མི་འདྲ་བའི་རིགས་སམ་དབྱེ་བ།

བོད་ཁུལ་གྱི་སྐད་གཉིས་སློབ་གསོའི་འཕེལ་རིམ་མི་འདྲ་བ་ལའང་ནང་གསེས་སུ་ལོ་རྒྱུས་ཀྱི་འཕེལ་རིམ་མི་འདྲ་བ་དང་། སྐད་བརྡའི་རྣམ་གྲངས་ཀྱི་འཕེལ་རིམ་མི་འདྲ་བ། འཕེལ་ཕྱོགས་ཀྱི་བརྒྱུད་རིམ་མི་འདྲ་བ་བཅས་གསུམ་ཡོད་པ་སོ་སོར་ནང་གསེས་སུ་རིགས་དུ་མར་དགར་རུང་སྟེ།

༡. ལོ་རྒྱུས་ཀྱི་འཕེལ་རིམ་མི་འདྲ་བ་ལྟར་ན། གནའ་བོའི་སྐད་གཉིས་སློབ་གསོ་སྟེ་གནའ་བོའི་ཞང་བོད་བར་གྱི་སྐད་གཉིས་སློབ་གསོ་དང་། བསྟན་པ་སྔ་དར་དང་ཕྱི་དར་སྐབས་ཀྱི་བོད་དང་རྒྱ་གར་ནག་བར་གྱི་སྐད་གཉིས་སློབ་གསོ་ལྟ་བུ་དང་། ཉེ་རབས་ཀྱི་སྐད་གཉིས་སློབ་གསོ་སྟེ་ས་སྐྱ་བ་ནས་བཅིངས་འགྲོལ་ཡ་སྔོན་གྱི་བོད་དང་རྒྱ་གར་ནག་དང་། བོད་དང་སོག་པོ་བར་གྱི་སྐད་གཉིས་སློབ་གསོ་ལྟ་བུ་དང་། དེང་རབས་ཀྱི་སྐད་གཉིས་སློབ་གསོ་སྟེ་བཅིངས་འགྲོལ་བྱུང་བ་ནས་ད་ལྟའི་བར་གྱི་བོད་རྒྱ་སྐད་གཉིས་ཀྱི་སློབ་གསོ་བཅས་སུ་དགར་རུང་བ་བཞིན་ནོ། །

༢. སྐད་བརྡའི་རྣམ་གྲངས་ཀྱི་འཕེལ་རིམ་མི་འདྲ་བ་ལྟར་ན། བོད་སྐད་གཅིག་ཀྱང་ནས་སྐད་གཉིས་ཀྱི་སློབ་གསོ་སྟེ་ཞང་བོད་སྐད་གཉིས་དང་། སཾ་བོད་སྐད་གཉིས། སོག་བོད་སྐད་གཉིས། རྒྱ་བོད་སྐད་གཉིས་སོགས་ཀྱི་སློབ་གསོ་ལྟ་བུ་དང་། དེ་ནས་སྐད་མང་ངམ་སྐད་གསུམ་སྟེ་བོད་སྐད་དང་རྒྱ་སྐད་དང་ཕྱི་སྐད་གསུམ་གྱི་སློབ་སྦྱོང་དར་བའི་འཕེལ་རིམ་ལྡན་པ་བཅས་སོ། །

༣. འཕེལ་ཕྱོགས་ཀྱི་བརྒྱུད་རིམ་མི་འདྲ་བ་ལྟར་ན། ཐོག་མར་ཚུགས་ཐུབ་ཀྱི་བོད་སྐད་དག་པ་ཉིད་ཀྱི་སློབ་གསོ་དང་། བར་དུ་སྐད་བརྡ་གཉིས་སམ་དུ་མ་མཉམ་དུ་འབྲེལ་ཏེ་སྒྲ་དང་ཐ་སྙད་དང་བརྡ་སྤྲོད་བཅས་ཀྱི་ཐད་ནས་ཕན་ཚུན་ལ་ཤན་ཞུགས་པའམ་ཡང་ན་སྐད་བརྡ་གཉིས་འགྲོས་ཀྱི་སློབ་གསོ་རྒྱ་ཆེར་སྤེལ་བ་དང་། མཐའ་མར་བརྡ་ཟུང་མཉམ་དུ

འདྲེས་པའམ་སྐད་བརྡ་གཅིག་གིས་གཅིག་ཟུར་དུ་ཕུད་ཅིང་གཅིག་ཚབ་གཅིག་གིས་བྱས་ཏེ་ཅིག་ཤོས་ཉམས་དམས་སུ་གྱུར་མཐར་སྐད་ཡིག་གཅིག་རྐྱང་གི་སློབ་གསོར་བརྟེན་པའི་འཕེལ་འགྱུར་གྱི་བརྒྱུད་རིམ་ལྡན་པ་ཞིག་གོ །

གཉིས། སྤྱོད་སྟངས་སམ་སྤྱོད་སྒོ་མི་འདྲ་བའི་རིགས་སམ་དབྱེ་བ།

བོད་ཁུལ་གྱི་སྐད་གཉིས་སློབ་གསོའི་དམིགས་ཡུལ་མི་འདྲ་བ་དང་། སློབ་རིམ་འཕར་ཚད་མི་འདྲ་བ། སྐད་གཉིས་དག་གི་གཙོ་ཕལ་གྱི་འབྲེལ་བ་དང་ཁྱབ་ཆེ་ཆུང་གི་ཁྱད་པར་དང་ཕན་ནུས་མི་འདྲ་བའི་ཆ་ནས་ཀྱང་སྐད་གཉིས་སློབ་གསོའི་སྤྱོད་སྟངས་སམ་སྤྱོད་སྒོ་ལ་རིགས་མི་འདྲ་བ་དུ་མར་ཕྱེ་རུང་སྟེ།

༡. སྐད་གཉིས་སློབ་གསོའི་དམིགས་ཡུལ་མི་འདྲ་བ་ལྟར་ན། སློབ་མའི་ཕ་སྐད་དམ་སྐད་བརྡ་དང་པོ་གཙོར་བྱས་ཤིང་གཞན་སྐད་ཕལ་བར་བྱས་པའི་ཕ་སྐད་ཀྱི་སློབ་གསོ་དང་། སློབ་མའི་སྐད་བརྡ་གཉིས་པའམ་གཞན་སྐད་གཙོར་བྱས་ཤིང་ཕ་སྐད་ཕལ་བར་བྱས་པའི་གཞན་སྐད་ཀྱི་སློབ་གསོ། སློབ་མའི་ཕ་སྐད་དང་སྐད་བརྡ་གཉིས་པ་དག་རིམ་མེད་དུ་གཉེར་བའི་རྒྱུན་འཇགས་ཀྱི་སློབ་གསོ། སློབ་མའི་ཕ་སྐད་དེ་དམའ་རིམ་སློབ་གསོ་ཁོ་ནར་སྤྱོད་པ་ལས་མཐོ་རིམ་གྱི་དུས་སུ་མི་སྤྱོད་པའི་བར་བརྒྱལ་གྱི་སློབ་གསོ། སློབ་མའི་ཕ་སྐད་དེ་གཞན་སྐད་སློབ་བྱེད་ཀྱི་ཡོ་ཆས་ཙམ་ལས་བསླབ་བྱ་དངོས་སུ་མི་གཉེར་བའི་གཞོགས་འདེགས་ཀྱི་སློབ་གསོ་སོགས་སུ་ཕྱེ་རུང་བ་ལྟ་རོ། །

༢. སློབ་རིམ་འཕར་ཚད་མི་འདྲ་བ་ལྟར་ན། དམའ་རིམ་གྱི་སྐབས་སུ་ཕ་སྐད་གཙོར་བྱས་གཞན་སྐད་ཕལ་བ་བྱེད་ཅིང་། མཐོ་རིམ་གྱི་དུས་སུ་གཞན་སྐད་གཙོར་བྱས་ཕ་སྐད་ཕལ་བ་བྱེད་པ་དང་། ཡང་ན་སློབ་ཆུང་གི་དམའ་རིམ་དུས་སུ་ཕ་སྐད་གཅིག་རྐྱང་སྤྱོད་ཅིང་མཐོ་རིམ་དུས་སུ་གཞན་སྐད་ཟུར་སྟོན་བྱེད་པ་དང་། སློབ་འབྲིང་གི་དམའ་རིམ་དུས་སུ་སྐད་གཉིས་འདྲ་མཉམ་དང་མཐོ་རིམ་གྱི་དུས་སུ་ཕ་སྐད་ལས་གཞན་སྐད་ལ་ཤུགས་སྟོན་བྱེད་པ་དང་། ཡང་ན་དེ་ལས་ལྡོག་པའི་སྐད་གཉིས་ཀྱི་སྤྱོད་སྟངས་སོགས་སྐབས་དོན་དང་འབྲེལ་ནས་སྤེལ་བ་མང་ངོ་། །

༣. སྐད་གཉིས་དག་གི་གཙོ་ཕལ་གྱི་འབྲེལ་བ་ལྟར་ན། ཕ་སྐད་གཙོར་བྱས་ཤིང་

གཞན་སྐད(རྒྱ་སྐད་སོགས)ཕལ་བར་བྱེད་པ་སྟེ། དཔེར་ན་བོད་ལྗོངས་ཀྱི་སྐད་གཉིས་སློབ་ཁྲིད་ཁྲིད་དུ་རྒྱ་ཡིག་གི་བསླབ་ཚན་ལས་བསླབ་ཚན་གཞན་རྣམས་ཚང་མ་བོད་སྐད་ཡིག་གིས་ཁྲིད་པར་བྱེད་པའི་དཔེ་གཞི་དང་པོ་ལྟ་བུ་དང་། གཞན་སྐད་གཙོར་བྱས་ཤིང་ཕ་སྐད་ཕལ་བར་བྱེད་པ་སྟེ། དཔེར་ན་བོད་ཡིག་གི་བསླབ་ཚན་ལས་བསླབ་ཚན་གཞན་རྣམས་ཡོད་དོ་ཅོག་རྒྱའི་སྐད་ཡིག་གིས་ཁྲིད་པར་བྱེད་པའི་དཔེ་གཞི་གཉིས་པ་ལྟ་བུ་དང་། རང་གཞན་གཉིས་ཀྱི་སྐད་བརྗེ་འདྲ་མཉམ་དུ་སྤྱོད་པ་སྟེ། དཔེར་ན་མཁར་གྲོང་དང་རོང་ལྗོངས་ཀྱི་སློབ་གྲྭ་ཁ་ཤས་སུ་བོད་སྐད་དང་རྒྱ་སྐད་འདྲ་མཉམ་དུ་སྤྱོད་པ་ལྟ་བུ་རིགས་གསུམ་ཡོད་པ་བཞིན་ནོ། །

༤. སྐད་གཉིས་དག་གི་ཁྱབ་ཆེ་ཆུང་གི་ཁྱད་པར་མི་འདྲ་བ་ལྟར་ན། ཕ་སྐད་གཙོ་ལ་གཞན་སྐད་ཕལ་བར་ངེས་པའི་སློབ་གསོ་ཁྱབ་རྒྱ་ཆེ་བ་སྟེ། དཔེར་ན་སྔོན་ཕྱིན་བོད་ཀྱི་སྐད་གཉིས་སྨྲབའི་བའི་ལོ་རྣ་བ་དག་གི་སློབ་གསོ་དང་དེང་རབས་བོད་ལྗོངས་ཀྱི་གཞི་རིམ་སློབ་གསོ་ཕལ་མོ་ཆེ་ལྟ་བུ་དང་། གཞན་སྐད་གཙོ་ཞིང་ཕ་སྐད་ཕལ་བར་ངེས་པའི་སློབ་གསོ་ཁྱབ་ཆུང་སྟེ། དཔེར་ན་དེང་རབས་བོད་ལྗོངས་དུ་བོད་ཡིག་བསྐྱར་དུ་དར་བ་དལ་བའི་མི་རིགས་སློབ་གྲྭ་ཉུང་ཤས་ལྟ་བུ་དང་། ཕ་སྐད་དང་གཞན་སྐད(རྒྱ་སྐད་དང་དབྱིན་སྐད་སོགས)འདྲ་མཉམ་དུ་སྤེལ་བའི་སློབ་གསོ་ནི་དེ་བས་ཀྱང་ཉུང་སྟེ་མི་རིགས་སློབ་གྲྭ་ཆེན་མོའི་ལོ་རྣ་དང་ཕྱི་སྐད་ཀྱི་ཆེད་ལས་རེ་འགར་གཏོགས་པ་བཞིན་ལགས་ལ། ཐ་མ་སོགས་ཀྱང་ཅེ་བྲག་པར་དམིགས་ན། གནའ་བོའི་སཾ་བོད་སྐད་གཉིས་ཀྱི་སློབ་གསོ་ལྟ་བུ་ཁྱབ་ཆུང་ཞིང་ཁྱབ་གདལ་དུ་ཕྱིན་མེད་པ་དང་། དེང་རབས་བོད་རྒྱ་སྐད་གཉིས་ཀྱི་སློབ་གསོ་ནི་ཁྱབ་རྒྱ་ཆེ་བའི་ཁྱད་པར་ལྡན་པ་ལྟ་བུ་ཡུལ་དུས་ཀྱི་དགོས་དབང་སྣ་ཚོགས་པའི་དབང་དུ་གྱུར་བ་མང་ངོ་། །

༥. སྐད་གཉིས་དག་གི་ཕན་ནུས་མི་འདྲ་བ་ལྟར་ན། བོད་ལྗོངས་དུ་སྤྱོད་སྒོ་ཆེ་བའི་ཕ་སྐད་གཙོ་ཞིང་གཞན་སྐད་ཕལ་བར་དམིགས་པའི་སྐད་གཉིས་སློབ་གསོ་དང་། རྒྱལ་ནང་དུ་སྤྱོད་སྒོ་ཆེ་བའི་རྒྱ་སྐད་གཙོ་ཞིང་ཕ་སྐད་ཕལ་བར་དམིགས་པའི་སྐད་གཉིས་སློབ་གསོ་དང་། རྒྱལ་སྤྱིའི་སྟེང་སྤྱོད་སྒོ་ཆེ་བའི་དབྱིན་སྐད་གཙོ་ཞིང་ཕ་སྐད་དང་རྒྱ་སྐད་ཕལ་བར་དམིགས་པའི་སྐད་གཉིས་སློབ་གསོ་བཅས་དང་། ཡང་ན་དེ་དག་གི་སྤྱོད་སྒོ་འདྲ

མཉམ་དུ་དམིགས་པའི་སྐད་མང་སློབ་གསོ་སོགས་སྣང་ངོ། །

གསུམ། སྲིད་ཇུས་དང་ཆུ་ཚད་མི་འདྲ་བའི་རིགས་སམ་དབྱེ་བ།

བོད་ཁུལ་གྱི་སྐད་གཉིས་སློབ་གསོའི་སྲིད་ཐབས་སམ་སྤྱོད་ཚུལ་དང་ཆུ་ཚད་མི་འདྲ་བའི་ཆ་ནས་ཀྱང་སྐད་གཉིས་སློབ་གསོར་རིགས་དུ་མ་དགར་རུང་སྟེ།

༡. སྐད་གཉིས་སློབ་གསོའི་སྲིད་ཇུས་ལམ་སྲོལ་ཚུལ་ལྟར་ན། བོད་ཁུལ་སྤྱི་ཚོགས་ཀྱི་རྒྱུ་རྐྱེན་སྣ་ཚོགས་པའི་དབང་གིས་རང་རྗོགས་ཀྱི་སྲིད་ཇུས་དང་བཙན་དབང་གི་སྲིད་ཇུས་གཉིས་ཡོད་པ་སོ་སོའི་ཕན་འབྲས་མི་འདྲ་བ་དང་། ཕྱི་རྐྱེན་ཁོར་ཡུག་དང་ནང་གི་བསམ་སྒྱུར་མི་འདྲ་བའི་དབང་གིས་རང་རྒྱུད་དུ་འགྱུར་ཚུལ་དང་། སྒྱུར་ཚུལ། དེ་དག་སྒྲིགས་མར་སྲིད་ཇུས་བཅས་གསུམ་ཡོད་པ་ལས་ཐོ་མ་ནི་ཁོར་ཡུག་གི་དབང་དུ་གྱུར་ཅིང་། བར་མ་ནི་སློབ་ཁྲིད་ཀྱི་ཐབས་ལམ་ལ་བརྟེན་པ་དང་། ཕྱི་མ་ནི་སྤྱི་ཚོགས་ཀྱི་ཁོར་ཡུག་དང་སློབ་གྲྭའི་སློབ་ཁྲིད་སོགས་སྒྲིགས་མར་འབྲེལ་བ་ཡིན་ལ། གཞན་ཡང་སློབ་ཕྱོགས་ལྟར་ན། རང་སྐད་སྨྲ་བ་དག་གིས་གཞན་སྐད་སློབ་པ་མ་གཏོགས་ཕྱོགས་གཉིས་ནས་ཕན་ཚུན་ལ་སློབ་རེས་བྱེད་པའི་སྣང་ཚུལ་ཆེས་ཉུང་བ་རྣམས་བོད་ཁུལ་གྱི་སྐད་གཉིས་སློབ་གསོའི་ལག་ལེན་དངོས་ལས་མཐོང་གསལ་ལྟར་རོ། །

༢. སྐད་གཉིས་ཀྱི་སློབ་གསོ་སྟེ་ཕ་སྐད་དང་གཞན་སྐད་གཉིས་བསླབས་ཅིང་བསྟེན་སྤྱོད་བྱས་པའི་ཆུ་ཚད་ལྟར་ན་རིགས་གསུམ་སྟེ། གཅིག་ནི་ཕ་སྐད་དང་སྐད་བརྡ་གཉིས་པ་དག་ཁྱད་མེད་པར་སྤྱོད་པ་ཞིག་སྟེ། དཔེར་ན་མཚོ་སྔོན་ས་ཆའི་མཚོ་ལྷོ་ཁུལ་ཐོག་གི་ལས་བྱེད་པ་དང་། བ་ཡན་རྫོང་གི་བོད་དང་བོད་རྟོས། ཁམས་ཕྱོགས་རྒྱལ་ཐང་རྫོང་ཐོག་གི་ལས་བྱེད་པ་སོགས་ཀྱིས་བོད་སྐད་དང་རྒྱ་སྐད་རེས་མེད་དུ་སྤྱོད་པ་ལྟ་བུ་དང་། ཅིག་ཤོས་ནི་སྐད་བརྡ་གཉིས་པ་ལས་ཕ་སྐད་ཀྱི་ཆུ་ཚད་ལེགས་པར་མངོན་པའི་རིགས་ཤིག་སྟེ། དཔེར་ན་བོད་དབུས་གཙང་གི་ཡུལ་གྲུ་ཕལ་ཆེ་བ་དང་མདོ་ཁམས་ཀྱི་རེབ་གོང་དང་སྡེ་དགེ་སོགས་ཡུལ་གྲུ་རྒྱ་ཆེན་པོ་རྣམས་ཀྱིས་གཞན་སྐད་ལས་བོད་སྐད་ཡིག་ཆུ་ཚད་ལེགས་པར་མངོན་པ་ལྟ་བུ་དང་། གཞན་ཞིག་ནི་སྐད་བརྡ་གཉིས་པ་བྱང་ཆུབ་པར་རྟོགས་ཀྱང་ཕ་སྐད་ལ་དེ་འདྲ་སྦྱང་གོམས་ཟབ་མོ་མེད་པ་ཞིག་སྟེ། འདི་ལའང་རིགས་གཉིས་ཡོད་པ་ལས།

གཅིག་ནི་ཕ་སྐད་ཀྱི་ཁོར་ཡུག་ལ་རིང་དུ་གྱེས་ཤིང་ཕྱི་ཡུལ་གྱི་འཚོ་ཆོས་ལ་བརྟེན་པ་ལས་རིམ་གྱིས་སྐད་བརྡ་གཉིས་པར་གོམས་ཤིང་ཕ་སྐད་བརྗེད་ནས་གྲུབ་པ་དང་། ཅིག་ཤོས་ནི་མི་རིགས་མང་པོ་འདྲེས་མར་སྡོད་ཅིང་འགྲིམ་སྐྱོད་བདེ་ལ་མཁར་གྲོང་དང་ཐག་ཉེ་བའི་བོད་མི་ཕལ་ཆེ་བ་དང་ལྷག་པར་ལོ་ཆུང་ན་གཞོན་རྣམས་ཀྱིས་ཕ་སྐད་ལས་རྒྱ་སྐད་སོགས་ལེགས་པར་སྦྱངས་ནས་གྲུབ(15) པ་ཞིག་ཡིན། འདི་ལྟའི་སྐད་གཉིས་སློབ་གསོའི་ཆུ་ཚད་ཐད་ཀྱི་རིགས་དཀར་ཚུལ་ནི་དེང་དུས་ཀྱི་སྤྱི་བབ་ཙམ་དུ་ངེས་པ་མ་ཟད། གནའ་བོའི་སྐད་གཉིས་སློབ་གསོ་དང་ཉེ་རབས་སྐད་གཉིས་སློབ་གསོའི་སྣང་ཚུལ་དུའང་འབྱུང་བ་སྨོས་མ་འཚལ་ཅིང་། ཐ་ན་ཁྱེ་བྲག་མི་སོ་སོའི་སྐད་གཉིས་ཀྱི་ཆུ་ཚད་སྟེང་དུའང་རིགས་འགྲེས་ནས་སྤྱར་ཚོག་པ་ཉམས་རྟོགས་ལས་ཤེས་ནུས་སོ། །

གསུམ་པ། སྐད་གཉིས་སློབ་གསོའི་ཁྱད་ཆོས།

སྤྱིར་སྐད་གཉིས་སློབ་གསོ་ནི་སྐད་བརྡ་གཉིས་སློབ་ཁྲིད་ཀྱི་བརྡ་ཐབས་སུ་སྤྱོད་པའི་སློབ་གསོའི་མ་ལག་ཅིག་ལ་རྟོགས་ཤིང་། འདི་འདྲའི་སློབ་གསོའི་མ་ལག་ནི་བོད་ལྗོངས་ཀྱི་རྟོག་འཛིང་ཆེ་བའི་སྤྱི་ཚོགས་རིག་གནས་ཀྱི་ལོ་རྒྱུས་རྒྱབ་ལྗོངས་དང་འབྲེལ་བའི་མི་རིགས་ཕན་ཚུན་བར་གྱི་སྐད་གཉིས་ཀྱི་འབྲེལ་འདྲིས་དང་སྣང་ཚུལ་ཅི་རིགས་ལས་བྱུང་ཞིང་། སྐད་གཉིས་སྤྱོད་སྟངས་མི་འདྲ་བའི་སློབ་ཁྲིད་ཀྱི་སྤྱེལ་སྟངས་དང་སྐད་གཉིས་སློབ་གསོའི་ལམ་ལུགས་སྣ་ཚོགས་ཁྲོད་དུ་མངོན་པར་འགྱུར་བ་དང་། སྐབས་དོན་སྤྱི་ཚོགས་རིག་གནས་ཀྱི་བདག་རྐྱེན་སྣ་ཚོགས་དང་འབྲེལ་ནས་འཕེལ་འགྱུར་བྱུང་བ་ཡིན་པས་ན། སྐད་གཉིས་སློབ་གསོ་ལའང་འབྱུང་རྐྱེན་དང་། སྐད་གཉིས་ཀྱི་སྤྱོད་སྟངས། འཕེལ་འགྱུར་བཅས་ཀྱི་ཐད་ནས་ཁྱད་ཆོས་མི་འདྲ་བ་དུ་མ་ལྡན་ཏེ།

གཅིག སྐད་གཉིས་སློབ་གསོའི་འབྱུང་རྐྱེན་གྱི་ཁྱད་ཆོས།

སྐད་གཉིས་སྣང་ཚུལ་ནི་སྤྱི་ཚོགས་དང་རིག་གནས་ཀྱི་སྣང་ཚུལ་ཞིག་ཡིན་ལ། དེའི་འབྱུང་གཞི་ལ་སྤྱི་ཚོགས་ཀྱི་རྒྱུ་རྐྱེན་དང་རིག་གནས་ཀྱི་རྒྱབ་ལྗོངས་སྣ་ཚོགས་པས་ཤུགས་

ཐབས་ཀྱིན་ཡོད་པ་བཞིན་དུ་སྐད་གཉིས་སློབ་གསོའི་འབྱུང་རྐྱེན་ལའང་མི་རིགས་ཀྱི་འགྲོ་འོང་འདུག་སྟངས་དང་། རིག་གནས་ཀྱི་འབྲེལ་འདྲིས། མི་རིགས་ཀྱི་སེམས་ཁམས། སྤྱི་ཚོགས་འཚོ་བའི་དགོས་མཁོ། སྐད་བརྡའི་སྲིད་ཇུས་སོགས་ཀྱི་ཤན་ཞུགས་ཤིང་ཁྱད་ཆོས་ཀྱང་མངོན་གསལ་ལྡན་ཡང་། འདིར་མདོར་བསྡུས་ནས་གནད་ཙམ་བརྗོད་ན།

༡. བོད་ཁུལ་གྱི་སྐད་གཉིས་སློབ་གསོར་མི་རིགས་རང་གཞན་གྱི་འགྲོ་འོང་དམ་ཞིང་རིག་གནས་ཀྱི་འབྲེལ་འདྲིས་ཟབ་པའི་ཁྱད་ཆོས་མངོན་གསལ་ལྡན་ཏེ། དཔེར་ན《ལེགས་བཤད་རིན་པོ་ཆེའི་གཏེར་མཛོད》དུ། སྣ་ཆེན་ལི་ཤུ་སྟག་རིང་འོལ་མོའི་གླིང་དུ་བྱོན་ནས་སྟག་གཟིག་གི་མཁས་པ་གསུམ་ལ་སོགས་བླ་མ་མང་པོ་ལ་གདུགས་ནས་བོན་སྡེ་མང་པོ་བོད་དུ་བསྒྱུར(16)ཞེས་དང་། མདོ་སྔགས་ཕལ་ཆེར་ཞང་ཞུང་སྟོང་རྒྱུང་མཐུ་ཆེན་ལ་བོད་སེ་ལྡེ་མེ་གསུམ་གྱིས་ཞུས་པས་ཞང་ཞུང་སྒྲ་ལས་བོད་སྐད་དུ་བསྒྱུར་བ་མང(17)ཞེས་འབྱུང་ཞིང་། 《ཆོས་འབྱུང་མཁས་པའི་དགོངས་རྒྱན》དུ། ལེགས་དྲུག་དང་ལྡེ་བརྒྱད་ཀྱི་སྐུ་དུས་སུ་བོད་ཏུ་བཞིར་བོན་གྱི་བསྟན་པ་དར་ཁྱབ་ཆེ་བ་དང་། རྒྱལ་པོ་དེ་དག་གི་སྐུ་བོན་ཚང་མ་ཞང་ཞུང་གི་བོན་མཛད་པ་དེའི་ཐོག་ནས་དུས་དེར་ཞང་ཞུང་གི་བོན་རྣམས་དབང་ཤུགས་ཏ་ཅང་ཆེ་བ་ནི་གསལ་པོར་རྟོགས། མདོར་ན་རྒྱལ་པོ་དེ་རྣམས་ཀྱི་སྐུ་དུས་སུ་བོན་རྣམས་དར་ཞེས་པ་ནི་བོད་ཀྱི་བོན་རྣམས་ཀྱིས་དང་གཡང་འགུགས་པ་དང་། མདོས་དང་ཡས་གཏོང་བ། འཕྲུལ་ཕྱུགས་ཀྱི་འགལ་རྐྱེན་སེལ་བ། གནམ་གྱི་རྒྱུ་སྐར་ལ་ལྟ་བ་སོགས་རྒྱུའི་བོན་གྱི་གཏོ་ཐབས་རྣམས་རྫོགས་པ་མ་ཟད། ཆབ་ནག་རྒྱུ་ཡི་བོན་དང་ཆབ་དཀར་འབྲས་བུའི་བོན། ལྟ་བ་རྫོགས་པ་ཆེན་པོ་སོགས་གཞུང་ལུགས་རྣམས་བོད་ཏུ་བཞིར་ཁྱབ་ཆེ་བར་གྱུར་ཞེས་གསུངས(18)པར་བསྟན་པ་སོགས་ལས་ཞང་བོད་སྐད་གཉིས་ཀྱི་སློབ་གསོ་དར་བ་དང་། བསྟན་པ་སྔ་དར་དུས་སུ་རྒྱ་ནག་གི་ཏ་ཤང་མ་ཧཱ་དེ་བ་ཚེ་དང་། རྒྱ་གར་གྱི་སློབ་དཔོན་ཀུ་ས་ར། བྲམ་ཟེ་ཤང་ཀ་ར། ཁ་ཆེ་ཏ་ནུ། བལ་པོའི་ཤཱི་ལ་མཉྫུ་སོགས་ལོ་པཎ་མང་པོ་གདན་དྲངས། ལོ་ཙཱ་བ་ཐོན་མི་སམ་བྷོ་ཊ་དང་། ཧྲཛ་ཀོ་ཁ། ལྷ་ལུང་རྡོ་རྗེ་དཔལ་སོགས་ཀྱིས་མདོ་རྒྱུད་ཉེ་ཤུ་རྩ་གཅིག་སོགས་བསྒྱུར། མཁན་སློབ་ཆོས་གསུམ་གྱིས་བསམ་ཡས་སྒྲ་སྒྱུར་གླིང་བཙུགས་ཤིང་ལོ་པཎ་མང་པོ་གདན་དྲངས་ནས་སངས་རྒྱས་ཀྱི་བཀའ་བསྟན་མང་པོ་བོད་སྐད་དུ་བསྒྱུར། སྤྱི་ཕྱིར་ལོ་ཙཱ་བ་རབ་དགུ་བྱོན་པ་སོགས་ཀྱིས་སྤྱི་འགྱུར

རྣམས་ལ་དག་བཅོས་མཛད་ཅིང་སྐབས་དོན་གྱི་སྒྱུར་ཐབས་སྣ་ཚོགས་དང་བཟ་ཆད་གཅིག་གྱུར་མཛད་དེ་ལོ་ཙྪའི་གཞུང་ལུགས་གཏན་ཁེལ་མཛད་པ་སོགས་ལས་སཾ་བོད་སྐད་གཉིས་སྦྱོང་གསོ་དར་རྒྱས་ཆེ་བ་རྫོགས་ཐུས་པ་དང་། ཡང་དུས་རབས་བདུན་པར་བོད་བཙན་པོ་རྒྱལ་རབས་བཙུགས་པ་ནས་བཟུང་། བོད་རྒྱའི་སྲིད་དོན་རིག་གནས་ཀྱི་འབྲེལ་བ་ཇེ་དམ་དུ་གྱུར་པ་སྟེ། བོད་རྒྱལ་སྲོང་བཙན་སྒམ་པོས་བོད་ཀྱི་གཉེན་ཞུ་བློ་རྗེ་བ་སྐོར་ཞིག་རྒྱ་ནག་ཏུ་མངགས་ཤིང་རྒྱའི་ལོ་ཙྪ་བ་བོད་དུ་ཞུས་ནས་ཆོས་བསྒྱུར་བ་དང་། ཐང་བོད་བར་གཞུང་ཚབ་འགྲོ་འོང་དུ་སྤེལ་ཞིང་། གཉེན་འབྲེལ་བཙུགས་པ། མཐུན་འབྲེལ་གྱི་མནའ་ཆིངས་བཀོད་པ། ཇ་ཧ་བཛྲ་རེས་ཀྱི་ཚོང་ལམ་ཕྱེ་བ། རིག་རྩལ་གྱི་སློབ་སྦྱོང་སྤེལ་བ་སོགས་ཀྱི་ཐབས་ལམ་བརྒྱུད་ནས་རྒྱ་བོད་མི་རིགས་བར་གྱི་འབྲེལ་བ་ཇེ་དམ་དུ་གྱུར་ཅིང་། རྒྱ་བོད་སྐད་གཉིས་བར་གྱི་འབྲེལ་གཏུག་ཀྱང་ཇེ་ཆེར་སྤེལ་བ་དང་། སུང་རྒྱལ་རབས་ནས་མིན་ཆིང་རྒྱལ་རབས་བར་ལ་རྒྱ་བོད་ཕན་ཚུན་དུ་གནས་སྤོར་ནས་འདྲེས་མར་བསྡད་ཅིང་། ཁྱད་པར་དུ་ཆིང་སྲིད་གཞུང་གིས་རྒྱ་མི་ཕྱི་སྤོར་གྱི་སྲིད་ཇུས་སྤྱད་པ་ལས་མདོ་ཁམས་སོ་མཚམས་ཀྱི་ཡུལ་གྲུ་ཀུན་བོད་རྒྱ་འདྲེས་སྡོད་ཀྱི་གནས་སུ་གྱུར་ནས། ཕན་ཚུན་དག་གི་སྐད་གཉིས་ཀྱང་སྔར་བས་འདྲེས་ཆེ་བར་གྱུར་པར(19) བསྟན་པ་སོགས་ལས་སྐད་གཉིས་སློབ་གསོའི་འབྱུང་རྐྱེན་ལ་མི་རིགས་ཕན་ཚུན་བར་གྱི་འགྲོ་འོང་གནས་སྟངས་དང་རིག་གནས་ཀྱི་འབྲེལ་འདྲིས་ཤིན་ཏུ་གཏིང་ཟབ་པའི་ཁྱད་ཆོས་ལྡན་པ་གསལ་པོར་རྫོགས་ཐུས་སོ། །

༢. བོད་ཁུལ་གྱི་སྐད་གཉིས་སློབ་གསོ་ནི་མི་རིགས་ཀྱི་སེམས་ཁམས་དང་སྤྱི་ཚོགས་འཚོ་བའི་དགོས་མཁོ་དང་བསྟུན་ནས་བྱུང་བའི་སློབ་གསོའི་མ་ལག་ཅིག་ཡིན་ཏེ། མི་རིགས་ཀྱི་སེམས་ཁམས་ཞེས་པ་ནི་མི་རིགས་ཐུན་མོང་ཚོགས་པ་ཞིག་ལ་ཡུན་རིང་བའི་ལོ་རྒྱུས་འཕེལ་འགྱུར་གྱི་བརྒྱུད་རིམ་ཁྲོད་དུ་ཆབ་སྲིད་དང་། དཔལ་འབྱོར། རིག་གནས་བཅས་ཀྱི་རྒྱུ་རྐྱེན་སྣ་ཚོགས་པའི་ཤུགས་རྐྱེན་ལས་རིམ་གྱིས་གྲུབ་པའི་མི་རིགས་ཀྱི་བསམ་བློའི་ཐུས་ཚད་དང་སེམས་ཁམས་ཀྱི་གནས་སྟངས་ཤིག་ཡིན་ལ། འདི་ལ་བྱེ་བྲག་ཏུ་མི་རིགས་ཀྱི་སྙིང་སྟོབས་དང་། མི་རིགས་ཀྱི་བརྩེ་དུང་། མི་རིགས་ཀྱི་འདུ་ཤེས་སོགས་སེམས་ཁམས་ཀྱི་སྣང་ཚུལ་ཅི་རིགས་ཤིག་འདུས་པ་མ་ཟད། དེ་དག་ནམ་རྒྱུན་སྐད་བརྡའི་

ལྟ་བ་དང་། སྐད་བརྡའི་སྤྱོད་སྟངས། སྐད་བརྡའི་རྣམ་འགྱུར་འཛིན་སྟངས་སོགས་དང་དམ་པོར་འབྲེལ་ནས་ཕྱིར་མངོན་གྱིན་ཡོད་པས། སྐད་གཉིས་སློབ་གསོ་སྟེ་སྐད་ཡིག་སྣ་གཅིག་ནས་སྣ་གཉིས་སམ་སྣ་མང་ཅམ་དང་རིག་གནས་སྣ་གཅིག་ནས་སྣ་མང་དུ་འཕེལ་བའི་སློབ་གསོའི་མ་ལག་ཆགས་ཐུབ་མིན་དེ་ཡང་དོན་དུ་མི་རིགས་ཤིག་གི་སྤྱི་ཚོགས་ཀྱི་དགོས་མཁོ་དང་། གཞན་པའི་སྐད་ཡིག་རིག་གནས་ལ་བཟུང་བའི་རྣམ་འགྱུར་དང་གདེང་འཛོག་བྱེད་སྟངས། གང་ཞིག་ངོས་ལེན་བྱེད་ཐུབ་མིན་སོགས་མི་རིགས་ཀྱི་སེམས་ཁམས་ཤིག་ལ་རག་ལས་ཤིང་། སེམས་ཁམས་འདི་དག་གིས་སྐད་གཉིས་སློབ་གསོའི་ལག་ལེན་ཁྲོད་དུ་སྐད་བརྡ་གཙོ་ཕལ་གྱི་འདེམ་སྤྱོད་དང་སྐད་གཉིས་སློབ་ཁྲིད་ཀྱི་དཔེ་གཞི་འདོན་སྟངས་སོགས་དང་། ཐན་པ་སྐད་དང་སྐད་བརྡ་གཉིས་པ་སོ་སོའི་འདོར་ལེན་བྱེད་སྟངས་སོགས་ལ་ཤན་ཐེབས་པ་མ་ཟད། སྐད་གཉིས་སློབ་སྦྱོང་གི་རྣམ་འགྱུར་དང་ཆུ་ཚད་བཅས་ལ་ཐད་ཀར་ཤན་ཐེབས་ཀྱིན་ཡོད། བོད་རིགས་ས་ཁུལ་ལ་མཚོན་ན། གནའ་ནས་ད་ལམ་དུ་བསྟུད་མུར་མི་རིགས་རང་གི་ཐོན་སྐྱེད་ནུས་ཤུགས་ཀྱི་ཆུ་ཚད་མཐོར་འདེགས་དང་། ཐོན་སྐྱེད་འབྲེལ་བ་ལེགས་འདུམ་བྱེད་པ། རིག་གནས་དཔལ་འབྱོར་འཕེལ་རྒྱས་སུ་གཏོང་བའི་དགོས་མཁོ་དང་བསྟུན་ནས་གཞན་རིགས་ཀྱི་ལེགས་ཚོགས་ཀུན་ནང་འདྲེན་བྱེད་པ་ལ་འགྲམ་ཆུ་ལྷུང་ཞིང་དང་བའི་དད་པ་གཡོ་བ་དང་བཅས་སྐད་གཉིས་སློབ་གསོའི་ཐབས་མཆོག་ལ་བརྟེན་ནས་རང་གི་རིག་གནས་བང་མཛོད་ཕྱུར་བུར་གཏམས་པར་མཛད་པ་སོགས་རིག་པའི་གནས་ཆེན་ལྔ་སོགས་ཀྱིས་མཚོན་ལ། ཁྱད་པར་དུ་བོད་བརྒྱུད་ནང་བསྟན་ཆེན་མོ་ཞེས་གྲགས་པའི་མཚན་སྙན་སྲིད་རྩེར་གཡོ་བ་དག་ཀྱང་རྒྱ་གར་གྱི་རིག་གནས་གང་ཞིག་མི་རིགས་རང་གི་བློ་མོས་སེམས་ཁམས་དང་མཐུན་པར་སྐད་གཉིས་སློབ་གསོའི་ཐབས་ལམ་ལ་བརྟེན་ནས་མི་རིགས་རང་མཚན་ཅན་གྱི་ཆོས་ལུགས་སུ་སྤེལ་བ་ཡིན་ལ། དུས་ད་ལྟ་ཉིད་ལའང་ཡུལ་དུས་རྒྱུ་རྐྱེན་སྣ་ཚོགས་པའི་སྤྱི་ཚོགས་ཀྱི་དགོས་དབང་དང་བསྟུན་ནས་བསྟུད་མུར་མི་རིགས་རང་གི་སྐད་བརྡ་དང་སློབ་གསོའི་ལྟ་བའམ་རྣམ་འགྱུར་ལ་འགྱུར་ལྡོག་བྱུང་བ་དང་ཆབས་ཅིག སྐད་གཉིས་སློབ་གསོའི་རྣམ་པ་དེ་ཡང་སྐད་གཅིག་ནས་སྐད་གཉིས་སམ་སྐད་མང་ཅན་དང་རིག་གནས་སྣ་གཅིག་ནས་སྣ་གཉིས་སམ་སྣ་མང་ཅན་དུ་བྱུང་ཞིང་། སྐད་གཉིས་སློབ་གསོའི་མ་ལག་འཐུས་ཚང་དུ་འཕེལ་བ་འདིས་ཀྱང་

བོད་ཁུལ་གྱི་སྐད་གཉིས་སློབ་གསོ་ལ་རང་སའི་མི་རིགས་ཀྱི་སེམས་ཁམས་དང་སྤྱི་ཚོགས་ཀྱི་དགོས་དབང་གིས་ཤུགས་ཐེབས་པའི་ཁྱད་ཆོས་མངོན་གསལ་ལྡན་པ་གསལ་པོར་མཚོན་ནུས་སོ། །

༣. བོད་ཁུལ་གྱི་སྐད་གཉིས་སློབ་གསོ་ནི་དུས་སྐབས་མི་འདྲ་བའི་སྐད་བརྡའི་སྲིད་ཇུས་ཀྱི་དབང་དུ་གྱུར་པའི་ཁྱད་ཆོས་ཀྱང་མངོན་གསལ་ལྡན་ཏེ། དཔེར་ན་སྒྲ་ཡངས་འཇུག་གི་སྐད་བརྡའི་སྲིད་ཇུས་ནི་སྐད་བརྡ་དང་། ཆབ་སྲིད། སྤྱི་ཚོགས་ཀྱི་དམིགས་དོན་དཀྱུས་གཅིག་ཏུ་སྦྲགས་ནས་སྤེལ་ཞིང་བྱེ་བྲག་པའི་སྐད་བརྡའི་འཆར་འགོད་སྣ་ཚོགས་བརྒྱུད་ནས་མངོན་པར་གྲུབ་པ་ཡིན་ལ། གནའ་དེང་བོད་ཁུལ་གྱི་སྐད་གཉིས་སློབ་གསོ་ལ་མཚོན་ན་ཡང་། བསྟན་པ་ཕྱི་དར་གྱི་དུས་སུ་ཆོས་རྒྱལ་རིམ་བྱོན་རྣམས་ཀྱིས་སྐད་གཉིས་ལོ་ཙཱའི་བྱ་བར་སྲིད་ཇུས་ཀྱི་མཐུན་རྐྱེན་ལེགས་པར་སྦྱར་ཞིང་གསེར་གྱི་རྔོངས་དང་བཟང་ཟིང་གི་སྦྱོར་བ་རྒྱ་ཆེར་སྤེལ་བ་ལ་བརྟེན་ནས། རྒྱལ་ཁམས་གཞན་པའི་སྐད་གཉིས་ལོ་པཎ་མང་པོ་ཚུར་ཁབ་ཏུ་གདན་དྲངས་པའམ། ཡང་ན་བོད་རང་གི་མི་སྣ་བློ་གྲོས་ཅན་རྣམས་རྒྱལ་ཁམས་གཞན་པའི་སྐད་ཡིག་བསླབ་ཏུ་མངགས་ཏེ་སྐད་གཉིས་སྨྲ་བའི་དབང་པོ་གསོ་སྐྱོང་བྱས་ལ། ལོ་ཙཱ་པ་ལ་འཛིག་རྟེན་མིག་དང་སྐད་གཉིས་སྨྲ་བའི་དབང་པོ་ཞེས་གཟེངས་སུ་བཏགས་ཏེ། སྐད་གཉིས་ཟུང་སྦྱོར་གྱི་སྙིང་སྟོབས་ལྡན་འཕགས་པའི་ཀུན་སློང་ལ་གུས་སྦྱོར་དང་ཞབས་ཏོག་ཕུན་སུམ་ཚོགས་པར་བསྒྲུབས་པ་དང་། སྐད་གཉིས་ལོ་ཙཱའི་ལག་ལེན་ཁྲིད་དུ་བཀས་བཅད་གཉིས་རིམ་པར་མཛད་ནས་ཡིག་སྒྱུར་བྱ་བ་ལ་རྩ་དོན་ཆེན་པོ་གསུམ་དང་། ཐབས་གཙོ་བོ་བཞི། ཇི་ལྟར་བྱ་དགོས་པ་བརྒྱད་གཏན་ཁེལ་མཛད་ཅིང་སྐད་བརྡ་ལ་ཇུས་འགོད་ལེགས་པར་བཅུག་སྟབས། གནའ་བོའི་སྐད་གཉིས་སློབ་གསོར་དགེ་མཚན་ཟླ་མེད་པ་ཐོན་པ་དང་། དེང་གི་སྐབས་ཙ་ནའང་ཏང་དང་སྲིད་གཞུང་གིས་ཡུན་རིང་བའི་སྲིད་དོན་རིག་གནས་ལ་དམིགས་ནས། 《ཀྲུང་ཧྭ་མི་དམངས་སྤྱི་མཐུན་རྒྱལ་ཁབ་ཀྱི་བཅའ་ཁྲིམས》དང་། 《ཀྲུང་ཧྭ་མི་དམངས་སྤྱི་མཐུན་རྒྱལ་ཁབ་ཀྱི་མི་རིགས་ས་གནས་རང་སྐྱོང་གི་ཁྲིམས་ཡིག》《ཀྲུང་ཧྭ་མི་དམངས་སྤྱི་མཐུན་རྒྱལ་ཁབ་ཀྱི་སྤྱི་སྤྱོད་སྐད་ཡིག་གི་ཁྲིམས་སྲོལ》བཅས་སྤེལ་ཞིང་། རྒྱལ་ཡོངས་སྤྱི་སྤྱོད་ཀྱི་སྐད་ཡིག་སྟེ་རྒྱ་སྐད་རྒྱ་ཡིག་དང་གྲངས་ཉུང་མི་རིགས་ཀྱི་སྐད་ཡིག་བར་གྱི་འབྲེལ་བ་ལེགས་པར་ཐག་བཅད་པ་དང་།

སྐད་བརྡའི་སྲིད་ཇུས་ཀྱི་དངོས་འབེབས་དང་ཇུས་འགོད་བྱེད་སྟངས་ལ་བརྟེན་ནས་སྐད་གཉིས་སློབ་སྲོལ་རྒྱ་ཆེར་དར་བ་ལས་བོད་ཁུལ་གྱི་སྐད་གཉིས་སློབ་གསོ་ལ་སྐད་བརྡའི་སྲིད་ཇུས་ཀྱི་ཤན་ཐེབས་དྲག་པ་མངོན་པར་གསལ་ལོ། །

གཉིས། སྐད་གཉིས་སྦྱོད་སྟངས་ཀྱི་ཁྱད་ཆོས།

སྐད་གཉིས་སློབ་གསོ་ནི་སློབ་གྲྭར་སྐད་བརྡ་གཉིས་སྤྱད་ནས་སློབ་གསོ་སྤེལ་བའམ། ཡང་ན་སློབ་གྲྭ་ནང་དུ་སྐད་བརྡ་གཉིས་པ་སྟེ་རྒྱ་ཡིག་དང་ཕྱི་ཡིག་སྤྱད་ནས་རིག་གཞུང་གི་ནང་དོན་བརྒྱུད་སྒྲོག་བྱེད་པའི་ཐབས་ལམ་ཞིག་ལ་བྱ་ཞིང་། སྤྱི་ཕྱིའི་སྒྲ་ཡངས་དོག་གི་དོན་གང་ཡིན་ཡང་སྐད་བརྡ་གཉིས་སྦྱོད་ཀྱི་སྣང་ཚུལ་བསྟོན་མེད་དུ་འབྱུང་བས་ན། བོད་ཁུལ་གྱི་བོད་རྒྱ་སྐད་གཉིས(ཕྱི་སྐད)ཀྱི་སློབ་གསོའི་སྤེལ་སྟངས་ལའང་སྐད་གཉིས་མཉམ་སྦྱོད་བྱེད་པ་དང་། བརྡ་རྟགས་བརྗེ་རེས་བྱེད་པ། སྐད་བརྡ་གཞན་དུ་སྤོར་བ། སྐད་བརྡ་འདྲེས་མར་སྦྱོད་པ་བཅས་ཀྱི་ཁྱད་ཆོས་མངོན་གསལ་དུ་ལྡན་ཏེ།

༡. བོད་ཁུལ་གྱི་སྐད་གཉིས་སློབ་གསོའི་སྐད་གཉིས་མཉམ་སྦྱོད་བྱེད་ཚུལ་ནི་སྤྱི་ཚོགས་དང་། སློབ་གྲྭ། ཁྱིམ་གཞི་ཡི་སློབ་གསོའི་བྱེད་སྟངས་དང་ཁོར་ཡུག་གང་རུང་ཁྲོད་དུ་དམིགས་བཅས་དང་དམིགས་མེད་གང་རུང་གི་སྒོ་ནས་སྐད་ཟུང་བརྗེ་རེས་སུ་སྦྱོད་པ་ཞིག་ཡིན་ལ། སྤྱིར་བཏང་དུ་སྐད་བརྡའི་ཚོགས་པ་མི་མཚུངས་པའི་ཁོར་ཡུག་ཁྲོད་དུ་འབྱུང་བ་མང་སྟེ། དཔེར་ན་བོད་རིགས་སློབ་མ་ཕལ་ཆེ་བས་རང་ཕྱོགས་ཀྱི་ཕ་ཡུལ་དང་ཁྱིམ་གཞིའི་ཁྲོད་དུ་བོད་སྐད་བརྗོད་པ་དང་མི་རིགས་འདྲེས་སྡོད་ཀྱི་སློབ་གྲྭ་རུ་རྒྱ་སྐད་སྨྲ་བ་ལྟ་བུ་མི་སྣ་འདྲེས་སྡོད་ཀྱི་ཁོར་ཡུག་གི་དབང་དུ་གྱུར་བ་དང་། གཞན་ད་དུང་སྐད་གཉིས་ཀྱི་སློབ་གསོ་སྟེ་ཕ་སྐད་དང་སྐད་བརྡ་གཉིས་པའི་སློབ་ཁྲིད་མཉམ་དུ་སྤེལ་བ་ལས་ཀྱང་སྐད་གཉིས་མཉམ་སྦྱོད་ཀྱི་ཆ་ཚད་མཐོར་འདེགས་ཀྱིན་ཡོད་དེ། དཔེར་ན་བོད་ཁུལ་གྱི་མི་རིགས་སློབ་གྲྭ་ཆེ་འབྲིང་གི་སློབ་མ་ཕལ་ཆེ་བས་རྒྱ་སྐད་དང་ཕྱི་ཡིག་དག་ཀྱང་ཕ་སྐད་དང་རེས་མེད་དུ་སྦྱངས་ནས། འབྲེལ་འདྲིས་བྱ་ཡུལ་བོད་ལ་ཐུག་ན་བོད་སྐད་དང་། རྒྱ་དང་འཕྲད་ན་རྒྱ་སྐད། ཕྱི་གླིང་བ་དང་མཇལ་ན་ཕྱི་སྐད་བརྗོད་པ་སོགས་སྐད་གཉིས་མཉམ་སྦྱོད་ཀྱི་སྣང་ཚུལ་ཡིན་ལ། འདི་འདྲ་བའི་སྐད་གཉིས་མཉམ་སྦྱོད་བྱེད་ཚུལ་ནི་སྐད་གཉིས་

སློབ་གསོའི་ཁྱད་ཆོས་གཟིངས་སུ་ཐོན་པ་ཞིག་ཡིན་པས་ན། ཁ་ཅིག་གིས་སྐད་གཉིས་སློབ་གསོ་ནི་གྲངས་ཉུང་མི་རིགས་ཀྱི་སྐད་དང་རྒྱ་སྐད་གཉིས་སྤྱོད་ཀྱི་ཤེས་ལྡན་མི་སྣ་སྐྱེད་སྲིང་བྱེད་པའི་ཐབས་ལམ་གལ་ཆེན་ཞིག་ཡིན[20]པར་བསྟན་ཏོ། །

༢. སྐད་གཉིས་སློབ་གསོའི་བརྡ་རྟགས་བརྗེ་རེས་བྱེད་ཚུལ་ནི་སློབ་གསོའི་ཁོར་ཡུག་སྣ་ཚོགས་ཁྲོད་དུ་སྐད་གཉིས་སམ་སྐད་མང་རྫོད་མཁན་དག་གིས་གཏམ་གླེང་གཅིག་བྱ་བ་ལ་སྐབས་འགར་སྐད་བརྡའམ་འགྱུར་གཟུགས་ཀ་བ་བརྗོད་པ་དང་། སྐབས་འགར་སྐད་བརྡའམ་འགྱུར་གཟུགས་ཁ་བ་སྤྱད་ཅིང་སྐད་ཆའི་བརྡ་རྟགས་བརྗེ་རེས་བྱེད་པ་ཞིག་ཡིན་ལ། སྤྱིར་བཏང་དུ་སྐད་བརྡའི་འགན་ནུས་ཀྱི་བརྗེ་སྒྱུར་བྱེད་ཚུལ་དང་སྐད་བརྡའི་སྡེ་ཚན་གྱི་བརྗེ་སྒྱུར་བྱེད་ཚུལ་གཉིས་ཡོད་དེ།

(༡) སྐད་བརྡའི་འགན་ནུས་ཀྱི་བརྗེ་སྒྱུར་བྱེད་ཚུལ་ནི་སྐད་ཆའི་བརྡ་སྤྲོད་པའི་འགན་ནུས་ཀྱི་ཐད་ནས་བརྡ་རྟགས་བརྗེ་སྒྱུར་བྱེད་ཚུལ་དུ་རིགས་ཕྱེ་བ་ཡིན་ཞིང་། འདི་ལའང་བྱེ་བྲག་ཏུ་གནས་སྐབས་ཀྱི་བརྗེ་སྒྱུར་བྱེད་ཚུལ་དང་སྨྲ་བརྗོད་ཀྱི་བརྗེ་སྒྱུར་བྱེད་ཚུལ་གཉིས་ཡོད་པ་ལས། སྔ་མ་ནི་སྐད་ཆའི་གནས་སྐབས་སྣ་ཚོགས་ཏེ་སྐབས་བབ་ཡུལ་དུས་ཀྱི་ཁོར་ཡུག་དང་། རྫོད་མཁན་གྱི་རྣམ་འགྱུར། འབྲེལ་འདྲིས་ཕྱོགས་གཉིས་ཀྱི་འབྲེལ་བ་དང་སྤྱི་ཚོགས་ཀྱི་ཁྱད་ཆོས་སོགས་ལ་བསྟུན་ནས་བརྗེ་སྒྱུར་བྱེད་པ་ཞིག་སྟེ། དཔེར་ན་ལོ་ཙྪ་དགེ་རྒན་ཞིག་གིས་སློབ་ཐུན་ནང་དུ་རྒྱ་ཡིག་གི་ཆུ་ཚད་བཟང་བའི་སློབ་མ་ཞིག་ལ་བོད་སྐད་བརྗོད་པ་དང་། བོད་ཡིག་གི་ཆུ་ཚད་བཟང་བའི་སློབ་མ་ཞིག་ལ་རྒྱ་སྐད་བརྗོད་པ་སོགས་གནས་སྐབས་མི་འདྲ་བའི་དབང་དུ་གྱུར་བ་ལྟ་བུ་ལགས་ལ། ཕྱི་མ་ནི་བརྗོད་བྱ་ནང་དོན་དང་འབྲེལ་བའི་བརྗེ་སྒྱུར་བྱེད་ཚུལ་ཞིག་སྟེ། དཔེར་ན་བརྗོད་བྱ་ཁ་ཤས་བོད་སྐད་ལས་རྒྱ་སྐད་ཀྱིས་བརྗོད་ན་མི་འཚམ་པ་དང་། ཁ་ཤས་རྒྱ་སྐད་ལས་བོད་སྐད་ཀྱིས་བརྗོད་ན་མི་འཚམ་ཞིང་ཡང་ན་དེ་ལས་བརྡ་དོན་ཁ་ཤས་མེད་པས་ན། བརྡ་ཐབས་བརྗེ་རེས་སུ་སྤྱིལ་བ་ལྟ་བུ་ལགས་སོ། །

(༢) སྐད་བརྡའི་སྡེ་ཚན་གྱི་བརྗེ་སྒྱུར་བྱེད་ཚུལ་ནི་ཚིག་སྦྱོར་གྱི་སྒྲིག་གཞི་གཞིར་བཟུང་ནས་བརྡ་ཟུང་བརྗེ་སྒྱུར་བྱེད་པ་ཡིན་ཏེ། འདི་ལ་སྤྱིར་བཏང་དུ་ཚིག་གྲུབ་སྡེ་ཚན་བྱས་ནས་བརྗེ་སྒྱུར་བྱེད་པ་མང་ཡང་། སྐབས་འགར་ཚིག་ལས་ཆེ་བའི་དུམ་ཚན་སྡེ་ཚན་

བྱེད་པའམ་ཡང་ན་ཚིག་ལས་ཆུང་བའི་མིང་ཚོམ་དང་མིང་རེ་འགའ་དང་། ཡང་ན་མིང་གི་གྲུབ་ཆའམ་མིང་རྫས་སྡེ་ཚན་དུ་བྱས་ནས་བརྗེ་སྒྱུར་བྱེད་པའང་སྣང་བས། སྐད་བརྡ་སྦྲ་ཁ་ཅིག་གིས་བརྗེ་སྒྱུར་གྱི་རྩ་བའི་སྡེ་ཚན་ནི་མིང་རྫས་དང་། མིང་། མིང་ཚོམ། ཚིག་གྲུབ་བཅས་ཡིན[21]པར་གསུངས་སོ། །

གོང་གསལ་བརྡ་རྟགས་བརྗེ་སྒྱུར་བྱེད་ཚུལ་གང་ཡིན་ཡང་ངེས་པར་དུ་བརྩི་སྲུང་བྱ་དགོས་པ་ཞིག་ནི་ལྟོས་འཛོག་གིས་ཚུགས་ཐུབ་ཏུ་སྣང་བའི་གྲུབ་ཆ་དག་ཕན་ཚུན་ལ་བརྗེ་རེས་བྱེད་པ་ལས་ཚུགས་ཐུབ་ཏུ་མེད་པ་བརྗེ་རེས་བྱེད་མི་རུང་བ་དང་། སྐད་བརྡ་གཉིས་ཀྱི་ཕན་ཚུན་ལ་བརྗེ་སྒྱུར་བྱེད་པའི་སྒྲིག་གཞི་ངེས་པར་དུ་འདྲ་མཉམ་ཡིན་པའི་རྩ་དོན་དག་ཏུ་ངེས་པ་རྒྱུན་པར་སྐད་གཉིས་སློབ་ཁྲིད་ཀྱི་ལག་ལེན་དུ་རྒྱུགས་ཆེ་བར་སྤྱོད་པ་ལྟར་ལགས་སོ། །

༣. སྐད་གཉིས་སློབ་གསོའི་སྐད་བརྡ་གཞན་དུ་སྒྱུར་ཚུལ་ནི་སྐད་གཉིས་སློབ་གསོའི་བརྒྱུད་རིམ་ཁྲིད་དུ་ཆེས་ཐོག་མའི་ཕ་སྐད་ངོར་ནས་རིམ་གྱིས་སྐད་བརྡ་གཉིས་པ་གང་ཞིག་རང་གི་ཕ་སྐད་ཀྱི་དོད་དུ་སྤྱོད་པའི་མཇུག་འབྲས་མི་ལེགས་པ་ཞིག་ཡིན་ལ། བྱེ་བྲག་ཏུ་བཙན་དབང་གི་སྒྱུར་ཚུལ་དང་རང་བཞུགས་ཀྱི་སྒྱུར་ཚུལ་གཉིས་ཡོད་དེ། བཙན་དབང་གི་སྒྱུར་ཚུལ་ནི་རྒྱལ་ཁབ་དང་སྲིད་གཞུང་གིས་རྒྱལ་ཁམས་ཚད་མཐོ་བར་གཅིག་གྱུར་དང་མི་རིགས་མཉམ་འདྲེས་བྱེད་པ་སོགས་ཀྱི་དགོས་དབང་སྣ་ཚོགས་ལ་དམིགས་ཤིང་སྲིད་ཁྲིམས་དང་སློབ་གསོའི་ཐབས་ཇུས་སྣ་ཚོགས་ཀྱི་བཙུན་ཐབས་ལ་བརྟེན་ནས་དམའ་རིམ་དུས་ཀྱི་ཕ་སྐད་སློབ་གསོའི་ངོ་བོ་དེ་མཐོ་རིམ་དུས་སུ་སྐད་བརྡ་གཉིས་པའམ་གཞུང་སྐད་དུ་བསྒྱུར་བ་ལྟ་བུ་གཞན་དབང་དུ་གྱུར་བ་ཡིན་ལ། རང་བཞུགས་ཀྱི་སྒྱུར་ཚུལ་ནི་རང་ལ་ཕ་སྐད་སྤྱོད་པའི་ཁེ་དབང་ཡོད་ཀྱང་། ཕྱི་རོལ་ཡུལ་དུས་ཀྱི་ཁོར་ཡུག་སྣ་ཚོགས་པའི་དགོས་དབང་གིས་རང་མོས་ལྟར་བྱིས་པས་ཕ་སྐད་སློབ་པའི་གོ་སྐབས་རིམ་གྱིས་ངོར་ནས་སྐད་བརྡ་གཉིས་པ་སྟེ་གཞུང་སྐད་དང་ཕྱི་སྐད་སོགས་སྦྱོང་བར་བློ་ཕྱོགས་པ་ལྟ་བུ་རང་དབང་ཅན་དུ་ངེས་ལ། སྤྱི་ཕྱིའི་སྒྱུར་ཚུལ་གང་ཡིན་ཡང་དེ་དག་ཕ་སྐད་རིག་གནས་ཉམས་ཉེན་གྱི་རྒྱུ་རྐྱེན་ཟད་པས། ཀུན་གྱིས་ཀྱང་སྐད་གཉིས་སློབ་གསོའི་ཐབས་ལམ་འདི་དག་རྒྱུན་པར་རིག་གནས་མཉམ་འདྲེས་ཀྱི་བརྒྱུད་རིམ་ཞིག་ཏུ་རྟོགས་ཀྱིན་ཡོད་དེ། 《སྐད་གཉིས་དང་རིག་གནས་མཉམ་

འདྲེས་ཀྱི་བརྒྱུད་རིམ》ནང་དུ། སྐད་གཉིས་དང་རིག་གནས་མཉམ་འདྲེས་ཀྱི་བརྒྱུད་རིམ་བར་གྱི་རྐྱེན་འབྱུང་གི་འབྲེལ་བ་ཤེས་ཙ་ན། སྐད་བརྡ་གཉིས་པའི་སྤྱོད་སྟངས་ལེགས་པར་འདུམ་སྒྲིག་བྱེད་པའམ། སྐད་གཉིས་ཀྱིས་གོ་གནས་གལ་ཆེན་ཟིན་པའི་སྲུའུ་ལེན་གྱི་མི་རིགས་སོ་སོའི་རིག་གནས་ཀྱིས་ཕན་ཚུན་ལ་ཤན་ཐེབས་པའི་བརྒྱུད་རིམ་ལ་ཐབས་ཇུས་སྣ་ཚོགས་འདོན་དུས་ཀྱང་། དེ་དག་ལ་ངེས་པར་དུ་བསམ་གཞིག་ལེགས་པར་གཏོང་དགོས་ལ། འདུམ་སྒྲིག་དེ་དག་ལ་ཆེས་ཕན་ནུས་ཆེ་བའི་སྒྱུལ་ཤུགས་འདོན་མཁན་གཅིག་ནི་སློབ་གྲྭའི་སློབ་གསོ་ཡིན་པར་མ་ཟད། ཆེས་གཙོ་བོ་ནི་སློབ་ཁྲིད་ཀྱི་སྐད་བརྡ་ཡིན[22] ཞེས་གསུངས་པ་བོད་ལུགས་ཀྱི་སྐད་གཉིས་སློབ་གསོ་ལའང་སྦྱོར་དུ་རུང་ཞིང་དོན་ལ་གནས་པའི་ལེགས་བཤད་འབའ་ཞིག་ཡིན་པར་སེམས་སོ། །

༤. སྐད་བརྡ་འདྲེས་མར་སྤྱོད་པའང་སྐད་གཉིས་སློབ་གསོའི་བརྒྱུད་རིམ་ཁྲིད་བསྟོན་མེད་དུ་འབྱུང་བའི་སྐད་བརྡའི་སྣང་ཚུལ་ཞིག་ཡིན་ལ། དེ་ཡང་གཙོ་བོ་ཕ་སྐད་དང་སྐད་བརྡ་གཉིས་པས་ཕན་ཚུན་ལ་ཤན་ཞུགས་ནས་ངོས་མི་གཙང་ཞིང་ཚད་ལྡན་མིན་པའི་བརྡ་སྐད་འདྲེས་མར་སྤེལ་བ་ཞིག་སྟེ། དཔེར་ན་རྒྱ་སྐད་ཀྱི་བསྒྲག་གདངས་དང་ཚིག་གི་སྦྱོར་བ་ལ་བོད་སྐད་ཀྱིས་ཤན་ཞུགས་པ་དང་། བོད་སྐད་ཀྱི་སྒྲ་བརྗོད་ལ་རྒྱ་སྐད་ཀྱི་མིང་བརྡའམ་ཡང་ན་ཚིག་གི་སྦྱོར་ལུགས་སྤེལ་ནས་བརྡ་སྐད་འདྲེས་མའམ་ཡ་མ་གཟུགས་སུ་གྲུབ་པ་ཡིན་ལ། མཐར་གཏུགས་ན་འདི་དག་ཀྱང་རྒྱ་སྐད་དང་ས་གནས་མི་རིགས་ཀྱི་སྐད་བརྡ་གཉིས་འདྲེས་ཀྱི་ཆ་ནས་གྲུབ་པའི་བརྡ་ཐབས་ཁྱད་པར་བ་ཞིག་ཡིན་སྟབས། ཏ་ལམ་ཁེ་རེ་ཨོར་གྱི་སྐད་བརྡའི་ངོ་བོ་དང་གཉིས་སུ་མ་མཆིས་པར[23] བསྟན་པ་སོགས་ཀྱང་སྐད་གཉིས་སློབ་གསོའི་བརྡ་ཐབས་ཀྱི་ཁྱད་ཆོས་སུ་འཁྱེམས་པར་འདོད་པ་མང་ངོ་། །

གསུམ། སྐད་གཉིས་སློབ་གསོའི་འཕེལ་འགྱུར་གྱི་ཁྱད་ཆོས།

སྐད་གཉིས་སྣང་ཚུལ་ནི་སྤྱི་ཚོགས་ཀྱི་སྣང་ཚུལ་ཞིག་ཡིན་ལ། སྐད་གཉིས་སློབ་གསོའང་སྤྱི་ཚོགས་འཕེལ་འགྱུར་གྱི་དགོས་དབང་གིས་བཏོན་པའི་སློབ་གསོའི་ཐབས་ལམ་ཞིག་ཡིན་ཙ་ན། སྤྱི་ཚོགས་ཀྱི་ངོ་བོ་དང་སྤྱི་ཚོགས་ཀྱི་ཆ་རྐྱེན་མི་འདྲ་བའི་ཆ་ནས་སྐད་གཉིས་སློབ་གསོའི་འཕེལ་འགྱུར་གྱི་ཁྱད་ཆོས་ཀྱང་སྣ་ཚོགས་སུ་མངོན་འདུག་སྟེ།

༡. བོད་ཁུལ་གྱི་སྐད་གཉིས་སློབ་གསོའི་འཕེལ་འགྱུར་ལ་ཡུལ་དུས་ཀྱི་མཐུན་རྐྱེན་སྣ་ཚོགས་པའི་དབང་དུ་གྱུར་བའི་ཁྱད་ཆོས་མངོན་གསལ་ལྡན་ཏེ། དུས་སྐབས་མི་འདྲ་བ་སོ་སོའི་མི་རིགས་ཕན་ཚུན་བར་གྱི་འབྲེལ་བ་མི་འདྲ་བ་དང་། སྤྱི་ཚོགས་རིག་གནས་ཀྱི་དགོས་མཁོ་མི་འདྲ་བ། སྐད་བརྡའི་སྲིད་ཇུས་ཀྱི་སྤེལ་སྟངས་མི་འདྲ་བ་སོགས་ཀྱི་ཆ་ནས་དུས་སྐབས་སོ་སོའི་སྐད་གཉིས་སློབ་གསོའི་ཁྱབ་ཁྱ་ཆེ་ཆུང་དང་། སྐད་བརྡ་གཉིས་པའི་འདེམས་སྒྲུབ་བྱེད་སྟངས། སྐད་གཉིས་སློབ་གསོའི་འཕེལ་འགྱུར་གྱི་ཚུ་ཚད་སོགས་ཀྱང་མི་འདྲ་སྟེ། དཔེར་ན་བོད་བཙན་པོ་དུས་སྐབས་ཀྱི་སྐད་གཉིས་སློབ་གསོའི་ནང་དོན་དང་རྣམ་པའི་འཕེལ་ཚད་དེ་ཉེ་རབས་ཀྱི་དུས་སྐབས་དང་མི་འདྲ་བ་དང་། ཉེ་རབས་ཀྱི་འཕེལ་ཚད་དེ་དེང་རབས་དང་མི་འདྲ་ལ། དེང་རབས་སྤྱི་ཚོགས་རིང་ལུགས་ཀྱི་དུས་ཙ་ནའང་རྒྱལ་ཁམས་སྤྱི་གཞུང་གི་སྲིད་འཛིན་རིག་གསུམ་ཚད་མཐོ་བར་གཅིག་གྱུར་དང་བྱེ་བྲག་མི་རིགས་སོ་སོའི་དམིགས་བསལ་རང་བཞིན་ལ་དམིགས་པའི་ཐབས་ཇུས་དང་ལམ་ལུགས་ཁྱད་པར་བ་ལས་སྐད་གཉིས་སློབ་གསོའི་ལས་དོན་རྒྱ་ཆེར་དར་ཞིང་སྔར་མེད་པའི་འཕེལ་རྒྱས་ཀྱི་གནས་སུ་སོན་པ་རྣམས་སྐད་གཉིས་སློབ་གསོ་ཕྱི་ནང་གི་མཐུན་རྐྱེན་སྣ་ཚོགས་ལ་རག་ལས་པ་བཞིན་ནོ། །

༢. བོད་ཁུལ་གྱི་སྐད་གཉིས་སློབ་གསོའི་འཕེལ་འགྱུར་ལ་དུས་སྐབས་མི་འདྲ་བའི་ཁྱད་ཆོས་མངོན་གསལ་ལྡན་ཏེ། དཔེར་ན་བོད་གནའ་བོའི་དུས་སྐབས་ཀྱི་སྐད་གཉིས་སློབ་གསོ་སྟེ་ཞང་བོད་སྐད་གཉིས་དང་སཾ་བོད་སྐད་གཉིས་ཀྱི་བྱ་བ་ནི་བོད་ཁམས་གཅིག་མཐུན་གྱི་རྨང་གཞིའི་སྟེང་གཙོ་བོ་ཆོས་ལུགས་ཀྱི་སྤྱོད་སྒོ་དང་བསྟུན་ནས་སྐད་གཉིས་ལོ་ཙཱའི་བརྒྱུད་རིམ་ཁྲིད་དུ་བྱུང་ཞིང་མཐོ་རིམ་ཆོས་ལུགས་མི་སྣའི་གྲས་སུ་སྤེལ་བ་ལས་སྐྱེ་འབངས་ཡོངས་ལ་ཁྱབ་གདལ་དུ་ཕྱིན་མེད་པའི་ཁྱད་ཆོས་ཅན་ཞིག་ཡིན་པ་དང་། ཉེ་རབས་ཀྱི་སྐད་གཉིས་སློབ་གསོ་སྟེ་ཡོན་གོང་མ་ནས་བཟུང་བཅིངས་འགྲོལ་ཡར་སྔོན་གྱི་སྐད་གཉིས་སློབ་གསོ་ནི་བོད་ཁམས་ཡོངས་མེས་རྒྱལ་ནང་ཁུལ་དུ་གཏོགས་པ་གཞིར་བྱས་གཙོ་བོ་སོག་བོད་སྐད་གཉིས་དང་རྒྱ་བོད་སྐད་གཉིས་ཀྱི་སྟེང་དུ་གཞོལ་བ་དམ་ཞིང་ཆོས་སྲིད་ལུགས་གཉིས་ཀྱི་སྤྱོད་སྒོ་ཀུན་ཏུ་ཁྱབ་ལ་སྤར་བས་ཁྱབ་རྒྱ་ཆེ་ཙམ་དུ་འཕེལ་བའི་བར་བརྒལ་གྱི་ཁྱད་ཆོས་ཅན་ཞིག་ཡིན་པ་དང་། བཅིངས་འགྲོལ་བྱས་རྗེས་དང་ལྷག་པར་

བཅོས་སྒྱུར་སྒོ་འཕྱེད་ནས་ད་ལྟ་བར་གྱི་སྐད་གཉིས་སློབ་གསོ་ནི་བོད་རྒྱ་སྐད་གཉིས་དང་བོད་རྒྱ་ཕྱི་གསུམ་གྱི་སྐད་དུ་གཞོལ་བ་ལ་སློབ་སྦྱོང་གི་དམིགས་རྒྱང་རིང་ཞིང་རྣམ་པ་རྒྱ་ཆེ་ལ་ནང་དོན་ཕུན་སུམ་ཚོགས་པའི་དེང་རབས་སློབ་གསོའི་མ་ལག་ཏུ་གྲུབ་པ་སོགས་ཡུལ་དུས་ཀྱི་གནས་སྐབས་མི་འདྲ་བའི་ཁྱད་ཆོས་མངོན་གསལ་ལྡན་པ་ཞིག་རེད་དོ། །

༣. བོད་ལུགས་ཀྱི་སྐད་གཉིས་སློབ་གསོའི་འཕེལ་འགྱུར་ལ་རྣམ་པ་མི་བརྟན་པ་ནས་བརྟན་པའི་བར་དུ་འཕེལ་བའི་ཁྱད་ཆོས་མངོན་གསལ་ལྡན་ཏེ། གནའ་བོའི་བོད་ལུགས་ཀྱི་སྐད་གཉིས་སློབ་གསོ་ནི་གཙོ་བོ་ཆོས་ལུགས་རིག་གནས་ནང་འདྲེན་དང་དར་སྤེལ་གྱི་དགོས་མཁོ་དང་བསྟུན་ནས་གཞན་སྐད་ལོ་ཙཱ་བྱེད་པའི་སྦྱོང་ལམ་འབའ་ཞིག་ཏུ་ངེས་པ་མ་གཏོགས་སྤྱི་ཚོགས་ཁོར་ཡུག་གི་རྨང་གཞི་བརྟན་པོ་མེད་པ་དང་། ད་ལྟའི་སྐད་གཉིས་སློབ་གསོ་ནི་སྤྱི་ཚོགས་རིག་གནས་ཀྱི་འཕོ་འགྱུར་དང་མི་རིགས་འདྲེས་སྡོད་ཀྱི་སྣང་ཚུལ་རྒྱ་ཆེར་གྲུབ་ཅིང་སྐད་གཉིས་ཀྱི་སྣང་ཚུལ་བརྟན་པོ་གཞིར་བཟུང་ནས་སྤེལ་བ་ལས་སྐད་གཉིས་ལོ་ཙཱའི་སྡེ་ཙམ་ལ་བརྟེན་པ་མ་ཡིན་ཕྱིར། སྐད་གཉིས་སློབ་གསོ་དེའང་གནའ་བོའི་ཕ་སྐད་གཅིག་རྐྱང་གཙོ་ཞིང་གཞན་སྐད་གཞོགས་འདེགས་ཀྱི་ཚུལ་དུ་སྤེལ་བ་ནས་ད་ལྟ་སྐད་གཉིས་རིས་མེད་དུ་སྦྱོད་པ་དང་། ཐོར་སྐད་བརྡ་གཉིས་པའི་ནང་དོན་ངེས་གཏན་མ་ཡིན་པ་ནས་ནང་དོན་གཏན་ཆགས་ཅན་དུ་འཕེལ་བ་དང་། ཐ་མོར་མཐོ་རིམ་ཆོས་ལུགས་མི་སྣའི་གསོ་སྐྱོང་འབའ་ཞིག་ཏུ་གཞོལ་བ་ནས་དམངས་ཡོངས་ལ་ཁྱབ་གདལ་དུ་ཕྱིན་པ་དང་། ཐོག་མའི་སྐད་གཉིས་ཀྱི་ལོ་ཙཱ་སྤེལ་སྟངས་ཁོ་ན་ཙམ་ནས་སྐད་གཉིས་སློབ་གསོའི་མ་ལག་ཡོངས་སུ་ཆགས་པའི་བར་དུ་འཕེལ་འགྱུར་བྱུང་བ་སོགས་ལས་བོད་ལུགས་ཀྱི་སྐད་གཉིས་སློབ་གསོ་ལའང་འཕེལ་རྒྱས་ཀྱི་རྣམ་པ་ངེས་གཏན་མ་ཡིན་པ་ནས་ངེས་གཏན་ཅན་དུ་འགྱུར་བའི་ཁྱད་ཆོས་མངོན་གསལ་ལྡན་པ་རྟོགས་ནུས་སོ། །

ཟུར་མཆན།

(1)(2)(3)(4)(5) རིམ་པར་ཤར་རྫ་བཀྲ་ཤིས་རྒྱལ་མཚན་གྱིས་བརྩམས་ཤིང་མི་རིགས་དཔེ་སྐྲུན་ཁང་གིས༡༨༤༥ལོར་པར་དུ་བསྐྲུན་པའི《ལེགས་བཤད་རིན་པོ་ཆེའི་གཏེར་མཛོད》[M]ཅེས་པའི་ཤོག་ངོས༡༥༨དང་། ཤོག་ངོས༡༣༠། ཤོག་ངོས་༡༥༠། ཤོག་ངོས་༡༥༣། ཤོག་ངོས་༡༥༨སྟེང་གསལ།

(6) དཔའ་བོ་གཙུག་ལག་ཕྲེང་བས་མཛད་ཅིང་མི་རིགས་དཔེ་སྐྲུན་ཁང་གིས་༡༩༨༥ལོར་པར་དུ་བསྐྲུན་པའི《ཆོས་འབྱུང་མཁས་པའི་དགའ་སྟོན》[M] གྱི་ཤོག་ངོས་༡༨༢སྟེང་གསལ།

(7) རྗེ་དམུ་དགེ་བསམ་གཏན་གྱིས་མཛད་ཅིང་སི་ཁྲོན་མི་རིགས་དཔེ་སྐྲུན་ཁང་གིས་༡༩༨༢ལོར་པར་དུ་བསྐྲུན་པའི《བོད་དུ་རིག་གནས་དར་ཚུལ་མདོར་བསྡུས་བཤད་པ》[M] ཞེས་པའི་ཤོག་ངོས་༧༧སྟེང་གསལ།

(8) (10) རིམ་པར་ཕྱུའུ་རྫིན་ཕེས་གཙོ་སྒྲིག་བྱས་ཤིང་བོད་ལྗོངས་མི་དམངས་དཔེ་སྐྲུན་ཁང་གིས་༡༩༧༩ལོར་པར་དུ་བསྐྲུན་པའི《ཨམ་བམ་ལེན་དབྱིའི་ཞུ་ཡིག》[M] ཅེས་པའི་ཤོག་ངོས་༡༦དང་། ཤོག་ངོས་༣༦། ཤོག་ངོས་༤༣སྟེང་གསལ།

(9) ཞེ་ཅོ་དང་ཧེ་པོ་གཉིས་ཀྱིས་བརྩམས་ཤིང་མཚོ་སྔོན་མི་དམངས་དཔེ་སྐྲུན་ཁང་གིས་པར་དུ་བསྐྲུན་པའི《བོད་ཀྱི་གནའ་རབས་སློབ་གསོའི་ལོ་རྒྱུས་མདོར་བསྡུས》[M] ཞེས་པའི་ཤོག་ངོས་༢༥༤སྟེང་གསལ།

(11) ཐེན་ཅ་ལིག་གིས་བརྩམས་ཤིང《བོད་ལྗོངས་སློབ་གསོ》༡༩༩༨ལོའི་དེབ་གསུམ་པར་བཀོད་པའི《བོད་ལྗོངས་ཀྱི་སྐད་གཉིས་སློབ་ཁྲིད་སྐོར་བརྗོད་པ》[J] ཞེས་པར་གསལ།

(12) ཧད་ཆིན་ཞ་དང་ཧུང་ཡན་གཉིས་ཀྱིས་བརྩམས་ཤིང《མི་རིགས་སློབ་གསོའི་ཞིབ་འཇུག》༡༩༩༦ལོའི་དེབ་བཞི་པར་བཀོད་པའི《ཀྲུང་གོའི་གྲངས་ཉུང་མི་རིགས་ཀྱི་སྐད་གཉིས་སློབ་གསོའི་ལོ་རྒྱུས་ཀྱི་འཕེལ་འགྱུར》[J] ཞེས་པར་གསལ།

(13) (14) རིམ་པར《ཀྲུང་གོའི་བོད་ཀྱི་ཤེས་རིག》༡༩༩༨ལོའི་དེབ་གསུམ་པར་བཀོད་པའི《བོད་ལྗོངས་ས་ཁུལ་གྱི་སློབ་གསོའི་ལས་དོན་འཕེལ་ཚུལ་སྐོར་གླེང་བ》(ལྷ་ཧྲུང་གིས་བརྩམས་ཤིང་གཡུ་སྒྲོན་གྱིས་བསྒྱུར) [J] ཞེས་པའི་ཤོག་ངོས་༦དང་ཤོག་ངོས་༨སྟེང་གསལ།

(15) (23) རིམ་པར་སུམ་ཧྲ་དོན་གྲུབ་ཚེ་རིང་གིས་བརྩམས་ཤིང་མཚོ་སྔོན་མི་རིགས་དཔེ་སྐྲུན་ཁང་གིས་༡༩༩༩ལོར་པར་དུ་བསྐྲུན་པའི《སྤྱི་ཚོགས་སྐད་བརྡ་རིག་པའི་སྤྱི་དོན》[M] ཞེས་པའི་ཤོག་ངོས་༢༡༡ནས་༢༡༢དང་ཤོག་ངོས་༢༧༧སྟེང་གསལ།

(16) (17) རིམ་པར་ཤར་རྫ་བཀྲ་ཤིས་རྒྱལ་མཚན་གྱིས་བརྩམས་ཤིང་མི་རིགས་དཔེ་སྐྲུན་ཁང་གིས་༡༩༨༥ལོར་པར་དུ་བསྐྲུན་པའི《ལེགས་བཤད་རིན་པོ་ཆེའི་གཏེར་མཛོད》[M] ཅེས་པའི་ཤོག་ངོས་༡༥༨སྟེང་གསལ།

(18) ཤར་ཡུལ་ཕུན་ཚོགས་ཚེ་རིང་གིས་བརྩམས་ཤིང་བོད་ལྗོངས་མི་རིགས་དཔེ་སྐྲུན་ཁང་གིས་༢༠༠༣ལོར་པར་དུ་བསྐྲུན་པའི《ཆོས་འབྱུང་མཁས་པའི་དགོངས་རྒྱན》[M] ཞེས་པའི་ཤོག

ངོས༧༢སྟེང་གསལ།

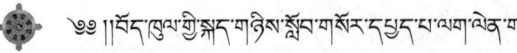

(19) ཏད་ཆིན་ཞུས་གཙོ་སྒྲིག་བྱས་ཤིང་ཀྲུང་དབྱང་མི་རིགས་སློབ་གྲྭ་ཆེན་མོའི་དཔེ་སྐྲུན་ཁང་གིས༡༩༩༢ལོར་པར་དུ་བསྐྲུན་པའི《རྒྱ་སྐད་དང་གྲངས་ཉུང་མི་རིགས་ཀྱི་སྐད་བརྡའི་འབྲེལ་བ་སྤྱིར་བཤད་པ》[M] ཞེས་པའི་ཤོག་ངོས༧༩སྟེང་གསལ།

(20) ཕང་ལིས་བརྩམས་ཤིང《ཀྲུང་གོའི་མི་རིགས་སློབ་གསོ》༢༠༡༠ལོའི་དེབ་གསུམ་པར་བཀོད་པའི《སྐད་གཉིས་སློབ་ཁྲིད་དེ་སྐད་གཉིས་སྨྲ་བའི་ཤེས་ལྡན་མི་སྣ་སྐྱེད་སྲིང་བྱེད་པའི་ཐབས་ལམ་གལ་ཆེན》[J] ཞེས་པར་གསལ།

(21) རྡུའུ་རྡུ་ཅིན་གྱིས་བརྩམས་ཤིང་སི་ཁྲོན་མི་རིགས་དཔེ་སྐྲུན་ཁང་གིས༡༩༩༧ལོར་པར་དུ་བསྐྲུན་པའི《བོད་ཀྱི་སྐད་བརྡའི་དཔྱད་རྩོམ་ཕྱོགས་བསྒྲིགས》[M] ཞེས་པའི་ཤོག་ངོས༢༥༢སྟེང་གསལ།

(22) ཕང་ཡོན་ཞིན་གྱིས་བསྒྲིགས་ཤིང་ཀྲུང་དབྱང་མི་རིགས་སློབ་གྲྭ་ཆེན་མོའི་དཔེ་སྐྲུན་ཁང་གིས༡༩༩༩ལོར་པར་དུ་བསྐྲུན་པའི《སྐད་གཉིས་ཀྱི་སློབ་ཁྲིད་དང་ཞིབ་འཇུག》[M] ཅེས་པའི་དེབ་གཉིས་པའི་ཤོག་ངོས༡༥༠སྟེང་གསལ།

ལེའུ་གསུམ་པ། བོད་ཁུལ་གྱི་ད་ལྟའི་སྐད་གཉིས་སློབ་གསོའི་གནས་བབ།

དང་པོ། ད་ལྟའི་སྐད་གཉིས་སློབ་གསོའི་འབྱུང་རྐྱེན།

ད་ལྟའི་བོད་ཁུལ་གྱི་སྐད་གཉིས་སློབ་གསོ་ནི་གཙོ་བོ་བོད་རྒྱ་སྐད་གཉིས་ཀྱི་སློབ་གསོ་གཞིར་བྱས་ཞར་ལ་ཕྱི་སྐད་བཅས་སུམ་སྦྲགས་ཀྱི་སློབ་གསོའི་མ་ལག་ཅིག་ཡིན་ལ། འདི་ལྟའི་སྐད་གཉིས་སམ་སྐད་མང་གི་སློབ་གསོ་ནི་ཐོལ་བྱུང་དུ་གྲུབ་པའམ་ཡང་ན་རྒྱུ་མེད་རྐྱེན་མེད་ལྟར་གང་འདོད་དུ་སྤེལ་བ་ཞིག་མ་ཡིན་པར། མི་རིགས་རང་གི་སྤྱི་ཚོགས་ལོ་རྒྱུས་འཕེལ་བའི་བརྒྱུད་རིམ་ཁྲོད་དུ་ཕ་སྐད་ཀྱི་རིག་གནས་སྲོལ་རྒྱུན་སྙིང་པོར་བཟུང་ཞིང་། ཆབས་ཅིག་ཏུ་གཞན་རིགས་ཀྱི་སློབ་གསོའི་ལེགས་ཚོགས་བསྡུ་ནུབ་མཛད་པའི་སློབ་གསོའི་ལམ་ལུགས་ལས་གྲུབ་པ་ལ། སྤྱི་ཚོགས་རིག་གནས་ཀྱི་ཁོར་ཡུག་དང་། མི་རིགས་ཀྱི་སེམས་ཁམས། མི་རིགས་རང་གི་སློབ་གསོའི་འཕེལ་འགྱུར་གྱི་ཆོས་ཉིད་དང་མཐུན་པའི་ཐབས་ཇུས་སོགས་རྒྱུ་རྐྱེན་ཕུན་སུམ་ཚོགས་པ་ལྡན་ཏེ།

གཅིག སྐད་གཉིས་སློབ་གསོའི་སྤྱི་ཚོགས་ཁོར་ཡུག

སྤྱི་ཚོགས་ཀྱི་ཁོར་ཡུག་སྟེ་རང་གཞན་མི་རིགས་བར་གྱི་མི་གྲངས་སྡོར་འདྲེན་དང་། འབངས་བསྐྱུས་ཡུལ་སྐྱིད། རིག་གནས་ཀྱི་འཕོ་འགྱུར། འགྲིམ་འགྲུལ་སྟབས་བདེ་དང་འགྲོ་འོང་ཇེ་དམ་དུ་འགྱུར་ཚུལ་སོགས་ནི་བོད་ཁུལ་གྱི་སྐད་གཉིས་སློབ་གསོ་མངོན་པར་གྲུབ་པའི་རྒྱུ་རྐྱེན་གཙོ་བོར་ངེས་ལ། འདི་དག་ཀྱང་བྱེ་བྲག་ཏུ་གཞན་རིགས་དང་འདྲེས་སྡོད་བྱེད་ཚུལ་དང་། གཅིག་ལ་གཅིག་བརྟེན་གྱི་འབྲེལ་བ་བསྐྱངས་ཚུལ་སོགས་ལོ་རྒྱུས་ཀྱི་རྒྱུ་རྐྱེན་དང་། འགྲུལ་བཞུད་ཀྱི་ཆ་རྐྱེན། རིག་གནས་ཀྱི་ཤུགས་རྐྱེན་བཅས་བདག་རྐྱེན་སྣ་ཚོགས་ཤིག་ལ་རག་ལས་པ་ག་ཤམ་གསལ་ལྟར་ལགས་ཏེ།

༡. བོད་རིགས་ཀྱི་མེས་པོ་རྣམས་ནི་གནའ་བོའི་དུས་ནས་མི་རིགས་གཞན་དང་འདྲེས་སྡོད་ཀྱིས་འཚོ་བཞུགས་གནང་མྱོང་སྟེ། དེ་ཡང་མདོ་སྨད་སོགས་སུ་བོད་རྒྱ་མི་རིགས་ཕན་ཚུན་འདྲེས་སྡོད་བྱས་ཚུལ་ལྟར་ན། སྤྱི་ལོ་སྔོན་གྱི་༡༢༡ལོར་ཧན་ཝུའུ་ཏིས་ཧོ་ཆེའུ་ཞེས་པ་ལུང་ཞིའི(陇西)ཕྱོགས་སུ་གཡུལ་ལ་ཆས་ཏེ་ཡན་ཀྲི་ལ་རིང(焉支山)བརྒྱུད་ཅིང་ཆའ་རིགས་སོགས་དང་ལྷན་དུ་འདུས་སྡོད་བྱས་པ་དང་། ཕྱིས་ཧན་ཞོན་ཏིས་ཀྱི་རྗེས་སུ་དམག་དཔོན་ཀྲའོ་ཁྲིང་གོས་དམག་དཔུང་ཆེན་པོ་མདོ་སྨད་ཙོང་ཁའི་འགྲམ་རྒྱུད་དུ་དྲངས་ནས་གཞན་རིགས་དང་འདྲེས་སྡོད་ཀྱིས་འཚོ་ཆོས་སྤེལ་བ་དང་། དེ་ནས་མིང་རྒྱལ་རབས་ཀྱི་དུས་འགོར་དམག་དཔུང་དང་སེར་སྐྱ་མང་ཚོགས་ཀྱིས་ཡུལ་དེ་གར་གཡུལ་སྐྱོང་སྐྱོ་འདེབས་ཀྱི་ལས་རྒྱ་ཆེར་སྤེལ་བས། ཕྱི་རྗེས་སུ་ཡུལ་གྲུ་སོ་སོ་ནས་ཡུལ་སྐད་མི་མཚུངས་པའི་རྒྱ་མི་འབོར་ཆེན་སྤྱིར་འོངས་ཤིང་། ཡུན་རིང་ལ་གཏན་འཇགས་ཀྱི་འཚོ་བ་འཚམས་བདེ་ཞིག་རོལ་ཆེད་ཕོ་ཆོས་མཐའ་འཁོར་གྱི་བོད་དང་སོག་པོ་སོགས་མི་རིགས་གཞན་པར་འགྲོ་འོང་དང་འབྲེལ་འདྲིས་མི་བྱེད་ག་མེད་དུ་གྱུར[1]པ་དང་། ཁྱད་པར་དུ་བོད་བཙན་པོའི་དུས་སུ་བོད་ཀྱི་རྒྱལ་སྲིད་ནུབ་ཀྱི་ཏ་ཟིག་ནས་ཤར་གེང་ཤིའི་ཚུན་ཆད་དང་། བྱང་གི་བྲུ་ཤ་ཆེ་ཆུང་ནས་ལྷོ་རྒྱ་གར་གྱི་ཆུ་བོ་གངྒཱ་ཡན་ཆད་དུ་བསྐྱེད་པ་ལ། གཞན་གྱི་རྒྱལ་ཁབ་དང་རིས་འབངས་ཀྱང་མང་ཙམ་དབང་འོག་ཏུ་བསྡུས་ཏེ་ཕན་ཚུན་འདྲེས་སྡོད་ཀྱི་སྣང་ཚུལ་རྒྱ་ཆེར་གྲུབ་པར་མངོན་ཏེ། 《ཐང་ཡིག་གསར་རྙིང》ལས། ཐུ་སྦྱོད་ནི་ནུབ་ཀྱི་འཇང་གི་རུས་སུ་གཏོགས་ལ། དེར་ཡང་རིགས་བརྒྱ་དང་ལྔ་བཅུ་མཆིས། ཝ་ཆུ་དང་། ཙོང་ཆུ། འབྲི་ཆུ། རྒྱལ་མོ་རྔུལ་ཆུའི་འབབ་ཡུལ་དུ་བཀྲམས་ཏེ་གནས། དེ་ལའང་སྦྲ་འཇང་དང་ཐང་མོ་ལ་སོགས་མཆིས[2]ཞེས་བསྟན་པ་དང་། སྔོས་སུ་སྤྱི་ལོ༦༤༡པར་ཐང་གི་སྲས་མོ་ཨུན་ཁྲིན་ཀོང་ཇོ་བོད་བཙན་པོའི་མནའ་མར་བསུས་ཤིང་། ཕྱི་རྗེས་སུ་བཙན་པོ་ཁྲི་ལྡེ་གཙུག་བརྟན་གྱིས་རྒྱ་བཟའ་ཀྱིན་ཁྲིན་ཀོང་ཇོ་ཁབ་ཏུ་བཞེས་པ་ནས་བཟུང་། བོད་རྒྱ་མི་རིགས་གཉིས་བར་དགོན་ཞང་གི་འབྲེལ་བ་ཚུགས་པ་དང་ཆབས་ཅིག ཕན་ཚུན་བར་དུ་ཆབ་སྲིད་དང་། དཔལ་འབྱོར། རིག་གནས་བཅས་ཀྱི་འབྲེལ་བ་ཇེ་དམ་དུ་གྱུར་ལ། དེ་བས་ཀྱང་དུས་རབས་བཅུ་གསུམ་པའི་སྟོད་ཀྱི་ཆར་ཡོན་གོང་མས་བོད་ཁམས་ཡོངས་དབང་དུ་བསྒྱུར་ཅིང་མེས་རྒྱལ་གོང་བུ་གཅིག་གྱུར་ཏུ་བཏང་རྗེས། དབང་སྒྱུར་གྲལ་རིམ་གྱི་

སྟོབས་དང་ཐབས་རྩུས་ལ་བརྟེན་ནས་བོད་རྒྱ་སོག་གསུམ་བར་ཆོས་སྲིད་ལུགས་གཉིས་ཀྱི་འབྲེལ་འདྲིས་རྗེ་ཟབ་ཏུ་གྱུར་ཅིང་མི་རིགས་ཕན་ཚུན་འདྲེས་སྡོད་དུ་འཚོ་བཞུགས་གནང་བ་འདིས་ཀྱང་། བོད་ཁུལ་དུ་སྐད་གཉིས་ཀྱི་སློབ་སྦྱོང་རྒྱ་ཆེར་དར་བ་ལ་ཕྲར་མེད་ཀྱི་མཐུན་རྐྱེན་ལེགས་པར་བསྐྲུན། ཆིང་རྒྱལ་རབས་ཀྱི་སྐབས་ཙམ་ནའང་། བོད་སྡོད་ཨམ་བན་ལེན་དབྱི་སོགས་ཀྱིས་དབུས་གཙང་ཁུལ་དུ་བོད་རྒྱ་སྐད་གཉིས་ཀྱི་སློབ་གྲྭ་བཙུགས་པ་དང་། ཁམས་ཕྱོགས་སུ་ལོ་ངོ་བཅོ་བརྒྱད་ཀྱི་རིང་ལ་ཆིང་སྲིད་གཞུང་གིས་དམག་དོན་སྤེལ་ཅིང་། རྒྱའི་ཚོང་བའམ་ཞིང་པ་སོགས་གཞུང་ལམ་འགྲམ་རྒྱུད་དུ་གཞིས་ཆགས་པ་ལས་རྒྱ་དང་། བོད། ཆའང་རིགས་འདྲེས་ནས་འཚོ་བཞུགས་གནང་ལ། ཕྱི་དུས་སུའང་གྲོའོ་ཨར་ཧྲིན་བྱ་བས་དཔོན་བསྐོའི་ལམ་ལུགས་བསྒྱུར་བཅོས་ཀྱིས་སྡེ་དཔོན་འཐེན་ནས་གཞུང་དཔོན་གཏོང་བའི་སྲོལ་སྤེལ་བ་དང་། གཞུང་སྐད་ཀྱི་སློབ་གྲྭ་དང་དམའ་རིམ་སློབ་ཆུང་བཙུགས་ནས་བོད་ཀྱི་སློབ་མ་བསྡུས། དར་མདོ་སོགས་ནི་བོད་ཀྱི་ལོ་རྒྱུས་སྟེང་རྒྱ་བོད་འབྲེལ་གཏུག་དང་ཚོང་ལས་ཤིན་ཏུ་དར་ས་ཞིག་ཡིན་པ་མ་ཟད། མདོ་ཁམས་དང་མདོ་སྨད་དབུས་གཙང་བཅས་ཀྱི་བ་རྒྱུད་ལམ་ཡིན་སྟབས། བོད་རྒྱའི་ཡུལ་གྲུ་ཀུན་ལ་འབྲེལ་འདྲིས་ཆེ[3] བའི་ཡུལ་དབུས་སུ་གྱུར། དེ་མཚུངས་སུ་དབུས་དང་གཙང་། མདོ་སྨད་ཀྱི་ཙོང་ཁའི་ཡུལ་ཕྱོགས། གཙོས། དར་མདོ་སོགས་བོད་ཁམས་ཀྱི་གྲོང་བརྡལ་ཕལ་མོ་ཆེ་རུ་བོད་དང་རྒྱ་སོག་ཧོར་རིགས་སོགས་འདྲེས་མར་གནས་ཤིང་། རང་རྒྱལ་གྱི་ཉིང་ཞ་ནས་ཀན་སུའུ་དང་མཚོ་སྔོན། ཁམས་ཕྱོགས་ཀྱི་ཡུན་ནན་དང་ཀུའེ་ཀྲོའུ་བར་གྱི་ལམ་ཡུག་རིང་མོ་ནི་རྒྱ་དང་གྲངས་ཉུང་མི་རིགས་འདུས་འཁོད་ཀྱི་ཡུལ་གཞོངས་ཡིན་པས་བརྡ་སྐད་འདྲེས་མ་མང་བ་དང་། ཁྱད་པར་དུ་ཧ་བ་བོད་རིགས་རང་སྐྱོང་ཁུལ་ནི་རྒྱ་དང་། བོད་མི་རྒྱལ་རོང་བ། ཆའང་། ཧོས་རིགས་བཅས་འདུས་སྡོད་ཀྱི་ས་ཁུལ་ཡིན་ཕྱིར། རྒྱ་སྐད་ནི་མི་རིགས་དེ་དག་གི་བར་འབྲེལ་སྐད་དུ་གྱུར[4] ཙ་ན། མདོ་དབུས་ཁམས་གསུམ་སྟེ་བོད་ཁམས་ཡོངས་སུ་བོད་རྒྱ་སྐད་གཉིས་ཀྱི་སློབ་སྦྱོང་རྒྱ་ཆེར་དར་ཁྱབ་པར་གྱུར་ཏོ། །

༢. གཅིག་ལ་གཅིག་བརྟེན་གྱི་མི་རིགས་འབྲེལ་བ་ནི་བོད་ཁུལ་གྱི་སྐད་གཉིས་སློབ་གསོ་བྱུང་འཕེལ་གྱི་ཆ་རྐྱེན་གཙོ་བོ་ཡིན་ཏེ། 《དཔོན་ཞང་འདུམ་པའི་བཀའ་གཙོས་ཀྱི་རྗེ་རིང》ལས། འཕྲུལ་གྱི་ལྷ་བཙན་པོ་ཁྲི་སྲོང་བརྩན་དང་། །རྒྱ་རྒྱལ་ཐེའི་ཙོང་བྱུན་བྱུ་ཞང་

ཧྭང་ཏེ་གཉིས། །ཆབ་སྲིད་གཅིག་ཏུ་མོལ་ནས། །ཅེང་ཀྭན་གྱི་ལོ་ལ། །སྨུན་ཤེང་ཀོང་ཅོ། །བཙན་པོའི་ཁབ་ཏུ་བླངས། །ཕྱིས་འཕྲུལ་གྱི་ལྷ་བཙན་པོ་ཁྲི་ལྡེ་གཙུག་བརྟན་དང་། །རྒྱ་རྗེ་སམ་ལང་ཁའི་འགྭན་ཤེང་ཝུན་ཤིན་ཝུ་ཧྭང་ཏེ་གཉིས། །ཆབ་སྲིད་གཅིག་ཏུ་མོལ་ཏེ། །གཉེན་བརྩེགས་ནས། །ཀིང་ལུང་གིའི་ལོ་ལ་ཀིམ་ཤེང་ཀོང་ཅོ། །བཙན་པོའི་ཁབ་ཏུ་བླངས་ནས། །དགོན་ཞང་དུ་འགྱུར(གྱུརད)ཏེ་དགྱེས་པ་ལས[5] ཞེས་བསྟན་པ་བཞིན་བོད་རྒྱ་གཉིས་ཀྱི་འབྲེལ་བ་དངོས་ནི་ཁྲི་སྲོང་བཙན་གྱི་སྐུ་རིང་ནས་བཙུགས་ཤིང་། དེ་ནས་བཟུང་ཁྲི་དར་མ་འུ་དུམ་བཙན་པོའི་བར་ལོ་ངོ་ཉིས་བརྒྱ་ལྷག་གི་རིང་ལ། བོད་རྒྱའི་ཆོས་སྲིད་ལུགས་གཉིས་ཀྱི་འཕྲིན་ལས་རྒྱ་ཆེར་སྤེལ་བ་ལ་ཕོ་ཉའི་འགྲོ་འོང་ཏ་ལམ་ཐེངས་ཆིག་བརྒྱ་དགུ་བཅུ་ལྷག་བྱས་ཤིང་། ཐེངས་གཅིག་ལ་མི་ཉུང་དུས་བཅུ་ཙམ་དང་མང་དུས་བརྒྱ་ཙམ་མཆིས་པ་དང་། སྐབས་འགར་ལོ་གཅིག་ལ་ཐེངས་གསུམ་བཞི་ལ་ཕར་འགྲོ་ཚུར་འོང་བྱས[6] པས། དོན་ལ་བོད་རྒྱ་རྒྱལ་ཁབ་གཉིས་སུ་འབོད་ཀྱང་ཁྱིམ་མཚེས་དང་ཁྱིམ་ཚང་གཅིག་དང་འདྲ་བར་ཉེ་ཞིང་གཉེན་པའི་དགོན་ཞང་གི་འབྲེལ་བར་གྱུར་པ་ནི་ཁྲི་སྲོང་བཙན་གྱིས་ཝུན་ཁྲིན་ཀོང་ཇོ་དང་ཁྲི་ལྡེ་གཙུག་བརྟན་གྱིས་ཀྱིན་ཁྲིན་ཀོང་ཇོ་ཁབ་ཏུ་བཞེས་པ་གཞིར་བྱས་ནས་མངོན་པར་གྱུར་བ་ཡིན། ཁྱད་པར་དུ་ཀོང་ཇོ་རྣམ་གཉིས་གཙོར་བྱས་འཁོར་མང་པོ་དང་ཕོ་ཉ་བ་རྣམས་སྔ་ཕྱིར་བོད་དུ་ཕེབས་ཤིང་རྒྱ་ནག་གི་ཐོན་སྐྱེད་ལག་རྩལ་དང་། རྩིས་གཞུང་། སྨན་དཔྱད། སྒྱུ་རྩལ། བཟོ་བཀོད། སྲིད་སྐྱོང་དེ་དམ་གྱི་ཉམས་མྱོང་མི་དམན་པ་རྣམས་བོད་དུ་སྤེལ་བ་དང་། རྒྱ་ནག་གི་ཧྭ་ཤང་དང་ཡོན་ཏན་པ་མང་པོ་བོད་དུ་ཕྱིན་ནས་བོད་ཀྱི་ནང་བསྟན་རིག་གནས་སོགས་བསླབས་ཤིང་ལོ་ཙཱའི་བྱ་བ་ཡར་ལྡན་དུ་སྤེལ་བ། བོད་ཀྱི་བཙུན་པ་དང་གཞོན་ནུ་བློ་གསལ་རྣམས་རྒྱ་ནག་ཏུ་བརྫངས་ཏེ་དམ་ཆོས་མང་དུ་བསྒྱུར་ཅིང་འཆད་ཁྲིད་ཀྱི་ལས་སྤེལ་བ། ཞར་ལ་བོད་རྒྱའི་མི་རིགས་བར་ལོ་ཚོང་སྤེལ་རེས་དང་རྫོངས་སྐྱེས་འབུལ་རེས་ཀྱིས་མཛའ་མཐུན་གྱི་འབྲེལ་བ་ཡུན་རིང་ཙམ་དུ་བསྐྱངས་པ་ལས་སོ་སོའི་རིག་གནས་ཀྱི་སྣང་ཚུལ་དང་དེའི་འཕེལ་འགྱུར་གྱི་ཉམས་སྣང་ཇི་བཞིན་དུ་མཚོན་ནུས་པའི་བོད་རྒྱ་སྐད་ཡིག་གཉིས་ཀྱི་སློབ་གསོའི་བྱུང་འཕེལ་ལའང་ཐོག་མའི་ཆ་རྐྱེན་ལེགས་པོ་ཞིག་བསྐྲུན་པ་དང་། དེའི་ཕྱི་དུས་སུའང་སྔར་བོད་དང་རྒྱ་སོག་མི་རིགས་བར་རེ་མཐུན་རེ་འཁོན་དང་། རེ་འཛགས་རེ་འཁྲུག

དགྲ་གྲོགས་བསྡོལ་མར་སྤེལ་བའི་ལོ་རྒྱུས་ཀྱི་ཡུན་རིང་ན་ཡང་། སྤྱི་ཕྱོག་ནས་བཤད་ན་
ཆོས་སྲིད་གང་རུང་གི་ཆ་ནས་ཕན་ཚུན་གཅིག་ལ་གཅིག་བརྟེན་གྱི་ཚུལ་དུ་སྣང་སྟེ། དཔེར་
ན་ཡོན་གོང་མའི་སྐབས་སུ་བོད་ཁུལ་ཡོངས་ཁྲི་སྐོར་བཅུ་གསུམ་གཙོས་པའི་ཆོལ་ཁ་གསུམ་
དུ་བཀོད་པར་ཧོར་ལུགས་བཞིན་དུད་གྲངས་ཞིབ་བཤེར་བྱས་ཐོག སོ་སོར་མི་སྡེ་གཏན་ལ་
ཕབ་ནས་ཁྲི་སྐོར་སོ་སོར་ཁྲི་དཔོན་དང་ནང་གསེས་སུ་སྟོང་དཔོན་དང་བརྒྱ་དཔོན་དང་
བཅུ་དཔོན་བསྐོ་བཞག་བྱས་ནས་ཁྲལ་འུལ་བསྡུས་ཤིང་། འཛམ་ཆེན་ཉེ་ཤུ་རྩ་བདུན་
བཙུགས་ནས་ཡོན་གོང་མས་བོད་ཀྱི་སྲིད་དོན་རྒྱ་ཆེར་བསྐྱངས་ན་ཡང་། ཆོས་སྲིད་རིག་
གནས་ཀྱི་ཕྱོགས་སུ་ས་སྐྱ་འགྲོ་མགོན་འཕགས་པས་སྟ་གཞུག་ལ་གོ་ཕྲེའམ་རྒྱལ་པོའི་སློབ་
དཔོན་དང་ཏི་ཤྲིའམ་གོང་མའི་སློབ་དཔོན་གྱི་ཁུར་བཞེས་ཏེ་བསྟན་པའི་འཕྲིན་ལས་རིས་
མེད་ཀྱིས་རྒྱ་ཆེར་སྤེལ་ཅིང་། བྱམས་སྙིང་རྗེ་ཆེན་པོས་རྒྱའི་མི་ཡུར་ཆེན་པོ་བྱ་བ་རྒྱུན་
བཅད་པ་སོགས་མ་གྱུར་སེམས་ཅན་གྱི་འགྲོ་དོན་རྒྱ་ཆེར་མཛད་ཅིང་རིགས་རུས་ལ་ཕྱོགས་
ཞེན་མེད་པར་བསྐྱངས་པས་རྒྱལ་ཁམས་ཡོངས་ཞི་བདེའི་གནས་སུ་བཀོད། དེ་བཞིན་དུ་
མིང་ཆིང་རྒྱལ་རབས་ཀྱི་སྐབས་སུའང་སྲིད་ཕྱོགས་ནས་རང་ཚུགས་ཐུབ་པ་ལས་ཀྱང་གཞན་
ཕྱོགས་སུ་བརྟེན་པ་མང་ན་ཡང་། ཆོས་ཕྱོགས་སུ་གཞན་ལ་བརྟེན་པ་ལས་ཀྱང་རང་ཚུགས་
ཐུབ་པ་མངོན་པར་གསལ་ཏེ། དཔེར་ན་མིང་རྒྱལ་རབས་སྐབས་སུ་བོད་ཁུལ་དུ་ལྷོ་སོའི
(卫所) ལམ་ལུགས་ལག་བསྟར་བྱས་ནས་སྲིད་ལུགས་ངོ་དམ་གྱི་འགན་ནུས་བསྐྱངས་
ཤིང་། ཆོས་ལུགས་ཀྱི་མཐོ་རིམ་མི་སྣར་ཞང་དང་ཆོས་རྒྱལ་གྱི་ཆོ་ལོ་སོགས་མང་དུ་གནང་
ནས་བོད་གཙོས་རྒྱལ་ཁམས་ཡོངས་བདེ་ལ་བཀོད་ཅིང་། ཛ་ཧ་བཛེ་རེས་ཀྱི་ཚོང་ལམ་ལ་
བརྟེན་ནས་མིང་རྒྱལ་རབས་དང་བོད་ས་གནས་བར་གྱི་འབྲེལ་བ་ཇེ་དམ་དུ་བཏང་བ་དང་།
ཆིང་རྒྱལ་རབས་ཀྱི་སྐབས་ཙམ་ནའང་བོད་བཀའ་ཤག་སྲིད་གཞུང་གི་རམ་འདེགས་སུ་ཨམ་
བན་དང་དམག་དཔུང་སོགས་མང་དུ་མངགས་ནས་ནང་སྲིད་དང་ཡུལ་མཐའི་དུས་ཐྲིང་ཞི་
འཛུགས་དང་ཁབ་སོ་བདེ་བར་བཀོད་ཅིང་། རྒྱལ་བ་པཎ་ཆེན་རྣམ་གཉིས་ཀྱང་ནང་
ལོགས་སུ་ལན་མང་དུ་ཆིབས་ཞལ་བསྒྱུར་ནས་ཆོས་སྲིད་ལུགས་གཉིས་ཀྱི་གྲོས་དོན་རྒྱ་ཆེར་
མཛད། འདི་ལྟའི་མི་རིགས་ཕན་ཚུན་བར་གྱི་འབྲེལ་བ་ཇེ་དམ་དུ་གྱུར་བ་དང་བསྟུན།
༡༩༠༨ ལོར་ཆིང་སྲིད་གཞུང་གིས་ཀེང་ཤེའི་མཇུ་དང་སོག་ཡིག་གི་མཐོ་རིམ་སློབ་གྲྭ

བཙུགས་པ་ལ་བོད་ཡིག་གི་བསླབ་ཚན་བཀོད་པ་དང་། མིན་གོའི་དུས་སུ་དེའི་རྨང་གཞིའི་སྟེང་དུ་ བོད་ སོག་ སློབ་ གྲྭ་ བཙུགས་ ཏེ་ བོད་ རིགས་ ཀྱི་ མཐོ་ རིམ་ མི་ སྣ་ སྐྱེད་ སྲིང་ བྱས། ༡༩༡༦ལོར་ལྷ་ས་རུ་སྨན་རྩིས་ཁང་བཙུགས་ཤིང་། ༡༩༣༨ལོར་ལྷ་སའི་རྒྱལ་ཚུགས་སློབ་ཆུང་བཙུགས་པ་ནས་བཟུང་། སྦྱ་རྗེས་སུ་མཚོ་སྔོན་དང་། སི་ཁྲིན། ཡུན་ནན་སོགས་སུ་སློབ་ཆུང་མང་དུ་སྤེལ་བ་ལ་རྒྱ་བོད་སྐད་གཉིས་ཀྱི་སློབ་སྦྱོང་རྒྱ་ཆེར་དར། ཀྲུང་ཧྭ་མི་དམངས་སྤྱི་མཐུན་རྒྱལ་ཁབ་དབུ་བརྙེས་པ་ནས་བཟུང་། རང་འཛིན་མི་རིགས་ཏེ་རྒྱ་རིགས་གཙོས་པའི་རྒྱལ་ནང་གི་མི་རིགས་ང་དྲུག་གི་འབྲེལ་བ་ནི་འཆམ་མཐུན་འདྲ་མཉམ་དུ་སྤེལ་ཅིང་། རྒྱ་རིགས་ནི་གྲངས་ཉུང་མི་རིགས་དང་འབྲལ་ཐབས་མེད་ཅིང་གྲངས་ཉུང་མི་རིགས་རྣམས་རྒྱ་རིགས་ལ་གཏེས་ཐབས་མེད་པར་སྣ་མང་ཕུང་གཅིག་ཏུ་ངེས་པའི་ཀྲུང་ཧྭ་མི་རིགས་ཀྱི་གནས་བབ་གསར་དུ་ཆགས་པ་དང་བསྟུན་ནས། རྒྱ་སྐད་ནི་རྒྱལ་ནང་གི་མི་རིགས་ཕན་ཚུན་བར་འབྲེལ་འདྲིས་བཅའ་བྱེད་ཀྱི་སྤྱི་སྐད་དུ་གྱུར་པ་དང་། གྲངས་ཉུང་མི་རིགས་ཀྱི་སྐད་དང་རྒྱ་སྐད་ཉིས་འགྲོས་སུ་སྤྱོད་པ་ནི་རྒྱལ་ནང་གི་སྐད་གཉིས་སྣང་ཚུལ་གཙོ་བོར་ངེས་ལ། ཅེ་བྲག་བོད་རྒྱ་སྐད་གཉིས་ཀྱི་སློབ་སྦྱོང་རྒྱ་ཆེར་དར་བ་ནི་བོད་ཀྱི་སྤྱི་ཚོགས་འཕེལ་འགྱུར་གྱི་དགོས་དབང་གིས་བཏོན་པའི་སློབ་གསོའི་ནང་དོན་དང་རྣམ་པ་གལ་ཆེན་ཞིག་ཏུ་གྱུར་འདུག་གོ །

༣. བོད་ཁུལ་གྱི་འགྲིམ་འགྲུལ་སྟབས་བདེར་འཕེལ་ཞིང་གཞན་རིགས་དང་འགྲོ་འོང་ཇེ་དམ་དུ་ཕྱིན་པ་ནི་སྐད་གཉིས་སློབ་གསོའི་མཐུན་རྐྱེན་ལེགས་པོར་གྱུར་འདུག་སྟེ། གནའ་བོའི་དུས་སུ་བོད་རྒྱ་གཉིས་སོ་སོར་རྒྱལ་ཁབ་གཉིས་སུ་མཆིས་ཤིང་ཕན་ཚུན་བར་གཉེན་སྦྲེལ་སྐབ་མཐུན་གྱི་འབྲེལ་བ་ཙམ་བྱུང་ན་ཡང་། ཡུལ་ཁམས་ཕན་ཚུན་བར་ལེ་དབར་སྟོང་ཕྲག་མང་པོས་བར་ཆོད་ཅིང་གོང་མས་མངག་གཏོང་བྱས་པའི་ཕོ་ཉ་དང་། ཞིས་ཡོན་ཅན། དམག་ཇ་སོགས་ཀྱི་འགྲོ་འོང་ཙམ་ལས་འགྲུལ་བཞུད་ཀྱི་ལམ་སྲོལ་ཡངས་པོར་ཕྱེ་མེད་པར་རང་ས་ནས་ཡུལ་མཚམས་ནན་དུ་བསྲུང་བ་ག་སྒོས་སུ་འཛིན་པར་བྱས། 《ཐང་ཡིག་གསར་རྙིང》དུ། ཐུ་རྗོད་ཅེས་བྱ་བ་ནི་ཁྲང་ཨན་ནུབ་ཕྱོགས་ཀྱི་ལེ་དབར་བརྒྱད་སྟོང་གི་སར་མཆིས[7] ཞེས་བོད་རྒྱའི་བར་ལེ་དབར་སྟོང་ཕྲག་མང་པོའི་ལམ་ཆོད་པར་བསྟན་པ་དང་། 《དཔོན་ཞང་འདུམ་པའི་བཀའ་ག་སྒོས་ཀྱི་རྡོ་རིང》དུ། ཡུལ་བྱུང་ས་

ངོད་ཚུན་ཅད་གདུང་མ་འགྱུར་བར། །བོད་ཀྱི་རྒྱལ་པོ་ཆེན་པོ་མཛད་པ་ཡང་། །གངས་རི་མཐོན་པོའི་ནི་དབུས། །ཆུ་བོ་ཆེན་པོའི་ནི་མགོ། ཡུལ་མཐོ་ས་གཙང་བ་ལ[8] ཞེས་བོད་ཀྱི་ཡུལ་གྲུ་ནི་རི་རབ་སྣ་ཚོགས་ཀྱི་ཕྲེང་བསྒྲིགས་ཤིང་ཆུ་ཀླུང་ཆེན་པོའི་རབ་མང་བ་དང་ས་ངོས་ཤིན་ཏུ་མཐོ་བར་བསྟན་པ་ལས་འགྲིམ་འགྲུལ་སྟབས་མི་བདེ་བ་ཤིན་ཏུ་གསལ་ལ། ཡང《བཀའ་ག་སྟོགས་ཀྱི་རྫོ་རིང》དུའང་། བོད་རྒྱ་གཉིས། །ད་ལྟར་དུ་མངའ་བའི་ཡུལ་དང་མཚམས་སྲུང་ཞིང་། །དེའི་ཤར་ཕྱོགས་ཐམས་ཅད་ནི་རྒྱ་ཆེན་པོའི་ཡུལ། །ནུབ་ཕྱོགས་ཐམས་ཅད་ནི་ཡང་ཐག་པར་བོད་ཆེན་པོའི་ཡུལ་ཏེ། །དེ་ལས་ཕན་ཚུན་དགྲར་མི་འཐབ། །དམག་མི་དྲང་། །ཡུལ་མི་མནམ། །ཡིད་མ་ཆེས་པ་ཞིག་ཡོད་ན། །མི་བཟུང་ཞིང་གཏམ་དྲིས་ཏེ། །བཟུངས་ནས་ཕྱིར་གཏང་ངོ་། །[9] ལྷ་བུ་སོགས་ལས་བོད་ཆེན་པོའི་དུས་སུ་བོད་རྒྱ་ཕན་ཚུན་བར་གྱི་འགྲོ་འོང་ལ་སྣོད་བཅུད་ཀྱི་བཀག་རྒྱ་ངེས་ཅན་ཐེབས་ཡོད་པ་ཤིན་ཏུ་གསལ། སྤྱི་ལོ་དུས་རབས་བཅུ་གསུམ་པའི་མགོ་ཙམ་ནས་བཟུང་། བོད་དང་རྒྱལ་ནང་གི་ཆབ་སྲིད་ལ་འགྱུར་ལྡོག་ཆེན་པོ་བྱུང་སྟེ། ཐུར་བྱང་ཕྱོགས་སུ་དཔུང་སྟོབས་དང་དམག་ཤུགས་ཆེ་བའི་ཧོར་ཆེན་རྒྱལ་པོས་ཡ་གླིང་འཛིན་མའི་ཁྱོན་གྱི་སུམ་ཆའི་གཉིས་བདག་གིར་བཟུང་ཞིང་སུང་རྒྱལ་རབས་གཙོས་པའི་རྒྱལ་ཕྲན་དུ་མ་རྣམས་ཆབ་འོག་ཏུ་བསྡུས་པ་མ་ཟད། བོད་རྣམས་ཀྱང་བཙན་འདུལ་གྱིས་ས་སྐྱ་གོང་མ་ལ་སྤྲད་ཅིང་མེས་རྒྱལ་གྱི་མངའ་ཁོངས་སུ་བསྡུས་ཏེ་གཅིག་གྱུར་གྱིས་དབང་སྒྱུར་བྱས། དང་པོ་བླ་མ་འགྲོ་མགོན་འཕགས་པ་ནས་ཏཱ་དབོན་བློ་གྲོས་རྒྱལ་མཚན་གྱི་བར་ས་སྐྱའི་བླ་མ་ཁྲི་ཐོག་པ་དགུ་དང་། དཔོན་ཆེན་ཤཱཀྱ་བཟང་པོ་ནས་དབང་བརྩོན་གྱི་བར་བསྐྱར་བཞུགས་དང་བཅས་དཔོན་རབས་ཉི་ཤུ་རྩ་གྲངས་ཀྱིས་ལོ་ངོ་བརྒྱ་ལྷག་གི་རིང་ཧོར་གོང་མའི་རྒྱབ་སྐྱོར་ལ་བརྟེན་ནས་བོད་ཆོལ་ཁ་གསུམ་གྱི་ཆོས་སྲིད་ལུགས་གཉིས་ཚུལ་བཞིན་དུ་བསྐྱངས་ལ། ཡོན་གོང་མས་ཀྱང་བོད་ས་གནས་དང་ཡོན་སྲིད་གཞུང་བར་གྱི་འབྲེལ་བ་ཇེ་དམ་དུ་གཏོང་ཆེད། མདོ་སྨད་དུ་འཇམ་ཆེན་བདུན་དང་། མདོ་སྟོད་དུ་འཇམ་ཆེན་དགུ། དབུས་གཙང་ཡུལ་དུ་འཇམ་ཆེན་བཅུ་གཅིག་བཅས་བསྡོམས་པས་འཇམ་ཆེན་ཉེར་བདུན་བཙུགས་ནས་སྲིད་དོན་བཀའ་འཕྲིན་གྱི་སྐྱེལ་མ་དང་། ཧུ་འདྲེན། ཕོ་ཉ་ཕར་འགྲོ་ཚུར་འོང་གི་ཚད་ཐུར་བས་སྐྱེན་པར་སྤྱིལ་ནས་བོད་ཀྱི་སྲིད་འཛུར་རིག་གསུམ་འཕེལ་རྒྱས་སུ

འགྲོ་བར་ཤུགས་རྐྱེན་མི་དམན་པ་ཐེབས་ལ། སྔོས་སུ་བོད་སོག་དང་བོད་རྒྱ་མི་རིགས་བར་གྱི་འགྲོ་འོང་འབྲེལ་འདྲིས་ཀྱི་རྒྱུན་དལ་འགྲོའི་ཀླུང་བཞིན་བར་མེད་དུ་སྤེལ། ཆིང་རྒྱལ་རབས་ཀྱི་སྐབས་ཙམ་ནའང་། ཆིང་སྲིད་གཞུང་གིས་བོད་ཀྱི་ནང་སྲིད་དང་ཕྱི་དགྲའི་དུས་ཐེང་ཞི་འཛུགས་སུ་འགོད་ཆེད། བོད་ཁུལ་དུ་ཨམ་བན་དང་དམག་དཔུང་འཇོར་ཆེན་མངག་གཏོང་དང་ཡུལ་བྱེས་སུ་བཀོད་ཅིང་། སྐབས་འགར་བསམ་སྦྱོར་ངན་འབྲེལ་གྱིས་ཀྱང་དབྱིན་ཐང་བྱ་བའི་དཔོན་རིགས་བོད་དུ་ཆེད་མངག་དང་བོད་དོན་དག་ཐེར་གྱིས་གཞུང་སའི་ལས་ཁུངས་གསར་འཛུགས་དང་དཔོན་གནས་བསྐོ་འཐེན་སོགས་བགྱིས་ཤིང་། བོད་སྤྱིལ་ལེགས་བཅོས་ཟེར་བ་སོགས་བོད་ཀྱི་གནས་ཚུལ་དངོས་དང་མི་མཐུན་པའི་བསྒྱུར་བཅོས་སྣ་ཚོགས་བཙན་ཐབས་ཀྱིས་སྤེལ་བ་དང་། མདོ་ཁམས་ཕྱོགས་སུ་རྒྱ་དཔོན་ཀྲའོ་ཨར་ཧྥིན་བྱ་བས་ས་འགོའི་ཡུལ་དཔོན་ལམ་ལུགས་མེད་པར་བཟོས་ཏེ་དཔོན་རིགས་གཏོང་མངག་གི་ལམ་ལུགས་དར་མདོ་དང་། འབའ་ལི་ཐང་། སྡེ་དགེ་སོགས་སུ་དྲག་ཤུགས་ལ་བརྟེན་ནས་ལག་བསྟར་བྱས་པ་བཅས་ཀྱིས་བོད་རྒྱ་མི་རིགས་བར་ལ་འགལ་རྐྱེན་ཆེན་པོ་བཟོས་ན་ཡང་། ཡུན་རིང་བོའི་འགལ་འཐབ་ཁྲོད་དུ་རྒྱ་རྣམས་རིམ་གྱིས་བོད་ཁུལ་དུ་བྱེས་འགྲོན་ལྟར་གཞིས་ཆགས་ཤིང་ཕན་ཚུན་འདྲེས་སྡོད་ཀྱིས་འཚོ་བཞུགས་གནང་བ་དང་། མིང་རྒྱལ་རབས་ནས་བཅིངས་འགྲོལ་གྱི་སྔོན་ཙམ་ལའང་བསྟུད་མུར་བོད་ཁུལ་དུ་རྒྱ་དང་། སོག་པོ། ཧོར་རིགས་སོགས་ཀྱིས་ཁམས་ཕྱོགས་རྒྱུད་ཀྱི་ལྷོ་ལམ་དང་མཚོ་སྔོན་བརྒྱུད་པའི་བྱང་ལམ་གཉིས་ནས་བྱེས་ལམ་གཏད་ཅིང་བོད་དང་གཞིས་བྱེས་ཞལ་འཛོམས་གནངས་ནས། ཉིན་རེ་ནས་ཟླ་རེར་དང་། ཟླ་རེ་ནས་ལོ་རེར། ལོ་རེ་ནས་བགྲང་བྱ་མང་པོར་ཕྱིན་པ་ན། ཕན་ཚུན་བར་རིག་གནས་འབྲེལ་འདྲིས་ཀྱི་ཁོར་ཡུག་ངང་གིས་གྲུབ་པ་དང་ཆབས་ཅིག ངའི་སྐད་ཁྱོད་ཀྱི་སྙན་ལམ་བརྒྱུད་ཅིང་ཁོའི་གསུང་ངའི་རྣ་ལམ་དུ་མི་བརྒྱུད་ཐབས་མེད་སྔོས་སྐད་གཉིས་ཀྱི་སྣང་ཚུལ་རྒྱ་ཆེར་གྲུབ་ཙ་ན། བོད་ཁུལ་གྱི་སྐད་གཉིས་སློབ་གསོ་དེ་ཡང་བོད་བཙན་པོ་དུས་ཀྱི་མཐོ་རིམ་གྲྭ་བཙུན་མི་སྣ་འབའ་ཞིག་གིས་ཆོས་སྤྱོད་ཐད་སྐད་གཉིས་ལོ་ཙཱ་སྤེལ་བའམ་བཀའ་བློན་པོ་ཏ་རྣམས་ཀྱིས་སྲིད་དོན་དུ་སྐད་གཉིས་ལོ་ཙཱ་བྱེད་པ་ཙམ་མ་ཡིན་པར། རིམ་པར་འཕེལ་འགྱུར་བྱུང་ནས་དམངས་ཁྲོད་དུ་སྐད་གཉིས་ཀྱི་སྣང་ཚུལ་རྒྱ་ཆེར་དར་བ་དང་བསྟུན་ནས། ལྷ་ས་དང་། ཆབ་མདོ།

འདམ་གཞུང་། ཟེ་ལིང་། དར་མདོ་སོགས་བོད་ས་གནས་སུ་སློབ་གྲྭ་ཆེར་བསྐྱབ་ཀྱི་རྣམ་པར་བརྟེན་ནས་བོད་རྒྱ་སྐད་གཉིས་ཀྱི་ཚུལ་དུ་སྤེལ་འགོ་ཚུགས། ༡༩༤༩ ལོར་ཀྲུང་ཧྭ་མི་དམངས་སྤྱི་མཐུན་རྒྱལ་ཁབ་བཙུགས་རྗེས། ༡༩༥༡ ལོར་བོད་ཞི་བས་བཅིངས་འགྲོལ་བྱེད་པའི་གྲོས་ཆོད་ལྟར་མི་དམངས་བཅིངས་འགྲོལ་དམག་བོད་ལྗོངས་སུ་དཔུང་སྐྱོད་བྱས་ནས་བོད་ཁམས་དབང་དུ་བསྡུས་ཤིང་། སྡུ་ཕྱི་ལ་དཀའ་སྡུག་ཚད་མེད་མྱངས་ནས་དཔུས་གཙང་དང་། ཁམས་ཕྱོགས། ཨ་མདོའི་ཡུལ་གྲུ་ཀུན་ལ་གཞུང་ལམ་བཟོས་ནས་དངོས་ཟས་དཔོར་འདྲེན་བྱས་པ་དང་། དུས་མཚུངས་སུ་བོད་ཁུལ་ཡོངས་ལ་དམག་མི་དང་། ལས་བྱེད་པ། དགེ་རྒན། འཕྲོད་བསྟེན་མི་སྣ་སོགས་འབོར་ཆེན་མངགས་ནས་མཐའ་མཚམས་འཛུགས་སྐྲུན་བྱེད་པར་བསྐུལ་བ་དང་། ལྷག་པར་བཅོས་བསྒྱུར་སྒོ་འབྱེད་ནས་ནུབ་ཁུལ་གསར་སྤེལ་ཆེན་པོའི་དུས་མཚམས་ཀྱི་བར་ལ་བོད་ལྗོངས་སུ་གཞུང་ལམ་དང་། ལྕགས་ལམ། གནམ་གྲུའི་འབབ་ཚུགས་བཟོས་པ་གཞིར་བྱས། བོད་ཁུལ་གྱི་ཞང་གྲོང་དང་རྫོང་རིམ་པ་ཡན་ལ་གཞུང་ལམ་རྒྱ་ཆེར་བསྐྲུན་ཞིང་འགྲིམ་འགྲུལ་སྟབས་བདེར་སྤེལ་བ་དང་། ཕྱི་ཕྱོགས་ལ་སྲིད་འཛིན་རིག་གསུམ་གང་རུང་གི་འབྲེལ་བ་འཛུགས་པའི་མཐུན་རྐྱེན་ལེགས་པར་བཀོད་པས། དེང་གི་ཆར་བོད་སྐྱོར་ལས་བྱེད་མི་སྣ་འབོར་ཆེན་དང་། ཚོང་གཉེར་བྱེས་འགྲོན། ལྗོངས་རྒྱུ་པ་སོགས་བོད་ཁུལ་དུ་སྦྲང་ཚོགས་གཏིབས་པ་བཞིན་འོངས་པ་འདིས་ཀྱང་བོད་པའི་ཕ་སྐད་གཅིག་རྐྱང་གི་སྤྱོད་སྒོ་ལ་ཐོག་ཐུག་ཆེས་ཆེར་ཐེབས་ཏེ་རྒྱ་སྐད་དང་ཕྱི་སྐད་སོགས་ཀྱི་སློབ་གསོ་ལའང་ཡིད་བརྟན་འཆའ་བའི་བསམ་ཚུལ་ངང་གིས་བྱུང་བ་སོགས་ལས། བོད་ཁུལ་གྱི་འགྲིམ་འགྲུལ་སྟབས་བདེར་འཕེལ་ཞིང་གཞན་རིགས་དང་འགྲོ་འོང་ཇེ་དམ་དུ་ཕྱིན་པའང་སྐད་གཉིས་སློབ་གསོ་དར་བའི་མཐུན་རྐྱེན་ལེགས་པོར་གྱུར་འདུག་པ་རྟོགས་སླའོ། །

༤. བོད་ཁུལ་དུ་གཞན་རིགས་ཀྱི་རིག་གནས་དབང་ཤེད་ཅན་དར་ཡན་ཆེས་ཆེར་གྱུར་པ་ནི་བོད་པའི་སྐད་གཉིས་སློབ་གསོའི་སྒྱུལ་ཤུགས་སུ་གྱུར་འདུག་སྟེ། སྤྱིར་བོད་ནི་གནའ་བོའི་དུས་ནས་རང་ལ་རྩིས་མཐོང་ཆེ་ཞིང་གཞན་གྱི་རིག་གནས་ནང་འདྲེན་བྱེད་ཐོད་པའི་མི་རིགས་འཛོན་ཐང་ཅན་ཞིག་ཡིན་པའི་རྐྱེན་གྱིས། གནའ་དུས་ནས་བཟུང་མི་རིགས་རང་གི་སྐད་དང་ཡི་གེ་ལ་བརྟེན་ནས་སྲོལ་རྒྱུན་རིག་གནས་རྒྱུན་འཛིན་གནང་བ

གཞིར་བྱས། རྒྱ་གར་དང་། རྒྱ་ནག བལ་པོ། ཁ་ཆེ། སྟག་གཟིག་སོགས་ཡུལ་ཁམས་གཞན་གྱི་རིག་གནས་ཀྱི་ཉིང་བཅུད་ཕུན་སུམ་ཚོགས་པ་ནང་འདྲེན་བྱས་ཤིང་། དུས་དེའི་བར་དུ་ཆོས་ལུགས་མཚན་ཉིད་རིག་པ་གཙོར་བྱས་པའི་འདུ་ཤེས་ཀྱི་རིག་གནས་གཏིང་ཟབ་ཅིང་། ལམ་ལུགས་རིག་གནས་ཀྱི་རྨང་བཙན་པ། དངོས་པོའི་རིག་གནས་ཕུན་སུམ་ཚོགས་པ་། སོགས་རང་གི་སྐད་དང་ཡི་གེ་ལ་བརྟེན་ནས་ཉམས་པ་སོར་ཆུད་དང་མ་ཉམས་གོང་འཕེལ་དུ་བཏང་བར་བརྟེན། མི་རིགས་རང་ལ་ཕ་སྐད་སློབ་གསོའི་རྨང་གཞི་བརྟན་པོ་ཚུགས་ཐུབ་ཡོད་ན་ཡང་། དེང་གི་ཆར་རྒྱལ་སྤྱི་དང་རྒྱལ་ནང་གང་ཐད་དུ་སྲིད་དོན་གྱི་བྱ་འགུལ་སྣ་ཚོགས་སུ་འཕེལ་ཞིང་། ཚོང་ཟོང་དཔལ་འབྱོར་གྱི་སྤེལ་སྟངས་དང་བརྗེ་རེས་ཚད་མྱུར་བ། རིག་གཞུང་ཤེས་བྱའམ་ཚན་རིག་སློབ་གསོའི་ལས་དོན་འཕེལ་རྒྱས་མགྱོགས་པའི་ཤུགས་རྐྱེན་འོག་ཏུ། སྟོབས་འབྱོར་མངའ་ཐང་ཆེ་བའི་རྒྱལ་ཁབ་གཞན་ནས་གཞན་དང་སྐྱོན་པའི་གྲགས་པ་སྲིད་རྩེར་གཡོ་བའི་སྟོན་ཐོན་མི་རིགས་གཞན་དག་གི་རིག་གནས་དབང་ཤེད་ཅན་གྱིས་དུས་དང་རྣམ་པ་ཀུན་ཏུ་བོད་ལྗོངས་ཀྱི་དངོས་པོའི་རིག་གནས་ཀྱི་འཛུགས་སྐྲུན་དང་། བསམ་པའི་རིག་གནས་ཀྱི་ལོངས་སྤྱོད། ལམ་ལུགས་རིག་གནས་ཀྱི་སྤྱོད་སྟངས་ཀུན་གྱི་ཐད་ལ་སེམ་འཇུག་བྱས་པ་དང་། བོད་ལྗོངས་ཡོངས་ལ་སྤྱི་ཚོགས་རིག་གནས་ཀྱི་འཕོ་འགྱུར་ཆེས་ཆེར་བསླངས་པ་ལས་མི་རིགས་རང་གི་སྐད་དང་ཡི་གེའི་འགན་ནུས་དང་དངོས་སྤྱོད་ཀྱི་རིན་ཐང་ལ་ཤན་ཞུགས་ནས། བོད་སྐད་ཡིག་སྤྱོད་མཁན་གྱི་མི་གྲངས་ཇེ་ཉུང་དང་ཁྱབ་ཡུལ་གྱི་ས་ཁྱོན་ཇེ་ཆུང་དུ་གྱུར་པས་ཕ་སྐད་སྤྱིའི་ཁྱབ་རྒྱ་ཇེ་ཆུང་དང་། དེང་རབས་ཅན་རྩལ་བཟ་འཕྲིན་གྱི་སྒྱུད་སྟོབས་སམ་ཆ་འཕྲིན་སྒྲིག་སྦྱུད་ཀྱི་ནུས་ཚད་ཇེ་ཞན། ཕ་སྐད་ལ་བརྟེན་ནས་རིག་གནས་སློབ་གསོ་ཁྱབ་གདལ་དུ་བཏང་བའི་ཚུ་ཚད་དམའ་ཞིང་ཟིན་གྲངས་ཉུང་བ། ཕྱི་ནང་གི་རྐྱེན་གང་རུང་གིས་བོད་སྐད་དང་བོད་ཡིག་གི་བཀོལ་སྤྱོད་ལ་བཀག་རྒྱ་ཐེབས[10] ཚད་ཇེ་དྲག་ཏུ་གྱུར་པས་ན། འདི་ལ་ཁ་ཅིག་གིས་ཕ་སྐད་རིག་གནས་ཀྱི་ཉམས་ཉེས[11] ཞེས་ཀྱང་བྱ། ཕ་སྐད་རིག་གནས་ཀྱི་ཉམས་ཉེས་འདི་དག་སེལ་དགོས་ན། ཐོག་མར་ཕ་སྐད་ཀྱི་སློབ་གསོའི་ཁྱབ་ཁོངས་ཀུན་ཏུ་སྙིང་ཞེན་བག་འཁུམས་བྱ་མི་རུང་བར་སློབ་གསོ་མི་རིགས་ལ་ཁ་ཕྱོགས་པ་དང་། དེང་རབས་ཅན་ལ་ཁ་ཕྱོགས་པ། འཛམ་གླིང་ལ་ཁ་ཕྱོགས་པའི་ཕྱོགས་འདྲེན་དང

བཅས་སྔོན་ཕྱིན་མཁས་དབང་དང་ལོ་ཙཱ་བ་རྣམ་པས་དཀའ་ཁག་ཁྱད་བསད་ཀྱིས་གཞན་གྱི་རིག་གཞུང་ནང་འདྲེན་བྱས་པའི་སྙིང་སྟོབས་གཟེངས་སུ་བཏེགས་ནས་རང་རེའི་ཕ་སྐད་སློབ་གསོར་མཐུ་སྟོབས་བསྐྱེད་ཅིང་དཔུང་རྩ་ཇེ་བརྟན་དུ་བཏང་བའི་ཞར་ལ། གཞན་སྐད་ཀྱི་སློབ་གསོའི་ནང་དོན་དང་ཐབས་ལམ་ལེགས་ཤོས་ཀྱང་ཅི་ནུས་ཀྱིས་ནང་འདྲེན་བྱ་དགོས་ལ། དོན་འདི་ལེགས་པར་མཐའ་འཁྱོངས་པ་ལ་སྐད་གཉིས་སློབ་གསོས་ཕན་པ་ཙམ་གང་གིས་ཀྱང་ཕན་པར་མི་ནུས་ཕྱིར། གཞན་རིགས་ཀྱི་རིག་གནས་དབང་ཤེད་ཅན་བོད་ཁུལ་དུ་དར་ཡན་ཆེས་ཆེར་གྱུར་པ་ནི་བོད་པའི་སྐད་གཉིས་སློབ་གསོའི་སྐྱུལ་ཤུགས་སུ་གྱུར་འདུག་གོ །

གཉིས། སྐད་གཉིས་སློབ་གསོའི་སེམས་ཁམས་ཀྱི་རྒྱུ་རྐྱེན།

ད་ལྟའི་བོད་ཁུལ་གྱི་སྐད་གཉིས་ཀྱི་སློབ་གསོའི་བྱུང་འཕེལ་ལ་མི་རིགས་རང་གི་སེམས་ཁམས་ཀྱི་རྒྱུ་རྐྱེན་ཞིག་ཀྱང་ལྡན་ལ། དེ་ཡང་གཙོ་བོ་མི་རིགས་རང་གི་སྐད་བརྡའི་འདུ་ཤེས་ཏེ་རང་གཞན་དག་གི་སྐད་བརྡའི་ལྟ་བའམ་རྣམ་འགྱུར་འཛིན་སྟངས་སྣ་ཚོགས་ཤིག་ལ་རག་ལས། སྐད་བརྡའི་འདུ་ཤེས་སམ་སྐད་བརྡའི་ལྟ་བ་ནི་མི་སྣེར་དང་ཚོགས་པ་ཐུན་མོང་བས་སྐད་བརྡ་ག་གེ་མོའི་སྤྱི་ཚོགས་ཀྱི་སྤྱོད་སྒོ་དང་རིན་ཐང་ལ་གདེང་འཛོག་བྱེད་པའི་ཚུལ་དང་སྐད་བརྡའི་སྤྱོད་སྟངས་ཐད་ཀྱི་ཕྱོགས་ཞེན་ཤིག་ལ་བྱ་ཞིང་། བྱེ་བྲག་ཏུ་མི་རྣམས་ཀྱིས་སྐད་བརྡའི་གོ་གནས་ལ་ཤེས་རྟོགས་དང་ངོས་འཛིན་སྟངས་མི་འདྲ་བའམ། སྐད་བརྡ་ག་གེ་མོར་ཆགས་འདུག་དང་ཞེ་འགྲས་པའམ་བསྟོད་སྨད་ཀྱི་ཁྱད་པར་འདོན་པ་དང་། མཐོང་ཆེན་དང་སྣང་ཆུང་གི་ལྟ་སྟངས་མི་འདྲ་བར་བཟུང་ནས་འཇུག་ལྡོག་བྱེད་པ་ཞིག་ཡིན་ལ། མི་རིགས་མི་འདྲ་བ་སོ་སོའི་སྤྱི་ཚོགས་ཀྱི་ལོ་རྒྱུས་དང་ཆ་རྐྱེན་མི་འདྲ་བ་དང་། སྐྱེ་ཁམས་ཀྱི་ཁོར་ཡུག་མི་འདྲ་བ། སེམས་ཁམས་ཀྱི་ཁྱད་ཆོས་མི་འདྲ་བའི་དབང་གིས་སོ་སོའི་སྐད་བརྡའི་ལྟ་སྟངས་ལ་ཁྱད་པར་མངོན་གསལ་ལྡན། སྐད་བརྡའི་ལྟ་སྟངས་འདིས་ཀྱང་ནམ་རྒྱུན་མི་རིགས་ཤིག་གི་སྐད་བརྡའི་སྤྱོད་སྟངས་དང་། འཕེལ་འཛིག་གི་ལས་དབང་། སྐད་གཉིས་ཀྱི་འདེམས་ག་སོགས་བདག་དབང་དུ་སྤྱོད་ཅིང་། བོད་རིགས་རང་ལ་མཚོན་ན་འང་། ཡུལ་དུས་ཕྱི་ནང་གི་བདག་རྐྱེན་སྣ་ཚོགས་པའི་རྐྱེན་གྱིས་ཕ་སྐད་དེ་རང

ཉིད་རྟག་བརྟན་ཐེར་ཟུག་ཏུ་གནས་བྱེད་ཀྱི་རྐྱེན་གཙོ་བོར་བྱེད་ཅིང་། ཞར་ལ་ཡུལ་དུས་གནས་སྐབས་དང་བསྟུན་ནས་སྔོན་ཐོན་མི་རིགས་གཞན་པའི་སྐད་ཡིག་རིག་གནས་ནང་འདྲེན་བྱེད་པའང་སྲོལ་རྒྱུན་གྱི་སྐད་བརྡའི་ལྟ་བ་ཞིག་ཏུ་གྲུབ་འདུག་པས་ན། བོད་རིགས་རང་གི་སྐད་བརྡའི་ལྟ་བ་སོགས་སེམས་ཁམས་ཀྱི་རྒྱུ་རྐྱེན་སོགས་ཀྱང་བོད་ལུགས་ཀྱི་སྐད་གཉིས་སློབ་གསོའི་འབྱུང་རྐྱེན་ཞིག་ཡིན་པ་གཤམ་གྱི་ཕྱོགས་གཉིས་ནས་རྟོགས་ནུས་ཏེ།

༡. བོད་མི་རྣམས་ལ་རང་གི་སྐད་དང་ཡི་གེ་ནི་མི་རིགས་རང་གི་བླ་སྲོག་ལྟ་བུར་དགོངས་ནས་དེར་རྩིས་མཐོང་ཆེ་ཞིང་འགན་སྲུང་བའི་སྐད་བརྡའི་ལྟ་བ་ཁྱོན་ཡོངས་ནས་བཅོས་མིན་དུ་གྲུབ་འདུག་ཅིང་། དེ་ལ་རྒྱུ་མཚན་གཙོ་བོ་བཞི་སྣང་བ་གཤམ་ལྟར།

(༡) སྐད་དང་ཡི་གེ་ནི་མི་རིགས་ཀྱི་མཚོན་བྱེད་གལ་ཆེན་ཞིག་ཡིན་ཏེ། སི་ཏ་ལེན་ཉིད་ཀྱིས་མི་རིགས་ཞེས་པ་མི་རྣམས་ལ་ལོ་རྒྱུས་སྟེང་གྲུབ་པའི་ཐུན་མོང་གི་སྐད་བརྡ་དང་། ཐུན་མོང་གི་ས་ཁོངས། ཐུན་མོང་གི་དཔལ་འབྱོར་འཚོ་བ་དང་གཞན་ཐུན་མོང་གི་རིག་གནས་ཀྱི་ཁྱད་ཆོས་སྟེང་དུ་མངོན་པའི་ཐུན་མོང་གི་སེམས་རྒྱུད་ཁྱད་པར་ཅན་མངའ་བའི་ཚོགས་པ་ཐུན་མོང་བ་ལ་ངེས་པར[12] གསུངས་པ་ལས་ཐུན་མོང་གི་སྡོད་གནས་ས་ཁོངས་དང་ཐུན་མོང་གི་དཔལ་འབྱོར་འཚོ་བ་གཉིས་ནི་མི་རིགས་ཤིག་ཆགས་གྲུབ་བྱུང་བའམ་ཡུན་རིང་དུ་གནས་པ་ལ་མེད་དུ་མི་རུང་བའི་རྟོན་འགྲོའི་ཆ་རྐྱེན་གལ་ཆེན་ཞིག་ཡིན་ཡང་། སྐབས་འགར་ཕྱི་རྐྱེན་སྣ་ཚོགས་པའི་དབང་གིས་གཞན་དབང་དུ་འགྱུར་སླ་ཞིང་ཚད་གཅིག་ཏུ་མ་ངེས་ལ། ཐུན་མོང་གི་སྐད་བརྡ་དང་ཐུན་མོང་གི་རིག་གནས་ནི་མི་རིགས་ཤིག་གི་བླ་སྲོག་དང་སྙིང་སྟོབས་གཡར་དམ་ཅན་ཞིག་ཡིན་པས་ལྟོས་བཅས་སུ་གཞོམ་གཞིག་བྲལ་ཞིང་། མི་རིགས་གཞན་ལས་ལོགས་སུ་བསལ་ཞིང་ནང་ཁུལ་དུ་དམ་པོར་སྒྲིལ་བྱེད་ཅིག་དང་རང་མཚན་འཛིན་པའི་སྲོག་ཤིང་ཁྱད་པར་བ་ཞིག་ཡིན་པས། ཁྱད་ཆོས་གཞན་དག་ལས་སྣང་ཆུང་བྱ་མི་རུང་བར་མངོན་ཡོད། ཁྱད་པར་དུ་ཐུན་མོང་གི་རིག་གནས་དང་ཐུན་མོང་གི་སེམས་རྒྱུད་ཁྱད་པར་བ་རྣམས་ཀྱང་སྐད་དང་ཡི་གེའི་བརྡ་ཐབས་ལ་མ་བརྟེན་ན་ཕྱིར་མངོན་ཐབས་མེད་པ་དང་ཡུལ་དུས་ལས་བརྒལ་བར་སྒྲིག་ཐབས་དེ་བས་ཀྱང་མེད་ལ། ཆར་གཏོགས་མི་རེ་རེར་མཚོན་ནའང་རང་རང་གི་བློ་བག་སེམས་གཤིས་དང་བསམ་པའི་འཆར་སྣ་ཅི་རིགས་ཀྱང་མི་རིགས་ཐུན་མོང་གི་སྐད་བརྡའི་

ངེས་སྲོལ་དང་བསྟུན་ནས་ཕྱིར་མངོན་ཞིང་། བྱེ་བྲག་མི་རིགས་ཡོངས་ཀྱི་སེམས་ཁམས་རིག་གནས་ཀྱི་སྣང་ཚུལ་སོ་སོ་བའི་ཁྱད་ཆོས་གཏིང་ཕྱིན་པར་མངོན་བྱེད་དུ་གྲུབ་ཕྱིར། དེ་རང་གཞི་ནས་ཉམས་མི་ཉུང་གི་ཉམས་ཅན། གཞན་རྣམས་ལྟ་ཞོག་མི་རིགས་ནང་ཁུལ་གྱི་སྒྲིལ་བྱེད་དང་གཞན་ལས་ཐ་དད་དུ་དགར་བྱེད་ཀྱི་རྟགས་མཚན་མངོན་གསལ་ཅན་ཞིག་ཀྱང་འཛོག་ཏུ་མེད་པས། སྐད་དང་ཡི་གེའི་བཀོལ་སྤྱོད་ལ་མི་རིགས་ཀྱི་བློ་སྤྲོ་བརྟན་སྲུང་བྱེད་པ་ལྟ་བུའི་ཕན་ནུས་དང་རིན་ཐང་ཆེས་ཆེར་ལྡན་ཏེ། འཇར་མན་གྱི་མཁས་པ་རྟེ་ཏེར་ཉིད་ཀྱིས་སྐད་བརྡ་གང་ཞིག་མི་རིགས་ཤིག་གི་བསམ་བློ་སྙིང་སྟོབས་སུ་ངེས་ཤིང་། མི་རིགས་ཤིག་གི་བསམ་བློ་སྙིང་སྟོབས་ནི་དེའི་སྐད་བརྡ་ཡིན[13] ཞེས་གསུངས་པའི་ཕྱིར་རོ། །

(༢) སྐད་དང་ཡི་གེ་ནི་མི་རིགས་རང་གི་སྲོལ་རྒྱུན་རིག་གནས་ཕུན་སུམ་ཚོགས་པའི་མཚོན་བྱེད་ཡིན་ཏེ། སྤྱིར་རིག་གནས་ཞེས་པ་ལ་ཤེས་བྱ་ཡོན་ཏན་ཙམ་དང་། རིག་པའི་གནས་ཆེན་ལྔ། རིག་གནས་བཅོ་བརྒྱད། རིག་གནས་རེ་བཞི་སོགས་སྲོལ་རྒྱུན་གྱི་གོ་ཚུལ་ཞིག་ཡོད་ན་ཡང་། དེང་དུས་སུ་མི་རིགས་ཤིག་ཆགས་གྲུབ་བྱུང་བ་ནས་ད་ལྟའི་བར་གསར་དུ་བསྐྲུན་པའི་དངོས་པོའི་ལོངས་སྤྱོད་དང་། བསམ་པའི་ལོངས་སྤྱོད། ངེས་སྲོལ་ལམ་ལུགས་ཕུན་སུམ་ཚོགས་པར་རྫོགས་པའི་དོན་ཞིག་ཀྱང་ལྡན་ཏེ། དབྱིན་ཇིའི་འགྲོ་བ་མིའི་རིག་པ་ཨད་ཊི་ཀྲ་ཐེ་ལི་ཉིད་ཀྱིས་རིག་གནས་ཞེས་པ་ཤེས་ཡོན་དང་། དད་མོས། སྒྱུ་རྩལ། བཅའ་ཁྲིམས། ཀུན་སྤྱོད་བཅས་དང་། གཞན་སྤྱི་ཚོགས་ཤིག་གི་མི་སྣ་ལ་ཐོབ་པའི་ནུས་པ་དང་གོམས་སྲོལ་སྣ་ཚོགས་པར་ངེས་པར[14] བསྟན། སྐད་དང་ཡི་གེ་ནི་རིག་གནས་ཀྱི་སྣང་ཚུལ་བྱེ་བྲག་པ་ཞིག་དང་རིག་གནས་ཀྱི་ནང་དོན་ཕུན་སུམ་ཚོགས་པ་འཛིན་སྐྱོང་སྤེལ་གསུམ་བྱེད་པའི་བརྡ་ཐབས་མཆོག་ཅིག་ཏུ་ངེས་ལ། བྱེ་བྲག་ཐོ་འགོད་བྱེད་ཚུལ་ལྟར་ན་འང་སྐད་ཡིག་གི་ཚོགས་གསུམ་ག་སོ་སོའི་སྒྲ་གཟུགས་དོན་གསུམ་གྱི་སྤེལ་སྟངས་སྒྱུར་ལུགས་དང་འཕེལ་འགྱུར་གྱི་ཆ་གང་ཉུང་གིས་རིག་གནས་ཀྱི་སྣང་ཚུལ་ཅི་རིགས་སུ་ཐོར་འགོད་པ་དང་། ཁྱད་པར་དུ་སྐད་ཆའི་ཚིག་རྒྱུན་སྤེལ་སྟངས་ལ་བརྟེན་ནས་བསྟན་བཅོས་གླེགས་བམ་གྱི་ཚུལ་དུ་རིག་གནས་ཀྱི་ནང་དོན་ཕུན་སུམ་ཚོགས་པ་ཐོར་བཀོད་པ་རི་བོའི་གཏོས་དང་མཉམ་པར་སྣང་། འདི་ལྟའི་མི་རིགས་ཀྱི་སྲོལ་རྒྱུན་རིག་གནས་དང་སྐད་

ཡིག་ཉིས་སྦྲགས་ཀྱི་ཆ་ནས་མི་རིགས་རང་གཞན་ལས་ཁྱད་དུ་བཏོན་ཅིང་མངོན་པར་འཕགས་པའམ་མི་རིགས་རང་མཚན་པ་སོ་སོའི་ཕྱོགས་ཞེན་ནམ་གྱེས་སྣང་མངོན་གསལ་དུ་གྲུབ་ཕྱིར། སྐད་དང་ཡི་གེ་ནི་མི་རིགས་སྤྱི་དང་བྱེ་བྲག་རིགས་མཐུན་ཀུན་གྱི་ཤེས་རིག་རིག་གནས་ཀྱི་མཚོན་བྱེད་གལ་ཆེན་ཞིག་ཡིན་པ་དང་། སྐད་དང་ཡི་གེ་མེད་ན་མི་རིགས་ཀྱི་རིག་གནས་ཤིག་གཞི་མ་གྲུབ་ཅིང་། མི་རིགས་ཀྱི་རིག་གནས་མེད་ན་མི་རིགས་ཞེས་པའི་གདགས་གཞི་དེ་ཡང་དམིགས་སུ་མེད་པས། སྐད་དང་ཡི་གེ་ནི་མི་རིགས་ཤིག་གི་རིག་གནས་ཀྱི་ཉིང་བཅུད་དང་སྲོག་ཤིང་ལྟ་བུར་གྱུར་གདོད། །

(༣) བོད་སྐད་ཡིག་ནི་བོད་རིགས་རང་གིས་ཕྱི་ཡུལ་འཛིག་རྟེན་ངོས་འཛིན་བྱེད་དང་སྤྱི་ཚོགས་ཀྱི་རྣམ་པ་དགེ་མཚན་ཅན་དུ་སྒྱུར་བྱེད་ཀྱི་བརྡ་ཐབས་ཕན་ནུས་ཅན་ཞིག་ཡིན་ཏེ། སྐད་བརྡ་རིག་པའི་གཞུང་དུ། བསམ་གཞིག་དང་ཤེས་རྟོགས་ཀྱི་སེམས་རྩོལ་ཁྲོད་དུ་སྐད་བརྡ་ལ་བྱེད་ནུས་གསུམ་ལྡན་ཏེ། སྐད་བརྡས་མིའི་ཤེས་རྟོགས་ཀྱི་བརྒྱུད་རིམ་ལ་རམ་འདེགས་བྱེད་ནུས་པ་དང་། མིའི་ཤེས་རྟོགས་ཀྱི་འབྲས་བུ་ཉར་ཚགས་བྱེད་ནུས་པ། མིའི་ཤེས་རྟོགས་ཀྱི་ནུས་པ་གསར་གཏོད་བྱེད་ནུས་པ་བཅས་སོ(15) ཞེས་དང་། སྐད་བརྡ་ནི་འཛིག་རྟེན་ངོས་འཛིན་བྱེད་ཀྱི་ཡོ་ཆས་ཤིག་ཡིན(16) ཞེས་བསྟན་པ་བཞིན་བོད་པའི་མི་རེ་རེར་མཚོན་ན་ཡང་། བོད་སྐད་ནི་རང་གི་ཕ་སྐད་འབའ་ཞིག་ཏུ་ངེས་ཤིང་ཆུང་བའི་དུས་ནས་ཕ་སྐད་སློབ་ཞོར་དུ་འཛིག་རྟེན་གྱི་ཆོས་སྣ་ཚོགས་རིམ་པར་རྟོགས་བྱེད་ཀྱི་བརྡ་ཐབས་མཆོག་ཅིག་ཡིན་ལ། ཕ་སྐད་ཀྱིས་མཚོན་པའི་བསམ་གཞིག་གི་གོམས་སྲོལ་དང་ཕ་སྐད་རང་གནས་སའི་རིག་གནས་ཀྱི་ཁོར་ཡུག་ནི་མི་རིགས་གང་གི་མི་སྣ་རེ་རེར་མཚོན་ན་འང་རང་ཉིད་སྐྱེས་མ་ཐག་གི་ཉིན་ནས་བཟུང་རིམ་བཞིན་གོམས་བྱང་གི་རྒྱུས་མངའ་བར་གྱུར་པས་ན། འདི་ལ་རང་རིགས་ཀྱི་སྲོལ་རྒྱུན་རིག་གནས་ཇི་བཞིན་ངེས་ལེན་དང་། བློ་སྒོ་གསར་འབྱེད། དེང་རབས་ཀྱི་ཤེས་ཡོན་གསར་བ་ནང་འདྲེན་བྱེད་པར་གཞན་སྐད་ཀུན་གྱིས་དོ་ཟླར་མི་འོངས་པའི་ཕན་ནུས་ཆེན་པོ་ལྡན་པས་ན། སྐུ་ཞབས་ཀྲང་ཅིན་ལགས་ཀྱིས། མི་རིགས་ཤིག་གི་རིག་གནས་དར་རྒྱས་སུ་འགྲོ་དགོས་ན། ཆེས་གནད་འགག་ནི་སློབ་གསོ་ཁྱབ་གདལ་དང་སློབ་གསོའི་ལས་དོན་འཕེལ་རྒྱས་སུ་གཏོང་དགོས་ལ། སློབ་གསོ་ཁྱབ་གདལ་དུ་གཏོང་བའི་ཐབས་ལམ་ཆེས་ཕན་ནུས་ཅན་ནི་ཕ་སྐད

ཀྱི་སློབ་གསོར་ངེས། ཕ་སྐད་ཀྱིས་མཚོན་པའི་བསམ་གཞིག་གོམས་སྲོལ་དང་ཕ་སྐད་རང་གནས་པའི་རིག་གནས་ཁོར་ཡུག་ནི་ཀུན་ལ་རྒྱུས་མངའ་བ་ཞིག་ཡིན་སྟབས། མི་རིགས་རང་གི་སྲོལ་རྒྱུན་རིག་གནས་ངོས་ལེན་དང་། ཚན་རིག་རིག་གནས་ཀྱི་ཤེས་བྱ་གསར་བ་སློབ་སྦྱོང་བྱེད་པ་ལ་འདི་ལས་ལྷག་ཅིང་འཚམ་པའི་ཐབས་གཞན་མེད་པས། འདིས་ཀྱང་གྲངས་ཉུང་མི་རིགས་ཀྱི་རིག་སྟོབས་སྟོག་འདོན་བྱེད་པ་ལ་སྐྱོར་ཐབས་བྲལ་བའི་བྱེད་ནུས་གལ་ཆེན་འདོན་བཞིན་ཡོད[17] ཅེས་གསུངས་སོ། །

(༤) བོད་སྐད་ནི་བོད་རྒྱ་སྐད་རྒྱུད་ཁྲོད་དུ་ཕ་སྐད་དངོས་ཀྱི་གོ་གནས་ཟིན་ཅིང་སྤྱོད་རྒྱ་ཡངས་པར་འདུག་སྟེ། བོད་རྒྱ་སྐད་རྒྱུད་ཀྱི་ཁོངས་སུ་ཀྲུང་ཧྲུང་སྐད་རིགས་དང་། མེའོ་ཡའོ་སྐད་རིགས། བོད་འབར་སྐད་རིགས་བཅས་གསུམ་ཡོད་པ་ལས། བོད་འབར་སྐད་རིགས་ལའང་ནང་གསེས་སུ་བོད་སྐད་སྡེ་དང་། དབྱིས་སྐད་སྡེ། ཅིང་ཕོའི་སྐད་སྡེ། འབར་མའི་སྐད་སྡེ་བཅས་བཞི་དང་། བོད་སྐད་སྡེ་འབའ་ཞིག་ལའང་བྱེ་བྲག་བོད་སྐད་ལས་གཞན་ཕུའུ་མིའི་སྐད་དང་། ཧུའུ་ལུང་གི་སྐད། ནུའུ་སྐད། ཆའང་སྐད། མོན་པའི་སྐད། ལྷོ་པའི་སྐད་སོགས་འདུས་ལ། བོད་སྐད་ཀྱིས་བོད་འབར་སྐད་རིགས་ཁྲོད་དུ་གོ་གནས་གལ་ཆེན་ཞིག་ཟིན་ཡོད་པ་མ་ཟད། བོད་རྒྱ་སྐད་རྒྱུད་ཁྲོད་དུའང་འབྱུང་གཞི་ཕ་སྐད་ལྟ་བུའི་གྲུབ་ཆ་གཙོ་བོ་བཟུང་ཡོད་དེ། 《བོད་རྒྱ་སྐད་བརྡའི་ཞིབ་འཇུག་གི་གཞུང་ལུགས་དང་ཐབས་ལམ》དུ། བོད་རྒྱ་སྐད་རྒྱུད་ནི་ཁྱབ་ཡུལ་རྒྱ་ཆེ་ཞིང་སྤྱོད་མཁན་གྱི་མི་གྲངས་མང་ལ། ཀྲུང་གོའི་སྐད་བརྡའི་རིགས་རྒྱུད་གཙོ་བོ་ཡིན་པ་མ་ཟད། རྒྱ་གར་དང་། འབར་མ། ཡ་གླིང་ལྷོ་ཤར་གྱི་རྒྱལ་ཁབ་སོ་སོར་ཁྱབ་པའི་འཛམ་གླིང་གི་སྐད་བརྡའི་རིགས་སམ་དབྱེ་བའི་སྐད་རྒྱུད་གཙོ་བོ་ཞིག་ཀྱང་རེད། འདི་འདྲའི་སྐད་རྒྱུད་གལ་ཆེན་ལ"བོད"ཅེས་མཚན་བྱུར་བཀོད་པ་ལས་བོད་རྒྱ་སྐད་རྒྱུད་ཁྲོད་དུ་བོད་སྐད་ཀྱི་རིན་ཐང་ཆེ་ཞིང་གོ་གནས་གལ་ཆེན་ཡིན་པ་མཐོང་ནུས[18] ཞེས་དང་། བོད་སྐད་ཀྱི་འཕྲུས་སྒོ་ཚང་ཞིང་། ཕུན་སུམ་ཚོགས་པ། ཆོས་ཉིད་ལྡན་པའི་ཁྱད་ཆོས་ཀྱིས་བོད་རྒྱ་སྐད་རྒྱུད་ཁྲོད་དུ་ཆེས་ཐྲིན་ཆེ་ཞིང་གོ་གནས་གལ་ཆེན་ཟིན་པ་དེ་ལེགས་སྦྱར་སྐད་ཀྱིས་ཧིན་ཡོ་སྐད་རྒྱུད་ཁྲོད་དུ་གོ་གནས་འགངས་ཆེན་ཟིན་པ་དང་གཉིས་སུ་མེད། དོན་འདིའི་ཐད་ནས་བཤད་ན། བོད་སྐད་ནི་རྒྱ་སྐད་དང་གཉིས་སུ་མེད་པར་བོད་རྒྱ་སྐད་རྒྱུད་གཞི་ཚུགས་ཐུབ་པའི་རྨང་གཞི

འགངས་ཆེ་ཅན་དུ་ངེས་སོ[19] ཞེས་གསུངས། བོད་སྐད་ཕོ་ནའི་དབང་དུ་བྱས་ན་འང་། ནང་གསེས་སུ་དབུས་སྐད་དང་། གཙང་སྐད། མངའ་རིས་ཀྱི་སྐད། ཐག་གསུམ་གྱི་སྐད་སོགས་བོད་རང་སྐྱོང་ལྗོངས་ལས་གཞན་ཤར་པའི་སྐད། རྫོང་ཁའི་སྐད། སྤྲལ་ཏིའི་སྐད། ལ་དྭགས་ཀྱི་སྐད། བུ་རིག་གི་སྐད་སོགས་རྒྱ་གར་དང་། བལ་པོ། འབྲུག་ཡུལ། འབྲས་ལྗོངས། པ་ཁི་སི་ཐན། གསྷིར་སོགས་སུ་ཁྱབ་ཡོད་པ་དང་། ཁམས་སྐད་དང་ཨ་དང་། མི་ཉག་གི་སྐད། འདྲ་པའི་སྐད། རྒྱལ་རོང་གི་སྐད། ཧཱཙུ་ཡི་སྐད་སོགས་གཙོ་བོ་སི་ཁྲིན་ཞིང་ཆེན་གྱི་དཀར་མཛེས་ཁུལ་དང་མཚོ་སྔོན་ཞིང་ཆེན་གྱི་ཡུལ་ཤུལ་ཁུལ་དུ་ཁྱབ་པ། ཨ་མདོའི་རོང་འབྲོག་གི་སྐད་སོགས་མཚོ་སྔོན་ཞིང་ཆེན་གྱི་ཡུལ་གྲུ་ཕལ་ཆེ་བ་དང་སི་ཁྲིན་ཞིང་ཆེན་གྱི་རྔ་བ་ཁུལ་དུ་ཁྱབ་འདུག་ཅིང་། གཞན་ད་དུང་ལྷོ་པ་དང་། མོན་པ། སོག་པོ། ཧོར། རྒྱ། ཧོས་རིགས་སོགས་ཀྱིས་ཀྱང་སྐབས་འགར་བོད་སྐད་བཟློད་པ་མང་ཙམ་བྱུང་བས། ཁྱབ་རྒྱ་ཆེ་ཞིང་སྤྱོད་སྒོ་ཡངས་ལ། རྫོད་མཁན་གྱི་མི་གྲངས་ཤིན་ཏུ་མང་བ་དང་། རྒྱལ་ཁབ་ཕྱི་ནང་གི་འབྲེལ་འདྲིས་དང་སྐད་བརྡའི་རིགས་རྒྱུད་ཀྱི་ཞིབ་འཇུག་ཁྲོད་དུའང་གོ་གནས་གལ་ཆེན་ཟིན་ཅ་ན། རྒྱལ་ཁབ་ཕྱི་ནང་དང་རང་གཞན་མི་རིགས་ཀུན་གྱིས་ཐོག་མཐའ་བར་གསུམ་དུ་བོད་པའི་ཕ་སྐད་འདི་རང་གཅེས་སུ་འཛིན་པར་བྱེད་དོ། །

མདོར་ན་བོད་པའི་སྐད་དང་ཡི་གེ་ནི་མི་རིགས་རང་གི་རིག་གནས་ཀྱི་སྲོག་རྩ་ཞིག་ལ་འབྲེལ་ཞིང་དགེ་མཚན་ཆེས་ཆེར་ལྡན་པ་དང་། མི་རིགས་རང་གི་ལོ་རྒྱུས་དང་སྲོལ་རྒྱུན་རིག་གནས་སོགས་ཀྱང་ནམ་རྒྱུན་སྐད་ཡིག་གི་བརྡ་ཐབས་ལས་མཚོན་ཞིང་དེ་དང་བདག་ཉིད་གཅིག་ཏུ་འབྲེལ་ནས་མི་རིགས་ཤིག་གི་བླ་སྲོག་ཏུ་གྱུབ་པས་ན། ཀུན་དཔའ་རིས་སངས་རྒྱས་ཉིད་ནས། སྐད་ཆས་མི་རིགས་དུད་འགྲོའི་ཁྱལ་ནས་ཕྱུང་། །ཡི་གེས་རིག་གནས་སྤེལ་ནས་ལོངས་སྤྱོད་རྒྱས། །སྐད་དང་ཡི་གེ་མི་རིགས་རང་ཉིད་ཀྱི། །རིན་ཆེན་བླ་མེད་ཡིན་པས་མིག་ལྟར་གཅེས། །[20] ཞེས་གསུངས་པ་དང་། ལག་ལེན་དུའང་མི་རིགས་རང་གི་རིག་གནས་སྲོག་བཅུད་དུ་བསྟུས་པའི་སྐད་དང་ཡི་གེ་ནི་མི་རིགས་ཀྱི་བླ་སྲོག་ཡིན་པར་ངོས་ཟིན་ནས་ཚེ་ཚེ་རབས་རབས་ལ་ཕ་གཞིས་བུས་ཟིན་གྱི་བྱ་བ་ནླབས་ཆེན་དུ་ངེས་ཀྱིན་ཡོད་པ་ཀུན་གྱིས་མཁྱེན་གསལ་ལྟར་རོ། །

༢. གཞན་སྐད་ནང་འདྲེན་བྱེད་པའི་སྐད་བརྡའི་ལྟ་བའང་བོད་ཁུལ་དུ་སྐད་གཉིས

སློབ་གསོ་སྤེལ་བའི་རྒྱུ་རྐྱེན་གཙོ་བོར་ངེས་ཏེ། བོད་རིགས་ནི་གནའ་ནས་བཟུང་རང་སྐད་ལ་རྩིས་མཐོང་ཆེ་ཞིང་བདག་སྐྱོང་མཛད་མཁས་པའི་མི་རིགས་ཤིག་ཡིན་པ་མ་ཟད། སྤྱི་ཚོགས་སམ་ཡུལ་དུས་ཀྱི་གནས་སྐབས་སྣ་ཚོགས་དང་བསྟུན་ནས་གཞན་སྐད་ལ་སློབ་སྦྱོང་དང་གཞན་སྐད་ཀྱི་ལེགས་ཆ་བསྡུ་རུབ་མཛད་ཐོད་པའི་མི་རིགས་ཤིག་ཀྱང་ཡིན་ལ། འདིས་ཀྱང་བོད་ཁུལ་དུ་སྐད་གཉིས་སློབ་གསོ་སྤེལ་བ་ལ་སེམས་ཁམས་ཀྱི་མཐུན་རྐྱེན་ལེགས་པར་བསྐྲུན་འདུག་པས་ན། གཤམ་དུ་ཕྱོགས་གཉིས་ནས་རོབ་ཙམ་བརྗོད་པར་བྱ་སྟེ།

（༡）སྤྱི་ཚོགས་ཀྱི་གནས་སྐབས་དང་བསྟུན་ནས་སྐད་བརྡ་གཅིག་རྐྱང་ནས་སྐད་གཉིས་དང་སྐད་མང་སློབ་གསོར་སེམས་ཤུགས་རྗེ་ཆེར་སྐྱེད་དར་བཞིན་ཡོད་དེ། སྤྱིར་བོད་ལ་གནའ་བོའི་དུས་ནས་བཟུང་ཆོས་སྲིད་ལུགས་གཉིས་ཀྱི་དགོས་དབང་དང་བསྟུན་ནས། རྒྱ་གར་ལེགས་སྦྱར་གྱི་སྐད་དང་རྒྱ་ནག་གི་སྐད་སོགས་རྒྱལ་ཁམས་དང་ཡུལ་གྲུ་གཞན་གྱི་སྐད་རིགས་སློབ་པའི་སྲོལ་རྒྱ་ཆེར་སྣང་བ་གནམ་གྱིས་ས་གབ་པ་ལྟ་བུའི་ལོ་ཙཱ་བ་དང་མཁས་མང་དག་གི་ཕྱག་ལེན་ཡིག་ཚང་དུ་ཇི་བཞིན་བཀོད་པ་ལས་རྟོགས་ནུས་ན་ཡང་། རང་སྐད་འབའ་ཞིག་སྒེར་སྤྱོད་བྱེད་པ་ལས་སྐད་བརྡ་གཉིས་པ་ཞིག་གཞི་ནས་ཁྱབ་གདལ་དུ་ཕྱིན་མ་སྨྱོང་ལ། དུས་རབས་ཉི་ཤུ་བའི་ལོ་རབས་ལྔ་བཅུ་བར་བོད་ཞི་བས་བཅིངས་འགྲོལ་བྱས་པ་ནས་དམངས་གཙོ་བཅོས་སྒྱུར་བྱས་རྗེས། བོད་ཁུལ་གྱི་ཆབ་སྲིད་དང་། དཔལ་འབྱོར། རིག་གནས། སྤྱི་ཚོགས་འཕེལ་རྒྱས་ཀྱི་དགོས་མཁོ་དང་བསྟུན་ནས། མི་རྣམས་ལའང་སྐད་བརྡ་གཅིག་རྐྱང（ཕ་སྐད）སྒེར་སྤྱོད་བྱེད་པ་ལས་སྐད་གཉིས་སམ་སྐད་མང་སློབ་སྦྱོང་བྱེད་པ་དང་། རང་སྐད་ཕོ་ནར་དག་གཙང་དང་མཁྲེགས་འཛིན་བྱེད་པ་ལས་ཧུར་ཐག་གིས་གཞན་སྐད་ཀྱི་ལེགས་ཆ་ནང་འདྲེན་བྱེད་པ། གཞན་གྱིས་བཙན་སྐུལ་བྱེད་པ་ལས་རང་རྟོགས་ཀྱིས་སྐད་གཉིས་སམ་སྐད་མང་སྦྱོང་བ་སོགས་ཀྱི་སེམས་ཤུགས་བཅོས་མིན་དུ་འཁྲུངས་པ་དང་ཆབས་ཅིག བོད་ཁུལ་གྱི་སྐད་བརྡའི་སྤྱོད་སྟངས་དེ་ཡང་ཕ་སྐད་གཅིག་རྐྱང་ནས་སྐད་གཉིས་སམ་སྐད་མང་གི་སྣང་ཚུལ་དུ་འཕེལ་འགྱུར་བྱུང་བ་དང་། ཁྱད་པར་དུ་བཅོས་སྒྱུར་སྒོ་འབྱེད་དང་ནུབ་རྒྱུད་གསར་སྤེལ་ཆེན་པོ་བྱེད་པའི་སྲིད་ཇུས་དངོས་འབེབས་བྱས་པ་ནས་བཟུང་། བོད་ཁུལ་དུ་སྐད་གཉིས་སམ་སྐད་མང་སློབ་གསོའི་

བྱ་བའང་ཐུར་བས་གཏིང་ཟབ་ཅིང་ཁྱབ་གདལ་དུ་འགྲོ་བཞིན་ཡོད་ལ། དེ་ཡང་གཙོ་བོ་མི་རིགས་མཉམ་འདྲེས་ཀྱི་འབྲེལ་བ་སྣ་ཚོགས་དང་། མི་གྲངས་ཀྱི་འཕེལ་འགྱུར་དང་བྱེས་འགྲིམ། དཔལ་འབྱོར་གྱི་འབྲེལ་བ། ཆ་འཕྲིན་རིག་གནས་ཀྱི་བརྒྱུད་སྒྲོག མི་རིགས་སྐད་ཡིག་གི་སྲིད་ཇུས་སོགས་རྒྱུ་རྐྱེན་སྣ་ཚོགས་ཤིག་ལ་རག་ལས་ཀྱང་། ཆེས་དམིགས་སུ་ཐོན་པ་ནི་སྲིད་འབྱོར་སོགས་ཀྱི་འབྲེལ་འདྲིས་ལགས་ཏེ། 《བོད་ལྗོངས་ཀྱི་དཔལ་འབྱོར་གནས་སྟངས་དང་དེའི་འཕོ་འགྱུར》ཞེས་པ་ལས། ༡༩༥༢ལོའི་ཡར་སྔོན་རྒྱ་བོད་བར་གྱི་ཆབ་སྲིད་དང་། སྤྱི་ཚོགས། དཔལ་འབྱོར་གྱི་འབྲེལ་བ་ནི་སྐབས་དེའི་དཔལ་འབྱོར་གྱི་གནས་བབ་དང་ལོ་རྒྱུས་རྒྱབ་ལྗོངས་འོག་ཏུ་ཆགས་ཤིང་འཕེལ་རྒྱས་བྱུང་བ་ཡིན་ཏེ། ཕྱོགས་གཅིག་ནས་བོད་པའི་ས་བབ་ཀྱི་ཁྱད་ཆོས་དང་འགྲིམ་འགྲུལ་སྟབས་མི་བདེ་བ་སོགས་ཀྱིས་བོད་དང་གཞན་ཕྱོགས་ཀྱི་སྤྱི་ཚོགས་དཔལ་འབྱོར་དང་རིག་གནས་ཀྱི་འབྲེལ་འདྲིས་ལ་དཀའ་ངལ་བཟོས་པ་དང་། ཕྱོགས་གཞན་ཞིག་ནས་རྒྱ་ནག་གི་ཞིང་བདག་དང་ཞིང་བོགས་ལམ་ལུགས་ནི་བོད་ཀྱི་ཞིང་བྲན་ལམ་ལུགས་དང་མི་འདྲ་ཞིང་། རྒྱའི་ཞིང་པ་རྣམས་བོད་དུ་འགྲིམས་ནས་ཞིང་བྲན་དང་གཞིས་དཔོན་བྱས་པ་ལས་ས་ཞིང་གླས་པར་མི་འདོད་པ་དང་། གཞན་རྒྱ་ནག་ཏུ་དར་བའི་ཏའོ་ལུགས་དང་། ནང་བསྟན། ཡེ་ཤུ་ཆོས་ལུགས་མཉམ་དུ་གནས་པའི་ཆོས་སྤྱོད་ཀྱིས་སྲིད་དོན་ལ་ཤན་ཞུགས་པ་ཉུང་ཞིང་བོད་ཀྱི་ཆོས་སྲིད་ཟུང་འབྲེལ་ལམ་ལུགས་དང་གཞི་ནས་མི་འདྲ་ལ། འདི་ལྟའི་རང་བྱུང་གི་ཆ་རྐྱེན་དང་། སྤྱི་ཚོགས་ལམ་ལུགས། ས་བོགས་ལམ་ལུགས། ཆོས་ལུགས་སོགས་ཀྱི་ཕྱོགས་སུ་ཁྱད་པར་ཆེན་པོ་སྣང་བ་འདི་ས་ཡུན་རིང་པོར་བོད་རྒྱ་མི་རིགས་བར་དུ་མི་སྣའི་འགྲོ་འོང་དང་དཔལ་འབྱོར་ཚོང་ཟོང་སྤེལ་བར་བཀག་སྡོམ་ཆེན་པོ་ཐེབས[21] ཞེས་དང་། ད་ལྟ་བོད་ཁུལ་གྱི་དཔལ་འབྱོར་འཚོ་བ་དེ་སྔར་སྔོམ་གཅིག་སྤྱོད་ཀྱི་རྣམ་པ་ནས་གཞན་རིགས་ལ་འབྲེལ་འདྲིས་མང་ཞིང་མི་རིགས་མང་པོར་མཉམ་དུ་འབྲེལ་བའི་ཐུན་མོང་གི་དཔལ་འབྱོར་གནས་སྟངས་སུ་འཕེལ་པ་དང་། དཔལ་འབྱོར་གྱི་གནས་བབ་འདི་རིགས་ཁྲོད་དུ། མི་རྣམས་ཀྱི་སྐད་བརྡའི་སློབ་སྦྱོལ་དང་བཀོལ་སྤྱོད་ཀྱང་དང་རང་ཤུགས་ཀྱིས་སྣ་གཅིག་རྐྱང་ནས་སྐད་གཉིས་སམ་སྐད་མང་ཅན་དུ་འཕེལ་བར་ངེས་ཏེ། རྒྱུ་མཚན་ནི་ཞིང་ཕྱུགས་ལས་མ་ཡིན་པའི་ལས་རིགས་གཞན་དོན་དུ་གཉེར་བའི་བོད་མི་མང་པོ་ཞིག་གི་ལས་སུ་གཉེར་བྱ་ནི་ཕྱི་

འབྲེལ་རང་བཞིན་གྱི་ལས་རིགས་སྣ་ཚོགས་ཡིན་ལ། ཕོ་ཚོ་རྒྱུན་པར་རྒྱ་རིགས་སོགས་མི་རིགས་གཞན་དང་འབྲེལ་འདྲིས་དམ་ཞིང་རྒྱ་སྐད་དང་ཕྱི་ཡིག་ཕྱོགས་ཀྱི་ཆ་འཕྲིན་བསྡུ་ལེན་བྱེད་པ་བསྐྱོན་དུ་མེད་པ་དང་། སྐད་ཡིག་གཉིས་པའམ་གསུམ་པ་སློབ་ངེས་ཀྱི་དགོས་མཁོ་ཤིན་ཏུ་ཆེ་ཕྱིར། འདི་རིགས་ཀྱིས་སྐད་གཉིས་སམ་སྐད་མང་ནང་བྱུན་ཚུད་ཚད་ནི་ཞིང་ཕྱུགས་ལས་དོན་དུ་གཉེར་མཁན་གྱི་ཞིང་པ་དང་འབྲོག་པ་ལས་གྲངས་འབོར་མང་པོ་ཟིན་འདུག མདོར་ན་བཀག་སྡོམ་རང་བཞིན་གྱི་དཔལ་འབྱོར་འཚོ་བས་སྐད་བརྡའི་སྤྱོད་སྟངས་གཅིག་རྐྱང་དུ་འགོད་ཀྱང་། ཕྱི་འབྲེལ་རང་བཞིན་གྱི་དཔལ་འབྱོར་འཚོ་བས་སྐད་བརྡའི་སྤྱོད་སྟངས་སྣ་མང་ཅན་དུ་བསྒྱུར་ནུས་པས། ཕྱི་འབྲེལ་རང་བཞིན་གྱི་སྤྱི་ཚོགས་མི་སྣ་ཇི་ལྟར་ཇེ་མང་དུ་གྱུར་ན། སྐད་གཉིས་སམ་སྐད་མང་སྤྱོད་མཁན་གྱི་མི་གྲངས་ཀྱང་དེ་ལྟར་ཇེ་མང་དུ་འགྲོ་ངེས[22] པར་བསྟན་པ་སོགས་ལས་དཔལ་འབྱོར་འཚོ་བའི་སྤེལ་སྟངས་མི་འདྲ་བས་ཀྱང་སྐད་གཉིས་ཀྱི་སེམས་ཁམས་དང་སྤྱོད་སྟངས་ལ་འང་ཤུགས་རྐྱེན་ངེས་ཅན་ཐེབས་ཀྱིན་ཡོད་པ་རྟོགས་ནུས་སོ། །

(༢) ཡུལ་དུས་ཀྱི་གནས་སྐབས་སྣ་ཚོགས་དང་ཕ་སྐད་རང་གི་དགོས་མཁོ་དང་བསྟུན་ནས་ཧུར་བརྩོན་གྱིས་གཞན་སྐད་ཀྱི་གྲུབ་ཆ་བསྡུ་ཉུབ་བྱེད་ཚུལ་ཇེ་མང་དུ་འཕེལ་བ་ལས་ཀྱང་སྐད་བརྡའི་ལྟ་སྟངས་སོགས་སེམས་ཁམས་ཀྱི་སྣང་ཚུལ་མཚོན་ནུས་ཏེ། བོད་ཀྱི་སྐད་ཡིག་རིག་གནས་འཕེལ་བའི་ལོ་རྒྱུས་ལྟར་ན། བོད་སྐད་རང་ལ་གཞན་སྐད་ཀྱིས་ཤན་ཞུགས་པ་ཆེས་མངོན་པར་གསལ་ཞིང་གཞན་སྐད་ཀྱི་གྲུབ་ཆ་སྣེ་མིང་བརྡ་སོགས་བསྡུས་པ་ཆེས་མང་བ་ནི་དུས་རིམ་གསུམ་ཙམ་དུ་སྣང་སྟེ། གཅིག་ནི་བོད་བཙན་པོའི་དུས་སྐབས་ནས་ལོ་ཙྪ་བ་རིན་ཆེན་བཟང་པོའི་ཕྱི་རྗེས་སུ་ཡིན་ལ། གཅིག་ནི་ས་སྐྱ་བ་ནས་དགའ་ལྡན་ཕོ་བྲང་གི་བར་དང་། ཅིག་ཤོས་ནི་རྒྱལ་ཁབ་དབུ་བརྙེས་པ་ནས་ད་ལྟའི་བར་ལགས། དུས་རིམ་དང་པོ་ནི་དུས་རབས་བདུན་པ་ནས་དུས་རབས་བཅུ་གསུམ་གྱི་མཇུག་སྟེ་ཧ་ལམ་ལོ་ངོ་དྲུག་བརྒྱ་ལྷག་གི་རིང་བོད་ཀྱི་ཆོས་སྲིད་ལུགས་གཉིས་དར་རྒྱུད་ཀྱི་རྣམ་པ་ཆེས་མངོན་པར་གསལ་བའི་དུས་སྐབས་ཤིག་ཡིན། དུས་སྐབས་འདི་ལ་བོད་ཀྱི་ལོ་རྒྱུས་ཐོག་རེ་འཛགས་རེ་མཐུད་ཀྱི་དོན་རྐྱེན་གཉིས་བྱུང་སྟེ། གཅིག་ནི་རྒྱལ་ཁམས་གཅིག་གྱུར་དང་ཕྱི་ཕྱོགས་སུ་སྒོ་ཕྱེ་བ་ནས་བོད་དང་རྒྱ་གར་རྒྱ་ནག་བལ་པོ་སོགས་རྒྱལ་ཁམས་མི་འཁྲུང་བའི་བར་

ཆོས་སྲིད་ལུགས་གཉིས་ཀྱི་འབྲེལ་བ་སྣ་ཚོགས་བྱུང་བ་དང་། གཉིས་སུན་རང་གཞན་ཀུན་གྱི་པཎྜི་ཏ་དང་མཁས་པ་མང་པོ་ལྷན་འཛོམས་ཀྱིས་བཀའ་བསྟན་གཙུག་ལག་དང་རིག་གཞུང་མང་པོ་བོད་སྐད་དུ་བསྒྱུར་ཏེ་སྔ་ཕྱིར་ཐེངས་གསུམ་ལ་སྐད་དང་ཡི་གེར་བཀས་བཅད་མཛད་པ་དང་བསྟུན་ནས། བོད་སྐད་ཁྲོད་དུ་ལེགས་སྦྱར་སྐད་དང་རྒྱ་སྐད་སོགས་ཀྱི་མིང་བརྡ་མང་པོ་བསྲེས་ཡོད་དེ། དཔེར་ན་ཤཱཀྱ་མུ་ནེ་དང་། གུ་རུ། ཕ་ར་ཎ་སི། དེ་བ། ཡོ་ག ཛ་ཡ། སུམ་བེད། པཎྜི་ཏ། ཨུ་མ། ཀོ་ཏ་མ། ཀུ་མུད། གུར་གུམ། ཐལ་ག མར་གད། ཙཀྲ། སིཾ་ཧ་ལ། ཨོཾ་ཛིན། ཛམྦུ་དྭི་པ། པདྨ། སེངྒེ། བན་དེ། ཀོང་ཇོ། ཏ་ཤང་། སྤུར་ཁ། ཁོན། དྭ། ཁེན། ཛོན། གེན། ལ་ཕུག ཇ། སྐེ་ཚེ། པིར། པར་ལྟ་བུ་བགྲང་ལས་འདས་པ་དང་། དུས་སྐབས་གཉིས་པ་ནི་ས་སྐྱ་བ་ནས་དགའ་ལྡན་ཕོ་བྲང་གི་ཕྱི་རྗེས་སུ་ལོ་ངོ་བཞི་བརྒྱ་ལྷག་གི་དུས་ཡུན་ལྡན་ལ། འདི་དུས་སུ་མེས་རྒྱལ་ནང་ཁུལ་གཅིག་གྱུར་བྱུང་བར་བརྟེན། བོད་རྒྱ་སོག་གསུམ་གྱི་འབྲེལ་བ་སྔར་བས་ཇེ་དམ་དུ་གྱུར་པ་དང་ཆབས་ཅིག ཕན་ཚུན་གྱི་སྐད་བརྡ་ལའང་འབྲེལ་གཏུགས་མང་དུ་བྱུང་བ་ལས་བོད་སྐད་ཁྲོད་དུ་སོག་སྐད་དང་རྒྱ་སྐད་ཀྱི་བརྡ་ཡང་མི་ཉུང་བ་བྱུང་ཡོད་དེ། དཔེར་ན་ཧོང་གིར་དང་། ཨུ་ལག ཁྲལ་ཨུལ། འཇམ་ཆེན། ཆོལ་ཁ། སེ་ཆེན་ཧན། ཏཱ་སི་ཏུ། ཐའི་ཇི། ཇ་སག ཨ་དྲུང་། ཞང་། ཏི་ཤྲི ཐུའུ་སི། ཐུའུ་བཀྭན། སུ་ཐུག ཐེར་གེ ཏམ་ཀ། སག་ཐག ཤུར་རྡེ། ཨོ་མོ་སུ། ཆེ་གེ་ལྟ་བུ་དང་། དུས་རིམ་གསུམ་པ་ནི་རྒྱལ་ཁབ་དབུ་བརྙེས་པ་ནས་ད་ལྟའི་བར་ལོ་ངོ་དྲུག་བཅུ་ལྷག་གི་རིང་ལ། བོད་རིགས་རང་གི་སྲིད་འཁྱོར་རིག་གཞུང་སོགས་གྲངས་ཉུང་མི་རིགས་གཞན་ལས་ཀྱང་ཀྲང་འཛིན་མི་རིགས་ཏེ་རྒྱ་རིགས་ལ་འབྲེལ་འདྲིས་ཆེ་ཞིང་། སྒོས་སུ་བཅོས་སྒྱུར་སྒོ་འབྱེད་བྱས་པ་ནས་བཟུང་། རྒྱལ་ནང་དུ་ཕྱི་ཡིག་སྣ་ཚོགས་སློབ་པའི་ཚ་རླབས་གསར་དུ་འཕྱུར་བ་དང་བསྟུན་ནས། བོད་སྐད་དུ་རྒྱ་སྐད་ཀྱི་བརྡ་མང་བར་སྤེལ་ཅིང་ཚིག་གི་སྦྱོར་བ་ལའང་ཤན་མང་དུ་ཞུགས་ཏེ་དུས་ད་ལྟ་ཉིད་ལ་བོད་སྐད་རྣམ་དག་ཅིག་བརྗོད་རྒྱུ་ལྟ་ཞོག ལུང་དུ་མ་བསྟན་པའི་བརྡ་སྐད་འདྲེས་མ་རུ་གྲུབ་འདུག་པའང་མང་ལ། གཞན་དབྱིན་སྐད་སོགས་ཕྱི་ཡིག་གིས་ཀྱང་རང་སྐད་ལ་ཤན་ཞུགས་ཀྱིན་ཡོད་པས། འདི་རྣམས་བོད་ཁུལ་དུ་སྐད་གཉིས་སམ་སྐད་མང་སློབ་གསོ་སྤེལ་བའི་སྔོན་འགྲོའི་ཆ་རྐྱེན་དུ་ངེས་པ་མ་ཟད། ཚུལ་འདི་དག་ལས་མངོན་པའི་

བོད་པའི་ནང་འདྲེན་བྱེད་འདོད་ཀྱི་སྐད་བརྡའི་ལྟ་བ་ནི་བོད་ལྗོངས་སུ་སྐད་གཉིས་སློབ་གསོ་སྤེལ་བའི་སེམས་ཁམས་ཀྱི་མཐུན་རྐྱེན་ཞིག་ཀྱང་ཡིན་ཏེ། 《རིག་གནས་ཀྱི་ཁོར་ཡུག་དང་སྐད་གཉིས་སློབ་གསོ》ཞེས་པ་ལྟར། སྐད་བརྡ་མི་འདྲ་བ་ལ་གཞན་སྐད་ཀྱི་ཤན་ཞུགས་ཚད་ཀྱང་ཆེ་ཆུང་ཅི་རིགས་སུ་སྣང་སྟེ། འགའ་ཞིག་སྐེར་སྟོམ་དུ་སྣང་ཞིང་། འགའ་ཞིག་བག་ཡངས་སུ་ནང་འདྲེན་བྱེད་པར་སྒྲོ་ཅན། གཞན་སྐད་ཀྱི་ཤན་ཞུགས་ཚད་ག་འདྲ་སྣང་བ་དེ་ཡང་ཐད་ཀར་མི་རིགས་ཤིག་གིས་སྐད་བརྡ་གཉིས་ངོས་ལེན་བྱེད་པའི་ཆུ་ཚད་ལ་འབྲེལ་བ་ངེས་ཅན་ལྡན། སྤྱིར་བཏང་དུ་གཞན་སྐད་ཀྱི་ཤུགས་རྐྱེན་ཐེབས་སླ་བའི་མི་རིགས་དག་ལ་སྐད་གཉིས་ངོས་ལེན་གྱི་ནུས་ཤུགས་ཀྱང་ཆེས་ཆེར་ལྡན་པས། སྐད་བརྡ་གང་ལ་གཞན་སྐད་ཀྱིས་ཤན་ཞུགས་ཚད་མི་འདྲ་བའི་ཐད་ནས་ཀྱང་སྐད་གཉིས་སློབ་གསོའི་ཚོས་ཉིད་ལ་ཤེས་རྟོགས་བྱ་རུང[23]ཞེས་གསུངས་པའི་ཕྱིར་རོ། །

མདོར་ན་བོད་ལྗོངས་ཀྱི་སྤྱི་ཚོགས་ལོ་རྒྱུས་འཕེལ་འགྱུར་གྱི་བརྒྱུད་རིམ་ཁྲོད་དུ། སྲོལ་རྒྱུན་རིག་གནས་སོགས་གཞིར་བྱས་པའི་ཕ་སྐད་གཅེས་འཛིན་གྱི་ལྟ་བ་དང་། རིག་གནས་དཔལ་འབྱོར་འཕེལ་བའི་དགོས་དབང་གིས་གཞན་སྐད་ཀྱི་ལེགས་ཆ་ནང་འདྲེན་བྱེད་པའི་ལྟ་སྟངས་དག་སྦྲགས་མར་སྤེལ་བའི་ཆ་ནས་སྐད་གཉིས་བརྩོན་ཞིབ་ཀྱི་བྱ་བ་ཡར་ལྡན་དུ་མཆིས་པས་ན། བོད་པའི་རང་སྐད་ཀྱི་ཕྱོགས་ཞེན་དང་གཞན་སྐད་ནང་འདྲེན་བྱེད་ཕོད་པའི་སེམས་ཁམས་ཀྱང་བོད་ལྗོངས་སུ་སྐད་གཉིས་སློབ་གསོ་དར་བའི་རྒྱུ་རྐྱེན་གཙོ་བོ་ཡིན་པར་འདོད་དོ། །

གསུམ། སྐད་གཉིས་སློབ་གསོའི་སྲིད་ལུགས་ཀྱི་མཐུན་རྐྱེན།

ད་ལྟའི་བོད་ལྗོངས་ཀྱི་སྐད་གཉིས་སློབ་གསོའི་བྱུང་ཚུལ་ནི་རང་རྒྱལ་སྤྱི་ཚོགས་རིང་ལུགས་རྒྱལ་ཁབ་ཀྱི་ལམ་ལུགས་སམ་དོན་དངོས་དང་མཐུན་པའི་སྲིད་གཞུང་གི་སྲིད་ཇུས་སྣ་ཚོགས་ཀྱི་དངོས་འབེབས་བྱེད་ཚུལ་ལ་འང་འབྲེལ་བ་དམ་པོར་ལྡན་ཏེ། འདིར་ཕྱོགས་གསུམ་ནས་མདོར་ཙམ་སྨྲས་ན།

༡. རྒྱལ་ཁབ་ཀྱི་སྲིད་ཇུས་ལམ་ལུགས་ནི་བོད་ལྗོངས་སུ་སྐད་གཉིས་སློབ་གསོ་སྤེལ་བའི་གཞི་རྩ་ཡིན་ཏེ། རང་རྒྱལ་སྲིད་གཞུང་གི་སྲིད་ཇུས་ཡོད་དོ་ཅོག་རྩོད་སྒྲུབ་དངོས་གཙོ

རིང་ལུགས་དང་ལོ་རྒྱུས་དངོས་གཙོ་རིང་ལུགས་ཀྱི་རིགས་པའི་གཞུང་ལུགས་གཞིར་བཟུང་ནས་བརྟོན་པ་ཡིན་ལ། ལོ་རྒྱུས་དངོས་གཙོ་རིང་ལུགས་ལྟར་ན། མི་རིགས་ཀྱི་གཉའ་གནོན་ནི་མཐར་ཐུག་གྲལ་རིམ་གཉའ་གནོན་གྱི་མངོན་ཚུལ་ཞིག་ཏུ་ངེས་ཤིང་། མི་རིགས་གཞན་ལ་གཉའ་གནོན་བྱེད་པའི་མི་རིགས་རང་ཉིད་ལའང་རང་དབང་དངོས་ཤིག་ཐོབ་མི་སྲིད་པར་འདོད་པས། ཀྲུང་གོ་གུང་ཁྲན་ཏང་གི་དབུ་ཁྲིད་འོག་ཀྲུང་ཧྭ་མི་དམངས་སྤྱི་མཐུན་རྒྱལ་ཁབ་དབུ་བཙུགས་རྗེས། རང་རྒྱལ་སྲིད་གཞུང་གིས་མི་རིགས་སོ་སོ་འདྲ་མཉམ་འཚང་བའི་ཁེ་དབང་ལ་དགོངས་ནས། མི་རིགས་སོ་སོའི་སྐད་དང་ཡི་གེ་བཀོལ་སྤྱོད་དང་དར་སྤེལ་དུ་གཏོང་རྒྱུ་ནི་མི་རིགས་སོ་སོའི་ཁེ་དབང་སྲུང་སྐྱོང་དང་འདྲ་མཉམ་འཚང་བའི་ནང་དོན་གལ་ཆེན་ཞིག་ཏུ་དགོངས་ཤིང་། ཁྱད་པར་དུ་རང་རྒྱལ་ནི་སྤྱི་ཚོགས་རིང་ལུགས་ཀྱི་ཐོག་མའི་དུས་རིམ་དུ་གནས་པ་ལ་ཡོད་ཚད་དོན་དངོས་དང་བསྟུན་ཞིང་དངོས་ཐོག་བདེན་འཚོལ་བྱེད་པ་དང་། ཆབ་སྲིད་དཔལ་འབྱོར་ལམ་ལུགས་ཀྱི་བཅོས་སྒྱུར་དང་། སློབ་གསོ་ལམ་ལུགས་ཀྱི་བཅོས་སྒྱུར། མི་རིགས་སྐད་ཡིག་འཕེལ་རྒྱས་གཏོང་ཐབས་སྐོར་གྱི་ཐབས་ཇུས་ཐམས་ཅད་ཀྱང་རང་རྒྱལ་གྱི་དོན་དངོས་དང་འབྲེལ་བའི་ལམ་ལུགས་ཡང་དག་དང་མཐུན་པར་མཛད་སྟབས། མི་རིགས་སྐད་ཡིག་གི་སློབ་གསོར་འཕེལ་རྒྱས་ཆེན་པོ་བྱུང་བ་དང་། ཕྱོགས་གཞན་ཞིག་ནས་རྒྱལ་ནང་གི་ཆབ་སྲིད་དང་། དཔལ་འབྱོར། རིག་གནས་བཅས་ཕྱོགས་གང་ཐད་ནས་ཆེས་ཚད་མཐོ་བར་གཅིག་གྱུར་བྱུང་ཞིང་། རྒྱ་རིགས་གཙོས་རྒྱལ་ནང་གི་མི་རིགས་ལྔ་བཅུ་ལྷག་གི་འབྲེལ་བ་སྔར་བས་ཇེ་དམ་དུ་གྱུར་བ་དང་བསྟུན། རྒྱ་སྐད་ནི་རྒྱལ་ཡོངས་ཀྱི་མི་འབོར་ཁྲིད་༩༢% ཟིན་པའི་རྒྱ་རིགས་ལས་གཞན་གྲངས་ཉུང་མི་རིགས་ཕན་ཚུན་བར་རྒྱུགས་ཆེ་བའི་སྤྱི་སྐད་དུ་གྲུབ་ཅིང་། ཀྲུང་ཧྭ་མི་རིགས་ཀྱི་ཁྱིམ་གཞི་ཆེན་པོས་ཐུན་མོང་དུ་སྤྱོད་པའི་སྐད་ཆ་དང་སྲིད་འཛིན་ཐད་སྤྱོད་སྒོ་ཆེས་ཡངས་པའི་གཞུང་སྐད་འབའ་ཞིག་ཏུ་གྲུབ་པས་ན། རང་རྒྱལ་གྱི་སྤྱི་ཚོགས་སམ་མི་རིགས་ཀྱི་འབྲེལ་བ་དངོས་དང་སྐད་བརྡའི་སྣང་ཚུལ་ལམ་སྐད་བརྡའི་འབྲེལ་བ་དངོས་དང་འབྲེལ་བའི་ལམ་ལུགས་སྣ་ཚོགས་ནི་རྒྱ་སྐད་དང་གྲངས་ཉུང་མི་རིགས་ཀྱི་སྐད་བརྡ་གཉིས་ཀྱི་ཆ་ནས་སྐད་གཉིས་སློབ་གསོ་སྤེལ་བའི་གཞི་རྩ་ཡིན་ལ། དུས་མཚུངས་སུ་རྒྱལ་སྤྱིའི་སྲིད་འཛིན་རིག་གསུམ་གྱི་འཕེལ་འགྲོས་དང་བསྟུན་ནས་རང་རྒྱལ་སྲིད་གཞུང་གིས་བཅོས་སྒྱུར་

སྒོ་འབྱེད་ཀྱི་སྲིད་ཇུས་སྤེལ་ཞིང་། སློབ་གསོ་འཛམ་གླིང་ལ་ཁ་ཕྱོགས་པ་དང་། དེང་རབས་ཅན་ལ་ཁ་ཕྱོགས་པ། འབྱུང་འགྱུར་ལ་ཁ་ཕྱོགས་པའི་བླང་བྱ་བཏོན་པ་ནས་བཟུང་། དབྱིན་སྐད་སོགས་སྐད་མང་སློབ་གསོའི་དགོས་མཁོ་ཞིག་ཀྱང་བྱུང་བ་སོགས་ལས་རྒྱལ་ཁབ་ཀྱི་སྲིད་ཇུས་ལམ་ལུགས་ནི་བོད་ཁུལ་དུ་སྐད་གཉིས་སློབ་གསོ་སྤེལ་བའི་གཞི་རྩ་ཡིན་པ་གསལ་པོར་རྟོགས་ནུས་སོ། །

༢. སྲིད་གཞུང་གི་ཁྲིམས་སྲོལ་ནི་བོད་ཁུལ་དུ་སྐད་གཉིས་སློབ་གསོ་སྤེལ་བའི་རྟེན་གཞི་ཡིན་ཏེ། 《ཀྲུང་ཧྭ་མི་དམངས་སྤྱི་མཐུན་རྒྱལ་ཁབ་ཀྱི་རྩ་ཁྲིམས》ཀྱི་ཚན་པ་བཞི་བར། མི་རིགས་སོ་སོ་ཚང་མར་རང་ཉིད་ཀྱི་སྐད་དང་ཡི་གེ་བཀོལ་སྤྱོད་དང་དར་སྤེལ་དུ་གཏོང་བའི་རང་དབང་ཡོད་ཅེས་དང་། ཚན་པ་བཅུ་དགུའི་ནང་དུ། རྒྱལ་ཁབ་ཀྱིས་རྒྱལ་ཡོངས་ཐུན་མོང་གིས་སྤྱོད་པའི་སྤྱི་སྐད་ཁྱབ་གདལ་དུ་གཏོང་བ་ཞེས་པ་ལས་རྒྱ་སྐད་དང་གྲངས་ཉུང་མི་རིགས་ཀྱི་སྐད་གཉིས་ཀར་མཉམ་སྤྱོད་ཀྱི་ཁེ་དབང་ཐོབ་ཡོད་པ་དང་། 《རྩ་ཁྲིམས》གཞིར་བྱས་ནས་རིམ་པ་སོ་སོའི་སྲིད་གཞུང་གི་ཁྲིམས་སྲོལ་སྣ་ཚོགས་སུའང་སྐད་གཉིས་སློབ་གསོ་སྤེལ་བ་ལ་རྟེན་གཞི་མང་པོ་བཏོན་འདུག་སྟེ། 《མི་རིགས་ས་གནས་རང་སྐྱོང་གི་བཅའ་ཁྲིམས》ནང་དུ། མི་རིགས་ས་གནས་རང་སྐྱོང་གི་རང་སྐྱོང་ལས་ཁུངས་ཀྱིས་རྒྱལ་ཁབ་ཀྱི་སློབ་གསོ་བྱེད་ཕྱོགས་དང་བཅའ་ཁྲིམས་ཀྱི་གཏན་ཕབ་གཞིར་བཟུང་ནས། རང་ས་གནས་ཀྱི་སློབ་གསོར་ཇུས་འགོད་དང་། རིམ་པ་སོ་སོའི་སློབ་གྲྭ་སྣ་ཚོགས་ཀྱི་སྒྲིག་གཞི་དང་། སློབ་ཡུན། སློབ་སྦྱོང་གི་རྣམ་པ། སློབ་ཁྲིད་ཀྱི་ནང་དོན། སློབ་ཁྲིད་ཀྱི་སྐད་བརྡ། སློབ་མ་འཚོལ་སྡུད་བྱེད་ཐབས་བཅས་གཏན་ཁེལ་བྱས་ཆོག[24] ཅེས་དང་། གྲངས་ཉུང་མི་རིགས་ཀྱི་སློབ་མ་གཙོ་བོར་སྡུད་ལེན་བྱེད་པའི་སློབ་གྲྭ་ལ་ཆ་རྐྱེན་ཡོད་པ་རྣམས་ཀྱིས་གྲངས་ཉུང་མི་རིགས་ཀྱི་ཡི་གེའི་བསླབ་དེབ་བཀོལ་སྤྱོད་དང་གྲངས་ཉུང་མི་རིགས་ཀྱི་སྐད་བརྡ་སྤྱད་ནས་སློབ་ཁྲིད་བྱས་ཆོག་ལ། གནས་ཚུལ་དངོས་ལྟར་སློབ་ཆུང་གི་དམའ་རིམ་དང་ཡང་ན་མཐོ་རིམ་ལ་རྒྱའི་སྐད་ཡིག་གི་བསླབ་ཚན་བཀོད་སྒྲིག་བྱས་ནས། རྒྱལ་ཡོངས་སྤྱི་སྤྱོད་ཀྱི་སྐད་དང་ཚད་ལྡན་གྱི་རྒྱ་ཡིག་ཁྱབ་གདལ་དུ་གཏོང་དགོས[25] ཞེས་དང་། རྒྱལ་ཁབ་སློབ་གསོ་ཕུའུ་དང་དམངས་ཞུས་༡༩༨༠ལོར་སྤེལ་བའི《མི་རིགས་སློབ་གསོའི་བྱ་བར་ཤུགས་སྣོན་བྱེད་པའི་སྐོར་གྱི་བསམ་འཆར》ནང་དུའང་། མི་རིགས་རང་ལ་སྐད་དང་ཡི་གེ

ཡོད་པའི་མི་རིགས་ཀུན་གྱིས་རང་མི་རིགས་ཀྱི་སྐད་བརྡ་སྤྱད་ནས་སློབ་ཁྲིད་དང་། རང་མི་རིགས་ཀྱི་སྐད་ཡིག་ལེགས་པོར་སློབ་འོས་ལ། དུས་མཚུངས་སུ་རྒྱ་སྐད་དང་རྒྱ་ཡིག་ཀྱང་སློབ་དགོས་ཞེས་དང་། 《བོད་རང་སྐྱོང་ལྗོངས་ཀྱི་ས་གནས་རང་སྐྱོང་གི་ཁྲིམས་ཡིག》དང《བོད་རང་སྐྱོང་ལྗོངས་སུ་བོད་ཀྱི་སྐད་ཡིག་སློབ་སྦྱོང་དང་། བེད་སྤྱོད། འཕེལ་རྒྱས་སུ་གཏོང་རྒྱུའི་གཏན་འབེབས་འགའ་ཞིག》ཅེས་པ་ལས་ཀྱང་། བོད་ཡིག་གཙོར་བྱེད་པ་དང་བོད་རྒྱ་སྐད་གཉིས་མཉམ་སྤྱོད་བྱེད་པའི་མཇད་ཕྱོགས་ལག་བསྟར་བྱེད་དགོས[26] ཞེས་གསུངས་པ་དང་། དེ་བཞིན་དུ་བོད་ཁུལ་གྱི་རང་སྐྱོང་ལྗོངས་གཅིག་དང་། རང་སྐྱོང་ཁུལ་བཅུ། རང་སྐྱོང་རྫོང་གཉིས་བཅས་ཀྱི་ས་ཁོངས་རང་སྐྱོང་གི་ཁྲིམས་ཡིག་ནང་དུའང་བོད་ཀྱི་སྐད་ཡིག་བསླབས་པ་གཞིར་བྱས་རྒྱའི་སྐད་ཡིག་ཀྱང་སྦྱང་དགོས་པའི་ བླང་བྱ་བཏོན་ཞིང་། རྒྱལ་ཁབ་སྤྱིའི་སྲིད་འཛིན་རིག་གནས་ཀྱི་རྒྱབ་ལྗོངས་དང་ སྡུགས་ས་གནས་མི་རིགས་ཀྱི་རིག་གནས་གོམས་སྲོལ་ལ་བརྩི་འཛོག་བྱེད་པ་དོན་དུ་གཉེར་ནས་སྐད་གཉིས་ཀྱི་སློབ་སྲོལ་རྒྱ་ཆེར་སྤེལ་བས་ན། སྲིད་གཞུང་གི་ཁྲིམས་སྲོལ་སྣ་ཚོགས་ཀྱང་བོད་ཁུལ་དུ་སྐད་གཉིས་སློབ་གསོ་སྤེལ་བའི་རྟེན་གཞིར་ངེས་པ་རྫོགས་སྤྲོའོ། །

༣. སྲིད་གཞུང་གི་ནོར་སྲིད་ཀྱི་རྒྱབ་སྐྱོར་ནི་བོད་ཁུལ་དུ་སྐད་གཉིས་སློབ་གསོ་སྤེལ་བའི་ཆ་རྐྱེན་ལེགས་པོར་ངེས་ཏེ། བཅོས་སྒྱུར་སྒོ་འབྱེད་ཀྱི་སྲིད་ཇུས་སྤེལ་བ་ནས་བཟུང་། རང་རྒྱལ་སྲིད་གཞུང་གིས་བོད་ཁུལ་གྱི་སློབ་གསོ་སྤྱི་དང་བྱེ་བྲག་སྐད་གཉིས་སློབ་གསོར་ཐབས་ཇུས་སྣ་ཚོགས་བཏོན་ཅིང་། དངུལ་ཤུགས་དང་། དངོས་ཤུགས། མི་ཤུགས་བཅས་ཀྱིས་ རྒྱབ་སྐྱོར་བྱས་པ་ ལའང་ ཕན་ འབྲས་ མི་ དམན་ པ་ འབྱུང་ བཞིན་ ཡོད་ དེ། དཔེར་ན༡༩༨༥ལོར་ཀྲུང་དབྱང་དང་བོད་རང་སྐྱོང་ལྗོངས་ནོར་སྲིད་ཀྱིས་བོད་ལྗོངས་ཀྱི་སློབ་གསོའི་ཐད་སྒོར་ཁྲི་ཚོ༨༠༠༠འགྲོ་སོང་བཏང་བ་དང་། ༡༩༩༦ལོར་སྒོར་ཁྲི་ཚོ༢༨༢༧༢བར་འཕར་སྣོན་བྱུང་ཞིང་། ཆ་སྙོམས་བྱས་ན་སློབ་མ་རེའི་སློབ་གསོའི་གྲོན་དངུལ༡༠༦༤. ༦༥ལ་སོན་པ[27] རྣམས་གཞུང་གཉེར་གྱི་སྐད་གཉིས་སློབ་གསོ་སྒྲིང་མཁན་ཡིན་ལ། ༢༠༠༥ལོའི་བར་རྒྱལ་ཡོངས་ཀྱི་ཞིང་ཆེན་དང་གྲོང་ཁྱེར་ཉེར་གཅིག་གིས་ནང་ལོགས་སུ་བོད་ལྗོངས་འཛིན་གྲྭ་བཙུགས་ནས་སྔར་ཚུགས་ཀྱི་མཐོ་རིམ་སློབ་འབྲིང་གསུམ་དང་། མཐོ་འབྲིང་འཛིན་གྲྭ་གཉེར་བའི་སློབ་གྲྭ་བརྒྱད། དམའ་འབྲིང་འཛིན་གྲྭ

གཉེར་བའི་སློབ་གྲྭ་ཉི་ཤུ། བོད་ལྗོངས་འཛིན་གྲྭ་གཉེར་བའི་དགེ་ཐོན་སློབ་གྲྭ་གཉིས་བཅས་བཙུགས་ཤིང་། ལོ་ངོ་ཉི་ཤུའི་རིང་བོད་ལྗོངས་འཛིན་གྲྭའི་དམའ་འབྲིང་སློབ་མ་ཁྲི༢.༩༥དང་། མཐོ་འབྲིང་སློབ་མ་ཁྲི༢.༡། དངོས་གཞི་སློབ་མ༨༥༠༠ལྷག་བསྡུས་པ་དང་། བོད་ལྗོངས་ལ་བསྐྱོམས་པས་སློབ་གྲྭ་ཆེ་འབྲིང་གི་སློབ་མ་ཁྲི༡.༥སྐྱེད་སྲིང་བྱས་པ[28] རྣམས་ཀྱང་སྐད་གཉིས་སློབ་གསོའི་ཐབས་ལམ་འབའ་ཞིག་ལ་བརྟེན་ནས་སྐྱེད་སྲིང་བྱས་པའི་ཤེས་ལྡན་མི་སྣར་ངེས་པས་ན། སྲིད་གཞུང་གིས་བོད་ལྗོངས་སོགས་སུ་ནོར་སྲིད་ཀྱི་རྒྱབ་སྐྱོར་གནང་བའི་ཐབས་ཇུས་ཀྱང་བོད་ཁུལ་དུ་སྐད་གཉིས་སློབ་གསོ་སྤེལ་བའི་ཆ་རྐྱེན་ལེགས་ཙམ་དུ་ངེས་པ་མངོན་པར་གསལ་ལོ། །

གཉིས་པ། ད་ལྟའི་སྐད་གཉིས་སློབ་གསོའི་གནས་བབ།

སྤྱིར་བོད་ཁུལ་གྱི་སྐད་གཉིས་སློབ་གསོ་ནི་ཆོས་སྲིད་ལུགས་གཉིས་ཀྱི་དགོས་དབང་གིས་བྱུང་ཚུལ་གྱི་དུས་སྤྱ་ཞིང་འཕེལ་འགྱུར་གྱི་ལོ་རྒྱུས་རིང་ན་ཡང་། སྔར་འདས་རྣམས་ལོ་རྒྱུས་ཀྱི་བསླབ་བྱ་དང་ཉམས་མྱོང་ཙམ་ལས་ད་ལྟའི་དོད་དུ་མི་རུང་ལ། སྐབས་དོན་སྤྱི་ཚོགས་ཀྱི་གནས་བབ་དངོས་དང་འབྲེལ་བའི་བོད་ཁུལ་གྱི་སྐད་གཉིས་སློབ་གསོ་ལྟར་ན། གཙོ་བོ་དུས་རབས་ཉི་ཤུ་བའི་ལོ་རབས་བརྒྱད་ཅུ་བ་ནས་ད་ལམ་དུ་འཕེལ་རྒྱས་ཆེས་མགྱོགས་པའི་དུས་སྐབས་ཤིག་ཏུ་ངེས་ཅན། འདིར་ད་ལྟའི་བོད་ཁུལ་གྱི་སྐད་གཉིས་སློབ་གསོའི་གནས་བབ་རྗོད་སྐབས་ཀྱང་། ཉེ་བའི་ལོ་ངོ་སུམ་ཅུ་ལྷག་གི་བོད་ཁུལ་གྱི་སྐད་གཉིས་སློབ་གསོའི་གནས་ཚུལ་དངོས་དང་དེ་ལས་བརྟེན་པའི་གནད་དོན་དང་བསླབ་བྱ་བཅས་གཞིར་བྱས་ནས་བརྗོད་པར་བྱ་སྟེ།

གཅིག སྐད་གཉིས་སློབ་གསོར་རྩོག་དཔྱོད་བྱས་པའི་གནས་ཚུལ་དངོས།

དེ་ཡང་བོད་ཁུལ་ཡོངས་ལ་ལྗོངས་དང་ཞིང་ཆེན་ལྔའི་ཁོངས་སུ་གཏོགས་པའི་བོད་རང་སྐྱོང་ལྗོངས་གཅིག་དང་། བོད་རིགས་རང་སྐྱོང་ཁུལ་བཅུ། བོད་རིགས་རང་སྐྱོང་རྫོང་གཉིས་བཅས་ཡོད་པ་ལས། འདིར་སྤྱི་བྱེ་གང་རུང་གི་ཐབས་ལམ་ལ་བརྟེན་ནས་སྐད་

གཉིས་སློབ་གསོའི་དཔེར་མཚོན་དུ་འོས་པའི་ས་གནས་གཙོ་བོ་རྣམས་ཀྱི་གནས་ཚུལ་ཏོག་དཔྱད་བྱས་པ་ལྟར་ན།

༡. བོད་རང་སྐྱོང་ལྗོངས་ཀྱི་སྐད་གཉིས་སློབ་གསོའི་གནས་ཚུལ། བོད་ཞི་བས་བཅིངས་འགྲོལ་བྱས་རྗེས་ནས་བཟུང་། བོད་ལྗོངས་ཀྱི་སྐད་གཉིས་སློབ་གསོ་ནི་བོད་ལྗོངས་བཟོ་ཨུ་དང་བཀའ་ཤག་སྲིད་གཞུང་མཉམ་གནས་ཀྱི་དུས་སྐབས་དང་། དམངས་གཙོ་བཅོས་སྒྱུར་གྱི་དུས་སྐབས། རིག་གནས་གསར་བརྗེ་ཆེན་པོའི་དུས་སྐབས་སོགས་བརྒྱུད་མྱོང་ཡང་། དེ་དུས་སུ་སྲིད་འཛིན་ལ་སྐྱོམ་འགྱུལ་དང་ཉམས་ཉེས་ཆེ་བའི་རྐྱེན་གྱིས་བོད་ལྗོངས་ཀྱི་སྐད་གཉིས་སློབ་གསོའི་རྣམ་པའང་ངེས་གཏན་མ་ཡིན་ལ། དུས་རབས་ཉི་ཤུ་བའི་ལོ་རབས་བརྒྱད་ཅུ་བར་རྒྱལ་ཡོངས་ཀྱི་མི་རིགས་སློབ་གསོའི་ལས་དོན་རིམ་གྱིས་ལེགས་ལམ་དུ་ཞུགས་པ་ནས་བཟུང་ད་ལྟའི་བར་དུ་འཕེལ་རྒྱས་ཆེན་པོ་བྱུང་ཡོད་དེ། དཔེར་ན༡༩༧༨ལོར་རང་སྐྱོང་ལྗོངས་ཀྱིས་སློབ་གསོ་ཐུར་ཚོག་མཚན་གནང་བའི་སྙན་ཞུ་ནང་དུ། ཆ་རྐྱེན་ཡོད་པའི་སློབ་གྲྭས་རྒྱ་ཡིག་གི་འཛིན་གྲྭ་ལ་ལོ་རིམ་བཞི་པ་ནས་བོད་ཡིག་གི་བསླབ་ཚན་བཀོད་སྒྲིག་དང་བོད་ཡིག་གི་འཛིན་གྲྭ་ལ་ལོ་རིམ་བཞི་པ་ནས་རྒྱ་ཡིག་གི་བསླབ་ཚན་བཀོད་སྒྲིག་བྱེད་དགོས་ཞེས་དང་། ༡༩༨༠ལོར་དམངས་སྒྲུབ་སློབ་ཆུང་ཡོངས་ནས་བོད་ཡིག་གིས་སློབ་ཁྲིད་བྱས་པ་དང་། ལོ་རིམ་ལྔ་པ་ནས་རྒྱ་ཡིག་སྦྱོང་དགོས་པའི་བླང་བྱ་བཏོན་ལ། ༡༩༨༢ལོར་གཞུང་སྒྲུབ་སློབ་ཆུང་གི་བོད་ཡིག་འཛིན་གྲྭས་བོད་ཡིག་བསླབ་དེབ་སྤྱད་ནས་བོད་ཡིག་གིས་སློབ་ཁྲིད་བྱེད་པ་དང་། ལོ་རིམ་ལྔ་བ་ནས་རྒྱ་ཡིག་སྦྱོང་དགོས་ཤིང་། རྒྱ་ཡིག་འཛིན་གྲྭས་རྒྱ་ཡིག་གིས་སློབ་ཁྲིད་བྱེད་པ་བརྒྱུད་ལོ་རིམ་བཞི་བ་ནས་བོད་ཡིག་སྦྱོང་དགོས་པར་ཐག་བཅད་ལ། ༡༩༨༧ལོར《བོད་ལྗོངས་སློབ་གསོ་བཅོས་སྒྱུར་དང་འཕེལ་རྒྱས་གཏོང་བའི་སྐོར་གྱི་གནད་དོན་དང་འབྲེལ་བའི་བསམ་འཆར》དང《བོད་རང་སྐྱོང་ལྗོངས་སུ་བོད་ཀྱི་སྐད་ཡིག་སློབ་སྦྱོང་དང་། བེད་སྤྱོད། འཕེལ་རྒྱས་སུ་གཏོང་རྒྱུའི་གཏན་འབེབས་འགའ་ཞིག》སོགས་བསྒྲགས་རྗེས། བོད་ལྗོངས་ཀྱི་སྐད་གཉིས་སློབ་གསོར་བོད་རྒྱ་སྐད་གཉིས་ཀྱི་སློབ་ཁྲིད་མ་ལག་འཐུས་ཚང་དུ་གྲུབ་ཡོད་པ་མ་ཟད། སློབ་ཁྲིད་དངོས་ཀྱི་བཀོད་སྒྲིག་ལའང་མཐོང་ཆེན་ལེགས་པར་མཛད་ཚུལ་གཤམ་གྱི་རེའུ་མིག[29] ལྟར་ལགས་ཏེ།

བོད་ཡིག་འཛིན་གྲྭ	སློབ་གྲྭ	སློབ་ཆུང་།						སློབ་འབྲིང་།				མཐོ་འབྲིང་།		
	ལོ་རིམ	དང་པོ	གཉིས་པ	གསུམ་པ	བཞི་བ	ལྔ་བ	དྲུག་པ	དང་པོ	གཉིས་པ	གསུམ་པ	བཞི་བ	དང་པོ	གཉིས་པ	གསུམ་པ
	བོད་ཡིག	༡༣	༡༧	༡༧	༩	༨	༨	༧	༦	༦	༥	༣	༣	༣
	རྒྱ་ཡིག	–	–	–	༥	༥	༦	༡༣	༩	༦	༦	༥	༥	༥

རྒྱ་ཡིག་འཛིན་གྲྭ	སློབ་གྲྭ	སློབ་ཆུང་།						སློབ་འབྲིང་།			མཐོ་འབྲིང་།		
	ལོ་རིམ	དང་པོ	གཉིས་པ	གསུམ་པ	བཞི་བ	ལྔ་བ།	དྲུག་པ	དང་པོ	གཉིས་པ	གསུམ་པ	དང་པོ	གཉིས་པ	གསུམ་པ
	བོད་ཡིག	–	–	–	༣	༣	༣	༣	༣	༣	༢	༢	༢
	རྒྱ་ཡིག	༡༣	༡༧	༡༧	༡༡	༩	༩	༦	༦	༦	༥	༥	༥

དེ་ལྟ་ནའང་སློབ་ཆུང་གི་དུས་སུ་བོད་ཡིག་གཙོས་བོད་རྒྱ་སྐད་གཉིས་ཀྱི་སློབ་སྦྱོང་རྒྱ་ཆེར་དར་བ་མ་གཏོགས། དམའ་འབྲིང་དང་མཐོ་འབྲིང་གི་དུས་སུ། བོད་ཡིག་ལས་གཞན་རྒྱ་ཡིག་དང་རྩིས་དངོས་རྫས་སྐྱེ་རྣམས་རྒྱ་ཡིག་གིས་ཁྲིད་པར་བྱས་ཤིང་། བོད་ཡིག་འཛིན་གྲྭའི་སློབ་མ་ལས་ཀྱང་ཐལ་ཆེ་བ་བར་བརྒལ་རྒྱ་ཡིག་གི་གྲ་སྒྲིག་འཛིན་གྲྭ་དང་བཅས་དམའ་འབྲིང་བརྒྱུད་མཐོ་འབྲིང་དུ་བསླེགས་པ་ལས་བོད་ཡིག་གི་རྩིས་ཚན་སོགས་གཙོར་བྱས་སློབ་འབྲིང་གི་སློབ་གསོ་ལ་མཐོང་ཆེན་ཆེར་ཐོབ་མེད་ཀྱང་། ཆེད་འབྲིང་དང་སློབ་ཆེན་གྱི་སྐབས་ཙ་ན། བོད་རྒྱ་སྐད་ཡིག་གཉིས་པོ་ནི་ཐུར་བཞིན་ཆེད་ལས་ཀུན་གྱིས་ངེས་པ་དུ་སློབ་དགོས་པའི་བསླབ་ཚན་གཙོ་བོར་བཀོད་ཕྱིར། བོད་རྒྱ་སྐད་གཉིས་ཀྱི་སློབ་ཁྲིད་མ་ལག་ཐུར་བཞིན་རྒྱུན་བསྲིངས་འདུག་སྟེ། དཔེར་ན་༡༩༩༨ལོའི་བོད་ལྗོངས་ཀྱི་སློབ་ཁྲིད་ལམ་ལུགས་ཀྱི་རེའུ་མིག(30)དུ།

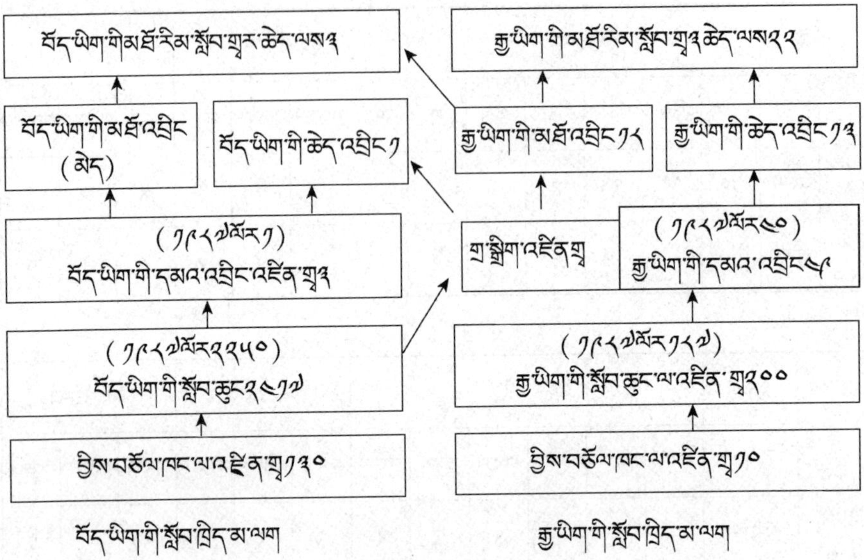

ཅེས་བཞིན་དུ་མཐོང་གསལ་ལྟར་ལགས་སོ། །

༡༩༨༨ལོ་ནས་བཟུང་བསྟུད་མུར་བོད་སྐད་ཡིག་གི་སློབ་ཁྲིད་ལ་ཤུགས་སྣོན་བྱེད་ཆེད། ཟླ་༡༠བར་སྒྲིག་སྲོལ་ཕྲ་ཞིབ་ཅིག་གསར་དུ་བསྒྲུགས་པའི་ནང་དུ། ༡༩༩༣ལོའི་དམའ་འབྲིང་གི་སློབ་མ་གསར་བ་ནས་བཟུང་། དམའ་འབྲིང་དུས་སུ་བོད་ཡིག་གི་འཛིན་གྲྭར་རྒྱ་ཡིག་དང་ཕྱི་ཡིག་ཕུད་གཞན་པའི་བསླབ་ཚན་ཕལ་ཆེ་བའམ་གཙོ་བོ་རྣམས་བོད་ཡིག་གིས་ཁྲིད་པ་དང་། ༡༩༩༧ལོའི་མཐོ་འབྲིང་དང་ཆེད་འབྲིང་གི་སློབ་མ་གསར་བ་ནས་བཟུང་། མཐོ་འབྲིང་སྐབས་ཀྱི་བསླབ་ཚན་ཕལ་ཆེ་བ་བོད་ཡིག་གིས་ཁྲིད་པ། ཆེད་འབྲིང་སློབ་གྲྭའི་བསླབ་ཚན་མང་ཤོས་རྩ་དོན་སྟེང་བོད་ཡིག་གིས་འཁྲིད་པར་བྱེད་པ།(31) ༢༠༠༠ལོའི་རྗེས་སུ་དགེ་ཐོན་གྱི་ཆེད་ལས་ལ་བླང་བྱ་གཞན་ཡོད་པ་ཕུད། མཐོ་རིམ་སློབ་གྲྭས་ཐོག་མར་རིག་ཚན་ནས་རྗེས་སུ་རྩིས་ཚན་དང་། སྔོན་ལ་སྤྱི་གཉེར་གྱི་བསླབ་ཚན་ནས་རྗེས་སུ་ཆེད་ལས་ཀྱི་བསླབ་ཚན་བར་རིམ་གྱིས་བོད་ཡིག་གི་སློབ་ཁྲིད་བྱེད་ཐབས་གཅོར་འཛིན་པ་མངོན་འགྱུར་བྱ་དགོས་པར(32) བསྟན་ལ། འདིས་ཀྱང་བོད་རང་སྐྱོང་ལྗོངས་ཀྱི་སློབ་ཆུང་ནས་སློབ་གྲྭ་ཆེན་མོའི་བར་བོད་ཡིག་གིས་སློབ་ཁྲིད་བྱེད་ཐབས་སྤར་བས་འཕྲུས་ཚང་དང་འཆར་གཞི་ཅན་དུ་བཀོད་པ་མངོན་པར་མཚོན་འདུག དུས་མཚུངས་སུ《བོད་རང་སྐྱོང་ལྗོངས་ཉིན་རྒྱལ་བོའི་ལུགས་ཀྱི་སྤྱི་གཉེར་སློབ་གྲྭ་ཆུང་འབྲིང་གི་

སློབ་ཁྲིད་འཆར་གཞི》ནང་དུའང་། ༡༩༨༧ལོའི་སྔོན་དུས་སུ་བསྡུས་པའི་སློབ་ཆུང་གི་སློབ་མ་ནས་བཟུང་། རྒྱ་དང་བོད་རིགས་ཀྱི་སློབ་མ་འཛིན་གྲྭ་སོ་སོར་བགོས་ནས། བོད་རིགས་ཀྱི་འཛིན་གྲྭར་བསླབ་ཚན་ཡོངས་བོད་སྐད་ཡིག་གིས་ཁྲིད་པ་དང་། བོད་ཡིག་གི་སློབ་ཁྲིད་ལ་གནོད་འགལ་མེད་པ་གཞིར་བྱས། ལོ་རིམ་བཞི་པ་ནས་རྒྱ་ཡིག་སློབ་འགོ་རྩོམ་པ་ལ་གཟའ་འཁོར་རེར་སློབ་ཁྲུན་དྲུག་རེ་བགོད་པ་དང་། རྒྱ་རིགས་ཀྱི་འཛིན་གྲྭར་རྒྱའི་སྐད་ཡིག་གིས་སློབ་ཁྲིད་བྱེད་པ་གཞིར་བྱས། སློབ་ཆུང་གི་ལོ་རིམ་གསུམ་པ་ནས་བོད་ཡིག་སློབ་པ་ལ་གཟའ་འཁོར་རེར་སློབ་ཁྲུན་ལྔ་རེ་བགོད་སྲིག་བྱས། དེའི་རྗེས་སུ་ལྷ་ས་གྲོང་ཁྱེར་དང་ཆབ་མདོ་ས་ཁུལ་གྱི་སློབ་ཆུང་གི་བོད་ཡིག་འཛིན་གྲྭས་སྔར་བཞིན་ལོ་རིམ་གསུམ་པ་ནས་རྒྱ་ཡིག་བསླབས་པ་དང་། ཁ་ཅིག་གིས་ལོ་རིམ་དང་པོ་ནས་རྒྱ་ཡིག་སློབ་པ་ལས་གཞན་སྡོངས་ཡོངས་ཀྱི་སློབ་ཆུང་ཕལ་ཆེ་བས་ཐག་ཆོད་ལྟར་སློབ་ཁྲིད་ལག་བསྟར་བྱས་པ་དང་། དེ་བཞིན་དུ་༡༩༨༧ལོ་ནས་སློབ་འབྲིང་གི་སློབ་མར་ཡང་གཅིག་མཚུངས་ཀྱི་བྱེད་ཐབས་སྤེལ[33] མཐར། ༡༩༩༢ལོར་སྡོངས་ཡོངས་སུ་བོད་སྐད་ཡིག་གིས་སློབ་ཁྲིད་བྱེད་པའི་སློབ་ཆུང་གི་སློབ་མ་༡༧༧༧༣༥ལ་སོན་ཞིང་སློབ་ཆུང་གི་སློབ་མ་ཡོངས་ཀྱི་གྲངས་ཀ་ལས༩༢.༧%ཟིན་པ་དང་། སློབ་ཆུང་གི་བོད་སྐད་ཡིག་གིས་སློབ་ཁྲིད་བྱེད་མཁན་གྱི་དགེ་རྒན་༧༠༤༢ལ་སོན་ཞིང་སློབ་ཆུང་གི་དགེ་རྒན་ཡོངས་ཀྱི་སྤྱི་གྲངས་ལས༨༡.༧%ཟིན། ༡༩༩༣ལོར་ཆབ་མདོ་དང་བཅས་པའི་སྡོངས་ཡོངས་ཀྱི་སློབ་ཆུང་གི་མི་རིགས་སློབ་མ་རྣམས་ལ་བོད་སྐད་ཡིག་གིས་སློབ་ཁྲིད་གཏོང་བྱེད་པ་མངོན་འགྱུར་བྱུང་།[34] སློབ་འབྲིང་ལ་མཚོན་ནའང་། ༡༩༨༩ལོའི་དཔྱིད་ཀར་བོད་རང་སྐྱོང་ལྗོངས་སློབ་གསོ་ཐིང་གིས་སློབ་འབྲིང་དུ་བོད་སྐད་ཡིག་གིས་སློབ་ཁྲིད་བྱེད་པའི་བྱ་བ་སྤེལ་འགོ་ཚུགས་ཤིང་། རང་སྐྱོང་ཁུལ་གྱི་ལྷ་ས་སློབ་འབྲིང་དང་། ལྷ་ས་གྲོང་ཁྱེར་གྱི་སློབ་འབྲིང་དང་པོ། གཞིས་ཀ་རྩེའི་སློབ་འབྲིང་། སྔོ་ཁའི་སློབ་འབྲིང་གཉིས་པ་བཅས་སུ་བོད་སྐད་ཡིག་གིས་སློབ་ཁྲིད་བྱེད་པའི་ཚོད་ལྟའི་འཛིན་གྲྭ་བཞི་བསྒྲུབས་ནས་ཐད་ཀར་སློབ་ཆུང་མཐར་ཕྱིན་མ་ཐག་གི་སློབ་མ་༡༤༡བསྡུས་ཤིང་། སློབ་ཡུན་ལོ་གསུམ་དུ་བགོད། བསླབ་ཚན་ལ་བྱེ་བྲག་ཏུ་བོད་ཡིག་དང་། རྒྱ་ཡིག རྩིས་རིག དངོས་ལུགས། རྫས་འགྱུར། ཆབ་སྲིད། ལོ་རྒྱུས། ས་རྒྱུས། སྤྱི་དངོས་བཅས་བཅུ་གཉིས་ཡོད་པ་ལ་སྡོངས་དང་ཞིང་ཆེན་ལྷན་མཉམ་སྒྲིག་གི་བསླབ་

དེབ་སྤྱད་ཅིང་། བོད་རྒྱ་སྐད་ཡིག་གཉིས་ལ་མཁས་པའི་དགེ་རྒན་གྱིས་སློབ་ཁྲིད་བྱས། སློབ་ཁྲིད་ཀྱི་དམིགས་ཚད་ནི་སློབ་མས་བོད་རྒྱ་སྐད་གཉིས་མཉམ་སྤྱོད་བྱེད་ཐུབ་པ་ལས་གཞན་དབྱིན་སྐད་ཀྱི་བསླབ་ཚན་སོགས་ཀྱང་འོས་འཚམ་གྱིས་བཀོད་སྒྲིག་བྱས་ནས་འབྱུང་འགྱུར་གྱི་བསླབ་གནས་ལེགས་འཕར་དང་ལས་རིགས་འཚོལ་སྐེག་གི་མདུན་ལམ་ཇེ་ཡངས་སུ་བསྐྱེད་རྒྱུ་ལགས། དེ་ལྟ་ནའང་ཐོར་འདས་སློབ་ཆུང་ལས་གཞན་སློབ་འབྲིང་དུ་བོད་སྐད་ཡིག་གི་སློབ་ཁྲིད་བྱེད་ཐབས་ལ་མཐོང་ཆེན་མ་ཐོབ་ཅིང་། སྔོན་སུ་ཕྱི་ནང་གི་རྒྱུ་རྐྱེན་སྣ་ཚོགས་པའི་རྐྱེན་གྱིས་སློབ་འབྲིང་གི་རྩིས་ཚན་སྐོར་གྱི་བསླབ་ཚན་དང་བོད་ཡིག་ལས་གཞན་པའི་རིག་ཚན་སྐོར་གྱི་བསླབ་བྱ་ཕལ་ཆེ་བར་བོད་སྐད་ཡིག་གི་ཁྲིད་ཐབས་སྤྱད་པ་ཉུང་ལ། འདི་ཕྱོགས་ཀྱི་བོད་རིགས་དགེ་རྒན་སྐྱེད་སྲིང་བྱས་པའང་ཤིན་ཏུ་ཉུང་ཞིང་བསླབ་དེབ་སྒྲིག་ཆས་སོགས་ཀྱི་མཐུན་རྐྱེན་ཞན་སྟབས། སྐད་གཉིས་སློབ་ཁྲིད་ཐད་ཀྱི་སྐད་བརྡའི་སྤྱོད་སྟངས་ལ་ཁོད་སྙོམས་མ་ཡིན་ཞིང་བོད་སྐད་ཡིག་གི་སློབ་ཁྲིད་བྱེད་ཐབས་དར་སྤེལ་དུ་མ་ཕྱིན་པའི་ཞན་ཆ་ཞིག་ཀྱང་ལྡན་ཏེ། དཔེར་ན་༡༩༨༡ལོའི་བོད་རང་སྐྱོང་ལྗོངས་ཀྱི་སློབ་གྲྭ་ཆུང་འབྲིང་གི་སློབ་ཁྲིད་ཀྱི་སྐད་བརྡའི་སྤྱོད་སྟངས་(35) ལྟར་ན།

སློབ་གྲྭའི་རིགས	འཁྲིད་བྱེད་ཀྱི་སྐད་བརྡ	སློབ་གྲྭའི་སློབ་མ	(%)	དགེ་རྒན	(%)
སློབ་ཆུང (༢༦༥༢)	བོད་སྐད	༡༥༦༥༤༧	༨༣.༢	༦༧༡༠	༧༨.༤
	རྒྱ་སྐད	༡༡༩༧༥	༦.༤	༡༨༤	༢༠.༢
	བསྡོམས་གྲངས	༡༦༤༠༦༢	༡༠༠.༠	༤༩༠༤	༡༠༠.༠
སྤྱིར་བཏང་གི་དམའ་འབྲིང(༩༢)	བོད་སྐད	༣༩༦༤	༢༠.༣	༩༢༢	༢༩.༡
	རྒྱ་སྐད	༡༣༥༤༦	༧༨.༨	༡༣༢༦	༧༥.༨
	བསྡོམས་གྲངས	༡༧༠༥༩	༡༠༠.༠	༡༧༩༤	༡༠༠.༠
སྤྱིར་བཏང་གི་མཐོ་འབྲིང(༡༨)	བོད་སྐད	༥༠༣	༡༠.༦	༡༦	༢.༧
	རྒྱ་སྐད	༩༢༥	༤༨.༩	༩༤༠	༨༧.༣
	བསྡོམས་གྲངས	༩༧༩	༡༠༠.༠	༥༨༦	༡༠༠.༠
འགན་གསུམ་དམའ་འབྲིང(༣༢)	(གྲངས་ཉུང་མི་རིགས)	༤༣༤༢	༡༠༠.༠	༡༠༧	༡༡.༥
	(རྒྱ་རིགས)	༠	༠	༤༢༠	༤༤.༥
	བསྡོམས་གྲངས	༤༣༤༢	༡༠༠.༠	༨༢༧	༡༠༠.༠

འགན་གསུམ་མཐོ་འབྲིང(༧)	(གྲངས་ཉུང་མི་རིགས)	༡༥༥༡	༡༠༠.༠	༩	༤.༥
	(རྒྱ་རིགས)	༠	༠	༡༩༣	༡༥.༥
	བསྡོམས་གྲངས	༡༥༥༡	༡༠༠.༠	༢༠༢	༡༠༠.༠

ལྟ་བུ་ལས་སློབ་ཆུང་གི་སྐབས་སུ་བོད་སྐད་ཡིག་གིས་སློབ་ཁྲིད་བྱེད་པའི་དགེ་རྒན་གྱིས་སྤྱིའི་གྲངས་ཚད་ཀྱི༧༩. ༨% ཟིན་ཡང་། དམའ་འབྲིང་སྐབས་སུ༢༤. ༡% དང་མཐོ་འབྲིང་གི་སྐབས་སུ༢. ༧% ཙམ་ལས་མི་ཟིན་ཞིང་། རྒྱ་སྐད་ཀྱི་ཁྲིད་ཐབས་སྤྱད་པ་དེ་བས་མང་ཕྱིར། སློབ་འབྲིང་གི་དུས་སུ་བོད་སྐད་ཡིག་གི་སྤྱོད་སྒོ་ཇེ་ཆུང་དུ་གྱུར་པ་མངོན་པར་གསལ། ༡༩༩༢ལོར་སྔོན་ཡོངས་ཀྱི་སློབ་འབྲིང་དུ་བོད་ཡིག་གི་སློབ་ཁྲིད་བྱེད་ཐབས་ཁྱབ་གདལ་དུ་ཕྱིན་པ་ནས་བཟུང་། ༡༩༩༣ལོར་སྔོན་ཡོངས་སུ་བོད་སྐད་ཡིག་གིས་སློབ་ཁྲིད་བྱེད་པའི་དམའ་འབྲིང་འཛིན་གྲྭ༤༧བསྒྲུབས་ཤིང་སློབ་མ་གསར་བ་བསྡུས་པའི་བསྡོམས་གྲངས་ཀྱི༢༧% ཟིན་པར་གྱུར་པ་དང་། བསྟུད་མུར་ལོ་བཅུ་ལྷག་གི་རིང་ལ་འབད་འབུངས་བྱས་མཐར། སྔོན་ཡོངས་ཀྱི་སློབ་འབྲིང་གི་བསླབ་ཚན་སོ་སོའི་དགེ་རྒན་གྱི་སྒྲིག་གཞི་ལའང་འཕེལ་འགྱུར་ཆེན་པོ་བྱུང་ཡོད་དེ། དཔེར་ན༡༩༨༨ལོ་དང༢༠༠༥ལོའི་སློབ་འབྲིང་གི་བསླབ་ཚན་སོ་སོའི་བོད་རྒྱ་དགེ་རྒན་གྱི་ཁྱབ་སྟངས(36) ཞིབ་ཏུ་བསྡུར་ན།

བསླབ་ཚན	༡༩༨༨ལོར།						༢༠༠༥ལོར།					
	དམའ་འབྲིང		མཐོ་འབྲིང		བསྡོམས་གྲངས		དམའ་འབྲིང		མཐོ་འབྲིང		བསྡོམས་གྲངས	
	བོད	རྒྱ	བོད	རྒྱ	བོད	རྒྱ	བོད	རྒྱ	བོད	རྒྱ	བོད	རྒྱ
ཆབ་སྲིད་བསམ་བློ	༡༧	༤༩	༤	༢༥	༢༡	༧༤	༢༥༤	༡༤༧	༤༤	༧༣	༢༩༨	༢༢༠
བོད་ཡིག	༩༧	༠	༣༢	༠	༡༢༩	༠	༨༣༡	༦༡༦	༡༤༦	༢༠༦	༩༧༧	༨༢༢
རྒྱ་ཡིག	༡༡༤	༢༡༤	༩	༦༡	༡༢༣	༢༧༥						
རྩིས་རིག	༡༣༢	༡༨༣	༨	༦༠	༡༤༠	༢༤༣	༥༩༤	༤༣༣	༨༠	༡༨༩	༦༧༤	༦༢༢
དངོས་ལུགས	༣༦	༩༡	༦	༤༥	༤༢	༡༣༦	༡༧༢	༡༩༠	༥༣	༡༠༠	༢༢༥	༢༩༠
རྫས་འགྱུར	༡༦	༨༣	༢	༤༥	༡༨	༡༢༨	༡༨༠	༡༡༢	༤༠	༩༧	༢༢༠	༢༠༩
སྐྱེ་དངོས	༡	༢༧	༡	༢༢	༢	༤༩	༡༤༩	༧༡	༢༩	༤༢	༡༧༨	༡༡༣
ས་ཁམས	༧	༢༩	༥	༡༨	༡༢	༤༧	༡༠༨	༥༣	༣༡	༤༧	༡༣༩	༡༠༠

ལོ་རྒྱུས	༡༣	༣༠	༢	༢༨	༡༥	༥༨	༡༣༥	༨༠	༥༥	༥༩	༡༩༠	༡༣༩
དབྱིན་ཡིག	༥	༤༨	༠	༢༧	༥	༧༥	༡༦༢	༤༣༢	༥༡	༡༧༣	༢༡༣	༦༠༥
རྩལ་དབྱངས	༩	༡༤	༠	༠	༩	༡༤	༧༡	༤༩	༨	༡༣	༧༩	༦༢
ལུས་རྩལ	༣༨	༡༩	༡༢	༡༩	༥༠	༣༨	༡༦༩	༡༡༨	༥༣	༤༦	༢༢༢	༡༦༤
མཛེས་རྩལ	༦	༨	༠	༠	༦	༨	༦༤	༦༩	༩	༧	༧༣	༧༦
ཆ་འཕྲིན་ལག་རྩལ	–	–	–	–	–	–	༣༢	༡༢༧	༩	༣༣	༤༡	༡༦༠
ངལ་རྩོལ་ལག་རྩལ	–	–	–	–	–	–	༦༧	༣༡	༦	༡	༧༣	༣༢
གཞན་དག	–	–	–	–	–	–	༥༠༩	༢༢	༡༥༡	༥	༦༦༠	༢༧
ལོ་དེར་སློབ་ཁྲིད་མེད་པ	–	–	–	–	–	–	༡༠༧	༨༥	༣༥	༣༡	༡༤༢	༡༡༦
སྤྱིའི་བསྡོམས་གྲངས	༤༩༡	༧༩༥	༨༡	༣༥༠	༥༧༢	༡༡༤༥	༣༦༠༤	༢༦༣༥	༨༠༠	༡༡༢༢	༤༤༠༤	༣༧༥༧
%	༣༨.༢	༦༡.༨	༡༨.༨	༨༡.༢	༣༣.༣	༦༦.༧	༥༧.༨	༤༢.༢	༤༡.༦	༥༨.༤	༥༤.༠	༤༦.༠

ཞེས་པ་བཞིན་༡༩༨༨ལོའི་སློབ་འབྲིང་གི་བསླབ་ཚན་ཡོངས་ཀྱི་བོད་རྒྱའི་དགེ་རྒན་དག་གི་ བསྡུར་ ཚད་ རིམ་ པར (༤༩༡ + ༨༡ =) ༥༧༢: (༧༩༥ + ༣༥༠ =) ༡༡༤༥ཡིན་ཞིང་། རྒྱའི་དགེ་རྒན་བོད་རིགས་དགེ་རྒན་ལས་ལྷག་གཅིག་གིས་མང་བ་དང་། ༢༠༠༥ལོར་རིམ་པར (༣༦༠༤ + ༨༠༠ =) ༤༤༠༤: (༢༦༣༥ + ༡༡༢༢ =) ༣༧༥༧ཞེས་སུ་འཕར་ཞིང་བསླབ་ཚན་ཡོངས་ཀྱི་བོད་རྒྱའི་དགེ་རྒན་དག་གི་ཁྱབ་སྣང་ས་ཧ་ལམ་ཁོད་སྙོམས་པར་གྱུར་བ་ལས་སློབ་འབྲིང་དུས་ཀྱི་བོད་སྐད་ཡིག་གཙོས་སྐད་གཉིས་སློབ་གསོ་ལ་འཕེལ་འགྱུར་ཆེན་པོ་བྱུང་བ་རྟོགས་ནུས། ཡིན་ན་ཡང་མཐོ་འབྲིང་རིམ་པའི་བོད་ཡིག་གི་ཁྲིད་ཐབས་ལ་བརྟེན་པའི་ཚད་ལྡན་གྱི་བསླབ་གཞི་དང་དགེ་རྒན་དཔུང་ཁག་གི་འཛུགས་སྐྲུན་ཐད་སྔར་བཞིན་ཞན་ཆ་མི་ཉུང་བ་ལྡན་ཕྱིར། མཐོ་འབྲིང་གི་རྩིས་ཚན་སློབ་ཁྲིད་ཁྲོད་དུ་བོད་རིགས་དགེ་རྒན་གྱི་ཁྱབ་ཚད་ཧ་ལམ་ལྷག་གཅིག་གིས་ཉུང་བ་ཧ་ཅང་མངོན་གསལ་དུ་གདའོ། །

༢༠༠༠ལོའི་སྤྱི་ཕྱིའི་བོད་ལྗོངས་ཀྱི་རིམ་པ་སོ་སོའི་སློབ་གྲྭའི་སྐད་གཉིས་སློབ་ཁྲིད་ཀྱི་གནས་ཚུལ་ལྟར་ན། སློབ་ཆུང་གི་དུས་སུ་བོད་ཡིག་གི་ཁྲིད་ཐབས་ལ་བརྟེན་པ་གཙོས་རྒྱ་ཡིག་གི་བསླབ་ཚན་བཀོད་པའི་སློབ་མའི་ཐེན་གྲངས་༩༥% ཡན་དང་། རྒྱ་ཡིག་གི་ཁྲིད་ཐབས་གཙོས་བོད་ཡིག་གི་བསླབ་ཚན་བསྣན་པའི་སློབ་མས༥% (གཙོ་བོ་གྲོང་བརྡལ་སློབ་

ཆུང་གི་རྒྱ་རིགས་འཛིན་གྲྭར་གཏོགས) ཟེར་ལ། སྲིད་གཞུང་གིས་བསྟུད་མུར་བོད་རིགས་ཀྱི་སློབ་མས་མ་མཐའ་ཡང་སློབ་ཆུང་གི་ལོ་རིམ་གསུམ་པ་ནས་རྒྱ་ཡིག་སློབ་པ་དང་། ཆ་རྐྱེན་ཡོད་པའི་སློབ་ཆུང་གིས་ལོ་རིམ་དང་པོ་ནས་བསླབ་ཏུང་བར་རེ་བ་བཏོན། སློབ་འབྲིང་གི་དུས་སུ་བོད་ཡིག་གི་ཁྲིད་ཐབས་གཙོས་རྒྱ་ཡིག་སྦྱོང་བའི་སློབ་མས་དམའ་འབྲིང་དུ་༡༣% དང་མཐོ་འབྲིང་དུ་༥. ༧% ཟེར། ཆེད་འབྲིང་དང་སློབ་གྲྭ་ཆེན་མོ་རུ་ཕྱིར་བཏང་དུ་རྒྱ་ཡིག་གི་ཁྲིད་ཐབས་གཙོས་བོད་ཡིག་གི་བསླབ་ཚན་བཀོད་པ་ཁྱབ་ཆེ་ན་ཡང་། ཆེད་ལས་དང་བསླབ་བྱའི་ནང་དོན་མི་འདྲ་བའི་རྐྱེན་གྱིས་བསླབ་ཚན་ཁག་ཅིག་བོད་ཡིག་དང་ཁག་ཅིག་རྒྱ་ཡིག་གིས་ཁྲིད་པར་བྱེད་ཚུལ་ཀྱང་སྣང་སྟེ། དཔེར་ན་༡༩༩༦ལོའི་བོད་ལྗོངས་སློབ་གྲྭ་ཆེན་མོའི་བོད་ཡིག་སྡེ་ཁག་གི་བོད་ཀྱི་སྐད་ཡིག་རྩོམ་རིག་ཆེད་ལས་ཀྱི་དངོས་གཞི་སློབ་མའི་བསླབ་ཚན་འཆར་གཞི(37) ནང་དུ།

བསླབ་ཚན་གྱི་རིགས	བསླབ་ཚན	གཟའ་འཁོར་རེའི་སློབ་ཁྲིད								སློབ་ཁྲིད་ཀྱི་བསྡོམས་གྲངས
		ལོ་རིམ་དང་པོ		ལོ་རིམ་གཉིས་པ		ལོ་རིམ་གསུམ་པ		ལོ་རིམ་བཞི་པ		
		༡	༢	༣	༤	༥	༦	༧	༨	
སྤྱི་གཞེར་གྱི་བསླབ་ཚན	ཀུན་སྤྱོད	༤								༤༨
	ཁྲིམས་ལུགས			༢						༣༨
	ཀྲུང་གོ་གསར་བརྗེའི་ལོ་རྒྱུས		༤							༧༢
	མར་ཁེ་སི་རིང་ལུགས་ཀྱི་རིགས་པའི་གཞུང་ལུགས				༤					༧༢
	མི་རིགས་ཀྱི་གཞུང་ལུགས་དང་སྲིད་ཇུས					༤				༧༢
	ལུས་རྩལ	༢	༢	༢	༢					༡༣༤
	དབྱིན་སྐད	༤				༤	༤	༤	༤	༢༦༠

ཆེད་ལས་ཀྱི་རྨང་གཞིའི་བསླབ་ཚན	དེང་རབས་རྒྱ་སྐད			༤						༡༢༠
	རྒྱ་རྩོམ་གཅེས་བསྡུས			༤	༤					༡༤༨
	རྒྱ་ཡིག་གི་དངོས་སྤྱོད་རྩོམ་འབྲི་རིག་པ					༤				༧༦
	བོད་ཀྱི་ལོ་རྒྱུས *						༤	༤		༡༢༨
	ཀྲུང་གོའི་ལོ་རྒྱུས་མདོར་བསྡུས								༤	༥༦
	ཚད་མ་རིག་པ *			༤	༤	༤				༢༢༤
	གྲུབ་མཐའ *						༤			༧༢
	ལོ་ཙཱའི་གཞུང་ལུགས *					༢	༢			༧༢
	སེམས་ཁམས་རིག་པ				༢					༣༦
ཆེད་ལས་ཀྱི་བསླབ་ཚན	བརྡ་སྤྲོད *	༢	༤							༩༦
	ཕྱི་གླིང་བའི་རྩོམ་རིག							༤		༥༦
	སྙན་ངག *					༤	༤			༡༤༨
	རྩོམ་རིག་སྤྱི་དོན		༤							༧༢
	སྐད་བརྡ་རིག་པའི་སྤྱི་དོན		༢	༢						༧༤
	དམངས་ཁྲོད་རྩོམ་རིག								༤	༥༦
	བོད་ཀྱི་རྩོམ་རིག་ལོ་རྒྱུས *						༤	༢		༡༠༠
	བོད་ཀྱི་རྩོམ་འབྲི་རིག་པ *			༤	༤					༡༤༨
	བོད་ཀྱི་གནའ་རབས་རྩོམ་རིག *						༤	༤		༡༢༨
	བོད་ཀྱི་ཉེ་རབས་རྩོམ་རིག *		༤	༤	༤					༢༢༠
	བོད་ཀྱི་དེང་རབས་རྩོམ་རིག *	༤								༤༨
	ཞིབ་སྦྱར་རྩོམ་རིག								༤	༥༦

ཞེས་བཀོད་པ་ལས་སྐར་རྟགས་བརྒྱབ་པ་རྣམས་བོད་ཡིག་ལ་བརྟེན་པ་ལས་གཞན་རྣམས་རྒྱ་སྐད་ཀྱིས་འཁྲིད་པར་བྱེད་པ་ལྟར་རོ། །

༡༩༩༩ ལོའི་ཟླ་༢ པར་བོད་རང་སྐྱོང་ལྗོངས་སློབ་ཞུས་ས་གནས་སོ་སོའི་རྨང་གཞི་སློབ་གསོའི་ཁྱད་པར་ལ་དམིགས་ནས། ས་ཁུལ་མི་མཚུངས་པ་དང་། སློབ་གྲྭ་མི་མཚུངས་པ། འཛིན་གྲྭ་མི་མཚུངས་པ་སོ་སོས་སློབ་ཁྲིད་ཀྱི་སྐད་བརྡ་མི་མཚུངས་པ་འདེམས་སྤྱོད་བྱེད་

ཚག་པར་བཟོས་ཤིང་། སློབ་ཁྲིད་ཀྱི་ལས་གནས་དང་པོ་རུ་སྡོད་པའི་དགེ་རྒན་དང་སློབ་གསོའི་བྱ་བ་སྒྲུབ་མཁན་གྱིས་སློབ་གྲྭའི་སློབ་མ་དང་བསླབ་ཚན་གྱི་གནས་བབ་སོགས་དོན་དངོས་དང་འབྲེལ་ནས་སློབ་ཁྲིད་ཀྱི་སྐད་བརྡ་དང་དཔེ་གཞི་ལེགས་འདོན་དང་འཚོལ་ཞིབ་བྱེད་པར་སྐུལ་སློང་བྱས་པ་དང་། ཟླ་༡༡པར་རང་སྐྱོང་ལྗོངས་སློབ་ཨུའི《སློབ་གསོ་བཅོས་སྒྱུར་དར་སྤེལ་དུ་གཏོང་བ་དང་ཧུར་བརྩོན་གྱིས་སློབ་གྲྭ་ཆུང་འབྲིང་གི་སྤུས་ཚད་སློབ་གསོ་སྐུལ་འདེད་བྱེད་པའི་དགོངས་འཆར》ནང་དུ། འོས་འགན་སློབ་གསོའི་དུས་སྐབས་སུ་མུ་མཐུད་དུ་བོད་སྐད་ཡིག་གི་སློབ་ཁྲིད་བྱེད་ཐབས་གཙོས་བོད་རྒྱ་སྐད་གཉིས་ཀྱི་སློབ་ཁྲིད་མ་ལག་འཐུས་ཚང་དུ་གཏོང་དགོས་པར་མཛུབ་སྟོན་གནང་བས། ཕྱོགས་གཅིག་ནས་ཕ་སྐད་ག་རྩོམ་སུ་འཛིན་པའི་སློབ་ཁྲིད་བྱེད་ཐབས་རྒྱུན་འཁྱོངས་བྱེད་ཐུབ་པར་གྱུར་ལ། ཕྱོགས་གཞན་ཞིག་ནས་བོད་རྒྱ་སྐད་གཉིས་ཀྱི་སློབ་ཁྲིད་ལག་ལེན་ཁྲོད་དུ་རང་སའི་གནས་བབ་དང་དམངས་ཀྱི་རེ་འདུན་ལ་སོགས་པར་འོས་ཤིང་འཚམ་པའི་སྐད་གཉིས་སློབ་ཁྲིད་ཀྱི་དཔེ་གཞི་སྣ་ཚོགས་འཚོལ་ཞིབ་བྱེད་པར་གདེང་ཚོད་ཡོད་པར་གྱུར། ༢༠༠༢ལོའི་ཟླ་༥བར་བོད་རང་སྐྱོང་ལྗོངས་དམངས་ཆེན་གྱིས《བོད་རང་སྐྱོང་ལྗོངས་སུ་བོད་ཀྱི་སྐད་ཡིག་སློབ་སྦྱོང་དང་། བེད་སྤྱོད། འཕེལ་རྒྱས་སུ་གཏོང་རྒྱུའི་གཏན་འབེབས་འགའ་ཞིག (ཚོད་ལྟའི་ལག་བསྟར)》ཅེས་པ་གྲོས་ཐག་བཅད་པའི་ནང་དུ། འོས་འགན་སློབ་གསོའི་སྐབས་སུ། བོད་ཀྱི་སྐད་ཡིག་དང་རྒྱལ་ཁབ་སྤྱི་སྤྱོད་ཀྱི་སྐད་དང་ཡི་གེ་ནི་སློབ་གསོའམ་སློབ་ཁྲིད་ཐད་ཀྱི་གཞི་རྩའི་སྐད་ཡིག་ཏུ་བརྩིས་ནས། བསླབ་ཚན་དུ་བོད་ཀྱི་སྐད་ཡིག་དང་རྒྱལ་ཁབ་སྤྱི་སྤྱོད་ཀྱི་སྐད་ཡིག་འགོད་པ་དང་། ཕྱི་ཡིག་གི་བསླབ་ཚན་ཀྱང་འོས་འཚམ་གྱིས་འགོད་དགོས་པར[38] གླང་བྱ་བཏོན་པ་འདིས་ཀྱང་བོད་ལྗོངས་ཀྱི་སྐད་གཉིས་སམ་སྐད་མང་སློབ་གསོ་ལ་སྐུལ་འདེད་ཀྱི་ནུས་ཤུགས་ཆེན་པོ་ཐོན་ནོ། །

༢༠༠༣ལོའི་ཟླ་༡༠བར་བོད་ལྗོངས་སུ་བསྡོམས་པས་སློབ་ཆུང་༨༦༢དང་། ཞང་མན་ཆད་ཀྱི་སློབ་ཁྲིད་ལྟེ་གནས་༢༠༢༠དང་། གྲངས་ཉུང་མི་རིགས་ཀྱི་སློབ་མ་༣༠༧༤༡༠ཡོད། སློབ་ཆུང་དུ་རྒྱ་ཡིག་སློབ་ཁྲིད་བྱེད་མཁན་གྱི་དགེ་རྒན་༩༢༢༨ཡོད་པའི་ནང་དུ་གྲངས་ཉུང་མི་རིགས་ཀྱི་དགེ་རྒན་༣༤༠༥དང་རྒྱ་རིགས་༤༢༣ཙམ་ལས་མེད། སློབ་འབྲིང་༡༠༣ཡོད་པ་ལ་སློབ་མ་ཁྲི་༡༡.༩ཡོད་པ་ལས་གྲངས་ཉུང་མི་རིགས་ཀྱི་སློབ་མ་

ཁྲི༡༠. ༩ལ་སོན། སློབ་འབྲིང་དུ་རྒྱ་ཡིག་སློབ་ཁྲིད་བྱེད་མཁན་གྱི་དགེ་རྒན༡༡༨༩ཡོད་པ་ལས་རྒྱ་རིགས༦༦༢དང་གྲངས་ཉུང་མི་རིགས་ཀྱི་དགེ་རྒན༥༢༧ཙམ་ལས་མེད། ཚུལ་འདི་ལས་ལྗོངས་ཡོངས་ཀྱི་རྒྱ་སྐད་སློབ་ཁྲིད་ཁྲོད་དུ་རྒྱའི་སྐད་ཡིག་རྐྱང་རྐྱང་ལས་བོད་སྐད་མི་ཤེས་པའི་རྒྱ་རིགས་དགེ་རྒན་གྱིས་སློབ་ཆུང་དུ༡༨. ༧% དང་སློབ་འབྲིང་དུ༥༥. ༧% ཙམ་ལས་མི་ཟིན་པ་དང་། བོད་སྐད་དང་རྒྱའི་སྐད་ཡིག་གཉིས་ཀ་ཤེས་པའི་གྲངས་ཉུང་མི་རིགས་ཀྱི་དགེ་རྒན་གྱིས་སློབ་འབྲིང་དུ་ཧ་ལམ་གཉིས་ཆའི་གཅིག་དང་སློབ་ཆུང་དུ་གྲངས་ཀ་འབོར་ཆེན་ཟིན་པ་རྟོགས་ནུས་པ་དང་ཆབས་ཅིག སློབ་ཆུང་གི་རྒྱ་ཡིག་སློབ་ཁྲིད་ཀྱང་ཐོར་བས་ཁྱབ་གདལ་དུ་འགྲོ་བཞིན་ཡོད་པ་མངོན་པར་གསལ་པས། བོད་ལྗོངས་ཀྱི་སྐད་གཉིས་སློབ་གསོ་དེ་ཡང་བོད་རྒྱ་སྐད་གཉིས་རིམ་སྤུས་ཆད་པའི་སློབ་ཁྲིད་ཀྱི་ཐབས་ལམ་གསར་པར་ཞུགས་པ་མངོན་པར་མཚོན་འདུག་གོ །

༢༠༠༩ལོར་རྟོག་དཔྱོད་བྱས་པ་ལྟར་ན། སློབ་ཆུང་གི་འགོ་བཙམས་མ་ཐག་ཏུ་སྐད་གཉིས་ཀྱི་སློབ་ཁྲིད་བྱེད་ཐབས་སྤྱོད་པ་ལ། བྱེ་བྲག་ཏུ་བོད་ཡིག་དང་རྒྱ་ཡིག་གཉིས་ཀྱི་བསླབ་ཚན་ལས་གཞན་རྩིས་རིག་ནི་བོད་སྐད་དང་ཡང་ན་རྒྱ་སྐད་ཀྱི་ཁྲིད་ཐབས་ལ་བརྟེན་ནས་ལོ་རིམ་དྲུག་གི་རིང་ལ་དེབ་༡༢བསླབས་ཚར་དགོས་ལ། ལོ་རིམ་གསུམ་པ་ནས་དབྱིན་སྐད་ཀྱི་བསླབ་ཚན་ཀྱང་བཀོད་ཡོད། སློབ་འབྲིང་དུ་སླེབས་ཙ་ན། སློབ་གྲྭ་རང་གི་དགེ་རྒན་གྱི་ཆ་རྐྱེན་ལྟར་བོད་སྐད་དང་རྒྱ་སྐད་གང་རུང་འདེམ་སྤྱོད་ཀྱིས་རྩིས་དངོས་རྫས་གསུམ་འཁྲིད་པར་བྱེད་ཀྱང་། མཐོ་འབྲིང་དུ་སློབ་གྲྭ་རེ་གཉིས་ལས་ཕལ་ཆེ་བས་རྒྱ་སྐད་ཀྱི་ཁྲིད་ཐབས་སྤྱོད་པ་དང་། རྫོང་ཁག་ཁ་ཅིག་གི་སློབ་ཆུང་དུ་རྩིས་རིག་དང་རྒྱ་ཡིག་གཉིས་རྒྱ་སྐད་ཀྱི་ཁྲིད་ཐབས་ལ་བརྟེན་པ་ལས་བསླབ་བྱ་གཞན་རྣམས་བོད་སྐད་དང་བོད་ཡིག་ལ་བརྟེན། ཡང་རྫོང་ཁག་གཞན་དག་ཏུ་རྒྱ་ཡིག་གཅིག་རྐྱང་ཕུད་བསླབ་བྱ་གཞན་རྣམས་ཡོད་ཚད་བོད་ཡིག་གི་ཁྲིད་ཐབས་ལ་བརྟེན་ཀྱང་། སློབ་འབྲིང་དུ་བོད་ཡིག་ལས་བསླབ་ཚན་གཞན་རྣམས་རྒྱ་སྐད་ལ་བརྟེན་པའམ་ཡང་ན་བོད་རྒྱ་སྐད་གཉིས་རེས་སྤྱོད་དང་མཉམ་སྤྱོད་ཀྱི་བྱེད་ཐབས་གང་རུང་ལ་བརྟེན་པས། བོད་ལྗོངས་ཀྱི་སྐད་གཉིས་སློབ་ཁྲིད་ཀྱི་སྐད་བརྡའི་སྤྱོད་སྟངས་སམ་བྱེད་ཐབས་ལའང་ཡུལ་དུས་ཆ་རྐྱེན་གྱི་དགོས་དབང་སྣ་ཚོགས་པའི་འགྱུར་ལྡོག་ཆེ་ཙམ་འབྱུང་བཞིན་ཡོད་པ་གསལ་པོར་རྟོགས་ནུས་སོ། །

སྐད་གཉིས་འདེམས་སྤྱོད་ཀྱི་དཔེ་གཞི་མི་འདྲ་ཞིང་རྙོག་འཛིང་ཆེ་བའི་སྣང་ཚུལ་གྱིས་སློབ་མའི་རིམ་པ་མཐོ་ཤོས་ཀྱི་སློབ་གྲྭའི་ཞུགས་ཚད་དང་ལོ་རིམ་འཕར་ཚད་ལ་ཤུགས་རྐྱེན་ཐེབས་ཀྱིན་ཡོད་དེ། དཔེར་ན༢༠༠༥ནས༢༠༠༦ལོའི་བོད་རང་སྐྱོང་ལྗོངས་ཀྱི་སློབ་གྲྭའི་སློབ་མ་ཡི་གནས་ཚུལ(39) ལྟར་ན།

སློབ་ཆུང་གི་སློབ་མ							
ལོ་ཚོད	ལོ་རིམ་དང་པོ	ལོ་རིམ་གཉིས་པ	ལོ་རིམ་གསུམ་པ	ལོ་རིམ་བཞི་བ	ལོ་རིམ་ལྔ་བ	ལོ་རིམ་དྲུག་པ	བསྡོམས་གྲངས
≤༥	༢༠༦	༡༢	༡	–	–	–	༢༡༩
༦	༤༠༣༩	༢༧༩	༡༠	༥	–	–	༤༣༣༣
༧	༤༠༩༠༧	༤༨༧༩	༥༠༡	༡༨	–	–	༤༦༣༠༥
༨	༦༥༤༩	༣༩༥༤༣	༥༦༡༤	༥༣༣	༣༥	–	༥༢༢༧༤
༩	༡༤༤༥	༧༨༥༡	༣༧༧༤༦	༥༩༥༡	༦༡༣	༥༩	༥༣༦༦༥
༡༠	༧༡༧	༢༩༣༩	༧༧༤༧	༣༣༧༥༩	༥༩༥༤	༦༤༠	༥༡༧༥༦
༡༡	༤༩༧	༡༣༥༠	༢༨༨༠	༨༨༡༡	༣༢༠༥༠	༥༡༤༢	༥༠༧༣༠
༡༢	༣༢༨	༩༥༧	༡༡༨༥	༣༨༡༥	༩༡༨༨	༢༩༦༥༤	༤༥༡༢༧
༡༣	༥༠	༥༠༥	༦༣༤	༡༤༤༦	༣༨༩༢	༨༧༤༦	༡༥༢༧༣
༡༤	༢༢	༢༢༦	༢༧༩	༦༠༢	༡༣༣༠	༢༩༦༢	༥༤༢༡
≥༡༥	༡	༤༡	༡༠༢	༣༥༤	༥༩༩	༡༢༩༧	༢༣༩༤
བསྡོམས་གྲངས	༥༤༧༦༡	༥༨༥༨༢	༥༦༦༩༩	༥༥༢༩༤	༥༣༦༦༡	༤༨༥༠༠	༣༢༧༤༩༧
གྲངས་ཉུང་མི་རིགས	༥༢༤༤༠	༥༦༣༦༣	༥༤༣༠༧	༥༢༨༡༦	༥༠༩༩༨	༤༦༡༧༣	༣༡༣༠༩༧
གྲངས་ཉུང་མི་རིགས%	༩༥.༨	༩༦.༢	༩༥.༨	༩༥.༥	༩༥.༠	༩༣.༡	༩༥.༦

དམའ་འབྲིང་གི་སློབ་མ					མཐོ་འབྲིང་གི་སློབ་མ				
ལོ་ཚོད	ལོ་རིམ་དང་པོ	ལོ་རིམ་གཉིས་པ	ལོ་རིམ་གསུམ་པ	བསྡོམས་གྲངས	ལོ་ཚོད	ལོ་རིམ་དང་པོ	ལོ་རིམ་གཉིས་པ	ལོ་རིམ་གསུམ་པ	བསྡོམས་གྲངས
≤༡༠	༡༡	–	–	༡༡	≤༡༤	༣༥༩	༡༥	–	༣༧༤

༡༡	༤༡༩	༢༨	–	༤༤༧	༡༥	༣༣༧༩	༣༥༩	༢༧	༣༧༦༥
༡༢	༣༠༤༩	༤༦༤	༢༩	༣༥༤༢	༡༦	༤༨༢༩	༢༧༣༣	༣༤༡	༧༩༠༣
༡༣	༢༨༧༠༨	༤༤༢༠	༥༨༡	༣༣༧༠༩	༡༧	༢༩༦༦	༤༥༧༦	༡༧༧༡	༩༣༡༣
༡༤	༧༩༦༢	༢༦༣༡༠	༤༡༡༤	༣༨༣༨༦	༡༨	༡༠༠༡	༢༢༥༩	༤༠༧༧	༧༣༣༧
༡༥	༢༨༣༥	༧༤༦༥	༢༣༩༣༧	༣༤༢༣༧	༡༩	༢༥༨	༥༦༢	༢༥༠༢	༣༣༢༢
༡༦	༧༡༢	༡༤༣༢	༥༡༡༤	༧༢༥༨	༢༠	༧༠	༡༨༤	༧༤༦	༡༠༠༠
༡༧	༢༠༣	༦༥༨	༡༥༩༥	༢༤༥༦	༢༡	༡༡	༣༢	༢༨༥	༣༢༨
≥༡༨	༦༥	༡༧༩	༤༡༦	༦༦༠	≥༢༢	–	–	–	–
བསྡོམས་གྲངས	༤༣༩༦༤	༤༠༩༥༦	༣༥༧༨༦	༡༢༠༧༠༦	བསྡོམས་གྲངས	༡༢༨༧༣	༡༠༧༢༠	༩༧༤༩	༣༣༣༤༢
གྲངས་ཉུང་མི་རིགས	༤༡༤༨༡	༣༨༧༦༨	༣༣༧༧༢	༡༡༤༠༢༡	གྲངས་ཉུང་མི་རིགས	༡༡༢༣༥	༩༣༠༢	༨༡༣༥	༢༨༦༦༢
གྲངས་ཉུང་མི་རིགས%	༩༤.༤	༩༤.༧	༩༤.༤	༩༤.༥	གྲངས་ཉུང་མི་རིགས%	༨༧.༢	༨༦.༨	༨༣.༤	༨༦.༠

ལྷ་བུ་ལས་ཕྱིས་པ་སློབ་ཆུང་དུ་ཞུགས་ཚད་ཕལ་ཆེ་བ་ལོ་ཚོད་༧སྟེང་དུ་ངེས་ཤིང་ལོ་རིམ་གྱི་འཕར་ཚད་གཏན་འཇགས་ཡིན་པ་དང་། དམའ་འབྲིང་དུ་ཞུགས་ཚད་ད་ལམ་ལོ་༡༣ལ་ངེས་ཤིང་སློབ་མའི་གྲངས་ཀ་ལོ་རིམ་གྱི་འཕར་ཚད་དང་བསྟུན་ནས་ཇེ་ཉུང་དུ་འགྲོ་བཞིན་ཡོད་ལ། མཐོ་འབྲིང་དུ་ཞུགས་ཚད་ལོ་བཅུ་དྲུག་ཅན་ཆེས་མང་ཞིང་ལོ་ཚོད་༡༥དང་༡༧ཅན་ཡང་མི་ཉུང་བ་ལས་༡༧ཅན་ཕལ་ཆེར་བསྐྱར་འདོན་བྱེད་མཁན་ཡིན། སློབ་རིམ་འཕར་ཚད་ལྷར་ནའང་། སློབ་ཆུང་གི་ལོ་རིམ་དྲུག་པ་ལ་བསྡོམས་པས་སློབ་མ༤༨༥༠༠དང་དམའ་འབྲིང་གི་ལོ་རིམ་དང་པོར་སློབ་མ༤༣༩༦༤། དམའ་འབྲིང་གི་ལོ་རིམ་གསུམ་པར་སློབ་མ༣༥༧༨༦དང་མཐོ་འབྲིང་གི་ལོ་རིམ་དང་པོར་སློབ་མ༡༢༨༧༣ཡོད་པ་རྣམས་ཕན་ཚུན་དག་བསྡུར་བ་ལས་མར་འགྲིབ་བྱུང་བ་མངོན་པར་གསལ་ལ། སྤྱིས་སུ་སློབ་ཆུང་གི་བོད་རིགས་སློབ་མའི་བསྡུར་ཚད་༩༥.༦% དང་། དམའ་འབྲིང་གི་བོད་རིགས་སློབ་མའི་བསྡུར་ཚད་༩༤.༥% དང་། མཐོ་འབྲིང་གི་བོད་རིགས་སློབ་མའི་བསྡུར་

ཚད་༨༦% ཏུ་མར་ཆག་པ་སོགས་ལས་ཕ་སྐད་གཞིར་བྱས་པའི་སློབ་ཆུང་གི་སློབ་མ་རྣམས་དམའ་འབྲིང་དང་ལྷག་པར་མཐོ་འབྲིང་གི་དུས་སུ་ཇེ་ཉུང་དུ་འགྲོ་བཞིན་ཡོད་པ་མངོན་གསལ་རེད། དོན་འདི་རིགས་༢༠༠༠ལོ་ནས་༢༠༠༩ལོའི་བར་གྱི་བྱིས་པ་སློབ་ཆུང་དུ་ཞུགས་ཚད་དང་སློབ་འབྲིང་དུ་འཕར་ཚད[40] དག་ཞིབ་ཏུ་བསྡུར་ན་ལྷག་པར་རྟོགས་སླ་སྟེ།

ལོ་ཚིགས།	བྱིས་པ་སློབ་ཆུང་དུ་ཞུགས་ཚད།	སློབ་ཆུང་གི་མཐར་ཕྱིན་སློབ་མའི་སློབ་རིམ་འཕར་ཚད།	དམའ་འབྲིང་གི་མཐར་ཕྱིན་སློབ་མའི་སློབ་རིམ་འཕར་ཚད།
༢༠༠༠	༨༥.༨	༥༥.༠	༨༢.༥
༢༠༠༡	༨༧.༢	༦༧.༠	༧༣.༣
༢༠༠༣	༩༡.༨	༨༢.༩	༧༢.༡
༢༠༠༤	༩༤.༧	༩༢.༣	༦༡.༧
༢༠༠༥	༩༥.༩	༩༡.༧	༥༠.༥
༢༠༠༦	༩༦.༥	༩༢.༠	༤༢.༥
༢༠༠༧	༩༨.༢	༩༧.༡	༥༨.༠
༢༠༠༨	༩༨.༥	༩༣.༨	༤༨.༨
༢༠༠༩	༩༨.༨	༩༨.༤	༥༥.༢

ལྟ་བུ་ལས་བྱིས་པ་སློབ་ཆུང་དུ་ཞུགས་ཚད་དང་སློབ་ཆུང་ནས་སློབ་འབྲིང་དུ་འཕར་ཚད་རིམ་གྱིས་ཇེ་ལེགས་སུ་འགྲོ་བཞིན་ཡོད་ཀྱང་། དམའ་འབྲིང་ནས་མཐོ་འབྲིང་དུ་འཕར་ཚད་ སྤྱི་ངོས་སུ་མར་ཆག་ཅིང་གནས་བབ་མི་ལེགས་པར་ངེས་ཕྱིར། འདིས་ཀྱང་ཚད་ངེས་ཅན་སྟེང་དུ་མཐོ་འབྲིང་རིམ་པའི་ཕ་སྐད་སློབ་གསོ་ཉམས་གནས་སུ་ཕབ་ཅིང་གཞན་སྐད་གཙོར་འདོན་གྱི་སྐད་གཉིས་སློབ་གསོའི་ཐབས་ལམ་མི་འཚམ་པ་དང་། སྐད་གཉིས་སློབ་ཁྲིད་ཀྱི་ཆ་རྐྱེན་མི་ལེགས་པ། སྐད་གཉིས་སློབ་ཁྲིད་ཀྱི་ སྤུས་ཚད་ཞན་པ་བཅས་ཀྱིས་སློབ་མའི་མཐོ་རིམ་སློབ་གསོའི་སྦྱོང་བྲབ་དང་ཐོར་ལས་ཡངས་པའི་མདུན་ལམ་འཚོལ་སྒྲིག་བྱེད་པར་གེགས་ཆེན་པོ་ཐེབས་ཀྱིན་ཡོད་པ་མཚོན། དེང་དུས་འཛམ་གླིང་ཡོངས་དང་རྒྱལ་ནང་གི་ས་གནས་སོ་སོས་རང་རང་གི་སྲོལ་རྒྱུན་རིག་གནས་ལ་མཐོང་ཆེན་བྱེད་པའི་མཐོ་རླབས་གསར་དུ་འཕྱུར་བ་དང་བསྟུན་ནས། ཀུན་ནས་ཕ་སྐད་རིག་གནས་ཀྱི་སྲོལ་རྒྱུན་སྲུང་སྐྱོང་དང་ཕ་སྐད་རིག་གནས་ཀྱི་ཁོར་ཡུག་འཛུགས་སྐྲུན་བྱེད་པ་ལ་ཕ་སྐད་ཀྱི་

སློབ་གསོ་མེད་དུ་མི་རུང་བར་མཐོང་ཞིང་། ཆབས་ཅིག་ཏུ་དེང་རབས་ཅན་མངོན་འགྱུར་བྱེད་པའི་བརྒྱུད་རིམ་ཁྲོད་དུ་སྟོབས་ལྡན་མི་རིགས་གཞན་དག་གི་རིག་གནས་ཀྱི་ཐེལ་ཤུགས་བསྐྱེད་པ་ལས་སྐད་བརྡ་གཉིས་པ་དང་གསུམ་པའི་སློབ་སྦྱོང་ཀྱང་ཁོད་ཡངས་སུ་བསྐྱེད་དེ། རང་རིགས་ཀྱི་ཤེས་ལྡན་མི་སྣ་འམ་ངལ་རྩོལ་ནུས་ཤུགས་ཀྱི་ཁྲིམ་ར་ཆེར་བསྐྱེད་དང་སྤྱོད་སྒོ་ཇེ་ཡངས་སུ་གཏོང་རྒྱུའང་ཁ་ཚ་དགོས་གཏུག་གི་ལས་དོན་གལ་ཆེན་ཞིག་ཡིན་ཙ་ན། སྲིད་གཞུང་གིས་ཀྱང་བསྟུད་མུར་གཟབ་ནན་དང་ཡང་དག་པའི་ལྟ་བ་དང་། དོན་དངོས་དང་མཐུན་པའི་གྲོས་གཞི་དང་རྟུས་འགོད། ཚན་རིག་དང་མཐུན་པའི་བྱ་ཐབས་གང་ལེགས་སུ་སྤྱད་ནས་བོད་ལྗོངས་ཀྱི་སྐད་གཉིས་སློབ་གསོ་ལེགས་བཅོས་སུ་སྤེལ་རྒྱུ་ཤིན་ཏུ་གལ་ཆེ་བའི་གནད་ཅིག་ཡིན་པར་སེམས་སོ། །

༣. མཚོ་སྔོན་བོད་ཁུལ་གྱི་སྐད་གཉིས་སློབ་གསོའི་གནས་ཚུལ། མཚོ་སྔོན་ནི་མི་རིགས་མང་པོ་འདུས་སྡོད་ཀྱི་ཞིང་ཆེན་ཞིག་ཡིན་ལ། ཞིང་ཆེན་ཡོངས་ལ་མི་གྲངས་ཁྲི་ཚོ༥༡༨ཡོད་པ་ལས་བོད་རིགས་ཀྱི་མི་གྲངས་ཁྲི༡༡༣དང་ཞིང་ཆེན་ཡོངས་ཀྱི་སྤྱིའི་མི་གྲངས་ཀྱི༢༡.༥༩% ཟིན། བོད་རྣམས་གཙོ་བོ་རང་སྐྱོང་ཁུལ༦དང་། འབྲོག་ཁུལ་གྱི་རྫོང༢༩། ཕྱུགས་ལས་རྐྱང་རྐྱང་གི་རྫོང༡༨བཅས་སུ་ཁྱབ་འདུག་པ་ལ་ཐོར་སྡོད་ཀྱི་ས་ཁྲོན་ཆེ་ཞིང་། འདུས་སྡོད་ཀྱི་གནས་གཞི་ཆུང་ལ། གཞན་དང་འདྲེས་སྡོད་ཀྱི་སྣང་ཚུལ་ཀྱང་རྒྱ་ཆེར་གྲུབ་པས་ན། སྤྱར་བརྡ་སྐད་གཅིག་རྐྱང་སྤྱོད་པའི་རྣམ་པ་ལ་འགྱུར་ལྡོག་ཆེན་པོ་འབྱུང་བཞིན་ཡོད། དེ་ལས་རོང་ཁུལ་དང་རོང་མ་འབྲོག་གི་ས་ཁུལ་དུ་སྤྱི་མོས་ནས་ཞིང་ལས་ལག་རྩལ་གྱི་དགོས་མཁོ་དང་བསྟུན་ནས་རྒྱ་རིགས་སོགས་ལ་འབྲེལ་འདྲིས་ཆེ་ཞིང་སྐད་གཉིས་འདྲེས་སྤྱོད་ཀྱི་ཁོར་ཡུག་རྒྱ་ཆེར་གྲུབ་པ་དང་། དེ་དང་ལྟོས་བཅས་སུ་འབྲོག་ཁུལ་རྣམས་སྐེར་ཚུགས་དང་ཐོར་སྡོད་དུ་གནས་པ་མང་ལ། དུས་ཚོགས་དང་བསྟུན་ཞིང་རྩ་ཆུ་ལ་བསྙེགས་ནས་ཕྱུགས་རིགས་འཚོ་སྐྱོང་བྱེད་པ་ལ་རྒྱ་སྐད་སོགས་ཉེ་བར་སྤྱོད་པའི་དགོས་མཁོ་དང་ཁོར་ཡུག་ཆེས་ཆེར་མ་གྲུབ་པ་དང་། གྲོང་བརྡལ་པ་རྣམས་དེ་ལས་ལྡོག་པར་གཞན་རིགས་དང་འདྲེས་སྡོད་ཀྱི་གོ་སྐབས་མང་ཞིང་འབྲེལ་འདྲིས་དམ་ཟབ་ཏུ་གྱུར་པ་ལས་སྐད་གཉིས་ཀྱི་སྤྱོད་སྟངས་དང་སློབ་གསོའི་དགོས་མཁོ་ལ་ངེས་ཤེས་གསལ་པོར་འཇོངས་ཡོད་དོ། །

སློབ་གྲྭའི་སློབ་གསོ་ལྟར་ན། ༡༩༨༩ལོ་ནས༡༩༩༩ལོའི་བར་ལོ་ངོ་བཅུའི་རིང་ལ་བོད་རྒྱ་སྐད་གཉིས་སློབ་གསོ་གདན་འཛུགས་སྒྲོས་འཕེལ་རྒྱས་སུ་ཕྱིན་པ་ཆེས་ལེགས་ཏེ། འདིར་སྤྱི་ཕྱི་ལོ་གཉིས་ཀྱི་མི་རིགས་སློབ་གྲྭ་ཆེ་འབྲིང་ཆུང་གསུམ་གྱི་སྐད་གཉིས་སློབ་ཁྲིད་ཀྱི་ཟིན་གྲངས་བསྡུར་ཚད་རེའུ་མིག(41) ཏུ་བཀོད་ན།

སློབ་གྲྭ / གྲངས་ཀ / རྣམ་གྲངས	མཐོ་རིམ་སློབ་གྲྭ		འབྲིང་རིམ་སློབ་གྲྭ		སློབ་ཆུང		བསྡོམས་གྲངས	
ལོ་ཚིགས	༡༩༨༩	༡༩༩༩	༡༩༨༩	༡༩༩༩	༡༩༨༩	༡༩༩༩	༡༩༨༩	༡༩༩༩
མི་རིགས་སློབ་གྲྭ	༢	༢	༦༧	༨༧	༡༧༠༤	༡༤༧༧	༡༧༧༣	༡༥༦༦
སྐད་གཉིས་སློབ་ཁྲིད་ཀྱི་སློབ་གྲྭ	༢	༣	༣༩	༥༤	༩༥༢	༨༢༠	༩༩༣	༨༧༧
སྐད་གཉིས་སློབ་ཁྲིད་ཀྱི་སློབ་གྲྭས་མི་རིགས་སློབ་གྲྭའི་སྤྱི་གྲངས་ཁྲོད་ཟིན་པའི་གྲངས་ཀ(%)	༡༠༠	༡༥༠	༥༨.༢༡	༦༢.༠༧	༥༥.༨༧	༥༥.༥༢	༥༦.༠༡	༥༦.༠༠
མི་རིགས་སློབ་གྲྭའི་སློབ་མ	༡༢༧༦	༢༥༡༩	༢༡༤༣༦	༣༡༢༠༦	༡༣༢༥༥༩	༡༧༩༥༦༧	༡༥༥༢༧༡	༢༡༣༢༩༢
སྐད་གཉིས་སློབ་ཁྲིད་ཀྱི་སློབ་མ	༣༣༩	༨༤༡	༩༣༣༨	༡༧༡༩༠	༥༠༩༦༠	༩༠༠༠༩	༦༠༦༣༧	༡༠༦༠༨༨
སྐད་གཉིས་སློབ་ཁྲིད་ཀྱི་སློབ་མས་མི་རིགས་སློབ་གྲྭའི་སློབ་མའི་སྤྱི་གྲངས་ཁྲོད་ཟིན་པའི་གྲངས་ཀ(%)	༢༦.༥༧	༣༤ ༧༤	༤༣.༥༦	༥༤.༩༩	༣༨.༤༤	༥༠.༡༣	༣༩. ༠༥	༥༩.༧༣
བོད་རྒྱ་སྐད་གཉིས་སློབ་ཁྲིད་ཀྱི་སློབ་མའི་གྲངས་ཀ	༢༩༥	༨༠༡	༨༢༤༣	༡༦༢༢༣	༤༩༨༣༩	༨༧༩༥༢	༥༨༣༧༧	༡༠༤༩༧༦

བོད་རྒྱ་སྐད་གཉིས་སློབ་ཁྲིད་གྱི་སློབ་མས་སྐད་གཉིས་སློབ་ཁྲིད་ཀྱི་སློབ་མའི་སྤྱི་གྲངས་ཁྲོད་ཟིན་པའི་གྲངས་ཀ(%)	༨༧.༠༢	༩༥.༢༦	༨༨.༢༧	༩༦.༣༧	༩༧.༨༠	༩༧.༧༡	༩༨.༠༩	༩༨.༩༥

ལྷ་ཁ་ལས་མཐོང་གསལ་ལྟར་ལགས་ལ། ༢༠༠༢ལོའི་སྤྱི་རྗེས་སུའང་ཞིང་ཆེན་ཡོངས་ལ་སྐད་གཉིས་སློབ་ཁྲིད་ཀྱི་མི་རིགས་སློབ་གྲྭ་ཆུང་འབྲིང་བསྡོམས་པས་༡༠༦༠ཡོད་པ་ལ་སློབ་མ་༡༠༨༦༦༡ལ་སླེབས་པ་དང་། དེའི་ནང་བོད་རིགས་ཀྱི་སློབ་ཆུང་༡༠༠༠ཡོད་པ་ལ་སློབ་མ་༩༣༧༦༧དང་། བོད་རིགས་ཀྱི་སློབ་འབྲིང་༦༠ཡོད་པ་ལ་སློབ་མ་༡༦༤༩༦མཆིས། སློབ་གྲྭ་ཆེན་མོ་གསུམ་ཡོད་པ་སོ་སོས་བོད་ཀྱི་སྐད་ཡིག་རིག་གནས་དང་འབྲེལ་བའི་ཆེད་ལས་སྣ་ཚོགས་དང་། སྐད་གཉིས་ཀྱི་ལོ་རྒྱུའི་སློབ་ཁྲིད། སྐད་གཉིས་ཀྱི་རྩིས་དངོས་རྫས་གསུམ། སྐད་གཉིས་ཀྱི་གསོ་རིག་སློབ་ཁྲིད་སོགས་སྤེལ་བཞིན་ཡོད་པས། སྐད་གཉིས་སློབ་གསོའི་མ་ལག་འཕྲུས་ཚང་དུ་གྲུབ་ཡོད། དེ་ལྟ་ནའང་སྐད་གཉིས་ས་ཁུལ་གྱི་སློབ་མའི་ཁྱད་ཆོས་མི་འདྲ་བ་དང་རིམ་ཚད་མི་འདྲ་བའི་སློབ་གྲྭ་སོ་སོའི་ཆ་རྐྱེན་སྣ་ཚོགས་ཀྱི་དབང་གིས་སྐད་གཉིས་སློབ་ཁྲིད་ཀྱི་དཔེ་གཞིའང་ཚད་གཅིག་ཏུ་མ་ངེས་ཤིང་སྤྱིར་བཏང་དུ་རིགས་གསུམ་དུ་གྲུབ་འདུག་སྟེ། རིགས་དང་པོ་ནི་རྒྱ་ཡིག་མ་གཏོགས་པའི་གཞན་པའི་བསླབ་ཚན་ཡོངས་བོད་སྐད་ཡིག་གིས་འཁྲིད་པར་བྱེད་པ་དང་། རིགས་གཉིས་པ་ནི་བསླབ་ཚན་ཁག་ཅིག་བོད་སྐད་དང་ཁག་ཅིག་རྒྱ་སྐད་ཀྱིས་འཁྲིད་པར་བྱེད་པ། རིགས་གསུམ་པ་ནི་བོད་ཡིག་མ་གཏོགས་པའི་གཞན་པའི་བསླབ་ཚན་ཡོངས་རྒྱ་ཡིག་གིས་འཁྲིད་པར་བྱེད་པ་བཅས་སོ། །

ཉེ་སྔོན་སློབ་ཆུང་དང་སློབ་འབྲིང་དུས་སྐབས་ཀྱི་སྐད་གཉིས་སློབ་ཁྲིད་ཀྱི་འཆར་གཞི་འདུམ་སྒྲིག་བྱེད་ཆེད། ཞིང་ཆེན་ཡོངས་སུ་བོད་ཡིག་གི་བསླབ་གཞི་གཙོར་བཟུང་བའི་ཐར་ལ་རྒྱ་ཡིག་གི་བསླབ་ཚན་བཀོད་པའི་སློབ་གྲྭ་ཆུང་འབྲིང་གིས་ཐར་རྒྱལ་ཁབ་སློབ་ཨུའི《སྔོངས་དང་ཞིང་ཆེན་ལྔའི་འོས་འགན་སློབ་གསོའི་ཉེན་རྩེལ་བོའི་ལུགས་ཀྱི་བོད་རིགས་སློབ་གྲྭ་ཆུང་འབྲིང་གི་སློབ་ཁྲིད་འཆར་གཞི》ལག་བསྟར་བྱས་པ་དང་། རྒྱ་ཡིག་གཙོ

བའི་ཞར་ལ་བོད་ཡིག་གི་བསླབ་ཚན་བཀོད་པའི་མི་རིགས་སློབ་གྲྭ་ཆུང་འབྲིང་གིས་སྤྱར་རྒྱལ་ཁབ་སློབ་ཨུའི《འོས་འགན་སློབ་གསོའི་ཉིན་རྒྱལ་བོའི་ལུགས་ཀྱི་སློབ་གྲྭ་ཆུང་འབྲིང་ལས་དམའ་རིམ་སློབ་འབྲིང་གི་བསླབ་ཚན་འཆར་གཞི》དང《སྦྱིར་བཏང་མཐོ་རིམ་སློབ་འབྲིང་གི་སློབ་ཁྲིད་འཆར་གཞི་འདུམ་སྒྲིག་བྱས་པའི་བསམ་འཆར》ལག་བསྟར་མཛད་ཅིང་། ས་ཁུལ་སོ་སོའི་སློབ་སྦྱུབ་ཀྱི་ཆ་རྐྱེན་ཇེ་ལེགས་སུ་ཕྱིན་པ་དང་བསྟུན་ནས་ད་དུང་བོད་ཁུལ་གྱི་སློབ་གྲྭ་ཆུང་འབྲིང་ཁག་ཅིག་ཏུ་དབྱིན་སྐད་དང་རྩེས་འཁོར་གྱི་བསླབ་ཚན་ཡང་འཕར་སྣོན་བྱུང་ཡོད་ལ། ཁྱད་པར་དུ་མཐོ་རིམ་སློབ་འབྲིང་དང་སློབ་གྲྭ་ཆེན་མོའི་སྐད་གཉིས་སློབ་གསོར་མཚོན་ན་འང་། རང་སའི་སློབ་གྲྭའི་ཆ་རྐྱེན་དང་གནས་ཚུལ་དངོས་དང་བསྟུན་ནས་སྐད་གཉིས་ཀྱི་སྦྱོད་སྟངས་ཀྱང་ཅི་རིགས་སུ་སྣང་སྟེ། དཔེར་ན༢༠༡༠ལོར་བཀྲམ་པའི《མཚོ་སྔོན་ཞིང་ཆེན་གྱི་སྦྱིར་བཏང་མཐོ་འབྲིང་གི་བསླབ་ཚན་བཅོས་སྒྱུར་གྱི་ཡིག་ཆ་ཕྱོགས་སྒྲིག》ཅེས་པའི་མི་རིགས་མཐོ་འབྲིང་གི་བསླབ་ཚན་བཀོད་སྒྲིག(42)ནང་དུ།

སློབ་སྦྱོང་གི་ཁྱབ་ཁོངས	རིག་ཚན	ངེས་སྦྱོང་གི་སློབ་སྐར	ལོ་རིམ་དང་པོ		ལོ་རིམ་གཉིས་པ		ལོ་རིམ་གསུམ་པ	
			སློབ་སྐར	གཟའ་འཁོར་རེའི་སློབ་ཐུན	སློབ་སྐར	གཟའ་འཁོར་རེའི་སློབ་ཐུན	སློབ་སྐར	གཟའ་འཁོར་རེའི་སློབ་ཐུན
སྐད་བརྡ་དང་རྩོམ་རིག	མི་རིགས་སྐད་ཡིག	༤	༤	༣	༤	༣	༣	༥
	རྒྱ་ཡིག	༤	༣	༣	༣	༣	༢	༥
	ཕྱི་ཡིག	༤	༤	༣	༤	༣	༣	༥
རྩིས་རིག	རྩིས་རིག	༡༠	༤	༣	༤	༣	༣	༥
མི་ཚོས་དང་སྤྱི་ཚོགས	ཆབ་སྲིད་བསམ་བློ	༤	༣	༢	༣	༢	༡༢	༡༢
	ལོ་རྒྱུས	༦	༣	༢	༣	༢		
	ས་རྒྱུས	༦	༣	༢	༣	༢		
ཚན་རིག	དངོས་ལུགས	༦	༣	༢	༣	༢	༡༠	
	རྫས་འགྱུར	༦	༣	༢	༣	༢		
	སྐྱེ་དངོས	༦	༣	༢	༣	༢		

ལག་རྩལ	ཆ་ཕྲིན་ལག་རྩལ	༤	༢	༡	༢	༡	༢	༡
	སྤྱི་སྤྱོད་ལག་རྩལ	༤	༢	༡	༢	༡		
སྒྱུ་རྩལ	རོལ་དབྱངས	༣	༡	༡	༡༡	༡	༡	༡
	མཛེས་རྩལ	༣	༡		༡		༡	
ལུས་རྩལ་དང་བདེ་ཐང	ལུས་རྩལ་དང་བདེ་ཐང	༡༡	༤	༢	༤	༢	༣	༢
ལག་ལེན་གྱི་བྱ་འགུལ	ཞིབ་འཇུག་རང་བཞིན་གྱི་སློབ་སྦྱོང་བྱ་འགུལ	༡༡	༦	༢	༦	༢	༣	༢
	ས་ཁུལ་ཞབས་ཞུ	༢	སློབ་ལོ་གསུམ་ལ་མ་མཐའ་ཡང་ཉིན་༡༠སོང་བ།					
	སྤྱི་ཚོགས་ལག་ལེན	༦	༢	ལོ་ལྟར་ལ་མ་མཐའ་ཡང་གཟའ་འཁོར་༡	༢	ལོ་ལྟར་ལ་མ་མཐའ་ཡང་གཟའ་འཁོར་༡	༢	
སློབ་གྲྭའི་བསྐལ་ཚན（འདེམ་སྦྱོང་གི་སློབ་སྐར་༡༡）			༢	༡	༢	༡	༢	༡

ཞེས་བཞིན་དུ་བཀོད་པ་རྣམས་མཚོ་སྔོ་ཁུལ་མི་རིགས་མཐོ་རིམ་སློབ་འབྲིང་གཉིས་པའི་ནང་དུ་ཐེ་བྲག་རང་སའི་སློབ་མའི་ཐོན་ཁུངས་དང་། བསམ་འདུན། ཆུ་ཚད་སོགས་ཀྱི་གནས་ཚུལ་དངོས་ལ་བསྟུན་ནས་དཔེ་གཞི་གཉིས་གང་འཚམ་དུ་སྤྱོད་བཞིན་ཡོད[43]དེ།

འཛིན་གྲྭ		དཔེ་གཞི	སློབ་མའི་གྲངས་ཀ		
			མི་གྲངས	བསྡོམས་གྲངས	སྤྱིའི་བསྡོམས་གྲངས
ལོ་རིམ་དང་པོ	དང་པོ	དཔེ་གཞི་དང་པོ	༦༡	༥༥༡	
	གཉིས་པ	དཔེ་གཞི་དང་པོ	༦༡		
	གསུམ་པ	དཔེ་གཞི་དང་པོ	༦༣		
	བཞི་བ	དཔེ་གཞི་དང་པོ	༦༡		
	ལྔ་བ	དཔེ་གཞི་དང་པོ	༦༡		
	དྲུག་པ	དཔེ་གཞི་དང་པོ	༥༨		
	བདུན་པ	དཔེ་གཞི་གཉིས་པ	༦༤		
	བརྒྱད་པ	དཔེ་གཞི་གཉིས་པ	༥༨		
	དགུ་བ	དཔེ་གཞི་གཉིས་པ	༦༢		

ལོ་རིམ་གཉིས་པ	དང་པོ	དཔེ་གཞི་དང་པོ(རྩིས་ཚན)	༤༥	༣༨༡	༡༡༨༠
	གཉིས་པ	དཔེ་གཞི་དང་པོ(རྩིས་ཚན)	༦༨		
	གསུམ་པ	དཔེ་གཞི་དང་པོ(རྩིས་ཚན)	༤༦		
	བཞི་པ	དཔེ་གཞི་དང་པོ(རིག་ཚན)	༥༣		
	ལྔ་པ	དཔེ་གཞི་དང་པོ(རིག་ཚན)	༥༦		
	དྲུག་པ	དཔེ་གཞི་གཉིས་པ(རྩིས་ཚན)	༦༤		
	བདུན་པ	དཔེ་གཞི་གཉིས་པ(རིག་ཚན)	༥༨		
ལོ་རིམ་གསུམ་པ	དང་པོ	དཔེ་གཞི་དང་པོ(རྩིས་ཚན)	༣༦	༢༣༨	
	གཉིས་པ	དཔེ་གཞི་དང་པོ(རྩིས་ཚན)	༢༧		
	གསུམ་པ	དཔེ་གཞི་དང་པོ(རིག་ཚན)	༥༢		
	བཞི་པ	དཔེ་གཞི་དང་པོ(རིག་ཚན)༤༠	༤༠		
	ལྔ་པ	དཔེ་གཞི་གཉིས་པ(རྩིས་ཚན)༤༦	༤༦		
	དྲུག་པ	དཔེ་གཞི་གཉིས་པ(རིག་ཚན)	༣༧		
གསལ་བཤད	སྤྱིར་མཐོ་འབྲིང་ཡོངས་ལ་བོད་སྐད་ཡིག་དང་། རྒྱ་སྐད། དབྱིན་སྐད། རྩིས་རིག ཆབ་སྲིད། ལོ་རྒྱུས། ས་རྒྱུས། དངོས་ལུགས། རྫས་འགྱུར། སྐྱེ་དངོས། ལུས་རྩལ། ཆ་ཕྲིན་ལག་རྩལ། སྒྱུ་སྦྱོང་ལག་རྩལ། རོལ་དབྱངས། མཛེས་རྩལ་བཅས་བསླབ་ཚན་བཅོ་ལྔ་ཡོད་པ་ལས་ཁྲིམ་གསུམ་དགེ་རྒན་གྱི་ཆ་རྐྱེན་མེད་སྟབས་རེ་ཞིག་ཁྲིད་ཐབས་མེད་པར་ལུས། དཔེ་གཞི་དང་པོའི་སྐབས་སུ་རྒྱ་ཡིག་དང་དབྱིན་ཡིག་གཉིས་སོ་སོར་རང་སྐད་ཀྱིས་ཁྲིད་པ་མ་གཏོགས་གཞན་པའི་བསླབ་ཚན་ཡོངས་བོད་སྐད་ཡིག་གིས་ཁྲིད་པ་དང་། དཔེ་གཞི་གཉིས་པའི་སྐབས་སུ་བོད་ཡིག་དང་དབྱིན་ཡིག་གཉིས་སོ་སོར་རང་སྐད་ཀྱིས་ཁྲིད་པ་ལས་གཞན་རྣམས་ཡོངས་སུ་རྒྱ་སྐད་རྐྱང་རྐྱང་གིས་འཁྲིད་པར་བྱེད་པ་ཞིག་གོ །				

ལྟ་བུ་ལས་མཐོང་གསལ་ལྟར་ལགས། དེ་བཞིན་དུ་སློབ་གྲྭ་ཆེན་མོ་ཕལ་ཆེ་བའི་སློབ་ཁྲིད་ཀྱི་སྐད་བརྡ་སྦྱོད་སྟངས་ཀྱང་གཙོ་བོ་བསླབ་བྱའི་ནང་དོན་དང་། དགེ་རྒན་གྱི་མཐུན་རྐྱེན། བསླབ་དེབ་ཀྱི་ཆ་རྐྱེན། སློབ་མའི་གནས་ཚུལ། སློབ་ཁྲིད་ཀྱི་ཕན་ནུས་སོགས་གང་རུང་ལ་དམིགས་བཙུགས་ནས་འདེམ་སྦྱོད་བྱེད་ཀྱིན་ཡོད་དེ། དཔེར་ན་མཚོ་སྔོན་མི་རིགས་སློབ་གྲྭ་ཆེན་མོའི་བོད་རིག་པའི་སློབ་གླིང་གི་བོད་སྐད་ཡིག་རྩོམ་རིག་ཆེད་ལས་ཀྱི་དངོས་གཞི་སློབ་མའི་སློབ་ཁྲིད་འཆར་གཞི[44] ནང་དུ།

བསླབ་ཚན་གྱི་རིགས		བསླབ་ཚན	སློབ་སྐར	སློབ་ཁྲིད་ཀྱི་སློབ་དུས				གཟའ་འཁོར་གྱི་སློབ་དུས་བཀོད་སྒྲིག							
				སློབ་དུས	འཆད་ཁྲིད་སློབ་དུས	ལག་བསྟར་སློབ་དུས	རྩེད་ལྟའི་སློབ་དུས	སློབ་ལོ་དང་པོ		སློབ་ལོ་གཉིས་པ		སློབ་ལོ་གསུམ་པ		སློབ་ལོ་བཞི་པ	
								༡	༢	༣	༤	༥	༦	༧	༨
ངེས་སྦྱོང་བསླབ་ཚན	ཕྱི་གཞིར་ནང་གཞིའི་བསླབ་ཚན	བསམ་བློ་ཀུན་སྤྱོད་དང་བཅའ་ཁྲིམས	༢ + ༡	༥༦	༤༢	༡༤		༣ + ༡							
		མར་ཁེ་སི་རིང་ལུགས་ཀྱི་རྩ་བའི་གཞུང་ལུགས	༣ + ༡	༧༢	༥༤	༡༨			༣ + ༡						
		མའོ་ཙེ་ཏུང་གི་དགོངས་པ་དང་ཀྲུང་གོའི་ཁྱད་ཆོས་རིང་ལུགས་ཀྱི་གཞུང་ལུགས	༣ + ༡	༧༢	༥༤	༡༨				༣ + ༡					
		ཀྲུང་གོའི་ཉེ་རབས་ལོ་རྒྱུས་ཀྱི་རྩ་གནད	༢ + ༡	༥༤	༣༦	༡༨					༢ + ༡				
		མི་རིགས་གཞུང་ལུགས་དང་མི་རིགས་སྲིད་ཇུས	༢	༢༨	༢༨			༢							
		ལས་ཞུགས་མཛུབ་སྟོན	༡	༡༨	༡༨				༡						
		དབྱིན་སྐད	༡༡	༢༧༢	༢༧༢			༤	༤	༤	༤				
		རྩེད་འགྲན	༤	༩༢	༤༦		༤༦	༤							
		ལུས་རྩལ	༤	༡༣༦	༡༣༦			༢	༢	༢	༢				
		ཕྱི་སྐད་སྦྱོང་བརྡར	༢	༣༦	༣༦							༢			
		དམག་དོན་གཞུང་ལུགས	༡	༡༤	༡༤			༡							
	ཕྱི་གཞིར་ནང་གཞིའི་བསླབ་ཚན་གྱི་བསྡོམས་གྲངས		༣༩	༨༥༠	༧༣༦	༦༨	༤༦								

ངེས་སྦྱོང་བསླབ་ཚན	ཆེད་ལས་ཀྱི་རྨང་གཞིའི་བསླབ་ཚན	བརྡ་སྤྲོད་*	༧	༡༢༨	༡༢༨			༤	༤						
		སྙན་ངག་*	༨	༡༤༤	༡༤༤					༤༤					
		ཚད་མ་*	༣	༥༦	༥༦			༤							
		ལོ་རྒྱུས་གཞུང་ལུགས་དང་ལག་ལེན་*	༤	༧༢	༧༢							༤			
		སྐད་བརྡ་རིག་པ་*	༤	༧༢	༧༢				༤						
	ཆེད་ལས་ཀྱི་རྨང་གཞིའི་བསླབ་ཚན་གྱི་བསྡོམས་གྲངས		༢༦	༤༧༢	༤༧༢										
	ཆེད་ལས་ཀྱི་བསླབ་ཚན	སློབ་གསོ་རིག་པ	༣	༥༤	༥༤							༣			
		སེམས་ཁམས་རིག་པ	༣	༥༤	༥༤						༣				
		སློབ་འཁྲིད་བསླབ་གཞིའི་ཁྲིད་ཐབས	༢	༤༠	༤༠								༢		
		བོད་ཀྱི་གནའ་རབས་རྩོམ་རིག་*	༨	༡༤༤	༡༤༤					༤	༤				
		བོད་ཡིག་གི་རྩོམ་འབྲི་རིག་པ་*	༤	༧༢	༧༢							༤			
		དེང་རབས་རྒྱ་སྐད	༣	༥༤	༥༤				༣						
		བོད་ཀྱི་རྩོམ་རིག་ལོ་རྒྱུས་*	༤	༧༢	༧༢									༤	
		བོད་ཀྱི་ཉེ་རབས་དང་དེང་རབས་རྩོམ་ཡིག་གཅེས་བསྡུས་*	༦	༡༡༢	༡༡༢							༤	༤		
	ཆེད་ལས་ཀྱི་བསླབ་ཚན་གྱི་བསྡོམས་གྲངས		༣༣	༦༠༢	༦༠༢										
ངེས་སྦྱོང་བསླབ་ཚན་གྱི་བསྡོམས་གྲངས			༩༨	༡༨ ༥༢	༡༩ ༣༤										

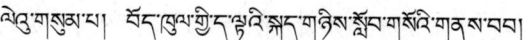

བསླབ་ཚན་གྱི་རིགས			བསླབ་ཚན	སློབ་སྐར	སློབ་ཁྲིད་ཀྱི་སློབ་དུས				གཟའ་འཁོར་གྱི་སློབ་དུས་བཀོད་སྒྲིག							
					སློབ་དུས	འཆད་ཁྲིད་སློབ་དུས	ལག་བསྟར་སློབ་དུས	ཚོད་ལྟའི་སློབ་དུས	སློབ་ལོ་དང་པོ		སློབ་ལོ་གཉིས་པ		སློབ་ལོ་གསུམ་པ		སློབ་ལོ་བཞི་པ	
									༡	༢	༣	༤	༥	༦	༧	༨
འདེམས་སྒྲུང་བསླབ་ཚན	ཆེད་ལས་ཀྱི་ཚོད་འཛིན	དཔེ་གཞི་དང་པོ།	རྩོམ་རིག་སྤྱི་བཤད་*	༤	༧༢	༧༢							༤			
			དངོས་སྤྱོད་རྩོམ་འབྲི་རིག་པ	༣	༥༠	༥༠								༤		
			རྒྱའི་སྐད་ཡིག	༤	༧༢	༧༢					༤					
			ནང་བསྟན་སྤྱི་བཤད་*	༤	༧༢	༧༢						༤				
	འདེམས་སྒྲུང་བསླབ་ཚན	དཔེ་གཞི་གཉིས་པ	ནང་བསྟན་སྤྱི་བཤད་*	༤	༧༢	༧༢						༤				
			བོད་ཀྱི་དམངས་ཁྲོད་རྩོམ་རིག་*	༣	༥༠	༥༠				༤						
			བོད་ཀྱི་ལོ་རྒྱུས་*	༤	༧༢	༧༢						༤				
			དངོས་སྤྱོད་རྩོམ་འབྲི་རིག་པ	༣	༥༠	༥༠								༤		
	ཆེད་ལས་ཀྱི་ཚོད་འཛིན་འདེམས་སྒྲུང་གི་བསླབ་ཚན་གྱི་བསྡོམས་གྲངས			༡༤	༢༥༦	༢༥༦										
	ཆེད་ལས་ཀྱི་གང་འདོད་འདེམས་སྒྲུང་གི་བསླབ་ཚན		མཛེས་རིག	༣	༥༠	༥༠							༤			
			བོད་ཀྱི་དེང་རབས་རྩོམ་རིག་དཔྱད་བརྗོད་*	༣	༥༠	༥༠								༤		
			བོད་ཀྱི་རིག་གནས་སྤྱི་བཤད་*	༤	༧༢	༧༢									༤	
			བོད་ཀྱི་རྩོམ་རིག་དཔྱད་བརྗོད་*	༤	༧༢	༧༢									༤	
			ཡིག་རྙིང་*	༢	༣༦	༣༦									༢	
			བརྡ་སྤྲོད་དཀའ་འགྲེལ་*	༢	༣༦	༣༦									༢	
			སྒྲ་རིག་པ་*	༢	༣༦	༣༦									༢	
			བོད་ཀྱི་གནའ་རྩོམ་གྲགས་ཆེན་*	༢	༣༦	༣༦༠									༢	
	ཆེད་ལས་ཀྱི་གང་འདོད་འདེམས་སྒྲུང་གི་བསླབ་ཚན་གྱི་བསྡོམས་གྲངས			༡༠	༡༨༠	༡༨༠										
	སློབ་གྲྭ་སྤྱིའི་འདེམས་གཉེར་བསླབ་ཚན་གྱི་བསྡོམས་གྲངས（རྩིས་ཚན་སྐོར་གྱི་བསླབ་ཚན་སློབ་སྐར་༢དང་སྒྱུ་རྩལ་སྐོར་གྱི་བསླབ་ཚན་སློབ་སྐར་༢ལས་མི་ཉུང་བ）			༡༠	༡༨༠	༡༨༠										
འདེམས་སྒྲུང་བསླབ་ཚན་གྱི་བསྡོམས་གྲངས				༢༠	༣༦༠	༨༠༤										

ད་ལྟ་ལས་སྐར་རྟགས་བརྒྱབ་ཡོད་པ་རྣམས་བོད་སྐད་ཡིག་རྩོམ་རིག་གི་ཆེད་ལས་དང་ཐད་ཀར་འབྲེལ་བའི་བསླབ་བྱར་ངེས་ཤིང་བོད་སྐད་ཀྱིས་ཁྲིད་པ་མ་གཏོགས་གཞན་རྒྱ་སྐད་དང་། དབྱིན་སྐད། རྩིས་འཁོར། སེམས་ཁམས་རིག་པ། མཛེས་རིག་སོགས་གཞན་སྐད་ཀྱིས་ཁྲིད་པར་བྱས་པ་ལ་ཕན་འབྲས་རྒྱ་ཆེན་འབྱུང་བཞིན་ཡོད། ཡིན་ན་ཡང་སློབ་ཆུང་ནས་སློབ་གྲྭ་ཆེན་མོ་བར་གྱི་སྐད་གཉིས་སློབ་ཁྲིད་ཐད་ཀྱི་སྐད་བརྡའི་འདེམ་སྒྱུར་བྱེད་སྟངས་ཕལ་ཆེ་བ་ནི་བསླབ་བྱའི་ནང་དོན་དང་སློབ་མའི་གནས་ཚུལ་ལས་ཀྱང་སྐད་གཉིས་སློབ་གསོར་ཤེས་རྟོགས་ཟབ་མིན་དང་། སྐད་གཉིས་སོ་སོའི་རྣམ་འགྱུར་འཛིན་སྟངས། ཡུལ་དུས་ཀྱི་ཆ་རྐྱེན་སོགས་ལ་རག་ལས་པ་མ་ཟད། དགེ་རྒན་མེད་པའམ་འདུམ་སྒྲིག་ཁོད་མི་སྙོམས་པ་དང་། རང་སྐད་ཀྱི་བསླབ་དེབ་སྒྲིག་ཆས་མེད་པའམ་ཡང་ན་སྤུས་ཚད་ཞན་པ་སོགས་ཆ་རྐྱེན་མི་ལེགས་པ་དག་གིས་ནམ་རྒྱུན་སྐད་གཉིས་སློབ་ཁྲིད་ཀྱི་སྤུས་ཚད་ལ་ཤུགས་རྐྱེན་མི་ལེགས་པ་ཐེབས་ཀྱིན་ཡོད་དེ། རྟོག་དཔྱོད་བྱས་པ་ལྟར་ན། མཚོ་སྔོན་འབྲོག་ཁུལ་གྱི་བོད་རིགས་སློབ་གྲྭ་ཆུང་འབྲིང་ཕལ་ཆེ་བ་རུ་བོད་ཡིག་དང་། རྩིས་རིག་རྒྱ་ཡིག་གི་དགེ་རྒན་མང་དྲགས་པ་དང་། གཞན་དབྱིན་ཡིག་དང་། ས་རྒྱུས། ལོ་རྒྱུས། ཆབ་སྲིད། སྐྱེ་དངོས། རྫས་འགྱུར། དངོས་ལུགས། རོལ་དབྱངས། མཛེས་རྩལ། ལག་རྩལ་སོགས་ཆེད་ལས་ཡིན་པའི་དགེ་རྒན་ཉུང་དྲགས་པས། སློབ་གྲྭ་སོ་སོར་ཚད་མི་འདྲ་བའི་ཞན་ཆ་ཅི་རིགས་སྣང་བ་དཔེར་ན། སློབ་གྲྭ་འགའ་ཞིག་ལ་ལག་རྩལ་ཏེ་ཆ་འཕྲིན་ལག་རྩལ་ལམ་སྤྱི་སྤྱོད་ལག་རྩལ་དང་། མཛེས་རྩལ། རོལ་དབྱངས་བཅས་ཀྱི་དགེ་རྒན་མེད་པས་སློབ་ཁྲིད་སྟོང་ཆར་ལུས་པ་དང་། སློབ་གྲྭ་འགའ་ཞིག་ལ་ས་རྒྱུས་དང་ཆབ་སྲིད་ཀྱི་དགེ་རྒན་གཅིག་རེ་ལས་མེད་པས་མི་འདང་བ། ཡང་སློབ་གྲྭ་ཁ་ཤས་སུ་སྐྱེ་དངོས་དང་རྫས་འགྱུར་འཁྲིད་མཁན་དགེ་རྒན་རེ་གཉིས་ལས་མེད་པས་སློབ་ཁྲིད་ཀྱི་རེ་འདུན་ཇི་བཞིན་དུ་སྐོང་ཐུབ་ཀྱིན་མེད་ལ། ཡང་རྫོང་ཁུལ་ཁག་ཅིག་ཏུ་རྩིས་རིག་སོགས་བསླབ་ཚན་ཁ་ཤས་སློབ་ཆུང་དང་དམའ་འབྲིང་གི་སྐབས་སུ་བོད་ཡིག་བོད་སྐད་ཀྱིས་ཁྲིད་ཀྱང་མཐོ་འབྲིང་གི་སྐབས་སུ་བཙན་ཐབས་ཀྱིས་རྒྱ་ཡིག་གིས་ཁྲིད་པ་དང་། ཡང་རྫོང་ཁུལ་ཁག་ཅིག་ཏུ་དེ་ལྡོག་གི་ལུགས་སུ་སྣང་ཞིང་། ཡང་ན་སློབ་གྲྭའི་ཆ་རྐྱེན་མི་འདྲ་བའམ་གོམས་སྲོལ་མི་འདྲ་བ་ལྟར་རྒྱ་བོད་སྐད་གཉིས་ཀྱི་བསླབ་དེབ་རེས་འཁོར་དུ་སྤྱད་ཅིང་སློབ་ཁྲིད་ཀྱི་བརྡ་སྐད་སྤ

ཕྱི་འབྲེལ་ཐག་མེད་པར་རྒྱུན་བཅད་པ་དང་། ཡང་ན་མགོ་ནས་མཇུག་བར་བོད་སྐད་རྐྱང་རྐྱང་གིས་ཁྲིད་པ་ལའང་བསླབ་དེབ་ཀྱི་སྤུས་ཚད་ཞན་ཞིང་དགེ་རྒན་གྱི་ཆུ་ཚད་དམན་པ་སོགས་ཀྱི་དབང་གིས། སློབ་མ་ཕར་བརྗེ་ཚུར་སྤོར་གྱིས་སློབ་ཡུན་ནར་འགྱངས་བྱས་ཤིང་སློབ་མའི་སྦྱང་འབྲས་ཞན་པ་སོགས་ཀྱི་མཇུག་འབྲས་མི་ལེགས་པ་བྱུང་དང་འབྱུང་བཞིན་ཡོད་པས། ༢༠༡༠ལོར་མཚོ་སྔོན་སློབ་གསོ་ཐིན་གྱིས་བཀྲམ་པའི《མཚོ་སྔོན་ཞིང་ཆེན་གྱི་སྤྱིར་བཏང་མཐོ་རིམ་སློབ་འབྲིང་གི་བསླབ་ཚན་བཅོས་སྒྱུར་དངོས་འབེབས་བྱེད་པའི་འཆར་འགོད》ནང་དུ། མི་རིགས་མཐོ་རིམ་སློབ་འབྲིང་གི་བསླབ་ཚན་བཅོས་སྒྱུར་བྱེད་པའི་སློབ་ཁྲིད་ཀྱི་སྐད་བརྡ་ས་ཁུལ་གྱི་གནས་བབ་དང་བསྟུན་པ་ལས་གཅིག་གཅོད་དུ་སྤེལ་མི་རུང་བ་དང་། ས་ཁུལ་སོ་སོའི་སྐད་བརྡའི་ཁོར་ཡུག་དང་དགེ་རྒན་གྱི་རྒྱ་ཡིག་གི་ཆུ་ཚད་དང་སློབ་མའི་རྒྱ་སྐད་ངོས་ལེན་གྱི་ནུས་པ་གཞིར་བྱས། ༢༠༡༠ལོའི་སྔོན་དུས་ཀྱི་མཐོ་འབྲིང་དང་པོའི་སློབ་མ་གསར་བ་ནས་བཟུང་། ཆ་རྐྱེན་ཡོད་པའི་མི་རིགས་མཐོ་འབྲིང་གི་བསླབ་ཚན་གསར་བ་རིམ་གྱིས་རྒྱ་སྐད་ཀྱིས་ཁྲིད་པ་དང་། མི་རིགས་སྐད་ཡིག་གི་སློབ་ཁྲིད་ལ་ཤུགས་སྣོན་བརྒྱབ་ཏེ། གྲངས་ཉུང་མི་རིགས་ཀྱི་སློབ་མས་མི་རིགས་རང་གི་སྐད་དང་ཡི་གེ་སློབ་འདོད་ཀྱི་རེ་འདུན་བསྐྱང་དགོས་ལ། ཆ་རྐྱེན་མེད་པའི་མི་རིགས་མཐོ་འབྲིང་གིས་མི་རིགས་ཀྱི་སྐད་དང་ཡི་གེའི་སློབ་ཁྲིད་ལ་ཤུགས་སྣོན་རྒྱག་པ་དང་། དུས་མཚུངས་སུ་རྒྱ་སྐད་ཀྱི་སློབ་ཁྲིད་ལ་ཤུགས་སྣོན་བརྒྱབ་ཏེ། ༢༠༡༥ལོར་བསླབ་ཚན་ཡོངས་ཀྱི༥༠%རྒྱ་སྐད་ཀྱིས་ཁྲིད་པར་མངོན་འགྱུར་དང་། ༢༠༢༠ལོར་མི་རིགས་སྐད་ཡིག་ལས་གཞན་པའི་བསླབ་ཚན་ཡོངས་རྒྱ་སྐད་ཀྱིས་ཁྲིད་པར་མངོན་འགྱུར་བྱ་དགོས[45] ཞེས་བསྟན་པ་ལ་གཟབ་གཟབ་ཀྱིས་དོ་སྣང་དང་བསམ་གཞིགས་རྒྱ་ཆེན་པོ་གཏོང་རྒྱུ་ཡོད་པ་འདྲའོ། །

༣. **མི་ཁྲིན་བོད་ཁུལ་གྱི་སྐད་གཉིས་སློབ་གསོའི་གནས་ཚུལ།** མི་ཁྲིན་བོད་ཁུལ་ནི་དཀར་མཛེས་བོད་རིགས་རང་སྐྱོང་ཁུལ་དང་། རྔ་བ་བོད་ཆའང་རང་སྐྱོང་ཁུལ། མུ་ལི་བོད་རིགས་རང་སྐྱོང་རྫོང་བཅས་སུ་ངེས་ཤིང་། སྤྱིའི་མི་གྲངས་ཁྲི་ཚོ༡༧༠.༩༨ཡོད་པ་ལས་བོད་རིགས་ཀྱི་མི་གྲངས་ཁྲི༡༠༣.༣༨ཡོད་པས༨༠.༨༩% ཟིན་པ་དང་། གཞན་རྒྱ་རིགས་དང་། དབྱིས་རིགས། ཆའང་། ཧོས་རིགས། འཇང་སོགས་

ཀྱིས༣༩.༣༦% ཙམ་ལས་མི་ཟིན་ཀྱང་། མི་རིགས་མང་ཞིང་སྐད་བརྡ་དང་ཡུལ་སྐད་ཁྱད་པར་ཅན་སྣ་ཚོགས་སུ་བརྗོད་པའི་ཡུལ་གྲུ་འབའ་ཞིག་ཏུ་གཏོགས་པས་སྐད་གཉིས་བརྗོད་པའི་སྣང་ཚུལ་རྒྱ་ཆེར་གྲུབ། སྐད་གཉིས་སློབ་གསོར་མཚོན་ན་ཡང་། ༡༩༨༠ལོར་མི་རིགས་སྐད་ཡིག་གི་སློབ་གསོ་བསྐྱར་དར་བྱུང་བ་ནས་བཟུང་། ༢༠༠༠ལོའི་སྤྱི་རྗེས་སུ་ཏ་ལམ་ལོ་ཉི་ཤུ་ལྷག་གི་རིང་ལ་འཕེལ་རྒྱས་འོས་ཙམ་བྱུང་ཡོད་དེ། རྟོག་དཔྱོད་བྱས་པ་ལྟར་ན༡༩༩༠ལོའི་བར་བོད་རྒྱ་སྐད་གཉིས་ཀྱི་སློབ་ཁྲིད་སྤེལ་བའི་སློབ་གྲྭ༨༤༨ཡོད་པ་ལ་སློབ་མ༥༡༢༩༥ཙམ་སོན་ཞིང་། སི་ཁྲོན་བོད་ཁུལ་གྱི་སློབ་གྲྭ་ཆུང་འབྲིང་གི་སློབ་མའི་སྤྱི་གྲངས་ཀྱི༥༡.༠༥% ཟིན་པ་དང་། དེའི་ནང་བོད་སྐད་ཡིག་གི་སློབ་ཁྲིད་གཙོར་འཛིན་པའི་སློབ་གྲྭ༧༦ལ་སློབ་མ༥༦༢༠ཡོད་པ་རྣམས་ཀྱིས་བོད་རིགས་སློབ་མའི་སྤྱི་གྲངས་ཀྱི༥. ༦% ཙམ་ཟིན། ནང་གསེས་སུ་དཀར་མཛེས་ལ་སྐད་གཉིས་སློབ་ཁྲིད་ཀྱི་སློབ་གྲྭ་ཆུང་འབྲིང༥༨༥དང་། སློབ་མ༣༦༨༢༧ཡོད་པ་བོད་རིགས་སློབ་མ་ཡོངས་ཀྱི༧༡.༠༤% ཡིན། དེའི་ནང་སློབ་ཆུང༥༦༣ཡོད་པ་ལ་སློབ་མ༣༣༣༡༡དང་། སློབ་འབྲིང༢༢ཡོད་པ་ལ་སློབ་མ༣༥༡༦། བོད་སྐད་ཡིག་སློབ་ཁྲིད་གཙོར་བཟུང་བའི་ཞར་ལ་རྒྱ་ཡིག་སློབ་ཁྲིད་བྱེད་པའི་སློབ་ཆུང༢༦ཡོད་པ་ལ་སློབ་མ༢༨༤༣མཆིས། རྔ་བ་ཁུལ་དུ་སྐད་གཉིས་སློབ་ཁྲིད་ཀྱི་སློབ་གྲྭ་ཆུང་འབྲིང༢༤༦ཡོད་ཅིང་སློབ་མ༡༣༠༡༧ཡིན་ལ། བོད་རིགས་སློབ་མའི་སྤྱི་གྲངས་ལས༣༢. ༦༩% ཟིན། དེའི་ནང་སློབ་ཆུང༢༣༤ཡོད་པ་ལ་སློབ་མ༡༡༤༥༣དང་། སློབ་འབྲིང༡༢ཡོད་པ་ལ་སློབ་མ༡༥༦༧ཡོད། བོད་སྐད་ཡིག་གཙོར་ཁྲིད་པའི་ཞར་ལ་རྒྱ་ཡིག་གི་བསླབ་ཚན་བཀོད་པའི་སློབ་ཆུང༤༨ཡོད་པ་ལ་སློབ་མ༢༣༩༨དང་། སློབ་འབྲིང༢ལས་མེད་པ་ལ་སློབ་མ༣༧༩མཆིས། མུ་ལི་རྫོང་དུ་སྐད་གཉིས་སློབ་ཁྲིད་ཀྱི་སློབ་གྲྭ་ཆུང་འབྲིང༡༧དང་སློབ་མ༡༤༥༡ཡོད་པ་ལས་སློབ་ཆུང༡༤ལ་སློབ་མ༨༢༠དང་། སློབ་འབྲིང༣ལ་སློབ་མ༦༣༡མཆིས་པ་རྣམས་ཡོངས་སུ་རྒྱ་སྐད་ཀྱི་སློབ་ཁྲིད་གཙོར་བཟུང་བའི་ཞར་ལ་བོད་ཡིག་སློབ་ཁྲིད་བྱེད་པའི་དཔེ་གཞི་ལ་གཏོགས། སྤྱི་རྗེས་ཀྱི་ལོ་ལྔའི་རིང་ལའང་སི་ཁྲོན་བོད་ཁུལ་གྱི་སྐད་གཉིས་སློབ་གསོ་བསྟུད་མུར་དར་རྒྱས་བྱུང་སྟེ། སྐད་གཉིས་སློབ་ཁྲིད་ཀྱི་སློབ་གྲྭ་ཆུང་འབྲིང༩༦༨དང་སློབ་མ༧༥༠༠༦ཙམ་འཕེལ་ཞིང་སོ་སོར༡༩༩༠ལོ་དང་བསྡུར་ན༡༤.༡༥% དང༤༦.༢༢% འཕར་སྣོན་བྱུང་བ་དང་། སློབ་

ཆུང་ནས་མཐོ་འབྲིང་བར་སྐད་གཉིས་སློབ་ཁྲིད་ཀྱི་མ་ལག་ཆ་ཚང་དུ་གྲུབ་པ་མ་ཟད། བོད་སྐད་ཡིག་གི་སློབ་ཁྲིད་གཙོར་འཛིན་པའི་དཔེ་གཞི་དང་པོའི་ཟིན་ཚད་ཐོར་བས་ཇེ་མང་དུ་ཕྱིན་པ་དཔེར་ན། དཀར་མཛེས་ལུལ་གཅིག་པུ་ལ་སློབ་ཆུང་༤༩འཕར་སྔོན་བྱུང་ཞིང་། སློབ་འབྲིང་༡གསར་དུ་སྤེལ་བ་ལ་སློབ་མ༣༣༨འཕར་སྔོན་བྱུང་བས། སློབ་འབྲིང་དུའང་པ་སྐད་ཀྱི་སློབ་ཁྲིད་ག་སྒོགས་སུ་བཟུང་བའི་ཞར་ལ་རྒྱ་ཡིག་གི་བསླབ་ཚན་བཀོད་པའི་སྐད་གཉིས་སློབ་ཁྲིད་ཀྱི་དཔེ་གཞི་དང་པོ་ཚུགས་ཐུབ་པར་གྱུར་ཏོ། །

ཡར་སྟོན་སི་ཁྲིན་བོད་ལུལ་དུ་འབྲིང་རིམ་དགེ་ཐོན་སློབ་གྲྭ་ལྔ་ཡོད་པ་ལས་བཞི་ནི་བོད་ཡིག་ཆེད་གཉེར་གྱི་སློབ་གྲྭ་ཡིན་ལ། དེ་དག་གིས་རོང་འབྲོག་ལུལ་གྱི་སྐད་གཉིས་སློབ་གསོའི་དགེ་རྒན་སྐྱེད་སྲིང་ཐད་ལ་མཛད་རྗེས་མི་དམན་པ་བཞག་ཡོང་སྟེ། དཔེར་ན་འབར་ཁམས་མི་རིགས་དགེ་ཐོན་སློབ་གྲྭ་ནི་སི་ཁྲོན་ཞིང་ཆེན་གྱིས་ཆེས་ཐོག་མར་བཙུགས་པའི་དགེ་ཐོན་སློབ་གྲྭ་༡༠ནང་གི་ཡ་གྱལ་ཞིག་ཡིན་ལ། ༡༩༧༣ལོར་བཙུགས་པ་ནས་༡༩༩༤ལོའི་བར་ལོ་ངོ་ཉི་ཤུ་ལྷག་གི་རིང་ལ་བསྒོམས་པས་སློབ་ཆུང་གི་དགེ་རྒན༣༡༣༨སྐྱེད་སྲིང་བྱས་པ་ལས་སྐད་གཉིས་ཀྱི་དགེ་རྒན༩༦༡ལ་སོན་ཞིང་། སློབ་ཁྲིད་སྤེལ་ཐབས་ལྟར་ནའང་། བོད་ཡིག་དང་རྒྱ་ཡིག་གི་འཛིན་གྲྭ་སོ་སོར་འཆར་གཞི་གཉིས་སུ་བཀོད་པ་ལས། བོད་ཡིག་གཙོ་བའི་འཛིན་གྲྭ་ལ་རྒྱ་ཡིག་ལས་གཞན་པའི་བསླབ་བྱ་ཡོད་ཚད་བོད་ཡིག་གིས་ཁྲིད་པ་དང་། རྒྱ་ཡིག་གཙོ་བའི་འཛིན་གྲྭ་ལ་བོད་ཡིག་ལས་གཞན་པའི་བསླབ་ཚན་ཡོངས་རྒྱ་ཡིག་གིས་ཁྲིད་པར་བྱས་པས་སྐད་གཉིས་སློབ་ཁྲིད་ཀྱི་དཔེ་གཞི་མི་འདྲ་བ་གཉིས་སུ་གྲུབ། དར་མདོ་མི་རིགས་དགེ་ཐོན་སློབ་གྲྭ་ནི་འབར་ཁམས་དགེ་ཐོན་སློབ་གྲྭ་ལས་ཀྱང་ཚུགས་སྔ་སྟེ། ༡༩༥༨ལོར་བཙུགས་པ་ནས་༡༩༩༥ལོའི་བར་ལོ་ངོ་སོ་བདུན་རིང་ལ་བསྒོམས་པས་སློབ་ཆུང་གི་དགེ་རྒན༥༠༠༠ལྷག་དང་ཟབ་སྦྱོང་གི་དགེ་རྒན༡༥༠༠ལྷག་སྐྱེད་སྲིང་བྱས། ཉེ་སྔོན་སློབ་གྲྭ་འདིར་འཛིན་གྲྭ༡༧ཡོད་པ་ལས༤ནི་བོད་ཡིག་དགེ་ཐོན་གྱི་འཛིན་གྲྭ་ཡིན་ལ། སློབ་ཁྲིད་ལྟར་ན་བོད་ཡིག་གི་བསླབ་བྱ་ཡོངས་གཙོར་བཟུང་བའི་ཞར་ལ་རྒྱ་ཡིག་བསླབ་ཚན་བཀོད་པའི་དཔེ་གཞི་སྤེལ་བ་དང་། བསླབ་ཚན་ལ་བོད་ཡིག་ལས་གཞན་བོད་ཡིག་གི་རྩིས་དངོས་རྫས་གསུམ་དང་། སེམས་ཁམས་རིག་པ། སློབ་གསོ་རིག་པ། སློབ་ཆུང་གི་བསླབ་གཞི་ཁྲིད་ཐབས་སོགས་བཀོད་ཅིང་། རྒྱ་ཡིག་སློབ་ཁྲིད་ཀྱི་

དུས་ཚོད་༧༥༠་ཏུ་ངེས་པར་བྱས་པ་ཡིས་འཆར་བཀོད་སྤྱིའི་དུས་ཚོད་ལས་༡༧.༦༤%ཟིན། རྒྱ་ཡིག་གི་དགེ་ཐོན་འཛིན་གྲྭ་ལ་རྒྱ་ཡིག་གཙོར་བཟུང་ཞིང་རྒྱལ་ཁབ་གཅིག་གྱུར་གྱི་ཚད་གཞི་ལྟར་རྒྱལ་ཁབ་སློབ་ཞུས་འགྲེམ་སྤེལ་བྱས་པའི《འབྲིང་རིམ་དགེ་ཐོན་སློབ་གྲྭའི་སློབ་ཁྲིད་ཀྱི་རྩ་གནད》ཀྱི་དགོངས་དོན་གཟབ་ནན་དུ་ལག་བསྟར་མཛད་ཅིང་། ཞར་ལ་བོད་ཡིག་གི་རྨང་གཞིའི་སློབ་ཁྲིད་སོགས་ཀྱང་ནན་དུ་སྤེལ་ནས་སྐད་བརྡ་གཉིས་སྦྱོད་ཀྱིས་བསླབ་ཚན་འཁྲིད་དགོད་བྱེད་པ་ལ་རམ་འདེགས་ཀྱི་ནུས་པ་ཐོན་པར་བྱས་སོ། །

མཐོ་རིམ་སློབ་གྲྭའི་བོད་སྐད་ཡིག་གི་ཆེད་ལས་དང་དགེ་རྒན་དཔུང་ཁག་གི་འཛུགས་སྐྲུན་བཅས་ལ་མཚོན་ན་ཡང་། ༡༩༨༤ལོའི་ཟླ་༩བར་དར་མདོ་མི་རིགས་དགེ་ཐོན་ཆེད་སྦྱོང་སློབ་གྲྭ་ཚུགས་པ་དང་མཉམ་དུ་སློབ་གྲྭ་དེར་བོད་སྐད་ཡིག་རྩོམ་རིག་གི་སློབ་གསོའི་སྡེ་ཁག་བཙུགས་པ་དང་། ༡༩༩༠ལོར་རྔ་བ་དགེ་ཐོན་ཆེད་སྦྱོང་སློབ་གྲྭ་རུ་བོད་སྐད་ཡིག་གི་རྩིས་ཚན་སློབ་གསོའི་སྡེ་ཁག་བཙུགས་པས། མཐོ་རིམ་ཆེད་སྦྱོང་གི་བོད་རྒྱ་སྐད་གཉིས་སློབ་གསོའི་མ་ལག་ཀྱང་འཐུས་ཚང་དུ་གྲུབ། ༡༩༩༣ལོའི་ཟླ་༣པར་སི་ཁྲོན་སློབ་ཞུས་ཞིང་ཆེན་ཡོངས་ཀྱི་མི་རིགས་ས་ཁུལ་གྱི་མཐོ་རིམ་སློབ་གྲྭའི་སློབ་གསོ་བཅོས་སྒྱུར་གཏིང་ཟབ་ཏུ་བསྒྱུར་བའི་ཚོགས་འདུ་བསྡུས་ཤིང་། དེའི་སྟེང་བོད་རྒྱ་སྐད་གཉིས་ཀྱི་དམའ་འབྲིང་དགེ་རྒན་རྣམས་དར་མདོ་དང་རྔ་བ་གཉིས་ཀྱི་དགེ་ཐོན་ཆེད་སྦྱོང་སློབ་གྲྭས་མཉམ་དུ་སྐྱེད་སྲིང་བྱེད་དགོས་པར་བསྟན་རྗེས། དར་མདོ་མི་རིགས་དགེ་ཐོན་ཆེད་སྦྱོང་སློབ་གྲྭས་རིག་ཚན་དང་རྔ་བ་དགེ་ཐོན་ཆེད་སྦྱོང་སློབ་གྲྭས་རྩིས་ཚན་སྐོར་གྱི་བོད་རྒྱ་སྐད་གཉིས་ཀྱི་དགེ་རྒན་སྐྱེད་སྲིང་བྱེད་པའི་གནས་གཞི་བཙུགས། དུས་མཚུངས་སུ་ལྷོ་ནུབ་མི་རིགས་སློབ་གྲྭ་ཆེན་མོས་ཀྱང་བོད་སྐད་ཡིག་རྩོམ་རིག་གི་ཆེད་ལས་བཙུགས་ནས་བོད་ཁུལ་དུ་སྐད་གཉིས་སྨྲ་བའི་ཤེས་ལྡན་མི་སྣ་འབོར་ཆེན་སྐྱེད་སྲིང་བྱས་པ་དང་། གཞན་ཀྱང་དབྱང་མི་རིགས་སློབ་གྲྭ་ཆེན་མོ་དང་། མཚོ་སྔོན་དགེ་ཐོན་སློབ་གྲྭ་ཆེན་མོ། མཚོ་སྔོན་མི་རིགས་སློབ་གྲྭ་ཆེན་མོ། བོད་ལྗོངས་སློབ་གྲྭ་ཆེན་མོ། སི་ཁྲོན་སློབ་གྲྭ་ཆེན་མོ། སི་ཁྲོན་དགེ་ཐོན་སློབ་གྲྭ་ཆེན་མོ་སོགས་སུའང་དགེ་སློབ་ཆེད་མངག་གིས་སྐྱེད་སྲིང་བྱས་མཐར། སི་ཁྲོན་བོད་ཁུལ་གྱི་སྐད་གཉིས་སློབ་གསོ་སྤེལ་བའི་དགེ་རྒན་གྱི་དཔུང་ཤུགས་ཇེ་བརྟན་དུ་གྱུར། ནོམ་རྩིས་བྱས་པ་ལྟར་ན། ༡༩༩༠ལོར་རྔ་བ་ཁུལ་དུ་སློབ་གྲྭ་ཆེ་འབྲིང་ཆུང་གསུམ་

གྱི་དགེ་རྒན་བསྡོམས་པས༤༨༥༠ཡོད་པ་དང་། དཀར་མཛེས་ལྗོངས་དུ་རིམ་པ་སོ་སོའི་སློབ་གྲྭ་ཡོངས་ཀྱི་དགེ་རྒན༥༤༥༩ལ་སོན། རྨང་གཞི་སློབ་གསོར་གཏོགས་པའི་སྐད་གཉིས་དགེ་རྒན་གྱི་དབང་དུ་བྱས་ནའང་། སློབ་གྲྭ་ཆུང་འབྲིང་གི་དགེ་རྒན༡༦༠༤ཡོད་པ་ལས་བོད་ཡིག་གཙོར་ཡིན་པའི་དགེ་རྒན༢༣༨དང་། རྒྱ་ཡིག་གཙོ་བོ་འཁྲིད་མཁན་གྱི་དགེ་རྒན༡༡༤༨ཡོད་ལ། བསྡུད་མུར་ལོ་རེ་བཞིན་འཕར་སྣོན་བྱུང་ཙ་ན། ༡༩༩༥ལོའི་སྐབས་སུ་དཀར་མཛེས་ལྗོངས་དུ་སློབ་གྲྭ་ཆུང་འབྲིང་གི་དགེ་རྒན༤༨༣༡ཏུ་འཕེལ་བ༡༩༩༠ལོ་ལས༢༠.༧%འཕར་བ་དང་། མུ་ལི་རྫོང་དུ་སྐད་གཉིས་ཆེད་གཉེར་གྱི་དགེ་རྒན༧༥ཏུ་སོན་པ༡༩༩༠ལོ་ལས་ལྷག༣.༦འཕར་སྣོན་བྱུང་། དེ་དག་ལས་སྐད་གཉིས་ཀྱི་དགེ་རྒན་ཕལ་ཆེ་བ་དར་མདོ་མི་རིགས་དགེ་ཐོན་ཆེད་སྦྱོང་སློབ་གྲྭ་དང་ཛ་བ་དགེ་ཐོན་ཆེད་སྦྱོང་སློབ་གྲྭས་སྐྱེད་སྲིང་བྱས་པ་ཡིན་ལ། མིག་སྔར་ཡང་སློབ་གྲྭ་འདི་གཉིས་ཀྱིས་སྔར་ཡོད་ཀྱི་རྨང་གཞི་དང་ཉམས་མྱོང་ཕུན་སུམ་ཚོགས་པ་གཞིར་བྱས། སྐད་གཉིས་སློབ་ཁྲིད་ཀྱི་ཆ་རྐྱེན་སྔར་བས་ཇེ་ལེགས་དང་། ནང་དོན་སྔར་བས་འཕྲུས་ཚང་། དཔེ་གཞི་སྔར་བས་ཚད་ལྡན། སྲུས་ཚད་སྔར་ལས་ཇེ་མཐོར་གཏོང་བཞིན་ཡོད་པ་མ་ཟད། རང་སའི་ཁྱད་ཆོས་དམིགས་སུ་བཏོན་ནས་སློབ་སྦྱོང་གྱི་ཆ་རྐྱེན་དང་གཞི་ཁྲོན་ཡང་སྔར་བས་ཆེར་བསྒྱུར[46]ཏེ། སྔར་ལས་ལྷག་པའི་སྒོ་ནས་སེ་ཁྲིན་བོད་ལྗོངས་ཀྱི་སྐད་གཉིས་སློབ་གསོར་སྦྱོད་ཡོན་གཉིས་ལྡན་གྱི་ཤེས་ལྡན་མི་སྣ་སྐྱེད་སྲིང་བྱེད་ཀྱིན་ཡོད་དོ། །

གཞན་བསླབ་གཞི་འཛུགས་སྐྲུན་ཐད་ནས་ཀྱང་སློབ་གྲྭ་ཆུང་འབྲིང་གི་བོད་ཡིག་བསླབ་དེབ་རྩོམ་སྒྲིག་གི་བྱ་བ་དེ་སྔོངས་དང་ཞིང་ཆེན་ལྔའི་བོད་ཡིག་བསླབ་དེབ་མཉམ་སྒྲིག་གི་གྲས་སུ་ཚུད་པ་ནས་བཟུང་། ད་གཟུག་ཏུ་སློབ་ཆུང་གི་བསླབ་ཚན་སོ་སོའི་སློབ་ཁྲིད་ཀྱི་རྩ་གནད་དང་། བསླབ་དེབ་དཔེ་ཟུར་ལྡེའི་རྒྱུ་ཆ། སྦྱོང་གཞིའི་ལྷན་ཐབས་བཅས་དང་། སློབ་འབྲིང་གི་བསླབ་ཚན་སོ་སོའི་བསླབ་དེབ་དང་། སློབ་ཁྲིད་ཀྱི་རྩ་གནད། ཟུར་ལྡེའི་རྒྱུ་ཆ་སོགས་རིགས༢༢༢སྒྱུར་སྒྲིག་དང་པར་སྐྲུན་བྱས་པ་མ་ཟད། སློབ་འབྲིང་དགེ་རྒན་གྱི་སེམས་ཁམས་རིག་པ་དང་སློབ་གསོ་རིག་པའི་བསླབ་གཞི་སོགས་བོད་ཡིག་ཏུ་སྒྱུར་སྒྲིག་དང་། སློབ་ཆུང་གི་བོད་ཡིག་བསླབ་དེབ་དང་། ད་འགྱུར་བོད་ཡིག་གི་ས་རྒྱུས། ལོ་རྒྱུས། རྩིས་རིག་བཅས་ཀྱི་བསླབ་དེབ་ཇེ་ལེགས་སུ་སྤེལ་ཅིང་། སྔོས་སུ་སེ་ཁྲིན་ཞིང་

ཆེན་བོད་ཡིག་སློབ་གྲྭ་དང་དར་མདོ་མི་རིགས་ལས་བྱེད་སློབ་གྲྭ་སོགས་ཀྱིས་འབྲིང་རིམ་ཆེད་གཉེར་གྱི་བསླབ་དེབ་དང་པོ་ནས་བཅུ་གཉིས་བར་དང་། བརྡ་སྤྲོད། ལེགས་སྦྱོར་སྙིང་བསྡུས། སྨྲ་རིག་པ། རྒྱ་བོད་སྐད་གཉིས་ལོ་ཙཱ། ཡིག་གཟུགས་སོགས་ཀྱི་བསླབ་དེབ་མི་ཉུང་བ་རྩོམ་སྒྲིག་གང་ལེགས་བྱས་པས། སི་ཁྲོན་བོད་ཁུལ་གྱི་སྐད་གཉིས་སློབ་ཁྲིད་བདེ་བླག་དང་སྤེལ་བ་དང་བོད་ཁུལ་གྱི་སློབ་གསོ་འཕེལ་རྒྱས་སུ་གཏོང་བར་མཐུན་རྐྱེན་ལེགས་པོ་བསྐྲུན་ཏོ། །

༤. ཀན་སུའུ་དང་ཡུན་ནན་བོད་ཁུལ་གྱི་སྐད་གཉིས་སློབ་གསོའི་གནས་ཚུལ། ཀན་སུའུ་དང་ཡུན་ནན་གྱི་བོད་ཁུལ་ནི་ཀན་སུའུ་ཡི་ཀན་ལྷོ་བོད་རིགས་རང་སྐྱོང་ཁུལ་དང་། དཔའ་རིས་བོད་རིགས་རང་སྐྱོང་རྫོང་། ཡུན་ནན་བདེ་ཆེན་བོད་རིགས་རང་སྐྱོང་ཁུལ་བཅས་སུ་ངེས་ལ། རང་སྐྱོང་ཁུལ་གཉིས་དང་རྫོང་གཅིག་པོ་ནི་བོད་ཁུལ་ཡོངས་ལས་ས་ཁྱོན་ཆེས་ཆུང་ཞིང་མི་གྲངས་ཆེས་ཉུང་བའི་ཁེར་སྡོད་ཀྱི་ཡུལ་གྲུ་ཡིན། ཀན་ལྷོ་བོད་རིགས་རང་སྐྱོང་ཁུལ་ལ་ས་ཁྱོན་སྤྱི་ལེ་གྲུ་བཞི་མ༤.༥དང་མི་གྲངས་ཁྲི་ཚོ༦༨.༠༣ཡོད་པ་ལས་བོད་རིགས་ཀྱི་མི་གྲངས༣༧.༨༥དང་ཁུལ་ཡོངས་ཀྱི་སྤྱིའི་མི་གྲངས་ཀྱི༥༥.༦% ཟིན་པ་དང་། དཔའ་རིས་བོད་རིགས་རང་སྐྱོང་རྫོང་ལ་ས་ཁྱོན་སྨིས་གྲུ་བཞི་མ་ཁྲི༧༡༩.༡དང་མི་གྲངས༢༡༢༡༥༧ཡོད་པ་ལས་གྲངས་ཉུང་མི་རིགས་ཀྱི་མི་གྲངས༨༢༧༠༢དང་རྫོང་ཡོངས་ཀྱི་མི་གྲངས་ལས༣༨.༨༩% ཟིན། རང་སྐྱོང་ས་ཁུལ་འདི་གཉིས་སུ་བོད་རིགས་ལས་གཞན་ད་དུང་རྒྱ་དང་། ཧོར། ཧོས་རིགས། སོག་པོ་སོགས་མི་རིགས༢༩ཡོད་ཅིང་། མི་རིགས་མང་པོ་ཕན་ཚུན་ལ་འབྲེལ་འདྲིས་དམ་ཞིང་འདྲེས་སྡོད་དུ་ཡོད་པས། རྒྱ་སྐད་གཙོས་མི་རིགས་ཀྱི་བརྡ་སྐད་འདྲེས་མར་སྤྱོད་པའི་སྐད་གཉིས་ཀྱི་སྣང་ཚུལ་རྒྱ་ཆེར་གྲུབ། བྱེ་བྲག་བོད་ཁུལ་གྱི་སྐད་གཉིས་སློབ་གསོར་མཚོན་ན། གཙོ་བོ་རྫོང་ཁག་དང་གྲོང་བརྡལ་སོ་སོར་གཏོགས་པའི་སློབ་ཆུང་ལས་གཞན་མི་རིགས་སློབ་འབྲིང་རྣམས་ཏེ་བསང་ཆུ་བོད་རིགས་སློབ་འབྲིང་དང་། འབྲུག་ཆུ་བོད་རིགས་སློབ་འབྲིང་། ཅོ་ནེ་བོད་རིགས་སློབ་འབྲིང་། ཐེ་བོ་བོད་རིགས་སློབ་འབྲིང་། རྨ་ཆུ་བོད་རིགས་སློབ་འབྲིང་། གླུ་ཆུ་བོད་རིགས་སློབ་འབྲིང་། དཔའ་རིས་མི་རིགས་སློབ་འབྲིང་། གཙོས་བོད་རིགས་སློབ་འབྲིང་སོགས་དང་། གཞན་ད་དུང་ཀན་ལྷོ་དགེ་ཐོན་སློབ་གྲྭ ཀན་ལྷོ་ཕྱུགས་

རིགས་གསོ་རིག་སློབ་གྲྭ ཀན་ལྷོ་འབྲོག་བརྟེན་སློབ་གྲྭ ཀན་སུའུ་ཞིང་ཆེན་མི་རིགས་དགེ་ཐོན་སློབ་གླིང་བཅས་ཀྱིས་སྐད་གཉིས་སློབ་ཁྲིད་གཙོ་བོར་སྤེལ་བ་ལ་སློབ་ཁྲིད་ཀྱི་དཔེ་གཞི་གསུམ་ལས་མ་འདས་ཏེ། བོད་ཡིག་གཙོ་ཆེ་བ་ལ་རྒྱ་སྐད་དང་དབྱིན་སྐད་ལས་བསླབ་ཚན་གཞན་རྣམས་བོད་ཡིག་གིས་འཁྲིད་པར་བྱེད་པ་དང་། རྒྱ་སྐད་གཙོ་ཆེ་བ་ལ་བོད་སྐད་དང་དབྱིན་སྐད་ལས་བསླབ་ཚན་གཞན་རྣམས་རྒྱ་ཡིག་རྒྱ་སྐད་ཀྱིས་འཁྲིད་པར་བྱེད་པ་དང་། སློབ་གྲྭ་ཁ་ཅིག་གིས་བསླབ་ཚན་ཁ་ཤས་བོད་སྐད་དང་བསླབ་ཚན་ཁ་ཤས་རྒྱ་སྐད་ཀྱིས་འཁྲིད་པར་བྱེད་པ་བཅས་ལགས། ཡིན་ན་ཡང་བྱེ་བྲག་གི་དངོས་འཇེབས་བྱེད་ལུགས་ལ་ཡུལ་དུས་ཀྱི་གནས་སྐབས་མི་འདྲ་བའི་ཆ་ནས་ཁྱད་པར་མངོན་གསལ་ལྡན་ཏེ། དཔེར་ན་ཁྲི་བོ་རྫོང་ཡོངས་ལ་སྐད་གཉིས་སློབ་ཁྲིད་ཀྱི་སློབ་ཆུང་༧༨དང་། ཆ་ཚང་སློབ་ཆུང་༡༨། ལོ་དགུའི་ལམ་ལུགས་ཀྱི་སློབ་གྲྭ༢། ཆ་ཚང་བོད་རིགས་སློབ་འབྲིང་༡བཅས་ཡོད་པ་ལས་སློབ་ཆུང་༤༡དང་། ཆ་ཚང་སློབ་ཆུང་༡༥། ལོ་དགུའི་ལམ་ལུགས་ཀྱི་སློབ་གྲྭ༢བཅས་ཀྱི་དམའ་འབྲིང་ཡོངས་དང་རྫོང་བོད་རིགས་སློབ་འབྲིང་གི་དམའ་འབྲིང་འཛིན་གྲྭའི་བཞི་ཆའི་གསུམ་ཚང་མས་རྒྱ་སྐད་གཙོ་བའི་དཔེ་གཞི་བདམས་པ་ལས། བོད་སྐད་གཙོ་བའི་དཔེ་གཞི་འདེམ་མཁན་ཤིན་ཏུ་ཉུང་ལ། ཏ་ལམ་སློབ་མའི་ཐོན་ཁུངས་ཉུང་བའི་རྐྱེན་གྱིས་རྫོང་བོད་རིགས་སློབ་འབྲིང་གི་དམའ་འབྲིང་དང་མཐོ་འབྲིང་དུའང་ལོ་རིམ་སོ་སོར་འཛིན་གྲྭ་གཅིག་རེ་ལས་བསྒྲུ་ཐུབ་ཀྱིན་མེད། དེ་ལས་ལྷག་པར་ཙ་ན་རྫོང་བོད་རིགས་སློབ་འབྲིང་ལ་མཚོན་ན། མིག་སྔར་སློབ་མ༡༠༠ལྷག་ཡོད་པ་རྣམས་འཛིན་གྲྭ༢༠དང་། དེའི་ནང་དམའ་འབྲིང་ལ་སློབ་མ༩༣༣དང་འཛིན་གྲྭ༡༠ཡོད་པ་ལས་བོད་ཡིག་གཙོ་བའི་རིགས་ཀྱི་འཛིན་གྲྭ༥དང་སློབ་མ༢༥༠ཡིན་པ་དང་། རྒྱ་ཡིག་གཙོ་བའི་རིགས་ཀྱི་འཛིན་གྲྭ༣དང་སློབ་མ༡༠༧ལས་མེད་ལ། མཐོ་འབྲིང་ལ་བསྡོམས་པས་སློབ་མ༣༩༡དང་འཛིན་གྲྭ༡༠ཡོད་པ་ལས་བོད་ཡིག་གཙོ་བའི་འཛིན་གྲྭ༣ལ་སློབ་མ༨༢དང་། རྒྱ་ཡིག་གཙོ་བའི་རིགས་ཀྱི་འཛིན་གྲྭ༣ལ་སློབ་མ༨༩ཡོད་ཅིང་། གཞན་རྣམས་རྒྱ་ཡིག་གཙོས་དབྱིན་ཡིག་སློབ་སྐོར་ལ་གཏོགས་པའི་སློབ་མ་ཡིན་པས་དཔེ་གཞི་དང་པོ་ག་སྙོགས་སུ་བཟུང་བ་ཅུང་ཟད་བཟང་། སློབ་གྲྭ་ཡོངས་ལ་དགེ་རྒན་དང་ལས་བཟོ་བ༨༠ཡོད་པ་ལས་དགེ་རྒན་རྐྱང་རྐྱང་༨༥དང་། དེ་ལས་བོད་ཡིག་གཙོས་སྐད་གཉིས་སློབ་ཁྲིད་ཀྱི་དགེ་རྒན༣༠ཡོད་པས

དགེ་རྒན་ཡོངས་ཀྱི་སྤྱི་གྲངས་ལས༦༤% ཟིན། དགེ་རྒན༤༥ཁྲིད་དུ་དགེ་རྒན༦༠དངོས་གཞི་དང༢༥ཆེད་སྦྱོང་སློབ་གྲྭ་མཐར་ཕྱིན་ཀྱང་། སློབ་གྲྭ་སྤྱིའི་ཆེད་ལས་ཀྱི་སྒྲིག་གཞི་ལྟར་ན། སྤྱིར་བཏང་གི་ས་རྒྱུས་སྐྱེ་དངོས་དང་། བོད་ཡིག་གི་ཆབ་སྲིད་དང་། བོད་ཡིག་གི་ལོ་རྒྱུས། བོད་ཡིག་གི་ས་རྒྱུས། བོད་ཡིག་གི་སྐྱེ་དངོས་བཅས་ལ་ཆེད་གཉེར་གྱི་དགེ་རྒན་མེད་པར། བོད་ཡིག་གི་དགེ་རྒན་དང་རྩིས་འགྱུར་དགེ་རྒན་གྱིས་དོད་དུ་ཞོར་ཁྲིད་བྱས་པས་ཞན་ཆ་མང་ལ། གཞན་བསླབ་དེབ་དང་སྒྲིག་ཆས་སོགས་ཀྱི་ཆ་རྐྱེན་ཡང་དེ་འདྲ་མི་ལེགས་པས། ཚད་ངེས་ཅན་སྟེང་སྐད་གཉིས་སློབ་ཁྲིད་ཀྱི་ནུས་ཚད་ལ་ཚོད་མི་འདྲ་བའི་ཤུགས་རྐྱེན་ཐེབས་ཀྱིན་ཡོད་དོ། །

ཡུན་ནན་བདེ་ཆེན་གྱི་སྐད་གཉིས་སློབ་གསོ་ལ་མཚོན་ན། བོད་རྒྱ་སྐད་གཉིས་ཀྱི་སློབ་ཁྲིད་མ་ལག་གསར་དུ་ཆགས་ཉུང་ཙམ་དུ་ངེས་ཤིང་འཕེལ་རྒྱས་ཧ་ཅང་དལ་ཏེ། ༡༩༨༠ལོའི་ཟླ༩པར་མི་རིགས་སྐད་ཡིག་གི་སློབ་གསོ་བྱ་བ་བསྐྱར་དར་བྱུང་རྗེས། ༡༩༨༥ལོར་བདེ་ཆེན་དགེ་ཐོན་སློབ་གྲྭ་རུ་བོད་ཡིག་དགེ་ཐོན་གྱི་འཛིན་གྲྭ་བཙུགས་ཀྱང་། རྐྱེན་སྣ་ཚོགས་པའི་དབང་གིས་ལོ་ཕྱི་ལ་སྐབས་གསུམ་ཙམ་དུ་སློབ་མ༡༥༠ལས་སྦྱོང་མ་ཐུབ། དུས་མཚུངས་སུ་རྫོང་སོ་སོར་བཅའ་སྡོད་མི་རིགས་སློབ་ཆུང་བཙུགས་པ་དང་། རྒྱལ་ཐང་དང་བདེ་ཆེན་རྫོང་གཉིས་ཀྱི་མི་རིགས་སློབ་ཆུང་དང་བོད་རིགས་འདུས་སྡོད་ཀྱི་ཆ་ཚང་སློབ་ཆུང་དུ་བོད་རྒྱ་སྐད་གཉིས་བསླབ་ཚན་ཆ་ཚང་དུ་བཀོད། ༡༩༩༦ལོར་བདེ་ཆེན་ཁུལ་བོད་ཡིག་སློབ་འབྲིང་བཙུགས་པ་ནས་བཟུང་། བོད་སྐད་ཡིག་གི་སློབ་ཁྲིད་ཀྱང་སློབ་ཆུང་ནས་དམའ་འབྲིང་དང་དམའ་འབྲིང་ནས་མཐོ་འབྲིང་བར་རྒྱུན་མཐུད་ཐུབ་པར་གྱུར། ༢༠༠༥ལོར་བདེ་ཆེན་ཁུལ་ཡོངས་སུ་བསྡོམས་པས་སློབ་ཆུང༡༢༦ཡོད་པ་ལ་སློབ་མ༣༤༤༨དང་། སློབ་འབྲིང༢༣ཡོད་པ་ལ་སློབ་མ༢༢༧༤༤ཡོད་པ་ལས་བོད་རྒྱ་སྐད་གཉིས་ཀྱི་སློབ་ཁྲིད་སྤེལ་བའི་སློབ་གྲྭ་ཆུང་འབྲིང༢༡ཙམ་ལས་མེད་ཅིང་སྤྱི་གྲངས་ལས༡.༦༤% ཟིན་པ་དང་། སློབ་མ༨༧༠ཙམ་ལས་མེད་ཅིང་སྤྱི་གྲངས་ལས༢.༢༢% ཟིན། ཁུལ་ཆགས་སའི་རྒྱལ་ཐང་རྫོང་ཐོག་ཏུ་རྫོང་མི་རིགས་སློབ་ཆུང་དང་བདེ་ཆེན་ཁུལ་བོད་ཡིག་སློབ་འབྲིང་གཉིས་མ་གཏོགས་བོད་རྒྱ་སྐད་གཉིས་ཀྱི་སློབ་ཁྲིད་སྤེལ་སྟངས་མེད་ལ། ཚུལ་འདི་དག་ལས་སྤྱིར་བདེ་ཆེན་བོད་ཁུལ་དུ་མི་རིགས་རང་གི་ཕ་སྐད་དེ་ཉམས་ཉེས་

སུམ་དོར་བར་བསླབ་ཚན་དུ་བཀོད་ན་ཡང་། སློབ་ཁྲིད་ཀྱི་ཚད་དངོས་རྒྱ་སྐད་ལས་ཉུང་ཞིང་ཤིན་ཏུ་ཞན་དྲགས་པས། སྐད་གཉིས་སློབ་ཁྲིད་ཀྱི་དཔེ་གཞི་དེ་ཡང་རྒྱ་སྐད་གཙོར་གཉེར་བའི་རིགས་སུ་གཏོགས་པ་མངོན་པར་གསལ་ལོ། །

གཉིས། སྐད་གཉིས་སློབ་གསོ་ཁྲིད་ཀྱི་རྩ་བའི་གནད་དོན་སྐོར།

དེ་ཡང་རྒྱལ་ནང་གི་སློབ་གསོ་སྤྱི་དང་བྱེ་བྲག་བོད་ལུགས་རང་སའི་སྐད་གཉིས་སློབ་གསོ་སྤེལ་བའི་ཆོས་ཉིད་དང་སྔོ་ཀུན་ནས་བསྟུན་ཞིང་། གོང་སྨྲོས་བོད་ལུགས་ཀྱི་སྐད་གཉིས་སློབ་གསོ་དངོས་ཀྱི་རྟོག་དཔྱོད་དང་ཉམས་མྱོང་གཞིར་བྱས་ནས། མིག་སྔར་བོད་ལུགས་ཀྱི་སྐད་གཉིས་སློབ་གསོའི་ཁྲིད་གནས་པའི་གནད་དོན་སྐོར་མདོར་ཙམ་བརྗོད་ན།

༡. སྐད་གཉིས་སློབ་ཁྲིད་ཀྱི་ལྟ་སྟངས་གཅིག་གྱུར་མིན་པ། རིག་གནས་སྲོལ་རྒྱུན་ནི་རྒྱལ་ཁབ་ཅིག་དང་མི་རིགས་ཤིག་གི་ལོ་རྒྱུས་རིང་མོའི་ཁྲོད་ཚེ་ཚེ་རབས་རབས་བརྒྱུད་ནས་གྲུབ་ཅིང་ལོ་རྒྱུས་ཀྱི་ཡུན་རིང་བའི་རིག་གནས་ཀྱི་ངོ་བོའམ་རིག་གནས་ཀྱི་དཔེ་གཞི་ཁྱད་པར་ཅན་ཞིག་ཡིན་ལ། འདིས་ཀྱང་ནམ་རྒྱུན་མི་རིགས་ཤིག་གི་སྲོག་སྙིང་རང་མཚན་ཅན་དུ་མཆོན་ནུས་པ་བཞིན་དུ་བོད་ཀྱི་སྲོལ་རྒྱུན་རིག་གནས་ཀྱིས་ཀྱང་བོད་མི་རང་གི་གཤིས་ལུགས་སྤྱོད་སྟངས་དང་སེམས་རྒྱུད་ཀྱི་རིག་གནས་གཏིང་ཟབ་ཏུ་བསྒྱུར་ནུས་ལ། བོད་པ་གང་ཡང་རུང་བའི་འཚོ་བའི་རོལ་སྟངས་དང་། ཡུལ་སྲོལ་གོམས་འདྲིས། རིན་ཐང་གི་ལྟ་བ། དགའ་ཁ་སྒྲོ་ཕྱོགས་སོགས་རྒྱུན་པར་ཡུལ་ཆོས་དང་མཐུན་པར་གཅུན་ནུས། བོད་ལུགས་ཀྱི་རིག་གནས་རྒྱབ་ལྗོངས་གཞིར་བྱས་ནས་བརྟགས་ན། བོད་ལུགས་ཀྱི་སྐད་གཉིས་སློབ་གསོ་ནི་སྤྱི་ཚོགས་ཀྱི་རྒྱུ་རྐྱེན་དང་། སློབ་གྲྭའི་རྒྱུ་རྐྱེན། ཁྱིམ་རྒྱུད་ཀྱི་རྒྱུ་རྐྱེན་སོགས་ལ་དམ་དུ་འབྲེལ་ཞིང་། དེ་དག་སྤྲུགས་མའི་ཆ་ནས་མི་རང་སྒེར་གྱི་སྐད་གཉིས་སློབ་གསོའི་ལྟ་སྟངས་ལ་ཤུགས་རྐྱེན་ཅི་རིགས་སུ་ཐེབས་ཀྱིན་ཡོད། དེ་ལས་སློབ་གྲྭའི་རྒྱུ་རྐྱེན་ནི་གཙོ་བོ་སྐད་གཉིས་ཀྱི་དཔེ་གཞི་དང་སྐད་བརྡའི་ཕོར་ཡུག་ཡིན་པ་དང་། སྤྱི་ཚོགས་ཀྱི་རྒྱུ་རྐྱེན་ནི་གཙོ་བོ་རོང་ས་དང་། འབྲོག་ལུས། རོང་མ་འབྲོག་གི་ས་ཆ། གྲོང་བརྡལ་སོགས་རིག་གནས་ཁོར་ཡུག་མི་འདྲ་བར་ངེས་ལ། འདི་དག་གིས་བྱིས་པའི་སློབ་གསོ་དང་འབྲེལ་བའི་སྐད་བརྡའི་ལྟ་སྟངས་དང་སློབ་སྦྱོང་ལ་ཤུགས་རྐྱེན་ཐེབས་པ་ཞིག

ཡིན། མིག་སྔར་བོད་ཁུལ་གྱི་སྐད་གཉིས་སློབ་ཁྲིད་ལ་ལྟ་སྟངས་མི་འདྲ་བ་གསུམ་ཡོད་དེ། དང་པོ་ནི་རང་སྐད་ལ་དགའ་ཞེན་དང་མཁྲེགས་འཛིན་ཆེ་བའི་ལྟ་སྟངས་ཤིག་སྟེ། འདིའི་རིགས་ནི་ཕལ་ཆེ་བ་མི་རིགས་རང་ལས་གོ་རྟོགས་སད་ཅིང་ཉམས་རྟོགས་ཀྱི་ཡོན་ཏན་ལྡན་པའི་མང་ཚོགས་དང་། ཤེས་ལྡན་མི་སྣ། ལས་བྱེད་པ་རྣམས་ཡིན་ལ། ཕོ་ཆོས་སྐད་དང་ཡི་གེ་ནི་མི་རིགས་རང་གི་བླ་སྲོག་ལྟ་བུར་དགོངས་ཤིང་། དེ་རང་འཛིན་སྐྱོང་སྤེལ་གསུམ་བྱེད་པའི་དོན་གང་ཞིག་རྒྱུན་པར་མི་རིགས་རང་གི་ཆགས་འཇིག་དར་གསུམ་གྱི་ལས་དབང་དང་དཀྲུས་གཅིག་ཏུ་འབྲེལ་ནས་ལྟ་བས། དེང་རབས་སློབ་གསོའི་ཁྲིད་དུ་ཕ་སྐད་ཀྱི་སློབ་གསོ་དང་ཕ་སྐད་ཀྱི་གོ་གནས་གཞན་སྐད་གང་ལས་ཀྱང་མཐོ་རུ་འདེགས་པར་བྱེད་པ་ཡིན། གཉིས་པ་ནི་དེ་ལས་ལྡོག་པར་གཞན་སྐད་ལ་ཕྱོགས་ཞེན་ཆེ་ཞིང་མཐོང་ཆེན་བྱེད་པའི་ལྟ་སྟངས་ཤིག་སྟེ། འདིའི་རིགས་ནི་བཅིངས་འགྲོལ་བྱས་པ་ནས་ད་ལྟའི་བར་ལོ་ངོ་དྲུག་ཅུ་ལྷག་གི་རིང་དང་ཁྱད་པར་དུ་བཅོས་སྒྱུར་སྒོ་འབྱེད་དང་ནུབ་རྒྱུད་གསར་སྤེལ་ཆེན་པོ་བྱེད་པའི་བསམ་བློའི་རླབས་རྒྱུན་ཁྲོད་དུ་ཧང་འཛིན་མི་རིགས་ཀྱི་རིག་གནས་རྒྱབ་ལྗོངས་དང་དེང་རབས་སྤྱིར་བཏང་སློབ་གསོའི་དགོས་མཁོ་སྣ་ཚོགས་ལ་དམིགས་བཙུགས་ནས་རྒྱ་སྐད་དེ་ཕ་སྐད་ལས་ཀྱང་མཁོ་གལ་ཆེ་བའི་གནས་སུ་མཐོར་འདེགས་པ་ཡིན། གསུམ་པ་ནི་བར་སྡོད་ཀྱི་ལྟ་སྟངས་ཤིག་སྟེ། འདིའི་རིགས་ནི་སྐྱ་དམངས་ཕལ་མོ་ཆེར་གོ་རྟོགས་དང་ངོས་ཟིན་གསལ་པོར་ཐོབ་མེད་པ་གཞིར་བྱས། སྤྱི་ཕྱིའི་ལྟ་སྟངས་དག་ལ་རེས་མེད་དུ་ལྟ་ཞིང་སློམ་འཇུག་བྱེད་པ་ལས་མི་སྙེར་གང་ལ་ཚུགས་ཐུབ་ཀྱི་ལྟ་བ་ངེས་གཏན་ཞིག་ཆགས་ཐུབ་མེད་པའི་ལྟ་སྟངས་བར་མ་ཅན་ཞིག་ཡིན། སྤྱི་ཕྱི་བར་གསུམ་གྱི་ལྟ་བ་ཀུན་ལའང་སོ་སོར་རང་སྙིང་གི་རྒྱུ་མཚན་འདྲེན་རྒྱུ་མེད་པ་ཞིག་མིན་ན་ཡང་། ཕྱོགས་འཛིན་གྱི་ལྟ་སྟངས་མི་འདྲ་བས་ཕན་ཚུན་བར་འགལ་རྐྱེན་བཟོ་ཉེན་ཆེ་ཞིང་མི་རིགས་ནང་ཁུལ་གྱི་སྒྲིལ་ཤུགས་ཉམས་ཟད་དུ་བསྐྱལ་ཡང་སྲིད་པ་བཞིན་དུ་སྐད་གཉིས་སློབ་གསོའི་ལས་དོན་ལའང་ངང་ངམ་ཤུགས་ཀྱིས་གནོད་སྐྱོན་ཆེན་པོ་ཐེབས་ཀྱིན་ཡོད་དོ། །

༢. དགེ་རྒན་གྱི་འདུམ་སྒྲིག་མི་སྙོམས་ཤིང་དཔུང་ཁག་ཞན་པ།

དགེ་རྒན་ནི་སློབ་སྦྱོང་ཀྱི་ཆ་རྐྱེན་གལ་ཆེན་ཞིག་ཡིན་ལ། དགེ་རྒན་གྱི་འདུམ་སྒྲིག་ཕོད་མི་སྙོམས་པ་དང་། ཆུ་ཚད་ཞན་པ། མི་གྲངས་མི་འདང་བ་སོགས་ནི་སྐད་གཉིས་སློབ་གསོ

སྤེལ་བའི་འགལ་རྐྱེན་གཙོ་བོ་ཞིག་རེད། མིག་སྔར་བོད་ཁུལ་གྱི་དགེ་རྒན་དཔུང་ཁག་ལ་མཚོན་ན། ཕྱིར་ཕྱོགས་སོ་སོ་ནས་ཡར་སྔོན་ལས་ལྷུབ་འགྱུར་གྱིས་འཕེལ་རྒྱས་དང་ལེགས་བཅོས་ཆེན་པོ་བྱུང་ཡོད་ན་ཡང་། ཤེས་བྱ་སྤྱིའམ་ཆེད་ལས་ཀྱི་སྒྲིག་གཞི་དང་། རྒན་གཞོན་དར་མའི་ལོ་ཚོད་ཀྱི་ཁྱབ་སྟངས། བསླབ་ཚན་སོ་སོའི་དགེ་རྒན་གྱི་འགོད་ལུགས་སོགས་དགེ་རྒན་འདུམ་སྒྲིག་བྱེད་སྟངས་ཁོད་མི་སྙོམས་པ་ནི་རིམ་པ་སོ་སོའི་བོད་རིགས་སློབ་གྲྭ་ཚོགས་ཀྱི་སྐད་གཉིས་སློབ་གསོའི་དགོས་མཁོ་དང་ད་རུང་མི་འཚམ་པར་སྣང་། ང་ཚོས་སློབ་གྲྭ་སྐོར་ཞིག་གི་སྐད་གཉིས་སྤུས་ཚད་སྐོར་གྱི་གནས་ཚུལ་ལ་རྟོག་དཔྱོད་བྱས་པ་ལྟར་ན། དགེ་རྒན་གྱི་སྤྱོད་ལམ་དང་། སེམས་ཤུགས་སྤྲོ་སྣང་། རང་སྐད་ཀྱི་བསམ་གཞིག ཐབས་ཤེས་བློ་སྦྱོང་། ནུས་པ། སེམས་ཁམས་བདེ་ཐང་སོགས་ཀྱི་ཚད་གཞི་མཐོ་ཡང་། ཕྱོགས་བསྡུས་ཀྱི་ཤེས་ཡོན་དང་། ཤེས་བྱའི་སྒྲིག་གཞི། སྐད་གཉིས་བསམ་གཞིག་གི་ནུས་ཚད་སོགས་ལྟོས་བཅས་སུ་དམན་འདུག དེ་བས་ཀྱང་གནད་དོན་ཚབས་ཆེ་བ་ནི་སྐད་གཉིས་དགེ་རྒན་གྱི་སྤུས་ཚད་ཞན་པ་དང་། གྲངས་ཀ་ཉུང་བ། གནས་སྤོར་ཕྱིར་འགྲིམ་བྱེད་པའི་གནས་ཚུལ་མི་ལེགས་པ་ཡིན་ཏེ། དཔེར་ན《བོད་ལྗོངས་ཀྱི་སྤྱི་ཚོགས་དང་སྐད་གཉིས་སློབ་གསོ》ནང་དུ། ༡༩༧༩ལོར་བོད་ལྗོངས་ཡོངས་སུ་སློབ་ཆུང་དུ་ཚད་ལྡན་དགེ་རྒན༩༠% དང་། སློབ་འབྲིང་དུ་ཚད་ལྡན་དགེ་རྒན༦༠%། ཆེད་འབྲིང་དུ་འགན་ལྕོགས་པའི་དགེ་རྒན༥༠% དང་། སློབ་ཆེན་དུ་འགན་ལྕོགས་པའི་དགེ་རྒན༦༠% ཟིན། དགེ་རྒན་གྱི་ལས་གནས་སྤོར་ཞིང་ཕྱི་འགྲིམ་པའི་གནད་དོན་ཡང་ཚབས་ཆེ་སྟེ། ༡༩༧༨ལོ་ནས་བཟུང་སློབ་གྲྭ་ཆེ་འབྲིང་ཆུང་གསུམ་གྱི་དགེ་རྒན༩༠༠༠ལྷག་ལས་གནས་གཞན་དུ་སྤོར། ལོ་རབས་བརྒྱད་ཅུ་བའི་མཇུག་ཏུ་སློབ་ཆུང་གི་ཆེད་གཉེར་དགེ་རྒན་ཁྲིད་དུ་དམའ་འབྲིང་དང་དམའ་འབྲིང་མན་གྱི་བསླབ་གནས་ཅན༣༥༠༢དང་། ཆེད་གཉེར་དགེ་རྒན་གྱི་སྤྱི་གྲངས་ལས༩༧.༥༢% ཟིན་པ་དང་། དགེ་ཐོན་སློབ་གྲྭ་དུ་ཆེད་སྦྱོང་ཐོབ་སྦྱོང་མཁན༢༠% ཡས་མས་ཡིན། མིག་སྔར་ཡང་གཞན་ནས་དགེ་རྒན༡༣༣༢གདན་འདྲེན་ཞུས་ཡོད[47] ཅེས་དང་།《མཚོ་སྔོན་བོད་རྒྱ་སྐད་གཉིས་ཀྱི་སློབ་ཁྲིད་ལ་རྟོག་དཔྱོད་དང་ཞིབ་འཇུག་བྱས་པའི་སྙན་ཞུ》ལས། རྟོག་དཔྱོད་བྱས་པའི་སློབ་གྲྭ་ཆུང་འབྲིང༦༦ནང་དུ་བསྡོམས་པས་ཆེད་གཉེར་དགེ་རྒན༩༧༢ཡོད་པ་ལས་རྗེས་ཚན་གྱི་དགེ་རྒན

༡༥༧དང་རིག་ཚན་གྱི་དགེ་རྒན༣༡༥ཡིན་ལ། དེའི་ནང་བོད་རྒྱ་སྐད་གཉིས་སྤྱད་ནས་རྩིས་ཚན་སྐོར་གྱི་བསླབ་ཚན་ཁྲིད་ཐུབ་པའི་དགེ་རྒན༤༡དང༢༨.༡% ལས་མི་ཐེབ། རྣམ་པ་འདི་དག་ལ་འཕྲལ་མར་སྒྱུར་བཅོས་མ་བྱས་ན། སྐད་གཉིས་སློབ་གསོའི་བཅོས་སྒྱུར་བྱེད་ཕྱོགས་ལ་དཀའ་ཁག་ཆེན་པོ་བཟོ་ཉེན་ཆེ[48] ཞེས་དང་། དེ་བཞིན་དུ་སི་ཁྲོན་དང་། ཀན་སུའུ། ཡུན་ནན་བོད་ཁུལ་གྱི་སྐད་གཉིས་དགེ་རྒན་གྱི་དཔུང་ཁག་ལྟར་ནའང་། བོད་ཡིག་གིས་སྐྱི་དངོས་དང་། རྫས་འགྱུར། དངོས་ལུགས། ཆབ་སྲིད། ལོ་རྒྱུས། ས་རྒྱུས་སོགས་ཁྲིད་ཐུབ་མཁན་གྱི་དགེ་རྒན་ཆེས་དཀོན་ལ། དགེ་རྒན་མང་ཤོས་ནི་འབྲིང་རིམ་ཆེད་སྦྱོང་སློབ་གྲྭ་མཐར་ཕྱིན་པ་ལས་ཆེད་སྦྱོང་སློབ་གྲྭ་ཆེན་མོ་མཐར་ཕྱིན་མཁན་ཆེས་ཉུང་ཀྱང་ཚོད་དུ་འདུག་པས་ཚད་ཞན་པ་དང་། གཞན་དགེ་རྒན་གྱི་ཐོབ་ཐང་དམའ་བ་སོགས་རྒྱུ་རྐྱེན་སྣ་ཚོགས་པའི་རྐྱེན་གྱིས་འགའ་ཞིག་སློབ་ཁྲིད་ཀྱི་ལས་གནས་སྤོར་ཏེ་སྲིད་ཕྱོགས་སུ་འགྲིམ་པ་མང་ལ། གནས་ཚུལ་འདི་དག་གིས་རྒྱུན་པར་སྐད་གཉིས་སློབ་གསོའི་ཐུས་ཚད་མཐོར་འདེགས་པ་ལ་ཤུགས་རྐྱེན་མི་ལེགས་པ་ཐེབས་ཀྱིན་ཡོད་པས། སྐད་གཉིས་དགེ་རྒན་གྱི་དཔུང་ཁག་དེ་ཡང་ཆེད་ལས་ཀྱི་འདུམ་སྒྲིག་སྐྱོམ་ཞིང་སྟོང་ཆ་མེད་ལ་ཐུས་ཚད་མཐོ་བའི་རྣམ་པ་གསར་བ་ཞིག་ཏུ་བསྒྱུར་རྒྱུ་ནི་བོད་ཁུལ་གྱི་སློབ་གསོའི་ལས་གཞི་གལ་ཆེན་ཞིག་རེད་དོ། །

༣. བསླབ་དེབ་ཀྱི་ཐུས་ཚད་ཞན་ཞིང་ཚད་སྐྱོན་ཚབས་ཆེ་བ། བོད་ཁུལ་གྱི་སྐད་གཉིས་སློབ་གསོའི་ལག་ལེན་ཁྲོད་དུ་བསླབ་དེབ་ཀྱི་ཐུས་ཚད་ཞན་པ་དང་ཚད་སྐྱོན་ཚབས་ཆེ་བའི་ཞན་ཆའང་མི་ཉུང་བ་ལྡན་ཏེ། འདིར་ཕྱོགས་བཞི་ནས་མདོར་ཙམ་སྨྲས་ན།

(༡) རྩོམ་སྒྲིག་བྱས་པའི་རྒྱ་ཡིག་བསླབ་དེབ་ཀྱི་ནང་དོན་ཁ་ཤས་བོད་རིགས་སློབ་མའི་འཚོ་བ་དངོས་དང་མི་འཚམ་པ་སྟེ། བསླབ་དེབ་ཀྱི་ཤེས་བྱ་ནི་བསླབ་དེབ་རྩོམ་སྒྲིག་གི་རྩ་བའི་རིགས་ལམ་དང་། མངོན་སུམ་གྱི་རྒྱུ་ཆ། དངོས་སྤྱོད་ཀྱི་རྒྱུ་ཆ་བཅས་དཀྱུས་གཅིག་ཏུ་སྦྲགས་ནས་གྲུབ་པ་ཡིན་ལ། མངོན་སུམ་གྱི་རྒྱུ་ཆ་ནི་གཏན་ཚིགས་ཀྱི་ངེས་དོན་ལྟར་ཤེས་བྱ་གསར་བ་རྣམས་དོན་སྤྱིར་རྟོག་པ་དང་མིང་སྤྱིར་རྟོག་པ་མཚོན་ནུས་པའི་དཔེ་རིས་དང་། བརྡ་རྟགས། མིང་ངམ་ཚིག་དུམ་ཇི་སྙེད་ལ་བརྟེན་ནས་སློབ་མའི་བློ

ངོར་གཟུགས་ཅན་བཞིན་དུ་སྒྱུར་ནུས་ཤིང་ཤེས་བྱ་གང་ཞིག་ཤེས་འདོད་ཀྱི་དང་བ་ཅིག་ཅར་དུ་འདྲེན་ནུས་པ་ཞིག་ཡིན་ལ། རྒྱུ་ཆ་འདི་དག་གི་ཁུངས་ནི་བོད་རིགས་བྱིས་པ་རྣམས་འདྲིས་ཆེ་བའི་རིག་གནས་ཀྱི་ཁོར་ཡུག་སྟེ་བོད་རིགས་ཀྱི་འཚོ་བ་དངོས་ལས་མ་འདས་ཀྱང་། རྒྱ་ཡུལ་གྱི་འཚོ་བའི་གོམས་སྲོལ་ལྟར་སྒྱུར་ན་བོད་རིགས་སློབ་མས་གོ་གསེད་གནང་དཀའ་སྟེ། དཔེར་ན་རྒྱ་ཡིག་ཏུ"一担谷子合几斗" ཞེས་པ་ལས"玛尼堆上，敬献哈达或插上经幡，以求保佑" ཞེས་པ་བོད་རིགས་སློབ་མས་ཅིག་ཅར་དུ་རྟོགས་ནུས་པ་བཞིན་ལགས། དེ་བཞིན་དུ་བསླབ་དེབ་ཡོངས་ཀྱི་སྤྱི་ཁོག་དང་ནང་གསེས་ཀྱི་ནང་དོན་ག་འདྲ་ཞིག་འདེམ་སྒྲིག་བྱེད་པ་རྣམས་ཀྱང་སློབ་མའི་སེམས་ཁམས་ཀྱི་ཁྱད་ཆོས་དང་། ཤེས་རྟོགས་ཀྱི་ནུས་པ། དངོས་སྤྱོད་ཀྱི་ཕན་ནུས་སོགས་ལ་གཞི་རྐང་བཙུགས་ནས་མི་རིགས་རིག་གནས་ཀྱི་ཉིང་བཅུད་ལྡན་པའི་མངོན་སུམ་གྱི་རྒྱུ་ཆ་དང་དངོས་སྤྱོད་ཀྱི་རྒྱུ་ཆ་ཕུན་སུམ་ཚོགས་སུ་གཏོང་རྒྱུ་གལ་ཆེ་བར་སེམས་སོ། །

(༢) བོད་སྐད་ཡིག་གི་བསླབ་དེབ་ཀྱི་ནང་དོན་ལ་ལྟད་སྐྱོན་མང་བར་གྲགས་ཏེ། རྟོག་དཔྱོད་བྱས་པ་ལྟར་ན། སྐད་ཡིག་ཚད་ལྡན་གྱི་ཁྲིད་གཞི་ནང་དུ་ཡུལ་སྐད་གང་རུང་གི་ལྟད་བསྲེས་པ་དང་། རྩོམ་པ་པོ་ཚད་ལྡན་མིན་པའི་དེང་རྩོམ་གྱི་ལྟད་བསྲེས་པ། རྒྱ་ཡིག་གི་བསྒྱུར་རྩོམ་མང་དྲག་པའི་སྐད་བསྲེས་པ་སོགས་སློབ་འབྲིང་གི་བོད་ཡིག་དགེ་རྒན་རྣམས་པའི་ངག་རྒྱུན་དུ་རྣོང་ལྟར་གྲགས་ཤོམ་ཆེའོ། །

(༣) རྩིས་ཚན་སྐོར་གྱི་བོད་ཡིག་བསླབ་དེབ་ཀྱི་བརྡ་ཆད་གཅིག་གྱུར་མིན་ཞིང་འགྱུར་སྐྱོན་མང་བར་མཐོང་སྟེ། རྟོག་དཔྱོད་བྱས་པ་ལྟར་ན། བསླབ་གཞི་གསར་རྙིང་བར་དང་། རིག་ཚན་སོ་སོའི་བསླབ་དེབ་ཕན་ཚུན་བར། རིག་གཞུང་གཅིག་གི་བསླབ་དེབ་སྔ་ཕྱི་བར། རིག་གཞུང་གཅིག་གི་ཁྲིད་གཞི་དང་། ཟུར་ལྟའི་རྒྱུ་ཆ། སྦྱོང་དེབ་བམ་སྦྱོང་གཞིའི་ལྟན་ཐབས་བར་ཆེད་སྤྱོད་ཀྱི་བརྡ་ཆད་གཅིག་གྱུར་མིན་པ་དང་། སློབ་གྲྭ་ཆུང་འབྲིང་གི་རྩིས་རིག་གི་བསླབ་དེབ་ཁ་ཤས་སུ་འགྱུར་ཡིག་ནོར་འདུག་པའམ་མ་ཡིག་དང་བསྟུན་མེད་པ་དང་། བསླབ་དེབ་ཁ་ཤས་འགྱུར་ཡིག་ལ་ཞུ་དག་ནན་དུ་མ་ཐོན་པས་འབྲུལ་སྐྱོན་མང་བ། བསླབ་དེབ་འགའ་ཞིག་འགྱུར་ཡིག་ལ་བརྡ་དོན་གྱི་བཙན་ཤུགས་ཆེ་ཞིང་རྟོགས་དཀའ་བ་སོགས་ཀྱིས་ཐད་ཀར་སློབ་གྲྭ་ཆུང་འབྲིང་གི་སྐད་གཉིས་སློབ་མའི་སློབ་

རིམ་འཕར་ཚད་དང་སློབ་ཁྲིད་ཀྱི་ཕྲུས་ཚད་མཐོར་འདེགས་པ་ལ་འགལ་རྐྱེན་བཟོས་ཡོད་དོ། །

(༤) གཞན་ཡང་བོད་ཡིག་གིས་ཁྲིད་རྒྱུད་པའི་བསླབ་བྱ་ཁ་ཤས་ལ་བོད་ཡིག་གི་བསླབ་དེབ་དང་འབྲེལ་ཡོད་ཀྱི་རྒྱུ་ཆ་ཚད་ལྡན་སྒྲིག་སྒྱུར་བྱས་མེད་དེ། དཔེར་ན་མཛེས་རྩལ་དང་། རོལ་དབྱངས། ལས་རིགས་སློབ་གྲྭའི་རྨང་གཞིའི་ཤེས་བྱ་སྐོར་གྱི་བསླབ་དེབ་སྣ་ཚོགས་དང་། གཞན་རྩིས་ཚན་དང་རིག་ཚན་ཁག་ཅིག་གི་སྦྱང་གཞིའི་ལྷན་ཐབས་སོགས་ཆ་ཚང་དུ་བསྒྲིགས་མེད་ལ། འགའ་ཞིག་རང་ས་ནས་ཐོར་རེ་བར་བསྒྲིགས་ཡོད་ཀྱང་ཚད་ལྡན་མ་ཡིན་པས་ཐད་ཀར་སློབ་ཁྲིད་ལ་གནོད་སྐྱོན་ཆེན་པོ་ཐེབས་ཀྱིན་འདུག་གོ།

༤. སྐད་གཉིས་ཀྱི་འདེམ་སྒྱུར་ལུགས་མཐུན་དང་གཏན་འཇགས་མིན་པ། སློབ་ཁྲིད་ཀྱི་སྐད་བརྡ་ནི་སློབ་གསོའི་བརྒྱུད་རིམ་ཁྲོད་དུ་ཤེས་བྱའམ་ཡོན་ཏན་ཇི་སྙེད་ཅིག་བརྒྱུད་སྒྲིག་གནང་བྱེད་ཀྱི་བརྡ་ཐབས་གལ་ཆེན་ཞིག་ཡིན་ལ། དེ་རང་འོས་འཚམ་གྱིས་འདེམ་སྒྱུར་བྱེད་ཐུབ་མིན་ནི་མི་རིགས་སློབ་གསོའི་སྐད་གཉིས་སློབ་ཁྲིད་ཀྱི་ཕྲུས་ཚད་མཐོར་འདེགས་བྱེད་ཐུབ་མིན་ལ་འབྲེལ་བ་དམ་པོ་ཡོད། མིག་སྔར་བོད་ལྗོངས་ཀྱི་སློབ་གྲྭ་ཁྱོན་འབྲིང་ལྟར་ན། ཡུལ་དུས་ཀྱི་རྒྱུ་རྐྱེན་མི་འདྲ་བ་དང་སློབ་གྲྭའི་མཐུན་རྐྱེན་སྣ་ཚོགས་ཏེ་དགེ་རྒན་གྱི་ཆ་རྐྱེན་དང་། སློབ་མའི་གནས་ཚུལ། བསླབ་གཞི་ཡི་ནང་དོན་བཅས་མི་འདྲ་བའི་ཆ་ནས་སློབ་ཁྲིད་ཀྱི་སྐད་བརྡའི་སྤྱོད་སྟངས་ཀྱང་སྣ་ཚོགས་སུ་སྣང་ལ། ལྷག་པར་སྐད་གཉིས་སོ་སོའི་འདེམ་སྤྱོད་ཀྱི་དུས་ཚད་དང་། བར་བརྒྱལ་གྱི་བརྒྱུད་རིམ། སྐད་གཉིས་བར་གྱི་བསྒྱུར་ཚད། སྐད་གཉིས་ཕན་ཚུན་བར་གྱི་འཕྲེད་གཞུང་གི་འབྲེལ་རྒྱུན་སྤེལ་སྟངས་སོགས་ལ་བོད་ལྗོངས་ཀྱི་གནས་བབ་དངོས་ལ་འཚམ་ཞིང་ཚན་རིག་དང་མཐུན་པའི་ཚད་གཞི་ངེས་ཅན་ཞིག་མེད་དེ། དཔེར་ན་བོད་རང་སྐྱོང་ལྗོངས་ཀྱི་སྐད་གཉིས་སློབ་གསོའི་འཕེལ་འགྱུར་ལ་མཚོན་ན། ༡༩༥༩ ལོའི་སྔོན་དུ་བོད་སྐད་ཡིག་སློབ་གསོར་མཐོང་ཆེན་ཐོབ་ཀྱང་། དམངས་གཙོ་བཅོས་སྒྱུར་དང་སྒྲོས་སུ་རིག་གནས་གསར་བརྗེ་སྐབས་ཙམ་ནས་མི་རིགས་ཀྱི་སྐད་ཡིག་སློབ་གསོར་གོད་ཆག་ཆེན་པོ་བྱུང་། ལོ་རབས་༨༠ བའི་མཇུག་ནས་བཟུང་། བོད་ལྗོངས་ཀྱི་སློབ་གསོ་སྤྱི་དང་བྱེ་བྲག་པ་སྐད་གཅོས་སྐད་གཉིས་སློབ་གསོར་རྨང་གཞི་བརྟན་པོ་ཞིག་ཚུགས་ཐུབ་པར་གྱུར་ན་ཡང་། ལོ་རབས

༩༠བའི་མཐུག་ཙམ་ནས་ཡང་བསྐྱར་སྲིད་ཇུས་དང་སྤྱི་ཚོགས་སྟེང་རྒྱ་སྐད་གཙོར་གཉེར་བ་ཤུགས་དྲག་སྟབས། ༡༩༩༨ལོར་ལྗོངས་ཡོངས་སུ་དམའ་འབྲིང་འཛིན་གྲྭ༥༢༣དང་མཐོ་འབྲིང་འཛིན་གྲྭ༧༣ཡོད་པ་ལས་བོད་ཡིག་འཛིན་གྲྭས་རིམ་པར༡༨% དང༡༣% ཙམ་ལས་ཟིན་ཐུབ་མེད་པ་དང་། དེང་གི་ཆར་ཡང་བོད་ལྗོངས་ཀྱི་ཕྱོགས་སོ་སོའི་འཕེལ་འགྱུར་སྣ་ཚོགས་པའི་རྒྱུ་རྐྱེན་ལས་ཕ་སྐད་རིག་གནས་ཀྱི་ཁོར་ཡུག་ཉམས་དམས་སུ་འགྱུར་བཞིན་ཡོད་པ་དང་། ཉེ་སྔོན་མཚོ་སྔོན་དུའང《མཚོ་སྔོན་ཞིང་ཆེན་གྱི་དུས་ཡུན་རིང་བའམ་བར་སྐབས་ཙམ་གྱི་སློབ་གསོ་བཅོས་སྒྱུར་དང་འཕེལ་རྒྱས་སུ་གཏོང་བའི་འཆར་འགོད་ཀྱི་རྩ་གནད》ནང་དུ། མི་རིགས་ཀྱི་ཁེ་དབང་དང་རིག་གནས་ཐོབ་ཐང་ལ་འགན་སྲུང་མེད་པའི་སྒོ་ནས་ཕ་སྐད་སློབ་གསོ་རིམ་པར་ཉམས་གནས་སུ་འགོད་པའི་འཆར་གཞི་བཏོན་པ་སོགས་ལས་མི་རིགས་སློབ་གསོའི་སྐད་གཉིས་ལམ་ལུགས་དེ་བོད་ཁུལ་གྱི་རིག་གནས་རྒྱབ་ལྗོངས་དང་དམངས་ཀྱི་ཁྲིས་ཁ་མཐུན་ཕྱོགས་ལ་འཚོལ་ཞིབ་མེད་པར་གང་འདོད་དུ་སྤེལ་བའམ་ཡུལ་དུས་ཀྱི་གནས་སྐབས་ལ་བསྟུན་ཅི་ཐུབ་བྱེད་པའི་སྐྱོན་ཆེས་ཆེར་ལྡན་པ་མངོན་པར་རྟོགས་ནུས། དེ་བཞིན་དུ་སློབ་གྲྭ་སོ་སོའི་ནང་ཁུལ་གྱི་སྐད་བརྡའི་སྤྱོད་སྟངས་ལྟར་ནའང་། རྒྱལ་ཁབ་ཕྱི་ནང་གི་སློབ་གསོའི་འཕེལ་ཕྱོགས་དང་། མི་རིགས་རང་གི་རིག་གནས་ཀྱི་ཆགས་འཇིག་དང་འཕེལ་རྒྱས་ཀྱི་མདུན་ལམ་སོགས་ལ་ཕྱོགས་ཡོངས་སུ་དམིགས་ནས་སློབ་ཁྲིད་ཀྱི་སྐད་བརྡའི་སྤྱོད་སྟངས་ལ་ཡུན་རིང་བའི་འཆར་འགོད་བྱེད་སྟངས་ཤིག་མེད་པར། གནས་སྐབས་ཀྱི་ཆ་རྐྱེན་དང་དཀའ་ཁག་ཙམ་ལ་བསམས་ནས་གང་འདོད་དུ་འདེམ་སྤྱོད་བྱེད་པ་མང་སྟེ། དཔེར་ན་རྩ་ལྷོ་ཁུལ་ཐོག་ཏུ་ཁུལ་བོད་ཡིག་སློབ་འབྲིང་དང་རྫོང་མི་རིགས་སློབ་འབྲིང་གཉིས་ཡོད་པ་ཕན་ཚུན་བར་ས་སྤྱི་ལེ་གཉིས་ལས་མེད་ཅིང་སློབ་མའི་ཐོན་ཁུངས་ཀྱང་གཅིག་འདྲ་ཡིན་ཡང་། མཐོ་འབྲིང་གི་དུས་སུ་སྔ་མས་བོད་ཡིག་ལས་བསླབ་ཚན་གཞན་རྣམས་རྒྱ་ཡིག་གིས་ཁྲིད་པ་དང་། ཕྱི་མས་རྒྱ་ཡིག་ལས་བསླབ་བྱ་གཞན་རྣམས་བོད་ཡིག་གིས་ཁྲིད་པར་བྱས་ལ། སྔ་མའི་སྤེལ་སྟངས་དེ་ཡང་སློབ་མའི་སློབ་རིམ་འཕར་ཚད་དང་ལས་ཞུགས་ཀྱི་གནད་དོན་བཅས་ལ་རག་ལས་པའམ་ཡང་ན་དགེ་རྒན་དང་བསླབ་དེབ་ཀྱི་ཆ་རྐྱེན་སོགས་ལ་འབྲེལ་བ་ཡོད་སྲིད་མོད། དོན་དུ་ཁུལ་ཡོངས་ཀྱི་མི་རིགས་སློབ་ཆུང་དང་དམའ་འབྲིང་ཕལ་ཆེ་བ་ཏུ་ཕ་སྐད་ཀྱི་སློབ་ཁྲིད་གཙོར་སྤེལ་བ་ལས

ལྡོག་པར་སྣང་ཞིང་། ཕ་སྐད་སློབ་ཁྲིད་ཀྱི་སྔ་ཕྱིའི་རྒྱུན་མཐུད་ཀྱི་འབྲེལ་བ་བཅད་དེ་བཙན་ཐབས་ཀྱིས་སློབ་ཁྲིད་ཀྱི་སྐད་བརྡ་གཞན་དུ་སྒྱུར་བ་རང་ལུགས་པས། སློབ་མའི་སྒྲུང་འབྲས་སོགས་ལ་གནོད་སྐྱོན་ཆེན་པོ་ཐེབས་ཀྱིན་ཡོད། དོན་འདི་རིགས་ཡུལ་ཕྱོགས་འདི་ཡོན་ཙམ་དུ་མ་ངེས་པར་དཀར་མཛེས་དང་། ཛ་བ། ཀན་ལྷོ་སོགས་བོད་ལྗོངས་ཀྱི་སློབ་གྲྭ་ཆེ་འབྲིང་ཆུང་གསུམ་ཕལ་ཆེ་བར་བཙོས་མིན་དུ་སྣང་བས་ན་འཕྲུལ་མར་ཡོ་བསྒྲང་བྱ་དགོས་པའི་དོན་དག་འགངས་ཆེན་ཞིག་ཡིན་པར་སེམས་སོ། །

༥. སྐད་གཉིས་སློབ་གསོའི་མ་ལག་ཚད་ལྡན་དང་འཐུས་ཚང་དུ་གྲུབ་མེད་པ། མིག་སྔར་བོད་ལྗོངས་ཀྱི་སྐད་གཉིས་སློབ་གསོའི་མ་ལག་ལ་སྤྱིར་བཏང་དུ་སློབ་ཆུང་དང་། དམའ་འབྲིང་། མཐོ་འབྲིང་། ཆེད་སྦྱོང་སློབ་གྲྭ་ཆེ་འབྲིང་། མཐོ་རིམ་སློབ་གྲྭ་ཆེན་མོ་བཅས་རིམ་ཅན་དུ་གྲུབ་ཡོད་ཀྱང་། བྱེ་བྲག་ཏུ་སློབ་སྦྱོང་གི་ཆ་རྐྱེན་མི་ལེགས་པ་དང་། སློབ་མའི་ཞུགས་ཚད་དམན་པ། དཔེ་གཞི་གཏན་འཇགས་མིན་པ། སྒྲུས་ཚད་ཞན་པ་བཅས་ལས་སྐད་གཉིས་སློབ་གསོའི་མ་ལག་ཚད་ལྡན་དུ་གྲུབ་མེད་པ་རྟོགས་ནུས་ལ། སྔོས་སུ་སློབ་ཆུང་རྫོན་གྱི་བྱིས་པའི་ཕ་སྐད་ཀྱི་སློབ་གསོ་དང་གཞན་སྐད（རྒྱ་སྐད་དང་དབྱིན་སྐད）ཀྱི་སློབ་གསོ་སྤེལ་སྟངས་དང་། ལས་རིགས་སློབ་གྲྭའི་སྐད་གཉིས་སློབ་གསོ། ཡིག་རྗོངས་གཙང་སེལ་གྱི་སློབ་གསོ་སོགས་བོད་ལྗོངས་དུ་ཁྱབ་གདལ་བྱས་པ་ཞན་པ་སོགས་ལས་ཀྱང་བོད་ལྗོངས་ཀྱི་སྐད་གཉིས་སློབ་གསོ་འཐུས་ཚང་དུ་གྲུབ་མེད་པ་རྟོགས་སླ་ཕྱིར། འདི་ཕྱོགས་སུའང་ཕྱིས་འབྱུང་ཀུན་ནས་བརྩོན་སེམས་བསྐྱེད་ནས་ཤུགས་སྣོན་གང་ལེགས་བརྒྱབ་ན། བོད་ལྗོངས་ཀྱི་སྐད་གཉིས་སློབ་གསོའི་མ་ལག་ཆ་ཚང་ཞིང་ཚད་ལྡན་དུ་འགྱུར་ངེས་པ་གདོན་མི་ཟའོ། །

གསུམ་པ། སྐད་གཉིས་སློབ་གསོའི་ཆང་གཞིའི་འཛུགས་སྐྲུན་སྐོར།

གོང་སྨྲོས་བོད་ལྗོངས་ཀྱི་སྐད་གཉིས་སློབ་གསོའི་ རྩ་བའི་གནད་དོན་དང་ལག་ལེན་ཁྲིད་ཀྱི་ཞན་ཆ་མི་ཉུང་བ་དེ་དག་ལ་དམིགས་གཏད་ན། སྐད་གཉིས་སློབ་གསོ་ཐད་ཀྱི་ཆང་གཞིའི་འཛུགས་སྐྲུན་ནི་གཙོ་བོ་སློབ་སྦྲུབ་ཀྱི་སེམས་ཤུགས་གཅིག་སྒྱུར་བྱེད་པ་དང་། སློབ་

སྒྲུབ་ཀྱི་ཆ་རྐྱེན་ཇེ་ལེགས་སུ་གཏོང་བ། སློབ་དཔྱོད་དོ་དམ་གྱི་བྱ་བར་ཤུགས་སྣོན་རྒྱག་པ་བཅས་ཕྱོགས་གསུམ་དུ་ངེས་ཏེ།

གཅིག སློབ་སྒྲུབ་ཀྱི་སེམས་ཤུགས་གཅིག་སྒྱུར་བྱེད་པ།

སྤྱིར་བོད་ཡུལ་འཕེལ་རྒྱས་སུ་གཏོང་རྒྱུ་ནི་ནུབ་རྒྱུད་གསར་སྤེལ་ཆེན་མོའི་ལས་གཞི་གལ་ཆེན་དང་དམིགས་འབེན་གཙོ་བོ་ཞིག་ཡིན་ལ། བོད་ཡུལ་འཕེལ་རྒྱས་སུ་འགྲོ་ཐུབ་མིན་ནི་བོད་ཡུལ་གྱི་སློབ་གསོའི་དར་རྒྱས་ལ་རག་ལས་ཤིང་། བོད་ཡུལ་གྱི་སློབ་གསོ་དར་རྒྱས་སུ་འགྲོ་ཐུབ་མིན་ནི་ཐོག་མར་སློབ་གསོ་མི་སྣའི་བསམ་བློ་གོ་རྟོགས་དང་སློབ་སྒྲུབ་ཀྱི་སེམས་ཤུགས་གཅིག་གྱུར་ཡིན་མིན་ལ་རག་ལས། མིག་སྔར་བོད་ཡུལ་གྱི་སློབ་གསོ་མི་སྣ་ལྟར་ན། ཕོ་མོའི་སེམས་ཤུགས་ནི་ཕྱོགས་སྣ་ཚོགས་སུ་གྱེས་འདུག་སྟེ། འགའ་ཞིག་གིས་བོད་སྐད་ཡིག་ནི་དེང་རབས་ཆ་འཕྲིན་གྱི་ཤོང་ཚད་ཆུང་ཞིང་སྤྱོད་སྒོ་དོག་ལ། ཕ་སྐད་རིག་གནས་ཀྱི་སློབ་གསོ་ནི་མཁོ་མེད་དུ་དམིགས་ནས་མཐའ་གཅིག་ཏུ་རྒྱ་སྐད་ཀྱི་སློབ་གསོའི་བྱེད་སྟངས་ལ་རེ་བཞག་ཆེན་པོ་བཅངས་ཡོད་པ་དང་། འགའ་ཞིག་གིས་བོད་པའི་ཕ་སྐད་རིག་གནས་ཀྱི་སློབ་གསོ་ནི་བོད་མི་རིགས་འགྲུབ་བྱེད་རིག་གནས་ཀྱི་སྣང་ཚུལ་ཁྱད་པར་བ་དང་། མི་རིགས་རང་གི་ཆགས་འཇིག་དར་གསུམ་ལ་ཐོག་མཐའ་བར་གསུམ་དུ་འབྲེལ་བའི་བླ་སྲོག་ལྟ་བུར་དགོངས་ནས་གཞན་སྐད་ཀྱི་སློབ་གསོ་མཐའ་གཅིག་ཏུ་འདོར་བར་བྱེད་པ་དང་། ཡང་འགའ་ཞིག་ནས་ཕ་སྐད་དང་རྒྱ་སྐད་གཉིས་ཀྱི་སློབ་གསོ་གཉིས་འགྲོས་སུ་སྤེལ་བ་ལ་གཙོ་ཕལ་གྱི་ཁྱད་པར་འབྱེད་པར་བྱེད་དེ། ཕ་སྐད་ཀྱི་སློབ་གསོ་གཙོར་བཟུང་བའི་ཞར་ལ་རྒྱ་སྐད་ཀྱི་སློབ་གསོ་འདོར་མི་རུང་བ་དང་། རྒྱ་སྐད་ཀྱི་སློབ་གསོ་གཙོར་བཟུང་བའི་ཞར་ལ་ཕ་སྐད་ཀྱི་སློབ་གསོའང་སྤེལ་དགོས་པར་འདོད་པ་དང་། ཡང་འགའ་ཞིག་ནས་དེ་གཉིས་ལ་གཙོ་ཕལ་གྱི་ཁྱད་པར་མེད་པར་རིས་མེད་དུ་སྤེལ་དགོས་པར་སེམས་པ་སོགས་ལྟ་བ་སྣ་ཚོགས་ཤིག་བརྗོད་པ་ལས་བོད་ཡུལ་གྱི་སློབ་གསོ་མི་སྣའི་སེམས་ཤུགས་དེ་ཡང་རྫོག་རྫ་གཅིག་སྒྲིལ་དུ་མི་སྣང་ཞིང་དོན་དངོས་སྟེང་དུ་ཆེར་གཞོལ་ཐུབ་མེད་པར་སློབ་གསོ་སྤྱིའི་སྤེལ་སྟངས་ཙམ་དང་བྱེ་བྲག་སྐད་གཉིས་སློབ་གསོའི་དཔེ་གཞི་འཚོལ་ཞིབ་ཙམ་དུ་འཁོར་འཁོར་བྱེད་པ་འདིས་ཀྱང་དོན་དུ་མི་རྣམས་བློ་རྩེ་གཉིས་འགལ་དང་ཐེ་ཚོམ་གྱི་དྲ་

རྒྱུར་བཟུང་པ་ལས། བོད་ལྗོངས་ཀྱི་སློབ་གསོ་འཕེལ་རྒྱས་ལ་སྐྱུལ་འདེད་ཀྱི་ནུས་པ་ཆེར་ཐོན་ཐུབ་མེད་དོ། །

དོན་དུ་མི་རིགས་ཤིག་འཕེལ་རྒྱས་སུ་འགྲོ་དགོས་ན། མི་རིགས་ཀྱི་རིག་གནས་སློབ་གསོ་དར་རྒྱས་སུ་གཏོང་དགོས་ལ། མི་རིགས་ཀྱི་རིག་གནས་སློབ་གསོ་དར་སྤེལ་དུ་གཏོང་དགོས་ན། མི་རིགས་རང་གི་སྐད་ཡིག་རིག་གནས་ཀྱི་ཁོར་ཡུག་འཛུགས་སྐྲུན་དང་ཕ་སྐད་ཀྱི་རིག་གནས་སློབ་གསོ་རྒྱ་ཆེར་སྤེལ་དགོས། ཡིན་ན་ཡང་རྒྱ་སྐད་དང་བསྡུར་ན། གྲངས་ཉུང་མི་རིགས་ཀྱི་སྐད་བརྡ་ཡོངས་དང་ལྷག་པར་བོད་སྐད་རང་ལ་འཕྲུལ་མར་དེང་རབས་ཚན་རིག་དང་དཔལ་འབྱོར་འཕྲིན་གསར་ཡོངས་སུ་བསྡུ་རུབ་བྱེད་པའི་ནུས་ཚད་དམའ་ཞིང་ཁྱབ་རྒྱ་ཆུང་བ་དང་། ཆ་འཕྲིན་མི་སྣའི་ཟིན་གྲངས་ཉུང་ཞིང་སྤྱོད་སྒོ་དོག་པ་སོགས་ཀྱི་ཞན་ཆ་མངོན་གསལ་དུ་ལྡན་ལ། རྒྱ་སྐད་ལ་དེ་ལས་ལྡོག་པའི་སྤྱི་ཚོགས་ཀྱི་ཁྱབ་རྒྱ་ཆེ་ཞིང་འགན་ནུས་ཁྱད་པར་བ་ལྡན་པས། ཕ་སྐད་སློབ་གསོའི་ཞན་ཆ་སྐོང་ཐབས་སུ་རྒྱ་སྐད་སོགས་གཞན་སྐད་ཀྱི་སློབ་གསོ་དེ་ཡང་རིས་མེད་དུ་སྤེལ་དགོས་པར་སེམས། དེ་ལྟ་ནའང་མཐའ་གཅིག་ཏུ་གཞན་སྐད་ཀྱི་སློབ་གསོ་འབའ་ཞིག་ལ་བརྟེན་ནས་རང་སྐད་དོར་བའམ། ཡང་ན་རང་སྐད་ཀྱི་སློབ་གསོ་འབའ་ཞིག་ལ་དམིགས་ནས་གཞན་སྐད་དོར་བ་ནི་གང་ཡང་སྐད་གཉིས་སློབ་གསོ་མ་ཡིན་ལ། ཡང་གཅིག་ན་མ་སྐད་གང་ལ་སྤྱོད་སྒོ་དོག་པའི་ཞན་ཆ་ལྡན་པ་དེ་ཡང་སྐད་བརྡ་རང་སྟེང་གི་སྐྱོན་ཞིག་མ་ཡིན་པར་སྤྱོད་མཁན་མི་རིགས་རང་གི་སྐྱོན་ཆེ་ལ་ཕྱི་རྐྱེན་གྱི་གེགས་སྣ་ཚོགས་ཐེབས་པ་ཡིན་ཞིང་། གནད་དེ་དག་ཀྱང་མཐར་གཏུགས་ན་མི་རིགས་རང་སྟེང་གི་སྟོབས་ཤུགས་དང་ཕ་སྐད་ཀྱི་རིག་གནས་ཁོར་ཡུག་འཛུགས་སྐྲུན་བྱེད་པའི་ཐབས་ལམ་ཞིག་ལ་རག་ལས་ཕྱིར། ང་ཚོས་ཀྱང་གཅིག་ནས་དེང་རབས་བོད་ལྗོངས་སྤྱི་ཚོགས་ཀྱི་འཕེལ་འགྱུར་དང་བསྟུན་ནས་ཕ་སྐད་སློབ་གསོ་རང་སྟེང་གི་འཕེལ་འགྱུར་ཆོས་ཉིད་ལ་ཤེས་རྟོགས་དང་གདེང་ཚོད་ཡོད་པར་བྱེད་པ་དང་། གཉིས་ནས་སྤྱི་ཚོགས་རིག་གནས་ཀྱི་རྒྱུ་རྐྱེན་སྣ་ཚོགས་པ་དང་རྒྱལ་ཁབ་ཀྱི་སྲིད་དོན་ཁྲིམས་སྲོལ་གྱིས་བསྐྱལ་བའི་རང་དབང་སོགས་སྤྱི་ཚོགས་ཀྱི་ཆ་རྐྱེན་གང་ལེགས་བརྩོན་ལེན་དང་ཅི་ནུས་ཀྱིས་བེད་སྤྱོད་པ། གསུམ་ནས་མི་རིགས་རང་གི་རང་བཙེ་རང་བཀུར་དང་། ངར་སེམས་གཅིག་སྒྲིལ། སྤོབས་པ་ཉམས་མེད། མ་བསླུལ་རང་རྟོགས་བཅས་ཀྱི་སྲོལ་བཟང་

རྒྱུན་འགྲོངས་སློས་པ་སྐད་ཀྱི་སློབ་གསོ་གཞིར་བྱས་སྐད་གཉིས་སློབ་གསོའི་བྱ་གཞག་དོན་ཐོག་ཏུ་འགྲོངས་བར་བྱེད་པ་ནི་བོད་ལུལ་གྱི་སློབ་གསོ་མི་སྣ་ཡོངས་ཀྱིས་སེམས་ཤུགས་གཅིག་སྒྱུར་དང་ནོག་རྩ་གཅིག་སྒྲིལ་བྱེད་རིགས་པའི་གནད་ཅིག་ཡིན་པར་འདོད་དོ། །

གཉིས། སློབ་སྦྱབ་ཀྱི་ཆ་རྐྱེན་ཇེ་ལེགས་སུ་གཏོང་བ།

འདིར་བོད་ལུལ་གྱི་སྐད་གཉིས་སློབ་གསོའི་ཆ་རྐྱེན་ཇེ་ལེགས་སུ་གཏོང་བ་ལ་བྱེ་བྲག་ཏུ་དགེ་རྒན་དཔུང་ཁག་གི་འཛུགས་སྐྲུན་དང་། བསླབ་གཞིའི་འཛུགས་སྐྲུན། སློབ་ཁྲིད་སྒྲིག་ཆས་ཀྱི་བཀོད་སྒྲིག་བཅས་ཕྱོགས་གསུམ་ལ་ཤུགས་སྣོན་རྒྱག་དགོས་ཏེ།

༡. བོད་ལུལ་གྱི་སྐད་གཉིས་དགེ་རྒན་གྱི་དཔུང་ཁག་འཛུགས་སྐྲུན་ལ་ཤུགས་སྣོན་རྒྱག་དགོས་ན། གཙོ་བོ་དགེ་རྒན་གྱི་གྲངས་ཚད་ཁག་ཐེག་དང་། འདུམ་སྒྲིག་ཁོད་སྙོམ་པ། སྤུས་ཚད་མཐོར་འདེགས་པ། ལས་གནས་གཏན་འཇགས་སུ་འགོད་པར་ཤུགས་སྣོན་རྒྱག་དགོས་པས། འདིར་བྱེ་བྲག་གི་ཐབས་ལམ་ཙམ་མདོར་བསྡུས་སུ་བསྟན་ན།

(༡) སྐད་བརྡ་གཉིས་སྦྱོད་ཀྱི་ནུས་པ་དང་ཚུ་ཚད་ལྡན་རྒྱུ་ནི་སྐད་གཉིས་དགེ་རྒན་གྱི་རྩ་བའི་ཆ་རྐྱེན་ཡིན་སྟབས། སྲིད་གཞུང་གིས་འཆར་གཞི་ཡོད་པ་དང་། གོ་རིམ་ལྡན་པ། དངུལ་ཤུགས་ཆེར་འདོན་གྱི་སྒོ་ནས་བོད་ལུལ་དུ་སྐད་གཉིས་དགེ་རྒན་ཚད་ལྡན་སྐྱེད་སྲིང་བྱེད་པ་ལ་ཐོག་མར་བོད་ཡིག་དང་དབྱིན་ཡིག་གཙོ་གཉེར་བྱེད་པའི་དགེ་རྒན་རྣམས་ཀྱིས་བརྡ་སྐད་སོ་སོའི་ཆེད་ལས་ཀྱི་རྒྱུགས་ཚད་དངོས་གཞི་སློབ་མའི་ཡན་ལེན་པ་དང་། རྒྱ་སྐད་གཙོ་གཉེར་བྱེད་པའི་དགེ་རྒན་གྱིས་དངོས་གཞིའི་ཆེད་ལས་ལས་གཞན་སྤྱི་སྐད་དང་བོད་སྐད་ཡིག་གི་རྒྱུགས་ཚད་ངེས་ཅན་ལོང་བར་བླང་བྱ་འདོན་དགོས་ལ། གཞན་པའི་རྩིས་ཚན་དང་རིག་ཚན་དུ་གཏོགས་པའི་བསླབ་ཚན་སོ་སོར་མཐོ་རིམ་ཆེད་སྦྱོང་སློབ་གྲྭའི་ཆེད་གཉེར་གྱི་བསླབ་གནས་ལྡན་ཞིང་བོད་རྒྱ་སྐད་གཉིས་ཀྱི་བརྡ་ལ་འབྲེལ་ཆ་ཡོད་པའི་དགེ་རྒན་མི་ཉུང་བར་སྐྱེད་སྲིང་བྱས་ཏེ། ཚད་གཞི་ལོང་བ་རྣམས་ལ་ཚད་ལྡན་དགེ་རྒན་གྱི་འཛིན་ཡིག་དང་། ཚད་གཞི་མི་ལོང་བ་རྣམས་ལ་བསྐྱར་སྦྱང་ཟབ་སྦྱོང་གི་གོ་སྐབས་གནང་སྟེ་དགེ་རྒན་གྱི་དཔུང་ཁག་སྤྱིའི་སྤུས་ཚད་མཐོར་འདེགས་པའི་ཐབས་ལ་བརྩོན་པར་བྱའོ། །

（༢） དགེ་འོན་སློབ་གྲྭ་ཆེན་མོས་བོད་ཀྱི་སྐད་ཡིག་ལ་བརྟེན་ནས་ཆབ་སྲིད་དང་། ལོ་རྒྱུས། ས་རྒྱུས། སྐྱེ་དངོས། རྫས་འགྱུར། ལག་རྩལ། རོལ་དབྱངས། མཛེས་རྩལ་སོགས་བོད་ལུགས་དུ་འཕྲུལ་མར་མཁོ་ཆེ་བའི་དགེ་རྒན་འཕྲུས་ཚང་དུ་སྐྱེད་སྲིང་བྱས་ཏེ། བོད་ལུགས་ཀྱི་སློབ་གྲྭ་ཆུང་འབྲིང་དང་སློས་སུ་མཐོ་རིམ་སློབ་འབྲིང་གི་དགེ་རྒན་གྱི་དཀའ་ཁག་སེལ་བ་དང་། སློབ་གྲྭ་སོ་སོ་ནས་སྐབས་བསྟུན་གྱིས་དགེ་རྒན་གྱི་འདུམ་སྒྲིག་ཁོད་སྙོམ་པར་བྱེད་པའོ། །

（༣） དུས་ཡུན་ཐུང་བའི་དགེ་རྒན་གྱི་ཟབ་སྦྱོང་འཛིན་གྲྭ་བསྒྲུབ་པ་དང་། ཆེད་མཁས་པའི་འཆད་ཁྲིད་དང་སྐན་ཞུ་སྤེལ་བ། སློབ་ཁྲིད་རྟོག་དཔྱོད། སློབ་གྲྭའམ་དགེ་རྒན་པན་ཚུན་བར་ཉམས་མྱོང་བརྗེ་རེས་ཀྱི་བྱ་འགུལ་སོགས་སྤེལ་ནས་ཁྲོན་ཡོངས་ནས་སྐད་གཉིས་དགེ་རྒན་གྱི་སྤུས་ཚད་མཐོར་འདེགས་པའོ། །

（༤） སྐད་གཉིས་དགེ་རྒན་གྱི་བརྩོན་སེམས་གཟེངས་སུ་འདེགས་པའི་སྲིད་ཇུས་དང་། ལས་རིགས་ཀྱི་ཐོབ་གནས་ལེགས་འགོད། ཐུལ་བྱུང་མི་སྣ་འདེམ་འགོད། དངུལ་ཐོགས་འཕར་སྣོན་སོགས་ཀྱི་ལམ་སྲོལ་ལེགས་པར་སྤེལ་བའམ་འཚོ་བའི་མཐུན་རྐྱེན་དང་བྱ་བའི་ཆ་རྐྱེན་བཅས་ཇི་ལེགས་སུ་བསྒྱུར་ནས་དགེ་རྒན་གྱི་དཔུང་ཁག་གཏན་འཛུགས་སུ་འགོད་པའོ། །

༢. སྐད་གཉིས་ཀྱི་བསླབ་གཞིའམ་དཔེ་དེབ་སྣ་ཚོགས་སྒྱུར་སྒྲིག་གི་བྱ་བར་ཤུགས་སྣོན་རྒྱག་རྒྱུའང་སྐད་གཉིས་སློབ་གསོ་ལེགས་པར་སྤེལ་བའི་སྔོན་འགྲོའི་ཆ་རྐྱེན་གལ་ཆེན་ཞིག་ཡིན་ཏེ། ཡར་སྔོན་བོད་རང་སྐྱོང་ལྗོངས་གཙོས་མཚོ་སྔོན་དང་། སི་ཁྲོན། ཡུན་ནན། ཀན་སུའུ་བཅས་བོད་ལུགས་ཀྱི་སློབ་གྲྭ་ཆུང་འབྲིང་རྣམས་ཀྱི་བསླབ་ཚན་སོ་སོའི་སྐད་གཉིས་བསླབ་དེབ་མཉམ་སྤེལ་སློས་གཅིག་གྱུར་དང་སྤུས་ལེགས་སུ་འགོད་ཆེད། ༡༩༨༢ལོའི་ཟླ༣པར་མཚོ་སྔོན་ཞིང་ཆེན་གྱིས་འགོ་ཁྲིད་ནས་ལྗོངས་དང་ཞིང་ཆེན་ལྔའི་བོད་ཡིག་བསླབ་དེབ་མཉམ་སྒྲུབ་ཀྱི་འགོ་ཁྲིད་ཚན་ཆུང་བཙུགས་པ་དང་། ༡༩༨༥ལོའི་ཟླ༩པར་རྒྱལ་ཡོངས་ཀྱི་སློབ་གྲྭ་ཆུང་འབྲིང་གི་བསླབ་དེབ་ཞུ་བཤེར་ཨུ་ཡོན་ལྷན་ཚོགས་གྲས་སུ་བོད་ཡིག་བསླབ་དེབ་ཞུ་བཤེར་ཨུ་ཡོན་ལྷན་ཚོགས་ཡན་གར་དུ་བཙུགས། ༡༩༨༨ལོའི་བར་སྔ་ཕྱིར་ཐེངས་བདུན་ལ་བོད་ཡིག་བསླབ་དེབ་མཉམ་སྒྲུབ་ཀྱི་ཚོགས་འདུ་བསྡུས་པ་

དང་། བསླབ་དེབ་ཞུ་བཤེར་གྱི་ཚོགས་འདུ་ཐེངས་གསུམ་བསྡུས་ནས། སློབ་གྲྭ་ཆུང་འབྲིང་གི་བསླབ་ཚན་སོ་སོའི་བསླབ་དེབ་དང་། སློབ་ཁྲིད་རྩ་གནད། ཟུར་ལྟའི་དཔྱད་གཞི་སོགས་རིགས་༢༢༢སྒྱུར་སྒྲིག་དང་པར་སྐྲུན་བྱས་ཤིང་ཡིག་གྲངས་ཁྲི་ཚོ༡༥༥༢ཙམ་སོན། གཞན་སློབ་འབྲིང་དགེ་རྒན་གྱི་སེམས་ཁམས་རིག་པ་དང་སློབ་གསོ་རིག་པ་གཉིས་སྒྱུར་སྐྲུན་དང་སློབ་ཆུང་གི་བོད་ཡིག་བསླབ་དེབ་རིགས་༥དེབ་གྲངས་༡༨༢བཅས་ལེགས་འགྲུབ་བྱུང་བ་མ་ཟད། 《རྒྱལ་ཡོངས་སློབ་གྲྭ་ཆུང་འབྲིང་གི་བསླབ་དེབ་ཞུ་བཤེར་ཨུ་ཡོན་ལྷན་ཚོགས་བོད་ཡིག་བསླབ་དེབ་ཞུ་བཤེར་ཨུ་ཡོན་ལྷན་ཚོགས་ཀྱི་སྒྲིག་ཡིག》 སོགས་བཟོས། ༢༠༠༧ལོའི་ཟླ༣པའི་བར་དུ་རང་རྒྱལ་གྱིས་བསྒོམས་པས་བོད་ཡིག་གི་བསླབ་དེབ་རིགས་༢༢༢༩ (དེབ) དང་ཡིག་གྲངས་དུང་ཕྱུར་༢.༥༨ཏུ་སོན་ཞིང་། དེའི་ནང་༢༠༠༩ལོར་བསླབ་ཚན་གསར་བའི་བཅོས་སྒྱུར་ལག་བསྟར་བྱས་པ་ནས་རིག་ཚན་གསར་བའི་བསླབ་དེབ་༢༢ལ་དེབ་༢༥༥དང་ཡིག་གྲངས་ཏ་ལམ་ཁྲི་ཚོ༢༨༠༠ལོང་བར་སྒྱུར་སྒྲིག་བྱས་པས། བོད་ཁུལ་གྱི་སྐད་གཉིས་སློབ་གསོ་སྤེལ་བར་རྨང་གཞིའི་ཆ་རྐྱེན་ལེགས་པོར་བསྐྲུན། ཡིན་ན་ཡང་ཐོར་འདས་བོད་ཁུལ་གྱི་སྐད་གཉིས་བསླབ་དེབ་སྒྱུར་སྒྲིག་གི་བྱ་བར་མཐོང་ཆེན་ཆེར་མ་ཐོབ་ཅིང་སྒྱུར་སྒྲིག་མི་སྣའི་དཔུང་ཁག་ཞན་ལ་འགན་འཁྲི་ལྕི་བའི་རྐྱེན་གྱིས་བསླབ་དེབ་ཀྱི་ནང་དོན་དང་། བརྡ་ཆད། རྣམ་པའི་སྒྲིག་སྟངས་སོགས་ལ་སྐྱོན་ཆ་མང་ཞིང་ཕྱུས་ཚད་ཞན་པ་དང་། བསྟུད་མུར་ཡང་དུས་རིམ་མི་འདྲ་བའི་ལོ་དགུའི་འོས་འགན་སློབ་གསོའི་སྐད་གཉིས་བསླབ་དེབ་སྒྱུར་སྒྲིག་བྱེད་པའི་འཆར་གཞི་ལྟར་ན། སློབ་གྲྭ་ཆུང་འབྲིང་ཀུན་ལ་བསྒོམས་པས་བོད་ཡིག་དང་། རྒྱ་ཡིག རྩིས་རིག དབྱིན་ཡིག ལོ་རྒྱུས། ས་རྒྱུས། བསམ་བློ་ཀུན་སྤྱོད། རང་བྱུང་རྒྱུན་ཤེས། སྲོག་ཆགས། སྐྱེ་དངོས། དངོས་ལུགས། རྫས་འགྱུར། འཕྲོད་བསྟེན། ཆབ་སྲིད། སྐྱེ་ཁམས། རོལ་དབྱངས། མཛེས་རྩལ། ངལ་རྩོལ་ལག་རྩལ། ཆ་འཕྲིན་ལག་རྩལ། སྤྱི་སྤྱོད་ལག་རྩལ། ལུས་རྩལ་བཅས་བསླབ་དེབ་ཉི་ཤུ་ལྷག་དང་། གཞན་འབྲེལ་ཡོད་ཀྱི་སློབ་ཁྲིད་རྩ་གནད། ཟུར་ལྟའི་དཔྱད་གཞི། སྒྲུང་གཞིའི་ལྷན་ཐབས་སོགས་རང་སྟེང་ནས་རྩོམ་སྒྲིག་བྱེད་པའམ་ཡང་ན་ལོ་ཙཱ་དང་རྩོམ་སྒྲིག་ཕྱགས་མར་སྤེལ་བ་དང་། ཡང་ན་རྩིས་ཚན་སོགས་མཐའ་གཅིག་ཏུ་ཡིག་སྒྱུར་ཁོན་ལ་བརྟེན་དགོས་ཅན་བསླབ་དེབ་སྒྱུར་སྒྲིག་གི་རིག་གཞུང་

མང་ཞིང་ནང་དོན་ཟབ་ལ་འགན་འཁྲི་ལྗི་བས། གཅིག་ན་སྲིད་གཞུང་གིས་སྐད་གཉིས་སློབ་གསོའི་བསླབ་དེབ་འཛུགས་སྐྲུན་ཐད་མ་དངུལ་ཆེན་པོ་བཏང་ནས་བསླབ་དེབ་སྒྱུར་སྒྲིག་བྱ་བའི་མཐུན་རྐྱེན་ལེགས་པར་གཏོང་དགོས་པ་དང་། གཉིས་ནས་ཐབས་ལམ་གང་རུང་སྒོས་བསླབ་དེབ་སྒྱུར་སྒྲིག་མི་སྣའི་སྤུས་ཚད་མཐོར་འདེགས་དང་གྲངས་ཚད་ཇེ་མང་དུ་བཏང་ནས་སྒྱུར་སྒྲིག་མི་སྣའི་དཔུང་ཤུགས་བསྐྱེད་དགོས་པ་དང་། གསུམ་ནས་བསླབ་དེབ་རྩོམ་སྒྲིག་དང་སྒྱུར་སྒྲིག་གི་བྱ་བར་ཞིབ་དཔྱོད་དང་བསླབ་དེབ་ཞིབ་བཤེར་གྱི་བྱ་བ་འཐུས་ཚང་དང་དམ་ཚགས་སུ་སྤེལ་ནས་བསླབ་དེབ་ཀྱི་སྤུས་ཚད་ལ་ཁག་ཐེག་འབྱུང་དགོས། བསླབ་དེབ་རྩོམ་སྒྲིག་གི་རྩ་དོན་ལྟར་ན་ཡང་བསླབ་དེབ་འཛུགས་སྐྲུན་གྱི་སྙིང་པོ་ནི་སྤུས་ཚད་ལ་ཁག་ཐེག་འབྱུང་རྒྱུ་རང་ལུགས་ལ། སྐད་གཉིས་བསླབ་དེབ་ཀྱི་སྤུས་ཚད་དེ་ཡང་གཙོ་བོ་བསླབ་དེབ་ཀྱི་བསམ་བློ་རང་བཞིན་དང་། ཚན་རིག་རང་བཞིན། ལག་ལེན་རང་བཞིན། མི་རིགས་རང་བཞིན། ས་གནས་རང་བཞིན་བཅས་ཕྱོགས་ལྷ་ནས་མཚོན་དགོས་ཕྱིར། ང་ཚོས་བསླབ་གཞི་འཛུགས་སྐྲུན་བྱ་བའི་ཐོག་མཐའ་བར་གསུམ་དུ་གནད་དེ་དག་ཚད་གཞིར་འཛིན་པ་དང་ཆབས་ཅིག མི་རིགས་རང་གི་རིག་གནས་སྲོལ་རྒྱུན་ཕུལ་དུ་ཕྱུང་བ་དར་སྤེལ་དང་དེང་རབས་ཚན་རིག་རིག་གནས་གསར་བ་སྤྱད་ལེན་བྱེད་པའི་འབྲེལ་བ་ལེགས་པར་སྤེལ་བའི་རྩ་དོན་རྒྱུན་འཁྱོངས་བྱས་ན། ད་གཟོད་བོད་ཁུལ་གྱི་སྐད་གཉིས་སློབ་གསོའི་བསླབ་དེབ་འཛུགས་སྐྲུན་ལ་དགེ་མཚན་རྨ་མེད་པ་ཐོན་ནུས་སོ། །

༣. སློབ་ཁྲིད་སྒྲིག་ཆས་ཀྱི་བཀོད་སྒྲིག་ཇེ་ལེགས་སུ་གཏོང་རྒྱུའང་དེང་རབས་བོད་ཁུལ་གྱི་སྐད་གཉིས་སློབ་གསོའི་རྨང་གཞིའི་འཛུགས་སྐྲུན་ཐད་ཤུགས་སྣོན་བྱ་དགོས་པའི་བྱ་བ་གལ་ཆེན་ཞིག་ཡིན་ཏེ། མིག་སྔར་བོད་ཁུལ་གྱི་སློབ་གྲྭ་ཆུང་འབྲིང་ཕལ་ཆེ་བ་དང་སྒོས་སུ་གྲོང་སྡེའི་སློབ་གྲྭ་མང་ཤོས་ནི་འགྲིམ་འགྲུལ་སྟབས་མི་བདེ་ཞིང་། སློབ་གྲྭའི་ཆ་རྐྱེན་ཞན་ལ། ཆ་འཕྲིན་སྒྲོག་སྤྱད་ཀྱི་གེགས་ཚད་ཆེ་བ། སློབ་གསོ་མི་སྣའི་བསམ་བློ་འདུ་ཤེས་ལ་རྙིང་ཞེན་ཆེ་བ་སོགས་ཀྱི་དབང་གིས་སློབ་ཁྲིད་སྒྲིག་ཆས་སྐོར་ལ་ལེགས་བཅོས་དང་གསར་སྣོན་ཆེས་ཆེར་འབྱུང་ཐུབ་མེད་པར་སྔར་བཞིན་བསླབ་དེབ་དང་། སྨྱ་སམ། ས་སྨྱུག་ཙམ་ལས་ཁྲིད་ཆས་གཞན་སྤྱོད་རྒྱུ་མེད་པར་མ་ཟད། ད་དུང་སློབ་ཁྲིད་ལ་རམ་འདེགས་ཀྱི་ཕན་ནུས་ཆེ་བའི་སློབ་གསེང་ལྟ་ཀློག་གི་རྒྱུ་ཆས་སོགས་ཅི་ཡང་མེད་པས། འདིས་ཀྱང་ཐད་ཀར་གཞི་

རིམ་སློབ་མའི་ལྷ་རྒྱ་དང་ཐོས་རྒྱ་བསྐྱེད་པར་ཤུགས་རྐྱེན་མི་ལེགས་པ་ཐེབས་ཀྱིན་ཡོད། དེང་དུས་སུ་སློབ་ཁྲིད་ཀྱི་སྒྲིག་ཆས་ལ་གློག་ཀླད་དང་། ཚོད་ལྟའི་དཔྱད་ཆས། ཟུར་ལྟའི་ཡིག་ཚགས་སྣ་ཚོགས་ལས་གཞན་ད་དུང་དྲ་ངོས་སློབ་གསོ་ཡི་རྒྱུ་ཆའི་ཐོན་ཁུངས་ཕུན་སུམ་ཚོགས་ལ། གློག་ཆས་སློབ་ཁྲིད་ཀྱི་རྒྱུ་ཆ་འོད་སྡེར་སོགས་ཀྱང་ཕྱུས་ཚད་མི་དམན་པ་སྣང་བས་ཀུན་ནས་འཕྲུལ་སྒྲུབ་ཀྱིས་སློབ་མར་སློབ་སྦྱོང་གི་ཁོར་ཡུག་ལེགས་པར་བསྐྲུན་ཆོག དེ་ལྟ་ནའང་མིག་སྔར་སློབ་གྲྭ་ཆུང་འབྲིང་དག་གི་བསླབ་གཞི་ལ་ཕ་སྐད་གཙོར་བྱས་ཤིང་བསླབ་གཞི་དངོས་ཀྱི་དགོངས་དོན་དང་མཐུན་པའི་གློག་ཆས་སམ་སློབ་ཁྲིད་ཀྱི་རྒྱུ་ཆ་མེད་པ་དང་། བསླབ་གཞི་དངོས་མ་ཡིན་ཡང་སློབ་མར་མཁོ་ཆེ་བའི་རྒྱང་གཞི་ཤེས་བྱ་སྐོར་གྱི་སྨིན་བྱེད་སྒྲིག་ཆས་ཕྱུས་ལེགས་ཤིན་ཏུ་ཉུང་བས། འདི་རྣམས་ཀྱང་བསླབ་དེབ་དངོས་ཀྱི་འཛུགས་སྐྲུན་དང་གཉིས་སུ་མེད་པར་མ་ལག་དཀྱུས་གཅིག་ཏུ་སྦྲེལ་ཞིང་མཐོང་ཆེན་གང་ལེགས་མཛད་དེ། མེད་པ་རྣམས་ཡོད་པ་དང་ཡོད་པ་རྣམས་སྔར་བས་འཕྱུས་ཚང་དང་ཕྱུས་ལེགས་སུ་སྤེལ་ནས་སྐད་གཉིས་སློབ་ཁྲིད་ལ་གནོགས་འདེགས་ཀྱི་ནུས་པ་འདོན་པར་ཤུགས་སྣོན་བྱ་དགོས་སོ། །

གསུམ། སློབ་དཔྱོད་ངོ་དམ་གྱི་བྱ་བར་ཤུགས་སྣོན་རྒྱག་པ།

སྐད་གཉིས་སློབ་གསོ་ནི་མི་རིགས་དང་། རིག་གནས། སྐད་བརྡ། སློབ་གསོ་སོགས་ཀྱི་ཁྱབ་ཁོངས་སོ་སོར་འབྲེལ་ཞིང་། གཞུང་ལུགས་དང་ལག་ལེན་དཀྱུས་གཅིག་ཏུ་སྒྲིགས་པ་དང་། རང་གཞན་གྱི་རིག་གནས་མཉམ་དུ་འབྲེལ་བའི་སྣ་འཛོམས་ཀྱི་སློབ་གསོའི་བྱ་འགུལ་ཞིག་ཡིན་ལ། འདིའི་བརྒྱུད་རིམ་ཁྲོད་དུ་བསྟུད་མུར་ཞིབ་འཇུག་དང་བདག་གཉེར་ངོ་དམ་བྱ་བར་ཤུགས་སྣོན་དགོས་པའི་དོན་དག་མི་ཉུང་བ་སྣང་ཕྱིར། སློབ་དཔྱོད་ངོ་དམ་གྱི་བྱ་བར་ཤུགས་སྣོན་རྒྱག་རྒྱུའང་བོད་ལྗོངས་ཀྱི་སྐད་གཉིས་སློབ་གསོའི་རྨང་གཞི་འཛུགས་སྐྲུན་གལ་ཆེན་ཞིག་ཡིན་པར་སེམས་ཤིང་། འདིར་ཕྱོགས་དུ་མ་ནས་མདོར་ཙམ་སྤྲོས་ན།

༡. སྐད་གཉིས་སློབ་གསོའི་གཞུང་ལུགས་ཀྱི་ཞིབ་འཇུག་དང་སྐད་གཉིས་སློབ་ཁྲིད་ཀྱི་ཚོད་ལྟའི་ཞིབ་འཇུག་ལ་ཤུགས་སྣོན་རྒྱག་དགོས་ཏེ། བོད་ལྗོངས་ཀྱི་སྐད་གཉིས་སློབ

གསོ་ནི་སྔར་འདས་མི་རིགས་ཀྱི་ལོ་རྒྱུས་དང་ད་ལྟའི་སྤྱི་ཚོགས་ཀྱི་ཁོར་ཡུག་དང་འབྲེལ་ནས་བྱུང་ཞིང་། མི་རིགས་ཤིག་གི་ཆབ་སྲིད་དཔལ་འབྱོར་དང་སེམས་ཁམས་རིག་གནས་སོགས་བདག་རྐྱེན་སྣ་ཚོགས་ལས་གྲུབ་པའི་སློབ་གསོའི་སྣང་ཚུལ་ཁྱད་པར་བ་ཞིག་ཡིན་ལ། དེ་ལ་ནང་ལུགས་དུ་ཐུན་མོང་མ་ཡིན་པའི་འཕེལ་འགྱུར་གྱི་ཆོས་ཉིད་ངེས་ཅན་ཞིག་ལྡན་ཕྱིར། ང་ཚོས་ལག་ལེན་དང་ཚོད་ལྟའི་ཉམས་མྱོང་ཁྲོད་དུ་དེ་ལ་གདེང་ཚོད་རྟེན་ཅིང་ངེས་ཤེས་འདྲོང་པ་དང་ཆབས་ཅིག སྐད་གཉིས་སློབ་གསོའི་གཞུང་ལུགས་ཐད་ཡོངས་གྲུབ་ཀྱི་ལྟ་བ་ལེགས་པོ་ཞིག་འདོན་དགོས་ཀྱི། དེ་ལྟར་མ་ཡིན་ཙ་ན། སློབ་གསོ་ལས་གཞི་གང་ལ་ཕམ་ཉེས་ཀྱི་ཕྱོང་གུད་ཀྱང་རྒྱ་ཆེན་པོ་འབྱུང་ཉེན་ཆེ་ལ། ལྷག་པར་སྐད་གཉིས་སློབ་ཁྲིད་ཀྱི་ལག་ལེན་དངོས་ལས་ཀྱང་མི་རིགས་ཀྱི་རིག་གནས་དང་སྐད་བརྡ་བར་གྱི་འབྲེལ་བ་དང་། ཕ་སྐད་དང་སྐད་བརྡ་གཉིས་པ་བར་གྱི་གཙོ་ཕལ། སྤྱི་ཚོགས་རིག་གནས་ཀྱི་འཕོ་འགྱུར་དང་སློབ་གསོ། སྐད་གཉིས་སོ་སོའི་ནང་ལུགས་ཀྱི་ཆོས་ཉིད་དང་ཕན་ཚུན་བར་གྱི་མཚུངས་ཆོས། མི་རིགས་ཀྱི་རིག་གནས་སྲོལ་རྒྱུན་ནམ་སེམས་ཁམས་དང་སྐད་གཉིས་སློབ་ཁྲིད་ཀྱི་སྲིལ་སྟངས། སྐད་གཉིས་ཞིབ་བསྡུར་གྱི་སློབ་ཁྲིད། བསམ་གཞིག་དང་བརྡ་རྟགས་ཀྱི་བརྗེ་སྤོར། སྐད་གཉིས་སློབ་ཁྲིད་ཀྱི་འགལ་རྐྱེན་སེལ་ཐབས། སྐད་གཉིས་སམ་སྐད་མང་གི་བསླབ་གཞི་སྒྲིག་སྟངས་དང་། སློབ་ཁྲིད་སྤེལ་ཐབས། བསླབ་ཚན་གྱི་འགོད་སྟངས། རྒྱུན་མཐུད་ཀྱི་འབྲེལ་བ་ཐག་གཅོད་ཚུལ་སོགས་དཔྱད་གཞི་མང་པོ་ཡོད་པ་དང་། ཉེ་བའི་ལོ་འགའི་རིང་ལའང་སློབ་གྲྭ་ཀུན་ཏུ་དབྱིན་སྐད་སོགས་སྐད་མང་སློབ་ཁྲིད་ཀྱི་སྦྱོད་སྒོ་རྒྱ་ཆེར་དར་བའི་བརྒྱུད་རིམ་ཁྲོད་དུ་བོད་རིགས་སློབ་མའི་སེམས་ཁམས་དང་། རིག་སྒོ་གྲོལ་སྟངས། མི་གཤིས། སློབ་སྲོལ། སྤྱང་བྱའི་འགན་འཁྲི་སོགས་ཕྱོགས་མང་པོར་ཤུགས་རྐྱེན་སྣ་ཚོགས་ཐེབས་ཀྱིན་ཡོད་པ་དང་། སྟབས་ཉེས་ན་གནད་འདི་དག་ལ་གདེང་ཚོད་མ་ཐོབ་པ་ལས་དངོས་བརྒྱུད་གང་རུང་གིས་བོད་ལུགས་ཀྱི་སྐད་གཉིས་སློབ་གསོར་ཤུགས་རྐྱེན་ཅི་རིགས་ཐེབས་ཀྱང་སྲིད་པས། ང་ཚོས་ཀྱང་འདི་རྣམས་སྐད་གཉིས་སློབ་གསོའི་ལག་ལེན་གྱི་གནད་དང་། རྩང་གཞིའི་འཛུགས་སྐྲུན། སྔོན་འགྲོའི་ལས་གཞི་ཞིག་ཏུ་བརྩིས་ནས་ཞིབ་དཔྱོད་གང་ལེགས་གནང་ཞིང་དཔྱད་འབྲས་མི་དམན་པ་ཐོབ་པར་ཤུགས་སྣོན་རྒྱག་དགོས་པར་སེམས་སོ། །

༢. སྐད་གཉིས་སློབ་གསོའི་བདག་གཉེར་དོ་དམ་བྱ་བར་ཤུགས་སྣོན་རྒྱག་དགོས་ཏེ། སྐད་གཉིས་སློབ་གསོ་ནི་མི་རིགས་སློབ་གསོ་འཕེལ་རྒྱས་གཏོང་ཕྱོགས་སྐོར་གྱི་བཟོ་བཀོད་གལ་ཆེན་ཞིག་ཡིན་ཞིང་། སྲིད་ཇུས་ཀྱི་ཞེན་ཕྱོགས་མངོན་པར་གསལ་ལ། སྤྱི་ཚོགས་ཀྱི་ཤུགས་རྐྱེན་ཆེ་བའི་ལས་གཞི་འགངས་ཆེན་ཞིག་ཏུ་ངེས་ཕྱིར། འདི་ལ་རིམ་པ་སོ་སོའི་ཏང་སྲིད་འགོ་ཁྲིད་དང་སློབ་གསོ་སྲིད་འཛིན་སྡེ་ཁག་གིས་གཟབ་ནན་གྱི་དོ་དམ་སྒྲིག་གཞི་དང་། ཡང་དག་པའི་དོ་དམ་ལམ་ལུགས། ཝེས་འཚམ་གྱི་ཐབས་ཇུས་འཆར་འགོད་སོགས་ལུགས་མཐུན་དུ་སྤེལ་དགོས་ཀྱང་། མིག་སྔར་བོད་ལྗོངས་ཀྱི་སྐད་གཉིས་སློབ་སྤྲོད་ལྟར་ན། རྩོག་དཔྱོད་དོ་དམ་གྱི་དབང་ཤུགས་ཞན་ལ་གཟབ་ནན་མ་ཡིན་པ་དང་། ཕན་ནུས་ཅན་གྱི་ཇུས་འགོད་འཆར་གཞི་མེད་པ། ཚུལ་མཐུན་གཟབ་ནན་གྱི་དོ་དམ་ལམ་ལུགས་སོགས་གཞི་ནས་འཐུས་ཚང་དུ་གྲུབ་མེད་སྐབས། དགེ་རྒན་རྣམས་གནས་སྤོར་ཕྱིར་འཁྲིམ་བྱེད་པ་དང་། སློབ་ཁྲིད་ཀྱི་བཟ་ཐབས་ངེས་མེད་དུ་སྤྱོད་པ། བསླབ་གཞི་ཚད་ལྡན་མ་ཡིན་པ། སྐད་གཉིས་སློབ་ཁྲིད་ཀྱི་སྤུས་ཚད་ཇེ་ཞན་དུ་འགྲོ་བ་སོགས་ཀྱི་ཉེས་སྐྱོན་ཆེན་པོ་བྱུང་དང་འབྱུང་བཞིན་ཡོད་ལ། ཉེས་སྐྱོན་འདི་རྣམས་ཀྱང་དྲུངས་འབྱིན་དང་གཞི་ནས་དག་ཐེར་བྱེད་དགོས་ན། ཚད་གཉེར་གྱི་དོ་དམ་རྩ་འཛུགས་སྤེལ་ནས་འགོ་ཁྲིད་ཀྱི་དོ་དམ་བྱ་བའམ་སློབ་སྦྱོང་གྱི་དོ་དམ་ལམ་ལུགས་འཐུས་ཚང་དུ་སྤེལ་བ་སོགས་སྐད་གཉིས་སློབ་གསོའི་བདག་གཉེར་དོ་དམ་བྱ་བར་ཤུགས་སྣོན་རྒྱག་དགོས་སོ། །

༣. སློབ་དཔྱོད་དོ་དམ་བྱ་བར་མཐུན་རྐྱེན་གང་ལེགས་བསྐྲུན་དགོས་ཏེ། བོད་ལྗོངས་ཀྱི་སྐད་གཉིས་སློབ་གསོ་ནི་སྤྱི་ཚོགས་རིག་གནས་ཀྱི་འཕོ་འགྱུར་སོགས་རྒྱུ་རྐྱེན་སྣ་ཚོགས་ལས་གྲུབ་ཅིང་རྙོག་འཛིང་ཆེ་ལ། ཡ་ར་སྔོན་རྗེས་ལུས་དང་དཀའ་ཁག་ཐེབས་དྲག་པའི་བོད་ལྗོངས་ལོ་རྒྱུས་ཀྱི་བདག་རྐྱེན་སྣ་ཚོགས་ཤིག་ལ་རག་ལས་པས་ན། དེའི་སློབ་དཔྱོད་དོ་དམ་གྱི་ལས་གཞི་དེ་ཡང་གང་འདོད་དུ་སྤེལ་ནུས་པ་ཞིག་མིན་པར་སློབ་གསོ་མི་སྣ་ཡོངས་ཀྱི་སེམས་ཤུགས་དང་། དངུལ་ཤུགས། དངོས་ཤུགས་ཀྱི་མཐུན་རྐྱེན་ལེགས་པོ་འཛོམས་དགོས་ལ། ཁྱད་པར་དུ་དངུལ་གྲོན་གྱི་རྩོལ་འཛུད་ཆེན་པོར་བརྟེན་ནས་སློབ་གྲྭའི་བདག་གཉེར་དོ་དམ་དང་སློབ་དཔྱོད་ཀྱི་ལས་གཞི་ཕུན་སུམ་ཚོགས་པར་སྤེལ་རྒྱུ་ནི་བོད་ལྗོངས་ཀྱི་སྐད་གཉིས་སློབ་གསོའི་བཟོ་བཀོད་རྒྱ་ཆེ་ཞིང་སློབ་དཔྱོད་དོ་དམ་གྱི་གཞི་རྩའི་འོས་

འགན་ཞིག་ཏུ་ངེས་ཙ་ན། སྲིད་གཞུང་གིས་འཇུངས་སེམས་མེད་པའི་སྒོ་ནས་འདི་ཕྱོགས་སུ་ཤུགས་སྟོན་དང་འགྲོ་གྲོན་རྒྱ་ཆེན་པོ་གཏོང་རྒྱུའང་ཁ་ཚོད་གོས་གཏུག་གི་ལས་སུ་ངེས་ཏེ། ལོ་བརྒྱའི་ཐབས་ཇུས་སློབ་གསོ་ལ་རག་ལས་པའི་ཕྱིར་རོ། །

ཟུར་མཆན།

(1) (4) རིམ་པར་སུམ་ཛ་དོན་གྲུབ་ཚེ་རིང་གིས་བརྩམས་ཤིང་མཚོ་སྔོན་མི་རིགས་དཔེ་སྐྲུན་ཁང་གིས༡༩༩༩ལོར་པར་དུ་བསྐྲུན་པའི《སྤྱི་ཚོགས་སྐད་བརྡ་རིག་པ》[M]ཞེས་པའི་ཤོག་གྲངས༡༣༩དང་ཤོག་གྲངས༢༧༦སྟེང་གསལ།

(2) (7) རིམ་པར་མཚོ་སྔོན་མི་རིགས་དཔེ་སྐྲུན་ཁང་གིས༡༩༨༣ལོར་པར་དུ་བསྐྲུན་པའི《ཐང་ཡིག་གསར་རྙིང་ལས་བྱུང་བའི་བོད་ཆེན་པོའི་སྲིད་ལུགས》[M] ཞེས་པའི་ཤོག་གྲངས༦དང་ཤོག་གྲངས༡༢༨སྟེང་གསལ།

(3) རྒྱལ་མོ་འབྲུག་པས་བརྩམས་ཤིང་མི་རིགས་དཔེ་སྐྲུན་ཁང་གིས༢༠༠༦ལོར་པར་དུ་བསྐྲུན་པའི《བོད་ཀྱི་ལོ་རྒྱུས་གླེང་བའི་གཏམ》[M] ཞེས་པའི་ཤོག་གྲངས༣༡༧སྟེང་གསལ།

(5) (8) (9) རིམ་པར་ལྷ་སའི་གཙུག་ལག་ཁང་མདུན་གྱི་དཔོན་ཞང་འདུམ་པའི་བཀའ་གཙིགས་རྡོ་རིང་གི་ཤར་ངོས་ཀྱི་ཐིག་ཕྲེང༢༢ནས༢༩དང་ཐིག་ཕྲེང༥ནས༧བར་དང་། ནུབ་ངོས་ཀྱི་ཐིག་ཕྲེང༢༦ནས༣༥བར་གསལ།

(6) དཀོན་མཆོག་ཚེ་བརྟན་གྱིས་བརྩམས་ཤིང་ཀན་སུའུ་མི་རིགས་དཔེ་སྐྲུན་ཁང་གིས༡༩༨༦ལོར་པར་དུ་བསྐྲུན་པའི《དཔོན་ཞང་རྡོ་རིང་དང་ཐང་བོད་བར་གྱི་འབྲེལ་བ》[M] ཞེས་པའི་ཤོག་གྲངས༧༢སྟེང་གསལ།

(10) སློབ་གསོ་དང་། ཚན་རྩལ། དཔེ་དེབ་རྒྱུ་ཆ། རྒྱང་སྒྲིག་བརྙན་འཕྲིན། སྒྲ་ཆས་བརྙན་པར། དུས་དེབ་ཚགས་པར་སོགས་ལས་ཀྱང་གཙོ་བོ་སྲིད་ཕྱོགས་ཀྱི་སྤྱོད་སྒོ་ཇེ་དོག་ཏུ་གྱུར་པ།

(11) (17) ཀྲང་གྲུང་ཅིན་གྱིས་བརྩམས་ཤིང《མི་རིགས་སྐད་ཡིག》 ༡༩༩༡ལོའི་དེབ་དྲུག་པར་བཀོད་པའི《རིག་གནས་ཁོར་ཡུག་དང་མི་རིགས་སྐད་ཡིག་གི་འཇུགས་སྐྲུན》[J]ཞེས་པར་གསལ།

(12) མི་དམངས་དཔེ་སྐྲུན་ཁང་གིས༡༩༧༩ལོར་པར་དུ་བསྐྲུན་པའི《སི་ཏ་ལིན་གྱི་གསུང་རྩོམ་གཅེས་བསྡུས》[M] གྱི་སྨད་ཆའི་ཤོག་གྲངས༦༦སྟེང་གསལ།

(13) ཅོ་ཕེ་ཅིན་ཚེ་རྒྱུས་བརྩམས་ཤིང་ཏྲང་ཧྲུའུ་པར་སྐྲུན་ཁང་གིས༡༩༨༡ལོར་པར་དུ

བསྐྲུན་པའི《སྤྱིར་བཏང་སྐད་བརྡ་རིག་པའི་རྩ་གནད》（ཀླུ་བེ་ཕེན་གྱིས་བསྒྱུར）[M] ཅེས་པའི་ཤོག་ངོས༥༣སྟེང་གསལ།

（14） ཐེ་ལེན A ཏ་ཕའི་ལན་གྱིས་བརྩམས་ཤིང་ཧྲང་ཧེ་མི་དམངས་དཔེ་སྐྲུན་ཁང་གིས༡༩༨༧ལོར་པར་དུ་བསྐྲུན་པའི《དེང་རབས་མིའི་རིགས་རིག་པ》（ཕང་མེན་མེན་སོགས་ཀྱིས་བསྒྱུར）[M] ཞེས་པའི་ཤོག་ངོས༢༩༢སྟེང་གསལ།

（15） ཧྲའུ་མིན་ཡུང་གིས་གཙོ་སྒྲིག་བྱས་ཤིང་སྐད་ཡིག་དཔེ་སྐྲུན་ཁང་གིས༢༠༠༠ལོར་པར་དུ་བསྐྲུན་པའི《སྐད་བརྡ་རིག་པའི་སྤྱི་དོན》[M] ཞེས་པའི་ཤོག་ངོས༣༥༠སྟེང་གསལ།

（16） སྣ་ཚེ་ལིང་གིས་བརྩམས་ཤིང་ཧྭ་ཀྲུང་བཟོ་རིག་སློབ་གླིང་དཔེ་སྐྲུན་ཁང་གིས༡༩༨༡ལོར་པར་དུ་བསྐྲུན་པའི《སྐད་བརྡ་རིག་པའི་སྤྱི་དོན》[M] ཞེས་པའི་ཤོག་ངོས༡༥སྟེང་གསལ།

（18）（19） རིམ་པར་ཆུའུ་ཨད་ཐང་དང་ཅིན་སུང་གཉིས་ཀྱིས་བརྩམས་ཤིང་ཀྲུང་གོའི་བོད་རིག་པ་དཔེ་སྐྲུན་ཁང་གིས་པར་དུ་བསྐྲུན་པའི《རྒྱ་བོད་སྐད་བརྡའི་ཞིབ་འཇུག་གི་གཞུང་ལུགས་དང་ཐབས་ལམ》[M] ཞེས་པའི་ཤོག་ངོས༣༣དང་ཤོག་ངོས༢༩སྟེང་གསལ།

（20） དཔའ་རིས་སངས་རྒྱས་ཀྱིས་བརྩམས་ཤིང་མཚོ་སྔོན་མི་རིགས་དཔེ་སྐྲུན་ཁང་གིས༡༩༩༩ལོར་པར་དུ་བསྐྲུན་པའི《དག་ཡིག་རིག་པའི་གབ་པ་མངོན་ཕྱུང》[M] ཞེས་པའི་ཤོག་ངོས༡སྟེང་གསལ།

（21） སྣ་རུང་གིས་བརྩམས་ཤིང《བོད་ལྗོངས་སྤྱི་ཚོགས་དཔལ་འབྱོར་འཕེལ་རྒྱས་ཀྱི་ཞིབ་འཇུག》（ཀྲུང་གོའི་བོད་རིག་པ་དཔེ་སྐྲུན་ཁང་གིས༡༩༩༧ལོར་པར་དུ་བསྐྲུན）ནང་བསྡུས་པའི《བོད་ལྗོངས་ཀྱི་དཔལ་འབྱོར་གནས་སྟངས་དང་དེའི་འཕོ་འགྱུར》[J] ཞེས་པའི་ཤོག་ངོས༧ནས༢༨བར་གསལ།

（22） ཧེ་ཅོན་ཧྭང་གིས་བརྩམས་ཤིང་ཀྲུང་དབྱང་མི་རིགས་སློབ་གྲྭ་ཆེན་མོའི་དཔེ་སྐྲུན་ཁང་གིས༡༩༩༨ལོར་པར་དུ་བསྐྲུན་པའི《ཀྲུང་གོའི་གྲངས་ཉུང་མི་རིགས་ཀྱི་སྐད་གཉིས་ཀྱི་ལོ་རྒྱུས་དང་ད་ལྟའི་གནས་བབ་ལ་དཔྱད་པ》[M] ཞེས་པའི་ཤོག་ངོས༡༩༡སྟེང་གསལ།

（23） ཧྲང་ཡན་གྱིས་བརྩམས་ཤིང་མི་རིགས་དཔེ་སྐྲུན་ཁང་གིས༢༠༠༢ལོར་པར་དུ་བསྐྲུན་པའི《རིག་གནས་ཁོར་ཡུག་དང་སྐད་གཉིས་སློབ་གསོ》[M] ཞེས་པའི་ཤོག་ངོས༧༡སྟེང་གསལ།

（24）（25） རིམ་པར་ཅོས་ཀྲུང་ཡུང་གིས་གཙོ་སྒྲིག་བྱས་ཤིང་ཧྲང་ཧེ་སློབ་གྲྭ་ཆེན་མོའི་དཔེ་སྐྲུན་ཁང་གིས༢༠༠༨ལོར་པར་དུ་བསྐྲུན་པའི《སྐད་བརྡའི་ཧུས་འགོད》[M] ཅེས་པའི་ཤོག་ངོས༥༥དང་ཤོག་ངོས༥༨སྟེང་གསལ།

(26) མི་རིགས་དཔེ་སྐྲུན་ཁང་གིས༡༩༩༩ལོར་པར་དུ་བསྐྲུན་པའི《བོད་ཀྱི་སྤྱི་སྐད་སྐོར་གྱི་ཚད་རྩོམ་ཕྱོགས་བསྒྲིགས》[M] ཞེས་པའི་ཤོག་གྲངས༨༨༩སྟེང་གསལ།

(27) ༡༩༩༨ལོའི《ཀྲུང་གོའི་བོད་ཀྱི་ཤེས་རིག》དེབ་གསུམ་པར་བཀོད་པའི《བོད་ལྗོངས་ས་ཁུལ་གྱི་སློབ་གསོའི་ལས་དོན་གྱི་འཕེལ་ཚུལ་སྐོར་གླེང་བ》[M] ཞེས་པར་གསལ།

(28) ཡིས་རྭའུ་ཀྲོང་གིས་བརྩམས་ཤིང《ཞིན་ཅང་སློབ་གསོ་སློབ་གླིང་གི་རིག་གཞུང་དུས་དེབ》༢༠༠༩ལོའི་དེབ་དང་པོའི་སྟེང་བཀོད་པའི《ཀྲུང་གོའི་གྲངས་ཉུང་མི་རིགས་ཀྱི་སྐད་གཉིས་སློབ་གསོའི་ལོ་རྒྱུས་ཀྱི་འཕེལ་རིམ་སྤྱིར་བཤད་པ》[J] ཞེས་པར་གསལ།

(29) བོད་ལྗོངས་ཀྱི་སློབ་གྲྭ་ཆུང་འབྲིང་གི་བོད་རྒྱ་སྐད་ཡིག་འཛིན་གྲྭ་སོ་སོའི་སྐད་ཡིག་གཉིས་ཀྱི་སློབ་ཡུན་དུས་ཚོད་བཀོད་སྒྲིག་གི་རེའུ་མིག་ནི་ཀྲུག་ལྷེས་བརྩམས་ཤིང་ཀྲུང་གོའི་བོད་རིག་པ་དཔེ་སྐྲུན་ཁང་གིས༢༠༠༣ལོར་པར་དུ་བསྐྲུན་པའི《བོད་ལྗོངས་ཀྱི་སྐད་བརྡ་དང་སྤྱི་ཚོགས》[M] ཞེས་པའི་ཤོག་གྲངས༣༧༨ནས༣༧༧སྟེང་བཀོད་པའི་རྒྱུ་ཆ་གཞིར་བྱས།

(30) (47) ལྷ་རུང་གིས་བརྩམས་ཤིང《མི་རིགས་སྤྱི་ཚོགས་རིག་པའི་འཕྲིན་གསར》དེབ་གྲངས༧༧པའི་སྟེང་བཀོད་པའི《བོད་ལྗོངས་ཀྱི་སྤྱི་ཚོགས་འཕེལ་རྒྱས་དང་སྐད་གཉིས་སློབ་གསོ》[J] ཞེས་པར་གསལ།

(31) ཚད་ལས་ཀྱི་བསླབ་ཚན་ཁག་ཅིག་དང་སྤྱི་གཉེར་གྱི་བསླབ་ཚན་མང་ཤོས།

(32) (38) ཀྲུག་ལྷེ་དང་སྐལ་བཟང་རྒྱལ་མཚན་གཉིས་ཀྱིས་གཙོ་སྒྲིག་བྱས་ཤིང་བོད་ལྗོངས་མི་དམངས་དཔེ་སྐྲུན་ཁང་གིས༢༠༠༥ལོར་པར་དུ་བསྐྲུན་པའི《བོད་ལྗོངས་ཀྱི་བོད་སྐད་ཡིག་གི་བྱ་བ》[M] ཞེས་པའི་ཤོག་གྲངས༦༡དང་ཤོག་གྲངས༨༥སྟེང་གསལ།

(33) ཀྲང་ཐེན་ཧྲུང་གིས་བརྩམས་པའི《བོད་ལྗོངས་གྲངས་ཉུང་མི་རིགས་ཀྱི་རྒྱ་སྐད་སློབ་ཁྲིད་ཀྱི་གནས་ཚུལ་དང་ཞིབ་འཇུག》[M] དང《བོད་ལྗོངས་གྲངས་ཉུང་མི་རིགས་ཀྱི་རྒྱ་སྐད་སློབ་ཁྲིད་སྐོར་གྱི་དཔྱད་རྩོམ་ཕྱོགས་བསྒྲིགས》[M] ཞེས་པའི་ཤོག་གྲངས༣༨དང༥༥སྟེང་གསལ།

(34) ལིག་ཆིན་ཏེས་བརྩམས་ཤིང《བོད་ལྗོངས་ཞིབ་འཇུག》༡༩༩༣ལོའི་དེབ་དྲུག་པར་བཀོད་པའི《བོད་ལྗོངས་ཀྱི་སློབ་གསོ་བཅོས་སྒྱུར་དང་འཕེལ་རྒྱས་སུ་བཏང་བའི་གནས་ཚུལ་སྐོར་གྱི་སྙན་ཞུ》[J] ཞེས་པར་གསལ།

(35) ༡༩༩༡ལོའི་བོད་རང་སྐྱོང་ལྗོངས་ཀྱི་སློབ་གྲྭ་ཆུང་འབྲིང་གི་སློབ་ཁྲིད་ཀྱི་སྐད་བརྡ་སྤྱོད་སྟངས་ཐད་ཀྱི་རེའུ་མིག་སྟེ༡༩༩༣ལོའི《ཀྲུང་གོའི་སློབ་གསོའི་ལོ་ཐོ་རབ་གསལ་མེ་ལོང》རྩོམ་སྒྲིག་པུས་སྤེལ་བའི་རྒྱུ་ཆ་གཞིར་བྱས་ནས་བཀོད།

(36) ༡༩༨༨ལོ་དང༢༠༠༥ལོའི་བོད་རང་སྐྱོང་ལྗོངས་ཀྱི་སློབ་འབྲིང་གི་བསླབ་ཚན་སོ་སོའི་དགེ་རྒན་ཁྱབ་སྙངས་ཀྱི་གྲངས་ཀའི་རེའུ་མིག་སྟེ་བོད་རང་སྐྱོང་ལྗོངས་མི་རིགས་སློབ་གསོ་ཚན་རིག་ཞིབ་འཇུག་ཁང་གི༡༩༨༩ལོའི་རྒྱུ་ཆ་དང་བོད་རང་སྐྱོང་ལྗོངས་སློབ་གསོ་ཐིན་གྱི༢༠༠༥ལོའི་རྒྱུ་ཆ་གཞིར་བྱས་ནས་བཀོད།

(37)《བོད་ལྗོངས་སློབ་གྲྭ་ཆེན་མོའི་ཆེད་ལས་སོ་སོའི་སློབ་ཁྲིད་ཀྱི་འཆར་གཞི》སྟེ༡༩༩༨ལོར་དག་བཅོས་བྱས་པའི་མ་ཡིག་ལྟར་བཀོད།

(39) ༢༠༠༥ནས༢༠༠༨ལོའི་བོད་རང་སྐྱོང་ལྗོངས་ཀྱི་སློབ་གྲྭར་སློབ་མ་ཞུགས་ཚད་ཀྱི་རེའུ་མིག་སྟེ་བོད་རང་སྐྱོང་ལྗོངས་སློབ་གསོ་ཐིན་གྱི༢༠༠༥ལོའི་རྒྱུ་ཆ་གཞིར་བཟུང་ནས་བཀོད།

(40) བོད་རང་སྐྱོང་ལྗོངས་ཀྱི་བྱིས་པ་སློབ་གྲྭར་ཞུགས་ཚད་དང་སློབ་གྲྭ་ཆུང་འབྲིང་གི་སློབ་རིམ་འཕར་ཚད (%) ཀྱི་རེའུ་མིག་སྟེ་བོད་རང་སྐྱོང་ལྗོངས་རྩོམ་རྩིས་ཅུའི༢༠༡༠ལོའི་རྒྱུ་ཆ་གཞིར་བཟུང་ནས་བཀོད།

(41) ཚོགས་བརྩམས་པའི《བོད་རྒྱ་སྐད་གཉིས་ཀྱི་སློབ་ཁྲིད་སྐོར་གླེང་བ》[J] ཞེས་པའི་ནང་གི་རེའུ་མིག་གཞིར་བྱས་ནས་བཀོད།

(42) མཚོ་སྔོན་ཞིང་ཆེན་སྤྱིར་བཏང་མཐོ་འབྲིང་གི་བསླབ་ཚན་བཅོས་སྒྱུར་འགོ་ཁྲིད་ཚན་ཆུང་གིས༢༠༡༠ལོའི་ཟླ༨པར་བཀྲམ།

(43) མཚོ་སྔོ་ཁུལ་མི་རིགས་མཐོ་རིམ་སློབ་འབྲིང་གཉིས་པའི (ཁྲི་ཀ་རྫོང་ཐོག) སློབ་དཔོན་ཁང་གིས་མཁོ་སྤྲོད་བྱས་པའི་མཐོ་འབྲིང་སློབ་མའི་རྩོམ་རྩིས་རེའུ་མིག་ལྟར་བཀོད།

(44) ༢༠༠༩ལོའི་ཟླ༡༢པར་བསྒོད་ནམས་རྩེ་མོ་དང་ལིས་ཧྲིན་རོང་གཉིས་ཀྱིས་གཙོ་སྒྲིག་བྱས་ཤིང་སློབ་དོན་ཁྲུས་བཀྲམ་པའི《མཚོ་སྔོན་མི་རིགས་སློབ་གྲྭ་ཆེན་མོའི་དངོས་གཞི་ཚན་ཁག་ཆེད་ལས་ཀྱི་སློབ་ཁྲིད་འཆར་འགོད》[M] ལས་བཤུས།

(45) མཚོ་སྔོན་ཞིང་ཆེན་སྤྱིར་བཏང་མཐོ་རིམ་སློབ་འབྲིང་གི་བསླབ་ཚན་བཅོས་སྒྱུར་འགོ་ཁྲིད་ཚན་ཆུང་གིས༢༠༡༠ལོའི་ཟླ༨པར་བཀྲམ་པའི《མཚོ་སྔོན་ཞིང་ཆེན་གྱི་སྤྱིར་བཏང་མཐོ་འབྲིང་གི་བསླབ་ཚན་བཅོས་སྒྱུར་གྱི་ཡིག་ཆ་ཕྱོགས་བསྒྲིགས》[M] ཅེས་པའི་ཤོག་ངོས༡༢སྟེང་གསལ།

(46) ཐར་དར་མདོ་མི་རིགས་དགེ་ཐོན་ཆེད་སྦྱོང་སློབ་གྲྭ་ཞེས་པ༢༠༡༠ལོར་སི་ཁྲོན་ཞིང་ཆེན་མི་རིགས་དགེ་ཐོན་སློབ་གླིང་དུ་བསྒྱུར།

(48)《མཚོ་སྔོན་མི་རིགས་ཞིབ་འཇུག》[M] ༢༠༠༩ལོའི་དེབ་བཞི་བའི་ཤོག་ངོས༡༡༣སྟེང་གསལ།

ལེའུ་བཞི་བ། བོད་ཁུལ་གྱི་སྐད་གཉིས་སློབ་གསོའི་དཔེ་གཞི།

དང་པོ། སྐད་གཉིས་སློབ་གསོའི་དཔེ་གཞི་འཚོལ་ཞིབ་བྱེད་པ།

སྐད་གཉིས་སློབ་གསོའི་དཔེ་གཞི་ནི་དེང་རབས་སྤྱི་ཚོགས་རིག་གནས་ཀྱི་རྒྱབ་ལྗོངས་དང་། སྲིད་ཇུས་ཀྱི་བཀོད་འདོམས། མི་རིགས་ཀྱི་སེམས་ཁམས། མི་རིགས་སློབ་གསོའི་གནས་བབ་སོགས་ཀྱི་ཤུགས་རྐྱེན་སྣ་ཚོགས་ལས་གྲུབ་ཅིང་རྒྱུ་རྐྱེན་ཏ་ཅང་རྙོག་འཛིང་ཆེ་བས། སྐད་གཉིས་སློབ་གསོའི་དཔེ་གཞི་འཚོལ་ཞིབ་བྱེད་ཚུལ་ལའང་བསམ་ཚུལ་མི་མཐུན་པའི་བགྲོ་གླེང་དང་། དཔེ་གཞི་སྣ་ཚོགས་པ། དཔེ་གཞི་སོ་སོའི་ཁྱད་ཆོས་རང་ཆས་སུ་གྲུབ་ཚུལ་བཅས་ཡོད་དེ།

གཅིག སྐད་གཉིས་སློབ་གསོའི་དཔེ་གཞི་ཐད་ཀྱི་བགྲོ་གླེང་།

མིག་སྔར་བོད་ཁུལ་གྱི་སྐད་གཉིས་སློབ་གསོའི་དཔེ་གཞི་ཐད་ལ་འཕྲལ་ཡུན་གཉིས་ཀྱི་ལྟ་སྟངས་མི་འདྲ་བ་ལས་བགྲོ་གླེང་བྱེད་ཚུལ་སྣ་ཚོགས་ཤིག་སྣང་སྟེ། 《མཚོ་སྔོན་བོད་ཁུལ་གྱི་སྐད་གཉིས་སློབ་ཁྲིད་བྱ་བའི་ད་ཡོད་གནས་ཚུལ་སྐོར་གྱི་ལྟ་ཚུལ་འགའ》 ཞེས་པའི་ནང་དུ། སྐད་གཉིས་སློབ་གསོ་སྤེལ་བ་ལ་ཕ་སྐད་འཕེལ་རྒྱས་ཀྱི་འབྱུང་འགྱུར་ལ་དམིགས་དགོས་པ་དང་། སྐད་གཉིས་སློབ་གསོ་སྤེལ་བ་ལ་སློབ་གསོ་འཕེལ་རྒྱས་ཀྱི་ཆོས་ཉིད་གཞིར་འཛིན་པ། སྐད་གཉིས་སློབ་གསོ་སྤེལ་བ་ལ་སློབ་མའི་སྐད་བརྡའི་ཁོར་ཡུག་ལ་བརྩི་འཇོག་བྱེད་དགོས་པ་བཅས་ཀྱི་ལྟ་བ་གསུམ་བཏོན་པ་དང་། 《བོད་ཁུལ་གྱི་བོད་རྒྱ་སྐད་གཉིས་ཀྱི་སློབ་མའི་རིགས་དང་སློབ་གྲྭའི་རིགས་སམ་དབྱེ་བ་ལ་དཔྱད་པ》 ཞེས་པ་ལས་ཀྱང་། བྱིས་པའི་ཕ་སྐད་ཀྱི་བསམ་གཞིག་དང་འབྲེལ་འདྲིས་ཀྱི་ཕན་ནུས་ཁྱད་པར་ཅན་ལ་བརྟེན་ནས་བྱིས་པའི་རིག་སྒོ་འབྱེད་ཚུལ་ལ་གཞན་གྱིས་དོ་ཟླ་བྲལ་བའི་ཕན་ཡོན་རྒྱ་ཆེན་པོ་ལྡན་

པར་བསྟན་པ་སོགས་ལས་བོད་ལྗོངས་ཀྱི་སྐད་གཉིས་སློབ་གསོ་སྤེལ་བ་ལ་ཕ་སྐད་ཀྱི་རིག་གནས་སྲོལ་རྒྱུན་མཐོང་ཆེན་དུ་མཛད་ཅིང་བོད་སྐད་ཡིག་གཙོར་བྱས་སྐད་བརྡ་གཉིས་པར་བརྩོན་འཇུག་བྱ་དགོས་པར་བསྟན་ལ། ཡང《མཚོ་སྔོན་ཞིང་ཆེན་གྱི་དུས་ཡུན་རིང་བའམ་བར་སྐབས་ཙམ་དུ་སློབ་གསོ་བཅོས་སྒྱུར་དང་འཕེལ་རྒྱས་སུ་གཏོང་བའི་འཆར་བཀོད་རྩ་གནད（༢༠༡༠ – ༢༠༢༠）》ནང་དུ། རྒྱལ་ཁབ་སྤྱི་སྤྱོད་ཀྱི་སྐད་དང་ཡི་གེའི་སློབ་ཁྲིད་གཙོ་བྱེད་པར་རྒྱུན་འཁྱོངས་དང་། དུས་མཚུངས་སུ་མི་རིགས་ཀྱི་སྐད་ཡིག་སློབ་སྦྱོང་དང་། རྒྱལ་ཁབ་སྤྱི་སྤྱོད་ཀྱི་སྐད་དང་ཡི་གེ་ནི་སློབ་ཁྲིད་ཀྱི་སྐད་བརྡ་གཙོ་བོར་བསྟེན་དགོས་པར་བསྟན་ཞིང་། ༢༠༡༥ལོར་སློབ་ཆུང་དུ་རྒྱལ་ཁབ་སྤྱི་སྤྱོད་ཀྱི་སྐད་དང་ཡི་གེ་གཙོར་བཟུང་བའི་ཞར་ལ་མི་རིགས་སྐད་ཡིག་རམ་འདེགས་སུ་སྤེལ་བའི་སྐད་གཉིས་སློབ་གསོ་མངོན་པར་འགྱུར་དགོས་པར་བསྟན་ཀྱང་། འདིས་ཀྱང་གཅིག་ནས་རྒྱལ་ཁབ་ཀྱི་ཁྲིམས་སྲོལ་སྲིད་ཇུས་དང་མི་རིགས་ཤིག་གི་རིག་གནས་སྲོལ་རྒྱུན་སྣང་མེད་དུ་བཏང་བ་དང་། གཉིས་ནས་མི་རིགས་སློབ་གསོའི་དོན་དངོས་ལ་འཚོལ་ཞིབ་དང་ཆོས་ཉིད་ལ་བརྩི་འཛོག་མ་བྱས་པ། གསུམ་ནས་མི་རིགས་བཙན་གནོན་དང་གཞན་སྒྱུར་རིང་ལུགས་ཀྱི་བསམ་སྦྱོར་ངན་པས་རྒྱལ་ཁབ་ཀྱི་བདེ་འཇགས་དང་མི་རིགས་ཀྱི་བརྩེ་དུང་ལ་གནོད་སྐྱོན་ཚབས་ཆེན་ཐེབས་པར་བྱས་པས་ན།《མཚོ་སྔོན་གྱི་དུས་ཡུན་རིང་བའམ་བར་སྐབས་ཙམ་དུ་སྐད་གཉིས་བཅོས་སྒྱུར་བྱེད་པའི་གནད་དོན་སྐོར་གྱི་དགོངས་འཆར》ཞེས་པའི་ནང་དུ་དགག་ལན་ཚ་པོ་སྤྲད་པའི་ཞར་ལ། རྒྱལ་ཁབ་ཀྱི་ཁྲིམས་སྲོལ་དང་མི་མཐུན་པར་རྒྱ་སྐད་གཅིག་རྐྱང་སློབ་ཁྲིད་ཀྱི་བརྡ་ཐབས་སུ་བྱེད་པའི་སྤྱོད་སྟངས་འཕྲལ་མར་དོར་དགོས་པ་དང་གཅིག དོན་དངོས་ལ་ཆ་འཇོག་སྟེ་ཚན་རིག་ལ་རྩིས་མཐོང་ཡོད་པ། ཆོས་ཉིད་དང་བསྟུན་ཤེས་ཀྱི་སྒོ་ནས་བོད་རྒྱ་སྐད་གཉིས་ཀྱི་བསླབ་ཚན་དང་གཞན་པའི་སྐད་བརྡ་སྐོར་གྱི་སློབ་ཁྲིད་ཁྲོད་དུ་བོད་སྐད་ཡིག་བཀོལ་སྤྱོད་གཏོང་བར་སྐུལ་འདེད་དང་ཤུགས་སྣོན་རྒྱག་དགོས་པ་དང་གཉིས། མི་རིགས་སྐད་ཡིག་གི་རྒྱུགས་ཚད་ལེན་པའམ་སློབ་མ་བསྡུ་བའི་བསྡུར་ཚད་དང་མི་འབོར་གྱི་གྲངས་ཀ་ཇེ་མང་དུ་བཏང་ནས་སྐད་གཉིས་སློབ་མའི་སློབ་རིམ་འཕར་ཚད་དང་ལས་ཞུགས་ཀྱི་མདུན་ལམ་ཇེ་ཡངས་སུ་གཏོང་བ་དང་གསུམ། མི་རིགས་སྐད་ཡིག་གི་སློབ་ཁྲིད་ལ་ཤུགས་སྣོན་རྒྱག་པར་དམ་བཅས་ཏེ་མི་རྣམས

གྱིས་སྐད་གཉིས་བཅས་སྒྱུར་སྐོར་གྱི་སྟུག་མདོག་དང་སེམས་ཁྲལ་མེད་པར་བཟོ་བ་དང་བཞི། རིག་གནས་གསར་བརྗེ་ཆེན་པོ་ནས་བཟུང་དྲང་ ཕྱོག་ཕྱོགས་གཉིས་ཀྱི་ཉམས་མྱོང་དང་བསླབ་བྱར་བསྒྱུར་གཞིག་དང་། རྒྱ་དང་གྲངས་ཉུང་མི་རིགས་ཕན་ཚུན་བར་སྐད་བརྡ་ལ་བརྩི་འཇོག་བྱེད་རེས་དང་། སློབ་སྦྱོང་བྱེད་རེས། བཀོལ་སྤྱོད་གནང་རེས་ཡོད་པར་བགྲིས་ཏེ། མི་རིགས་ཀྱི་འབྲེལ་བ་སྤར་བས་ཇེ་ལེགས་སུ་གཏོང་བ་དང་ལྔ། བོད་ཀྱི་སྐད་ཡིག་སྲུང་སྐྱོབ་དང་འཕེལ་རྒྱས་སུ་གཏོང་བ་ནི་སྐད་བརྡ་དང་རིག་གནས་མང་པོ་མཉམ་གནས་དང་མིའི་རིགས་ཀྱི་ཤེས་རིག་རྒྱུན་སྐྱོང་བའི་དགོས་མཁོ་ཡིན་པར་དགོངས་ནས་དེ་ལ་བརྩི་འཇོག་དང་མཐོང་ཆེན་བྱེད་དགོས་པ་དང་དྲུག སློབ་གསོའི་སྡེ་ཁག་དང་མི་རིགས་བྱ་བའི་སྡེ་ཁག་ལས་གཞན་པའི་འབྲེལ་ཡོད་ཀྱི་དམངས་ཁྲིད་རྩ་འཛུགས་ཀྱིས་འགོ་ཁྲིད་ནས་སྐད་གཉིས་སློབ་གསོའི་གནད་དོན་སྐོར་ལ་རྟོག་དཔྱོད་དང་། ཞིབ་འཇུག་བགྲོ་གླེང་། ཉམས་མྱོང་ཕྱོགས་སྡོམ་གྱི་བྱ་འགུལ་གཏིང་ཟབ་ཏུ་སྤེལ་བ་དང་བདུན་བཅས་ཀྱི་བླང་བྱ་ནན་མོར་བཏོན་ལ། ཚུལ་འདི་དག་ལས་བོད་ཁུལ་གྱི་སྐད་གཉིས་སློབ་གསོའི་ལམ་ལུགས་སམ་སྐད་གཉིས་སློབ་ཁྲིད་ཀྱི་དཔེ་གཞི་འཚོལ་ཞིབ་དང་གཏན་དུ་ཕབ་རྒྱུ་ནི་ལས་སླ་པོ་ཞིག་མིན་པར་མི་རིགས་ཤིག་གི་ད་ལྟའི་གནས་བབ་དང་འབྱུང་འགྱུར་གྱི་ཐུགས་འདུན་རིང་པོར་བསམ་གཞིག་གཏོང་རྒྱུ་ཡོད་པ་རྟོགས་ནུས་སོ། །

དེ་བཞིན་དུ་གནས་སྐབས་ཀྱི་རྒྱུ་རྐྱེན་སྣ་ཚོགས་པའི་དབང་དུ་བྱས་ནའང་སྐད་གཉིས་ཀྱི་སློབ་སྲོལ་ལམ་ལུགས་ཐད་བསམ་ཚུལ་སྣ་ཚོགས་ཤིག་སྣང་སྟེ། དཔེར་ན་༡༩༨༧ལོའི་སྤྱི་རྗེས་སུ་བོད་རང་སྐྱོང་ལྗོངས་ཀྱི་སློབ་གསོའི་སྡེ་ཁག་གིས་ལྷ་ས་སློབ་འབྲིང་དང་། ལྷ་ས་གྲོང་ཁྱེར་གྱི་སློབ་འབྲིང་གསུམ་པ། གཞིས་ཀ་རྩེ་དང་རྒྱལ་རྩེ་བཅས་ཀྱི་སློབ་འབྲིང་བཟང་ཤོས་སུ་ཚོད་ལྟ་བྱས་པ་ལྟར་ན། ལོ་རིམ་དང་པོར་རྩིས་རིག་གི་ཁྲིད་ཐབས་སུ་བོད་སྐད་ཡིག་སྤྱད་པ་ལ་ཕན་འབྲས་ཤིན་ཏུ་ལེགས་མོད་ཀྱང་། དེ་ལྟ་ནའང་སློབ་མ་དང་བཟའ་དཔོན་གྱིས་ཕྱིས་འབྱུང་གི་སློབ་མའི་མདུན་ལམ་དང་། སློབ་རིམ་འཕར་ཚད། ལས་ཞུགས་སོགས་ཀྱི་གནད་དོན་ལ་དམིགས་ནས་རེ་བ་ནན་དུ་བཏོན་པས་ཡོངས་སུ་མཚམས་བཞག འདི་ལ་༡༩༨༦ལོའི་ཟླ་༧པར་ལྷོངས་ཡོངས་སུ་རྩོད་གླེང་ཆེན་པོ་བྱུང་ཞིང་། ལྷོངས་དམངས་ཆེན་ཚོགས་འདུའི་རྗེས་སུ་ཇ་དྲག་ཏུ་གྱུར་པ་ལ་བྱེ་བྲག་ཏུ་བསམ་འཆར་གསུམ་སྣང་སྟེ། དང་པོ་ནི

འཕྲུལ་མར་དོན་དངོས་ལ་ཞུགས་ཏེ་སློབ་ཆུང་ནས་སློབ་འབྲིང་བར་བོད་ཡིག་སློབ་ཁྲིད་ཀྱི་ཚ་རྐྱེན་བསྐྲུན་པ་དང་། གཉིས་པ་ནི་ལོ་དེར་ཁྲིམས་སྲོལ་བཙུགས་ཏེ་སློབ་ཆུང་ནས་སློབ་ཆེན་བར་བོད་ཡིག་གཙོས་སློབ་ཁྲིད་ཀྱི་མ་ལག་སྲིལ་རྒྱུ་ཐག་གཅོད་དང་ལག་བསྟར་བྱེད་པ། གསུམ་པ་ནི་མཁར་གྲོང་གི་ལས་བྱེད་པའམ་སྟོད་དམངས་དང་སློས་སུ་ལྷ་ས་གྲོང་ཁྱེར་གྱི་ལས་བྱེད་པ་རྣམས་བསམ་ཚུལ་དེ་རིགས་ལ་མི་འཐད་པར། རྒྱ་སྐད་གཙོར་བྱས་པའི་སློབ་ཁྲིད་ཀྱི་ཕན་འབྲས་ལེགས་པས་ན། བསྟུད་མུར་རང་མོས་ལྟར་བོད་རྒྱ་སྐད་གཉིས་ཀྱི་ལུགས་སྲོལ་ན་ལེགས་ཀྱི། དེ་ལྟ་མིན་ན་རྒྱ་ཡིག་སློབ་སྦྱོང་ཉམས་ཞན་དུ་གྱུར་ནས་བོད་ལྗོངས་ཕྱིར་འབྱེད་དང་བོད་པའི་བྱིས་པ་ནང་སའི་སློབ་གྲྭ་ཆེན་མོར་ཞུགས་པར་གེགས་བྱེད་ཅིང་། ཡང་གཅིག་ན་སློབ་ཆུང་ནས་སློབ་ཆེན་བར་བོད་ཡིག་གི་སློབ་ཁྲིད་མ་ལག་འཐུས་ཚང་དུ་ཚུགས་དཀའ་བར་བརྗོད་པ་ལས་མིག་སྔར་ལྟ་སྟངས་གཅིག་གྱུར་མིན་པ་དང་། བྱེ་བྲག་གི་གནད་དོན་དང་སྲིད་ཇུས་ལ་སྔར་བཞིན་ནན་ཏན་གྱིས་ཞིབ་འཇུག་དང་ཐག་གཅོད་དགོས་རྒྱུ་མང་ཆེད་དུ་འདུག[1] ཅེས་བསྟན་པ་དུས་ད་ལྟ་ཉིད་ཡང་བོད་ལྗོངས་ཕལ་མོ་ཆེའི་ལྟ་སྟངས་འབའ་ཞིག་ཏུ་གྱུར་གདའོ། །

དེས་ན་མིག་སྔར་བོད་ལྗོངས་ཀྱི་སྐད་གཉིས་སློབ་གསོའི་ལམ་ལུགས་དང་སློབ་ཁྲིད་ཀྱི་དཔེ་གཞི་ངེས་ཚུལ་དེ་ག་འདྲར་སྣང་ཞེ་ན། 《བོད་ལྗོངས་ཀྱི་གྲངས་ཉུང་མི་རིགས་ཀྱི་རྒྱ་སྐད་སློབ་ཁྲིད་ཀྱི་གནས་ཚུལ་དང་ཞིབ་འཇུག》ནང་དུ་ཆེས་མཚོན་བྱེད་དུ་ཏུང་བའི་བསམ་ཚུལ་མི་འདྲ་བ་གསུམ་མདོར་བསྡིལ་བ་ལྟར་ལགས་ཏེ།

༡. རིམ་པ་དང་རིགས་མི་འདྲ་བའི་སློབ་གྲྭ་སོ་སོ་ནས་གྲངས་ཉུང་མི་རིགས་ཀྱི་སློབ་མར་བོད་ཡིག་གི་ཁྲིད་ཐབས་གཙོར་བྱེད་པ་སྟེ། དེའི་རྒྱུ་མཚན་ནི《བཅའ་ཁྲིམས》དང《མི་རིགས་ས་གནས་རང་སྐྱོང་གི་ཁྲིམས་ཡིག》ནང་བསྒྲུབ་པའི་ཁེ་དབང་བདག་སྐྱོང་བྱེད་པ་དང་གཅིག བོད་སྐད་ཡིག་གི་རིག་གནས་སྲོལ་རྒྱུན་ཕྱུལ་ཕྱུང་རྒྱུན་འཛིན་དང་བོད་མི་རིགས་འཕེལ་རྒྱས་སུ་གཏོང་ཆེད་དུ་ངེས་པ་དང་གཉིས། མི་རིགས་ཀྱི་བསམ་འདུན་དང་མང་ཚོགས་ཀྱི་བློ་མོས་ལྟར་བོད་སྐད་ཡིག་བཀོལ་སྤྱོད་དང་སློབ་ཆུང་ནས་སློབ་ཆེན་བར་བོད་སྐད་ཡིག་གི་སློབ་ཁྲིད་ཀྱི་མ་ལག་འཛུགས་པ་དང་གསུམ་བཅས་སོ། །

༢. སློབ་ཁྲིད་ཀྱི་སྐད་ཡིག་འདེམ་སྦྱོད་བྱེད་དུས་མི་རིགས་ཀྱི་བསམ་འདུན་ལ

མཉེ་བསམ་གཏོང་དགོས་པ་མ་ཟད། སྤྱི་ཚོགས་ཀྱི་འཕེལ་ཕྱོགས་དང་མི་རིགས་ཀྱི་མདུན་ལམ་ལ་དམིགས་དགོས་ལ། རྒྱའི་སྐད་ཡིག་སློབ་ཁྲིད་ཀྱི་སྐད་བརྡ་རུ་སྤྱད་ན། མི་རིགས་སོ་སོའི་བར་དཔལ་འབྱོར་དང་། སྤྱི་ཚོགས། རིག་གནས་འབྲེལ་འདྲིས་དང་འཕེལ་རྒྱས་སུ་གཏོང་བར་ཕན་ནུས་ཆེ་ཞིང་། ད་ལྟའི་བོད་ཀྱི་སློབ་གསོའི་གནས་བབ་དང་འཕེལ་ཕྱོགས་ལྟར་ན་འང་ཐད་ཀར་རྒྱའི་སྐད་ཡིག་ཏུ་བར་བརྒྱལ་བྱེད་པར་འོས་ཤིང་འཚམ་པས་ན། འཕྲལ་མར་རྒྱའི་སྐད་ཡིག་གི་སློབ་ཁྲིད་ལ་བརྩོན་འཇུག་བྱེད་པར་རིགས་སོ། །

༣. རྒྱལ་ཁབ་ཀྱི《བཅའ་ཁྲིམས》དང《མི་རིགས་ས་གནས་རང་སྐྱོང་གི་ཁྲིམས་ཡིག》ནང་དུ་གྲངས་ཉུང་མི་རིགས་ཀྱི་སྐད་ཡིག་སློབ་སྦྱོང་དང་བཀོལ་སྤྱོད་ལ་ཁེ་དབང་གནང་ཡོད་པ་དང་། དུས་མཚུངས་སུ་གྲངས་ཉུང་མི་རིགས་ཀྱིས་རྒྱལ་ཁབ་སྤྱི་སྤྱོད་ཀྱི་སྐད་ཡིག་སྟེ་རྒྱ་སྐད་རྒྱ་ཡིག་སློབ་པར་བསྐུལ་བས་ན། སློབ་ཁྲིད་ཀྱི་ལམ་ལུགས་དང་མ་ལག་ཁྲིད་དུ་སྲིད་ཇུས་དེ་རིགས་ལ་བརྩི་འཇོག་བྱེད་དགོས། ཡིན་ན་ཡང་དོན་དངོས་དང་བསྟུན་པ་ལས་དོན་གང་ཞིག་གཅིག་གཅོད་དུ་སྤེལ་མི་རུང་སྟེ། ཕ་སྐད་ཀྱི་ཁོར་ཡུག་ཁྲོད་དུ་བོད་སྐད་ཀྱི་རྨང་གཞི་ངེས་ཅན་ལྡན་པའི་གྲངས་ཉུང་མི་རིགས་ཀྱི་སློབ་མར་སློབ་ཆུང་གི་དུས་སུ་ཕ་སྐད་ཀྱི་སློབ་ཁྲིད་བྱས་ན། སློབ་མས་སློབ་གྲྭས་བྱམས་སྐྱོང་གནང་བའི་སྤྱོད་ཚོར་དང་བཅས་རང་ལ་རྩིས་མཐོང་ཆེ་ཞིང་ཡིད་ཆེས་རྙེད་ཅིང་རིག་སྟོབས་སྐྱེད་པ་ལ་ཕྱུག་ཁྲལ་མེད་པར་བསླབ་འབྲས་ལེགས་པར་བརྩོན་ནུས་པས། རྨང་གཞི་སློབ་གསོའི་དུས་སུ་བོད་རྒྱ་སྐད་གཉིས་ཀྱི་སློབ་ཁྲིད་ལག་བསྟར་བྱས་ཏེ། སློབ་ཆུང་གི་ལོ་རིམ་མཐོ་གྲས་ནས་རིམ་པར་རྒྱ་སྐད་ཁྲིད་པའི་དུས་ཚོད་ཇེ་མང་དུ་གཏོང་བ་དང་། དེ་ནས་རྒྱ་སྐད་ཀྱི་ཁྲིད་ཐབས་སུ་བརྒྱལ་ཞིང་མཐོ་འབྲིང་གི་དུས་སུ་བོད་རྒྱ་སྐད་གཉིས་ཀྱི་ཆུ་ཚད་རན་ཙམ་དུ་སོན་པར་བྱས་ན། སློབ་མ་མཐར་ཕྱིན་རྗེས་མཐོ་རིམ་སློབ་གྲྭར་རྒྱུགས་ཐྲད་ནས་བསྟུད་མུར་སློབ་སྦྱོང་བྱེད་པའམ། ཡང་ན་སྤྱི་ཚོགས་སྟེང་དུ་བྱ་བ་སྣ་ཚོགས་སུ་བསྒྲུབ་པར་ཕན་ནུས་ཆེའོ[2]། །

གོང་གསལ་གྱི་ལྟ་ཚུལ་དང་པོ་ནི་ཕ་སྐད་དམ་བོད་སྐད་ཀྱི་སློབ་གསོ་གཙོ་བའི་ཞར་ལ་རྒྱ་སྐད་ཀྱི་སློབ་ཁྲིད་ཀྱང་བསྟོན་མེད་དུ་སྤེལ་བའི་དཔེ་གཞི་ཡིན་ལ། བོད་ལྗོངས་ཀྱི་ཡུལ་གྲུ་ཕལ་ཆེ་བ་ལས་གཞན་མཚོ་སྔོན་དང་། ཀན་སུའུ། སི་ཁྲོན་བཅས་ཀྱི་རོང་འབྲོག་གཞི་རིམ་ས་ཁུལ་དུ་རྒྱུགས་ཆེ་བ་དང་། ལྟ་ཚུལ་གཉིས་པ་ནི་སྐད་བརྡ་གཉིས་པའམ་རྒྱ་སྐད་ཀྱི་

སློབ་གསོ་གཙོར་བྱས་པའི་ཞར་ལ་བོད་སྐད་ཀྱི་སློབ་ཁྲིད་ལའང་ཤུགས་སྐོན་རྒྱག་པའི་དཔེ་གཞི་ཞིག་སྟེ། ཕལ་ཆེར་དབུས་གཙང་ཕྱོགས་ཀྱི་ལྷ་ས་སོགས་དང་། ཁམས་ཕྱོགས་ཀྱི་བདེ་ཆེན་དང་། མུ་ལི་རྫོང་། མདོ་སྨད་ཀྱི་དཔའ་རིས་དང་། དཔའ་ལུང་སོགས་གཙོར་བྱས་བོད་ཁུལ་གྱི་རྒྱ་གྲོང་དང་གྲོང་ཁྱེར་ཉེ་ཕྱོགས་སུ་ཁྱབ་པའི་ལས་བྱེད་པ་དང་སྤོད་དམངས་གྲས་སུ་རྒྱུགས་ཆེ་ལ། ལྷ་ཚུལ་གསུམ་པ་ནི་མི་རིགས་རང་གི་སྲོལ་རྒྱུན་རིག་གནས་ལ་ཆགས་ཞེན་བྱེད་པ་དང་ཆབས་ཅིག དེང་རབས་སྤྱི་ཚོགས་རིག་གནས་ཀྱི་འཕོ་འགྱུར་སྣ་ཚོགས་དང་སློབ་མའི་ལས་འཚོལ་གྱི་དཀའ་ཁག་སོགས་ལ་དམིགས་ནས་བོད་རྒྱ་སྐད་གཉིས་རིས་མེད་དུ་སྤེལ་བའི་དཔེ་གཞིར་ངེས་ཤིང་བོད་འབངས་ཀུན་ལ་རིས་མེད་དུ་ཁྱབ་པའི་བསམ་ཚུལ་ཞིག་ལགས་ཀྱང་། ཁ་ཅིག་གིས་མཐའ་གཅིག་ཏུ་ཕ་སྐད་ཀྱི་སློབ་གསོ་ནི་མ་ལག་ཆ་ཚང་དུ་གྲུབ་མེད་པ་རྒྱུ་མཚན་དུ་བྱས་ནས་གང་ཞིག་བོད་རིགས་སློབ་མའི་སློབ་རིམ་འཕར་ཚད་དང་ལས་འཚོལ་བྱེད་པའི་གེགས་སུ་ངེས་པར་སེམས་ཀྱིན་དེ་ལ་ཁག་འགེལ་བྱེད་པ་མང་ཡང་། དོན་དུ་དེ་དག་ནི་ཕ་སྐད་ཀྱི་སྤྱོད་སྒོ་ལ་རེ་ཞིག་བཀག་སྡོམ་ཐེབས་ཤིང་སྔར་འདས་ཀྱི་གནས་ཚུལ་ཙམ་དུ་ཟད་པ་ལས་ཕ་སྐད་རང་ལ་གཞིས་སུ་གྲུབ་པའི་སྐྱོན་ཞིག་མ་ཡིན་ལ། དུས་ད་ལྟ་ཉིད་ནའང་སློབ་ཚང་ནས་མཐོ་འབྲིང་ཙམ་དུ་མ་ཟད། མཐོ་རིམ་སློབ་གྲྭ་ཆེན་མོ་གཅིག་པུ་ནའང་རིག་ཚན་དང་རྩིས་ཚན་སོ་སོ་དང་། དངོས་གཞི་ནས་ཤེས་རམས་པ་དང་འབུམ་རམས་པའི་བར་ཕ་སྐད་སློབ་གསོའི་མ་ལག་འཐུས་ཚང་དུ་གྲུབ་པ་རྣམས་བོད་རིགས་སློབ་མའི་མདུན་ལམ་ཇེ་ཡངས་སུ་བསྐྱེད་པའི་གོ་སྐབས་ལེགས་པོ་ཞིག་ཏུ་ངེས་པས་ན། ཕ་སྐད་རང་སྟེང་ལ་སྐྱོན་འགེལ་བྱེད་རྒྱུ་ཅི་ཡང་མེད་པར་འདོད། མཐར་གཏུགས་ན་བོད་ཁུལ་གྱི་སྐད་གཉིས་སློབ་གསོའི་དཔེ་གཞི་ནི་མི་རིགས་ཤིག་གི་རིག་གནས་སྲོལ་རྒྱུན་གྱི་སྲོག་དབང་གཞིར་བྱས་པའི་ཕུགས་འདུན་དང་། འབངས་ཕལ་མོ་ཆེའི་བློ་ཁ་ཕྱིར་ཕྱོགས། ད་ལྟའི་སྤྱི་ཚོགས་རིག་གནས་ཀྱི་འཕོ་འགྱུར། མི་རིགས་སློབ་གསོ་འཕེལ་རྒྱས་ཀྱི་ཆོས་ཉིད་བཅས་དང་བསྟུན་ནས་རྣམ་པ་རང་ཆས་སུ་སྤེལ་བ་ལས་སྲིད་ཐབས་ཀྱི་གཡོ་འགུལ་སྐྱོམ་ཤུགས་དང་བཙན་ཐབས་ལ་བརྟེན་པའམ་རང་གཞན་ཆགས་སྡང་གི་དམིགས་འདུན་དང་བསམ་སྦྱོར་མི་ལེགས་པ་ལྟར་སྐབས་འཕྲལ་ཙམ་གྱི་དགོས་དབང་དུ་སྤྱོད་མི་རུང་བས་ན། སྐད་གཉིས་སློབ་གསོའི་ལམ་ལུགས་དང་

དཔེ་གཞི་འཚོལ་ཞིབ་བྱེད་པ་ལའང་ཡང་དག་གི་ལྟ་སྟངས་དང་། དོན་དངོས་ཀྱི་ལག་ལེན། ཡུལ་ཆོས་ཀྱི་གནས་སྐབས་སྣ་ཚོགས་ལ་དམིགས་ནས་བདེན་ལུགས་སྐྱོང་རྒྱུ་ཤིན་ཏུ་གལ་ཆེ་བར་སེམས་སོ། །

གཉིས། སྐད་གཉིས་སློབ་གསོའི་དཔེ་གཞི་མི་འདྲ་བ་འགའ།

བོད་ལྗོངས་ཀྱི་སྐད་གཉིས་སློབ་གསོ་ལ་ཡུལ་ཁམས་སོ་སོའི་གནས་ཚུལ་མི་འདྲ་བ་དང་། སློབ་སྤྱོལ་གྱི་རྟུས་འགོད་མི་འདྲ་བ། སློབ་གྲྭའི་ཆ་རྐྱེན་མི་འདྲ་བ། འཕྲོལ་ཡུན་གྱི་དམིགས་ཡུལ་མི་འདྲ་བའི་དབང་གིས་སློབ་ཁྲིད་ཀྱི་དཔེ་གཞིའང་སྣ་ཚོགས་གྲུབ་ཡོད་དེ། 《བོད་ལྗོངས་ཀྱི་གྲངས་ཉུང་མི་རིགས་ཀྱི་རྒྱ་སྐད་སློབ་ཁྲིད་ཀྱི་གནས་ཚུལ་དང་ཞིབ་འཇུག》ནང་གི་དགོངས་དོན་གཞིར་བྱས་ནས་བོད་ལྗོངས་ཀྱི་རིམ་པ་སོ་སོའི་སློབ་གྲྭའི་སྐད་གཉིས་སློབ་ཁྲིད་ཀྱི་དཔེ་གཞི་མདོར་ཙམ་སྤྲོས་ན།

༡. བོད་ཀྱི་སྐད་དང་ཡི་གེ་ནི་སློབ་གསོའམ་སློབ་ཁྲིད་ཀྱི་བརྗོད་ཐབས་གཙོ་བོར་བྱེད་པ་སྟེ། སློབ་ཆུང་གི་ལོ་རིམ་གསུམ་པ་དང་ཡང་ན་བཞི་བ་ནས་རྒྱ་ཡིག་སློབ་འགོ་བཙམས་པ་ལ་གཙོ་བོ་བོད་སྐད་ཡིག་གི་སློབ་ཁྲིད་གཙོར་གཉེར་ཞིང་ཞར་ལ་རྒྱ་སྐད་ཁྲིད་པ་དང་། རྒྱ་ཡིག་ལས་གཞན་པའི་བསླབ་ཚན་རྣམས་བོད་སྐད་ཀྱིས་འཁྲིད་པར་བྱེད་པ་ཡིན་ལ། བོད་ལྗོངས་ཀྱི་སློབ་ཆུང་ཕལ་ཆེ་བ་དང་སློབ་འབྲིང་གི་བོད་རིགས་འཛིན་གྲྭ་ཁག་ཅིག་རིགས་འདིའི་གྲས་སུ་གཏོགས་པས། བོད་ལྗོངས་སུ་སྤྱོད་ཡུན་ཆེས་རིང་ཞིང་ཁྱབ་རྒྱ་ཆེས་ཆེ་བའི་སློབ་ཁྲིད་ཀྱི་རྣམ་པ་ཞིག་གོ །

༢. རྒྱའི་སྐད་ཡིག་སློབ་གསོའམ་སློབ་ཁྲིད་ཀྱི་བརྗོད་ཐབས་གཙོ་བོ་བྱེད་པ་སྟེ། སློབ་ཆུང་གི་ལོ་རིམ་དང་པོ་ནས་རྒྱ་སྐད་སློབ་འགོ་བཙམས་པ་དང་མཉམ་དུ་བོད་ཡིག་ཀྱང་ཁྲིད་པར་བྱས་ན་ཡང་། བསླབ་ཚན་ཉུང་ཤས་བོད་སྐད་ལ་བརྟེན་པ་ལས་མང་ཤོས་རྒྱ་སྐད་ཀྱིས་འཁྲིད་པར་བྱེད་ལ། བོད་རྒྱ་སྐད་གཉིས་ཀྱི་སློབ་ཁྲིད་རྩ་དོན་ལག་བསྟར་བྱེད་པ་ལགས། དུས་རབས་༢༠ བའི་ལོ་རབས་༡༠ བར་ལྷ་ས་གྲོང་ཁྱེར་གྱི་སློབ་ཆུང་དང་པོ་དང་ཚོང་ལྟའི་སློབ་ཆུང་སོགས་སློབ་ཆུང་བདུན་གྱི་བོད་རིགས་འཛིན་གྲྭ་ལ་བྱེད་ཐབས་འདི་རིགས་སྤྱད་ཅིང་། དུས་རབས་༢༠ བའི་མཇུག་ཏུ་ཆ་རྐྱེན་ལྡན་པའི་ས་གནས་དང་གྲོང་ཁྱེར་སོ་སོའི་

སློབ་ཚུང་དག་གིས་ཀྱང་མུར་མཐུད་ནས་བྱེད་ཐབས་འདིའི་རིགས་སྤེལ་འགོ་བཙམས་སོ། །

༣. བོད་སྐད་ཡིག་གི་སློབ་ཁྲིད་དང་རྒྱའི་སྐད་ཡིག་གི་སློབ་ཁྲིད་དུས་མཉམ་དུ་སྤེལ་བ་སྟེ། འདི་ནི་བསླབ་ཚན་ཁག་ཅིག་བོད་ཡིག་དང་ཁག་ཅིག་རྒྱ་ཡིག་གིས་ཁྲིད་པར་བྱས་ནས་སྐད་གཉིས་རིམ་མེད་དུ་སྤྱོད་པའི་ཟ་དོན་ལག་བསྟར་བྱེད་པ་ཡིན་ལ། དུས་རབས༢༠ལོ་རབས༨༠བའི་མཇུག་ནས་ལོ་རབས༩༠བར་ལྗོངས་ཡོངས་ཀྱི་བཞི་ཆའི་གཅིག་གི་དམའ་འབྲིང་བོད་ཡིག་གི་འཛིན་གྲྭ་རྣམས་ཀྱིས་སློབ་ཁྲིད་ཀྱི་དཔེ་གཞི་འདིའི་རིགས་སྤྱད་པ་ཤིན་ཏུ་མང་ངོ་། །

༤. སློབ་ཆུང་དུ་བོད་ཡིག་གི་ཁྲིད་ཐབས་གཙོས་པའི་ཞར་ལ་རྒྱ་ཡིག་སློབ་པ་དང་། དམའ་འབྲིང་དུ་ཐོག་མར་ལོ་གཅིག་གི་གྲ་སྒྲིག་ཏུ་རྒྱ་ཡིག་གསབ་ཁྲིད་བགྱིས་མཐར། རྒྱ་ཡིག་གི་ཁྲིད་ཐབས་གཙོར་བྱས་ཤིང་སློབ་ཡུན་ལོ་བཞི་རུ་བཀོད་པ་ཞིག་སྟེ། བྱེད་ཐབས་འདི་རིགས་དུས་རབས༢༠བའི་ལོ་རབས༧༠ནས་དུས་རབས༢༠བའི་མཇུག་ཏུ་ལྗོངས་ཡོངས་ཀྱི་དམའ་འབྲིང་འཛིན་གྲྭ་ཕལ་ཆེ་བས་སྤྱད་པར་བྱས་སོ། །

༥. སློབ་ཆུང་གི་ལོ་རིམ་དང་པོ་ནས་བཟུང་བོད་རྒྱ་སྐད་གཉིས་ཀྱི་སློབ་ཁྲིད་ལག་ལེན་བྱས་ཤིང་། བོད་ཡིག་ལས་གཞན་པའི་བསླབ་ཚན་མང་ཤོས་རྒྱ་སྐད་ཀྱིས་ཁྲིད་པ་དང་། སློབ་ཆུང་དང་། དམའ་འབྲིང་། མཐོ་འབྲིང་བཅས་ལ་སློབ་ཡུན་ལོ་བཅུ་གཉིས་སུ་བཀོད་ཅིང་། མཐོ་འབྲིང་མཐར་ཕྱིན་རྗེས་བོད་ཡིག་སྤྱོད་ཤེས་པ་མ་ཟད། རྒྱ་ཡིག་ཀྱང་སྤྱད་ནས་བྱ་བ་སྒྲུབ་པར་བྱེད་པའམ་ཡང་ན་བསྟུད་མུར་སློབ་སྦྱོང་བྱས་ནས་སྐད་གཉིས་ཀྱི་ཚུ་ཚད་མཐོར་འདེགས་པ་སྟེ། ཁྲིད་ཐབས་འདི་ནི་མིག་སྔར་བོད་ལྗོངས་ཀྱི་སློབ་གྲྭ་ཆུང་འབྲིང་ཕལ་ཆེ་བས་སྤྱོད་པར་བྱེད་དོ། །

༦. སྐད་གསུམ་ཡིག་གཉིས་ཀྱི་སློབ་ཁྲིད་བྱེད་ཐབས་ནི་བོད་ལྗོངས་རང་སའི་གྲངས་ཉུང་མི་རིགས་འདུས་སྡོད་ཀྱི་ས་ཁུལ་དུ་སྤྱོད་པ་ཞིག་སྟེ། མི་རིགས་རང་ལ་སྐད་ཡོད་ཀྱང་ཡི་གེ་མེད་པའི་མི་རིགས་ཆུང་གྲས་ཀྱི་སློབ་མ་སློབ་ཆུང་འགྲིམ་དུས་སུ། སློབ་གྲྭས་བོད་རྒྱ་གཉིས་ཀྱི་སྐད་ཡིག་གཙོར་བྱས་མི་རིགས་ཆུང་ཁྲས་རང་གི་སྐད་བརྡ་རམ་འདེགས་སུ་སྤེལ་བ་ཡིན་ཏེ། དཔེར་ན་མོན་པ་དང་། ལྷོ་པ། ཤར་པ་སོགས་འདུས་སྡོད་ཀྱི་ས་ཁུལ་དུ་བྱེད་

ཐབས་འདི་དག་སྤྱད་པ་བཞིན་ནོ། །

༧. བོད་ཀྱི་སྐད་ཡིག་རྩོམ་རིག་དང་བོད་སྨན་སོགས་ཆེད་ལས་ཀྱི་བསླབ་ཚན་དང་སྤྱི་གཉེར་བོད་ཡིག་གི་བསླབ་བྱ་ལས་གཞན་པའི་ཆེད་ལས་ཀྱི་བསླབ་ཚན་དང་། ཆེད་ལས་ཀྱི་རྨང་གཞི་བསླབ་ཚན། སྤྱི་གཉེར་གྱི་བསླབ་ཚན་རྣམས་རྒྱ་སྐད་ཀྱིས་འཁྲིད་པར་བྱེད་པ་སྟེ། བྱེད་ཐབས་འདི་རིགས་བོད་ལྗོངས་འབྲིང་རིམ་ཆེད་ལས་སློབ་གྲྭ་དང་མཐོ་རིམ་སློབ་གྲྭ་ཆེན་མོ་དག་གིས་སྤྱོད་པར་བྱེད་དོ། །[3]

ད་ལྟ་བོད་རང་སྐྱོང་ལྗོངས་སུ༨༥% ཡི་སློབ་ཆུང་གིས་བསླབ་ཚན་ཕལ་ཆེ་ནས་བོད་ཡིག་གི་ཁྲིད་ཐབས་སུ་བརྟེན་ཅིང་རྒྱ་ཡིག་ལོ་རིམ་དང་པོ་ནས་སློབ་འགོ་བཙུགས་པ་དང་། སློབ་འབྲིང་དུ་བོད་ཡིག་གི་ཁྲིད་ཐབས་གཙོར་བྱེད་པ་དང་རྒྱ་ཡིག་གི་ཁྲིད་ཐབས་གཙོར་བྱེད་པའི་རིགས་མི་འདྲ་བ་གཉིས་སུ་ཕྱེལ་བ་ལས། ཕྱི་མ་རྣམས་ནང་སར་བསྐྲུབས་པའི་བོད་ལྗོངས་ཀྱི་སློབ་འབྲིང་རྣམས་སུའང་སྤྱོད་ཤོས་ཆེ་བ་དང་། འབྲིང་རིམ་ཆེད་ལས་སློབ་གྲྭ་དང་མཐོ་རིམ་སློབ་གྲྭ་ཆེན་མོའི་བོད་ཀྱི་སྐད་ཡིག་རྩོམ་རིག་དང་གསོ་རིག་གི་སྡེ་ཁག་སོགས་སུ་ཆེད་ལས་ཀྱི་བསླབ་ཚན་དང་ཆེད་ལས་ཀྱི་རྨང་གཞིའི་བསླབ་ཚན་ཕལ་ཆེ་བ་བོད་སྐད་ཡིག་གི་ཁྲིད་ཐབས་སུ་བརྟེན་པ་མ་གཏོགས། གཞན་རྒྱའི་སྐད་ཡིག་དང་ཕྱི་ཡིག་སོགས་ཆེད་ལས་ཀྱི་བསླབ་ཚན་དང་སྤྱི་གཉེར་གྱི་བསླབ་ཚན་ཡོངས་རྒྱ་སྐད་ཀྱི་ཁྲིད་ཐབས་སུ་བརྟེན་པས། སྐད་གཉིས་སློབ་ཁྲིད་ཀྱི་དཔེ་གཞིའང་རིམ་པ་སོ་སོའི་སློབ་གྲྭའི་གནས་ཚུལ་ལྟར་སྣ་ཚོགས་སུ་འགྱུར་བཞིན་ཡོད་དོ། །

མདོ་ཁམས་ཕྱོགས་ཀྱི་སྐད་གཉིས་སློབ་གསོའི་དཔེ་གཞི་ལྟར་ན། སློབ་གྲྭ་ཆུང་འབྲིང་རྣམས་སུ་དབུས་གཙང་ཕྱོགས་ཀྱི་དཔེ་གཞི་བཞི་བ་དང་། དྲུག་པ། བདུན་པ་བཅས་ཀྱི་སྲིལ་སྟངས་མེད་ཀྱང་། དཔེ་གཞི་དང་པོ་དང་། གཉིས་པ། གསུམ་པ། ལྔ་བ་བཅས་ཀྱི་སྲིལ་སྟངས་ཡོད་པ་རྣམས་ཕལ་ཆེ་བ་སློབ་མའི་ཐོན་ཁུངས་མི་འདྲ་བ་དང་། སློབ་གྲྭའི་ཆ་རྐྱེན་མི་འདྲ་བ། འཕྲུལ་ཡུན་གྱི་དམིགས་ཡུལ་མི་འདྲ་བའི་དབང་གིས་སྐབས་བསྟུན་གྱིས་སྤྱོད་པར་བྱེད་དེ། དཔེར་ན་མཚོ་སྔོན་གྱི་རྨ་ལྷོ་ཁུལ་དང་མཚོ་ལྷོ་ཁུལ་སོགས་དང་། ཀན་སུའུ་ཀན་ལྷོ་ཁུལ་དུ་གཞི་རིམ་རོང་འབྲོག་ས་ཆའི་སློབ་མ་རྣམས་ལ་དཔེ་གཞི་དང་པོ་སྤྱོད་ཤོས་ཆེ་བ་དང་། རྒྱ་གྲོང་དང་ཉེ་བར་འབྲེལ་བའི་རོང་འབྲོག་ས་ཆ་དང་གྲོང་

བརྟལ་ནས་ཐོན་པའི་སློབ་མར་དཔེ་གཞི་གཉིས་པ་སྤྱོད་ཤོས་ཆེ་ལ། སི་ཁྲིན་གྱི་དཀར་མཛེས་དང་རྗ་བ་ཁུལ་གཉིས་སུ་དཔེ་གཞི་དང་པོ་ལས་ཀྱང་གཉིས་པ་དང་། གསུམ་པ། ལྷ་བ་སྤྱོད་ཤོས་ཆེ་བ་རྣམས་དེ་དང་ཕྱོགས་མཚུངས་སུ་སྣང་ཡང་། སྐབས་འགར་དགེ་རྒན་གྱི་ཆ་རྐྱེན་དང་སློབ་མའི་ཐོན་ཁུངས་སོགས་ཀྱི་དབང་གིས་ནང་གསེས་སུ་འགྱུར་ལྡོག་ཆེ་བ་དང་། ཡུན་ནན་བདེ་ཆེན་ཁུལ་དང་། ༼མུ་ལི་རྫོང་། དཔའ་རིས་རྫོང་སོགས་སུ་སྐད་བརྡའི་ཁོར་ཡུག་དང་། སློབ་གྲྭའི་ཆ་རྐྱེན། བཟའ་དཔོན་དང་སློབ་མའི་བསམ་འདུན་སོགས་མི་འདྲ་བའི་དབང་གིས་དཔེ་གཞི་གཉིས་པ་དང་ལྷ་བ་སྤྱོད་པ་མང་ངོ་། །

གཞན་ཡང་མདོ་ཁམས་ཕྱོགས་ཀྱི་སློབ་གྲྭ་ཆེན་མོ་རྣམས་ཏེ་མཚོ་སྔོན་མི་རིགས་སློབ་གྲྭ་ཆེན་མོ་དང་། མཚོ་སྔོན་དགེ་ཐོན་སློབ་གྲྭ་ཆེན་མོ། ནུབ་བྱང་མི་རིགས་སློབ་གྲྭ་ཆེན་མོ། ལྷོ་ནུབ་མི་རིགས་སློབ་གྲྭ་ཆེན་མོ། ཀན་སུའུ་མི་རིགས་དགེ་ཐོན་སློབ་གླིང་། སི་ཁྲིན་མི་རིགས་སློབ་གླིང་བཅས་ཀྱི་བོད་སྐད་ཡིག་རིག་གནས་སྐོར་གྱི་སློབ་གླིང་ངམ་སྡེ་ཁག་དང་བོད་ཡིག་རྩིས་ཚན་སྐོར་གྱི་སྡེ་ཁག་སོ་སོར་མཚོན་ན། ཕྱིར་བཏང་དུ་ངེས་སྦྱོང་སྐོར་གྱི་ཆེད་ལས་ཀྱི་རྨང་གཞིའི་བསླབ་ཚན་ནམ་ཆེད་ལས་ཀྱི་བསླབ་ཚན་དང་། ཡང་ན་འདེམ་སྦྱོང་གི་བསླབ་ཚན་གང་ཡང་རུང་ཕལ་ཆེ་བ་བོད་སྐད་ཡིག་གི་ཁྲིད་ཐབས་ལ་བརྟེན་པ་དང་། གཞན་སྤྱི་གཉེར་གྱི་རྨང་གཞིའི་བསླབ་ཚན་དང་རྒྱ་ཡིག་སོགས་རྒྱ་སྐད་ཀྱི་ཁྲིད་ཐབས་སུ་བརྟེན་པ་མང་ལ། དམིགས་བསལ་གྱི་དབང་དུ་བྱས་ན་དཔེ་གཞི་གཉིས་པའི་དབང་དུ་གྱུར་བའམ་ཡང་ན་རྩིས་ཚན་སྐོར་ལ་སློབ་གྲྭ་རེ་འགར་དགེ་རྒན་གྱི་མཐུན་རྐྱེན་མ་འཛོམས་པའི་རྐྱེན་གྱིས་བསླབ་ཚན་རེ་གཉིས་ཙམ་ལས་གཞན་རྣམས་ཡོངས་སུ་རྒྱ་སྐད་ཀྱི་ཁྲིད་ཐབས་ལ་བརྟེན་ཡོད་པས། འདི་རྣམས་ཕལ་ཆེ་བ་སློབ་གྲྭའི་དམིགས་ཡུལ་གྱི་འཕྲལ་ཡུན་དང་། རྟུས་འགོད་བྱེད་སྟངས། སློབ་ཁྲིད་ཀྱི་ཆ་རྐྱེན་སོགས་ལ་རག་ལས་སོ། །

 སྤྱིར་བོད་ཁུལ་གྱི་སྐད་གཉིས་སློབ་གསོའི་ལམ་ལུགས་དང་སློབ་ཁྲིད་ཀྱི་དཔེ་གཞི་ལ་རྒྱུ་རྐྱེན་སྣ་ཚོགས་ཀྱི་དབང་གིས་རིགས་སམ་དབྱེ་བ་མང་ཙམ་ཡོད་ན་ཡང་། གཙོ་བོ་སྤྱོད་ཡུལ་གྱི་རིང་ཚད་དང་། ཁྱབ་རྒྱ་ཆེ་ཆུང་། དཔེ་མཚོན་དུ་རུང་མིན་གྱི་གནད་རྣམས་གཞིར་བཟུང་ནས་བརྟགས་ན་ཆེས་དགེ་མཚན་ཆེ་བ་ལ་རིགས་གསུམ་ལས་མ་འདས་ཏེ།

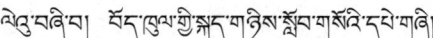

ཁྲབ་ཚུལ / རྣམ་གྲངས / དཔེ་གཞི	མཚན་ཉིད	ཁྲབ་ཡུལ་གཙོ་བོ།	
		སློབ་རིམ་གཙོ་བོ	ཡུལ་ཕྱོགས་གཙོ་བོ
དཔེ་གཞི་དང་པོ（Ⅰ）	རྒྱའི་སྐད་ཡིག་གཅིག་པུ་ལས་གཞན་པའི་བསླབ་ཚན་ཡོངས（དབྱིན་ཡིག་ཀྱང་འདུས）བོད་སྐད་ཀྱི་ཁྲིད་ཐབས་ལ་བརྟེན་པ།	མི་རིགས་སློབ་ཆུང་ཕལ་ཆེ་བ་དང་། མི་རིགས་སློབ་འབྲིང་མང་ཙམ་དང་། ཆེད་འབྲིང་སློབ་གྲྭ་དང་མཐོ་རིམ་སློབ་གྲྭ་ཆེན་མོའི་བོད་སྐད་ཡིག་གི་རིག་ཚན་དང་རྩིས་ཚན་གྱི་ཆེད་ལས་རེ་འགའོ། །	བོད་ལྗོངས་དང་། སི་ཁྲོན་དཀར་མཛེས་དང་རྔ་བ། མཚོ་སྔོན་གྱི་ཁུལ་ཕལ་ཆེ་བ། ཀན་ལྷོ་སོགས་ཀྱི་གཞི་རིམ་རོང་འབྲོག་ས་ཆ་ཕལ་ཆེ་བ་དང་། གྲོང་བརྡལ་ལམ་གྲོང་ཁྱེར་རེ་འགའོ། །
དཔེ་གཞི་གཉིས་པ（Ⅱ）	བོད་ཀྱི་སྐད་ཡིག་ལས་གཞན་པའི་བསླབ་ཚན་ཡོངས（དབྱིན་ཡིག་ཀྱང་འདུས）རྒྱའི་སྐད་ཡིག་གི་ཁྲིད་ཐབས་ལ་བརྟེན་པ།	མི་རིགས་སློབ་ཆུང་ཉུང་ཤས་དང་། མི་རིགས་སློབ་འབྲིང་དང་འབྲིང་རིམ་ལས་རིགས་སློབ་གྲྭ་མང་ཙམ་དང་། མཐོ་རིམ་སློབ་གྲྭ་ཆེན་མོའི་ཆེད་ལས་རེ་འགའོ། །	ཁམས་ཕྱོགས་ཀྱི་བདེ་ཆེན་དང་། མུ་ལི་རྫོང་། དཀར་མཛེས་དང་རྔ་བ་ཁུལ་གྱི་ཡུལ་གྲུ་ཁ་ཤས། ཀན་སྷུའུའི་དཔའ་རིས་སོགས་ཡུལ་གྲུ་ཁ་ཤས། མཚོ་སྔོན་གྱི་དཔའ་ལུང་སོགས་ཡུལ་གྲུ་ཁ་ཤས། བོད་ལྗོངས་ཀྱི་གྲོང་བརྡལ་ཁ་ཤས། ནང་སའི་བོད་ལྗོངས་ཀྱི་སློབ་འབྲིང（འཛིན་གྲྭ）སོགས་སོ། །
དཔེ་གཞི་གསུམ་པ（Ⅲ）	རྒྱ་བོད་སྐད་གཉིས་ཀྱི་ཁྲིད་ཐབས་རིས་མེད་དུ་སྤྱོད་པ་སྟེ་བསླབ་ཚན་ཁག་ཅིག་བོད་ཀྱི་སྐད་ཡིག་དང་ཁག་ཅིག་རྒྱའི་སྐད་ཡིག་གིས་ཁྲིད་པ།	འབྲིང་རིམ་ཆེད་ལས་སློབ་གྲྭ་དང་མཐོ་རིམ་སློབ་གྲྭ་ཆེན་མོའི་བོད་སྐད་ཡིག་གི་རིག་ཚན་དང་རྩིས་ཚན་གྱི་ཆེད་ལས་མང་ཤོས་དང་། སློབ་འབྲིང་མང་ཙམ་དང་། སློབ་ཆུང་ཉུང་ཤས་སོགས་སོ། །	བོད་ལྗོངས་དང་། སི་ཁྲོན་དཀར་མཛེས་དང་རྔ་བ། མཚོ་སྔོན་གྱི་ཁུལ་ཕལ་ཆེ་བ། ཀན་ལྷོ་སོགས་ཀྱི་རོང་སའམ་འབྲོག་ཁུལ་དང་། གྲོང་བརྡལ། གྲོང་ཁྱེར་རེ་འགའོ། །

ཞེས་པ་རྣམས་སྒྱི་འགྲོས་སུ་བཀོད་པ་མ་གཏོགས་བྱེ་བྲག་རྒྱ་རྐྱེན་མི་འདྲ་བའི་དབང་གིས་ཡུལ་ཕྱོགས་གཅིག་གི་སློབ་གྲྭ་སོ་སོ་བ་དང་། སློབ་གྲྭ་གཅིག་གི་འཛིན་གྲྭ་སོ་སོ་བའམ་སློབ་གླིང་གཅིག་གི་ཆེད་ལས་མི་འདྲ་བ་སོ་སོར་སློབ་རིམ་མི་འདྲ་བ་ལྟར་དཔེ་གཞི་གསུམ་ལས་གང་རུང་སྤྱད་རུང་ཞིང་། གཞན་སློབ་ཐུན་གཅིག་ལའང་ལོ་ཙཱའི་བྱེད་ཐབས་སྤྱོད་པའམ་བརྗེ་སྐད་འདྲེས་མར་སྤྱོད་པ་དང་ཡང་ན་རམ་འདེགས་ཀྱི་ཚུལ་དུ་སྤྱོད་པ་སྟེ་དབྱིན་སྐད་དང་རྒྱ་སྐད་ཁྲིད་པ་ལ་བོད་སྐད་ཀྱིས་རམ་འདེགས་བྱེད་པ་སོགས་སྣང་ཡང་། དེ་རྣམས་ཚད་ལྡན་མིན་ཞིང་ཏ་ཙང་རྙོག་འཛིང་ཆེ་བ་ལ་དགེ་མཚན་ཆེར་མི་འདུག་པས་ན། འདིར་བོད་ཁུལ་དུ་ཆེས་སྤྱོད་ཡུན་རིང་ཞིང་། ཁྱབ་རྒྱ་ཆེ་ལ། དཔེ་མཚོན་དུ་རུང་བའི་དཔེ་གཞི་གསུམ་ལྟར་བཀོད་པ་ལགས་སོ། །

གསུམ། སྐད་གཉིས་སློབ་གསོའི་དཔེ་གཞི་མི་འདྲ་བའི་ཁྱད་ཆོས།

དེ་ཡང་བོད་ཁུལ་གྱི་སྐད་གཉིས་སློབ་གསོའི་དཔེ་གཞི་ལ་སློབ་ཁྲིད་ཀྱི་སྐད་བརྗེ་འདེམ་སྤྱོད་བྱེད་སྟངས་མི་འདྲ་བ་དང་ཁྲིད་ཐབས་མི་འདྲ་བའི་ཆ་ནས་རིགས་སྣ་ཚོགས་སུ་སྣང་ལ། སོ་སོར་བྱེ་བྲག་གི་གྲུབ་སྟངས་དང་། ངོ་བོ། ཕན་ནུས་ཐད་ནས་བརྟགས་ན་ཁྱད་ཆོས་ཀྱང་མངོན་གསལ་དུ་ལྡན་ཏེ།

༡. ཕ་སྐད་གཙོས་པའི་ཁྱད་ཆོས་ནི་ཕ་སྐད་ཀྱི་རིག་གནས་སློབ་གསོའི་ཁོར་ཡུག་ཁྲོད་དུ་བོད་སྐད་ཡིག་གི་སློབ་གསོའི་ལམ་ལུགས་སམ་སློབ་ཁྲིད་བྱེད་ཐབས་གཙོར་བྱས་པའི་ཐོག་ལ་སྐད་བརྗེ་གཉིས་པ་སྟེ་རྒྱ་སྐད་དང་དབྱིན་སྐད་སོགས་སློབ་ཁྲིད་ཀྱི་ནང་དོན་དུ་སྦྱོལ་བ་ཡིན་ལ། འདི་ལ་སློབ་མར་རིག་སྒྲ་གྲོལ་བ་མྱུར་ཞིང་རིག་གནས་སྲོལ་རྒྱུན་གྱི་གསོ་སྐྱོང་ལེགས་པར་ཐོབ་པ་གཞིར་བྱས་རང་བཀུར་རང་བརྩི་དང་རང་ལ་ཡིད་རྟོན་གྱི་སེམས་ཤུགས་འཕེལ་བའི་ཕན་ནུས་ལྡན་ནོ། །

༢. སྐད་བརྗེ་གཉིས་པ་གཙོས་པའི་ཁྱད་ཆོས་ནི་སྤྱི་ཚོགས་རིག་གནས་ཀྱི་འཕོ་འགྱུར་བརྒྱུད་རིམ་ཁྲོད་དུ་སྐད་བརྗེ་གཉིས་པའི་ཐོབ་ཐང་དེ་ཕ་སྐད་ལས་གཟེངས་སུ་བཏེགས་ཤིང་། ཕ་སྐད་ཀྱི་སློབ་གསོའི་ལམ་ལུགས་ལས་ཀྱང་སྐད་བརྗེ་གཉིས་པ་སྟེ་རྒྱ་སྐད་དང་དབྱིན་སྐད་སོགས་ཀྱི་ཁྲིད་ཐབས་གཙོ་བོར་བརྟེན་པ་ལ། སློབ་མར་རང་གཞུན་

བཙན་སྐྱུལ་དང་རང་ལས་གཞན་ལྷག་གི་སེམས་ཤུགས་བསྐྱེད་སྲིད་ཀྱང་། ཐད་ཀར་ཕྱི་ཕྱོགས་སུ་འདྲིས་ཆ་ཆེ་ཞིང་རིག་སྒོ་ཡངས་པར་འབྱེད་པའི་ཕན་ནུས་ཆེས་ཆེར་ལྡན་པ་ཞིག་གོ །

༣. སྐད་གཉིས་མཉམ་སྦྱོད་ཀྱི་ཁྱད་ཆོས་ནི་མི་རིགས་རང་གི་རིག་གནས་སྲོལ་རྒྱུན་དང་དེང་རབས་གཞན་རིགས་ཀྱི་རིག་པའི་ལེགས་ཚོགས་ཟུང་འབྲེལ་དུ་སྤེལ་བའི་བརྒྱུད་རིམ་ཁྲོད་དུ། རང་གཞན་དག་གི་སྐད་ཡིག་སློབ་ཁྲིད་ལ་གཙོ་ཕལ་གྱི་ཤན་མ་འབྱེད་པར་སློམ་འདྲུག་གིས་སློབ་གསོའི་ལམ་ལུགས་སམ་སློབ་ཁྲིད་ཀྱི་བརྡ་སྐད་ཉིས་འགྲོས་སུ་སྤེལ་བ་ལ། སློབ་མར་རང་མེད་གཞན་འཚོལ་དང་གཞན་མེད་རང་འདོན་གྱི་ནུས་པ་བསྐྱེད་ཅིང་རིས་མེད་ཀྱིས་བསླབ་འབྲས་ལེགས་པར་འདོན་པར་ཕན་ནུས་ཆེས་ཆེར་ལྡན་པ་ཞིག་གོ །

༤. སྐད་གཉིས་འདྲིས་སྦྱོད་ཀྱི་ཁྱད་ཆོས་ནི་ཕ་སྐད་ཀྱི་རིག་གནས་སློབ་གསོ་དང་གཞན་སྐད་ཀྱི་རིག་གཞུང་མཉམ་འབྲེལ་དུ་ངོས་ལེན་བྱེད་པའི་བརྒྱུད་རིམ་ཁྲོད་དུ། གཞན་སྐད་ཀྱི་བརྗོད་བྱ་ནང་དོན་རང་སྐད་དུ་བསྒྱུར་ཅིང་རང་སྐད་ཀྱི་དགོངས་དོན་རྣམས་གཞན་སྐད་དུ་བསྒྱུར་ནས་ལོ་ཙཱའི་ཁྲིད་ཐབས་སུ་སྤེལ་བ་ལ། སློབ་མར་སྐད་གཉིས་མཉམ་སྦྱོར་གྱི་ཐབས་ཤེས་འཕྲུལ་མར་སྦྱོལ་ནུས་ཤིང་དཀའ་འགྲེལ་དོགས་སེལ་གྱིས་བློ་སྒོ་སྐྱེན་པར་འབྱེད་ནུས་ཀྱང་། སྐབས་འགར་བརྡ་སྐད་འདྲིས་མར་འབྱུང་བ་སོགས་ཚད་ལྡན་མ་ཡིན་པའི་ཞན་ཆ་དག་ཀྱང་ལྡན་པ་ཞིག་གོ །

༥. གཞན་སྐད་རམ་འདེགས་ཀྱི་ཁྱད་ཆོས་ནི་གཙོ་བོ་གཞན་སྐད་ཀྱི་རིག་པའི་དགོངས་དོན་ཇི་བཞིན་ནང་འདྲེན་དང་རྒྱུས་ལོན་བྱེད་པའི་བརྒྱུད་རིམ་ཁྲོད་དུ། གཞན་སྐད་ཀྱི་ཁྲིད་བྱའི་རིག་གཞུང་གང་གི་དཀའ་གནད་དང་དོགས་གཞི་རྣམས་སྐབས་འགར་ཕ་སྐད་ཀྱི་རམ་འདེགས་ལ་བརྟེན་ནས་གསེད་བཀྲོལ་གནང་བ་ཞིག་སྟེ། སློབ་མར་བརྡ་འགྲེལ་དང་གོ་སྐོན་དུ་ཕན་ཡང་གཞན་སྐད་རྣམ་དག་གི་སློབ་ཁྲིད་དུ་ངེས་དཀའ་བའི་ཞན་ཆ་ལྡན་པ་ཞིག་ཀྱང་ཡིན་ནོ། །

གཉིས་པ། སྐད་གཉིས་སློབ་གསོའི་དཔེ་གཞི་ལ་དཔྱད་པ།

དེ་ཡང་བོད་ཁུལ་གྱི་སྐད་གཉིས་སློབ་གསོའམ་སློབ་ཁྲིད་ཀྱི་དཔེ་གཞི་ནི་གནའ་ནས་ད་ལྟའི་བར་དུ་གཏན་འཇགས་མ་ཡིན་ཞིང་ཡུལ་དུས་གང་ཅུང་གི་རྒྱུ་རྐྱེན་སྣ་ཚོགས་ལ་བརྟེན་ནས་ངེས་མེད་དུ་འགྱུར་ལྡོག་བྱེད་པ་འདིས་ཀྱང་སློབ་གསོ་མི་སྣ་དང་རྒྱ་ཆེ་བའི་མང་ཚོགས་རྣམས་མགོ་ཐོམ་རྫོངས་མུན་གྱི་གནས་སུ་སྐྱེལ་བཞིན་ཡོད་པ་མ་ཟད། ཐད་ཀར་སྐད་གཉིས་སློབ་གསོའི་ སྤུས་ཚད་ལའང་ངན་ཤུགས་ཆེན་པོ་ཐེབས་ཀྱིན་ཡོད་པས། དུས་ད་ལྟ་ཉིད་ན་དོན་དམ་དུ་བོད་ཁུལ་གྱི་སྐད་གཉིས་སློབ་གསོའམ་སློབ་ཁྲིད་ཀྱི་དཔེ་གཞི་ནི་ག་འདྲ་ངེས་པ་དང་དེ་ཚུལ་ཇི་ལྟར་སྤེལ་དགོས་པ་སོགས་ལ་གཏིང་ཕྱིན་པར་བརྟག་ཅིང་དཔྱད་དགོས་ཚོད་དུ་འདུག་ཙ་ན། འདིར་ཡང་སྐད་གཉིས་གཙོ་ཕལ་གྱི་འབྲེལ་བ་དང༌། སྤྱི་ཕྱིའི་གོ་རིམ། དཔེ་གཞི་འཚམ་མིན་གྱི་ལེགས་ཉེས་ཐད་རོབ་ཙམ་དཔྱད་ནས་ངེས་ཤེས་ཙམ་འདྲོངས་པར་བྱ་དགོས་ཏེ།

གཅིག སྐད་གཉིས་གཙོ་ཕལ་གྱི་འབྲེལ་བ་ལ་དཔྱད་པ།

བོད་ཁུལ་གྱི་སྐད་གཉིས་སམ་སྐད་མང་སློབ་ཁྲིད་ཅེས་པ་ནི་གཙོ་བོ་བོད་སྐད་དང༌། རྒྱ་སྐད། ཕྱི་སྐད་གསུམ་གྱི་སློབ་ཁྲིད་ཡིན་ལ། སྐད་བརྡ་འདི་གསུམ་གྱི་གཙོ་ཕལ་གྱི་འབྲེལ་བ་ཇི་ལྟར་ཐག་གཅོད་པ་ནི་ཐད་ཀར་བོད་ཁུལ་གྱི་སྐད་གཉིས་སློབ་གསོ་ལེགས་པར་སྤེལ་ཐུབ་མིན་དང་མི་རིགས་སློབ་གསོར་ཕན་ནུས་ཆེན་པོ་ཐོབ་ཐུབ་མིན་གྱི་གནད་ཀ་ཞིག་ཡིན་ཕྱིར། ཐོག་མར་ངོས་འཛིན་སྙིང་གསལ་པོར་བྱ་དགོས་པ་མ་ཟད། སློབ་གསོ་བྱ་ཡུལ་སློབ་མའི་ལོ་ཚོད་ཀྱི་ཁྱད་ཆོས་སམ་སེམས་ཁམས་ཀྱི་ཁྱད་ཆོས་དང་སློབ་གསོ་གཏོང་བྱེད་སྐད་བརྡ་རང་སྟེང་གི་ཕན་ནུས་གཞིར་བཟུང་ནས་སྐབས་བསྟུན་འཕྲོད་སྦྱོར་བྱེད་པ་ཤིན་ཏུ་ནས་ཀྱང་གལ་ཆེའོ། །བོད་སྐད་ནི་བོད་རིགས་སློབ་མ་ཕལ་ཆེ་བའི་ཕ་སྐད་ཡིན་ལ། ཕ་སྐད་འདི་ལ་བྱིས་པ་གང་ཡང་ཉུང་འཛིག་རྟེན་དུ་ཐོན་པའི་དུས་སྐད་ཅིག་ཙམ་ནས་ཕ་མའི་གམ་དུ་གོམས་འདྲིས་སུ་སྦྱང་བ་ལ་བློ་རིག་རྩོལ་གྲོལ་དང་བློ་སྒོ་སངས་འབྱེད་ཀྱི་བྱེད་ནུས་ལྡན་པ་དང༌། བོད་ཡིག་ནི་བོད་རིགས་རང་གི་བྱིས་པའི་ཕ་སྐད་དམ་བོད་སྐད་ཐོ་ལ

འགོད་བྱེད་ཀྱི་ཡི་གེར་ངེས་ཤིང་། བོད་རིགས་རང་གི་བྱིས་པས་སློབ་གསོ་ངོས་ལེན་བྱེད་སྐྱིད་ཀྱི་བརྡ་ཐབས་འདྲིས་ཆ་ཅན་དང་། བློ་སྒོ་འབྱེད་བྱེད་ཀྱི་ལྡེ་མིག རིག་སྟོབས་སྤོག་བྱེད་ཀྱི་ཡོ་ཆས། བསམ་གཞིག་འཕེལ་བྱེད་ཀྱི་སྒྲོན་མེ་ལྟ་བུ་ཡིན་པས་ན། དམའ་རིམ་གྱི་སློབ་གསོ་ཁྱབ་གདལ་དུ་གཏོང་བ་ལ་ཕ་སྐད་ལས་ལྷག་པའི་བརྡ་ཐབས་ཕན་ནུས་ཅན་ཞིག་མེད་པ་འཛམ་གླིང་གི་སློབ་གསོ་སྨྲ་བ་ཀུན་ནས་གཅིག་མཚུངས་སུ་འདོད།[4] དེ་ལྟ་ནའང་རང་རྒྱལ་གྱི་གནས་ཚུལ་དངོས་ལྟར་ན། རྒྱ་སྐད་ནི་རྒྱལ་ཡོངས་ཀྱི་མི་འབོར་ཁྲིད་༩༢%ཟིན་པའི་རྒྱ་རིགས་ཀྱིས་བེད་སྤྱོད་པའི་སྐད་བརྡ་ཡིན་པ་མ་ཟད། རང་རྒྱལ་གྱི་མི་རིགས་སོ་སོས་ཕན་ཚུན་བར་འབྲེལ་འདྲིས་འཆའ་བྱེད་ཀྱི་སྤྱི་སྐད་ཡིན་ལ། ཀྲུང་གོའི་འདས་ཟིན་པའི་ལོ་རྒྱུས་སྟེང་གི་རིག་གཞུང་སྣ་ཚོགས་དང་ཉེ་རབས་ནས་ད་ལྟའི་བར་གྱི་རིག་གཞུང་རྒྱ་ཆེན་པོ་དང་ཚན་རིག་གི་གྲུབ་འབྲས་འབོར་ཆེན་རྒྱ་ཡིག་གི་ཐོག་ནས་པར་བསྐྲུན་བྱས་པ་མང་བ་མ་ཟད། ཕྱི་རྒྱལ་གྱི་རྩོམ་རིག་དང་ཚན་རིག་ལག་རྩལ་གྱི་དཔེ་དེབ་འབོར་ཆེན་དང་། ཐ་ན་རྒྱལ་ནང་གི་གྲངས་ཉུང་མི་རིགས་ཕལ་ཆེ་བའི་མཁས་པ་རྣམ་པའི་བསྟན་བཅོས་དང་ཞིབ་འཇུག་གི་འབྲས་བུ་ཕལ་ཆེ་བ་ཡང་རྒྱ་ཡིག་གི་ཐོག་ནས་བསྒྱུར་སྐྲུན་བྱས་ཡོད་ལ། སྒོས་སུ་དེང་རབས་ཀྱི་སྐབས་ཙམ་ན་ཡང་རྒྱལ་ཁབ་སྤྱིའི་ཆབ་སྲིད་དང་། དཔལ་འབྱོར། རིག་གནས་བཅས་ཚད་མཐོ་བར་གཅིག་གྱུར་དང་དེང་རབས་ཅན་མངོན་པར་འགྱུར་བའི་དགོས་མཁོ་དང་བསྟུན་ནས། རྒྱ་སྐད་ནི་ཀྲུང་ཧྭ་མི་རིགས་ཀྱི་ཁྱིམ་གཞི་ཆེན་པོའི་སྤྱི་སྤྱོད་ཀྱི་བརྡ་སྐད་དུ་གྱུར་འདུག དུས་མཚུངས་སུ་རང་རྒྱལ་དུ་བཅོས་སྒྱུར་སྒོ་འབྱེད་ཀྱི་ལས་དོན་ཀུན་རིམ་པར་གཏིང་ཟབ་ཏུ་འགྱུར་ཞིང་། རྒྱལ་སྤྱིའི་ཚོང་འགྲུལ་རྩ་འཛུགས་ཀྱི་ལས་སྒོ་རྒྱ་ཆེར་སྤེལ་བ། དཔལ་འབྱོར་འཛམ་གླིང་ཅན་དུ་ཁ་ཕྱོགས་པའི་གོམ་སྟབས་ཇེ་མྱུར་དུ་ཕྱིན་པ་དང་ཆབས་ཅིག འཛམ་གླིང་སྤྱི་སྤྱོད་ཀྱི་སྐད་བརྡ་སྟེ་དབྱིན་སྐད་ཀྱང་རང་རྒྱལ་གྱི་ཆབ་སྲིད་དང་། དཔལ་འབྱོར། རིག་གནས་བཅས་ཀྱི་ཁྱབ་ཁོངས་སོ་སོར་སྤྱོད་སྒོ་ཇེ་ཆེར་འགྲོ་བཞིན་ཡོད་ལ། ཁྱད་པར་དུ་སྐད་བརྡ་འདི་དག་ལ་ཕ་སྐད་ལས་ལྷག་པའི་སྤྱོད་སྒོ་ཡངས་ཤིང་གནོད་འགོག་མེད་པ་དང་། རྗོད་མཁན་གྱི་མི་གྲངས་མང་ཞིང་ཁྱབ་རྒྱ་ཆེ་ལ། ཆ་འཕྲིན་གྱི་ཤོང་རྒྱ་ཆེ་བ་སོགས་དགེ་མཚན་མང་པོ་ལྡན་ཕྱིར། ཚུལ་འདི་ལས་རྒྱལ་ནང་གི་གྲངས་ཉུང་མི་རིགས་ཡོངས་དང་བྱེ་བྲག་བོད་པའི་བྱིས་པ་རྣམས་ནས་

ཀྱང་རང་མི་རིགས་ཀྱི་སྐད་དང་ཡི་གེ་ལེགས་པོ་སློབ་དགོས་པ་མ་ཟད། རྒྱ་ཡིག་དང་དབྱིན་སྐད་ཀྱང་ལེགས་པོ་སྦྱང་དགོས་པ་དང་། དེ་དག་རིམ་མེད་དུ་རྟོགས་ན་ད་གཟོད་མི་རིགས་རང་གི་རིག་གནས་སྲོལ་རྒྱུན་དང་དེང་རབས་ཚན་རིག་གི་ཤེས་བྱ་སྣ་ཚོགས་ནང་བྱིན་ཆུད་ཐུབ་པ་གསལ་པོར་བསྟན་ཡོད་དོ། །

དེས་ན་སྐད་གཉིས་སློབ་གསོ་ཁྲིད་ཀྱི་ཕ་སྐད་དང་སྐད་བརྡ་གཉིས་པ་དག་གི་འབྲེལ་བ་ཇི་ལྟར་ལགས་ཞེ་ན། ཕན་ཚུན་ལ་གནོད་འགེགས་དང་ཁ་གསབ་ཀྱི་ཚུལ་སྣང་བ་ལས་ཕན་ཚུན་ཁ་གཏད་དང་གཅིག་དགག་གཅིག་སྒྲུབ་ཀྱི་འབྲེལ་བ་ལྟར་མི་སྣང་སྟེ། སྐུ་ཞབས་ས྄་ཏུང་གིས་མི་རིགས་སྐད་ཡིག་གི་སློབ་གསོ་དང་རྒྱ་ཡིག་གི་སློབ་གསོ་གཉིས་ཕན་ཚུན་ཕྱིར་འབུད་དམ་ཕན་ཚུན་ཚབ་བྱེད་པའི་འབྲེལ་བ་ཞིག་མ་ཡིན་པར། ཕན་ཚུན་གནོད་འགེགས་དང་ཕན་ཚུན་ཁ་གསབ་ཀྱི་འབྲེལ་བ་ཞིག་ཡིན་དགོས་པ་རེད་(5) ཅེས་གསུངས་ལ། དོན་དངོས་ལྟར་ན་འང་བོད་ཀྱི་སྐད་ཡིག་ནི་མི་རིགས་རང་གི་ཕ་སྐད་དུ་ངེས་ཤིང་རིག་གནས་སྲོལ་རྒྱུན་གྱི་རྨང་མཐུག་ལ་བོད་ལྗོངས་དུ་སྤྱོད་རྒྱ་ཆེ་ཕྱིར། བོད་སྐད་ཡིག་གི་སློབ་གསོ་ནི་བོད་རིགས་ས་ལྗོངས་དུ་མྱུར་མཐུད་ནས་གཏིང་ཕྱིན་པར་སྤེལ་དགོས་ཀྱང་། རྒྱལ་ཁམས་སྤྱི་སྤྱོད་ཀྱི་རྒྱ་སྐད་དང་འཛམ་གླིང་སྤྱི་སྤྱོད་ཀྱི་དབྱིན་སྐད་སོགས་དང་བསྡུར་ན། དེ་ལ་གེགས་རྐྱེན་མང་ཞིང་སྤྱོད་སྒོ་དོག་པས། བོད་སྐད་འབའ་ཞིག་གི་གསོ་སྐྱོང་ལ་བརྟེན་ནས་གང་ཞིག་ཡུལ་ཁམས་གཞན་དང་གླིང་གཞན་ཞིག་ལ་འགྲོ་ཐབས་མེད་པ་དང་། རྒྱ་སྐད་འབའ་ཞིག་ལ་བརྟེན་པའི་སློབ་མར་མཚོན་ན། དེ་བས་ཀྱང་མི་རིགས་རང་གི་རིག་གནས་སྲོལ་རྒྱུན་ལ་ཉམས་རྟོགས་ཟུར་ཙམ་ཡང་མེད་ཅིང་མི་རིགས་རང་གི་སྲོག་རྩ་འདོར་ཉེན་ཆེ་བ་སོགས་ལས་ཕྱིར་བོད་ལྗོངས་དུ་ཀློ་ཁ་ཕྱོགས་ཐབས་མེད་ལ། ཡང་མཐའ་གཅིག་ཏུ་དབྱིན་སྐད་གཙོར་བཟུང་ནས་སྐད་བརྡ་གཞན་གཉིས་ལ་སྣང་ཆུང་བྱས་ན། དེ་ཡང་དེང་རབས་བོད་ལྗོངས་ཀྱི་གནས་ཚུལ་དངོས་དང་མི་མཐུན་པས། ང་ཚོས་ཀྱང་སྐད་མང་སློབ་གསོ་ཁྲིད་ཀྱི་སྐད་གསུམ་གྱི་འབྲེལ་བ་དེ་ཡང་མི་རིགས་ཀྱི་ཕུགས་འདུན་དང་། སྤྱི་ཚོགས་ཀྱི་དོན་དངོས། སློབ་གསོའི་འཕེལ་ཕྱོགས་དང་བསྟུན་ནས་གཅིག་རམ་གཅིག་འདེགས་དང་ཕན་ཚུན་ཁ་གསབ་ཀྱི་ཚུལ་དུ་སྤེལ་དགོས་པར་སེམས་སོ། །

ཡིན་ན་ཡང་བོད་ཡིག་དང་། རྒྱ་ཡིག དབྱིན་ཡིག་གསུམ་གར་གཙོ་ཕལ་གྱི་འབྲེལ་

བ་མེད་པ་མ་ཡིན་ཏེ། མི་རིགས་ཤིག་ཐོག་མར་གཞན་གྲས་ནས་ཚུགས་ཐུབ་ཏུ་ཡར་ལངས་དགོས་ན། མི་རིགས་རང་གི་སྐད་ཡིག་སློབ་གསོར་བརྟེན་དགོས་པ་ལས་གཞན་སྐད་ལ་ཕྱོགས་དགོས་པ་མ་ཡིན་པའི་ཕྱིར། མ་གྲུབ་ན། རྒྱ་ནག་ཆོས་ཅན། ཕྱོད་འཕེལ་རྒྱས་སུ་འགྲོ་བ་ལ་དབྱིན་སྐད་བརྟེན་དགོས་པར་ཐལ། ཕ་སྐད་དམ་རྒྱའི་སྐད་ཡིག་ལ་ཕྱོད་བརྟེན་མི་ཉུང་བའི་ཕྱིར་ལ་སོགས་པའི་སྐྱོན་འབྱུང་སླ་བའི་ཕྱིར། མི་རིགས་ཀྱི་སློབ་གསོ་དེ་ཡང་བོད་རིགས་ཀྱི་ས་ཁུལ་ལ་མཚོན་ན། བོད་རིགས་རང་གི་སྔར་འདས་ཀྱི་ལོ་རྒྱུས་དང་། སེམས་ཁམས་གོམས་སྲོལ། རིག་གནས་སྲོལ་རྒྱུན་སོགས་གཞིར་བྱས་པའི་མི་རིགས་སྐད་ཡིག་གི་སློབ་གསོ་དང་། དེང་དུས་སུ་རྒྱ་ཆེ་བའི་བོད་རིགས་མང་ཚོགས་ལ་འདྲིས་ཆེ་ཞིང་རྒྱུས་མངའ་བའི་ཕ་སྐད་གང་ལ་བརྟེན་ནས་སྤེལ་བ་ལས་ཀུན་ལ་རྒྱུས་མེད་པའི་སྐད་བརྡ་གཞན་ཞིག་ལ་གཞི་ནས་བརྟེན་ཐབས་མེད་ལ། བརྟེན་ཐབས་ཡོད་པའི་དབང་དུ་བྱས་ནའང་། དཀྲུགས་ལམ་འབའ་ཞིག་ཏུ་གཏད་ཅིང་སྡུག་ཆགས་སུ་འགྲོ་ཉེན་ཆེ་བས། ཀུན་ནས་ཀྱང་སྲོལ་རྒྱུན་རིག་གནས་སྲོག་རྩར་ངེས་པའི་མི་རིགས་ཀྱི་ཕ་སྐད་རིག་གནས་རང་ཉིད་ཀྱི་བླ་སྲོག་ལྟར་གཅེས་སུ་བཟུང་ནས་སྐད་ཡིག་སྒྲིག་འཛུགས་ཀྱི་ལས་དོན་ལ་མཐོང་ཆེན་བྱེད་བཞིན་ཡོད་པ་རེད། གནད་དེ་ཡང་གསལ་བོར་བཤད་ན། ཕ་སྐད་རང་མི་རིགས་རང་གི་སེམས་རྒྱུད་དང་རང་གཤིས་ལ་དམ་དུ་འབྲེལ་ཞིང་བསམ་གཞིག་བྱེད་སྟངས་དང་ཉེ་བར་མཐུན་ལ། ཕ་སྐད་ཀྱིས་མཚོན་པའི་བསམ་གཞིག་གི་གོམས་སྲོལ་དང་ཕ་སྐད་རང་གནས་སའི་རིག་གནས་ཀྱི་ཁོར་ཡུག་ནི་མི་རིགས་རང་གི་མི་སྣ་རེ་རེར་མཚོན་ནའང་རང་ཉིད་སྐྱེས་མ་ཐག་གི་ཉིན་ནས་བཟུང་རིམ་བཞིན་གོམས་བྱང་གི་རྒྱུས་མངའ་བར་གྱུར་པས་ན། འདི་ལ་རང་རིགས་ཀྱི་སྲོལ་རྒྱུན་རིག་གནས་ཇི་བཞིན་ངོས་ལེན་དང་། བློ་སྒོ་གསར་འབྱེད། དེང་རབས་ཀྱི་ཤེས་ཡོན་གསར་བ་ནང་འདྲེན་བྱེད་པར་ཕན་ནུས་ཆེ་བ་མ་ཟད། དེ་ལ་བརྟེན་ནས་ཁྱིམ་རྒྱུད་ཀྱི་སློབ་གསོ་དང་། སྤྱི་ཚོགས་ཀྱི་སློབ་གསོ། སློབ་གྲྭའི་སློབ་གསོ་སྤེལ་བར་ཕན་ནུས་སྐྱེན་པས། བོད་ཁུལ་སྤྱིའི་སློབ་གསོ་ཁྱབ་གདལ་དང་བྱེ་བྲག་ཡིག་རྨོངས་གཙང་སེལ་དང་དམངས་ཡོངས་ཀྱི་སྤུས་ཚད་མཐོར་འདེགས་པ་ལ་གཞན་སྐད་ཀུན་གྱིས་དོ་ཟླར་མི་འོངས་པའི་ཕན་ནུས་ཆེན་པོ་ལྡན། ཚུལ་འདི་ལས་བོད་རིགས་ས་ཁུལ་དུ་བོད་སྐད་ལ་གཞན་སྐད་ཀུན་ལས་ལྷག་པའི་སློབ་གསོའི་འགན་ནུས་དང་ཕན་ནུས་

རྒྱ་ཆེན་པོ་ལྡན་པ་རྗོགས་སྐྱོའོ། །

གཉིས། སྐད་གཉིས་སྤྱི་ཡི་གོ་རིམ་ལ་དཔྱད་པ།

དེ་ཡང་མི་རིགས་སློབ་གསོའི་ཆོས་ཉིད་དང་མཐུན་ཞིང་ད་ལྟའི་བོད་ཡུལ་གྱི་དོན་དངོས་དང་འཚམ་པའི་སློབ་གསོ་ལམ་ལུགས་དང་སྐད་གཉིས་སློབ་ཁྲིད་ཀྱི་དཔེ་གཞི་ཞིག་གསལ་པོར་གཏན་འབེབ་བྱེད་ན། ཐོག་མར་སྐད་གཉིས་ལ་སློབ་སྦྱོང་བྱེད་པའི་སྤྱི་སྤྱིའི་གོ་རིམ་ལའང་ཞིབ་དཔྱད་ཡང་དག་ཅིག་ཡོད་དགོས་ལ། མིག་སྔར་བོད་ཡུལ་གྱི་སྐད་གཉིས་སམ་སྐད་གསུམ་སྤྱི་སྤྱིའི་གོ་རིམ་ལྟར་ན་ཁྱབ་རྒྱ་ཆེ་བའི་དཔེ་གཞི་བཞི་ཙམ་སྣང་སྟེ།

༡. ཐོག་མར་བོད་ཀྱི་སྐད་ཡིག་དང་རྗེས་སུ་རྒྱ་ཡིག་དང་དབྱིན་ཡིག་སློབ་པའི་དཔེ་གཞི།

༢. ཐོག་མར་རྒྱ་ཡིག་དང་ཕྱིས་སུ་བོད་ཡིག་དང་དབྱིན་ཡིག་སློབ་པའི་དཔེ་གཞི།

༣. ཐོག་མར་བོད་ཡིག་རྒྱ་ཡིག་གཉིས་དང་རྗེས་སུ་དབྱིན་ཡིག་སློབ་པའི་དཔེ་གཞི།

༤. སྐད་ཡིག་གསུམ་ག་དུས་མཉམ་དུ་སློབ་སྦྱོང་བྱེད་པའི་དཔེ་གཞི་བཅས་བཞི་ཡོད་པ་ལས། ས་གནས་སོ་སོའམ་སློབ་གྲྭ་སོ་སོའི་རང་ཉིད་ཀྱི་ཆ་རྐྱེན་དང་དམིགས་ཡུལ་ཇུས་འགོད་སོགས་མི་འདྲ་བའི་དབང་གིས་འགའ་ཞིག་གིས་དཔེ་གཞི་དང་པོ་ག་སྒོས་སུ་འཛིན་པ་དང་། ཡང་གྲོང་བརྡལ་དང་རོང་ཡུལ་ཁ་ཤས་སུ་དཔེ་གཞི་གཉིས་པ་ལྟར་བྱེད་ཀྱང་ཕ་སྐད་ཀྱི་སློབ་ཁྲིད་ཕལ་བར་བཀོད་པས་སྦྱོང་འབྲས་དང་ཕན་ནུས་ཞན་པ་དང་། ཕལ་ཆེ་བས་དཔེ་གཞི་གསུམ་པ་ལྟར་བྱེད་ཀྱང་། བྱེ་བྲག་དབྱིན་སྐད་ཀྱི་བཀོད་སྒྲིག་ལ་སློབ་ཚུང་གི་ལོ་རིམ་གསུམ་པ་དང་ཡང་ན་དམའ་འབྲིང་དང་པོ་ནས་འགོ་བཙུགས་པ་གང་རུང་ཡོད་པ་དང་། དཔེ་གཞི་བཞི་བའི་འགོད་ལུགས་ཀྱང་ད་ལྟ་བོད་ཡུལ་དུ་དར་ཁྱབ་ཆེ་ཡང་སློབ་མའི་འགན་འཁྲི་ལྕི་བ་ལ་ཀུན་ནས་སེམས་ཁྲལ་ཆེན་པོ་བྱེད་ཀྱིན་ཡོད་དོ། །

དེ་ལྟར་ན་གོང་སྨྲོས་ཀྱི་དཔེ་གཞི་དེ་དག་ལས་གང་ཞིག་མི་རིགས་སློབ་གསོའི་ཆོས་ཉིད་དང་མཐུན་པའམ་ཡང་ན་བོད་ཡུལ་གྱི་གནས་ཚུལ་དངོས་དང་འཚམ་པར་སྣང་ཞེ་ན། དཔེ་གཞི་དང་པོ་ཙུང་ཟད་འཚམ་པར་སྣང་ལ་བོད་ཡུལ་དུ་ཆེས་རྒྱུགས་ཆེ་བའང་དཔེ་གཞི་དང་པོ་ཡིན་ཏེ། རྒྱུ་མཚན་ནི་བྱིས་པ་ཞིག་ནར་སོན་པའི་བརྒྱུད་རིམ་ཁྲོད་དུ་ཆེས་ཐོག

མར་རྒྱུས་ཡོད་པ་ནི་ཕ་མའི་གམ་དུ་བསླབས་པའི་ཕ་སྐད་ཡིན་ལ། འགའ་ཞིག་ལ་མངལ་སྦྲུམ་གྱི་ཕྱི་ཚོགས་ནས་བཟུང་སྟེ་ཕ་སྐད་ཀྱི་གསོ་སྐྱོང་ཐེབས་ཡོད་ཅིང་། རིམ་པར་སློབ་ཆུང་དུ་ཚས་པའི་སྐབས་ཙམ་ན་བྱིས་པ་དེ་ཡང་ས་དེ་གའི་སྤྱི་ཚོགས་ཀྱི་མི་སྣར་ངེས་ཤིང་། རང་གཏོགས་པའི་མི་རིགས་ཀྱི་རིག་གནས་ཁོར་ཡུག་ལས་འདུལ་སྦྱོང་ཐེབས་པའི་མི་སྣར་གཏོགས་ཕྱིར། ཁོ་ཚོའི་བསམ་བློ་དང་། བསམ་གཞིག་གི་སྐད་ཆ། མིང་དོན་རྟོག་པའི་སྒྱུར་ལུགས། སྐད་བརྡའི་གཏན་ཚིགས་སོགས་ལ་ཕ་སྐད་ཀྱི་ཁ་དན་མཛད་ཅིང་མི་རིགས་ཀྱི་རྟགས་ཐེམ་བཀོད་ཡོད་ལ། རྟགས་ཐེམ་དེ་དག་ནི་བོད་ཁུལ་གྱི་བྱིས་པ་ཕལ་ཆེ་བར་མཚོན་ན་སློབ་གྲྭ་ཙམ་དུ་མ་ཟད་པར་ལོ་དྲུག་བདུན་སྔོན་གྱི་ཁྲིམ་མི་བར་གྱི་འབྲེལ་འདྲིས་ནས་རྩེད་གྲོགས་བར་གྱི་འགྲོ་འོང་གང་རུང་དུ་བོད་སྐད་འབའ་ཞིག་གི་ཚུལ་དུ་མངོན་པ་ལས་གཞན་སྐད་ཀྱི་ཚུལ་དུ་གྲུབ་པ་མ་ཡིན་ལ། ཐ་ན་རྒན་རབས་ནས་ཐོས་པའི་གཏམ་རྒྱུད་ཅིག་དང་རྩེད་གྲོགས་ནས་བསྙད་པའི་དགོད་གཏམ་གཅིག་ཀྱང་ཁྲིམ་རྒྱུད་དང་། སྤྱི་ཚོགས། ཁོར་ཡུག རིག་གནས་རྒྱབ་ལྗོངས་སོགས་ཀྱི་འདུལ་སྦྱོང་དང་བཅས་ཏེ་བྱིས་པའི་ཕ་སྐད་ཀྱི་དཔེ་གཞི་རུ་གྲུབ་ཡོད་པས། འདི་ལྟའི་ཕ་སྐད་ཀྱི་རིག་གནས་གོམས་སྲོལ་དང་སྐད་བརྡའི་རྨང་གཞི་གང་ཞིག་བོད་ཁུལ་གྱི་རྨང་གཞི་སློབ་གསོའི་ཆ་རྐྱེན་དུ་བརྩིས་ནས་ཕ་སྐད་དམ་བོད་སྐད་དག་པ་ཉིད་རྩོན་དུ་ཁྲིད་པ་དང་དེ་ནས་བོད་སྐད་ཀྱི་རམ་འདེགས་ལ་བརྟེན་ནས་རྒྱ་སྐད་དང་དབྱིན་ཡིག་ཁྲིད་པར་བྱས་ན། གཅིག་ནས་བོད་ཁུལ་གྱི་སློབ་གསོའི་ཆོས་ཉིད་དང་མཐུན་ཞིང་། གཉིས་ནས་སློབ་མའི་སེམས་ཁམས་དང་ཤེས་རྟོགས་ཀྱི་ནུས་ཚད་དང་འཚམ་ལ། གསུམ་ནས་ཕན་ནུས་སྨིན་ཞིང་སྦྱོང་འབྲས་ལེགས་པ་སོགས་ཀྱི་དགེ་མཚན་ཆེན་པོ་ལྡན་ཕྱིར། དཔེ་གཞི་དང་པོ་ག་སྙོགས་སུ་འཛིན་པ་ཤིན་ཏུ་གལ་ཆེ་བར་སེམས་སོ། །

དེ་བཞིན་དུ་བོད་ཁུལ་དུ་དར་ཁྱབ་ཆེ་བའི་སྐད་གསུམ་སློབ་ཁྲིད་ཀྱི་ཐྲ་ཕྱིའི་གོ་རིམ་ལྟར་ནའང་ལུགས་དང་མཐུན་པར་འགོད་པ་ཤིན་ཏུ་གལ་ཆེ་སྟེ། འགའ་ཞིག་གིས་དཔེ་གཞི་གཉིས་པ་ལྟར་བྱེད་ཀྱང་། བོད་ཁུལ་ལ་མཚོན་ན་རོང་འབྲོག་བྱིས་པ་རྣམས་འདྲིས་ཆེ་བའི་ཕ་སྐད་ནི་བོད་སྐད་ཡིན་ཞིང་། རྒྱུས་མངའ་བའི་ཁོར་ཡུག་ནི་བོད་པའི་རིག་གནས་སྲོལ་རྒྱུན་གྱི་ཁོར་ཡུག་ཡིན་པས། སློབ་གྲྭ་ཞུགས་མ་ཐག་དེ་རྣམས་དོར་ནས་ཐད་ཀར་རྒྱ

སྐད་ཀྱི་སློབ་གསོར་ཞུགས་ན། གཅིག་ནས་ཁྱིམ་རྒྱུད་དང་ཁོར་ཡུག་གིས་སློབ་གྲྭའི་སློབ་གསོར་རམ་འདེགས་བྱེད་མི་ནུས་པ་དང་། གཉིས་ནས་བྱིས་པ་རང་ལ་གཞི་ནས་འདྲིས་ཆ་མེད་པའི་ཁོར་ཡུག་གསར་བ་དང་བརྡ་སྐད་གསར་བས་སློབ་མའི་སློབ་སྦྱོང་དང་འཚོ་བའི་ཕྱོགས་གང་ཐད་ལ་དཀའ་ངལ་ཆེན་པོ་བཟོ་ཉེན་ཆེ་བས་དཔེ་གཞི་གཉིས་པ་མི་འཚམ་ལ། དཔེ་གཞི་གསུམ་པ་ལྟར་ན། གྲོང་བརྡལ་གྱི་རོང་འབྲོག་པའི་བྱིས་པ་རྣམས་ཀྱི་སློབ་གསོར་ཅུང་ཟད་འཚམ་ཡང་། གཞི་རིམ་གྱི་རྒྱ་ཆེ་བའི་རོང་འབྲོག་མང་ཚོགས་ཀྱི་བྱིས་པར་སྤྱད་ན། སློབ་མར་ཅུང་ཟད་དཀའ་ངལ་ཆེ་ཞིང་རྒྱ་ཡིག་གི་སྦྱང་འབྲས་ལེགས་པོ་མི་འབྱུང་ཡང་། བཙན་ཐབས་ཀྱིས་སྤྱད་ན་མི་རུང་བ་ཆེར་མེད། དཔེ་གཞི་བཞི་བ་ནི་སློ་བརྗོལ་རྩོལ་རྒྱུག་གི་སྦྱོད་སྟངས་སུ་གཏོགས་ཤིང་། སློབ་ཁྲིད་ཀྱི་ཆོས་ཉིད་དང་སློབ་མའི་ཤེས་རྟོགས་ཀྱི་ནུས་པ་དང་མི་མཐུན་ལ། སློབ་མའི་འགན་ཁུར་ལྗི་བར་བཀོད་པས། སློབ་མའི་ལུས་སེམས་བདེ་ཐང་དང་འཚར་ལོངས་འབྱུང་བར་ངན་ཤུགས་ཆེ། དེ་ལྟ་ན་དཔེ་གཞི་དང་པོ་ནི་བོད་ལྗོངས་ཀྱི་སློབ་གསོར་ཅུང་ཟད་འཚམ་པར་སྣང་སྟེ། ཐོག་མར་སློབ་མ་རྣམས་ཕ་སྐད་གང་ལ་རྒྱུས་མངའ་ཞིང་རིག་གནས་ཁོར་ཡུག་ལ་འདྲིས་ཆེ་བའི་རྨང་གཞི་སྟེང་དུ་བོད་ཡིག་བསླབས་ན། རིག་སྒོ་འབྱེད་པ་མགྱོགས་ཤིང་འཕྲུལ་མར་ཀྲང་ཚུགས་ནུས་ལ། དེ་ནས་རྒྱ་ཡིག་དབྱིན་ཡིག་དང་ཡང་ན་གཞན་པའི་བསླབ་ཚན་གང་རུང་སློབ་པ་ལ་ཕ་སྐད་དམ་བོད་ཡིག་གིས་རམ་འདེགས་བྱས་ན་ཕན་ནུས་ཆེན་པོ་འབྱུང་ངེས། ཡིན་ན་ཡང་མིག་སྔར་བོད་ལྗོངས་ལྟར་ན། སློབ་འབྲིང་གི་སྐབས་སུ་བོད་ཡིག་སློབ་སྤྱ་ཞིང་བོད་སྐད་གཙོར་ངེས་པ་དང་རྒྱ་ཡིག་སློབ་སྤྱ་ཞིང་རྒྱ་སྐད་གཙོར་ངེས་པའི་དཔེ་གཞི་གཉིས་ཡོད་པ་ལས་སློབ་མ་རྣམས་མཐོ་རིམ་སློབ་གྲྭར་ཐོན་ཆེ། སྤྱར་གྱི་རྨང་གཞི་ལྟར་རྒྱུན་བསྲིང་རྒྱུ་གལ་ཆེ་ཡང་འཛིན་གྲྭ་གཅིག་ལྟར་བསྲེས་ན། སློབ་གསོའི་ཆོས་ཉིད་དང་སློབ་མའི་ངོས་ལེན་གྱི་ཚུ་ཚད་དང་མི་མཐུན་པས་སྐྱོན་ཆེ་ལ། དེ་མཚུངས་སུ་རྒྱ་ཡིག་སློབ་ཆུང་གི་ཚུ་ཚད་ཙམ་ཞིག་ལ་མཐོ་འབྲིང་གི་བསླབ་དེབ་མི་འཚམ་པ་དང་། བོད་ཡིག་སློབ་ཆེན་གྱི་ཚུ་ཚད་ཙམ་ཞིག་ལ་མཐོ་འབྲིང་གི་བསླབ་དེབ་ཀྱང་མི་རན་པས། གང་ལ་གང་འཚམ་གྱི་ཤེས་བྱའི་འབྲེལ་མཚམས་མཐུད་དགོས་པ་ལས་གཅིག་གཅོད་དུ་སྤེལ་མི་རུང་ལ། ཐོག་མར་ཕ་སྐད་ཀྱི་སློབ་གསོ་དང་དེ་ནས་རྒྱ་སྐད་དང་དབྱིན་སྐད་ཀྱི་སློབ་གསོ་སྤེལ་བ་ལའང་བརྒྱལ་གྱི་དུས་རིམ་ངེས་ཅན་ཞིག་དགོས

ཏེ། སྐུ་ཞབས་ཀུག་ཡོ་ལྷུན་གྱིས། ཐོག་མར་རང་མི་རིགས་ཀྱི་སྐད་ཡིག་ལེགས་པར་སློབ་དགོས་པ་དང་། དེ་ནས་རིམ་གྱིས་རྒྱ་ཡིག་གཙོ་བོ་བྱེད་པའམ་ཡང་ན་སྐད་གཉིས་མཉམ་འགྲོས་སུ་སྤེལ་བའི་ལུགས་སུ་བརྒྱལ་བ་ནི་ཁ་ཕྱོགས་ཀྱི་གནད་དོན་ཞིག་སྟེ། དེ་ཡང་གཙོ་བོ་རང་མི་རིགས་ཀྱི་སྐད་ཡིག་གི་ཚུ་ཚད་ཇི་ལྟར་མཐོར་འདེགས་པ་དང་། རང་གཞན་སྐད་གཉིས་བར་གྱི་རྒྱུན་མཐུད་ཀྱི་འབྲེལ་བ་དང་སྤྱོད་སྟངས་ཀྱི་འབྲེལ་བ་ཇི་ལྟར་ཐག་གཅོད་པའི་གནད་དོན་དུ་ངེས་ཅན། གནད་དོན་འདི་དག་ཐག་བཅད་པ་འོས་འཚམ་ཡིན་མིན་ནི་ཐད་ཀར་རང་མི་རིགས་ཀྱི་སློབ་གྲྭ་ཆུང་འབྲིང་གི་སློབ་གསོ་ཁྱབ་གདལ་དུ་ཕྱིན་པའི་མགྱོགས་ཚད་དང་སློབ་གསོ་ལས་དོན་ཡོངས་ཀྱི་འཕེལ་རྒྱས་ལ་འབྲེལ་བ་དམ་པོ་ཡོད་པས། ངེས་པར་དུ་ཞིབ་འཇུག་ནན་ཏན་བྱ་དགོས[6] ཞེས་གསུངས་སོ། །

གསུམ། དཔེ་གཞི་མི་འཚམ་པའི་ཉེས་སྐྱོན་ལ་དཔྱད་པ།

མི་རིགས་སློབ་གསོའི་ལམ་ལུགས་དང་སློབ་ཁྲིད་ཀྱི་དཔེ་གཞི་འདེམ་སྤྱོད་བྱས་པ་མི་འཚམ་པའམ་བདམས་པ་མང་དྲག་པ་ལ་ཉེས་སྐྱོན་ཞིག་ཀྱང་ལྡན་ཏེ། ཕི་ལི་ཧྲི་ཏུ་དབྱིན་སྐད་དང་། འཇར་སྐད། ཐྭ་སྐད་བཅས་གསུམ་གཞུང་སྐད་དུ་བདམས་པ་ལ་སྤྱི་དམངས་རྣམས་ཀྱིས་སྐད་བརྡ་གསུམ་སློབ་དགོས་ཤིང་སྐད་བརྡ་སློབ་སྦྱོང་གི་འགན་ཁུར་ལྗི་བས་ན། ཁ་ཅིག་གིས་ཕི་ལི་ཧྲི་ལ་སྐད་བརྡ་རིག་པ་བ་ལས་བསམ་བློ་བ་མེད་པར་བརྗོད། དེ་བཞིན་དུ་བོད་ཁུལ་གྱི་སྐད་གསུམ་སློབ་ཁྲིད་ལ་མཚོན་ནའང་། སློབ་མས་དུས་ཡུན་རིང་པོ་དང་དུས་ཚོད་མང་ཙམ་སྤྱད་ནས་སྐད་བརྡ་མང་ཙམ་སློབ་པ་ལས་ཐབས་ཤེས་དང་ལག་རྩལ་གྱི་ཚ་རྣམས་ཉམས་སུ་མྱོང་ཐུབ་ཀྱི་མེད་ལ། སྔོས་སུ་དུས་སྐབས་ངེས་མེད་དུ་དཔེ་གཞི་སྣ་ཚོགས་སུ་བརྗེ་སྒྱུར་བྱེད་པའམ་ཡང་ན་གང་འདོད་ལྟར་དཔེ་གཞི་མི་འཚམ་པར་སྤྱད་པ་ལས་སློབ་མའི་རིག་སྟོབས་རྟོག་འདོན་བྱེད་པ་ལ་དལ་འགོར་བྱས་པ་དང་། སློབ་ཡུན་ནར་འགྱངས་བྱས་པ། སློབ་སྦྱོང་གི་སྤྲོ་སྣང་ཉམས་པར་བྱས་པ། བསླབ་རིམ་ལ་རྒྱུན་འབྲེལ་མེད་པ། རྒྱུགས་འབྲས་ཞན་པ། སློབ་རིམ་འཕར་ཚད་དམན་པ་སོགས་ཀྱི་ཉེས་སྐྱོན་མི་ཉུང་བ་འབྱུང་བཞིན་ཡོད་དེ། དཔེར་ན་བོད་ལྗོངས་སུ༢༠༠༩ལོར་རྟོག་དཔྱོད་བྱས་པ་ལྟར་ན། སློབ་ཆུང་ནས་བཟུང་སྐད་བརྡ་གཉིས་སྤྱད་དེ་སློབ་ཁྲིད་བྱས་ཤིང་། བྱེ་བྲག་རྩིས་

རིག་ལ་བོད་སྐད་དང་ཡང་ན་རྒྱ་སྐད་སྤྱད་པ་དང་མཉམ་དུ་བོད་ཡིག་གི་སློབ་ཁྲིད་ཀྱང་བྱས་ཏེ། ལོ་རིམ་དྲུག་ལ་དེབ་༡༢བསླབས་ཚར་བ་དང་། ལོ་རིམ་གསུམ་པ་ནས་དབྱིན་ཡིག་སློབ་འགོ་ཚུགས། དེ་རྣམས༢༠༠༡ལོར་སློབ་ཆུང་ཡོངས་ནས་འགོ་བཙམས་ཀྱང་། དམའ་འབྲིང་དུ་ཐོན་རྗེས། སློབ་གྲྭས་དགེ་རྒན་གྱི་ཆ་རྐྱེན་ལྟར་རྩིས་དངོས་རྫས་གསུམ་བོད་སྐད་ཀྱིས་འཁྲིད་པར་བྱེད་པའམ་ཡང་ན་རྒྱ་སྐད་ཀྱིས་ཁྲིད་པ་ཐག་གཅོད་དགོས་ལ། རྒྱ་རིགས་དགེ་རྒན་ཕལ་ཆེ་བས་བོད་སྐད་མི་ཤེས་པའི་རྐྱེན་གྱིས་རྒྱ་སྐད་ཀྱིས་ཁྲིད་པ་ཡོད་ཅིང་། གཞན་དུ་ན་མཐོ་འབྲིང་གི་སྐབས་སུ་བོད་ཡིག་གིས་འཁྲིད་མཁན་སློབ་གྲྭ་རེ་གཉིས་ལས་མེད་པའི་རྐྱེན་གྱིས་སློབ་རིམ་རྒྱུན་མཐུད་མི་ཐུབ་པའང་ཡོད[7] ཅེས་དང་། ཡང་རྫོང་ཁ་ཤས་ཀྱི་སློབ་ཆུང་དུ་རྩིས་རིག་དང་སྐད་ཡིག་གཉིས་རྒྱ་སྐད་ཀྱིས་ཁྲིད་པ་དང་། བསླབ་ཚན་གཞན་རྣམས་བོད་ཡིག་གིས་ཁྲིད་ཀྱང་། སློབ་འབྲིང་དུ་བོད་ཡིག་ལས་གཞན་པའི་བསླབ་ཚན་ཡོངས་རྒྱ་སྐད་ཀྱིས་འཁྲིད་པར་བྱེད་ལ། ཡང་རྫོང་ཁ་ཤས་ཀྱི་སློབ་ཆུང་དུ་རྒྱ་ཡིག་གཅིག་པུ་ལས་བསླབ་བྱ་གཞན་རྣམས་བོད་སྐད་ཀྱིས་འཁྲིད་པར་བྱེད། ཆུ་ཤུར་རྫོང་སློབ་འབྲིང་དུ་ཉེ་རྟོན་བསླབ་དེབ་གཞིར་བྱས་ནས་རྒྱ་ཡིག་དང་བོད་ཡིག་གི་ཁྲིད་ཐབས་འདེམ་སྤྱོད་བྱས་ཤིང་། རྩིས་དངོས་རྫས་གསུམ་བོད་ཡིག་གིས་ཁྲིད་ན་ཡང་། མཐོ་འབྲིང་དུ་སློབ་ཁྲིད་ཀྱི་སྐད་བརྡར་རྒྱུན་མཐུད་ཐབས་མེད་པས། ད་ལྟ་བོད་ཡིག་ལས་བསླབ་བྱ་གཞན་རྣམས་ཕལ་ཆེར་རྒྱ་སྐད་ཀྱིས་འཁྲིད་པར་བྱེད། བསླབ་དེབ་ཀྱང་ སྔ་དུས་སུ་རྒྱ་ཡིག་ཡིན་ལ། བར་དུ་བོད་ཡིག་བཀོལ་པ་དང་། ད་ལྟ་ཡང་བསྐྱར་རྒྱ་ཡིག་སྤྱོད་པར་བྱེད[8] ཅེས་ལྟ་བུ་ལས་བོད་ལྗོངས་ཀྱི་སྐད་གཉིས་སློབ་ཁྲིད་ཀྱི་དཔེ་གཞི་ནི་དགེ་རྒན་དང་བསླབ་དེབ་ཀྱི་རྐྱེན་ཙམ་ལ་བརྟེན་ནས་གང་འདོད་དུ་བརྗེ་སྒྱུར་བྱེད་ཀྱིན་ཡོད་པ་ཤེས་ནུས་པ་དང་། 《བོད་ལྗོངས་ཀྱི་གྲངས་ཉུང་མི་རིགས་ཀྱི་རྒྱ་སྐད་སློབ་ཁྲིད་ཀྱི་གནས་ཚུལ་དང་ཞིབ་འཇུག》 ནང་དུ། སློབ་ཆུང་དུ་བོད་ཡིག་གི་ཁྲིད་ཐབས་གཙོས་པའི་ཞར་ལ་རྒྱ་ཡིག་སློབ་པ་དང་། དམའ་འབྲིང་དུ་ཐོག་མར་ལོ་གཅིག་གི་གྲ་སྒྲིག་ཏུ་རྒྱ་ཡིག་གསབ་ཁྲིད་བགྱིས་མཐར། རྒྱ་ཡིག་གི་ཁྲིད་ཐབས་གཙོར་བྱས་ཤིང་སློབ་ཡུན་ལོ་བཞི་རུ་བཀོད[9] ཅེས་པ་ལས་སློབ་མའི་སློབ་ཡུན་ནར་འགྱངས་བྱས་ཡོད་པ་མངོན་པར་གསལ་ལོ། །

སློབ་ཁྲིད་ཀྱི་ཚོས་ཉིད་དང་སློབ་མའི་ཤེས་རྟོགས་ཀྱི་ནུས་པ་ལ་བརྩི་འཇོག་མེད་པར

སྐད་གཉིས་ཀྱི་དཔེ་གཞི་མི་འཚམ་པ་བཙན་ཐབས་ཀྱིས་སྤྱོད་པ་ལ་སློབ་མའི་སློབ་སྦྱོང་གི་སྤྲོ་སྣང་ཉམས་ཤིང་ཕན་འབྲས་ཞན་པའི་ཉེས་སྐྱོན་ཡང་མི་དམན་པ་འབྱུང་བཞིན་ཡོད་དེ། 《མཚོ་སྔོན་གྱི་བོད་རྒྱ་སྐད་གཉིས་ཀྱི་སློབ་ཁྲིད་ལ་རྟོག་དཔྱོད་བྱས་པའི་སྙན་ཞུ》 ནང་དུ། མཚོ་ལྷོ་ཁུལ་གསེར་ཆེན་རྫོང་མི་རིགས་སློབ་འབྲིང་ནི་གཞི་ཁྱོན་ཅུང་ཆེ་བའི་བཅའ་སྡོད་སློབ་གྲྭ་ཞིག་ཡིན་པ་ལ་སློབ་མ༨༥༠ཡོད། དམའ་འབྲིང་གི་ལོ་རིམ་སོ་སོར་འཛིན་གྲྭ༢རེ་དང༌། མཐོ་འབྲིང་ལ་འཛིན་གྲྭ༣ཡོད་པའི་སློབ་མ་རྣམས་ཀྱི་ཐོན་ཁུངས་གཙོ་བོ་ནི་ཕྱུགས་ལས་ཀྱི་ཞང༥དང༌། ཞིང་ལས་ཀྱི་ཞང༤། གྲོང་ཐོག་བཅས་ཡིན། སློབ་གྲྭས་བོད་ཡིག་ལས་བསླབ་བྱ་གཞན་རྣམས་ལ་རྒྱ་སྐད་ཀྱི་ཁྲིད་ཐབས་གཙོ་བོ་སྤྱོད་པ་རྒྱ་སྐད་ཀྱི་ཁོར་ཡུག་ཡོད་པའི་རོང་ཁུལ་དང་གྲོང་ཐོག་གི་སློབ་མར་ཅུང་ཟད་འཚམ་ཡང༌། འབྲོག་ཁུལ་དང་གཞི་རིམ་སློབ་ཆུང་དུ་ཕ་སྐད་གཙོར་བྱས་པའི་སློབ་མ་རྣམས་ལ་སློབ་འབྲིང་དུ་རྒྱ་སྐད་ཀྱི་ཁྲིད་ཐབས་བཙན་ཤུགས་ཀྱིས་སྤེལ་ན། སློབ་ཁྲིད་ཀྱི་བརྡ་སྐད་མ་འཚམ་པའི་དབང་གིས་སློབ་མ་ཁག་ཅིག་སྦྱང་འབྲས་མར་ཆག་པ་ཚབས་ཆེ་ལ། སློབ་མ་ཉུང་ཤས་སློབ་སྦྱོང་གི་རྗེས་མ་ཆོད་པས་ཕྱི་བཤོལ་བྱེད་པའང་ཡོད[10] ཅེས་དང༌། 《སྐད་བརྡའི་ཁོར་ཡུག་དང་བསྟུན་ནས་སྐད་གཉིས་སློབ་ཁྲིད་ཀྱི་དཔེ་གཞི་གདམ་གསེས་བྱེད་པའི་སྐོར་རགས་ཙམ་བརྗོད་པ》 ཞེས་པའི་ནང་དུའང༌། རྒྱ་སྐད་ཀྱི་ཁོར་ཡུག་མེད་པའམ་རྒྱ་སྐད་ཀྱི་ཁོར་ཡུག་ཆེས་ཞན་པའི་ཐེ་བོ་རོང་འབྲོག་ས་ཁུལ་དུ། རྒྱ་སྐད་ཀྱི་ཁྲིད་ཐབས་གཙོ་བའི་དཔེ་གཞི་ཁྱབ་ཆེ་བར་སྤེལ་ན། དགེ་སློབ་བར་ཐུན་མོང་དུ་བརྡ་ལན་འཕྲོད་བྱེད་སློབ་ཁྲིད་ཀྱི་བརྡ་སྐད་མེད་པས། དགེ་རྒན་གྱིས་རང་གིས་ཁྲིད་འདོད་པའི་ཤེས་བྱ་རྣམས་ཡང་དག་པའི་སྒོ་ནས་སློབ་མར་བསྒྲག་ཐུབ་ཀྱིན་མེད་ལ། སློབ་མས་ཀྱང་འཁྲིད་མཁན་དགེ་རྒན་གྱི་ཤེས་ཡོན་ཉམས་རྟོགས་དང་བཅས་པ་ཇི་བཞིན་ཐོས་ཤིང་གྲོལ་མ་ནུས་པས་ན། འདིས་ཀྱང་སློབ་མའི་ཤེས་བྱའི་ཐད་ཀྱི་ཐོས་རྒྱ་གྲོལ་བ་དང་བསམ་བློའི་ཤེད་རྒྱ་སྐྱེད་ཚུལ་ལ་གེགས་ཐེབས་ཤིང༌། རྫོང་ཡོངས་ཀྱི་སྐད་གཉིས་སློབ་ཁྲིད་ཀྱི་སྤུས་ཚད་མཐོར་འདེགས་པར་ངན་ཤུགས་ཐེབས་ཀྱིན་ཡོད[11] ཅེས་དང༌། དགེ་སློབ་བར་གྱི་བརྡ་ལན་སྤྲོད་བྱེད་སྐད་བརྡའི་གེགས་རྒྱ་དང་བསླབ་དེབ་བར་གྱི་གེགས་རྒྱའི་རྐྱེན་གྱིས་སློབ་མས་བསླབ་དེབ་ཀྱི་བརྡ་དོན་དང་རིགས་ལམ་གྲོལ་ཐུབ་ཀྱི་མེད་པར་བསླབ་དེབ་གཅིག་རྐྱང་ནག་རིས་གདོང་འདེད་དང་

བཙན་ཐབས་ཀྱིས་ཁྲིད་འཛིན་དུ་བཙུག་པས། སློབ་མའི་རིག་སྟོབས་སྤོག་མ་ནུས་པའམ་རིག་སྒོ་བག་ཡངས་སུ་འབྱེད་མ་ནུས་པར་བསམ་གཞིག་དང་དྲན་རྟོག་གི་ནུས་པར་འཆིང་རྒྱ་ཐེབས[12] ཞེས་དང་། ཡང་སློབ་ཚུང་གི་སྐབས་སུ་བསླབ་ཚན་གསུམ་གྱི་རྒྱུགས་འབྲས་ཤིན་ཏུ་ཞན་པ་དང་། སློབ་ཁུལ་ཕལ་ཆེ་བའི་བསླབ་ཚན་གསུམ་གྱི་རྒྱུགས་འབྲས་ཚད་གཞི་དང་མཐུན་པ་གཅིག་ཀྱང་མེད་པ། དམའ་འབྲིང་དང་མཐོ་འབྲིང་གི་སློབ་རིམ་འཕར་ཚད་ཀྱི་རྒྱུགས་འབྲས་མི་མཐོ་བ། སློབ་སྦྱོང་གི་ཕན་འབྲས་ཚད་གཅིག་ཏུ་སྟོད་པ་ལས་ཡར་ཐོན་མེད་པ་སོགས་ནི་རང་གི་ཕ་སྐད་རིག་གནས་ལས་བརྒལ་བའི་སློབ་ཁྲིད་ཀྱི་སྐད་བརྡ་སྤྱོད་སྟངས་ཀྱིས་དགེ་རྒན་གྱི་ཤེས་ཡོན་བརྒྱུད་སྒྲོག་དང་སློབ་མའི་ཤེས་བྱ་སྡུད་ཚད་ལ་གེགས་ཐེབས་པའི་མཇུག་འབྲས་སུ་ངེས་ཕྱིར། སློབ་ཁྲིད་ཀྱི་དཔེ་གཞི་མ་འཚམ་པའི་ཉེས་སྐྱོན་འབའ་ཞིག་ལས་མ་འདས་སོ། །[13]

མདོར་ན་སློབ་ཁྲིད་ཀྱི་དཔེ་གཞི་ངེས་མེད་དུ་བརྗེ་སྒྱུར་བྱེད་པའམ་སློབ་གསོའི་ཆོས་ཉིད་དང་མི་མཐུན་པར་གང་འདོད་དུ་སྤྱོད་པ་གང་ཡང་རུང་བོད་ཁུལ་གྱི་སློབ་གསོ་སྤྱིའི་འཕེལ་ཕྱོགས་དང་བྱེ་བྲག་སྐད་གཉིས་སློབ་གསོའི་སྤུས་ཚད་མཐོར་འདེགས་པའི་གེགས་སུ་འགྱུར་བཞིན་ཡོད་ལ། གེགས་སམ་བར་ཆད་དེ་དག་སེལ་བར་བྱེད་པའི་ཐབས་སུ་ང་ཚོས་སློབ་གསོ་བ་ཡུལ་གྱི་སློབ་མའི་ཕ་སྐད་རིག་གནས་ཀྱི་ཁོར་ཡུག་དང་། སློབ་མའི་ངོས་ལེན་གྱི་ནུས་ཚད། སློབ་ཁྲིད་ཀྱི་ཆོས་ཉིད་བཅས་དང་བསྟུན་ནས་སློབ་མའི་སློབ་སྦྱོང་གི་སྤྲོ་སྣང་འདྲེན་ཞིང་། རིག་སྒོ་འབྱེད་པ། རང་ལ་ཡིད་ཆེས་ཀྱི་སེམས་ཤུགས་དྲག་ཏུ་བསྐྱེད་པ་གཞིར་བྱས། ཕ་སྐད་རིག་གནས་ཀྱི་བརྡ་ཐབས་ཕན་ནུས་ཅན་ལ་བརྟེན་ནས་སྐད་བརྡ་གཉིས་པའམ་བསླབ་ཚན་གཞན་པ་རྣམས་ཀྱི་སློབ་ཁྲིད་ལ་རམ་འདེགས་ཀྱི་ནུས་པ་འདོན་པ། སློབ་གསོའི་ཆོས་ཉིད་ལ་བརྩི་འཇོག་ཡོད་པའི་སྒོ་ནས་གནས་སྐབས་ཀྱི་དཀའ་ཁག་དང་ཆ་རྐྱེན་མི་ལེགས་པ་སེལ་ཐབས་བྱས་ན། ད་གཟོད་བོད་ཁུལ་གྱི་སྐད་གཉིས་སློབ་གསོའི་ལམ་ལུགས་ཚན་རིག་དང་མཐུན་ཞིང་། རྣམ་པ་གཏན་འཇགས་སུ་འགྱུར་ངེས་ལ། སྤུས་ཚད་རྗེ་ལེགས་སུ་འཕེལ་ངེས་པར་སེམས་སོ། །

གསུམ་པ། སྐད་གཉིས་སློབ་གསོའི་དཔེ་གཞི་རྟུས་འགོད་བྱེད་སྟངས།

བོད་ཁུལ་གྱི་སྐད་གཉིས་སློབ་གསོའི་སྤུས་ཚད་ལ་ཤུགས་རྐྱེན་ཐེབས་པའི་རྒྱུ་རྐྱེན་ནི་སྤྱི་ཚོགས་རིག་གནས་ཀྱི་ཁོར་ཡུག་དང་། མི་རྣམས་ཀྱི་ཤེས་རྟོགས། དཔེ་གཞི་ཡི་རྟུས་འགོད། དགེ་རྒན་གྱི་སྤུས་ཚད། སློབ་གཉེར་དོ་དམ་སོགས་ཕྱོགས་མང་པོར་འབྲེལ་བ་ཡོད་ཀྱང་། དེ་ལས་དཔེ་གཞི་ཡི་རྟུས་འགོད་ལུགས་མཐུན་དང་ཡང་དག་ཡིན་མིན་ནི་ཐད་ཀར་སྐད་གཉིས་སློབ་ཁྲིད་ཀྱི་རྒྱལ་ཁམ་དང་ལེགས་ཉེས་ལ་འབྲེལ་བ་དམ་པོ་ལྡན་ཕྱིར། འདིར་ཡང་གོང་སྤྲོས་དཔེ་གཞི་ཡི་འཚོལ་ཞིབ་དང་དཔྱད་འབྲས་ལས་བརྟན་པའི་ཉམས་མྱོང་སོགས་གཞིར་བཟུང་། འབྱུང་འགྱུར་བོད་ཁུལ་གྱི་སྐད་གཉིས་སློབ་གསོའི་ལམ་ལུགས་སམ་སློབ་ཁྲིད་ཀྱི་དཔེ་གཞི་རྟུས་འགོད་བྱེད་སྟངས་ཐད་རང་གི་ལྟ་ཚུལ་དང་རྩ་གནད་འགའ་འདོན་འདོད་པ་འདི་ལྟ་སྟེ།

གཅིག ཕ་སྐད་རིག་གནས་ལ་མཐོང་ཆེན་བྱེད་པ།

མིག་སྔར་བོད་ཁུལ་གྱི་སྐད་གཉིས་སློབ་གསོའི་ལག་ལེན་ཁྲོད་དུ་རྒྱུགས་ཆེ་བའི་དཔེ་གཞི་ནི་བོད་ཡིག་གི་ཁྲིད་ཐབས་གཙོར་བྱེད་པ་དང་། རྒྱ་ཡིག་གི་ཁྲིད་ཐབས་གཙོར་བྱེད་པ། སྐད་གཉིས་རིས་མེད་དུ་སྤྱོད་པ་བཅས་གསུམ་ལས་མ་འདས་ཀྱང་། དེ་དག་ལས་དམངས་རྣམས་ཀྱི་འདོད་བློ་དང་མཐུན་ཞིང་ཆེས་དཔེར་མཚོན་དུ་རུང་བ་ནི་དཔེ་གཞི་དང་པོར [I] ངེས་པ་ལ་ལུགས་མཐུན་གྱི་རྒྱུ་མཚན་འདྲེན་རྒྱུ་ཤིན་ཏུ་མང་ཡང་མདོར་བསྒྲིལ་ནས་གནད་ཙམ་སྤྲོས་ན།

༡. སྐད་དང་ཡི་གེ་ནི་སྤྱི་ཚོགས་ཀྱི་མི་རྣམས་ཕན་ཚུན་ལ་འབྲེལ་འདྲིས་འཆའ་བྱེད་ཀྱི་བརྡ་ཐབས་ཁོ་ན་ཙམ་མ་ཡིན་པར། མི་རིགས་ཤིག་འགྲུབ་བྱེད་ཀྱི་རྒྱུ་རྐྱེན་གལ་ཆེན་ཞིག་དང་། མི་རིགས་གང་དེའི་བསམ་སྤྱོད་ངེས་སྲོལ་དང་འབྲེལ་བའི་བསམ་པའི་རིག་གནས་སམ་ལམ་ལུགས་རིག་གནས་ཤིག་ཡིན་ལ། དེས་ཀྱང་མི་རིགས་གང་དེའི་རིག་གནས་ཀྱི་སྣང་ཚུལ་ཅི་རིགས་ཡུལ་དུས་ལས་བརྒྱལ་བར་འཛིན་སྐྱོང་སྤེལ་གསུམ་བྱེད་ཅིང་།

སྐད་བརྡ་རང་སྙིང་གི་རིན་ཐང་དང་ཕན་ནུས་ཆེར་བསྐྱེད་དེ་སྤྱི་ཚོགས་ཡོངས་དང་སྤྱི་ཚོགས་ཀྱི་མི་སྣ་སོ་སོར་ཐོན་པའི་ཕན་ནུས་སམ་དགེ་མཚན་བརྗོད་ཀྱིས་མི་ལང་བའི་ཕྱིར་ན། ཀུན་གྱིས་སྐད་དང་ཡི་གེ་ནི་མི་རིགས་ཀྱི་མཚོན་བྱེད་གལ་ཆེན་ཞིག་དང་མི་རིགས་ཀྱི་བླ་སྲོག་ཅིག་ཡིན་པར་འདོད་ཅིང་། བྱེ་བྲག་མི་རིགས་ཤིག་གི་མི་སྣ་རེ་རེ་ལྟར་ན་འང་། སྐད་དང་ཡི་གེ་ནི་རང་གི་རིག་གནས་ཀྱི་ནང་དོན་གལ་ཆེན་ཞིག་ཏུ་དགོངས་ནས་གཅེས་སུ་འཛིན་པ་ལས་སྣང་ཆུང་དང་དམའ་འབེབ་བྱེད་མི་རུང་བའི་འགན་འཁྲི་བསྐྱོན་མེད་དུ་མཆིས་པས་ན། ཀན་དོར་ཞི་རིན་པོ་ཆེ་ནས། ཡུན་རིང་བོའི་ལོ་རྒྱུས་ལས་བྱུང་བའི་མི་རིགས་རང་གི་རིག་གནས་རིན་ཆེན་བདུད་རྩིའི་རྒྱུན་བཟང་རྨ་འབྲུའི་རྒྱུན་བཞིན་མི་རབས་མི་ཐོག་ལ་མ་ཉམས་པར་བྱ་ཕྱིར་འབད་པ་ཕོག་ན་སྙིང་ཡོད་པའི་བོད་མི་ཡོངས་ཀྱི་སྤྱི་འགན་བླ་ན་མེད་པ་ཡིན། དེའི་སྐབས་ཀྱིས་རང་སྐད་རང་ཡིག་ཉམས་གསོ་དང་རྒྱུན་འཛིན་གྱི་སློབ་གསོ་སྒོ་ཀུན་ནས་འབད་པ་ཤིན་ཏུ་གལ་ཆེ་ཞིང་། ད་སྐབས་མིག་རྒྱང་རིང་བའི་དཔྱོད་ལྡན་རྣམས་སྐད་ཡིག་རིག་གནས་མི་རིགས་ཀྱི་བླ་སྲོག་ཡིན་པར་ངོས་ཟིན་ནས། བླ་འབོད་བླ་སྲུང་གི་བྱ་བར་འབད་པ་འདི་ནི་ཕ་གཞིས་བུས་ཟིན་གྱི་བྱ་བ་རླབས་ཆེན་ཞིག་ཡིན་པ་སྨོས་ཅི་དགོས[14] ཞེས་གསུངས་སོ། །

༣. སྐད་དང་ཡི་གེ་ནི་མི་རིགས་ཐུན་མོང་གི་སེམས་རྒྱུད་དང་ངོ་བོ་གཅིག་ཏུ་འབྲེལ་བའི་རིག་གནས་ཀྱི་སྣང་ཚུལ་ཁྱད་པར་ཅན་ཞིག་ཡིན་ལ། དེ་ལ་མི་རིགས་ཀྱི་སྲོལ་རྒྱུན་དང་། རིག་གནས་འདུ་ཤེས། སྤྱོད་ལམ་ངེས་སྲོལ། བསམ་གཞིག་གི་དཔེ་གཞི་བཅས་འདུས་ཤིང་། ཡི་གེའམ་སྒྲ་གདངས་དང་མིང་གི་སྦྱེལ་སྟངས་དང་ཚིག་གི་སྦྱོར་བ་གང་རུང་ལ་མི་རིགས་རང་གི་བསམ་བློ་འདུ་ཤེས་དང་འཚོ་བའི་གོམས་གཤིས་ཀྱི་རྟགས་ཐེམ་བཏབ་ནས་མི་རིགས་རང་མཚན་པའི་སེམས་རྒྱུད་དང་ཐུགས་གཤིས་ཁྱད་པར་བའི་མཚོན་བྱེད་དུ་གྱུར་པས་ན། སློབ་མ་ཞིག་གིས་ཕ་སྐད་སློབ་པའི་བརྒྱུད་རིམ་ནི་དོན་དུ་གང་ལ་ཕ་སྐད་རིག་གནས་ཀྱིས་གསོ་སྐྱོང་དང་འདུལ་སྦྱོང་བྱེད་པའི་བརྒྱུད་རིམ་དུ་ངེས་པ་དང་ཆབས་ཅིག་རང་གི་བསམ་བློའི་སྒྲོང་གྲུབ་ཕུན་སུམ་ཇེ་ཚོགས་དང་། སེམས་ཤུགས་དང་ལ་རྒྱ་བསྐྱེད་པ། བློ་གདེང་དང་ཡིད་ཆེས་སྙེད་པའི་བརྒྱུད་རིམ་ཞིག་ཀྱང་ཡིན་པས། ཕ་སྐད་རིག་གནས་ཀྱི་སློབ་གསོའི་ངོ་བོ་ནི་དོན་དམ་དུ་བསམ་བློ་སྙིང་སྟོབས་ཀྱི་སློབ་གསོ་ཡིན་ལ།

བསམ་བློ་སྙིང་སྟོབས་ཀྱི་སློབ་གསོ་ནི་ཕྱུགས་ཚད་སློབ་གསོ་ཁྱབ་གདལ་དུ་གཏོང་བཞིན་པའི་དེང་གི་དུས་ནའང། སློབ་གསོ་ཐབས་ལམ་གང་སྤྱད་ཀྱང་སྣང་ཆུང་བྱ་མི་རུང་བའི་དོན་དངོས་ཀྱི་གནད་འགངས་ཆེན་ཞིག་ཏུ་འཁྱུམས་གདའོ། །

༣. མི་རིགས་ཞེས་པ་ནི་རིག་གནས་ཀྱི་ཕུང་གཟུགས་ཤིག་ཏུ་ངེས་ལ། སྐད་དང་ཡི་གེ་ནི་རིག་གནས་ཀྱི་མཚོན་བྱེད་གལ་ཆེན་ཡིན་པས། དེ་དག་སྨྲགས་མའི་ཆ་ནས་མི་རིགས་ཤིག་གི་སྲོག་རྩ་ཐེར་ཟུག་ཏུ་གྲུབ་ཡོད་པ་དང། སློས་སུ་བསམ་པའི་རིག་གནས་ནི་ནམ་རྒྱུན་མི་རིགས་ཤིག་གི་སྐད་བརྡའི་སྒྱུར་བ་དང་གཏིང་མར་འབྲེལ་ནས་ལོ་རྒྱུས་དང་སྲོལ་རྒྱུན་རིག་གནས་ཀྱི་སྙིང་པོར་གྱུར་ཅིང། སྐད་བརྡའང་རིག་གནས་སྤྱི་དང་ལྷག་པར་བསམ་པའི་རིག་གནས་ཀྱི་རྐང་མར་འབྲེལ་ཞིང་རིག་གནས་ཕུན་སུམ་ཚོགས་པའི་མཚོན་བྱེད་ཉག་གཅིག་ཏུ་གྱུར་སྟབས། སྐད་བརྡ་མེད་ན་རིག་གནས་ཞེས་པ་མངོན་པར་འགྲུབ་མི་ཐུབ་པ་དང། རིག་གནས་མེད་ན་མི་རིགས་ཟེར་བ་ཞིག་ཀྱང་གཞི་ནས་འགྲུབ་ཐབས་མེད་ལ། དེ་བཞིན་དུ་ཕ་སྐད་རིག་གནས་ཀྱི་ངོ་བོ་གཞན་དུ་འགྱུར་བའམ་གཞན་གྱིས་དོད་བྱེད་པ་གང་ཞིག་མི་རིགས་དེ་གཞན་འགྱུར་དང་ཉམས་དམས་སུ་འགྱུར་བཞིན་པའི་རྟགས་མཚན་དུ་ངེས་ཕྱིར། ཀུན་ནས་ཕ་སྐད་ཀྱི་རིག་གནས་ནི་མི་རིགས་ཤིག་གི་སྲོག་ཤིང་ལྟ་བུར་དགོངས་ནས་རྩིས་མཐོང་བྱེད་ཅིང། ཕ་སྐད་རིག་གནས་ཀྱི་སློབ་གསོ་ནི་མི་རིགས་ཤིག་ཉམས་ཉེན་ལས་སྐྱོབ་བྱེད་དང། དར་རྒྱས་སུ་གཏོང་བྱེད། རྟག་བརྟན་ཐེར་ཟུག་ཏུ་གནས་བྱེད་ཀྱི་ནུས་ལྡན་མཚོན་ཆ་ལྟ་བུར་མཐོང་བཞིན་ཡོད་དོ། །

ཡིན་ན་ཡང་གོང་གསལ་རྣམས་སྐད་གཉིས་སློབ་གསོའི་ཁྲིད་ཕ་སྐད་རིག་གནས་ལ་མཐོང་ཆེན་བྱེད་དགོས་པར་བསྟན་པ་ལས་མཐའ་གཅིག་ཏུ་གཞན་སྐད་གཞི་ནས་སློབ་མི་དགོས་པར་བསྟན་པ་མ་ཡིན་ཏེ། ༢༠༠༢ལོའི་རྒྱལ་ཡོངས་ཀྱི་ཐེངས་ལྔ་བའི་མི་རིགས་སློབ་གསོ་བྱ་བའི་གྲོས་ཚོགས་སྟེང་དུ། གྲངས་ཉུང་མི་རིགས་ཀྱི་སློབ་མས་རང་མི་རིགས་ཀྱི་སྐད་བརྡ་ལེགས་པར་སློབ་དགོས་པ་མ་ཟད། ཧུར་བརྩོན་སློས་རྒྱ་ཡིག་དང་དབྱིན་ཡིག་ཀྱང་སློབ་དགོས་ལ། མི་རིགས་གཞན་གྱི་ཕུལ་དུ་བྱུང་བའི་གྲུབ་འབྲས་བསྡུ་ལེན་བྱེད་པར་ངོ་སྣང་བྱེད་དགོས་ཏེ། དར་རྒྱས་ཆེ་བའི་མི་རིགས་ནི་སློ་འབྱེད་ཀྱི་འདུ་ཤེས་ཕྱུགས་དྲག་པའི་མི་རིགས་ཡིན་ངེས་པ་དང། མི་རིགས་ཤིག་གིས་མུར་མཐུད་དུ་མི་རིགས་གཞན་གྱི་

རིག་གནས་ཕུལ་བྱུང་བསྡུ་ལེན་བྱས་ན། ད་གཟོད་འཕེལ་རྒྱས་ཀྱི་གསོན་ཤུགས་ཆེ་བས། འདི་ནི་མི་རིགས་སློབ་གསོའི་འགན་འཁྲི་གལ་ཆེན་ཞིག་རེད་ཅེས་བསྟན་པ་དོན་ལ་གནས་ཕྱིར། སྐད་བརྡ་གཉིས་པའང་བརྩོན་སྦྱང་བྱ་དགོས་པ་སྨོས་མ་འཚལ། དེ་ལྟར་ན་ཕ་སྐད་རིག་གནས་ལ་མཐོང་ཆེན་བྱེད་པ་གཙོར་བྱས་པའི་སྐད་གཉིས་སློབ་གསོའི་ཇུས་འགོད་བྱེད་སྟངས་ཇི་ལྟར་ལགས་ཞེ་ན། གཤམ་གྱི་དཔེ་གཞི་རིགས་གསུམ་ལྟར་ལགས་ཏེ།

༡. རྐང་གཞི་སློབ་གསོའི་སྐབས་སུ་ཕ་སྐད་ཀྱི་སློབ་གསོ་ག་སོགས་སུ་བཟུང་སྟེ་སློབ་ཆུང་གི་སྔོན་དང་སློབ་ཆུང་གི་དམའ་རིམ་འཛིན་གྲྭའི་སྐབས་སུ་བོད་ཡིག་སྔོན་དུ་ཁྲིད་ནས་ཕ་སྐད་ལ་ཤུགས་སྣོན་བྱེད་པ་དང་། རྗེས་སུ་རྒྱ་ཡིག་དང་དབྱིན་ཡིག་ཁྲིད་པ་ལ་བོད་སྐད་ཀྱིས་རམ་འདེགས་ཙམ་བྱེད་པ་དང་། དེ་ལས་བསླབ་བྱ་གཞན་རྣམས་བོད་སྐད་ཀྱིས་འཁྲིད་པར་བྱེད་པ། སློབ་འབྲིང་གི་དུས་སུའང་རྒྱ་ཡིག་དང་དབྱིན་ཡིག་གཉིས་སོ་སོར་རང་སྐད་དུ་སྦྱོར་བ་ལས་བསླབ་བྱ་གཞན་རྣམས་ཚང་མ་བོད་ཡིག་གིས་འཁྲིད་པར་བྱེད་པ་དང་། སློབ་ཆེན་གྱི་སྐབས་སུ་ཕ་སྐད་རིག་གནས་དང་འབྲེལ་ཡོད་ཀྱི་བསླབ་བྱའམ་ཆེད་ལས་ཀྱི་བསླབ་ཚན(རྐང་གཞིའི་བསླབ་ཚན) རྣམས་ནང་དོན་དང་བསྟུན་ནས་བོད་ཡིག་བོད་སྐད་ཀྱིས་ཁྲིད་པ་དང་། ཕྱི་ཡིག་རྣམས་ཕྱི་སྐད་རྣམ་དག་ལ་བརྟེན་པ་ལས་བསླབ་ཚན་གཞན་རྣམས་རྒྱ་སྐད་གཅིག་རྐྱང་གིས་ཁྲིད་པར་བྱས་ན་ཆུང་འཚམ་པར་སྣང་བའི་དཔེ་གཞི་རིགས་དང་པོའོ། །

༢. རྐང་གཞི་སློབ་གསོའི་སྐབས་སུ་ཕ་སྐད་ཀྱི་རིག་གནས་སློབ་གསོ་གཙོར་བྱེད་པ་ལ་སློབ་ཆུང་གི་སྔོན་དང་ཡང་ན་སློབ་ཆུང་ནས་བོད་རྒྱ་སྐད་གཉིས་དུས་མཉམ་དུ་བཀོད་ཀྱང་དབྱིན་སྐད་རྗེས་སུ་ཁྲིད་པ་དང་། རྒྱ་ཡིག་དང་དབྱིན་ཡིག་སོ་སོར་རང་སྐད་དུ་སྦྱོར་བ་ལས་བསླབ་ཚན་གཞན་རྣམས་ཡོངས་སུ་བོད་སྐད་ཀྱི་ཁྲིད་ཐབས་སུ་བརྟེན་པ་དང་། སློབ་འབྲིང་གི་སྐབས་སུ་བོད་རྒྱ་དབྱིན་གསུམ་གྱི་སྐད་ཡིག་སོ་སོར་རང་སྐད་དུ་སྦྱོར་བ་ལས་བསླབ་བྱ་གཞན་རྣམས་མང་ཤོས་བོད་ཡིག་དང་ཉུང་ཤས་རྒྱ་ཡིག་གིས་འཁྲིད་པར་བྱེད་པ་དང་། སློབ་ཆེན་གྱི་སྐབས་སུ་ཕ་སྐད་རིག་གནས་དང་འབྲེལ་ཡོད་ཀྱི་བསླབ་བྱའམ་ཆེད་ལས་ཀྱི་བསླབ་ཚན(རྐང་གཞིའི་བསླབ་ཚན) རྣམས་ནང་དོན་དང་བསྟུན་ནས་མང་ཤོས་བོད་ཡིག་དང་ཉུང་ཤས་རྒྱ་སྐད་ཀྱིས་ཁྲིད་པ་དང་། ཕྱི་ཡིག་རྣམས་ཕྱི་སྐད་རྣམ་དག་ལ་

བརྟེན་པ་ལས་བསླབ་ཚན་གཞན་རྣམས་རྒྱ་སྐད་གཅིག་རྐྱང་གིས་ཁྲིད་པར་བྱས་ན་ཐུང་ཟད་འཚམ་པའི་དཔེ་གཞི་རིགས་གཉིས་པའོ། །

༣. རྨང་གཞི་སློབ་གསོའི་སྐབས་སུ་ཕ་སྐད་རིག་གནས་ཀྱི་ཁྲིད་ཐབས་ག་སོགས་སུ་འཛིན་པ་ལ་སློབ་ཆུང་གི་སྐབས་སུ་སྐད་གསུམ་དུས་མཉམ་དུ་བཀོད་ཀྱང་གཙོ་ཕལ་གྱི་ཁྱད་འབྱེད་དེ། རྒྱ་ཡིག་དང་དབྱིན་ཡིག་གཉིས་སོ་སོར་རང་སྐད་ཀྱིས་ཁྲིད་པ་ལ་ཕ་སྐད་ཀྱི་རམ་འདེགས་ཙམ་བྱེད་པ་དང་། བསླབ་བྱ་གཞན་རྣམས་མང་ཤོས་བོད་སྐད་དང་ཞུང་ཤས་རྒྱ་སྐད་ཀྱིས་ཁྲིད་པ་དང་། སློབ་འབྲིང་གི་དུས་སུ་བོད་རྒྱ་དབྱིན་གསུམ་གྱི་སྐད་ཡིག་སོ་སོར་རང་སྐད་ཀྱིས་ཁྲིད་པ་ཕུད། བསླབ་བྱ་གཞན་རྣམས་ཕྱེད་ཀ་བོད་ཡིག་དང་ཕྱེད་ཀ་རྒྱ་ཡིག་གིས་འཁྲིད་པར་བྱེད་པ་དང་། སློབ་ཆེན་གྱི་སྐབས་སུ་ཕ་སྐད་རིག་གནས་དང་འབྲེལ་ཡོད་ཀྱི་བསླབ་བྱའམ་ཆེད་ལས་ཀྱི་བསླབ་ཚན(རྨང་གཞིའི་བསླབ་ཚན) རྣམས་ནང་དོན་དང་བསྟུན་ནས་ཕྱེད་ཀ་བོད་ཡིག་དང་ཕྱེད་ཀ་རྒྱ་ཡིག་གིས་ཁྲིད་པ་དང་། ཕྱི་ཡིག་རྣམས་ཕྱི་སྐད་རྣམ་དག་ལ་བརྟེན་པ་ལས་བསླབ་ཚན་གཞན་རྣམས་རྒྱ་སྐད་གཅིག་རྐྱང་གིས་ཁྲིད་པར་བྱས་ན་ཐུང་ཟད་འཚམ་པའི་དཔེ་གཞི་རིགས་གསུམ་པ་བཅས་སོ། །

གཉིས། སློབ་གསོའི་ཆོས་ཉིད་ལ་བརྟེ་འཛུག་བྱེད་པ།

སློབ་གསོའི་ཆོས་ཉིད་ནི་སློབ་གསོ་དང་། སྤྱི་ཚོགས། མི་ཕན་ཚུན་བར་དང་སློབ་གསོ་ནང་ལུགས་ཀྱི་རྒྱུ་རྐྱེན་ཕན་ཚུན་བར་གྱི་ངོ་བོར་གྱུར་པའི་འབྲེལ་བ་ལ་བྱ་ཞིང་། དེ་ལ་ཕྱི་རྐྱེན་གྱི་དབང་དུ་གྱུར་ཅིང་། བཟློག་ཏུ་མེད་པ། གཏན་འཇགས་སུ་གནས་པ། བསྐྱར་དུ་ཟློས་པ་བཅས་ཀྱི་ཁྱད་ཆོས་ལྡན་ཏེ། དཔེར་ན་སློབ་གསོ་དང་སྤྱི་ཚོགས་ཀྱི་ཆབ་སྲིད་དང་། ཐོན་སྐྱེད། དཔལ་འབྱོར། རིག་གནས། མི་གྲངས་ཀྱི་འབྲེལ་བ་དང་། སློབ་གསོའི་བྱ་འགུལ་དང་མིའི་འཕེལ་རྒྱས་བར་གྱི་འབྲེལ་བ། སློབ་གསོ་ནང་ལུགས་ཀྱི་སློབ་གྲྭའི་སློབ་གསོ་དང་། སྤྱི་ཚོགས་ཀྱི་སློབ་གསོ། ཁྱིམ་གཞིའི་སློབ་གསོ་བར་གྱི་འབྲེལ་བ། སློབ་གྲྭ་ཆེ་འབྲིང་ཆུང་གསུམ་གྱི་སློབ་གསོ་བར་གྱི་འབྲེལ་བ། སློབ་གྲྭའི་སློབ་གསོ་ཡི་དམིགས་ཡུལ་དང་སློབ་ཁྲིད་བར་གྱི་འབྲེལ་བ། སློབ་གསོའམ་སློབ་ཁྲིད་བརྒྱུད་རིམ་ཁྲོད་ཀྱི་རིག་སྟོབས་ཀྱི་སྐྱེད་སྲིང་དང་སྤྱོད་ལམ་བདེ་ཐང་བར་གྱི་འབྲེལ་བ། རིག་སྟོབས་གསོ་སྐྱོང་ཁྲོད་ཀྱི་སློབ་གསོ

གཏོང་མཁན་གྱི་ཐབས་ལམ་དང་སློབ་མའི་ཤེས་རྟོགས་ཀྱི་ཆུ་ཚད་བར་གྱི་འབྲེལ་བ། སློབ་མའི་སློབ་སྦྱོང་གི་ཀུན་སློང་དང་། རྣམ་འགྱུར། ཐབས་ལམ། ཕན་འབྲས་བར་གྱི་འབྲེལ་བ་སོགས་ལ་དེ་མཚུངས་ཀྱི་ཁྱད་ཆོས་ལྡན་པའི་སློབ་གསོའི་ཆོས་ཉིད་འབབ་ཞིག་ཏུ་ཟད་ཅིང་། སྙོམས་སུ་བོད་ཁུལ་གྱི་སྐད་གཉིས་སློབ་གསོ་ལྟར་ན། གཏིང་ཟབ་ཅིང་རྒྱ་ཆེ་བའི་ཕ་སྐད་རིག་གནས་ཀྱི་ཡོར་ཡུག་དང་དེང་རབས་སྤྱི་ཚོགས་རིག་གནས་ཀྱི་འཕོ་འགྱུར་དག་དཀྲུགས་གཅིག་ཏུ་སྦྲགས་པའི་གནས་བབ་འོག་ཏུ། ཁྱིམ་གཞིའི་སློབ་གསོ་དང་། སྤྱི་ཚོགས་ཀྱི་སློབ་གསོ། སློབ་གྲྭའི་སློབ་གསོའི་གནད་རྣམས་བོད་ཁུལ་འཕེལ་རྒྱས་སུ་གཏོང་བར་འོས་ཤིང་འཚམ་པའི་ཤེས་ལྡན་མི་སྣ་སྐྱེད་སྲིང་བྱེད་པའི་ཐབས་ལམ་སྟེང་དུ་འབབ་དགོས་ཀྱང་། ཐབས་ལམ་དེ་ཡང་མི་རིགས་སློབ་གསོའི་ཆོས་ཉིད་དང་ཤིན་ཏུ་མཐུན་དགོས་པ་ལས། བོད་ཁུལ་གྱི་ལོ་རྒྱུས་དང་། སྤྱི་ཚོགས། རིག་གནས་སྲོལ་རྒྱུན། ཕ་སྐད་རིག་གནས་ཀྱི་ཡོར་ཡུག་སོགས་ཕྱི་རྐྱེན་དང་། སློབ་གསོ་སྦྱོང་མཁན་སློབ་མའི་སེམས་ཁམས་དང་། ཤེས་རྟོགས་ཀྱི་ནུས་པ་དང་ཆུ་ཚད། ལོ་ཚོད་ཀྱི་ཁྱད་ཆོས་སོགས་ནང་རྐྱེན་དག་དཀྲུགས་གཅིག་ཏུ་འབྲེལ་བའི་སློབ་གསོ་ཆོས་ཉིད་གང་ལའང་མི་མཐུན་པར་འོལ་ཚོད་དུ་སྤེལ་ན། སློབ་གསོ་ལས་དོན་ཀུན་ལ་གྱོང་རྒུད་ཆེ་ཞིང་གོད་ཆག་འབྱུང་ཉེན་ཡོད་ཕྱིར། སློབ་གསོ་ཆོས་ཉིད་ལ་བརྩི་འཇོག་ཡོད་པའི་སྒོ་ནས་སྐད་གཉིས་སློབ་གསོའི་དཔེ་གཞི་རྟུས་འགོད་བྱེད་པ་ཤིན་ཏུ་གཅེས་སུ་འཛིན་པར་བྱེད་དོ། །

དེ་ཡང་སྔ་དོག་འཇུག་གི་སློབ་གསོ་ནི་སྤྱི་ཚོགས་ཀྱི་ཆ་རྐྱེན་ངེས་ཅན་འོག་ཏུ་སྤྱི་ཚོགས་ཀྱི་དགོས་མཁོ་ལྟར་རྩ་འཛུགས་ཡོད་པ་དང་། དམིགས་ཡུལ་ཡོད་པ། འཆར་གཞི་ལྡན་པའི་སྒོ་ནས་སློབ་གསོ་སྦྱོང་མཁན་ལ་བརྒྱུད་རིམ་ལྡན་པའི་སློབ་གསོ་དང་སྦྱོང་བརྡར་ཐོབ་པར་བྱེད་པའམ་སློབ་མའི་ལུས་ཤུགས་དང་རིག་སྟོབས་ཐོག་འདོན་དང་གསོ་སྐྱོང་བྱེད་པའི་བྱ་འགུལ་ཞིག་ཡིན་ལ། སློབ་མའི་རིག་སྟོབས་ཐོག་འདོན་དང་གསོ་སྐྱོང་དེ་ཡང་ཕ་སྐད་ལ་འབྲལ་ཐབས་མེད་ཅིང་ཕ་སྐད་ཀྱིས་ནུས་པ་གལ་ཆེན་འདོན་བཞིན་ཡོད་ཕྱིར། སྐད་བརྡ་སྦྱར་ཀུན་ནས་སྐད་བརྡ་ནི་བསམ་གཞིག་མངོན་སུམ་པ་དང་བསམ་གཞིག་གི་ཡོ་ཆས་ཡིན་པར་བཞེད་ཅིང་། འཇར་མན་གྱི་མཚན་ཉིད་རིག་པ་བ་དང་སྐད་བརྡ་རིག་པ་བ་ཧོང་པོ་ཐེས་ཀྱང་སྐད་བརྡ་ནི་བརྡ་སྤྲོད་བྱེད་ཡིན་པ་མ་ཟད། ཆེས་གཙོ་བོ་ནི་ཤེས་རྟོགས་

ཀྱི་བཟ་ཐབས་ཤིག་ཡིན[15] ཞེས་གསུངས། འདི་ལྟའི་ཕ་སྐད་ནི་མི་སུ་ཞིག་ཡིན་རུང་འཇིག་རྟེན་དུ་ཐོན་པའི་དུས་སྐད་ཅིག་ཙམ་ནས་བཟུང་། རྣ་ཐོས་སུ་གྱུར་ཅིང་རིམ་གྱིས་གོམས་འདྲིས་སུ་བསྐྱེད་པ་ལས་ཕྱི་ཡུལ་གྱི་ཆོས་རྣམས་ངོས་འཛིན་དང་སོ་སོར་སེལ་འཇུག་བྱེད་པའི་བཟ་ཐབས་སུ་གྱུར་ཅིང་། གདོད་མའི་བསམ་གཞིག་གི་དཔེ་གཞི་དང་འབྲེལ་ཚགས་ཤིན་ཏུ་དམ་པར་སྣང་བས་ན། སྐད་བཟ་གཉིས་པ་དག་གིས་དོ་ཟླར་མི་འོངས་པའི་བཟ་ཐབས་ཕན་ནུས་ཅན་ཞིག་ཡིན། སྐད་བཟ་གཉིས་པ་དང་བསམ་གཞིག་དག་གི་འབྲེལ་ཚུལ་ནི་ཕ་སྐད་གཞིར་བྱས་པའི་བསམ་གཞིག་དེ་སྐད་བཟ་གཞན་ཞིག་གི་སྟེང་དུ་བརྗེ་སྒྱུར་བྱེད་པའི་ཚུལ་འབའ་ཞིག་ལས་མ་འདས་ཤིང་། བརྒྱུད་རིམ་དེའི་ཐོག་མཐའ་བར་གསུམ་དུ་ཕ་སྐད་ཀྱིས་ཕན་ནུས་ཆེན་པོ་ཐོན་བཞིན་ཡོད་སྟབས། རྒྱལ་ཁབ་ཕྱི་ནང་གི་མཁས་པ་མང་པོས་ཕ་སྐད་སློབ་གསོའི་ཕན་ནུས་ལ་མཐོང་ཆེན་མཛད་ཡོད་དེ། ཨུ་རུ་སིའི་སློབ་གསོ་རིག་པ་སྨྲ་ཕྲུ་ཧྲིན་སི་ཀུས། མི་རིགས་རང་གི་སྐད་བཟ་ནི་ཤེས་རྟོགས་ཀྱི་བཟ་ཐབས་ཆེས་ལེགས་ཤིང་སྐད་བཟ་གཞན་སློབ་པ་ལ་མེད་དུ་མི་རུང་བའི་རྨང་གཞི་ཡིན་པ་མ་ཟད། ཆེས་གལ་ཆེ་བ་ནི་དེ་རང་གཏན་ཚིགས་སམ་བསམ་གཞིག་གི་ནུས་པ་འཕེལ་རྒྱས་སུ་གཏོང་བའི་ཀརང་ཚུགས་ས་འབའ་ཞིག་ཏུ་ངེས་པ་ལགས་ཞེས་དང་། སྐད་བཟ་སྨྲ་ཡུག་རོ་ཅེ（游如杰）ནས། ཕ་སྐད་ཀྱིས་མི་ཞིག་གི་ བློད་པའི་དར་ཤུགས་དང་ནུས་པ་སྐྱེད་སྲིང་བྱེད་པར་གང་གིས་ཀྱང་དོད་བྱེད་མི་ཐུབ་པའི་ནུས་པ་ཐོན་བཞིན་ཡོད་པ་མ་ཟད། སྐད་བཟ་གཉིས་པ་ལས་ཀྱང་མི་སྣེར་གྱི་བསམ་བློ་ཚོར་འདུ་དང་ས་གནས་ཀྱི་རིག་གནས་ཞིབ་རྒྱས་སུ་མཚོན་ནུས་ཞེས་དང་། སློབ་གསོ་རིག་པ་བ་ཀྲུང་ཆི་ཆོན（钟启泉）གྱིས་ཀྱང་། ཕ་སྐད་ཀྱི་སློབ་གསོ་ནི་ཕྱུགས་ལེགས་སློབ་གསོ་འདོན་སྤེལ་དང་རྩ་བའི་སློབ་གསོ་མངོན་དུ་འགྱུར་བ་ལ་མགོ་བའི་ཆ་རྐྱེན་ཡིན་ཞེས་དང་། སྐད་བཟ་དང་པོར་རྨང་གཞི་བརྟན་པོ་ཡོད་ཙ་ན། སྐད་བཟ་གཉིས་པའི་འཆད་འབྲི་ཡི་ནུས་རྩལ་ལྷག་པར་འཕྲོར་སླ་ཞེས་གསུངས་པ་དང་། སྐུ་ཞབས་ལིས་ཡུ་མིང（李宇明）གིས་ཀྱང་། ཕ་སྐད་ཀྱི་སྦྱོང་བརྡར་མེད་ན། མི་ཞིག་གི་ཕྱུས་ཚད་མཐོར་འདེགས་བྱ་མི་ནུས་ཏེ། གལ་ཏེ་ཨེ་དབྱིན་སི་ཐན་གྱིས་ཕ་སྐད་དམ་འཛར་སྐད་སྤྱད་ནས་བསམ་གཞིག་མ་བཏང་ཆེ། ཁོ་རང་ཚད་མཐོན་པོར་སོན་ཐུབ་ཀྱི་མ་རེད་ཅེས་གསུངས། ཚུལ་འདི་དག་ལས་ཕ་སྐད་སློབ་གསོའི་

ཕན་ནུས་རྒྱ་ཆེ་ཞིང་གལ་ཆེ་བ་གསལ་པོར་བསྟན་ཡོད་པ་དང་། ཟུགས་དོན་དུ་བོད་ལྗོངས་ཀྱི་རྨང་གཞིའི་སློབ་གསོའམ་སྐད་གཉིས་སློབ་ཁྲིད་ཀྱི་ལག་ལེན་ཁྲོད་དུའང་། ཕ་སྐད་རིག་གནས་ཀྱི་སློབ་གསོར་མཐོང་ཆེན་དང་སློབ་གསོའི་ཆོས་ཉིད་ལ་བརྩི་འཇོག་བྱ་དགོས་ཚུལ་གསལ་པོར་བསྟན་པས་ན། ང་ཚོས་ཀྱང་སློབ་གསོའི་ཆོས་ཉིད་ལྟར་གང་ལ་ཐད་ཀར་ཕན་ནུས་ཆེ་བའི་ཕ་སྐད་དེ་གཞི་རྩར་བཟུང་ནས་སྐད་གཉིས་སློབ་གསོའི་དཔེ་གཞི་ལ་རྩིས་འགོད་ལེགས་པར་བྱས་ན། སྐད་གཉིས་སམ་སྐད་མང་སློབ་གསོའི་བྱ་བར་ཕན་འབྲས་མི་དམན་པ་འབྱུང་ནུས་སོ། །

དེས་ན་སློབ་གསོ་ཆོས་ཉིད་ལ་བརྩི་འཇོག་ཡོད་པའི་སྒོ་ནས་སྐད་གཉིས་སློབ་གསོའི་དཔེ་གཞི་རྩིས་འགོད་བྱེད་སྟངས་ནི་ག་ཚོད་དུ་སྣང་ཞེ་ན།

༡. སློབ་མ་ལ་ཆེས་རྒྱུས་མངའ་བའི་ཕ་སྐད་རིག་གནས་ཀྱི་ཁོར་ཡུག་གཞིར་བྱས་ནས་རིམ་གྱིས་གཞན་སྐད་རིག་གནས་ཀྱི་ཁོར་ཡུག་ལ་འབྲེལ་འདྲིས་བྱེད་པའོ། །

༢. ཆེས་ཐོག་མར་ཕ་སྐད་བསམ་གཞིག་གི་ཕན་ནུས་ལ་བརྟེན་ནས་སློབ་མའི་རིག་སྒོ་འབྱེད་ཅིང་རིག་སྟོབས་སྟོག་འདོན་བྱེད་པ་ནས་རིམ་གྱིས་གཞན་སྐད་ཀྱི་རིགས་ལམ་དུ་དཀྲི་བར་བྱེད་པའོ། །

༣. ཕ་སྐད་ལས་གཞན་པའི་བསླབ་ཚན་གང་ཉུང་ཐོག་མར་ཕ་སྐད་ཀྱི་རམ་འདེགས་ལ་བརྟེན་པ་ནས་རིམ་གྱིས་གཞན་སྐད་གཅིག་རྐྱང་གིས་གོ་བརྡ་སྤྲོད་པར་ཕྱོགས་པའོ། །

༤. ཐོག་མའི་རྨང་གཞི་སློབ་གསོ་ལ་ཕ་སྐད་ཀྱི་ཁྲིད་ཐབས་གཙོ་བོར་བརྟེན་པ་ནས་རིམ་གྱིས་རང་གཞན་སྐད་གཉིས་རིས་མེད་དུ་སྤྱོད་པའི་ཁྲིད་ཐབས་སུ་གཞོལ་བའོ། །

༥. རྨང་གཞི་སློབ་གསོའི་སྐབས་སུ་དཔེ་གཞི་དང་པོའམ（Ⅰ）གསུམ་པའི（Ⅲ）ཁྲིད་ཐབས་གཙོར་བྱེད་པ་ནས་མཐོ་རིམ་སློབ་གསོའི་སྐབས་སུ་དཔེ་གཞི་གཉིས་པའམ（Ⅱ）གསུམ་པ（Ⅲ）གཙོར་བྱེད་པའི་ཁྲིད་ཐབས་སུ་བསྒྱུར་བ་བཅས་སོ། །

གསུམ། སྐད་བརྡའི་ཁོར་ཡུག་ལ་དོ་སྣང་བྱེད་པ།

སྐད་གཉིས་སློབ་གསོའི་དཔེ་གཞི་ནི་དམིགས་བསལ་གྱི་སྤྱི་ཚོགས་ཁོར་ཡུག་དང་སྐད་བརྡའི་ཁོར་ཡུག་གིས་ཐག་བཅད་པ་ཡིན་ལ། སྤྱི་ཚོགས་ཀྱི་རྒྱབ་ལྗོངས་མི་འདྲ་བ་དང་

སྐད་བརྡའི་ཁོར་ཡུག་མི་འདྲ་བ་ལས་སློབ་གསོའི་ལམ་ལུགས་དང་སྐད་གཉིས་སློབ་ཁྲིད་ཀྱི་དཔེ་གཞི་ཐ་དད་དུ་འབྱུང་བཞིན་ཡོད་པས། སྐད་གཉིས་སློབ་གསོ་སྨྲ་བ་ཞིག་ལ་མཚོན་ན། སྐད་གཉིས་སློབ་ཁྲིད་ལག་བསྟར་བྱེད་པའི་བརྒྱུད་རིམ་ཁྲོད་དུ་དེ་རང་གནས་སའི་སྐད་བརྡའི་ཁོར་ཡུག་གི་ཆ་རྐྱེན་དང་འབྲལ་མི་རུང་ཞིང་། སྐད་བརྡའི་ཁོར་ཡུག་གི་ཁྱད་པར་ལ་བརྩི་འཇོག་བྱེད་པའམ་དེ་དག་གཞིར་འཛིན་པ་དང་། བེད་སྤྱོད་དང་། འདོན་སྤེལ་གང་ལེགས་སྒྲོས་སློབ་ཁྲིད་ཀྱི་དཔེ་གཞིར་སྤེལ་ན་ཕན་འབྲས་མི་དམན་པ་འབྱུང་ནུས། ཚུལ་འདི་དག་ལས་སློབ་ཁྲིད་ཀྱི་དཔེ་གཞི་སྤེལ་སྟངས་ཀྱི་དམིགས་བསལ་རང་བཞིན་ལ་བརྩི་འཇོག་བྱེད་པ་ལས་དབུ་སྙོམས་སུ་སྤེལ་མི་རུང་བའང་ཤེས་དགོས་ཏེ། དཔེར་ན་ནང་སའི་རྒྱང་གཞི་སློབ་གསོའི་སྐད་གཉིས་སློབ་ཁྲིད་ནི་གཙོ་བོ་རྒྱ་སྐད་དང་དབྱིན་སྐད་གཉིས་ཀྱི་དཔེ་གཞིར་ངེས་ཤིང་ཁྱབ་རྒྱ་ཆེ་ལ་སྤྱོད་སྒོ་ཡངས་ན་ཡང་དབྱིན་སྐད་ཕྱི་རྒྱལ་གྱི་སྐད་དུ་ངེས་ཕྱིར་ཁོར་ཡུག་མེད་པ་དང་། གྲངས་ཉུང་མི་རིགས་ཀྱི་སྐད་གཉིས་སློབ་གསོ་ནི་དེ་བས་སྤྱི་ཚོགས་རིག་གནས་ཀྱི་འཕོ་འགྱུར་དང་ཡུལ་དུས་ཁོར་ཡུག་གི་ཆ་རྐྱེན་ཁྱད་པར་བའི་དབང་གིས་སྤེལ་སྟངས་ཀྱང་དམིགས་བསལ་ཡིན་པ་དང་། གཙོ་བོ་གྲངས་ཉུང་མི་རིགས་ཀྱི་རང་སྐད་སོ་སོ་བ་དང་རྒྱ་སྐད་གཉིས(ཟུར་དུ་དབྱིན་སྐད་སོགས་བཀོད་པ)ཀྱི་དཔེ་གཞིར་ངེས་པ་ལ་རྒྱ་སྐད་སློབ་གཉེར་གྱི་ཁོར་ཡུག་དབྱིན་སྐད་ལས་ལེགས་པས། ཕན་ཚུན་དག་སྐད་བརྡའི་ཁོར་ཡུག་དང་། སློབ་ཁྲིད་ཀྱི་ནང་དོན། སྤེལ་ཐབས་གང་རུང་གི་ཆ་ནས་གཅིག་མཚུངས་སུ་མ་ངེས་ཕྱིར་སོ་སོ་ཐ་དད་དུ་སྤེལ་བ་ལས་གཅིག་གཅོད་བྱ་མི་རུང་བའི་གནད་དོན་མང་དུ་མཆིས། བྱེ་བྲག་བོད་ཁུལ་ཁོ་ནའི་སྐད་གཉིས་སློབ་གསོ་ལྟར་ནའང་། རང་བྱུང་ཁོར་ཡུག་གི་བཀོད་པ་དང་སྤྱི་ཚོགས་རིག་གནས་ཀྱི་རྒྱུ་རྐྱེན་སྣ་ཚོགས་པའི་དབང་གིས་སྐད་བརྡའི་ཁོར་ཡུག་སྣ་ཚོགས་སུ་སྣང་སྟེ། དཔེར་ན་གཞི་རིམ་རོང་འབྲོག་ས་ཁུལ་དུ་ཕ་སྐད་ཀྱི་ཁོར་ཡུག་ལེགས་པ་དང་། རོང་འབྲོག་ཁུལ་གྱི་གྲོང་བརྡལ་དུ་བོད་རྒྱ་སྐད་གཉིས་ཀྱི་ཁོར་ཡུག་ལེགས་པ་དང་། གྲོང་ཁྱེར་དང་རྒྱ་མིར་འདྲེས་སྡོད་ཀྱི་ས་ཁུལ་དུ་རྒྱ་སྐད་ཀྱི་ཁོར་ཡུག་ལེགས་པས་ན། ང་ཚོས་ཀྱང་རང་སའི་སློབ་མ་རྣམས་ཀྱི་སྐད་བརྡའི་ཁོར་ཡུག་དངོས་དང་བོད་རིགས་སློབ་མའི་སྐད་བརྡ་གཉིས་པ་སློབ་པའི་ཆོས་ཉིད་གཞིར་བཟུང་ནས་སྐད་གཉིས་སློབ་ཁྲིད་ཀྱི་དཔེ་གཞི་སྤེལ་བ་ལས་ནང་སའི་སློབ་ཁྲིད་ཀྱི་ཉམས་མྱོང་རྗེ་བཞིན་དུ་

བསྟུ་ལེན་བྱེད་པར་མི་རིགས་ལ། མི་རིགས་སློབ་གསོའི་ཁྱབ་ཁོངས་ཁྲོད་དུ་ཕ་སྐད་དང་སྐད་བརྡ་གཉིས་པའི་འབྲེལ་བ་ལེགས་པར་ཐག་གཅོད་པ་ལས་རང་སའི་སྐད་བརྡའི་ཁོར་ཡུག་རྒྱབ་ཏུ་དོར་ནས་གཞན་སྐད་རྐྱང་རྐྱང་ལ་བསྙེག་པའི་དཔེ་གཞི་སྤེལ་ཐབས་དེ་བས་ཀྱང་མི་རུང་བས་ན། འདིར་མི་རིགས་སློབ་གསོའི་ཉམས་མྱོང་དང་། རང་སའི་དོན་དངོས། སྔོས་སུ་སློབ་མའི་སྐད་བརྡའི་ཁོར་ཡུག་གཞིར་བཟུང་ནས་སྐད་གཉིས་སློབ་ཁྲིད་སྤེལ་ཐབས་སྐོར་གྱི་དཔེ་གཞི་འགའ་རྟུས་འགོད་བྱས་ན།

༡. བོད་རིགས་འདུས་སྡོད་ཀྱི་གཞི་རིམ་རོང་འབྲོག་ས་ཁུལ་དུ་ཡུལ་གྲུ་ཕལ་མོ་ཆེའི་འབྲེལ་འདྲིས་ཀྱི་བརྡ་ཐབས་བོད་སྐད་དུ་ངེས་ཤིང་ཕ་སྐད་རིག་གནས་ཀྱི་ཁོར་ཡུག་ཤིན་ཏུ་ལེགས་པས་སློབ་གྲྭའི་སློབ་ཁྲིད་སྤེལ་ཐབས་སུ་ཐོག་མར་དཔེ་གཞི་དང་པོ (I) སྤྱོད་པ་དང་རྗེས་སུ་རིམ་པར་སྐད་བརྡ་གཉིས་པའི་ཁོར་ཡུག་འདོན་སྤེལ་བགྱིས་ཏེ་དཔེ་གཞི་གསུམ་པ (Ⅲ) ནས་གཉིས་པར (Ⅱ) སྙེག་པར་བྱེད་པའོ། །

༢. གཞན་རིགས་དང་འདྲེས་སྡོད་ཀྱི་གྲོང་ཁྱེར་རམ་གྲོང་བརྡལ་དང་རོང་ཁུལ་སོགས་སུ་རྒྱ་སྐད་ཀྱི་སྤྱོད་སྒོ་ཡངས་པའི་ཁོར་ཡུག་དང་བསྟུན་ནས་ཐོག་མར་དཔེ་གཞི་གཉིས་པ (Ⅱ) དང་རྗེས་སུ་སློབ་རིམ་གྱི་འཕར་ཚད་ལྟར་དཔེ་གཞི་གསུམ་པ (Ⅲ) ནས་དང་པོར (I) བསྙེགས་ནས་སྐད་གཉིས་ཀྱི་ཆུ་ཚད་འདྲ་མཉམ་དུ་སྤེལ་པའོ། །

༣. རོང་འབྲོག་ཁུལ་གྱི་གྲོང་བརྡལ་སོགས་བོད་རྒྱ་སྐད་གཉིས་ཀྱི་ཁོར་ཡུག་རེས་མེད་དུ་འཛོམས་པའི་ཡུལ་གྲུ་དང་སློབ་གྲྭ་སོ་སོ་བས་ཐོག་མ་ནས་བོད་རྒྱ་སྐད་གཉིས་ཀྱི་ཁྲིད་ཐབས་འདྲ་མཉམ་དུ་སྤེལ་ནས་མཐོ་རིམ་སློབ་གསོ་བར་དུ་རྒྱུན་བསྲིང་བ་དང་། ཞར་ལ་དབྱིན་སྐད་སོགས་ཕྱི་ཡིག་སློབ་ཁྲིད་ཀྱི་ཁོར་ཡུག་ལེགས་པར་སྤེལ་ནས་སྐད་གསུམ་གྱི་ཆུ་ཚད་མཐོར་འདེགས་པའོ། །

ཟུར་མཆན།

(1) (7) (8) ལྷ་རུང་གིས་བརྩམས་ཤིང《མི་རིགས་སྤྱི་ཚོགས་རིག་པའི་འཕྲིན་གསར》དེབ་གྲངས༧༧པའི་སྟེང་བཀོད་པའི《བོད་སྡོངས་ཀྱི་སྤྱི་ཚོགས་འཕེལ་རྒྱས་དང་སྐད་གཉིས་སློབ་གསོ》[J] ཞེས་པར་གསལ།

(2)(3) ཀྲང་ཐེན་ཧྲུང་གིས་བརྩམས་ཤིང་ཀྲུང་གོའི་བོད་རིག་པ་དཔེ་སྐྲུན་ཁང་

གིས༢༠༠༧ལོར་པར་དུ་བསྐྲུན་པའི《བོད་ལྗོངས་གྲངས་ཉུང་མི་རིགས་ཀྱི་རྒྱ་སྐད་སློབ་ཁྲིད་ཀྱི་གནས་ཚུལ་དང་ཞིབ་འཇུག》[M] ཅེས་པའི་ཤོག་ངོས༡༡༣སྟེང་གི་ལྟ་བ་གཞིར་བྱས།

(4)(6) གྲུབ་ཡོ་ལྷུན་གྱིས་བརྩམས་ཤིང《མི་རིགས་སྐད་ཡིག》༡༩༨༩ལོའི་དེབ་བཞི་བར་བཀོད་པའི《རང་རྒྱལ་སྤྱི་ཚོགས་རིང་ལུགས་ཀྱི་ཐོག་མའི་དུས་རིམ་གྱི་མི་རིགས་སྐད་ཡིག་དང་རྒྱའི་སྐད་ཡིག་གི་བཀོལ་སྤྱོད་དང་འཕེལ་རྒྱས་ཀྱི་འབྲེལ་བ་བརྗོད་པ》[J] ཞེས་པར་གསལ།

(5)《ཀྲུང་གོའི་བོད་ཀྱི་ཤེས་རིག》༡༩༩༨ལོའི་དེབ་གསུམ་པའི་ཤོག་ངོས༢༡སྟེང་གསལ།

(9) ཀྲང་ཐེན་རྔང་གིས་བརྩམས་ཤིང་ཀྲུང་གོའི་བོད་རིག་པ་དཔེ་སྐྲུན་ཁང་གིས༢༠༠༧ལོར་པར་དུ་བསྐྲུན་པའི《བོད་ལྗོངས་གྲངས་ཉུང་མི་རིགས་ཀྱི་རྒྱ་སྐད་སློབ་ཁྲིད་ཀྱི་གནས་ཚུལ་དང་ཞིབ་འཇུག》[M] ཅེས་པའི་ཤོག་ངོས༡༧སྟེང་གསལ།

(10)《མཚོ་སྔོན་མི་རིགས་ཞིབ་འཇུག》༢༠༠༥ལོའི་དེབ་བཞི་བའི་ཤོག་ངོས༡༡༣སྟེང་གསལ།

(11)(12)(13) གན་སྒོ་ཁུལ་ཐེ་བོ་རྫོང་བོད་རིགས་སློབ་འབྲིང་གི་སློབ་གཙོ་ཚུལ་ཁྲིམས་ཀྱིས་བརྩམས་པའི《སྐད་བརྡའི་ཕོར་ཡུག་དང་བསྟུན་ནས་སྐད་གཉིས་སློབ་ཁྲིད་ཀྱི་དཔེ་གཞི་གདམ་གསེས་བྱེད་པའི་སྐོར་རགས་ཙམ་བརྗོད་པ》[J] ཞེས་པར་གསལ།

(14) ༢༠༠༩ལོའི《སྦྲང་ཆར》དེབ་དང་པོའི་སྟེང་གི《བོད་དང་བོད་ཀྱི་རིག་གནས》[J] ཞེས་པར་གསལ།

(15) ཀོའུ་ཙ་ཙོ་དང་ལོའུ་ཧྲེང་གཉིས་ཀྱིས་གཙོ་སྒྲིག་བྱས་ཤིང་ཧྲང་ཧེ་ཡི་སྐད་སློབ་གསོ་དཔེ་སྐྲུན་ཁང་གིས༢༠༠༢ལོར་པར་དུ་བསྐྲུན་པའི《སྐད་བརྡ་དང་རིག་གནས》[M] ཞེས་པའི་ཤོག་ངོས༡༡༠སྟེང་གསལ།

ལེའུ་ལྔ་བ། བོད་ཁུལ་དུ་སྐད་གཉིས་སློབ་གསོ་སྤེལ་བའི་ཤུགས་རྐྱེན།

དང་པོ། སྤྱི་ཚོགས་སྐྱེ་ཁམས་ཁོར་ཡུག་གི་ཤུགས་རྐྱེན།

སྤྱིར་སྐད་གཉིས་སློབ་གསོའི་སྤེལ་སྟངས་ལ་རྒྱལ་ཁབ་ཀྱི་ངོ་བོ་དང་། སྲིད་ཇུས། ས་བབ། སྤྱི་ཚོགས་རིག་གནས་ཀྱི་རྒྱབ་ལྗོངས་སོགས་ཕྱི་རྐྱེན་སྣ་ཚོགས་དང་། མི་རིགས་ནང་ཁུལ་གྱི་ལོ་རྒྱུས་དང་། སྤྱི་ཚོགས་ཀྱི་སྒྲིག་གཞི། དཔལ་འབྱོར་དང་རིག་གནས་སློབ་གསོའི་གནས་བབ་སོགས་རྒྱུ་རྐྱེན་སྣ་ཚོགས་པའི་ཤུགས་རྐྱེན་ཐེབས་ཚུལ་སྣང་ན་ཡང་། བོད་ཁུལ་གྱི་སྐད་གཉིས་སློབ་གསོའི་སྤེལ་སྟངས་ལ་ཐད་ཀར་ཤུགས་རྐྱེན་ཐེབས་པའི་རྒྱུ་རྐྱེན་གཙོ་བོ་ནི་སྤྱི་ཚོགས་ཀྱི་སྐྱེ་ཁམས་ཁོར་ཡུག་དང་། མི་རིགས་ཀྱི་རིག་གནས་སྲོལ་རྒྱུན། མི་རིགས་ཀྱི་སྐད་བརྡའི་ལྟ་བ་བཅས་ཡིན་ལ། ཕྱི་མ་དེ་ཡང་གཙོ་བོ་མི་གྲངས་དང་དཔལ་འབྱོར་གྱི་འཕེལ་འགྱུར་དང་། མི་རིགས་ཕན་ཚུན་བར་གྱི་འབྲེལ་བ། རིག་གནས་བྱ་འགུལ་གྱི་དར་རྒྱས་བཅས་ཕྱོགས་གསུམ་དུ་ངེས་ཕྱིར། འདིར་རིམ་པར་བརྗོད་པར་བྱ་སྟེ།

གཅིག དཔལ་འབྱོར་དང་མི་གྲངས་ཀྱི་འཕེལ་འགྱུར།

བོད་ཁུལ་གྱི་སྐད་གཉིས་སློབ་གསོའི་སྤེལ་སྟངས་ནི་སྤྱི་ཚོགས་དཔལ་འབྱོར་གྱི་གནས་བབ་དང་མི་གྲངས་ཀྱི་འཕེལ་འགྱུར་ལ་འབྲེལ་བ་དམ་པོ་ཡོད་ལ། དཔལ་འབྱོར་གྱི་གནས་བབ་མི་འདྲ་བ་དང་། མི་གྲངས་ཀྱི་འགྱུར་འགྲིམ་དང་འཕར་སྣོན་བྱེད་ཚུལ་མི་འདྲ་བ་ལས་སྐད་གཉིས་སློབ་གསོའི་གནས་བབ་ཀྱང་མི་འདྲ་བར་སྣང་སྟེ། ༡༩༥༢ ལོའི་སྔོན་དུ་བོད་ཁུལ་སྲོལ་རྒྱུན་གྱི་དཔལ་འབྱོར་རྣམ་པ་གཙོ་བོ་ནི་ཞིང་ལས་དང་ཕྱུགས་ལས་གཙོ་གཉེར་བྱེད་པ་ཡིན་ཞིང་། ཞིང་ལས་དང་ཕྱུགས་ལས་ནི་བོད་ལྗོངས་གཙོས་བོད་ཁུལ་ཡོངས་ཀྱི་དཔལ་འབྱོར་ཐོན་སྐྱེད་ཀྱི་བྱ་འགུལ་གཙོ་བོར་ངེས་པ་དང་། ཐོན་སྐྱེད་ཀྱི་ལས་

རིགས་སྤྱི་ལས་བཞི་ཆའི་གཅིག་ནི་ཞིང་ལས་ཐོན་སྐྱེད་དང་། བཞི་ཆའི་གསུམ་ནི་ཕྱུགས་ལས་ཐོན་སྐྱེད་ཡིན་ལ། སྐྱེད་ཆུ་དང་ཡར་ཀླུང་གཙང་པོའི་ཉེ་འགྲམ་དང་མདོ་ཁམས་རྨ་འབྲི་རྫ་གསུམ་གྱི་སྨད་རྒྱུད་ཕལ་ཆེ་བ་ཞིང་ལས་གཉེར་ས་དང་། ཕྱུགས་ལས་ནི་བོད་ལྗོངས་ཀྱི་བྱང་ཕྱོགས་དང་ནུབ་ཁུལ། མཚོ་སྔོན་གྱི་ནུབ་བྱང་དང་ནུབ་ལྷོ། སི་ཁྲོན་དང་ཡུན་ནན་གྱི་ནུབ་བྱང་ཁུལ་དུ་ཁྱབ་ཅིང་། ཞིང་ཕྱུགས་ཀུན་ཕལ་ཆེ་བ་རི་ཁུལ་དང་འགྲིམ་འགྲུལ་སྟབས་མི་བདེ་ཞིང་ས་བབ་དང་གནམ་གཤིས་ཀྱི་ཆ་རྐྱེན་མི་ལེགས་པའི་རྐྱེན་གྱིས། བོད་ཁུལ་གྱི་དཔལ་འབྱོར་སྤེལ་སྟངས་ཀྱང་ཐར་ཐོར་དང་སྒེར་སྒོམ་དུ་གཉེར་བ་ལས་ཕྱི་ལ་ཚོང་དོན་བརྗེ་རེས་ཀྱི་བྱ་འགུལ་སྤེལ་སྟངས་སོགས་ཤིན་ཏུ་ཉུང་ཕྱིར། བོད་ཁུལ་ཕལ་ཆེ་བར་སྐད་བརྡ་གཉིས་པ་བཀོལ་སྤྱོད་ཀྱི་དགོས་མཁོ་ཆེས་ཆེར་མ་གྲུབ་པ་དང་སློབ་ངེས་པའི་ཁོར་ཡུག་རྒྱ་ཆེར་འགྲུབ་མ་ཐུབ། བོད་ཞི་བས་བཅིངས་འགྲོལ་བྱས་པ་ནས་བཟུང་། ད་ལྟའི་བར་དུ་ལོ་འཁོར་དྲུག་ཅུའི་རིང་ལ། བོད་ལྗོངས་གཙོས་བོད་ཁུལ་ཡོངས་ཀྱི་སྤྱི་རྒྱུན་དཔལ་འབྱོར་གྱི་གནས་སྟངས་དེ་རིམ་གྱིས་རྣམ་པ་གསར་བའི་སྟེང་དུ་སྤྱོར་ཞིང་། སྤྱི་རྒྱུན་གྱི་ཞིང་ཕྱུགས་དཔལ་འབྱོར་གྱི་སྤེལ་སྟངས་དེ་ཚན་རིག་ལག་རྩལ་དང་དེང་རབས་ཅན་གྱི་རྣམ་པ་གསར་བའི་སྟེང་དུ་གཞོལ་བ་དང་བསྟུན་ནས། བོད་ཁུལ་གྱི་སྐད་གཉིས་སློབ་གསོའི་ལས་དོན་ལའང་སྐྱུལ་འདེད་ཀྱི་ནུས་པ་ཐོན་འདུག་སྟེ། ༡༩༥༩ ལོ་ནས་དམངས་གཙོ་བཅོས་སྒྱུར་བྱས་ཏེ་ཞིང་བྲན་ལམ་ལུགས་དོར་ཞིང་དགོན་པས་སྲིད་དོན་གཉེར་བའི་ཁེ་དབང་མེད་པར་བཟོས་པ་དང་། ལོ་རབས་བརྒྱད་ཅུའི་ནང་དུ་བོད་ཁུལ་ཡོངས་རྒྱལ་ནང་གི་ཡུལ་གྲུ་ཕལ་མོ་ཆེ་དང་གཉིས་སུ་མེད་པར་ཞིང་ས་དང་སྒོ་ཕྱུགས་སྒེར་གཉེར་བྱེད་པའི་ཁྱིམ་གཞིའི་འགན་ཁུར་ལམ་ལུགས་ལག་བསྟར་བྱས་པ་དང་། ཆབས་ཅིག་བོད་ཁུལ་གྱི་དཔལ་འབྱོར་དང་གྲོང་ཁྱེར་ཁེ་གཉེར་བར་གྱི་འབྲེལ་བ་ཇེ་དམ་དུ་གྱུར་པ་དང་བསྟུན། ཐོག་མར་བོད་ཁུལ་གྱི་ཕྱོགས་བཞི་མཚམས་བརྒྱད་དུ་གཞུང་ལམ་གྱི་དྲ་རྒྱ་འཐེན་པ་དང་། ཞིང་ལས་འཕྲུལ་ཆས་ཅན་དུ་བསྒྱུར་བའི་ནུས་ཚད་མཐོར་བཏེགས་པ། ལུད་རྫས་སོགས་ཞིང་ལས་ཀྱི་ཐོན་ཚད་འཕར་སྣོན་གཏོང་ཚད་མགྱོགས་པའི་ལག་རྩལ་ཁྱབ་གདལ་དུ་བཏང་བ། སྔོས་སུ་བོད་ཁུལ་གྱི་ཆབ་སྲིད་དང་དཔལ་འབྱོར་གྱི་ཆ་ལག་ཀུན་ནང་སའི་སྲིད་འབྱོར་དང་དམ་འབྲེལ་དུ་སྤེལ་བའི་ལམ་ལུགས་སམ་ཐབས་ཇུས་གང་མང་གསར་དུ་བཏོན་ཅིང་།

སྲིད་གཞུང་གིས་དམིགས་བསལ་སྒོས་བོད་ལུགས་ཀྱི་དཔལ་འབྱོར་སྤྱི་དང་བྱེ་བྲག་དེང་རབས་བཟོ་ལས་ཀྱི་བྱ་བར་ཤུགས་སྣོན་བྱས་མཐར། ༡༩༩༢ལོར་བོད་ལྗོངས་ཀྱི་བཟོ་ལས་ཐོན་ཚད་སྒོར་དུང་ཕྱུར་༩.༡༧ལ་སོན་ཞིང་། ༡༩༩༨ལོར་སྒོར་དུང་ཕྱུར་༡༡.༧༥༨༤ཏུ་འཕར[1]བ་སོགས་ལས་བོད་ལྗོངས་ཀྱི་སློབ་གསོ་སྤྱི་དང་བྱེ་བྲག་སྐད་གཉིས་སློབ་གསོ་སྤེལ་བར་མཐུན་རྐྱེན་ལེགས་པར་བསྐྲུན། དུས་མཉམ་དུ་བོད་ལུགས་ཡོངས་ཀྱི་བཟོ་བཀོད་འཛུགས་སྐྲུན་དང་། སྐྱེལ་འདྲེན་སྦྲག་སྲིད་ཀྱི་ལས་རིགས། རྒྱལ་ཁབ་ཕྱི་ནང་གི་ཚོང་དོན། དངུལ་འབྱོར་བདེ་སྲུང་། ཚན་རིག་སློབ་གསོ། ལྗོངས་རྒྱུ་འཕྲོད་བསྟེན་སོགས་ཀྱི་ལས་དོན་ཡར་ངོའི་ཟླ་བཞིན་དུ་འཕེལ་བའི་བརྒྱུད་རིམ་ཁྲོད་དུ་མི་གྲངས་འབོར་ཆེན་བོད་ལུགས་དུ་དཔོར་འདྲེན་དང་འགྱུར་འགྲིམ་བྱས་ནས་སྲིད་དོན་ཁེ་ཚོང་གི་ལས་སྒོ་རྒྱ་ཆེར་སྤེལ་བ་དང་བསྟུན་བོད་ལུགས་ཀྱི་སྐད་གཉིས་སློབ་གསོའི་སྒྱུད་སྒོ་རྒྱ་ཆེ་བར་གྱུར་པ་དང་། ལྷག་པར་བཅོས་སྒྱུར་སྒོ་འབྱེད་བྱས་པའི་ཚུན་ནས་བཟུང་། ཀྲུང་དབྱང་གིས་བོད་ལུགས་ཕྱི་ཕྱོགས་སུ་སྒོ་འབྱེད་པའི་ལམ་ལུགས་བརྟོད་ཅིང་མདོ་དབུས་ལྕགས་ལམ་གསར་དུ་བསྐྲུན་པ་དང་། བོད་སྐྱོར་གྱི་ལས་གཞི་ལག་བསྟར་བགྱིས་པ། ལྗོངས་རྒྱུ་གནས་སྐོར་གྱི་བྱ་བ་དར་རྒྱས་སུ་སྤེལ་བ་སོགས་ལས་བོད་ལུགས་དུ་མི་གྲངས་འགྲིམ་རྒྱུའི་གྲངས་ཚད་ཇེ་མགྱོགས་སུ་ཕྱིན་པ་དང་འབྲེལ། གྲོང་ཁྱེར་གྱི་སྡོད་དམངས་གཙོས་བོད་ལུགས་ཕལ་མོ་ཆེར་རྒྱ་སྐད་ཀྱི་རིག་གནས་ཁོར་ཡུག་ཆེས་ཆེར་དར་བ་འདིས་ཀྱང་བོད་ལུགས་དུ་སྐད་གཉིས་སློབ་གསོ་སྤེལ་བ་ལ་སྐུལ་འདེད་ཀྱི་ནུས་པ་ཆེན་པོ་ཐོན་འདུག་གོ །

བྱེ་བྲག་བོད་ལྗོངས་ཁོ་ནར་མཚོན་ན་ཡང་། བཅོས་སྒྱུར་སྒོ་འབྱེད་ཀྱི་སྲིད་ཇུས་ལག་བསྟར་བྱས་ཤིང་མི་རིགས་ཕན་ཚུན་བར་གྱི་དཔལ་འབྱོར་དང་རིག་གནས་འབྲེལ་འདྲིས་ཀྱི་དགོས་མཁོ་ཇེ་ཆེར་གྱུར་པ་དང་བསྟུན་ནས། མི་འབོར་འགྲིམ་སྐྱོད་དང་ཕྱི་མི་ནང་འདྲེན་བྱས་པའི་གོམ་འགྲོས་ཤིན་ཏུ་མགྱོགས་ཏེ། དཔེར་ན༡༩༨༤ལོ་ནས༡༩༩༦ལོའི་བར་བོད་ལྗོངས་ཀྱི་ས་ཁུལ་སོ་སོར་ཞིང་ཆེན་གཞན་ནས་སྤྱོར་འོངས་པའི་མི་གྲངས（%）ཀྱི་གནས་ཚུལ[2]ལྟར་ན།

ས་ཁུལ	༡༩༨༦ལོ	༡༩༨༧ལོ	༡༩༨༨ལོ	༡༩༨༩ལོ	༡༩༩༠ལོ	༡༩༩༡ལོ	༡༩༩༢ལོ	༡༩༩༣ལོ	༡༩༩༤ལོ
ལྷ་ས	༤༦. ༨	༥༨. ༠	༤༥. ༩	༥༢. ༨	༤༢. ༢	༥༧. ༠	༥༦. ༧	༤༢. ༢	༣༧. ༠
ཞིང་ཁྲི	༡༤. ༣	༡༡. ༣	༩. ༢	༦. ༨	༡༦. ༧	༡༠. ༩	༡༠. ༤	༨. ༡	༨. ༩
ཆབ་མདོ	༧. ༥	༩. ༤	༡༠. ༩	༧. ༤	༧. ༦	༤. ༨	༧. ༩	༦. ༡	༦. ༡
ལྷོ་ཁ	༦. ༡	༣. ༢	༦. ༢	༦. ༨	༤. ༢	༦. ༧	༦. ༡	༦. ༧	༨. ༣
གཞིས་ཀ་རྩེ	༡༤. ༨	༦. ༧	༦. ༣	༨. ༡	༥. ༥	༡༣. ༦	༨. ༡	༢༠. ༦	༢༡. ༩
ནག་ཆུ	༨. ༣	༨. ༨	༡༥. ༠	༡༦. ༨	༢༢. ༩	༤. ༢	༧. ༤	༡༡. ༤	༡༢. ༠
མངའ་རིས	༢. ༢	༢. ༦	༢. ༤	༡. ༤	༠. ༨	༢. ༨	༣. ༤	༤. ༩	༥. ༨
ཁུལ་ཡོངས་ཀྱི་ནང་འདྲེན་མི་གྲངས	༤༡༥༦	༡༡༤༣༦	༧༩༡༦	༦༧༦༠	༤༨༦༠	༣༨༡༨	༤༧༠༢	༢༢༩༦༢	༢༢༤༨༨

ལྟ་བུ་ལས་བོད་ལྗོངས་སྤྱི་དང་བྱེ་བྲག་ལྷ་ས་གྲོང་ཁྱེར་དུ་ཡུལ་གྲུ་གཞན་ནས་གནས་སྤོར་འོངས་པའི་མི་གྲངས་ཆེས་མང་བ་ཞིག་ཏུ་གསལ་ལ། སྔོས་སུ་ལོ་འགའི་རིང་ལ་བོད་ལྗོངས་ཀྱི་འགྱིམ་འགྲུལ་སྟབས་བདེར་ཕྱིན་རྗེས་སུ་ནང་སའི་བོད་སྐྱོར་ལས་བྱེད་པ་དང་། གཞུང་གཉེར་དང་སྒེར་གཉེར་གྱི་ཁེ་ལས་པ། ལྗོངས་རྒྱུ་བ་དང་ཚོང་པ་སོགས་བོད་ལྗོངས་སུ་རབས་དང་རིམ་པར་ཐོན་པ་དང་། ཆབས་ཅིག་རང་སྐྱོང་ལྗོངས་ནང་ཁུལ་དུ་རོང་འབྲོག་གི་མི་འབོར་གྲོང་བརྡལ་དུ་སྤོར་བའི་ལས་གཞི་རྒྱ་ཆེར་སྤེལ་བར་བརྟེན། བོད་ལྗོངས་སྤྱིའི་མི་འབོར་འགྱིམ་སྐྱོད་ཀྱི་གྲངས་ཚད་ཇེ་མང་དུ་ཕྱིན་ཅིང་གྲོང་ཁྱེར་གྱི་རྣམ་པ་སྒྱུར་བའི་གོམ་འགྲོས་ཇེ་མགྱོགས་སུ་གྱུར་པའི་བརྒྱུད་རིམ་ཁྲོད་དུ་སྐད་གཉིས་ཀྱི་སྣང་ཚུལ་རྒྱ་ཆེར་གྲུབ་ཅིང་སྐད་གཉིས་སློབ་གསོ་སྤེལ་བ་ལ་ཕྱི་རོལ་ཁོར་ཡུག་གི་ཆ་རྐྱེན་ལེགས་པོ་བསྐྲུན་ཏོ།།

དེ་བཞིན་དུ་མི་རིགས་ཞིག་གམ་ཡང་ན་མི་རིགས་ཞིག་གི་མི་ཁག་ཅིག་གིས་དཔལ་འབྱོར་ཚོང་ཟོག་གི་བྱ་འགུལ་སྤེལ་སྟངས་དང་། དེ་དང་འབྲེལ་བའི་གྲོང་བརྡལ་མི་གྲངས་ཀྱི་ཁྱབ་སྟངས་སོགས་ཀྱང་སྐད་གཉིས་སློབ་གསོའི་སྤེལ་སྟངས་ལ་འབྲེལ་བ་དམ་པོ་ཡོད་དེ། དཔེར་ན་སྤྱིར་བཏང་བོད་ཁུལ་དུ་རོང་ཁུལ་ཕལ་ཆེ་བས་ཞིང་ལས་དོན་དུ་གཉེར་ཞིང་། འབྲོག་ཁུལ་ཕལ་ཆེ་བས་ཕྱུགས་ལས་གཉེར་བ་གཙོ་ན་ཡང་། དེ་ལས་ཁག་ཅིག་གིས་ཁེ

ལས་སོགས་དཔལ་འབྱོར་གྱི་བྱ་འགུལ་སྣ་ཚོགས་སུ་སྤེལ་བ་དང་། ཁག་ཅིག་གིས་ཞོར་ལས་སོགས་རྒྱུན་ལྡན་གྱི་ལས་སྣ་གཅིག་རྐྱང་དུ་སྤེལ་བར་བྱེད་པ་ལ་སོ་སོར་འབྲེལ་འདྲིས་ཀྱི་ཁྱབ་ཁོངས་མི་འདྲ་ཞིང་སྐད་བརྡའི་ཁོར་ཡུག་ཀྱང་མཚུངས་མིན་དུ་གྲུབ་འདུག་ཅིང་། དེ་བས་ཀྱང་གྲོང་ཁྱེར་ལྷ་ས་ལ་མཚོན་ན། བཟོ་ལས་ཅན་དང་དེང་རབས་ཅན་ལ་ཁ་ཕྱོགས་ཤིང་། འགྲིམ་འགྲུལ་དང་སྐྱེལ་འདྲེན་སྟབས་བདེ་བ་དང་། མི་རིགས་སྣ་ཚོགས་འདྲེས་སྡོད་ཀྱི་ཚད་མཐོ་ཞིང་སྐད་བརྡ་སྣ་ཚོགས་རྗོད་པའི་མི་ཚོགས་ལ་འབྲེལ་འདྲིས་ཀྱི་གོ་སྐབས་མང་བ། སྐད་བརྡ་སྣ་ཚོགས་པའི་ཆ་འཕྲིན་སྟུད་ལེན་དང་སློབ་གསོ་སྦྱོང་བའི་གོ་སྐབས་ལེགས་པས། སྐད་བརྡ་གཉིས་པ་ཁྱབ་གདལ་དུ་ཕྱིན་པ་མགྱོགས་ཤིང་སྐད་གཉིས་སློབ་གསོ་སྤེལ་བའི་མཐུན་རྐྱེན་ལེགས་མོད་ཀྱང་། གཞི་རིམ་གྱི་རོང་འབྲོག་ས་ཁུལ་ཕལ་ཆེ་བ་ལྟར་ན། དེ་ལས་ལྡོག་པར་འགྲིམ་འགྲུལ་སྟབས་མི་བདེ་ཞིང་མཁར་གྲོང་དང་རྒྱང་ཐག་རིང་ལ་ཐར་ཐོར་དང་སྒེར་སྡོམ་གྱི་དཔལ་འབྱོར་གནས་སྟངས་སུ་ངེས་ཤིང་། ཕྱི་རོལ་གྱི་ཁོར་ཡུག་དང་མི་ཚོགས་ལ་འབྲེལ་འདྲིས་ཉུང་ཞིང་གཞན་སྐད་སོགས་ཀྱི་སྤྱོད་སྟངས་ཤིན་ཏུ་ཉུང་བས། ཕ་སྐད་རིག་གནས་ཀྱི་ཁོར་ཡུག་ལས་སྐད་གཉིས་སྣང་ཚུལ་གྱི་གྲུབ་སྟངས་ཆེས་ཆེར་མེད་ཅིང་སྐད་གཉིས་སློབ་གསོའི་སྤེལ་སྟངས་ལའང་གེགས་རྐྱ་ངེས་ཅན་ཐེབས་ཡོད་ཙ་ན། ཚུལ་འདི་དག་ལས་དཔལ་འབྱོར་གྱི་གནས་སྟངས་མི་འདྲ་བ་དང་མི་འཁོར་འགྲིམ་སྐྱོད་ཀྱི་བྱ་འགུལ་སྣ་ཚོགས་ཀྱིས་ཀྱང་བོད་ལྗོངས་ཀྱི་སྐད་གཉིས་སློབ་གསོའི་སྤེལ་སྟངས་ལ་ཤུགས་རྐྱེན་ངེས་ཅན་ཐེབས་ཀྱིན་ཡོད་པ་གསལ་པོར་རྟོགས་ནུས་སོ། །

གཉིས། མི་རིགས་ཕན་ཚུན་བར་གྱི་འབྲེལ་བ།

དེ་ཡང་ལོ་རྒྱུས་ཀྱི་རྒྱུ་རྐྱེན་སྣ་ཚོགས་པའི་དབང་གིས་བོད་ལྗོངས་ནི་རྒྱ་རིགས་གཙོས་ཧོས་རིགས་དང་། ཆའང་རིགས། དབྱིས་རིགས། ལི་སུའུ། འཛང་། སོག་པོ། ཧོར། ལྷོ་པ། མོན་པ། ཟ་ལར་སོགས་མི་རིགས་མང་པོ་འདྲེས་སྡོད་དུ་ཡོད་ཅིང་། མི་རིགས་ཕན་ཚུན་བར་གྱི་འབྲེལ་བ་ལེགས་མིན་གྱིས་ཐད་ཀར་སྐད་གཉིས་སྣང་ཚུལ་གྱི་གྲུབ་སྟངས་དང་དེ་དང་འབྲེལ་བའི་སྐད་གཉིས་སློབ་གསོའི་སྤེལ་སྟངས་ལ་ཤུགས་རྐྱེན་ཆེན་པོ་ཐེབས་ཀྱིན་ཡོད། མི་རིགས་ཕན་ཚུན་བར་གྱི་འབྲེལ་འདྲིས་དམ་ཞིང་འབྲེལ་བ་ལེགས་ན། ཕན་

ཚུན་བར་སྐད་བརྡ་སྦྱང་རེས་དང་སྐད་ཡིག་སློབ་རེས་ཀྱི་སྲོལ་ལེགས་པར་དར་ནུས་ཏེ། རྒྱུ་མཚན་ནི་ཕན་ཚུན་བར་ཁེ་དབང་འདྲ་མཉམ་དུ་སྤེལ་ཞིང་གཉེན་ཉེ་སྐབ་མཐུན་བྱེད་པའམ་འཚམ་མཐུན་མཉམ་གནས་ཀྱི་མི་རིགས་འབྲེལ་བ་ཆགས་པ་ལས་ཕན་ཚུན་བར་བསམ་བློ་བརྗེ་རེས་དང་སྐད་ཡིག་སློབ་འདོད་ཀྱི་ཀུན་སློང་ལེགས་པོ་ངང་གིས་སྐྱེས་ནུས་པའི་ཕྱིར་དང་། གལ་ཏེ་མི་རིགས་ཕན་ཚུན་བར་དུ་འགལ་བ་བྱུང་ཞིང་མཐུན་སྒྲིལ་མི་ལེགས་པ་དང་། བཙན་གཅེར་དང་འཁྲུག་སློང་གི་གནད་དོན་འབྱུང་བ་སོགས་འབྲེལ་བ་མ་ལེགས་པར་གྱུར་ན། ཕན་ཚུན་བར་འགྲོ་འོང་གི་རྒྱུན་ཆད་ཅིང་ཞེ་འགྲས་པ་སོགས་ལས་སྐད་གཉིས་ཀྱི་རིག་གནས་ཁོར་ཡུག་མ་གྲུབ་པ་ལ་སློབ་གསོའི་སྤེལ་སྟངས་ཀྱང་འབྱུང་མི་སྲིད། མི་རིགས་ཀྱི་འབྲེལ་བ་ཏ་ཙང་ཛ་དྲག་ཏུ་གྱུར་པའི་ཡུལ་གྲུ་ལ་མཚོན་ན། སྐད་བརྡ་གང་ཞིག་བརྗོད་པ་ནི་ནམ་རྒྱུན་མི་རིགས་ཤིག་གི་མཚོན་བྱེད་དང་། ཐོག་མཐའ་བར་གསུམ་དུ་མི་རིགས་ཤིག་གི་ལངས་ཕྱོགས་དང་། སྙིང་སྟོབས། ལ་རྒྱ་མཚོན་བྱེད་ཀྱི་བརྡ་ཐབས་ཉིད་དུ་གྱུར་པ་ལས་སྐད་བརྡའི་རྣམ་འགྱུར་འཛིན་སྟངས་ལའང་ཚོར་བ་སྐྱེན་པོ་ཡོད་པ་དང་། སྐད་དང་ཡི་གེའི་སྤྱོད་སྟངས་དེ་ཡང་ནམ་རྒྱུན་མི་རིགས་རང་གི་ཁེ་དབང་ངམ་ཐོབ་ཐང་དང་བདག་ཉིད་གཅིག་ཏུ་འབྲེལ་ནས་བློ་སྲོག་ལྟར་གཅེས་པར་བྱེད་ཅིང་། གཞན་སྐད་དག་དུས་ནམ་ཡང་དགག་བྱར་དམིགས་ནས་གཞན་གཙོད་ཀྱི་བསམ་བློ་དང་བཅས་མཐར་སྐྲོད་པར་བྱེད་པས་ན། མི་རིགས་ཕན་ཚུན་བར་གྱི་འབྲེལ་བ་ལེགས་པོས་ནི་སྐད་གཉིས་ཀྱི་སློབ་གསོར་སྐུལ་འདེད་ཀྱི་ནུས་པ་འདོན་ཐུབ་ཀྱི། དགྲ་ཟླར་ལངས་པའི་འབྲེལ་བས་ནི་སྐད་གཉིས་ཀྱི་སློབ་གསོར་གེགས་རྐྱེན་ཐེབས་ངེས་མོད། ཡིན་ན་ཡང་མི་རིགས་ཀྱི་འབྲེལ་བ་འབའ་ཞིག་ནི་སྐད་གཉིས་སློབ་གསོའི་སྤེལ་སྟངས་ལ་ཆེག་ཐུབ་ཀྱི་ནུས་པ་འདོན་བྱེད་དུ་མ་ངེས་ཏེ། རང་རྒྱལ་གྱི་དུས་རབས་ཕྱེད་ཙམ་རིང་གི་སྐད་གཉིས་སློབ་གསོའི་ལས་དོན་ལ་སྤྱིར་གཡོན་ལྷུང་སོགས་ཀྱི་ངན་ཤུགས་ཆེས་ཆེར་ཐེབས་མྱོང་ན་ཡང་། སྤྱི་ཚོགས་ནས་འཕེལ་རྒྱས་ཀྱི་ཕྱོགས་སུ་སྐྱོད་ཤུགས་ཆེ་བ་མི་རིགས་སོ་སོའི་སེམས་འདུན་དང་ཡང་དག་པའི་ཐབས་ཇུས་ཇི་སྙེད་ཅིག་ལ་རག་ལས་པའི་ཕྱིར་རོ། །

མིག་སྔར་བོད་ཁུལ་དུ་འཚམ་མཐུན་མཉམ་གནས་ཀྱི་མི་རིགས་འབྲེལ་བ་ལེགས་པར་སྤེལ་བ་ནི་སྐད་གཉིས་སློབ་གསོའི་ལས་དོན་གྱི་སྐུལ་ཤུགས་ཆེན་པོ་ཡིན་ཏེ། དཔེར་ན་

བོད་རང་སྐྱོང་ལྗོངས་སུ་བོད་པ་རྣམས་རྒྱ་རིགས་དང་ཧོས་རིགས་སོགས་ལ་འདྲེས་མར་སྡོད་པ་ལས་རྒྱ་བོད་སྐད་གཉིས་ཀྱི་ཁོར་ཡུག་ལེགས་པར་གྲུབ་པ་དང་། མོན་པ་དང་ལྷོ་པ་སོགས་དང་འདྲེས་མར་སྡོད་པ་ལས་ཕན་ཚུན་དག་གི་སྐད་བརྡ་སློབ་རེས་དང་སྒོས་སུ་བོད་ཀྱི་སྐད་ཡིག་སྤྱི་སྐད་དུ་གྲུབ་ཅིང་མཉམ་དུ་རྒྱ་སྐད་ཀྱང་བསྟེན་སྤྱོད་བྱེད་པ་དང་། སི་ཁྲིན་གྱི་བོད་ཁུལ་ལྟར་ན། ཁམས་པ་དང་རྒྱལ་རོང་བ་སོགས་བོད་པ་རྣམས་རྒྱ་རིགས་གཙོས་ཚའང་དང་། ཧོས་རིགས། དབྱིས་རིགས་སོགས་དང་མཉམ་དུ་འཚོ་བཞུགས་གནང་བ་ལས་སྐབས་འགར་གྲངས་ཉུང་མི་རིགས་བར་ཕན་ཚུན་གྱི་སྐད་བརྡ་སྤྱོད་རེས་བྱེད་པ་མ་ཟད། རྒྱ་སྐད་ནི་མི་རིགས་ཕན་ཚུན་བར་གོ་བརྡ་སྤྲོད་བྱེད་ཀྱི་ཐུན་མོང་གི་བརྡ་སྐད་འབའ་ཞིག་ཏུ་གྱུར་ནས་སྤྱོད་སྒྲོལ་ཆེས་ཆེར་དར་བ་ལས་སྐད་མང་འབྲེལ་འདྲེས་ཀྱི་རིག་གནས་ཁོར་ཡུག་རྒྱ་ཆེར་གྲུབ་ཡོད་པ་དང་། ཡུན་ནན་གྱི་བདེ་ཆེན་སོགས་སུ་ཁམས་པ་དང་རྒྱ་རིགས་གཙོས་འཇང་དང་། དབྱིས་རིགས། ལི་སུའུ་སོགས་མཉམ་འདྲེས་སུ་སྡོད་པ་ལས་སློབ་མ་རྣམས་ཀྱིས་ཀྱང་རང་སྐད་སོ་སོ་བ་ལས་གཞན་ད་དུང་རྒྱ་སྐད་རེས་མེད་དུ་སྤྱོང་བར་བྱེད་ཅིང་། སྐབས་འགར་གྲངས་ཉུང་མི་རིགས་ཁ་ཅིག་ལ་བོད་སྐད་སློབ་སྦྱོང་ཡང་ཡོད་ལ། ཨ་མདོ་ལྟར་ནའང་བོད་རྣམས་གཙོ་བོ་རྒྱ་དང་འདྲེས་སྡོད་དུ་ཡོད་ཅིང་། གཞན་ཧོས་རིགས། སོག་པོ། ཧོར། ཟ་ལར་སོགས་དང་འབྲེལ་འདྲིས་ཀྱི་ལོ་རྒྱུས་རིང་བས་ན། ཕྱིར་མི་རིགས་ཕན་ཚུན་བར་རྒྱ་སྐད་སྤྱོད་པ་མང་ན་ཡང་། གཞི་རིམ་བོད་ཁུལ་དུ་ཕ་སྐད་རིག་གནས་ཀྱི་སློབ་གསོ་དར་ཁྱབ་ཆེ་ལ། གཞན་ཡུལ་གྲུ་འགའ་ཤས་སུ་ཧོས་རིགས་དང་། སོག་པོ། ཧོར་སོགས་ཀྱིས་ཀྱང་བོད་སྐད་ཕ་སྐད་ལྟར་སྦྱངས་པ་ལས་བོད་རྒྱ་སྐད་གཉིས་ཀྱི་སྣང་ཚུལ་རྒྱ་ཆེར་གྲུབ་ཡོད་པ་མ་ཟད། སྐད་གཉིས་སློབ་གསོའི་སྤེལ་སྟངས་ལ་སྟོན་འགྲོའི་ཆ་རྐྱེན་ལེགས་པོ་བསྐྲུན་འདུག་གོ །

གཞན་མི་རིགས་ཕན་ཚུན་ཕྱོགས་ཀུན་ཉེ་བར་འབྲེལ་ཞིང་གཉེན་སྒྲིག་གི་འབྲེལ་བ་བྱུང་ཚུལ་གྱིས་ཀྱང་སྐད་གཉིས་སློབ་གསོར་ཤུགས་རྐྱེན་ངེས་ཅན་ཐེབས་ནུས་ཏེ། ལོ་རྒྱུས་ཀྱི་དུས་སྐབས་མི་འདྲ་བ་དང་སྤྱི་ཚོགས་ཀྱི་ཁོར་ཡུག་མི་མཚུངས་པ་སོ་སོར་ཚད་མི་འདྲ་བའི་མི་རིགས་འདྲེས་སྡོད་དང་ཐོར་སྡོད་ཀྱི་གནས་ཚུལ་སྣ་ཚོགས་འབྱུང་སྲིད་ལ། ཐོར་སྡོད་དང་འདྲེས་སྡོད་ཀྱི་མི་གྲངས་ཁྲོད་དུ་ཕན་ཚུན་བར་མཛའ་གཅུགས་ཉེ་འབྲེལ་གྱི་འགྲོ་འོང་

དང་འཚོ་བའི་སྤྱོད་སྟངས་ཐད་ཀྱི་འབྲེལ་བ་ཅི་རིགས་སུ་བྱུང་བ་ལས་ཕན་ཚུན་ལ་རྒྱུས་མངའ་ཞིང་གོམས་འདྲིས་སུ་གྱུར་པའི་རིག་གནས་མཉམ་འདྲེས་ཀྱི་སྣང་ཚུལ་གྲུབ་པ་དང་། དུས་མཉམ་དུ་གཞན་རིགས་ལ་གཉེན་འཐམས་དང་གཉེན་སྒྲིབ་སྐབ་མཐུན་གྱི་འབྲེལ་བ་བྱུང་ཙ་ན། འདི་ལས་གཏོགས་ཡུལ་མི་རིགས་གང་གི་རྗེས་རབས་པའི་རིགས་རྒྱུད་དང་མི་གྲངས་ཀྱི་འཕར་འགྲིབ་དང་སྤུས་ཚད་སོགས་ཀྱི་གནད་དོན་མང་ཙམ་འབྱུང་སྲིད་པ་མ་ཟད། ཚང་ཕྱོགས་ཁྱིམ་གཞི་ཞིག་གི་སྐད་བརྡའི་སྤྱོད་སྟངས་ནས་ཚེ་ཕྱོགས་ཡུལ་ཁམས་ཤིག་གི་སྐད་བརྡའི་སྤྱོད་སྟངས་བར་གནད་དོན་མི་ཉུང་བ་སྐྲེལ་འོང་སྟེ། དཔེར་ན་མདོ་སྨད་ཀྱི་གྲོ་ཚང་དང་དཔའ་རིས་ཡུལ་དུ་རྒྱ་བོད་གཉེན་སྒྲིག་པ་དང་། རྒྱལ་རོང་ཡུལ་དུ་བོད་ཆའང་བར་གཉེན་སྒྲིལ་བྱུང་བ། རྒྱལ་ཐང་དང་དར་མདོ་སོགས་སུ་བོད་རྒྱ་མཉམ་སྒྲིག་གི་ཁྱིམ་ཚང་མང་དུ་ཡོད་པ་རྣམས་ལས་ཁ་ཅིག་གིས་བོད་སྐད་ལས་ཀྱང་གཞན་སྐད་སྤྱོད་ཤོས་ཆེ་བ་དང་། ཁ་ཅིག་གིས་གཞན་སྐད་ལས་བོད་སྐད་སྤྱོད་པར་བྱེད་ལ། ཡང་ཁ་ཅིག་གིས་ཁོར་ཡུག་དང་འབྲེལ་ནས་སྐད་གཉིས་སམ་སྐད་མང་ཅི་དགར་འདེམ་སྤྱོད་བྱེད་པ་སོགས་ལ་ཕྱོགས་མཚུངས་ཀྱི་གནད་དོན་མང་། དེ་ལྟ་ནའང་མི་རིགས་ཐོར་སྡོད་དང་འདྲེས་སྡོད་དུ་གཞན་རིགས་ལ་གཉེན་འབྲེལ་སྤེལ་བའི་གྲངས་ཚད་ནི་མི་རིགས་འདུས་སྡོད་ཀྱི་ས་ཁུལ་དང་མི་མཚུངས་ཏེ། དཔེར་ན་༡༩༩༠ལོའི་སྡོམ་རྩིས་ལྟར་ན། བོད་རིགས་མི་གྲངས་༩༥%ཡན་ཟིན་པའི་བོད་ལྗོངས་སུ་མི་རིགས་འདྲེས་སྡོད་ཀྱི་དུད་ཁྱིམ་༣༧༠༢ཡོད་པ་ལས་རྒྱ་དང་འདྲེས་སྡོད་ཀྱི་དུད་ཁྱིམ་༣༨༣༩ལས་མེད་པ་དང་། མཚོ་སྔོན་དུ་མི་རིགས་འདྲེས་སྡོད་ཀྱི་དུད་ཁྱིམ་༤༣༣༧༨ཡོད་པ་ལས་རྒྱ་དང་གྲངས་ཉུང་མི་རིགས་འདྲེས་སྡོད་ཀྱི་དུད་ཁྱིམ་༣༧༡༩༢ཡོད་པ་དང་། ཀན་སུའུ་རུ་མི་རིགས་འདྲེས་སྡོད་ཀྱི་དུད་ཁྱིམ་༥༣༢༠༧ཡོད་པ་ལས་རྒྱ་དང་གྲངས་ཉུང་མི་རིགས་འདྲེས་སྡོད་ཀྱི་དུད་ཁྱིམ་༣༨༥༢༧ཡོད་པ་དང་། སི་ཁྲོན་ཞིང་ཆེན་དུ་མི་རིགས་འདྲེས་སྡོད་ཀྱི་དུད་ཁྱིམ་༣༧༦༦༧༠ཡོད་པ་ལས་རྒྱ་དང་གྲངས་ཉུང་མི་རིགས་འདྲེས་སྡོད་ཀྱི་དུད་ཁྱིམ་༣༣༣༠༨༡ཡོད་པ་དང་། ཡུན་ནན་ཞིང་ཆེན་དུ་མི་རིགས་འདྲེས་སྡོད་ཀྱི་དུད་ཁྱིམ་༨༨༦༦༥༤ཡོད་པ་ལས་རྒྱ་དང་གྲངས་ཉུང་མི་རིགས་འདྲེས་སྡོད་ཀྱི་དུད་ཁྱིམ་༥༦༠༠༧༢ཡོད་པ་བཅས་ཕན་ཚུན་བསྡུར་ན། ཡུན་ནན་སོགས་མི་རིགས་ཐོར་སྡོད་དང་འདྲེས་སྡོད་ས་ཁུལ་གྱི་རྒྱ་དང་གྲངས་ཉུང་མི་རིགས

འདྲེས་མར་སྡོད་པའི་དུད་ཁྱིམ་གྱི་གྲངས་ཀ་ནི་བོད་ལྗོངས་ལྷ་ས་མི་རིགས་འདུས་སྡོད་ཀྱི་གྲངས་ཀ་ལས་མང་བས། སྐད་གཉིས་སྣང་ཚུལ་གྱི་གྲུབ་སྟངས་སམ་དེ་དང་འབྲེལ་བའི་སྐད་གཉིས་སློབ་གསོའི་སྤྱིལ་སྟངས་ལའང་ཁྱིམ་ཐབ་ཀྱི་གཉེན་སྒྲིལ་གཙོས་སྤྱི་ཚོགས་ཀྱི་སྒྲིག་གཞི་མི་འདྲ་བས་ཤུགས་རྐྱེན་ཆེས་ཆེར་ཐེབས་ཀྱིན་ཡོད་པ་རྟོགས་སླ་སྟེ། ཧེ་ཙོན་ཧྲང་གིས། ཁྱིམ་གཞི་ནི་སྤྱི་ཚོགས་ཀྱི་སྲོག་རྩ་ཡིན་ལ། ཁྱིམ་གཞིའི་གྲུབ་སྟངས་ག་འདྲ་ཡིན་པ་དེས་སྐད་བརྡའི་སྤྱོད་སྟངས་ཀྱི་ཁྱད་ཆོས་ལ་ཤུགས་རྐྱེན་ངེས་ཅན་ཐེབས་ནུས་ཤིང་སྐད་གཉིས་ཀྱི་འཕེལ་འགྲིབ་ལ་ཚོད་འཛིན་བྱེད་ནུས། སྤྱི་ཚོགས་ཀྱི་འཕེལ་རྒྱས་དང་། མི་རིགས་འབྲེལ་འདྲིས་ཀྱི་གྲངས་ཚད་མང་བ། མི་འབོར་འཁྱར་འགྲིམ་བྱེད་པ་སོགས་ཀྱིས་མི་རིགས་སོ་སོ་འདྲེས་སྡོད་ཀྱི་ཚད་རྒྱ་ཆེར་བསྐྱེད་ནུས་པ་མ་ཟད། མི་རིགས་ཕན་ཚུན་བར་གྱི་འབྲེལ་ཐག་ཇེ་ཉེ་དང་རིག་གནས་ཕྱོགས་མཚུངས་སུ་སྤེལ་ནུས་ལ། རིག་གནས་ཕྱོགས་མཚུངས་སུ་སྤེལ་བས་ཀྱང་མི་རིགས་མི་འདྲ་བ་སོ་སོའི་སྐད་བརྡ་དང་འཚོ་བའི་གོམས་སྲོལ་ཆ་མཚུངས་བར་བཀོད་པས་ན། མི་རིགས་མི་འདྲ་བའི་མི་སྣ་དག་ཁྱིམ་གཞི་གཅིག་ཏུ་འདུས་ངེས་པར་གྱུར་པ་དང་། མི་རིགས་མི་འདྲ་བ་ཕན་ཚུན་བར་གཉེན་སྒྲིལ་ཆེས་ཆེར་དར་བ་འདིས་ཀྱང་སྐད་བརྡའི་བཀོལ་སྤྱོད་སྟེང་དུ་འགྱུར་ལྡོག་ཆེན་པོ་སློང་བཞིན་ཡོད[3] ཅེས་བསྟན་འདུག་གོ།

གསུམ། རིག་གནས་བྱ་འགྱུལ་གྱི་དར་རྒྱས།

དེ་ཡང་བོད་ལྗོངས་ནི་གནའ་དུས་ནས་བཟུང་སྐྱེ་ཁམས་ཀྱི་ཁོར་ཡུག་ཁྱད་པར་ཅན་དུ་གྲུབ་ཅིང་སྲོལ་རྒྱུན་རིག་གནས་ཀྱི་ཁྱད་ཆོས་གཟེངས་སུ་ཐོན་པར་སྣང་ལ། ད་ལྟའི་སྐབས་ཙམ་ནའང་དུས་བབ་དང་མཐུན་པའི་རྒྱང་སྒྲིག་བརྒྱུད་འཕྲིན་གྱི་ལས་དོན་དང་། ལྗོངས་རྒྱ་ཡུལ་སྐོར་གྱི་ལས་གཞི། རིག་གནས་ཐོན་ཟས་ཀྱི་ཐོག་འདོན་སོགས་སྤྱི་ཚོགས་རིག་གནས་ཀྱི་བྱ་འགྱུལ་སྣ་ཚོགས་སྤེལ་ཡུལ་དུ་གྱུར་པ་དང་བསྟུན་ནས། ཡུལ་ཁམས་རང་གི་སྤྱི་ཚོགས་རིག་གནས་ཀྱི་ཁོར་ཡུག་ལ་འགོ་འགྱུར་ཆེན་པོ་བྱུང་དང་འབྱུང་བཞིན་ཡོད་པ་དང་། བརྒྱུད་རིམ་འདི་དག་གི་ཁྲོད་དུ་སྤྱི་ཚོགས་ཀྱི་སྐད་བརྡའི་ཁོར་ཡུག་ཀྱང་ཕ་སྐད་གཅིག་རྐྱང་ནས་སྐད་གཉིས་སམ་སྐད་མང་ཅན་དུ་འགྱུར་བ་ལས་བོད་ལྗོངས་ཀྱི་སྐད་གཉིས་སློབ་གསོའི་

སྤེལ་སྟངས་ལ་སྐུལ་འདེད་ཀྱི་ནུས་པ་ཐོན་བཞིན་ཡོད། ཁྱད་པར་བོད་ཁུལ་དུ་རྒྱང་སྒྲིག་བརྙན་འཕྲིན་ཁྱབ་གདལ་དུ་ཕྱིན་ཚད་མགྱོགས་པ་དང་ལྟོངས་རྒྱུ་གནས་སྐོར་གྱི་བྱ་བ་དར་རྒྱས་སུ་སྤེལ་བ་དག་གིས་བོད་ཁུལ་གྱི་སྐད་གཉིས་སློབ་གསོའི་སྤེལ་སྟངས་ལ་སྔར་མེད་པའི་ཁོར་ཡུག་ལེགས་པོ་བསྐྲུན་འདུག་སྟེ། དཔེར་ན་བོད་ལྟོངས་སུ་༡༩༧༠ལོ་ཡས་མས་ནས་བཟུང་རྒྱང་སྒྲིག་གི་བྱ་བ་ཁྱབ་གདལ་དུ་ཕྱིན་ཡོད་པ་དང་། ལོ་རབས་བརྒྱད་ཅུ་བའི་བར་སྐབས་དང་དུས་མཇུག་ཏུ་བརྙན་འཕྲིན་ཡང་གྲོང་བརྡལ་ནས་རིམ་གྱིས་རོང་འབྲོག་ས་ཁུལ་དུ་དར་འགོ་ཚུགས། ༡༩༨༥ལོར་བརྙན་འཕྲིན་ཁྱབ་ཚད་ཀྱི་མི་གྲངས་ཀྱིས་ལྟོངས་ཡོངས་ཀྱི་མི་གྲངས་ཀྱི༣༢% ཟིན་པ་དང་། ༡༩༩༠ལོར༣༥% དང་། ༡༩༩༧ལོར༥༢% དང་། ༡༩༩༩ལོར༦༠% རུ་འཕར། རྒྱང་སྒྲིག་གི་ཁྱབ་ཚད་ནི༡༩༧༠ལོར༡༠% དང་། ༡༩༨༥ལོར༡༨% དང་། ༡༩༩༥ལོར༤༠% དང་། ༡༩༩༨ལོར༦༥% དང་། ༡༩༩༩ལོར༨༠% དང་གྲོང་བརྡལ་དུ༡༠༠% རུ་འཕར། མིག་སྔར་བོད་ལྟོངས་སུ་བོད་སྐད་ཀྱི་རྒྱང་སྒྲིག་ལེ་ཚན་རིགས་གཉིས་ཡོད་པ་ཉིན་རེར་དུས་ཚོད༣༩དང་སྐར་མ༥༤རུ་གཏོང་བ་དང་། བོད་སྐད་འཁོར་སྐར་བརྙན་འཕྲིན་གྱི་ལེ་ཚན་གཅིག་ཡོད་པ་ཉིན་རེར་དུས་ཚོད༢༤ལ་ཕྱིར་གཏོང་བཞིན་ཡོད་པ་ཕུད། རྒྱ་སྐད་དང་དབྱིན་སྐད་ཀྱི་རྒྱང་སྒྲིག་དང་བརྙན་འཕྲིན་གྱི་ལེ་ཚན་རྣམས་ཀྱང་ཉུང་ངུར་ཕྲི་མེད་པར་གཏོང་ཞིང་། ནང་དོན་ལ་གསར་འགྱུར་དང་། ཆ་འཕྲིན། སློབ་གསོ། འཕྲོད་བསྟེན། རིག་རྩལ། རྩེད་འཇོ། སྤྱི་ཚོགས་ཀྱི་ཞབས་ཞུ་སོགས་མང་དུ་བཀོད་ལ། སྙོམས་སུ་གཞིས་ཀ་རྩེ་དང་། ཆབ་མདོ། ནག་ཆུ། ལྷོ་ཁ། ཉིང་ཁྲི་སོགས་ཀྱིས་བརྙན་འཕྲིན་དུ་སློབ་གསོའི་ལེ་ཚན་ཆེད་དུ་གཉེར་ནས་བོད་རྒྱ་སྐད་གཉིས་ཀྱི་སློབ་ཁྲིད་ལེགས་པར་སྤེལ་བ་ལ་རྒྱ་ཆེ་བའི་རོང་འབྲོག་མང་ཚོགས་ཀྱི་དགའ་བསུ་ཆེན་པོ་ཐོབ། དེ་བཞིན་དུ་མཚོ་སྔོན་གྱི་རྒྱང་སྒྲིག་བརྙན་འཕྲིན་གྱི་བྱ་བར་མཚོན་ན་འང་། ཞུབ་གསར་བཟོ་འགོད་ཀྱི་ལས་གཞི་ལག་བསྟར་བྱས་པ་བརྒྱུད། ༢༠༠༢ལོའི་བར་ལ་ཞིང་ཆེན་ཡོངས་སུ་སྲིད་འཛིན་གྲོང་སྡེ་༡༧༧༣ལ་རྒྱང་སྒྲིག་དང་བརྙན་འཕྲིན་ཁྱབ་སྤེལ་བྱས་པ་དང་། ཞིང་ཆེན་ཡོངས་ཀྱི་ཁུལ་དང་རྫོང་ཐོག་གི་ཀང་འཛིན་བརྙན་འཕྲིན་ཁང་གི་བརྙན་འཕྲིན་འཕྲོ་གཏོང་སྒྲིག་ཆས༢༡ལེགས་བཅོས་བྱས་ལ། བརྙན་འཕྲིན་གྱི་ཁྱབ་ཚད་ཀྱང༡༩༩༨ལོའི་ལོ་མཇུག་གི༧༨% ནས་༨༧. ༨% དུ་འཕར།

༢༠༠༠ལོའི་ཟླ་༧པར་ཕྱོགས་ཡོངས་ནས་མ་དངུལ་བསྡུས་ཏེ་ཡུལ་ཤུལ་རྒྱང་སྒྲོག་ཁང་དང་། མགོ་ལོག་རྒྱང་སྒྲོག་ཁང་། རེབ་གོང་རྒྱང་སྒྲོག་ཁང་། མཚོ་ནུབ་རྒྱང་སྒྲོག་ཁང་བཅས་ཀྱི་སྒྲིག་ཆས་ལེགས་སྒྲིག་བྱས་མཐར། ཞིང་ཆེན་ཡོངས་ཀྱི་རྒྱང་སྒྲོག་མི་གྲངས་ཀྱི་ཁྱབ་ཚད་༢༠༠༠ལོའི་ལོ་མཇུག་ལས་༡༧. ༢% འཕར། ཉེ་བའི་ལོ་འགའི་རིང་ལའང་རྒྱང་སྒྲོག་དང་བརྙན་འཕྲིན་གྱི་གཏོང་ཡུན་སྤར་བས་ལྷབ་གཅིག་གིས་ཛེ་རིང་དུ་བཏང་ཞིང་ནང་དོན་སྣ་འཛོམས་སུ་སྤེལ་བས། རྒྱ་ཆེ་བའི་རོང་འབྲོག་ས་ཁུལ་གྱི་རིག་གནས་འཚོ་བ་སྤྱི་དང་བྱེ་བྲག་བོད་ལྗོངས་ཀྱི་སྐད་གཉིས་སློབ་གསོར་ཕན་ནུས་ཆེན་པོ་ཐོན། ཁམས་ཕྱོགས་ལྟར་ན་ཡང་། ༢༠༠༠ལོ་ནས་བཟུང་སི་ཁྲོན་བོད་ལྗོངས་དུ་རྒྱང་སྒྲོག་ལས་ཁུངས་ཀྱི་རླབས་འཕྲིན་སྐོར་ སྡེགས་༡༨ཆེར་ བསྐྱེད་ དང་ ལེགས་ བཅོས་ བྱས་ པ་ དང་། སྡེབ་ སྒྲིག་ སྐོར་སྡེགས་༣༥དང་བརྙན་འཕྲིན་སྐོར་སྡེགས་༡༩གསར་འཛུགས་དང་ཆེར་བསྐྱེད་བྱས་པ་མ་ཟད། ཞིང་ཆེན་དང་ལྗོངས་གཉིས་ཀྱིས་མི་རིགས་སྐད་བརྡའི་སྒྱུར་སྒྲུབ་ལྟེ་གནས་སོགས་ཀྱང་བཙུགས། ༢༠༠༦ལོའི་ སྟོམ་ རྩིས་ ལྟར་ ན། རྒྱང་ སྒྲོག་ གི་ ཁྱབ་ ཚད་ ནི་ དཀར་མཛེས་༨༠. ༥༢དང་། ཟ་བ་༧༠. ༤༧% དང་། སྨུ་ལི་༧༠. ༢% ཡིན་པ་དང་། བརྙན་འཕྲིན་གྱི་ཁྱབ་ཚད་ནི་དཀར་མཛེས་༨༡. ༦༣% དང་། ཟ་བ་༩༣. ༠༣% དང་། སྨུ་ལི་༧༣. ༨% དུ་སོན། ཡུན་ནན་བདེ་ཆེན་དུ་༢༠༠༨ལོའི་ལོ་མཇུག་ཏུ་རྒྱང་སྒྲོག་དང་བརྙན་འཕྲིན་གྱི་ཁྱབ་ཚད་སོ་སོར་༨༢% དང་༩༠% སོན་ཞིང་། ༢༠༠༠ལོའི་ལོ་མཇུག་གི་༣༢% དང་༧༥% ལས་༥༠% དང་༡༥% འཕར། གཞན་གན་ལྷོ་མི་དམངས་རྒྱང་སྒྲོག་བརྙན་འཕྲིན་ཁང་སོགས་ཀྱིས་ཀྱང་སྤྱི་ཁྱབ་ཀྱི་རྒྱ་སྐད་ལེ་ཚན་ཡོད་པ་གཞིར་བྱས་བོད་སྐད་ཀྱི་རྒྱང་སྒྲོག་བརྙན་འཕྲིན་གྱི་བྱ་བ་དམ་དུ་བཟུང་བས་རོང་འབྲོག་ས་ཁུལ་གྱི་རིག་གནས་འཚོ་བ་ཕུན་སུམ་ཚོགས་པར་བསྒྱུར། མདོར་ན་ལོ་རབས་བརྒྱད་ཅུ་བ་ནས་ད་ལྟའི་བར་བོད་ལྗོངས་ཀྱི་རྒྱང་སྒྲོག་བརྙན་འཕྲིན་གྱི་ལས་དོན་ཡར་ངོའི་ཟླ་བཞིན་འཕེལ་བ་འདིས་ཀྱང་བོད་ལྗོངས་ཀྱི་བསམ་པའི་དཔལ་ཡོན་དང་དངོས་པོའི་དཔལ་ཡོན་གྱི་འཛུགས་སྐྲུན་ལ་ཕན་ནུས་ཆེན་པོ་ཐོན་པ་མ་ཟད། བྱེ་བྲག་སྒྱུན་བྱེད་པོ་ཆས་ཀྱི་སྐད་བརྡ་སྣ་མང་ཅན་དུ་བསྒྱུར་ཞིང་ཁྱབ་ གདལ་ དུ་ ཕྱིན་ པ་ འདིས་ ཀྱང་ བོད་ ལྗོངས་ དུ་ སྐད་ གཉིས་ འབྲེལ་ འདྲིས་ ཀྱི་ རིག་གནས་ཁོར་ཡུག་ བསྐྲུན་ ཞིང་ མང་ ཚོགས་ ཀྱི་ སྐད་ བརྡའི་ སྤྱོད་ ལམ་ ལ་ ཤན་ ཐེབས་ པས།

སྐད་གཉིས་སློབ་གསོའི་སྤེལ་སྟངས་ལ་སྐྱུལ་འདེད་ཀྱི་ནུས་པ་ཐོན་ཡོད་དོ། །

ལྗོངས་རྒྱུ་གནས་སྐོར་གྱི་རིག་གནས་བྱ་འགུལ་རྒྱ་ཆེར་སྤེལ་སྟངས་ཀྱིས་ཀྱང་བོད་ཁུལ་གྱི་སྐད་གཉིས་སློབ་གསོར་ཤུགས་རྐྱེན་ཆེན་པོ་ཐེབས་ཀྱིན་ཡོད་དེ། བོད་ཁུལ་ཐལ་ཆེ་བ་འཛམ་གླིང་གི་ཡང་རྩེར་ངེས་ཤིང་ལྗོངས་རྒྱུའི་ཐོན་ཁུངས་ཕུན་སུམ་ཚོགས་པ་ལ། གཅིག་ན་མཐོ་སྒང་གི་ས་བབ་ཆགས་ཡུལ་ཁྱད་པར་ཅན་དང་། གནམ་གཤིས་འགྱུར་ལྡོག་སྣ་ཚོགས་པ། སྲོག་ཆགས་དང་སྐྱེ་དངོས་དཀོན་པོ་བགྲང་གིས་མི་ལངས་པ། བརྟན་གཡོའི་སྣོད་བཅུད་ཀྱི་བཀོད་པ་ཁོད་སྙོམས་ཤིང་འདུམ་པར་སྣང་བའི་སྐྱེ་ཁམས་ཀྱི་ཁོར་ཡུག་ལེགས་པ་དང་། གཉིས་ན་སྔར་འདས་ཀྱི་ཆོས་སྲིད་ལུགས་གཉིས་དང་འབྲེལ་བའི་རིག་གནས་ཀྱི་ཤུལ་བཞག་སྣ་ཚོགས་ཏེ་ནང་བའི་ཆོས་ལུགས་ཀྱི་གྲུབ་མཐའ་སྣ་ཚོགས་དང་། བོན་བསྟན་གྱི་སྡེ་ཁག་སྣ་ཚོགས། གེ་སར་རིག་གནས། སྲིད་དོན་གྱི་བྱ་གཞག་སྣ་ཚོགས་སོགས་དང་། དེ་དག་དང་འབྲེལ་བའི་བང་སོ་སོགས་གནས་ཤུལ་རྙིང་བ་དང་། དགོན་པ། གནས་རི་འགངས་ཆེན་སོགས་མི་རིགས་རང་མཚན་པའི་ལོ་རྒྱུས་རིག་གནས་ཀྱི་རྒྱང་མཐུག་པ་དང་། གསུམ་ན་ས་གནས་དམངས་ཁྲོད་ཀྱི་བཟའ་བཅའ་གྱོན་ཆས་སོགས་ཆ་ལུགས་སྣ་ཚོགས་དང་། དད་མོས། སྒྱུ་རྩལ། དུས་སྟོན་སོགས་དམངས་སྲོལ་རིག་གནས་དར་རྒྱས་ཆེ་བའི་རྐྱེན་གྱིས་རྒྱལ་ཁབ་ཕྱི་ནང་ཀུན་གྱི་ལྗོངས་རྒྱུ་མི་སྣ་མང་པོ་ནང་སར་འགུག་ཀྱིན་ཡོད་པ་དང་། དུས་མཉམ་གཅིག་ཏུ་རྒྱལ་ཁབ་ཀྱིས་ཀྱང་བོད་ཁུལ་གྱི་ལྗོངས་རྒྱུ་བྱ་བར་མཐོང་ཆེན་མཛད་ཅིང་འགྲིམ་འགྲུལ་སོགས་ཀྱི་ཆ་རྐྱེན་སྔར་བས་ཇེ་ལེགས་སུ་གཏོང་བཞིན་ཡོད་དེ། དཔེར་ན་མིག་སྔར་མདོ་དབུས་ལྕགས་ལམ་ལེགས་གྲུབ་བྱུང་ཞིང་ཨ་མདོ་ནས་དབུས་གཙང་དང་ཁམས་ནས་དབུས་གཙང་བར་གྱི་གཞུང་ལམ་ཆེར་སྐྱེད་བཞིན་ཡོད་པ་ཕུད། བོད་ལྗོངས་གཅིག་པུ་ནའང་ས་ངོས་སུ་གཞུང་ལམ་གཙོ་བོ་༧༥དང་སྤྱིར་བཏང་གི་གཞུང་ལམ༢༧༥བསྐྲུན་ཡོད་པ་མ་ཟད། བར་སྣང་དུའང་པེ་ཅིན་ནས་ལྷ་ས་དང་། ཁྲིན་ཏུའུ་ནས་ལྷ་ས་དང་། ཞི་ཨན་ནས་ལྷ་ས། མཚོ་སྔོན་ནས་ལྷ་ས། ཁྲིང་ཆིན་ནས་ལྷ་ས། ཆབ་མདོ་ནས་ལྷ་ས། བལ་པོ་ནས་ལྷ་ས་བར་གྱི་རྒྱལ་ནང་དང་རྒྱལ་སྤྱིའི་མཁའ་འགྲུལ་རྒྱུ་ལམ་ཡངས་པར་འབྱེད་པ་དང་། ཞར་ལ་ལྗོངས་རྒྱུ་གནས་སྐོར་གྱི་ཁོར་ཡུག་ལེགས་བཅོས་དང་མགྲོན་བསུ་ཞབས་ཞུའི་མ་ལག་འཕྲུས་ཚང་དང་ཚད་ལྡན་དུ་བཏང

མཐར། ལྗོངས་རྒྱུ་འགྲུལ་བཞུད་ཀྱི་མི་འབོར་ཡང་སྟར་བས་ལྷབ་འགྱུར་གྱིས་འཕེལ་བཞིན་ཡོད་པ་དཔེར་ན༡༩༩༠ལོར་བོད་ལྗོངས་ཀྱི་ལྗོངས་རྒྱུའི་མི་གྲངས་ཁྲི་ཚོ༢. ༣ཙམ་ལས་མེད་ཀྱང། ༢༠༠༧ལོར་ཁྲི༩༠༢དང༢༠༡༠ལོར་ཁྲི༨༥༠ལ་སོན་པ་དང། ༢༠༠༩ལོར་ཡུན་ནན་བདེ་ཆེན་སོགས་སུ་མི་གྲངས་ཁྲི༧༥༤དང། དཀར་མཛེས་དང་རྔ་བ་སོགས་སུ་མི་གྲངས་ཁྲི་ཚོ༥༡༣དུ་སོན་ཞིང། དེ་ལས་ཕལ་ཆེ་བ་ནི་ནང་སའི་རྒྱ་རིགས་དང། ཞང་ཀང་པ། ཐའེ་ཝན་པ། ཨོ་མེན་པ་སོགས་ཡིན་པ་དང། གཞན་དབྱིན་ཇི་དང། ཨ་རི། ཧྥ་རན་སི། ལྡིར་པན་སོགས་རྒྱལ་ཁབ་ལྔ་བཅུ་ལྷག་གི་ལྗོངས་རྒྱུ་གནས་སྐོར་བའང་མི་ཞུང་བས་ན། འདི་དག་གི་འགྲུལ་བཞུད་བྱེད་སྟངས་ཀྱིས་ས་གནས་སྲིད་གཞུང་གི་ལྗོངས་རྒྱུ་ཐོན་ལས་ཀྱི་ཡོང་སྒོ་དང་མི་དམངས་མང་ཚོགས་ཀྱི་འཚོ་བའི་མཐུན་རྐྱེན་ཇེ་ལེགས་སུ་གཏོང་བཞིན་ཡོད་པ་མ་ཟད། མི་རྣམས་འཚོ་བཞུགས་ཀྱི་རིག་གནས་ཁོར་ཡུག་ལའང་འཕོ་འགྱུར་ཆེ་ཙམ་བསླངས་པ་ལས་དམངས་ཀྱི་བསམ་བློ་འདུ་ཤེས་དང་སྐད་བརྡའི་སྤྱོད་སྟངས་སོགས་ལ་ཤན་ཤུགས་ཆེས་ཆེར་ཐེབས་པ་དང། ལྷག་པར་མི་རིགས་མི་འདྲ་བའི་འབྲེལ་འདྲིས་ཁྲོད་དུ་སྐད་གཉིས་སམ་སྐད་མང་གི་སྤྱོད་སྟངས་རྒྱ་ཆེར་དར་བས་ཀྱང་བོད་ལྗོངས་ཀྱི་སྐད་གཉིས་སློབ་གསོར་ཤུགས་རྐྱེན་ཆེ་ཙམ་ཐེབས་ཀྱིན་ཡོད་དེ། སྐུ་ཞབས་ས྄་ཏུང་གིས། མདོ་དབུས་ལྷུགས་ལམ་གྲུབ་པ་དང་གྲུང་དབྱང་གི་བོད་སྐོར་ལས་གཞི་སྟར་བས་ལག་བསྟར་བྱས་པ་དང་བསྟུན་ནས། བོད་ལྗོངས་ཀྱི་ཕྱི་ཕྱོགས་སུ་སྒོ་འབྱེད་ཚུལ་དང། ལྗོངས་རྒྱུ་ལས་རིགས་ཀྱི་འཕེལ་རྒྱས། གཞན་ཡུལ་མི་གྲངས་ཀྱི་འཕྱུར་འགྲིམ་སུ་མཐུད་དུ་ཤུགས་རྒྱོན་བྱུང་ཞིང། རྒྱ་སྐད་ཀྱི་སྤྱོད་སྒོ་དེ་ཡང་གྲོང་བརྡལ་སྡོད་དམངས་ཁྲོད་དུ་སྟར་བས་ཁྱབ་གདལ་དུ་ཕྱིན་ལ། བོད་རྒྱ་སྐད་གཉིས་སྤྱོད་པའི་མི་གྲངས་དང་དེས་སྤྱིའི་མི་གྲངས་ཁྲོད་ཟིན་པའི་བསྡུར་ཚད་ཀྱང༡༩༩༧ལོ་ལས་མངོན་གསལ་དུ་འཕར་བ་དང། འདིས་ཀྱང་གྲོང་བརྡལ་གྱི་བྱིས་པས་རྒྱ་སྐད་སློབ་པར་ཁོར་ཡུག་ལེགས་བཅོས་བྱས་པ་མ་ཟད། བོད་ལྗོངས་ཀྱི་སྐད་གཉིས་སློབ་གསོར་སྐུལ་འདེད་ཀྱི་ནུས་པ་ལེགས་པར་ཐོན(4)ཞེས་བསྟན་ཏོ། །

གཉིས་པ། མི་རིགས་ཀྱི་སྲོལ་རྒྱུན་རིག་གནས་ཀྱི་ཤུགས་རྐྱེན།

དེ་ཡང་མི་རིགས་ཀྱི་སྲོལ་རྒྱུན་རིག་གནས་ཞེས་པ་ནི་མི་རིགས་རང་གི་ཤེས་རིག་རིམ་གྱིས་འཕེལ་འགྱུར་བྱུང་བའི་བརྒྱུད་རིམ་ཁྲོད་དུ་ཉིང་འདུས་སུ་གྲུབ་ཅིང་མི་རིགས་རང་མཚན་པའི་གཤིས་ཉམས་མངོན་པར་མཚོན་ནུས་པའི་མི་རིགས་ཀྱི་རིག་གནས་ཤིག་སྟེ། མི་རིགས་ཀྱི་བསམ་བློ་རིག་གནས་དང་འདུ་ཤེས་འཛིན་སྟངས་སྣ་ཚོགས་པའི་སྤྱི་འདུས་ཀྱི་ཆར་ངེས་ལ། བོད་རིགས་ལ་མཚོན་ན། ཆོས་ལུགས་མཚན་ཉིད་རིག་པ་གཙོར་བྱས་པའི་འདུ་ཤེས་ཀྱི་རིག་གནས་གཏིང་ཟབ་ཅིང་ཐུན་མོང་གི་སེམས་རྒྱུད་ཁྱད་པར་ཅན་དུ་གྲུབ་པ་སོགས་རྒྱུན་པར་ཕ་སྐད་ཉིད་ལ་བརྟེན་ནས་མཚོན་ཞིང་། ཕ་སྐད་རིག་གནས་ཀྱི་སེམས་ཁམས་ཁྱད་པར་བ་དང་ཕ་སྐད་ཀྱི་བསམ་གཞིག་བྱེད་སྟངས་སམ་བརྡ་སྐད་ཀྱི་ངེས་སྲོལ་མི་འདྲ་བ་སོགས་ཀྱིས་རྒྱུན་པར་སྐད་གཉིས་སློབ་གསོ་སྤྱི་དང་བྱེ་བྲག་སྐད་གཉིས་ཀྱི་སློབ་ཁྲིད་ལ་ཤུགས་རྐྱེན་ཆེས་ཆེར་ཐེབས་ཀྱིན་ཡོད་ལ། ཤུགས་རྐྱེན་དེ་དག་ཀྱང་མཐར་གཏུགས་ན་རྒྱུན་པར་སྐད་བརྡ་དང་མི་རིགས་ཀྱི་འབྲེལ་བ་དང་། ཕ་སྐད་རིག་གནས་དང་སྐད་གཉིས་ཀྱི་སློབ་ཁྲིད། སྐད་མང་སློབ་གསོའི་འདེམ་ག་བྱེད་ཚུལ་སྟེང་དུ་མངོན་བཞིན་ཡོད་དེ།

གཅིག མི་རིགས་དང་སྐད་བརྡའི་འབྲེལ་བ།

མི་རིགས་ནི་མིའི་རིགས་ཀྱི་སྤྱི་ཚོགས་ཀྱི་རྩ་བའི་སྡེ་ཚན་ཞིག་ཡིན་ལ། ཐོག་མའི་རུས་རྒྱུད་ཚོགས་པའམ་ཚོ་ཁག་སྤྱི་ཚོགས་ནས་མི་རིགས་བར་འཕེལ་འགྱུར་བྱུང་བའི་བརྒྱུད་རིམ་ཁྲོད་དུ་སྐད་བརྡ་དང་བདག་ཉིད་གཅིག་ཏུ་འབྲེལ་ཡོད་དེ། སི་ཏ་ལིན་ཉིད་ཀྱིས། རུས་རྒྱུད་ཀྱི་སྐད་བརྡ་ནས་ཚོ་ཁག་གི་སྐད་བརྡ་དང་། ཚོ་ཁག་གི་སྐད་བརྡ་ནས་མི་རིགས་ཀྱི་སྐད་བརྡ། མི་རིགས་ཀྱི་སྐད་བརྡ་ནས་མི་རིགས་ཀྱི་སྐད་བརྡའི་བར(5) ཞེས་སྐད་བརྡའི་འཕེལ་རྒྱས་ཀྱི་ཆོས་ཉིད་དེ་མི་རིགས་འཕེལ་འགྱུར་གྱི་ཆོས་ཉིད་དང་ངོ་བོ་གཅིག་ཏུ་འབྲེལ་ནས་བསྟན་པ་དང་། མི་རིགས་ལ་མཚན་ཉིད་འགོད་དུས་ཀྱང་ཐུན་མོང་གི་སྐད་བརྡ་དང་། ཐུན་མོང་གི་ས་ཁོངས། ཐུན་མོང་གི་དཔལ་འབྱོར་འཚོ་བ། ཐུན་མོང་གི་རིག་གནས་ཀྱི་ཁྱད་ཆོས་སྟེང་དུ་མངོན་པའི་ཐུན་མོང་གི་སེམས་རྒྱུད་ཁྱད་པར་ཅན་

མངའ་བའི་ཚོགས་པ་ཐུན་མོང་བ་ལ་ངེས་པར[6] གསུངས་པ་ལས་ཐུན་མོང་གི་སྡོད་གནས་ས་ཁོངས་དང་ཐུན་མོང་གི་དཔལ་འབྱོར་འཚོ་བ་གཉིས་ནི་མི་རིགས་ཤིག་གི་བྱུང་འཕེལ་ལ་མེད་དུ་མི་རུང་བའི་ཆ་རྐྱེན་གལ་ཆེན་ཞིག་ཡིན་ཡང་ཕྱི་རྐྱེན་སྣ་ཚོགས་པའི་དབང་གིས་གཞན་དབང་དུ་འགྱུར་སླ་ཞིང་ཐེར་ཟུག་ཏུ་གནས་ཐུབ་པ་ཞིག་མིན་ལ། ཐུན་མོང་གི་རིག་གནས་དང་ཐུན་མོང་གི་སེམས་རྒྱུད་ཁྱད་པར་བ་ནི་མི་རིགས་ཀྱི་སྲོག་ཟུངས་དང་འབྲེལ་བའི་མཚོན་བྱེད་གཡར་དམ་ཅན་ཞིག་ཡིན་ཡང་སྐད་དང་ཡི་གེའི་བརྗ་ཐབས་ལ་མ་བརྟེན་ན་ཕྱིར་མངོན་ཐབས་མེད་པ་དང་ཡུལ་དུས་ལས་བརྒལ་བར་སྒྲོག་ཐབས་དེ་བས་ཀྱང་མེད་པས། སྐད་བརྡ་ནི་མི་རིགས་ཀྱི་ཁྱད་ཆོས་གལ་ཆེན་ཡིན། སྔོས་སུ་སྐད་དང་ཡི་གེ་རང་ཡང་མི་རིགས་ཀྱི་རིག་གནས་བྱེ་བྲག་ཅིག་སྟེ་ལམ་ལུགས་སམ་ངེས་སྲོལ་གྱི་རིག་གནས་ཤིག་ཏུ་ངེས་ཤིང་། རིག་གནས་ཐོ་ལ་འགོད་བྱེད་དང་འཛིན་སྐྱོང་སྤེལ་གསུམ་བྱེད་སྤྱོད་ཀྱི་བརྡ་ཐབས་གལ་ཆེན་ཞིག་སྟེ། ཁ་སྐད་དང་ཡིག་སྐད་གང་རུང་གི་ཚོགས་གསུམ་ག་སོ་སོའི་སྒྲ་གཟུགས་དོན་གསུམ་གྱི་སྤེལ་སྟངས་སམ་སྦྱོར་ལུགས་དང་འཕེལ་འགྱུར་གྱི་ཆ་གང་རུང་གིས་མི་རིགས་ཀྱི་འཚོ་བའི་ཁོར་ཡུག་དང་། ཡུལ་སྲོལ་གོམས་འདྲིས། བསམ་གཞིག་དང་སེམས་གཤིས་ཀྱི་ཁྱད་ཆོས་ཇི་སྙེད་པ་ཇི་བཞིན་དུ་མཚོན་ནུས་པས་ན། སྐད་བརྡ་ནི་མི་རིགས་ཀྱི་ཁྱད་ཆོས་ཀུན་ལས་ཀྱང་ཆེས་གཏན་འཇགས་སུ་གནས་ཤིང་འགྱུར་ལྡོག་དལ་ལ། ས་ཁོངས་ཀྱི་བརྗེ་སྤོར་དང་། མི་སྣའི་གྱེས་ཐོར། དཔལ་འབྱོར་འཚོ་བའི་འཕེལ་འགྱུར། རིག་གནས་ཀྱི་འཕོ་འགྱུར་སོགས་ག་འདྲ་བྱུང་ཡང་འགྱུར་ལྡོག་ཆེན་པོ་སློང་མ་ནུས་པར་གནས་ཐུབ། འདི་ལྟའི་ཕ་སྐད་ཀྱི་མཁྲེགས་འཛིན་དང་ཕྱོགས་ཞེན་གྱི་ཁྱད་ཆོས་མངོན་གསལ་གྱིས་རྒྱུན་པར་སྐད་གཉིས་སློབ་གསོའི་སྤེལ་སྟངས་ལ་ཤུགས་རྐྱེན་ཅི་རིགས་ཤིག་ཐེབས་ཀྱིན་ཡོད་དེ། དཔེར་ན་སློབ་གསོའི་ཁྱབ་ཁོངས་ཁྲོད་དུ་ཕ་སྐད་གཅིག་རྐྱང་ལས་གཞན་སྐད་མཐར་སྤྱོད་པ་དང་། གཞན་སྐད་མཐར་སྤྱོད་མ་ནུས་ཀྱང་། སྐད་བརྡ་གཉིས་པ་ལས་ཕ་སྐད་ག་གཙིགས་སུ་འཛིན་པ། ཕ་སྐད་ཀྱི་བསམ་གཞིག་གོམས་སྲོལ་གྱིས་སྐད་བརྡ་གཉིས་པའི་སློབ་ཁྲིད་དང་སྦྱངས་འབྲས་ལ་ཤན་ཤུགས་ཆེས་ཆེར་ཐེབས་པ་ལྟ་བུ་སོགས་མང་ལ། ལྷག་པར་ཕ་སྐད་ཀྱི་མིང་ཚིག་དག་གི་སྤེལ་སྟངས་དང་སྦྱོར་བ་གང་རུང་ལ་མཚོན་ནའང་། དེའི་སྟེང་དུ་མི་རིགས་རང་གི་བསམ་བློ་འདུ་ཤེས་དང་འཚོ་བའི་གོམས་གཤིས་ཀྱི་

རྟགས་ཐེམ་བཏབ་ཡོད་པ་དང་། མིང་སོ་སོའི་བསྒྲུབ་ཚུལ་དང་། སྒྲ་དོན་གྱི་སྦྱོར་ལུགས་འཕྲོས་ཚུལ། རྩ་བའི་ཐ་སྙད་ཀྱི་ཁྱབ་སྟངས་སོགས་མི་འདྲ་བ་ལས་རང་བྱུང་གི་ཁོར་ཡུག་དང་སྤྱི་ཚོགས་ཀྱི་ཆ་རྐྱེན་མི་འདྲ་བའི་བདག་རྐྱེན་དུ་གྱུར་པའི་མི་རིགས་རང་གི་འཚོ་བའི་གོམས་སྲོལ་དང་། མཛེས་དཔྱོད་ཀྱི་འདུ་ཤེས། སེམས་ཁམས་ཀྱི་ཁྱད་ཆོས་སོགས་སྲོལ་རྒྱུན་རིག་གནས་ཀྱི་ཁོ་ལག་རྫོགས་པར་མཚོན་ཡོད་པ་མ་ཟད། སྐད་ཡིག་གི་ཚིག་རྒྱུན་སྤེལ་སྟངས་ལ་བརྟེན་ནས་ཀྱང་མཚན་ཉིད་རིག་པ་གཙོར་བྱས་པའི་འདུ་ཤེས་ཀྱི་རིག་གནས་གཏིང་ཟབ་ཅིང་། བཀའ་བསྟན་གཙུག་ལག་གཙོར་བྱས་པའི་བསྟན་བཅོས་ཀྱི་རིག་གནས་རི་བོའི་གཏོས་དང་མཉམ་པ། ཆོས་སྲིད་ཟུང་འབྲེལ་གཙོར་བྱས་པའི་ལམ་ལུགས་ཀྱི་རིག་གནས་དང་ཡང་སྲོལ་ལམ་ལུགས་གཙོར་བྱས་པའི་དགོན་པའི་གྲྭ་བཙུན་གྱི་རིག་གནས་ཕུན་སུམ་ཚོགས་པ། བཀའ་བསྟན་དགོངས་འགྲེལ་དང་མཆོད་བསྟོད་གཙོར་བྱས་པའི་ཡིག་རྩོམ་སྙན་རྩལ་གྱི་རིག་གནས་རྣམས་མཐུག་པ། རྟེན་བཞེངས་ལག་རྩལ་གཙོར་བྱས་པའི་བཟོ་བཀོད་སྒྱུ་རྩལ་གྱི་རིག་གནས་གཟེངས་སུ་ཐོན་པ། གསོ་རིག་སྐར་རྩིས་སོགས་གཙོར་བྱས་པའི་ཚན་རྩལ་གྱི་རིག་གནས་ངོ་མཚར་ཆེ་བ། དགེ་སྒྲུབ་བསྙེན་བཀུར་གྱི་ཆོ་ག་དང་དུས་སྟོན་སོགས་གཙོར་བྱས་པའི་ས་གནས་དམངས་སྲོལ་གྱི་རིག་གནས་རྒྱ་ཆེར་སྣང་བ་སོགས་ཡུལ་དུས་ལས་བརྒལ་བར་འཛིན་སྐྱོང་སྤེལ་གསུམ་བྱས་པ་སོགས་ལས་རིགས་མཐུན་ཀུན་ནས་ཕ་སྐད་ལ་དཔྱལ་བའི་མིག་དང་ཁོང་གི་སྙིང་ལྟར་གཅེས་སུ་འཛིན་པའི་དུངས་སེམས་དང་སྤོབས་པ་ཆེན་པོ་ཡོད་པ་དང་ཆབས་ཅིག བོད་ཁུལ་དུ་གཞན་སྐད་གང་ཞིག་དར་བ་ལ་རང་སྐད་ཀྱི་དོད་བྱེད་པའི་ལྡད་སྐྱོན་ལྡན་པར་ངོགས་ནས་སྐད་བརྡ་གཉིས་པ་དང་འབྲེལ་བའི་སློབ་གསོའི་སྤེལ་སྟངས་ལ་ཛེས་སུ་ཡི་རངས་མི་བྱེད་པའམ་གཞན་གཙོད་ཀྱི་བསམ་བློས་འགོག་རྐོལ་བྱེད་པ་སོགས་འབྱུང་བ་ལས་སྐད་གཉིས་སློབ་གསོའི་སྤེལ་སྟངས་ལ་ང་ཤུགས་རྐྱེན་ཆེན་པོ་ཐེབས་ཀྱིན་ཡོད་པ་ཤེས་ནུས་སོ། །

དེ་ལྟ་ན་འང་ཕྱོགས་གཞན་ཞིག་ནས་བརྟགས་ན། མི་རིགས་དང་སྐད་བརྡ་བར་གྱི་འབྲེལ་བ་ནི་ཏ་ཅང་རྟོག་འཛིང་ཅན་ཞིག་ལས་གཅིག་ལ་གཅིག་གཏད་དང་ལྟོས་གྲུབ་དོ་མཉམ་དུ་མངོན་པ་ཞིག་ཀྱང་མ་ཡིན་ཏེ། སྤྱིར་མི་རིགས་སོ་སོར་རང་ཉིད་ཀྱི་སྐད་བརྡ་རེ་

ཡོད་ན་ཡང་། སྐད་བརྡ་གཅིག་མཐའ་གཅིག་ཏུ་མི་རིགས་གཅིག་ཀྱང་ལ་དབང་ངེས་པའི་ཁྱབ་པ་མེད་པར། མི་རིགས་གཉིས་དང་གཉིས་ཡན་གྱིས་སྐད་བརྡ་གཅིག་སྤྱོད་ཀྱང་ཆོག་ལ། མི་རིགས་གཅིག་གིས་སྐད་བརྡ་གཉིས་དང་གཉིས་བེད་སྤྱོད་ཀྱང་མི་རུང་བ་མེད་པའི་ཕྱིར། དཔེར་ན་བོད་སྐད་ནི་བོད་རང་སྐྱོང་ལྗོངས་སུ་བོད་པ་རང་ལས་གཞན་མོན་པ་དང་ལྷོ་པ་སོགས་ཀྱིས་ཀྱང་སྤྱོད་བཞིན་པ་དང་། ཨ་མདོ་རུ་ཧོས་རིགས་དང་། སོག་པོ། ཧོར་སོགས་ཀྱིས་ཀྱང་བཀོལ་བཞིན་ཡོད་ལ། ཡའོ་རིགས་ཁྲོད་དུ་མི་ཚོགས་སྐོར་ཞིག་གིས་བོད་རྒྱ་སྐད་རྒྱུད་ཀྱི་མེའོ་ཡའོ་སྐད་རིགས་ཡའོ་སྐད་སྔེའི་མེན་སྐད་རྗོད་བཞིན་ཡོད་པ་དང་། མི་ཁག་ཅིག་གིས་མེའོ་སྐད་སྡེའི་པུ་ནུ་སྐད་བརྗོད་པ་དང་། ཡང་ཁག་ཅིག་གིས་ཀྲོང་ཧུང་སྐད་རིགས་ཀྱི་ཆར་གཏོགས་ལ་ཙ་སྐད་རྗོད་བཞིན་ཡོད་ཅིང་། དེ་མཚུངས་སུ་བོད་རིགས་ཀྱིས་ཀྱང་རང་གི་བོད་སྐད་རྣལ་མ་ཉིད་ལས་གཞན་རྒྱ་སྐད་དང་དབྱིན་སྐད་སོགས་ཀྱང་སྤྱོད་མི་རུང་བ་མེད་མོད། འོན་ཀྱང་ཡུལ་ཁམས་གཅིག་ཏུ་བརྡ་སྐད་འདྲེས་སྤྱོད་ཀྱི་སྣང་ཚུལ་རྒྱ་ཆེན་པོ་ནི་མཐར་ཐུག་ཕ་སྐད་ཀྱི་རིག་གནས་ཉམས་ཉེས་སུ་འགྲོ་བའམ་མི་རིགས་ཉམས་ཟད་དུ་འགྲོ་བའི་སྔ་ལྟས་ས་སུ་ངེས་ཤིང་། ཅེ་བྲག་མི་རིགས་ཐུན་མོང་གི་རིག་གནས་ཀྱི་ཁྱད་ཆོས་སྟེང་དུ་མངོན་པའི་ཐུན་མོང་གི་སེམས་རྒྱུད་ཁྱད་པར་ཅན་རྣམས་ཀྱང་དོན་དུ་ཅེ་བྲག་པའི་མི་སྣ་རང་རང་གི་བློ་བག་སེམས་ཁམས་དང་བསམ་པའི་འཆར་སྒོ་ཅི་རིགས་ལས་མངོན་ཞིང་ཕ་སྐད་ཀྱི་བསམ་གཞིག་དང་ངེས་སྤྲོལ་ཁྱད་པར་བ་ལས་མངོན་ཕྱིར། དེ་རང་གཞི་ནས་ཉམས་མི་རུང་གི་ཉམས་ཙ་ན། གཞན་རྣམས་ལྟ་ཞོག་མི་རིགས་ནང་ལྗོངས་ཀྱི་སྒྲིལ་བྱེད་དང་གཞན་ལས་ཐ་དད་དུ་དགར་བྱེད་ཀྱི་རྟགས་མཚན་མངོན་གསལ་ཅན་ཞིག་ཀྱང་འཛོག་ཏུ་མེད་པས། སྐད་གཉིས་སློབ་གསོའི་སྲོལ་སྟངས་ཀྱང་འགའ་ཞིག་གིས་རིག་གནས་གཞན་སྒྱུར་དང་བརྡ་སྐད་གཞན་སྒྱུར་གྱི་འགྲོས་རིམ་ཞིག་ཏུ་མཐོང་བཞིན་ཡོད་པ་དང་། འགའ་ཞིག་གིས་རིག་གནས་མཉམ་འདྲེས་དང་སྐད་བརྡ་མཉམ་འདྲེས་ཀྱི་བརྒྱུད་རིམ་ཞིག་ཏུ་བསམས་ནས་གང་ལ་འཛེམ་དོགས་ཆེན་པོ་བྱེད་གྱིན་ཡོད་པ་རྣམས་ཀྱང་མདོར་ན་བོད་ལྗོངས་ཀྱི་སྐད་གཉིས་སློབ་གསོའི་སྲོལ་སྟངས་དང་དེ་རང་འཕེལ་རྒྱས་སུ་གཏོང་བའི་གེགས་སུ་འགྲོ་བཞིན་ཡོད་ལ། ཚུལ་འདི་དག་ལས་མི་རིགས་ཀྱི་སྲོལ་རྒྱུན་རིག་གནས་ལས་འཁྲུངས་པའི་མི་རིགས་དང་སྐད་བརྡའི་འབྲེལ་བ་ཡི་ལྟ་སྟངས་མི་འདྲ་བས་ཀྱང་བོད་

ཁུལ་གྱི་སྐད་གཉིས་སློབ་གསོར་ཤུགས་རྐྱེན་ཆེན་པོ་ཐེབས་ཀྱིན་ཡོད་པ་རྟོགས་ནུས་སོ། །

གཉིས། ཕ་སྐད་ཀྱི་རིག་གནས་དང་སྐད་གཉིས་སློབ་ཁྲིད།

དེ་ཡང་ཕ་སྐད་ཀྱི་རིག་གནས་ཞེས་པ་ནི་མི་རིགས་གང་ཞིག་བྱུང་འཕེལ་གྱི་ལོ་རྒྱུས་བརྒྱུད་རིམ་ཁྲོད་གསར་དུ་བསྐྲུན་པའི་དངོས་པོའི་ལོངས་སྤྱོད་དང་། བསམ་པའི་ལོངས་སྤྱོད། ལམ་ལུགས་ངེས་སྲོལ་སྣ་ཚོགས་རང་གི་སྐད་བརྡ་དང་བདག་ཉིད་གཅིག་ཏུ་འབྲེལ་ནས་བྱུང་བ་ཞིག་ཡིན་ཏེ། མི་རིགས་ཤིག་གི་སྐད་དང་ཡི་གེའི་སྦྱོར་བ་ཇི་ལྟར་སྤེལ་བ་ལ་མི་རིགས་དེའི་བསམ་བློ་འདུ་ཤེས་དང་རིག་གནས་གོམས་སྲོལ་སོགས་མི་རིགས་གང་གི་བག་ལ་ཉལ་བའི་ཀུན་རྟོག་སྣ་ཚོགས་པས་ཤན་ཐེབས་ཡོད་པ་དང་། སྐད་དམ་ཡི་གེའི་སྦྱོར་བ་དང་བསམ་བློའི་འཛིན་སྟངས་གཉིས་ཕན་ཚུན་གཞི་མཐུན་པར་གྲུབ་ཕྱིར། མི་རིགས་ཤིག་གི་ཕ་སྐད་ནི་མི་རིགས་གང་གི་གཏིང་རིམ་རིག་གནས་མཚོན་བྱེད་དུ་གྲུབ་ཅིང་། ཕ་སྐད་ནི་ཡུལ་དུས་གནས་སྐབས་གང་དུའང་མི་རིགས་ཀྱི་ཁྱད་ཆོས་མངོན་པར་གསལ་བའི་རིག་གནས་ཀྱི་སྣང་ཚུལ་གལ་ཆེན་ཞིག་ཏུ་གྱུར། འདི་ལྟའི་ཕ་སྐད་དང་གཞན་པའི་རིག་གནས་ཀྱི་གྲུབ་ཆ་དགུས་གཅིག་ཏུ་འབྲེལ་བ་ལས་མི་རིགས་ཀྱི་རིག་གནས་ཞེས་པའི་ཚོགས་སྤྱི་གྲུབ་ཅིང་། དེ་ལ་ཕ་སྐད་ཀྱི་རིག་གནས་ཁོར་ཡུག་ཅེས་ཀྱང་བྱ། ཕ་སྐད་ཀྱི་རིག་གནས་ཁོར་ཡུག་ནི་མི་རིགས་རང་གི་བྱུང་འཕེལ་དང་འབྲེལ་བའི་སྐད་བརྡའི་རྨང་གཞི་སྙིང་དུ་གྲུབ་ཅིང་། དེ་ལ་གཙོ་བོ་མི་རིགས་ཤིག་གི་བསམ་གཞིག་བྱེད་སྟངས་དང་། ཤེས་རྟོགས་ཀྱི་ནུས་པ། རིགས་པའི་གོམས་སྲོལ་སོགས་གཏིང་རིམ་གྱི་བརྡ་སྲོལ་སྲོག་བཅུད་དུ་འདུས་ལ། གཏིང་རིམ་གྱི་བརྡ་སྲོལ་དེ་ཡང་དོན་དམ་དུ་ཕ་སྐད་ཀྱི་བསམ་གཞིག་བྱེད་སྟངས་སམ་བསམ་གཞིག་གི་དཔེ་གཞིར་ངེས་སྟབས། རྒྱུན་པར་སྐད་གཉིས་སློབ་ཁྲིད་ཀྱི་བརྒྱུད་རིམ་ཁྲོད་དུ་གཙོ་ཁྲིད་ཀྱི་ནུས་པ་བཏོན་ནས་སྐད་བརྡ་གཉིས་པའི་སློབ་ཁྲིད་ལ་ཤུགས་རྐྱེན་སྣ་ཚོགས་ཐེབས་ཀྱིན་ཡོད་དེ། སློབ་མས་གཞན་སྐད་བརྗོད་པ་ལ་རང་སྐད་ཀྱི་གོམས་སྲོལ་ཁྱེར་བས་མིང་ཚིག་གི་སྦྱོར་ལུགས་འཁྲུལ་བར་སྤེལ་བ་དང་། བརྡ་དོན་གནད་དུ་མི་ཁེལ་བའམ་ཁ་ཞེ་མི་མཚུངས་པ་དང་། བསམ་དོན་ངག་ཐོག་ཏུ་མི་གྲོལ་བ། བརྡ་སྦྱོད་ཐད་ཀྱི་གོ་འཛོལ་མང་ཞིང་ཞྭ་དཔེ་ལྟམ་འགེབས་ཀྱི་ཚིག་རྒྱུན་སྤེལ་སྟངས་མང་བ་སོགས་ཀྱི་གནད་

དོན་མང་བར་འགྱུར་སྟེ། དཔེར་ན་བོད་རིགས་སློབ་མའི་རྒྱ་སྐད་བརྗོད་སྟངས་སུ།

ཀ། 我们的女老师，太肥（胖）了，好像（就像）八十岁的老太婆（老太太）。（ང་ཚོའི་བུད་མེད་དགེ་རྒན་ནི་ཧ་ཅང་ཚོ་དྲགས་པས། ལོ་བརྒྱད་ཅུ་ཅན་གྱི་རྒན་མོ་ཞིག་དང་འདྲ)

ཁ། 校园的花朵很好看，（就像）人民公园一样。（སློབ་གྲྭའི་ར་སྐོར་གྱི་མེ་ཏོག་ལྟ་ན་མཛེས་པས། མི་དམངས་སྤྱི་གླིང་དང་མཚུངས)

ག 她早上六点起床，（给）我们一家（人）做饭。（ཁོ་མོ་ཞོགས་པའི་དུས་ཚོད་དྲུག་སྟེང་དུ་ཡར་ལངས་ནས། ངེད་ཁྱིམ་ཚང་གང་བོར་ཟ་མ་བཅོས)

ང། 一路上，母亲把我温柔地拥抱在怀里。（ལམ་ཐེལ་བོར་ཨ་མས་ང་དྲོན་མོར་བྱས་ཏེ་པང་དུ་བཙུགས་ནས་འོངས)

ཅ། 我到了学校以后，老师们很礼貌（尊敬师长），同学们团结（团结同学），努力地好好学习。（ང་སློབ་གྲྭར་ཐོན་རྗེས། དགེ་རྒན་ལ་བརྩི་བཀུར་དང་། སློབ་གྲོགས་ལ་མཐུན་སྒྲིལ་དང་། ཤུར་བརྩོན་གྱིས་སློབ་སྦྱོང་ལེགས་པོ་བྱེད་རྒྱུ) ཞེས་པ་ལྟ་བུ་ལས་ཀ་བ་དང་ཁ་བ་ལ་མིང་བརྡའི་སྦྱོར་སྟངས་ཀྱི་སྐྱོན་དང་། ག་བ་དང་། ཁ་བ། ཅ་བ་གསུམ་ལ་ཚིག་ཕྲད་དང་ཚིག་སྦྱོར་ས་ཕྱི་གོ་རིམ་གྱི་སྐྱོན་ལྡན་པ་རྣམས་ཕ་སྐད་ཀྱི་ཤན་ཞུགས་ཚུལ་ལས་མ་འདས་པ་ཕྱི་མའི་བོད་སྐད་ཀྱི་ཚིག་སྦྱོར་སྒྲིལ་སྟངས་དང་བསྡུར་བ་ལས་ཤེས་སླའོ། །

སྐད་གཉིས་སློབ་ཁྲིད་ཀྱི་བརྒྱུད་རིམ་ཁྲོད་དུ་ཕ་སྐད་ཀྱིས་སྐད་བརྡ་གཉིས་པར་ཤན་ཞུགས་ཚུལ་དེ་སྐད་བརྡའི་སྒྲ་གདངས་དང་། མིང་བརྡ། ཚིག་སྦྱོར་གསུམ་གྱི་སྟེང་དུ་འབྱུང་བ་མ་ཟད། བརྡ་དོན་དང་གོམས་སྲོལ་སོགས་ཀྱི་ཁྱད་པར་ལས་འབྱུང་བའང་མང་ཞིང་གཞན་ལ་གོ་འཛོལ་ཆེར་བསྐྱེད་པ་ཤུགས་དྲག་སྟེ། དཔེར་ན་སློབ་མ་རྣམས་ཀྱིས་རྒྱ་སྐད་དང་ཡང་ན་དབྱིན་སྐད་སྦྱོང་བཞིན་པའི་སྐབས་སུ། ཕ་སྐད་ཀྱི་ཤུགས་རྐྱེན་ལས་ཐོན་པའི་ནོར་འཁྲུལ་ནི་ལོ་རིམ་དམའ་བའི་དུས་སུ་སྒྲ་གདངས་དང་བརྡ་སྤྲོད་ཀྱི་ཕྱོགས་ནས་འབྱུང་བ་ཤས་ཆེ་ཞིང་། ལོ་རིམ་མཐོ་བའི་དུས་སུ་མིང་བརྡའི་གོ་དོན་དང་དེའི་མཚོན་སྟངས་ཐད་ནས་འབྱུང་བ་ཤས་ཆེ་བ་དང་། ཁྱད་པར་བརྡ་དོན་དང་འབྲེལ་བའི་ཁྱད་ཆོས་

སམ་གཤིས་ཉམས་སྣ་ཚོགས་དང་། གདམ་དཔེ། གོམས་སྐད། ཚིག་རྒྱུན་སོགས་ཀྱི་སྤེལ་སྟངས་དང་སྦྱོར་ལུགས་ལ་སྦྱང་བྱའི་སྐད་བརྡ་དེ་རང་གཏོགས་པའི་མི་རིགས་ཀྱི་སེམས་ཁམས་དང་རིག་གནས་རྒྱབ་ལྗོངས་སོགས་གཞིར་བྱས་པ་ལས་ངེས་ཤེས་ཟབ་མོ་མ་བསྐྱེད་ན། ཕ་སྐད་ཀྱི་དབང་གིས་ཞ་དཔེ་ལྟམ་འགེབས་ཀྱི་ཚུལ་དུ་འགྲོ་ཉེན་ཆེ་བས་ཁོར་ཡུག་དངོས་ལས་ཡུན་རིང་ཙམ་ལ་ཞུན་སྦྱངས་དང་སྦྱོང་གོམས་བྱེད་པ་གཙོ་ཆེ[7] སྟེ། རྒྱུ་མཚན་ནི་མི་རིགས་མི་མཚུངས་བ་སོ་སོར་རང་ཉིད་ཀྱི་ལོ་རྒྱུས་དང་འཚོ་གནས་ཀྱི་ས་བབ་ཁོར་ཡུག་མི་འདྲ་བ་དང་། དངོས་པོའི་འཚོ་བ་དང་རིག་གནས་འཚོ་བའི་སྲོལ་རྒྱུན་མི་འདྲ་བ། སེམས་ཁམས་ཐུས་ཚད་དང་ཡུལ་སྲོལ་གོམས་འདྲིས་མི་འདྲ་བ་ལྡན་པའི་དབང་གིས་མི་རིགས་སོ་སོའི་བསམ་གཞིག་འགྲུབ་བྱེད་ཀྱི་ཆ་རྐྱེན་དང་། སྐད་ཆའི་བརྡ་ཐབས་དང་ལྟོས་བཅས་སུ་སྣང་བའི་བསམ་གཞིག་གི་ནང་དོན་བྱེ་བྲག་པའང་མི་འདྲ་བར་གྲུབ་ཅིང་། འདི་དག་ཐམས་ཅད་ཀྱིས་བཙན་ཚུགས་ཀྱིས་སྐད་བརྡ་གཉིས་པའི་བརྗོད་སྟངས་ལ་ཤན་ཞུགས་ཏེ། སྐད་བརྡ་གཉིས་པའི་བརྡ་སྐད་ཀྱི་སྦྱོར་ལུགས་སམ་གོམས་སྲོལ་དང་མི་འཚམ་པའི་ཐ་སྙད་དང་ཚིག་སྦྱོར་རེ་འགའ་འབྱུང་བར་བྱེད། ཤུགས་རྐྱེན་དེ་འདྲ་འབྱུང་བའི་རྒྱུ་མཚན་ནི་བརྡ་རྟགས་ཀྱི་གོ་དོན་གང་ཞིག་ཐུན་མོང་གི་ངེས་སྲོལ་བརྒྱུད་ནས་མིང་སྦྱོར་རྟོག་པ་དང་དོན་སྦྱོར་རྟོག་པའི་ཚུལ་དུ་སྣང་ན་ཡང་། ཕ་སྐད་ལ་གོམས་པའི་སློབ་མ་སུ་ལའང་སྐད་བརྡ་གཉིས་པ་སྦྱོད་པའི་བརྒྱུད་རིམ་ཁྲོད་དུ་བརྡ་རྟགས་རེ་རེའི་གོ་དོན་དང་དངོས་འཛིན་རྟོག་པའི་འབྲེལ་བར་གདེང་ཚོད་ངེས་ཅན་མེད་སྟབས། བློ་ངོར་འཕྲུལ་མར་སྐད་བརྡ་གཉིས་པའི་ཁྲོད་ཀྱི་འོས་ཤིང་འཚམ་པའི་ཐ་སྙད་དང་ཚིག་སྦྱོར་འཆར་མ་ནུས་པ་དང་། མཚོན་བྱའི་སྣང་བརྙན་དང་རྟོག་པ་གང་རུང་མཚོན་དུས་སུ་བརྡ་ལ་མ་གོམས་པའི་དབང་གིས་བསྒྱུར་ནས་བརྗོད་པའམ་ཡང་ན་ཕ་སྐད་ཀྱིས་ཤན་ཤུགས་ལས་ཚད་ལྡན་མ་ཡིན་པའི་ངག་སྦྱོར་ཅི་རིགས་སྤེལ་བར་ངེས། གལ་ཏེ་བོད་རིགས་སློབ་མའི་སྐད་བརྡ་གཉིས་པའི་ངག་སྦྱོར་གྱི་ནུས་པ་ཅི་དགར་སྦྱོད་ནུས་ཀྱི་ཚད་དུ་སོན་དགོས་ན། སྐད་བརྡ་གཉིས་པའི་བརྡ་སྐད་མ་ལག་གི་སློབ་ཁྲིད་ལ་མཐོང་ཆེན་བྱ་དགོས་པ་མ་ཟད། དེ་བས་ཀྱང་དུས་ཡུན་རིང་པོ་བེད་སྤྱད་ནས་སྐད་བརྡ་གཉིས་པའི་ཁོར་ཡུག་དངོས་ཀྱི་སྦྱོང་བརྡར་དང་སྐད་ཆ་དངོས་ཀྱི་སྤྱོད་གོམས་ལ་ཤུགས་སྣོན་རྒྱག་དགོས་ལ། སྦྱང་བྱའི་སྐད་ཀྱི་ཁོར་ཡུག་དངོས་ཀྱི་

སྦྱོང་གོམས་བརྒྱུད་ནས་ཐད་ཀར་གཞན་སྐད་ཀྱིས་བསམ་གཞིག་དང་བསམ་བློ་བརྗེ་རེས་བྱེད་པའི་ནུས་པ་སྐྱེད་སྲིང་བྱས་ན། ད་གཟོད་སྐད་བརྡ་གཉིས་པ་དེ་ཡང་ཕ་སྐད་ཀྱི་ཤུགས་རྐྱེན་ལས་ཐར་ཐུབ་པར་འདོད་དོ། །

མདོར་ན་ཕ་སྐད་ལ་གོམས་ཤིང་འདྲིས་ཆེ་བའི་མི་སུ་ཡིན་རུང་རང་ཉིད་ཀྱི་བསམ་གཞིག་གི་ནང་དོན་དེ་སྐད་བརྡ་གཉིས་པར་བརྗེན་ནས་མཚོན་པར་བྱེད་པ་ལ་ཐོག་མཐའ་བར་གསུམ་དུ་ཕ་སྐད་ཀྱིས་ཤུགས་རྐྱེན་ཅི་རིགས་ཐེབས་ནུས་ཕྱིར། དུས་ཡུན་རིང་ཙམ་ལ་སྦྱང་བྱའི་སྐད་བརྡའི་ཁོར་ཡུག་དངོས་ལ་འདྲིས་པར་བྱེད་པ་ལས་ཟླ་རེ་གཉིས་ཀྱི་སློབ་ཁྲིད་བྱེད་ཐབས་ཙམ་ལ་བརྗེན་པས་མཐར་འཁྱོལ་མི་ཐུབ་ལ། བོད་རིགས་སློབ་མས་སྐད་བརྡ་གཉིས་པར་བརྗེན་ནས་འབྲེལ་འདྲིས་དང་བསམ་ཚུལ་སྣ་ཚོགས་ཁ་ཞེ་མཐུན་པར་མཚོན་དགོས་ན། ཕ་སྐད་ཀྱི་ཤུགས་རྐྱེན་དང་རིང་དུ་གྱེས་ཤིང་ཐད་ཀར་གཞན་སྐད་སྦྱངས་ནས་བསམ་གཞིག་དང་སེམས་ཤུགས་མཚོན་པའི་ཆུ་ཚད་ལྡན་དགོས་པ་མ་ཟད། ད་དུང་རྟོག་པའི་འཆར་སྣང་དེ་དག་སྐད་ཆའི་བརྡ་ཐབས་སུ་བསྒྱུར་བའི་བརྒྱུད་རིམ་ལའང་གོམས་ཤིང་འདྲིས་ཆགས་བོར་ཡོད་དགོས། བརྒྱུད་རིམ་དེ་དག་ཀྱང་ཕྱིར་བཏང་གི་སེམས་རྩོལ་ཙམ་མ་ཡིན་པར་དོན་ལ་དམིགས་པ་དང་། སྒྲ་ལས་བྱུང་བ། མཐུན་པར་སྣང་བ། ཐུན་མོང་དུ་གྲགས་པ། མངོན་པར་ཞེན་པ་བཅས་བརྡ་ལ་བྱེད་པའི་ཆོས་ལྔ་དང་། རྣམ་འགྱུར། ཚོར་འདུ་སོགས་དཀྲུས་གཅིག་ཏུ་འབྲེལ་བའི་སེམས་རྩོལ་རྟོག་འཛིན་ཅན་ཞིག་ཡིན་པ་དང་། ད་དུང་དེ་དག་གཞན་སྐད་དུ་མངོན་པར་འགྱུར་བ་ལ་ཕ་སྐད་ཀྱི་བསམ་གཞིག་བྱེད་སྟངས་དང་རིགས་ལམ་ཁྱད་པར་བས་ཐེམ་རྟགས་ཀྱང་སྣ་ཚོགས་ཤིག་འགོད་ནུས་ཕྱིར། ཕ་སྐད་ཀྱི་བསམ་གཞིག་བྱེད་སྟངས་དང་། མིང་སྦྱོར་རྟོག་པ། དོན་སྦྱོར་རྟོག་པ། བརྡ་སྐད་ཀྱི་གོམས་སྲོལ་མི་འདྲ་བ་སོགས་གཏིང་རིམ་རིག་གནས་ཁྱད་པར་བས་སྐད་གཉིས་སློབ་གསོའི་ལག་ལེན་ཁྲོད་ཀྱི་སྐད་བརྡ་གཉིས་པའི་སློབ་ཁྲིད་ལ་ཐོག་མཐའ་བར་གསུམ་དུ་ཤུགས་རྐྱེན་མི་ཆུང་བ་ཐེབས་ཀྱིན་ཡོད་པ་དང་། གལ་ཏེ་ཤུགས་རྐྱེན་དེ་དག་སེལ་ནས་སྐད་བརྡ་གཉིས་པའི་སྨྲ་བརྗོད་ཀྱི་འཆིང་རྒྱ་གཏིང་ཕྱིན་པར་དགྲོལ་དགོས་ན། གཞན་རིགས་ཀྱི་བློ་ཁའི་ཁྲིར་སོ་དང་རིག་གནས་ཀྱི་རྒྱབ་ལྗོངས་དང་འབྲེལ་ནས་སྐད་བརྡ་གཉིས་པའི་སློབ་ཁྲིད་ལ་ཁྱོན་ཡོངས་ནས་ག་སྙོམས་ཆེན་ནན་ཏུར་བྱ་དགོས་པ་མ་ཟད། ད་

དུང་སྐད་བརྡ་གཉིས་པའི་རིག་གནས་ཀྱི་ཁོར་ཡུག་དངོས་བརྒྱུད་ནས་ཐད་ཀར་གཞན་སྐད་ཀྱིས་བསམ་གཞིག་གཏོང་བའི་ནུས་པའང་སྐྱེད་སྲིང་བྱ་དགོས་པར་སྙམ་མོ། །

གསུམ། སྐད་བརྡའི་གྲེས་སྟངས་ཀྱི་ཤུགས་རྐྱེན།

དེ་ཡང་མི་རིགས་ཀྱི་རིག་གནས་ནི་སྤྱི་ཚོགས་ཀྱི་མི་སྣ་ཐུན་མོང་ལ་མངའ་བའི་འཚོ་བའི་ཐབས་ལམ་དང་འཚོ་ཐབས་དེ་དག་བསྐྱང་ཆེད་མི་རིགས་ཐུན་མོང་གིས་གསར་དུ་བསྐྲུན་པའི་བྱ་དངོས་ཡོད་དོ་ཅོག་དང་། འཚོ་ཐབས་གང་ཞིག་གཞིར་བྱས་ནས་གྲུབ་པའི་སེམས་ཁམས་དང་སྤྱོད་ལམ་ཅི་རིགས་སུ་ངེས་ལ། མི་རིགས་ཀྱི་སྐད་བརྡ་ནི་མི་རིགས་ཐུན་མོང་གི་དཔལ་འབྱོར་འཚོ་བ་གཞིར་བྱས། ཐུན་མོང་གི་རིག་གནས་ཀྱི་ཁྱད་ཆོས་སྟེང་དུ་མངོན་པའི་ཐུན་མོང་གི་སེམས་རྒྱུད་ཁྱད་པར་ཅན་མཚོན་བྱེད་ཀྱི་བརྡ་ཐབས་མཆོག་ཅིག་ཡིན་པ་དང་། བརྡ་ཐབས་དེ་དག་གི་ཚོགས་གསུམ་གའི་སྒྲ་དོན་སྦྱོར་ཚུལ་གང་རུང་མི་རིགས་ཐུན་མོང་གི་བློ་མོས་གོམས་སྲོལ་ལྟར་གཏན་དུ་བབ་ཅིང་ངེས་སྲོལ་དུ་གྱུར་པས། མི་རིགས་ཀྱི་རིག་གནས་སྲོལ་རྒྱུན་མི་འདྲ་བ་ལ་ལྟོས་བཅས་སུ་སྐད་བརྡ་མི་འདྲ་བ་རེ་ཡོད་པ་དང་། སྐད་བརྡ་མི་འདྲ་བ་རེ་ལ་རིག་གནས་ཀྱི་ནང་དོན་ཕུན་སུམ་ཚོགས་པ་ཞུགས་ཡོད་པར་ངེས་ལ། སྔོས་སུ་སྲོལ་རྒྱུན་རིག་གནས་གྱི་ནོམ་པར་འཛིན་སྐྱོང་སྤེལ་གསུམ་བྱེད་པའི་བརྒྱུད་རིམ་ཁྲོད་དུ་ཁ་སྐད་གང་ལ་ཡུལ་དུས་ཀྱིས་གེགས་རྒྱ་ཐེབས་པ་རྣམས་ཀྱང་ཡིག་སྐད་ཀྱིས་སེལ་ཅིང་རམ་འདེགས་གང་ལེགས་མཛད་པ་ལ་ཕན་ནུས་ཆེན་པོ་ཐོན། ཡིན་ན་ཡང་སྐབས་འགར་རིག་གནས་ནི་མཚོན་བྱ་ནང་དོན་དང་སྐད་བརྡ་ནི་དེ་མཚོན་བྱེད་རྣམ་པར་ངེས་པའི་ཚུལ་དུ་ཕན་ཚུན་ལ་ཤན་ཐེབས་རེས་བྱེད་པའི་ཆ་ནས། རིག་གནས་མི་འདྲ་བ་ལ་སྐད་བརྡ་མི་འདྲ་རེ་ཡོད་པ་དང་། རིག་གནས་ཀྱི་གྲེས་སྟངས་མི་འདྲ་བ་ལ་སྐད་བརྡའི་གྲེས་སྟངས་མི་འདྲ་བ་རེ་འབྱུང་བཞིན་ཡོད་དེ། 《རིག་གནས་སྐད་བརྡ་རིག་པ》ནང་དུ། རིག་གནས་ནི་མི་ཚེ་གོ་མོས་བདག་ཏུ་བཟུང་ཚོག་པའི་སྐྱེར་རྫས་མ་ཡིན་པར་སྤྱི་ཚོགས་ཐུན་མོང་གི་སྤྱོད་བྱ་ཡིན་པ་དང་། སྐད་བརྡའང་སྤྱི་ཚོགས་ཐུན་མོང་ལ་མངའ་བ་ལས་སྒེར་སྤྱོད་ཀྱི་ཆོས་ཤིག་མ་ཡིན་མོད། འོན་ཀྱང་སྐད་བརྡའི་སྣང་ཚུལ་རེ་འགའ་ཤོག་ཁ་ག་གེ་མོར་གཏོགས་པའང་ཡོད་དེ། དཔེར་ན་ལས་རིགས་ཀྱི་སྐད་དང་། གྲལ་རིམ་གྱི་

གོམས་སྐད། ཡི་གེ་དང་སྐད་བརྡ་ཙམ་པོ་བ་རེ་འགའ་ལྷ་བུ་ལགས། རྒྱུ་མཚན་དེའི་རྐྱེན་གྱིས་སྐད་བརྡ་ལ་ས་བབ་ཀྱི་ཡུལ་སྐད་དང་། སྤྱི་ཚོགས་ཀྱི་ལོགས་སྐད། མི་སྒེར་གྱི་ལོགས་སྐད་སོགས་ཀྱི་དབྱེ་བ་བྱུང་ཞིང་། རིག་གནས་ཀྱང་དེ་དང་འདྲ་བར་སྤྱི་ངོས་སུ་སྤྱི་ཚོགས་ཐུན་མོང་ལ་མངའ་བརྙེས་པར་སྣང་ན་ཡང་། རིག་གནས་ཀྱི་སྣང་ཚུལ་རེ་འགའ་མི་ཁག་ཅིག་ཙམ་ལ་དབང་ངེས་ཏེ། དཔེར་ན་མི་སོ་སོ་བ་ཚང་མ་ཧླངས་འཁོར་གྱི་ཁ་ལོ་བ་བྱས་མ་མྱོང་བ་དང་གནམ་གྲུར་བསྐྱོད་མྱོང་མེད་ལ། ཡང་ན་གསོ་འཛིན་ནམ་རྩོམ་མཁན་དང་། ཚོང་བདག་གམ་སྤྲང་པོ་ཡང་བྱས་མེད་པས། ས་ཁུལ་རེ་རེ་དང་སྤྱི་ཚོགས་ཀྱི་རིམ་གྲས་སོ་སོ་ནས་ཀྱང་ཐུན་མོང་གི་སྤྱོད་ལམ་ཚད་གཞི་དང་མཛེས་རྟོག་གི་ངེས་སྲོལ་ཐུན་མོང་བ་བརྩི་སྲུང་བྱེད་ཐུབ་པའི་ངེས་པ་མེད། དེ་ལྟ་བས་ན་མི་ཁག་ཅིག་ལ་མངའ་བརྙེས་པར་གྱུར་པའི་རིག་གནས་ལ་རིག་གནས་ཕལ་བ་ཞེས་བྱ་ཞིང་། རིག་གནས་ཕལ་བ་དང་སྤྱི་ཚོགས་ཀྱི་ལོགས་སྐད་དམ་ས་བབ་ཀྱི་ཡུལ་སྐད་བར་ལ་ལྟོས་གྲུབ་ཀྱི་འབྲེལ་བ་ལྡན་པར་གྱུར[8] ཅེས་གསུངས་ཤིང་། ཚུལ་འདི་ལས་མི་རིགས་ཤིག་གི་རིག་གནས་ཀྱི་གྲུབ་སྟངས་དང་འབྲེལ་བའི་སྐད་བརྡའི་གྲུབ་ཚུལ་ནི་ཧ་ཅང་རྙོག་འཛིང་ཆེ་ཞིང་དེ་ལ་བྱེ་བྲག་ཏུ་དབྱེ་བ་མང་དུ་ལྡན་པ་རྟོགས་ནུས་སོ། །

མི་རིགས་ཤིག་གི་སྐད་བརྡ་ལ་ནང་ཁུལ་དུ་ཡུལ་སྐད་ཀྱི་གྲུབ་སྟངས་དང་སྤྱི་ཚོགས་ཀྱི་ལོགས་སྐད་མང་དུ་བྱུང་བ་འདིས་ཀྱང་སྐད་གཉིས་སློབ་གསོའི་སྤེལ་སྟངས་ལ་ཤུགས་རྐྱེན་ཆེན་པོ་ཐེབས་ཀྱིན་ཡོད་དེ། དཔེར་ན་བོད་སྐད་ལ་ནང་གསེས་སུ་མདོ་དབུས་ཁམས་གསུམ་གྱི་ཡུལ་སྐད་ཆེན་པོ་གསུམ་ཡོད་ཅིང་། དབུས་གཙང་ཕྱོགས་ཀྱི་སྐད་ལའང་དབུས་སྐད་དང་། གཙང་སྐད། མངའ་རིས་ཀྱི་སྐད་དང་། བྲག་གསུམ་གྱི་སྐད། ཤར་པའི་སྐད་སོགས་ཀྱི་དབྱེ་བ་ཡོད་པ་དང་། ཁམས་ཕྱོགས་ཀྱི་སྐད་ལའང་སྡེ་དགེའི་སྐད་དང་། དཀར་མཛེས་ཀྱི་སྐད། བདེ་ཆེན་གྱི་སྐད། ཡུལ་ཤུལ་གྱི་སྐད་སོགས་ཁམས་སྐད་དངོས་ལས་གཞན་ད་དུང་མི་ཉག་གི་སྐད། འདྲ་པའི་སྐད། རྒྱལ་རོང་གི་སྐད། རྟའུ་ཡི་སྐད་སོགས་ཡོད་པ་དང་། ཨ་མདོའི་ཕྱོགས་ཀྱི་སྐད་ལའང་བྱེ་བྲག་ཏུ་ཨམ་སྐད་དངོས་ལས་གཞན་ཅོ་ནེའི་སྐད་དང་། ཐེ་བོའི་སྐད། འབྲུག་ཆུའི་སྐད་སོགས་ཡོད་ལ། གཞན་ད་དུང་བོད་ཁུལ་གྱི་ལས་རིགས་དང་ས་བབ་ཀྱི་དབང་དུ་བྱས་ན། འབྲོག་སྐད་དང་། རོང་སྐད། རོང་མ་

འབྲོག་གི་སྐད་བཅས་དང་། ཡུལ་ཁམས་ཁོར་ཡུག་གི་དབང་དུ་བྱས་ན། གྲོང་ཁྱེར་དང་གཞི་རིམ་གྱི་སྐད་སོགས་ཡོགས་སྐད་མང་དུ་བྱུང་བ་རྣམས་ཀྱིས་ཀྱང་བོད་རིགས་ནང་ཁུལ་གྱི་ཕ་སྐད་སློབ་གསོར་ཡུལ་ཁམས་ཀྱི་ཤན་དང་སྤྱི་ཚོགས་ཡོགས་སྐད་ཀྱི་ཤན་ཅི་རིགས་ཐེབས་ཡོད་པ་མ་ཟད། ངག་ཐོག་ཏུ་བརྡ་སྐད་གཅིག་གྱུར་མེད་པའི་ཞན་ཆ་འདི་ལ་བརྟེན་ནས་ཕ་སྐད་རང་ལའང་སེལ་བུར་ཐོར་བའི་རྣམ་པ་ཉམས་ཞན་ཙམ་ལས་རྫོག་རྩ་གཅིག་ཏུ་བསྒྲིལ་བའི་སྟོབས་ཤུགས་ཉམས་ཞན་དུ་གྱུར་པ་དང་། ད་དུང་ཡུལ་སྐད་སོ་སོ་ལའང་ཉེ་འཁོར་གྱི་སྐད་བརྡ་གཞན་དག་གི་ཤུགས་རྐྱེན་ཐེབས་ཅན། ཕ་སྐད་གཞིར་བྱས་པའི་སྐད་གཉིས་སློབ་ཁྲིད་ཀྱི་སྤེལ་སྟངས་ལ་ཤན་ཞུགས་ཀྱིན་ཡོད་དེ། དཔེར་ན《སི་ཁྲོན་ཞིང་ཆེན་དཀར་མཛེས་བོད་རིགས་རང་སྐྱོང་ཁུལ A ཇོང་གི་སྐད་གཉིས་སློབ་གསོའི་རྟོག་དཔྱད་བྱས་པའི་གནས་ཚུལ》ནང་དུ། སི་ཁྲོན A ཇོང་གི་རྒྱལ་རོང་བ་རྣམས་གཙོ་བོ་ལུང་ཤུར་བཞི་རུ་ཁྱབ་འདུག་ཅིང་། ལུང་བ་རེར་ཡི་གེ་མེད་པའི་ཡུལ་སྐད་རེ་ཡོད་པས། མི་རྣམས་ཀྱིས་ལུང་བ་རེ་ལ་སྐད་ཆ་རེ་ཞེས་བརྗོད་ནས A ཇོང་གི་སྐད་བརྡའི་བཀོལ་སྟངས་མཚོན་པར་བྱེད། ལུང་བ་བཞི་པོའི་བརྡ་སྐད་བཞི་ནི་རྒྱལ་རོང་སྐད་དང་། ཁམས་སྐད། ཨམ་སྐད། ཨེར་གོང་སྐད（尔龚语）བཅས་དང་། རྒྱལ་རོང་སྐད་དུ་བོད་སྐད་ཀྱི་བརྡ་རྙིང་མ་མང་ཞིང་། ཡུལ་གྲུ་གཞན་གྱི་བོད་སྐད་དང་བསྡུར་ན་ཅུང་ཟད་རྟོགས་དཀའ་བས། བོད་སྐད་ལས་ཡུལ་སྐད་ཁྱད་པར་ཅན་དུ་བརྗོད། A ཇོང་མཐའ་འཁོར་དུ་འདུས་སྡོད་ཀྱི་མི་རིགས་གཞན་ཚང་མས་རྒྱུན་པར་ཁྲིན་ཏུའུའི་སྐད་བརྗོད་འདུག[9] ཅེས་དང་། འདི་ལྟའི་སློབ་ཁུལ་དུ་སྤྱིར་བོད་ཡིག་གི་བསླབ་ཚན་བཀོད་ན་ཡང་། བོད་ཡིག་བསླབ་ཚན་འཁྲིད་བྱེད་ཀྱི་སྐད་བརྡ་རྒྱ་སྐད་ཡིན་ལ། སློབ་མར་མཚོན་ན་འདི་འང་ཅུང་ཟད་རྒྱུས་ཡོད་ཀྱི་གཞན་སྐད་ལ་བརྟེན་ནས་རྒྱུས་མི་མངའ་བའི་གཞན་སྐད་གཞན་ཞིག་སློབ་སྦྱོང་དང་རྒྱུས་ལོན་བྱས་པ་ལགས་ན། སློབ་མའི་འགན་ཁུར་ཡང་ཤིན་ཏུ་ལྗིད་པོ[10] ཞེས་བསྟན་པ་ལས་བོད་སྐད་རང་གི་ཡུལ་སྐད་འབའ་ཞིག་སྟེ་རྒྱལ་རོང་སྐད་ནི་མཐའ་འཁོར་གྱི་ཁམས་སྐད་དང་ཨམ་སྐད་གཉིས་ལས་ཀྱང་བར་ཁྱད་ཆེ་དྲགས་པའི་ཡུལ་སྐད་ཁྱད་པར་ཅན་དུ་གྲུབ་པའི་ཆ་ནས་བོད་ཡིག་ཀྱང་གཞན་སྐད་ལྟར་མཐོང་ཞིང་ཡུལ་སྐད་གཞན་གང་གིས་ཁྲིད་ཀྱང་སློབ་མས་རྟོགས་ཐབས་མེད་པས། རྒྱ་སྐད་གཙོས་སྐད་གཉིས་སློབ་ཁྲིད་ཀྱི་ཐབས་ལམ་དུ་བརྟེན་པ

དང་། བོད་རིགས་སློབ་མར་བོད་སྐད་ཡིག་ཁྲིད་པ་ལའང་རྒྱ་སྐད་སྦྱོང་དགོས་པ་སོགས་ངོ་གནོངས་དགོས་པའི་སྐྱོན་ཆ་མང་དུ་མཐོང་ནུས་པ་དང་། ཉེ་སྔོན་ཀྲུང་དབྱང་མི་རིགས་སློབ་གྲྭ་ཆེན་མོའི་བོད་རིག་པའི་ཞིབ་འཇུག་གླིང་ལྟར་ནའང་། སློབ་མ་སུམ་བརྒྱ་ལྷག་ཡོད་པ་ལས་སྐོར་ཞིག་དབུས་གཙང་གི་སློབ་མ་ཡིན་པ་དང་། སྐོར་ཞིག་ཨ་མདོ་བ་དང་། ཁག་ཅིག་ཁམས་པ་ཡིན་ལ། དགེ་རྒན་རྣམས་ཕལ་ཆེ་བ་ཨ་མདོ་བ་དང་། ཁག་ཅིག་དབུས་གཙང་པ། ཁག་ཅིག་ཁམས་པ་ཡིན་པས། དངོས་གཞིའི་ལོ་རིམ་དང་པོའི་སྐབས་སུ་སློབ་ཁྲིད་ཀྱི་སྐད་བརྡ་དེ་ཡང་གནད་དོན་ཞིག་ཏུ་གྱུར་འདུག་སྟེ། ཨ་མདོ་དགེ་རྒན་གྱིས་ཨམ་སྐད་གསུངས་ན། དབུས་གཙང་པ་དང་ཁམས་པའི་སློབ་མ་རྣམས་ཀྱིས་གོ་མི་ནུས་པ་དང་། ལྷ་སའི་དགེ་རྒན་གྱིས་དབུས་སྐད་གསུངས་ན། ཨ་མདོ་དང་ཁམས་པའི་སློབ་མས་ཀྱང་ཧ་མི་གོ་མི་འདུག་པས། ཐད་ཀར་སློབ་ཁྲིད་ཀྱི་སྤུས་ཚད་ལ་གནོད་སྐྱོན་ཐེབས་ཀྱིན་ཡོད་པ་དང་། སྐབས་ཉེས་ན་ཁྲིད་བྱའི་ནང་དོན་བོད་རིག་པ་སྐོར་ཡིན་ཡང་སྐབས་འགར་རྒྱ་སྐད་ཀྱིས་འཆད་ཁྲིད་བྱེད་པའི་གནས་ཚུལ་ཡང་མི་འབྱུང་བ་མེད། ཚུལ་འདི་དག་ལས་མི་རིགས་ཤིག་གི་སྐད་བརྡ་ལ་ནང་ཁུལ་དུ་གྱེས་སྣང་མང་ཙམ་བྱུང་ཞིང་ཕན་ཚུན་བར་གོ་བརྡ་འཕྲོད་དཀའ་བ་འདྲིས་ཀྱང་ཕ་སྐད་ཀྱི་ཁྲིད་ཐབས་གཙོར་བརྟེན་པའམ་ཡང་ན་ཕ་སྐད་གཙོར་བྱས་པའི་སྐད་གཉིས་སློབ་ཁྲིད་ཀྱི་སྤེལ་སྣངས་ལ་གནོད་སྐྱོན་གཏོང་བཞིན་ཡོད་པ་མངོན་པར་གསལ་ལོ། །

མདོར་ན་སྐད་དང་ཡི་གེ་ནི་མི་རིགས་ཤིག་གི་རིག་གནས་ཡིན་པ་མ་ཟད། མི་རིགས་ཤིག་གི་རིག་གནས་དང་སྐད་ཡིག་གཉིས་ཕན་ཚུན་ལྟོས་བཅས་སུ་སྣང་བས། རིག་གནས་ལ་བྱེ་བྲག་ཏུ་གྱེས་སྣང་སྣ་ཚོགས་སམ་རིག་གནས་ཀྱི་སུ་ཁྱུད་དུ་མ་བྱུང་ན། སྐད་བརྡ་ལའང་དེ་མཚུངས་ཀྱི་གྱེས་སྣང་སྣ་ཚོགས་ཞིག་སྟེ་ཡུལ་སྐད་ཀྱི་དབྱེ་བ་དང་ལོགས་སྐད་ཀྱི་ཁྱད་པར་ཇི་སྙེད་ཅིག་འབྱུང་སྲིད་ཀྱང་། གྱེས་སྣང་དེ་ཡང་ལོ་རྒྱུས་ཀྱི་རྒྱུ་རྐྱེན་སྣ་ཚོགས་པའི་དབང་གིས་ཧ་ཅང་ཐལ་དྲགས་ཤིང་རྙོག་འཛིང་ཅན་དུ་འཕེལ་ཙ་ན། མི་རིགས་ནང་ཁུལ་གྱི་འབྲེལ་འདྲིས་ཉམས་ཟད་དུ་གྱུར་པ་གཞིར་བྱས་བོད་ཁུལ་དུ་ཕ་སྐད་གཙོར་བྱས་པའི་སྐད་གཉིས་སློབ་གསོའི་སྤེལ་སྣངས་ལའང་ཡུལ་དུས་ཀྱི་ཚད་མི་འདྲ་བའི་འགལ་རྐྱེན་ཇི་སྙེད་ཅིག་འབྱུང་བཞིན་ཡོད་པས། ཁྱབ་ཡུལ་གྱི་ཡུལ་སྐད་སོ་སོའི་བར་ཁྱད་

སེལ་ནས་ཡིག་ཐོག་གི་སྤྱི་སྐད་དང་ཉེ་བར་བྱེད་པ་དང་། ཡིག་ཐོག་གི་སྤྱི་སྐད་ཀྱང་བསྟུད་མུར་ཚད་གཞི་ཅན་དུ་འགོད་པ། ཁ་སྐད་དང་ཡིག་སྐད་བར་གྱི་འབྲེལ་བ་དང་དེ་དག་གི་མ་ལག་འདུམ་སྒྲིག་དང་། གཅིག་གྱུར། ཚད་ལྡན། ཕུན་སུམ་ཚོགས་པར་བཏང་སྟེ་ཕ་སྐད་ཀྱི་སློབ་གསོའི་ཕན་ནུས་ཆེར་བསྐྱེད་པ་དང་། བོད་ཁུལ་གྱི་ཕ་སྐད་སློབ་གསོ་གཞིར་བྱས་པའི་སྐད་གཉིས་སློབ་གསོའི་བྱ་བ་ཚད་ལྡན་དུ་གཏོང་རྒྱུའང་ཁ་ཚ་དགོས་གཏུག་གི་ལས་དོན་གལ་ཆེན་ཞིག་རེད་དོ། །

གསུམ་པ། མི་རིགས་ཀྱི་སེམས་ཁམས་ཀྱི་ཤུགས་རྐྱེན།

བོད་ཁུལ་གྱི་སྐད་གཉིས་སློབ་གསོའི་སྤེལ་སྟངས་ལ་སྤེལ་ཡུལ་མི་རིགས་ཀྱི་སེམས་ཁམས་སྣ་ཚོགས་ཏེ་ཕ་སྐད་རིག་གནས་ལ་འགན་སྲུང་དང་སྲུས་གཙང་བྱེད་པ་སོགས་རིག་གནས་སེམས་ཁམས་ཀྱི་ཤུགས་རྐྱེན་དང་། རིག་གནས་ཉིས་འགལ་དང་སྐད་བརྡ་ཉིས་འགལ་སོགས་རིག་གནས་འགལ་འཛིན་གྱི་ལྟ་བ། ཡུལ་དུས་གནས་སྐབས་དང་འབྲེལ་བའི་སྐད་བརྡའི་མཆོག་དམན་གྱི་ལྟ་བ་དང་གཙོ་ཕལ་གྱི་ཁྱད་པར་སོགས་གཞིར་བྱས་ནས་མངོན་པའི་སྐད་བརྡའི་ལྟ་སྟངས་ཀྱི་འགྱུར་ལྡོག་སྣ་ཚོགས་པའི་ཤུགས་རྐྱེན་ཇི་སྙེད་ཅིག་ཐེབས་ཀྱིན་ཡོད་དེ། འདིར་དེ་དག་རེ་རེ་བཞིན་མདོར་ཙམ་སྤྲོས་ན།

གཅིག རིག་གནས་སེམས་ཁམས་ཀྱི་ཤུགས་རྐྱེན།

དེ་ཡང་མི་རིགས་གང་ཡང་རུང་ཚང་མར་མི་རིགས་རང་གི་སེམས་ཁམས་ཀྱི་ལོ་རྒྱུས་རྨང་གཞི་དང་གཏིང་རིམ་གྱི་གྲུབ་སྟངས་ཤིག་ཡོད་པ་དང་། མི་སུ་དང་སུ་ཡིན་རུང་ཚང་མར་རང་གི་རྒྱལ་ཁམས་དང་། རང་གི་མི་རིགས། རང་གི་ཡུལ་གྲུའི་སེམས་རྒྱུད་ཁྱད་པར་བའི་ཉེར་ལེན་གྱི་རྒྱུ་ཞིག་སྣང་ལ། ཉེར་ལེན་གྱི་རྒྱུ་དེས་ཀྱང་ནམ་རྒྱུན་མི་རང་ཉིད་ཀྱི་སེམས་པའི་གཤིས་ཉམས་དང་། བསམ་གཞིག་བྱེད་སྟངས། བྱ་བྱེད་སྤྱོད་སྟངས་སོགས་ལ་ཤན་ཐེབས་པ་ལས་རྒྱལ་ཁམས་དང་། མི་རིགས། ཡུལ་ཕྱོགས་མི་འདྲ་བའི་མི་རྣམས་ལ་ཐུན་མིན་གྱི་ཁྱད་ཆོས་དང་བར་ཁྱད་འབྱུང་ཐུབ་པར་གྱུར། འདི་ལྟའི་མི་རིགས་ཀྱི་

སེམས་ཁམས་ནི་ཐྲག་གསེབ་ཏུ་ཕྱོག་ཕྱོག་རྒྱུ་བཞིན་པའི་ཆུ་ཚན་ཞིག་དང་འདྲ་བར་མངོན་གསལ་མིན་ན་ཡང་དྲོད་ཧོལ་གྱི་རྒྱུན་ལ་ཉམས་པ་མེད་པ་དང་། མི་ཞིག་གི་ལུས་གསེང་དུ་རྒྱུ་བཞིན་པའི་ཁྲག་དྲོན་དང་འདྲ་བར་མི་རིགས་ཤིག་གི་ཕུང་ཁམས་སུ་བཀྲམ་འདུག་ཅིང་། གཏིང་རིང་བའི་ལོ་རྒྱུས་ཀྱི་འཕེལ་རིམ་ཁྲོད་དུ་ཉམས་མེད་སོར་ཆུད་སྐོམ་མི་རིགས་ཤིག་གི་སྲོག་རྒྱུན་དུ་གྱུབ་ཅིང་། འདི་ལ་མི་རིགས་ཤིག་གི་བསམ་བློ་འདུ་ཤེས་དང་འཇིག་རྟེན་ལྟ་ཚུལ་ཇི་སྙེད་ཅིག་འདུས་ཤིང་རྒྱུན་པར་སྐད་ཆའི་བརྡ་ཐབས་ལ་བརྟེན་ནས་མངོན་པར་གྱུར་པས་ན། སྐད་བརྡ་སླབ་རྟོང་པོ་ཐུས། ཁ་ཅིག་གིས་སྐད་བརྡ་ནི་འགྲོ་བ་མིའི་ནང་སེམས་ཀྱི་དགོས་མཁོ་ལས་བྱུང་ཞིང་། འགྲོ་བ་མིའི་གཤིས་ཀ་ན་གནས་པའི་ཆོས་ཤིག་ཏུ་ངེས་ལ། མི་ཡི་བསམ་བློ་དང་འཇིག་རྟེན་ལྟ་ཚུལ་གང་ཡིན་ཡང་སྐད་བརྡ་དང་འབྲལ་དུ་མེད་པར[11] གསུངས། དེར་བརྟེན་ང་ཚོས་མི་རིགས་ཤིག་གི་སྐད་གཉིས་སློབ་གསོའི་སྤྱིལ་སྟངས་དང་དེ་ལ་ཐེབས་པའི་ཤུགས་རྐྱེན་སྣ་ཚོགས་ལ་རྟོག་དཔྱོད་གནང་སྐབས་ཀྱང་། མི་རིགས་ཤིག་གི་རིག་གནས་སེམས་ཁམས་ཀྱི་རྒྱུ་རྐྱེན་ལ་ཞིབ་དཔྱོད་བྱེད་པ་ཤིན་ཏུ་ནས་གལ་ཆེ་སྟེ། མི་རིགས་ཤིག་གི་རིག་གནས་སྲོལ་རྒྱུན་གྱི་རྨང་གཞི་དང་གཏིང་རིམ་གྱི་གྲུབ་སྟངས་སོགས་སེམས་ཁམས་ཀྱི་ཁྱད་ཆོས་དེ་དག་གིས་ནམ་རྒྱུན་མི་རིགས་ཤིག་གིས་མི་རིགས་གཞན་ཞིག་གི་རིག་གནས་བསྣུ་ནུབ་བྱེད་པའམ་དེ་དང་འབྲེལ་བའི་སྐད་བརྡ་ངོས་ལེན་བྱེད་ཚུལ་ལ་ཤུགས་རྐྱེན་ཐེབས་ཀྱིན་ཡོད། སྤྱིར་བཏང་དུ་བློ་བག་ཡངས་ཤིང་མཁྲེགས་འཛིན་མེད་པའི་མི་རིགས་ཤིག་ཡིན་ན། དངོས་ཆོས་གསར་པ་ལ་ཚོར་སྣང་སྐྱེན་ཞིང་ནང་འདྲེན་བྱེད་པར་དགའ་བ་དང་། དུས་མཉམ་དུ་གཞན་རིགས་ཀྱི་སྐད་བརྡ་གང་ལ་སློབ་སྦྱོང་བྱེད་པའམ་ཡང་ན་རང་སྐད་དུ་གཞན་སྐད་ཀྱི་བརྡ་གསར་ནང་འདྲེན་བྱེད་པར་སྤྲོ་ཞིང་འཛེམ་ངོགས་མེད་པར་སྣང་ལ། གལ་ཏེ་མི་རིགས་ཤིག་མཁྲེགས་འཛིན་ཆེ་ཞིང་ཕྱོགས་ཞེན་ཅན་ཞིག་ཡིན་ན། དེས་ཀྱང་རང་ལས་གཞན་གྱི་ཆོས་གང་དང་གང་ཞིག་ལ་གཞན་གཅོད་ཀྱི་བསམ་བློ་འབབ་ཞིག་བཅངས་པ་ལས་ནང་འདྲེན་གྱི་བྱ་ཐབས་མི་སྤྱེལ་བ་དང་ཆབས་ཅིག རང་ཕྱོགས་ཀྱི་སྐད་བརྡ་དེ་ཡང་ཕ་སྐད་གཅིག་རྐྱང་གི་ཚུལ་དུ་སྦྱོར་བ་ལས་སྐད་གཉིས་ཀྱི་སྤྱོད་སྟངས་སོགས་མི་འབྱུང་བ་དང་། ཡང་ན་བྱུང་ཡང་སྤྱེལ་སྟངས་མི་འཚམ་ཞིང་འཕེལ་རྒྱས་དལ་བ་སོགས་ཀྱི་འགལ་རྐྱེན་མང་བ་དང་། ཡང་ན་རང་སྐད་ངོས་

གཙང་དུ་སྤེལ་བ་ལ་གཞན་སྐད་ཀྱི་ལྟད་སྐྱོན་ཐེབས་པར་དོགས་ནས་གཡར་མིང་སོགས་ཀྱི་སྤེལ་སྟངས་ལའང་ཚོད་འཛིན་ཐེབས་པར་བྱེད་པ་འི་སྣང་ཚུལ་ཅི་རིགས་འབྱུང་ངེས། འདི་རིགས་བག་ཡངས་དང་མཁྲེགས་འཛིན་དག་གི་མི་རིགས་ཀྱི་སེམས་ཁམས་མི་འདྲ་བ་དང་རིག་གནས་སེམས་ཁམས་ཀྱི་ཁྱད་ཆོས་མི་འདྲ་བས་མི་རིགས་སོ་སོའི་སྐད་གཉིས་སློབ་གསོའི་སྤེལ་སྟངས་སམ་འཕེལ་རྒྱས་ལའང་བར་ཁྱད་མངོན་གསལ་འབྱུང་བཞིན་ཡོད་དེ། དཔེར་ན《ཀྲུང་གོའི་གྲངས་ཉུང་མི་རིགས་ཀྱི་སྐད་གཉིས་སློབ་གསོའི་ལོ་རྒྱུས་ཀྱི་འཕེལ་འགྱུར་སྤྱིར་བཤད་པ》ཞེས་པའི་ནང་དུ། མིག་སྔར་རང་རྒྱལ་གྱི་གྲངས་ཉུང་མི་རིགས་ཁྲོད་དུ་རྒྱ་སྐད་ཞོར་དུ་སྤྱོད་བཞིན་པའི་མི་གྲངས་ཁྲི་ཚོ༡༨༠༩ཡོད་ཅིང་གྲངས་ཉུང་མི་རིགས་ཀྱི་སྐད་བརྡ་སྤྱོད་པའི་སྤྱིའི་མི་གྲངས་ཀྱི༣༧. ༧%ཟིན། མི་རིགས་སོ་སོས་རྒྱ་སྐད་ཞོར་དུ་སྤྱོད་པའི་སྤྱིར་ཚད་ཀྱང་སོ་སོར་མི་འདྲ་སྟེ། ཧུ་རིགས་དང་། ཀེ་ལའོ། ཐུའུ་ཙ། ཨོ་ལུན་ཁྲུན། ཧོ་ཀྲེ་རིགས་ཕལ་ཆེབས་རང་སྐད་དོར་ནས་རྒྱ་སྐད་སྤྱོད་པའམ་ཡང་ན་རྒྱ་སྐད་ཞོར་དུ་བཀོད་པ་དང་། ཆའང་རིགས་དང་། ཅིང་རིགས། ཡུས་ཀུའུ། ཞེ་པོ་རིགས་བཅས་ལ་རྒྱ་སྐད་ཞོར་དུ་སྤྱོད་པའི་མི་གྲངས༨༠%ཡན་ཆད་དང་། ཟ་ལར་དང་། ཏ་ཧོར། ལི་རིགས། ཧྲུང་ཞང་། པུའུ་དབྱི། པའེ་རིགས། ཨོ་ལྷུན་ཁེ། ཀྲོང་རིགས། པུའུ་མི། མའོ་ནན། ཅི་ནུའོ་བཅས་སུ་རྒྱ་སྐད་ཞོར་དུ་བཀོད་པའི་མི་གྲངས༥༠ ~ ༨༠% དང་། ཡའོ་རིགས་དང་། སོག་པོ། འཛང་། ཁྲའོ་ཞན། ཨ་ཁྲང་། ཏི་ཨང་། ཧྭའེ་རིགས། ཧ་ཉི། ཧྲུང་རིགས། ལ་ཧུའུ། ཅིང་པོ། མིའོ་རིགས། པུའུ་ལང་། དབའ་རིགས་བཅས་སུ་རྒྱ་སྐད་ཞོར་ལ་བཀོད་པའི་མི་གྲངས༢༠ ~ ༥༠% དང་། ལི་སུའུ་དང་། ཧྲུའུ་ལུང་། བོད། ལྷོ་པ། མོན་པ། ཡུ་གུར། ཧ་སག ཁྲུར་ཁེ་ཙི། ཐ་ཅི་ཁེ། ཝུ་ཙི་པེ་ཁེ། ཐ་ཐར། ཨུ་རུ་སུའི་རིགས་བཅས་སུ་མི་ཉུང་ཤས་ཙམ་ལས་རྒྱ་སྐད་བཀོད་དུ་མེད་པར་བསྟན་པ[12] སོགས་ལས་རིམ་ཁག་སོ་སོའི་སྐད་གཉིས་ཀྱི་སྤྱོད་སྟངས་དང་སློབ་སུ་རྒྱ་སྐད་ནང་འདྲེན་བྱེད་པའི་ཚད་མི་འདྲ་བར་མངོན་པ་རྣམས་མི་རིགས་སོ་སོའི་རིག་གནས་སེམས་ཁམས་ཀྱི་ཁྱད་པར་དང་རིག་གནས་སྲོལ་རྒྱུན་གྱི་རྨང་མི་འདྲ་བ་གཞིར་བྱས། སྤྱི་ཚོགས་ཀྱི་འགོ་འཛུགས་དང་། འགྱུར་དམངས། མི་རིགས་ཀྱི་འབྲེལ་བ། མི་གྲངས་ཀྱི་ཁྱབ་སྟངས། གཉེན་འབྲེལ་སོགས་རྒྱུ་རྐྱེན་སྣ་ཚོགས་ཀྱིས་སྐད་གཉིས་སློབ་གསོའི་འཕེལ་རྒྱས་ལ་ཤུགས་

རྐྱེན་འདྲ་མིན་ཐེབས་ཀྱིན་ཡོད་པ་ཤེས་ཐུབ་བོ། །

དེ་ལྟར་ན་མི་རིགས་ཀྱི་རིག་གནས་སེམས་ཁམས་ཀྱིས་སྐད་གཉིས་སློབ་གསོར་ཤུགས་རྐྱེན་ཐེབས་པའི་ཚུལ་ནི་ཇི་ལྟར་ལགས་ཞེ་ན། སྐད་བརྡའི་རྣམ་འགྱུར་འཛིན་སྟངས་སམ་ཤེས་རྟོགས་ཀྱི་ཚུ་ཚད་དང་འབྲེལ་བའི་སྐད་བརྡ་གཉིས་པའི་ངོས་ལེན་བྱེད་ཚུལ་དང་སྐད་གཉིས་སློབ་གསོའི་དཔེ་གཞི་སྤྱོལ་སྟངས་སོགས་སུ་མངོན་འདུག་སྟེ། མི་རིགས་རང་གི་སྲོལ་རྒྱུན་གྱི་ཁྱད་ཆོས་ལ་སྦྱོབས་པ་ཉམས་མེད་དང་། རང་རྩིས་རང་བཀུར། བདག་པས་གཞན་གཅེས། རང་མགོ་རང་འདོན། གནའ་བཟང་དེང་སྤྱོད། བརྩོན་སེམས་ལྷོད་མེད་བྱེད་པའི་རང་གཤིས་མཆོག་ཏུ་གྲུབ་ཡོད་ཀྱང་། སྐབས་འགར་མི་རིགས་ཀྱི་རིག་གནས་སེམས་ཁམས་ཁྲོད་དུ་རྙིང་བ་ཐམས་ཅད་ལྷ་ཡི་སྲོལ་དུ་བསྒྲགས་ཤིང་། གསར་བ་ཐམས་ཅད་བདུད་ཀྱི་འཕྲུལ་དུ་སེམས་པའི་མཁྲེགས་འཛིན་དང་ཕྱོགས་ཞེན་ཆེ་བ་དང་། སྒྲིད་ལུག་དང་ལེ་ལོ། རྨོངས་ཞེན་ཕྱོགས་ལྷངས་བྱེད་པ་སོགས་ཀྱི་ངན་ཤུགས་ཀྱང་མང་ལ། འདི་དག་ཀྱང་ལོ་ངོ་སྟོང་ཕྲག་ཏུ་མའི་ལྷ་ཆོས་སམ་མི་ཆོས་ཀྱི་ལྟ་བ་དང་པགས་བཀོད་རྒྱུད་འཛིན་གྱི་བསམ་བློ་རྙིང་རྫུལ་དང་དཀྲུས་གཅིག་ཏུ་འབྲེལ་ནས་རང་ཤེད་ཨུ་ཚུགས་ཀྱིས་ལོ་རྒྱུས་འཕེལ་རྒྱས་ཀྱི་བཀག་རྡོ་ལྟ་བུར་གྱུར་འདུག་པ་དང་། འདི་ལྟའི་སྲོལ་རྒྱུན་རིག་གནས་ཁྲོད་ཀྱི་ཞེན་ཆ་སྟེ་ལོ་ངོ་སྟོང་ཕྲག་ཏུ་མའི་རིང་ལ་རིམ་གྱིས་གྲུབ་པའི་མཁྲེགས་འཛིན་གྱི་སེམས་ཁམས་ནི་མི་རིགས་ཤིག་གི་རང་གཤིས་སུ་གྲུབ་པ་བཞིན་དུ་དེས་ཀྱང་བྱ་བྱེད་སྤྱོད་སྟངས་སོགས་ཕྱོགས་ཀུན་གྱི་ཐད་ཤན་ཞུགས་ནས་ལས་གང་རུང་གི་སྤྱེལ་སྟངས་ལ་ཚོད་འཛིན་ཐེབས་ཀྱིན་ཡོད་པས་ན། བོད་ལྗོངས་ཀྱི་སྐད་གཉིས་སློབ་གསོའི་སྤྱེལ་སྟངས་ལའང་སྐབས་འགར་ཕ་སྐད་གཅིག་རྐྱང་སྲུང་སྐྱོང་དང་ངོས་གཙང་དུ་སྤྱེལ་བའི་དོན་དུ་གཞན་སྐད་དམ་སྐད་བརྡ་གཉིས་པ་ངོས་ལེན་བྱེད་པར་མི་འཐད་པ་དང་། སྐབས་འགར་གཞན་སྐད་ཀྱི་ལེགས་ཆ་རང་སྐད་དུ་བསྡུ་ཆེད་སྐད་བརྡ་གཉིས་པའི་སློབ་སྲོལ་སྤྱེལ་ཀྱང་སློབ་ཁྲིད་ཀྱི་དཔེ་གཞི་ལ་ཕ་སྐད་གཙོར་བྱེད་པ་དང་གཞན་སྐད་དག་གི་ཁྲིད་ཐབས་སུའང་ཕ་སྐད་སྤྱོད་པ་དང་། སྐབས་འགར་ཕོར་ཡུག་གི་དགོས་དབང་གིས་སྐད་བརྡ་གཉིས་པ་གཙོར་འདོན་དགོས་བྱུང་ན་ཡང་ཕ་སྐད་ལྷན་ཐབས་སུ་སྦྱོར་བ་བསྐྱོན་དུ་མེད་པ་སོགས་ལ་རྒྱུ་རྐྱེན་གཞན་སྣང་ཡང་གཙོ་བོ་མི་རིགས་རང་གི་རིག་གནས་སེམས་ཁམས་ཞིག

ལ་རག་ལས་ཙ་ན། རིག་གནས་སྐད་བརྡ་སྒྲ་བ་ཀུའུ་ཙ་ཙོ་ནས། ཕྱི་ནས་ཐོན་པའི་བརྡ་སྐད་ངོས་ལེན་དང་སྐད་བརྡ་འདྲ་མཚུངས་སུ་སྤེལ་བའི་གནད་དོན་སྟེང་དུ། ང་ཚོས་ལོ་རྒྱུས་ཀྱི་ཆ་རྐྱེན་སྣ་ཚོགས་པའི་བྱེད་ནུས་འདོན་སྟངས་ཁས་ལེན་དགོས་པ་དང་། མི་རིགས་ཕན་ཚུན་བར་གྱི་འབྲེལ་འདྲིས་དམ་ཟབ་ཏུ་གྱུར་པས་ཀྱང་བརྡ་སྐད་ནང་འདྲེན་དང་འདྲ་མཚུངས་སུ་བསྒྱུར་བ་ལ་སྐད་བརྡའི་ཁོར་ཡུག་ལེགས་པོ་འདོན་སྤྲོད་བྱས་ཡོད་པ་གདོན་མི་ཟ་ན་ཡང་། སྐད་བརྡ་ཞིག་གིས་སྐད་བརྡ་གཞན་ཞིག་གི་བརྡ་སྐད་ནང་འདྲེན་བྱེད་ཐུབ་མིན་ནི་མི་རིགས་སོ་སོའི་སེམས་ཁམས་ལ་རག་ལས[13] ཞེས་གསུངས་སོ། །

གཉིས། རིག་གནས་འགལ་འཐབ་ཀྱི་ལྟ་བ།

སྐད་གཉིས་སློབ་གསོ་ནི་རིག་གནས་སྣ་མང་མཉམ་འདུས་ཀྱི་ཐོན་དངོས་ཤིག་ཡིན་ཡང་། རིག་གནས་སྣ་མང་འབྲེལ་འདྲིས་དང་བརྗེ་རེས་ཀྱི་བརྒྱུད་རིམ་ཁྲོད་དུ་རིག་གནས་ཕན་ཚུན་བར་འགལ་ཟླ་ལྡོག་སྤྲོད་ཀྱི་དོན་སྣ་ཚོགས་འབྱུང་བ་བསྙོན་དུ་མེད་ལ། དེ་དང་འབྲེལ་བའི་འགལ་འཐབ་ཀྱི་ལྟ་བ་དེ་དག་གིས་རྒྱུན་པར་སྐད་གཉིས་སློབ་གསོའི་སྤེལ་སྟངས་ལ་ཤུགས་རྐྱེན་མི་ཉུང་བ་ཐེབས་ཀྱིན་ཡོད། སྐད་གཉིས་སློབ་གསོའི་བརྒྱུད་རིམ་ཁྲོད་ཀྱི་རིག་གནས་ཀྱི་འགལ་ཟླའི་ལྟ་བ་ནི་ཏ་ལམ་གཤམ་གྱི་ཕྱོགས་གསུམ་ནས་མངོན་བཞིན་ཡོད་དེ།

༡. རིག་གནས་གཉིས་སྦྱོད་ཀྱི་འགལ་བ་ནི་སྐད་གཉིས་སློབ་གསོའི་བརྒྱུད་རིམ་ཁྲོད་དུ་རིག་གནས་གཅིག་རྐྱང་གི་དཔེ་གཞི་གཏོར་ཏེ་རིག་གནས་གཉིས་སམ་དུ་མ་མཉམ་གནས་སུ་སྦྱོད་པའི་འགལ་བ་ཡིན་ལ། རིག་གནས་གཉིས་སྦྱོད་ཀྱི་བརྒྱུད་རིམ་ཁྲོད་དུ། མི་རིགས་རང་གི་སྲོལ་རྒྱུན་གྱི་རིག་གནས་ལ་སྣ་མང་རིག་གནས་ཀྱིས་རྐོལ་ལན་ཐེབས་ཙ་ན། ད་དུང་ཧུར་བཞིན་རང་གི་ངོ་བོ་དང་ཁྱད་ཆོས་ཇི་ལྟར་རྒྱུན་འཛིན་དང་འཕེལ་རྒྱས་སུ་གཏོང་རྒྱུ་ནི་བསྙོན་དུ་མེད་པའི་གནད་དོན་གལ་ཆེན་ཞིག་ཡིན་པས། མི་རིགས་གང་ཡིན་རུང་རང་ཉིད་འཕེལ་རྒྱས་ཀྱི་བརྒྱུད་རིམ་ཁྲོད་དུ་གང་ནུས་ཅི་ལྕོགས་ཀྱིས་རང་སྟེང་གི་མི་རིགས་སྲོལ་རྒྱུན་སྲུང་སྐྱོང་དང་རིག་གནས་ཀྱི་ཁྱད་ཆོས་རྒྱུན་འཕྲོད་བྱེད་པར་ངེས་ལ། སྔོས་སུ་རིག་གནས་དེ་ཡང་མི་རིགས་ཤིག་གི་ལོ་རྒྱུས་ཀྱི་ཉིང་འཁྲས་སུ་མངོན་ཞིང་མི་རིགས་

ཞིག་གི་གཞིས་ཉམས་རང་མཚན་ཅན་དུ་གྲུབ་པའི་རྒྱུ་རྐྱེན་གཙོ་བོར་ངེས་ཕྱིར། ཀུན་ནས་ཀྱང་གང་ནུས་ཀྱིས་རང་སྙིང་གི་རིག་གནས་ཀྱི་ཁྱད་ཆོས་གཟེངས་སུ་བཏེགས་ནས་ཚོད་མཐོ་བའི་སྒོ་ནས་ནང་ཁུལ་དུ་སེམས་ཤུགས་གཅིག་སྒྲིལ་དང་གཞན་ལས་ཐ་དད་དུ་མངོན་པའི་ཕྱོགས་ཞེན་དང་རང་མཚན་འཛིན་པའི་བློ་འདུན་ཁྱད་པར་ཅན་མངོན་པར་བྱེད་ཀྱང་། སྐད་གཉིས་སློབ་གསོའི་ལག་ལེན་ཁྲོད་དུ་གནད་དེ་ཡང་རྩ་གཏོར་དུ་བཏང་ནས་རིག་གནས་གཞན་ཞིག་ནང་སར་དྲངས་པ་ལས་སྤྱར་སྐྱེར་སྦྱོམ་གྱི་སྲོལ་རྒྱུན་རིག་གནས་དེ་དག་རིག་གནས་གཞན་ཞིག་ལ་འབྲེལ་ཞིང་འདྲིས་པར་བྱེད་པ་དང་། རིག་གནས་མི་མཚུངས་པར་གནས་པའི་རིན་ཐང་གི་གཞལ་ཚུལ་དང་འདོད་འདུན་ལྟ་བ་སོགས་མི་འདྲ་བའི་ཆ་ནས་རིག་གནས་གཅིག་གིས་ཅིག་ཤོས་དབང་དུ་བསྡུས་ནས་རང་དང་ཐིམ་པར་བྱེད་པའམ་རང་གི་རིག་གནས་མ་ལག་གི་ཁོངས་སུ་བསྡུ་རེ་ཐུབ་བྱེད་ཅིང་། རང་གི་རིག་གནས་ཀྱི་སྲོག་ཤིང་སྲ་བརྟན་དུ་སྤེལ་བ་ལ་གཞན་པའི་རིག་གནས་ཀྱི་ཉིང་བཅུད་བསྡུ་ལེན་བྱེད་ངེས། དེ་ལྟ་ནའང་རིག་གནས་ཀྱི་གནས་སྟངས་སོ་སོ་བ་ལ་རང་ཉིད་ཀྱི་རིན་ཐང་ཁྱད་པར་བ་རེ་ལྡན་ཕྱིར་རང་རྟོགས་ཀྱིས་གཞན་གྱི་རིག་གནས་ལ་སེམ་འཇུག་བྱེད་པ་མི་འོངས་ཤིང་། ཕན་ཚུན་ལ་འགལ་འཐབ་ཏུ་གནས་པའི་ཆ་དག་ལས་རྒྱུན་པར་སྐད་གཉིས་སློབ་གསོའི་སྤེལ་སྟངས་ལ་ཤུགས་རྐྱེན་ཆེན་པོ་ཐེབས་ཀྱིན་ཡོད་དོ། །

༢. སྐད་བརྡ་གཉིས་སྤྱོད་ཀྱི་འགལ་བ་ནི་སྐད་གཉིས་སློབ་གསོའི་བརྒྱུད་རིམ་ཁྲོད་དུ་སྐད་བརྡ་གཉིས་སློབ་ཁྲིད་ཀྱི་བརྡ་ཐབས་སུ་བརྟེན་པ་ལས་མངོན་པའི་འགལ་བ་སྣ་ཚོགས་ལ་གོ་སྟེ། སྐད་བརྡ་ནི་རིག་གནས་ཀྱི་རྩ་བའི་གྲུབ་ཆ་ཞིག་དང་། དུས་མཚུངས་སུ་རིག་གནས་ཀྱི་རྟེན་གཞི་ཞིག་ཏུ་ངེས་ཕྱིར། རིག་གནས་མི་འདྲ་བ་ལ་སྐད་བརྡ་མི་འདྲ་བ་རེ་ཡོད་པ་དང་། སྐད་བརྡའི་གྲུབ་སྟངས་མི་འདྲ་བ་ལ་རིག་གནས་ཀྱི་གྲུབ་སྟངས་མི་འདྲ་བ་རེ་ཡོད་ཅིང་། དེ་དག་ཕན་ཚུན་ཕྱོས་བཅས་སུ་སྣང་ཚུལ་ལ་བརྟགས་ན། སྐད་བརྡ་གཉིས་སྤྱོད་ཀྱི་འགལ་བ་དེ་ཡང་དོན་དུ་རིག་གནས་གཉིས་སྤྱོད་ཀྱི་འགལ་བ་ལ་རག་ལས་ཤིང་དེའི་མངོན་ཚུལ་བྱེ་བྲག་པ་ཞིག་ཡིན་ལོས་ཆེ། སྐད་བརྡ་རིག་པའི་ལྟ་ཚུལ་ལྟར་ན། འཛམ་གླིང་གི་སྐད་བརྡ་ཕལ་མོ་ཆེ་རྣམས་རིགས་རྒྱུད་ཀྱི་མཆེད་ཚུལ་ལྟར་སྐད་བརྡའི་རིགས་རྒྱུད་ཆེན་མོ་དགུ་རུ་དགར་རུང་བ་ལས་དབྱིན་སྐད་ལྟ་བུ་ནི་ཧིན་ཡོ་སྐད་རྒྱུད་ཀྱི་རིར་མན་

སྐད་རིགས་ཀྱི་ཁོངས་སུ་གཏོགས་པ་དང་། བོད་སྐད་དང་རྒྱ་སྐད་གཉིས་ནི་བོད་རྒྱ་སྐད་རྒྱུད་ཀྱི་ཁོངས་སུ་གཏོགས་ཚུལ་འདྲ་ཡང་རྒྱ་སྐད་སྒྲེར་ཚུགས་སུ་སྐད་རིགས་ཤིག་ཏུ་ངེས་ལ། བོད་སྐད་ནི་བོད་འབར་སྐད་རིགས་བོད་སྐད་སྡེའི་ཆར་གཏོགས་པས་སོ་སོ་ལའང་ཁྱད་པར་མངོན་གསལ་ལྡན། སྐད་རྒྱུད་དང་སྐད་རིགས་མི་འདྲ་བ་དང་། སྐད་སྡེ་དང་སྐད་བརྗ་མི་འདྲ་བ། ཐ་ན་སྐད་བརྗ་གཅིག་གི་ཡུལ་སྐད་མི་འདྲ་བ་སོ་སོར་ཡང་རང་སྟེང་གི་འཕེལ་འགྱུར་གྱི་ཁྱད་ཆོས་དང་ཆོས་ཉིད་མི་འདྲ་བ་རེ་ལྡན་ཞིང་། རང་རང་གི་བརྟེན་སའི་སྤྱི་ཚོགས་ཀྱི་གོ་གནས་དང་རིག་གནས་ཀྱི་ཁྱད་ཆོས་རང་མཚན་ཅན་དུ་གྲུབ་པ་གཞིར་བཟུང་སྐད་བརྗ་མི་མཚུངས་པ་སོ་སོར་སྣྲ་གདངས་དང་། ཐ་སྙད། ཚིག་སྦྱོར་གསུམ་གའི་སྟེང་ཁྱད་པར་མངོན་གསལ་དུ་ལྡན་ཕྱིར། སྐད་གཉིས་སློབ་གསོའི་བརྒྱུད་རིམ་ཁྲོད་དུའང་སྐབས་འགར་ཕ་སྐད་དང་གཞན་སྐད་དག་མཉམ་གཅིག་ཏུ་སྦྲུགས་ཐབས་མེད་པར་གཅིག་གིས་གཅིག་མཐར་སྐྲོད་པའམ་ཟུར་དུ་ཕུད་པ་དང་། སྐབས་འགར་རིག་གནས་ཀྱི་འགལ་བ་དེ་དག་གཞིར་བཟུང་སྐད་གཉིས་ཕན་ཚུན་བར་ལའང་གོ་གནས་འགྲན་རྩོད་ཀྱི་འགལ་ཟླ་དང་། ཕན་ནུས་འགྲན་རྩོད་ཀྱི་འགལ་ཟླ། བརྗ་སྐད་གཙོ་ཕལ་གྱི་འགལ་ཟླ་སོགས་བསྐྱོན་མེད་དུ་འབྱུང་བ་ལས་སྐད་གཉིས་སློབ་ཁྲིད་ཀྱི་དཔེ་གཞི་རྣམས་ཀུང་ངེས་གཏན་མེད་པར་གནས་སྐབས་དང་བསྟུན་ནས་འགྱུར་ལྡོག་མང་ཙམ་བྱེད་པ་སོགས་ཀྱིས་སྐད་གཉིས་སློབ་གསོའི་ སྤུས་ཚད་དང་སློབ་ཁྲིད་ཀྱི་ཕན་ནུས་ལ་གནོད་སྐྱོན་འབྱུང་བཞིན་ཡོད་དོ། །

༣. སྣ་གཅིག་དང་སྣ་མང་གི་འགལ་བ་ནི་ཉེ་བའི་ལོ་འགའི་རིང་འཛམ་གླིང་སྟེ་གཅིག་ཏུ་ལྷ་བའམ་རྒྱལ་ནང་གི་སྲིད་འཁོར་རིག་གནས་ཚད་མཐོ་བར་གཅིག་གྱུར་བྱེད་པའི་བརྒྱུད་རིམ་ཁྲོད་དུ་སྣ་མང་གི་རིག་གནས་ཕུན་སུམ་ཚོགས་པ་རིམ་གྱིས་གཟུགས་གཅིག་ཏུ་འགྱུར་བའི་འགལ་བ་སྟེ། རིག་གནས་གཟུགས་གཅིག་ཏུ་འགྱུར་བ་ལ་སྣ་མང་རིག་གནས་ཀྱི་གྲོལ་ལན་ཐེབས་ཤིང་སོ་སོའི་ཁྱད་ཆོས་རང་མཚན་དུ་མངོན་པ་ཡིན། སྐད་གཉིས་སློབ་གསོ་ནི་སྣ་མང་རིག་གནས་ཀྱི་སློབ་གསོ་མངོན་དུ་འགྱུར་བྱེད་ཀྱི་ཆ་རྐྱེན་གཙོ་བོར་ངེས་ཤིང་། མི་རིགས་སོ་སོའི་རིག་གནས་མི་འདྲ་བ་དང་སྐད་བརྗ་མི་འདྲ་བའི་སློབ་གསོ་མཉམ་དུ་སྤེལ་བའི་ཐབས་ལམ་ཞག་གཅིག་ཡིན་པས་ཀུན་གྱིས་ག་སྨོགས་སུ་འཛིན་པར་བྱེད་ཀྱང་། བརྒྱུད་རིམ་འདི་དག་གི་ཁྲོད་དུ་སྲོལ་རྒྱུན་གྱི་མི་རིགས་རིག་གནས་གང་

ལ་རྒྱུན་པར་གཞི་ནས་མི་མཚུངས་པའི་རིག་གནས་གཞན་གྱིས་འཕྲིལ་གཏུག་བྱེད་པའམ་ཡང་ན་གཞན་པའི་རིག་གནས་སྣ་མང་གིས་ཚུར་རྒོལ་ཐེབས་པ་བསྐྱོན་དུ་མེད་ཅིང་། སྣ་མང་རིག་གནས་ཀྱི་རྒྱབ་ལྗོངས་ཁྲོད་དུ། རིག་གནས་ལ་སྟོབས་ལྡན་དང་ཉམ་ཞན་གྱི་ཁྱད་པར་དང་གཙོ་ཕལ་དག་གི་དབྱེ་བ་ཅི་ནས་ཀྱང་འབྱུང་ངེས་ཤིང་། དེ་དག་ཕན་ཚུན་བར་རྒྱུན་པར་རྒྱལ་ཕམ་དང་འགྲན་རྩོད་ཀྱི་འགལ་འཐབ་ཇི་སྙེད་ཅིག་བསྐྱོན་མེད་དུ་འབྱུང་ནུས་པས། འགལ་ཟླ་འདི་དག་གི་ཁྲོད་དུ་བོད་ཁུལ་གྱི་སྐད་གཉིས་སློབ་གསོའི་སྤེལ་སྟངས་ག་འདྲ་ཞིག་ཏུ་ངེས་དགོས་པ་དང་། བོད་ཁུལ་གྱི་སློབ་གསོའི་ལམ་ལུགས་ནི་ག་འདྲ་ཞིག་ལ་བརྟེན་དགོས་པ། ཐབས་ལམ་དེ་དག་ལ་ཇི་ལྟར་བརྟེན་ནས་མི་རིགས་རང་གི་སྲོལ་རྒྱུན་རིག་གནས་ཀྱི་ཁྱད་ཆོས་དང་ཡོན་ཏན་ཇི་ལྟར་རྒྱུན་འཛིན་དང་དར་སྤེལ་བྱེད་པ་དང་ཆབས་ཅིག གཞན་པའི་རིག་གནས་སྣ་མང་དང་མཉམ་གནས་བྱེད་རྒྱུའང་སྐད་གཉིས་སློབ་གསོའི་ལག་ལེན་ཁྲོད་ཐག་གཅོད་དགོས་པའི་གནད་དོན་གལ་ཆེན་ཞིག་ཡིན་སྟབས། རིག་གནས་སྣ་གཅིག་དང་སྣ་མང་བར་གྱི་འགལ་བས་ཀྱང་སྐད་གཉིས་སློབ་གསོའི་སྤེལ་སྟངས་ལ་ཤུགས་རྐྱེན་ཐེབས་ཀྱིན་ཡོད་པ་སྨོས་མ་འཚལ་ཏོ། །

མདོར་ན་བོད་ཁུལ་དུ་སྐད་གཉིས་སློབ་གསོ་སྤེལ་བའི་བརྒྱུད་རིམ་ཁྲོད་དུ། ཕ་སྐད་ཀྱི་རིག་གནས་སྲོལ་རྒྱུན་དང་སྐད་བརྡ་གཉིས་པའི་རིག་གནས་སྣ་མང་བར་ལ་རྒྱུན་པར་འཛོར་ལེན་གྱི་འགལ་བ་དང་། རྒྱལ་ཕམ་གྱི་འགལ་འཐབ། གཙོ་ཕལ་གྱི་ཁྱད་པར་ཇི་སྙེད་ཅིག་འབྱུང་བཞིན་ཡོད་པ་དང་། སྣ་མང་རིག་གནས་ཀྱི་ཁོར་ཡུག་རྒྱབ་ལྗོངས་མི་འདྲ་བ་གཞིར་བྱས་པའི་སྐད་མང་སློབ་གསོ་སྤེལ་སྟངས་དག་གིས་ཕ་སྐད་གཅིག་རྐྱང་གི་རིག་གནས་སློབ་གསོར་ཚད་མི་འདྲ་བའི་རྒོལ་ལན་དང་ཕོག་ཐུག་ཆེས་ཆེར་ཐེབས་ཀྱིན་ཡོད་ལ། འདིས་ཀྱང་བོད་ཁུལ་གྱི་སྐད་གཉིས་སློབ་གསོའི་སྤེལ་སྟངས་དང་འཕེལ་རྒྱས་ལ་ཤུགས་རྐྱེན་ཆེན་པོ་ཐེབས་ཀྱིན་ཡོད་པ་མ་ཟད། མི་རིགས་ཕན་ཚུན་བར་རིག་གནས་མཚུངས་པར་འགྱུར་བའམ་མཉམ་འདྲེས་སུ་སྤེལ་བ་དང་། ཡང་ན་ཕན་ཚུན་འདྲ་མཉམ་གྱི་ཆ་ནས་སྣ་མང་རིག་གནས་ཀྱི་སྣང་ཚུལ་དག་བསྐྱེད་འབྲས་སུ་མངོན་པར་བྱེད་པས། ང་ཚོས་ཀྱང་ཡང་དག་པའི་མི་རིགས་རིག་གནས་ཀྱི་ལྟ་བ་དང་ཚན་རིག་དང་མཐུན་པའི་སློབ་གསོའི་སྤེལ་སྟངས་ཟུང་དུ་འབྲེལ་ནས་བོད་ཁུལ་གྱི་སྐད་གཉིས་སློབ་གསོའི་ལམ་ལུགས་ཉེས་མེད་

ལེགས་ལམ་དུ་འཇུག་རྒྱུའང་ཁ་ཚ་དགོས་གཏུག་གི་ལས་དོན་གལ་ཆེན་ཞིག་རེད་དོ། །

གསུམ། སྐད་བརྡའི་ལྟ་སྟངས་ཀྱི་འགྱུར་ལྡོག

སྐད་བརྡའི་ལྟ་སྟངས་ནི་སྐད་བརྡའི་རྣམ་འགྱུར་འཛིན་སྟངས་ཤིག་སྟེ། མི་རྣམས་ཀྱིས་བརྗོད་བྱ་སྐད་བརྡའི་རིན་ཐང་ལ་གདེང་འཇོག་བྱེད་སྟངས་དང་སྤྱོད་ལམ་གྱི་གཟུགས་ཕྱོགས་མི་འདྲ་བ་ཤིག་ལ་བྱ། མི་རིགས་མི་མཚུངས་པ་སོ་སོའི་སྤྱི་ཚོགས་ལོ་རྒྱུས་དང་། སྤྱི་ཚོགས་ཀྱི་ཆ་རྐྱེན། མི་རྣམས་ཀྱི་སེམས་ཁམས་སོགས་མི་འདྲ་བའི་ཆ་ནས་སྐད་བརྡའི་ལྟ་སྟངས་ཀྱང་འདྲ་མིན་སྣ་ཚོགས་སུ་སྣང་ལ། མི་རིགས་ཤིག་གི་སྐད་བརྡའི་ལྟ་སྟངས་མི་འདྲ་བས་དེ་ཚོའི་སྐད་བརྡའི་སྤྱོད་སྟངས་དང་འཕེལ་འགྱུར་ལ་ཁྱད་པར་ཅི་རིགས་འབྱུང་ནུས། དེ་བཞིན་དུ་མི་རིགས་ཤིག་གི་བྱེ་བྲག་གི་ཡུལ་གྲུ་དང་ཤོག་ཁ་མི་འདྲ་བའི་མི་རྣམས་ཀྱི་ཆ་རྐྱེན་དང་། ཤེས་རྟོགས་ཀྱི་རྒྱ་ཚད། ཤེས་རྟོགས་ཀྱི་ཐབས་ལམ་བཅས་མི་འདྲ་བའི་ཁྱད་པར་སྣ་ཚོགས་ཀྱིས་ཀྱང་སྐད་བརྡའི་ལྟ་སྟངས་ལ་འགྱུར་ལྡོག་ཅི་རིགས་ཤིག་སློང་ནུས་ཀྱང་། སྤྱིར་བཏང་དུ་མི་རིགས་ཤིག་གི་མི་ཚོགས་ཕལ་ཆེ་བར་སྐད་བརྡའི་ལྟ་སྟངས་གཅིག་གྱུར་གྲུབ་པ་ནས་བཟུང་མི་རིགས་ཤིག་ལ་སྐད་བརྡའི་འདུ་ཤེས་སམ་ལྟ་སྟངས་ཐུན་མོང་བ་ཡོད་པར་བརྗོད་ཆོག མི་རིགས་ཐུན་མོང་གི་སྐད་བརྡའི་ལྟ་སྟངས་དང་ཡུལ་གྲུ་ག་གེ་མོའམ་ཤོག་ཁ་ག་གེ་མོའི་ལྟ་སྟངས་ལ་ཡུལ་དུས་དང་རིག་གནས་ཁོར་ཡུག་གི་གནས་སྐབས་མི་འདྲ་བ་དང་བསྟུན་ནས་འགྱུར་ལྡོག་ཇི་སྙེད་ཅིག་འབྱུང་སྲིད་ལ། འགྱུར་ལྡོག་དེ་དག་གིས་རྒྱུན་པར་སྐད་བརྡའི་སྤྱོད་སྟངས་སམ་སྐད་གཉིས་ཀྱི་འདེམས་ག་དང་ཡང་ན་དེ་དག་དང་འབྲེལ་བའི་སྐད་གཉིས་སློབ་གསོའི་སྤེལ་སྟངས་ལ་ཤུགས་རྐྱེན་ཆེན་པོ་ཐེབས་ནུས་སོ། །

མི་རིགས་ཤིག་གི་སྐད་བརྡའི་ལྟ་སྟངས་ནི་རང་རིགས་ཀྱི་སྐད་བརྡའི་ལྟ་ཚུལ་དང་གཞན་རིགས་ཀྱི་སྐད་བརྡའི་ལྟ་ཚུལ་མི་འདྲ་བའམ་ཡང་ན་སྐད་གཉིས་ཀྱི་རྣམ་འགྱུར་འཛིན་སྟངས་མི་འདྲ་བ་ལས་མངོན་བཞིན་ཡོད་དེ། སྤྱིར་བཤད་ན་མི་རིགས་གང་ཡིན་རུང་ཚང་མ་རང་གི་སྐད་བརྡ་ལ་བརྩེ་དུང་ཟབ་ཅིང་ཆགས་ཞེན་ཆེ་བ་ཞིག་ཡིན་པས། མི་རིགས་རང་གི་སྐད་དང་ཡི་གེ་ལ་སྲུང་སྐྱོབ་དང་དར་སྤེལ་བྱེད་པའི་སེམས་ཤུགས་གཟེངས་སུ་ཐོན་ཡང་། གཞན་སྐད་ཀྱི་རྣམ་འགྱུར་འཛིན་སྟངས་ལྟར་ན། མི་རིགས་ཁ་ཤས་ཀྱིས

བློ་སྒོ་ཡངས་པར་འབྱེད་ཅིང་ནང་འདྲེན་གྱི་ལྡ་སྟངས་བཟུང་བ་ལས་ཕོ་ཚོར་སྐད་གཉིས་སམ་སྐད་མང་གི་སྣང་ཚུལ་དར་སྤྱོལ་ཆེ་བ་དང་། མི་རིགས་ཁ་ཤས་ཀྱིས་རང་སྐད་ཚུགས་ཐུབ་ཏུ་སྤེལ་ཞིང་མཁྲིགས་འཛིན་གྱི་ལྟ་སྟངས་བཟུང་བ་ལ་སྐད་གཉིས་ཀྱི་སྣང་ཚུལ་ཆེས་ཆེར་འབྱུང་མེད་དེ། དཔེར་ན་ཏུ་ཧྲེར་རིགས་ལ་སྐད་གཉིས་ཀྱི་མི་གྲངས་ཐེན་ཚད༧༠.༢༨% ཡན་ཆད་དང་། སུའུ་ལའོ་རིགས་ལ་སྐད་གཉིས་ཀྱི་མི་གྲངས་ཐེན་ཚད༤༡.༡༣% ཡན་ཆད་ཡོད་ཀྱང་། ཡུ་གུར་ལ༠.༩༥% དང་། བོད་རིགས་ལ༡༣.༣༦% དང་། སོག་པོ་ལ༢༨.༦༦% ཙམ་ལས་མེད་པ[14] བཅས་ལས་སྐད་གཉིས་ཀྱི་རྣམ་འགྱུར་འཛིན་སྟངས་མི་འདྲ་བ་ལས་སོ་སོར་སྐད་གཉིས་ཀྱི་ཁྱབ་སྟངས་མི་འདྲ་བ་དང་དེ་དང་འབྲེལ་བའི་སྐད་གཉིས་སློབ་གསོ་སྤེལ་སྟངས་ལ་ཚད་མི་འདྲ་བའི་ཤུགས་རྐྱེན་ཐེབས་ཀྱིན་ཡོད་པ་ཤུགས་སུ་རྟོགས་ནུས། མི་རིགས་གཅིག་གི་ནང་ཁུལ་ལ་མཚོན་ནའང་། སྐབས་འགར་ལོ་རྒྱུས་ཀྱི་རྒྱུ་རྐྱེན་སྣ་ཚོགས་དང་རིག་གནས་ཁོར་ཡུག་གི་ཆ་རྐྱེན་མི་འདྲ་བའི་རྐྱེན་གྱིས་ཡུལ་གྲུ་སོ་སོའམ་ཤོག་ཁ་སོ་སོའི་སྐད་བརྡའི་ལྟ་སྟངས་ལ་འགྱུར་ལྡོག་མི་འདྲ་བ་འབྱུང་བཞིན་ཡོད་དེ། དཔེར་ན་མཚོ་སྔོན་མཚོ་ཤར་གྱི་བོད་ཁུལ་དང་ཡུན་ནན་བདེ་ཆེན་གྱི་རྒྱལ་ཐང་ས་ཆ་སོགས་སུ༤༠% ནས༨༠% ཡན་གྱི་བོད་མི་རྣམས་བོད་སྐད་ལས་རྒྱ་སྐད་སྤྱོད་པར་དགའ་བ་དང་། བོད་ལྗོངས་ཀྱི་ཡུལ་གྲུ་ཕལ་མོ་ཆེ་དང་མདོ་ཁམས་ཀྱི་འབྲོག་ཕྱོགས་ཕལ་ཆེ་བ་རྣམས་སུ༦༠% ཡན་གྱི་བོད་མིས་བོད་སྐད་ལ་རྩིས་མཐོང་ཆེ་ཞིང་བོད་སྐད་རྒྱུན་སྤྱོད་བྱེད་པ་ལས་རྒྱ་སྐད་རྫོད་མཁན་ཤིན་ཏུ་ཉུང་ལ། འདི་དག་གི་ཁྱད་པར་དག་མཐར་གཏུགས་ན་ནང་འདྲེན་དང་སྐྱེར་སྡོམ་གྱི་དཔལ་འབྱོར་འཚོ་བའི་ཆ་རྐྱེན་མི་འདྲ་བ་དང་འབྲེལ་བའི་སྐད་བརྡའི་ལྟ་སྟངས་ལས་བྱུང་ཞིང་། འདིས་ཀྱང་བོད་ཁུལ་གྱི་སྐད་གཉིས་སློབ་གསོ་སྤེལ་བའི་དལ་མགྱོགས་དང་སྐད་གཉིས་སློབ་ཁྲིད་ཀྱི་དཔེ་གཞི་འདེམ་འགོད་སོགས་ལ་ཐད་ཀར་ཤུགས་རྐྱེན་ཐེབས་ནུས་པས། མི་རིགས་སྤྱི་དང་བྱེ་བྲག་གི་ཤོག་ཁ་སོ་སོའི་སྐད་བརྡའི་ལྟ་སྟངས་ཀྱི་འགྱུར་ལྡོག་སྣ་ཚོགས་ཀྱིས་ཀྱང་སྐད་གཉིས་སློབ་གསོའི་འཕེལ་རྒྱས་ལ་ཤུགས་རྐྱེན་སྣ་ཚོགས་ཐེབས་ཀྱིན་ཡོད་དོ། །

བོད་ཁུལ་དུ་ཡར་སྔོན་བོད་རིགས་འདུས་སྡོད་ཆེ་བའི་རོང་འབྲོག་ས་ཁུལ་དུ་མ་སྐད་གཅིག་རྐྱང་གཙོ་བའི་ཞར་ལ་རྒྱ་སྐད་ཀྱི་བསླབ་ཚན་བཀོད་པའི་སློབ་གསོའི་ལམ་ལུགས

དར་ཁྱབ་ཆེ་ཡང་། ཉེ་བའི་ལོ་འགའི་རིང་ལ་བོད་ཁུལ་གྱི་སྤྱི་ཚོགས་རིག་གནས་ཀྱི་འཕོ་འགྱུར་དང་། མི་གྲངས་ཀྱི་འཁྱུར་འགྲིམ། དཔལ་འབྱོར་གྱི་ཁེ་ཕན་སྣ་ཚོགས་པའི་དབང་གིས་མི་རྣམས་ཀྱི་སྐད་བརྡའི་ལྟ་སྟངས་ལ་འགྱུར་ལྡོག་ཆེན་པོ་འབྱུང་བཞིན་ཡོད་དེ། དཔེར་ན་བོད་ལྗོངས་སློབ་གསོའི་ལས་རིགས་སྟེང་དུ། ལོ་རབས་༤༠བའི་མཇུག་ཏུ་བོད་སྐད་ཡིག་ལ་ཁྱོན་ཡོངས་ནས་ཤུགས་སྟོན་བྱས་ཤིང་བོད་སྐད་སློབ་ཁྲིད་ཀྱི་བརྡ་ཐབས་གཙོ་བོར་བརྟེན་པའི་དཔེ་གཞི་ག་སྒྲིག་སུ་བཟུང་ཡང་། ཉེ་བའི་ལོ་འགའི་རིང་སླད་མར་རྒྱ་ཡིག་ལ་ཤུགས་སྟོན་དང་རྒྱ་ཡིག་སློབ་ཁྲིད་ཀྱི་བརྡ་ཐབས་གཙོ་བོར་བརྟེན་པའི་དཔེ་གཞི་སྟེང་དུ་འགྱུར[15] ཞེས་དང་། གཞན་མི་རྣམས་ཀྱིས་དབྱིན་ཡིག་གི་སློབ་སྦྱོང་ལའང་རྣམ་འགྱུར་མི་འདྲ་བ་འཛིན་ཏེ། ཁ་ཅིག་གིས་བོད་ལྗོངས་ཀྱི་མ་འོངས་པའི་རྒྱལ་སྤྱིའི་ལྗོངས་རྒྱུ་གནས་སྐོར་གྱི་བྱ་བ་འཕེལ་རྒྱས་སུ་འགྲོ་བ་ལ་དབྱིན་ཡིག་སློབ་གསོའི་ཕན་ནུས་ཆེན་པོ་འདོན་ཐུབ་པར་འདོད་པ་དང་། ཡང་ཁ་ཅིག་གིས་དམའ་རིམ་སློབ་ཆུང་གི་དུས་སུ་དབྱིན་སྐད་སློབ་པའི་དགོས་མཁོ་མེད་ལ། དེ་བས་གཙོ་བོ་རྒྱ་སྐད་ལེགས་པར་སློབ་དགོས་པར་སེམས་ཏེ། རྒྱ་སྐད་སྦྱོད་སྒོ་ཡངས། བོད་ཡིག་འདོར་མི་རུང་། དབྱིན་སྐད་དགོས་མཁོ་མེད་ཅེས་པའི་སྐད་བརྡའི་ལྟ་སྟངས་ཤིག་བྱུང[16] བ་དང་། ལྟ་སྟངས་འདི་དག་གིས་དངོས་བརྒྱུད་གང་རུང་གིས་སློབ་གྲྭའི་སློབ་གསོ་ལ་ཤུགས་རྐྱེན་ཆེན་པོ་ཐེབས་ཀྱིན་ཡོད་པ་མ་ཟད། ཐོག་མའི་ཡུལ་གྲུ་ག་གེ་མོ་ཞིག་ནས་རིམ་གྱིས་ཡུལ་ཕྱོགས་གཉིས་སམ་དུ་མ་དང་ཡང་ན་དེ་བས་བོད་ཁུལ་ཡོངས་སུ་ཁྱབ་གདལ་དུ་ཕྱིན་ཅིང་ཐལ་དྲགས་པར་གྱུར་ན། ཕ་སྐད་ཀྱི་རིག་གནས་སློབ་གསོ་འཕྲལ་མར་འཛིག་གནས་སུ་སྐྱེལ་བའི་བྱུར་ལྟས་ཤིག་ཀྱང་འབྱུང་ཉེན་ཆེ་སྟེ། 《ཀྲུང་གོའི་གྲངས་ཉུང་མི་རིགས་ཀྱི་སྐད་གཉིས་ཀྱི་ལོ་རྒྱུས་དང་གནས་བབ་ལ་དཔྱད་པ》 ཞེས་པ་ལས། སྐད་གཉིས་ཁྱབ་གདལ་དུ་ཕྱིན་རྗེས། མི་རིགས་ཁ་ཅིག་གིས་རང་མི་རིགས་ཀྱི་སྐད་བརྡ་སྤྱོད་སྒོ་དོག་པ་རྒྱུ་མཚན་དུ་བྱས་ནས་རང་སྐད་འདོར་བའི་རྣམ་འགྱུར་འཛིན་ལ། གནས་ཚུལ་འདི་དག་བརྒྱུད་རིམ་ངེས་ཅན་ཞིག་བརྒྱུད་ཅིང་རིམ་གྱིས་ཁྱབ་ཆེ་བར་ཕྱིན་ནས། མི་རིགས་ཡོངས་ལ་དེ་མཚུངས་ཀྱི་སྐད་བརྡའི་ལྟ་སྟངས་ཆགས་པ་ན། སྐད་བརྡ་དེ་རིགས་འཕྲལ་མར་ཉམས་དམས་སུ་འགྲོ་ངེས[17] ཞེས་གསུངས་ཕྱིར། ང་ཚོས་ཀྱང་དེང་རབས་བོད་ཁུལ་གྱི་འཕེལ་འགྱུར་དང་བསྟུན་ནས།

གཅིག་ན་ཕ་སྐད་ཀྱི་རིག་གནས་སློབ་གསོ་མུར་སྐྱོབ་དང་དར་རྒྱས་སུ་གཏོང་བ་དང་། གཉིས་ན་སྐད་བརྡ་གཉིས་པའི་འགན་ནུས་ཐད་ཀྱི་ལེགས་ཆ་བེད་སྤྱོད་པའམ་དེ་དག་གི་ཐབས་ལམ་ཟུང་འབྲེལ་བྱེད་པའི་སྐད་བརྡའི་ལྟ་སྟངས་ཡང་དག་འཚོལ་ཞིབ་དང་ཐབས་ལམ་ཡང་དག་དོན་དུ་གཉེར་ནས། བོད་ཁུལ་གྱི་སྐད་གཉིས་སློབ་གསོ་ལ་ཟླ་ན་མེད་པའི་དགེ་མཚན་མཆོག་ཏུ་གདོན་དགོས་པར་སེམས་སོ། །

ཟུར་མཆན།

（1） ལྷ་པ་དོན་གྲུབ་ཀྱིས་གཙོ་སྒྲིག་བྱས་ཤིང་ཀྲུང་གོ་རྩོམ་རྩིས་དཔེ་སྐྲུན་ཁང་གིས༡༩༩༨ལོར་པར་དུ་བསྐྲུན་པའི《བོད་ལྗོངས་ཀྱི་རྩོམ་རྩིས་ལོ་ཐོ》[M]ཞེས་པའི་ཤོག་གྲངས༡༨༥སྟེང་གསལ།

（2） ཀྲུག་ཞེས་བརྩམས་ཤིང་ཀྲུང་གོའི་བོད་རིག་པ་དཔེ་སྐྲུན་ཁང་གིས༢༠༠༣ལོར་པར་དུ་བསྐྲུན་པའི《བོད་ལྗོངས་ཀྱི་སྐད་བརྡ་དང་སྤྱི་ཚོགས》[M]ཞེས་པའི་ཤོག་གྲངས༩༡༩སྟེང་གསལ།

（3）（17） རིམ་པར་ཧེ་ཙོན་ཧྲུང་གིས་བརྩམས་ཤིང་ཀྲུང་དབྱང་མི་རིགས་སློབ་གྲྭ་ཆེན་མོའི་དཔེ་སྐྲུན་ཁང་གིས༡༩༩༨ལོར་པར་དུ་བསྐྲུན་པའི《ཀྲུང་གོའི་གྲངས་ཉུང་མི་རིགས་ཀྱི་སྐད་གཉིས་ཀྱི་ལོ་རྒྱུས་དང་གནས་བབ་ལ་དཔྱད་པ》[M]ཞེས་པའི་ཤོག་གྲངས༡༥༠དང་ཤོག་གྲངས་༡༥༡སྟེང་གསལ།

（4）（15）（16） མྣ་རུང་གིས་བརྩམས་ཤིང《མི་རིགས་སྤྱི་ཚོགས་རིག་པའི་འཕྲིན་གསར》དེབ་གྲངས༧༧པའི་སྟེང་བཀོད་པའི《བོད་ལྗོངས་ཀྱི་སྤྱི་ཚོགས་འཕེལ་རྒྱས་དང་སྐད་གཉིས་སློབ་གསོ》[J] ཞེས་པར་གསལ།

（5）（6） རིམ་པར་མི་དམངས་དཔེ་སྐྲུན་ཁང་གིས༡༩༧༩ལོར་པར་དུ་བསྐྲུན་པའི《སེ་ཏ་ལིན་གྱི་གསུང་རྩོམ་གཅེས་བསྡུས》 [M]ཀྱི་སྨད་ཆའི་ཤོག་གྲངས༥༠༦དང་ཤོག་གྲངས༦༩སྟེང་གསལ།

（7） སུམ་ཛྷ་དོན་གྲུབ་ཚེ་རིང་གིས་བརྩམས་ཤིང་མཚོ་སྔོན་མི་རིགས་དཔེ་སྐྲུན་ཁང་གིས༡༩༩༩ལོར་པར་དུ་བསྐྲུན་པའི《སྤྱི་ཚོགས་སྐད་བརྡ་རིག་པའི་སྤྱི་དོན》[M]ཞེས་པའི་ཤོག་གྲངས༢༢༦ནས༢༢༧སྟེང་གསལ།

（8） ཞིན་ཧྲུའུ་དབྱིས་བརྩམས་ཤིང་ཧུའུ་ནན་སློབ་གསོ་དཔེ་སྐྲུན་ཁང་གིས༢༠༠༣ལོར་པར་དུ་བསྐྲུན་པའི《རིག་གནས་སྐད་བརྡ་རིག་པ》 [M]ཞེས་པའི་ཤོག་གྲངས༡༠སྟེང་གསལ།

（9）（10） རིམ་པར་ལྕུང་ཡིས་བརྩམས་ཤིང༢༠༡༠ལོར་དྲ་ངོས་སུ་བཀྲམ་པའི《སི་ཁྲིན་ཞིང་ཆེན་དཀར་མཛེས་བོད་རིགས་རང་སྐྱོང་ཁུལAརྫོང་གི་སྐད་གཉིས་སློབ་གསོའི་རྟོག་དཔྱད་བྱས་པའི་

གནས་ཚུལ》[J]ཞེས་པའི་ཤོག་ངོས༡དང་ཤོག་ངོས༢སྟེང་གསལ།

（11） ཙོ་ཕེ་ཅིན་ཚེ་སྒྲུབ་བཙམས་ཤིང་ཧྲང་ཧྲེའུ་པར་སྐྲུན་ཁང་གིས༡༩༨༡ལོར་པར་དུ་བསྐྲུན་པའི《སྤྱིར་བཏང་སྐད་བརྡ་རིག་པའི་རྩ་གནད》（ལྷ་ཐེ་ཕེན་གྱིས་བསྒྱུར）[M]ཅེས་པའི་ཤོག་ངོས༥༣སྟེང་གསལ།

（12） ལིས་ཟུའུ་ཀྲོང་གིས་བརྩམས་ཤིང《ཞིན་ཅང་སློབ་གསོ་སློབ་གླིང་གི་རིག་གཞུང་དུས་དེབ》༢༠༠༩ལོའི་དེབ་དང་པོར་བཀོད་པའི《ཀྲུང་གོའི་གྲངས་ཉུང་མི་རིགས་ཀྱི་སྐད་གཉིས་སློབ་གསོའི་ལོ་རྒྱུས་ཀྱི་འཕེལ་རིམ་སྤྱིར་བཤད་པ》[J]ཞེས་པར་གསལ།

（13） ཀོའུ་ཙ་ཙོ་དང་ལོའུ་ཧྲིང་གཉིས་ཀྱིས་གཙོ་སྒྲིག་བྱས་ཤིང་ཧྲང་ཧེ་ཕྱི་སྐད་སློབ་གསོ་དཔེ་སྐྲུན་ཁང་གིས༢༠༠༢ལོར་པར་དུ་བསྐྲུན་པའི《སྐད་བརྡ་དང་རིག་གནས》[M]ཞེས་པའི་ཤོག་ངོས༩༨སྟེང་གསལ།

（14） ཧེ་ཅོན་ཧྭང་གིས་བརྩམས་ཤིང་ཀྲུང་དབྱང་མི་རིགས་སློབ་གྲྭ་ཆེན་མོའི་དཔེ་སྐྲུན་ཁང་གིས༡༩༩༨ལོར་པར་དུ་བསྐྲུན་པའི《ཀྲུང་གོའི་གྲངས་ཉུང་མི་རིགས་ཀྱི་སྐད་གཉིས་ཀྱི་ལོ་རྒྱུས་དང་གནས་བབ་ལ་དཔྱད་པ》[M]ཞེས་པའི་ཤོག་ངོས༩༢སྟེང་གི་ཀྲུང་གོའི་གྲངས་ཉུང་མི་རིགས་ཀྱི་སྐད་བརྡའི་གནས་ཚུལ་གྱི་རེའུ་མིག་གཞིར་བྱས།

ལེའུ་དྲུག་པ། བོད་ཁུལ་གྱི་འཕེལ་རྒྱས་དང་ སྐད་གཉིས་སློབ་གསོའི་རྩ་དོན།

དང་པོ། བོད་ཁུལ་གྱི་སྐད་གཉིས་སློབ་གསོའི་ འཕེལ་འགྱུར་གྱི་ལྟ་བ།

དེ་ཡང་དེང་རབས་བོད་ཁུལ་གྱི་སྐད་གཉིས་སློབ་གསོའི་འཕེལ་འགྱུར་གྱི་ལྟ་བ་ནི་རྒྱུ་རྐྱེན་སྣ་ཚོགས་ལས་གྲུབ་ཅིང་ཚན་རིག་དང་མཐུན་པའི་སློབ་གསོའི་འཕེལ་ཕྱོགས་ཀྱི་ལྟ་བ་ཞིག་སྟེ། ཚན་རིག་དང་མཐུན་པའི་འཕེལ་རྒྱས་ཀྱི་ལྟ་བ་གང་ཞིག་བྱེ་བྲག་བོད་ཁུལ་གྱི་སྐད་གཉིས་སློབ་གསོའི་སྟེང་དུ་དངོས་འབེབས་བྱེད་སྟངས་ཤིག་ཡིན་ལ། བོད་ཁུལ་གྱི་སྐད་གཉིས་སློབ་གསོའི་འཕེལ་འགྱུར་གྱི་ངོ་བོ་དང་། དམིགས་ཡུལ། ནང་དོན་དང་བླང་བྱ་སྐོར་གྱི་སྤྱིའི་ལྟ་ཚུལ་དང་རྩ་བའི་ལྟ་སྟངས་ཤིག་ཏུ་ངེས་པ་དང་། དེ་ལ་བོད་ཁུལ་གྱི་སྐད་གཉིས་སློབ་གསོའི་སྤྱིལ་སྟངས་ཐད་ཀྱི་ལྟ་བ་དང་འཕེལ་འགྱུར་སྐོར་གྱི་ལྟ་སྟངས་ངེས་ཅན་ཞིག་འདུས་པས། སྐད་གཉིས་སློབ་གསོའི་སྤྱིལ་སྟངས་ཀྱི་ལྟ་བ་ག་འདྲ་ཞིག་ཡོད་ན། འཕེལ་རྒྱས་ཀྱི་ལམ་བུ་དང་། སྤྱིལ་སྟངས་ཀྱི་དཔེ་གཞི། ཐབས་ཇུས་ཀྱང་དེ་མཚུངས་སུ་སྣང་ལ། འདིས་ཀྱང་སྐད་གཉིས་སློབ་གསོའི་ལག་ལེན་དངོས་ལ་ཐད་ཀར་ཤུགས་རྐྱེན་ཆེན་པོ་ཐེབས་ནུས། མིག་སྔར་བོད་ཁུལ་གྱི་སློབ་གསོ་ལྟར་ན། སྐད་གཉིས་ཀྱི་འདུ་ཤེས་སམ་རྣམ་འགྱུར་འཛིན་སྟངས་མི་འདྲ་བ་ལས་མངོན་པའི་ཕྱོགས་འཛིན་གྱི་ལྟ་བ་དང་། ཚན་རིག་དང་མཐུན་པའི་འཕེལ་རྒྱས་ཀྱི་ལྟ་བ། སྣ་མང་གཟུགས་གཅིག་གི་ལྟ་བ་བཅས་ཕྱོགས་གསུམ་ནས་སྐད་གཉིས་སློབ་གསོའི་འཕེལ་འགྱུར་གྱི་ལྟ་བ་མངོན་པར་གྲུབ་ཡོད་དེ།

གཅིག སྐད་གཉིས་ཕྱོགས་འཛིན་གྱི་ལྟ་བ།

སྐད་བརྡ་ནི་མི་རིགས་སམ་ཚོགས་པ་ཐུན་མོང་བར་རིས་སུ་ཆད་པའི་འབྲེལ་འདྲིས་

ཀྱི་བཟོ་ཐབས་ཤིག་ཡིན་ལ། སྤྱི་ཚོགས་ཀྱི་སྒྲིག་གཞི་དང་སྤྱི་ཚོགས་ཀྱི་ཕན་ནུས་སམ་ལྟ་སྟངས་སྣ་ཚོགས་དང་དམ་དུ་འབྲེལ་ཞིང་། ཇོད་མཁན་མི་རྣམས་ཀྱིས་གང་ལ་བཟུང་བའི་རྣམ་འགྱུར་དང་གདེང་འཇོག་བྱེད་ཚུལ་མི་འདྲ་བ་ལ་འབྲེལ་བ་དམ་པོ་ལྡན་པས། རིག་གནས་ཀྱི་འབྲེལ་གཏུག་གཞིར་བྱས་པའི་སྐད་གཉིས་སློབ་གསོའི་ཁོར་ཡུག་ཁྲོད་དུའང་། མི་རྣམས་ཀྱིས་རིག་གནས་ཕན་ཚུན་དང་སྐད་བརྡ་ཕན་ཚུན་ལ་རྒྱུས་མོན་དང་། ཤེས་རྟོགས། གདེང་འཇོག་བྱེད་ཚུལ་མི་འདྲ་བ་དང་བསྟུན་ནས། སྐད་གཉིས་སློབ་གསོའི་འཕེལ་འགྱུར་གྱི་ལྟ་སྟངས་ཐད་ལའང་ཕྱོགས་འཛིན་གྱི་ལྟ་བ་མཚུངས་མེད་དུ་གྲུབ་ཡོད་དེ། འདིར་ཕྱོགས་གསུམ་ནས་མདོར་ཙམ་བསྟན་ན།

༧. ཕ་སྐད་སྲུང་སྐྱོང་བྱེད་པའི་འཕེལ་འགྱུར་གྱི་ལྟ་བ་ནི་སྐད་གཉིས་སློབ་གསོའི་ལག་ལེན་ཁྲོད་དུ་ཕ་སྐད་གང་ཞིག་མི་རིགས་རང་གི་སྤྱི་ཚོགས་འདུམ་སྒྲིག་དང་དར་རྒྱས་སུ་གཏོང་བྱེད་དང་རིག་གནས་ཀྱི་སྣང་ཚུལ་ཁྱད་པར་ཅན་དུ་དགོངས་ནས་བརྩེ་དུང་ཟབ་མོ་དང་བཅས་དེ་རང་འཕེལ་རྒྱས་སུ་གཏོང་བའི་ལྟ་བ་ཞིག་སྟེ། ཕ་སྐད་ནི་རང་རིགས་རྣམས་ཕན་ཚུན་ལ་འབྲེལ་ཞིང་འདྲིས་པར་བྱེད་པའི་བཟོ་ཐབས་གལ་ཆེན་ཞིག་ཡིན་ཞིང་། དེ་ལ་བརྟེན་ནས་མི་རྣམས་ཀྱིས་ཕན་ཚུན་ལ་བསམ་བློ་བརྗེ་རེས་དང་། ཐུན་མོང་གི་ཐོན་སྐྱེད་སྤྱོད་ལམ་གཅིག་གྱུར། སྤྱི་ཚོགས་ཀྱི་འཚོ་བ་འདུམ་སྒྲིག་བྱེད་པ་དང་། ཕ་སྐད་རང་ལའང་ད་དུང་མི་རིགས་རང་ཉིད་ཀྱི་བསམ་གཞིག་བྱེད་སྟངས་དང་། རིན་ཐང་གི་ལྟ་བ། སེམས་གཤིས་སྤྱོབས་པ། ཐབས་ཤེས་ཀྱི་མྱོང་གོམས། བློ་གྲོས་ཀྱི་ཉིང་བཅུད་ཕུན་སུམ་ཚོགས་པ་འདུས་ཤིང་། རིག་གནས་འཛིན་སྐྱོང་སྤེལ་གསུམ་བྱེད་པའི་ཕན་ནུས་ཁྱད་པར་བ་ལྡན་ཕྱིར། མི་རིགས་སློབ་གསོའི་ལག་ལེན་ཁྲོད་དུ་ཕ་སྐད་ཀྱི་རིག་གནས་སློབ་གསོ་ལ་ཀུན་ནས་མཐོང་ཆེན་བྱེད་པ་ཡིན། ཕ་སྐད་ཀྱི་སློབ་གསོ་ནི་སློབ་གྲྭའི་སློབ་གསོ་ལ་མཚོན་ན། གཙོ་བོ་མི་རིགས་ཐུན་མོང་གི་རིག་གནས་སྲོལ་རྒྱུན་གཞིར་བྱས་པའི་བསླབ་བྱ་རྣམས་ཕ་སྐད་ཀྱི་སློབ་ཁྲིད་བཟོ་ཐབས་སུ་བརྟེན་ནས་འཁྲིད་པར་བྱེད་པའམ་ཡང་ན་ཕ་སྐད་གང་ཞིག་སློབ་ཁྲིད་ཀྱི་བཟོ་ཐབས་གཙོ་བོར་བརྟེན་ནས་དེང་རབས་ཚན་རྩལ་གྱི་རིག་གཞུང་ཤེས་བྱ་རྣམས་སློབ་སྦྱོང་བྱེད་པའི་ཐབས་ཚུལ་སྟེང་དུ་མངོན་ལ། སྤྱི་ཚོགས་རང་བཞིན་གྱི་མ་སྐད་སློབ་གསོ་ནི་དེ་བས་ཁྱབ་ཆེ་ཞིང་། བྱེ་བྲག་སྐད་བརྡའི་གོམས་ལོབ་དང་སྐད་བརྡའི་

སློབ་སྦྱོང་གཉིས་སུ་འདུས་པ་མ་ཟད། སྤྱི་ཚོགས་ཀྱི་མི་སྣ་ཡོངས་སུ་ཁ་ཕྱོགས་པ་ལ་དོན་སྙིང་ཆེས་ཆེར་ལྡན་ཏེ། རྨང་གཞི་སློབ་གསོའི་སྐབས་སུ་ཕྱིས་པའི་བློ་སྒོ་འབྱེད་ཅིང་རིག་སྟོབས་སྟོབ་འདོན་བྱེད་པ་ལ་གཞན་སྐད་གང་གིས་ཀྱང་དོ་ཟླར་མི་འོངས་པའི་ཕན་ནུས་ལྡན་པ་དང་གཅིག བོད་ལྗོངས་དུ་ཡིག་རྫོངས་བ་གཙང་སེལ་དང་ཐུས་ཚད་སློབ་གསོ་ཁྱབ་གདལ་དུ་གཏོང་བ། ཐོན་སྐྱེད་ནུས་ཤུགས་ཀྱི་ཆུ་ཚད་མཐོར་འདེགས་པ། ཐོན་སྐྱེད་ཀྱི་སྒྱུར་ལམ་དང་འཕྲེལ་བ་ལེགས་པར་འདུམ་སྒྲིག་བྱས་ཏེ་འཆམ་མཐུན་གྱི་བོད་ལྗོངས་དར་རྒྱས་སུ་གཏོང་བར་ཕན་ཐོགས་ཆེ་བ་དང་གཉིས། སྤྱི་ཚོགས་འཕེལ་འགྱུར་གྱི་འགྲོས་དང་བསྟུན་ནས་མི་རིགས་རང་གི་ཁྱོན་ཡངས་ཇམས་མཐུག་པའི་སྲོལ་རྒྱུན་རིག་གནས་འཛིན་སྐྱོང་སྤེལ་གསུམ་དང་། གཞན་པའི་སྔོན་ཐོན་རྒྱལ་ཁབ་དང་མི་རིགས་ཀྱི་རིག་གནས་ཕུན་སུམ་ཚོགས་པ་ནང་འདྲེན་སྒོས་རང་གི་རིག་གནས་ལ་བཅུད་སྣོད་དང་གསོན་ཤུགས་བསྐྱེད་པར་ཕན་པ་དང་གསུམ། ཏང་གི་མི་རིགས་སྲིད་ཇུས་དང་རྒྱལ་ཁབ་ཀྱི་ཁྲིམས་སྲོལ་ཡང་དག་པར་དངོས་འབེབས་དང་ལག་ལེན་མཐིལ་ཕྱིན་པར་མཛད་དེ་འཆམ་མཐུན་དང་བདེ་འཇགས་འོང་ཞིང་ཤེས་རིག་དར་ལ་སྟོབས་འབྱོར་མངའ་ཐང་ལྡན་པའི་བོད་ལྗོངས་དེང་རབས་ཅན་དུ་འཛུགས་སྐྲུན་བྱེད་པར་ཕན་པ་དང་བཞི། མི་རིགས་ཀྱི་རིག་གནས་སློབ་གསོའི་ཁེ་དབང་འདྲ་མཉམ་དང་བདག་སྐྱོང་བྱེད་པ་དང་། མི་རིགས་ཀྱི་སྙིང་སྟོབས་སེམས་ལ་རྒྱ་དང་རང་བཀུར་རང་རྩིས་ཀྱི་ཁེ་དབང་བདག་ཏུ་བཟུང་སྟེ། བོད་ལྗོངས་དར་རྒྱས་ཀྱི་སྤོབས་པ་དང་ཡིད་ཆེས་ཀྱི་སེམས་ཤུགས་མཐོངས་སུ་འདྲེན་པར་ཕན་ནུས་ཆེ་བ་དང་ལྔ་བཅས་ཀྱི་དགེ་མཚན་མཆོག་ཏུ་ལྡན་ཕྱིར། བོད་རིགས་ཕལ་མོ་ཆེ་རྣམས་ཀྱིས་ཕ་སྐད་ཀྱི་རིག་གནས་སྲུང་སྐྱོང་བྱེད་པའི་ལྟ་བ་ཕྱོགས་སུ་བཟུང་ནས་སྐད་གཉིས་སློབ་གསོའི་འཕེལ་ཕྱོགས་གླེང་བརྗོད་བྱེད་དོ། །

༢. སྐད་བརྡ་གཉིས་པ་ག་སྒོས་སུ་འཛིན་པའི་འཕེལ་འགྱུར་གྱི་ལྟ་བ་ནི་དོན་དུ་ཕ་སྐད་འདོར་བར་བྱེད་པའི་སྐད་བརྡའི་རྣམ་འགྱུར་དང་ལྟ་སྟངས་ལས་བྱུང་བའི་སྐད་གཉིས་སློབ་གསོའི་འཕེལ་ཕྱོགས་ཀྱི་ལྟ་བ་ཞིག་ཡིན་ལ། ཕ་སྐད་འདོར་བའི་ལྟ་སྟངས་ནི་མི་རིགས་རང་གི་ཚོགས་པའི་ཚད་གཞི་དང་སྐད་བརྡའི་རིན་ཐང་འདོར་བའི་ལྟ་བར་ངེས་པ་དང་། ལྟ་སྟངས་འདི་དག་གི་ཁྲིད་དུ་རང་སྐད་ལ་ཆགས་ཞེན་མེད་པར་གཙོ་བོ་གཞན་སྐད

ཀྱི་ཕན་ནུས་ལ་རྩིས་མཐོང་བྱེད་ཅིང་། དེ་ཡང་གཙོ་བོ་སྤྱི་ཚོགས་རིག་གནས་ཀྱི་ཁོར་ཡུག་ལ་འཕོ་འགྱུར་བྱུང་བའི་བརྒྱུད་རིམ་ཁྲོད་དུ་ཡུལ་ཁམས་ཤིག་གི་མི་ཉུང་ཤས་ཀྱི་ཤོག་ཁ་ལ་ཆབ་སྲིད་དང་། དཔལ་འབྱོར། རིག་གནས་བཅས་ཕྱོགས་སོ་སོ་ནས་མི་མང་ཤོས་ཀྱི་ཚོགས་པའི་ཤན་ཤུགས་ནས། རང་སྐད་འདོར་འདོད་ཀྱི་ཀུན་སློང་དང་ངམ་ཤུགས་ཀྱིས་སྐྱེས་པ་ལགས། སྐད་བརྡ་མི་འདྲ་བ་གཉིས་དང་རིག་གནས་མི་འདྲ་བ་གཉིས་འབྲེལ་གཏུག་བྱེད་པའི་བརྒྱུད་རིམ་ཁྲོད་དུ། མི་མང་ཤོས་ཀྱི་ཆབ་སྲིད་དང་། དཔལ་འབྱོར། རིག་གནས་བཅས་ལ་རྒྱུན་པར་དབང་ཤེད་ཆེ་ཞིང་གཙོ་ཁྲིད་ཀྱི་ནུས་པ་ལྡན་པ་དང་སྤྱི་ཚོགས་ཀྱི་ཕན་ནུས་ཆེ་བའི་རྐྱེན་གྱིས། མི་ཉུང་ཤས་ཀྱི་ཤོག་ཁ་ལ་མི་མང་ཤོས་ཀྱི་ཚོགས་པའི་རིག་གནས་དང་སྐད་བརྡའི་ཤུགས་རྐྱེན་ཐེབས་པ་བསྐྱོན་དུ་མེད་པ་དང་། ལྡོས་བཅས་སུ་བརྗོད་ན། མི་མང་ཤོས་ཀྱི་རིག་གནས་རྒྱབ་ལྗོངས་རྨང་བཙན་པའི་སྐད་བརྡའི་སྤྱོད་སྟངས་ལས་ཕ་སྐད་རང་ལ་དེང་རབས་ཚན་རྩལ་བརྡ་འཕྲིན་གྱི་སྟུད་སྟོབས་ཆུང་ཞིང་དྲིལ་སྒྲིག་གི་ནུས་ཚད་ཞན་པ་དང་། བཀོལ་སྤྱོད་བྱེད་མཁན་གྱི་མི་གྲངས་ཉུང་ཞིང་ཁྱབ་རྒྱ་ཆུང་བ། ཆ་འཕྲིན་སྒྲོག་སྟུད་ཀྱི་མི་གྲངས་ཟིན་ཚད་ཉུང་བ། བཀོལ་སྟངས་ལ་བཀག་འགོག་ཆེ་ཞིང་སྤྱོད་སྒོ་དོག་པ[1] སོགས་ཀྱི་ཞན་ཆ་ལྡན་པས། མི་ཁག་ཅིག་གིས་ཐོག་མར་སྔར་ཡོད་རང་གི་ཕ་སྐད་ཀྱི་ལྟ་སྟངས་དང་སྤྱོད་ལམ་བསྒྱུར་ནས་སྤྱི་ཚོགས་འབྲེལ་འདྲིས་ཀྱི་འགན་ནུས་དང་དངོས་སྤྱོད་ཀྱི་རིན་ཐང་ཅུང་ཆེ་ཙམ་གྱི་གཞན་སྐད་ལ་བློ་ཕྱོགས་པར་བྱེད་ཅིང་། རྗེས་སུ་དེ་རིམ་གྱིས་ཁྱབ་གདལ་དུ་ཕྱིན་ནས་ཤོག་ཁ་ཞིག་གམ་ཡུལ་ཁམས་སྤྱི་ལ་ཤན་ཤུགས་པ་དང་། དུས་མཚུངས་སུ་རྒྱུན་ལྡན་འཚོ་བའི་ཁྲོད་ཀྱི་སྐད་བརྡའི་ལྟ་སྟངས་སམ་འདེམ་སྤྱོད་བྱེད་ཚུལ་དང་། སྤྱི་ཚོགས་ཡོངས་ཀྱི་སྐད་གཉིས་སློབ་གསོའི་ལམ་ལུགས། སློབ་གྲྭའི་སློབ་ཁྲིད་ཀྱི་དཔེ་གཞིའམ་སློབ་ཁྲིད་ཀྱི་བརྡ་ཐབས་སྤྱོད་སྟངས་ཕྱོགས་ལ་ཤན་ཞུགས་ཏེ་དཔེ་གཞི་གཉིས་པར（Ⅱ）བརྟེན་པའམ་ཡང་ན་ཕ་སྐད་གཞི་ནས་དོར་ཏེ་སྐད་བརྡ་གཉིས་པའི་རིག་གནས་སློབ་གསོ་གསོག་སྒྲིག་སུ་འཛིན་པར་བྱེད་པ་ཡིན། འདི་ལྟའི་སྐད་བརྡའི་ལྟ་སྟངས་ཀྱི་འཕེལ་འགྱུར་དང་དེ་དང་འབྲེལ་བའི་སློབ་གསོའི་འཕེལ་ཕྱོགས་ཀྱི་ལྟ་བ་ནི་སྤྱི་ཚོགས་འཕེལ་རྒྱས་ཀྱི་ཁྱད་པར་དང་། རིག་གནས་རྒྱབ་ལྗོངས། མི་གྲངས་ཀྱི་འཁྱར་འགྲིམ་དང་འཕར་སྣོན། གྲོང་ཁྱེར་དང་གྲོང་གསེབ་ཀྱི་ཁོར་ཡུག་མི་འདྲ་བ། མི་

འཕོར་འདུས་སྟོད་དང་ཕོར་སྟོད་ཀྱི་ཁྱད་པར་སོགས་ལ་འབྲེལ་བ་དམ་པོ་ལྡན་ན་ཡང་། བོད་ཁུལ་ལྟར་ན་གཙོ་བོ་བཅོས་སྒྱུར་སྒོ་འབྱེད་དང་སློས་སུ་ཞུབ་ཕྱོགས་གསར་སྤེལ་གྱི་ལས་དོན་རྒྱ་ཆེར་སྤེལ་རྗེས་ཀྱི་སྤྱི་ཚོགས་རིག་གནས་ཀྱི་འཕོ་འགྱུར་ཆེན་པོ་ལ་རག་ལས་པས་ན། ཉེ་བའི་ལོ་བཅུ་ཕྲག་དུ་མའི་རིང་ལ་རིམ་གྱིས་དར་འགོ་ཚུགས་པའི་སྐད་གཉིས་སློབ་གསོ་འཕེལ་འགྱུར་གྱི་ལྟ་བ་གསར་པ་ཞིག་ཏུ་ངེས་སོ། །

༣. སྐད་གཉིས་རིས་མེད་དུ་དམིགས་པའི་འཕེལ་འགྱུར་གྱི་ལྟ་བ་ནི་སྐད་གཉིས་སློབ་གསོའི་བརྒྱུད་རིམ་ཁྲོད་དུ་མི་རྣམས་ཀྱིས་སྐད་བརྡ་གཉིས་པ་ལ་གདེང་འཛོག་བྱེད་སྐབས་རྒྱུན་པར་གང་ཞིག་ཕ་སྐད་དང་བསྡུར་བ་མ་ཟད། སྐད་གཉིས་སོ་སོའི་རིག་གནས་ཀྱི་དཔེ་གཞི་དང་གཏོགས་ཡུལ་ཚོགས་པ་སོ་སོའི་ཁྱད་ཆོས་དང་བསྡུར་ནས་འདྲ་མཉམ་དུ་མཐོང་ཞིང་ཐག་བཅད་པའི་སྐད་བརྡའི་ལྟ་སྟངས་དང་སློབ་གསོའི་འཕེལ་འགྱུར་ཐད་ཀྱི་ལྟ་བ་ཞིག་ཡིན་ལ། དེ་དག་ཕན་ཚུན་གོ་བསྡུར་བའི་བརྒྱུད་རིམ་ཁྲོད་དུ། སྐད་བརྡ་གཉིས་པའི་སྤྱི་ཚོགས་ཀྱི་ཕན་ནུས་དེ་ཕ་སྐད་ལས་ཆེ་དགོས་པ་ཞིག་ཡིན་གྱི། དེ་ལྟ་མིན་ན་ཕ་སྐད་ཀྱི་སློབ་གསོ་དམིགས་སུ་ཕྱོན་པ་ལས་འདྲ་མཉམ་མི་འབྱུང་ལ། དེའི་སྤྱི་ཚོགས་ཀྱི་ཕན་ནུས་དང་རིན་ཐང་ཕ་སྐད་ལས་ལྷག་ཙམ་བྱུང་ན། ད་གཟོད་ཕ་སྐད་ཚོགས་པའི་མི་སྣ་ཕལ་ཆེ་བས་སྐད་བརྡ་གཉིས་པའི་གོ་གནས་ཁས་འཆེས་ཤིང་སློབ་གསོའི་སྤེལ་སྟངས་ངོས་ལེན་བྱེད་པ་དང་ཆབས་ཅིག ཕ་སྐད་ཀྱི་རིག་གནས་རིན་ཐང་དང་སློབ་གསོའི་སྤེལ་སྟངས་ལའང་བསྟུད་མུར་མཐོང་ཆེན་མཛད་པས། སྐད་གཉིས་རིས་མེད་ཀྱི་སློབ་གསོ་ལམ་ལུགས་དང་འཕེལ་འགྱུར་གྱི་ལྟ་བ་གྲུབ་པ་ལགས་ཏེ། དཔེར་ན་སློབ་ཁྲིད་ཀྱི་སྐད་བརྡའི་རྩོད་གཞི་དང་འདེམས་གསེས་བྱེད་ཚུལ་སྟེང་དུ་བོད་རིགས་སྤྱི་ཚོགས་ནང་ཁུལ་གྱི་འགལ་ཟླའི་སེམས་ཁམས་མངོན་པར་མཚོན་ནུས་ཏེ། བོད་རིགས་ཀྱི་མཛངས་མི་ཡོན་ཏན་ཅན་དང་གཞི་རིམ་རོང་འབྲོག་མང་ཚོགས་རྣམས་ཀྱིས་རང་གི་སྐད་དང་ཡི་གེའི་སློབ་སྦྱོང་དེ་སྲོལ་རྒྱུན་རིག་གནས་ཀྱི་རྒྱུན་འཛིན་དང་དམ་དུ་སྲེལ་ནས་ཡང་བསྐྱར་མཐོང་ཆེན་བྱེད་བཞིན་ཡོད་ཀྱང་། གྲོང་བརྡལ་དང་རོང་ཁུལ་གྱི་སྒྱུར་བཏང་ལས་བྱེད་པ་དང་མང་ཚོགས་ཁག་ཅིག་གིས་རང་གི་བུ་བུ་མོ་སྐད་བརྡ་སློབ་པར་སྐྱུལ་སྐབས་སུ་སྤྱོད་རྒྱ་ཆེ་ཞིང་ལས་འཚོལ་གྱི་གནད་དོན་སོགས་ལ་དམིགས་ནས་རྒྱ་སྐད་ཀྱི་སྟེང་དུ་བློ་ཕྱོགས་ལ། ཐ་ན་བོད་ཀྱི་མཐོ

རིམ་ལས་བྱེད་པ་ཁག་ཅིག་གིས་ཀྱང་བོད་ཡིག་སློབ་པའི་མི་རིགས་ཀྱི་བརྩེ་དུང་དང་རང་གི་བུ་བུ་མོའི་ལས་འཚོལ་དང་འཕེལ་རྒྱས་ཀྱི་དོན་དངོས་སྟེང་དུ་དོན་དེ་དག་ལ་རྩོད་གླེང་གི་འགལ་གཤགས་བྱེད་འདུག་པ(2) དང་། ཡང་ཁ་ཅིག་གིས་རྒྱའི་སྐད་ཡིག་ནི་རང་རྒྱལ་གྱི་རྒྱལ་སྐད་ཡིན་པས། རྒྱའི་སྐད་ཡིག་ལེགས་པར་སྦྱངས་ན། ཧྲང་དང་རྒྱལ་ཁབ་ཀྱི་འཐབ་ཕྱོགས་སྲིད་ཇུས་སྣ་ཚོགས་དངོས་འབེབས་བྱེད་པ་དང་ནང་སའི་ཞིང་ཆེན་དང་གྲོང་ཁྱེར་བར་གྱི་མཉམ་འབྲེལ་དང་འགྲོ་འོང་ཇེ་དམ་དུ་གཏོང་བར་ཕན་པ་མ་ཟད། རྒྱ་མི་རིགས་ཀྱི་ཕུལ་བྱུང་རིག་གནས་དང་ཚན་རིག་ལག་རྩལ་བསྡུ་ལེན་བྱེད་པར་ཕན་ནུས་ཆེ་ལ། བོད་ཀྱི་སྐད་ཡིག་ནི་བོད་མི་རིགས་ཐུན་མོང་གིས་སྤྱོད་པའི་ཕ་སྐད་དུ་ངེས་ཕྱིར། བོད་ལྗོངས་ཀྱི་རིག་གནས་སློབ་གསོ་སྔར་བཞིན་དར་མི་ཆེ་བ་དང་། ཐོན་སྐྱེད་དང་ཐོན་སྐྱེད་བྱེད་ཐབས་རྗེས་ལུས་ཡིན་པ། མི་རྣམས་ཀྱི་བསམ་བློ་འདུ་ཤེས་རྙིང་ཞེན་ཆེ་བའི་གནས་ཚུལ་འོག་ཏུ། ཡིག་རྙོངས་པ་གཙང་སེལ་དང་། སློབ་གསོ་དང་ཚན་རིག་ལག་རྩལ་ཁྱབ་གདལ་དུ་གཏོང་བ། བོད་མི་རིགས་ཡོངས་ཀྱི་ཚན་རིག་རིག་གནས་ཀྱི་སྤུས་ཚད་མཐོར་འདེགས་པའི་འཕྲིན་ལས་རྒྱ་ཆེན་པོ་ལེགས་འགྲུབ་འབྱུང་དགོས་ན། སྔར་བཞིན་བོད་སྐད་ཡིག་གི་སྐད་བརྡ་ཐབས་འདི་ལ་བརྟེན་ནས་མངོན་འགྱུར་བྱ་དགོས(3) པར་འདོད་པ་སོགས་ལས་སྐད་གཉིས་རིས་སུམ་བོར་བའི་སློབ་གསོའི་འཕེལ་འགྱུར་གྱི་ལྟ་བ་གསར་བ་ཞིག་གྲུབ་འདུག་པ་མངོན་པར་གསལ་འདུག་གོ །

གཉིས། ཚན་རིག་དང་མཐུན་པའི་འཕེལ་རྒྱས་ཀྱི་ལྟ་བ།

བོད་ལུགས་ཀྱི་སྐད་གཉིས་སློབ་གསོ་འཕེལ་རྒྱས་སུ་གཏོང་བ་ལ་ཚན་རིག་དང་མཐུན་པའི་ལྟ་བ་རྒྱུན་འཛིན་བྱེད་དགོས་པ་ལས་སྲིད་དབང་སྐྱེར་གཅོད་ཀྱི་ལས་སུ་བརྟེན་མི་རུང་ལ། ཚན་རིག་དང་མཐུན་པའི་སློབ་གསོའི་འཕེལ་རྒྱས་ཀྱི་ལྟ་བ་ལ་ནི་མི་གཙོ་བོར་བཟུང་ནས་སློབ་གསོ་བྱ་བའི་དོན་གྱི་སྟེང་བོའམ་དམིགས་འབེན་མི་བྱ་བ་དང་སློབ་གསོ་འཕེལ་རྒྱས་ཀྱི་གཞི་རྩ་མིའི་སྟེང་དུ་བཞག་སྟེ་བོད་ལུགས་ཀྱི་སློབ་མ་ཁྲིད་ཡོངས་ནས་འཕེལ་རྒྱས་སུ་གཏོང་བ་སློབ་གསོའི་དམིགས་ཡུལ་གལ་ཆེན་དུ་བརྩི་བ་དང་གཅིག མི་རིགས་སློབ་གསོའི་ཁྲིད་ཡོངས་ཀྱི་འཕེལ་རྒྱས་ལ་དམིགས་པ་དང་། ཕྱོགས་སོ་སོའི་འཕེལ་འགྱུར་གྱི་འབྲེལ་བ་

དམ་ཞིང་འདུམ་སྒྲིག་ལེགས་པ། འཕེལ་རྒྱས་ཀྱི་བརྒྱུད་རིམ་ཡུན་རིང་ཞིང་རྒྱུན་འབྲེལ་རང་བཞིན་ཡོད་པ་དང་གཉིས། ཁྱོན་ཡོངས་ནས་མི་རིགས་སློབ་གསོའི་གསར་གཏོད་དར་སྤེལ་མཛད་དེ་འདུ་ཤེས་གསར་བ་དང་། ལམ་ལུགས་གསར་བ། ལག་ལེན་གསར་བ་སྟོག་འདོན་བྱེད་པ་དང་གསུམ་བཅས་ནང་དོན་དུ་ངེས་ལ། ཁྱད་ཆོས་ལྟར་ན། མི་རིགས་སློབ་གསོ་འཕེལ་རྒྱས་ཀྱི་མི་ཆོས་རང་བཞིན་གཙོས་སུ་འཛིན་པ་སྟེ། སློབ་གསོ་འཕེལ་རྒྱས་ཀྱི་རྩ་བའི་དམིགས་ཡུལ་ནི་ཡོད་ཚད་སློབ་མར་གཏོད་པ་དང་། སློབ་མ་ཁྱོན་ཡོངས་ནས་འཕེལ་རྒྱས་སུ་འགྲོ་བའི་དགོས་མཁོ་བསྐང་ཅི་ཐུབ་བྱས་ཏེ། གཅིག་ན་སློབ་མའི་མི་གཤིས་ལེགས་བཅོས་དང་། ཤེས་ཡོན་མཐོར་འདེགས་པ། ལུས་སེམས་བདེ་ཐང་དུ་འགོད་པ། ཐུས་ཚད་གཟེངས་སུ་བཏེགས་ནས་བོད་ལུགས་འཛུགས་སྐྲུན་བྱེད་མཁན་གྱི་མི་འཛིན་ཐང་ཅན་སྐྱེད་སྲིང་བྱེད་པ་དང་། གཉིས་ན་སློབ་གསོ་འཕེལ་འགྱུར་གྱི་འབྲེལ་བ་སྣ་ཚོགས་འདུམ་སྒྲིག་དང་འོས་འཚམ་དུ་འགོད་པར་བྱེད་པ་སྟེ། བོད་ལུགས་ཀྱི་སློབ་གསོ་སྣ་ཚོགས་པའི་ནང་ལུགས་ཀྱི་འབྲེལ་བ་དང་སྒྲིག་གཞི་ལེགས་པར་འདུམ་སྒྲིག་བྱས་ནས། རིམ་པ་སོ་སོའི་རིགས་མི་འདྲ་བའི་སློབ་གསོ་འཕེལ་རྒྱས་ཀྱི་འགལ་རྐྱེན་སེལ་ཞིང་། བོད་ལུགས་ཀྱི་མི་རིགས་སློབ་གསོ་དང་དཔལ་འབྱོར་སྤྱི་ཚོགས་འཕེལ་རྒྱས་ཀྱི་འབྲེལ་བ་དམ་ཟབ་ཏུ་སྤེལ་བ། གསུམ་ན་མི་རིགས་སློབ་གསོ་འཕེལ་རྒྱས་ཀྱི་རྒྱུན་འབྲེལ་རང་བཞིན་ལ་མཐོང་ཆེན་བྱེད་པ་སྟེ། མི་རིགས་ས་ལུགས་ཀྱི་སློབ་གསོའི་དོན་དངོས་དང་སློབ་གསོ་འཕེལ་འགྱུར་གྱི་ཆོས་ཉིད་གཞིར་བཟུང་ནས་སློབ་གསོའི་ལམ་ལུགས་རྒྱུན་ཆགས་སུ་སྤེལ་བ་ལས་སྐབས་འཚོལ་གྱིས་འགྱུར་བཅོས་མི་བྱེད་པ། བཞི་ན་མི་རིགས་སློབ་གསོ་འཕེལ་རྒྱས་ཀྱི་སྣ་མང་རང་བཞིན་གཙོས་སུ་འཛིན་པ་སྟེ། བོད་ལུགས་སློབ་གསོའི་སྔར་འདས་ཀྱི་ཉམས་མྱོང་དང་། ད་ལྟའི་ཡུལ་ཁམས་ཀྱི་གནས་བབ་དང་དགོས་མཁོ། མ་འོངས་པའི་འཕེལ་ཕྱོགས་བཅས་གཞིར་བཟུང་ནས་སློབ་གསོའི་ལམ་ལུགས་སྣ་མང་ཅན་དང་། སློབ་གསོའི་རྣམ་གྲངས་སྣ་མང་ཅན། སློབ་སྦྱོང་གི་དཔེ་གཞི་སྣ་མང་ཅན་དུ་སྤེལ་ནས་བོད་ལུགས་མང་ཚོགས་ཀྱི་སློབ་གསོའི་དགོས་མཁོ་ཇི་བཞིན་དུ་སྐོང་བར་བྱེད་པ་ལས་ཡོད་ཚད་ནང་སར་བསྟུན་ནས་གཅིག་གཅོད་ཀྱི་ལས་སུ་སྤེལ་མི་རུང་བ་བཅས་དོན་གནད་དུ་འཛིན་དགོས་པར་སེམས་སོ། །

མིག་སྔར་བོད་ཁུལ་གྱི་སློབ་གསོ་སྤྱི་དང་བྱེ་བྲག་སྐད་གཉིས་སློབ་གསོ་ལྟར་ན། ཕྱོགས་གཅིག་ནས་མི་གྲངས་ཀྱི་སྡོར་འདྲེན་དང་། མི་རིགས་ཀྱི་འབྲེལ་འདྲིས། སྐད་བརྡའི་ལྟ་སྟངས། ལས་རིགས་ཀྱི་དགོས་མཁོ། སྐད་བརྡའི་སྲིད་ཇུས། ཁྱིམ་གཞིའི་ཤུགས་རྐྱེན་སོགས་སྐད་གཉིས་སློབ་གསོའི་མཐུན་རྐྱེན་མི་འདྲ་བ་དང་། ཕྱོགས་གཉིས་ནས་ས་གནས་ཡུལ་ཁམས་འཕེལ་འགྱུར་གྱི་ལོ་རྒྱུས་དང་། འདུས་སྡོད་དང་ཐོར་སྡོད་ཀྱི་ཁོར་ཡུག་མི་གྲངས་ཀྱི་མང་ཉུང་། ཡུལ་སྐད་སྣ་ཚོགས་ཀྱི་ཁྱད་པར། རིག་གནས་སློབ་གསོའི་དར་ཚུལ་སོགས་སྐད་གཉིས་སྣང་ཚུལ་གྱི་འགྲུབ་རྐྱེན་མི་མཚུངས་པའི་ཆ་ནས་སློབ་གསོའི་འཕེལ་རྒྱས་ལ་གོམ་འགྲོས་དལ་ཞིང་དབུ་སྙོམ་བྱ་མི་ཐུབ་པའི་དམིགས་བསལ་གྱི་ཁྱད་ཆོས་ལྡན་པ་དང་། བྱེ་བྲག་སྐད་གཉིས་སློབ་ཁྲིད་ཀྱི་སྤྱོལ་སྟངས་ལ་མཚོན་ན་འང་། སློབ་གསོ་འཕེལ་རྒྱས་ཀྱི་ཆོས་ཉིད་དང་བསྟུན་ནས་བརྡ་སྐད་སྤྱོད་སྟངས་ཀྱི་སྲིད་ཇུས་རྒྱུན་ཆགས་སུ་སྤྱོལ་བ་ལས་སྲིད་ཇུས་ཀྱི་བཙན་ཐབས་ལ་བརྟེན་ནས་ཐོད་བརྒལ་བྱེད་པའམ་གཡས་དགྲི་གཡོན་སྒྲོར་གྱི་ལས་སུ་སྤྱོལ་མི་རུང་སྟེ། དཔེར་ན་དུས་རབས་ཉི་ཤུ་བའི་ལོ་རབས་ལྔ་བཅུ་བ་ནས་བཟུང་དུས་རབས་ཕྱེད་ཙམ་གྱི་རིང་ལ་བོད་ལྗོངས་གཙོའི་བོད་ཁུལ་གྱི་སྐད་གཉིས་སློབ་གསོ་སྤེལ་བའི་བརྒྱུད་རིམ་ཁྲོད་ཀྱི་སློབ་གྲྭའི་བརྡ་སྐད་ཀྱི་སློབ་ཁྲིད་དཔེ་གཞི་ཐེངས་དུ་མར་བསྒྱུར་བཅོས་དང་དཀྲུགས་ལམ་ཆེན་པོར་ཞུགས་མྱོང་སྟེ། ༡༩༥༩ ལོའི་སྔོན་དུ་བོད་རང་སའི་སྤྱི་ཚོགས་ཀྱི་སྐད་བརྡའི་ཁོར་ཡུག་དང་། ཆབ་སྲིད་ཀྱི་གནས་བབ། དམངས་ཀྱི་འདོད་མོས་དང་བསྟུན་ནས་གསར་དུ་བསྒྲུབས་པའི་སློབ་གྲྭ་རུ་བོད་སྐད་ཡིག་གི་སློབ་ཁྲིད་གཙོར་བྱས་པ་དང་། དམངས་གཙོ་བཅོས་སྒྱུར་གྱི་རྗེས་སུ་བོད་སྐད་ཡིག་གི་སློབ་ཁྲིད་སྣང་མེད་དུ་བརྩིས་པ་ནས་རིག་གནས་གསར་བརྗེ་བར་ཐལ་དྲགས་པར་ཕྱིན་ལ། ལོ་རབས་བརྒྱད་ཅུ་བ་ནས་རྒྱལ་ཁབ་སྤྱིའི་སྲིད་ཇུས་ལེགས་ལམ་དུ་ཞུགས་པ་དང་བསྟུན། བོད་ཀྱི་སྐད་ཡིག་སློབ་གསོར་ཡང་བསྐྱར་འཕེལ་རྒྱས་ཀྱི་ཁེ་དབང་ཐོབ་པ་དང་ཆབས་ཅིག་པ་སྐད་ཀྱི་རིག་གནས་སློབ་གསོར་དར་རྒྱས་ལེགས་ཙམ་བྱུང་ན་ཡང་། ལོ་རབས་དགུ་བཅུ་བ་ནས་སྲིད་གཞུང་གཙོས་སྤྱི་ཚོགས་ཡོངས་ནས་པ་སྐད་ཀྱི་སློབ་གསོར་མཐོང་ཆེན་མ་ཐོབ་སྐབས། ༡༩༩༨ ལོར་ལྗོངས་ཡོངས་སུ་དམའ་འབྲིང་འཛིན་གྲྭ༥༢༣དང་མཐོ་འབྲིང་འཛིན་གྲྭ༧༣ཡོད་པ་ལས་བོད་ཡིག་སློབ་མཁན་གྱི་འཛིན་གྲྭས་རིམ་པར་༡༨% དང་༡༣%

ལས་ཟིན་ཐུབ་མེད་པ(4) དང་། དུས་རབས་འདིར་ནུབ་ཕྱོགས་གསར་སྤེལ་ཆེན་པོའི་འཐབ་ཕྱོགས་སྤེལ་རྗེས། བོད་ལྗོངས་གཙོས་བོད་ཁུལ་ཡོངས་ནས་ཕྱི་ཕྱོགས་སུ་སྒོ་འབྱེད་པ་དང་དཔལ་འབྱོར་འཕེལ་རྒྱས་སུ་གཏོང་བའི་དགོས་མཁོ་དང་བསྟུན་ནས་རྒྱ་སྐད་ཀྱི་སློབ་གསོ་གཙོགས་སུ་བཟུང་བ་ལས་ཕ་སྐད་སློབ་གསོར་མཐོང་ཆེན་མ་ཐོབ་པ་མ་ཟད། ཞིང་ཆེན་ཁ་ཅིག་གི་སློབ་ཡུས་མི་རིགས་ས་གནས་ཀྱི་སློབ་གསོ་དངོས་ལ་རྟོག་དཔྱོད་མེད་པར། མི་རིགས་ཀྱི་སློབ་གྲྭ་ཆུང་འབྲིང་དང་སྤྱིར་བཏང་སློབ་གྲྭ་ཆུང་འབྲིང་སྒྲིགས་ནས་སློབ་ཁྲིད་སྤེལ་བ་དང་། སློབ་ཁྲིད་ཀྱི་བརྡ་སྐད་དེ་རྒྱལ་ཁབ་སྤྱི་སྤྱོད་ཀྱི་སྐད་དང་ཡི་གེ་སྟེ་རྒྱ་སྐད་གཅིག་རྐྱང་གཙོར་བྱེད་པའི་ཚོད་དོན་བསྒྲགས་པ་ལ་བོད་རིགས་ཀྱི་ཤེས་ཡོན་ཅན་དང་མང་ཚོགས་ཀྱི་འགོག་རྒོལ་ཐེབས་པ་དང་། ཁ་ཅིག་གིས་རང་གི་སྲིད་དབང་ལ་བརྟེན་ནས་རྒྱལ་ཁབ་ཀྱི་རོགས་དངུལ་འབོར་ཆེན་ནང་འདྲེན་སྒོས་རང་སའི་སྲིད་སྟེགས་སྟེང་གི་མཛད་རྗེས་རྫུས་མ་ངོམས་སོ་བྱ་ཆེད། མི་རིགས་སློབ་གསོའི་དོན་དངོས་ཆ་རྐྱེན་དང་། སློབ་གསོ་འཕེལ་འགྱུར་གྱི་ཆོས་ཉིད། མི་རིགས་སློབ་གསོའི་དགོས་མཁོ་སོགས་ལ་བརྩི་འཇོག་མེད་པར། རང་བློའི་རྟོག་བཟོ་འབའ་ཞིག་ལ་བརྟེན་ནས་གྲུབ་པའི་སྐད་གཉིས་སློབ་གསོ་འཕེལ་རྒྱས་ཀྱི་འཆར་འགོད་ཅིག་འཕྲལ་སྒྲུབ་མྱུར་སྤེལ་བྱས་ནས་མཚོང་སྐྱོད་ཆེན་པོ་བྱེད་འདོད་ཀྱང་། དོན་དུ་འདི་དག་གིས་ས་གནས་མི་རིགས་ཀྱི་སྐད་གཉིས་སློབ་གསོར་ཕན་ནུས་འདོན་རྒྱུ་ལྟ་ཞོག མི་རིགས་ས་ཁུལ་གྱི་སློབ་གསོ་བདེ་ཐང་དུ་སྤེལ་བ་དང་སྤྱི་ཚོགས་བདེ་འཇགས་སུ་འགོད་པར་འགལ་རྐྱེན་ཆེན་པོ་ཞིག་བཟོས་ཡོད་པ་མ་ཟད། ཏང་གི་མི་རིགས་སྲིད་ཇུས་དང་རྒྱལ་ཁབ་ཀྱི་བཅའ་ཁྲིམས་ལ་མ་ཉེས་ཁ་ཡོག་ཐེབས་ཡོད་ཕྱིར། ང་ཚོས་ཚན་རིག་དང་མཐུན་པའི་སློབ་གསོ་འཕེལ་རྒྱས་ཀྱི་ལྟ་བ་སྤྱད་ནས་མི་རིགས་ས་ཁུལ་གྱི་སློབ་གསོ་དེ་ཡང་ས་གནས་སྤྱི་ཚོགས་ཀྱི་དགོས་མཁོ་དང་མང་ཚོགས་ཀྱི་འདོད་མོས་དང་མཐུན་པར་སྤེལ་རྒྱུ་གལ་ཆེའོ། །

མདོར་ན་རང་རྒྱལ་ནི་སྤྱི་ཚོགས་རིང་ལུགས་ཀྱི་རྒྱལ་ཁབ་ཅིག་ཡིན་ལ། མི་རིགས་སོ་སོར་རང་རང་གི་སྐད་དང་ཡི་གེ་བཀོལ་སྤྱོད་ཀྱི་ཁེ་དབང་ཡོད་པ་མ་ཟད། མི་རིགས་སོ་སོའི་བར་ཕན་ཚུན་གྱི་རིག་གནས་འབྲེལ་འདྲིས་དང་སྐད་བརྡ་སློབ་རེས་ཀྱི་བྱ་འགུལ་སྣ་ཚོགས་སུ་སྤེལ་བ་ལས་སྐད་གཉིས་སློབ་གསོར་མཐུན་རྐྱེན་ལེགས་པོ་བསྐྲུན་ཡོད་མོད།

འོན་ཀྱང་མི་རིགས་སོ་སོའི་རིག་གནས་ལོ་རྒྱུས་ཀྱི་རྒྱབ་ལྗོངས་མི་འདྲ་བ་དང་། འཚོ་གནས་ཀྱི་ཁོར་ཡུག་མི་འདྲ་བ། སློབ་གསོ་འཕེལ་རྒྱས་ཀྱི་ཆུ་ཚད་མི་འདྲ་བ་མ་ཟད། བྱེ་བྲག་མི་རིགས་གཅིག་གི་ཡུལ་གྲུ་སོ་སོའི་ཡུལ་དུས་ཀྱི་རྒྱུ་རྐྱེན་དང་གནས་ཚུལ་ཡང་མི་འདྲ་བར་སྣང་ཕྱིར། སྐད་གཉིས་སློབ་གསོ་འཕེལ་རྒྱས་ཀྱི་ལྟ་བ་ལའང་དབུ་སྙོམ་བྱ་མི་རུང་བའི་དམིགས་བསལ་གྱི་ཁྱད་ཆོས་ལྡན་པ་དང་། སློབ་གསོའི་སྤེལ་སྟངས་ལ་ནང་ལུགས་ཀྱི་རྒྱུན་ཆགས་རང་བཞིན་དང་འཕེལ་འགྱུར་གྱི་ཆོས་ཉིད་མངོན་གསལ་ལྡན་པས། ང་ཚོས་ཀྱང་ཕྱོགས་གཅིག་ནས་ཁ་ཅིག་གིས་རང་གི་ཆབ་སྲིད་ཀྱི་སྟེགས་བུ་བརྟན་ཆེད་ཕ་སྐད་སློབ་གསོ་ཕམ་ཉེས་སུ་འགོད་པའམ་ཁུར་ཐོམ་དང་། སྔོངས་ཚོད། རྩོལ་རྒྱུགས། ཕོད་བརྒལ་གྱི་སྤྱོད་སྟངས་ཁོ་ནས་བོད་ལུགས་ཀྱི་སློབ་གསོའི་ལམ་ལུགས་དཀྱུགས་ལམ་དུ་དགྲི་བར་འགོག་རྐོལ་བྱེད་པ་དང་། ཕྱོགས་གཅིག་ནས་དེང་རབས་ཚན་རིག་དང་མཐུན་པའི་སློབ་གསོ་འཕེལ་འགྱུར་གྱི་ལྟ་བ་སྤྱད་དེ། སློབ་གསོ་བྱ་ཡུལ་གྱི་མི་སྣ་ཁྱོན་ཡོངས་ནས་འཕེལ་རྒྱས་སུ་གཏོང་བའི་ཁོར་ཡུག་དངོས་ལ་འབྲེལ་འདྲིས་དང་། བརྩོན་འཇུག ཏོག་ཞིབ། རྒྱུས་ལོན། གདེང་ཚོད་ཡོད་པར་བྱེད་ཅིང་། གང་ལ་གང་འཚམ་གྱིས་སློབ་གསོའི་ལམ་ལུགས་དང་། སློབ་སྦྱོང་གི་དཔེ་གཞི་རྣམ་མང་ཅན་གཏན་འཛུགས་སུ་སྤེལ་ཏེ་བོད་ལུགས་དེང་རབས་ཅན་གྱི་སློབ་གསོའི་དགོས་མཁོ་ཇི་བཞིན་དུ་བསྐྲུན་བར་བརྩོན་དགོས་སོ། །

གསུམ། སྣ་མང་གཟུགས་གཅིག་གི་ལྟ་བ།

དེ་ཡང་མིང་དུ་གྲགས་པའི་མཁས་པ་ཆེན་མོ་ཧྥེ་ཞོ་ཐོང་ཉིད་ཀྱིས་སྤྱི་ཚོགས་རིག་པ་དང་། འགྲོ་བ་མིའི་རིག་པ། མི་རིགས་རིག་པ་བཅས་ཟུར་མི་འདྲ་བ་ནས་ཀྱང་ཀྲུང་ཧྭ་མི་རིགས་ཀྱི་སྣ་མང་གཟུགས་གཅིག་གི་གནས་སྟངས་ཞེས་པའི་ལྟ་བ་བཏོན་ཅིང་། ལྟ་བ་དེ་སྤྱད་ནས་ཀྲུང་ཧྭ་མི་རིགས་ཀྱི་བྱུང་འཕེལ་དང་། ལོ་རྒྱུས་སྟེང་གི་ཀྲུང་གོའི་མི་རིགས་སོ་སོའི་འབྲེལ་བ་དང་རིག་གནས་ཀྱི་ཤུགས་རྐྱེན་སྣ་ཚོགས་གསེད་བཀྲོལ་གནང་བ་ནས་བཟུང་། ཀུན་ནས་ཀྱང་རྩ་བའི་རིགས་ལམ་དེ་གཞིར་བྱས་ནས་རྒྱལ་སྤྱི་དང་རྒྱལ་ནང་གི་སྤྱི་ཚོགས་ཀྱི་སྣང་ཚུལ་དང་མི་རིགས་ཀྱི་འབྲེལ་བ་སོགས་ལ་ཞིབ་དཔྱོད་གནང་བ་མང་ལ། གྲངས་ཉུང་མི་རིགས་ཀྱི་སྐད་གཉིས་སློབ་གསོའི་ཁྱབ་ཁོངས་སུའང་། སློབ་གསོ་སྨྲ་བ་

རྣམས་ཀྱིས་སྨན་མང་གཟུགས་གཅིག་གི་རྩ་བའི་ལྟ་བ་གཞིར་བཟུང་ནས། མི་རིགས་སོ་སོའི་ཕ་སྐད་རིག་གནས་དང་རིགས་འབྲེལ་སྐད་བར་གྱི་རྫོད་སྒྲུབ་གཅིག་གྱུར་གྱི་འབྲེལ་བ་ཞིབ་དཔྱོད་གནང་བ་དང་། དུས་མཚུངས་སུ་གཡམ་ལ་རྒྱུགས་པའི་རིག་གནས་མཉམ་འདྲེས་དང་སྐད་བརྡ་མཉམ་འདྲེས་ཀྱི་ལྟ་སྟངས་མི་ལེགས་པ་དང་མི་རིགས་སྐྱེར་ཚུགས་ཀྱི་བསམ་བློ་གུ་དོག་པར་ངོ་རྒོལ་བྱེད་ཀྱིན་ཡོད། འདིར་སྨན་མང་ཞེས་པ་ནི་གཙོ་བོ་རང་རྒྱལ་ལ་མི་རིགས་ང་དྲུག་ཡོད་པ་སོ་སོར་རང་རང་གི་རིག་གནས་སྲོལ་རྒྱུན་ཁྱད་པར་ཅན་དུ་སྣང་བ་ལ་བྱ་ཞིང་། བོད་རིགས་ཀྱི་ཕུལ་དུ་བྱུང་བའི་རིག་གནས་སྲོལ་རྒྱུན་ཡང་ཀྲུང་ཧྭ་མི་རིགས་ཀྱི་སྨན་མང་རིག་གནས་ཀྱི་ཡ་གྱལ་དུ་གཏོགས་ཕྱིར། རིག་གནས་སྲོལ་རྒྱུན་འདི་དག་རྒྱུན་འཛིན་དང་དར་སྤེལ་བྱས་ན། ད་གཟོད་སྨན་མང་རིག་གནས་འཕེལ་རྒྱས་སུ་འགྲོ་ནུས། བོད་ཁུལ་གྱི་སྐད་གཉིས་སློབ་གསོ་ནི་སྨན་མང་རིག་གནས་འཕེལ་རྒྱས་སུ་གཏོང་བའི་རྨང་གཞི་ཡིན་པ་དང་། སྨན་མང་རིག་གནས་འཕེལ་རྒྱས་སུ་གཏོང་བའི་སྟོན་འགྲོ་ནི་སྐད་གཉིས་ནང་བྱུན་ཚུད་པའི་རིག་གནས་སྨྲ་བ་འབོར་ཆེན་སྐྱེད་སྲིང་བྱེད་རྒྱུ་རང་ལགས་ལ། སྐད་གཉིས་སྨྲ་བའི་རིག་གནས་པ་མང་ན། ད་གཟོད་རིག་གནས་མི་འདྲ་བའི་མི་རིགས་ཕན་ཚུན་བར་བསམ་བློ་བརྗེ་རེས་དང་འབྲེལ་བ་དམ་ཟབ་ཏུ་འབྱུང་ནུས་ལ། མི་རིགས་མི་མཚུངས་པའི་རིག་གནས་ཀྱི་འབྲེལ་འདྲིས་གནས་ཐུབ་པ་བྱུང་ཚེ། ད་གཟོད་སྤྱི་ཚོགས་དེ་ཡང་སྨན་མང་རིག་གནས་ཀྱི་སྤྱི་ཚོགས་སུ་ངེས་ཐུབ་པར་འགྱུར་ནུས། བོད་རྒྱ་སྐད་གཉིས་ཀྱི་སློབ་གསོའི་སྣང་ཚུལ་ལ་མཚོན་ན། གཙོ་བོ་མི་རིགས་རང་གི་ཕ་སྐད་རིག་གནས་ལ་སྲུང་སྐྱོབ་བྱེད་པའི་འདུན་པ་ཤུགས་དྲག་དང་འབྲེལ་བར་མ་ཟད། རྒྱ་སྐད་རིག་གནས་ཀྱི་སྤྱི་ཚོགས་སྤྱོད་སྒོ་ཡའང་གཏིང་རིང་བའི་ངེས་ཤེས་ཟབ་མོ་རྙེད་པ་ལས་གྲུབ་ཅིང་། སྣང་ཚུལ་དེས་ཀྱང་ཐོག་མཐའ་བར་གསུམ་དུ་བོད་ཁུལ་ལ་ཕ་སྐད་ཀྱི་རིག་གནས་དང་གཞན་སྐད་ཀྱི་རིག་གནས་ཉིས་འགྲོས་སུ་སྤེལ་བའི་སློབ་གསོའི་སྤྱོད་སྒོ་ལ་ཤུགས་རྐྱེན་ཟབ་མོ་ཐེབས་ཀྱིན་ཡོད་པས་ན། བོད་རྒྱ་སྐད་གཉིས་ཀྱི་སློབ་གསོ་ནི་དོན་དུ་སྨན་མང་རིག་གནས་ཀྱི་གྲུབ་ཆ་གལ་ཆེན་ཞིག་དང་ནང་དོན་ཁྱད་པར་བ་ཡིན་ལ། འདི་ལྟའི་སྨན་མང་རིག་གནས་ཀྱི་ནང་དོན་ཕུན་སུམ་ཚོགས་པ་རྒྱུན་འཛིན་དང་དར་སྤེལ་བྱེད་རྒྱུ་དེ་ཡང་གཙོ་བོ་སྐད་གཉིས་སློབ་གསོའི་སྤེལ་སྟངས་ལ་རག་ལས་ཕྱིར། སྨན་མང་རིག་གནས་དང་བོད་རྒྱ་སྐད་གཉིས་ཀྱི་སློབ་

གསོའི་འབྲེལ་བ་ནི་བརྟེན་ཅིང་འབྲེལ་འབྱུང་གི་ཚུལ་དུ་སྣང་ངོ་། །

དེས་ན་གཟུགས་གཅིག་ཅེས་པ་ནི་དོན་ག་འདྲར་སྣང་ཞེ་ན། དེ་ནི་མི་རིགས་ང་དྲུག་ཉེ་བར་འདུས་པའི་ཀྲུང་ཧྭ་མི་རིགས་རང་གི་རིག་གནས་ལོ་རྒྱུས་ཀྱི་སྲོལ་རྒྱུན་ཆེན་མོ་སྤྱི་དང་བྱེ་བྲག་མི་རིགས་སོ་སོའི་རིག་གནས་ལོ་རྒྱུས་ཀྱི་སྲོལ་རྒྱུན་ཁྱད་པར་བ་མཉམ་འདུས་དང་སྦྲགས་མའི་ཆ་ནས་གྲུབ་པ་ཞིག་སྟེ། མི་རིགས་སོ་སོའི་བྱུང་འཕེལ་གྱི་བརྒྱུད་རིམ་ཁྲོད་དུ་ཕན་ཚུན་གཅིག་ལ་གཅིག་འབྲེལ་དང་། གཅིག་ལ་གཅིག་འདྲེས། ཕན་ཚུན་བརྟེན་རེས་དང་གཞོགས་འདེགས་ཀྱི་ཚུལ་དུ་སྣང་ཞིང་། ཚོགས་སྤྱི་དང་འབྲལ་ཐབས་མེད་པའི་ནང་ཁུལ་གྱི་འབྲེལ་བའམ་ཐུན་མོང་གི་མི་རིགས་ཁེ་ཕན་ཞིག་ཏུ་ངེས་ལ། ཐུན་ལྔ་མི་རིགས་སོ་སོའི་སྣ་མང་རིག་གནས་ཁྲོད་དུ་ཕན་ཚུན་ལ་འབྲལ་ཐབས་མེད་པའི་གྲུབ་ཆ་ཐུན་མོང་བར་བྱ་བ་ལས། རྐང་འཛིན་མི་རིགས་ཤིག་ལ་མི་རིགས་གཞན་ཞིག་འདྲེས་ནས་རྐང་འཛིན་མ་ཡིན་པ་གང་ཞིག་ཉམས་པར་བྱེད་པ་མ་ཡིན་ལ། མི་རིགས་ཤིག་ལ་མི་རིགས་གཞན་ཞིག་འདྲེས་པའམ་ཡང་ན་ཡོངས་སུ་རྒྱ་འགྱུར་བྱེད་པ་དང་། འཕྲུལ་མར་མི་རིགས་མཉམ་འདྲེས་ལག་བསྟར་བྱེད་པ་གང་ཡང་མ་ཡིན་པས། རིག་གནས་མཉམ་འདྲེས་ཀྱི་བརྒྱུད་རིམ་ཞེས་པའང་དོན་དུ་མི་རིགས་ཕན་ཚུན་ལ་ཤན་ཞུགས་རེས་དང་མཉམ་འབྲེལ་བྱེད་པའམ་གཉེན་སྒྲིབ་སྐབ་མཐུན་གྱིས་ཀྲུང་ཧྭ་མི་རིགས་ཀྱི་རིག་གནས་ཐུན་མོང་བ་མཉམ་སྤེལ་དང་། མཉམ་གནས། མཉམ་སྤྱོད་བགྱིས་ནས་རྒྱལ་ཁབ་ཀྱི་འདུ་ཤེས་དང་ཀྲུང་ཧྭ་མི་རིགས་ཀྱི་འདུ་ཤེས་གཅིག་གྱུར་འོང་ས་རྒྱུ་རང་ལུགས། ཚུལ་འདི་དག་ལས་བོད་ཁུལ་གྱི་སྐད་གཉིས་སློབ་གསོའང་ཀྲུང་ཧྭ་མི་རིགས་ཀྱི་སྣ་མང་རིག་གནས་ཀྱི་མངོན་ཚུལ་བྱེ་བྲག་པ་ཞིག་ལས་མི་རིགས་གཞན་སྒྱུར་དང་སྐད་བརྗེ་མཉམ་འདྲེས་སུ་སྤེལ་བའི་ཐབས་ལམ་དུ་བསྟེན་མི་རུང་བ་རྟོགས་ནུས་ཕྱིར། ང་ཚོས་ཀྱང་གཅིག་ནས་རིག་གནས་སྣ་མང་རིང་ལུགས་ཀྱི་ལྟ་བ་བཟུང་ནས་མི་རིགས་རང་མཚན་པའི་ཕ་སྐད་རིག་གནས་ཀྱི་ཁྱད་ཆོས་ག་རྒྱས་ཕུན་སུམ་ཚོགས་པར་ངོམས་སོ་བྱེད་པ་དང་། ཕྱོགས་གཅིག་ནས་མི་རིགས་སྣེར་སྡོམ་རིང་ལུགས་ཀྱི་འདུ་ཤེས་རྩ་བ་ནས་དོར་ཏེ་རྒྱལ་ཁམས་ཐུན་མོང་ལ་མངའ་བའི་རིགས་འབྲེལ་གྱི་སྤྱི་སྐད་དམ་རྒྱ་སྐད་དང་འཛམ་གླིང་ཐུན་མོང་ལ་མངའ་བའི་དབྱིན་སྐད་སོགས་ཀྱི་སློབ་གཉེར་བརྒྱུད་སྟོན་ཐོན་མི་རིགས་ཀྱི་རིག་གནས་ནང་འདྲེན་བྱེད་པ་དང་། སྤྱི་ནས

བྱེ་བྲག་དང་བྱེ་བྲག་ནས་སྤྱི་ལ་སྔོས་གྲུབ་ཏུ་དམིགས་ནས་དེང་རབས་སྣ་མང་གཟུགས་གཅིག་གི་སློབ་གསོ་འཕེལ་རྒྱས་སུ་གཏོང་དགོས་ལ། དམིགས་དོན་འདི་ལེགས་པར་འགྲུབ་པ་ལ་སྐད་གཉིས་སློབ་གསོའི་ཐབས་ལམ་འབའ་ཞིག་ལས་གཞན་གང་ཡང་མི་འཚམ་པས་ན། 《སྐད་གཉིས་སློབ་གསོའི་སྤྱི་དོན》དུ། འཛམ་གླིང་ཡོངས་ནས་བརྗོད་ཀྱང་། སྐད་གཉིས་སློབ་གསོས་མི་རིགས་ཕན་ཚུན་ལ་རྒྱུས་ལོན་དང་ཤེས་རྟོགས་བྱེད་པར་ཤུགས་བསྣན་པ་ནི་ང་ཚོས་བསྒྲུབ་ནུས་ཤིང་ཆེས་ཁྲིན་དུ་ཆེ་བའི་བྱུས་རྗེས་ལགས། རྒྱལ་ཁབ་ཀྱི་ཁྱབ་ཁོངས་ནས་བལྟས་ན་ཡང་། འདི་ནི་རིགས་རྒྱུད་ཚོགས་པ་དང་སྐད་བརྡ་སོ་སོར་གཏོགས་པའི་གྲངས་ཉུང་མི་རིགས་རྣམས་འཚམ་མཐུན་མཉམ་གནས་འོང་བའི་ཐབས་ལམ་ལེགས་ཤོས་སུ་ངེས་སྟབས། སྐད་གཉིས་སློབ་གསོར་དཀའ་ཁག་ག་འདྲ་ཆེ་ཡང་། དེ་རང་སྤྱོལ་མ་ཐུབ་ཚོ། སྤྱི་ཚོགས་ལ་ཆག་སྒོ་འབྱུང་ངེས[5] ཞེས་གསུངས་ལ། ཚུལ་འདི་ལས་སྣ་མང་རིག་གནས་ཀྱི་སྤྱི་ཚོགས་རྒྱབ་ལྗོངས་འོག་ཏུ་མི་རིགས་ཀྱི་ཕ་སྐད་རིག་གནས་སྲུང་སྐྱོང་བྱེད་པ་ལ་སྣ་མང་གཟུགས་གཅིག་གི་སློབ་གསོ་འཕེལ་འགྱུར་གྱི་ལྟ་བ་ལས་ལྷག་པ་གཞན་མ་མཐོང་བ་གསལ་པོར་བསྟན་འདུག་གོ །

གཉིས་པ། བོད་ཁུལ་གྱི་སྐད་གཉིས་སློབ་གསོའི་ཐད་རྒྱུན་འཁྱོངས་བྱ་དགོས་པའི་རྩ་དོན་འགའ།

དེ་ཡང་བོད་ཁུལ་ཡོངས་ཀྱི་སྐད་གཉིས་སློབ་གསོའི་གནས་ཚུལ་དངོས་ལ་རྟོག་དཔྱོད་བྱས་པའི་ཉམས་མྱོང་དང་བསླབ་བྱ་ཕུན་སུམ་ཚོགས་པ་གཞིར་བྱས། ཕྱིར་ལས་ལྷག་པའི་སྒོ་ནས་བོད་ཁུལ་གྱི་སྐད་གཉིས་སློབ་གསོ་བདེ་འཇགས་དང་ཕན་ནུས་ཅན་དུ་སྤེལ་བ་ལ་མ་མཐའ་ཡང་གཤམ་གྱི་རྩ་དོན་འགའ་རྒྱུན་འཁྱོངས་བྱ་དགོས་ཏེ།

གཅིག རྒྱལ་ཁབ་ཀྱི་ཁྲིམས་སྲོལ་ལམ་ལུགས་ལ་བརྩི་འཛུགས་བྱེད་པ།

《ཀྲུང་ཧྭ་མི་དམངས་སྤྱི་མཐུན་རྒྱལ་ཁབ་ཀྱི་རྩ་ཁྲིམས》ནི་རང་རེའི་རྒྱལ་ཁབ་ཀྱི་རྩ་བའི་འདུལ་ཁྲིམས་ཡིན་ལ། དེའི་ནང་དུ་སྤྱི་དམངས་ཀྱི་རྩ་བའི་དབང་ཆ་དང་འོས་འགན་

གཏན་ཁེལ་བྱས་ཡོད་དེ། 《རྩ་ཁྲིམས》ཀྱི་ཚན་པ་བཞི་བའི་ནང་དུ། མི་རིགས་སོ་སོ་ཚང་མར་རང་ཉིད་ཀྱི་སྐད་དང་ཡི་གེ་བཀོལ་སྤྱོད་དང་དར་སྤེལ་དུ་གཏོང་བའི་རང་དབང་ཡོད་ཅེས་དང་། ཚན་པ་བཅུ་དགུ་བར། རྒྱལ་ཁབ་ཀྱིས་རྒྱལ་ཡོངས་སྤྱི་སྤྱོད་ཀྱི་སྤྱི་སྐད་ཁྱབ་སྤེལ་བྱེད་པ་ཞེས་པ་ལས་མི་རིགས་སོ་སོར་རང་ཉིད་ཀྱི་སྐད་དང་ཡི་གེ་བཀོལ་སྤྱོད་ཀྱི་ཁེ་དབང་སྲིད་པ་མ་ཟད། རྒྱལ་ནང་དུ་སྤྱི་སྤྱོད་བྱེད་པའི་རྒྱ་སྐད་ཁྱབ་སྤེལ་བྱེད་པའི་དགོས་མཁོའང་བསྟན་ཡོད་པ་དང་། 《རྩ་ཁྲིམས》 ཀྱི་རྩ་བའི་དགོངས་དོན་འདི་དག་གཞིར་བྱས་ནས 《ཀྲུང་ཧྭ་མི་དམངས་སྤྱི་མཐུན་རྒྱལ་ཁབ་ཀྱི་མི་རིགས་ས་གནས་རང་སྐྱོང་དངོས་འབེབས་བྱེད་པའི་རྩ་དོན》(6) ནང་དུའང་། མི་རིགས་ས་གནས་རང་སྐྱོང་གི་ལས་ཁུངས་སོ་སོས་མི་རིགས་རང་ཉིད་ཀྱི་སྐད་དང་ཡི་གེ་སྤྱད་དེ། མི་རིགས་སོ་སོའི་རིག་གནས་སློབ་གསོའི་ལས་དོན་འཕེལ་རྒྱས་སུ་གཏོང་དགོས་ཞེས་བསྟན་པ་དང་། ༡༩༨༣ ལོར་བཀྲམ་པའི 《མི་རིགས་ས་གནས་རང་སྐྱོང་གི་ཁྲིམས་ཡིག》 ནང་དུ། མི་རིགས་ས་གནས་རང་སྐྱོང་ས་ཁུལ་གྱིས་རྒྱལ་ཁབ་ཀྱི་སློབ་གསོ་བྱེད་ཕྱོགས་དང་བཅའ་ཁྲིམས་ཀྱི་གཏན་འབེབ་གཞིར་བཟུང་ནས། རང་ས་གནས་ཀྱི་སློབ་གསོར་རྩིས་འགོད་དང་། རིམ་པ་སོ་སོའི་སློབ་གྲྭ་སྣ་ཚོགས་ཀྱི་སྒྲིག་གཞི་དང་། སློབ་ཡུན། སློབ་སྦྱོང་གི་རྣམ་པ། སློབ་ཁྲིད་ཀྱི་ནང་དོན། སློབ་ཁྲིད་ཀྱི་སྐད་བརྡ། སློབ་མ་འཚོལ་སྡུད་བྱེད་ཐབས་བཅས་གཏན་ཁེལ་བྱས་ཆོག་ཅེས་དང་། གྲངས་ཉུང་མི་རིགས་ཀྱི་སློབ་མ་གཙོ་བོར་སྡུད་ལེན་བྱེད་པའི་སློབ་གྲྭ་དང་གཞན་པའི་སློབ་གསོའི་ལས་ཁུངས་ཆ་རྐྱེན་ཡོད་པ་རྣམས་ཀྱིས་གྲངས་ཉུང་མི་རིགས་ཀྱི་ཡི་གེའི་བསླབ་དེབ་བཀོལ་སྤྱོད་དང་གྲངས་ཉུང་མི་རིགས་ཀྱི་སྐད་བརྡས་སློབ་ཁྲིད་བྱེད་དགོས་ལ། གནས་ཚུལ་དང་བསྟུན་ནས་སློབ་ཆུང་གི་འཛིན་གྲྭ་དམའ་ཤས་དང་ཡང་ན་མཐོ་གྲས་ལ་རྒྱ་ཡིག་གི་བསླབ་ཚན་བཀོད་དེ། རྒྱལ་ཡོངས་སྤྱི་སྤྱོད་ཀྱི་སྐད་བརྡ་དང་རྒྱ་ཡིག་ཚད་ལྡན་དུ་ཁྱབ་སྤེལ་བྱ་དགོས (སུང་ཆེ་ཧྭ། ༢༠༠༣:༣༥༣ – ༣༥༩) ཞེས་བསྟན་པ་རྣམས་རྒྱལ་ཁབ་རིམ་པའི་རྩ་ཁྲིམས་ཀྱི་དགོངས་དོན་ཞིབ་གསལ་དུ་བཀོད་པ་ཞིག་སྟེ། མི་རིགས་ས་གནས་རང་སྐྱོང་སོ་སོས་རང་སའི་གནས་བབ་མི་མཚུངས་པ་དང་བསྟུན་ནས་གང་ལ་གང་འཚམ་གྱི་སྐད་བརྡའི་སློབ་ཁྲིད་ཀྱི་དཔེ་གཞི་སྤེལ་རུང་བ་སོགས་མི་རིགས་སློབ་གསོ་སྤེལ་སྟངས་དང་སློབ་ཁྲིད་ཀྱི་བརྡ་སྐད་འགོད་ལུགས་ཐད་ཁེ་དབང་དམིགས་བསལ་དུ་སྲིད་པ་ཡིན་

ནོ། །

གཞན་རྒྱལ་ཁབ་སློབ་གསོ་ཕུ་དང་རྒྱལ་ཁབ་དམངས་ཨུའི་༡༩༨༠ལོའི《མི་རིགས་སློབ་གསོའི་བྱ་བར་ཞུགས་སྐོན་བྱེད་པའི་སྐོར་གྱི་བསམ་འཆར》ནང་དུའང་། མི་རིགས་རང་ལ་སྐད་དང་ཡི་གེ་ཡོད་པའི་མི་རིགས་རྣམས་ཀྱིས་རང་མི་རིགས་ཀྱི་སྐད་ཡིག་སྤྱད་ནས་སློབ་ཁྲིད་སྤེལ་བ་དང་། རང་མི་རིགས་ཀྱི་སྐད་ཡིག་ལེགས་པར་སློབ་དགོས་ལ། དུས་མཚུངས་སུ་རྒྱ་སྐད་རྒྱ་ཡིག་ཀྱང་སློབ་དགོས་པར་བླང་བྱ་བཏོན་པ་སོགས་ལས་མི་རིགས་སྐད་ཡིག་འདྲ་མཉམ་འོང་བའི་ཁེ་དབང་དང་མི་རིགས་ཕན་ཚུན་བར་གྱི་འབྲེལ་འདྲིས་ལེགས་པར་སྤེལ་བའི་ཆབ་སྲིད་ཀྱི་རྒྱུ་རྐྱེན་ལ་མནོ་བསམ་བཏང་ཡོད་པ་མ་ཟད། མི་རིགས་ས་ཁུལ་གྱི་སྐད་བརྡའི་ཁོར་ཡུག་དངོས་ལ་བརྩི་འཇོག་ཀྱང་གང་ལེགས་བྱས་ཡོད་སྟབས། དེ་རྣམས་དོན་དངོས་དང་མཐུན་ཞིང་ཚན་རིག་གི་ལྟ་སྟངས་སྤྱད་ནས་ཐག་བཅད་པའི་མི་རིགས་སློབ་གསོའི་ཁྲིམས་སྲོལ་ལམ་ལུགས་འབའ་ཞིག་ལས་མ་འདས་ཀྱང་། ལག་ལེན་དངོས་ལྟར་ན་བོད་ཁུལ་གྱི་མི་རིགས་སྐད་ཡིག་གི་སློབ་ཁྲིད་ནི་རང་གཞན་ཕྱི་ནང་གི་རྒྱུ་རྐྱེན་སྣ་ཚོགས་པའི་འགལ་རྐྱེན་གྱིས་ལག་ལེན་དུ་མཐིལ་ཕྱིན་པ་ཞིག་འོང་ཐུབ་ཀྱིན་མེད། འགའ་ཞིག་ནས་ཉེ་ཆར་ཡང་རང་གི་སློབ་གསོའི་སྲིད་དབང་སྒེར་སྤྱོད་བྱེད་པའི་བསམ་བློ་དང་བྱེད་སྟངས་ལ་བརྟེན་ནས། མི་རིགས་ས་ཁུལ་གྱི་ཕ་སྐད་སློབ་གསོའི་རིན་ཐང་སྣང་མེད་དུ་བརྩིས་ཤིང་། རྒྱལ་ཁབ་སྤྱི་སྤྱོད་ཀྱི་སྐད་དང་ཡི་གེ་སློབ་ཁྲིད་ཀྱི་བརྡ་སྐད་གཙོར་བྱས་ནས་བཙན་ཐབས་སུ་སྤེལ་བ་ལ་དུས་བཅད་བྱས་ཏེ། ཉེ་བའི་ལོ་ལྔའི་རིང་ལ་སློབ་ཆུང་དུ་རྒྱལ་ཁབ་སྤྱི་སྤྱོད་ཀྱི་སྐད་ཡིག་གཙོར་བྱེད་པ་དང་། རང་མི་རིགས་ཀྱི་སྐད་ཡིག་ཕལ་བར་བྱེད་པའི་སྐད་གཉིས་སློབ་ཁྲིད་མངོན་འགྱུར་བྱེད་དགོས་ཞེས་བསྟན་པ་སོགས་དོན་དུ་རྒྱལ་ཁབ་རིམ་པའི་རྩ་ཁྲིམས་སུ་གཏན་ཁེལ་བྱས་པའི་མི་རིགས་འདྲ་མཉམ་གྱི་ཁེ་དབང་ལ་བརྩི་འཇོག་བྱས་མེད་ཅིང་། མི་རིགས་སྐད་ཡིག་ལ་བརྟེན་ནས་སློབ་གསོ་ངོས་ལེན་བྱེད་ཚོགས་པའི་ཏང་གི་སྲིད་ཇུས་དང་ཁྲིམས་སྲོལ་ལམ་ལུགས་ལ་བཟོ་བཅོས་བྱས་པ་ཤ་སྟག་ཏུ་ཟད་ལ། འདིས་ཀྱང་མཐར་འབྲས་མི་རིགས་ཕན་ཚུན་བར་གྱི་འབྲེལ་འདྲིས་དང་མཐུན་སྒྲིལ་ལ་གནོད་ཅིང་རྒྱལ་ཁམས་སྤྱིའི་བདེ་འཇགས་ལ་གནོད་སྐྱོན་ཆེན་པོ་ཐེབས་ངེས་པས་ན། མི་རིགས་ས་ཁུལ་གྱི་སྐད་གཉིས་སློབ་གསོ་སྤེལ་བ་ཡའང་རྒྱལ་ཁབ་ཀྱི་ཁྲིམས་སྲོལ་ལམ་

ལུགས་བརྟེན་གཞི་བྱས་ནས་ཚན་རིག་དང་མཐུན་ཞིང་ཡང་དག་པའི་བྱེད་ཐབས་སྤྱོད་རྒྱུ་གལ་ཆེ་བར་སེམས་སོ། །

གཉིས། མི་རིགས་ས་ཁུལ་གྱི་དགོས་མཁོའམ་དོན་དངོས་དང་བསྟུན་པ།

བོད་ཁུལ་གྱི་སློབ་གསོ་སྤྱི་དང་བྱེ་བྲག་སྐད་གཉིས་སློབ་གསོ་བདེ་འཛུགས་དང་ཕན་ནུས་ཅན་དུ་སྤེལ་ནས། བོད་ཁུལ་སྤྱི་ཚོགས་ཡོངས་ལ་ཕྱར་བས་ལྷག་པའི་དགེ་མཚན་ཐ་མེད་པ་ཞིག་ཐོན་དགོས་ན། བོད་ཁུལ་གྱི་སྐད་གཉིས་སློབ་གསོའི་སྤེལ་སྟངས་གང་ཞིག་མི་རིགས་ས་ཁུལ་གྱི་དགོས་མཁོ་དང་དམངས་ཀྱི་འདོད་མོས་དང་བསྟུན་དགོས་པས། མ་མཐའ་ཡང་གཤམ་གྱི་ཕྱོགས་བཞིའི་རྩ་དོན་རྒྱུན་འཁྱོངས་བྱ་དགོས་ཏེ།

༡. སྲོལ་རྒྱུན་རིག་གནས་རྒྱུན་འཛིན་དང་དེང་རབས་ཀྱི་ཤེས་བྱ་བསྒྱུ་ལེན་བྱེད་པའི་སྐད་བརྡའི་ཕྱོགས་གཉིས་ཀྱི་འགན་ནུས་རྒྱུན་འཁྱོངས་བྱེད་པ་སྟེ། སྤྱིར་བཏང་དུ་སྐད་དང་ཡི་གེ་ནི་མི་རིགས་ཤིག་གི་རིག་གནས་ཀྱི་སྣང་ཚུལ་ཁྱད་པར་བ་དང་། མི་རིགས་ཀྱི་སྲོལ་རྒྱུན་རིག་གནས་ཕུན་སུམ་ཚོགས་པ་འཛིན་སྐྱོང་སྤེལ་གསུམ་བྱེད་པའི་བརྡ་ཐབས་མཆོག་ཅིག[7] ཡིན་པ་དང་། ཕྱོགས་གཞན་ཞིག་ནས་ཆ་འཕྲིན་བརྗེ་རེས་དང་ཤེས་བྱ་སྣ་ཚོགས་རྒྱུན་འཛིན་དང་དར་སྤེལ་གཏོང་བྱེད་ཀྱི་ཡོ་ཆས[8] འབའ་ཞིག་ཏུ་ངེས་པས། རིག་གནས་དང་སྤྱི་ཚོགས་ཀྱི་རྒྱབ་ལྗོངས་མི་འདྲ་བའི་སྐད་བརྡ་མི་མཚུངས་པ་སོ་སོར་འགན་ནུས་སྟེང་དུ་ཕྱོགས་ཞེན་གྱི་ཁྱད་པར་ཡོད་དེ། བོད་ཀྱི་སྐད་ཡིག་ལྟར་ན། སྔར་འདས་ལོ་རྒྱུས་སྟེང་བོན་བསྟན་དང་ནང་བའི་མཚན་ཉིད་རིག་པ་གཙོར་བྱས་པའི་བཀའ་བསྟན་གཙུག་ལག་རི་བོའི་གཏེར་དང་མཉམ་ཞིང་། བྱེ་བྲག་སྨྲ་ཚད་བཟོ་གསོ་ནང་དོན་རིག་པ་དང་། སྙན་སྦྱོར། སྐར་རྩིས། མངོན་བརྗོད། ཟློས་གར། སྡེབ་སྦྱོར་ངག་བཅས་དང་། གཞན་དམངས་ཁྲོད་ཀྱི་ངག་རྩོམ་སྣ་ཚོགས་ཏེ་ངག་རྒྱུན་དང་། ལྷ་གླུ། གེ་སར་གྱི་སྒྲུང་། དམངས་གཞས་གླུ་ཚིག གཏམ་རྒྱུད། གཏམ་དཔེ་སོགས་དང་། མཁས་པའི་མཛད་པའི་ལོ་རྒྱུས་ཆོས་འབྱུང་དང་། འབེལ་གཏམ། ལེགས་བཤད། བསླབ་བྱ། སྙན་རྩོམ་སོགས་མི་རིགས་རང་གི་སྐད་དང་ཡི་གེའི་རྨང་གཞི་སྟེང་དུ་གྲུབ་པ་རྣམས་ཁྱོན་ཡངས

རྣམས་མཐུག་ཅིང་གཏིང་ཟབ་པའི་རིག་གནས་བང་མཛོད་གཟི་བྱིན་ཅན་དུ་གྲུབ་ཡོད་ཀྱང་། དུས་ད་ལྟ་ཉིད་ན་ སྔར་བས་ཆ་འཕྲིན་སྒྲིག་སྟུད་ཀྱི་ནུས་ཚད་ཞན་ཞིང་ཁྱབ་ཀྱ་ཆུང་བ་དང་། ཆ་འཕྲིན་མི་སྣའི་ཟིན་ཚད་དམའ་ཞིང་སྤྱོད་སྒོ་དོག་པོར་གྱུར་ཡོད་ལ། རྒྱའི་སྐད་ཡིག་ལྟར་ན། དེ་ལས་ལྡོག་པར་དེང་རབས་ཚན་རྩལ་སྐོར་གྱི་ཆ་འཕྲིན་སྒྲིག་སྟུད་ཀྱི་ནུས་ཚད་མཐོ་བ་དང་། སྤྱོད་མཁན་གྱི་མི་གྲངས་མང་ཞིང་ཁྱབ་ཡུལ་གྱི་ས་ཁྱོན་ཆེ་བ། རང་སྐད་ལ་བརྟེན་ནས་རིག་གནས་སློབ་གསོ་ཁྱབ་གདལ་དུ་བཏང་བའི་ཚུ་ཚད་མཐོ་བ། སྐད་ཡིག་གི་བཀོལ་སྤྱོད་ལ་བཀག་རྒྱ་ཆེས་ཆེར་མེད་པ་དང་། སྒོས་སུ་མོ་རྒྱུས་ཀྱི་རྒྱུ་རྐྱེན་སྣ་ཚོགས་པའི་དབང་གིས་སློབ་གྲྭ་ཆེ་ཁག་གི་ཆེད་ལས་ཀྱི་བསླབ་ཚན་ཏེ་རྩིས་དངོས་རྫས་སྐྱེ་སོགས་རྨང་གཞིའི་ཚན་རིག་གི་ཤེས་བྱ་དང་། རྩིས་འཁོར། རྩིས་གཉེར་པ། བཟོ་བཀོད་ལག་རྩལ་སོགས་དངོས་སྤྱོད་ལག་རྩལ་གྱི་ཤེས་བྱ། དེང་རབས་ཀྱི་དཔལ་འབྱོར་རིག་པ། ཁྲིམས་ལུགས་རིག་པ། སྤྱི་ཚོགས་རིག་པ་སོགས་སྤྱི་ཚོགས་ཚན་རིག་གི་ཤེས་བྱ་སོགས་ཀྱི་ཐོན་ཁུངས་གཙོ་བོ་རྒྱ་ཡིག་ཡིན་པ་དང་། ཤེས་བྱ་དེ་དག་དངོས་སྤྱོད་ཀྱི་ཁོར་ཡུག་སྟེ་གྲོང་བརྡལ་དང་སྲིད་གཞུང་གི་ལས་ཁུངས། ཐོན་ལས་གཉིས་པ་དང་གསུམ་པ་སོགས་སུ་ལས་རིགས་འཚོལ་བ་གང་ལའང་རྒྱ་སྐད་ཀྱི་སྤྱོད་སྒོ་ཤིན་ཏུ་ཡངས་བས། སློབ་མའི་ལས་ཞུགས་ཀྱི་གནད་དོན་དང་བོད་ཁུལ་གྱི་སྤྱི་ཚོགས་དེང་རབས་ཅན་དུ་འཕེལ་བའི་བརྒྱུད་རིམ་ཁྲོད་དུ། སྲོལ་རྒྱུན་རིག་གནས་དང་དེང་རབས་རིག་གནས་ཇི་ལྟར་ཟུང་འབྲེལ་བྱེད་པ་དང་། སློབ་མའི་ལས་ཞུགས་ཀྱི་དཀའ་ཁག་ཇི་ལྟར་སེལ་བ་སོགས་དེང་རབས་སློབ་གསོའི་སྤྱིལ་སྟངས་ཁྲོད་དུ་ངེས་པར་བསམ་གཞིག་གཏོང་དགོས་པའི་དོན་དག་གལ་ཆེན་དུ་ངེས་ཙ་ན། སྐད་བརྡའི་སློབ་ཁྲིད་ཀྱི་དཔེ་གཞི་འགོད་སྐབས་ཀྱང་སྲོལ་རྒྱུན་རིག་གནས་གཞིར་བྱས་པའི་ཕ་སྐད་ཀྱི་སློབ་གསོ་དང་དེང་རབས་ཚན་རྩལ་གཙོར་བྱས་པའི་སྐད་བརྡ་གཉིས་པའི་སློབ་གསོ་དག་རིས་མེད་དུ་སྤྱོད་པའམ་སྐད་བརྡའི་ཕྱོགས་གཉིས་ཀྱི་འགན་ནུས་རྒྱུན་འཁྱོངས་བྱེད་རྒྱུ་ཤིན་ཏུ་གལ་ཆེའོ། །

ཡང་ཕྱོགས་གཞན་ཞིག་ནས་བརྟགས་ན། རང་སྐྱོང་ལྗོངས་གཅིག་དང་ཞིང་ཆེན་ལྔའི་བོད་ཁུལ་དུ་བོད་རིགས་མང་ཚོགས་འདུས་སྡོད་ཆེ་ཞིང་བརྒྱ་ཆའི་བརྒྱད་ཅུ་ཡན་ཆད་ཀྱི་གྲོང་བརྡལ་དང་གཞི་རིམ་རོང་འབྲོག་ས་ཁུལ་དུ་ཕ་སྐད་འབའ་ཞིག་སྤྱོད་སྒོ་ཆེ་ལ། ཕ་

སྐད་ནི་མི་རིགས་རང་གིས་ཕྱི་ཡུལ་ལ་འབྲེལ་འདྲིས་དང་། བསམ་གཞིག ཤེས་རྟོགས་གནང་བྱེད་ཀྱི་བརྡ་ཐབས་མཆོག་ཅིག་ཡིན་པ་དང་། ཁྱད་པར་བོད་ལྗོངས་དུ་སྤུས་ཚད་སློབ་གསོ་ཁྱབ་གདལ་དུ་གཏོང་བའམ་ཡིག་རྨོངས་བ་གཙང་སེལ་དང་། ཐོན་སྐྱེད་ནུས་ཤུགས་ཀྱི་ཆུ་ཚད་མཐོར་འདེགས་པ། ཐོན་སྐྱེད་ཀྱི་སྒྱུར་ལམ་འདུམ་སྒྲིག་དང་འབྲེལ་བ་ལེགས་བཅོས། དཔལ་འབྱོར་གྱི་རྨང་གཞི་དང་སྟེང་གི་བཀོད་པའི་འབྲེལ་བ་ལེགས་འདུམ་དང་ཇེ་བརྟན་དུ་བཀོད་དེ་བོད་ལྗོངས་འཚམ་མཐུན་དང་དར་རྒྱས་སུ་གཏོང་བ་ལ་འདི་ལས་ལྷག་པའི་བརྡ་ཐབས་མཆོག་ཅིག་མེད་པས། སློབ་གསོ་དེ་ཡང་ས་གནས་མི་རིགས་ཀྱི་འཕེལ་རྒྱས་ལ་ཁ་ཕྱོགས་དགོས་ན། ཕ་སྐད་ཀྱི་རིག་གནས་སློབ་གསོ་ལ་མཐོང་ཆེན་བྱ་དགོས་པ་དང་། ཕ་སྐད་ཀྱི་རིག་གནས་སློབ་གསོ་དེ་ཡང་དེང་རབས་ཅན་དང་། འབྱུང་འགྱུར་དང་། འཛམ་གླིང་ལ་ཁ་ཕྱོགས་དགོས་ན། སྐད་བརྡ་གཉིས་པ་འབའ་ཞིག་སྟེ་རྒྱ་ཡིག་དང་དབྱིན་ཡིག་ཁོ་ན་སློབ་རྒྱུ་མ་ཡིན་པར་དེ་དག་གི་དོན་གྱི་སྙིང་པོའམ་ཐབས་ཤེས་རང་སྐད་དུ་བསྒྱུ་ཅི་ཐུབ་བྱེད་པ་དང་། གཙོ་བོ་མི་རིགས་རང་གི་སྐད་དང་ཡི་གེ་ལ་སྲོལ་རྒྱུན་རིག་གནས་ཀྱི་སྲོག་བཅུད་འཛོམས་པ་གཞིར་བྱས་དེང་རབས་རིག་གཞུང་གསར་བའི་ངར་ཁ་བསྒྱུ་དགོས་ལ། དོན་གྱི་སྙིང་པོ་འདི་མངོན་འགྱུར་བྱ་དགོས་ན། གོང་སྨྲོས་བོད་ཀྱི་སྐད་དང་ཡི་གེའི་འགན་ནུས་སྟེང་གི་ཞན་ཆ་དེ་དག་སེལ་ཏེ། དེང་རབས་ཀྱི་ཚན་རྩལ་ལམ་ཆ་འཕྲིན་སྒྲིག་སྟུད་ཀྱི་ནུས་ཚད་མཐོར་འདེགས་དང་། ཕ་སྐད་ལ་བརྟེན་ནས་རིག་གནས་སློབ་གསོ་ཁྱབ་གདལ་དུ་བཏང་བའི་ཆུ་ཚད་དང་མི་གྲངས་ཀྱི་ཐིན་ཚད་ཇེ་མང་། བོད་ལྗོངས་ཀྱི་རིག་གཞུང་སློབ་གསོ་དང་ལས་རིགས་སོ་སོའི་སྟེང་གི་ཕ་སྐད་ཀྱི་བཀོལ་རྒྱ་ཇེ་ཆེར་གཏོང་བ་སོགས་བོད་སྐད་ཡིག་གི་འབྲེལ་འདྲིས་ཀྱི་འགན་ནུས་དང་དངོས་སྤྱོད་ཀྱི་རིན་ཐང་ཆེར་བསྐྱེད་དགོས་ལ། དོན་འདི་དག་ལག་ལེན་དུ་མཐར་འཁྱོལ་བ་ཞིག་འབྱུང་དགོས་ན། གཙོ་བོ་ཕ་སྐད་ཀྱི་སློབ་གསོའི་ལས་དོན་ལ་རག་ལས་ཕྱིར། མི་རིགས་ཀྱི་སློབ་གསོའི་ལག་ལེན་དངོས་ལས་སློབ་ཁྲིད་ཀྱི་ནང་དོན་དང་དཔེ་གཞི་དངོས་འབེབ་བྱེད་སྐབས་ཀྱང་། སྲོལ་རྒྱུན་རིག་གནས་རྒྱུན་འཛིན་དང་དེང་རབས་ཀྱི་ཤེས་བྱ་བསྒྱུ་ལེན་བྱེད་པའི་སྐད་བརྡའི་ཕྱོགས་གཉིས་ཀྱི་འགན་ནུས་ལ་མཐོང་ཆེན་བྱེད་རྒྱུ་གལ་འགངས་ཆེ་བར་སེམས་སོ། །

༢. སྐད་བརྡ་འཕེལ་འགྱུར་གྱི་ཆོས་ཉིད་དང་མང་ཚོགས་ཀྱི་སྐད་བརྡའི་འདོད་

ཁྲིའམ་སྤྱོད་ལམ་ལ་བརྩི་འཇོག་བྱེད་པའི་སྤྱོད་སྟངས་རྒྱུན་འཁྱོངས་བྱེད་པ་སྟེ། སྐད་གཉིས་སློབ་གསོའི་ལག་ལེན་ཁྲིད་དུ་ཕ་སྐད་དང་སྐད་བརྡ་གཉིས་པའི་འབྲེལ་བ་ཇི་ལྟར་ཐག་གཅོད་པ་ལ་ངེས་པར་དུ་ས་གནས་བྱེ་བྲག་པའི་སྐད་བརྡ་འཕེལ་འགྱུར་གྱི་གནས་བབ་ཁོར་ཡུག་དང་མང་ཚོགས་ཕལ་མོ་ཆེའི་སྐད་བརྡའི་འདོད་ཕྱོགས་སེམས་སྤྱོད་སྟངས་དང་བསྟུན་དགོས་ཀྱི། བཙན་ཐབས་ཀྱིས་སྐད་བརྡ་གང་ཞིག་གཞན་ཕྱོགས་སུ་དགྲི་པར་བྱེད་པ་སོགས་ལས་སུ་མི་རུང་ལ། ཐ་ན་གྲོང་ཁྱེར་གྱི་ལས་བྱེད་པའམ་སྡོད་དམངས་ཁག་ཅིག་གིས་སྐད་བརྡ་གཉིས་པ་ནི་དེང་རབས་སྤྱི་ཚོགས་སུ་སྤྱོད་སྒོ་ཡངས་ཤིང་སློབ་མའི་ལས་གནས་འཚོལ་བ་ལ་ཕན་ནུས་ཆེ་བར་བསམས་ནས་འདེམ་སྤྱོད་ཀྱི་ལས་སྤེལ་ན་ཡང་། གང་གི་རིག་གནས་སྲོལ་རྒྱུན་གྱི་རྨང་བརྟན་ཞིང་མང་ཚོགས་ཕལ་མོ་ཆེས་ཕ་སྐད་ལ་ཆགས་ཞེན་བྱེད་པའི་སེམས་ཤུགས་ཡལ་མེད་དུ་གནས་ན། དམངས་ཀྱི་སེམས་ཤུགས་དེ་ལ་བསྟུན་ཅི་ཐུབ་བྱེད་པ་ལས་དོན་གང་ཞིག་སླ་ཚོས་སུ་དགོངས་ནས་རང་ཤེད་ཨུ་ཚུགས་ཀྱིས་སྤེལ་མི་རུང་སྟེ། ཐབས་ཆེན་གྱི་སློབ་དཔོན་ལེ་ཉིན་གྱིས་སྲིད་ཤུགས་ལ་བརྟེན་ནས་བཙན་ཚུགས་ཀྱིས་རྒྱལ་སྐད་གང་ཞིག་ཁྱབ་སྤེལ་བྱས་པའི་བྱེད་ཐབས་ལ་ངོ་རྒོལ་མཛད་པའི་འཕྲིན་ཡིག་ནང་དུ་འདི་ལྟར་སྨྲང་སྟེ། ཨུ་རུ་སིའི་སྐད་ཀྱིས་ཉམ་ཆུང་གི་མི་རིགས་དང་རྗེས་ལུས་ཀྱི་མི་རིགས་མང་པོ་ལ་སྟོན་སྐྱོད་ཀྱི་ནུས་པ་བཏོན་པ་རྩོད་གླེང་མེད་པ་ཞིག་ཡིན་ན་ཡང་། ཁྱེད་ཀྱིས་མ་མཐོང་ངམ། གལ་ཏེ་བཙན་ཐབས་མ་སྤྱད་ན། དེས་ཀྱང་ཕྱུར་བས་རྒྱ་ཆེ་བའི་ཁྱབ་ཁོངས་སུ་སྟོན་སྐུལ་གྱི་ནུས་པ་ཐོན་རུང་བ་མིན་ནམ། རྒྱལ་སྐད་ནི་མི་རྣམས་བཙན་ཐབས་ཀྱིས་ཨུ་རུ་སིའི་སྐད་ལ་ཁ་འབྲལ་བྱེད་ཀྱི་དབྱུག་ཏོ་ཞིག་མ་ཡིན་ནམ། ཁྱེད་ཀྱིས་ཅིའི་ཕྱིར་མི་རིགས་གནད་དོན་སྟེང་དུ་ཆེས་གལ་ཆེ་བར་མངོན་པའི་སེམས་ཁམས་ཀྱི་སྣང་ཚུལ་དེ་རིགས་ལ་རྒྱུས་མོན་ཙམ་ཡང་བྱེད་མི་བསམས་པ་ཡིན། བཙན་ཚུགས་ཀྱི་བྱེད་ཐབས་ཨེན་ཙམ་ཡོད་ཀྱང་། སེམས་ཁམས་དེ་རིགས་ཀྱིས་གཅིག་སྒྲིལ་གྱི་ལམ་ལུགས་དང་། རྒྱལ་ཁབ་གཅིག་འདུས་ཀྱི་ལམ་ལུགས། སྐད་བརྡ་གཅིག་གྱུར་གྱི་ཕན་ནུས་རྩོད་མེད་ལ་ལྷད་སྐྱོན་དང་འགལ་རྐྱེན་བཟོ་བ་མ་ཟད། སྟོན་སྐུལ་གྱི་བྱེད་ནུས་དེ་དག་ཉམས་དམས་སུ་བཀོད་ངེས། ཡིན་ན་ཡང་དཔལ་འབྱོར་ནི་སེམས་ཁམས་ཀྱི་སྣང་ཚུལ་ལས་ཀྱང་གལ་ཆེ་ཞིང་། ཨུ་རུ་སི་ལམ་རྩ་རིང་ལུགས་ཀྱི་དཔལ་འབྱོར་ཡོད་པས་ན། དེས་ཀྱང་ཨུ་རུ་

སེའི་སྐད་མེད་དུ་མི་རུང་བའི་གནས་སུ་བཀོད་ཡོད（ལེ་ཉིན། ༡༨༡༣: ༥༥༠–༥༥༡） ཅེས་གསུངས་པ་ལས་རྒྱལ་སྐད་ཅིག་ཁྱབ་སྤེལ་གཏོང་བ་ལ་བརྩོན་ཐབས་ཀྱི་སྤེལ་སྟངས་སྤྱོད་པ་དམངས་ཀྱིས་ཁས་ལེན་བྱེད་མི་འདོད་ཀྱང་། དཔལ་འབྱོར་བྱ་འགུལ་འཕེལ་རྒྱས་ཀྱིས་ནི་སྐད་བརྡ་གང་ཞིག་རྣམ་པ་རང་ཆས་སུ་སྤྱང་ཐུབ་པར་བསྟན་འདུག ནུབ་ཕྱོགས་ཀྱི་མཁས་པ་དག་གིས་མི་སྒེར་གྱི་སྐད་བརྡའི་སྤྱོད་ལམ་ནི་ད་དུང་མིའི་ཁེ་དབང་གི་ཐད་ནས་སླེང་བརྗོད་བྱེད་དེ། མི་རྣམས་ཚོགས་ཁག་ཅིག་ལ་གཏོགས་ཤིང་ཚོགས་ཁག་དེའི་སྐད་བརྡ་ཁོ་ན་ལས་མི་ཤེས་པའི་སྐབས་སུ། ཁོ་ཚོའི་སྐད་བརྡའི་ནུས་པས་ཁོ་ཚོའི་འབྲེལ་འདྲིས་ཀྱི་བྱ་འགུལ་ཚོགས་ཁག་ནང་ཁུལ་དུ་གཙུབ་ཞིང་། ཁོ་ཚོའི་སྐད་བརྡའི་སྤྱོད་ལམ་དེ་རྒྱུན་པར་བླ་གྲོགས་ཀྱི་ཉེ་འཁོར་དང་བྱ་བ་བསྒྲུབ་སའི་གནས་སུ་གཙུབ་ངེས་ལ། གལ་ཏེ་ཚོགས་ཁག་འདིས་རང་སྟེང་གི་མཐུན་སྒྲིལ་རྒྱུན་བསྲིང་བར་དམིགས་ནས་ཁོངས་མི་གང་གིས་སྐད་བརྡ་གཞན་ཞིག་སློབ་པར་བསྐུད་སྐུར་ཚོད་འཛིན་བྱས་ན། བྱེད་ཐབས་དེ་ནི་ཁོངས་མི་སྒེར་གྱི་ཁེ་དབང་ལ་གཙེས་པ་ཡིན（Wright༢༠༠༩: ༢༢༨） ཞེས་གསུངས་སོ། །

དེ་བཞིན་དུ་སློབ་ཁྲིད་ཀྱི་སྐད་བརྡའི་དཔེ་གཞི་ཐག་གཅོད་དང་དངོས་འཕེབས་བྱེད་ལུགས་ཀྱང་གཟབ་ནན་གྱི་རྟོག་དཔྱོད་བརྒྱུད་ནས་རྒྱ་ཆེ་བའི་མང་ཚོགས་ཀྱི་བསམ་འཆར་དང་དགོངས་དོན་རྩང་གཞི་བྱེད་དགོས་ཏེ། བོད་ཁུལ་གྱི་སློབ་གསོའི་སྲིད་འཛིན་ལས་ཁུངས་དང་སློབ་གྲྭ་ཆེ་འབྲིང་ཆུང་གསུམ་གང་ཡང་རུང་ཚང་མས་སློབ་སྦྱོང་གི་རྣམ་པ་སྣེ་མི་རིགས་སྐད་ཡིག་གི་སློབ་གྲྭའམ་སྤྱིར་བཏང་གི་སློབ་གྲྭ་གང་ལ་བརྟེན་པ་དང་། བྱེ་བྲག་སློབ་ཁྲིད་ཀྱི་དཔེ་གཞི་སྟེ་ཕ་སྐད་ཁོ་ན་སློབ་ཁྲིད་ཀྱི་བརྡ་ཐབས་གཙོ་བོ་བྱེད་དམ་སྐད་བརྡ་གཉིས་པ་སློབ་ཁྲིད་ཀྱི་བརྡ་ཐབས་གཙོར་བྱེད་པ་སོགས་ངེས་པར་དུ་རང་སའི་གཟབ་ནན་གྱི་རྟོག་དཔྱོད་བརྒྱུད་ཅིང་། མང་ཚོགས་ལ་གྲོས་ཁ་བཏོན་ནས་རྩད་ཞིབ་བྱེད་པ་དང་། འཐུས་མིའི་ཚོགས་འདུ་བསྡུ་བ་སོགས་འགྲོས་རིམ་ངེས་ཅན་བརྒྱུད་ནས་ཐག་གཅོད་བྱེད་པ་ལས་ཕྱོགས་རེ་བའི་བསམ་འཆར་བསྡུ་ལེན་བྱེད་ཐབས་ཙམ་དང་སྲིད་འཛིན་གྱི་དབང་ཤེད་ལ་བརྟེན་ནས་བཀའ་ནན་ལྷི་སྐྱོལ་བྱེད་པ་གང་ཡང་ལས་སུ་སྤེལ་མི་རུང་། མི་རིགས་འདྲེས་སྡོད་དང་མི་རིགས་འདུས་སྡོད་ཀྱི་ས་གནས་སུ། རྒྱ་ཆེ་བའི་མང་ཚོགས་ཕལ་མོ་ཆེའི་བསམ་

འཆར་དང་མཐུན་ཞིང་རང་སའི་དཔལ་འབྱོར་འཕེལ་རྒྱས་ཀྱི་ཁ་ཕྱོགས་དང་འཚམ་པའི་སློབ་གྲྭའི་སྐད་ཡིག་སློབ་ཁྲིད་ཀྱི་དཔེ་གཞི་ངོས་འཚམ་ཞིག་འདེམ་སྒྲུབ་བྱེད་རྒྱུ་ནི་ཏ་ཙང་རྙོག་འཛིང་ཆེ་ཞིང་བསྟུད་མུར་འདུམ་སྒྲིག་བྱ་དགོས་པའི་ལས་དོན་དཀའ་ཁག་ཅན་ཞིག་ཡིན་ཏེ། འདི་ལ་ཕྱོགས་གཅིག་ནས་མང་ཚོགས་ལ་ཏང་གི་མི་རིགས་སྐད་ཡིག་གི་སྲིད་ཇུས་དང་། དེང་རབས་སློབ་གསོའི་འཕེལ་ཕྱོགས། སློབ་སྦྱོང་གི་ཆ་རྐྱེན། ལས་འཚོལ་ཁྲིམ་རའི་གནས་བབ། སློབ་སྦྱོང་གི་ཁྱད་ཆོས་སོགས་གོ་གསེད་གནང་དགོས་རྒྱུ་ཡོད་ལ། ཕྱོགས་གཅིག་ནས་སྲིད་གཞུང་ལ་དམངས་ཀྱི་བསམ་འདུན་ལེགས་པོ་དང་དགོངས་གཞི་ཁྱད་པར་བསྟན་ཞུ་བྱ་དགོས་རྒྱུའང་ཡོད་པས། འདི་དག་གི་བར་འདུམ་མི་སླའམ་ལས་བྱེད་མི་སྣ་སུ་ཞིག་ཡིན་རུང་གནད་དེ་དག་དཀྱུས་གཅིག་ཏུ་སྒྲིགས་པའམ་དམངས་ཀྱི་བསམ་འདུན་དང་སྤྱི་ཚོགས་ཀྱི་དགོས་མཁོ་གཞིར་བྱས་ཤིང་། གཟུར་གནས་དང་། གཟབ་ནན། ཚན་རིག་དང་མཐུན་པའི་ལྟ་སྟངས་སྤྱད་ནས་སྐད་གཉིས་སློབ་གསོར་ཚུད་ཟད་ཡུན་རིང་བའི་ཇུས་འགོད་དང་གཏན་འཇགས་ཀྱི་དཔེ་གཞི་གཏན་དུ་ཕབ་པ་དང་། མཐོ་རིམ་སྲིད་གཞུང་དང་སློབ་གསོ་སྲིད་འཛིན་ལས་ཁུངས་དག་གིས་ཀྱང་སྐད་བརྡའི་སློབ་ཁྲིད་ཀྱི་དཔེ་གཞི་སོ་སོར་བྱེ་བྲག་པའི་སློབ་སྦྱོང་གི་ནླང་བྱ་དང་སློབ་ཁྲིད་ཀྱི་འཆར་འགོད་འདོན་པ་དང་། སློབ་སྦྱོང་གི་བརྒྱུད་རིམ་དང་སློབ་ཁྲིད་ཀྱི་ཐུས་ཚད་ལ་ལྟ་སྐུལ་བྱས་ན། ད་གཟོད་བོད་ལྗོངས་ཀྱི་སྐད་གཉིས་སློབ་གསོར་ཕན་འབྲས་ཆེན་པོ་འབྱུང་ཐུབ་པར་སེམས་སོ། །

༣. བོད་ལྗོངས་དུ་གྲངས་ཉུང་མི་རིགས་དང་རྒྱ་རིགས་ཕན་ཚུན་བར་སྐད་བརྡ་སློབ་རེས་བྱེད་པའི་སྒྲུབ་སྟངས་རྒྱུན་འཁྱོངས་བྱེད་དགོས་ཏེ། 《མི་རིགས་ས་གནས་རང་སྐྱོང་གི་ཁྲིམས་ཡིག》ནང་དུ། མི་རིགས་རང་སྐྱོང་ས་གནས་ཀྱི་རང་སྐྱོང་ལས་ཁུངས་ཀྱིས་མི་རིགས་སོ་སོའི་ལས་བྱེད་པ་ཕན་ཚུན་བར་སྐད་ཡིག་སློབ་རེས་བྱེད་པར་སློབ་གསོ་དང་སྐུལ་འདེད་བྱས་ཏེ། རྒྱའི་ལས་བྱེད་པ་རྣམས་ཀྱིས་ས་གནས་གྲངས་ཉུང་མི་རིགས་ཀྱི་སྐད་དང་ཡི་གེ་སློབ་སྦྱོང་བྱེད་པ་དང་། གྲངས་ཉུང་མི་རིགས་ཀྱི་ལས་བྱེད་པས་རང་མི་རིགས་ཀྱི་སྐད་ཡིག་སློབ་སྦྱོང་དང་བཀོལ་སྤྱོད་བྱེད་པའི་དུས་མཚུངས་སུ། རྒྱལ་ཡོངས་སྤྱི་སྤྱོད་ཀྱི་སྐད་བརྡ་དང་རྒྱ་ཡིག་ཚད་ལྡན་དུ་སློབ་དགོས་ལ། མི་རིགས་རང་སྐྱོང་ས་གནས་ཀྱི་རྒྱལ་ཁབ་ལས་བྱེད་མི་སྣས་ས་གནས་སྤྱི་སྤྱོད་ཀྱི་སྐད་ཡིག་གཉིས་ཡན་ཆད་བྱང་ཆུབ་པར་སྤྱོད་ཐུབ

དགོས་ཞེས་བསྟན་ཡོད་པ་དང་། ཐོར་འདས་ཀྱི་བོད་ལྗོངས་ལྟར་ནའང་བོད་སྐྱོར་ལས་བྱེད་པ་ཕལ་ཆེ་བ་རྣམས་ཀྱིས་བོད་ཀྱི་སྐད་དང་ཡི་གེ་སྦྱངས་ནས་བོད་ལྗོངས་སྤྱི་ཚོགས་རིང་ལུགས་ཀྱི་འཛུགས་སྐྲུན་ལ་ཞབས་འདེགས་ཞུས་མྱོང་བ་མ་ཟད། བོད་རིགས་ལས་བྱེད་པ་རྣམས་ཀྱིས་ཀྱང་རྒྱ་སྐད་ལེགས་པར་སྦྱངས་ནས་ཕན་ཚུན་ལ་མཐུན་སྒྲིལ་དང་དཔུང་ཤུགས་མཉམ་སྒྲིལ་གྱིས་བོད་ལྗོངས་འཛུགས་སྐྲུན་ཐད་མཛད་རྗེས་མི་དམན་པ་བཞག་མྱོང་། ད་ལྟའི་བོད་ལྗོངས་ཀྱི་གནས་ཚུལ་དངོས་ལྟར་ནའང་། བོད་རང་སྐྱོང་ལྗོངས་གཙོས་མཚོ་སྔོན་དང་། སི་ཁྲོན། ཀན་སུའུ། ཡུན་ནན་བཅས་ཀྱི་བོད་ལྗོངས་ཕལ་ཆེ་བ་བོད་རིགས་འདུས་སྡོད་ཀྱི་ས་ཆ་ཡིན་ལ། བརྒྱ་ཆའི་བརྒྱད་ཅུ་ཡན་ཆད་བོད་རིགས་ཀྱི་མི་འབོར་ཀྲུང་ཀྲུང་དུ་ངེས་པས། འདི་འདྲའི་ཡུལ་ཁམས་ཤིག་གི་དཔལ་འབྱོར་འཛུགས་སྐྲུན་དང་རིག་གནས་སློབ་གསོ་འཕེལ་རྒྱས་སུ་གཏོང་དགོས་ན། བོད་སྐྱོར་ལས་བྱེད་པ་རྣམས་རྒྱ་ཆེ་བའི་བོད་རིགས་མང་ཚོགས་ལ་བློ་ཁ་ཕྱོགས་ནས་འབྲེལ་འདྲིས་དང་ཞབས་ཞུ་ལེགས་པོ་བསྒྲུབ་དགོས་ལ། དོན་འདི་ལེགས་འགྲུབ་འབྱུང་བ་ལ་ས་གནས་མང་ཚོགས་ཀྱིས་སྤྱི་སྤྱོད་བྱེད་པའི་བོད་སྐད་དང་བོད་ཡིག་ལེགས་པོ་སྦྱང་དགོས་ཏེ། 《མི་རིགས་ས་གནས་རང་སྐྱོང་གི་ཁྲིམས་ཡིག》གི་ཚན་པ་ཉེར་གཅིག་ཏུ། མི་རིགས་རང་སྐྱོང་ས་ལྗོངས་ཀྱི་ལས་ཁུངས་ཀྱིས་ལས་འགན་སྒྲུབ་དུས་སུ། མི་རིགས་རང་གི་རང་སྐྱོང་ས་ལྗོངས་ཀྱི་ཁྲིམས་སྲོལ་ལྟར། རང་ས་ནས་སྤྱི་སྤྱོད་བྱེད་པའི་སྐད་ཡིག་གཅིག་དང་ཡང་ན་དུ་མ་བཀོལ་སྤྱོད་བྱེད་དགོས་པ་དང་། སྤྱི་སྤྱོད་ཀྱི་སྐད་ཡིག་དུ་མ་དུས་མཉམ་དུ་སྤྱོད་ནས་ལས་འགན་སྒྲུབ་པ་ལ་ས་གནས་རང་སྐྱོང་ལས་བྱེད་པའི་མི་རིགས་ཀྱི་སྐད་དང་ཡི་གེ་གཙོར་བྱེད་དུང་ཞེས་བསྟན་པའི་ཕྱིར། མིག་སྔར་བོད་ལྗོངས་དུ་ཏང་སྲིད་ལས་ཁུངས་ཀྱི་བོད་རིགས་ལས་བྱེད་པ་དང་། མི་རིགས་སློབ་གྲྭ་ཆེ་འབྲིང་ཆུང་གསུམ། ཁེ་ལས་མི་སྣ། རོང་འབྲོག་ལྗོངས་ཀྱི་ཡུལ་གྲུ་ཕལ་མོ་ཆེ་རྣམས་ཀྱིས་རྒྱ་སྐད་བརྗོན་སྦྱང་བྱས་པ་ལེགས་ཀྱང་། བོད་ལྗོངས་ཀྱི་བོད་སྐྱོར་ལས་བྱེད་པ་དང་སྤྱིར་བཏང་གི་སློབ་གྲྭ་ཆུང་འབྲིང་གི་འགོ་ཁྲིད་དང་དགེ་སློབ་སོགས་གཞན་རིགས་སུས་ཀྱང་མི་རིགས་སྐད་ཡིག་བསླབས་བ་པ་ཉིན་སྐར་ཙམ་དུ་ཟད་ཅིང་། ཐ་ན་མི་རིགས་སློབ་གྲྭ་ཆུང་འབྲིང་ཕལ་ཆེ་བའི་སྐད་བརྡ་གཉིས་པའི་དགེ་རྒན་རྣམས་ཀྱིས་ཀྱང་རང་སའི་མི་རིགས་ཀྱི་སྐད་ཡིག་བྱུར་ཙམ་ཡང་ཁོང་དུ་ཆུད་ཐུབ་མེད་ལ། འདིས་ཀྱང་བོད་ལྗོངས་སྐད་

གཉིས་ཀྱི་སྤྱི་ཚོགས་ཁོར་ཡུག་དང་སློབ་གསོའི་སྲིད་སྟངས་ལ་ཤུགས་རྐྱེན་མི་ལེགས་པ་ཐེབས་ཀྱིན་ཡོད་པས་ན། སྐུ་ཞབས་མ་ནུང་ཉིད་ནས། ང་ཚོས་ཀྱང་རིམ་པར་རང་རྒྱལ་དུ་ཡུན་རིང་ཙམ་ནས་གྲངས་ཉུང་མི་རིགས་ཀྱིས་རྒྱ་སྐད་བསླབས་ཀྱང་། རྒྱ་རིགས་ཀྱིས་གྲངས་ཉུང་མི་རིགས་ཀྱི་སྐད་བརྡ་མི་སློབ་པའི་ཕྱོགས་འཛིན་གྱི་སྐད་བརྡ་སློབ་སྦྱོང་གི་དཔེ་གཞི་སྒྱུར་བཅོས་བྱས་ན། རང་རྒྱལ་གྱི་མི་རིགས་འདྲ་མཉམ་དང་མི་རིགས་མཐུན་སྒྲིལ་འཇོང་བར་ཕན་ནུས་ཆེན་པོ་ལྡན[9] ཞེས་དང་། གྲུང་གོ་ལ་བོད་སྐད་དང་། ཡུ་གུར་སྐད། སོག་སྐད། ཏ་སག་སྐད་སོགས་གྲངས་ཉུང་མི་རིགས་ཀྱི་སྐད་ཡིག་ནང་བྱིན་ཚུད་པའི་རྒྱ་རིགས་ལས་བྱེད་པ་དང་ཤེས་ཡོན་ཅན་ཁྲི་ཕྲག་དུ་མ་དང་འབུམ་ཕྲག་དུ་མ་མཁོ་ཆེ་ལ། གོ་ཚོ་དང་རྒྱ་སྐད་ནང་བྱིན་ཚུད་པའི་གྲངས་ཉུང་མི་རིགས་ཀྱི་ལས་བྱེད་པ་དང་ཤེས་ཡོན་ཅན་མཉམ་འབྲེལ་བགྱིས་ན། མི་རིགས་སོ་སོའི་མང་ཚོགས་བར་འབྲེལ་ཟམ་བཙུགས་ནས། བསྟུད་མུར་མི་རིགས་སོ་སོའི་བར་བརྗེ་རེས་དང་མཉམ་འབྲེལ་བྱེད་པར་སྐུལ་འདེད་བྱེད་ནུས[10] ཞེས་གསུངས་སོ། །

གསུམ། བོད་ཁུལ་གྱི་སློབ་གསོའི་གནས་བབ་དངོས་དང་བསྟུན་པ།

རང་རྒྱལ་གྱི་ས་གནས་སོ་སོའི་མི་རིགས་འདུས་སྡོད་དང་འདྲེས་སྡོད་དང་ཐོར་སྡོད་བྱེད་ཚུལ་མི་འདྲ་བ་དང་། སྐད་བརྡ་བཀོལ་སྤྱོད་ཀྱི་གནས་ཚུལ་སོགས་ཀྱང་སྣ་ཚོགས་སུ་འདུག་པས། བོད་ཁུལ་གྱི་སྐད་གཉིས་སློབ་གསོའི་སྲིད་སྟངས་ནི་གཞན་པའི་ནང་སའམ་རང་སྐྱོང་ལྗོངས་དང་མི་འདྲ་བ་དང་། བོད་ཁུལ་རང་ལའང་བྱེ་བྲག་ཏུ་ས་གནས་སོ་སོའི་གནས་བབ་མི་འདྲ་བ་སོགས་དམིགས་བསལ་གྱི་ཁྱད་ཆོས་དུ་མ་ལྡན་ཕྱིར། སྐད་གཉིས་སློབ་གསོའི་འཆར་འགོད་དང་སློབ་ཁྲིད་ཀྱི་དཔེ་གཞི་སྣ་ཚོགས་གཏན་ཁེལ་བྱེད་དུས་ཀྱང་། ངེས་པར་དུ་སློབ་གྲྭ་བསྐྲུན་སའི་ས་ཁུལ་གྱི་སྐད་བརྡ་བཀོལ་སྤྱོད་ཀྱི་ཁོར་ཡུག་སོགས་ལ་བསམ་གཞིག་གཏོང་དགོས་ལ། འདི་དང་རང་སའི་མི་རིགས་ཀྱི་མི་གྲངས་ཟིན་ཐོད་དང་། སློབ་མའི་སྐད་བརྡ་ཡི་རྨང་གཞི། སྐད་བརྡ་སྦྱོང་བའི་རིག་གནས་སྤྱི་ཚོགས་ཀྱི་ཁོར་ཡུག་བཅས་ལ་འབྲེལ་བ་དམ་པོར་ལྡན་ཙ་ན། བོད་ཁུལ་རང་སའི་ས་ཁུལ་མི་འདྲ་བ་སྟེ་དབུས་གཙང་དང་མངའ་རིས་མི་འདྲ་བ་དང་། ཨ་མདོ་དང་ཁམས་ཕྱོགས་མི་འདྲ་བ། དབུས་

གཙང་དང་མདོ་ཁམས་མི་འདྲ་བ་སོགས་ཀྱི་ཁྱད་པར་དང་། གྲོང་ཁྱེར་དང་གྲོང་སྡེ་མི་འདྲ་བ། འབྲོག་ཁུལ་དང་རོང་ས་མི་འདྲ་བའི་ཁྱད་པར་ལྡན་པ་ལ་རང་སའི་དོན་དངོས་གཞིར་བཟུང་ནས་དངོས་ཐོག་བདེན་འཚོལ་བྱེད་པ་དང་། གང་ལ་གང་འཚམ་གྱིས་སྐད་གཉིས་སློབ་གསོའི་དཔེ་གཞི་སྤེལ་བ་ལས་ཡོད་ཚད་རྒྱལ་ཡོངས་སྤྱི་སྒྲིག་གི་སྐད་དང་སྙོམ་པར་བྱེད་པའི་སྒྲུབ་སྟངས་གཅིག་གཅོད་དུ་སྤེལ་མི་རུང་། དཔེར་ན་སྲིད་གཞུང་དང་སློབ་གསོ་སྡེ་ཁག་གིས་སློབ་སྒྲུབ་ས་ཁུལ་གྱི་ཕ་སྐད་རིག་གནས་ཀྱི་ཁོར་ཡུག་དང་། སྡོད་དམངས་ཀྱི་མི་གྲངས་ཟིན་ཚད། བཟའ་དཔོན་གྱི་འདོད་མོས་བསམ་ཚུལ། སྤྱི་ཚོགས་ཀྱི་དགོས་མཁོ་དང་བསྟུན་ནས་སྐད་གཉིས་སློབ་གསོར་དུས་ཡུན་རིང་ཙམ་དུ་རྩིས་འགོད་དང་། ཡང་ན་སློབ་ཁྲིད་ཀྱི་དཔེ་གཞི་དེ་ཕ་སྐད་གཙོར་བྱེད་པའི་དཔེ་གཞི་དང་པོ (I) ལ་བརྟེན་པའམ་སྐད་བརྡ་གཉིས་པ་གཙོར་བྱེད་པའི་དཔེ་གཞི་གཉིས་པ (II) ལ་བརྟེན་པ་དང་། ཡང་ན་རྩིས་དངོས་རྫས་སྐྱེ་རྣམས་རྒྱ་ཡིག་གིས་ཁྲིད་ཅིང་ལོ་རྒྱུས་ས་རྒྱུས་དང་ཆབ་སྲིད་བསམ་བློ་སོགས་ཕ་སྐད་ཀྱིས་ཁྲིད་པའི་དཔེ་གཞི་གསུམ་པར (III) བརྟེན་ཚུལ་ཐག་གཅོད་ལེགས་པོ་བྱེད་རྒྱུ་མང་ལ། སློབ་མ་རྣམས་དམའ་རིམ་སློབ་ཆུང་ནས་སློབ་འབྲིང་དང་མཐོ་རིམ་སློབ་ཆེན་བར་བརྒྱུད་པའི་གོ་རིམ་ཁྲིད་སློབ་ཁྲིད་ཀྱི་སྐད་བརྡའི་དཔེ་གཞི་བརྗེ་སྒྱུར་བྱེད་དུས་ཀྱང་། ཁྲིད་བྱའི་ནང་དོན་གྱི་རྒྱུན་མཐུད་ཀྱི་འབྲེལ་བ་དང་། སློབ་མའི་ངོས་ལེན་གྱི་ཚུ་ཚད། སློབ་ཁྲིད་ཀྱི་ཆ་རྐྱེན(དགེ་རྒན་གྱི་ཆ་རྐྱེན་དང་བསླབ་དེབ་སོགས) སློབ་ཁྲིད་ཀྱི་ཕན་ནུས་སམ་ཕྲུས་ཚད་སོགས་ལ་ཁྱོན་ཡོངས་ནས་བསམ་གཞིག་གཏོང་བ་དང་། བོད་ཁུལ་གྱི་ས་གནས་སོ་སོའི་སློབ་གསོའི་གནས་བབ་དངོས་དང་བསྟུན་ནས་ཐག་གཅོད་པ་ལས་རྫོངས་ཚོད་དང་བཙན་ཐབས་ཀྱི་བྱེད་ཐབས་གང་རུང་ལས་སུ་སྤེལ་མི་རུང་སྟེ། བཙན་ཐབས་དབང་ཤེད་ཀྱི་སྤེལ་སྟངས་ལ་ཕན་འབྲས་ལེགས་པོ་འབྱུང་བ་ལྟ་ཞོག དེ་བས་དམངས་ཀྱི་ཞེ་འཁོན་དང་ལྟ་སྟངས་མི་ལེགས་པ་འབྱུང་བ་ཡ་སྟོན་གྱི་ལག་ལེན་དུ་བདེན་དཔང་བྱས་པ་ལྟར་ལགས། དེར་བརྟེན《ཀྲུང་གོའི་གྲངས་ཉུང་མི་རིགས་ཀྱི་སྐད་གཉིས་ཀྱི་ལོ་རྒྱུས་དང་གནས་བབ་ལ་དཔྱད་པ》ཞེས་པའི་ནང་དུ། རང་རྒྱལ་གྲངས་ཉུང་མི་རིགས་ས་ཁུལ་གྱི་རྙོག་འཛིང་ཆེ་བའི་སྐད་བརྡའི་གནས་སྟངས་དང་སྐད་གཉིས་ཀྱི་རྣམ་གྲངས་མི་འདྲ་བའི་རྐྱེན་གྱིས། རྗེས་ཕྱོགས་རང་རྒྱལ་གྱི་སྐད་གཉིས་སྤེལ་སྟངས་ཀྱི་སྲིད་ཇུས་ཀྱང་སྣ་མང་ཅན་དུ་འགོད་དགོས་ཀྱི།

གཅིག་གཙོད་ཀྱི་ལས་སུ་བརྟེན་མི་རུང[11] ཞེས་དང་། དུས་ནམ་ཞིག་གི་ཚེའང་མི་རིགས་མི་འདྲ་བ་དང་ས་གནས་མི་འདྲ་བ་ལས་མཚུངས་ཆོས་ཐུན་མོང་དུ་འདོན་པར་གཙོར་བྱེད་དགོས་པ་དང་ཆབས་ཅིག་དམིགས་བསལ་གྱི་ཆ་རྣམས་ཀྱང་གཏོགས་སུ་འཛིན་དགོས་ལ། ཁ་གཏད་པའི་སྲིད་ཇུས་བཟོ་སྐབས་ཀྱང་མི་རིགས་མཐུན་སྒྲིལ་དང་། ཡར་སྐྱེད། མཉམ་དུ་དར་རྒྱས་སུ་འགྲོ་བའི་ཁེ་ཕན་ལ་དམིགས་ནས་དངོས་ཐོག་བདེན་འཚོལ་དང་རིགས་ཆོས་ཀྱི་ཁྱད་པར་ལྟར་མཇུབ་སྟོན་བྱ་དགོས[12] ཞེས་བསྟན་ཏོ། །

གསུམ་པ། བོད་ཁུལ་དེང་རབས་ཅན་གྱི་སྐད་གཉིས་སློབ་གསོའི་འགན་ནུས་དང་ཁྱད་ཆོས།

བོད་ཁུལ་དེང་རབས་ཅན་དུ་འཛུགས་སྐྲུན་བྱེད་པའི་བརྒྱུད་རིམ་ཁྲོད་ཀྱི་སྐད་གཉིས་སློབ་གསོའི་འགན་ནུས་ནི་ཚན་རྩལ་རིག་གནས་སློབ་གསོ་དར་སྤེལ་དུ་བཏང་ནས་བོད་ཁུལ་འཆམ་མཐུན་ཅན་དང་སྟོབས་འབྱོར་ལྡན་པར་འཕེལ་རྒྱས་སུ་གཏོང་རྒྱུ་ལགས་ལ། བོད་ཁུལ་གྱི་སྤྱི་ཚོགས་སྟོབས་འབྱོར་ལྡན་ཞིང་འཆམ་མཐུན་ཅན་དུ་འགོད་དགོས་ན། བོད་ཁུལ་འཛུགས་སྐྲུན་བྱེད་མཁན་ཏེ་ཏང་སྲིད་འཛུགས་སྐྲུན་མི་སྣ་དང་། དཔལ་འབྱོར་འཛུགས་སྐྲུན་མི་སྣ། རིག་གནས་སློབ་གསོ་མི་སྣ་སོགས་སུ་སྐད་གཉིས་སྨྲ་བའི་ཤེས་ལྡན་མི་སྣ་འབོར་ཆེན་སྐྱེད་སྲིང་བྱེད་པ་དང་། ཕ་སྐད་ཀྱི་རིག་གནས་ཁོར་ཡུག་འཛུགས་སྐྲུན་བྱེད་པ། འཆམ་མཐུན་གྱི་བོད་ཁུལ་འཕེལ་རྒྱས་སུ་གཏོང་བ་གཙོར་ལགས་ལ། འདི་རྣམས་དོན་དུ་བོད་ཁུལ་གྱི་སྐད་གཉིས་སློབ་གསོའི་འགན་ནུས་ཁོ་ན་ཙམ་དུ་མ་ཟད་པར་སྐད་གཉིས་སློབ་གསོའི་ཁྱད་ཆོས་ཤིག་ཀྱང་ཡིན་པས་ན། གཤམ་དུ་གནད་འདི་གསུམ་ག་མདོར་ཙམ་སྒྲོ་བར་བྱ་སྟེ།

གཅིག སྐད་གཉིས་སྨྲ་བའི་ཤེས་ལྡན་མི་སྣ་སྐྱེད་སྲིང་བྱེད་པ།

རྒྱལ་ཁབ་དང་མི་རིགས་འཕེལ་རྒྱས་སུ་འགྲོ་རྒྱུ་ནི་ཐོག་ཏུ་མེད་པའི་གནས་ལུགས་འབབ་ཞིག་ཏུ་ཟད་ཅིང་། བོད་ཁུལ་ཇི་ལྟར་འཕེལ་རྒྱས་སུ་གཏོང་བ་དང་ཇི་ལྟར་དུས་

རབས་ཀྱི་འཕེལ་འགྲོས་སུ་བསྙེག་པ་སོགས་ཀྱང་གནད་འགག་སློབ་གསོ་ལ་རག་ལས། སློབ་གསོ་དེ་ཡང་དོན་དུ་མི་རྣམས་ཀྱི་ནུས་ཚད་མཐོར་འདེགས་པའམ་མི་རྣམས་ཇི་ལྟར་སྐྱེད་སྲིང་བྱེད་པ་དང་མི་ག་འདྲ་ཞིག་སྐྱེད་སྲིང་བྱེད་པའི་ཐབས་ལམ་ལ་རག་ལས། བོད་ལུགས་ལྟར་ན་མིག་སྔར་ཁ་གཏད་པའི་གནད་དོན་གཙོ་བོ་ནི་སྐད་གཉིས་སྨྲ་བའི་ཤེས་ལྡན་མི་སྣ་འབོར་ཆེན་ཕྲུས་ལེགས་སུ་སྐྱེད་སྲིང་བྱེད་པ་སྟེ། བྱེ་བྲག་ཏུ་ཡོན་ཏན་དང་རྟོགས་པ་མཐོ་ལ། ནུས་པ་དང་འཛོན་ཐང་ལྡན་པ། སྐད་གཉིས་སམ་སྐད་མང་རིས་མེད་དུ་མཁྱེན་པའི་ཏང་སྲིད་དོ་དམ་པ་དང་། སྤྱི་བདེ་རྟོག་བཤེར་མི་སྣ། ཁྲིམས་འཛིན་དོན་གཉེར་བ་སོགས་ཏང་སྲིད་འཛུགས་སྐྲུན་བྱེད་མཁན་དང་། དཔལ་འབྱོར་འཛུགས་སྐྲུན་མི་སྣ་སྣ་ཚོགས་ཏེ་དེང་རབས་ཞིང་ཕྱུགས་ནགས་ལས་ཀྱི་དོ་དམ་པ་དང་། བཟོ་ཚོང་ཁེ་ལས་ཀྱི་དོན་གཉེར་བ། སྨག་སྲིད་དངུལ་གཉེར་གྱི་ལས་བྱེད་པ། འགྲིམ་འགྲུལ་གནས་སྐོར་གྱི་བདག་གཉེར་པ། ཁྲལ་སྡུད་རྩིས་གཉེར་མི་སྣ་སོགས་དང་། རིག་གནས་སློབ་གསོའི་འཛུགས་སྐྲུན་མི་སྣ་སྟེ་སློབ་གསོའི་ལས་དོན་བྱེད་མཁན་དང་། ཚན་རྩལ་རིག་གཞུང་གི་ཞིབ་འཇུག་པ། སྒྲིག་བརྙན་རྒྱང་སྒྲིག་དང་ཚགས་པར་གསར་འགྱུར་གྱི་ལས་དོན་མི་སྣ་སོགས་འབོར་ཆེན་སྐྱེད་སྲིང་བྱེད་པ་མགོ་ཆེ་ལ། འདིས་ཀྱང་ཐད་ཀར་བོད་ལུགས་དེང་རབས་ཅན་གྱི་འཛུགས་སྐྲུན་དང་རིག་གནས་འཕེལ་རྒྱས་ལ་ཤུགས་རྐྱེན་ཆེན་པོ་ཐེབས་ཀྱིན་ཡོད་པས། དེང་རབས་ཅན་གྱི་བོད་ལུགས་འཛུགས་སྐྲུན་བྱེད་པའི་བརྒྱུད་རིམ་ཁྲོད་ཀྱི་སྐད་གཉིས་སློབ་གསོའི་འགན་ནུས་གཙོ་བོ་ནི་བོད་རྒྱ་སྐད་གཉིས་སམ་བོད་རྒྱ་དབྱི་སྐད་གསུམ་གྱི་སློབ་གསོའི་ཐབས་ལམ་ཁྱབ་གདལ་དུ་བཏང་ཏེ་དེང་རབས་ཅན་དང་འཛམ་གླིང་ལ་ཁ་ཕྱོགས་ནུས་ཤིང་དུས་བབ་དང་མཐུན་པའི་སྐད་གཉིས་སམ་སྐད་མང་གི་ཤེས་ལྡན་མི་སྣ་མང་པོ་སྐྱེད་སྲིང་བྱེད་པ་ལ་ཐུག། དེང་རབས་བོད་ལུགས་ཀྱི་སྤྱི་ཚོགས་རིག་གནས་འཕེལ་འགྱུར་གྱི་བརྒྱུད་རིམ་ཁྲོད་དུ། ཐབས་ལམ་འདི་དག་ལ་རྒྱ་ཆེ་བའི་བོད་རིགས་མི་དམངས་ཀྱིས་དུས་བབ་དང་བསྟུན་ནས་རང་གི་སྲོལ་རྒྱུན་རིག་གནས་འཛིན་སྐྱོང་སྤེལ་གསུམ་བྱེད་པའི་དགོས་མཁོའམ་བསམ་འདུན་བསྐོང་ནུས་པའི་ཁྱད་ཆོས་ཤིག་ལྡན་པ་མ་ཟད། སློབ་གསོ་དེང་རབས་ཅན་ལ་ཁ་ཕྱོགས་པ་དང་། འཛམ་གླིང་ལ་ཁ་ཕྱོགས་པ། མ་འོངས་པར་ཁ་ཕྱོགས་པའི་བླང་བྱ་ལྟར་སློབ་གསོའི་དམིགས་འདུན་ལེགས་འགྲུབ་བྱེད་པ་དང་།

དམངས་ཡོངས་ཀྱི་ཕྱུས་ཚད་མཐོར་འདེགས་པ། གཞན་པའི་སྟོན་ཐོན་མི་རིགས་ཀྱི་རིག་གནས་ཕུན་སུམ་ཚོགས་པའི་ཉིང་བཅུད་ཚུར་བསྡུས་ནས་མི་རིགས་ཀྱི་རིག་གནས་སྤར་བས་ཇེ་བརྟན་དང་སྒྲ་འཛོམས་ཅན་དུ་སྤེལ་ཞིང་བོད་ལུགས་དེང་རབས་ཅན་དུ་མངོན་པར་འགྱུར་བའི་མི་རིགས་སྲིད་ཇུས་དངོས་འབེབས་བྱེད་པའི་ཁྱད་ཆོས་ཤིག་ཀྱང་ལྡན་ནོ། །

མིག་སྔར་བོད་ལུགས་ཀྱི་གནས་བབ་ལྟར་ན། ཚན་རྩལ་འཕེལ་རྒྱས་ཀྱི་ཆུ་ཚད་དང་སློབ་གསོ་འཕེལ་རྒྱས་ཀྱི་ཆུ་ཚད་གཉིས་ཕན་ཚུན་རྟེན་འབྱུང་དུ་གནས་པ་དག་གང་ཡང་རིས་སུ་འདོར་མི་རུང་བར་འབྲེལ་མར་འཕེལ་རྒྱས་སུ་གཏོང་དགོས་པ་བསྐྱོན་དུ་མེད་ལ། འདི་གཉིས་གང་ཡང་སྐད་དང་ཡི་གེའི་སློབ་གསོ་ལ་འབྲལ་ཐབས་མེད་ཅིང་། ནུབ་ལུགས་གསར་སྤེལ་ཆེན་མོ་དང་དེང་རབས་ཅན་གྱི་བོད་ལུགས་འཛུགས་སྐྲུན་བྱེད་པའི་འགྲོས་རིམ་ཁྲོད་དུ། ཕ་སྐད་གཙོས་སྐད་དང་ཡི་གེ་གང་ཡང་རུང་རྒྱ་ཆེ་བའི་བོད་ལུགས་དུ་ལག་རྩལ་དང་། ཤེས་ཡོན། ཆ་འཕྲིན། ཁྲིམ་ར་སོགས་ཤེས་རྟོགས་དང་བདག་ཏུ་གཉེར་བྱེད་ཀྱི་བརྡ་ཐབས་སུ་ངེས་ཙ་ན། འདིས་ཀྱང་བོད་སྐད་ཡིག་རང་སྟེང་ལ་འཕེལ་འགྱུར་ཆེ་ཙམ་འབྱུང་བཞིན་ཡོད་པ་ཕུད། བོད་ལུགས་ཡོངས་ཀྱི་སྐད་བརྡའི་སྤྱོད་སྟངས་ལ་འང་འགྱུར་ལྡོག་ཆེན་པོ་བསླངས་ནས། སྐད་བརྡའི་དཔེ་གཞི་དེ་ཡང་ཕ་སྐད་དམ་སྐད་བརྡ་སྣ་གཅིག་ཀྲུང་ནས་སྣ་གཉིས་སམ་སྣ་མང་ཅན་དུ་འཕེལ་འགྱུར་བྱུང་སྟབས། བོད་ལུགས་ཀྱི་སྐད་གཉིས་སློབ་གསོའི་དགོས་མཁོའང་སྔར་བས་ཇེ་ཆེར་གྱུར་པ་དང་བསྟུན། སྐད་གཉིས་སློབ་གསོ་སྤེལ་བའི་ཐབས་བཀོད་དང་ཕྱུས་ཚད་མཐོར་འདེགས་ཚུལ་སོགས་ལ་སྔར་བས་ཤུགས་སྣོན་བྱ་དགོས་ས་མང་སྟེ། དཔེར་ན་བོད་རྒྱ་སྐད་གཉིས་སམ་བོད་རྒྱ་དབྱི་སྐད་གསུམ་གྱི་སློབ་ཁྲིད་བཅོས་སྒྱུར་བྱེད་པའི་གོ་རྟོགས་སྔར་བས་མཐོར་འདེགས་པ་དང་། སྐད་གཉིས་སློབ་ཁྲིད་ཀྱི་དཔེ་གཞི་སྔར་བས་ཚད་ལྡན་དུ་གཏོང་བ། སྐད་གཉིས་སློབ་ཁྲིད་ཀྱི་བསླབ་གཞིའི་ཕྱུས་ཚད་དང་འཛུགས་སྐྲུན་སྔར་བས་ག་སྒྲིགས་སུ་འཛིན་པ། སྐད་གཉིས་དགེ་རྒན་གྱི་དཔུང་ཤུགས་སྔར་བས་ཆེར་བསྐྱེད་པ། སྐད་གཉིས་སློབ་ཁྲིད་ཀྱི་རྒྱུགས་ཚད་དང་དཔྱད་འཇོག་གི་ཚད་གཞི་གཅིག་གྱུར་བཟོ་འགོད་བྱེད་པ། སྐད་གཉིས་སློབ་གསོའི་ཚོད་ལྟ་དང་གཞུང་ལུགས་ཀྱི་ཞིབ་འཇུག་ལ་ཤུགས་སྣོན་པ་སོགས་འབྲེལ་མར་བསྒྲུབ་དགོས་པའི་ལས་དོན་ཁོ་ནར་ངེས་ལ། མྱོས་སུ་དེང་རབས་ཅན་གྱི་བོད་ལུགས་གསར་པ་འཛུགས་སྐྲུན་བྱེད་

མཁན་གྱི་ཤེས་ལྡན་མི་སྣ་འབོར་ཆེན་སྐྱེད་སྲིང་བྱ་དགོས་ན། གཙོ་བོ་སློབ་གྲྭའི་བསླབ་ཚན་གྱི་འཛུགས་སྐྲུན་དང་ཆེད་ལས་ཀྱི་བཀོད་སྒྲིག་སོགས་དུས་རབས་དང་དམིགས་གཏད་ནས་མ་ལག་འཐུས་ཚང་ཞིང་། མི་རིགས་དང་དུས་རབས་ཀྱི་ཁྱད་ཆོས་ལྡན་པ། རྨང་གཞི་བརྟན་ཞིང་ཤེས་རྒྱ་ཡངས་ལ་སྤྱོད་གོ་ཆོད་པར་འདུམ་སྒྲིག་བྱ་དགོས་པ་དང་། སྔར་གྱི་བསླབ་ཚན་གྱི་དབྱེ་བ་ཞིབ་ཚགས་ཅན་དང་ཆེད་ལས་ཀྱི་སྤྱོད་སྒོ་དོག་པའི་དཔེ་གཞི་གཏོར་ནས། བོད་ཁུལ་སྤྱི་ཚོགས་འཕེལ་རྒྱས་ཀྱི་དགོས་མཁོ་ལྟར་རིག་གཞུང་གི་སྒྲིག་གཞི་དང་ཆེད་ལས་ཀྱི་བསླབ་བྱ་འཚམ་པར་བཀོད་པ་དང་། བཟོ་གསོ་ལག་རྩལ་དང་། དཔལ་འབྱོར་དོ་དམ། ཏང་སྲིད་འཛུགས་སྐྲུན། རིག་གཞུང་གསར་བའི་སྒྲིག་འཛུགས་སོགས་དངོས་སྤྱོད་རིན་ཐང་ཆེས་ཆེར་ལྡན་པའི་ཆེད་ལས་དང་བསླབ་ཚན་གྱི་ནང་དོན་ལེགས་པར་བཀོད་སྒྲིག་མཛད་དེ། བསམ་བློ་སྤུས་ཚད་མཐོ་ཞིང་ནུས་པ་ལྡན་པ་དང་། ཆེད་ལས་ཀྱི་རྨང་གཞི་བརྟན་ཞིང་ཤེས་རྒྱ་ཡངས་པ། སྐད་གསུམ་རིས་མེད་དུ་སྤྱོད་མཁས་པའི་མི་སྣ་འཛོན་ཐང་ཅན་སྐྱེད་སྲིང་བྱ་དགོས་ལ། འདི་རྣམས་ཀུན་མངོན་པར་འགྲུབ་པ་ལ་སྐད་གཉིས་སློབ་གསོའི་ཐབས་ལམ་འབའ་ཞིག་ལས་མ་འདས་ཕྱིར། བོད་ཁུལ་གྱི་སྐད་གཉིས་སློབ་གསོའི་འགན་འཁྲི་ནི་རྒྱ་ཆེ་ཞིང་གཏིང་རིང་བར་མངོན་འདུག་གོ །

གཉིས། ཕ་སྐད་ཀྱི་རིག་གནས་ཁོར་ཡུག་འཛུགས་སྐྲུན་བྱེད་པ།

རང་རྒྱལ་ནི་མི་རིགས་མང་པོ་འདུས་སྡོད་ཀྱི་སྤྱི་ཚོགས་རིང་ལུགས་ཀྱི་རྒྱལ་ཁབ་ཅིག་ཡིན་ཞིང་། མི་རིགས་སྐད་ཡིག་འདྲ་མཉམ་ཡོང་རྒྱུ་ནི་རྒྱལ་ཁམས་བདེ་འཇགས་དང་མི་རིགས་འདྲ་མཉམ་གྱིས་དར་རྒྱས་གོང་འཕེལ་དུ་འགྲོ་བའི་ཐབས་ལམ་ཉག་གཅིག་ཏུ་ངེས། བོད་ཁུལ་གྱི་ཕ་སྐད་རིག་གནས་ཀྱི་ཁོར་ཡུག་འཛུགས་སྐྲུན་བྱེད་རྒྱུ་ནི་མི་རིགས་འདྲ་མཉམ་གྱི་ཁེ་དབང་བདག་སྐྱོང་བྱེད་པ་དང་སྤྱི་ཚོགས་རིང་ལུགས་ཀྱི་བོད་ཁུལ་གསར་བ་འཛུགས་སྐྲུན་བྱེད་པའི་ཐབས་ལམ་གཙོ་བོར་ངེས་ཏེ། པཎ་ཆེན་ཨེར་ཏི་ཎི་ཆོས་ཀྱི་རྒྱལ་མཚན་དང་ང་ཕོད་ངག་དབང་འཇིགས་མེད་རྣམ་གཉིས་ཀྱིས། བོད་ཀྱི་སྐད་ཡིག་སློབ་སྦྱོང་དང་། བེད་སྤྱོད། འཕེལ་རྒྱས་བཅས་ལེགས་པར་བྱ་རྒྱུ་ནི། བོད་མི་རིགས་ཀྱི་སྲོལ་རྒྱུན་རིག་གནས་ཤུལ་བཞག་རྣམས་ལ་ཚན་རིག་དང་མཐུན་པའི་སྒོ་ནས་ཞིབ་འཇུག་དང་། རྒྱུན་

འཛིན། འཕེལ་རྒྱས་བཏང་སྟེ་གནའ་བཟང་དེང་སྲོད་ཀྱི་སྔོ་ནས་མི་རིགས་ཀྱི་ཁྱད་ཆོས་ལྡན་པའི་སྤྱི་ཚོགས་རིང་ལུགས་ཀྱི་རིག་གནས་གསར་བ་སྤེལ་ཐུབ་མིན་དང་། བོད་རིགས་མི་དམངས་ལ་རྩ་ཁྲིམས་ཀྱིས་བསྐུལ་པའི་རང་ཁྲིམ་རང་བདག་གི་རང་སྐྱོང་དབང་ཆ་ཡོངས་སུ་སྤྱོད་ཐུབ་མིན། བོད་མི་རིགས་ཀྱི་ཚན་རིག་དང་རིག་གནས་ཀྱི་ཚུང་ཚད་གོང་མཐོར་གཏོང་ཐུབ་མིན། བོད་མི་རིགས་དར་རྒྱས་ཡར་ཐོན་དུ་འགྲོ་ཐུབ་མིན་བཅས་ལ་ཐུག་ཡོད་པ་མ་ཟད། རང་ལྗོངས་ཀྱི་སྤྱི་ཚོགས་རིང་ལུགས་ཀྱི་དངོས་པོའི་དཔལ་ཡོན་དང་། སྤྱི་ཚོགས་རིང་ལུགས་ཀྱི་བསམ་པའི་དཔལ་ཡོན་འཛུགས་སྐྲུན་འཕེལ་རྒྱས་སུ་གཏོང་རྒྱུ་ལའང་དགོས་གལ་ཤིན་ཏུ་ཆེ་བ་ཞིག་རེད[13] ཅེས་གསུངས། དེས་ན་བོད་ལྗོངས་དུ་ཕ་སྐད་ཀྱི་རིག་གནས་ཁོར་ཡུག་འཛུགས་སྐྲུན་བྱེད་པའི་ཐབས་ལམ་ནི་ཇི་ལྟར་ལགས་ཞེ་ན།

༧. ཏང་དང་རྒྱལ་ཁབ་ཀྱིས་མི་རིགས་སྐད་ཡིག་གི་སྲིད་འཛིན་ལས་ཁུངས་དང་སྲིད་ཇུས་ལ་ཤུགས་སྣོན་བྱེད་པ་སྟེ། ཏྭབས་ཆེན་གྱི་སློབ་དཔོན་ལེ་ཉིན་གྱིས། སུ་ཞིག་གིས་མི་རིགས་འདྲ་མཉམ་དང་སྐད་བརྡ་འདྲ་མཉམ་ཁས་མི་ལེན་པ་དང་རྒྱུན་འཁྱོངས་མི་བྱེད་པ་དང་། མི་རིགས་མི་འདྲ་བར་གཉའ་གནོན་དང་འདྲ་མཉམ་མ་ཡིན་པའི་འཐབ་རྩོད་བྱེད་ན། དེ་ནི་མར་ཁེ་སི་རིང་ལུགས་པ་མིན་པར་མ་ཟད། ཐ་ན་དམངས་གཙོ་རིང་ལུགས་པ་ཞིག་ཀྱང་མིན་པ་གདོན་མི་ཟ[14] ཞེས་དང་། མའོ་ཙེ་ཏུང་ཉིད་ཀྱིས་ཀྱང་། གྲངས་ཉུང་མི་རིགས་ཀྱི་རིག་གནས་དང་། ཆོས་ལུགས། གོམས་སྲོལ་ལ་བརྩི་བཀུར་བྱེད་ན། ཁོ་ཚོར་བཙན་ཐབས་ཀྱིས་རྒྱ་སྐད་སློབ་པར་བསྐུལ་དགོས་པ་མ་ཡིན་པར། ཁོ་ཚོ་འཕེལ་རྒྱས་སུ་འགྲོ་བ་ལ་མི་རིགས་རང་ཉིད་ཀྱི་སྐད་དང་ཡི་གེའི་རིག་གནས་སློབ་གསོ་སྤེལ་བར་རོགས་སྐྱོར་བྱ་དགོས་པ་ཡིན[15] ཞེས་གསུངས་པ་ལྟར། རང་རེའི་ཏང་དང་རྒྱལ་ཁབ་ཀྱིས་ཀྱང་ཀྲུང་གོ་གསར་བརྗེ་དང་སྤྱི་ཚོགས་རིང་ལུགས་འཛུགས་སྐྲུན་གྱི་བརྒྱུད་རིམ་ཁྲོད་དུ་གྲངས་ཉུང་མི་རིགས་ཀྱི་སྐད་ཡིག་རིག་གནས་ཀྱི་ཐོབ་ཐང་ལ་གོང་བཀུར་དང་འགན་སྲུང་བྱེད་ཆེད། «ཀྲུང་ཧྭ་མི་དམངས་སྤྱི་མཐུན་རྒྱལ་ཁབ་ཀྱི་རྩ་ཁྲིམས» ནང་དུ་མི་རིགས་སོ་སོར་རང་ཉིད་ཀྱི་སྐད་དང་ཡི་གེ་བཀོལ་སྤྱོད་དང་འཕེལ་རྒྱས་གཏོང་བའི་རང་དབང་ཐོབ་ཡོད་པ་དང་། དེ་ལས་འཕྲོས་པའི་«མི་རིགས་ས་གནས་རང་སྐྱོང་གི་ཁྲིམས་ཡིག» དང་། དེ་གཉིས་གཞིར་བཟུང་ནས་སྤེལ་བའི་རང་སྐྱོང་ལྗོངས་དང་། རང་སྐྱོང་ཁུལ། རང་སྐྱོང་

རྫོང་རིམ་པའི་ཁྲིམས་སྲོལ་སྣ་ཚོགས་སུའང་བོད་ཀྱི་སྐད་དང་ཡི་གེ་བཀོལ་སྤྱོད་དང་འཕེལ་རྒྱས་སུ་གཏོང་བར་འགན་སྲུང་མཛད་ཡོད་པ་མ་ཟད། རྒྱལ་ཁབ་དམངས་ཞུ་དང་། རང་སྐྱོང་ལྗོངས་དང་ཞིང་ཆེན་གྱི་དམངས་ཞུ། རང་སྐྱོང་ཁུལ་དང་རང་སྐྱོང་རྫོང་གི་མི་རིགས་སྐད་ཡིག་གཞུང་ལས་ཁང་སོགས་སྲིད་འཛིན་ལས་ཁུངས་མང་ཙམ་བཙུགས་ནས་བོད་སྐད་ཡིག་གི་ཐོབ་ཐང་ལ་ཁག་ཁུར་འགན་སྲུང་མཛད་པས། བོད་ཁུལ་སྤྱི་ཚོགས་ཀྱི་ལས་རིགས་སོ་སོའི་སྟེང་གྲུབ་འབྲས་ཀུང་གཡུར་དུ་ཟ་བ་བླངས། དེ་ལྟ་ནའང་ང་ཚོས་བསྟུད་མུར་མར་ཁེ་སི་རིང་ལུགས་དང་། མའོ་ཙེ་ཏུང་གི་དགོངས་པ། ཧྲིན་ཞོ་ཕིན་གྱི་ཀྲུང་གོའི་ཁྱད་ཆོས་ལྡན་པའི་སྤྱི་ཚོགས་རིང་ལུགས་འཛུགས་སྐྲུན་བྱེད་པའི་རིགས་པའི་གཞུང་ལུགས་དེ་མི་རིགས་ཀྱི་གནད་དོན་ཐག་གཅོད་བྱེད་ཀྱི་བསམ་བློའི་མཐུན་སྟོན་ཞིག་ཏུ་བརྩིས་ནས། དུས་རབས་ཀྱི་འཕེལ་འགྱུར་དང་བསྟུན་ཏེ་མི་རིགས་ཀྱི་གནད་དོན་གང་མང་ཐག་གཅོད་དང་། མི་རིགས་འདྲ་མཉམ་དང་འཕེལ་རྒྱས། སྐད་ཡིག་འདྲ་མཉམ་དང་དར་རྒྱས། མི་རིགས་སོ་སོའི་རིག་གནས་གོམས་སྲོལ་ལ་བརྩི་འཛོག་ཡོད་པའི་སྒོ་ནས་རྒྱལ་ཁབ་ཀྱི་རྣམ་པ་དགེ་མཚན་ཅན་དུ་བསྒྱུར་དགོས་ན། ཧང་དང་རྒྱལ་ཁབ་ཀྱིས་མུ་མཐུད་དུ་མི་རིགས་སྐད་ཡིག་གི་ལས་དོན་ལ་སྔར་བས་མཐོང་ཆེན་མཛད་དེ་ཤུགས་སྣོན་བྱ་དགོས་རྒྱུ་མང་སྟེ།

(༡) རིམ་པ་སོ་སོའི་ད་ཡོད་ཀྱི་མི་རིགས་སྐད་ཡིག་གི་སྲིད་འཛིན་ལས་ཁུངས་ལ་ཤུགས་སྣོན་བྱེད་པ་ལས་གཞན་ད་དུང་ཐེ་གཏོགས་དང་ལྟ་སྐུལ་གྱི་སྲིད་འཛིན་དོ་དམ་ལས་ཁུངས་འཐུས་ཚང་དུ་བཀོད་ནས་མི་རིགས་སྐད་ཡིག་གི་བྱ་བར་འགན་ཁུར་བའོ། །

(༢) མིག་སྔར་གྱི་རྒྱལ་ཁབ་རིམ་པའི་རྩ་ཁྲིམས་དང་ཁྲིམས་སྲོལ་སྣ་ཚོགས་ལས་གཞན་གྲངས་ཉུང་མི་རིགས་ཀྱི་སྐད་དང་ཡི་གེའི་ཁྲིམས་སྲོལ་གསར་བ་སྒྲིག་འཛུགས་དང་འཐུས་ཚང་དུ་བཀོད་དེ་མི་རིགས་སྐད་ཡིག་གི་བྱ་བར་འགན་སྲུང་བའོ། །

(༣) མར་ཁེ་སི་རིང་ལུགས་ཀྱི་མི་རིགས་སྐད་ཡིག་གི་གཞུང་ལུགས་དང་ཧང་གི་མི་རིགས་སྐད་ཡིག་སྲིད་ཇུས་ཀྱི་དྲིལ་སྒྲིག་བྱ་བར་ཤུགས་བསྣན་ཏེ་ཧང་སྲིད་ལས་བྱེད་མི་སྣའི་མི་རིགས་སྐད་ཡིག་གི་ལྟ་སྟངས་ཇེ་ལེགས་སུ་བསྒྱུར་བའོ། །

(༤) སྲིད་འཛིན་བྱ་བྱེད་ཀྱི་ཁྱབ་ཁོངས་སུ་མི་རིགས་སྐད་ཡིག་གི་སྤྱོད་སྒོ་ཆེར་བསྐྱེད་དང་སྐད་གཉིས་སྨྲ་བའི་མི་རིགས་ཀྱི་སྲིད་འཛིན་དོ་དམ་མི་སྣ་འབོར་ཆེན་སྐྱེད་སྲིང་

བྱེད་པར་དམིགས་བསལ་གྱི་ཐབས་ཇུས་བཟོ་འགོད་བྱེད་པའོ། །

（༥） མི་རིགས་སྐད་ཡིག་རིག་གནས་ཀྱི་སློབ་གསོ་དང་མྱུར་སྐྱོབ་ཀྱི་སྲིད་ཇུས་ཕྱར་བས་ཇེ་ལེགས་དང་ལས་གཞི་སྣ་ཚོགས་གྲ་རྒྱས་སུ་སྤེལ་བར་དངུལ་ཤུགས་ཀྱིས་རྒྱབ་སྐྱོར་གང་ལེགས་བྱེད་པ་བཅས་སོ། །

༢. མི་རིགས་སྐད་ཡིག་རིག་གནས་ཀྱི་ཡོར་ཡུག་འཛུགས་སྐྲུན་དང་སྤྱོད་སྒོ་རྒྱ་ཆེར་སྤེལ་བ་སྟེ། རང་རྒྱལ་ནི་མི་རིགས་ང་དྲུག་མཉམ་འདུས་ཀྱི་རྒྱལ་ཁབ་ཅིག་ཡིན་ལ། ཆེས་རྗེས་ལུས་ཀྱི་ས་ཁུལ་ནི་གྲངས་ཉུང་མི་རིགས་འདུས་སྡོད་ཀྱི་ས་གནས་དག་ཡིན་པས། རྒྱལ་ཁབ་སྟོབས་འབྱོར་ལྡན་པར་འགྱུར་དགོས་ན། གཙོ་བོ་མི་རིགས་ས་ཁུལ་འཕེལ་རྒྱས་སུ་འགྲོ་དགོས་པ་དང་། མི་རིགས་ས་ཁུལ་འཕེལ་རྒྱས་སུ་འགྲོ་དགོས་ན། མི་རིགས་རང་སའི་སྲིད་འཛིན་གཞིར་བཟུང་རིག་གནས་ཕུན་སུམ་ཚོགས་པར་སྤེལ་དགོས་ལ། མི་རིགས་ཀྱི་རིག་གནས་དར་རྒྱས་སུ་སྤེལ་དགོས་ན། མི་རིགས་རང་གི་སྐད་ཡིག་རིག་གནས་ཀྱི་ཡོར་ཡུག་འཛུགས་སྐྲུན་དང་མ་སྐད་ཀྱི་རིག་གནས་སློབ་གསོ་རྒྱ་ཆེར་སྤེལ་དགོས། ཡིན་ན་ཡང་རྒྱ་སྐད་དང་བསྡུར་ན། གྲངས་ཉུང་མི་རིགས་ཀྱི་སྐད་བརྡ་ཡོངས་དང་ལྷག་པར་བོད་སྐད་རང་ལ་འཕྲུལ་མར་དེང་རབས་ཚན་རིག་དང་དཔལ་འབྱོར་འཕྲིན་གསར་ཡོངས་སུ་བསྡུ་ཁུབ་བྱེད་པའི་ནུས་པ་ཞན་ཞིང་མ་སྐད་རང་གི་སྤྱོད་སྒོ་དོག་པས། དེང་རབས་སྲིད་འཛིན་འབྲེལ་འདྲིས་ཀྱི་དགོས་འདོད་ཇི་བཞིན་སྐོང་མི་ཐུབ་པའི་ཞན་ཆ་དག་མངོན་གསལ་དུ་ལྡན་ལ། དོན་དུ་འདི་དག་ཀྱང་བོད་སྐད་ཡིག་རང་སྟེང་གི་འཕེལ་རྒྱས་དང་མ་སྐད་ཀྱི་རིག་གནས་ཡོར་ཡུག་འཛུགས་སྐྲུན་བྱེད་པའི་ཐབས་ལམ་ཞིག་ལ་རག་ལས་ཕྱིར། ང་ཚོས་ཀྱང་གཅིག་ནས་དེང་རབས་བོད་ཁུལ་སྤྱི་ཚོགས་ཀྱི་འཕེལ་འགྱུར་དང་བསྟུན་ནས་བོད་སྐད་ཡིག་རང་སྟེང་གི་འཕེལ་འགྱུར་ཚོས་ཉིད་ལ་ཤེས་རྟོགས་དང་གདེང་ཚོད་ཡོད་པ་དང་། གཉིས་ནས་སྤྱི་ཚོགས་རིག་གནས་ཀྱི་རྒྱུ་རྐྱེན་ཚོགས་པ་དང་རྒྱལ་ཁབ་ཀྱི་སྲིད་དོན་ཁྲིམས་སྲོལ་གྱིས་བསྐྱལ་བའི་རང་དབང་སོགས་སྤྱི་ཚོགས་ཀྱི་ཆ་རྐྱེན་གང་ལེགས་བརྩོན་ལེན་དང་ཅི་ནུས་ཀྱིས་བེད་སྤྱོད་པར་བྱེད་པ། གསུམ་ནས་མི་རིགས་རང་གི་རང་བརྩི་རང་བཀུར་དང་། ངར་སེམས་གཅིག་སྒྲིལ། སྤོབས་པ་ཉམས་མེད། མ་སྒྱུལ་རང་རྟོགས་བཅས་ཀྱི་སྲོལ་བཟང་རྒྱུན་འཛིན་དང་བཅས། མ་མཐའ་ཡང་གཤམ་གྱི་ཕྱོགས་སོ་སོ་ནས་མ་སྐད

རིག་གནས་ཀྱི་ཡོར་ཡུག་བསྐྲུན་པ་ལ་འབད་འབུངས་བྱ་དགོས་པར་སེམས་ཏེ།

(༡) ཕ་སྐད་རིག་གནས་ཐད་ཀྱི་རིག་གཞུང་ཞིབ་འཇུག་དང་། ཡོར་ཡུག་འཛུགས་སྐྲུན། སློབ་གསོའི་ནང་དོན་དང་། སྒྲིག་གཞི། གཞི་ཁྱོན། ཐབས་ལམ། མ་ལག་སོགས་སྤྱར་བས་ཆེར་སྐྱེད་དང་འཕྲུས་སྐྱོ་རྗེ་ཚང་དུ་གཏོང་བའོ། །

(༢) ཕ་སྐད་གཙོས་པའི་སྐད་གཉིས་སློབ་གསོའི་ཐབས་ལམ་ལ་བརྟེན་ནས་སྲིད་འཛིན་དོ་དམ་དང་། དཔལ་འབྱོར་འཛུགས་སྐྲུན། ཁེ་ཚོང་དངུལ་གཉེར་སོགས་སྲིད་འབྱོར་ལས་དོན་གྱི་སྐད་གཉིས་མི་སྣ་རྒྱ་ཆེར་སྐྱེད་སྲིང་བྱེད་པའོ། །

(༣) དེང་རབས་བོད་སྐད་ཡིག་ལ་ཉེ་བར་མཁོ་ཆེ་བའི་སྤྱི་ཚོགས་ཚན་རིག་དང་རང་བྱུང་ཚན་རིག་གི་ནང་ཚན་རིག་གཞུང་གསར་བ་སྣ་ཚོགས་རང་སྐད་དུ་འཕྲལ་མར་བསྒྱུར་ཅིང་དར་སྤེལ་ལེགས་པར་མཛད་པའོ། །

(༤) བོད་སྐད་ཡིག་གི་བཀའ་བསྟན་གཙུག་ལག་སོགས་གནའ་རྩོམ་དཔེ་ཚོགས་འཚོལ་སྡུད་དང་། དག་སྒྲིག པར་སྐྲུན་གྱི་ལས་ཅི་ནུས་སུ་མཛད་ནས་ཤུལ་བཞག་རིག་གནས་སྲུང་སྐྱོབ་དང་རྒྱུན་འཛིན་གང་ལེགས་བྱེད་པའོ། །

(༥) དེང་རབས་བོད་སྐད་ཡིག་གི་ལོ་ཙཱའི་བྱ་བ་དང་། པར་སྐྲུན། རྩོམ་རིག སྒྱུ་རྩལ། གསར་འགྱུར། རྒྱང་སྒྲིག གློག་བརྙན། བརྙན་འཕྲིན་སོགས་ཀྱི་ལས་དོན་གསར་གཏོད་དང་བཅས་ཤུགས་སྟོན་དང་རྒྱ་ཆེར་བསྐྱེད་པའོ། །

(༦) མི་རིགས་སྐད་ཡིག་གི་འཕེལ་ཕྱོགས་འཆར་གཞི་ཅན་དང་། ཚད་ལྡན་ཅན། དེང་རབས་ཅན་དུ་འགོད་པར་དམིགས་གཏད་དེ་བོད་སྐད་ཡིག་གི་གློག་ཆས་ཆ་འཕྲིན་དང་། སྒྲ་ཕབ་བརྙན་འགོད། དྲ་ཚིགས་བཟོ་བཀོད་སོགས་ཀྱི་ཞིབ་འཇུག་གི་བྱ་བ་དང་ལས་གཞི་སྣ་ཚོགས་རྒྱ་ཆེར་སྤེལ་བ་བཅས་སོ། །

༣. མི་རིགས་སྐད་ཡིག་རིག་གནས་ཀྱི་སློབ་གསོ་དང་ཞིབ་འཇུག་དང་རིག་གཞུང་འཛུགས་སྐྲུན་གྱི་བྱ་བ་དར་རྒྱས་སུ་སྤེལ་བ་སྟེ། དེང་རབས་བོད་ཀྱི་སྐད་དང་ཡི་གེའི་སྤྱོད་སྒོ་ཆེར་སྐྱེད་དང་འཕེལ་རྒྱས་སུ་གཏོང་དགོས་ན། གོང་སྨྲོས་ཕྱི་ཡི་མཐུན་རྐྱེན་དེ་དག་ལ་མཐོང་ཆེན་བྱ་དགོས་པ་མ་ཟད། དེ་བས་ཀྱང་གལ་ཆེ་བ་ནི་མི་རིགས་རང་གི་སྲོལ་རྒྱུན་རིག་གནས་གཞིར་བྱས་དེང་རབས་གསར་དར་གྱི་རིག་གཞུང་ཀུན་ལ་བརྩོན་ཞིབ་དང་། ནང་བྱན་ཆུད

པ། སྤྱར་སྦྱོལ་བྱེད་པ་བཅས་ཀྱིས་གང་ཞིག་ཕ་སྐད་རིག་གནས་ཀྱི་སྲོག་བཙུད་དུ་བསྡུས་ནས་ཕ་སྐད་ཀྱི་རིག་གནས་སློབ་གསོ་སྟར་བས་ཁྱབ་གདལ་དང་གཏིང་ཟབ་ཏུ་གཏོང་རྒྱུ་རང་ལགས། ཁྱད་པར་དུ་ཧྲུས་བརྒྱའི་གཞི་རྩ་སློབ་གསོ་ལ་རག་ལས་པ་བཞིན་དུ། མི་རིགས་སྐད་ཡིག་གི་སྲིད་དོན་ཁྲིམས་སྲོལ་སྣ་ཚོགས་དང་རིག་གནས་ཕོར་ཡུག་གི་འཛུགས་སྐྲུན་སོགས་ཀྱང་ཕ་སྐད་རིག་གནས་ཀྱི་སློབ་གསོའི་བྱ་བ་ལ་འབྲལ་ཐབས་མེད་པས་ན། ང་ཚོས་ཀྱང་གཅིག་ནས་མཚོན་བྱ་མི་རིགས་རང་གི་སྲོལ་རྒྱུན་རིག་གནས་ཀྱི་སྲོག་ཤིང་དང་འབྲེལ་ནས་མཚོན་བྱེད་མི་རིགས་རང་གི་སྐད་དང་ཡི་གེའི་སློབ་གསོ་གཙོ་གནད་དུ་འཛིན་པ་དང་། གཉིས་ནས་མི་རིགས་རང་གི་འཕེལ་རྒྱས་ཀྱི་དགོས་མཁོ་དང་བསྟུན་ནས་དེང་རབས་རིག་གཞུང་གསར་བའི་ཐབས་ཤེས་སོགས་ཕ་སྐད་རིག་གནས་ཀྱི་སྲོག་བཙུད་དུ་བསྡུ་བ། གསུམ་ནས་དུས་རབས་ཀྱི་འཕེལ་འགྱུར་དང་མི་རིགས་སློབ་གསོའི་དགོས་མཁོ་དང་ཚོས་ཉིད་ལ་བསྟུན་ནས་ཕ་སྐད་རིག་གནས་ཀྱི་སློབ་གསོ་བསྒྱུར་བཅོས་བྱེད་པ་བཅས་ཀྱི་རྩ་དོན་རྒྱུན་འཁྱོངས་བྱེད་པ་དང་ཆབས་ཅིག གཞམ་གྱི་ནང་དོན་འགའི་ཐད་ནས་ཕ་སྐད་རིག་གནས་ཀྱི་སློབ་གསོ་དང་རིག་གཞུང་འཛུགས་སྐྲུན་ལ་མཐོང་ཆེན་བྱ་དགོས་པར་འདོད་དེ།

(༡) ཕ་སྐད་སློབ་གསོ་གཙོར་བཟུང་ཞིང་སྐད་གཉིས་སློབ་གསོའི་ཐབས་ལམ་ལ་བརྟེན་ནས་ཏང་སྲིད་འཛུགས་སྐྲུན་དང་། སྲིད་འཛིན་དོ་དམ། དམངས་ཆེན་སྲིད་གྲོས། བཟོ་ཚོགས་བུད་མེད་མཉམ་འབྲེལ། ཁྲིམས་སྲོལ་ཞིབ་བཤེར། སྤྱི་བདེ་དོ་དམ་སོགས་དང་སྲིད་འཛུགས་སྐྲུན་སྐོར་གྱི་བསླབ་གཞི་འཛུགས་སྐྲུན་དང་ཤེས་ལྡན་མི་སྣ་འབོར་ཆེན་སྐྱེད་སྲིང་བྱེད་པའོ། །

(༢) ཕ་སྐད་སློབ་གསོའི་ཁྱབ་ཁོངས་སུ་དེང་རབས་ཞིང་ཕྱུགས་ནགས་ལས་ཀྱི་དཔལ་འབྱོར་དོ་དམ་དང་། ཚོང་ཟོང་ཁེ་གཉེར། བཟོ་འགོད་འཛུགས་སྐྲུན། སྨན་རྩིས་ལག་རྩལ། ནོར་སྲིད་ཁྲལ་དོན། འཕྲིམ་འགྲུལ་སྦྲག་སྲིད། གློག་ཆས་ཆུ་བེད། རིག་གནས་སྤྱོངས་རྒྱུ་སོགས་དཔལ་འབྱོར་འཛུགས་སྐྲུན་ཐད་ཀྱི་ཆེད་ལས་གསར་སྤེལ་དང་ཤེས་ལྡན་མི་སྣ་འབོར་ཆེན་སྐྱེད་སྲིང་བྱེད་པའོ། །

(༣) ཕ་སྐད་སློབ་གསོའི་ཆེད་ལས་སྣ་ཚོགས་ཀྱི་སློབ་གྲྭ་ཆེ་འབྲིང་ཆུང་གསུམ་དང་དགོན་པའི་སློབ་གསོ་སོགས་ཀྱི་མ་ལག་སྒྲིག་འཛུགས་དང་བདག་གཉེར་དོ་དམ་ལ་ཤུགས་

སྟོན་པ་དང་། སྒྲ་ཚད་བཟོ་གསོ་དང་ནང་དོན་རིག་པ་གཙོར་བྱས་མི་རིགས་རང་གི་ལོ་རྒྱུས་རིག་གནས་ཀྱི་ཤེས་བྱ་སྣ་ཚོགས་དང་། དམངས་ཁྲོད་ཀྱི་རྩོམ་རིག་སྒྱུ་རྩལ། དེང་རབས་ཉེར་མཁོའི་རིག་གཞུང་གསར་བ་སྣ་ཚོགས་ཀྱི་ཞིབ་འཇུག་དང་། འཆད་ཉན། དག་སྒྲིག སྒྱུར་རྩོམ། པར་སྐྲུན་གྱི་ལས་དོན་རྒྱ་ཆེར་སྤེལ་བ་དང་། ཕ་སྐད་ཀྱི་གློག་བརྙན་བརྙན་འཕྲིན་དང་གློག་ཀླད་དྲ་ཚོགས་སོགས་དེང་རབས་ཀྱི་གློག་ཆས་སྤྱོད་བྱེད་དར་སྤེལ་དུ་གཏོང་བ་སོགས་རིག་གཞུང་ལག་རྩལ་སློབ་གསོའི་འཛུགས་སྐྲུན་དང་དོ་དམ་ལ་ཤུགས་སྟོན་རྒྱག་དགོས་པ་བཅས་སོ། །

གསུམ། འཆམ་མཐུན་གྱི་བོད་ལྗོངས་སྤྱི་ཚོགས་འཕེལ་རྒྱས་སུ་གཏོང་བ།

རང་རྒྱལ་ནི་མི་རིགས་མང་ཞིང་སྐད་དང་ཡིག་རིགས་སྣ་ཚོགས་མཉམ་སྤྱོད་ཀྱི་རྒྱལ་ཁབ་ཅིག་ཡིན་ལ། སྣ་མང་གཟུགས་གཅིག་གི་རྩ་དོན་གཞིར་བཟུང་ནས་སྐད་གཉིས་སློབ་གསོ་རྒྱ་ཆེར་སྤེལ་བ་ལ་རིག་གནས་འཆམ་མཐུན་དུ་སྤེལ་བ་དང་། མི་རིགས་མཐུན་སྒྲིལ་འོང་བ། སྤྱི་ཚོགས་བདེ་འཇགས་སུ་འགོད་པ། རྒྱལ་ཁབ་ཀྱི་གཅིག་གྱུར་སྲུང་སྐྱོང་བྱེད་པ་བཅས་ཀྱི་དོན་སྙིང་གལ་ཆེན་ལྡན། བོད་ལྗོངས་ཀྱི་སྤྱི་ཚོགས་འཆམ་མཐུན་ཅན་དུ་འཕེལ་རྒྱས་སུ་གཏོང་རྒྱུ་ནི་རང་རྒྱལ་གྱི་སྤྱི་ཚོགས་འཆམ་མཐུན་དུ་སྤེལ་བའི་ནང་དོན་གཙོ་བོས་ཡིན་ལ། གནད་དེ་ཡང་གཙོ་བོར་བོད་ལྗོངས་ཀྱི་དཔལ་འབྱོར་འཕེལ་རྒྱས་སུ་གཏོང་བ་དང་། འཆམ་མཐུན་གྱི་རིག་གནས་འཛུགས་སྐྲུན་བྱེད་པ། བོད་ལྗོངས་ཀྱི་སྤྱི་ཚོགས་འཆམ་མཐུན་ཅན་དུ་སྤེལ་བ་བཅས་ལ་རག་ལས། དཔལ་འབྱོར་འཕེལ་རྒྱས་སུ་གཏོང་རྒྱུ་ནི་སྤྱི་ཚོགས་འཆམ་མཐུན་དུ་འོང་བའི་གཞི་རྩར་ངེས་ཕྱིར། བོད་ལྗོངས་ཀྱི་སྤྱི་ཚོགས་འཆམ་མཐུན་ཅན་དུ་འཛུགས་སྐྲུན་བྱེད་ན། ཐོག་མར་བོད་ལྗོངས་དེ་ས་ལྗོངས་གཞན་དང་མི་འདྲ་བའི་དམིགས་བསལ་གྱི་ཆ་དང་དེའི་དཔལ་འབྱོར་གྱི་རྩ་བའི་ཁྱད་ཆོས་ལ་ཤེས་རྟོགས་ཟབ་མོ་བྱེད་དགོས། བོད་ལྗོངས་དཔལ་འབྱོར་གྱི་རྩ་བའི་ཁྱད་ཆོས་ལྟར་ན། རང་བྱུང་གི་ཐོན་ཁུངས་དང་མི་ཆོས་ཀྱི་ཐོན་ཁུངས་ཕུན་སུམ་ཚོགས་ཀྱང་། མི་ཤུགས་ཀྱི་ཐོན་ཁུངས་དང་མི་སྣའི་ཐོན་ཁུངས་དཀོན་པ། རང་སའི་དཔལ་འབྱོར་གྱི་མ་རྐང་ཞན་ཡང་ཕྱི་ཡི་དཔལ་འབྱོར་གྱི་རྒྱབ་རྟེན་མང་བ། དཔལ་འབྱོར་སྤྱིའི་ཐོན་ཚད་དམའ་བའི་ཞིང་ཕྱུགས་ལས་རིགས་ཀྱི་ལས་ཞུགས

མི་སྣ་མང་བ། ཐོན་ལས་འཕེལ་རྒྱས་ཀྱི་རྣམ་པ་ཙམ་ཆགས་ཀྱང་ཐར་ཐོར་དུ་སྣང་བ། ཐོན་ལས་ཁྱད་པར་ཅན་མང་ཡང་ཁེ་ལས་ཆེ་ཤོས་ཀྱི་ཚུལ་དུ་གཞི་ཁྱོན་རྒྱ་ཆེར་གྲུབ་མེད་པ། ཕྱིར་ཕྱོགས་པའི་དཔལ་འབྱོར་གྱི་རྣམ་པ་གྲུབ་ཀྱང་འགྲུག་སྟོབས་ཞན་པའི་དབང་གིས་བོད་ཁུལ་གྱི་དཔལ་འབྱོར་འཕེལ་རྒྱས་ཀྱི་ལས་དོན་ནི་ནང་ཁུལ་དུ་འདུམ་སྒྲིག་མི་ལེགས་པའམ་ཁོད་མི་སྙོམས་པ་དང་རྩ་བའི་འགལ་བ་མང་ཙམ་དྲ་འཛིང་དུ་གནས་ཤིང་དཀའ་ཁག་ཅན་དུ་མངོན་འདུག དེ་ཡང་བོད་ཁུལ་སྤྱི་ཚོགས་ཀྱི་རྩ་བའི་འགལ་བ་ལྟར་ན། གཙོ་བོ་ཐོན་སྐྱེད་ནུས་ཤུགས་དང་ཐོན་སྐྱེད་འབྲེལ་བའི་བར་གྱི་འགལ་བ་དང་། དཔལ་འབྱོར་གྱི་རྨང་གཞི་དང་སྟེང་གི་བཀོད་པ་བར་གྱི་འགལ་བར་ངེས་པ་རྣམས་དུས་སྐབས་ཀྱི་འཕེལ་རིམ་མི་འདྲ་བ་སོ་སོར་མངོན་ཚུལ་ཡང་ཐ་དད་དུ་སྣང་ཞིང་ཐག་གཅོད་ཚུལ་ཡང་མི་འདྲ་ལ། བོད་ཁུལ་གྱི་དཔལ་འབྱོར་དེང་རབས་ཅན་དུ་འགྱུར་བའི་ངོ་བོ་ནི་དོན་དུ་རྩ་བའི་འགལ་བ་དེ་དག་རིམ་པར་ཐག་གཅོད་པའི་བརྒྱུད་རིམ་དུ་ངེས་པ་དང་། དུས་སྐབས་མི་འདྲ་བའི་བཅོས་སྒྱུར་དང་གསར་སྤེལ་གྱི་བྱ་འགུལ་སོགས་ཀྱང་དོན་དུ་འགལ་བ་དེ་རིགས་ཐག་གཅོད་པའི་ཐབས་ལམ་ཕན་ནུས་ཅན་དུ་ངེས་ཤིང་བོད་ཁུལ་འཕེལ་རྒྱས་ཀྱི་སྒུལ་ཤུགས་གཙོར་གྱུར་བས་ན། བོད་ཁུལ་འཕེལ་འགྱུར་གྱི་འགྲོས་རིམ་དང་བསྟུན་ནས་ཁྱོན་ཡོངས་ཀྱི་ཕན་ནུས་ཀྱི་འབྲེལ་བ་སྣ་ཚོགས་འདུམ་སྒྲིག་དང་། ལམ་ལུགས་ལེགས་བཅོས། ཚན་རིག་ལག་རྩལ་གྱི་གསར་གཏོད་སྣ་ཚོགས་བརྒྱུད་ནས་འགལ་བ་དེ་དག་སེལ་ཐབས་བྱེད་དགོས་ལ། ཁྱད་པར་དུ་གྲོང་ཁྱེར་དང་གྲོང་སྡེའི་བར་ཁྱད་ཆེ་ཞིང་འཕེལ་རྒྱས་ཁོད་མི་སྙོམས་པ་དང་། ས་ཁྱོན་ཆེ་ཞིང་མི་གྲངས་ཉུང་བ། མི་འབོར་གྱི་སྤུས་ཚད་དམའ་བ། སློབ་གསོ་དང་ལས་ཞུགས་ཀྱི་གནད་དོན་ཐག་གཅོད་ལེགས་པོ་བྱས་མེད་པ། སྤྱི་ཚོགས་ལས་དོན་སྤྱིའི་འཕེལ་རྒྱས་ཀྱི་ཆུ་ཚད་ལྟོས་བཅས་སུ་ཞན་པ་སོགས་ནི་བོད་ཁུལ་གྱི་སྤྱི་ཚོགས་འཚམ་མཐུན་དུ་བསྐྲུན་པའི་རྩ་བའི་འགལ་བ་དང་གནད་དོན་འཐུར་དུ་ཐོན་པ་རང་ལགས་པས། འགལ་བ་དེ་དག་ཇི་ལྟར་སེལ་བ་དང་། གནད་དོན་དེ་དག་ཇི་ལྟར་ཐག་གཅོད་པ་ནི་བོད་ཁུལ་གྱི་དཔལ་འབྱོར་དེང་རབས་ཅན་དུ་འགྱུར་བ་དང་སྤྱི་ཚོགས་འཚམ་མཐུན་དུ་བསྐྲུན་པའི་གནད་འགག་ཅིག་ཡིན་ལ། གནད་འགག་དེ་ཡང་ཐག་གཅོད་ལེགས་པོ་ཞིག་བྱེད་དགོས་ན། བོད་ཁུལ་གྱི་སློབ་གསོ་སྤྱི་དང་བྱེ་བྲག་སྐད་གཉིས་སློབ་གསོ་

ཁྲིབ་གདལ་དུ་བཏང་ནས་དམངས་ཡོངས་ཀྱི་སྒྲུས་ཚད་མཐོར་འདེགས་པ་དང་། འཚོ་བའི་ཆ་རྐྱེན་ཇེ་ལེགས་སུ་གཏོང་བ། རང་སྟེང་འཕེལ་རྒྱས་ཀྱི་ནུས་ཤུགས་ཆེར་སྐྱེད་པ་སོགས་ག་ཚོགས་སུ་འཛིན་དགོས་ལ། གཙོ་བོ་དཔལ་འབྱོར་འཛུགས་སྐྲུན་བྱེད་མཁན་གྱི་མི་སྣ་འབོར་ཆེན་སྐྱེད་སྲིང་བྱེད་པ་ལ་འབྲེལ་བ་དམ་པོ་ལྡན་ཕྱིར། འཚམ་མཐུན་གྱི་བོད་ལུགས་འཛུགས་སྐྲུན་བྱེད་པའི་བརྒྱུད་རིམ་ཁྲོད་དུ་བོད་ལུགས་ཀྱི་སྐད་གཉིས་སློབ་གསོ་ལ་ཟླ་ན་མེད་པའི་འགན་འཁྲི་དང་དུས་རབས་ཀྱི་འོས་འགན་ཆེན་པོ་ཞིག་ཐུབ་འདུག་གོ །

གཞན་ཡང་འཚམ་མཐུན་གྱི་རིག་གནས་འཛུགས་སྐྲུན་བྱེད་རྒྱུའང་བོད་ལུགས་ཀྱི་སྤྱི་ཚོགས་འཚམ་མཐུན་ཅན་དུ་སྤེལ་བའི་ནང་དོན་གལ་ཆེན་ཞིག་ཡིན་ལ། དེ་རང་མངོན་འགྱུར་བྱེད་པ་ལའང་སྐད་གཉིས་སློབ་གསོའི་བྱ་བ་མེད་དུ་མི་རུང་སྟེ། དེ་ཡང་ཐོག་མར་འཚམ་མཐུན་གྱི་རིག་གནས་ནི་འཚམ་མཐུན་སྤྱི་ཚོགས་ཀྱི་ཁྱད་ཆོས་གལ་ཆེན་དང་སྤྱི་ཚོགས་འཚམ་མཐུན་ཅན་དུ་མངོན་འགྱུར་བྱེད་པའི་སྟོབས་ཤུགས་མེད་དུ་མི་རུང་བར་ངེས་པ་ལ། དཔལ་འབྱོར་གྱི་སྤྱི་ཚོགས་འདུམ་པར་འཕེལ་བ་དང་། མི་དང་རང་བྱུང་ཁམས་བོད་སྙོམས་པར་གནས་པ། མི་རིགས་ཕན་ཚུན་དང་མི་ཕན་ཚུན་འགྲིག་མཐུན་འོང་བ། ཐ་ན་མི་རང་སྟེང་གི་སེམས་ཁམས་བཏང་སྙོམས་སུ་གནས་པ་སོགས་ཀྱང་འཚམ་མཐུན་གྱི་རིག་གནས་དང་འབྲལ་ཐབས་མེད་ཕྱིར། འཚམ་མཐུན་གྱི་རིག་གནས་མེད་ན། སྤྱི་ཚོགས་འཚམ་མཐུན་འོང་བའི་བསམ་བློའི་གཞི་རྩ་མེད་ཅིང་། སྤྱི་ཚོགས་འཚམ་མཐུན་ཅན་དུ་བསྒྲུབ་པའང་དཔེ་མི་སྲིད་ལ། འདིས་ཀྱང་གཙོ་བོ་མི་རིགས་ཕན་ཚུན་བར་གཞི་མཐུན་གྱི་ཆོས་འཚོལ་ཞིབ་དང་ཁྱད་པར་གྱི་ཆོས་སོར་འཛིན་བྱེད་པ་དང་། མི་མཐུན་པའི་ཕྱོགས་དང་འགལ་ཆ་རྣམས་སེལ་ཏེ་མཐུན་སྒྲིལ་དང་མཛའ་བརྩེས་རིང་དུ་སྐྱོང་ཞིང་། སྤྱི་ཚོགས་འཚམ་མཐུན་མཉམ་གནས་སུ་འགོད་པ། ཡར་སྐྱེད་ཀྱི་སྟོབས་པ་གཟེངས་སུ་བཏེགས་ཤིང་སེམས་ཤུགས་གཅིག་ཏུ་སྒྲིལ་བ་སོགས་ཀྱིས་སྤྱི་ཚོགས་ཀྱི་འབྲེལ་བ་ལེགས་འདུམ་དང་རྣམ་པ་དགེ་མཚན་ཅན་དུ་འགོད་ནུས། བོད་ལུགས་ཀྱི་སྤྱི་ཚོགས་འཚམ་མཐུན་ཅན་དུ་སྤེལ་བ་ལའང་འདི་ལྟའི་འཚམ་མཐུན་གྱི་རིག་གནས་འཛུགས་སྐྲུན་བྱེད་པ་ཤིན་ཏུ་གལ་ཆེ་ལ། ལྷག་པར་མི་རིགས་མི་མཚུངས་པ་དང་། མི་རིགས་གཅིག་གི་ཡུལ་ཁམས་མི་མཚུངས་པ། རིམ་གྲས་དང་ཤོག་ཁ་མི་འདྲ་བའི་བསམ་བློ་ངོས་འཛིན་སྟེང་གི་ཕྱོགས་རིས་

ཀྱི་ལྟ་བ་དང་ཆགས་སྟང་གི་འགལ་བ་སོགས་སེལ་ནས་འབྲེལ་བ་ལེགས་འདུམ་དང་སེམས་ཤུགས་གཅིག་སྒྲིལ་བྱེད་པ་དང་། ཕན་ཚུན་བར་ཡང་དག་པའི་རྣམ་འགྱུར་དང་ལངས་ཕྱོགས་དང་བྱེད་ཐབས་སྤྱད་ཅིང་བསམ་བློ་བརྗེ་རེས་དང་རིག་གནས་ཀྱི་འབྲེལ་འདྲིས་གཏིང་སིམ་པར་སྤེལ་ནས་འཆམ་མཐུན་གྱི་ཁོར་ཡུག་བསྐྲུན་པ་ལ། ཐོག་མར་སྐད་གཉིས་ཀྱི་སློབ་གསོ་སྣ་ཚོགས་རྒྱ་ཆེར་སྤེལ་ནས་ཕན་ཚུན་བར་སྐད་བརྡ་སློབ་རེས་བྱེད་པ་དང་ཡུལ་སྐད་སློབ་རེས་བྱས་ནས་ཕན་ཚུན་ལ་རྒྱུས་མོན་དང་འདྲིས་ཆ་ཡོད་པར་བྱེད་པ་དང་ཆབས་ཅིག ཐོན་སྐྱེད་ཀྱི་ཉམས་མྱོང་དང་ལག་རྩལ་བརྗེ་རེས་བྱེད་པ་དང་། སྔོན་ཐོན་གྱི་རིག་གནས་དར་སྤེལ་དང་། རྗེས་ལུས་ཀྱི་རིག་གནས་བཅོས་སྒྱུར། རྙིང་རུལ་གྱི་རིག་གནས་ལ་བྱེ་དོར་བཅས་བྱས་ནས་ཕན་ཚུན་ལ་སྐུལ་འདེད་སྣོན་མཉམ་དུ་འཕེལ་རྒྱས་སུ་འགྲོ་བ་ཡིན་ལ། འདི་རྣམས་ཀྱང་སྐད་གཉིས་སློབ་གསོའི་སྤེལ་སྟངས་ལ་ཐད་ཀར་འབྲེལ་བ་དམ་པོར་ལྡན་པས་ན། དེང་རབས་ཅན་མངོན་འགྱུར་བྱེད་པའི་བརྒྱུད་རིམ་ཁྲོད་དུ་བོད་ལུལ་གྱི་སྐད་གཉིས་སློབ་གསོ་ལ་བོད་ལུལ་གྱི་སྤྱི་ཚོགས་དང་རིག་གནས་ཀྱི་ཁོར་ཡུག་འཆམ་མཐུན་དུ་འགོད་པའི་ནུས་པ་དང་ཁྱད་ཆོས་ཤིག་ཀྱང་ལྡན་ནོ། །

ཟུར་མཆན།

(1) གཙོ་བོ་སྲིད་དོན་དང་དཔལ་འབྱོར་ལས་རིགས་ཐད་ཀྱི་བཀོལ་སྟངས།

(2) (9) (10) ལྷ་རུང་གིས་བརྩམས་ཤིང《མི་རིགས་སྤྱི་ཚོགས་རིག་པའི་འཕྲིན་གསར》དེབ་གྲངས༧༧པའི་སྟེང་བཀོད་པའི《བོད་ལྗོངས་ཀྱི་སྤྱི་ཚོགས་འཕེལ་རྒྱས་དང་སྐད་གཉིས་སློབ་གསོ》[J]ཞེས་པར་གསལ།

(3) བོད་རང་སྐྱོང་ལྗོངས་ཀྱི་སློབ་ཚན་ཨུའི་མི་རིགས་སློབ་གསོ་ཞིབ་འཇུག་ཁང་གི་བསོད་ནམས་དོན་གྲུབ་ཀྱིས་བརྩམས་པའི《རང་སྐྱོང་ལྗོངས་ཀྱི་མི་རིགས་སློབ་གསོའི་སྐད་ཡིག་གཉིས་ཀྱི་སློབ་ཁྲིད་སྐོར་གླེང་བ》[J]ཞེས་པའི་ཤོག་ངོས༢སྟེང་གསལ།

(4) ཀྲག་ཞེས་བརྩམས་ཤིང་ཀྲུང་གོའི་བོད་རིག་པ་དཔེ་སྐྲུན་ཁང་གིས༢༠༠༣ལོར་པར་དུ་བསྐྲུན་པའི《བོད་ལྗོངས་ཀྱི་སྐད་བརྡ་དང་སྤྱི་ཚོགས》[M]ཞེས་པའི་ཤོག་ངོས༩༡༠སྟེང་གསལ།

(5) ཁན་ཏའིW. Fམད་ཁེ་དང་སི་ཕེན་གྱིM. ཞི་གིན་གཉིས་ཀྱིས་བརྩམས་ཤིང་པེ་ཅིན་འོད་གསལ་ཉིན་རེ་ཚགས་པར་པར་སྐྲུན་ཁང་གིས༡༩༨༩ལོར་པར་དུ་བསྐྲུན་པའི《སྐད་གཉིས་སློབ་གསོའི་

སྤྱི་དོན》[M] ཞེས་པའི་ཤོག་ངོས༣༨༩སྟེང་གསལ།

(6) མི་དམངས་དཔེ་སྐྲུན་ཁང་གིས༡༩༥༦ལོར་བསྒྲིགས་པའི་ཤོག་ངོས༩༧སྟེང་གསལ།

(7) རིག་གནས་སྨྲ་བའི་ལྷ་བ།

(8) ཡ་བྲུད་སྨྲ་བའི་ལྷ་བ།

(11) (12) རིམ་པར་ཧེ་ཅིན་ཧྭང་གིས་བརྩམས་ཤིང་ཀྲུང་དབྱང་མི་རིགས་སློབ་གྲྭ་ཆེན་མོའི་དཔེ་སྐྲུན་ཁང་གིས༡༩༩༨ལོར་པར་དུ་བསྐྲུན་པའི《ཀྲུང་གོའི་གྲངས་ཉུང་མི་རིགས་ཀྱི་སྐད་གཉིས་ཀྱི་ལོ་རྒྱུས་དང་གནས་བབ་ལ་དཔྱད་པ》[M] ཞེས་པའི་ཤོག་ངོས༡༩༩དང་ཤོག་ངོས༢༠༠སྟེང་གསལ།

(13) ༡༩༩༩ལོར་མི་རིགས་དཔེ་སྐྲུན་ཁང་གིས་པར་དུ་བསྐྲུན་པའི《བོད་ཀྱི་སྤྱི་སྐད་སྐོར་གྱི་ཚེད་རྩོམ་ཕྱོགས་བསྒྲིགས》[M] ཞེས་པའི་ཤོག་ངོས༢སྟེང་གསལ།

(14) མི་དམངས་དཔེ་སྐྲུན་ཁང་གིས༡༩༥༨ལོར་པར་དུ་བསྐྲུན་པའི《ལེ་ཉིན་གྱི་གསུང་རྩོམ་གཅེས་བསྡུས》[M] པོད་ཉི་ཤུ་པའི་ཤོག་ངོས༡༡སྟེང་གསལ།

(15)《མི་དམངས་ཉིན་རེའི་ཚགས་པར》༡༩༥༣ལོའི་ཟླ༩ཚེས༩ཉིན་གྱི་ཚེད་བརྗོད《གོམ་གང་མདུན་སྤོས་སྔོས་མི་རིགས་ས་གནས་རང་སྐྱོང་གི་སྲིད་ཇུས་ལག་ལེན་མཐིལ་ཕྱིན་བྱེད་དགོས》[J] ཞེས་པར་གསལ།

ལེའུ་བདུན་པ། བོད་ཁུལ་གྱི་སྐད་གཉིས་སློབ་གསོའི་འཕེལ་ཕྱོགས་དང་ཐབས་ཇུས།

དང་པོ། བོད་ཁུལ་གྱི་སྐད་གཉིས་སློབ་གསོའི་འཕེལ་ཕྱོགས་གཙོ་བོ།

མི་རིགས་ཤིག་དང་རྒྱལ་ཁབ་ཅིག་གི་སྐད་གཉིས་སློབ་གསོའི་གནས་བབ་དང་འཕེལ་འགྱུར་གྱི་ཁ་ཕྱོགས་ནི་གང་འདོད་ལྟར་བསྒྱུར་སླ་བ་ཞིག་མ་ཡིན་པར། རང་སྐང་ཡུལ་ཙན་དང་ཕྱི་རོལ་ཡུལ་གྱི་རྒྱུ་རྐྱེན་སྣ་ཚོགས་དང་ཡང་ན་སློབ་གསོ་ཕྱི་ནང་གི་བདག་རྐྱེན་མང་པོར་རག་ལས་ཕྱིར། ཁྱོན་ཡོངས་ནས་སྤྱི་ཚོགས་རིག་གནས་ཀྱི་འགོ་འགྱུར་དང་དཔལ་འབྱོར་འཕེལ་རྒྱས་སོགས་སྐད་གཉིས་སློབ་གསོའི་ཕྱི་རྐྱེན་དང་ནང་ཁུལ་འཕེལ་འགྱུར་གྱི་ཆོས་ཉིད་ཟུང་དུ་འབྲེལ་ནས་སྐད་གཉིས་སློབ་གསོའི་འཕེལ་ཕྱོགས་ལ་གདེང་ཚོད་བྱེད་པ་ཤིན་ཏུ་གལ་ཆེ། རང་རྒྱལ་བོད་ཁུལ་གྱི་སྐད་གཉིས་སློབ་གསོ་འཕེལ་འགྱུར་གྱི་ཆོས་ཉིད་དང་འབྱུང་འགྱུར་བོད་ཁུལ་གྱི་སྤྱི་ཚོགས་དཔལ་འབྱོར་འཕེལ་རྒྱས་ཀྱི་རྩ་བའི་ཁ་ཕྱོགས་གཞིར་བཟུང་ན། བོད་ཁུལ་གྱི་སྐད་གཉིས་སློབ་གསོའི་འཕེལ་ཕྱོགས་གཙོ་བོ་ནི་གཤམ་ལྟར་ངེས་པར་སེམས་ཏེ།

གཅིག སྐད་གཉིས་སློབ་གསོར་ཟུར་བས་མཐོང་ཆེན་བྱེད་པར་ངེས་པ།

མིག་སྔར་བོད་ཁུལ་གྱི་སྤྱི་ཚོགས་འཕེལ་རྒྱས་དང་དཔལ་འབྱོར་འཛུགས་སྐྲུན་གྱི་དགོས་མཁོ་དང་བསྟུན་ནས་བོད་ཁུལ་གྱི་སྐད་གཉིས་སློབ་གསོ་ལ་རྒྱལ་ཁབ་རིམ་པའི་སྲིད་ཇུས་སྟེང་མཐོང་ཆེན་མཛད་པ་དང་ཆབས་ཅིག དམངས་ཁྲོད་ཀྱི་སྐད་གཉིས་སློབ་གསོའི་ལྟ་སྟངས་ལ་འཕེལ་འགྱུར་ཆེ་ཙམ་བྱུང་ཞིང་ཟུར་བས་མཐོང་ཆེན་བྱེད་པ་འདིས་ཀྱང་བོད་ཁུལ་གྱི་སྐད་གཉིས་སློབ་གསོའི་འཕེལ་ཕྱོགས་ངེས་ཅན་ཞིག་མཚོན་བཞིན་ཡོད་དེ།

༡. རྒྱལ་ཁབ་རིམ་པས་སྐད་གཉིས་སློབ་གསོར་མཐོང་ཆེན་མཛད་ཚུལ་ལྟར་ན། ཏང་ཀྲུང་དབྱང་དང་རྒྱལ་སྲིད་སྤྱི་ཁྱབ་ཁང་གཙོར་བྱས་རྒྱལ་ཁབ་སློབ་གསོ་ཕུས་གྲངས་ཉུང་མི་རིགས་ཀྱི་སློབ་གསོ་འཕེལ་རྒྱས་སུ་གཏོང་བའི་ཐབས་ཇུས་སྣ་ཚོགས་བཟོ་འགོད་བྱེད་ཚུལ་ལས་མཐོང་ཐུབ་སྟེ། འདིར་མདོར་བསྡུས་ནས་བཀོད་ན།

(༡) ཐར་བས་ལྷག་པའི་སྒོ་ནས་མི་རིགས་སློབ་གསོའི་འགོ་ཁྲིད་དང་དོ་དམ་གྱི་བྱ་བར་ཤུགས་སྣོན་དང་ཁྲིམས་སྲོལ་ལྟར་སློབ་གསོ་བདག་སྐྱོང་བྱེད་པ་ག་སྒོས་སུ་འཛིན་པར་བྱེད་དེ། 《རྒྱལ་སྲིད་སྤྱི་ཁྱབ་ཁང་གི་མི་རིགས་སློབ་གསོ་གཏིང་ཟབ་ཕྱིན་པར་བཅོས་སྒྱུར་དང་མགྱོགས་མྱུར་སྒྲོས་འཕེལ་རྒྱས་གཏོང་བའི་སྐོར་གྱི་ཐག་གཅོད》ནང་དུ། རིམ་པ་སོ་སོའི་མི་དམངས་སྲིད་གཞུང་གིས་མི་རིགས་སློབ་གསོའི་བྱ་བའི་འགོ་ཁྲིད་ལ་ཤུགས་སྣོན་བྱེད་པ་དང་། མི་རིགས་སློབ་གསོ་ནི་སྲིད་གཞུང་གི་རྒྱུན་ལྡན་གྱི་བྱ་བ་གཙོ་བོར་འཛིན་དགོས་ཞེས་དང་། མི་རིགས་སློབ་གསོར་མཐོང་ཆེན་དང་། མི་རིགས་སློབ་གསོའི་འགྲོ་གྲོན་ལ་ཁག་ཐེག་བྱེད་པ། མི་རིགས་སློབ་གསོའི་དོན་དངོས་བསྒྲུབ་པ་སོགས་ནི་རིམ་པ་སོ་སོའི་འགོ་ཁྲིད་ལས་བྱེད་པའི་འགན་འཁྲི་དང་སྲིད་དོན་མཛད་རྗེས་ཐད་ཀྱི་ནང་དོན་གལ་ཆེན་དུ་འགོད་པ་དང་། སློབ་གསོའི་སྲིད་དོན་སྟེ་ཁག་གིས་ཆེད་གཉེར་གྱི་ལས་ཁུངས་དང་མི་སྣ་བཀོད་དེ་མི་རིགས་སློབ་གསོའི་བྱ་བར་བྱེ་བྲག་ཏུ་འགན་ཁུར་བ་ཞེས་དང་། མི་རིགས་སློབ་གསོའི་ཁྲིམས་འཛུགས་ཀྱི་བྱ་བ་མགྱོགས་མྱུར་ངང་སྤེལ་བ་དང་། མི་རིགས་སློབ་གསོའི་བྱ་བ་ཁྲིམས་སྲོལ་གྱི་ལམ་ལུགས་སྟེང་དུ་ཞུགས་དགོས་པར་བསྟན་པ་སོགས་ལས་མཐོང་ཐུབ་པ་ལྟར་ལགས་སོ། །

(༢) གོམ་གང་མདུན་སྤོས་སྒོས་མི་རིགས་སློབ་གསོར་རོགས་སྐྱོར་བྱེད་པའི་ནུས་ཤུགས་ཇེ་ཆེར་གཏོང་བཞིན་ཡོད་དེ། 《རྒྱལ་སྲིད་སྤྱི་ཁྱབ་ཁང་གི་མི་རིགས་སློབ་གསོ་གཏིང་ཟབ་ཕྱིན་པར་བཅོས་སྒྱུར་དང་མགྱོགས་མྱུར་སྒྲོས་འཕེལ་རྒྱས་གཏོང་བའི་སྐོར་གྱི་ཐག་གཅོད》ནང་དུ། འབད་འབུངས་ཀྱིས་བཅའ་སྡོད་སློབ་གྲྭ་ཆུང་འབྲིང་གི་ཆ་རྐྱེན་ལེགས་སྒྱུར་དང་། མི་རིགས་ས་ཁུལ་གྱི་མཐོ་འབྲིང་གི་སློབ་གསོར་མཐོང་ཆེན་བྱེད་པ། མི་རིགས་ས་ཁུལ་གྱི་མཐོ་རིམ་སློབ་གྲྭ་དང་མི་རིགས་མཐོ་རིམ་སློབ་གྲྭ་ལེགས་པར་བསྒྲུབ་པ། དེ་དག་གི་མཐོ་རིམ་པའི་བསླབ་གནས་སྟོབས་དབང་གི་གནས་ཇེ་མང་དང་ཞིབ་འཇུག་སློབ

མའི་བསྡུ་ཚད་ལ་དམིགས་བསལ་གྱིས་རྒྱབ་སྐྱོར་བྱེད་པ། གྲངས་ཉུང་མི་རིགས་ཀྱི་མཐོ་རིམ་རྐང་འཛིན་མི་སྣ་སྐྱེད་སྲིང་བྱེད་པའི་འཆར་གཞི་ལག་བསྟར་བྱས་ཏེ། ༢༠༠༣ལོ་ནས་བཟུང་མཐོ་རིམ་སློབ་གྲྭ་གཙོ་བོས་འགས་གྲངས་ཉུང་མི་རིགས་དང་ནུབ་ཁུལ་ལ་ཁ་ཕྱོགས་ཞིང་དམིགས་བསལ་གྱི་ཐབས་ལམ་ལ་བརྟེན་ནས། གྲངས་ཉུང་མི་རིགས་ཀྱི་འབུམ་རམས་པ་དང་ཤེས་རམས་པ་སྐྱེད་སྲིང་བྱེད་དགོས་པར་བསྟན་པ་སོགས་ལས་གྲངས་ཉུང་མི་རིགས་ཀྱི་སློབ་གསོ་སྤྱི་དང་བྱེ་བྲག་སྐད་གཉིས་སློབ་གསོར་སྟེར་བས་རོགས་སྐྱོར་ཆེན་པོ་བྱེད་བཞིན་ཡོད་པ་རྟོགས་ནུས་སོ། །

(༣) ཕྱོགས་མང་པོ་ནས་མི་རིགས་སློབ་གསོར་མ་དངུལ་བཙོན་ལེན་དང་སྐད་གཉིས་སློབ་གསོའི་འགྲོ་གྲོན་ཇེ་མང་དུ་གཏོང་བཞིན་ཡོད་དེ། 《རྒྱལ་སྲིད་སྤྱི་ཁྱབ་ཁང་གི་མི་རིགས་སློབ་གསོ་གཏིང་ཕྱིན་པར་བཅོས་སྒྱུར་དང་མགྱོགས་མྱུར་སྒོས་འཕེལ་རྒྱས་གཏོང་བའི་སྐོར་གྱི་ཐག་གཅོད》 ནང་དུ། ལོ་ལྔའི་འཆར་འགོད་བཅུ་བའི་སྐབས་ནས༢༠༡༠ལོའི་བར། རྒྱལ་ཁབ་ཀྱི་དབུལ་ཕོངས་ས་ཆའི་འོས་འགན་སློབ་གསོར་རོགས་སྐྱོར་བྱེད་པའི་རྣམ་འགོད་དང་། ནུབ་ཁུལ་ལས་རིགས་སློབ་གསོ་གསར་སྤེལ་གྱི་རྣམ་འགོད། མཐོ་རིམ་ལས་རིགས་ལག་རྩལ་སློབ་གསོའི་རྣམ་འགོད། སློབ་གསོ་ཆ་འཕྲིན་ཅན་གྱི་རྣམ་འགོད། རྒྱལ་ཡོངས་ཀྱི་སློབ་གྲྭ་ཆུང་འབྲིང་གི་ཉེན་ཁང་ལེགས་སྒྱུར་གྱི་རྣམ་འགོད། དབུལ་ཕོངས་སློབ་མའི་རོགས་དངུལ་དང་སློབ་ར་འཛུགས་སྐྲུན་གྱི་ལས་གཞི་སོགས་གཙོ་བོ་གྲངས་ཉུང་མི་རིགས་དང་ནུབ་ཁུལ་གྱི་སློབ་གསོའི་སྟེང་དུ་ཕྱོགས་དགོས་པ་དང་། ཀྲུང་དབྱང་ནོར་སྲིད་ཀྱིས་ཕྱོགས་བསྡུས་ཀྱི་མ་དངུལ་གཏོང་ཐབས་ལ་བརྟེན་ནས་རོང་འབྲོག་ས་ཁུལ་དང་། རི་ཁུལ། མཐའ་མཚམས་ས་ཁུལ་གྱི་བཅའ་སྡོད་སློབ་གྲྭ་ཆུང་འབྲིང་གི་སློབ་མའི་འཚོ་བར་རོགས་དངུལ་གནང་བ་གཞིར་བྱས། གྲངས་ཉུང་མི་རིགས་དང་ནུབ་ཁུལ་གྱི་རིམ་པ་སོ་སོའི་ནོར་སྲིད་ཀྱིས་ཀྱང་བཅའ་སྡོད་སློབ་གྲྭ་ཆུང་འབྲིང་གི་སློབ་མའི་འཚོ་བར་ཁ་གསབ་ཀྱི་རོགས་དངུལ་འདོན་སྤྲོད་དང་སློབ་གསོའི་མ་དངུལ་གཏོང་ཐབས་ཐད་ཀྱི་འཕར་སྣོན་གསུམ་ལ་ཁག་ཐེག་བྱེད་པ། ཕྱི་གླིང་དང་ཀང་ཨོ་ཐེ་ནས་ཕུལ་བའི་སློབ་གསོའི་གྲོན་དངུལ་གཙོ་བོ་གྲངས་ཉུང་མི་རིགས་དང་ནུབ་ཁུལ་གྱི་སློབ་གསོའི་སྟེང་དུ་གཏོང་དགོས་པར་བསྟན་པ་དང་། ད་ལོའང་བྱེ་བྲག་ཡུ་གུར་རང་སྐྱོང་ལྗོངས་ལ་སྐོར་དུང་ཕྱུར༥༡ཕུལ་

ནས་སློབ་ལོ་རྫོགས་ཀྱི་སྐད་གཉིས་སློབ་གསོར་སྤེལ་བར་འཆར་གཞི་བཟོས་པ་དང་། བོད་རང་སྐྱོང་ལྗོངས་ཀྱི་རོང་འབྲོག་ས་ཁུལ་དུ་སློབ་ཡོན་སྤྲོད་མི་དགོས་པར་བཟོས་ནས་སློབ་ལོ་རྫོགས་ཀྱི་བྱིས་པར་སྐད་གཉིས་སློབ་གསོ་སྤེལ་བར་སྐུལ་འདེད་བྱས་པ་སོགས་ལས་གྲངས་ཉུང་མི་རིགས་ཀྱི་སྐད་གཉིས་སློབ་གསོར་སྲིད་གཞུང་གིས་ནོར་སྲིད་ཀྱིས་རྒྱབ་སྐྱོར་ཆེན་པོ་བྱེད་ཀྱིན་ཡོད་པ་མཐོང་ཐུབ་བོ། །

(༤) གྲངས་ཉུང་མི་རིགས་ཀྱི་སློབ་གསོར་ཁ་གཏད་ཀྱིས་རོགས་སྐྱོར་བྱེད་པའི་བྱ་བར་ སྟར་བས་ཤུགས་སྣོན་བཞིན་ཡོད་དེ། ༢༠༠༠ལོའི་ཟླ༤པའི་ཚེས༦ཉིན་ཀྲུང་གུང་ཀྲུང་དབྱང་དང་རྒྱལ་སྲིད་སྤྱི་ཁྱབ་ཁང་གི་གཞུང་ལས་ཐེན་གྱིས་བཀྲམ་པའི《ཤར་ལྗོངས་དང་ནུབ་ལྗོངས་ཀྱི་སློབ་གྲྭ་ཁ་གཏད་རོགས་སྐྱོར་བྱེད་པའི་བྱ་བར་སྐུལ་འདེད་གཏོང་བའི་སྐོར་གྱི་བརྡ་སྦྱོར》ནང་དུ། ཤར་ལྗོངས་ཀྱི་སློབ་གྲྭས་ནུབ་ལྗོངས་དབུལ་ཕོངས་ས་ཆའི་སློབ་གྲྭར་ཁ་གཏད་རོགས་སྐྱོར་བྱེད་པའི་ཇུས་འགོད་དང་། ནུབ་ལྗོངས་ཀྱི་གྲོང་ཁྱེར་ཆེ་འབྲིང་གི་སློབ་གྲྭས་རང་ཕྱོགས་ཀྱི་དབུལ་ཕོངས་ས་ཆའི་སློབ་གྲྭར་ཁ་གཏད་རོགས་སྐྱོར་བྱེད་པའི་བཟོ་འགོད་ལག་བསྟར་བྱེད་དགོས་པར་བསྟན་རྗེས། ཕྱིས་སུ་རྒྱལ་ཁབ་སློབ་གསོ་པུ་ཝུ་དང་རྒྱལ་སྲིད་སྤྱི་ཁྱབ་ཁང་གིས་བསྟུད་མུར་ཡིག་ཆ་དུ་མ་བཀྲམ་ནས། ཇུས་འགོད་གཉིས་དངོས་འབེབས་བྱེད་པའི་ཁྱབ་ཁོངས་དང་། གནད་གཞི། བཟོ་འགོད་ཀྱི་དམིགས་འབེན་སོགས་ཞིབ་རྒྱས་སུ་གཏན་ཏུ་ཕབ་ཅིང་། ནུབ་ལྗོངས་སུ་གནད་སར་བཟུང་ནས་འཛུགས་སྐྲུན་བྱེད་འོས་པའི་མཐོ་རིམ་སློབ་གྲྭའི་རིག་གཞུང་གི་ཁྱད་ཆོས་དང་འདོད་མོས་གཞིར་བཟུང་སྟེ། པེ་ཅིན་སློབ་གྲྭ་ཆེན་མོ་དང་ཆིང་ཧྭ་སློབ་གྲྭ་ཆེན་མོ་སོགས་སློབ་གྲྭ་ཆེན་མོ་བཅུ་གསུམ་གྱིས་གཅིག་ལ་གཅིག་གཏད་ཀྱིས་རོགས་སྐྱོར་བྱ་ཡུལ་གྱི་མཐོ་རིམ་སློབ་གྲྭ་རྣམས་ལ་ཁྲིན་ཡོངས་ནས་མཉམ་འབྲེལ་བྱེད་པ་ལ། གཙོ་བོ་མི་སྣ་སྐྱེད་སྲིང་གི་བྱ་བ་གཙོར་འཛིན་པ་དང་། རིག་གཞུང་ཆེད་ལས་ཀྱི་འཛུགས་སྐྲུན་དང་། དགེ་རྒྱན་གྱི་དཔུང་ཁག་འཛུགས་སྐྲུན། སློབ་གྲྭའི་དོ་དམ་ལམ་ལུགས་ལེགས་བཅོས་བྱེད་པ་སོགས་གནད་སར་བཟུང་སྟེ། ལོ་ལྔའི་ནང་དུ་རོགས་སྐྱོར་བྱ་ཡུལ་གྱི་སློབ་གྲྭའི་སློབ་ཁྲིད་དང་། རིག་གཞུང་ཞིབ་འཇུག་དོ་དམ་གྱི་ཆུ་ཚད་བཅས་མཐོར་འདེགས་པ་དང་། འཕྲུང་འགྱུར་གྱི་འཕེལ་རྒྱས་ལ་རྨང་གཞི་བརྟན་པོ་འཛུགས་དགོས་པར་བསྟན་ལ། 《རྒྱལ་སྲིད་སྤྱི་ཁྱབ་ཁང་གི་མི་རིགས་སློབ་

གསོ་གཏིང་ཕྱིན་པར་བཅོས་སྒྱུར་དང་མགྱོགས་མྱུར་སྒོས་འཕེལ་རྒྱས་གཏོང་བའི་སྐོར་གྱི་ཐག་གཅོད》ནང་དུའང་། གོང་གི་རྗེས་འགོད་གཉིས་ལག་བསྟར་གང་ལེགས་བྱས་ནས། གྲངས་ཉུང་མི་རིགས་དང་ནུབ་ཁུལ་དབུལ་ཕོངས་ས་ཆའི་སློབ་སྦྱུབ་ཀྱི་མ་དངུལ་དང་། སྒྲིག་ཆས། དགེ་རྒན་གྱི་ཆ་རྐྱེན། སློབ་ཁྲིད་ཀྱི་ཉམས་མྱོང་ཐད་ཡར་སྐྱེད་འབྱུང་བར་བྱ་དགོས་ཤིང་། སློབ་གསོར་ཁ་གཏད་ཀྱིས་རོགས་སྐྱོར་བྱེད་པ་ལ་དམིགས་ཚད་དང་འགན་ཁུར་ལེགས་འགྲུབ་བྱེད་པའི་ལམ་ལུགས་ལག་བསྟར་བྱས་ནས་ཕན་ནུས་ཆེན་པོ་བཏོན་ལེན་བྱེད་པ། སློབ་གསོར་ཁ་གཏད་ཀྱི་རོགས་སྐྱོར་བྱ་བས་བོད་ལྗོངས་དང་ཞིན་ཅང་ས་ཆའི་སྐད་གཉིས་སློབ་གསོ་སྤྱི་དང་སྐད་གཉིས་དགེ་རྒན་གྱི་ཐོན་ཁུངས་དང་ལྷག་པར་རྒྱ་ཡིག་གི་དགེ་རྒན་སྐྱེད་སྲིང་བྱེད་པར་མཐོང་ཆེན་བྱེད་པ། གོམ་གང་མདུན་སྤོས་ཀྱིས་ནང་སའི་བོད་ལྗོངས་ཀྱི་འཛིན་གྲྭ（སློབ་གྲྭ）དང་ཞིན་ཅང་གི་མཐོ་རིམ་འཛིན་གྲྭའི་བྱ་བར་ཤུགས་སྣོན་བྱ་དགོས་པར་བསྟན་པས་ན། ༢༠༠༥ལོར་རྒྱལ་ཡོངས་ཀྱི་ཞིང་ཆེན་དང་གྲོང་ཁྱེར་ཉེར་གཅིག་གིས་བོད་ལྗོངས་ལ་བོད་ལྗོངས་ཀྱི་འཛིན་གྲྭའམ་སློབ་གྲྭ་བཙུགས་པ་དང་། དེའི་ནང་དུ་སྔར་ཚུགས་སུ་བཀོད་པའི་ནང་སའི་བོད་ལྗོངས་འཛིན་གྲྭའི་མཐོ་རིམ་སློབ་འབྲིང་གསུམ་དང་། ནང་སའི་བོད་ལྗོངས་ཀྱི་མཐོ་འབྲིང་གཉེར་བའི་སློབ་གྲྭ་བརྒྱད། ནང་སའི་བོད་ལྗོངས་ཀྱི་དམའ་འབྲིང་འཛིན་གྲྭ་གཉེར་བའི་སློབ་གྲྭ་ཉི་ཤུ། ནང་སའི་བོད་ལྗོངས་ཀྱི་འཛིན་གྲྭ་གཉེར་བའི་དགེ་ཐོན་སློབ་གྲྭ་ཆེན་མོ་གཉིས་བཅས་ཡོད་པ(1)རྣམས་ཀྱིས་བོད་ཁུལ་གྱི་སློབ་གསོར་སྐུལ་འདེད་ཀྱི་ནུས་པ་ཆེན་པོ་ཐོན་བཞིན་ཡོད་དོ། །

(༥) སྐད་གཉིས་སློབ་གསོའི་སྲིད་ཇུས་སྟེར་བས་གཏིང་ཟབ་ཏུ་བསྒྱུར་ནས་གྲངས་ཉུང་མི་རིགས་ཀྱི་སློབ་མས་ཕ་སྐད་ལས་གཞན་རྒྱ་ཡིག་གི་ཆུ་ཚད་མཐོར་འདེགས་དགོས་པར་བསྟན་ཡོད་དེ།《སློབ་གསོའི་བཅའ་ཁྲིམས》ནང་དུ། རྒྱ་ཡིག་དང་རྒྱ་སྐད་ནི་སློབ་གྲྭ་དང་གཞན་པའི་སློབ་གསོའི་ལས་ཁུངས་ཀྱི་སློབ་ཁྲིད་བྱེད་ཐབས་ཀྱི་སྐད་ཡིག་གཙོ་བོ་ཡིན་ཡང་། གྲངས་ཉུང་མི་རིགས་ཀྱི་སློབ་མ་གཙོ་བོ་ཡིན་པའི་སློབ་གྲྭ་དང་གཞན་པའི་སློབ་གསོའི་ལས་ཁུངས་ཀྱིས་མི་རིགས་རང་དང་ཡང་ན་རང་སའི་མི་རིགས་ཀྱིས་སྤྱི་སྤྱོད་བྱེད་པའི་སྐད་དང་ཡི་གེ་སྤྱད་དེ་སློབ་ཁྲིད་བྱེད་རུང་། སློབ་གྲྭ་དང་གཞན་པའི་སློབ་གསོའི་ལས་ཁུངས་ཀྱིས་སློབ་ཁྲིད་བྱེད་པ་ལ་རྒྱལ་ཡོངས་སུ་རྒྱུགས་ཆེ་བའི་སྤྱི་སྐད་དང་ཚད་

ལྡན་གྱི་ཡི་གེ་བཀོལ་སྤྱོད་དང་ཁྱབ་གདལ་དུ་གཏོང་དགོས[2] ཞེས་བསྟན་པ་དང་། རྒྱལ་ཁབ་སློབ་གསོ་ཕུའི《ཉིན་རྟོལ་བོའི་ལུགས་ཀྱི་མི་རིགས་སློབ་གྲྭ་ཆུང་འབྲིང་གི་རྒྱ་ཡིག་སློབ་ཁྲིད་ཀྱི་རྩ་གནད（ཚོད་ལྟའི་ལག་བསྟར）》ནང་དུ། གྲངས་ཉུང་མི་རིགས་ཀྱི་སློབ་མས་རྒྱ་སྐད་སློབ་སྦྱོང་བྱེད་པ་ལ་སློབ་ཁྲིད་ཀྱི་དམིགས་ཡུལ་དང་། སློབ་ཁྲིད་ཀྱི་ནང་དོན་དང་བླང་བྱ། བསླབ་དེབ་རྩོམ་སྒྲིག སློབ་ཁྲིད་ཁྲིད་ཀྱི་གནད་དོན་སེལ་ཐབས། སློབ་ཁྲིད་ལ་ཞིབ་བཤེར་དང་གདེང་འཇོག་བྱེད་ཚུལ། སློབ་ཁྲིད་སྒྲིག་ཆས་སོགས་ཀྱི་ཐད་བླང་བྱ་ནན་མོ་བཏོན་ཡོད་པ་དང་།《ཞིང་ཆེན་དང་ལྗོངས་ཀྱིས་གཙུང་གོའི་གྲངས་ཉུང་མི་རིགས་ཀྱི་རྒྱ་ཡིག་གི་ཆུ་ཚད་ལ་གདེང་འཇོག་བྱེད་པའི་རྒྱུགས་ཚད་ལག་བསྟར་བྱེད་པའི་བརྡ་སྦྱར》ནང་དུའང་། གཙུང་གོའི་གྲངས་ཉུང་མི་རིགས་ཀྱི་རྒྱ་ཡིག་གི་ཆུ་ཚད་ལ་གདེང་འཇོག་བྱེད་པའི་རྒྱུགས་ཚད་ནི་སྐད་བརྡ་གཉིས་པའི་སློབ་ཁྲིད་གཞུང་ལུགས་ཀྱི་མཇུབ་སྟོན་འོག་ཏུ། རང་རྒྱལ་གྱི་གྲངས་ཉུང་མི་རིགས་ཀྱིས་རྒྱ་སྐད་སློབ་སྦྱོང་བྱེད་པའི་ཁྱད་ཆོས་ལ་ཟུང་འབྲེལ་བྱེད་པ་དང་། ཕ་སྐད་རྒྱ་སྐད་མ་ཡིན་པའི་གྲངས་ཉུང་མི་རིགས་ཀྱི་རྒྱ་སྐད་སློབ་མཁན་རྣམས་ཀྱི་རྒྱ་ཡིག་གི་ཆུ་ཚད་རྒྱལ་ཁབ་རིམ་པའི་ཚད་གཞི་ནུ་སོན་པར་གདེང་འཇོག་བྱེད་པའི་རྒྱུགས་ཚད་ཡིན་པར་བསྟན་པ་མ་ཟད། རྒྱུགས་ལེན་ཡུལ་དང་། རྒྱུགས་ཚད་ཀྱི་དགོས་མཁོ་དང་ཚད་གཞི། རྒྱུགས་སྤྲོད་པའི་དུས་ཚོད་སོགས་བྱེ་བྲག་ཏུ་གཏན་ཁེལ་ནན་མོ་བྱས་པ་སོགས་ལས་རྒྱལ་ཁབ་ཀྱིས་གྲངས་ཉུང་མི་རིགས་ཀྱི་སློབ་མའི་རྒྱ་ཡིག་གི་ཆུ་ཚད་མཐོར་འདེགས་པར་མཐོང་ཆེན་བྱེད་ཀྱིན་ཡོད་པ་ཤེས་ཐུབ་བོ། །

（༤） དགེ་རྒན་གྱི་དཔུང་ཁག་འཛུགས་སྐྲུན་བྱེད་པར་ སྟར་བས་ཤུགས་སྣོན་བྱེད་དགོས་པར་བསྟན་འདུག་སྟེ།《རྒྱལ་སྲིད་སྤྱི་ཁྱབ་ཁང་གི་མི་རིགས་སློབ་གསོ་གཏིང་ཟབ་ཏུ་པར་བཅོས་སྒྱུར་དང་མགྱོགས་མྱུར་སྙོམས་འཕེལ་རྒྱས་གཏོང་བའི་སྐོར་གྱི་ཐག་གཅོད》ནང་དུ། གྲངས་ཉུང་མི་རིགས་དང་ནུབ་ཁུལ་གྱི་དགེ་རྒན་དཔུང་ཁག་འཛུགས་སྐྲུན་བྱེད་པ་ལ་སྐད་གཉིས་ཀྱི་དགེ་རྒན་སྐྱེད་སྲིང་དང་ཟབ་སྦྱོང་བྱེད་པ་གཙོས་སུ་བཟུང་སྟེ། ཚད་ལྡན་གྱི་སྐད་གཉིས་སྨྲ་བའི་དགེ་རྒན་གྱི་དཔུང་ཁག་ཅིག་འཛུགས་སྐྲུན་བྱ་དགོས་ཞེས་དང་། གོམ་གང་མདུན་སྤོས་སྙོམས་དགེ་རྒན་གྱི་སློབ་གསོའི་ལམ་ལུགས་བཅོས་སྒྱུར་གཏིང་ཟབ་པར་སྤེལ་ཏེ། དགེ་ཐོན་སློབ་གྲྭ་ཆེན་མོའི་དགེ་རྒན་རྣམས་ཀྱི་སློབ་ཁྲིད་དང་རིག་གཞུང་

ཞིབ་འཇུག་གི་ཚ་ཚད་མཐོར་འདེགས་པ་དང་། རྫོང་རིམ་པའི་དགེ་རྒན་ཟབ་སྦྱོང་གི་གནས་གཞི་འཛུགས་སྐྲུན་བྱ་དགོས་ཞེས་དང་། ཁ་ཕྱོགས་གཏན་ཁེལ་གྱི་བྱེད་ཐབས་ལ་བརྟེན་ནས་རོང་འབྲོག་ས་ཁུལ་དང་། ས་མཐོ་རི་ཁུལ། མཐའ་མཚམས་བཅས་སུ་དཀའ་སྤྱད་སྙིང་རུས་ལྡན་པའི་དགེ་རྒན་སྣ་ཚོགས་སྐྱེད་སྲིང་བྱེད་པ། དགེ་རྒན་གྱི་ཐོན་ཁུངས་རྒྱ་བསྐྱེད་དེ། དགེ་ཐོན་མ་ཡིན་པའི་སློབ་གྲྭ་ཆེན་མོའི་མཐར་ཕྱིན་སློབ་མ་དང་ཤར་ཕྱོགས་སམ་དབུས་ཁུལ་གྱི་མཐོ་རིམ་སློབ་གྲྭའི་མཐར་ཕྱིན་སློབ་མ་རྣམས་གྲངས་ཉུང་མི་རིགས་དང་ནུབ་ཁུལ་དུ་ཕྱིན་ནས་དགེ་རྒན་བྱེད་པར་སྐུལ་སློང་བྱེད་པ། དགེ་རྒན་གྱི་ཟབ་སྦྱོང་ལ་ཤུགས་སྣོན་དང་དགེ་རྒན་རྣམས་ཆེད་ལས་སྣ་ཚོགས་ཀྱི་སློབ་སྦྱོང་ལ་ཞུགས་པར་སྐུལ་སློང་བྱས་ཏེ། དགེ་རྒན་གྱི་སློབ་ཡུན་དང་བསླབ་གནས་ཇེ་མཐོར་གཏོང་དགོས་པར་བསྟན་པ་སོགས་ལས་སྐད་གཉིས་དགེ་རྒན་གྱི་དཔུང་ཁག་འཛུགས་སྐྲུན་བྱེད་པར་མཐོང་ཆེན་མཛད་ཀྱིན་ཡོད་པ་རྟོགས་ནུས་སོ། །

(༧) གྲངས་ཉུང་མི་རིགས་ས་ཁུལ་གྱི་དེང་རབས་སློབ་གསོའི་སྤེལ་སྟངས་ལ་དམིགས་བསལ་གྱིས་རྒྱབ་སྐྱོར་དང་སྐུལ་འདེད་བྱེད་ཀྱིན་ཡོད་དེ། 《རྒྱལ་སྲིད་སྤྱི་ཁྱབ་ཁང་གི་མི་རིགས་སློབ་གསོ་གཏིང་ཕྱིན་པར་བཅོས་སྒྱུར་དང་མགྱོགས་མྱུར་སྔོས་འཕེལ་རྒྱས་གཏོང་བའི་སྐོར་གྱི་ཐག་གཅོད》 ནང་དུ། གྲངས་ཉུང་མི་རིགས་འདྲེས་སྡོད་ས་ཁུལ་གྱི་རིམ་པ་སོ་སོའི་སྲིད་གཞུང་གིས་མི་རིགས་སློབ་གསོར་དམིགས་བསལ་གྱི་སྲིད་ཇུས་འདོན་སྤྲོད་དང་མ་དངུལ་ཆེད་འདོན་བྱས་ནས་མི་རིགས་ས་ཁུལ་གྱི་སློབ་གསོ་འཕེལ་རྒྱས་སུ་གཏོང་བར་རོགས་སྐྱོར་བྱ་དགོས་ཞེས་དང་། གྲངས་ཉུང་མི་རིགས་དང་ནུབ་ཕྱོགས་ས་ཁུལ་དུ་དེང་རབས་རྒྱང་བསྟེན་སློབ་གསོ་འཕེལ་རྒྱས་སུ་གཏོང་བར་ནུས་ཤུགས་ཆེན་པོས་རྒྱབ་སྐྱོར་བྱས་ཏེ། ས་ཁུལ་འདི་དག་གིས་ཕྱུགས་ལེགས་སློབ་གསོའི་ཐོན་ཁུངས་བེད་སྤྱོད་པའི་ནུས་པ་མཐོར་འདེགས་དང་། དེང་རབས་རྒྱང་བསྟེན་སློབ་གསོའི་དྲ་རྒྱ་འཛུགས་སྐྲུན་བྱེད་པ་གནད་སར་བཟུང་ནས། རྫོང་རིམ་པའི་རྒྱང་བསྟེན་སློབ་གསོའི་སློབ་ཁྲིད་ཀྱི་གནས་གཙོ་བོ་དང་ཞང་རིམ་པའི་བརྙན་འཕྲིན་ལྟ་སྤྱོད་ཀྱི་གནས་འཛུགས་པ་དང་། ཆ་རྐྱེན་ཡོད་པའི་ས་ཁུལ་དང་སློབ་གྲྭས་སློབ་རའི་དྲ་ཚོགས་འཛུགས་སྐྲུན་དང་། དེ་དང་འབྲེལ་ཡོད་ཀྱི་དགེ་རྒན་དང་དོ་དམ་མི་སྣ་ཟབ་སྦྱོང་དང་སྐྱེད་སྲིང་བྱེད་པ། ཆེད་གཉེར་གྱི་

ལས་ཁུངས་བརྩུགས་ནས་ཧུར་ཐག་གིས་གྲངས་ཉུང་མི་རིགས་སྐད་ཡིག་གི་རྩིས་ཚན་སྐོར་གྱི་བསླབ་གཞི་དང་། སློབ་གྲྭའི་ངོ་དམ། རྒྱ་སྐད་སློབ་ཁྲིད་ཀྱི་ནང་དོན་སོགས་དང་འབྲེལ་ཡོད་ཀྱི་ཀློག་ཆས་རྒྱུ་ཆ་འདོན་སྤེལ་བྱེད་པ། མི་རིགས་སློབ་གྲྭ་ཆུང་འབྲིང་དུ་སྐད་བརྡའི་སློབ་ཁྲིད་བྱེད་སའི་རྩིས་འཁོར་འཕྲུལ་ཆས་ཀྱི་སློབ་ཁང་འཛུགས་སྐྲུན་བྱེད་པར་ཤུགས་སྣོན་བྱས་ནས། ཆ་འཕྲིན་ལག་རྩལ་གྱི་སློབ་གསོ་ཁྱབ་གདལ་དུ་གཏོང་བའི་གོམ་འགྲོས་ཇེ་མགྱོགས་སུ་གཏོང་དགོས་པར་བསྟན་པ་སོགས་ལས་མི་རིགས་ས་ཁུལ་གྱི་སློབ་གསོར་དམིགས་བསལ་གྱི་རྒྱབ་སྐྱོར་བྱེད་བཞིན་ཡོད་པ་གསལ་པོར་མཐོང་ཐུབ་བོ། །

༢. དམངས་ཁྲོད་ཀྱི་སྐད་གཉིས་སློབ་གསོའི་ལྟ་སྟངས་ལ་འཕེལ་འགྱུར་ཆེ་ཙམ་བྱུང་ཞིང་སྐད་གཉིས་སློབ་གསོར་སྔར་བས་མཐོང་ཆེན་བྱེད་པ་འདིས་ཀྱང་བོད་ཁུལ་གྱི་སྐད་གཉིས་སློབ་གསོའི་འཕེལ་ཕྱོགས་ངེས་ཅན་མཚོན་ནུས་ཏེ། མིག་སྔར་བོད་ཁུལ་ལ་མཚོན་ན། མི་རིགས་གཞན་དང་འདྲེས་སྡོད་དུ་ཡོད་པའི་ཁམས་ཕྱོགས་དང་། ཅུང་ཟད་འདྲེས་སྡོད་ཡིན་པའི་ཨ་མདོ། འདུས་སྡོད་དུ་ངེས་པའི་དབུས་གཙང་ཕྱོགས་གང་ལ་མཚོན་ནའང་ཚད་མི་འདྲ་བའི་སྒོ་ནས་སྐད་བརྡ་གཉིས་པ་སློབ་དགོས་པའི་སྙིང་ཚོར་དང་རང་རྟོགས་སྔར་བས་ཤུགས་དྲག་ཏུ་འཕེལ་བཞིན་ཡོད་དེ། དཔེར་ན་བོད་ལྗོངས་ཀྱི་བོད་རིགས་ལས་བྱེད་པ་དང་། ལས་བཟོ་བ། རོང་འབྲོག་མང་ཚོགས་ཀྱིས་ངག་ཐོག་ཏུ་བོད་སྐད་ཡིག་བཀོལ་སྤྱོད་ལ་མཐོང་ཆེན་བྱེད་དགོས་པར་བརྗོད་ཀྱང་དོན་དངོས་སུ་ལག་བསྟར་བྱེད་དུས་རྒྱའི་སྐད་ཡིག་སྟེང་དུ་ཕྱོགས་པར་བྱེད (ཞིག་ཆེན་རྡོ ༡༩༨༩:༥༠༢) པ་དང་། ཡང་ན་བོད་རིགས་ལས་བྱེད་པ་དང་དམངས་ཆེན་འཐུས་མི་ཕལ་ཆེ་བས་ཚོགས་འདུ་སོགས་ཁོར་ཡུག་ཆེ་ས་རུ་བོད་སྐད་བོད་ཡིག་སློབ་དགོས་པར་སྐུལ་སློང་ཆེན་པོ་བྱེད་ཀྱང་། རང་ཉིད་ཀྱི་བུ་དང་བུ་མོ་སློབ་གྲྭ་རུ་འཇུག་སྐབས་སུ་ཐབས་བརྒྱ་ཇུས་སྟོང་གིས་རྒྱ་ཡིག་གི་འཛིན་གྲྭ་དང་ནང་སའི་སློབ་འབྲིང་དུ་འཇུག་ཅི་ཐུབ་བྱེད་པ་ལས་བོད་ཡིག་གི་འཛིན་གྲྭར་འཇུག་པར་ཡིད་མི་འཐད (ཞིག་ཆེན་རྡོ ༡༩༨༩:༥༠༢)། དེའི་རྒྱུ་མཚན་ནི་བོད་རིགས་སློབ་མས་ནང་སའི་མི་རིགས་སློབ་གླིང་མ་ཡིན་པའི་སློབ་གྲྭ་ཆེན་མོ་གྲགས་ཆེན་ལ་རྒྱུགས་སྤྲོད་དགོས་ན། རྒྱ་ཡིག་ནང་བྱན་ཆུད་ཅིང་རྒྱ་ཡིག་ལ་བརྟེན་ནས་ཆེད་ལས་ཀྱི་ཤེས་བྱ་ཇི་སྙེད་བློར་ཤོང་དགོས་ཤིང་། བཟའ་དཔོན་མང་པོས་ཀྱང་མ་འོངས་

པར་རང་ཉིད་ཀྱི་བུ་དང་བུ་མོར་སློབ་སྦྱོང་དང་ལས་ཞུགས་ཀྱི་གོ་སྐབས་གང་ལེགས་བཙོན་ལེན་བྱ་ཆེད། བྱིས་པ་རྣམས་རྒྱ་ཡིག་གི་འཛིན་གྲྭ་དང་ནང་སའི་སློབ་གྲྭ་རུ་བསྐྱལ་ནས་སློབ་སྦྱོང་བྱེད་དུ་བཅུག་པ་ཡིན(3) ཞེས་བསྟན་པ་ལས་ཕོ་ཚོས་ཕ་སྐད་ལས་ཀྱང་རྒྱ་སྐད་ལ་མཐོང་ཆེན་བྱེད་ཀྱིན་ཡོད་པ་རྟོགས་ནུས་པ་དང་། དེ་བཞིན་དུ་མཚོ་སྔོན་གྱི་རོང་འབྲོག་ས་ཁུལ་ཕལ་ཆེ་བ་རྣམས་ཀྱང་ཡར་རྫོན་ཕ་སྐད་གཅིག་རྐྱང་གི་འཚོ་བར་ངེས་ཤིང་སྐད་བརྡའི་ལྟ་སྟངས་ཙུང་ཟད་བཀག་སྡོམ་དུ་སྣང་ཡང་། བཅོས་སྒྱུར་སྒོ་འབྱེད་བྱས་པ་ནས་བཟུང་། སྤྱི་ཚོགས་ཀྱི་འབྲེལ་འདྲིས་ལོ་རེ་ནས་ལོ་རེར་རྒྱ་ཆེ་ཞིང་གཏིང་ཟབ་པར་འགྱུར་བ་དང་བསྟུན་ནས། ཕོ་ཚོའི་སྐད་བརྡའི་ལྟ་སྟངས་ལའང་རིམ་པར་འགྱུར་ལྡོག་འབྱུང་བཞིན་ཡོད་དེ། དཔེར་ན་ཕོ་རང་ཚོས་སྔར་བས་རང་ཉིད་ཀྱི་མིག་རྐྱང་བསྐྱེད་པ་དང་། གསར་དར་གྱི་ཚན་རིག་ལག་རྩལ་སློབ་པ། རང་ཉིད་རྒྱལ་ཁབ་ཀྱི་ཆབ་སྲིད་དང་རིག་གནས་དཔལ་འབྱོར་གྱི་འཚོ་བར་ཞུགས་པའི་ནུས་པ་མཐོར་འདེགས་དགོས་ན། རང་མི་རིགས་ཀྱི་སྐད་ཡིག་གཅིག་རྐྱང་བསླབས་པས་མི་ཚོག་པར། མ་གཞི་རང་མི་རིགས་ཀྱི་སྐད་དང་ཡི་གེ་ལེགས་པར་སྦྱངས་པའི་རྨང་གཞི་སྟེང་དུ་ངེས་པར་དུ་རྒྱ་ཡིག་རྒྱ་སྐད་དང་དབྱིན་ཡིག་དབྱིན་སྐད་སོགས་ཀྱང་སྦྱང་དགོས་པའི་ངེས་ཤེས་གསལ་པོར་འདྲོངས་ཡོད་པ་དང་། ལྷག་པར་རྒྱ་ཆེ་བའི་རོང་འབྲོག་མང་ཚོགས་རྣམས་ཀྱང་རང་བྱུང་གི་དཔལ་འབྱོར་རྣམ་པ་དང་། བབ་ཆག་སྟབས་བདེའི་འཚོ་བའི་རོལ་སྟངས། ཁེ་ཚོང་ཞོར་ལས་ལ་སྣང་ཆུང་བྱེད་པའི་བསམ་བློ་རྙིང་བ་སོགས་ལས་ཐར་ཞིང་རིམ་པར་ཁྲོམ་རའི་ཚོང་ཟོང་གི་བརྗེ་རེས་སོགས་སྣ་མང་དཔལ་འབྱོར་གྱི་འཕེལ་ཕྱོགས་དང་ཁེ་ཕོགས་བཙོན་ལེན་བྱེད་པའི་འཚོ་བའི་ཐབས་ལམ་གསར་བར་བསྒྲིགས་པ་དང་། བརྒྱུད་རིམ་འདི་དག་གི་ཁྲོད་དུ་ཕྱི་ཡི་འཛིག་རྟེན་སྣ་ཚོགས་ཏེ་གྲོང་ཁྱེར་སོགས་ཁོར་ཡུག་མི་འདྲ་བ་དང་། མི་རིགས་ཕན་ཚུན་བར་གྱི་འབྲེལ་གཏུག་མི་འདྲ་བ། གཉེར་བྱའི་ལས་སྣ་མི་གཅིག་པར་སྣ་ཚོགས་སུ་འཕེལ་བ་འདིས་ཀྱང་སྐད་བརྡའི་བཀག་རྒྱ་སེལ་ཏེ་འབྲེལ་འདྲིས་ཀྱི་ནང་དོན་དང་ཁོར་ཡུག་རྒྱ་ཆེར་སྤེལ་དགོས་སྟབས། ཕམ་རང་ཉིད་ཀྱིས་རྒྱ་ཡིག་རྒྱ་སྐད་སོགས་ལ་བཙོན་སྦྱོང་བྱེད་ཀྱིན་ཡོད་པ་མ་ཟད། སློབ་གྲྭའི་སློབ་གསོ་དང་རང་གི་བུ་བུ་མོར་ཡང་སྐད་གཉིས་ནང་བྱིན་ཆུད་དགོས་པའི་རེ་བ་ནན་མོ་འདོན་གྱིན་ཡོད་པ་དང་། གཞན་ད་དུང་ཁ་ཅིག་གིས་རང་ཡུལ་དུ་བོད

ཡིག་བོད་སྐད་སློབ་སྦྱོང་བྱས་པ་གཞིར་བྱས། སློབ་ཡོན་རང་འདོན་གྱིས་བུ་བུ་མོ་རྫོང་ཐོག་དང་ལུགས་ཐོག་དང་ཡང་ན་གྲོང་ཁྱེར་ཆེ་སར་བསྐྱལ་ནས་རྒྱ་ཡིག་རྒྱ་སྐད་སོགས་ཀྱང་རེས་མེད་དུ་བརྩོན་སྦྱང་བྱེད་པར་བསྐྱལ་བ་སོགས་ལས་བོད་རིགས་དམངས་ཁྲོད་དུའང་སྐད་གཉིས་སློབ་གསོའི་ལྟ་སྟངས་ལ་འཕེལ་འགྱུར་ཆེ་ཙམ་བྱུང་ཞིང་སྐད་གཉིས་སློབ་གསོར་ཐུར་བས་མཐོང་ཆེན་བྱེད་ཀྱིན་ཡོད་པ་མངོན་པར་གསལ་ལོ། །

མདོར་ན་དེང་རབས་མི་རིགས་ས་ལུགས་ཀྱི་བཅོས་སྒྱུར་སྒོ་འབྱེད་དང་སྤྱི་ཚོགས་རིག་གནས་འཕེལ་འགྱུར་གྱི་དགོས་མཁོ་དང་བསྟུན་ནས་ཧང་དང་སྲིད་གཞུང་གིས་མི་རིགས་སློབ་གསོ་སྤྱི་དང་བྱེ་བྲག་ཏུ་སྐད་གཉིས་སློབ་གསོ་འཕེལ་རྒྱས་སུ་གཏོང་བར་ཐབས་ཇུས་སྣ་ཚོགས་རབས་དང་རིམ་པར་བཏོན་པ་ཡིས་བོད་ལུགས་ཀྱི་སྐད་གཉིས་སློབ་གསོར་ཤུགས་རྐྱེན་ཆེན་པོ་ཐེབས་པ་དང་། དུས་མཚུངས་སུ་མི་རིགས་རང་སའི་སྤྱི་ཚོགས་རིག་གནས་ཀྱི་འཕོ་འགྱུར་དང་དམངས་ཀྱི་འཚོ་བའི་དགོས་མཁོ་དང་བསྟུན་ནས་རང་སྐད་ནས་གཞན་སྐད་དང་། ཕ་སྐད་གཅིག་རྐྱང་གི་སློབ་གསོ་ནས་སྐད་གཉིས་སམ་སྐད་མང་སློབ་གསོར་མཐོང་ཆེན་བྱེད་པའི་སྐད་བརྡའི་སློབ་གསོའི་ལྟ་སྟངས་ལ་འགྱུར་ལྡོག་ཆེན་པོ་འབྱུང་བཞིན་ཡོད་པ་འདིས་ཀྱང་འབྱུང་འགྱུར་བོད་ལུགས་ཀྱི་སྐད་གཉིས་སློབ་གསོའི་འཕེལ་ཕྱོགས་ངེས་ཅན་ཞིག་མཚོན་བཞིན་ཡོད་དོ། །

གཉིས། སྐད་གཉིས་སློབ་གསོའི་གཞི་ཁྱོན་ཐུར་བས་ཆེར་བསྐྱེད་དང་སྤུས་ཚད་ཐུར་བས་ཇེ་ལེགས་སུ་འགྲོ་ངེས་པ།

སྐད་གཉིས་སློབ་གསོའི་གཞི་ཁྱོན་དང་སྤུས་ཚད་ནི་སྤྱི་ཚོགས་ཀྱི་དགོས་མཁོ་དང་བསྟུན་ནས་མུ་མཐུད་དུ་ཆེར་བསྐྱེད་ཅིང་མཐོར་འདེགས་འབྱུང་བཞིན་ཡོད་ལ། དེའི་རྒྱུ་མཚན་ཡང་དངོས་ཡོད་འཚོ་བའི་ཁྲོད་དུ་སྐད་གཉིས་བཀོལ་སྤྱོད་དང་སྐད་གཉིས་ཀྱི་ཆུ་ཚད་མཐོར་འདེགས་པའི་དགོས་མཁོ་ཆེས་ཆེར་གྱུར་ཅན། སྐད་གཉིས་སྨྲ་བའི་ཤེས་ལྡན་མི་སྣ་འབོར་ཆེན་སྐྱེད་སྲིང་བྱ་དགོས་པའི་རྐྱེན་གྱིས་རེད། བོད་ཀྱི་ལོ་རྒྱུས་སྟེང་དང་ལྷག་པར་བོད་ཞི་བས་བཅིངས་འགྲོལ་བྱས་པ་ནས་བཟུང་བོད་ལུགས་ཀྱི་སྐད་གཉིས་སློབ་གསོ་འཕེལ་བའི་བརྒྱུད་རིམ་ཡང་བོད་ལུགས་ཀྱི་སྤྱི་ཚོགས་རིག་གནས་འཕེལ་འགྱུར་གྱི་དགོས་མཁོ་དང་

བསྟུན་ནས་ཕྱོགས་མཚུངས་སུ་འཕེལ་འགྱུར་འབྱུང་བཞིན་ཡོད་དེ། ཐོར་ཕ་སྐད་གཅིག་རྐྱང་གཙོ་བའི་སློབ་གསོ་ནས་སྐད་གཉིས་ཀྱི་སློབ་གསོའི་ཕྱོགས་སུ་འཕེལ་བ་རྣམས་བོད་ལུགས་ཀྱི་ཆབ་སྲིད་དང་། དཔལ་འབྱོར། རིག་གནས་བཅས་རྒྱ་རིགས་གཙོས་གཞན་པའི་གྲངས་ཉུང་མི་རིགས་བར་ལ་ཐོར་ལས་ལྷག་པའི་འབྲེལ་བ་དམ་ཟབ་ཏུ་གྱུར་པ་ལ་རག་ལས། དེ་བཞིན་དུ་འབྱུང་འགྱུར་བོད་ལུགས་ཀྱི་སྐད་གཉིས་སློབ་གསོའི་འཕེལ་ཕྱོགས་ལ་མཚོན་ན་ཡང་། བོད་ལུགས་ཀྱི་སྤྱི་ཚོགས་དཔལ་འབྱོར་འཕེལ་འགྱུར་གྱི་དགོས་དབང་གིས་མ་མཐའ་ཡང་གཉམ་གྱི་ཕྱོགས་འགའ་ནས་སྐྱུལ་འདེད་ཀྱི་ནུས་པ་ཐོན་པར་ངེས་ཏེ།

༡. བོད་ལུགས་ཀྱི་དཔལ་འབྱོར་རིག་གནས་ཀྱི་ཆུ་ཚད་བསྟུད་མུར་མཐོར་འདེགས་བྱུང་བ་དང་བསྟུན་ནས། མི་རྣམས་ཀྱིས་དངོས་པོའི་ལོངས་སྤྱོད་དང་བསམ་པའི་ལོངས་སྤྱོད་ཀྱི་རེ་སྐེག་ཀྱང་ཇེ་མཐོར་འགྲོ་ངེས་ལ། དངོས་པོའི་ལོངས་སྤྱོད་དང་བསམ་པའི་ལོངས་སྤྱོད་མཐོར་འདེགས་པ་ལ་ཕ་སྐད་ལས་གཞན་སྐད་བརྡ་གཉིས་པ་དང་གསུམ་པའི་གཞོགས་འདེགས་དང་འབྲལ་ཐབས་མེད་དོ། །

༢. མི་རིགས་སློབ་གསོ་ཁྱབ་གདལ་དུ་གཏོང་དགོས་ན། མི་རྣམས་ཀྱི་སློབ་གསོའི་ཆུ་ཚད་མཐོར་འདེགས་དགོས་པ་མ་ཟད། མི་རྣམས་ཀྱི་སྐད་བརྡ་བཀོལ་སྤྱོད་ཀྱི་ནུས་པ་དང་སྒོས་སུ་སྐད་གཉིས་རེས་སྤྱོད་ཀྱི་ནུས་པ་མཐོར་འདེགས་དང་ཁྱབ་གདལ་དུ་གཏོང་དགོས་པས། སྐད་གཉིས་སློབ་གསོར་ཐོར་བས་ལྷང་བྱ་ནན་མོ་འདོན་ངེས་པའོ། །

༣. དེང་རབས་ཅན་གྱི་ཆ་འཕྲིན་དང་སྒྲུན་བྱེད་ཡོ་ཆས་ཁྱབ་གདལ་དུ་ཕྱིན་པ་འདིས་ཀྱང་སྐད་གཉིས་ཁྱབ་གདལ་དུ་འགྲོ་བར་མཐུན་རྐྱེན་ལེགས་པར་བསྐྲུན་པའོ། །

༤. མི་རིགས་སོ་སོའི་བར་འགྱུར་འགྲིམ་གྱི་མི་གྲངས་ཇེ་མང་དུ་འཕེལ་ཞིང་འབྲེལ་འདྲིས་ཀྱི་གོ་སྐབས་དང་དུས་ཡུན་ཐོར་བས་ཇེ་རིང་དུ་གྱུར་པ་འདིས་ཀྱང་རིགས་འབྲེལ་གྱི་སྐད་གང་ཞིག（རྒྱ་སྐད）མི་རིགས་ཕན་ཚུན་བར་འདུམ་འབྲེལ་གནང་བྱེད་ཀྱི་བརྡ་ཐབས་སུ་གྱུར་ཅིང་ཀུན་གྱིས་རྒྱ་སྐད་ངེས་པར་དུ་སློབ་དགོས་པའི་ཁོར་ཡུག་བསྐྲུན་འདུག་གོ །

༥. གྲོང་ཁྱེར་དུ་མི་གྲངས་སྤྱོར་འདྲེན་བྱེད་པའི་གོམ་འགྲོས་ཇེ་མགྱོགས་སུ་ཕྱིན་པའི་བརྒྱུད་རིམ་ཁྲོད་དུ་ཐོར་བརྡ་སྐད་གཅིག་རྐྱང་སྤྱོད་པའི་གྲོང་སྡེའི་མི་རྣམས་འཕྲལ་མར་

སྐད་མང་རིས་སྦྱོད་བྱེད་པའི་གྲོང་ཁྱེར་གྱི་ཁོར་ཡུག་ཏུ་ཞུགས་པ་ལས་རིམ་པར་སྐད་གཉིས་སློབ་གསོར་ངེས་ཤེས་གསར་དུ་བསྐྱེད་པའོ། །

༤. གཞན（རྒྱ）རིགས་དང་གཉེན་སྒྲིབ་སྐབ་མཐུན་གྱི་འབྲེལ་བ་བྱུང་བ་ཙམ་དུ་མ་ཟད་མང་དུ་འཕེལ་བ་ལས་སྐད་གཉིས་སྦྱོང་གོམས་བྱེད་པའི་ཁྱིམ་གཞིའི་ཁོར་ཡུག་ལེགས་པར་གྲུབ་པའོ། །

གོང་སྨྲོས་སྤྱི་ཚོགས་རིག་གནས་འཕོ་འགྱུར་གྱི་རྒྱུ་རྐྱེན་དེ་དག་ལ་བརྟེན་ནས་བོད་ཁུལ་གྱི་སྐད་གཉིས་སློབ་གསོའི་འཕེལ་ཕྱོགས་གཙོ་བོ་ནི་གཞི་ཁྱོན་སྟེང་ལས་རྒྱ་ཆེ་ཞིང་སྤུས་ཚད་སྟེང་ནས་ཇེ་ལེགས་སུ་འཕེལ་བཞིན་ཡོད་པ་དང་། དཔལ་འབྱོར་སྔེང་ཙུང་ཟད་ཇེས་ལུས་ཡིན་པའམ་ཡང་ན་ཙུང་ཟད་སྔོན་ཐོན་དུ་ཕྱིན་པའི་ས་ཁུལ་གང་ཡིན་པ་དང་། ཡང་ན་བོད་རིགས་འདུས་སྡོད་ཀྱི་དབུས་གཙང་ཕྱོགས་སམ་འདྲེས་སྡོད་ཀྱི་མདོ་ཁམས་ཕྱོགས་གང་ལ་མཚོན་ཡང་སྐད་གཉིས་སློབ་གསོ་དར་རྒྱས་སུ་འགྲོ་བཞིན་པ་ནི་རྒྱལ་ཁམས་སྤྱི་དང་བྱེ་བྲག་བོད་ཁུལ་གྱི་སྤྱི་ཚོགས་དཔལ་འབྱོར་འཕེལ་རྒྱས་སུ་འགྲོ་བའི་རྒྱུ་རྐྱེན་ལ་རག་ལས་ཡོད་པར་འདོད་དོ། །

སྐད་གཉིས་སློབ་གསོའི་སྤུས་ཚད་དང་གྲངས་ཚད་མཐོར་འདེགས་བྱེད་པ་ནི་འབྱུང་འགྱུར་སྐད་གཉིས་སློབ་གསོ་འཕེལ་རྒྱས་ཀྱི་ནང་དོན་གཙོ་བོར་ངེས་ཏེ། ད་ལྟའི་མི་རྣམས་ཀྱི་བློ་ངོར་བོད་ཁུལ་གྱི་དཔལ་འབྱོར་འཛུགས་སྐྲུན་ལ་ཕན་ནུས་ཆེ་བའི་སྟོབས་ཤུགས་ཆེན་པོ་འབུལ་བར་བྱེད་པ་ལ་སྤུས་ཚད་མཐོ་ཤོས་ཀྱི་སྐད་གཉིས་སྨྲ་བའི་ཤེས་ལྡན་མི་སྣ་འབོར་ཆེན་སྐྱེད་སྲིང་བྱེད་པ་དང་བྱེ་བྲག་མི་རིགས་ཀྱི་སློབ་གསོའམ་སྐད་གཉིས་སློབ་གསོ་གཏན་འཛུགས་དང་འཕེལ་རྒྱས་སུ་གཏོང་བའི་ཐབས་ལམ་འཚོལ་ཞིབ་བྱེད་པར་བརྩོན་དགོས་པའི་ཚོར་བ་ཞིག་བཅོས་མིན་དུ་སྐྱེས་ཀྱིན་ཡོད། ཀྲུང་གོ་གསར་བ་དབུ་མ་བརྙེས་སྔོན་དུ་དུས་རབས་ཀྱི་བཀག་རྒྱ་སྣ་ཚོགས་པའི་རྐྱེན་གྱིས་མི་རིགས་ཕལ་མོ་ཆེའི་དཔལ་འབྱོར་སྣེར་སྡོམ་དང་རྗེས་ལུས་སུ་སྣང་ཞིང་། མི་རིགས་ཕན་ཚུན་བར་འགྲོ་འོང་དང་འབྲེལ་འདྲིས་བྱེད་པ་ཤིན་ཏུ་ཉུང་ལ། དབང་སྒྱུར་གྲལ་རིམ་རིམ་བྱུང་རྣམས་ཀྱིས་མི་རིགས་ལ་མཐོང་ཆུང་དང་། མི་རིགས་གཞན་གནོན་གྱི་སྲིད་ཇུས་སྤྱོད་པ། མི་རིགས་ཀྱི་འགལ་བ་རྙོག་འཛིང་དུ་སྤེལ་བ་ལ་སོགས་པའི་དབང་གིས་མི་རིགས་ཕན་ཚུན་བར་སྐད་བརྡ་སློབ་རེས་ཀྱི་

གོམས་སྲོལ་རྒྱ་ཆེར་དར་མི་ཐུབ་པ་ལས་སྐད་གཉིས་སློབ་གསོའི་བྱ་བ་ནི་མིང་གི་ལྷག་མ་ཙམ་ལས་གཞི་ཁྱོན་དང་ སྤུས་ཚད་གང་གི་ཆ་ནས་ཀྱང་སྙིང་རིན་མེད་པ་ཞིག་ཏུ་ངེས་ཀྱང་། ཀྲུང་གོ་གསར་པ་དབུ་བརྙེས་པ་ནས་བཟུང་རྒྱལ་ནང་དུ་མི་རིགས་ཐམས་ཅད་འདྲ་མཉམ་ཡིན་པའི་སྲིད་ཇུས་སྤྱད་ཅིང་། སྒོས་སུ་རྒྱལ་ཡོངས་ཀྱི་ཆབ་སྲིད་དང་དཔལ་འབྱོར་ཚད་མཐོ་བར་གཅིག་གྱུར་བྱུང་བའི་རྐྱེན་གྱིས་མི་རིགས་ཕན་ཚུན་བར་ཆབ་སྲིད་དང་། དཔལ་འབྱོར། རིག་གནས་ཀྱི་འབྲེལ་འདྲིས་སྔ་ན་མེད་པ་བྱུང་བ་དང་། གྲངས་ཉུང་མི་རིགས་སློབ་གསོའི་ལས་དོན་འཕེལ་རྒྱས་སུ་གཏོང་བ་ལའང་རྒྱལ་ཁབ་དང་མི་རིགས་ས་གནས་སྲིད་གཞུང་གིས་སྲིད་ཇུས་ཀྱི་ཁག་ཐེག་དང་། དངུལ་ཤུགས་ཀྱིས་རྒྱབ་སྐྱོར། མི་ཤུགས་ཀྱིས་རྟེང་སྐྱོར་མཛད་པས། གྲངས་ཉུང་མི་རིགས་ཀྱི་སློབ་གསོ་སྤྱི་དང་བྱེ་བྲག་བོད་ཁུལ་གྱི་སྐད་གཉིས་སློབ་གསོའི་གཞི་ཁྱོན་དང་སྤུས་ཚད་ཀྱང་སྔར་བས་ཇེ་ཆེ་དང་ཇེ་ལེགས་སུ་ཕྱིན་པ་དང་། ལྷག་པར་བོད་ལྗོངས་ཀྱི་སྐད་གཉིས་སློབ་གསོར་མཚོན་ན། རྒྱལ་ཁབ་ཀྱིས་དམིགས་བསལ་གྱི་སྲིད་ཇུས་སྤྱད་པས་སྐད་གཉིས་སློབ་གསོར་འཕེལ་རྒྱས་ཆེན་པོ་འབྱུང་བཞིན་ཡོད་དེ། དཔེར་ན་བོད་ལྗོངས་ས་ཁུལ་དུ་ཀྲུང་དབྱང་གིས《ནང་སས་ཁ་གཏད་ཀྱིས་བོད་ལྗོངས་ཀྱི་སློབ་གསོར་རོགས་སྐྱོར་བྱེད་པའི་དངོས་འབེབས་འཆར་འགོད》ལག་བསྟར་བྱས་པའི་རྐྱེན་གྱིས་ནང་སའི་ས་ཁུལ་ཁ་ཤས་སུ་༡༩༨༥ལོ་ནས་བཟུང་བོད་ལྗོངས་ལ་བོད་རྒྱ་སྐད་གཉིས་ཤེས་པའི་འབྲིང་རིམ་ཆེད་ལས་ལག་རྩལ་མི་སྣ་རབས་དང་རིམ་པར་སྐྲིད་སྲིང་བྱས་ཤིང་། འབྲིང་རིམ་ཆེད་ལས་ཀྱི་དགེ་ཐོན་དང་། འཕྲོད་བསྟེན། སྤྱི་བདེ། བྱང་ཡིག ཊྲང་ས་འཁོར་ཞིག་གསོ་དང་སྐོར་རྩལ། ནགས་ལས། བཟོ་བཀོད། རྩིས་གཉེར། རྩོམ་རྩིས། ལོ་ཏོག ཡུལ་སྐོར་སྣེ་ཤན། ཕྱུགས་ལས་ཐོན་རྫས་ཀྱི་ལས་སྣོན། ཕྱུགས་རིགས་གསོ་བཅོས། གློག་ཤུགས་འདོན་སྤྲོད། རྒྱང་སྒྲིག་བརྒྱུད་འཕྲིན། དངུལ་ཁང་། གནམ་གཤིས་རྟོག་དཔྱོད་སོགས་ཆེད་ལས་ནས་སློབ་མཐར་ཕྱིན་པའི་སློབ་མས་རང་ཉིད་ཀྱི་ལས་གནས་སྟེང་དུ་བྱེད་ནུས་གལ་ཆེན་འདོན་བཞིན་ཡོད་པར(4) གྲགས་སོ། །

མདོར་ན་འབྱུང་འགྱུར་བོད་ཁུལ་གྱི་དཔལ་འབྱོར་རིག་གནས་འཕེལ་བའི་གོམ་འགྲོས་དང་བསྟུན་ནས། ཕ་སྐད་གཞིར་བྱས་སྐད་བརྡ་གཉིས་པའམ་རྒྱ་སྐད་དང་དབྱིན་སྐད་སོགས་སློབ་ངེས་པའི་དགོས་མཁོའང་ཆེས་ཆེར་འགྱུར་ངེས་པ་དང་། བོད་ཁུལ་གྱི་

སྐད་གཉིས་སློབ་གསོའི་ སྤུས་ཚད་དང་གྲངས་ཚད་ཐད་ལ་སྔར་ལས་ལྷག་པའི་དམིགས་ཚད་མཐོན་པོ་ཡོད་པ་སྨོས་མ་འཚལ་ལོ། དུས་རབས་ད་ལྟའི་འཕེལ་ཕྱོགས་ལྟར་ནའང་རྒྱལ་ནང་གི་སྲིད་འགྱུར་རིག་གསུམ་ཚད་མཐོ་བའི་གཅིག་གྱུར་དང་། རྒྱལ་ཁབ་མི་འདྲ་བ་ཕན་ཚུན་བར་སྲིད་དོན་དཔལ་འབྱོར་གྱི་འབྲེལ་འདྲིས་དང་རིག་གནས་ལག་རྩལ་གྱི་བརྗེ་རེས་སོགས་ཉིན་ རེ་ནས་ ཉིན་ རེར་ ཇེ་ དམ་ དུ་ གྱུར་ པ་ དང་། འཛམ་ གླིང་ གི་ དཔལ་ འབྱོར་ གཟུགས་ གཅིག་ ཅན་ དང་ མི་ རིགས་ མང་ བའི་ རྒྱལ་ ཁབ་ ཀྱི་ དཔལ་ འབྱོར་ གཟུགས་ གཅིག་ ཅན་ དུ་འཕེལ་བའི་གོམ་སྟབས་ཇེ་མགྱོགས་སུ་ཕྱིན་པ་དང་བསྟུན་ནས། འཛམ་གླིང་གི་རྒྱལ་ཁབ་མི་འདྲ་བ་སོ་སོར་སྐད་གཉིས་སློབ་གསོ་དར་སྤྱེལ་ཆེ་བར་ཕྱིན་པ་དང་། ཕྱི་བྲག་རང་རྒྱལ་དུའང་ས་གནས་མི་འདྲ་བ་སོ་སོ་དང་མི་རིགས་མི་འདྲ་བ་སོ་སོར་སྐད་གཉིས་སློབ་གསོ་སྤེལ་བའི་ཚ་ཚྭབས་གསར་དུ་འཕྱུར་བཞིན་ཡོད་ཅིང་། ཚ་ཚྭབས་འདིས་ཀྱང་བོད་ཁུལ་གྱི་སྐད་གཉིས་སློབ་གསོའི་འཕེལ་ཕྱོགས་ཐད་ལའང་སྐུལ་འདེད་ཀྱི་ནུས་པ་ཆེན་པོ་འདོན་གྱིན་འདུག དེ་ལྟ་ནའང་སྐད་གཉིས་སློབ་གསོ་ཁྱབ་གདལ་དུ་ཕྱིན་པའི་བརྒྱུད་རིམ་ཁྲོད་དུ། མི་རིགས་རང་གི་ཕ་སྐད་ལ་སྐད་བརྡ་གཉིས་པའི་ཤོག་ཐུག་ཐེབས་པས། ཡུལ་གྲུ་ཁ་ཤས་སུ་རང་གི་ཕ་སྐད་སློབ་གསོའི་ཆུ་ཚད་སྔར་བས་ཇེ་ཞན་དུ་འགྱུར་བཞིན་ཡོད་པ་དང་། ཡུལ་གྲུ་ཁ་ཤས་སུ་རིམ་གྱིས་རང་སྐད་དོར་ནས་སྐད་བརྡ་གཉིས་པ་འབའ་ཞིག་དོན་དུ་གཉེར་བ་སོགས་ཀྱིས་ས་གནས་མི་རིགས་ཀྱི་ཕ་སྐད་རིག་གནས་ལ་གྱོང་ཉམས་ཆེ་ཙམ་འབྱུང་བཞིན་པ་ལྟོས་མ་ལེགས་པར་མཐོང་ཙ་ན། དཔལ་འབྱོར་ཙུང་ཟད་དར་རྒྱས་ཆེ་ཞིང་མི་རིགས་འདྲེས་སྡོད་ཀྱི་ཚད་མཐོ་བའི་ས་གནས་སོགས་སུ་ཕ་སྐད་ཀྱི་རིག་གནས་ཁོར་ཡུག་ཇི་ལྟར་སྲུང་སྐྱོང་བྱེད་པ་དང་ཕ་སྐད་གཙོར་བྱས་སྐད་གཉིས་སློབ་གསོའི་འཕེལ་ཕྱོགས་ལ་ཇི་ལྟར་ཇུས་འགོད་བྱེད་པ་སོགས་ཀྱང་ཀུན་གྱིས་ག་སྡོགས་སུ་འཛིན་དགོས་པའི་དཔྱད་གཞི་གལ་ཆེན་ཞིག་ཡིན་པར་སེམས་སོ། །

གསུམ། སྐད་གཉིས་སློབ་གསོའི་འཕེལ་ཚུལ་ངོ་མཉམ་མ་ཡིན་པར་མཇོན་པ།

སྤྱི་ཚོགས་ཀྱི་རྒྱུ་རྐྱེན་སྣ་ཚོགས་པའི་དབང་གིས་རང་རྒྱལ་གྱི་ལོ་རྒྱུས་སྟེང་དུ་མི་

རིགས་མི་མཚུངས་པ་སོ་སོའི་སྐད་གཉིས་སློབ་གསོ་འཕེལ་རྒྱས་ཀྱི་ཆུ་ཚད་ཀྱང་ཁྱད་མ་སློམ་ཞིང་དོ་མི་མཉམ་པར་སྣང་སྟེ། དཔེར་ན་ཁྲའོ་ཞན་དང་། ཆའང་རིགས། པའི་རིགས་རྣམས་ལོ་རྒྱུས་རྙིང་སྐད་གཉིས་སློབ་གསོ་འཕེལ་རྒྱས་མགྱོགས་པའི་མི་རིགས་སུ་ངེས་ལ། བོད་རིགས་དང་། སོག་པོ། ཡུ་གུར། ཏུའུ་ལུང་རིགས་སོགས་ནི་ནང་སའི་རྒྱ་ནག་དང་བར་ཐག་རིང་བ་དང་། རི་མཐོ་ལུང་ཟབ་ཀྱིས་འགྲིམ་འགྲུལ་སྟབས་མི་བདེ་བ། དཔལ་འབྱོར་རིག་གནས་སོགས་སྐྱེར་ཚུགས་སུ་སྤེལ་བ་མང་ཞིང་། རྒྱ་སྐད་སོགས་ཀྱི་སྤྱོད་སྒོ་ཞེན་ཏུ་དོག་ཕྱིར། ལོ་རྒྱུས་རྙིང་དུ་སྐད་གཉིས་སློབ་གསོའི་འཕེལ་ཚུལ་ཤིན་ཏུ་དལ། རྒྱལ་ཁབ་དབུ་བརྙེས་པའི་རྗེས་སུ་ལོ་རྒྱུས་རྙིང་སྐད་གཉིས་སློབ་གསོ་འཕེལ་རྒྱས་དལ་བའི་མི་རིགས་ཁ་ཤས་ཀྱི་དཔལ་འབྱོར་གྱི་སྒྲིག་གཞི་གཅིག་རྐྱང་དུ་ངེས་ཤིང་སྐྱེར་ཚུགས་སུ་སྤེལ་ཚུལ་ལ་བཅོས་སྒྱུར་ཐེབས་ཤིང་། མི་རིགས་སློབ་གསོར་ཤུགས་སྣོན་དང་འཕེལ་རྒྱས་ཆེན་པོ་བྱུང་བའི་རྐྱེན་གྱིས་སྐད་གཉིས་སློབ་གསོ་འཕེལ་རྒྱས་སུ་ཕྱིན་པ་མགྱོགས་པར་མ་ཟད། ཁ་ཤས་ཤིག་སྔར་སྐད་གཉིས་སློབ་གསོའི་འཕེལ་ཚུལ་མགྱོགས་པའི་མི་རིགས་ཀྱི་རྗེས་སུ་བསྙེགས་ཤིང་དེ་དག་གི་ཚད་ལས་བརྒལ་བར་གྱུར་པ་དང་། ཡང་ཁ་ཤས་ཤིག་རྒྱལ་ཁབ་དབུ་བརྙེས་རྗེས་ནས་སྤྱིར་སྐད་གཉིས་འཕེལ་རྒྱས་སུ་ཕྱིན་ཡོད་ན་ཡང་འཕེལ་འགྲོས་ཤིན་ཏུ་དལ་སྟབས། མི་རིགས་གཞན་དང་བར་ཁྱད་ཆེ་བར་མངོན། འདི་ལྟའི་སྐད་གཉིས་སློབ་གསོའི་འཕེལ་ཚུལ་ཁྱད་མི་སློམ་ཞིང་དོ་མཉམ་མ་ཡིན་པ་ནི་སྤྱི་ཚོགས་ཀྱི་རིག་གནས་ལོ་རྒྱུས་དང་། ཆབ་སྲིད། དཔལ་འབྱོར་བཅས་རྒྱུ་རྐྱེན་དུ་གྱུར་ཤིང་། མི་རིགས་ཕན་ཚུན་བར་གྱི་འགྲོ་འོང་འབྲེལ་འདྲིས་དང་། སྤྱི་ཚོགས་རིག་གནས་ཀྱི་ཁོར་ཡུག མི་རིགས་ནང་ཁུལ་གྱི་སྐད་བརྡའི་ལྟ་སྟངས་སོགས་རྒྱུ་མཚན་དུ་གྱུར་ནས་མི་རིགས་མི་མཚུངས་པ་དང་ས་གནས་མི་མཚུངས་པའི་བར་ཁུལ་དུ་འབྱུང་བཞིན་ཡོད་པ་མ་ཟད། མི་རིགས་གཅིག་གི་ཤོག་ཁ་མི་འདྲ་བ་དང་ཡུལ་ལུང་མི་འདྲ་བའི་བར་ཁུལ་དུའང་འབྱུང་བཞིན་ཡོད་དེ། དཔེར་ན་རྒྱ་དང་འདྲེས་སྡོད་ཀྱི་སོག་པོ་དང་ཁེར་སྡོད་ཀྱི་སོག་པོ་སོ་སོའི་སྐད་གཉིས་སློབ་གསོའི་འཕེལ་ཚད་ཁྱད་མི་སློམ་པ་ཧ་ཅང་མངོན་གསལ་ཡིན་པ་ལྟ་བུ་ལགས་སོ། །

དེ་བཞིན་དུ་འབྱུང་འགྱུར་བོད་ཁུལ་གྱི་སྐད་གཉིས་སློབ་གསོའི་འཕེལ་ཕྱོགས་ལ་མཚོན་ནའང་། ཕྱི་བྲག་ས་ཁུལ་སོ་སོའི་སྔར་འདས་ཀྱི་ལོ་རྒྱུས་མི་འདྲ་བ་དང་། དཔལ་

འགྱུར་གྱི་འཕེལ་ཚུལ་མི་འདྲ་བ། མི་རིགས་འདུས་སྡོད་དང་འདྲེས་སྡོད་བྱེད་ཚུལ་མི་འདྲ་བ། རོང་འབྲོག་གཞི་རིམ་དང་གྲོང་བརྡལ་མི་རིགས་ཀྱི་གྲུབ་ཆ་མི་འདྲ་བ་དང་སྐད་བརྡའི་ཁོར་ཡུག་དང་སྤྱོད་སྟངས་མི་འདྲ་བ། དམངས་ཀྱི་སྐད་བརྡའི་ལྟ་ཚུལ་དང་འདོད་འདུན་མི་འདྲ་བའི་རྐྱེན་གྱིས་སྐད་གཉིས་སློབ་གསོའི་འཕེལ་རྒྱས་ཀྱི་མགྱོགས་ཚད་དང་། གཞི་ཁྱོན། སྤུས་ཀ་གང་ཅུང་གི་ཐད་ནས་ཀྱང་ཁོད་མི་སྙོམ་པའམ་དོ་མི་མཉམ་པའི་སྣང་ཚུལ་བསྙོན་མེད་དུ་འབྱུང་ངེས་ཏེ། བོད་ཁུལ་དུ་སྤྱིར་ནས་བཟུང་སྐད་གཉིས་སློབ་གསོ་ཅུང་ཟད་ཁྱབ་གདལ་དུ་ཕྱིན་ལེགས་པ་རྣམས་བསྡུད་མུར་སྐད་གཉིས་སློབ་གསོའི་སྤུས་ཀའི་སྟེང་མཐོར་འདེགས་འབྱུང་ངེས་པ་དང་། སྤྱིར་སྐད་གཉིས་སློབ་གསོ་ཁྱབ་གདལ་དུ་ཆེས་ཆེར་མ་ཕྱིན་ཀྱང་། ད་ལྟ་རིག་གནས་དཔལ་འབྱོར་སྟེང་འཕེལ་རྒྱས་སུ་ཕྱིན་པ་མགྱོགས་པ་རྣམས་སྐད་གཉིས་སློབ་གསོ་སྤྱིར་བས་ཁྱབ་གདལ་དུ་འགྲོ་ངེས་ལ། སྤྱིར་སྐད་གཉིས་སློབ་གསོ་ཁྱབ་གདལ་དུ་མ་ཕྱིན་ཅིང་དུས་ད་ལྟ་ཉིད་ལའང་དཔལ་འབྱོར་དང་རིག་གནས་ཀྱི་འཕེལ་ཚུལ་དལ་བ་རྣམས་སྐད་གཉིས་སློབ་གསོའི་འཕེལ་ཚུལ་ཀྱང་སྤྱིར་བཞིན་ཤིན་ཏུ་དལ་ངེས་ཕྱིར། འབྱུང་འགྱུར་བོད་ཁུལ་གྱི་སྐད་གཉིས་སློབ་གསོའི་འཕེལ་ཕྱོགས་ལ་གཅིག་ནས་ཡུལ་ལུང་ཤོག་ཁ་དང་ས་ཁུལ་མི་འདྲ་བ་སོ་སོའི་སྐད་གཉིས་སློབ་གསོ་འཕེལ་རྒྱས་ཀྱི་བར་ཁྱད་རིམ་གྱིས་ཇེ་ཆུང་དུ་ཕྱིན་ནས་ཆ་ཚད་གཅིག་མཚུངས་སུ་འགྱུར་བ་དང་། ཕྱོགས་གཞན་ཞིག་ནས་ས་ཁུལ་མི་འདྲ་བའམ་ཡུལ་ལུང་ཤོག་ཁ་མི་འདྲ་བའི་སྐད་གཉིས་སློབ་གསོ་འཕེལ་འགྱུར་གྱི་བར་ཁྱད་རིམ་གྱིས་ཇེ་ཆེར་ཕྱིན་ནས་ཕྱོགས་མཐའ་གཉིས་སུ་ལྷུང་བ་ལས་ཁོད་སྙོམ་མ་ཡིན་པའི་སྣང་ཚུལ་ཅི་རིགས་འབྱུང་སྲིད། སྔ་མ་ནི་ལོ་རྒྱུས་ཀྱི་དུས་སྐབས་གསར་པའི་ནང་དུ་སྤྱི་ཚོགས་རིག་གནས་ཀྱི་འཕོ་འགྱུར་ཆེ་ཞིང་། དཔལ་འབྱོར་གྱི་འཕེལ་རྒྱས་ཅུང་ཟད་མགྱོགས་པ། མི་རྣམས་ཀྱི་སྐད་བརྡའི་ལྟ་སྟངས་གཅིག་མཚུངས་སུ་ངེས་པའི་གནས་ཚུལ་འོག་ཏུ་འབྱུང་ངེས་པ་དང་། ཕྱི་མ་ནི་སྤྱི་ཚོགས་ལོ་རྒྱུས་ཀྱི་དུས་རབས་གསར་པའི་ནང་ཡུལ་ལུང་ཤོག་ཁ་སོ་སོའམ་ས་ཁུལ་སོ་སོའི་མི་ཆོས་རིག་གནས་སམ་སྐྱེ་ཁམས་ཁོར་ཡུག་གི་བར་ཁྱད་ཆེ་ཞིང་། སྲིད་དོན་དཔལ་འབྱོར་གྱི་འཕེལ་ཚད་ལ་དལ་མགྱོགས་ཀྱི་ཁྱད་པར་ཆེ་བ། ཕ་སྐད་དང་གཞན་སྐད་ཀྱི་ལྟ་སྟངས་སམ་རྣམ་འགྱུར་འཛིན་སྟངས་གཅིག་གྱུར་མ་ཡིན་པའི་ཆ་རྐྱེན་འོག་ཏུ་འབྱུང་ངེས་ལ། འདི་དག་གིས་སྐབས་

འགར་དུས་སྐབས་གཅིག་གི་ངོས་ནས་ཀྱང་མི་རིགས་གཅིག་གི་ནང་ལུགས་དུ་ཡུལ་ལུང་ཤོག་ཁ་དང་ས་ལུགས་མི་འདྲ་བ་སོ་སོར་སྐད་གཉིས་སློབ་གསོའི་ནང་དོན་དང་སྤྱིལ་སྟངས་སམ་དཔེ་གཞི་སྣ་ཚོགས་ཤིག་འགོད་སྲིད་པས་ན། འབྱུང་འགྱུར་བོད་ལུགས་ཀྱི་སྐད་གཉིས་སློབ་གསོ་ལ་ཡོད་མི་སྲིམ་ཞིང་འདྲ་མཉམ་མ་ཡིན་པའི་འཕེལ་ཕྱོགས་ཤིག་ཀྱང་ལྡན་པ་བསྟོན་དུ་མེད། ཚུལ་འདི་ལས་བོད་ལུགས་ཀྱི་སྐད་གཉིས་སློབ་གསོའི་ཡོད་སྲོམ་མ་ཡིན་པའི་འཕེལ་ཕྱོགས་ནི་ལོ་རྒྱུས་ཀྱི་རྒྱུ་རྐྱེན་ལ་རག་ལས་པ་ལས་གཞན་ད་དུང་དངོས་ཡོད་སྤྱི་ཚོགས་ཀྱི་ཆ་རྐྱེན་སྣ་ཚོགས་ཤིག་ཀྱང་བདག་རྐྱེན་དུ་གྱུར་བ་དང་། ད་ལྟའི་བོད་ལུགས་ཀྱི་སྤྱི་ཚོགས་དཔལ་འབྱོར་གྱི་ཆ་རྐྱེན་དང་སྣང་གཞི་ལ་རྐང་བཙུགས་ན། འབྱུང་འགྱུར་བོད་ལུགས་ཀྱི་སྐད་གཉིས་སློབ་གསོའི་འཕེལ་ཕྱོགས་ལ་མ་འོངས་པའི་དུས་ཡུན་རིང་ཙམ་གྱི་ནང་དུ་ཡོད་སྲོམ་མ་ཡིན་པའི་ཁྱད་ཆོས་ལྡན་པར་རྟོགས་ནུས་ལ། གནད་འདིའང་གསལ་པོར་ངེས་ན། མི་རིགས་སློབ་གསོའི་ཆོས་ཉིད་དང་བསྟུན་ནས་འབྱུང་འགྱུར་སྐད་གཉིས་སློབ་གསོའི་སྤྱིལ་སྟངས་ལ་རྩིས་འགོད་གང་ལེགས་བྱེད་པར་དགེ་མཚན་མཆོག་ཏུ་ལྡན་ནོ། །

གཉིས་པ། བོད་ལུགས་ཀྱི་སྐད་གཉིས་སློབ་གསོའི་འགལ་རྐྱེན་དང་དེའི་སེལ་ཐབས།

བོད་ལུགས་ཀྱི་སྐད་གཉིས་སློབ་གསོའི་ལམ་ལུགས་ནི་དུས་རབས་ཉི་ཤུ་བའི་ལོ་རབས་བརྒྱད་ཅུ་ནང་དབུ་ཚུགས་པ་ནས་བཟུང་ད་ལྟའི་བར་རྒྱུན་མ་ཆད་པར་དར་སྤེལ་དུ་གཏོང་བཞིན་ཡོད་ན་ཡང་། མིག་སྔར་ད་དུང་མ་ལག་འཐུས་ཚང་དུ་གྲུབ་མེད་པ་དང་། སྐད་གཉིས་སློབ་ཁྲིད་ཀྱི་དཔེ་གཞི་ཚད་ལྡན་མེད་པ། ཕ་སྐད་ཀྱི་རིག་གནས་སློབ་གསོ་སྔར་བས་ཉམས་ཞན་དུ་གྱུར་པ་སོགས་ལས་བོད་ལུགས་ཀྱི་སྐད་གཉིས་སློབ་གསོའི་ཕྱུས་ཚད་ཞན་ཞིང་འཕེལ་འགྲོས་དལ་བ་རྟོགས་ནུས་ཕྱིར། སྐབས་འདིར་དེ་དག་གི་འགལ་རྐྱེན་ཅི་རིགས་ལ་ཞིབ་རྟོགས་དང་འགལ་རྐྱེན་དེ་དག་སེལ་ཐབས་སྐོར་རགས་ཙམ་སྤྲོས་པར་བྱས་ན།

གཅིག འབྲེལ་སྤྱོད་དང་འདུས་སྤྱོད་ཀྱི་འགལ་རྐྱེན་དང་དེའི་སེལ་ཐབས་སྐོར།

དེ་ཡང་བོད་ཁུལ་གྱི་གཞི་རིམ་རོང་འབྲོག་ས་ཆ་ནི་བོད་རིགས་འདུས་སྤྱོད་ཆེ་ཞིང་མཁར་གྲོང་དང་གྲོང་ཁྱེར་སོགས་སུ་མི་རིགས་འབྲེལ་སྤྱོད་ཀྱི་སྣང་ཚུལ་རྒྱ་ཆེར་གྲུབ་པས་ན། འདུས་སྤྱོད་དང་འབྲེལ་སྤྱོད་ཀྱི་ཁྱད་པར་མི་འདྲ་བས་བོད་ཁུལ་གྱི་སྐད་གཉིས་སློབ་གསོར་ཁོར་ཡུག་མི་འདྲ་བའི་འགལ་རྐྱེན་སོ་སོར་གྲུབ་འདུག་སྟེ། མི་རིགས་འབྲེལ་སྤྱོད་ས་ཁུལ་གྱི་སློབ་གྲྭ་དང་སློབ་མའི་མི་རིགས་ཀྱི་གྲུབ་ཆ་མི་འདྲ་བ་དང་བརྡ་སྐད་ཀྱི་སྤྱོད་སྟངས་མི་འདྲ་བ་ལས་སྐད་གཉིས་སློབ་ཁྲིད་ཀྱི་སྤེལ་སྟངས་ལ་དཀའ་ཁག་ཆེ་ཙམ་འབྱུང་བཞིན་ཡོད་པ་དཔེར་ན་སི་ཁྲོན་ཞིང་ཆེན་ཧྲ་བ་ཁུལ་གྱི་རྒྱལ་རོང་བོད་རིགས་དང་ཆའང་རིགས་འབྲེལ་སྤྱོད་ཀྱི་སློབ་གྲྭ་དང་། མུ་ལི་རྫོང་གི་བོད་རིགས་དང་རྒྱ་རིགས་དང་དབྱིས་རིགས་འབྲེལ་སྤྱོད་ཀྱི་སློབ་གྲྭ་དང་། ཡུན་ནན་ཞིང་ཆེན་བདེ་ཆེན་ཁུལ་གྱི་བོད་རིགས་དང་། འཇང་རིགས། དབྱིས་རིགས། ལི་སུའུ། རྒྱ་རིགས་སོགས་འབྲེལ་མར་སྤྱོད་པའི་སློབ་གྲྭ་ཕལ་ཆེ་བ་ནུ་རྒྱ་སྐད་གཅིག་རྐྱང་ལས་བོད་རྒྱ་སྐད་གཉིས་ཀྱི་སློབ་ཁྲིད་རྒྱ་ཆེར་སྤེལ་ཐུབ་ཀྱིན་མེད་པ་དང་། ཡང་སློབ་གྲྭ་ཆུང་འབྲིང་ཁ་ཅིག་གིས་བོད་རྒྱ་སྐད་གཉིས་ཀྱི་སློབ་ཁྲིད་ལ་མཐོང་ཆེན་བྱས་ཀྱང་སྐད་བརྡ་གཉིས་པའམ་རྒྱ་སྐད་དེ་སློབ་ཁྲིད་ཀྱི་བརྡ་ཐབས་གཙོ་བོར་བསྟེན་པ་ལས་རང་གི་ཕ་སྐད་ཀྱི་ཆུ་ཚད་ལ་མཐོར་འདེགས་འབྱུང་ཐུབ་ཀྱིན་མེད་ལ། ཡང་གྲོང་ཁྱེར་སོགས་མི་རིགས་འབྲེལ་སྤྱོད་ས་ཁུལ་གྱི་སློབ་ཆུང་དང་བུ་བཙོལ་ཁང་ཕལ་ཆེ་བ་ནུ་བོད་སྐད་ཡིག་གི་སློབ་སྦྱོང་གཞི་ནས་མ་སྤེལ་ཕྱིར། བོད་རིགས་བྱིས་པས་རྒྱ་སྐད་སོགས་མི་གོ་ཡང་རྒྱ་སྐད་ལ་བརྟེན་ནས་སློབ་ཁྲིད་མི་བྱེད་ཐབས་མེད་དུ་གྱུར་པས་ན། འདིས་ཀྱང་སློབ་ཁྲིད་ཀྱི་སྤུས་ཚད་ལ་གནོད་སྐྱོན་ཚབས་ཆེན་ཐེབས་ཀྱིན་ཡོད་པ་མ་ཟད། བྱིས་པའི་ཕ་སྐད་ཀྱི་རིག་གནས་ཁོར་ཡུག་སྟང་མེད་དུ་དོར་བ་ལས་སྐད་གཉིས་ཀྱི་སློབ་སྦྱོང་ལམ་ལུགས་འཐུས་ཚང་དུ་གྲུབ་མེད་པ་ངང་གིས་མཚོན་འདུག་གོ །

སྤྱིར་བཅས་སུ་དམིགས་ན། བོད་རིགས་འདུས་སྤྱོད་ཀྱི་ས་ཁུལ་ནི་མི་རིགས་འབྲེལ་སྤྱོད་ཀྱི་ས་ཁུལ་ལས་སྐད་གཉིས་སློབ་གསོ་སྤེལ་བའི་ཁོར་ཡུག་ལེགས་ཤོས་སུ་ངེས་ཏེ། དཔེར་ན་བོད་རང་སྐྱོང་ལྗོངས་ཀྱི་སློབ་གྲྭ་ཆུང་འབྲིང་ཕལ་ཆེ་བ་དང་། མཚོ་སྔོན་ཞིང་ཆེན་

མཚོ་སྔོ་ལྗོངས་ཀྱི་མི་རིགས་སློབ་གྲྭ་ཆུང་འབྲིང་རྣམས་དང་། རྨ་སྔོ་ལྗོངས་ཀྱི་མི་རིགས་སློབ་གྲྭ་ཆུང་འབྲིང་རྣམས། ཀན་སུའུ་ཞིང་ཆེན་ཀན་ལྷོ་ལྗོངས་ཀྱི་མི་རིགས་སློབ་གྲྭ་ཆུང་འབྲིང་ཕལ་ཆེ་བའི་སློབ་མའི་ཐོན་ཁུངས་བོད་རིགས་འདུས་སྡོད་ཀྱི་ཡུལ་གྲུ་འབའ་ཞིག་ཏུ་ངེས་ཤིང་། འདི་རྣམས་ཕལ་ཆེ་བས་པ་སྐད་ཀྱི་རིག་གནས་སློབ་གསོ་གཞིར་བྱས་རིམ་གྱིས་སྐད་བརྡ་གཉིས་པའམ་རྒྱ་སྐད་དང་དབྱིན་སྐད་བཅས་ཀྱི་སློབ་ཁྲིད་རིམ་མེད་དུ་སྤེལ་བ་ལ་སློབ་མའི་སྦྱོང་འབྲས་ལེགས་ཤིང་། ཕན་ནུས་ཆེ་ལ། ཕྱུགས་ཚད་བཟང་ཞོགས་སུ་འདུག་པ་མཐོ་རྒྱུགས་ཀྱི་རྒྱུགས་འཕྲོད་ཚད་སོགས་ལས་གསལ་པོར་ཤེས་ཐུབ། ཡིན་ན་ཡང་ཁོར་ཡུག་གི་དབང་གིས་འདུས་སྡོད་ས་ཁུལ་གྱི་སློབ་མའི་རྒྱ་ཡིག་གི་ཆུ་ཚད་ནི་འདྲེས་སྡོད་ས་ཁུལ་གྱི་སློབ་མ་ལས་ཞན་ཙམ་དུ་འདུག་པས་ན། ང་ཚོས་བོད་ལྗོངས་ཀྱི་སྐད་གཉིས་སློབ་གསོའི་སྲིད་ཇུས་ལག་བསྟར་བྱེད་པ་དང་སྐད་གཉིས་སློབ་ཁྲིད་དར་སྤེལ་དུ་གཏོང་དུས་སུའང་། ས་གནས་མི་རིགས་ཀྱི་གྲུབ་ཆ་དང་སྐད་ཡིག་རིག་གནས་ཀྱི་ཁོར་ཡུག་ལ་བསྟུན་ནས་དཔེ་གཞི་སོགས་གང་ལ་གང་འཚམ་དུ་སྤེལ་བ་ལས་ཡོད་ཚད་གཅིག་གཅོད་ཀྱིས་ཚད་གཞི་གཅིག་ལྟར་སྤེལ་མི་རུང་བ་གསལ་པོར་ངེས་དགོས་པར་སེམས། མིག་སྔར་བོད་ལྗོངས་ཀྱི་སྐད་གཉིས་སློབ་གསོ་ལྟར་ན། མི་རིགས་ཀྱི་ཁྱབ་སྟངས་དང་སྐད་བརྡའི་སྤྱོད་སྟངས་ཀྱི་དོན་དངོས་གཞིར་བཟུང་ནས་སྤེལ་ཐབས་མི་འདྲ་བ་བཞི་ཙམ་སྤྱོད་རུང་སྟེ།

༧. མི་རིགས་འདྲེས་སྡོད་ཀྱི་ས་ཁུལ་དུ་གཏོགས་ཤིང་རྒྱ་སྐད་ལས་བོད་སྐད་བརྗོད་མི་ཤེས་པའི་བོད་རིགས་བྱིས་པ་རྣམས་ལ་རྒྱ་སྐད་དང་བོད་སྐད་དུས་མཉམ་དུ་འཁྲིད་པ་དང་། ཡང་ན་ཐོག་མར་རྒྱ་སྐད་དང་ཕྱིས་སུ་རིམ་པར་བོད་ཡིག་གི་སློབ་ཁྲིད་ལ་ཤུགས་སྣོན་བྱས་ནས། མཐའ་མར་སྐད་གཉིས་ཀྱི་ཆུ་ཚད་འདྲ་མཉམ་དུ་སྤེལ་བ་དང་ཡང་ན་རྒྱ་སྐད་ཀྱི་ཆུ་ཚད་བོད་སྐད་ལས་བཟང་ཙམ་དུ་སྤེལ་བ་ལས། མཐའ་གཅིག་ཏུ་རྒྱ་སྐད་གཅིག་རྐྱང་ག་སྒྲོགས་སུ་བཟུང་ནས་བོད་སྐད་ཡིག་གི་སློབ་ཁྲིད་དོར་བ་ནི་སྐད་གཉིས་སློབ་གསོའི་སྤེལ་སྟངས་ཡང་དག་ཅིག་མ་ཡིན་ཏེ། དཔེར་ན་མཚོ་སྔོན་མཚོ་ཤར་གྱི་གྲོ་ཚང་དང་། དཔའ་རིས། དཔའ་ལུང་སོགས་ཀྱི་བོད་རིགས་སློབ་མ་ཕལ་ཆེ་བས་རྒྱ་སྐད་ལས་པ་སྐད་རིག་གནས་ཀྱི་སློབ་གསོ་སྦྱོང་ཐུབ་ཀྱི་མེད་པ་སོགས་ལས་བོད་ལྗོངས་ཀྱི་སྐད་གཉིས་སློབ་གསོའི་ལམ་ལུགས་འཐུས་ཚང་དུ་གྲུབ་མེད་པ་མངོན་པར་གསལ་ལོ། །

༢. མི་རིགས་འདྲེས་སྡོད་ཀྱི་ས་ཁུལ་དུ་གནོགས་ཤིང་བོད་སྐད་ལས་རྒྱ་སྐད་བརྗོད་མི་ཤེས་པའི་བོད་རིགས་བྱིས་པ་རྣམས་ལ་ཐོག་མར་བོད་སྐད་ཡིག་གི་སློབ་ཁྲིད་ག་སྒྲོམས་སུ་འཛིན་པ་དང་ཕྱིས་སུ་རིམ་པར་སྐད་བརྡ་གཉིས་པའི་སློབ་ཁྲིད་ལ་ཤུགས་སྣོན་བྱེད་པ་དང་། ཡང་ན་ཕ་སྐད་དང་གཞན་སྐད་གཉིས་ལ་དུས་མཉམ་དུ་ཤུགས་སྣོན་བགྱིས་ཏེ། མཐའ་མར་བོད་སྐད་དང་རྒྱ་སྐད་གཉིས་ཀྱི་ཆུ་ཚད་འདྲ་མཉམ་དུ་སྤེལ་བའམ་ཡང་ན་བོད་སྐད་ཡིག་གི་ཆུ་ཚད་རྒྱ་སྐད་ལས་ལེགས་ཙམ་སྤེལ་བར་བྱས་ན་ཅུང་ཟད་འོས་ཤིང་འཚམ་པར་འདོད་དེ། དཔེར་ན་བོད་ཁུལ་གྱི་རོང་ས་དང་གྲོང་ཁྱེར་གྱི་མི་རིགས་སློབ་འབྲིང་ཕལ་མོ་ཆེའི་སློབ་གསོའི་ལས་དོན་ལ་གྲུབ་འབྲས་རྒྱ་ཆེན་པོ་བླངས་པ་འདིས་གནད་འདི་དག་བདེན་དཔང་ལེགས་པོ་བྱས་ཡོད་དོ། །

༣. བོད་རིགས་འདུས་སྡོད་ཀྱི་ས་ཁུལ་དུ་གནོགས་ཤིང་བོད་སྐད་གཅིག་ཀྱང་བརྗོད་པའི་བོད་རིགས་བྱིས་པ་རྣམས་ལ་དཔེ་གཞི་དང་པོའི（I）ཐབས་ལམ་བསྟེན་ཚུལ་ཆེས་ལེགས་ཕྱིར། ཆ་རྐྱེན་མེད་པ་རྣམས་ལ་སྲིད་གཞུང་གིས་དམིགས་བསལ་གྱི་མཐུན་རྐྱེན་བསྐྲུན་ནས་སྐད་གཉིས་སློབ་སྦྱོལ་ལེགས་པར་སྤེལ་དགོས་ཏེ། བྱིས་པ་ལ་རྒྱུས་མངའ་བའི་ཕ་སྐད་ཀྱི་སློབ་གསོག་སྒོམས་སུ་འཛིན་པ་ནི་སློབ་གསོའི་ཆོས་ཉིད་དང་མཐུན་ཞིང་བྱིས་པའི་བློ་སྒོ་འབྱེད་པར་ཕན་ནུས་ཆེས་ཆེར་ལྡན་པའི་ཐབས་ལམ་ཡང་དག་ཅིག་ཡིན་པའི་ཕྱིར་རོ། །

༤. བོད་རིགས་འདུས་སྡོད་ཀྱི་ས་ཁུལ་དུ་གནོགས་ཤིང་རྒྱ་སྐད་གཅིག་ཀྱང་ལས་བོད་སྐད་བརྗོད་མི་ཤེས་པའི་བོད་རིགས་བྱིས་པ་རྣམས་ལ་དཔེ་གཞི་གཉིས་པའི（Ⅱ）ཐབས་ལམ་ལག་བསྟར་བྱེད་པ་ལས་རྒྱ་སྐད་གཅིག་ཀྱང་དོན་དུ་གཉེར་བར་མི་རིགས་ཏེ། རྒྱུ་མཚན་ནི་རང་རྒྱལ་གྱི་སྐད་གཉིས་སློབ་གསོ་སྤེལ་བའི་དམིགས་ཡུལ་དེ་གཞན་གྱི་རིག་གནས་ལག་རྩལ་ཁོ་ན་སློབ་རྒྱུ་མ་ཡིན་པར་མི་རིགས་རང་གི་ཕ་སྐད་རིག་གནས་རྒྱུན་འཛིན་དང་དར་སྤེལ་བྱེད་རྒྱུའང་གཙོ་བོ་ཡིན་ཞིང་། སྲིད་གཞུང་གིས་ཀྱང་ཐབས་ཇུས་གང་ལེགས་འདོན་སྤེལ་དང་དངོས་ཤུགས་སམ་དངུལ་ཤུགས་དང་མི་ཤུགས་གང་ཡོད་བཏོན་ནས། བོད་རིགས་འདུས་སྡོད་ཀྱི་ཡུལ་གྲུ་དེ་དག་ཏུ་ཕ་སྐད་རིག་གནས་ཀྱི་ཁོར་ཡུག་འཛུགས་སྐྲུན་དང་ཕ་སྐད་ཀྱི་རིག་གནས་སློབ་གསོ་བསྐྱར་དར་བྱེད་རྒྱུའང་གལ་ཆེ་བའི་ལས་གཞི་ཆེན་པོར་དམིགས་དགོས་པའི་ཕྱིར་རོ། །

གཉིས། དགོས་མཁོ་དང་མི་མཐུན་པའི་ཆ་རྐྱེན་གྱི་ཞན་ཆ་དང་དེའི་སེལ་ཐབས་སྐོར།

བོད་ཁུལ་གྱི་དངོས་ཡོད་འཚོ་བའི་དགོས་མཁོ་ནི་ཕྱུས་ཚད་མཐོ་ཤོས་ཀྱི་སྐད་གཉིས་སྦྱང་བའི་ཤེས་ལྡན་མི་སྣ་འབོར་ཆེན་སྐྱེད་སྲིང་བྱེད་པ་རང་ལགས་ཀྱང་། མིག་སྔར་དོན་དངོས་ཀྱི་ཆ་རྐྱེན་ལྟར་ན་མི་རྣམས་ཀྱི་དགོས་མཁོ་ཇི་བཞིན་དུ་བསྐོང་ཐུབ་ཀྱིན་མེད་པ་འདིས་ཀྱང་སྐད་གཉིས་སློབ་གསོའི་སྤེལ་སྟངས་ལ་ཤུགས་རྐྱེན་མི་ལེགས་པ་ཐེབས་ཀྱིན་ཡོད་པ་མ་ཟད། བོད་ཁུལ་གྱི་སྐད་གཉིས་སློབ་གསོ་གཏིང་ཟབ་ཏུ་སྤེལ་བར་འགལ་རྐྱེན་བཟོ་བཞིན་ཡོད། ད་ལྟའི་བོད་ཁུལ་གྱི་སྐད་གཉིས་སློབ་གསོའི་དགོས་མཁོ་དང་མི་མཐུན་པའི་འགལ་རྐྱེན་གཙོ་བོ་ནི་དགེ་རྒན་གྱི་ཆ་རྐྱེན་ཞན་པ་དང་། བསླབ་དེབ་ཀྱི་ཆ་རྐྱེན་མི་ལེགས་པ། རྩིས་འགོད་དོ་དམ་གྱི་ལམ་ལུགས་འཕྲུས་ཚང་དུ་གྲུབ་མེད་པ་བཅས་ཕྱོགས་གསུམ་ནས་མངོན་གྱིན་ཡོད་པ་ལས། བྱེ་བྲག་བོད་ཁུལ་གྱི་སྐད་གཉིས་སློབ་གསོའི་དགེ་རྒན་གྱི་ཆ་རྐྱེན་ཞན་ཚུལ་ལ་བརྟགས་ན་གཙོ་བོ་ཕྱོགས་བཞི་ཙམ་དུ་ངེས་ཏེ།

༡. སྐད་གཉིས་དགེ་རྒན་གྱི་སྤྱི་གྲངས་ཉུང་ཞིང་དམངས་སྒྲུབ་དགེ་རྒན་དང་ཚབ་ཁྲིད་དགེ་རྒན་གྱིས་སློབ་ཁྲིད་བྱེད་པའི་གནས་ཚུལ་སྔར་བཞིན་མཆིས་ཏེ། དཔེར་ན་སི་ཁྲོན་ཞིང་ཆེན་མུ་ལི་བོད་རིགས་རང་སྐྱོང་རྫོང་ལ་༡༩༩༥ལོར་སྐད་གཉིས་སློབ་ཁྲིད་ཆེད་གཉེར་གྱི་དགེ་རྒན་༧༥ལས་མེད་པ[5] དང་། ཡུན་ནན་བདེ་ཆེན་བོད་རིགས་རང་སྐྱོང་ཁུལ་དུ་མིག་སྔར་བོད་ཡིག་ཆེད་གཉེར་གྱི་དགེ་རྒན་༥༧ལས་མེད[6] པ་དང་། བོད་ཁུལ་གྱི་གཞི་རིམ་སློབ་གྲྭ་ཆུང་འབྲིང་ཁག་ཅིག་གིས་དུས་ད་ལྟ་ཉིད་ལའང་སྔར་བཞིན་དམངས་སྒྲུབ་དགེ་རྒན་དང་ཚབ་ཁྲིད་དགེ་རྒན་གདན་ཞུས་ནས་སློབ་ཁྲིད་བྱེད་པ་སོགས་ལས་བོད་ཁུལ་གྱི་སྐད་གཉིས་དགེ་རྒན་གྱི་གྲངས་ཀར་ཁག་ཐེག་མེད་པ་གསལ་པོར་ཤེས་ནུས་སོ། །

༢. སྐད་གཉིས་དགེ་རྒན་གྱི་ཕྱུས་ཚད་ཞན་པའི་གནས་ཚུལ་ཡང་རྒྱ་ཆེར་སྣང་སྟེ། དཔེར་ན་གཞི་རིམ་གྱི་དགེ་རྒན་མི་ཉུང་བ་ཞིག་གི་དེང་རབས་སློབ་གསོའི་འདུ་ཤེས་ཞན་པ་དང་། བོད་རྒྱ་སྐད་གཉིས་ཀྱི་ཆུ་ཚད་འདྲ་མཉམ་མིན་པ། སྐད་གཉིས་ཆེད་ལས་ཀྱི་ནུས་རྩལ་ཞན་ཞིང་། བསླབ་གནས་ཀྱི་རིམ་པ་དམའ་བ། ཤེས་རྒྱ་ཆུང་བ་སོགས་ལས་བོད་ཁུལ་གྱི་སྐད་གཉིས་དགེ་རྒན་སྤྱིའི་ཕྱུས་ཚད་མཐོར་འདེགས་བྱ་དགོས་པ་མངོན་པར

གསལ་ལོ། །

༣. དགེ་རྒན་གྱི་བཀོད་སྒྲིག་དང་ཁྱབ་སྤྱངས་ཁོད་སྙོམ་མ་ཡིན་པའི་གནས་ཚུལ་རྒྱ་ཆེར་སྣང་སྟེ། དཔེར་ན་བོད་ལུགས་ཀྱི་སློབ་གྲྭ་ཁ་ཤས་སུ་རྒྱ་ཡིག་གི་དགེ་རྒན་མང་ཡང་བོད་ཡིག་གི་དགེ་རྒན་ཤིན་ཏུ་དཀོན་པ་དང་། ཁ་ཤས་སུ་བོད་ཡིག་གི་དགེ་རྒན་མང་ཡང་རྒྱ་ཡིག་གི་དགེ་རྒན་ཉུང་དྲགས་པ་དང་། ཁ་ཤས་སུ་བོད་རྒྱ་སྐད་གཉིས་དང་རིག་ཚན་སྐོར་གྱི་དགེ་རྒན་མང་ཡང་རྩིས་ཚན་སྐོར་གྱི་དགེ་རྒན་ཉུང་ཞིང་འདང་གིན་མེད་པ་དང་། ཁ་ཤས་སུ་སྐད་གཉིས་དང་རྩིས་དངོས་ཟུར་གསུམ་གྱི་དགེ་རྒན་ཡོད་ཀྱང་ཆབ་སྲིད་དང་། ལག་རྩལ། རོལ་དབྱངས། མཛེས་རྩལ་བཅས་ཀྱི་དགེ་རྒན་ཤིན་ཏུ་དཀོན་པ། ཡང་ས་ལུས་ཁ་ཤས་སུ་སློབ་ཆུང་དང་དམའ་འབྲིང་དུ་སྐད་གཉིས་དགེ་རྒན་གྱི་བཀོད་སྒྲིག་ལེགས་ཀྱང་མཐོ་འབྲིང་དུ་སྐད་གཉིས་ཀྱི་དགེ་རྒན་ཤིན་ཏུ་ཉུང་བའམ་བཀོད་སྒྲིག་མེད་པ་དང་། ས་ལུས་ཁ་ཤས་སུ་འགྲིམ་འགྲུལ་སྟབས་མི་བདེ་བ་དང་གྲོང་ཁྱེར་དུ་དགེ་རྒན་རྣམས་འདུས་སྡོད་ཆེ་ཡང་གཞི་རིམ་གྲོང་སྡེ་རུ་དགེ་རྒན་གྱི་ཁྱབ་ཚད་ཤིན་ཏུ་ཉུང་བ་སོགས་ལས་བོད་ལུགས་ཀྱི་སློབ་གྲྭ་ཆུང་འབྲིང་ཕལ་ཆེ་བའི་སྐད་གཉིས་དགེ་རྒན་གྱི་ཁྱབ་སྤྱངས་ཁོད་སྙོམ་མ་ཡིན་པ་རྟོགས་ནུས་སོ། །

༤. སྐད་གཉིས་དགེ་རྒན་གྱི་དཔུང་ཁག་གཏན་འཇགས་མིན་པའི་གནད་དོན་ཡང་རྒྱ་ཆེར་སྣང་སྟེ། སྤྱིར་བཏང་མི་རྣམས་ཀྱི་བསམ་ཚུལ་ལ་དགེ་རྒན་ནི་སྤྱི་ཚོགས་སྟེང་ཐོབ་ཐང་དམའ་ཞིང་ཁེ་དབང་མེད་པ་དང་། ཡོང་སྒོ་ཉུང་ཞིང་བྱ་བ་ཞིབ་ཚགས་ཅན་དང་དཀའ་སྡུག་ཆེ་བར་སྣང་ཕྱིར། འགའ་ཞིག་གིས་ལོ་དུ་མའམ་མང་ཙམ་ལ་དགེ་རྒན་གྱི་བྱ་བ་གཉེར་རྗེས་སྲིད་ཕྱོགས་སུ་ལས་གནས་སྤོར་བ་དང་། འགའ་ཞིག་གིས་སློབ་གྲྭའི་སློབ་ཁྲིད་ཀྱི་ལས་གནས་དང་པོ་གཉེར་ནས་མཚན་སྙན་ཐོབ་རྗེས་སློབ་གསོའི་ངོ་དམ་བྱ་བའི་སྟེང་དུ་གནས་སྤོར་གྱིན་ཡོད་ལ། འདི་དག་ལས་ཁག་ཅིག་སློབ་ཁྲིད་ལས་གནས་སྟེང་གི་ཁང་འཛིན་དགེ་རྒན་མི་ཉུང་བ་ཡིན་པས། འདིས་ཀྱང་ཐད་ཀར་སྐད་གཉིས་སློབ་ཁྲིད་ཀྱི་སྤུས་ཚད་ལ་ཐོག་ཐུག་དང་གནོད་སྐྱོན་ཆེན་པོ་ཐེབས་ཀྱིན་ཡོད་པར་ངེས་སོ། །

དགེ་རྒན་ནི་སློབ་གསོ་བྱ་བའི་རྩ་འཛུགས་མི་སྣ་ཡིན་ལ། དགེ་རྒན་གྱི་ཆ་རྐྱེན་ལེགས་མིན་ནི་སློབ་གསོའི་སྤུས་ཚད་ལ་ཁག་ཐེག་འབྱུང་མིན་གྱི་གཞི་རྩར་ངེས་ཕྱིར། བོད་

ཁུལ་གྱི་སྐད་གཉིས་སློབ་གསོར་ཕན་ནུས་རྒྱ་ཆེན་པོ་འབྱུང་ཐུབ་མིན་དེ་ཡང་མཐར་གཏུགས་ན་གོང་སྨྲོས་སྐད་གཉིས་དགེ་རྒན་ཐད་ཀྱི་འགལ་རྐྱེན་མི་ལེགས་པ་འཕྲུལ་མར་སེལ་ཐུབ་མིན་ལ་རག་ལས། དེས་ན་སྐད་གཉིས་དགེ་རྒན་ཐད་ཀྱི་འགལ་རྐྱེན་དེ་དག་ཇི་ལྟར་སེལ་བར་བྱ་ཞེ་ན། ཐོག་མར་རྒྱལ་སྲིད་སྤྱི་ཁྱབ་ཁང་གི《དུས་རབས་ཉེར་གཅིག་ལ་ཁ་ཕྱོགས་ནས་སློབ་གསོ་དར་རྒྱས་སུ་གཏོང་བའི་འཆར་གཞི》 དང《སློབ་གསོ་ཕུའི་ལོ་ལྔའི་འཆར་གཞི་བཅུ་བའི་དུས་སྐབས་ཀྱི་དགེ་རྒན་དང་སློབ་གསོ་བཅོས་སྒྱུར་དང་འཕེལ་རྒྱས་སུ་གཏོང་བའི་དགོངས་འཆར》 གྱི་ནང་དོན་གཞིར་བྱས། 《རྨང་གཞི་སློབ་གསོའི་བསླབ་ཚན་བཅོས་སྒྱུར་བྱེད་པའི་རྩ་གནད》 གྱི་དགོངས་དོན་ལ་དམིགས་གཏད་ཅིང་། བོད་ཁུལ་གྱི་སྐད་གཉིས་སློབ་གསོའི་དོན་དངོས་ལ་ཟུང་འབྲེལ་བྱས་ནས་རིག་གཞུང་སོ་སོའི་ཆེད་ལས་སྨྲ་ཚོགས་ཀྱི་མཐོ་རིམ་སྐད་གཉིས་དགེ་རྒན་གྱི་དཔུང་ཁག་སྐྱེད་སྲིང་བྱེད་པར་རྩེ་གཅིག་ཏུ་གཞོལ་བ་དང་གཅིག སྔར་ཡོད་བོད་ཁུལ་གྱི་མཐོ་རིམ་དགེ་ཐོན་ཆེད་གཉེར་སློབ་གྲྭ་ཆེ་འབྲིང་དང་ནང་སའི་དགེ་ཐོན་སློབ་ཆེན་རྣམས་སུ་ཆེད་ལས་སྨྲ་ཚོགས་པའི་སྐད་གཉིས་དགེ་རྒན་གྱི་ཟབ་སྦྱོང་འཛིན་གྲྭ་བཙུགས་ནས་ན་གཞོན་དགེ་རྒན་རྣམས་ཀྱི་སྐད་གཉིས་བཀོལ་སྤྱོད་ཀྱི་ཆུ་ཚད་དང་ཆེད་ལས་སློབ་ཁྲིད་ཀྱི་ཐབས་ཤེས་སམ་ནུས་པ་སྤར་བས་མཐོར་འདེགས་པ་དང་གཉིས། འབྲེལ་ཡོད་ལས་ཁུངས་སོ་སོས་དགེ་རྒན་གྱི་སྐྱེད་སྲིང་དང་བཀོད་སྒྲིག་ལ་འཆར་གཞི་ཡོད་པ་དང་དམིགས་འབེན་ཡོད་པར་བྱས་ནས། ཤིན་ཏུ་མཁོ་ཆེ་བའི་བསླབ་ཚན་སྐོར་གྱི་དགེ་རྒན་ནང་འདྲེན་དང་མཁོ་མེད་འཕྲོ་ལྷག་གི་ལས་གནས་དོར་ཏེ་ཆེད་ལས་ཀྱི་སློབ་ཁྲིད་ཁོད་སྙོམ་པར་སྤེལ་བ་དང་། རྫོང་ཁུལ་དང་འབྲོག་ཕྱོགས། གཞི་རིམ་དང་གྲོང་ཁྱེར་བཅས་ཀྱི་སྐད་གཉིས་དགེ་རྒན་ཁོད་སྙོམ་ཞིང་འོས་འཚམ་དུ་བཀོད་སྒྲིག་བྱས་ནས་སྐད་གཉིས་ཀྱི་རྨང་གཞི་སློབ་གསོ་རིམ་མེད་དུ་སྤེལ་བ་དང་གསུམ། རྒྱལ་ཁབ་དང་སྲིད་གཞུང་རིམ་པས་གཞི་རིམ་སློབ་གྲྭ་ཆུང་འབྲིང་གི་དགེ་རྒན་རྣམས་ཀྱི་ཐོབ་ཐང་དང་། འཚོ་བའི་མཐུན་རྐྱེན། བྱ་བའི་ཁོར་ཡུག་ལེགས་བཅོས་བྱེད་པ་དང་ཆབས་ཅིག སློབ་གསོ་དོ་དམ་གྱི་ཐབས་ཇུས་འཐུས་ཚང་དུ་སྤེལ་ནས་སྐད་གཉིས་དགེ་རྒན་གྱི་དཔུང་ཁག་གཏན་འཇགས་སུ་འགོད་པ་དང་བཞི་བཅས་ཀྱི་བྱ་བ་གནད་དུ་བཟུང་ན། བོད་ཁུལ་གྱི་སྐད་གཉིས་སློབ་གསོའི་དགེ་རྒན་གྱི་ཆ་རྐྱེན་ཞན་པའི་འགལ་རྐྱེན་

དེ་དག་སེལ་ཐུབ་པར་འདོད་དོ། །

བསླབ་དེབ་ཀྱི་ཆ་རྐྱེན་མི་ལེགས་པའང་བོད་ཁུལ་གྱི་སློབ་གསོ་གཏིང་ཟབ་ཏུ་མི་འགྲོ་བའི་བཀག་རྒྱ་ཞིག་ཏུ་གྱུར་འདུག་སྟེ། སྤྱིར་དུས་རབས་ཉི་ཤུ་བའི་ལོ་རབས་བརྒྱད་ཅུའི་ནང་རྒྱལ་ཡོངས་ཀྱི་སློབ་གྲྭ་ཆུང་འབྲིང་གི་བསླབ་གཞི་ཞིབ་བཤེར་གཏན་འབེབས་ཨུ་ཡོན་ལྷན་ཁང་བཙུགས་པ་དང་ཆབས་ཅིག བོད་ཁུལ་དུའང་ལྗོངས་དང་ཞིང་ཆེན་ལྔའི་བོད་ཡིག་བསླབ་དེབ་ཞིབ་བཤེར་ཨུ་ཡོན་ལྷན་ཁང་བཙུགས་ཤིང་བོད་ཁུལ་གྱི་སྐད་གཉིས་སློབ་གསོའི་ཐད་སློབ་གྲྭ་ཆུང་འབྲིང་གི་བསླབ་དེབ་གཅིག་གྱུར་རྩོམ་སྒྲིག་བྱས་པས་ཕན་འབྲས་རྒྱ་ཆེན་པོ་ཐོབ་ཡོད་ན་ཡང་། བསླབ་གཞི་ཞིབ་དཔྱོད་དང་རྩོམ་སྒྲིག་གི་དཔུང་ཁག་ཞན་ཞིང་མི་སྣ་ཉུང་བ་དང་དངུལ་ཤུགས་མ་ཁོ་སྒྲིད་ཀྱི་མཐུན་རྐྱེན་མི་ལེགས་པ་སོགས་ཀྱི་དབང་གིས། སྐད་གཉིས་བསླབ་དེབ་ཀྱི་ནང་དོན་བོད་རིགས་སློབ་མའི་འཚོ་བ་དངོས་དང་ཁ་བྲལ་ཞིང་ས་གནས་མི་རིགས་ཀྱི་རིག་གནས་སློབ་གསོའི་གོམས་སྲོལ་དང་མི་མཐུན་པ་དང་། རྩིས་ཚན་དང་རིག་ཚན་ཁག་ཅིག་སྟེ་སྐྱེ་ཁམས་དང་། རྩིས་འཁོར། དངོས་སྤྱོད་ལག་རྩལ་དང་། རོལ་དབྱངས་དང་། མཛེས་རྩལ། ལུས་རྩལ་སོགས་ཀྱི་བསླབ་དེབ་བོད་སྐད་ལ་འཕྲུས་ཚང་དུ་སྒྱུར་སྒྲིག་བྱས་མེད་པ། རྩིས་ཚན་སྐོར་གྱི་བསླབ་དེབ་གཙོ་བོ་དག་ལ་ནང་ཁུལ་དུ་བརྗ་ཆད་གཅིག་གྱུར་མིན་པ་དང་སྒྱུར་སྒྲིག་གི་ཚུ་ཚད་ཞན་པའི་སྐྱོན་མང་བ། བསླབ་དེབ་འགྲེམ་སྤེལ་དང་འཁོར་སྐྱོད་ཀྱི་རྒྱུ་ལམ་ཁེགས་པ། མཐོ་དམའ་སྣེ་གཉིས་ཏེ་མཐོ་རིམ་སློབ་གྲྭ་ཆེན་མོ་དང་སློབ་ཞུགས་སྔོན་གྱི་བྱིས་པའི་ལྟ་ཤློག་གི་བསླབ་དེབ་སོགས་བོད་ཡིག་ཏུ་རྩོམ(སྒྱུར)སྒྲིག་བྱས་པ་ཤིན་ཏུ་ཉུང་སྟབས། འདིས་ཀྱང་བོད་ཁུལ་གྱི་སྐད་གཉིས་སློབ་ཁྲིད་སྤྱི་དང་སྔོན་སུ་དཔེ་གཞི་དང་པོའི་སློབ་ཁྲིད་ཀྱི་སྤེལ་སྟངས་ལ་ཐད་ཀར་ཤུགས་རྐྱེན་མི་ལེགས་པ་ཐེབས་ཀྱིན་ཡོད་པ་མ་ཟད། རྒྱང་གཞི་སློབ་གསོ་དང་སྐད་གཉིས་སློབ་གསོའི་ཕྱུས་ཚད་ལའང་འགལ་རྐྱེན་མི་དམན་པ་ཐེབས་ཀྱིན་ཡོད། འགལ་རྐྱེན་འདི་དག་ཀྱང་གསལ་བོར་བཤད་ན། བསླབ་དེབ་རྩོམ་སྒྲིག་གི་ཕྱུས་ཚད་དང་གྲངས་ཀའི་སྟེང་དུ་མངོན་པ་ལས་གཞན་ད་དུང་རིག་གཞུང་སོ་སོ་དང་བསླབ་རིམ་སོ་སོའི་སྐད་གཉིས་བསླབ་དེབ་ཀྱི་མ་ལག་འཕྲུས་ཚང་དུ་མ་གྲུབ་པ་ལས་ཀྱང་མངོན་ཡོད་ཕྱིར། སྐད་གཉིས་བསླབ་དེབ་ཐད་ཀྱི་འགལ་རྐྱེན་འདི་དག་སེལ་བར་བྱེད་ན། ཐོག་མར་ལྗོངས་དང་ཞིང་

ཆེན་ལྷའི་བསླབ་དེབ་ཞིབ་བཤེར་ཨུ་ཡོན་ལྷན་ཁང་གི་མི་སྣ་གཙོས་བོད་ཁུལ་གྱི་སློབ་གྲྭ་ཆེ་འབྲིང་ཆུང་གསུམ་གྱི་རིག་གཞུང་སོ་སོའི་དགེ་རྒན་སྔོན་གྲགས་ཅན་དང་ཆེད་མཁས་པ་རྣམས་རྩ་འཛུགས་དང་སྐད་གཉིས་བསླབ་དེབ་རྩོམ་སྒྲིག་གི་ཞིབ་དཔྱོད་ལས་ཁུངས་དང་དཔུང་ཁག་ཆེད་དུ་སྒྲིག་འཛུགས་བྱས་ནས་སྔར་ཡོད་བོད་རྒྱ་སྐད་གཉིས་ཀྱི་རིག་ཚན་དང་རྩིས་ཚན་སོ་སོའི་བསླབ་དེབ་ལ་དག་འབེབ་དང་ལེགས་བཅོས་གང་ལེགས་སྒོས་སྐད་གཉིས་བསླབ་དེབ་ཀྱི་སྤུས་ཚད་དང་། དངོས་ཡན་རང་བཞིན། ཚན་རིག་རང་བཞིན་ལ་ཁག་ཐེག་བྱེད་པ་དང་། བསྟུད་མུར་མི་ཤུགས་དང་དངོས་ཤུགས་སམ་དངུལ་ཤུགས་ཡོད་ཚད་བཏོན་ནས་སློབ་ཞུགས་སྔོན་གྱི་བྱིས་པའི་ལྡ་ཀློག་གི་བསླབ་དེབ་ནས་སློབ་གྲྭ་ཆེན་མོའི་རིག་གཞུང་སོ་སོའི་བོད་ཡིག་གི་བསླབ་དེབ་བར་རྩོམ་（སྒྱུར）སྒྲིག་གི་བྱ་བ་འཕྲུས་ཚང་དུ་སྤེལ་བ་དང་། སྒོས་སུ་སྐད་གཉིས་བསླབ་དེབ་ཀྱི་མི་རིགས་ཀྱི་ཁྱད་ཆོས་དང་། ས་གནས་ཀྱི་ཁྱད་ཆོས། དུས་རབས་ཀྱི་ཁྱད་ཆོས་བཅས་ལ་འགན་སྲུང་དང་། བོད་རིགས་སློབ་མའི་ཕ་སྐད་རིག་གནས་ཀྱི་གོམས་སྲོལ་དང་སེམས་ཁམས་འཕེལ་འགྱུར་གྱི་ཆོས་ཉིད་དང་བསྟུན་ནས་བསླབ་གཞི་གསར་བ་དང་། ཟུར་ལྷའི་དཔྱད་གཞི་སྣ་ཚོགས། སློབ་གསོ་ཆ་འཕྲིན་ཅན་གྱི་སྒྲིག་ཆས། དེང་རབས་སྨྱུན་ཆས་ཀྱི་རྒྱུ་ཆ་ལེགས་ཤོས་གསར་སྤེལ་བྱེད་པ། མཐར་ཐུག་ཀྱང་སྐད་གཉིས་སློབ་གསོ་ཐད་ཀྱི་བསླབ་དེབ་རྩོམ་སྒྲིག་གི་ལས་དོན་འདི་འང་སྔར་བས་ཆེར་བསྐྱེད་དང་གཏན་འཇགས་སུ་སྤེལ་ཅིང་། རྒྱལ་ཁབ་རིམ་པའི་ལས་ཁུངས་ཀྱི་གཉེར་བྱའམ་སློབ་གསོའི་ལས་གཞི་འགངས་ཆེན་ཞིག་ཏུ་ཚུད་པར་བྱས་ན། ད་གཟོད་སྐད་གཉིས་སློབ་གསོའི་བསླབ་གཞི་འཛུགས་སྐྲུན་གྱི་བྱ་གཞག་ཀུན་ལེགས་འགྲུབ་འབྱུང་བར་གདོན་མི་ཟའོ། །

གཞན་ཡང་བོད་ཁུལ་གྱི་སྐད་གཉིས་སློབ་གསོར་རྒྱལ་ཁབ་དང་སྲིད་གཞུང་རིམ་པས་སྔར་བཀོད་ཀྱི་ཐབས་ཇུས་སོགས་ལག་ལེན་མཐིལ་ཕྱིན་པར་མཛད་པ་དང་ཇུས་འགོད་དོ་དམ་གྱི་ལམ་ལུགས་འཕྲུས་ཚང་དུ་སྤེལ་རྒྱུའང་ཤིན་ཏུ་གལ་ཆེ་སྟེ། ཡར་རྫོན་རྒྱལ་ཁབ་ཀྱི་བཅའ་ཁྲིམས་དང་། མི་རིགས་ས་གནས་རང་སྐྱོང་གི་ཁྲིམས་ཡིག ཨོས་འགན་སློབ་གསོའི་ཁྲིམས་སྲོལ་སྣ་ཚོགས་དང་། ས་གནས་སྲིད་གཞུང་དང་སློབ་གསོ་གཙོ་གཉེར་སྡེ་ཁག་གི་ཡིག་ཆ་སོགས་སུ་སྐད་གཉིས་སློབ་གསོར་འབྲེལ་ཡོད་ཀྱི་བླང་བྱ་མང་པོ་བཏོན་པ་

ལས་བོད་ལྗོངས་ཀྱི་སྐད་གཉིས་སློབ་གསོར་ཡང་སྲིད་ཇུས་དང་བཅའ་ཁྲིམས་ཀྱི་རྟེན་གཞི་ལེགས་པར་ཐོབ་ཅིང་ཕན་འབྲས་ཆེ་ཆེན་པོ་ཐོབ་ཡོད་ན་ཡང་། དེ་དག་ལས་ཚོད་དོན་ཕལ་ཆེ་བ་སྤྱི་ཚོགས་སུ་འགྲོ་བ་ལས་བྱེ་བྲག་བོད་ལྗོངས་ཀྱི་སྐད་གཉིས་སློབ་གསོར་དམིགས་གཏད་མེད་པ་དང་། ཚོད་དོན་འགའ་ཤས་ལ་དམིགས་གཏད་ཡོད་ཀྱང་སློབ་གསོ་བྱ་བའི་ལག་ལེན་དངོས་ལས་དོན་ཐོག་ཏུ་འཁྱོལ་ཐུབ་མེད་པ་དང་། ཚོད་དོན་ཁ་ཤས་མི་རིགས་ཀྱི་རིག་གནས་སྲོལ་རྒྱུན་དང་སློབ་གསོའི་ཆོས་ཉིད་དང་མི་འཚམ་པ་དང་། ཚོད་དོན་ཁ་ཤས་ཀྱི་དམིགས་ཚད་ཕྱོགས་རེས་སུ་ལྷུང་བ་ལས་མི་རིགས་སློབ་གསོའམ་སྐད་གཉིས་སློབ་གསོའི་ནང་དོན་དང་། ཐབས་ལམ། སྒྲུས་ཚད། འཕེལ་ཕྱོགས་བཅས་ལ་ཁྱོན་ཡོངས་ནས་དམིགས་མེད་ཅིང་ཇུས་འགོད་དོ་དམ་གྱི་ལམ་ལུགས་འཐུས་ཚང་དུ་གྲུབ་མེད་སྐབས། འདིས་ཀྱང་དངོས་བརྒྱུད་གང་རུང་གིས་བོད་ལྗོངས་ཀྱི་སྐད་གཉིས་སློབ་གསོ་བདེ་འཇགས་སུ་འཕེལ་བར་ཤུགས་རྐྱེན་ངེས་ཅན་ཐེབས་ཀྱིན་ཡོད་དེ། དཔེར་ན་དགེ་རྒན་མི་ཉུང་བ་ལས་གནས་སྤྱོར་ཞིང་ཕྱི་རུ་འགྲིམས་པ་དང་། ཕ་སྐད་སློབ་གསོའི་འཕེལ་འགྲོས་དལ་བ། སློབ་གསོའི་སྒྲིག་གཞི་དང་འགན་ནུས་གཅིག་རྐྱང་དུ་ངེས་ཤིང་དཔལ་འབྱོར་འཛུགས་སྐྲུན་གྱི་དགོས་མཁོ་དང་མི་མཐུན་པ། སྐད་གཉིས་སློབ་གསོའི་མ་ལག་འཐུས་ཚང་དུ་གྲུབ་མེད་པ་སོགས་གཙོ་བོ་སྲིད་གཞུང་དང་སློབ་གསོ་གཙོ་གཉེར་སྡེ་ཁག་གི་ཐབས་ཇུས་དང་དོ་དམ་ལམ་ལུགས་འཐུས་ཚང་དུ་གྲུབ་མེད་པ་ལ་འབྲེལ་བ་དམ་པོ་ཡོད། འགལ་རྐྱེན་དེ་དག་སེལ་བ་ལ་ཐོག་མར་རྒྱལ་ཁབ་དང་སྲིད་གཞུང་རིམ་པས་སྐད་གཉིས་སློབ་གསོ་སྐོར་གྱི་ཐབས་ཇུས་དང་ཁྲིམས་སྲོལ་ལམ་ལུགས་ སྐྱར་ཡོད་གཏིང་ཟབ་དང་སྐྱར་མེད་གསར་འདོན་གྱིས་འཐུས་ཚང་དུ་སྤེལ་ནས་རིམ་པ་སོ་སོའི་སྲིད་གཞུང་གི་སློབ་གསོ་དར་སྤེལ་དུ་གཏོང་བའི་འགན་གཙང་ལེན་བྱེད་པ་དང་། མི་རིགས་སློབ་གསོར་མ་དངུལ་གྱི་མཐུན་རྐྱེན་ལེགས་པར་བསྐྲུན་ཏེ་སྐད་གཉིས་སློབ་གསོ་བདེ་ཐག་དང་འཕེལ་རྒྱས་སུ་གཏོང་བའི་སྲིད་ཇུས་ཡང་དག་དངོས་འཕེབས་བྱེད་དགོས་པ། བོད་ལྗོངས་ཀྱི་དཔལ་འབྱོར་སྤྱི་ཚོགས་འཕེལ་རྒྱས་སུ་གཏོང་བའི་དགོས་མཁོར་དམིགས་ཏེ་ཁྱོན་ཡོངས་ནས་བོད་ལྗོངས་ཀྱི་སྐད་གཉིས་སློབ་གསོ་གཏན་འཇགས་སུ་འཕེལ་བར་གཅིག་གྱུར་གྱི་འཆར་གཞི་འགོད་པའམ་ཇུས་འགོད་གང་ལེགས་བྱེད་པ། སྐད་གཉིས་སློབ་གསོར་དོ་དམ་གྱི་སྒྲིག་གཞི་ལས་ཁུངས་དང་ལམ་ལུགས་

འཕྲུས་ཚང་དུ་བཀོད་ནས་རིམ་པ་སོ་སོའི་རིགས་མི་འདྲ་བའི་སློབ་གསོའི་མ་ལག་འདུམ་སྒྲིག་དང་བདེ་བླག་ངང་དར་རྒྱས་སུ་གཏོང་བར་ཁག་ཐེག་བྱེད་པ། སློབ་གསོ་མི་སྣའི་སྤྱི་ཚོགས་ཀྱི་ཐོབ་ཐང་དང་། འཚོ་བའི་མཐུན་རྐྱེན། བྱ་བའམ་སློབ་སྦྱོང་གི་ཁོར་ཡུག་ལེགས་པར་བསྐྲུན་པ་ལ་བྱུས་ལེགས་བཀོད་ནས་དགེ་རྒན་གྱི་དཔུང་ཤུགས་ཇེ་བརྟན་དུ་གཏོང་བ། བོད་ཁུལ་གྱི་སློབ་གསོ་མི་རིགས་ཅན་དང་། དེང་རབས་ཅན། ཆ་འཕྲིན་ཅན། ཕྲུས་ཚད་ཅན་དུ་བསྒྱུར་བ་ལ་སློབ་སྟོབ་ཀྱི་ཆ་རྐྱེན་དང་། སློབ་གསོའི་རྩ་འཛུགས། སློབ་ཁྲིད་དོ་དམ་ཕྱོགས་ཀྱི་ལམ་ལུགས་འཕྲུས་ཚང་དུ་སྤེལ་བ་བཅས་ག་སྒོས་སུ་འཛིན་དགོས་པར་ངེས་སོ། །

གསུམ། རེ་འདོད་དང་མི་མཐུན་པའི་དོན་དངོས་ཀྱི་འགལ་རྐྱེན་དང་དེའི་སེལ་ཐབས་སྐོར།

མི་རྣམས་ཀྱིས་མི་རིགས་སློབ་གསོའི་ལས་དོན་ལ་རེ་སྨོས་ཆེན་པོ་བྱེད་ཀྱིན་ཡོད་ཅིང་། ལྷག་པར་སྤྱི་ཚོགས་དཔལ་འབྱོར་ལ་མྱོ་རྒྱུས་རང་བཞིན་གྱི་འཕེལ་འགྱུར་ཆེན་པོ་འབྱུང་བའི་དུས་སྐབས་སུ། མི་རྣམས་ཀྱིས་མི་རིགས་སློབ་གསོར་དེ་བས་ཀྱང་དོན་དངོས་ལས་བརྒལ་བའི་རེ་བཞག་དང་བླང་བྱ་ནན་མོ་འདོན་པར་བྱེད་ལ། འདི་རིགས་ཡུལ་ཅན་གྱི་རེ་འདོད་དང་ཕྱི་རོལ་དོན་དངོས་ཀྱི་ཆ་རྐྱེན་བར་གྱི་འགལ་བ་དེ་བོད་ཁུལ་གྱི་སྐད་གཉིས་སློབ་གསོའི་སྟེང་དུ་མངོན་གསལ་དུ་ཐོན་པ་འདིས་ཀྱང་རྒྱུན་པར་མི་རྣམས་ཀྱི་སྐད་གཉིས་སློབ་གསོའི་སྤེལ་སྟངས་དང་། སློབ་ཁྲིད་ཀྱི་ནང་དོན་དང་དཔེ་གཞིའི་འདེམས་ག སློབ་ཁྲིད་ཀྱི་མ་ལག་སོགས་སློབ་གསོ་བྱ་བའི་ཐོག་མཐའ་བར་གསུམ་དུ་དཀའ་ཁག་མི་ཉུང་བ་སྐྱེལ་འོང་བཞིན་ཡོད་དེ། སྤྱིར་བཏང་མི་རྣམས་ཀྱི་འདོད་བློ་ལྟར་ན། སྐད་གཉིས་སློབ་གསོ་ནི་མི་རིགས་རང་གི་རིག་གནས་སྲོལ་རྒྱུན་ཕུན་སུམ་ཚོགས་པ་དར་སྤེལ་དང་མི་རིགས་གཞན་གྱི་སྔོན་ཐོན་རིག་གནས་ནང་འདྲེན་དང་བསྡུ་ལེན་བྱེད་པའི་ཐབས་ལམ་ཞིག་དང་། རྒྱལ་ཁབ་ཞི་བདེ་དང་མི་རིགས་འཆམ་མཐུན་མཉམ་གནས་སུ་འགོད་བྱེད། བོད་ཁུལ་གྱི་སྲིད་འཛིན་རིག་གསུམ་འཕེལ་རྒྱས་སུ་སྤེལ་ཅིང་དེང་རབས་ཅན་དུ་མངོན་པར་འགྱུར་བྱེད། སྤྱི་ཚོགས་ཀྱི་དགོས་མཁོ་ལྟར་སློབ་གསོའི་སྒྲིག་གཞི་སྣ་མང་ཅན་དུ་བསྒྱུར་ནས་སྐད་གཉིས་སྨྲ་བའི་ཤེས་ལྡན་མི་སྣ་འབོར་ཆེན་སྐྱེད་སྲིང་དང་སློབ་མའི་ལས་འཚོལ་གྱི་རེ་བ་ཇི་བཞིན་དུ

བསྐྱོང་ནུས་པའི་དགོས་འདོད་ཀུན་འབྱུང་ལྷ་བུར་དགོངས་ཀྱིན་ཡོད་ཀྱང་། དོན་དངོས་སུ་སྲིད་ཇུས་དང་ལམ་ལུགས་ཀྱི་ཇུས་འགོད་རྗེས་ལུས་ཡིན་ཞིང་། དེ་དམ་གྱི་ཆུ་ཚད་གཞི་ཁྱོན་ཆེ་བའི་སློབ་གསོའི་མ་ལག་དང་མི་འཚམ་པ་དང་། བྱེ་བྲག་མི་རྣམས་ཀྱི་གོ་རྟོགས་དང་ངོས་ཟིན་གཅིག་གྱུར་མིན་པ། གཞི་རིམ་སློབ་གསོའི་རྨང་གཞི་ཞན་པ། སློབ་ཁྲིད་ཀྱི་ཆ་རྐྱེན (དགེ་རྒན་དང་བསླབ་དེབ་སོགས) མི་ལེགས་པ་སོགས་ཀྱིས་སྐད་གཉིས་སློབ་གསོའི་སྤེལ་སྟངས་དཀའ་སྡུག་ཆེ་བར་བཀོད་ཅིང་། སློབ་གསོ་འཕེལ་རྒྱས་ཀྱི་འགལ་རྐྱེན་སྣ་ཚོགས་པའི་རྐྱེན་གྱིས་མི་གྲངས་ཀྱི་ཕྲུས་ཚད་ཞན་ཞིང་ཤེས་ལྡན་མི་སྣ་མང་ཚོད་དུ་སྐྱེད་སྲིང་བྱེད་མ་ནུས་པ་དང་། སློབ་གསོའི་སྒྲིག་གཞི་དང་འགན་ནུས་གཅིག་རྐྱང་ཅན་དུ་སྤེལ་བ་སོགས་ཀྱིས་བོད་ལྗོངས་ཀྱི་ཁྲིམ་རའི་དཔལ་འབྱོར་འཛུགས་སྐྲུན་དང་སྤྱི་ཚོགས་འཕེལ་རྒྱས་ཀྱི་དགོས་མཁོ་སྣ་ཚོགས་ཇི་བཞིན་དུ་བསྐྱོང་ཐུབ་ཀྱིན་མེད་པས། སྤྱི་ཚོགས་ཀྱི་དགོས་མཁོའམ་དམངས་ཀྱི་རེ་འདོད་དང་ད་ལྟའི་དོན་དངོས་ཀྱི་ཆ་རྐྱེན་དག་ཕན་ཚུན་འགལ་བར་སྣང་བ་འདིས་ཀྱང་བོད་ལྗོངས་ཀྱི་སྐད་གཉིས་སློབ་གསོའི་སྤེལ་སྟངས་ལ་དཀའ་ཁག་ཆེན་པོ་བཟོ་བཞིན་ཡོད་དོ། །

སྤྱི་ཚོགས་ཀྱི་དགོས་མཁོའམ་དམངས་ཀྱི་རེ་འདོད་དང་ད་ལྟའི་དོན་དངོས་བར་གྱི་འགལ་ཆ་དེ་དག་སེལ་བར་བྱེད་ན། མ་མཐའ་ཡང་གཤམ་གྱི་ཕྱོགས་ལྔ་ནས་དམ་འཛིན་བྱ་དགོས་ཏེ།

༡. ཕ་སྐད་ཀྱི་རིག་གནས་སློབ་གསོ་གཞིར་བྱས་པའི་སྐད་གཉིས་ཀྱི་རྨང་གཞི་སློབ་གསོ་གཙོ་སྐྱོང་བྱས་ནས་ཁྱོན་ཡོངས་ནས་སློབ་གསོའི་ཕྲུས་ཚད་མཐོར་འདེགས་བྱ་དགོས་ཏེ། བོད་ལྗོངས་ཀྱི་རྨང་གཞི་སློབ་གསོ་ནི་རྨང་གཞི་ཞན་ཞིང་འཕེལ་རྒྱས་སུ་ཕྱིན་པ་དལ་ནའང་། འབྱུང་འགྱུར་གྱི་སློབ་གསོ་བྱ་བའི་གཞི་མ་ལྷ་བུར་ངེས་པས་སློབ་གསོ་བཅོས་སྒྱུར་བྱ་བའི་དཀའ་གནད་ཅིག་ཡིན་ཞིང་། ནང་སའི་སློབ་གསོ་དང་བསྡུར་ན་སྤྱི་ཚོགས་རིག་གནས་ཀྱི་ཁོར་ཡུག་དང་རང་བྱུང་ཁོར་ཡུག་གི་མཐུན་རྐྱེན་སོགས་ཕྱོགས་གང་ཐད་ནས་ཀྱང་དམིགས་བསལ་གྱི་ཁྱད་ཆོས་ལྡན་ཕྱིར། སློབ་གྲྭ་ཆུང་འབྲིང་དག་གི་སློབ་མའི་ཐོན་ལྗོངས་དང་། ཕ་སྐད་རིག་གནས་ཀྱི་ཁོར་ཡུག སློབ་གསོ་འཕེལ་འགྱུར་གྱི་ཆོས་ཉིད་བཅས་ལ་སྒོ་ཀུན་ནས་བསྟུན་ཞིང་ཡུལ་དུས་དང་འཚམ་པའི་སྒོ་ནས་ཕ་སྐད་རིག་གནས་ཀྱི་སློབ་གསོ་གཙོ་སྐྱོང་བའི་ཞར་ལ། ཐབས་ལམ་ཡང་དག་ཅིང་དམིགས་ཚད་ཡོད་

པའི་སྒོ་ནས་སྐད་གཉིས་ཀྱི་སློབ་གསོ་དང་སྐད་མང་གི་སློབ་གསོ་དམ་འཛིན་དང་གཏིང་ཕྱིན་པར་སྤེལ་ཏེ་རྨང་གཞི་སློབ་གསོའི་སྤུས་ཚད་ཁྱོན་ཡོངས་ནས་མཐོར་འདེགས་བྱ་དགོས་སོ། །

༢. བོད་ཁུལ་གྱི་སྐད་གཉིས་སློབ་གསོ་འཕེལ་རྒྱས་སུ་གཏོང་བ་ལ་ཐོག་མཐའ་བར་གསུམ་དུ་དམིགས་བསལ་གྱི་སྲིད་ཇུས་དང་ཐབས་ལམ་ཡང་དག་པར་སྤེལ་དགོས་ཏེ། བོད་ཁུལ་གྱི་སྐད་གཉིས་སློབ་གསོའི་ལས་དོན་ནི་རང་རྒྱལ་གྱི་བོད་ཁུལ་གསར་བ་དར་རྒྱས་དང་སྤྱི་ཚོགས་འཚམ་མཐུན་དུ་འགོད་པའི་ལས་གཞི་གལ་ཆེན་ཡིན་པ་དང་། འདི་ལ་ས་གནས་མི་རིགས་ཀྱི་ཁྱོན་ཡངས་ཇམས་མཐུག་ཅིང་ཕུན་སུམ་ཚོགས་པའི་སྲོལ་རྒྱུན་རིག་གནས་ཀྱི་རྒྱབ་ལྗོངས་བརྟན་པོ་དང་། སྔར་འདས་ལོ་རྒྱུས་ཀྱི་རྒྱུ་རྐྱེན་སྣ་ཚོགས། དེང་རབས་སྤྱི་ཚོགས་རིག་གནས་ཀྱི་འཕོ་འགྱུར་སྣ་ཚོགས་ལས་ཐོན་པའི་དེང་རབས་བོད་ཁུལ་གྱི་ཁྱད་ཆོས་དམིགས་བསལ་དུ་ལྡན་ཕྱིར། བོད་ཁུལ་གྱི་སྐད་གཉིས་སློབ་གསོའི་སྤེལ་སྟངས་དང་། ངོ་དམ་གྱི་ལམ་ལུགས། སྲིད་ཇུས་བཅས་ལ་རྒྱལ་ཁབ་དང་ས་གནས་སྲིད་གཞུང་གིས་དམིགས་བསལ་གྱི་བྱ་ཐབས་ཡང་དག་པར་སྐྱོད་དགོས་པ་མ་ཟད། བྱེ་བྲག་སྐད་གཉིས་སློབ་གསོའི་ནང་དོན་དང་ལམ་ལུགས། སྐད་གཉིས་སློབ་ཁྲིད་ཀྱི་དཔེ་གཞི། མཇུག་མཐའི་ལས་ཞུགས་ཀྱི་དཀའ་ཁག་སོགས་སློབ་གསོ་བྱ་བའི་ཐོག་མཐའ་བར་གསུམ་ལའང་དམིགས་བསལ་གྱི་ཐབས་ཇུས་ཡང་དག་ཏུ་སྤེལ་དགོས་ལ། ལྷག་པར་བོད་ཁུལ་གྱི་སློབ་གྲྭ་ཆེ་འབྲིང་ཆུང་གསུམ་རྣམས་ཀྱི་དོན་དངོས་ཀྱི་མཐུན་རྐྱེན་མི་ལེགས་པའམ་འགལ་རྐྱེན་སྣ་ཚོགས་སེལ་བར་བྱེད་པ་ལ་སྔར་བས་ལྷག་པའི་མི་ཤུགས་དང་། དངུལ་ཤུགས། དངོས་ཤུགས་ཀྱི་རྒྱབ་རྟགས་ལེགས་པོ་ཐོབ་དགོས་པར་སེམས་སོ། །

༣. དགེ་ཐོན་སློབ་གསོ་སྔར་བས་དར་ཤུགས་ཆེ་བར་སྤེལ་ནས་སྐད་གཉིས་དགེ་རྒན་གྱི་དཔུང་ཁག་འཛུགས་སྐྲུན་བྱེད་པར་ཤུགས་སྣོན་རྒྱག་དགོས་ཏེ། མིག་སྔར་བོད་ཁུལ་གྱི་སྐད་གཉིས་དགེ་རྒན་མི་འདང་བའི་གནས་ཚུལ་ལྟར་ན། བོད་རྒྱ་སྐད་གཉིས་ཀྱི་ཚད་དམའ་ཞིང་ཁོད་མི་སྙོམ་པ་དང་། ཆེད་ལས་ཀྱི་སྒྲིག་གཞི་ལུགས་མཐུན་མིན་པ། དགེ་རྒན་གྱི་ཁྱབ་སྟངས་དོ་མཉམ་མིན་པ། ཚད་ལྡན་གི་གནད་དོན་ཚབས་ཆེ་བ། དགེ་རྒན་གྱི་དཔུང་ཁག་གཏན་འཇགས་མིན་པ་སོགས་ཀྱི་འགལ་རྐྱེན་མངོན་གསལ་དུ་སྣང་ཕྱིར། སྔར་ཡོད་བོད་ཁུལ་གྱི་དགེ་ཐོན་སློབ་གྲྭ་ཆེ་འབྲིང་དག་གི་སྐད་གཉིས་སློབ་གསོའི་གཞི་ཁྱོན་

ཆེར་བསྐྱེད་དང་། དམིགས་ཚད་ཇེ་མཐོ། སྒྲིག་གཞི་དང་མ་ལག་འཐུས་ཚང་། ཕྱུས་ཚད་ཇེ་ལེགས་སུ་འགོད་པར་ཤུགས་སྣོན་རྒྱག་པ་དང་ཆབས་ཅིག ནང་སའི་དགེ་ཐོན་སློབ་གྲྭ་ཆེན་མོ་དང་མཉམ་འབྲེལ་གྱིས་བོད་ཁུལ་དུ་སྐད་གཉིས་སམ་སྐད་མང་རིས་མེད་དུ་རྫོགས་པའི་དགེ་རྒན་གྱི་དཔུང་ཁག་འཛུགས་སྐྲུན་བྱེད་པའོ། །

༤. སྐད་གཉིས་སློབ་ཁྲིད་ཀྱི་ཐབས་ལམ་ལ་བརྟེན་ནས་སྲིད་འགྱུར་དོ་དམ་དང་ལས་རིགས་ལག་རྩལ་གྱི་སློབ་གསོ་དར་སྤེལ་དུ་གཏོང་དགོས་ཏེ། བོད་ཁུལ་གྱི་སྤྱི་ཚོགས་དཔལ་འབྱོར་འཕེལ་རྒྱས་སུ་གཏོང་བའི་ལོ་ལྔའི་འཆར་གཞི་བཅུ་གཅིག་པའི་འཆར་འགོད་ལྟར་ན། བོད་ཁུལ་གྱི་སྤྱི་ཚོགས་དང་དཔལ་འབྱོར་འཕེལ་རྒྱས་ཀྱི་དམིགས་ཚད་ནི་ཁྱབ་ཆེ་ཞིང་དཀའ་ཁག་ལྡན་པ་ཞིག་ཡིན་པ་མ་ཟད། དམིགས་ཚད་སྣ་ཚོགས་མངོན་པར་འགྱུར་བ་ལ་རིམ་པ་མང་ཞིང་གཞི་ཁྱོན་ཆེ་བའི་འཛུགས་སྐྲུན་མི་སྣ་མང་ཆེ་བ་དང་། ཁྱད་པར་སྐད་གཉིས་སྨྲ་བའི་ཧྲང་སྲིད་དོ་དམ་མི་སྣ་དང་། དཔལ་འབྱོར་ཁེ་ལས་མི་སྣ། ཞིང་ཕྱུགས་ལས་རིགས་ཀྱི་ལག་རྩལ་པ། འཕྲུལ་ཆས་ཞིག་གསོ་པ། ཆུ་གློག་འཕྲོད་བསྟེན་དང་ནོར་སྲིད་རྩིས་གཉེར་སྐོར་གྱི་ལས་བྱེད་མི་སྣ་སོགས་འབོར་ཆེན་སྐྱེད་སྲིང་བྱ་དགོས་ཕྱིར། མིག་སྔར་བོད་ཁུལ་གྱི་སློབ་གསོའི་སྒྲིག་གཞི་དང་འགན་ནུས་གཅིག་རྐྱང་དུ་ངེས་པའི་འཆིང་རྒྱ་རྩ་བ་ནས་དོར་ཞིང་སྐད་གཉིས་ཀྱི་སློབ་ཁྲིད་ཐབས་ལམ་ལ་བརྟེན་ཏེ་ཕྱོགས་སྣ་ཚོགས་དང་ཁྱོན་ཡོངས་ནས་སྲིད་འགྱུར་དོ་དམ་དང་ལས་རིགས་ལག་རྩལ་གྱི་སློབ་གསོ་དར་སྤེལ་དུ་གཏོང་བར་མཐོང་ཆེན་བྱེད་པའོ། །

༥. མཐོ་རིམ་སློབ་གྲྭ་ཆེན་མོའི་སྐད་གཉིས་སློབ་གསོའི་བྱ་བ་ལེགས་བཅོས་དང་འཐུས་ཚང་དུ་སྤེལ་ནས་རིམ་པ་མཐོ་ཤོས་ཀྱི་སྐད་གཉིས་སྨྲ་བའི་ཤེས་ལྡན་མི་སྣ་སྐྱེད་སྲིང་བྱ་དགོས་ཏེ། མིག་སྔར་བོད་ལྗོངས་ཀྱི་མཐོ་རིམ་སློབ་གྲྭ་ཆེན་མོ་བཞི་གཙོས་མཚོ་སྔོན་དང་། ཀན་སུའུ། སི་ཁྲོན་བཅས་ཀྱི་མི་རིགས་སློབ་གྲྭ་ཆེན་མོའི་སློབ་སྦྱོང་གི་ཆ་རྐྱེན་དང་སློབ་ཁྲིད་ཀྱི་ཕྱུས་ཚད་སོགས་ནང་སའི་མཐོ་རིམ་སློབ་གྲྭ་ཆེན་མོར་བསྡུར་ཐབས་མེད་པ་དང་། སྔོན་སུ་སློབ་སྦྱོང་གི་གཞི་ཁྱོན་དང་ཕན་ནུས་ཞན་ཞིང་ཕྱུས་ཚད་དམའ་བ། སློབ་གྲྭའི་སྐྱེད་སྲིང་གི་དམིགས་ཚད་དང་། ཆེད་ལས་དང་བསླབ་ཚན་གྱི་བཀོད་སྒྲིག སློབ་ཁྲིད་ཀྱི་འཆར་གཞི། སློབ་ཁྲིད་བྱེད་ཐབས་སོགས་བོད་ཁུལ་གྱི་དཔལ་འབྱོར་འཛུགས་སྐྲུན་

དང་སྤྱི་ཚོགས་འཕེལ་རྒྱས་ཀྱི་དགོས་མཁོ་དང་མི་འཚམ་པ་མང་ཕྱིར། ངེས་པར་དུ་སྤྱི་ཚོགས་རིང་ལུགས་ཀྱི་ཁྲིམ་རའི་དཔལ་འབྱོར་ལམ་ལུགས་ཀྱི་དགོས་མཁོ་གཞིར་བཟུང་། བསམ་བློ་བཅིངས་འགྲོལ་དང་། གོ་རྟོགས་གསེད་འགྲོལ། སྒྲིག་གཞི་ལེགས་བཅོས། མ་ལག་འཐུས་ཚང་། སྤུས་ཚད་མཐོར་འདེགས། ལམ་ལུགས་དམ་ཚགས་སུ་སྤེལ་ནས་ཞིང་ཕྱོགས་ནགས་ལས་དང་སྨན་རྩིས་སྲིད་འབྱོར་སོགས་ཕྱོགས་བསྡུས་རང་བཞིན་གྱི་ཆེད་ལས་རྣ་ཚོགས་ལ་མཁས་ཤིང་སྐད་གཉིས་ནང་བྱན་ཆུད་པའི་མཐོ་རིམ་ཤེས་ལྡན་མི་སྣ་འབོར་ཆེན་སྐྱེད་སྲིང་བྱེད་པ་ཤིན་ཏུ་གལ་ཆེའོ། །

གསུམ་པ། བོད་ཁུལ་གྱི་སྐད་གཉིས་སློབ་གསོའི་ལམ་ལུགས་སམ་དཔེ་གཞི་ཚད་ལྡན་དུ་འགོད་པ།

དེ་ཡང་བོད་ཁུལ་གྱི་སྐད་གཉིས་སློབ་གསོའི་འཕེལ་ཕྱོགས་དང་བསྟུན་ནས་སྐད་གཉིས་སློབ་གསོའི་དཔེ་གཞི་ཚད་ལྡན་དུ་འགོད་རྒྱུ་ནི་སྐད་གཉིས་སློབ་གསོ་འཕེལ་རྒྱས་ཀྱི་འགལ་རྐྱེན་ཇི་སྙེད་པ་སེལ་ནས་བོད་ཁུལ་གྱི་སློབ་གསོ་སྤྱིའི་སྤུས་ཚད་དང་ཕན་ནུས་སྟོར་བས་མཆོག་ཏུ་འདོན་པའི་བརྒྱུད་རིམ་གལ་ཆེན་དུ་ངེས་ལ། བརྒྱུད་རིམ་འདི་དག་ལུགས་མཐུན་དང་ཡང་དག་ཡིན་མིན་ནི་ཐད་ཀར་བོད་ཁུལ་གྱི་སྐད་གཉིས་སློབ་གསོའི་འཕེལ་འགྲོས་ཀྱི་དལ་མགྱོགས་དང་སྤུས་ཚད་མཐོན་དམན་ལ་འབྲེལ་བ་དམ་པོར་ལྡན་ཕྱིར། ད་ལྟའི་བོད་ཁུལ་གྱི་སློབ་གསོའི་འཕེལ་ཕྱོགས་ལྟར་ན། མ་མཐའ་ཡང་སྐད་གཉིས་སློབ་ཁྲིད་ཀྱི་ལམ་ལུགས་སམ་དཔེ་གཞི་དང་། བོད་རྒྱ་སྐད་གཉིས་ཀྱི་འབྲེལ་བ། སློབ་སྦྱོང་གི་ཆ་རྐྱེན་བཅས་ཕྱོགས་གསུམ་ནས་བོད་ཁུལ་གྱི་སྐད་གཉིས་སློབ་གསོའི་ལམ་ལུགས་སམ་དཔེ་གཞི་ཚད་ལྡན་དུ་དགོད་པར་བྱ་དགོས་ཏེ།

གཅིག སྐད་གཉིས་སློབ་ཁྲིད་ཀྱི་ལམ་ལུགས་སམ་དཔེ་གཞི་ཚད་ལྡན་དུ་འགོད་པ།

མིག་སྔར་བོད་ཁུལ་དུ་བོད་རྒྱ་སྐད་གཉིས་ཀྱི་སློབ་ཁྲིད་མ་ལག་མཉམ་དུ་སྤྱོད་པའི་

སློབ་ཁྲིད་ཀྱི་ལམ་ལུགས་ལག་བསྟར་བྱེད་པ་ལ་བྱེ་བྲག་ཏུ་གཙོ་ཕལ་གྱི་རྣམ་པ་ཅན་དང་། བར་བརྒྱལ་གྱི་རྣམ་པ་ཅན། དབང་ཤུགས་ཀྱི་རྣམ་པ་ཅན་བཅས་གསུམ་སྣང་བ་དང་། སྔ་མ་གཉིས་ལའང་བོད་རྒྱ་སྐད་གཉིས་སོ་སོས་སློབ་གྲྭའི་སློབ་ཁྲིད་ཁྲོད་དུ་ཟིན་པའི་བསྡུར་ཚད་མི་འདྲ་བ་དང་། སྐད་གཉིས་བཀོད་སྒྲིག་གི་དུས་སྐབས་འགྱུར་མི་འདྲ་བ། བསླབ་ཚན་སོ་སོའི་བརྡ་སྐད་ཀྱི་སྤྱོད་སྟངས་མི་འདྲ་བའི་ཆ་ནས་སོ་སོར་ནང་གསེས་སུ་རིགས་དུ་མ་སྣང་སྟེ། དཔེར་ན་གཙོ་ཕལ་གྱི་རྣམ་པ་ཅན་ལ་གཞན་སྐད་ལས་ཕ་སྐད་གཙོ་བའི་དཔེ་གཞི་དང་པོ（Ⅰ）དང་། ཕ་སྐད་ལས་གཞན་སྐད་གཙོ་བའི་དཔེ་གཞི་གཉིས་པ（Ⅱ）། སྐད་གཉིས་རིས་མེད་དུ་སྤྱོད་པའི་དཔེ་གཞི་གསུམ་པ（Ⅲ）བཅས་དང་། བར་བརྒྱལ་གྱི་རྣམ་པ་ཅན་ལའང་ནང་ཚན་དུ་སློབ་ཆུང་དུས་སུ་གཞན་སྐད་ལས་ཕ་སྐད་གཙོ་བོར་བཀོད་ཅིང་། དམའ་འབྲིང་གི་དུས་སུ་སྐད་གཉིས་འདྲ་མཉམ་དུ་སྤེལ་བ། མཐོ་འབྲིང་དང་སློབ་ཆེན་གྱི་དུས་སུ་གཞན་སྐད་གཙོ་བོར་གཉེར་བའམ། ཡང་ན་སོ་སོ་དེ་ལས་ལྡོག་པར་སྤེལ་བ་དང་། ཡང་ན་སློབ་ཆུང་ནས་སློབ་ཆེན་བར་དུ་སྐད་གཉིས་ཁྱད་མེད་པར་ག་སྙོམས་སུ་འཛིན་པ་སོགས་དཔེ་གཞི་མང་ཙམ་སྣང་བ་དང་། དབང་ཤུགས་ཀྱི་རྣམ་པ་ཅན་ནི་བྱིས་པའི་ཤེས་རྟོགས་ཀྱི་ནུས་པ་དང་ཕ་སྐད་ཀྱི་ཕོར་ཡུག་ལ་མི་བསྟུན་པར་བཙན་དབང་གིས་ཐོག་མ་ཉིད་ནས་གཞན་སྐད་འབའ་ཞིག་དོན་དུ་གཉེར་ནས་མཐོ་རིམ་གྱི་སློབ་གཉེར་དུས་སུ་ཐོལ་བྱུང་དུ་ཕ་སྐད་བཀོད་སྒྲིག་བྱེད་པ་སོགས་སྣང་བ་ལས། བྱེ་བྲག་པའི་གནས་ཚུལ་ལྟར་ན། དཔེ་གཞིའི་སྤེལ་སྟངས་ཕལ་ཆེ་བ་ཡུལ་དུས་ཀྱི་གནས་སྐབས་དང་ཤིན་ཏུ་མཐུན་པས་དགེ་མཚན་ཁྱད་པར་ཅན་དུ་ལྡན་ཡང་། འགའ་ཞིག་ཕ་སྐད་ཀྱི་རིག་གནས་ཁོར་ཡུག་ལ་རྩིས་མཐོང་མེད་ཅིང་། སློབ་མའི་ཤེས་རྟོགས་ཀྱི་ནུས་པ་ལ་དོ་སྣང་མེད་པ། ངེས་མེད་སྐབས་བསྟུན་གྱིས་སློབ་ཁྲིད་ཀྱི་བརྡ་སྐད་བརྗེ་སྒྱུར་བྱེད་པ། དཔེ་གཞི་སོ་སོའི་ཁྲིད་ཐབས་ཡང་དག་དང་ལུགས་མཐུན་དུ་མ་ངེས་ཤིང་སྒྲུས་ཚད་ཞན་པ་སོགས་ཀྱི་དབང་གིས་ཚད་ལྡན་དུ་མ་གྲུབ་པ་དང་། དེ་བཞིན་དུ་སྐད་གཉིས་སློབ་ཁྲིད་ཀྱི་ལམ་ལུགས་དང་དཔེ་གཞིའི་སྤེལ་ཡུལ་ལ་མཚོན་ན་ཡང་། སློབ་ཞུགས་སྟོན་གྱི་བྱིས་པའི་སློབ་གསོ་ལ་ཁྱིམ་གཞིའི་སློབ་གསོ་ཙམ་ལས་སློབ་གྲྭའི་ཕ་སྐད་ཀྱི་སློབ་གསོ་མེད་པ་དང་། བོད་ལྗོངས་ཀྱི་མཁར་གྲོང་དང་རོང་ལྗོངས་ཁ་ཤས་དང་མི་རིགས་འདྲེས་སྡོད་ཆེ་བའི་ཡུལ་གྲུ་ཕལ་ཆེ་བའི་སློབ་གྲྭ་ཉུང་ཤས་སུ་ཕ་སྐད་ཀྱི་སློབ་གསོའི་ཡུལ་རྩ་རྒྱ་སྐད་འབའ་

ཞིག་ལས་བོད་སྐད་ཡིག་གི་སློབ་ཁྲིད་མེད་པ་དང་། ཁ་ཤས་ཤིག་ལ་ཡོད་ཀྱང་མིང་སྐམ་ཙམ་ལས་དོན་དངོས་ཀྱི་ག་སྐྱོགས་ཆེན་ཐོབ་པ་ཉུང་བ་སོགས་ལས་བོད་ཁུལ་གྱི་སྐད་གཉིས་སློབ་ཁྲིད་ཀྱི་ལམ་ལུགས་འཐུས་ཚང་དུ་གྲུབ་མེད་ཅིང་དཔེ་གཞི་ཚད་ལྡན་མ་ཡིན་པ་གསལ་པོར་རྟོགས་ནུས། དེས་ན་བོད་ཁུལ་གྱི་སྐད་གཉིས་སློབ་ཁྲིད་ཀྱི་ལམ་ལུགས་སམ་དཔེ་གཞི་དེ་ཇི་ལྟར་འཐུས་ཚང་དང་ཚད་ལྡན་དུ་འགོད་པར་བྱེད་ཅེ་ན།

༡. སྐད་གཉིས་སློབ་ཁྲིད་ཐད་ཀྱི་ཤེས་རྟོགས་སམ་ངོས་ཟིན་གཅིག་གྱུར་འབྱུང་དགོས་ཏེ། མི་རིགས་རང་གི་ཕ་སྐད་རིག་གནས་སམ་ལོ་རྒྱུས་སྲོལ་རྒྱུན་དང་དེང་རབས་སྔོན་ཐོན་མི་རིགས་ཀྱི་ཚན་རྩལ་སློབ་གསོའི་ཉམས་མྱོང་ཕུན་སུམ་ཚོགས་པ་ནང་འདྲེན་བྱེད་པ་དང་། སྣ་མང་རིག་གནས་ཀྱི་སྣང་ཚུལ་དང་སྐད་མང་སློབ་གསོ་འདྲ་མཉམ་འོང་བའི་རྩ་དོན་གཞིར་བཟུང་ནས་སྐད་གཉིས་སོ་སོར་ཕྱོགས་ཞེན་གྱི་ལྟ་ཚུལ་དོར་བའམ་གཅིག་གྱུར་གྱི་གོ་རྟོགས་དང་ངེས་ཤེས་སྐྱེད་པར་བྱེད་པའོ། །

༢. བོད་ཁུལ་གྱི་དོན་དངོས་ལ་ཆང་བཙུགས་ནས་སྐད་གཉིས་སློབ་ཁྲིད་ཀྱི་ལམ་ལུགས་དང་དཔེ་གཞི་ལུགས་མཐུན་དང་འཐུས་ཚང་དུ་སྤེལ་དགོས་ཏེ། བོད་ཁུལ་གྱི་རིག་གནས་ཁོར་ཡུག་དང་མི་རིགས་སློབ་གསོའི་འཕེལ་འགྱུར་གྱི་ཆོས་ཉིད་དང་བསྟུན་ནས་སློབ་ཞུགས་སྔོན་གྱི་བྱིས་པའི་སློབ་གསོ་ནས་སློབ་ཆེན་བར་གྱི་བསླབ་རིམ་སོ་སོ་དང་ས་གནས་སོ་སོ་ཐམས་ཅད་རིས་སུ་མི་བོར་བར་གང་ལ་གང་འཚམ་དུ་སྐད་གཉིས་སློབ་ཁྲིད་ཀྱི་རྣམ་འགོད་ལམ་ལུགས་དང་དཔེ་གཞི་ཆ་ཚང་ཞིང་ཡང་དག་ཏུ་འགོད་པར་བྱེད་པའོ། །

༣. ཚན་རིག་དང་མཐུན་པའི་སྒོ་ནས་སྐད་གཉིས་སློབ་ཁྲིད་ཀྱི་བསླབ་ཚན་མ་ལག་དང་། སློབ་ཁྲིད་ཀྱི་རྩ་གནད། སློབ་ཁྲིད་ལ་གདེང་འཇོག་བྱེད་པའི་ཚད་གཞི་འཐུས་ཚང་དུ་བཀོད་ནས་སྐད་གཉིས་སློབ་ཁྲིད་ཀྱི་ཕྱུས་ཚད་ལ་ཁག་ཐེག་འབྱུང་བར་བྱེད་པའོ། །

༤. སྐད་གཉིས་སློབ་ཁྲིད་ཀྱི་ཆ་རྐྱེན་ཏེ་འབྲེལ་ཡོད་གཞུང་ལུགས་ཀྱི་ཞིབ་དཔྱོད་དང་། དགེ་རྒན་གྱི་མཐུན་རྐྱེན་དང་། བསླབ་དེབ་ཀྱི་མཁོ་སྤྲོད་ཚད་ལྡན་དང་འཐུས་ཚང་དུ་སྤེལ་ནས་སྐད་གཉིས་སློབ་ཁྲིད་ཀྱི་དཔེ་གཞི་ཚད་ལྡན་འོང་བར་མཐུན་རྐྱེན་བསྐྲུན་པའོ། །

༥. སྐད་གཉིས་སློབ་ཁྲིད་ཀྱི་ཐབས་ཤེས་གསར་བ་འདོན་སྤེལ་དང་། དེང་རབས

གྱི་སྒྲིག་ཆས་དང་ཚན་རྩལ་ཆ་འཕྲིན་སོགས་སྐད་གཉིས་སློབ་ཁྲིད་ཀྱི་ཡོ་ཆས་དང་ཐབས་ལམ་གསར་བར་བརྟེན་ནས་སློབ་ཁྲིད་ཀྱི་ཕན་ནུས་ཐོན་བས་ཆེར་བསྐྱེད་པའོ། །

གཉིས། བོད་རྒྱ་སྐད་གཉིས་ཀྱི་འབྲེལ་བ་ཚད་ལྡན་དུ་འགོད་པ།

སྐད་གཉིས་སློབ་གསོའི་བརྒྱུད་རིམ་ཁྲོད་དུ་སློབ་ཁྲིད་ཀྱི་དཔེ་གཞི་གང་ཞིག་འདེམ་སྒྲུབ་བྱེད་པའམ་སློབ་ཁྲིད་ཀྱི་སྐད་བརྡ་སྟེ་བོད་རྒྱ་སྐད་གཉིས་ཀྱི་འདེམ་སྒྲུབ་བྱེད་ཚུལ་ཐད་ལ་ལྟ་སྟངས་མི་འདྲ་བ་སྣ་ཚོགས་ཤིག་ལྡན་ཏེ། ཁ་ཅིག་གིས་དུས་རབས་ཀྱི་འགྱུར་ལྡོག་དང་ཚན་རྩལ་གྱི་འཕེལ་རྒྱས་དང་བསྟུན་ནས་གྲངས་ཉུང་མི་རིགས་སྐད་བརྡའི་སྤྱི་ཚོགས་ཀྱི་འགན་ནུས་རིམ་པར་ཉམས་ཞན་དུ་འགྱུར་གྱིན་ཡོད་པས་སྐད་གཉིས་སློབ་གསོ་ནི་གཙོ་བོ་རྒྱ་སྐད་ཀྱི་སྟེང་དུ་གཞོལ་དགོས་པར་སེམས་པ(7) དང་། ཁ་ཅིག་གིས་རང་རྒྱལ་ནི་མི་རིགས་མང་པོ་གཅིག་འདུས་ཀྱི་རྒྱལ་ཁབ་ཏུ་ངེས་ཕྱིར། སྐད་དང་ཡི་གེའང་རྒྱའི་སྐད་ཡིག་སྟེང་དུ་གཅིག་འདུས་བྱེད་པ་ལས་རང་ཆས་རང་འདོད་དུ་སྤེལ་མི་རུང་བར་འདོད་པ་དང་། ཁ་ཅིག་གིས་བོད་ཀྱི་སྐད་ཡིག་ནི་སྤྱོད་སྒོ་དོག་ཅིང་སྔོན་ཐོན་གྱི་ཚན་རིག་རིག་གནས་ལག་རྩལ་གྱི་མཚོན་བྱེད་དུ་འགྲོ་མི་ནུས་བས་འཕེལ་རྒྱས་ཀྱི་མདུན་ལམ་མེད་པར་འདོད་པ་དང་། ཡང་ཁ་ཅིག་གིས་སློབ་གྲྭའི་བསླབ་ཚན་རྣམས་བོད་ཡིག་གིས་ཁྲིད་ཙ་ན། ནང་སའི་སློབ་གྲྭ་ཆེན་མོ་གྲགས་ཆེན་དུ་ཞུགས་ཐབས་མེད་ཅིང་སློབ་མཐར་ཕྱིན་རྗེས་ཀྱང་ལས་ཞུགས་ཀྱི་གནད་དོན་ཐག་གཅོད་མི་ཐུབ་པར་སེམས་པ། ཡང་ཁ་ཅིག་གིས་བོད་ཡིག་གིས་བསླབ་ཚན་རྣམས་ཁྲིད་པ་བོད་ཁུལ་གྱི་སློབ་གསོ་ཐོར་བས་བཀག་སྡོམ་ཅན་དུ་བསྒྱུར་བ་ལྒགས་པས་བཅོས་སྒྱུར་སྒོ་འབྱེད་ཀྱི་ལོ་རྒྱུས་འཕེལ་ཕྱོགས་དང་སློབ་གསོའི་ཁ་ཕྱོགས་ཆེན་པོ་གསུམ་དང་མི་མཐུན་པར་འདོད་ཀྱང་། མི་ཕལ་ཆེ་བ་རྣམས་ཀྱིས་མི་རིགས་རང་གི་སྐད་ཡིག་ནི་མི་རིགས་རང་གི་རིག་གནས་ཀྱི་གྲུབ་ཆ་དང་རིག་གནས་འཛིན་སྐྱོང་སྤེལ་གསུམ་གནང་བྱེད་ཀྱི་བཟང་ཐབས་མཆོག་ཅིག་དང་། མི་རིགས་རང་གི་ངོ་བོ་གཏན་སྲུང་དང་རང་རྒྱུད་ཀྱི་ཤེས་བྱ་དང་ཉམས་མྱོང་ཕུན་སུམ་ཚོགས་པ་ཕན་ཚུན་ལ་བརྗེ་རེས་དང་མི་རྣམས་འབྲེལ་འདྲིས་ཀྱི་བཟང་ཐབས་གལ་ཆེན་ཞིག་ཏུ་དགོངས་ནས། སྐད་གཉིས་སློབ་གསོའི་བརྒྱུད་རིམ་ཁྲོད་དུ་ཕ་སྐད་ཀྱི་རིག་གནས་ག་སྙོགས་སུ་འཛིན་དགོས་པར་འདོད་པ་སོགས

སྣང་། དོན་དམ་དུ་ལྟ་ཚུལ་གང་ཞིག་ཡང་དག་ཡིན་པ་དང་། སྐད་གཉིས་སློབ་ཁྲིད་ཀྱི་བརྒྱུད་རིམ་ཁྲོད་དུ་བོད་རྒྱ་སྐད་གཉིས་ཀྱི་འབྲེལ་བ་ཇི་ལྟར་ཐག་བཅད་ན་དྭ་གཟོད་འོས་ཤིང་འཚམ་པ་དང་ཚད་ལྡན་ལུགས་མཐུན་དུ་སྣང་ཞེ་ན། འདིར་ཐོག་མར་གོང་གི་ལྟ་བ་དེ་དག་ཙུང་ཙམ་ཞིག་དཔྱད་པར་བྱ་དགོས་ཏེ།

ཐོག་མར་རང་རྒྱལ་ནི་མི་རིགས་མང་བའི་སྤྱི་ཚོགས་རིང་ལུགས་ཀྱི་རྒྱལ་ཁབ་ཅིག་ཡིན་པ་མ་ཟད། སྐད་བརྡ་སྣ་ཚོགས་དང་ཡིག་རིགས་མང་པོ་མཉམ་སྤྱོད་ཀྱི་རྒྱལ་ཁབ་ཅིག་ཡིན་ཏེ། སྔོམ་རྩིས་བྱས་པ་ལྟར་ན། རང་རྒྱལ་ལ་མི་རིགས༥༦ཡོད་པ་རྣམས་ཀྱིས་སྐད་བརྡ༨༠ལྷག་སྤྱོད་གིན་ཡོད་པ་ལས་རྒྱ་དང་། ཧོས་རིགས། མཆུ་གསུམ་གྱིས་རྒྱ་སྐད་བརྗོད་པ་ལས་གཞན་མི་རིགས༥༣ གྱིས་གྲངས་ཉུང་མི་རིགས་ཀྱི་སྐད་བརྗོད་ཅིང་། མི་རིགས༡༢ལ་མི་རིགས་རང་གི་ཡི་གེ་ཡོད་ལ། ཐའི་རིགས་ལ་ཐའི་ཡིག༤དང་། ཅིང་པོ་རིགས་ཀྱིས་ཡི་གེ༢བཀོལ་བ་སོགས་བསྡོམས་ན། མི་རིགས༢༩ཡིས་ཡི་གེ༣༣སྤྱོད་གིན་ཡོད་པ་ལས་ཡིག་རིགས་ཁག་ཅིག་རྒྱལ་ཁབ་བཙུགས་ཚུན་ནས་གསར་དུ་བཟོས་པ་ཡིན་པས། གོང་གི་ལྟ་ཚུལ་དང་པོ་དང་གཉིས་པ་ལྟར་ན། རང་རྒྱལ་དུ་རྒྱའི་སྐད་ཡིག་མ་གཏོགས་གཞན་པའི་སྐད་བརྡ༨༠ལྷག་དང་ཡིག་རིགས༣༣བཅས་ཡོད་དགོས་དོན་མེད་པ་དང་། ཡི་གེ་མེད་པའི་མི་རིགས་ལ་ཡི་གེ་གསར་དུ་བཟོ་དགོས་དོན་ཡང་མི་འདུག དེ་བཞིན་དུ་ཨ་རི་དང་སུའུ་ལེན་སོགས་རྒྱལ་ཁབ་གཞན་གྱི་སྐད་བརྡའི་སྲིད་ཇུས་སམ་བཀོལ་སྤྱོད་ཀྱི་གནས་ཚུལ་དང་བསྡུར་ན་འང་གོང་གི་དེ་དག་ཕྱོགས་ལྷུང་གི་ལྟ་ཚུལ་ནོར་འཁྲུལ་ཅན་ཞིག་ཡིན་པ་གསལ་པོར་མཐོང་ནུས་ཏེ། ཡར་སྔོན་སུའུ་ལེན་དུ་མི་རིགས༡༠༠ལྷག་གིས་སྐད་བརྡ༡༣༠བརྗོད་ཅིང་། ཧྲུ་ཧྲོང་གོང་མས་དབང་སྒྱུར་བའི་དུས་སྐབས་སུ། མི་རིགས་ཕལ་ཆེ་བ་རྣམས་ཡིག་རྨོངས་པ་ཡིན་ཞིང་རང་ཉིད་ལ་ཡི་གེ་མེད་པ་དང་། ཟླ་བཅུ་བའི་གསར་བརྗེའི་རྗེས་ནས་དུས་རབས་ཕྱེད་ལྷག་ཙམ་བརྒྱུད་རྗེས། ཤོ་ཚོའི་རིག་གནས་སློབ་གསོའི་ཆུ་ཚད་ཧ་ལམ་ཨུ་རུ་སུའི་མི་རིགས་ཀྱི་རྗེས་སུ་བསླེབས་ཐུབ་པར་གྱུར་ཅིང་མི་རིགས་སློབ་གསོ་འཕེལ་རྒྱས་ཤིན་ཏུ་མགྱོགས་པ་ནི་སུའུ་ལེན་སྔོན་མའི་སྲིད་གཞུང་གིས་ལོ་མང་པོའི་རིང་ལ་མི་རིགས་ཀྱི་སྐད་བརྡ་འདྲ་མཉམ་དང་རང་དབང་གིས་འཕེལ་རྒྱས་སུ་གཏོང་བར་ཁག་ཁུར་བའི་མི་རིགས་སྲིད་ཇུས་སྤྱད་པའི་མཐར་འབྲས་ཡིན་པར་གྲགས།

ཨ་རི་རྒྱལ་ཕྲན་མཉམ་འབྲེལ་སྲིད་གཞུང་གིས་ཀྱང《སྐད་གཉིས་སློབ་ཁྲིད་བྱེད་ཐབས》བརྒྱུད་ནས་ཐུར་འདས་སྐད་བརྡ་མཉམ་འདྲེས་ཀྱི་སྲིད་ཇུས་ལ་བཅོས་བསྒྱུར་དང་སྐད་མང་མཉམ་གནས་ཀྱི་ལམ་ལུགས་ལག་བསྟར་མཛད་ཅིང་། མི་རིགས་སོ་སོས་རང་ཉིད་ཀྱི་རིག་གནས་ལ་བརྟེན་ནས་རྒྱལ་ཁབ་ལ་བྱས་རྗེས་འཛོག་པ་ཁས་འཆེས། ཚུལ་འདི་དག་ལས་གོང་གི་ལྟ་ཚུལ་དང་པོ་དང་གཉིས་པ་ནི་མི་རིགས་སོ་སོའི་ཆགས་འཛིག་དར་གསུམ་ལ་ཐད་ཀར་གནོད་ཅིང་། སྐད་བརྡ་འཕེལ་འགྱུར་གྱི་སྤྱིའི་ཆོས་ཉིད་དང་མི་འཚམ་པ་དང་། རྒྱལ་ཁབ་གང་དུའང་སྤྱོད་མི་རུང་བའི་ལྟ་བ་ཞིག་ཡིན་པ་རྟོགས་ནུས་སོ། །

ལྟ་ཚུལ་གསུམ་པ་ལྟར་ནའང་འགྲིག་པར་མི་སེམས་ཏེ། བོད་ཡིག་ནི་ཆེས་ཐོག་མར་གསར་དུ་བཟོས་པ་ནས་ད་ལྟའི་བར་ལོ་ངོ་སུམ་སྟོང་ལྷག་གི་ལོ་རྒྱུས་ཡོད་ཅིང་། འཛམ་གླིང་སྟེང་ཙུང་ཟད་སྔོན་ཐོན་གྱི་སྒྲ་སྦྱོར་ཡི་གེ་ཡིན་ལ། ད་ལམ་དུ་ཆོས་ལུགས་མཚན་ཉིད་རིག་པ་གཙོས་བཟོ་རིག་ལག་རྩལ་དང་སྨན་རྩིས་གསོ་དཔྱད་སོགས་སྤྱི་ཚོགས་ཚན་རིག་དང་རང་བྱུང་ཚན་རིག་གི་ཤེས་ཡོན་ཕུན་སུམ་ཚོགས་པ་འཛིན་སྐྱོང་སྤེལ་གསུམ་གནང་བྱེད་ཀྱི་བརྡ་ཐབས་མཆོག་ཏུ་གྱུར་ཅིང་། འདི་ལ་རྒྱ་ཆེ་བའི་བོད་རིགས་མང་ཚོགས་ཀྱི་སྐད་བརྡའི་རྨང་གཞི་ཡོད་པ་ལས་གཞན་ད་དུང་ལྷོ་པ་དང་། མོན་པ། སོག་པོ། ཧོར་རིགས། ཧོར་བཅས་མི་རིགས་གཞན་པའི་སྤྱོད་སྟངས་ཀྱང་རྒྱ་ཆེར་གྱུར་པ་མ་ཟད། བོད་སྐད་ཀྱི་ཁྱབ་ཡུལ་ལྟར་ནའང་རྒྱལ་ནང་གི་ནུབ་ཁུལ་ཙམ་དུ་མ་ཟད། ཕྱི་རྒྱལ་དུ་རྒྱ་གར་དང་། བལ་པོ། འབྲུག་ཡུལ། འབྲས་ལྗོངས་སོགས་ཀྱི་མི་གྲངས་མི་ཉུང་བས་བོད་སྐད་བརྗོད་ཅིང་། གཞན་ནུབ་ཁུལ་གྱི་སྦལ་ཏི་དང་། ཕུ་རིག ལ་དྭགས། ཀྵོ་ཁུལ་གྱི་སྤྱི་ཏི་དང་ཀྵོ་གེ་སོགས་ཀྱིས་ཀྱང་བོད་སྐད་ཀྱི་ཆར་གཏོགས་པའི་ཡུལ་སྐད་འབའ་ཞིག་བརྗོད[8]པས་ན། བོད་ཀྱི་སྐད་ཡིག་ནི་སྤྱོད་སྒོ་དོག་ཅིང་ཚན་རིག་ལག་རྩལ་གྱི་མཆོན་བྱེད་དུ་འགྲོ་མི་ནུས་པར་བརྗོད་པ་འཆལ་གཏམ་ཁོ་ནར་ངེས་པ་རྟོགས་སླ། དེ་ལྟ་ནའང་ཉེ་རབས་དང་དེང་རབས་ཀྱི་སྐབས་ཙམ་ནས་བཟུང་བོད་ཀྱི་སློབ་གསོའི་ཐད་རྒྱ་སྐད་ཀྱི་སྤྱོད་སྒོ་དར་ཞིང་བོད་ཡིག་ཏུ་རིག་གཞུང་སྣ་ཚོགས་སྒྱུར་སྒྲུན་བྱེད་པའི་ལས་བག་ཡངས་སུ་སྤེལ་མ་ཐུབ་པ་དང་། སྒོས་སུ་རིག་ཚན་སྐོར་གྱི་བསླབ་བྱ་ལས་རྩིས་ཚན་ལ་མཐོང་ཆེན་ཆེར་མ་ཐོབ་པའམ་རང་བྱུང་ཚན་རིག་སྐོར་གྱི་སློབ་གཉེར་དང་བཀོལ་སྤྱོད་ཀྱི་ལས་ག་སྙོམས་སུ་མ་

བཟུང་ལ། དུས་ད་ལྟ་ཉིད་ཡའང་མི་ཕལ་མོ་ཆེས་རྒྱའི་སྐད་ཡིག་གི་རྩིས་ཚན་སློབ་གསོ་ལས་བོད་ཡིག་གི་ཐབས་ལམ་ལ་བརྟེན་པའི་རྩིས་ཚན་སློབ་གསོ་འགངས་རྩར་མ་བཟུང་བ་སོགས་རྐྱེན་སྣ་ཚོགས་པའི་དབང་གིས། བོད་ཀྱི་སྐད་ཡིག་ནི "མི་རིགས་ཀྱི་སྲོལ་རྒྱུན་རིག་གནས་འབའ་ཞིག་རྒྱུན་འཛིན་བྱེད་པའི་བརྡ་ཐབས་ཁྱད་པར་ཅན" དུ་འཁྲུམས་པ་ལས་དེའི་བྱེད་ནུས་ཡོད་ཚད་ཁྱོན་ཡོངས་ནས་འདོན་སྤེལ་བྱེད་ཐུབ་ཀྱི་མེད་པ་དང་ཆབས་ཅིག མི་རྣམས་ཀྱི་བློ་ངོར "བོད་ཡིག་ནི་དགོས་མཁོ་མེད་པ་དང་སྤྱོད་སྒོ་དོག་པའི་བརྡ་ཐབས་འབའ་ཞིག་ཏུ་ངེས་པའི" ཚོར་སྣང་ཞིག་བཙས་མེད་དུ་སྐྱེར་གྱིན་ཡོད། དོན་དམ་དུ་འཛམ་གླིང་སྟེང་གི་སྐད་དང་ཡི་གེ་གང་ཞིག་ཡིན་རུང་སྤྱི་ཚོགས་ཀྱི་འཕེལ་རྒྱས་དང་རིག་གཞུང་གསར་བའི་ཁྱབ་ཁོངས་སྣ་ཚོགས་བསྡུད་མུར་ཆེར་བསྐྱེད་པའི་འགྲོས་རིམ་དང་བསྟུན་ནས་ཕུན་སུམ་ཇེ་ཚོགས་དང་འཕེལ་རྒྱས་སུ་ཕྱིན་པ་ཡིན་ལ། དེ་དག་གི་སྤྱོད་སྒོ་དོག་མིན་དང་། སྟོན་ཐོན་གྱི་ཚན་རིག་མཆོན་ནུས་མེད། འཕེལ་རྒྱས་ཀྱི་མདུན་ལམ་ཡོད་མེད་བཅས་ཀྱང་སྐད་ཡིག་རང་སྟེང་གི་སྐྱོན་ཞིག་མ་ཡིན་པར་སྐད་ཡིག་དེ་སྤྱོད་ཀྱི་སྤྱི་ཚོགས་ཁོར་ཡུག་གི་ཆ་རྐྱེན་ངེས་ཅན་ལ་རག་ལས་ཕྱིར། 《སྐད་བརྡ་རིག་པའི་རྩ་གནད》དུ། མིའི་རིགས་ཀྱི་ལོ་རྒྱུས་དང་སྤྱི་ཚོགས་ཀྱི་འཕོ་འགྱུར་ནི་སྐད་བརྡ་འཕེལ་འགྱུར་གྱི་སྐུལ་ཤུགས་གཙོ་བོ་ཡིན་ལ། སྐད་བརྡ་ལ་གལ་ཏེ་སྤྱི་ཚོགས་ཀྱི་སྐུལ་ཤུགས་འདི་དག་ཉམས་དམས་སུ་གྱུར་ཙ་ན་གོམ་ཟུར་ཙམ་ཡང་མདུན་དུ་བསྐྱོད་མི་ནུས་ཏེ། སྐྱེ་དངོས་དང་སྲོག་ཆགས་ཀྱི་རིགས་སྐྱེ་ཁམས་ཁོར་ཡུག་དང་བྲལ་ཚེ་སྐྱེ་ཐབས་མེད་པ་དང་ཀུན་ནས་མཚུངས(9) ཞེས་བསྟན་ཏོ། །

དེ་བཞིན་དུ་བོད་ལུགས་ཀྱི་སྤྱི་ཚོགས་དཔལ་འབྱོར་འཕེལ་རྒྱས་ཀྱི་དགོས་མཁོ་དངོས་ལྟར་ན་ཡང་ཕྱི་མའི་ལྟ་ཚུལ་དེ་དག་འགྲིག་པར་མི་སེམས་ཏེ། བོད་ལུགས་ཀྱི་སློབ་གྲྭ་སོ་སོའི་རིག་ཚན་སོ་སོ་བོད་སྐད་ཡིག་གི་ཁྲིད་ཐབས་ལ་བརྟེན་པའི་ལམ་ལུགས་ལག་བསྟར་བྱེད་པ་ནི་བོད་ཀྱི་རིག་གནས་སྲོལ་རྒྱུན་འཛིན་སྐྱོང་སྤེལ་གསུམ་དང་དེང་རབས་ཀྱི་ཚན་རྩལ་སློབ་གསོ་ཟུང་འབྲེལ་སྒོས་བོད་ལུགས་ཀྱི་རིག་གནས་དཔལ་འབྱོར་འཕེལ་རྒྱས་སུ་གཏོང་བའི་དགོས་མཁོར་དམིགས་ཤིང་། རྒྱ་ཆེ་བའི་བོད་རིགས་རོང་འབྲོག་ས་ཁུལ་དུ་ཕྱུས་ཚད་སློབ་གསོ་ཁྱབ་གདལ་དུ་གཏོང་བ་དང་ཐོན་སྐྱེད་ནུས་ཤུགས་ཀྱི་ཕྱུས་ཚད་མཐོར་འདེགས་པའི་

དགོས་མཁོར་དམིགས་ཕྱིར། ནང་སའི་སློབ་གྲྭ་ཆེ་འབྲིང་དག་གི་སློབ་སྦྱུབ་ཀྱི་དམིགས་ཡུལ་དང་ཁྱད་པར་ཆེན་པོ་ལྡན། བོད་ཁུལ་གྱི་མི་རིགས་སློབ་གསོའི་ཁྲིད་གོ་གནས་གལ་ཆེན་ཟིན་པའི་རྨང་གཞི་སློབ་གསོར་མཚོན་ན། སློབ་རིམ་འཕར་བ་དང་ལས་ཞུགས་ཀྱི་དོན་དག་ཐག་གཅོད་པའི་འགན་འཁྲི་གཉིས་ཡོད་པ་ལས། མིག་སྔར་སློབ་གྲྭ་ཆེ་འབྲིང་ཆུང་གསུམ་དུ་སྐད་གཉིས་སློབ་ཁྲིད་ཀྱི་ལམ་ལུགས་འཐུས་ཚང་དུ་གྲུབ་པས་ན། སློབ་རིམ་བདེ་བླག་ཏུ་འཕར་མི་ཐུབ་པའམ་བར་ཆད་ཆེ་བའི་གནད་དོན་ཆེར་མི་སྣང་ལ། ལས་ཞུགས་ཀྱི་གནད་དོན་ཀྱང་ཕ་སྐད་ཀྱི་སློབ་གསོའི་ཐབས་ལམ་ལ་བརྟེན་པ་ལོག་ལམ་དུ་ཞུགས་པ་མ་ཡིན་པར། འབྲེལ་ཡོད་ལས་ཁུངས་དག་གིས་དོན་འདིར་མཐོང་ཆེན་མ་བྱས་ཤིང་སྤྱོད་སྒོ་དོག་པར་བཟོས་པ་དང་། ཕ་སྐད་ཀྱི་སློབ་ཁྲིད་ཕྱུས་ཚད་ཞན་པའི་རྐྱེན་གྱིས་རེད། དོན་དུ་སློབ་གྲྭ་ཆེ་འབྲིང་དག་གིས་བོད་ཁུལ་ལ་དམིགས་གཏད་ཅིང་ཕ་སྐད་སློབ་གསོའི་ཐབས་ལམ་བརྒྱུད་ནས་རྒྱ་ཆེ་བའི་རོང་འབྲོག་ས་ཁུལ་དུ་རྨང་གཞི་སློབ་གསོ་ཁྱབ་གདལ་དུ་གཏོང་བ་དང་། ཡིག་རྨོངས་གཙང་སེལ་བྱེད་པ། རོང་འབྲོག་མང་ཚོགས་ལ་དེང་རབས་ཚན་རིག་གི་ཤེས་བྱ་སྣ་ཚོགས་མཁོ་སྤྲོད་བྱེད་པ། དམངས་ཁྲོད་ཀྱི་བསམ་བློ་སྙིང་བ་དང་ཐོན་སྐྱེད་དམ་འཚོ་བའི་ཐབས་ལམ་རྗེས་ལུས་རྣམས་རིམ་གྱིས་བཅོས་སྒྱུར་བྱེད་པ་སོགས་བོད་ཁུལ་དུ་སློབ་གསོ་སྤེལ་བའི་དམིགས་ཡུལ་གཙོ་བོར་ངེས་ཕྱིར། འདི་ལ་ཕ་སྐད་ཀྱི་སློབ་གསོ་ལས་ལྷག་པའི་ཐབས་ལམ་གཞན་གང་ཡང་ཡོད་པ་མ་ཡིན། ཡང་འགའ་ཞིག་གིས་མི་རིགས་རང་གི་སྐད་ཡིག་འབའ་ཞིག་ལ་བརྟེན་པ་ནི་སྒེར་སྡོམ་དང་མཁྲེགས་འཛིན་ཆེ་བའི་སྣང་ཚུལ་ཞིག་ཏུ་རྟོགས་ཀྱང་། དོན་དམ་དུ་མི་རིགས་རང་གི་སྐད་ཡིག་ལ་བརྟེན་ནས་སྔོན་ཐོན་གྱི་ཚན་རིག་ཤེས་བྱ་སྣ་ཚོགས་བསྡུ་ལེན་བྱེད་པ་དང་། འཛམ་གླིང་སྟེང་དུ་སྤྱོད་གོ་ཆོད་པའི་ཤེས་བྱ་ཇི་སྙེད་མི་རིགས་རང་གི་རིག་གནས་ཀྱི་སྲོག་བཅུད་དུ་བསྡུས་པ་ནི་གང་ཞིག་ཕྱི་ཕྱོགས་ལ་བློ་སྒོ་འབྱེད་ནུས་ཤིང་བག་ཡངས་གློད་བཀྲོལ་གྱི་མི་རིགས་ཤིག་ཡིན་པའི་མཚོན་བྱེད་དུ་ངེས། གལ་ཏེ་མི་རིགས་ཤིག་གིས་རང་གི་སྐད་ཡིག་ལ་བརྟེན་ནས་དེང་རབས་ཚན་རིག་རིག་གནས་སྦྱང་འདོད་ཀྱི་བསམ་འདུན་དེ་སྒེར་སྡོམ་དང་མཁྲེགས་འཛིན་ཆེ་བའི་དོན་དུ་རྟོགས་ན། དེང་དུས་འཛམ་གླིང་དུ་བག་ཡངས་གློད་བཀྲོལ་གྱི་མི་རིགས་དང་རྒྱལ་ཁབ་གང་ཡང་བསྟན་དུ་མེད་པར་འགྱུར་ངེས་ཏེ། ཚང་

མས་ཀྱང་རང་མི་རིགས་ཀྱི་སྐད་ཡིག་ལ་བརྟེན་ནས་རིག་གནས་ཕུན་སུམ་ཚོགས་པར་སྤེལ་བ་ལས་རང་སྐད་དོར་འདོད་ཀྱི་བསམ་བློ་མེད་པ་ཀུན་ལ་སྤྱི་ཚོགས་སུ་གྲུབ་ཡོད་པའི་ཕྱིར། ཡང་ཁ་ཅིག་གིས་ཕ་སྐད་ཀྱི་སློབ་ཁྲིད་བྱེད་ཐབས་ནི་སློབ་གསོའི་ཁ་ཕྱོགས་ཆེན་པོ་གསུམ་དང་འགལ་བར་བརྗོད་ཀྱང་། མཐར་གཏུགས་ན་དེའང་དོན་ལ་གནས་པ་ཞིག་མ་ཡིན་ཏེ། བོད་ལྗོངས་ཀྱི་སློབ་གསོ་དེང་རབས་ཅན་ལ་ཁ་ཕྱོགས་པ་དང་། མ་འོངས་པར་ཁ་ཕྱོགས་པ། འཛམ་གླིང་ལ་ཁ་ཕྱོགས་པ་གང་ཡིན་རུང་དེ་དག་གི་རྩ་བ་ནི་བོད་ལྗོངས་ཀྱི་རྨང་གཞི་སློབ་གསོར་ངེས་ཤིང་རང་སའི་ཐོན་སྐྱེད་ངལ་རྩོལ་གྱི་སྤུས་ཚད་དང་ནུས་ཤུགས་མཐོར་འདེགས་དགོས་པ་དང་། ཐོག་མར་རང་སའི་མི་རིགས་འཕེལ་རྒྱས་དང་སྟོབས་འབྱོར་ཅན་དུ་བསྒྱུར་བར་རྐང་འཛུགས་དགོས་ཕྱིར། ཕ་སྐད་ཀྱི་སློབ་གསོ་ནི་མི་རིགས་ཀྱི་སློབ་གསོའི་ཁ་ཕྱོགས་ཆེན་པོ་གསུམ་གྱི་མངོན་ཚུལ་བྱེ་བྲག་པ་ཞིག་དང་རྨང་གཞིར་ངེས་པ་ལས་འགལ་རྐྱེན་དུ་མི་འགྲོ་བ་མངོན་པར་གསལ་ལོ། །

དེས་ན་བོད་ལྗོངས་ཀྱི་སྐད་གཉིས་སློབ་གསོའི་ལག་ལེན་ཁྲོད་ཀྱི་བོད་རྒྱ་སྐད་གཉིས་ཀྱི་འབྲེལ་བ་ཇི་ལྟར་ཐག་བཅད་ན་འོས་ཤིང་འཚམ་པའམ་ཚད་ལྡན་ལུགས་མཐུན་དུ་སྣང་ཞེ་ན། བོད་སྐད་ཡིག་གི་སློབ་ཁྲིད་མ་ལག(10) གཙོར་བྱེད་ཅིང་རྒྱའི་སྐད་ཡིག་གི་སློབ་ཁྲིད་མ་ལག(11) རོགས་འདེགས་སུ་སྤེལ་ནས་བོད་རྒྱ་སྐད་གཉིས་ཀྱི་སློབ་ཁྲིད་མ་ལག་མཉམ་དུ་སྤྱད་ན་ཅུང་ཟད་ཚད་ལྡན་ལུགས་མཐུན་དུ་སྣང་བར་འདོད་དེ།

༡. བོད་སྐད་ཡིག་གི་སློབ་ཁྲིད་མ་ལག་གཙོར་བྱེད་པའི་རྟེན་གཞི་ལྟར་ན། བོད་སྐད་ཡིག་གི་སློབ་ཁྲིད་ནི་བོད་ལྗོངས་ཀྱི་བོད་རིགས་སློབ་མ་རྣམས་ལ་མཚོན་ན་ཕ་སྐད་ཀྱི་སློབ་ཁྲིད་དུ་ངེས་ཤིང་། ཕ་སྐད་ནི་མི་རིགས་རང་ཉིད་ཀྱིས་གསར་དུ་བསྐྲུན་ཅིང་གཞན་སྐད་དང་སྤོས་བཅས་སུ་གྲུབ་པའི་བརྡ་ཐབས་སུ་སྣང་བ་དང་། མི་རིགས་རང་གི་བསམ་གཞིག་དང་གཏིང་སེམ་པར་འབྲེལ་ཞིང་ཕྱི་དོན་ནམ་ཆོས་ཐམས་ཅད་ཇི་བཞིན་དུ་ངོས་འཛིན་བྱེད་དང་། ཐོན་སྐྱེད་དང་འཚོ་བའི་ཉམས་མྱོང་ཕན་ཚུན་ལ་བརྗེ་རེས་བྱེད་པའམ་ཡང་ན་རང་རིགས་སྐྱེ་བོ་ཀུན་གྱི་རིག་སྟོབས་སྒོག་འདོན་བྱེད་པར་ཕན་ནུས་ཆེས་ལེགས་ཤིང་། ཁྱབ་རྒྱ་ཆེས་ཡངས་པ། སྤྱོད་བདེ་དང་ངག་ཐོག་ཏུ་རྒྱུགས་ཚད་ཆེས་ཆེ་བའི་བརྡ་སྐད་འབབ་ཞིག་ཏུ་ངེས་ཕྱིར། འཛམ་གླིང་གི་མི་རིགས་ཕལ་མོ་ཆེས་ཕ་སྐད་ཀྱི་སློབ་གསོར

ཤིན་ཏུ་མཐོང་ཆེན་བྱེད་དེ། ཨུ་རུ་སིའི་སློབ་གསོ་སྨྲ་བ་ཞུ་ཧྲིན་སི་ཛུས་མི་རིགས་ཀྱི་རྩ་དོན་གཞིར་བྱས་ནས་མི་རིགས་རང་གི་སྐད་བརྡ་ནི་སློབ་ཁྲིད་ཀྱི་གནད་དུ་བཟུང་བ་དང་། ཁོང་ཉིད་ན་རེ། མི་རིགས་རང་གི་སྐད་བརྡ་ནི་འཕེལ་རྒྱས་འབྱུང་ངོ་ཚོག་གི་རྨང་གཞི་དང་ཤེས་ཡོན་སྣང་ངོ་ཚོག་གི་གཏེར་མཛོད་དུ་ངེས་ཤིང་། བྱ་དངོས་ཡོད་དོ་ཚོག་གི་ཤེས་རྟོགས་ཐམས་ཅད་ཀྱང་དེ་ཉིད་ནས་འགོ་བརྩམས་ཤིང་། དེ་རང་བརྒྱུད་ནས་བསྒྱུར་དུ་བསྒྱུན་པ་ཡིན་ཞེས་དང་། ལྷོར་པན་གྱི་སློབ་གསོ་རིག་པ་བ་ཨན་ཀུན་གྱི་ལྷང་གིས་ཕ་སྐད་དོར་ཞིང་བོར་བ་ནི་ཤེས་རིག་ཉམས་ཉེས་སུ་འགོད་པའི་ལམ་བུ་ཡིན་ཞེས་དང་། རང་རྒྱལ་གྱི་རྩོམ་རིག་པ་ཡུས་གོང་ཀྲུང་གིས་ཀྱང་། ཕྱི་སྐད་ནི་ང་ཚོས་འཛམ་གླིང་ལ་རྒྱུས་ལོན་བྱེད་ཀྱི་ཡོ་ཆས་ཁོ་ན་ཙམ་དུ་ཟད་ཅིང་། ཕ་སྐད་ནི་ད་གཟོད་ང་རང་ཚོའི་གཞི་རྩ་ཡིན་ཞེས་པའི་གསུངས་ཚུལ་སོགས་སུ་ཕ་སྐད་ལ་གཞན་སྐད་ལས་ལྷག་པའི་ཕན་ནུས་ཁྱད་པར་བ་ལྡན་ཞིང་ཀུན་ནས་ཀྱང་ཕ་སྐད་ཀྱི་སློབ་གསོ་ག་སྔོགས་སུ་འཛིན་པ་རྟོགས་ནུས། བྱེ་བྲག་བོད་ཁུལ་གྱི་མི་རིགས་སློབ་གསོར་མཚོན་ནའང་། བོད་ཀྱི་སྐད་ཡིག་གི་སློབ་ཁྲིད་མ་ལག་གཙོར་བྱེད་པའི་ཐབས་ལམ་འདི་ལ་མར་ཁེ་སི་རིང་ལུགས་ཀྱི་ལོ་རྒྱུས་དངོས་གཙོ་སྨྲ་བའི་དགོངས་དོན་གཞིར་བྱས། རང་རྒྱལ་གྱི་མི་རིགས་འདྲ་མཉམ་གྱི་སྲིད་ཇུས་དང་བཅའ་ཁྲིམས་སོགས་སུ་མི་རིགས་སྐད་ཡིག་བཀོལ་སྤྱོད་གཏོང་བར་རང་དབང་གི་ཁེ་དབང་སྤྲད་ཅིང་འགན་སྲུང་བའི་རྩ་དོན་སློབ་གསོའི་ལས་རིགས་སྟེང་དུ་ལག་བསྟར་བྱས་ཚོག་ཚོག་གི་རྒྱབ་རྩ་བརྟན་པ་དང་གཅིག བོད་རིགས་སློབ་མས་ཤེས་བྱ་ངོས་ལེན་བྱེད་པའི་སེམས་ཁམས་དང་མཐུན་ཞིང་། བོད་རིགས་བྱིས་པའི་བློ་རིག་སྟོབས་འདོན་བྱེད་པར་ཕན་ནུས་ཆེ་བ། བོད་རིགས་སློབ་མར་འཕྲོལ་འདྲིས་ཆེ་ཞིང་རྒྱུས་མངའ་བའི་ཕ་སྐད་རིག་གནས་ཀྱི་ཁོར་ཡུག་དང་མཐུན་པའི་སློབ་གསོའི་སྤྲོལ་ཐབས་སུ་ངེས་པའི་ཁྱད་ཆོས་དུ་མ་ལྡན་པས་མི་རིགས་སློབ་གསོའི་ཆོས་ཉིད་དང་མཐུན་པ་དང་གཉིས། བོད་ཁུལ་གྱི་བརྒྱ་ཆའི་གྱ་ལྔའི་བོད་རིགས་མང་ཚོགས་ལ་དམིགས་གཏད་ནས་དེ་དག་གི་ཡིག་རྗོངས་གཙང་སེལ་དང་། ཚན་རིག་རིག་གནས་ཀྱི་ཚུ་ཚད་དང་ཐོན་སྐྱེད་ནུས་ཤུགས་ཀྱི་སྤུས་ཚད་མཐོར་འདེགས་པ། ཐོན་སྐྱེད་ཀྱི་འཕེལ་བ་ལེགས་འདུམ་བྱེད་པ། རྨང་གཞི་སློབ་གསོ་ཁྱབ་གདལ་དུ་གཏོང་སླ་བ་སོགས་ཀྱི་ཕན་ནུས་ལྡན་པ་དང་གསུམ། མི་རིགས་རང་གི་རིག་གནས་སྲོལ་རྒྱུན་ཕུན་

སུམ་ཚོགས་པ་འཛིན་སྐྱོང་སྤེལ་གསུམ་བྱེད་པ་གཞིར་བྱས། དེང་རབས་སྔོན་ཐོན་མི་རིགས་ཀྱི་ཚན་རྩལ་སློབ་གསོའི་ཉིང་འབྲས་ནང་འདྲེན་སློས་པ་སྐད་ཀྱི་རིག་གནས་སློབ་གསོའི་དཔུང་ཤུགས་ཇེ་བརྟན་དང་མི་རིགས་ཀྱི་སྲོལ་རྒྱུན་རིག་གནས་སྲུང་བས་ཉིང་བཅུད་འཛོམས་ཤིང་སྲོག་རྩ་ཇེ་བརྟན་དུ་གཏོང་བར་ཕན་ཐོགས་ཆེ་བ་དང་བཞི། མི་རིགས་འདྲ་མཉམ་དང་མི་རིགས་རང་སྐྱོང་གི་འཕེལ་རྒྱས་ཀྱི་དགོས་མཁོ་དང་བསྟུན་ནས་རྒྱལ་གཅེས་དམངས་བྱམས་དང་། རང་ཆེ་རང་བཀུར་དང་། དུས་སྐལ་བརྩོན་ལེན་བྱེད་ཐོད་པའི་སྐད་གཉིས་སྨྲ་བའི་ཤེས་ལྡན་མི་སྣ་སྐྱེད་སྲིང་བྱེད་པའི་ནུས་པ་ལྡན་པ་དང་ལྔ་བཅས་ཀྱི་དགེ་མཚན་མི་ཉུང་བ་མཆིས་ཕྱིར། བོད་ཁུལ་གྱི་སྐད་གཉིས་སློབ་གསོའི་ལག་ལེན་ཁྲིད་དུ་ཡུལ་དུས་གནས་སྐབས་དང་འཚམ་པའི་སྒོ་ནས་བོད་ཀྱི་སྐད་ཡིག་གི་སློབ་ཁྲིད་མ་ལག་འཕྲུས་ཚང་དུ་སྤེལ་བ་དང་ཕ་སྐད་གཙོར་གཉེར་བའི་སྐད་གཉིས་སློབ་ཁྲིད་ཀྱི་དཔེ་གཞི་སྟར་བས་དར་སྤེལ་བྱེད་རྒྱུ་ནི་མི་རིགས་སློབ་གསོ་བྱ་བའི་རྩ་གནད་ཅིག་ཡིན་པར་སེམས་སོ། །

༢. རྒྱའི་སྐད་ཡིག་གི་སློབ་ཁྲིད་མ་ལག་རྫོགས་འདྲིགས་སུ་སྤེལ་བའི་རྒྱུ་མཚན་ལྟར་ན་གཙོ་བོ་གསུམ་དུ་ངེས་ཏེ། གཅིག་ན་དེང་དུས་རང་རྒྱལ་གྱི་སྲིད་དོན་ལམ་ལུགས་སྣ་ཚོགས་ལ་རག་ལས་པ་སྟེ། རང་རྒྱལ་དུ་རྒྱལ་ནང་གི་ཆབ་སྲིད་དང་། དཔལ་འབྱོར། རིག་གནས་ཚད་མཐོ་བར་གཅིག་གྱུར་བྱེད་པའི་སྲིད་ཇུས་བཟོས་ཤིང་། བཅོས་སྒྱུར་སྒོ་འབྱེད་དང་ནུབ་ཁུལ་གསར་སྤེལ་གྱི་ཐབས་ཇུས་སྤེལ་བ་དང་། བོད་སྐྱོར་ལས་བྱེད་ཀྱི་འཆར་འགོད་སྣ་ཚོགས་བཟོས་པ། སློབ་གསོ་དེང་རབས་ཅན་ལ་ཁ་ཕྱོགས་པ་དང་། འཛམ་གླིང་ལ་ཁ་ཕྱོགས་པ། འབྱུང་འགྱུར་ལ་ཁ་ཕྱོགས་པའི་ལམ་ལུགས་སྤེལ་བ། ཁྲིམས་སྲོལ་དུ་རྒྱའི་སྐད་ཡིག་ནི་རྒྱལ་ནང་གི་མི་རིགས་ཕན་ཚུན་བར་འབྲེལ་འདྲིས་བཅའ་བྱེད་ཀྱི་རིགས་འབྲེལ་གྱི་སྤྱི་སྐད་དམ་རྒྱལ་ཡོངས་ཀྱི་སྲིད་དོན་སྟེང་སྤྱོད་སྒོ་ཡངས་པའི་རྒྱལ་སྐད་དམ་སྤྱི་སྤྱོད་ཀྱི་བརྡ་སྐད་དུ་གཏན་ཁེལ་བྱས་པའི་ཁ་ཕྱོགས་ཆེན་པོའི་དབང་དུ་གྱུར་བ་དང་། གཉིས་སུ་ན་བོད་ཁུལ་དུ་འབྱུར་མི་གནས་སྤྱོར་རམ་མི་འབོར་ནང་འདྲེན་བྱས་ཤིང་མི་རིགས་ཕན་ཚུན་འདྲིས་སྦྱོད་དང་གཉེན་སྡེབ་སྐབ་མཐུན་དུ་གྱུར་པའི་སྣང་ཚུལ་ཆེས་ཆེར་འཕེལ་བ་དང་། འགྲིམ་འགྲུལ་མཁའ་སྐྱོད་ཀྱི་མཐུན་རྐྱེན་ཇེ་ལེགས་སུ་བསྒྱུར་བ་གཞིར་བྱས་ནང་ས་དང་ཕྱི་ཕྱོགས་སུ་སྲིད་དོན་ཚོང་འགྲུལ་གྱི་འབྲེལ་བ་དང་རིག་གནས་འབྲེལ་

འདྲིས་ཀྱི་འཁོས་ཀ་ཛེ་ཆེར་གྱུར་ཅིང་གནས་སྐོར་ལྟོངས་རྒྱུའི་བྱ་བ་ཡར་ལྡན་དུ་མཆིས་པ་སོགས་དེང་རབས་བོད་ཁུལ་གྱི་སྤྱི་ཚོགས་རིག་གནས་ཀྱི་ཁོར་ཡུག་ལ་འཕོ་འགྱུར་ཆེན་པོ་བྱུང་བ་དང་། གསུམ་ན་དེང་རབས་བོད་ཁུལ་གྱི་སྲིད་དོན་དཔལ་འབྱོར་གྱི་འཛུགས་སྐྲུན་ཐད་ལ་སློབ་གསོའི་སྒྲིག་གཞིའམ་བྱེད་ནུས་སྣ་འཛོམས་ཅན་ལ་བརྟེན་ནས་སྐྱེད་སྲིང་བྱས་པའི་སྐད་གཉིས་སྨྲ་བའི་ཤེས་ལྡན་མི་སྣ་འབོར་ཆེན་དགོས་མཁོ་ཆེ་ཤིང་སྤྱོད་སྒོ་ཡངས་པའི་ཕྱིར་ན། བོད་ཁུལ་གྱི་མི་རིགས་སློབ་གསོའི་འགན་ནུས་དང་ཁྱབ་ཁོངས་སུའང་རང་སྐད་ཀྱི་སློབ་ཁྲིད་མ་ལག་གཙོར་བྱེད་པའི་ཞར་ལ་རྒྱའི་སྐད་ཡིག་གི་སློབ་ཁྲིད་མ་ལག་གཞོགས་འདེགས་སུ་སྤེལ་རྒྱུ་ཤིན་ཏུ་གལ་ཆེ་བར་འདུག་གོ །

མདོར་ན་བོད་ཁུལ་གྱི་སྐད་གཉིས་སློབ་གསོའི་ལམ་ལུགས་སམ་དཔེ་གཞི་ཚད་ལྡན་དུ་འགོད་པ་ལ་སྐད་གཉིས་སློབ་ཁྲིད་ཁྲོད་དུ་བོད་རྒྱ་སྐད་གཉིས་ཀྱི་འབྲེལ་བ་ཚད་ལྡན་དུ་འགོད་པའང་ཤིན་ཏུ་གཅེས་དགོས་ལ། དེ་ཡང་གཙོ་བོ་དེང་རབས་བོད་ཁུལ་གྱི་མི་རིགས་གཙོ་བོའི་སྤྱི་ཚོགས་ཀྱི་དོན་དངོས་ཏེ་བོད་རིགས་ཀྱི་བློ་སེམས་བསམ་འདུན་དང་། རིག་གནས་སྲོལ་རྒྱུན། དེང་རབས་སྤྱི་ཚོགས་ཀྱི་རིག་གནས་ཁོར་ཡུག མི་རིགས་སློབ་གསོའི་འཕེལ་འགྱུར་གྱི་ཆོས་ཉིད་དང་ཁ་ཕྱོགས་ལ་བསྟུན་དགོས་པ་དང་། བོད་རྒྱ་སྐད་གཉིས་བར་གྱི་འབྲེལ་བ་ནི་གཙོ་ཕལ་དང་ཕན་ཚུན་གཞོགས་འདེགས་ཀྱི་ཚུལ་དུ་སྣང་བས་ན། བོད་ཁུལ་གྱི་སྐད་གཉིས་སློབ་གསོའི་ལག་ལེན་ཁྲོད་དུ་བོད་ཀྱི་སྐད་ཡིག་གི་སློབ་ཁྲིད་མ་ལག་གཙོར་བྱེད་ཅིང་རྒྱའི་སྐད་ཡིག་གི་སློབ་ཁྲིད་མ་ལག་རོགས་འདེགས་སུ་སྤེལ་ནས་བོད་རྒྱ་སྐད་གཉིས་ཀྱི་སློབ་ཁྲིད་མ་ལག་མཉམ་དུ་སྤྱོད་རྒྱུ་ནི་བོད་ཁུལ་གྱི་མི་རིགས་སློབ་གསོའི་དོན་དངོས་དང་མཐུན་པའི་སློབ་ཁྲིད་ལམ་ལུགས་ཀྱི་འདེམ་ག་ཚད་ལྡན་ཞིག་ཡིན་པར་འདོད་དོ། །

གསུམ། སློབ་སྦྱུབ་ཀྱི་ཆ་རྐྱེན་ཚད་ལྡན་དུ་འགོད་པ།

བོད་ཁུལ་གྱི་སྐད་གཉིས་སློབ་གསོའི་ལམ་ལུགས་སམ་དཔེ་གཞི་ཚད་ལྡན་དུ་འགོད་པ་ལ་སློབ་སྦྱུབ་ཀྱི་ཆ་རྐྱེན་མི་ལེགས་པའི་འགལ་རྐྱེན་ཀྱང་ཅི་རིགས་ཐེབས་སྲིད་པས། འགལ་རྐྱེན་དེ་དག་སེལ་ནས་སྐད་གཉིས་སློབ་གསོའི་ལམ་ལུགས་སམ་དཔེ་གཞི་ཚད་ལྡན་

ཏུ་དགོད་དགོས་ན། སྐད་གཉིས་སློབ་ཁྲིད་ཀྱི་དགེ་རྒན་གྱི་ཆ་རྐྱེན་དང་། བསླབ་དེབ་ཀྱི་ཆ་རྐྱེན། ཁོར་ཡུག་གློག་ཆས་སོགས་སློབ་སྦྱོང་གི་ཆ་རྐྱེན་རྣམས་ཚད་ལྡན་དུ་གཏོང་བའང་སྔོན་འགྲོའི་ཆ་རྐྱེན་ཕུ་ངེས་ཏེ།

༧. མིག་སྔར་བོད་ལྗོངས་ཀྱི་སྐད་གཉིས་སློབ་ཁྲིད་ཀྱི་དགེ་རྒན་གྱི་ཆ་རྐྱེན་ཚད་ལྡན་དུ་དགོད་རྒྱུ་ནི་ཁ་ཚ་དུས་གཏུགས་ཀྱི་ལས་དོན་གལ་ཆེན་ཞིག་ཡིན་ཏེ། 《མི་རིགས་དགེ་འོས་སློབ་གྲྭའི་ནང་གི་རྒྱ་བོད་སྐད་གཉིས་སྦྱོད་པའི་སློབ་ཁྲིད་སྐོར་རགས་ཙམ་གླེང་བ》ལས། ང་ཚོའི་སྐད་གཉིས་སྦྱོད་པའི་དགེ་རྒན་མི་ཤུང་བ་ཞིག་ལ་མཚོན་ན། ཁོང་ཚོ་ཆུང་དུས་ནས་བོད་ཡིག་གི་ཁོར་ཡུག་ཏུ་གནས་པ་དང་སློབ་གྲྭ་ཆུང་འབྲིང་སྐབས་སུ་བོད་ཡིག་གཙོ་བོར་བསླབས་ཤིང་། མཐོ་རིམ་སློབ་གྲྭའི་སྐབས་སུ་མི་རིགས་སློབ་གྲྭ་འགྲིམས་པ་ཡིན་པས། ཁོང་ཚོར་བོད་ཡིག་གི་རྨང་གཞི་ཅུང་ཟད་ཡག་པོ་ཡོད་ཀྱང་། རྒྱ་ཡིག་དང་ཆེད་ལས་ཀྱི་ཡོན་ཚད་ཅུང་ཟད་ཞན་པས་དེ་ཚོར་རྒྱ་ཡིག་དང་ཆེད་ལས་ཕྱོགས་ཀྱི་ཟབ་སྦྱོང་ལ་ཤུགས་སྣོན་རྒྱག་དགོས[12]ཞེས་དང་། སྐད་གཉིས་སྦྱོད་པའི་དགེ་རྒན་ཁ་ཤས་ལ་མཚོན་ན། རྒྱ་ཡིག་དང་ཆེད་ལས་ཀྱི་ཆུ་ཚད་ཅུང་ཟད་མཐོན་པོ་ཡོད་ནའང་བོད་ཡིག་གི་ཆུ་ཚད་ཅུང་ཟད་ཞན་པས། དེ་ཚོས་ཚད་མཐུན་གྱི་སྐད་གཉིས་སྦྱོད་པའི་དགེ་རྒན་གྱི་ནུས་པ་ཡག་པོ་འདོན་དགོས་ན། སློབ་གྲྭའི་དོ་དམ་ཚན་ཁག་གིས་འཆར་གཞི་ཡོད་པ་དང་དམིགས་ཡུལ་ཡོད་པའི་སྒོ་ནས་དེ་ཚོ་མི་རིགས་སློབ་གྲྭ་ཆེན་མོའི་བོད་ཡིག་ཆེད་ལས་སྡེ་ཁག་ཏུ་མངགས་ཏེ་ཤུང་མཐའ་ཡང་ལོ་གཉིས་རིང་ལ་ཆེད་དུ་བོད་ཡིག་སློབ་སྦྱོང་བྱེད་དུ་འཇུག་དགོས[13]ཞེས་དང་། ཡང་སྐད་གཉིས་སྦྱོད་པའི་དགེ་རྒན་ཁ་ཤས་ལ་མཚོན་ན། རྩིས་དངོས་རྫས་གསུམ་སོགས་ཆེད་ལས་ཀྱི་ཡོན་ཚད་ཅུང་ཟད་བཟང་ནའང་། རྒྱ་ཡིག་དང་བོད་ཡིག་གི་ཆུ་ཚད་དེ་འདྲ་ཡག་པོ་མེད་པའི་དབང་གིས་སློབ་ཚན་གྱི་ནང་དོན་དེ་རིག་པས་དཔྱད་མཐའ་ཐུག་པ་ཞིག་ཡོང་དཀའ་བ་རེད། དེ་རིགས་ལ་ཐབས་ཤེས་ཅོས་འཚམ་སྤྱད་དེ་རྒྱ་ཡིག་དང་བོད་ཡིག་གི་ཆུ་ཚད་གང་མགྱོགས་ཀྱིས་མཐོར་འདེགས་ཡོང་བ་བྱེད་དགོས[14]ཞེས་བསྟན་པ་དང་། 《བདེ་ཆེན་བོད་རྒྱ་སྐད་གཉིས་ཀྱི་སློབ་གསོའི་རྟོག་དཔྱོད་དང་བསམ་གཞིག》དང་། 《སི་ཁྲོན་བོད་ལྗོངས་ཀྱི་བོད་རྒྱ་སྐད་གཉིས་ཀྱི་སློབ་གསོ་དང་སློབ་ཁྲིད་འཕེལ་རྒྱས་ཀྱི་གནས་ཚུལ》《མཚོ་སྔོན་གྱི་བོད་རྒྱ་སྐད་གཉིས་ཀྱི་སློབ་ཁྲིད་ལ་རྟོག་དཔྱོད་བྱས་པའི་སྐབས་

ཞུ》 སོགས་སུ་འང་། མིག་སྔར་བོད་ཁུལ་གྱི་སྐད་གཉིས་སློབ་གསོའི་ལག་ལེན་ཁྲོད་དུ་སྐད་གཉིས་དགེ་རྒན་གྱི་གྲངས་ཀ་ཉུང་ཞིང་དཔུང་ཁག་གཏན་འཛུགས་མེད་པ་དང་། ཚེད་ལས་ཀྱི་སྒྲིག་གཞི་འོས་འཚམ་དང་ཡོད་སྙོམ་མེད་པ། བསླབ་གནས་དམའ་ཞིང་སྤུས་ཚད་ཞན་པ་སོགས་དགེ་རྒན་གྱི་ཆ་རྐྱེན་ཚད་ལྡན་མེད་པའི་གནད་དོན་ཚབས་ཆེ་བར་བརྟོན་པས་ན། འདི་དག་ཚད་ལྡན་དུ་འགོད་པ་ལ་གཅིག་ན་སྲིད་གཞུང་གིས་འཆར་གཞི་ཡོད་ཅིང་འགྲོས་རིམ་ལྡན་ལ་མ་དངུལ་ཆེར་གཏོང་གིས་སྐད་གཉིས་དགེ་རྒན་གྱི་ཟབ་སྦྱོང་དང་སྐྱེད་སྲིང་གི་ལས་གཞི་ག་སྒོམས་སུ་བཟུང་ནས་ཕོ་རང་ཚོའི་ཚེད་ལས་དང་སྐད་གཉིས་ཀྱི་ཆུ་ཚད་མཐོར་འདེགས་པ་དང་། གཉིས་ན་སློབ་གྲྭ་མཐོ་དམན་དང་བཟང་ངན་བར་ལ་དགེ་རྒན་མངག་རེས་དང་ཁ་གཏད་ཀྱིས་རོགས་འདེགས་བྱེད་པའམ་ཉམས་མྱོང་བརྗེ་རེས་བྱེད་པའི་ཐབས་ལམ་ལ་བརྟེན་ནས་སློབ་ཁྲིད་ཀྱི་སྤུས་ཚད་མཐོར་འདེགས་པ། གསུམ་ན་དགེ་རྒན་མེད་པའམ་མི་འདང་བའི་ཆེད་ལས་དེ་དག་ལ་ཆེད་མངག་གིས་དགེ་རྒན་སྐྱེད་སྲིང་བྱེད་པའམ་རྒྱུགས་ཚད་ངེས་ཅན་ལ་བརྟེན་ནས་དགེ་རྒན་འཚོལ་སྡུད་བྱེད་པ། བཞི་ན་སྐད་གཉིས་དགེ་རྒན་ཡོངས་ལ་དགེ་ཐོན་སློབ་གྲྭ་ཆེན་མོ་བ་ཡན་ཆད་ཀྱི་སྐད་གཉིས་ཀྱི་ཡོན་ཚད་དང་ཚེད་ལས་ཀྱི་ཆུ་ཚད་ལྡན་པར་རྒྱུགས་ཚད་འགོད་པའམ་བླང་བྱ་ནན་མོ་འདོན་པ། ལྔ་ན་སྐད་གཉིས་དགེ་རྒན་གྱི་འཚོ་བའི་མཐུན་རྐྱེན་དང་བྱ་བའི་ཆ་རྐྱེན་ལེགས་བཅོས་བྱེད་པ་བཅས་ལ་ཧུར་ཐག་འབད་བརྩོན་བྱ་དགོས་པར་འདོད་དོ། །

༢. སྐད་གཉིས་སློབ་གསོའི་དཔེ་གཞི་ཚད་ལྡན་དུ་འགོད་པ་ལ་བསླབ་དེབ་ཀྱི་ཆ་རྐྱེན་ཀྱང་ཚད་ལྡན་དུ་དགོད་དགོས་ཏེ། མིག་སྔར་བོད་ཁུལ་གྱི་སྐད་གཉིས་སློབ་ཁྲིད་ཀྱི་བསླབ་དེབ་ལྟར་ན། མཉམ་སྒྲིག་བྱས་པའི་བསླབ་དེབ་ཁག་ཅིག་གི་ནང་དོན་བོད་རིགས་སློབ་མའི་འཚོ་བ་དངོས་དང་ཁ་བྲལ་བ(15) དང་། ཞིང་ཆེན་དང་ལྗོངས་ལྔའི་བོད་ཡིག་གི་བསླབ་དེབ་ནང་བསྒྱུར་རྩོམ་མང་ཞིང་སྲོལ་རྒྱུན་རིག་གནས་སྐོར་གྱི་ཤེས་བྱ་ཉུང་བ། རྩིས་ཚན་སྐོར་གྱི་བོད་ཡིག་བསླབ་དེབ་ནང་ལོ་ཙཱའི་བརྡ་ཆད་གཅིག་གྱུར་མེད་པ་དང་། སློབ་གྲྭ་ཆུང་འབྲིང་གི་རྩིས་རིག་གི་བསླབ་དེབ་ནང་འགྱུར་སྐྱོན་མང་བ། རྩིས་དངོས་རྫས་གསུམ་དང་། ས་རྒྱུས། བསམ་བློ་ཀུན་སྤྱོད་བཅས་ཀྱི་བསླབ་དེབ་བསྒྱུར་མའི་འགྱུར་ཚིག་ཁ་ཤས་ཚིག་སྦྱོར་མི་བདེ་ཞིང་དོན་རྟོགས་དཀའ་བ།(16) བོད་ཡིག་ཏུ་སྒྱུར་སྒྲིག་བྱས་པའི་རིག་ཚན་

སོ་སོའི་བསླབ་དེབ་འཐུས་མི་ཚང་ཞིང་བསླབ་དེབ་ཀྱི་མ་ལག་ཆ་ཚང་མིན་པ། བསླབ་གཞིའི་ནང་དོན་འོས་འཚམ་མིན་ཞིང་དུས་བབ་ཀྱི་དགོས་མཁོ་དང་མི་འཚམ་པ[17]སོགས་ཚད་ལྡན་མིན་པའི་གནད་དོན་མང་ཕྱིར། ང་ཚོས་བསླབ་དེབ་རྩོམ་སྒྲིག་གི་བརྒྱུད་རིམ་ཁྲོད་དུ་མི་རིགས་ཀྱི་སྲོལ་རྒྱུན་རིག་གནས་དང་དེང་རབས་ཀྱི་ཤེས་བྱ་ཟུང་འབྲེལ་བྱེད་པ་དང་། དེང་རབས་སློབ་གསོའི་ཁ་ཕྱོགས་དང་མི་རིགས་སློབ་གསོའི་ཆོས་ཉིད་དང་བསྟུན་ཅི་ཐུབ་ཀྱིས་བསླབ་དེབ་ཀྱི་ནང་དོན་སློབ་མའི་ཁྱོན་ཡོངས་ཀྱི་ནུས་པ་དང་འཛིན་ཐང་སྐྱེད་སྲིང་བྱེད་པར་འཚམ་ཞིང་སྤྱི་ཚོགས་ཀྱི་སྤྱོད་སྒོའམ་དངོས་ཕན་རང་བཞིན་དང་འཚམ་པར་སྤེལ་བ། བོད་ཁུལ་གྱི་སློབ་གསོའི་དགོས་མཁོ་དང་། སློབ་ཁྲིད་ཀྱི་ཐུས་ཚད། སློབ་མའི་རྨང་གཞི་བཅས་ལ་ཁྱོན་ཡོངས་ནས་དམིགས་ཏེ་བསླབ་དེབ་ཀྱི་ནང་དོན་དང་། སྒྲིག་སྟངས། ཚིག་སྦྱོར་བརྗ་ཆད་སོགས་འོས་འཚམ་ཚད་མཐུན་དང་ཡང་དག་གཅིག་གྱུར་འོང་བར་བྱེད་པ་ལས་རྩོད་གཞི་ཅན་གྱི་ནང་དོན་དང་བརྗ་ཆད་སོགས་འགལ་ཟླའི་ཕུང་དཀྲུག་ཏུ་མི་སྤེལ་བ། སློབ་ཁྲིད་ཀྱི་དགོས་མཁོ་དང་ཐུས་ཚད་མཐོར་འདེགས་པར་དམིགས་ནས་འཕྲུལ་སྒྱུར་གྱིས་བསླབ་རིམ་སོ་སོའི་བསླབ་བྱ་རིག་གཞུང་ཚན་ཁག་སོ་སོའི་བསླབ་དེབ་དང་། སློབ་ཁྲིད་ཀྱི་རྩ་གནད། ཟུར་ལྟའི་དཔྱད་གཞི། སྦྱོང་བྱའི་ལྷན་ཐབས་སོགས་འཐུས་ཚང་དང་ཐུས་ལེགས་སུ་སྤེལ་བ། བསླབ་གཞི་རྩོམ་སྒྲིག་གི་དགོས་མཁོ་དང་ཐུས་ཚད་ལ་ཁག་ཐེག་འབྱུང་བར་དམིགས་ནས་སྔར་ཡོད་བསླབ་དེབ་རྩོམ་སྒྲིག་གི་ལས་ཁུངས་དང་། རྩོམ་སྒྲིག་མི་སྣ། ཞིབ་བཤེར་ཨུ་ཡོན་ལ་ཤུགས་སྣོན་དང་སྔར་བས་རྒྱ་བསྐྱེད་དགོས་པ་ལས་གཞན་ད་དུང་སྐད་གཉིས་སློབ་གསོའི་ཆོད་ལྟ་དང་རིགས་གཞུང་ཞིབ་འཇུག་ཆེད་དུ་གཉེར་བའི་ཚན་ཁག་གསར་དུ་འཛུགས་པ་དང་། བསླབ་གཞི་འཛུགས་སྐྲུན་ཐད་ཕྱར་བས་མ་དངུལ་ཇེ་མང་དུ་བཏང་ནས་བསླབ་དེབ་རྩོམ་སྒྲིག་གི་བྱ་བ་ཕྱར་ལས་ཚད་ལྡན་དང་ཐུས་ཚད་ཕྱར་ལས་ཇེ་མཐོར་གཏོང་བར་ཤུགས་སྣོན་དགོས་ལ། ལས་འདི་རྣམས་ལེགས་འགྲུབ་འབྱུང་བར་གོང་འོག་སློབ་གསོ་དམ་པ་དང་སློབ་དཔྱོད་མི་སྣ་ཡོངས་ཀྱིས་རྩེ་གཅིག་ཏུ་གཞོལ་ན། ད་གཟོད་སྐད་གཉིས་སློབ་ཁྲིད་ཀྱི་དཔེ་གཞི་ཚད་ལྡན་དུ་འགོད་པ་ལ་བསླབ་དེབ་ཀྱི་མཐུན་རྐྱེན་ལེགས་པོ་འཛོམ་པར་ནུས་སོ། །

༣. སྐད་གཉིས་སློབ་གསོའི་ལམ་ལུགས་སམ་སློབ་ཁྲིད་ཀྱི་དཔེ་གཞི་ཚད་ལྡན་དུ་

འགོད་པ་ལ་སློབ་ཁྲིད་ཀྱི་ཁོར་ཡུག་སྒྲིག་ཆས་སོགས་ཀྱང་ཚད་ལྡན་དུ་དགོད་དགོས་ཏེ། བོད་ཁུལ་ནི་ས་ཁྱོན་ཡངས་ལ་མི་གྲངས་ཉུང་ཞིང་ཐོར་སྡོད་ཀྱི་སྣང་ཚུལ་ཆེར་གྲུབ་པ་དང་། རང་བྱུང་ཁོར་ཡུག་གི་ཆ་རྐྱེན་སོགས་ལྟོས་བཅས་སུ་ཞན་པ། སློབ་གྲྭའི་ཁྱབ་སྟངས་མི་སྙོམས་པ། ཆ་འཕྲིན་ལ་བཀག་རྒྱ་ཆེ་བ་སོགས་ཀྱི་དབང་གིས་རྨང་གཞི་སློབ་གསོ་དང་འོས་འགན་སློབ་གསོ་ཁྱབ་གདལ་དུ་ཕྱིན་པ་དལ་བ་དང་། སྔོས་སུ་སྐད་གཉིས་སློབ་གསོའི་སྤྱི་ཚོགས་ཁོར་ཡུག་ཞན་ཚོད་དུ་འདུག་པའི་རྐྱེན་གྱིས་བོད་རིགས་སློབ་མས་སྐད་གཉིས་དང་གཞན་སྐད་ཀྱི་སློབ་སྦྱོང་དང་ནང་བྱན་ཚད་ཚད་ལ་ཤུགས་རྐྱེན་མི་ལེགས་པ་ཐེབས་ཀྱིན་ཡོད། འགལ་རྐྱེན་འདི་དག་སེལ་བར་བྱེད་པ་ལ་དེང་རབས་གློག་ཆས་རིག་གནས་ཀྱི་ཁོར་ཡུག་ལེགས་པར་བསྐྲུན་དགོས་པ་མ་ཟད། གློག་ཆས་སློབ་ཁྲིད་ཀྱི་ཐབས་ལམ་གསར་དུ་སྤེལ་བ་ཤིན་ཏུ་གལ་ཆེ་ཕྱིར། ཉེ་སྔོན་རྒྱལ་སྲིད་སྤྱི་ཁྱབ་ཁང་གི་བོད་སྐྱོར་ཚོགས་འདུ་ཐེངས་གཉིས་པའི་སྐབས་སུ་བོད་ལྗོངས་ཀྱི་གློག་ཆས་སློབ་གསོ་དར་སྤེལ་དུ་གཏོང་བའི་ཐད་སྐོར་ས་ཡ་ལྔ་བཏོན་ནས་ཇོང་སོ་སོར་བརྙན་འཕྲིན་འཁོར་སྐར་གྱི་སྟུད་ལེན་ས་ཚུགས་བཙུགས་པ[18] དང་། ས་རྗེས་སུ་མདོ་ཁམས་ཀྱི་ཕྱོགས་སུའང་བརྙན་འཕྲིན་རྒྱང་སྒྲིག་གི་ལས་དོན་རྒྱ་ཆེར་སྤེལ་བ་འདིས་ཀྱང་བོད་ཁུལ་གྱི་གློག་ཆས་སློབ་ཁྲིད་ཐད་ལ་ཆ་རྐྱེན་ལེགས་པར་བསྐྲུན། དེ་ལྟ་ནའང་འདི་ཙམ་གྱིས་ད་དུང་བོད་ཁུལ་གྱི་སློབ་གསོའི་དགོས་མཁོ་ཇི་བཞིན་སྐོང་ཐུབ་ཀྱིན་མེད་སྟབས། འབྱུང་འགྱུར་མ་མཐའ་ཡང་གཞམ་གྱི་ཕྱོགས་ལྟ་ལ་ཤུགས་སྣོན་བརྒྱབ་ཏེ་ཚད་ལྡན་དུ་གཏོང་དགོས་པར་འདོད་དོ།

（༧）བོད་ཁུལ་གྱི་སྐད་གཉིས་སློབ་གསོའི་ཐད་པ་སྐད་ཀྱི་རིག་གནས་སྲོལ་རྒྱུན་དང་འབྲེལ་བའི་གློག་བརྙན་འཕྲིན་དང་རྒྱང་སྒྲིག་གི་ལེ་ཚན་དང་། དྲ་ཚིགས་དང་སྨྱན་མང་གཟུགས་ཆས་ཀྱི་སློབ་ཁྲིད་བྱེད་ཐབས་སོགས་རིན་མེད་གསར་གཏོད་དང་རིན་ཡོད་བསྟུད་མུར་འཕྲུས་ཚང་དང་ཚད་ལྡན་དུ་སྤེལ་བ་དང་། རྒྱ་སྐད་དང་དབྱི་ཡིག་གི་གློག་ཆས་སློབ་གསོའི་རྒྱུ་ཆ་ཚད་ལྡན་རྣམས་བསྟུད་མུར་ནང་འདྲེན་དང་བེད་སྤྱོད་གང་ལེགས་བྱེད་པའོ། །

（༣）བོད་ཁུལ་གྱི་སློབ་གྲྭ་ཆེ་འབྲིང་ཆུང་གསུམ་གྱི་སྐད་གཉིས་སློབ་གསོར་འཚམ་པའི་མཉེན་ཆས་བཟོ་སྐྲུན་བྱེད་པར་ཤུགས་སྣོན་བརྒྱབ་ཏེ་རིག་གཞུང་སྣ་ཚོགས་ཀྱི་བསླབ

གཞིའི་ནང་དོན་ལ་གཞོགས་འདེགས་བྱེད་པའི་རྒྱུ་ཆ་འཐུས་ཚང་དང་ཚད་ལྡན་དུ་སྤེལ་བའོ། །

(༣) ཟབ་སྦྱོང་དང་ཟུར་ཁྲིད་ཀྱི་ཐབས་ལམ་ལ་བརྟེན་ནས་སྐད་གཉིས་དགེ་རྒན་དང་གློག་ཆས་སློབ་གསོ་མི་སྣའི་དེང་རབས་གློག་ཆས་སློབ་ཁྲིད་ཀྱི་ལག་རྩལ་དང་ཐབས་ལམ་ངོས་ལེན་དང་སློབ་སྦྱོང་བྱེད་པའི་ནུས་པ་དང་ཆུ་ཚད་མཐོར་འདེགས་པའོ། །

(༤) གློག་ཆས་སློབ་གསོ་དང་འབྲེལ་ཡོད་ཀྱི་རིག་གནས་ཁོར་ཡུག་དང་སློབ་ཁྲིད་སྒྲིག་ཆས་སོགས་གསར་དུ་འདོན་སྤེལ་དང་། འཐུས་སྒོ་ཇེ་ཚང་། ཚད་ལྡན་དུ་གཏོང་བར་བརྩོན་ཞིབ་བྱེད་པའོ། །

(༥) བོད་ལྗོངས་ཀྱི་གློག་ཆས་སློབ་གསོ་སྤར་བས་འཕེལ་རྒྱས་སུ་གཏོང་བ་ལ་སྲིད་གཞུང་གིས་བསྟུད་མུར་མ་དངུལ་ཆེས་ཆེར་བཏང་ནས་རྨང་གཞི་སྒྲིག་ཆས་སྐོར་གྱི་ཆ་རྐྱེན་ཇེ་ལེགས་དང་ཚད་ལྡན་དུ་དགོད་པར་བྱ་བ་བཅས་སོ། །

ཟུར་མཆན།

(1) ལིས་ཧྲུའུ་ཀྲོང་གིས་བརྩམས་ཤིང《ཞིན་ཅང་སློབ་གསོ་སློབ་གླིང་གི་རིག་གཞུང་དུས་དེབ》༢༠༠༨ལོའི་དེབ་དང་ [J] པོའི་སྟེང་བཀོད་པའི《ཀྲུང་གོའི་གྲངས་ཉུང་མི་རིགས་ཀྱི་སྐད་གཉིས་སློབ་གསོའི་ལོ་རྒྱུས་ཀྱི་འཕེལ་རིམ་སྤྱིར་བཤད་པ》[J]ཞེས་པར་གསལ།

(2) ༡༩༩༥ལོར་བཀྲམ་པའི《ཀྲུང་ཧྭ་མི་དམངས་སྤྱི་མཐུན་རྒྱལ་ཁབ་ཀྱི་སློབ་གསོའི་བཅའ་ཁྲིམས》[M]ཀྱི་ཚན་པ་བཅུ་གཉིས་ནང་གསལ།

(3) ལྷ་ཧྲུང་གིས་བརྩམས་ཤིང《མི་རིགས་སྤྱི་ཚོགས་རིག་པའི་འཕྲིན་གསར》 དེབ་གྲངས༧༧པའི་སྟེང་བཀོད་པའི《བོད་ལྗོངས་ཀྱི་སྤྱི་ཚོགས་འཕེལ་རྒྱས་དང་སྐད་གཉིས་སློབ་གསོ》 [J] ཞེས་པར་གསལ།

(4) ཧེ་ཙོན་ཧྲུང་གིས་བརྩམས་ཤིང་ཀྲུང་དབྱང་མི་རིགས་སློབ་གྲྭ་ཆེན་མོའི་དཔེ་སྐྲུན་ཁང་གིས༡༩༩༨ལོར་པར་དུ་བསྐྲུན་པའི《ཀྲུང་གོའི་གྲངས་ཉུང་མི་རིགས་ཀྱི་སྐད་གཉིས་ཀྱི་ལོ་རྒྱུས་དང་ད་ལྟའི་གནས་བབ་ལ་དཔྱད་པ》[M]ཞེས་པའི་ཤོག་ངོས༡༦༣སྟེང་གསལ།

(5) ༢༠༡༠ལོར་བྲ་ངོས་སུ་བཀོད་པའི《སི་ཁྲོན་བོད་ལྗོངས་ཀྱི་བོད་རྒྱ་སྐད་གཉིས་ཀྱི་སློབ་གསོ་དང་སློབ་ཁྲིད་ཀྱི་འཕེལ་རྒྱས་གནས་ཚུལ》[J]ཞེས་པར་གསལ།

(6) ༢༠༡༠ལོར་དྲ་ངོས་སུ་བཀོད་པའི《བདེ་ཆེན་གྱི་བོད་རྒྱ་སྐད་གཉིས་སློབ་གསོའི་རྟོག་དཔྱོད་དང་བསམ་གཞིག》[J]ཞེས་པར་གསལ།

(7) ཆོས་ཅན་ཡེའུ་ཡིས་བརྩམས་ཤིང《མཚོ་སྔོན་མི་རིགས་ཞིབ་འཇུག》༢༠༠༣ལོའི་དེབ་གཉིས་པར་བཀོད་པའི《གྲངས་ཉུང་མི་རིགས་ཀྱི་སྐད་གཉིས་སློབ་ཁྲིད་ཀྱི་ད་ལྟའི་གནས་བབ་དང་འཕེལ་ཕྱོགས》[J]ཞེས་པར་གསལ།

(8) ཆུའུ་ཨད་ཐང་དང་ཅིན་སུང་གཉིས་ཀྱིས་བརྩམས་ཤིང་ཀྲུང་གོའི་བོད་རིག་པ་དཔེ་སྐྲུན་ཁང་གིས༢༠༠༠ལོར་པར་དུ་བསྐྲུན་པའི《རྒྱ་བོད་སྐད་བརྡའི་ཞིབ་འཇུག་གི་གཞུང་ལུགས་དང་ཐབས་ལམ》[M]ཞེས་པའི་ཤོག་ངོས༢༣སྟེང་གསལ།

(9) ལིའུ་ལིང་དང་ཧྲང་གྲི་ཞན་གཉིས་ཀྱིས་གཙོ་སྒྲིག་བྱས་ཤིང་པེ་ཅིན་དགེ་ཐོན་སློབ་གྲྭ་ཆེན་མོའི་དཔེ་སྐྲུན་ཁང་གིས༡༩༨༧ལོར་པར་དུ་བསྐྲུན་པའི《སྐད་བརྡ་རིག་པའི་རྩ་གནད》[M]ཅེས་པའི་ཤོག་ངོས༢༧༩སྟེང་གསལ།

(10) རྒྱ་ཡིག་དང་ཕྱི་ཡིག་གཉིས་ལས་གཞན་པའི་བསླབ་ཚན་ཡོངས་བོད་ཀྱི་སྐད་ཡིག་གི་ཁྲིད་ཐབས་ལ་བརྟེན་པ།

(11) བོད་ཡིག་དང་ཕྱི་ཡིག་གཉིས་ལས་གཞན་པའི་བསླབ་ཚན་ཡོངས་རྒྱའི་སྐད་ཡིག་གི་ཁྲིད་ཐབས་ལ་བརྟེན་པ།

(12)《ཀྲུང་གོའི་བོད་རིག་པ》༢༠༠༨ལོའི་དེབ་གསུམ་པའི་ཤོག་ངོས༩༢ནས༩༣སྟེང་གསལ།

(13)《ཀྲུང་གོའི་བོད་རིག་པ》༢༠༠༨ལོའི་དེབ་གསུམ་པའི་ཤོག་ངོས༩༣སྟེང་གསལ།

(14)《ཀྲུང་གོའི་བོད་རིག་པ》༢༠༠༨ལོའི་དེབ་གསུམ་པའི་ཤོག་ངོས༩༣སྟེང་གསལ།

(15) (16)《མཚོ་སྔོན་མི་རིགས་ཞིབ་འཇུག》༢༠༠༩ལོའི་དེབ་བཞི་བར་བཀོད་པའི《མཚོ་སྔོན་གྱི་བོད་རྒྱ་སྐད་གཉིས་སློབ་ཁྲིད་ལ་རྟོག་དཔྱོད་བྱས་པའི་སྙན་ཞུ》[J]ནང་གསལ།

(17) ༢༠༠༨ལོར་དྲ་ངོས་སུ་བཀོད་པའི《ཡུན་ནན་བོད་ཁུལ་གྱི་སྐད་གཉིས་སློབ་གསོ་དང་སློབ་ཁྲིད་ཐད་ཀྱི་བསླབ་གཞིའི་གནད་དོན་ལ་ཐོག་མར་དཔྱད་པ》ཞེས་པར་གསལ།

(18) ལྷ་ཧྲི་ཀང་གིས་བརྩམས་ཤིང《ཀྲུང་གོའི་བོད་ཀྱི་ཤེས་རིག》༡༩༩༨ལོའི་དེབ་གསུམ་པར་བཀོད་པའི《བོད་ལྗོངས་ཀྱི་སློབ་གསོ་བཅོས་སྒྱུར་དང་འཕེལ་རྒྱས་སུ་གཏོང་བའི་གཞུང་ལུགས་ཀྱི་བསམ་གཞིག་དང་ཐབས་ཇུས》ཞེས་པར་གསལ།

ཟུར་ལྟའི་ཡིག་ཆ་གཙོ་བོ།

༄བོད་ཡིག་སྐོར།

(1) 《ཆོས་འབྱུང་མེ་ཏོག་སྙིང་པོ་སྦྲང་རྩིའི་བཅུད》[M] ཅེས་པ་ཉང་ཉི་མ་འོད་ཟེར་གྱིས་མད་ཅིང་བོད་ལྗོངས་མི་རིགས་དཔེ་སྐྲུན་ཁང་གིས༢༠༠༧ལོར་པར་དུ་བསྐྲུན།

(2) 《ཆོས་འབྱུང་མཁས་པའི་དགའ་སྟོན》[M] ཞེས་པ་དཔའ་བོ་གཙུག་ལག་ཕྲེང་བས་མཛད་ཅིང་མི་རིགས་དཔེ་སྐྲུན་ཁང་གིས༡༩༨༥ལོར་པར་དུ་བསྐྲུན།

(3) 《ལེགས་བཤད་རིན་པོ་ཆེའི་གཏེར་མཛོད》[M] ཅེས་པ་ཤར་རྫ་བཀྲ་ཤིས་རྒྱལ་མཚན་གྱིས་བརྩམས་ཤིང་མི་རིགས་དཔེ་སྐྲུན་ཁང་གིས༡༩༨༥ལོར་པར་དུ་བསྐྲུན།

(4) 《བོད་དུ་རིག་གནས་དར་ཚུལ་མདོར་བསྡུས་བཤད་པ》[M] ཞེས་པ་རྗེ་དམུ་དགེ་བསམ་གཏན་གྱིས་མཛད་ཅིང་སི་ཁྲོན་མི་རིགས་དཔེ་སྐྲུན་ཁང་གིས༡༩༨༢ལོར་པར་དུ་བསྐྲུན།

(5) 《དུང་དཀར་བློ་བཟང་འཕྲིན་ལས་ཀྱི་གསུང་རྩོམ་ཕྱོགས་བསྒྲིགས》[M] ཞེས་པ་ཀྲུང་གོའི་བོད་རིག་པ་དཔེ་སྐྲུན་ཁང་གིས༢༠༠༣ལོར་པར་དུ་བསྐྲུན།

(6) 《ཆོས་འབྱུང་མཁས་པའི་དགོངས་རྒྱན》[M] ཞེས་པ་ཤར་ཡུལ་ཕུན་ཚོགས་ཚེ་རིང་གིས་བརྩམས་ཤིང༢༠༠༣ལོར་བོད་ལྗོངས་མི་རིགས་དཔེ་སྐྲུན་ཁང་གིས་པར་དུ་བསྐྲུན།

(7) 《དག་ཡིག་རིག་པའི་གབ་པ་མངོན་ཕྱུང》[M] ཞེས་པ་དཔའ་རིས་སངས་རྒྱས་ཀྱིས་བརྩམས་ཤིང་མཚོ་སྔོན་མི་རིགས་དཔེ་སྐྲུན་ཁང་གིས༡༩༩༩ལོར་པར་དུ་བསྐྲུན།

(8) ལྷ་སའི་གཙུག་ལག་ཁང་མདུན་གྱི《དཔོན་ཞང་འདུམ་པའི་བཀའ་གཙིགས་ཀྱི་རྡོ་རིང》།

(9) 《དཔོན་ཞང་རྡོ་རིང་དང་ཐང་བོད་བར་གྱི་འབྲེལ་བ》[M] ཞེས་པ་དཀོན་མཆོག་ཚེ་བརྟན་གྱིས་བརྩམས་ཤིང་ཀན་སུའུ་མི་རིགས་དཔེ་སྐྲུན་ཁང་གིས༡༩༨༦ལོར་པར་དུ་

བསྒྱུར།

(10) 《བོད་ཀྱི་ལོ་རྒྱུས་གླེང་བའི་གཏམ》[M]ཞེས་པ་རྒྱལ་མོ་འབྲུག་པས་བརྩམས་ཤིང་མི་རིགས་དཔེ་སྐྲུན་ཁང་གིས༢༠༠༦ལོར་པར་དུ་བསྐྲུན།

(11) 《ཐང་ཡིག་གསར་རྙིང་ལས་བྱུང་བའི་བོད་ཆེན་པོའི་སྲིད་ལུགས》[M]ཞེས་པ་མཚོ་སྔོན་མི་རིགས་དཔེ་སྐྲུན་ཁང་གིས༡༩༨༣ལོར་པར་དུ་བསྐྲུན།

(12) 《གངས་ལྗོངས་སྐད་གཉིས་སྦྱར་དུ་མའི་འགྱུར་བྱང་བློ་གསལ་དགའ་སྐྱེད》[M]ཅེས་པ་ཀུན་ལྡེ་བོད་རིགས་རང་སྐྱོང་ཁུལ་རྩོམ་སྒྱུར་ཚུས་བསྒྲིགས་ཤིང་མཚོ་སྔོན་མི་རིགས་དཔེ་སྐྲུན་ཁང་གིས༡༩༨༣ལོར་པར་དུ་བསྐྲུན།

(13) 《བོད་ཀྱི་ལོ་རྒྱུས་རགས་རིམ་གཡུ་ཡི་ཕྲེང་བ》 ཞེས་པ་བོད་ལྗོངས་སྤྱི་ཚོགས་ཚན་རིག་ཁང་གིས་རྩོམ་སྒྲིག་བྱས་ཤིང་བོད་ལྗོངས་བོད་ཡིག་དཔེ་རྙིང་དཔེ་སྐྲུན་ཁང་གིས༢༠༠༨ལོར་པར་དུ་བསྐྲུན།

(14) 《བོད་ཀྱི་སྤྱི་སྐད་སྐོར་གྱི་ཆེད་རྩོམ་ཕྱོགས་བསྒྲིགས》[M]ཞེས་པ་བོད་ཡིག་བརྡ་ཆད་ཚད་ལྡན་དུ་སྒྱུར་བའི་ལས་དོན་ཨུ་ཡོན་ལྷན་ཁང་གིས་བསྒྲིགས་ཤིང་མི་རིགས་དཔེ་སྐྲུན་ཁང་གིས༡༩༩༩ལོར་པར་དུ་བསྐྲུན།

(15) 《སྤྱི་ཚོགས་སྐད་བརྡ་རིག་པའི་སྤྱི་དོན》[M]ཞེས་པ་སུམ་ཧྲ་དོན་གྲུབ་ཚེ་རིང་གིས་བརྩམས་ཤིང་མཚོ་སྔོན་མི་རིགས་དཔེ་སྐྲུན་ཁང་གིས༡༩༩༩ལོར་པར་དུ་བསྐྲུན།

(16) 《རྒྱལ་ཡོངས་བོད་རིགས་ཆུང་གཞི་སློབ་གསོའི་བསླབ་གཞི་བཅོས་སྒྱུར་དང་བསླབ་གཞི་གསར་བའི་དགེ་རྒན་གསོ་སྦྱོང་གི་རིག་གཞུང་ཞིབ་འཇུག་ཚོགས་འདུའི་དཔྱད་རྩོམ་ཕྱོགས་བསྒྲིགས》[M]ཞེས་པ《བོད་ཀྱི་སློབ་གསོ》 ༢༠༠༥ལོའི་དེབ་བརྒྱད་པར་གསལ།

(17) 《བོད་དང་བོད་ཀྱི་རིག་གནས》[M]ཞེས་པ་དོར་ཞི་གདོང་དྲུག་སྙེམས་སློབ་བརྩམས་ཤིང《སྦྲང་ཆར》 ༢༠༠༩ལོའི་དེབ་དང་པོའི་སྟེང་བཀོད།

(18) 《རང་སྐྱོང་ལྗོངས་ཀྱི་མི་རིགས་སློབ་གསོའི་སྐད་ཡིག་གཉིས་སྦྱོད་ཀྱི་སློབ་ཁྲིད་སྐོར་གླེང་བ》[M]ཞེས་པ་བོད་རང་སྐྱོང་ལྗོངས་ཀྱི་སློབ་ཚན་ཨུའི་མི་རིགས་སློབ་གསོ་ཞིབ་འཇུག་ཁང་གི་བསོད་ནམས་དོན་གྲུབ་ཀྱིས་བརྩམས་ཤིང༢༠༡༠ལོའི་དྲ་ངོས་སུ་བཀོད།

(19)《མི་རིགས་དགེ་ཐོན་སློབ་གྲྭའི་ནང་གི་རྒྱ་བོད་སྐད་གཉིས་སྦྱོང་པའི་སློབ་ཁྲིད་ཀྱི་སྐོར་རགས་ཙམ་གླེང་བ》[M] ཞེས་པ་བླ་ནེའུ་ཡིས་བརྩམས་ཤིང《ཀྲུང་གོའི་བོད་རིག་པ》 ༢༠༠༨ ལོའི་དེབ་གསུམ་པའི་སྟེང་བཀོད།

(20) 《བོད་ལྗོངས་ས་ཁུལ་གྱི་སློབ་གསོའི་ལས་དོན་གྱི་འཕེལ་ཚུལ་སྐོར་གླེང་བ》[M] ཞེས་པ་ནུ་རུང་གིས་བརྩམས་ཤིང（གཡུ་སྒྲོན་གྱིས་བོད་ཡིག་ཏུ་བསྒྱུར）《ཀྲུང་གོའི་བོད་ཀྱི་ཤེས་རིག》 ༡༩༩༨ ལོའི་དེབ་གསུམ་པའི་སྟེང་བཀོད།

༄རྒྱ་ཡིག་སྐོར།

（1）列宁：《列宁全集》［M］，人民出版社 1958 年版。

（2）斯大林：《斯大林选集》［M］，人民出版社 1979 年版。

（3）林耀华主编《民族学通论》［M］，中央民族大学出版社 1997 年版。

（4）马学良主编《语言学概论》［M］，华中工学院出版社 1981 年版。

（5）邢福义主编《文化语言学》［M］，湖北教育出版社 2003 年版。

（6）戴庆厦等：《中国少数民族双语教育概论》［M］，辽宁民族出版社 1997 年版。

（7）戴庆厦主编《汉语与少数民族语言关系概论》［M］，中央民族大学出版社 1992 年版。

（8）戴庆厦：《语言与民族》［M］，中央民族大学出版社 1994 年版。

（9）戴庆厦、成燕燕、傅爱兰、何俊芳：《中国少数民族语言文字应用研究》［M］，云南民族出版社 2000 年版。

（10）瞿霭堂、劲松：《汉藏语言研究的理论和方法》［M］，中国藏学出版社 2000 年版。

（11）洪堡特：《论人类语言结构的差异及其对人类精神发展的影响》（姚小平译）［M］，商务印书馆 1997 年版。

（12）科林贝克：《双语与双语教育概论》（翁燕珩等译）［M］，中央民族大学出版社 2008 年版。

（13）M. F. 麦凯：《双语教育概论》（严正译）［M］，上海光明日报出版社 1990 年版。

（14）威廉·A. 哈维兰：《当代人类学》（王铭铭等译）［M］，上海人民出版社 1987 年版。

（15）兹维金采夫：《普通语言学概要》（伍铁平译）［M］，商务印书馆 1981 年版。

（16）佐伊基：《社会语言学演讲录》［M］，北京语言学院出版社 1989 年版。

（17）顾嘉祖、陆昇主编《语言与文化》［M］，上海外语教育出版社 2002 年版。

（18）盖兴之：《双语教育原理》［M］，云南教育出版社 1997 年版。

（19）滕星：《文化变迁与双语教育——凉山彝族社区教育人类学的田野工作与文本撰述》［M］，民族出版社 2002 年版。

（20）滕星：《20 世纪中国少数民族教育》［M］，民族出版社 2002 年版。

（21）朱崇先、王远新等编《双语教学与研究》（第一、二、三辑）［M］，中央民族大学出版社 1998 年、1999 年、2001 年版。

（22）董艳：《文化环境与双语教育》［M］，民族出版社 2002 年版。

（23）何俊芳：《中国少数民族双语研究：历史与现实》［M］，中央民族大学出版社 1998 年版。

（24）谢佐、何波：《藏族古代教育史略》［M］，青海人民出版社 1994 年版。

（25）胡明杨主编《语言学概论》［M］，语文出版社 2000 年版。

（26）刘伶、黄智显等主编《语言学概要》［M］，北京师范大学出版社 1987 年版。

（27）吴丰培主编《联豫驻藏奏稿》［M］，西藏人民出版社 1979 年版。

（28）张廷芳主编《西藏少数民族汉语教学概况与研究》［M］，中国藏学出版社 2007 年版。

（29）资中勇主编《语言规划》［M］，上海大学出版社 2008 年版。

（30）达瓦顿珠编《西藏统计年鉴》［M］，中国统计出版社 1998 年版。

（31）周炜：《西藏的语言与社会》［M］，中国藏学出版社 2003 年版。

（32）周炜、格桑坚村主编《西藏的藏语文工作》［M］，西藏民族人民出版社 2004 年版。

（33）王振本、阿布拉艾买提主编《新疆少数民族双语教学与研究》[M]，民族出版社 2001 年版。

（34）青海省普通高中课程改革领导小组：《青海省普通高中课程改革文件汇编》[M]，2010 年版。

（35）费孝通：《中华民族的多元一体格局》[J]，《北京大学学报》1989 年第 4 期。

（36）马戎：《西藏的经济形态及其变迁》[J]，《西藏社会经济发展研究》[M]，中国藏学出版社 1997 年版。

（37）马戎：《西藏社会发展与双语教育》[J]，《民族社会学研究通讯》第 77 期。

（38）戴庆厦、董艳：《中国少数民族双语教育的历史沿革》[J]，《民族教育研究》1996 年第 4 期。

（39）张公瑾：《文化环境与民族语文建设》[J]，《民族语文》1991 年第 6 期。

（40）李儒忠：《中国少数民族双语教育历史进程综述》[J]，《新疆教育学院学报》2009 年第 1 期。

（41）田家乐：《试述西藏的双语教学》[J]，《西藏教育》1998 年第 3 期。

（42）周庆生：《中国双语教育类型》[J]，《民族语文》1991 年第 3 期。

（43）周耀文：《试论我国社会主义初期阶段民族语文与汉语文的使用和发展关系》[J]，《民族语文》1989 年第 4 期。

（44）柯津云：《双语与双语教育：国外发展概况》[J]，《天津师范大学学报》（基础教育版）2007 年第 1 期。

（45）张伟：《浅谈双语教学类型》[J]，《贵州民族研究》1987 年第 2 期。

（46）张伟：《论双语人的语言态度及其影响》[J]，《民族语文》1988 年第 1 期。

（47）刘庆慧：《西藏教育改革和发展情况的报告》[J]，《西藏教育》1993 年第 6 期。

（48）吴德刚：《西藏教育改革发展的理论思考与对策》[J]，《中国藏学》1996 年第 3 期。

（49）李延福：《文化的多元性与少数民族双语教学》[J]，《青海民族研究》2002 年第 3 期。

（50）阿旺加措：《基础教育阶段双语教学模式下的三种语言教学研究》[J]，《藏族教育》2005 年第 8 期。

（51）索南嘉：《青海藏汉教学调研报告》[J]，《青海民族研究》2004 年第 4 期。

（52）才果：《试论藏汉双语教学》[J]，《双语教育与研究》第三辑，2001 年。

（53）卓玛措：《藏汉“双语”教学模式初探》[J]，《西北民族大学学报》（哲学社会科学版）2003 年第 5 期。

（54）西绕拉姆：《西藏双语史迹回顾》[J]，《西藏研究》2006 年第 3 期。

（55）慈智木：《浅谈语言环境决定双语教学模式的选择——从迭部县双语教学现状谈起》[J]，《藏区教育论坛》2003 年第 1 期。

（56）王庭华：《论西藏应实行藏汉两种教学体系并行的教学体制》[J]，《民族教育研究》1993 年第 1 期。

（57）朱红、王学海、雷永生：《藏汉双语教学实验的个案研究——拉萨市一小双语教学个案调查》[J]，《西藏民族学院学报》2000 年第 4 期。

（58）谭玉林：《对西藏教育发展的几点思考》[J]，《中国民族教育》2008 年第 2 期。

（59）王丽：《双语教学：培养“民汉兼通”人才的重要途径》[J]，《中国民族教育》2010 年第 3 期。

图书在版编目(CIP)数据

藏区双语教育研究/东主才让著. —北京：社会科学文献出版社，2016.6
西藏历史与现状综合研究项目
ISBN 978-7-5097-8224-8

Ⅰ.①藏… Ⅱ.①东… Ⅲ.①藏族—民族地区—双语教学—研究—中国 Ⅳ.①G759.2

中国版本图书馆CIP数据核字（2015）第250661号

西藏历史与现状综合研究项目
藏区双语教育研究

著　　者 / 东主才让

出 版 人 / 谢寿光
项目统筹 / 宋月华　周志静
责任编辑 / 周志静　朝告才让

出　　版 / 社会科学文献出版社 · 人文分社(010)59367215
地址：北京市北三环中路甲29号院华龙大厦　邮编：100029
网址：www.ssap.com.cn
发　　行 / 市场营销中心（010）59367081　59367018
印　　装 / 三河市尚艺印装有限公司

规　　格 / 开 本：787mm×1092mm　1/16
印 张：23.5　字 数：169千字
版　　次 / 2016年6月第1版　2016年6月第1次印刷
书　　号 / ISBN 978-7-5097-8224-8
定　　价 / 148.00元